21世纪高等学校法学专业核心课程重点教材
"全国刑法学优秀学术著作奖"获奖教材
浙江省普通高校"十二五"优秀教材
浙江省高等教育重点建设教材

刑　法　学

CRIMINAL LAW

（第三版）

学术顾问　高铭暄

主　　编　楼伯坤

ZHEJIANG UNIVERSITY PRESS
浙江大学出版社

图书在版编目(CIP)数据

刑法学 / 楼伯坤主编. —3 版. —杭州：浙江大学出版社,2015.9(2021.12 重印)

ISBN 978-7-308-14969-3

Ⅰ. ①刑… Ⅱ. ①楼… Ⅲ. ①刑法－法的理论－中国－高等学校－教材 Ⅳ. ①D924.01

中国版本图书馆 CIP 数据核字（2015）第 177013 号

刑　法　学（第三版）

学术顾问　高铭暄

主　　编　楼伯坤

责任编辑	周卫群
责任校对	董凌芳　董　唯
封面设计	刘依群
出版发行	浙江大学出版社
	（杭州市天目山路 148 号　邮政编码 310007）
	（网址：http://www.zjupress.com）
排　　版	杭州青翊图文设计有限公司
印　　刷	杭州杭新印务有限公司
开　　本	710mm×960mm　1/16
印　　张	53
字　　数	1012 千
版印次	2015 年 9 月第 3 版　2021 年 12 月第 2 次印刷
书　　号	ISBN 978-7-308-14969-3
定　　价	75.00 元

第三版重印说明

本教材在第一版和第二版的基础上,第三版于2015年出版,发行6000册,现已基本售罄。这一方面要继续感谢相关院校的重视和读者的厚爱,另一方面要感谢浙江省高等教育学会和中国刑法学研究会对本书的肯定,分别将其评为"浙江省普通高校'十二五'优秀教材"和第二届"全国刑法学优秀学术著作奖(2014—2020)"的获奖教材,给本书增添了无限光彩和精进动力。

本次重印,主要基于四个方面的原因:

第一,本书第三版是2015年9月2日印刷的,尽管交付印刷前对《中华人民共和国刑法修正案(九)》的修改内容有了预期,全体编写人员也已按照《刑法修正案(九)》(草案)第二次审议稿规定内容进行了研究,拟写了本书相关修改内容的文本,但2015年8月29日《刑法修正案(九)》公布的正式条文,与"草案"中的条文还是有些差异的,由于时间紧张,当时未能对新条文在"三读"时又变动的原因做深入探究,有些条文的背景解释需要细化;加之新增罪名的司法解释尚未出台,一些罪名按照学理解释作了阐述,如《刑法》第237条我们给它取名"强制猥亵他人、侮辱妇女罪",后来司法解释把它确定为"强制猥亵、侮辱罪"。因此,客观上需要将相关内容进行重新审视,查漏补缺、精准表述。

第二,2017年11月4日第十二届全国人民代表大会常务委员会第三十次会议通过了《刑法修正案(十)》,在《刑法》第299条"侮辱国旗、国徽罪"之外,增加将"在公共场合,故意篡改中华人民共和国国歌歌词、曲谱,以歪曲、贬损方式奏唱国歌,或者以其他方式侮辱国歌,情节严重"的行为规定为犯罪,并与侮辱国旗、国徽罪合为选择性罪名"侮辱国旗、国徽、国歌罪"。按此,本来在2018年就应该修订,有鉴于《刑法修正案(十)》修改内容少,其他相关章节所涉内容的司法解释也变化不大,故推迟了修订时间。

第三,2020年12月26日通过的《刑法修正案(十一)》对包括《刑法修正案(八)》的危险驾驶罪、《刑法修正案(九)》的"暴力袭击人民警察"等最新立法规定作了修改,新增条文13条,涉及17个罪名,修改条文34条,涉及28个罪名,主要围绕刑事责任年龄、安全生产犯罪、知识产权犯罪、性犯罪、冒名顶替犯罪、食品药品犯罪、污染环境犯罪及采用刑事手段保护金融安全、企业产权安全、公共卫生安全等方面进行了修改补充。这些新内容的出台,需要及时写进教材中去,以实现本教材时效性的要求,满足读者需要。

第四,在第三版使用期间,有一些司法解释的内容作了变动,包括罪名的合并和修改,使得原先的罪名数量、相关罪的构成条件都有了变化,需要作出调整;同时,在教材使用过程中,也发现了个别地方存在表述不够精准的问题,一并做了修正。

本次修订,由原相关章节的编写人员先提出修订意见,再由主编综合协调,对全书进行审定。

特此说明。

主　编

2021 年 10 月

修订说明

本教材第一版于 2007 年 2 月出版，发行 6500 册；第二版于 2011 年 2 月出版，发行 7000 册。现已全部售罄。这一方面要感谢相关院校的重视和读者的厚爱，另一方面也让我们体会到了专业教材的努力方向。现在，又是四年过去了，是该出版第三版的时候了。

本次修订，主要是出于三个方面的考虑：第一，本教材原先编入的有效法律和司法解释是截止到 2011 年 2 月底的，在这四年中，增加了 1 个新的《刑法修正案》、4 个立法解释和 43 个司法解释和解释性质文件，对刑法规范及应用要求作了补充和调整。同时，最高人民法院、最高人民检察院（以下简称"两高"）于 2013 年 6 月废除了 1980 年 1 月 1 日至 1997 年 6 月 30 日期间发布的 429 件和 1997 年 7 月 1 日至 2011 年 12 月 31 日期间发布的 81 件司法解释和司法解释性质文件；最高人民法院于 2015 年 1 月 12 日废除了单独制发的 11 件司法解释和司法解释性质文件；最高人民检察院于 2015 年 6 月 12 日废除了单独制发的 12 件以及与公安部联合发布的 1 件司法解释和司法解释性质文件。特别是《刑法修正案（九）》的重大修改，客观上需要对第二版教材进行修订。第二，2011 年年底中共中央政法委员会与教育部联合推出了"卓越法律人才教育培养计划"，对法科专业人才的培养提出了明确的要求，这也需要在应用型法律人才培养的教材上予以落实。第三，在教材的使用过程中，我们新发现了一些观点呼应和语言表达方面的不足，需要加以改进。

本次修订是从 2014 年年底开始的，但由于受《刑法修正案（九）》通过的时间不长与教材使用需求时间紧迫之间矛盾的影响，尽管此前编写人员对相关内容已经进行了多次研讨，仍然可能因为我们对这些新条款的解读不深而出现错误，希望读者把使用中的问题和意见及时反馈给我们，以便于重印时补正。

特此说明。

主　编
2015 年 9 月

序

　　主编楼伯坤教授邀我为本书写个序,我浏览了本书的纲要,感觉教材的概况和特色都已经有了介绍,所以我就谈一点与做学问有关的问题吧!

　　我与楼伯坤教授的相识纯粹是一种学术的机缘。那是 1997 年 5 月,在新刑法颁布后我去浙江讲学的时候,他作为浙江省刑法学研究会的常务副秘书长,与当时在浙江大学任教的卢建平教授一起组织了几次新刑法的宣讲活动。

　　而我与楼伯坤教授的学术交往则是从他到中国人民大学来做访问学者的时候开始的。他是我到目前为止接受的第三个访问学者的学员。作为他的导师,我接受他的时候考虑了两点:一是他从大学本科毕业后在司法实际部门工作了 10 多年,有一定的实践经验;二是他发表了几十篇有一定分量的论文,做了一些研究课题,具有较好的理论基础和研究功底。特别是他的硕士学位论文《行为加重犯独立性研究》,是一篇具有一定创见性的刑法基本理论的学术论文,也引起了我的兴趣。在进到中国人民大学刑事法律科学研究中心的一年间,他积极讨论、潜心研究,陆续出版了几部著作,发表了一些论文,既有投入,又有产出。我当年在给他的鉴定中所写的"自感收获颇大",现在也逐渐为我们所感知了。

　　这次他承担了浙江省重点建设教材《刑法学》的编写任务,邀请我作为学术顾问对教材的编写提出一些思路和方法,我欣然同意。这也是我第一次以顾问的身份为一本教科书提供意见和观点。这主要基于两个方面的原因:一个原因是,我是从浙江出来的,又是搞刑法的,我得为浙江法学人才(特别是刑法专业人才)的培养出点力。另一个原因是,我比较认同楼伯坤教授用严肃认真的态度来对待学术问题。我自己也一向重视教科书的编写。因为教科书会引导一大批学生的思想意识的形成和转变,不允许有半点懈怠。它不同于专著,可以凭个人的理解去求证某一个命题,即使观点还不够成熟,也可以"抛砖引玉"。而编写教科书时,对于还没有成为具有确定指导意义的刑法概念和观点,一般只能作为学术信息进行介绍,而不能作为学科的代表性观点进行论述。在我看来,一般的教科书没有太大必要把争论的学术观点都在书本上作介绍(当然,在教师的讲义上可以有这方面的内容)。

　　我主张学术要有创新,有创新才会有发展。但创新是建立在科学论证的基础上的,并不是只要改变原来的状态就叫创新。就刑法这门应用性学科来讲,创新至少要做到两点:第一,自身的观点能够有充足的理由成立,并且能够动摇已有观点的基础；二是这创新观点的提出，具有推动学科进步的积极意义。刑法学的教材也应该具有同样的使命。

这本刑法学教材是一本兼顾理论性与实践性，集求知需要与应试需要于一体的专业教科书。尤其是在编、章、节的编排上，该教材突出逻辑性和序列性，只要掌握了前面的内容，就可以较好地理解下面一个部分，教材体系的引导功能比较强。

关于教材的体系，我主要谈两点：第一，刑法总论是与刑法分论（也叫"刑法各论"）相对应的一个概念，在中国刑法学中已经形成通说。这种分法，是以刑法典为基础来阐述的，把刑法的基本原理、原则和所有定罪量刑的一般问题都放在总论里讲；把具体的罪刑确定问题放在分论里讲。客观地讲，刑法学的理论结构应该有两个层次、三个部分。两个层次就是刑法的一般理论与刑法的应用。三个部分是刑法的一般原理；犯罪、刑事责任与刑罚的一般原理；罪刑分论。因此，本教材为了突出应用性，把原来刑法总论的内容一分为三，将刑法的一般原理和原则、犯罪、刑罚分别取名为"刑法概论"、"犯罪总论"、"刑罚总论"。与此相对应，将主要阐述具体犯罪的内容取名为"罪刑分论"。这是符合认识论要求的。第二，关于犯罪构成要件及其排列问题。我国刑法中犯罪构成的要件（指"四要件"）已经经过了几十年的实践应用，得到了司法实践的验证，效果是好的。目前学术界有个别对"四要件"进行增或减的不同主张，但实际上都是对这四个要件或者其要素的不同组合而已，并不能从根本上动摇犯罪构成的四个要件。而在坚持"四要件"观点的基础上，有学者提出四个要件的排列应该根据人、思想、行为、对象（客体）这样的顺序排列。虽然该说具有一定的合理性，但是犯罪构成的要件理论主要是为司法人员准备的，是刑法立法和刑法理论赋予司法人员处置犯罪的工具，从这个角度讲，我认为对于犯罪构成要件的排序还是以犯罪客体、犯罪客观方面、犯罪主体、犯罪主观方面这样的顺序比较好。

这本教材是由几位在教学第一线多年从事刑法学教学的中青年教师编写的，从教材内容的表述上可以看出，他们都是有自己的教学心得和体会的，在教材内容的详略取舍上，分寸把握得比较好，既保证了理论的完整性，又兼顾了教学的重点，还考虑了应试的需要，对于探索现代法学教材的编写要求和方法有一定的积极作用。教材的生命力在于它适应读者需要的程度。我相信这本教材一定会随着时间的推移而日益焕发出新的生命力的。

是为序。

高铭暄

2006 年 12 月 25 日于北京

前　言

一、本书的适用对象

本教材是专门为本科法学专业的学生而编写的。

本科是普通高等院校为培养具有较高专业水平的人才而设立的一个教学层次。按照传统专业设置的目标,大凡大学本科毕业的学生都能够进入社会各个领域,独立运用其专业知识和技能,在社会生活中发挥应有的作用。法学本科也一样。但是,随着社会的发展和知识的深化,特别是在中国推行"依法治国"的大背景下,国家对法学专业人员的要求提高了,法学本科教学的教师和学生面临着一个十分棘手的问题,这就是法学本科毕业的学生并不能直接进入专业设计所安排的司法实际部门工作。原因是显而易见的。在我国实行国家统一法律职业资格考试后,凡是要进入司法机关或者律师事务所工作都必须首先通过法律职业资格考试,取得执业资格;需要进入检察院或者法院工作的毕业生,还必须再通过人事部门依据《中华人民共和国法官法》和《中华人民共和国检察官法》组织的单独考试。这些表明,本科法学专业毕业的学生要进入专业领域工作,门槛比别的专业要高得多。

为了适应时代对本科法学专业教学既要系统传授专业知识和技能,又要应对法律职业资格考试的需要,经浙江省教育厅批准,由浙江工商大学法学院主持本重点建设教材的编写任务。为实现省内大学(学院)法学教学资源共享的目标,本省高校法学教学有一定规模的法学院(系)派出了在教学第一线的、有10年以上教龄的刑法专业教师组成编写小组,共同编写本教材。

二、试图解决的问题

刑法学(这里是指中国刑法学)是法学一级学科下最重要的二级学科之一,也是教育部所确定的高等学校法学专业16门核心课程之一,同时还是国家统一法律职业资格考试等各类考试中必考课程之一。并且,在法科毕业学生的综合能力测试中,刑法知识往往占有较大比重。因此,编写一部适合本科法学专业学生的刑法学教材,对于完善刑事立法,实践刑事司法,培养应用型法律人才,都具有重要的价值。

　　根据多年来我们在教学、研究中接触到的教材情况和学生在学习、应用中对知识掌握的要求，我们既发现了一些教材的特色，也发现了一些教材的不足。其中，具有普遍性的是这样一些问题：

　　一是体系不够清晰。目前，我国的刑法教材有不少是按照刑法绪论、刑法总论、刑法分论这样的结构来安排内容的，它既不是根据刑法学作为应用性学科所要具备的基本原理与实践应用的思路进行分类，也不是根据刑法学所研究内容的内在逻辑结构进行分类，而是以刑法典的体系为依据进行分类，缺乏刑法学作为一门理论科学的知识体系的层次和界线。

　　二是内容不够准确。由于刑法修改的频繁及相关司法解释的欠缺，一些教材没有从理论上和立法背景上探求新的规定与原有规定之间的内在逻辑联系，而仅仅是从法条的字面含义去解释立法规范的意思，使得罪名和犯罪构成的理解与立法的本意不尽一致，有的甚至意思相去甚远。

　　三是与新世纪对法律本科生的培养目标有差距。在国家实行统一法律职业资格考试后，司法应用型人才的培养是为了向公安机关、检察院、法院和法律服务机关（机构）输送后备军。但现实的状况是，大学法学本科生并不能直接到这些单位中去从事专业工作，而要经过统一的法律职业资格考试才能实现。遗憾的是目前的教材（除专门进行法律职业资格考试培训的以外），很少有针对法律职业资格考试的特点来编写的。一些知名刑法学者主编的教材也或多或少存在这方面的问题。

　　四是理论与实践的结合在教材中体现不够明显。刑法是一门应用性学科，在教材的编写中虽然不能离开对基本原理的阐述，但针对不同层次和不同需求的学生，对教材的要求应当是有所区别的。特别是本科生的教材，既不能等同于专科生的教材，它应当有一定的理论性；又不同于研究生的教材，它应当重在应用。然而，现在的教材差不多都存在"可以作为法学专科生、本科生和研究生使用的教材，也可以作为司法实务和理论研究工作者的参考书"这样"包治百病"的问题。

　　五是时效性不够强。随着犯罪现象的发生和演变，刑法需要作出及时的修正。我国现行刑法典自1997年施行以来，先后经过了十二次修改。在每次修改前，尽管刑法学界对相关的问题都作了全面、认真的论证和分析，但由于刑法条文的局部修改，无论是通过决定、补充规定的形式还是通过刑法修正案的形式，都存在着与刑法典全部条文的整体性协调不足的问题。而刑法学教材也往往是随刑法条文的修改、补充而作相应的增删和修改。这一问题尽管是包括本书在内的所有教材都难以避免的，但我们试图最大限度地缩小与相应法规同步的差距，以使教材更具新颖性。

　　因此，为了改变专科、本科、研究生都用同一本书的现象，发挥浙江人杰地灵、经济文化比较发达的优势，适应时代发展对本科教学提出的要求，及时编写专门针对本科生使用的教材，是很有意义的。

三、本书的特色

刑法学以刑法为主要研究对象,但并不是对刑法典的简单注释。作为刑法学研究对象的刑法,除了要分析、阐明、论证刑法规范的内容外,还应当关注现实的刑法现象。为此,在教材的编写过程中,我们强调对每一个章节的内容要有理论分析与论证,尽量突出和强化理论研究的价值与地位,并结合刑事司法的重点和难点作应用性分析。研究的方法有理论联系实际、逻辑的和比较的等不同形式。本教材旨在通过研究、分析与论证使学生建立牢固的理论基础,掌握扎实的应用刑法解决实际问题的能力,从宏观上使学生树立科学、正确的刑法观念,熟练运用刑法。

由于刑法学所研究的内容具有很强的实践性与可操作性,因此,我们在教材的编写中尽可能地考虑与实践结合的需要,突出以下四个方面的重点:一是从本科教学的总体要求出发,在教材的编写上体现"三基"(即基本概念、基本知识、基本原理),使学生通过本教材的学习和理解,掌握刑法的基本理论;二是强调应用性,体现理论与实践的结合,突出介绍现行刑法在应用中的重点、疑点和难点问题,从理论上加以阐述,帮助学生"学以致用";三是立足中国刑法,以现行中国刑法典为体系,阐明立法规范的背景及规范术语的原意;四是讲究效果,编写的教材在体例上体现实用性,结合现实法学本科生基本上需要参加法律职业资格考试的实际,在犯罪总论和刑罚总论的编排体系上,考虑了学生记忆的需要,采用逻辑编排方式,在分则具体罪名的分述中,采用了与法条编排顺序一致的方法,使罪名的学习与法条的理解相对应,便于记忆;除基本内容外,在每一章的前面列出"本章重点",在每一章的结尾编上"本章提要"、"重要概念"和"思考题",以帮助学生预习和复习。

总之,刑法学是一门体系完整、内容丰富、既有理论又有实践操作性的学科,本书的体例按照下面的要求进行:

全书分为四编,分别是刑法概论、犯罪总论、刑罚总论和罪刑分论。第一编为刑法概论,介绍刑法的一般原理、原则、适用范围及专业术语。第二编为犯罪总论,主要阐明基本的犯罪构成要件(即"四要件")、修正的犯罪构成要件的要素(未完成形态、共同犯罪形态、罪数形态)和非犯罪构成要件之行为(正当防卫、紧急避险等)。第三编为刑罚总论,阐述刑罚适用的基础、刑罚的体系、刑罚的裁量、刑罚的执行和刑罚的消灭。第四编为罪刑分论,对刑法分则规定的十大类犯罪进行具体构成的阐述和分析。

本书坚持理论、规范同实践、操作的结合,讲究实用性。主要创新点是:

(1)结构创新。在全书四编中,以第一编为统帅,运用基本原理指导后面三编;第二编犯罪总论与第三编刑罚总论构成刑法的核心内容,细化第一编的基本原理和原则,指导第四编罪刑分论;而第四编则是对第二编和第三编的运用。

(2)体例创新。一是在第一编中专列刑法术语一章,由概念到理论,循序渐进,增强教材的引导功能;二是对第二编按照犯罪构成理论为中心来编排,把传统刑法的"排除社会危害性的行为"改为"非犯罪构成要件之行为",放在修正的犯罪构成要件的要素之后,列犯罪总论末尾;三是改变犯罪主观方面分节标准不统一的弊端,将犯罪故意与犯罪过失合为"罪过"一节,与犯罪的目的与动机并列为犯罪的主观心态要素,理顺了体系。

(3)针对性、时效性强。专门针对国家对本科生培养的目标,并顾及学生应对法律职业资格考试、研究生升学考试的实际需要,叙述详略兼顾,区分罪刑界限细致,精选典型例题。同时,把2021年9月底前公布的刑法规范及解释性规定编入其中,将规范与理论融为一体。

四、编写人员及分工

本书由浙江工商大学法学院刑法学博士生导师楼伯坤教授担任主编,负责拟写全书的大纲,制定具体的写作计划,进行写作分工、修改、统稿并定稿。

"人民教育家"国家荣誉称号获得者,中国人民大学一级荣誉教授,北京师范大学刑事法律科学研究院名誉院长、博士生导师,国际刑法学协会名誉副主席暨中国分会名誉主席高铭暄教授担任本书的学术顾问。

各章的撰稿人如下(按编写章节先后排序):

楼伯坤(浙江工商大学,教授、法学博士):前言、第一章至第十五章、第十七章至第二十章、第二十二章、第二十九章;

徐祝(浙江工商大学,副教授、法学硕士):第十六章、第二十六章第一节至第五节;

吴之欧(温州大学,副教授、法学博士):第二十一章、第二十七章;

章惠萍(浙江财经大学,教授、法学硕士):第二十三章第一节、第六节至第九节;

蔡伟文(浙江工商大学,讲师、法学博士):第二十三章第二节至第五节;

汪红飞(杭州师范大学,教授、法学硕士):第二十四章;

谢治东(浙江工商大学,副教授、法学博士):第二十五章、第三十章;

孙红卫(浙江工商大学,副教授、法学硕士):第二十六章第六节至第十节;

童颖颖(浙江师范大学,副教授、法学硕士):第二十八章。

目　　录

第一编　刑法概论

第二编　犯罪总论

第三编　刑罚总论

第四编 罪刑分论

第一编

刑法概论

第一章　刑法概说

刑法是规定犯罪、刑事责任与刑罚的法律规范的总和,是国家最基本的部门法之一。刑法通过运用刑罚的特殊手段,实现惩罚犯罪、保障人权的目的。我国刑法立法经历了从初创到逐步完善的过程,形成了以刑法典为基础,以单行刑事法律、刑法修正案和附属刑法为补充的渊源结构。刑法解释是连接刑事立法与刑事司法的重要桥梁与纽带,对于正确理解和应用刑法条文、准确定罪量刑以及进行刑法理论研究,都具有重要的意义。

本章重点

- 刑法的概念与特征
- 刑法的立法模式与体系
- 刑法的应用与解释

第一节　刑法概述

一、刑法的概念

传统刑法理论认为,刑法是掌握国家政权的统治阶级为了维护本阶级的阶级利益和统治秩序,根据自己的意志,以国家名义颁布的,规定犯罪与刑罚的法律规范的总和。这个定义揭示了刑法的阶级本质与刑法规范的主要内容。近年来,人们对法律本身具有的阶级属性已形成基本一致的看法,因此,多数学者主张刑法的概念中无须再重申阶级本质问题。至于刑法规范所包含的主要内容,由于对"刑事责任"这一概念理解不一,我国刑法学界对于刑法的概念目前主要有三种不同的表达方式:(1)以传统的"犯罪与刑罚构成刑法的主要内容"为据,将刑法界定为"规定犯罪与刑罚的法律规范的总和";(2)以刑事责任是介于犯罪与刑罚之间的一个独立的范畴为前提,认为刑法是"规定犯罪、刑事责任与刑罚的法律";(3)以"刑罚只是实现刑事责任的方式之一"、"刑罚不能与刑事责任并列"为基础,认为刑法是"规定犯罪及刑事责任的法律规范的总和"。我们认为,尽管刑法理论在相当长的一段时间里忽视了对刑事责任问题的研究,但是,刑事责任作为一项法律责任应当在刑法中占有一席之地。刑事责任是犯罪的法律后果,刑罚是刑事责任实现的方式之一,这就意味着刑事责任的不可缺乏性。据此,本书认为,所谓刑法,是指规定犯罪、刑事责任与刑罚的法律规范的总和。

刑法有广义刑法与狭义刑法之分。广义刑法是指与规定犯罪及其应承担的刑事责任及处罚有关的一切刑法规范的总和。广义刑法分散在各种形式的法律中,通常包括四种形式:(1)刑法典,即全面系统规定犯罪、刑事责任与刑罚的法律,如《中华人民共和国刑法》(以下简称《刑法》);(2)单行刑法,即对某种或某一类犯罪、刑事责任与刑罚单独制定的刑事法律,如 1998 年 12 月 29 日全国人民代表大会常务委员会(以下简称“全国人大常委会”)通过的《关于惩治骗购外汇、逃汇和非法买卖外汇犯罪的决定》;(3)刑法修正案,即立法机关对刑法典条文所作的修正和补充,如 1999 年 12 月 25 日全国人大常委会通过的《中华人民共和国刑法修正案》(以下简称《刑法修正案》);(4)附属刑法,即其他一切非刑事法律中有关犯罪、刑事责任与刑罚的罪刑规范条款规定。狭义刑法是指把规定犯罪及其应承担的刑事责任与处罚的一切刑法规范加以条理化和系统化,并以专书或法典表现出来的刑法。在我国,狭义刑法即指 1979 年 7 月 1 日第五届全国人民代表大会(以下简称“全国人大”)第二次会议通过、1997 年 3 月 14 日第八届全国人大第五次会议修订的《刑法》。区分广义刑法和狭义刑法,有利于我们对刑法理论与司法实践进行深入探讨与研究。

二、刑法的特征

刑法属于部门法,在法律性质上,与其他部门法相比,有以下几个显著的特征:

(1)刑法规范内容的特定性。如前所述,刑法是规定犯罪、刑事责任与刑罚的法律规范的总和。它所涉及的内容是如何认定犯罪、是否追究以及如何追究刑事责任的问题。而这些内容在其他部门法中均不会加以规定。虽然其他部门法中也涉及违法及法律后果问题,但仅是一般违法行为,承担的也只是民事、经济、行政等责任。

(2)刑法调整社会关系的广泛性。首先,法律体系中的民法、婚姻法、行政法等部门法,一般只调整某一方面的社会关系,而刑法立足于调整和保护社会生活各个领域内的重要的社会关系,无论政治、经济、文化还是公民与公民之间、公民与政府之间的社会关系,都可能纳入刑法调整的范围。其次,刑法与其说是一种特别的法律,还不如说是对违反其他一切法律的制裁形式,刑法是“后盾法”,即刑法在国家整个法律体系中起到保障法的作用,当一般部门法不能充分保护某种合法权益或不足以抑止某种危害行为时,立法就转而求助于刑事制裁。可见,刑法所调整和保护的社会关系范围极其广泛。

(3)刑法调整手段的严厉性。就执行力而言,任何法律都有一定的强制性,刑法是强制性最为严厉的法律。由于刑法所调整的社会关系是作为整体的法律秩序,涉及国家和公民个人最基本的价值和利益,所以刑法的强制手段即刑罚,既可以剥夺人的自由,还可以剥夺人的财产权利,甚至于剥夺人的生命权利。就严厉程度而言,其他任何法律的调整手段均无法与刑法比拟。

(4)刑法立法主体的单一性。基于刑法调整社会关系的广泛性及其调整手段的严厉性,为防止刑法不适当的扩张或滥用,根据《中华人民共和国立法法》第8条的规定,刑事立法权由国家的最高权力机关即全国人民代表大会及其常务委员会行使,其他任何机关都不能制定刑法。而国家其他规范性法律文件的立法主体可以是多元的。

第二节 刑法的目的与任务

一、刑法的目的

刑法的目的就是国家通过制定刑法所期望达到的效果。我国《刑法》第1条规定:"为了惩罚犯罪,保护人民,根据宪法,结合我国同犯罪作斗争的具体经验及实际情况,制定本法。"这就明确地告诉我们,我国刑法的总目的就在于惩罚犯罪、保护人民。这是由我国刑法的性质所决定的,也是与刑法的任务相一致的。所谓惩罚犯罪,是指对任何触犯我国刑法的犯罪分子,都要严格依照我国刑法的规定,追究其刑事责任,使其受到应有的惩罚;所谓保护人民,是指全面保护人民的利益,既包括代表人民根本利益和长远利益的国家政权、社会主义的政治经济制度,也包括人民的当前利益和具体切身利益,如公民的人身权利、民主权利、财产权利、劳动权利、婚姻家庭权利等,甚至包括犯罪者本人的应有合法权利。

惩罚犯罪和保护人民的目的是相辅相成的。传统观念注重权力而轻视权利,注重社会而轻视个人。其表现在刑法上,就是强调刑法的社会保护机能,而轻视刑法的人权保障机能。在社会利益和个人利益保护发生冲突的情况下,牺牲个人利益以服从社会整体利益保护的需要。随着人权保护观念的日益强化,刑法"权力有限",刑法保护人民的内容必将得到进一步的扩张。因此,在我国,刑法保护人民的目的实际上是通过保障人权得以实现的。

二、刑法的任务

《刑法》第2条规定:"中华人民共和国刑法的任务,是用刑罚同一切犯罪行为作斗争,以保卫国家安全,保卫人民民主专政的政权和社会主义制度,保护国有财产和劳动群众集体所有的财产,保护公民私人所有的财产,保护公民的人身权利、民主权利和其他权利,维护社会秩序、经济秩序,保障社会主义建设事业的顺利进行。"归纳起来,我国刑法的任务主要有以下四个方面:

第一，保卫国家安全、人民民主专政的政权和社会主义制度。国家安全是国家生存和发展的根本前提，而人民民主专政政权和社会主义制度则是我国人民根本利益的集中体现。如果国家安全受到危害，人民民主专政政权和社会主义制度受到侵害，国家和人民群众的一切利益就会完全丧失。因此，我国刑法的首要任务就是运用严厉的刑罚保卫国家安全、人民民主专政政权和社会主义制度。我国《刑法》在分则第一章规定了危害国家安全罪，对各种危害国家安全的犯罪行为规定了较为严厉的法定刑。

第二，保护社会主义经济基础。社会主义的经济基础是巩固人民民主专政、进行社会主义市场经济建设和提高人民群众物质文化生活水平的物质保障。我国刑法作为社会主义上层建筑的一部分，它必然要担负起保护社会主义经济基础的任务。《刑法》分则专章规定了"破坏社会主义市场经济秩序罪"和"侵犯财产罪"，从而使社会主义经济基础获得了较为有力的保障。

第三，保护公民的各项合法权利。切实保护公民的人身权利、民主权利和其他权利不受非法侵犯，是由我国的人民民主专政性质决定的，也是社会主义制度优越性的一个重要体现。我国宪法赋予了公民广泛的权利，不仅包括生存权、人身权和政治权利，而且包括经济、文化、社会等各方面的权利。但诸如杀人、强奸、绑架、报复陷害、破坏选举、非法剥夺宗教信仰自由等犯罪行为，严重地侵犯了公民的各种权利，所以刑法必须保护公民的人身权利、民主权利和其他权利，以切实保障其行使各种宪法权利。

第四，维护社会秩序。良好而稳定的社会秩序有利于我国社会主义现代化建设这一中心任务的顺利完成。没有正常的社会秩序，现代化建设就无法正常进行，国家的管理活动也无法正常实施，公民的一切权利也就失去了必要的保障。因此，《刑法》分则规定了"危害公共安全罪"、"妨害社会管理秩序罪"、"渎职罪"等各类犯罪，就是为了维护社会秩序和经济秩序，以保障社会主义现代化建设事业的顺利进行。

从以上四个方面可以看出，刑法的根本任务，就是通过用刑罚惩罚犯罪的特殊手段，为社会主义建设扫除障碍，保障社会主义建设事业的顺利进行。刑法的全部规定、刑事立法和刑事司法的全部活动，都是为实现这个总的任务而进行的。

第三节　刑法的立法模式与体系

一、刑法的立法过程

中华人民共和国成立后，早在 1950 年就开始了刑法典的起草工作，到 1963 年 10 月，全国人大常委会法律室共草拟了 33 稿刑法草案。后因"文化大革命"而搁置。"文化大革命"结束以后,中共中央作出了关于加强法制建设的决议,推动了新时期刑事立法工作的进程。1979 年 7 月 1 日,第五届全国人大第二次会议通过了《刑法》,新中国开始有了自己第一部系统的刑法典。该法典的颁布与实施,结束了我国长达 30 年内刑事司法无法可依的异常局面。

1979 年颁布的刑法典共 2 编 13 章 192 条。不论在内容、体系,还是在立法技术等方面,该法典都较好地反映了我国法制建设的经验和世界刑法发展的方向,在巩固我国人民民主专政、加速社会主义现代化建设、保障人民民主权利等方面,发挥了积极的作用。但是,由于受当时政治经济社会文化条件与立法经验的限制,这部刑法典存在立法时的先天不足。如对有些犯罪行为规定的方式过于笼统,像渎职罪、流氓罪、投机倒把罪三个"口袋罪",执行起来随意性太大,不利于统一司法。又如对有些犯罪行为,像走私罪、毒品犯罪量刑偏轻,不利于有效地打击此类犯罪。随着政治、经济改革的不断深入,司法实践中出现各种新型犯罪,1979 年刑法典的缺陷日益明显,无法适应改革开放后社会治安状况急剧变化的需要。基于此,全国人大常委会在 1981 年至 1995 年间先后颁行了《中华人民共和国惩治军人违反职责罪暂行条例》、《关于严惩严重破坏经济的罪犯的决定》、《关于严惩严重危害社会治安的犯罪分子的决定》、《关于惩治生产、销售伪劣商品犯罪的决定》、《关于惩治侵犯著作权的犯罪的决定》、《关于惩治违反公司法的犯罪的决定》、《关于禁毒的决定》、《关于惩治破坏金融秩序犯罪的决定》等 23 个单行刑法,并创设了诸多附属刑法条文。这些为适应社会发展变化需要而对 1979 年刑法进行的修改、补充,意义重大。如增加了"加重处罚"的规定,少数单行法律还修改了 1979 年刑法关于不利于犯罪人的规定一律不具有溯及力的原则,在时间效力问题上,对部分犯罪采取了有条件溯及既往的措施。但由于这些数目繁多的单行刑法和附属刑法缺乏体系性与协调性,仍旧不能很好地解决 1979 年刑法典存在的问题。因此,制定一部统一的、比较完备的刑法典,就成为当时国家刑事立法的重要任务。1988 年第七届全国人大常委会第三次会议明确了将修改刑法纳入第七届全国人大的立法议程。1993 年第八届全国人大常委会再次将修改刑法纳入其五年立法规划之中。1996 年 12 月全国人大常委会法制工作委员会正式向第八届全国人大常委会第 22 次会议提交《中华人民共和国刑法(修订草案)》。1997 年 3 月 14 日,第八届全国人大第五次会议通过了修订的《刑法》,并从 1997 年 10 月 1 日起施行。新刑法的公布与实施,标志着我国朝着建立统一的、完备的刑法典的方向迈出了一大步,对于进一步实施依法治国,建设社会主义法治国家意义重大。

当然,最完善的刑法也会有不尽如人意之处,刑法修改不是一劳永逸的。1997 年刑法典施行以后,全国人大常委会根据新的社会形势与惩治犯罪的需要,通过了一些刑事法律,对刑法典作了补充和修正,先后颁行了《关于惩治骗购外汇、逃汇和非法买卖外汇犯罪的决定》以及《刑法修正案》、《刑法修正案(二)》、《刑法修正案(三)》、《刑法修正案(四)》、《刑法修正案(五)》、《刑法修正案(六)》、《刑法修正案(七)》、《刑法修正案(八)》、《刑法修正案(九)》、《刑法修正案(十)》和《刑法修正案(十一)》。我国刑法正在逐步完善,今后仍将进行必要的补充和修改。

二、刑法的立法模式

一个国家的立法模式,总是依据该国特定历史时期的经济、政治、文化传统、惩罚犯罪的需要及刑事立法技术的成熟程度等因素而形成和发展的。中华人民共和国成立后的前30年间只有单行刑事法规,没有刑法典。1979年刑法典问世至今,我国刑事立法是以刑法典为基础,以单行刑事法律、刑法修正案和附属刑法为补充的渊源结构。刑法的这四种表现形式有机结合,构成了广义刑法的渊源。

(一)刑法典

刑法典是国家以刑法名义颁布的、系统规定犯罪及其刑事责任和刑罚的完整性法律。它是一国刑法渊源最基本、最完整的表现形式。全国人民代表大会1979年制定和1997年修订的《刑法》,即为我国的现行刑法典。它是比较系统完整地规定我国刑法的基本原则、基本制度、基本规则以及具体犯罪和法定刑的规范体系,在我国的刑法渊源中占有极其重要的地位。而且,刑法典的制定机关和法律效力是整个刑法体系中最高的,刑法体系中的其他规范性文件均不得与其相抵触,即使全国人大常委会补充和修改刑法典的相关规定时,也不得同刑法典规定的基本原则相抵触。

(二)单行刑法

单行刑法也称为刑事特别法,是指在刑法典之外,为了弥补刑法典之不足,立法机关针对某种或者某一类犯罪而制定的刑事法律。它是我国1997年《刑法》施行以前全国人大常委会补充或修改刑法的主要形式。1979年《刑法》施行后,为适应犯罪形态不断变化的社会形势,全国人大常委会先后制定了《中华人民共和国惩治军人违反职责罪暂行条例》、《关于严惩严重破坏经济的罪犯的决定》、《关于严惩严重危害社会治安的犯罪分子的决定》、《关于禁毒的决定》、《关于惩治走私、制作、贩卖、传播淫秽物品的犯罪分子的决定》等20多个单行刑事法律。根据1997年《刑法》第452条的规定,这些单行刑事法律或者因其整体纳入1997年《刑法》而被废止,或是因其中有关刑事责任的规定被纳入1997年《刑法》而不再适用。

(三)刑法修正案

刑法修正案是指立法机关对刑法典条文作修改和补充的规范性法律文件。在1997年《刑法》施行后,除全国人大常委会在1998年12月29日制定通过的《关于惩治骗购外汇、逃汇和非法买卖外汇犯罪的决定》外,全国人大常委会对《刑法》的部分修改和补充均采用了《刑法修正案》的形式。截至 2020 年 12 月,全国人大常委会共颁布了十一个刑法修正案,对 1997 年《刑法》的条文进行了修改和补充。其中有的条文,如第 180 条、第 225 条、第 239 条,修改了两次。在这些刑法修正案中,若增加条文,则运用"第××条之一"这种新的刑法条文排列格式,列在内容相近的刑法条文之后;若修改某条,就直接修改条文。这种方式不仅没有改变刑法的排序,有利于维护刑法典的完整性和稳定性,而且也便于法律文书对条文款项内容的援引。采取修正案这种立法模式,无论是修改刑法的形式,还是完善刑法的内容,都对我国刑事立法起着重要作用。

(四)附属刑法

附属刑法是指散见于其他非刑事法律中有关犯罪与刑罚的规定。在经济法、行政法等非刑事法律中涉及的一些刑事条款,往往有"构成犯罪的,依法追究刑事责任"等表述,即为附属刑法。这些刑事条款通常只讲罪状,没有单独的法定刑,确切地说不是完整的刑法条文。

此外,根据刑法规范适用的区域特点,刑法的渊源还包括省级民族自治地方人大制定的变通或补充规定。这种变通或补充规定只能由民族自治地方省级人民代表大会根据当地民族的政治、经济、文化特点和刑法典的基本原则来制定,并需要报经全国人民代表大会及其常务委员会批准才能发生法律效力,且只能在特定地域使用,没有普遍约束力。

三、刑法的体系

刑法的体系是指刑法的组成和结构,即刑法是由哪些部分组成、其内部结构是如何排列的。我国修订后的刑法包括三部分:总则、分则和附则。其中总则、分则各为一编,各编之下,根据法律规范的性质和内容,按章、节、条、款、项的顺序层层展开。附则部分仅一个条文,即《刑法》第 452 条,它规定修订后的刑法开始施行的日期和修订后的刑法典与以往单行刑法的关系。所以,我国刑法的体系就是通过总则、分则、附则,以编、章、节、条、款、项的顺序把刑法的内容有机地结合在一起。

(一)编

我国刑法首先把各种刑法规范科学而系统地列入总则和分则之中,并使二者有机地结合起来。刑法总则是关于犯罪与刑事责任以及刑罚适用的一般原理、原则的规范体系,是定罪量刑必须遵守的共同准则;刑法分则是关于具体犯罪和具体法定刑的规范体系,是解决具体行为定罪量刑的标准。总则与分则的关系实际上是一般与特殊、抽象与具体的关系;总则指导分则,分则是总则规定的原理、原则的具体体现,二者相互依存、不可分割。没有总则,就会因缺乏纲领性的原理、原则的指导,无法对具体犯罪进行定罪量刑;没有分则,总则的一系列规范就无法贯彻和落实。所以,只有把总则和分则有机统一起来,才能正确地认定犯罪、确定刑事责任和适用刑罚。

(二)章

编下设章,章是总则和分则两编之下的单位。刑法总则和分则各自独立设章,修订后《刑法》的第一编总则分设 5 章,即刑法的任务、基本原则和适用范围,犯罪,刑罚,刑罚的具体运用,其他规定。第二编分则分设 10 章,即危害国家安全罪,危害公共安全罪,破坏社会主义市场经济秩序罪,侵犯公民人身权利、民主权利罪,侵犯财产罪,妨害社会管理秩序罪,危害国防利益罪,贪污贿赂罪,渎职罪,军人违反职责罪。各章按一定顺序排列,形成一个有机整体。

(三)节

章下设节,节是刑法总则和分则的某些章根据需要而设的单位,反映某章内部的有机联系。总则除第一章刑法的任务、基本原则、适用范围和第五章其他规定外,其余各章下均设若干节;分则大多数章下不设节,但由于第三章破坏社会主义市场经济秩序罪和第六章妨害社会管理秩序罪所涉及的具体范围广泛,罪名众多,内容丰富,因而在该两章下各设若干节。

(四)条

节下设条,条是表达刑法规范的最基本单位。刑法规范通常都是以条文形式出现的,因而条是刑法规范的基本构成元素。配置在各编、章、节中的刑法条文,全部用统一的顺序号码进行编号。刑法条文采用统一编号,既可以达到系统化的目的,又可以保证查阅方便、引用准确。

(五)款

条下设款,款是设于某些条之下的单位。有些条文表达的内容比较简单,因而没有设款的必要;但有些条文所表达的内容比较丰富,有若干层次,需要分为若干款。对条以下的款,某些国家的刑法以顺序号码或字母来表示,我国《刑法》则统一采用另起一行的办法来表示。如《刑法》第 14 条规定:"明知自己的行为会发生危害社会的结果,并且希望或者放任这种结果发生,因而构成犯罪的,是故意犯罪。"这是该条的第一款,表述了故意犯罪的概念。接着另起一行:"故意犯罪,应当负刑事责任。"这是该条的第二款,规定了故意犯罪的后果。

刑法中有的条文在同一款中只有一个意思,有的条文在同一款里包含两个或两个以上意思。后者例如,《刑法》第 25 条第 2 款规定:"二人以上共同过失犯罪,不以共同犯罪论处;应当负刑事责任的,按照他们所犯的罪分别处罚。"该款包含两个意思,用分号隔开。又如,《刑法》第 53 条规定:"罚金在判决指定的期限内一次或者分期缴纳。期满不缴纳的,强制缴纳。对于不能全部缴纳罚金的,人民法院在任何时候发现被执行人有可以执行的财产,应当随时追缴。""由于遭遇不能抗拒的灾祸等原因缴纳确实有困难的,经人民法院裁定,可以延期缴纳、酌情减少或者免除。"该条包含四个意思,用句号隔开。一个条文的同一款中包含两个或者两个以上意思的,在学理上称之为前段、后段,或者前段、中段、后段,或者第一段、第二段等。在具有这种结构的条款当中,如有用"但是"这个连接词来表示转折关系的,则从"但是"开始的这段文字,理论上称为"但书"。

"但书"所表达的意义在我国刑法中主要有以下几种情况:(1)"但书"是前段的补充。如《刑法》第 37 条规定的非刑罚处理方法。(2)"但书"是前段的反指。如《刑法》第 13 条在规定了什么是犯罪之后,"但书"指出:(行为)"情节显著轻微危害不大的,不认为是犯罪。"(3)"但书"是前段的例外。如《刑法》第 65 条前段在规定了累犯的条件后,后段紧接着规定"但是过失犯罪除外",即在过失犯罪的情况下,不构成累犯。(4)"但书"是对前段的限制。如《刑法》第 20 条第 2 款在规定了防卫过当应负刑事责任之后,"但书"对此又作了"应当减轻或者免除处罚"的限制性规定。

（六）项

项是某些条款之下设立的单位。有些国家的刑法只有条、款,而无项的规定。我国《刑法》的某些条款中保留了项的规定,并对之采取了基数号码进行编号。如《刑法》第 33 条规定:"主刑的种类如下:(一)管制;(二)拘役;(三)有期徒刑;(四)无期徒刑;(五)死刑。"这里,(一)、(二)、(三)、(四)、(五)即为项。

总之,我国的刑法体系,是一个以编、章、节、条、款、项为框架,以总则、分则和附则为纲领,层次分明,排列有序,形式和内容统一,具有系统性、完整性和可操作性的结构。

第四节　刑法的应用与解释

一、刑法的应用

刑法的应用,即刑法的具体实施过程。定罪和量刑是刑法应用中两个最主要、最基本的环节。定罪是认定某行为构成犯罪的简称;量刑是在定罪基础上,解决对犯罪分子是否判处刑罚、判处何种刑罚的问题。定罪与量刑有密切的联系。定罪是量刑的前提,量刑是定罪的归宿。定罪不准,就谈不上量刑适当;有时定罪虽然准确,但量刑不当,同样会造成错案。正确的定罪量刑对完成刑法的目的任务,完善法治、伸张正义,都具有重要的意义。

首先,正确定罪量刑能保障无罪的人不受刑事追诉,使有罪的人承担应负的刑事责任,从而实现刑法惩罚犯罪、保护人民的基本任务和目的。刑法是通过追究刑事责任的方式来保护各种合法权益的,定罪的结果在大多数情况下会导致对犯罪行为人适用刑罚,因而定罪涉及被定罪人的自由、财产,甚至身家性命。这就决定了定罪的结论必须准确、无误,否则就会冤枉无辜或者放纵犯罪分子。

其次,正确定罪量刑能使刑事法律得到确证,社会正义得以伸张。刑法既是行为规范,又是裁判规范,一经公布施行,就要求得到普遍遵守,要求其内容得到确证和实现。法院通过对犯罪行为宣告有罪,使刑法的内容得到了确证和实现,使人们认识到刑法不仅仅是一个法律文本,而且是必须得到遵守和实施的裁判规范。同时,人民群众的正义要求得到了伸张。

最后,正确的定罪量刑可以起到促进刑法完善的作用。根据罪刑法定原则的要求,定罪量刑的根据只能是刑法规定的犯罪构成和法定刑,而刑法在制定时虽然尽可能地反映与犯罪作斗争的客观实际,反映犯罪变化的规律性,但是立法毕竟是一种主观认识活动,它与不断变化的社会经济生活相比,与随着社会经济生活变化而变化的犯罪的实际情况相比,总是存在着主观认识与客观实际之间的差别。正确的定罪量刑能及时反映出刑事立法与犯罪现实之间的差距,能够及时地把社会危害性较大、应作为犯罪予以打击而未能在刑事立法中规定的行为纳入刑法体系,或者把已被纳入刑法规范而社会危害性减弱的行为予以出罪,推动刑事法治的完善。

二、刑法的解释

刑法解释是指对刑法规范含义的具体阐释与说明,它以刑法规范和刑法实施中的问题为解释对象,有助于准确理解刑法规范的真实含义,科学公正地解决好刑法理论与实践活动中遇到的疑难问题。

理论上,我们总是希望将刑法规范明确到不容许解释的程度,然而这是不现实的,目前没有哪一个国家的刑事立法能够做到这一点。刑法的解释仍然是必要的,主要理由有以下两点:首先,刑法的规定是对各种犯罪现象的高度抽象和概括,因此,不可能做到面面俱到,包罗万象。刑法的概念、术语及其立法的精神,只有通过解释才能使之明确化,便于人们正确理解和执行。其次,客观事物不仅复杂,而且始终处于变化状态,这就需要通过刑法的解释,对某些条文赋予新的内容,使刑法既能保持稳定性又能适应变化发展了的具体情况。可见,刑法解释是连接刑事立法与刑事司法的重要桥梁与纽带,对于正确理解和应用刑法条文,都具有重要的意义。

关于刑法解释的种类和方法,中外学者众说纷纭,很难取得一致。这里我们从效力的角度对刑法解释作一分类。

(一)有效解释

也称有权解释、正式解释或法定解释,是指由特定的国家机关依照宪法和法律赋予的职权对刑法规范的含义及其具体应用中遇到的问题所作出的具有法律效力的解释与说明。根据我国宪法和全国人大常委会《关于加强法律解释工作的决议》规定,有权解释刑法的国家机关有全国人大常委会、最高人民法院和最高人民检察院。

有效解释分为立法解释和司法解释两种。

1.刑法的立法解释

刑法的立法解释,是指全国人大常委会对刑法规范的含义及其具体应用中遇到的问题所作出的具有法律效力的解释与说明。刑法的立法解释对于弥补刑法规范的漏洞,使刑法规范有效适用于复杂多变的犯罪案件,维护刑法规范的稳定性,具有重要作用。自 2000 年 4 月 29 日开始,全国人大常委会开始履行宪法赋予的解释刑事法律的职责。到 2006 年 12 月,全国人大常委会已经颁布了 12 个刑法解释,分别对《刑法》第 30 条、第 93 条第 2 款、第 312 条、第 313 条、第 158 条、第 159 条、第 228 条、第 266 条、第 294 条第 1 款、第 341 条、第 342 条、第 384 条第 1 款、第 410 条的条文,以及对渎职罪主体、信用卡、出口退税和抵扣税款的其他发票等概念,甚至对具有科学价值的古脊椎动物化石、古人类化石可以适用《刑法》有关文物规定作出了解释。其解释的方式主要有以下两种:

(1)在法律的起草说明或者修订说明中所作的解释。例如,彭真 1979 年 6 月 26 日在第五届全国人大第二次会议上所作的"关于七个法律草案的说明"中对有关刑法规定所作的说明。

(2)刑法在施行过程中所发生的歧义,全国人大常委会有权进行解释。依照《中华人民共和国宪法》第 67 条、《立法法》第 42 条的规定,全国人大常委会有权解释法律。例如,2000 年 4 月 29 日全国人大常委会通过的《关于〈中华人民共和国刑法〉第九十三条第二款的解释》,2005 年 12 月 29 日全国人大常委会《关于〈中华人民共和国刑法〉有关文物的规定适用于具有科学价值的古脊椎动物化石、古人类化石的解释》。

需要指出的是,有学者将刑法条文中对某一法律问题或定义所作的解释也作为立法解释的一种。本书不赞成这种观点。因为刑法条文中的解释性规定(如《刑法》第 93 条关于国家工作人员的规定),在逻辑上是通过立法程序表决制定的"法律"本身,不能将其等同于以相对简单的法律解释程序通过的"法律解释"。

2.刑法的司法解释

司法解释是国家最高司法机关对刑法适用所作的解释。因其只对司法机关处理刑事案件适用法律有约束力,因而又称司法有权解释,是一种司法活动。刑法的司法解释分为审判解释、检察解释和联合解释。审判解释是由最高人民法院对审判工作如何具体运用刑法规范所作的解释,它对全国的审判工作有普遍的约束力;检察解释是最高人民检察院对检察工作中如何具体应用刑法规范问题所作的解释,它对全国的检察工作有普遍的约束力。联合解释是最高人民法院和最高人民检察院,有时还包括公安部、安全部、司法部等,对司法工作中如何具体运用刑法问题所共同作出的司法解释,它对全国的刑事司法工作均有约束力。

在目前的情况下,这种司法解释对维护我国法制的统一起着重要的作用。但是,这种解释没有宪法依据,并明显地与宪法关于“人民法院依照法律规定独立行使审判权”(《宪法》第126条)、最高人民法院的工作是“监督地方各级人民法院和专门人民法院的审判工作”(《宪法》第127条)的规定、以及《立法法》中关于“法律解释权属于全国人民代表大会常务委员会”(《立法法》第45条)的规定相抵触。因为“两高”等国家机关只是“可以向全国人民代表大会常务委员会提出法律解释要求”(《立法法》第46条),而不是它们本身享有解释法律的权力。事实上,如果依据《立法法》第104条“最高人民法院、最高人民检察院作出的属于审判、检察工作中具体应用法律的解释,应当主要针对具体的法律条文,并符合立法的目的、原则和原意。遇有本法第四十五条第二款规定情况的,应当向全国人民代表大会常务委员会提出法律解释的要求或者提出制定、修改有关法律的议案”的规定要求,真正意义上的“司法解释”应当是非常有限的。因此,在我国目前的法制框架内,通过判例、制定司法指导意见等方式来发挥最高人民法院对全国各级人民法院的监督、指导职能,也许是解决法律适用过程中如何保证法制统一问题较为可行的选择途径。

需要特别指出的是,根据“两高”2001年《关于适用刑事司法解释时间效力问题的规定》,司法解释从发布或者规定之日起施行,效力适用于法律的施行期间。对于司法解释实施前发生的行为,行为时没有相关司法解释,司法解释施行后尚未处理或者正在处理的案件,依照司法解释的规定办理。对于新的司法解释实施前发生的行为,行为时已有相关司法解释,依照行为时的司法解释办理,但适用新的司法解释对犯罪嫌疑人、被告人有利的,适用新的司法解释。对于在司法解释施行前已办结的案件,按照当时的法律和司法解释,认定事实和适用法律没有错误的,不再变动。这与我国《刑法》有关溯及力的原理是一致的,充分体现了效力同等、有利于被告和从旧兼从轻的原则。

(二)无效解释

也称无权解释或非正式解释,是指未经授权的国家机关、团体、社会组织、学术机构或公民个人对刑法规定所作的阐释和说明。由于其未经授权,故该解释没有法律效力。它具体可以划分为学理解释和任意解释。

1.学理解释

学理解释是指由宣传部门、社会组织、教学科研单位或专家学者从学理上对刑法含义所作的阐释和说明。如刑法教科书、理论专著、论文、案例分析等对刑法含义及具体应用所遇到的问题作出的阐释和说明。学理解释虽然没有法律效力,但正确的学理解释对刑事立法和司法实践具有重要的影响和参考价值,对提高全体公民的法律意识及促进刑法学的发展具有重要作用。

2.任意解释

任意解释是指在刑事司法过程中,当事人及其辩护人、代理人等对刑法含义及具体应用问题所作的理解和阐释。任意解释虽然没有法律效力,但其对刑法的理解与阐释是司法机关正确处理案件或公正判案的重要参考意见。

此外,在刑法解释中,无论是有效解释还是无效解释,都会应用到文理解释、论理解释和历史解释等方法。文理解释是对法律条文包含的字、词、句从字面含义上进行的解释。论理解释是按照立法精神,联系相关情况,从逻辑上对条文进行的解释。论理解释,根据其对字面含义把握的尺度,又分为当然解释、扩张解释和限制解释。历史解释是根据条文出台的背景对其所作的解释。

复习与练习

本章提要

刑法是规定犯罪、刑事责任与刑罚的法律规范的总和。它具有规范内容的特定性、调整社会关系的广泛性、调整手段的严厉性以及立法主体的单一性等特征。刑法的总目的在于惩罚犯罪、保障人权,刑法的全部规定,刑事立法和刑事司法的全部活动,都是为实现这一目的而进行的。我国刑法的立法经历了从初创到逐步完善的过程,其渊源是以刑法典为基础,以单行刑事法律、刑法修正案和附属刑法为补充的。我国刑法的体系是通过总则、分则、附则,以编、章、节、条、款、项把刑法涉及的内容有机地结合在一起的。刑法解释是指对刑法规范含义的具体阐释与说明,它分为立法解释、司法解释和学理解释等多种形式。

重要概念

刑法　刑法的渊源　刑法的体系　刑法的解释

思考题

1.如何理解刑法的概念?

2.刑法的渊源包括哪些?

3.如何理解刑法的有效解释?

4.我国刑法规范的最基本单位是(　　　)。

　　A.章　B.节　C.条　D.款

第二章　刑法的基本原则

刑法的基本原则是刑事立法和刑事司法必须遵循的行为准则，它在整个刑法的创制和实施中起着重要的作用。我国《刑法》规定的基本原则是罪刑法定原则、适用刑法平等原则和罪责刑相适应原则。

本章重点
- 刑法基本原则的概念
- 罪刑法定原则
- 适用刑法平等原则
- 罪责刑相适应原则

第一节　刑法基本原则概述

一、刑法基本原则的概念

刑法基本原则是决定刑事立法和刑事司法走向的、带有全局性和根本性的基础理论问题，一直以来受到刑法理论界与实务界的高度关注，经历了长期的争论和广泛的讨论。新中国成立后于 1979 年颁布的第一部《刑法》，由于受当时历史条件的限制，并没有将刑法的基本原则写入刑法典，但理论上对刑法基本原则的研讨从未停止过。通过长期的理论争鸣和 1979 年《刑法》的多年实践，立法机关终于在修订刑法时有选择地把罪刑法定原则、适用刑法平等原则和罪责刑相适应原则写入1997 年的《刑法》中，予以法定化。

所谓刑法基本原则，是指贯穿于全部刑法规范，具有指导和制约全部刑事立法和刑事司法意义，并体现我国刑事法治的基本精神的准则。刑法的基本原则是社会主义法制原则在刑法中的具体表现，是各个部门法都必须遵循的共同准则在刑法中的特殊体现。这种特殊性表现在以下几个方面：

第一，刑法基本原则是能够体现我国刑事法治基本精神的准则。刑事法治的基本精神是刑法基本原则的精髓，体现着宪法对刑法的要求。我国刑事法治的基本精神是：坚持法治，摒弃人治；坚持平等，反对特权；讲求公正，反对徇私。只有符合以上要求，才能成为代表社会文明和人类进步，并被人们自觉遵守的行为准则。

第二,刑法基本原则具有指导和制约全部刑事立法和刑事司法的意义。刑事立法和刑事司法是两个不同层面的国家活动,分别由不同的机关行使职权。从某种意义上讲,刑事立法与刑事司法是两个完全不同的范畴。但由于刑事立法和刑事司法的目标是一致的,它们在追求目标实现的过程中所涉及的实体内容是相同的,因此,为了保持国家对犯罪追究尺度的统一性,就需要由起引领作用的基本原则的统一性来保障。

第三,刑法基本原则是贯穿全部刑法规范的原则。自近代以来,成文法国家为了遏制和打击犯罪,需要通过刑事立法把与定罪量刑有关的内容形成确定的行为规范,提供给公民和司法人员遵照。而刑法规范的制定是一个十分复杂的问题,需要遵守各种不同的法律原则,刑事司法也是如此。但并非刑事立法和刑事司法所遵守的任何原则都是刑法的基本原则,其中能作为刑法基本原则的,只是那些贯穿于刑法规范之中,并且具有全局性、根本性的准则。我国刑法规定的关于刑法溯及力的从旧兼从轻原则、对未成年人犯罪从宽处罚的原则、累犯从重处罚的原则、数罪并罚的原则等,虽然都是刑法中不可缺少的原则,但这些原则只是刑法的局部原则,而不是贯穿于刑法规范之中的全局性、根本性的原则,因而不是刑法的基本原则。

当然,刑法基本原则也是随着实践的发展而变化的。从理论上说,除了刑法明文规定的三个基本原则以外,保障人权原则、主客观相统一原则、罪责自负原则、惩罚与教育相结合原则也在全部刑法规范中得到了贯彻,也是刑法的基本原则,它们与罪刑法定原则、罪责刑相适应原则具有密切的联系。

二、刑法基本原则的意义

刑法基本原则是贯穿于全部刑法规范中的根本准则,是刑事法治基本精神的集中体现,它们对刑事立法和刑事司法具有巨大的指导和制约作用。一方面,创制刑事立法的工作,包括对刑法的修改和补充,都必须严格遵守刑法基本原则,以刑法基本原则为准绳;另一方面,刑事司法工作也必须始终贯彻刑法的基本原则,司法人员在理解和适用刑法的具体条款时,必须以刑法基本原则为指导,以刑法基本原则作为判断法律适用和法律理解正确与否的总标准。因此,刑法基本原则具有强大的威力,它们既有利于积极地同犯罪作斗争,又有利于保障公民的合法权益;既有利于推进法治化进程,又有利于维护法律的公正性;既有利于实现刑法的目的,又有利于达到刑罚的最佳效果。坚持刑法基本原则,必将促进我国刑事立法的完善和刑事司法的文明,从而更好地保障我国社会主义事业的顺利进行。

第二节　罪刑法定原则

一、罪刑法定原则的含义和要求

我国《刑法》第 3 条规定:"法律明文规定为犯罪行为的,依照法律定罪处刑;法律没有明文规定为犯罪行为的,不得定罪处刑。"这就是"罪刑法定原则"。它的基本含义是:什么是犯罪,有哪些犯罪,各种犯罪的构成要件是什么,有哪些刑种,各个刑种如何适用以及各种具体罪的量刑幅度如何选择等,都由刑法加以规定。对于刑法分则没有明文规定为犯罪的,不得定罪处罚。概括起来说,就是"法无明文规定不为罪,法无明文规定不处罚"。

罪刑法定的思想渊源,最早可以追溯到 1215 年英王约翰签署的《大宪章》第 39 条的规定,"凡是自由民除经贵族依法判决或遵照国内法律之规定外,不得加以扣留、监禁、没收其财产、剥夺其法律保护权,或加以放逐、伤害、搜索或逮捕。"这被认为是罪刑法定的最早思想渊源。到了 17 世纪,随着自由民主思想的不断发展,资产阶级启蒙思想家针对封建刑法中罪刑擅断、践踏人权的黑暗现实,提出了法律没有明文规定为犯罪的,不得处罚。这在当时被称为是"罪行法定主义"思想。资产阶级革命胜利后,随着对宪法理论的深入研究,人们认识到罪行法定主义仅仅是解决了罪法定的问题,尚没有从根本上解决刑法定的问题,因此就提出了要真正全面地保障人权,必须坚持罪与刑一并法定。罪刑法定的思想经过了艰难的发展,逐渐由学说转变为法律,并在宪法和刑法中先后得到确认。一般认为,现代意义上的罪刑法定原则的法律渊源是法国 1789 年的《人与公民权利宣言》(简称《人权宣言》),《人权宣言》第 8 条规定:"法律只应规定确实需要和显然不可少的刑罚,而且除非根据在犯罪前已制定和公布的且系依法施行的法律,不得处罚任何人。"在《人权宣言》这一内容的指导下,1810 年的法国刑法典第 4 条首次以刑事立法的形式明确规定了罪刑法定原则。随后,欧洲各国相继效仿,并逐渐影响到世界其他国家。

罪刑法定原则的思想渊源,一般认为是自然法理论、三权分立思想与心理强制说。自然法理论是近代资产阶级启蒙思想家提出的自然法哲学的总称,其理论渊源可以追溯到古希腊柏拉图的理念论和亚里士多德的自然正义说,基本内容包括自然状态说、自然法原则说、社会契约说等学说。这些学说,都以人的自然权利至上,主张用制定法来限制刑罚对个人权利的干预。三权分立思想是由法国启蒙思想家孟德斯鸠提出的,他认为政治自由是民主宪政制度的直接目的,主张严格分离立法、司法和行政三项权力,并由不同的国家机关行使。在刑法领域,提出由立法机关制定刑法,由司法机关适用刑法,以权力制约来保障人权。心理强制说是指由法律事先规定刑罚,并通过执行刑罚对犯罪人以及一般公民产生一种威吓的心理强制机制,从而达到预防犯罪的目的。该学说是由德国学者费尔巴哈创立的。他提出应事先明文规定犯罪及其法律后果,从而促使人们作出趋利避害的选择,以免实施犯罪行为。

但是,由于上述理论或者思想存在一系列不符合实际的状况,西方现代刑法理论一般认为,民主主义与尊重人权主义是罪刑法定原则的思想基础。民主主义的内容是:对于什么行为是犯罪、对犯罪应处以何种刑罚,应由国民自身通过其代表来决定。尊重人权主义的内容是:为了保障人权,不致妨碍国民的自由行为,又不致使国民产生不安感,就要使国民事先能够预测自己行为的性质与后果,因此,什么行为是犯罪、对犯罪给予什么处罚,必须由法律事前明确规定。

我国作为人民当家做主的人民民主专政国家,刑法必须体现广大人民群众的意志。要使人民群众的意志体现在刑法中,就要求由人民群众自己决定什么行为是犯罪、对犯罪如何处理。这样,刑法只能由人民群众选举产生的代表组成的机关来制定,而不能由其他机关来制定。因此,为了实现人民意志,保障公民权利,维护社会秩序,必须实行罪刑法定原则。

罪刑法定原则的基本要求是:(1)法定化,即犯罪与刑罚必须由法律事先作出明文规定,不允许法官自由擅断。(2)实定化,即对于什么行为是犯罪和犯罪产生的具体法律后果都必须作出实体性的法律规定。(3)明确化,即刑法条文必须文字清晰,意思确切,不得含糊其辞或模棱两可。西方学者曾将其概括为四个方面,作为罪刑法定原则的派生原则,即排斥习惯法、排斥绝对不定期刑、禁止有罪类推、禁止重法溯及既往。晚近以来,有学者在传统罪刑法定原则注意罪与刑的法定化的基础上,对之进行了补充,注重对罪与刑本身合理性的要求,认为代表国民意志的立法机关所制定的成文刑法,内容必须适当、正当,不得规定处罚不当罚的行为,对犯罪行为不得规定残虐的、不均衡的刑罚,即将"实体的正当程序原则"也纳入到罪刑法定原则的要求中。

二、罪刑法定原则的类型和内容

罪刑法定原则从最初针对罪与刑需要法定化而提出,到今日针对已法定化之罪刑适用范围的恰当掌控,经历了漫长的历史过程。其间,世界各国的政治、经济、社会、文化背景都发生了深刻的变化,建立在此基础上的罪刑法定原则的内容也随之发生了很大变化。从类型上考察,这一变化就是绝对(形式)罪刑法定向相对(实质)罪刑法定转变的过程。

(一)绝对罪刑法定原则及其内容

绝对罪刑法定原则,是指犯罪和刑罚的法律规定必须具体、明确,司法人员只是严格按照法律的规定执行,没有任何自由裁量的权力。绝对罪刑法定原则的基本内容是:(1)绝对禁止适用类推和扩大解释,把刑法条文对犯罪种类、犯罪构成要件的明文规定,作为对现行案件定罪的唯一根据。法律没有明文规定的行为,无论其社会危害性多大,都不能通过类推或者扩大解释作为犯罪处理。(2)绝对禁止刑法溯及既往,即对行为人行为的定性和处罚,只能依据行为人行为时已经颁布的有效法律作为依据,行为后颁布的新法不具有溯及既往的效力。(3)绝对禁止适用习惯法,成文法是刑法的唯一渊源。对于刑法上没有规定的行为,不允许援用习惯法来定罪量刑。(4)绝对禁止不定期刑,要求刑罚的名称、种类、幅度,都必须绝对确定,不允许存在不定期刑。

(二)相对罪刑法定原则及其内容

相对罪刑法定原则是指犯罪与刑罚的确定具有一定的认识和裁量空间。其基本内容是:(1)在定罪根据上,允许有条件地适用类推和扩大解释。即适用类推必须以法律明确规定的类推制度为前提,以有利于被告人为原则,不允许任意类推;进行扩大解释必须以不超越解释权限为前提,以符合立法精神为原则,不允许越权解释或违背立法本意作任意解释。(2)在刑法的渊源上,允许习惯法成为刑法的间接渊源,但必须确有必要或不得已而用之。即只有当对行为是否构成犯罪的确定必须借助习惯法加以说明时,习惯法才能成为对个案定性处理的根据。(3)在刑法的溯及力问题上,采取从旧兼从轻原则。(4)在刑罚的种类上,允许采用相对的不定期刑。即在刑法对刑罚种类作出明文规定的前提下,可以规定出具有最高刑和最低刑的量刑幅度,法官有权根据案件的具体情况,在法定的量刑幅度内选择适当的刑种和刑期。

三、罪刑法定原则的立法体现和司法适用

(一)罪刑法定原则的立法体现

对于罪刑法定原则如何体现在立法中,各国的做法不完全一样。有的在宪法中规定,在刑法中不再专门规定,如日本;有的只规定在刑法中,如德国;还有的在宪法和刑法中同时规定,如法国和意大利。

我国 1979 年《刑法》没有规定罪刑法定原则,相反却在第 79 条中规定了有罪类推制度。所以,对于 1997 年以前我国刑法是否采用了罪刑法定原则,在理论上曾有不同的认识。有的认为,刑法既然规定了类推制度,就不可能存在罪刑法定原则;也有的认为,我国规定的类推制度只是罪刑法定原则的例外,罪刑法定原则才是基础。我们认为,在 1997 年《刑法》修订前,中国刑法在一定程度上是贯彻了罪刑法定原则的,这可以从刑法规定了明确的犯罪概念,罪与非罪、此罪与彼罪的界限,犯罪构成的一般要件和具体要件,以及层级不同的法定刑等立法内容中看出。当然,类推制度以及其他一些不合罪刑法定原则要求情形的存在,确实也影响了罪刑法定原则的完整性和有效性。例如,1982 年全国人大常委会《关于严惩严重破坏经济的罪犯的决定》和

1983 年全国人大常委会《关于严惩严重危害社会治安的犯罪分子的决定》在 1979 年《刑法》规定的基础上,提高了部分犯罪的法定刑,有的还规定了死刑,但在溯及力的问题上却分别采用了有条件的从新原则和绝对的从新原则,与罪刑法定原则相矛盾。但是,这种矛盾现象的存在,只能说当时中国刑法对罪刑法定原则的认识和贯彻程度还有不足,立法规范不够科学,而不能认为中国刑法中没有体现罪刑法定原则的精神。

1997 年 3 月通过的《刑法》,从完善我国刑事法治、保障人权的需要出发,在继续贯彻罪刑法定原则内在精神的基础上,在第 3 条中明文规定了罪刑法定原则,并废止类推,成为刑法修订和我国刑法发展的一个重要里程碑,对其后的刑法修正案以及单行刑法的制定产生了全面、深刻的影响。

1. 修订的刑法典和其后的刑法修正案以及单行刑法实现了犯罪的法定化和刑罚的法定化。犯罪的法定化具体表现为:(1)明确规定了犯罪的概念,认为犯罪是危害社会的、触犯刑法的、应当受到刑罚处罚的行为。(2)明确规定了犯罪构成的共同要件,把犯罪客体、犯罪客观方面、犯罪主体、犯罪主观方面作为一切犯罪成立都必须具备的条件。(3)明确了各种具体犯罪的构成要件,为正确判断罪与非罪提供了具体的法律依据。刑罚的法定化具体表现为:(1)明确规定了刑罚的种类,即刑罚分为主刑和附加刑两大类,主刑包括管制、拘役、有期徒刑、无期徒刑和死刑;附加刑包括罚金、剥夺政治权利和没收财产以及驱逐出境这一特别附加刑。(2)明确规定了量刑的原则和各种刑罚制度。(3)明确规定了各种具体犯罪的法定刑,确定了刑罚的种类和幅度,为司法机关正确量刑提供了标准。

2. 修订的刑法删除了 1979 年《刑法》第 79 条的规定,取消了类推制度,以保证罪刑法定原则的贯彻。

3. 修订的刑法重申了 1979 年《刑法》第 9 条关于刑法溯及力问题上从旧兼从轻的原则,并作了进一步明确、具体的规定。

4. 在罪种的规定方面,修订的刑法典和其后的刑法修正案以及单行刑法已较为完备。其中,刑法分则条文由 1979 年的 103 条增加到 350 条,罪名数由 1979 年的 130 个增加到 420 多个。在 1997 年刑法施行后,又经过了 12 次修订,分则条文已经增加到 372 个(不包括历次修改增加的“款”和“项”),罪名数增加到 483 个(不包括历次修改和增加的选择性罪名项)。

5. 在具体犯罪的构成要件或罪状以及各种犯罪的法定刑的设置方面,修订的刑法典和其后的刑法修正案以及单行刑法也增强了法条的可操作性。对于绝大多数犯罪,使用叙明罪状,使犯罪构成要素明确化;在犯罪的处罚规定上,采取加重和减轻的分级模式,注重量刑情节的具体化。这不仅增强了刑法规范的可操作性,也有利于罪刑法定原则的具体体现。

当然,尽管修订刑法在罪刑法定原则法定化方面有了实质性的进步,但在将罪刑法定原则全面贯穿到每个刑法条文中,还有许多需要协调和改进的地方。

（二）罪刑法定原则的司法适用

罪刑法定原则的实现,除了立法活动以外,也有赖于司法机关实际的执法活动。这种执法活动的基本要求是准确定罪、正确量刑。从我国的司法实践来看,切实贯彻执行罪刑法定原则,必须把握好以下三个问题:

1.准确认定犯罪

对于刑法明文规定的各种犯罪,司法机关必须坚持"以事实为根据,以法律为准绳"的原则,认真把握犯罪的本质特征和犯罪构成的具体要件,严格区分罪与非罪、此罪与彼罪的界限,做到定性准确,不枉不纵,于法有据,名实相符。

2.正确裁量刑罚

对各种犯罪的量刑,也必须严格依据刑法对具体犯罪所规定的法定刑种类和幅度,全面考察各种影响量刑的情节,确定适当的刑罚。只有严格遵守事实与法律相结合的司法原则,才能正确量刑。值得注意的是,由于刑法规范具有抽象性,在刑罚裁量中需要赋予司法人员一定的自由裁量权,但这种自由裁量权的行使是有条件的,司法人员只能在不违背罪刑法定原则要求的前提下,才能行使自由裁量权,而不能超出刑法的规定滥用自由裁量权。

3.正确解释刑法

由于刑法规范的抽象性使然,司法机关在适用刑法定罪量刑时,都需要对相关的规范进行解释。因此,从某种意义上讲,刑法的适用过程也是刑法的解释过程,但无论是进行司法解释还是进行学理解释,都应当严格遵守罪刑法定原则。特别是对司法活动具有直接指导意义的司法解释要严守解释权限,不能超越权限进行解释,更不能曲解法律进行解释,甚至以司法解释取代刑事立法。

第三节　适用刑法平等原则

一、适用刑法平等原则的含义

适用刑法平等原则是我国宪法所确立的法律面前人人平等原则在刑法中的具体化。我国宪法明确规定,任何组织和个人,都"必须遵守宪法和法律","都不得有超越宪法和法律的特权","一切违反宪法和法律的行为,必须予以追究"。宪法的这一原则要得到有效贯彻,必须在一些具体法律中加以落实。如我国的《刑事诉讼法》、《民事诉讼法》等基本法律都规定了公民在适用法律上一律平等。由于刑法的适用直接关系到公民自由甚至生命,宪法上的平等原则能否在刑法中得到贯彻落实,就更为引人注目。因此,为了强调和贯彻适用刑法平等原则,《刑法》第4条规定：“对任何人犯罪，在适用法律上一律平等。不允许任何人有超越法律的特权。”

适用刑法平等原则的基本含义是：任何人犯罪，都应当受到法律的追究；同样情节的犯罪人，在定罪处罚时应当平等对待；任何人不得享有超越法律规定的特权，不得因犯罪人或者受害人的特殊身份、地位或者家庭出身、民族、宗教信仰等而对犯罪人予以不同的刑罚适用。任何受到犯罪侵害的人，都应当一视同仁依法得到保护；被害人同样的权益应当受到同等的保护。

适用刑法平等原则，并不排斥因犯罪人的个人情况而区别对待。对于那些具有特定身份的人，由于这种身份对于其行为的社会危害性及其程度存在一定的影响，因而会对其在罪与非罪的界限及量刑的轻重上予以区别对待。例如，刑法规定，国家机关工作人员犯诬告陷害罪的，从重处罚；未成年人犯罪应当从轻或减轻处罚，这些都是罪刑法定原则下实质平等的体现，是平等的应有之义。

二、适用刑法平等原则的具体体现

在刑事司法中贯彻适用刑法平等原则，主要包括定罪、量刑等几个环节。

首先，对于实施犯罪行为的任何人，都必须严格依照法律定罪量刑。第一，在定罪上平等。任何人犯罪，无论其身份、地位等有何不同，都适用相同的法定定罪标准，而不允许在有罪与无罪、重罪与轻罪、此罪与彼罪上另列标准。第二，在量刑上平等。对于犯罪性质、情节和社会危害程度相同的犯罪，应当做到同罪同罚，不得因为行为人地位的高低、权力的大小、财产的多少而影响处刑的轻重。当然，量刑上平等是对刑罚适用的基本要求，在具体案件中，根据行为人是否成年，是具备法定情节还是酌定情节等因素而作不同的处罚，是适用刑法平等原则的内在要求。需要注意的是，在我国刑法理论上，通说认为在行刑上一律平等也是适用刑法平等原则的一个方面。它是指在执行刑罚时，对于所有的受刑人平等对待，凡罪行相同、主观恶性相同的，刑罚处遇也应相同，而不能以权势地位等非量刑情节搞特殊化。然而，从刑法适用与刑法实施的关系来看，狭义的刑法适用仅仅是指定罪量刑环节刑法的应用，只有广义的刑法适用可以包括刑罚的执行。

其次，对于没有犯罪的人，都不得定罪量刑。适用刑法平等原则主要强调的是定罪量刑上的一律平等，反对特权；但适用刑法平等原则也意味着，对没有犯罪的任何人也必须平等地保护，不能对他们启动适用刑罚的程序。

适用刑法平等原则的实现需要抓住三个环节：一是在观念上要重视犯罪构成条件与刑罚设置的均衡性，牢固树立公平司法的理念，保证刑法适用具有平等的客观基础；二是建立有利于公平司法、平等适用刑法的体制和制度，保证司法工作人员能够依法、独立审理刑事案件；三是严格执法，对于具体案件要在查明事实的基础上，客观公正地处理每一件案件。

第四节　罪责刑相适应原则

一、罪责刑相适应原则的基本含义

罪责刑相适应原则,也称罪刑相当原则、罪刑均衡原则,其基本含义是:犯多大的罪,就应承担多大的刑事责任,法院也应判处其相应轻重的刑罚,做到重罪重罚,轻罪轻罚,罚当其罪,罪刑相称。它表明,评判罪重、罪轻和刑事责任的大小,应当考虑犯罪行为本身和其他各种影响刑事责任大小的因素。

罪责刑相适应原则是从传统的罪刑相适应原则发展而来的。罪刑相适应的观念,最早可追溯到原始社会基于朴素公平观所形成的因果报应观念,它表现为原始社会的同态复仇和奴隶社会早期的等量报复,即"以血还血、以眼还眼、以牙还牙"。早期对罪刑相适应问题进行探讨的主要是哲学家,如古希腊哲学家亚里士多德在《伦理学》一书中指出:"击者与被击者,杀人者与被杀者,行者与受者,两方分际不均,法官所事,即在施刑罚以补其利益之不均而遂之。"古罗马哲学家西塞罗在其所著《法律篇》中指出:"对于违犯任何法律的惩罚应与犯法行为相符合。"罪刑相适应成为刑法的基本原则,则是17、18世纪的资产阶级启蒙思想家和法学家倡导的结果。孟德斯鸠指出:"惩罚应有程度之分,按罪大小,定惩罚轻重。"贝卡利亚则更为鲜明地指出:"遭受侵害的福利愈重要,犯罪的动机愈强烈,阻止他们犯罪的阻力就应当愈强大。这就是说,刑罚应当与犯罪相均衡。"为此,他提出了罪刑均衡阶梯论,设计了一个与犯罪轻重相适应的刑罚阶梯,以实现罪刑相适应的要求。资产阶级革命胜利后,罪刑相适应原则被写进了法律。除了法国1789年《人权宣言》第8条的原则规定外,1810年的《法国刑法典》具体规定了有罪才有刑,有罪必有刑,刑罚的质量同罪质和实害相适应的内容。这种传统罪刑相适应的思想是以报应主义刑罚观为基础的,强调刑罚与已然犯罪相适应。而从19世纪末开始,随着刑事人类学派和刑事社会学派的崛起,行为人中心论和人身危险性论的出现,保安处分和不定期刑制度的推行,使传统的罪刑相适应原则在刑事立法上受到削弱,罪刑相适应原则的内容得到了修正。刑罚的决定既注重与犯罪行为相适应,又注重与犯罪人个人情况相适应,使刑事古典学派所主张的传统的罪刑相适应原则与刑事人类学派和刑事社会学派所主张的刑罚个别化原则进行了结合。这种把犯罪人的个人情况作为刑罚考量因素的原则,被称为罪责刑相适应原则,它比罪刑相适应原则更加科学和合理。

我国《刑法》第5条规定:"刑罚的轻重,应当与犯罪分子所犯罪行和承担的刑事责任相适应。"这一规定,一方面要求刑事立法在对各种犯罪规定处罚原则、配置刑种刑度、设计裁量和执行制度时,不仅要考虑犯罪的客观罪行,而且要结合考虑行为人的主观恶性和人身危险性,为刑事责任的正确把握奠定基础;另一方面,要求在刑事司法中对犯罪分子裁量刑罚时,不仅要看犯罪行为及其造成的危害结果,而且要考察犯罪分子的个体特征,力求刑罚的个别化。

二、罪责刑相适应原则的立法体现

我国刑法规定的罪责刑相适应原则,贯穿于全部刑法规范中,除对犯罪构成的共同要件和具体犯罪的罪状作出规定外,还特别规定了刑事责任和刑罚的具体内容和要求,主要体现在以下几个方面:

(一)确立了科学的刑罚体系

我国刑法总则确定了一个较为科学的刑罚体系,这一体系由不同的刑罚方法组成。从刑罚的内容上划分,包括自由刑、生命刑、财产刑、资格刑;从种类上划分,有主刑和附加刑。各种刑罚方法相互区别又相互衔接,能够根据犯罪的不同情况灵活地运用,从而为刑事司法实现罪责刑相适应原则奠定基础。当然,在刑罚种类的分类方法上,也存在需要完善的地方。如《刑法》第 32 条规定,刑罚分为主刑和附加刑,第 33 条规定了主刑,第 34 条规定了附加刑。按照逻辑要求,它们应该是穷尽了所有的刑罚种类,在这之外就不应该有其他的刑罚措施了。然而,《刑法》第 35 条又规定了"驱逐出境"。这"驱逐出境"在理论上称为特殊附加刑,其实它应该被设置为第 34 条第 2 款,而不应该成为独立于第 34 条的条文。

(二)规定了区别对待的处罚原则

我国刑法总则根据犯罪的社会危害性程度和犯罪人的人身危险性大小,规定了轻重不同的处罚原则,这种规定不仅体现在刑法总则中,也体现在刑法分则中。例如,刑法总则规定:对于未成年人犯罪,应当从轻或者减轻处罚;对于聋哑人或者盲人犯罪,可以从轻、减轻或者免除处罚;对于预备犯,可以比照既遂犯从轻、减轻或者免除处罚;对于未遂犯,可以比照既遂犯从轻或者减轻处罚;对于中止犯,没有造成损害的,应当免除处罚;造成损害的,应当减轻处罚。教唆不满 18 周岁的人犯罪的,应当从重处罚;累犯和毒品累犯应当从重处罚。刑法分则条文也规定了大量法定从重处罚的情节。

(三)设立了轻重不同的量刑幅度和量刑制度

我国刑法分则不仅根据犯罪的性质和危害程度,建立了一个犯罪论体系,而且还为各种具体犯罪规定了一定幅度的法定刑。这能使司法机关可以根据犯罪的性质、罪行的轻重、犯罪人主观恶性的大小,对犯罪人判处适当的刑罚。刑罚幅度的层级性,使得罪责刑在具体犯罪中得到了全面的贯彻。例如,《刑法》第 153 条规定的走私普通货物物品罪就根据走私货物、物品偷逃的应税数额设置了轻重不同的三档法定刑,能够适应打击这类犯罪的需要。同时,刑法总则还规定了一系列刑罚裁量与执行制度,例如累犯制度、自首制度、立功制度、缓刑制度、减刑制度、假释制度等。

三、罪责刑相适应原则的司法适用

罪责刑相适应原则,作为具体落实犯罪与刑事责任的指导原则,对于司法实践中正确处理犯罪案件具有重要的作用。从我国刑事司法实践的现状看,在刑事司法贯彻这一原则具体适用刑法规范时,应当着重解决以下几个问题:

(一)纠正重定罪轻量刑的错误倾向,把量刑与定罪置于同等重要的地位

由于受历史传统影响,长期以来,我国司法机关在刑事司法活动中,比较注重对案件是否构成犯罪和构成何种犯罪的定性分析,较少对量刑问题进行细致的分析和论证。这不仅表现在刑事犯罪由公安机关侦查的阶段和由检察机关审查起诉的阶段,往往只要证明犯罪事实成立就可,基本不需要考虑刑罚的轻重;也表现在人民法院的刑事审判活动中,刑事审判规则和法官的司法理念,缺乏对量刑的应有重视。近年来为落实"认罪认罚从宽制度"而推行的检察机关量刑建议,虽对量刑问题有所重视,但由于没有开展实质上的量刑辩论,效果并不理想。这使得性质相同、情节相似的案件存在量刑上的较大差异,严重削弱了刑法的权威,损害了被告人或被害人的权益。因此,为了纠正这种错误倾向,切实贯彻罪责刑相适应原则,必须提高司法机关及其工作人员对量刑工作重要性的认识,完善相关制度,把定性准确和量刑适当作为衡量刑事司法工作质量好坏的标准,以此检验每一个刑事案件的司法效果。

(二)纠正重刑主义的错误思想,强化量刑公正的执法观念

重刑主义是封建刑法思想的重要表现,由于复杂的历史原因和现实原因,这种思想对当今的部分法官还有很深的影响。一些法官崇尚重刑,迷信重刑的功能,总认为对犯罪分子判处的刑罚越重越能够起到惩罚和预防犯罪的效果。其实不然,重刑主义是一种粗暴落后的刑法思想,是与罪责刑相适应原则格格不入的。重刑主义观念不除,罪责刑相适应原则就难以贯彻,甚至会被彻底破坏。因此,我们必须清醒地认识到重刑主义的危害,每一个司法人员,尤其是法官都应当树立起量刑公正的观念,切实贯彻罪责刑相适应原则,既不轻纵犯罪分子,也不无故加重犯罪人的刑罚,使法律的公正在刑事司法活动中得到体现,实现刑法保障人权的功能。

(三)纠正不同法院量刑轻重悬殊的现象,实现执法中的平衡和协调统一

按照罪责刑相适应原则的要求,刑罚的轻重只与犯罪人所犯罪行和其承担的刑事责任的程度相适应,除此之外的因素就不能作为刑罚适用的考量因素,似乎只要做到这一点,就会使类似案件在处理的轻重上保持基本一致。但是,从我国的实际情况来看,不同法院在对类似案件的处理上存在轻重悬殊的现象是比较突出的,

造成这种现象的原因是多方面的,既有立法上粗疏的原因,也有司法应用中缺乏统一标准的问题,还有法官个人业务素质和执法水平不高等各种复杂因素。为改变这种不合法、不合理现象,就需要完善刑法立法,严格刑事司法解释,提高刑事审判工作人员的素质,改进量刑方法,多管齐下。

复习与练习

本章提要

刑法的基本原则,是指贯穿于全部刑法规范,具有指导和制约全部刑事立法和刑事司法意义,并体现我国刑事法治的基本精神的准则。它在整个刑法的制定和适用中居于至关重要的地位,起着主导和核心作用。我国刑法明确规定的基本原则为三个,即罪刑法定原则、适用刑法平等原则和罪责刑相适应原则。罪刑法定原则的思想渊源,一般认为是自然法理论、三权分立思想与心理强制说。西方现代刑法理论一般认为,民主主义与尊重人权主义是罪刑法定原则的思想基础。罪刑法定原则的基本内容是:禁止适用类推和扩大解释、禁止重刑溯及既往、禁止习惯法和禁止不定期刑。罪刑法定原则的基本要求是:法定化、实定化和明确化。适用刑法平等原则的基本含义是:任何人犯罪,都应当受到法律的追究;同样情节的犯罪人,在定罪处罚时应当平等;任何人不得享有超越法律规定的特权,不得因犯罪人或者受害人的特殊身份、地位或者家庭出身、民族、宗教信仰等而对犯罪人予以不同的刑罚适用。任何受到犯罪侵害的人,都应当一视同仁依法得到保护;被害人同样的权益应当受到同样的保护。罪责刑相适应原则的基本含义是:犯多大的罪,就应承担多大的刑事责任,法院也应判处其相应轻重的刑罚,做到重罪重罚,轻罪轻罚,罚当其罪,罪刑相称。

重要概念

罪刑法定原则 适用刑法平等原则 罪责刑相适应原则

思考题

1. 简述罪刑法定原则的基本内容与要求。
2. 适用刑法平等原则的含义是什么?
3. 如何理解我国刑法中的罪责刑相适应原则?
4. 下列各项,符合相对罪刑法定原则的内容是( )。
A. 禁止类推和扩大解释   B. 禁止重罪溯及既往
C. 禁止适用习惯法   D. 禁止相对不定期刑

第三章　刑法的效力

刑法的效力，也称刑法的适用范围，是指刑法在什么时间、什么地方以及对什么人有效的问题。我国《刑法》第6条至第12条规定了刑法的效力，具体包括刑法的空间效力和刑法的时间效力。

本章重点

- 刑法效力的概念
- 我国刑法的空间效力
- 我国刑法的时间效力

第一节　刑法的效力概述

一、刑法效力的概念

刑法的效力，也称刑法的适用范围，是指刑法在空间、时间上的效力。它包括两部分内容，即刑法的空间效力和刑法的时间效力。

刑法的效力主要涉及两个方面的问题：一是解决刑事案件的管辖权，二是确定刑法的溯及力。刑法的效力问题是刑法立法和刑事司法实践中面临的一个重大而复杂的问题，它既关系到国家主权尤其是司法主权能否得到有效落实，也关系到国家、社会组织和公民权利能否得到切实保障。因此，一个国家的刑法在什么领域适用，对哪些人适用，是刑事立法和司法首先需要解决的问题。与此相联系，刑法的溯及力则直接关系到对行为人的行为是根据新法处理还是根据旧法处理，以及如何处理新法与旧法的关系，它对于罪与非罪及刑罚的轻重都有重大影响。

二、刑法的空间效力的概念和原则

（一）刑法的空间效力的概念

刑法的空间效力，是指刑法在什么地域和对什么人具有拘束力，它要解决的是刑事管辖权的范围问题，包括刑法对地域的管辖权和对人的管辖权。因为，一方面，犯罪总是发生在一定的区域的，各个不同的区域都被国际法确定为由不同主权的国家管理，因此，基于一国意志所制定的刑法不可能凭其单方意思在其主权覆盖的领土外生效,这是国家主权原则的要求。另一方面,任何犯罪都是人的行为,它总是发生在特定的空间场所的,因此,人的行为实际上就是特定空间的对象,在刑法上考察人的行为主要就是对空间范围的界定。

（二）刑法的空间效力的原则

近代以来,为妥善处理不同国家为实现各自刑事司法目的所产生的冲突,各国均通过立法对刑法的空间效力范围作出了明确的规定,形成了一些具有共性的原则。从各国刑法的立法规定和理论主张来看,概括起来大致有以下几种:

1. 属地管辖原则

属地管辖原则又称领土原则,即以地域为标准,凡是在本国领域内犯罪,无论是本国人还是外国人,都适用本国刑法;反之,在本国领域外犯罪的,则不适用本国刑法。

2. 属人管辖原则

属人管辖原则又称国籍原则,即以行为人的国籍为标准,凡是本国人,不管是在本国领域内还是在本国领域外犯罪,均适用本国刑法。如果是外国人,即使是在本国领域内犯罪,也不适用本国刑法。

3. 保护管辖原则

保护管辖原则也称自卫原则,即以保护本国利益为标准,凡侵害本国国家或者国民利益的,不论犯罪人是本国人还是外国人,也不论犯罪地在本国领域内还是在本国领域外,均适用本国刑法。

4. 普遍管辖原则

普遍管辖原则也称世界主义原则,即以保护国际社会的共同利益为标准,凡发生国际公约所规定的侵害国际社会共同利益的犯罪,都是对世界的犯罪,即使犯罪人是外国人,犯罪地在本国领域外,都适用本国刑法。

上述各项原则,单独来看,都有其合理性;但放在国际范围来看,就弊端重重。属地管辖原则,立足于国家主权,但不能解决本国人或外国人在本国领域外侵害本国国家或公民利益的犯罪问题;属人管辖原则,实现了刑法对本国公民的绝对管辖权,有利于本国公民遵守本国法律,但不能解决外国人在本国领域内的犯罪问题;保护管辖原则,满足了无条件保护国家利益和本国公民利益的愿望,但对外国人在国外的犯罪,缺乏实际控制权,鞭长莫及;普遍管辖原则,在一定意义上说就是履行世界警察的职责,但在各国立场不同的情况下,落实这一原则会变得非常艰难。因此,上述各项原则,没有一种是绝对优良的。现代世界多数国家的刑法,一般是采用"属地管辖原则为基础,其他原则为补充"的折中原则。我国刑法也是如此。

三、刑法的时间效力的概念和原则

刑法的时间效力,是指刑法在时间上的拘束力,它包括刑法的生效时间,刑法的失效时间以及刑法对其生效前的行为是否具有溯及力的问题。

关于刑法的生效时间,各国的做法大致有两种:一是刑法自公布之日起生效;二是刑法在公布一段时间后生效。而刑法的失效时间,通常也有两种情况:一是由立法机关明确宣布某个法律无效;二是自然失效,即新法代替了同类内容的旧法,或者旧法立法时的一些特殊条件已不存在,旧法自然失效。

刑法的溯及力,是指刑法生效后,对于生效以前未经审判或者判决尚未确定的行为是否适用的问题。如果能够适用,就是有溯及力;如果不能适用,就没有溯及力。解决刑法的溯及力问题,各国所采用的原则主要有以下四个:(1)从旧原则,即按照行为时的旧法处理,新法对其生效前的行为一概没有溯及力。(2)从新原则,即按照新法处理,新法对其生效以前未经审判或者判决尚未确定的行为均具有溯及力。(3)从新兼从轻原则,即新法原则上有溯及力,但旧法不认为是犯罪或者处刑较轻的,按照旧法处理。(4)从旧兼从轻原则,即新法原则上没有溯及力,但新法不认为是犯罪或者处刑较轻的,按照新法处理。

上述原则,反映了立法者对旧法与新法的不同态度。综合而言,从旧兼从轻原则与罪刑法定原则的要求比较一致,"从旧"表明了在行为时不受处罚的行为,不能依据裁判时的生效法律给予处罚;即使行为时应受处罚的行为,原则上也应按行为时的法律处罚。只有按照新的法律处理比旧法轻,才能适用新法。因此,这一原则比较符合现代法治社会的理念,被大多数国家所采纳。我国刑法关于溯及力问题采用的是从旧兼从轻原则。

第二节 我国刑法的空间效力

我国《刑法》第 6 条至第 11 条对刑法的空间效力作了规定。其中第 6 条规定了属地管辖原则,第 7 条规定了属人管辖原则,第 8 条规定了保护管辖原则,第 9 条规定了普遍管辖原则。

一、我国刑法属地管辖原则的规定

《刑法》第 6 条第 1 款规定:"凡在中华人民共和国领域内犯罪的,除法律有特别规定的以外,都适用本法。"该条第 2 款规定:"凡在中华人民共和国船舶或者航空器内犯罪的,也适用本法。"该条第 3 款规定:"犯罪的行为或者结果有一项发生在中华人民共和国领域内的,就认为是在中华人民共和国领域内犯罪。"这是我国刑法属地管辖原则的立法规定。理解这一条款需要把握以下几点：

1．"中华人民共和国领域"，是指我国国境以内的全部区域，包括领陆、领水和领空。（1）领陆，即国境线以内的陆地，包括地下层；（2）领水，即内水（内河、内湖、内海以及同外国之间界水的一部分，这界水部分通常以河流的中心线为界；对于可通航的河道，以主航道中心线为界）和领海（我国政府于 1958 年 9 月 4 日发表声明，宣布我国的领海宽度为 12 海里）及其地下层；（3）领空，即领陆、领水的上空，但它只包括空气空间，不包括外层空间。

但在我国领域内的犯罪，具有下列情形的，不适用属地原则。第一，《刑法》第11 条关于"享有外交特权和豁免权的外国人的刑事责任，通过外交途径解决"的规定。第二，《刑法》第 90 条关于"民族自治地方不能全部适用本法规定的，可以由自治区或者省的人民代表大会根据当地民族的政治、经济、文化的特点和本法规定的基本原则，制定变通或者补充的规定，报请全国人民代表大会常务委员会批准施行"的规定。因此，少数民族自治地区根据本民族的风俗习惯、宗教文化传统等因素制定的变通或者补充的规定，经报请全国人大常委会批准后，刑法规范与其不一致的条款就不再适用。第三，我国香港特别行政区和澳门特别行政区根据《香港特别行政区基本法》和《澳门特别行政区基本法》作出的例外规定。根据"两个基本法"的规定，中央政府除了恢复对香港、澳门行使国家主权，统一管理外交与国防事务外，香港、澳门的政治、经济、法律制度保持不变，《刑法》的效力不及于两个特别行政区。

2．根据国际条约和国际惯例，适用我国刑法的情形。按照国际惯例，在船舶或者航空器上的犯罪，适用旗国法。为此，我国《刑法》第 6 条第 2 款规定："凡在中华人民共和国船舶或者航空器内犯罪的，也适用本法。"这里的"船舶或者航空器"，既可以是军用的，也可以是民用的；既可以是航行中的，也可以是停泊中的；既可以是处在公海或公海上空的，也可以是航行或者停泊在他国领域内的。总之，凡在我国船舶或者航空器内犯罪的，不论这些船舶或者航空器在何地、处于何种状态，均适用我国刑法。

同时，根据我国承认的 1961 年 4 月 18 日《维也纳外交关系公约》的规定，一国的驻外使馆根据平等互惠的原则，各国驻外大使馆、领事馆及其外交人员不受驻在国的司法管辖。这就意味着我国驻外大使馆、领事馆内的犯罪，也应适用我国刑法。

3．犯罪地的确定标准。犯罪行为和结果通常发生在同一地方，但行为实施地和结果发生地也可能出现跨国、跨地区的情形，为此，在理论上，对犯罪地的确定，有行为地主义、结果地主义和行为地与结果地择一的折中主义等不同主张。我国《刑法》第 6 条第 3 款规定："犯罪的行为或者结果有一项发生在中华人民共和国领域内的，就认为是在中华人民共和国领域内犯罪。"这是我国关于犯罪地的确定标准。它表明我国主张的是折中主义，即只要行为实施地或者结果发生地有一项在我国领域内的,就认为是在我国领域内犯罪,适用我国刑法。

二、我国刑法属人管辖原则的规定

《刑法》第 7 条第 1 款规定:"中华人民共和国公民在中华人民共和国领域外犯本法规定之罪的,适用本法,但是按本法规定的最高刑为三年以下有期徒刑的,可以不予追究。"该条第 2 款规定:"中华人民共和国国家工作人员和军人在中华人民共和国领域外犯本法规定之罪的,适用本法。"

根据上述规定,我国公民在我国领域外触犯我国刑法,不论按照当地法律是否认为是犯罪,也不论其所犯罪行侵犯的是何国或何国公民的利益,一律适用我国刑法。这表明我国对所有在国外的中国公民触犯我国刑法的犯罪行为,均享有刑事管辖权;即使该犯罪人在国外已经被追究了刑事责任,也必须依照我国刑法的规定予以重新评价。所以,《刑法》第 10 条又规定:"凡在中华人民共和国领域外犯罪,依照本法应当负刑事责任的,虽然经过外国审判,仍然可以依照本法追究,但是在外国已经受过刑罚处罚的,可以免除或者减轻处罚。"这里"免除或者减轻处罚"只是为使犯罪人免受双重处罚而作的规定,不影响我国刑法的适用性。

理解我国刑法属人管辖原则的规定,需要注意两种特殊情形:第一,根据《刑法》第 7 条"但书"的规定,如果该中国公民所犯之罪的法定刑为 3 年以下有期徒刑的,可以不予追究。"可以不予追究"的规定,表明立法的倾向性,即只要符合规定条件的,一般不予追究,如果有追究必要的,也可以追究。它体现了原则性和灵活性的统一。第二,与上述"但书"相反,如果是我国国家工作人员或者军人在我国领域外犯罪,则不论其所犯之罪的法定刑是否为 3 年以下有期徒刑,都应当适用我国刑法,追究其刑事责任。也就是说,对于在国外犯 3 年以下有期徒刑之罪,可以不予追究的优待条款,对国家工作人员和军人不适用。这是由这两类人员的特殊身份对国家形象的危害性所决定的。

三、我国刑法保护管辖原则的规定

《刑法》第 8 条规定:"外国人在中华人民共和国领域外对中华人民共和国国家或者公民犯罪,而按本法规定的最低刑为 3 年以上有期徒刑的,可以适用本法,但是按照犯罪地的法律不受处罚的除外。"

本条适用的条件有三个:一是所犯之罪必须侵犯我国国家或者公民的利益;二是这种犯罪按我国刑法规定的最低刑必须是 3 年以上有期徒刑;三是按照犯罪地的法律也应受刑罚处罚。

以保护原则为依据来确定刑事管辖权,在实际操作中往往会遇到一些困难。因为犯罪人是外国人,犯罪地也在国外,如果该犯罪人没有在我国领域内被抓获,或者没有被引渡,就难以真正行使管辖权。因此,这一规定是体现国家主权的完整性的需要。如果刑法不作这样的规定,就意味着放弃对此类案件的管辖权,这不仅不利于保护我国的国家利益和公民利益,还会导致外国人在国外侵害我国国家和公民利益的犯罪更加严重。可见,该条规定对于保护我国国家利益,保护在国外的我国公民的利益是完全必要的。

四、我国刑法普遍管辖原则的规定

《刑法》第 9 条规定:"对于中华人民共和国缔结或者参加的国际条约所规定的罪行,中华人民共和国在所承担条约义务的范围内行使刑事管辖权的,适用本法。"

根据本条规定,凡是我国缔结或者参加的国际条约所规定的罪行,不论犯罪分子是中国人还是外国人,也不论其罪行发生在我国领域内还是我国领域外,只要犯罪分子在我国境内被发现,如果不将罪犯引渡给其他国家,我国就应当在所承担条约义务的范围内,行使刑事管辖权。

理解这一原则要注意以下几点:第一,适用普遍管辖的是特定的国际犯罪,即所犯之罪是我国缔结或者参加的国际条约所规定的国际犯罪,如海盗罪、贩毒罪、贩卖奴隶罪、战争罪、灭绝种族罪等。但如果属于我国在有关国际条约中声明保留的条款所涉及的罪行,即使属于国际犯罪,也不适用我国刑法。第二,犯罪发生的地点在我国领域之外,即没有属地管辖的依据。如果犯罪行为是发生在我国领域之内,则应根据属地管辖原则而不是普遍管辖原则来适用我国刑法。第三,犯罪人必须是外国人,即没有属人管辖的依据。如果犯罪人是我国公民,则应根据属人管辖原则适用我国刑法,而不适用普遍管辖原则。第四,犯罪人在我国领域内被发现并捕获。否则,既没有行使普遍管辖权的义务,也没有根据普遍管辖原则适用我国刑法的可能。

在我国刑法中,普遍管辖原则是刑法空间效力的辅助性原则,是属地管辖、属人管辖和保护管辖等原则的补充。如果根据实际情况可以适用属地管辖、属人管辖和保护管辖等原则之一的,就不会发生适用普遍管辖原则的问题。普遍管辖原则的确立,是我国参与打击国际犯罪、行使捍卫整个人类权益之职责和履行国际法义务的必然要求。

第三节　我国刑法的时间效力

一、我国刑法的生效时间

我国刑法的生效时间通常有两种模式:一是从公布之日起生效。这种方式通常是一些单行刑事法律的做法。如全国人大常委会 1998 年 12 月 29 日公布的《关于惩治骗购外汇、逃汇和非法买卖外汇犯罪的决定》第 9 条规定："本决定自公布之日起施行。"二是公布之后经过一定时间再施行。如我国《刑法》于 1979 年 7 月 1日通过,7 月 6 日公布,自 1980 年 1 月 1 日起生效。1997 年 3 月 14 日修订的《刑法》通过并公布后,从 1997 年 10 月 1 日起施行。这第二种方式主要是考虑到法律的施行需要有个准备的过程,一方面,需要让公众知晓刑法规范的新要求,便于在社会生活中控制自己行为的尺度,遵守法律;另一方面,也是让司法机关及其工作人员熟悉刑法规范的内容,在实践中前后衔接做好心理和业务准备。

二、我国刑法的失效时间

我国刑法的失效时间通常也有两种模式:一是由国家立法机关明确宣布某些法律失效。如修订《刑法》第 452 条第 2 款规定:"列入本法附件一的全国人民代表大会常务委员会制定的条例、补充规定和决定,已纳入本法或者已不适用,自本法施行之日起,予以废止。"二是自然失效,即新法施行后代替了同样内容的旧法,或者由于原来特殊的立法条件已经消失,旧法自行废止。

三、我国刑法的溯及力

（一）我国刑法溯及力的规定

《刑法》第 12 条第 1 款规定:"中华人民共和国成立以后本法施行以前的行为,如果当时的法律不认为是犯罪的,适用当时的法律;如果当时的法律认为是犯罪的,依照本法总则第四章第八节的规定应当追诉的,按照当时的法律追究刑事责任,但是如果本法不认为是犯罪或者处刑较轻的,适用本法。"第 2 款规定:"本法施行以前,依照当时的法律已经作出的生效判决,继续有效。"根据该条规定,对于从中华人民共和国成立时起至修订刑法生效时止这期间内实施的行为,如果未经法院审判或者判决尚未确定的,按照以下情况分别处理:

1.行为时的法律不认为是犯罪,而《刑法》认为是犯罪的,适用行为时的法律,即不追究刑事责任,《刑法》没有溯及力。如 1979 年《刑法》没有规定医疗事故造成严重后果的行为作为独立犯罪来追究,而 1997 年《刑法》规定了这一犯罪,如果医疗事故行为发生在 1997 年《刑法》实施前,就适用 1979 年的《刑法》,不追究行为人医疗事故罪的刑事责任。

2.行为时的法律认为是犯罪,但《刑法》不认为是犯罪的,只要这种行为未经审判或者判决未确定,就应当适用《刑法》,不追究刑事责任,即《刑法》具有溯及力。如 1979 年《刑法》第 117 条规定了投机倒把罪,其行为方式包括违法经营,倒买倒卖国家禁止或限制自由买卖的物资、物品和其他重要物资的指标;商业欺诈;垄断货源、欺行霸市、哄抬物价,扰乱市场;为从事投机倒把活动的人提供证明信、合同书、账号、支票、现金或者其他方便条件,从中牟利。1997年《刑法》将其中的大部分行为方式通过分解罪名的形式重新规定为犯罪,但对于哄抬物价牟取暴利的行为,没有规定为犯罪,因此,在1997年《刑法》施行后实施和未经审判或者判决尚未确定的该种行为,即使情节严重,也不能以犯罪论处。

3.行为时的法律和《刑法》都认为是犯罪,并且没有超过追诉时效的,原则上按照行为时的法律追究刑事责任,即《刑法》不具有溯及力。但如果《刑法》比行为时的法律处刑较轻的,则《刑法》具有溯及力。1979年《刑法》与1997年《刑法》的关系也适用同样的原理。所谓"处刑较轻",根据最高人民法院司法解释的规定,刑法第12条规定的"处刑较轻",是指:(1)刑法对某种犯罪规定的刑罚即法定刑比修订前刑法轻。法定刑较轻是指法定最高刑较轻;如果法定最高刑相同,则指法定最低刑较轻。(2)如果刑法规定的某一犯罪只有一个法定刑幅度,法定最高刑或者最低刑是指该法定刑幅度的最高刑或者最低刑;如果刑法规定的某一犯罪有两个以上的法定刑幅度,法定最高刑或者最低刑是指具体犯罪行为应当适用的法定刑幅度的最高刑或者最低刑。

4.如果依照当时的法律已经作出了生效判决,该判决继续有效。即使按新法规定其行为不构成犯罪或处刑较轻,也不例外。对某一行为的刑法适用,只限于未经审理或者虽经审理但判决尚未生效的情形,已经生效的判决,不应根据新法的规定而加以改变,其目的是维护已生效判决的严肃性和稳定性。

(二)刑法溯及力原则适用中的几个问题

适用从旧兼从轻原则时,通常会遇到连续犯、继续犯等跨越新旧刑法的行为如何适用法律的问题。这一问题又直接关系累犯、自首的成立与否以及假释、数罪并罚的适用问题。对此最高人民检察院、最高人民法院分别作出了有关解释。

最高人民检察院1998年12月2日施行的《关于对跨越修订刑法施行日期的继续犯罪、连续犯罪以及其他同种数罪应如何具体适用刑法问题的批复》指出,对于开始于1997年9月30日以前,继续或者连续到1997年10月1日以后的行为,以及在1997年10月1日前后分别实施的同种类数罪,如果原刑法和修订刑法都认为是犯罪并且应当追诉,按照下列原则决定如何适用法律:第一,对于开始于1997年9月30日以前,继续到1997年10月1日以后终了的继续犯罪,应当适用修订刑法一并进行追诉。第二,对于开始于1997年9月30日以前,连续到1997年10月1日以后的连续犯罪,或者在1997年10月1日前后分别实施的同种类数罪,其中罪名、构成要件、情节以及法定刑均没有变化的,应当适用修订刑法,一并进行追诉;罪名、构成要件、情节以及法定刑已经变化的,也应当适用修订刑法,一并进行追诉,但是修订刑法比原刑法所规定的构成要件和情节较为严格,或者法定刑较重的,在提起公诉时应当提出酌情从轻处理意见。

最高人民法院1997年9月25日公布,并于1997年10月1日施行的《关于适用刑法时间效力规定若干问题的解释》作了如下规定:

1.对于行为人1997年9月30日以前实施的犯罪行为,在人民检察院、公安机关、国家安全机关立案侦查或者在人民法院受理案件以后,行为人逃避侦查或者审判,超过追诉期限或者被害人在追诉期限内提出控告,人民法院、人民检察院、公安机关应当立案而不予立案,超过追诉期限的,是否追究行为人的刑事责任,适用修订前的刑法第77条的规定。

2.犯罪分子1997年9月30日以前犯罪,不具有法定减轻处罚情节,但是根据案件的具体情况需要在法定刑以下判处刑罚的,适用修订前的刑法第59条第2款的规定。

3.前罪判处的刑罚已经执行完毕或者赦免,在1997年9月30日以前又犯应当判处有期徒刑以上刑罚之罪,是否构成累犯,适用修订前的刑法第61条的规定;1997年10月1日以后又犯应当判处有期徒刑以上刑罚之罪的,是否构成累犯,适用刑法第65条的规定。

4.1997年9月30日以前被采取强制措施的犯罪嫌疑人、被告人或者1997年9月30日以前犯罪,1997年10月1日以后仍在服刑的罪犯,如实供述司法机关还未掌握的本人其他罪行的,适用刑法第67条第2款的规定。

5.1997年9月30日以前犯罪的犯罪分子,有揭发他人犯罪行为,或者提供重要线索,从而得以侦破其他案件等立功表现的,适用刑法第68条的规定。

6.1997年9月30日以前犯罪被宣告缓刑的犯罪分子,在1997年10月1日以后的缓刑考验期间又犯新罪、被发现漏罪或者违反法律、行政法规或者国务院有关部门关于缓刑的监督管理规定,情节严重的,适用刑法第77条的规定,撤销缓刑。

7.1997年9月30日以前犯罪,1997年10月1日以后仍在服刑的犯罪分子,因特殊情况,需要不受执行刑期限制假释的,适用刑法第81条第1款的规定,报经最高人民法院核准。

8.1997年9月30日以前犯罪,1997年10月1日以后仍在服刑的累犯以及因杀人、爆炸、抢劫、强奸、绑架等暴力性犯罪被判处10年以上有期徒刑、无期徒刑的犯罪分子,适用修订前的刑法第73条的规定,可以假释。

9.1997年9月30日以前被假释的犯罪分子,在1997年10月1日以后的假释考验期内,又犯新罪、被发现漏罪或者违反法律、行政法规或者国务院有关部门关于假释的监督管理规定的,适用刑法第86条的规定,撤销假释。

10.按照审判监督程序重新审判的案件,适用行为时的法律。

2010年《刑法修正案(八)》对刑法总则的部分条款进行了修改,涉及对溯及力的理解和把握,为此,2011年4月20日通过,并于同年5月1日施行的《最高人民

法院关于〈中华人民共和国刑法修正案(八)〉时间效力问题的解释》作了如下规定:

1.对于 2011 年 4 月 30 日以前犯罪,依法应当判处管制或者宣告缓刑的,人民法院根据犯罪情况,认为确有必要同时禁止犯罪分子在管制期间或者缓刑考验期内从事特定活动,进入特定区域、场所,接触特定人的,适用修正后刑法第 38 条第 2 款或者第 72 条第 2 款的规定。

犯罪分子在管制期间或者缓刑考验期内,违反人民法院判决中的禁止令的,适用修正后刑法第 38 条第 4 款或者第 77 条第 2 款的规定。

2.2011 年 4 月 30 日以前犯罪,判处死刑缓期执行的,适用修正前刑法第 50 条的规定。

被告人具有累犯情节,或者所犯之罪是故意杀人、强奸、抢劫、绑架、放火、爆炸、投放危险物质或者有组织的暴力性犯罪,罪行极其严重,根据修正前刑法判处死刑缓期执行不能体现罪刑相适应原则,而根据修正后刑法判处死刑缓期执行同时决定限制减刑可以罚当其罪的,适用修正后刑法第 50 条第 2 款的规定。

3.被判处有期徒刑以上刑罚,刑罚执行完毕或者赦免以后,在 2011 年 4 月 30 日以前再犯应当判处有期徒刑以上刑罚之罪的,是否构成累犯,适用修正前刑法第 65 条的规定;但是,前罪实施时不满 18 周岁的,是否构成累犯,适用修正后刑法第 65 条的规定。

曾犯危害国家安全犯罪,刑罚执行完毕或者赦免以后,在 2011 年 4 月 30 日以前再犯危害国家安全犯罪的,是否构成累犯,适用修正前刑法第 66 条的规定。

曾被判处有期徒刑以上刑罚,或者曾犯危害国家安全犯罪、恐怖活动犯罪、黑社会性质的组织犯罪,在 2011 年 5 月 1 日以后再犯罪的,是否构成累犯,适用修正后刑法第 65 条、第 66 条的规定。

4.2011 年 4 月 30 日以前犯罪,虽不具有自首情节,但是如实供述自己罪行的,适用修正后刑法第 67 条第 3 款的规定。

5.2011 年 4 月 30 日以前犯罪,犯罪后自首又有重大立功表现的,适用修正前刑法第 68 条第 2 款的规定。

6.2011 年 4 月 30 日以前一人犯数罪,应当数罪并罚的,适用修正前刑法第 69 条的规定;2011 年 4 月 30 日前后一人犯数罪,其中一罪发生在 2011 年 5 月 1 日以后的,适用修正后刑法第 69 条的规定。

7.2011 年 4 月 30 日以前犯罪,被判处无期徒刑的罪犯,减刑以后或者假释前实际执行的刑期,适用修正前刑法第 78 条第 2 款、第 81 条第 1 款的规定。

8.2011 年 4 月 30 日以前犯罪,因具有累犯情节或者系故意杀人、强奸、抢劫、绑架、放火、爆炸、投放危险物质或者有组织的暴力性犯罪并被判处 10 年以上有期徒刑、无期徒刑的犯罪分子,2011 年 5 月 1 日以后仍在服刑的,能否假释,适用修正前刑法第 81 条第 2 款的规定；2011 年 4 月 30 日以前犯罪，因其他暴力性犯罪被判处 10 年以上有期徒刑、无期徒刑的犯罪分子，2011 年 5 月 1 日以后仍在服刑的，能否假释，适用修正后刑法第 81 条第 2 款、第 3 款的规定。

复习与练习

本章提要

刑法的效力，是指刑法在空间、时间上的效力。它包括两部分内容，即刑法的空间效力和刑法的时间效力。刑法的空间效力，是指刑法在什么地域和对什么人具有拘束力，它要解决的是刑事管辖权的范围问题，包括刑法对地域的管辖权和对人的管辖权。其原则包括属地管辖原则、属人管辖原则、保护管辖原则和普遍管辖原则。我国刑法空间效力规定：凡在我国领域内犯罪的，除法律有特别规定的以外，都适用我国刑法；凡在我国船舶或者航空器内犯罪的，也适用我国刑法。犯罪行为或者结果有一项发生在我国领域内的，就认为是在我国领域内犯罪。我国公民在我国领域外犯本法规定之罪的，适用本法，但是按本法规定的最高刑为 3 年以下有期徒刑的，可以不予追究。我国国家工作人员和军人在我国领域外犯本法规定之罪的，适用我国刑法。外国人在我国领域外对我国国家或者公民犯罪，而按本法规定的最低刑为 3 年以上有期徒刑的，可以适用本法，但是按照犯罪地的法律不受处罚的除外。对于我国缔结或者参加的国际条约所规定的罪行，我国在所承担条约义务的范围内行使刑事管辖权的，适用本法。刑法的时间效力，是指刑法在时间上的拘束力，它包括刑法的生效时间，失效时间以及刑法对其生效前的行为是否具有溯及力的问题。解决刑法溯及力问题的原则有：从旧原则、从新原则、从新兼从轻原则和从旧兼从轻原则，我国刑法采用从旧兼从轻原则。

重要概念

属地管辖原则　　属人管辖原则　　保护管辖原则　　普遍管辖原则　　刑法的溯及力　从旧兼从轻原则

思考题

1. 什么是刑法的空间效力？我国刑法空间效力的规定包括哪些内容？

2. 什么是刑法的时间效力？我国刑法关于溯及力的规定应如何把握？

3. 甲在 1998 年 5 月 5 日实施了一个犯罪行为，对这个犯罪行为，旧刑法规定的刑罚较轻，新刑法规定的刑罚较重，根据有关规定，甲的犯罪行为适用（　　　）。

A. 根据从旧原则，适用旧刑法

B. 根据从新原则,适用新刑法

C. 根据从旧兼从轻原则,适用旧刑法

D. 不涉及刑法溯及力问题,直接适用新刑法

4. 一艘悬挂我国国旗的客轮停泊在 A 国某港口时,轮船上的 B 国乘客某甲遭到在岸上的 A 国公民某乙枪击身亡。下列说法正确的是(　　　)。

A. 对某乙根据属地原则,适用我国刑法

B. 对某乙根据保护原则,适用我国刑法

C. 对某乙根据普遍管辖原则,适用我国刑法

D. 对某乙我国刑法没有管辖权

5. 甲在 1996 年 8 月杀害了乙,直到 1998 年 8 月才被抓获归案,并被检察机关公诉到法院。其间《刑法》发生了修订变化,1979 年颁行的《刑法》经修订后于 1997 年 10 月 1 日生效。甲杀害乙时有效的法律是 1979 年的《刑法》;审判甲杀害乙案件时,有效的法律是修订后的 1997 年《刑法》。

问:对甲应适用哪个《刑法》? 为什么?

第四章　刑法术语

刑法术语是刑法领域中法律概念的语言指称,它是法律语言词汇的重要组成部分。对刑法术语准确而适当的命名与选用,在立法和司法工作中具有重要意义。刑法术语有其专门的分类方法,本章就《刑法》总则与分则中规定的重要术语作一概括性的介绍。

本章重点
- 刑法术语的概念及分类
- 刑法总则术语
- 刑法分则术语

第一节　刑法术语概述

一、刑法术语的概念

术语,即各门学科中的专门用语,用来正确地标记生产技术、科学、艺术、社会生活等各个专门领域中的事物、现象、特性关系和过程。法律作为一门学科,也拥有一批专门用语,即"法律术语",用以表示法律学科特有的事物(现象)以及相关的法律概念,概括地反映法律事物(现象)的特征和适用领域,成为法律语体的主要标志。具体细分到刑法领域,亦然。例如:正当防卫、紧急避险、犯罪预备、犯罪未遂等。每个刑法术语都有严格意义上的规定,它既不同于普通词语,也不同于在法律活动中自然形成的如"抓(逮捕)、放(释放)、毙(处死)、私了(私下协商解决)"之类法律行业用语。

刑法术语是法律语言词汇的重要组成部分,刑法术语的特征对法律语言词汇特征的形成起着极其重要的作用,因此,研究和掌握刑法术语,是学习法律语言词汇、提高运用法律语言的准确性所必不可少的。

刑法术语具有以下几个特点:

(一)内涵的规定性

刑法术语多数具有特定的内涵。所谓"特定的内涵"是指刑法术语的含义已经在法律、法规或法学理论中明确规定下来了。如"过失犯罪"的内涵,我国《刑法》第

15 条第 1 款规定,应当预见自己的行为可能发生危害社会的结果,因为疏忽大意而没有预见,或者已经预见而轻信能够避免,以致发生这种结果的,是过失犯罪。

(二)外延的确定性

刑法术语在内涵上有法律、法规等司法文件的明确规定,在外延上也同样受到法律、法规的限定,使得刑法术语的外延具有确定性。如:"重伤",我国《刑法》第 95 条规定为"指有下列情形之一的伤害:(1)使人肢体残废或者毁人容貌的;(2)使人丧失听觉、视觉或者其他器官机能的;(3)其他对于人身健康有重大伤害的"。

(三)术语的不可替代性

如前所述,法律、法规赋予刑法术语特定的法学上的内涵和外延,因而刑法术语的语义固定而单一,使用时具有特定性,不可任意移用或者用别的词语或术语代替。

(四)语义的概括性

刑法术语具有很强的概括性。它能够高度概括社会的行为主体、客体、行为对象等各种法律关系的要素,较为全面地包容全社会的合法行为及非法行为。如被告人已着手实施强奸行为,只是由于妇女的反抗或其他客观原因而没有得逞,这种现象只有"强奸未遂"才能准确地概括,如果说成"强奸一阵子没有奸淫成功",那就既啰唆也不科学。

二、研究刑法术语的意义

刑法术语是刑法领域中法律概念的语言指称。其命名与选用,属于立法技术范畴。研究刑法术语,在法律工作中意义重大。

第一,有利于贯彻罪刑法定原则。我国新刑法将罪刑法定原则法典化,具有划时代意义。但是,目前该原则是否在刑法规范中得到了有效贯彻仍存较大争议,其中一个重要的原因就是刑法术语表达不当。由于语言文字本身的多义性,不完善的立法技术使人们对法律发生误解。罪刑法定原则要求有确定的罪刑规范,这自然有赖于明确、通俗、简洁的刑法术语。

第二,有利于增强刑法立法的理性。专业语言的应用可以减少法律规范制定和实施中过多的感情因素,从而增强刑法规范的严谨和庄重。

第三,有利于司法尺度的统一。司法公正与司法者对刑法规范的解读、理解密切相关,如果有良好的刑法立法表达技术,尽可能地避免矛盾、漏洞和含糊易生歧义的规定,则能在很大程度上使司法者对刑法规范有统一的认识,以利于司法的统一和公正。

第四,有利于推进法律的文明与进步。刑法术语标准化的过程,也就是刑法术语系统化与规范化的过程。例如,过去把未经人民法院定罪的人称为"罪犯"或"犯罪分子",2012 年修改后的《中华人民共和国刑事诉讼法》第 12 条规定:"未经人民法院依法判决,对任何人都不得确定有罪。"第15条"不追究刑事责任"中的对象被称为"犯罪嫌疑人"。也就是说,对未经法院依法定罪的人,不能称"罪犯",而应称"犯罪嫌疑人",现行刑法也坚持这一立场,体现了法律术语的规范化、标准化。

第二节　刑法术语的分类

一、从法律语言学的角度分类

法律语言的术语,通常包括常用术语、常用的但在法律中有其专门含义的术语、专门法律术语和技术性术语四类。这种分类对于刑法语言当然也是适用的。

(一)常用术语

常用术语就是人们普遍而经常使用的词语。常用术语的特点是:不管在什么领域,由什么人使用,其语义都没有差别。刑法中的常用术语如:船舶、飞机、货币、印章、希望、预见、抗拒、组织、领导、报酬、劳动能力、银行、商店、工厂、矿场、油田、港口、河流、水源、仓库、住宅、桥梁、隧道、公路、机场、车票、船票、邮票、暴力、外汇、文物、人口、影片、录像带、图片、书刊等。

(二)常用的但在刑法上有其专门含义的术语

例如,"杀人"这一词语,作为常用术语,其含义是使人失去生命。但是,《刑法》第132条中的"杀人"一词有其特殊的内容,其意思是非法地剥夺他人生命,不包括基于正当防卫、执行命令等合法理由而剥夺他人生命的情况。

(三)专门法律术语

这类术语中有的是刑法所特有的,如犯罪、刑事责任、刑罚、预备犯、未遂犯、中止犯、既遂犯、共同犯罪、主犯、从犯、胁从犯、教唆犯、主刑、附加刑、强奸、抢劫、重婚、投敌、叛变、聚众劫狱、组织劫狱、管制、拘役、有期徒刑、无期徒刑、死刑、罚金、剥夺政治权利、没收财产等。有的用语是从其他法律中引进的,如商标、专利、监护人、法人、赔偿损失等就是民法术语;婚姻自由、配偶、家庭成员、家庭等即是婚姻法的概念。有的术语是刑法和其他法律所共有的,如走私、投机倒把、卖淫、嫖娼、赌博、盗窃、诈骗、抢夺、毁坏公私财物等,即是刑法和行政法(如《治安管理处罚法》)共有的用语。

(四)技术性术语

如精神病、肢体残废、毁人容貌、丧失听觉、丧失视觉、麻醉药品、精神药品、梅毒、淋病、严重性病等,就属于医学专门术语;污染、环境、噪音等则系生态学的专门术语;武器装备、军事设施、战士、军事行动地区、俘虏等,则属于军事专门术语;爆炸性物品、易燃性物品、放射性物品、腐蚀性物品等,则系化学专业用语。

二、从词语的内部结构和外部功能角度分类

从词语的内部结构和外部功能角度看,刑法术语又可以分为"词"和"短语"两大类。

(一)词

它们或者是只含一个词素的单纯词,如法、罪;或者是由两个或两个以上词素构成的合成词,如强奸、死刑等。

(二)短语

它们都是由两个或两个以上词语组成的,如正当防卫、紧急避险等。这种短语不同于一般的短语。首先,这种短语具有专门的、特定的语义,它不是短语的构成成分在意义上的简单加合。例如"正当防卫",作为刑法术语,其法定的语义是:防卫人针对正在进行的不法侵害行为,采取对不法侵害者本人造成损害的方法,以使国家、公共利益、本人或者他人的人身、财产和其他权利免受侵害的行为。具体而言,其语义要素是:(1)必须是针对侵害行为的;(2)侵害行为必须是违法的;(3)侵害行为必须是正在进行的;(4)防卫行为必须不是过当的。在法律活动中,凡是可以用"正当防卫"加以指称的行为都必须具备上述要件,合乎上述语义要素,否则,便不可称之为"正当防卫"。可见,作为刑法术语的"正当防卫",其专门的、特定的语义并非"正当"与"防卫"这两个结构成分的语义的简单加合。其次,短语"正当防卫"的结构成分虽然是普通语言学意义上的"词",但既已成为法律术语的结构成分,就暂时地失去了自由运用的资格。它们不能自由地扩展,例如"正当防卫"不可扩展为"很正当防卫了一下",也不允许同义替换,例如"防止和保卫"尽管与"防卫"语义相近,却不可取代"正当防卫"中的"防卫",即"正当防卫"不可说成"正当防止和保卫"。可见,无论是从语义上看,还是从结构上看,作为刑法术语的短语都不是普通语言学意义的自由词组。

第三节　刑法总则中的术语

基于第一类常用术语在各领域使用的普遍性以及第四类技术性术语在解释上的专业性,本节仅就《刑法》第一编总则中规定的第二类与第三类术语,即常用的但在刑法上有其专门含义的术语与专门法律术语作一概括性的列举。

一、犯罪总论中的术语

(一)犯罪概念中的术语

犯罪:根据我国《刑法》第 13 条的规定,"一切危害国家主权、领土完整和安全,

分裂国家、颠覆人民民主专政的政权和推翻社会主义制度,破坏社会秩序和经济秩序,侵犯国有财产或者劳动群众集体所有的财产,侵犯公民私人所有的财产,侵犯公民的人身权利、民主权利和其他权利,以及其他危害社会的行为,依照法律应当受刑罚处罚的,都是犯罪,但是情节显著轻微危害不大的,不认为是犯罪"。这一犯罪定义不仅是我们理解刑法中所有规定的出发点,也是指导司法实践严格区分罪与非罪的总标准。

刑事责任:是指犯罪的刑法后果,即犯罪人因其犯罪行为遭受国家定罪、量刑的后果。它具有严厉性、专属性、强制性等特征。

刑罚:是指国家审判机关依法对犯罪人适用的严厉制裁方法,它表现为使犯罪人某种权益受到一定的限制或剥夺。

(二)犯罪构成中的术语

犯罪客体:是指我国刑法所保护的,为犯罪行为所侵害的社会关系。它是决定犯罪的社会危害性的性质及其程度的首要条件。

犯罪客观方面:是指刑法规定的犯罪行为客观方面必须具备的特征。具体包括危害行为,危害结果,犯罪的时间、地点、方法等内容。

犯罪主体:是指实施犯罪行为的人。在我国刑法中,包括自然人和单位两类。

自然人:根据《刑法》第17条和第18条的规定,只有达到对相应犯罪负刑事责任的年龄(即刑事责任年龄)和具备对自己行为的辨认和控制能力(即刑事责任能力)的人,才对相应的犯罪负刑事责任。此外,刑法分则还规定某些犯罪只能由特定身份的人实施,这是自然人犯罪主体的特殊要件。

国家工作人员:《刑法》第93条规定,"国家工作人员,是指国家机关中从事公务的人员。国有公司、企业、事业单位、人民团体中从事公务的人员和国家机关、国有公司、企业、事业单位委派到非国有公司、企业、事业单位、社会团体从事公务的人员,以及其他依照法律从事公务的人员,以国家工作人员论"。其中,"公务"是指关系到不特定多数人的利益并具有裁量性、判断性、决定性的事务,单纯的机械性、体力性活动不是公务;必须是国家机关或者其他机构或者公共团体组织或者安排的事务,公民自发从事的公益性活动不属公务。全国人大常委会在《关于〈中华人民共和国刑法〉第九十三条第二款的解释》中指出,村民委员会等村基层组织人员协助人民政府从事下列行政管理工作,属于"其他依照法律从事公务的人员":(1)救灾、抢险、防汛、优抚、扶贫、移民、救济款物的管理;(2)社会捐助公益事业款物的管理;(3)国有土地的经营和管理;(4)土地征用补偿费用的管理;(5)代征、代缴税款;(6)有关计划生育、户籍、征兵工作;(7)协助人民政府从事的其他行政管理工作。

司法工作人员:《刑法》第94条规定,它是指有侦查、检察、审判、监管职责的工作人员。

单位：是指依法成立的，拥有一定财产或者经费，能以自己的名义承担责任的公司、企业、事业单位、机关、团体。构成单位犯罪的"公司"既包括国有性质的公司，也包括依法设立的具有法人资格的私营公司。司法实践中，分支机构或者内设机构也可以成为单位犯罪的主体。

直接负责的主管人员、直接责任人员：《刑法》第31条规定，"单位犯罪的，对单位判处罚金，并对其直接负责的主管人员和其他直接责任人员判处刑罚。本法分则和其他法律另有规定的，依照规定"。在刑法分则条文中，"直接负责的主管人员和其他直接责任人员"这样连缀表述的主要是实行"双罚制"的单位犯罪，"直接负责的主管人员"和"直接责任人员"单独表述的，都是实行单罚制的单位犯罪。"直接负责的主管人员"和"直接责任人员"都是单位犯罪中应承担刑事责任的单位成员，属于主体之列。1994年1月27日，最高人民法院研究室在《关于如何理解"直接负责的主管人员"和"直接责任人员"问题的复函》中，对单位犯走私罪中"直接负责的主管人员"和"直接责任人员"作出了解释，"所谓'直接负责的主管人员'，是指在企业事业单位、机关、团体中，对本单位实施走私犯罪起决定作用的、负有组织、决策、指挥责任的领导人员"；"所谓'直接责任人员'，是指直接实施本单位走私犯罪行为或者虽对单位走私犯罪负有部分组织责任，但对本单位走私犯罪行为不起决定作用，只是具体执行、积极参与的该单位的部门负责人或者一般工作人员"。

犯罪故意：根据《刑法》第14条的规定，它是指行为人明知自己的行为会发生危害社会的结果，并且希望或放任这种结果发生的一种主观心理态度。

犯罪过失：根据《刑法》第15条的规定，它是指行为人应当预见自己的行为可能发生危害社会的结果，因为疏忽大意而没有预见或者已经预见而轻信能够避免的一种心理态度。

正当防卫：根据《刑法》第20条第1款的规定，它是指防卫人针对正在进行的不法侵害行为，采取对不法侵害者本人造成损害的方法，以使国家、公共利益、本人或者他人的人身、财产和其他权利免受侵害的行为。成立正当防卫，必须符合防卫的起因条件、时间条件、主观条件、对象条件和强度条件。

紧急避险：根据《刑法》第21条的规定，它是指为了使国家、公共利益、本人或者他人的人身、财产和其他权利免受正在发生的危险，不得已而采取的损害另一个较小的合法权益的行为。成立紧急避险必须符合避险的起因条件、时间条件、主观条件、限制条件和限度条件。

（三）犯罪停止形态中的术语

犯罪预备：根据《刑法》第22条的规定，它是指为了犯罪准备工具、制造条件的行为，由于行为人意志以外的原因未能着手进入犯罪实行阶段的犯罪停止形态。

犯罪未遂：根据《刑法》第23条的规定，已经着手实施犯罪，由于犯罪分子意志以外的原因而未得逞的，是犯罪未遂。

犯罪中止：根据《刑法》第 24 条的规定，在犯罪过程中，自动放弃犯罪或者自动有效地防止犯罪结果发生的，是犯罪中止。

（四）共同犯罪中的术语

共同犯罪：根据《刑法》第 25 条规定，共同犯罪是指二人以上共同故意犯罪。这一概念虽然简单，但它既指出了共同犯罪量的规定性，即共同犯罪只能发生在二人以上犯罪的场合；又强调了共同犯罪质的规定性，即共同犯罪不是简单的二人以上犯罪，必须是共同故意犯罪。

主犯：根据《刑法》第 26 条第 1 款的规定，它是指组织、领导犯罪集团进行犯罪活动的犯罪分子以及在共同犯罪中起主要作用的犯罪分子。后者包括三种情况：(1)在犯罪集团中起主要作用的犯罪分子；(2)在一般共同犯罪中起主要作用的犯罪分子；(3)在聚众犯罪中起主要作用的犯罪分子。

首要分子：根据《刑法》第 97 条的规定，它是指在犯罪集团或者聚众犯罪中起组织、策划、指挥作用的犯罪分子，包括集团犯罪的首要分子和聚众犯罪中的首要分子两类。

从犯：根据《刑法》第 27 条的规定，是指在共同犯罪中起次要或者辅助作用的犯罪分子。包括在共同犯罪中起次要作用的犯罪分子和在共同犯罪中起辅助作用的犯罪分子两种情况。

胁从犯：根据《刑法》第 28 条的规定，是指被胁迫参加犯罪的人。所谓被胁迫参加犯罪，是指在受到暴力强制或精神威胁下，被迫参加了共同犯罪。

教唆犯：根据《刑法》第 29 条的规定，是指故意教唆他人实施犯罪的人。教唆犯本身不直接实施犯罪，而是唆使他人产生犯罪意图，进而让他人去实施犯罪。在古代刑法上，教唆犯也称为"造意犯"。

二、刑罚总论中的术语

（一）刑罚种类中的术语

主刑：是刑法规定的对犯罪分子适用的主要刑罚方法。我国《刑法》第 33 条规定的主刑种类包括管制、拘役、有期徒刑、无期徒刑和死刑五种。

管制：是指在一定期限内限制犯罪分子自由的刑罚方法。它是我国刑罚体系中最轻的主刑，是我国特有的刑罚方法。管制的刑期为 3 个月以上 2 年以下，数罪并罚时最高不得超过 3 年。

拘役：是短期剥夺犯罪分子自由的刑罚方法。它在主刑中比管制重，比其他主刑轻，是一种介于管制和有期徒刑之间的主刑。拘役的期限为 1 个月以上 6 个月以下，数罪并罚时最高不能超过 1 年。

有期徒刑:是剥夺犯罪分子一定期限的自由,实行强迫劳动改造的刑罚方法。它是我国刑罚体系中最主要的刑罚方法。有期徒刑的刑期为6个月以上15年以下,数罪并罚时最高不能超过20年,其中有期徒刑总和刑期在35年以上的,最高不能超过25年。

无期徒刑:是剥夺犯罪分子终身自由,实行强迫劳动改造的刑罚方法。它是主刑中仅次于死刑的刑罚方法,是最重的剥夺自由刑。

死刑:是剥夺犯罪分子生命的刑罚方法。它是最严厉的刑罚方法,只适用于罪行极其严重的犯罪分子。

死缓:根据《刑法》第48条规定,对于应当判处死刑的犯罪分子,如果不是必须立即执行的,可以判处死刑同时宣告缓期二年执行。这是《刑法》规定的死刑缓期执行制度,简称死缓制度。它是我国特有的一项刑罚制度,它确立了一种特殊的死刑执行方法。

附加刑:是补充主刑适用的刑罚方法,包括罚金、剥夺政治权利、没收财产和驱逐出境四种。附加刑既可以附加适用,也可以独立适用。

罚金:是判处犯罪分子向国家缴纳一定数额金钱的刑罚方法。它是一种剥夺犯罪分子重新犯罪的物质条件的财产刑。

剥夺政治权利:是指剥夺犯罪分子参加国家管理和政治活动权利的刑罚方法。根据《刑法》第54条的规定,剥夺政治权利是剥夺下列权利:(1)选举权和被选举权;(2)言论、出版、集会、结社、游行、示威自由的权利;(3)担任国家机关职务的权利;(4)担任国有公司、企业、事业单位和人民团体领导职务的权利。

没收财产:是指将犯罪分子个人所有财产的一部或者全部,强制无偿地收归国有的刑罚方法。

驱逐出境:是指强迫犯罪的外国人离开我国国(边)境的刑罚方法。它剥夺的是犯罪的外国人在我国居留的资格。

(二)刑罚运用中的术语

累犯:是指因故意犯罪而受过一定的刑罚处罚,在刑罚执行完毕或赦免以后,在法定期限内又犯一定之罪的犯罪人。

自首:根据《刑法》第67条第1款的规定,它是指犯罪人在犯罪以后自动投案,如实供述自己的罪行的行为。

立功:根据《刑法》第68条的规定,立功是指犯罪分子有揭发他人犯罪行为,查证属实的,或者提供重要线索,从而得以侦破其他案件的行为。

数罪并罚:是指人民法院对一人所犯数罪分别定罪量刑以后,依照法定的原则决定应当执行的刑罚的制度。简而言之,数罪并罚就是对一人所犯数罪的合并处罚制度。

缓刑:是指在具备法定条件的情况下法院对已被定罪的犯罪人判处一定的刑罚,在一定的考验期限内附条件地暂不执行所判刑罚的一项制度。

减刑:是指对被判处自由刑的罪犯人,在其刑罚执行的过程中,因其悔改表现或者立功表现而适当减轻其原判刑罚的一项刑罚执行制度。

假释:是指对被判处有期徒刑和无期徒刑的罪犯,在一定条件下附条件地提前释放的制度。

追诉时效:是指依照法律规定对犯罪分子追究刑事责任的有效期限。超过法定追诉期限,不再追究刑事责任;已经追究的,应当撤销案件,或者不起诉,或者终止审理。我国刑法的追诉时效期限最低为 5 年,最高一般为 20 年。

三、其他规定中的术语

公共财产:《刑法》第 91 条列举了公共财产的外延,它包括(1)国有财产;(2)劳动群众集体所有的财产;(3)用于扶贫和其他公益事业的社会捐助或者专项基金的财产。此外,在国家机关、国有公司、企业、集体企业和人民团体管理、使用或者运输中的私人财产,以公共财产论。

公民私人所有的财产:《刑法》第 92 条列举了其外延,具体包括(1)公民的合法收入、储蓄、房屋和其他生活资料;(2)依法归个人、家庭所有的生产资料;(3)个体户和私营企业的合法财产;(4)依法归个人所有的股份、股票、债权和其他财产。

重伤:《刑法》第 95 条列举了其外延,具体包括(1)使人肢体残废或者毁人容貌的;(2)使人丧失听觉、视觉或者其他器官机能的;(3)其他对于人身健康有重大伤害的。

违反国家规定:根据《刑法》第 96 条的规定,它是指违反全国人民代表大会及其常务委员会制定的法律和决定,国务院制定的行政法规、规定的行政措施、发布的决定和命令。

告诉才处理:根据《刑法》第 98 条的规定,它是指被害人告诉才处理,但是如果被害人因受强制、威吓无法告诉的,人民检察院和被害人的近亲属也可以告诉。

以上、以下、以内:根据《刑法》第 99 条规定,以上、以下、以内,均包括本数。但《刑法》第 63 条"犯罪分子具有本法规定的减轻处罚情节的,应当在法定刑以下判处刑罚"中的"以下"不包含本数。

第四节　刑法分则中的术语

本节仅就《刑法》第二编分则中规定的重要术语作一概括性的介绍。对一些必须与具体犯罪相关联的术语,则结合各具体罪名介绍。

一、危害国家安全罪中的术语

国家安全：指国家独立、领土完整、人民民主专政政权以及作为我国根本制度的社会主义制度的安全。

二、危害公共安全罪中的术语

（一）破坏公共设备、设施危害公共安全的犯罪

公共设备、设施：具体包括交通工具、交通设施、电力设备、易燃易爆设备、广播电视设施、公用电信设施。

正在使用：一般认为应以"交付使用"为标准，即已经交付使用部门随时待用或者已经正在行驶、航行（运）过程中，即使停靠在车站、码头、机场，只要是已经交付、随时待用的，即属于正在使用。

（二）实施恐怖活动危害公共安全的犯罪

恐怖活动：是指以制造社会恐怖为目的，严重危害公民人身及重大公私财产安全的行为。杀人、伤害、投放危险物质、绑架等犯罪活动，是恐怖活动最常见的表现形式。

恐怖组织：是指 3 人以上，以实施恐怖活动为目的，为长期有计划地进行恐怖活动而建立的，严重危害社会安全的犯罪组织。

（三）涉枪涉爆的犯罪

枪支、弹药：根据《枪支管理法》的规定，它是指军用枪支、麻醉动物用的注射枪支和能发射金属弹丸的气枪，以及上述所使用的弹药。

爆炸物：是指具有较大爆炸力或者杀伤性的爆炸物，既包括军用的爆炸物，也包括《民用爆炸物品管理条例》所列的爆炸器材，但不包括民用烟花、爆竹。

非法储存：根据最高人民法院 2001 年 5 月 15 日《关于审理非法制造、买卖、运输枪支、弹药、爆炸物等刑事案件具体应用法律若干问题的解释》第 8 条的规定，它是指明知是他人非法制造、买卖、运输、邮寄的枪支、弹药、爆炸物而为其存放的行为。

非法持有：是指不具有配备、配置枪支、弹药条件的人员，违反规定，擅自持有枪支、弹药的行为。

非法私藏：是指依法配备、配置枪支、弹药的人员在配备、配置枪支、弹药的条件消除后，违反规定，私自隐匿所配置、配备的枪支、弹药且拒不交出的行为。

（四）责任事故的犯罪

逃逸：根据最高人民法院《关于审理交通肇事刑事案件具体应用法律若干问题的解释》第 5 条和第 6 条的规定，交通肇事后逃逸是指行为人明知自己的行为造成

了重大交通事故,为逃避法律追究,逃离事故现场的行为。

因逃逸致人死亡:是指在出现交通事故后,肇事者不及时抢救被害人,而是逃离现场,一走了之,致使被害人因抢救不及时而死亡。

三、破坏社会主义市场经济秩序罪的术语

(一)生产、销售伪劣商品罪

掺杂、掺假:是指在产品中掺入杂质或者异物,致使产品质量不符合国家法律、法规或者产品明示质量标准规定的质量要求,降低、失去产品应有使用性能的行为。

以假充真:是指以不具有某种使用性能的产品冒充具有该种使用性能的产品的行为。

以次充好:是指以低等级、低档次产品冒充高等级、高档次产品,或者以残次品、废旧零件组合、拼装后冒充正品或者新产品的行为。

不合格产品:是指不符合《中华人民共和国产品质量法》第26条第2款规定的质量要求的产品。

销售金额:是指生产者、销售者出售伪劣产品后所得的全部违法收入。

(二)走私罪

绕关走私:是指在不设海关关口的地方将货物进出境的行为。大宗的走私通常采用绕关的方法实施。

通关走私:是指采用藏匿、伪报、欺骗、冒充、顶替甚至利用人体隐秘部位等手段通过海关将货物进出境的行为。

后续走私:是指违反海关后续管理的规定,利用发展"外向型经济"的招牌,钻法律的空子走私。

间接走私:是指直接向走私者收购走私进口的货物、物品,或者在内海、领海非法运输、收购、贩卖限制出口的货物、物品数额较大,没有合法证明的行为。

(三)破坏金融管理秩序罪

货币:根据2000年9月最高人民法院《关于审理伪造货币等案件具体应用法律若干问题的解释》第7条规定,它是指可在国内市场流通或者兑换的人民币和境外货币。

伪造:是指模仿真实的货币,即存在与所造的假币相对应的真货币,也可能是行为人自行设计制作的足以使一般人误认为是货币的假币。

变造:是指对真正的货币本身进行各种方式的加工,改变其面值、含量的行为。

(四)金融诈骗罪

信用卡:根据2004年12月29日全国人民代表大会常务委员会《关于〈中华人

民共和国刑法〉有关信用卡规定的解释》,刑法规定的"信用卡",是指由商业银行或者其他金融机构发行的具有消费支付、信用贷款、转账结算、存取现金等全部功能或者部分功能的电子支付卡。

（五）侵犯知识产权罪

相同的商标:"两高"于2004年12月8日公布的《关于办理侵犯知识产权刑事案件具体应用法律若干问题的解释》,所谓"相同的商标",是指与被假冒的注册商标完全相同,或者与被假冒的注册商标在视觉上基本无差别、足以对公众产生误导的商标。

商业秘密:根据《刑法》第219条第3款的规定,所谓"商业秘密"是指不为公众所知悉的,能为权利人带来经济利益,具有实用性并经权利人采取保密措施的技术信息和经营信息。

四、侵犯公民人身权利、民主权利罪中的术语

（一）侵犯公民人身权利的犯罪

杀人:是指非法剥夺他人生命的行为。人的生命权利始于出生,终于死亡。理论界一般认为人的生命始于胎儿脱离母体能独立呼吸时,终于大脑机能完全停止活动时。

伤害:是指非法损害他人身体健康的行为。在我国《刑法》上,健康的含义是特定的,它主要包括人体组织的完整性和人体器官机能活动的正常性两个方面的内容。不论行为人侵犯了哪一方面,都是对他人健康权利的侵害。

强奸:是指与不满14周岁的幼女发生性交的行为或者采用暴力、胁迫或者其他手段,违背妇女意志,强行与妇女发生性交的行为。

猥亵:是指除奸淫以外,以其他性接触方式满足自己性欲或挑逗他人引起性兴奋和满足性欲的行为。

侮辱:是指采用下流无耻的言语、动作损害他人人格的行为。

非法拘禁:是指非法剥夺他人人身自由的行为。

绑架:一般是指非法将他人掳离原来之处所,置于行为人控制之下,使其丧失行动自由。但也不排除行为人将他人拘禁于原处所当做人质,然后向与人质有特殊关系的人或者有关组织索要财物或实现其他非法目的。

拐卖:根据《刑法》第240条的规定,只要实施拐骗、绑架、收买、贩卖、接送、中转行为之一的,即为拐卖。

妇女（拐卖妇女罪）:根据2000年1月25日施行的最高人民法院《关于审理拐卖妇女案件适用法律有关问题的解释》第1条,"《刑法》第二百四十条规定的拐卖妇女罪中的'妇女',既包括具有中国国籍和无国籍的妇女,也包括具有外国国籍的妇女。被拐卖的外国妇女没有身份证明的,不影响对犯罪分子的定罪处罚"。

儿童(拐卖儿童罪):根据1989年7月7日最高人民法院《关于拐卖人口案件中婴儿、幼儿、儿童年龄界限如何划分问题的批复》的规定,这里的"儿童"是指不满14周岁的男、女儿童,其中包括不满1周岁的婴儿,也包括1周岁以上不满6周岁的幼儿。

收买:是指行为人以金钱或金钱以外的有经济价值的物品为报酬,从第三者手中换取拐卖的妇女、儿童的行为。

诬告陷害:是指捏造犯罪事实,向有关机关作虚假告发的行为。

(二)侵犯公民民主权利及其他权利的犯罪

重婚:是指有配偶而又与他人结婚或者以夫妻名义公开同居,或者明知他人有配偶而与之结婚或者以夫妻名义公开同居的行为。

破坏军婚:是指明知是现役军人的配偶,而与之同居或者结婚的行为。

遗弃:是指对于年老、年幼、患病或者其他没有独立生活能力的人,负有扶养义务而拒绝扶养的行为。

拐骗(拐骗儿童罪):是指用欺骗、引诱等手段,将未成年人带走,使之脱离家庭或监护人的行为。

五、侵犯财产罪中的术语

非法占有:是指非法地以所有者的意思实际控制他人财产。

抢劫:是指以非法占有为目的,以暴力、胁迫或者其他方法,当场强行劫取财物的行为。

抢夺:是指以非法占有为目的,公然夺取数额较大的公私财物的行为。

敲诈勒索:是指以非法占有为目的,对他人使用威胁或要挟的方法强行索取公私财物的行为。

非法毁坏:是指采取各种非法手段破坏他人财物或减损他人财物价值的行为。

盗窃:是指以非法占有为目的,秘密窃取数额较大或者多次盗窃公私财物的行为。

诈骗:是指以非法占有为目的,用虚构事实或者隐瞒事实真相的方法骗取数额较大的公私财物的行为。

侵占:是指将代为保管的他人财物或者他人的遗忘物、埋藏物非法占为己有,数额较大,拒不交还的行为。

职务侵占:是指利用职务上的便利,将本单位财物占为己有,数额较大的行为。

非法挪用:是指行为人严重违反财经管理制度,擅自把单位资金或者某些特定款物移归本人、他人使用或者改变其原有特定用途的行为。

六、妨害社会管理秩序罪中的术语

(一)聚众型犯罪

这里的聚众犯罪是指我国刑法明文规定的以聚众的行为方式实施的犯罪,在现行刑法典中,共有 11 个条文规定了聚众犯罪问题,其中有 8 个是在危害社会管理秩序罪一章中(即《刑法》第 289、290、291、292、301、303、309、317 条),另外是第 242 条第 2 款、第 268 条、第 371 条。关于聚众犯罪最值得注意的是刑事责任的承担范围问题,现行刑法典对此规定有四种模式:

1. 所有参与聚众活动的人均构成犯罪:如第 317 条的组织越狱罪、暴动越狱罪、聚众持械劫狱罪;

2. 聚众进行违法活动的首要分子与积极参加者构成犯罪,而一般参与者不构成犯罪:如第 268 条的聚众哄抢罪、第 290 条的聚众扰乱社会秩序罪、非法冲击国家机关罪、第 292 条聚众斗殴罪;

3. 首要分子与多次参加者构成犯罪:如第 301 条聚众淫乱罪;

4. 只有首要分子才构成聚众犯罪,而其他参加者不构成聚众犯罪:如第 289 条聚众打砸抢行为抢走财物或者损毁财物的,第 291 条的聚众扰乱公共场所秩序、交通秩序罪,第 242 条的聚众阻碍解救被拐卖的妇女、儿童罪(此时,其他参加者定妨碍公务罪)。

(二)持有型犯罪

"持有"见之于《刑法》分则条文的有 8 处,涉及 8 个罪名,相对于 1979 年《刑法》的规定而言,"持有"是一种较为特殊的犯罪行为形式。最高人民法院曾于 1994 年 12 月 20 日发布过《关于执行〈全国人民代表大会常务委员会关于禁毒的决定〉的若干问题的解释》,该解释第 3 条第 2 款对非法持有毒品罪的"持有"解释为:"'持有'是指占有、携带、藏有或者其他方式持有毒品的行为。"国务院于 1994 年 6 月 4 日发布的《中华人民共和国国家安全法实施细则》第 19 条、《国家安全法》第 20 条所规定的"非法持有属于国家秘密的文件、资料和其他物品"中的"持有"的解释是"携带"、"存放"、"留存"。《法学词典》(增订版)对"持有"的解释是:"对某特定物品事实上的支配。"

(三)其他犯罪

招摇撞骗:是指以谋取非法利益为目的,假冒国家机关工作人员,进行招摇撞骗,损害国家机关威信或者公共利益、公民合法利益的行为。

寻衅滋事:是指在公共场所,无事生非,起哄闹事,恣意挑衅,随意骚扰,破坏社会秩序的行为。

黑社会性质组织:是指以暴力、威胁或者其他手段,有组织地进行违法犯罪活动,称霸一方,为非作恶,欺压、残害群众,严重破坏经济秩序和社会生活秩序的,类似黑社会的犯罪组织。黑社会性质组织是犯罪集团的一种形式。黑社会性质的组织应当同时具备以下特征:(1)形成较稳定的犯罪组织,人数较多,有明确的组织者、领导者,骨干成员基本固定;(2)有组织地通过违法犯罪活动或者其他手段获取经济利益,具有一定的经济实力,以支持该组织的活动;(3)以暴力、威胁或者其他手段,有组织地多次进行违法犯罪活动,为非作恶,欺压、残害群众;(4)通过实施违法犯罪活动,或者利用国家工作人员的包庇或者纵容,称霸一方,在一定区域或者行业内,形成非法控制或者重大影响,严重破坏经济、社会生活秩序。

赌博:是指以营利为目的,聚众赌博或者以赌博为业的行为。

窝藏:是指为犯罪的人提供隐藏处所、财物,帮助其逃匿的行为。它通常表现为将犯罪的人藏匿于家中、山洞、地窖等隐蔽处,以使其不被司法机关发现或者为其提供钱财、衣物、食物、交通工具或者其他物品,以便于其逃匿等。

包庇:是指为犯罪的人作假证明,以使其逃避法律制裁的行为。它通常表现为伪造、变造、隐匿和毁灭证据,隐瞒犯罪人的身份,伪造犯罪现场,谎报犯罪人的逃跑路线或方向等。

赃物:是指犯罪分子通过实施犯罪而获得的财物,包括可以证明或记载财产性利益和权利的证件或文书,如存折、股票、债券、汇票、借据等。

人民法院的判决、裁定:是指人民法院依法作出的,具有执行内容并已经发生法律效力的判决、裁定。

牟利:是指进行非法经营,牟取不义之财。

七、危害国防利益罪中的术语

国防利益:是指国家的国防建设、军队建设等涉及国家防务方面的利益。

八、贪污贿赂罪中的术语

贪污:是指行为人利用职务上的便利,侵吞、窃取、骗取或者以其他手段非法占有公共财物的行为。

挪用公款:是指行为人利用职务上的便利,挪用公款归个人使用,进行非法活动的,或者挪用公款数额较大、进行营利活动的,或者挪用公款数额较大、超过3个月未还的行为。

归个人使用:根据2002年4月28日《关于〈中华人民共和国刑法〉第三百八十四条第一款的解释》,它包括:(1)将公款供本人、亲友或者其他自然人使用的;(2)以个人名义将公款供其他单位使用的;(3)个人决定以单位名义将公款供其他单位使用,谋取个人利益的。

受贿：是指国家工作人员利用职务上的便利，索取他人财物的，或者非法收受他人财物，为他人谋取利益的行为。

斡旋受贿：根据《刑法》第 388 条的规定，国家工作人员利用本人职权或者地位形成的便利条件，通过其他国家工作人员职务上的行为，为请托人谋取不正当利益，索取或者收受请托人财物的行为。

行贿：是指行为人为谋取不正当利益，给予公职人员以财物的行为。

九、渎职罪中的术语

滥用职权：是指国家机关工作人员违反法律规定的权限和程序，非法地行使本人职务范围内的权力，或者超越其职权实施有关行为，致使公共财产、国家和人民利益遭受重大损失的行为。

玩忽职守：是指国家机关工作人员严重不负责任，不履行或者不正确履行职责，致使公共财产、国家和人民利益遭受重大损失的行为。

徇私枉法：是指司法工作人员徇私枉法、徇情枉法，对明知是无罪的人而使他受追诉、对明知是有罪的人而故意包庇不使他受追诉，或者在刑事审判活动中故意违背事实和法律作枉法裁判的行为。

国家秘密：是指国家法律、法规所规定的禁止泄露的有关国家安全、政治、经济、军事等各种利益的信息。这些信息在一定时间内严格限定于一定空间，即只允许特定范围的人员知悉。

十、军人违反职责罪中的术语

军人：根据《刑法》第 450 条的规定，军人包括中国人民解放军和中国人民武装警察部队的现役军官（警官）、文职干部、士兵和具有军籍的学员，以及文职人员、执行军事任务的预备役人员和其他人员。

复习与练习

本章提要

刑法术语是指用以表示刑法特有的事物（现象）以及相关的概念，概括地反映刑法的特征和适用领域，成为刑法语体的主要标志的术语。它具有内涵的规定性、外延的确定性、不可替代性、语义的概括性等特点。对刑法术语准确而适当的命名与选用，在法律工作中具有重要意义。从法律语言学的角度看，刑法术语可以分为：常用术语、常用的但在刑法上有其专门含义的术语、专门法律术语和技术性术语四类；从词语的内部结构和外部功能角度看，刑法术语又可以分为"词"和"短语"

两大类。研究和掌握具体的刑法术语,是学习法律语言词汇,提高运用法律语言的准确性所必不可少的。

重要概念

刑法术语　犯罪的术语　刑罚的术语　刑罚运用的术语　刑法分则术语

思考题

1.如何理解刑法术语的概念及其意义?

2.刑法术语有哪些分类?

第二编

犯罪总论

第五章　犯罪概说

犯罪是阶级社会的一种特有现象,它是占统治地位的阶级根据本阶级认同的主流意识形态的观念,对某些危害社会的行为进行评判的结果。作为社会现象的犯罪并不是自古就有的,它与国家和法一样,是在特定历史阶段出现的产物。自从有犯罪以来,人们对其进行了各种角度的研究,并在对犯罪现象的研究中,形成和发展了自身的学科体系。这当中,社会学、犯罪学和刑法学分别作了由浅入深、由宏观到微观的研究。

本章主要阐述犯罪的概念、犯罪的特征、犯罪的类型等基本理论。它们是整个刑法学的基础,是研究刑事责任和刑罚的前提。

本章重点
- 犯罪的概念
- 犯罪的特征
- 犯罪的类型

第一节　犯罪的概念

犯罪的概念是对犯罪特征的高度概括,其渊源大致可以分为两种类型:一是在刑法典中用条文的形式规定,如《法国刑法典》、《苏俄刑法典》等;二是在刑法典中不作明文的规定,而是在具体犯罪构成的条件中体现出来,如1908年的《日本刑法典》、1999年的《德国刑法典》等。

一、犯罪的形式概念

犯罪的形式概念,是指从法律规范上描述犯罪特征而形成的概念。它说明犯罪是刑事法律加以禁止并且以刑罚予以制裁的行为,揭示了犯罪的刑事违法性和应受刑罚处罚的特征。其典型的表述是:犯罪是触犯刑律、具有刑事违法性、应受刑罚处罚的行为。例如1810年《法国刑法典》第1条规定:"法律以违警刑所处罚之犯罪,称为违警罪;法律以惩治刑所处罚之犯罪,称为轻罪;法律以身体刑所处罚之犯罪,称为重罪。"又如1996年修订的《瑞士联邦刑法典》第9条规定:重罪是指应科处重惩役之行为;轻罪是指最高刑为普通监禁刑之行为。这就是犯罪的形式概念的立法例。

犯罪的形式概念注重行为的刑事违法性,将刑事违法性作为区分罪与非罪的唯一标准。犯罪的形式概念之"形式",是指从法律规范的意义上界定的。因此,犯罪的形式概念,又可以称为犯罪的法律概念。法律相对于社会来说,是一种形式的东西,这种形式具有对某一社会关系的规范作用。在犯罪问题上,犯罪是一种客观存在的社会事实,是社会根据一定的价值标准予以否定评价的行为。但在被刑法规制以前,这种行为尚不具有刑事违法性,不能成为刑法意义上的犯罪。正是通过刑法的规定,一定的行为才由一般社会否定评价的行为转换为刑法上的犯罪行为。犯罪的形式概念赋予犯罪以刑事违法性,从而为认定犯罪提供了法律标准。但它没有回答"行为为什么被规定为犯罪,它侵犯了何种法益"等本质问题,未能揭示出犯罪的实质即严重的社会危害性。

二、犯罪的实质概念

犯罪的实质概念,是从犯罪侵害的社会关系的属性上描述犯罪特征而形成的概念,通常将犯罪表述为具有社会危害性的行为。它旨在揭示某一行为之所以被认为是犯罪的根据和理由。

犯罪的实质概念早在刑事古典学派开创时期就提出了。刑事古典学派的创始人贝卡利亚曾经指出,衡量犯罪的真正标尺是犯罪对社会的危害。随后,刑事实证学派的代表人物加罗法洛也认为,犯罪一直是一种有害行为,是一种伤害某种被某个聚居体共同承认的道德情感的行为。作为科学揭示犯罪实质概念的是马克思主义。马克思和恩格斯在《德意志意识形态》一书中指出:犯罪是孤立的个人反对统治关系的斗争。这一概念在十月革命以后的苏俄刑事立法中得到了充分体现。1919 年的《苏俄刑法指导原则》第 6 条规定:"威胁苏维埃制度基础及工农政权在向共产主义制度过渡时期所建立的法律秩序的一切危害社会的作为或不作为,都被认为是犯罪。"

犯罪的实质概念不满足于对犯罪的法律界定,而力图揭示隐藏在法律背后的社会政治内容。犯罪的实质概念并不是把犯罪当作一种单纯的法律现象,而是首先把它视为一种社会现象,在与社会的关联上揭示犯罪的性质。由于犯罪的实质概念是突破法律形式理解犯罪,因而它在一定程度上回答了一种行为为什么会被刑法规定为犯罪这一具有实质意义的问题。犯罪的实质概念的确立,将犯罪置于社会的视野中进行考察,分析了犯罪与社会结构的关联性,揭示了犯罪之所以应当受到刑罚处罚的根据,对于加深对犯罪这种社会现象的理解显然具有重要意义。但是,由于犯罪的实质定义没有揭示犯罪的法律特征,忽视了犯罪这一社会现象认定的标准是刑法,容易为不受现行法律限制而扩大犯罪圈提供机会。

三、犯罪的混合概念

犯罪的混合概念,是指形式与实质相统一的犯罪概念,即在犯罪概念的规定中,既揭示犯罪的本质特征,又强调犯罪的法律特征,使犯罪的实质社会内容和法律形式统一起来。1960 年《苏俄刑法典》第 7 条被认为是犯罪混合概念的典型立法例:"凡刑事法律所规定的侵害苏维埃的社会制度、政治和经济体系,侵害社会主义所有制,侵害公民的人身权利和自由、政治权利和自由、劳动权利和自由、财产权利和自由及其他权利和自由的危害行为,都认为是犯罪。"在这个概念中,既指出了犯罪的形式特征,犯罪限于刑事法律所规定的范围,从而明确了犯罪的刑事违法性;同时,这个犯罪概念揭示了犯罪的实质内容,指明了犯罪的社会危害性。这种定义在方法论上克服了形式定义和实质定义存在的片面性,从行为的本质特征和法律特征两个方面对犯罪进行定义,把犯罪的法律属性与社会属性结合起来,既回答了为什么立法上规定为犯罪,又能在司法上严格依法定罪量刑,防止其不确定性,有利于人权的保障。

我国刑法中的犯罪概念,是形式与实质相统一的犯罪的混合概念。我国《刑法》第 13 条规定:"一切危害国家主权、领土完整和安全,分裂国家、颠覆人民民主专政的政权和推翻社会主义制度,破坏社会秩序和经济秩序,侵犯国有财产或者劳动群众集体所有的财产,侵犯公民私人所有的财产,侵犯公民的人身权利、民主权利和其他权利,以及其他危害社会的行为,依照法律应当受刑罚处罚的,都是犯罪,但是情节显著轻微危害不大的,不认为是犯罪。"这一犯罪概念是对各种犯罪现象的理论概括,它不仅揭示了犯罪的法律特征,而且阐明了犯罪的社会政治内容,从而为区分罪与非罪的界限提供了原则标准。

第二节　犯罪的特征

一、犯罪的本质特征

对于犯罪的本质特征,历史上曾经有过各种不同的学说。比较有代表性的是费尔巴哈提出的权利侵害说、德国刑法学家李斯特提出的法益侵害说、德国刑法学家威尔兹尔和夏弗斯塔因的义务侵害说,以及综合上述各种观点的折中说。

真正科学地阐明犯罪本质特征的是马克思和恩格斯,他们认为,犯罪是"孤立的个人反对统治关系的斗争"。这里包含两层意思:

首先,犯罪是一种反抗"统治关系"的斗争。所谓"统治关系",是指阶级压迫关系.就是掌握国家政权的阶级为了维护本阶级的利益而构建的、维护统治阶级政治、经济利益的一种法律秩序。犯罪,就是反抗这种统治关系、违背这种法律秩序的行为。这些行为发生的原因和实施目的是多种多样的,既可以是政治性的,如意图推翻现行统治,建立新的政权;也可以是非政治性的,如为了满足个人的某种要求而实施犯罪。当然,说犯罪是反抗统治关系的行为,并不等于说一切反抗统治关系的行为都是犯罪。按照恩格斯的说法:"蔑视社会秩序的最明显最极端的表现就是犯罪。"社会秩序乃是统治阶级用以维护其统治的最基本的条件,蔑视社会秩序,也就是蔑视统治关系,二者是一致的。但是,蔑视社会秩序的表现并不一定都是犯罪,而是要达到"最明显、最极端"的程度,也即社会危害性严重,已经超出了刑法以外的其他法律规范所能调整的范围,才能被认定为犯罪。

其次,犯罪是"孤立的个人"反抗统治关系的行为。所谓"孤立的个人",是指某一社会统治秩序下单个的社会成员。这种"孤立的个人"的反抗行为,不同于一个阶级反抗另一个阶级、一个民族反抗另一个民族、一个国家反抗另一个国家的斗争。后者属于整个的阶级斗争、民族斗争、国家之间的斗争及战争问题,不属于刑法所规定的犯罪问题。"孤立的个人"是相对于整个阶级、整个民族、整个国家而言的。即使犯罪人以共同犯罪、单位犯罪的形式出现,同样只不过是单个的犯罪人的组合或放大而已,并不影响犯罪是"孤立的个人反对统治关系的斗争"的判断。

二、我国刑法对犯罪特征的规定

我国《刑法》第 13 条规定,一切危害社会的行为,依照法律应当受刑罚处罚的,都是犯罪,但是情节显著轻微危害不大的,不认为是犯罪。它揭示了犯罪的基本特征。

(一)犯罪是危害社会的行为,即具有较严重的社会危害性

行为具有一定的社会危害性,是犯罪的最基本的特征。所谓社会危害性,是指行为对刑法所保护的社会关系造成损害的特性。在社会主义社会,由于人民当家做主,国家和人民的利益是完全一致的,所以,犯罪的社会危害性,也就是对国家和人民利益的侵害性,犯罪的本质就在于它危害了国家和人民的利益。如果某种行为根本不可能给社会带来危害,法律就没有必要把它规定为犯罪,也不会对它进行惩罚。某种行为虽然具有社会危害性,但是情节显著轻微危害不大的,也不认为是犯罪。例如,小偷小摸,数额很小,不能当作盗窃罪来处理。因此,没有社会危害性,就没有犯罪;社会危害性没有达到相当的程度,也不构成犯罪。

犯罪的社会危害性通常被认为是犯罪行为已经发生对社会的实际损害。但这种实际损害仅仅是社会危害性的一种表现,在法律有明文规定的情况下,某种行为对社会产生的危险状态,也被看作是社会危害性的表现。如犯罪预备、未实行终了的未遂等犯罪行为都是侵害了一定的现存社会关系的,也应当给予刑事处罚。

作为犯罪的社会危害性,必须达到严重的程度。强调这一点,是为了把犯罪同其他违法行为相区别,这是坚持犯罪质的规定性与量的规定性相统一的要求。犯罪与一般违法行为都有社会危害性,区分它们的关键在于准确界定社会危害的"量"。依据《刑法》第 13 条"但书"的规定,"情节显著轻微危害不大的,不认为是犯罪"。因此,笼统地说"具有社会危害性的行为都是犯罪"是不准确的。

影响犯罪的社会危害性程度的因素是多样化的。其中,客观的因素包括行为侵犯的社会关系的性质、行为的手段、方法、后果以及时间、地点等,主观的因素包括行为人的人身状况以及行为时的主观心理因素等。它是主客观统一的评价体系。同时,行为的社会危害性的有无及其程度并不是固定不变的,它会随着社会条件的变化以及社会发展在经济、文化及政治等方面要求的不同而不断有所改变。

行为的社会危害性在犯罪认定以及量刑过程中具有重要的意义:首先,它是犯罪成立的基础。所有犯罪成立的全部条件都说明行为具有的社会危害性及程度。如果行为不具备法定的社会危害性,就不可能有犯罪的成立。其次,它是解决是否符合非犯罪构成之行为的关键。正当防卫、紧急避险之所以不认为是犯罪,就是因为这些行为不具有社会危害性。再次,它是确定故意犯罪过程中各种不同的犯罪形态以及各种共同犯罪人不同刑事责任的根据。我国刑法对预备犯、未遂犯、中止犯、主犯、从犯、胁从犯、教唆犯等所规定的不同处罚原则,就是根据各种犯罪形态的社会危害性大小来确定的。

(二)犯罪是触犯刑律的行为,即具有刑事违法性

犯罪是具有社会危害性的行为,但并非具有社会危害性的行为都是犯罪。作为犯罪本质特征的社会危害性,只有通过刑法的规定体现出来,才能作为具有犯罪的规范地位。刑事违法性是指行为违反刑法规范的特征。我国刑法根据社会上各种行为的社会危害性程度,有选择性地宣布某种行为是犯罪并作出相应的规定,这就使该行为具有被刑法调整的可能性。某种行为虽然具有社会危害性,但如果刑法没有把它规定下来,就不存在犯罪的问题。这是罪刑法定原则的要求。只有具有社会危害性的行为被刑法规定了,这种行为才能被认为是犯罪。这种规定犯罪的刑法规范包括刑法典、单行刑法和附属刑法三种形式。刑法典是最为重要的规范形式。但作为犯罪特征之一的刑事违法性,是指违反上述任何一种刑法规范的行为。

(三)犯罪是应受刑罚处罚的行为,即具有应受刑罚惩罚性

这是指危害社会的行为不仅要达到触犯刑事法律规范的严重程度,而且必须是应当给予刑罚处罚的,才属于犯罪。对于犯罪应当具有较严重的社会危害性,并触犯刑法规范具有刑事违法性,是犯罪的两个基本特征,理论界的认识基本一致。但对于"应受刑罚惩罚性"是否是犯罪的基本特征,则存在较大争议。我们认为,犯

罪应受刑罚惩罚,是犯罪的逻辑结论,国家只有通过利用刑罚惩治犯罪,才能使刑法目的得以实现。不需要刑罚惩罚的行为,也就谈不上是犯罪。因为,从犯罪与刑罚的关系来看,刑罚是对犯罪行为社会危害性程度的一种评价。一方面,在通常情况下,刑罚重的,说明该种行为社会危害性较大;刑罚轻的,则说明社会危害性相对较小。另一方面,给予刑罚处罚的行为,也必须是已经构成犯罪的行为。违反党纪、政纪的行为,违反民法、经济法的违法行为,都不能适用刑罚。因此,应受刑罚惩罚性的特征,也是从犯罪的严重危害性中派生出来的,它与刑事违法性一样,都以严重的社会危害性为前提条件,是由犯罪的本质特征决定的。应受刑罚惩罚性是犯罪的第三个基本特征,它是区分犯罪与其他违法行为及不道德行为的重要标志。

犯罪的三个基本特征紧密相连,缺一不可。其中,社会危害性是犯罪的最本质的特征,是刑事违法性和应受刑罚惩罚性的基础;刑事违法性和应受刑罚惩罚性特征则是从这一本质特征中派生出来的,是严重社会危害性的法律表现和法律后果。

第三节　犯罪的分类

犯罪分类,是指根据犯罪所具有的某些特殊属性,将犯罪划分为若干不同的类别。犯罪的复杂性,决定了犯罪类别的多样化。以不同的标准,从不同的角度,我们可以对犯罪进行多种类的划分。在刑法史上,比较具有代表性的分类是:

一、犯罪的理论分类

(一)自然犯与法定犯

自然犯,又称刑事犯,是指违反公共善良风俗和人类伦理,由刑法规定的传统性犯罪。譬如故意杀人、抢劫、强奸、盗窃等犯罪,其行为本身就是对人类自然权利的侵害,根据一般的伦理观念人们就可对其作出有罪评价。法定犯,又称行政犯,是指违反行政法规中的禁止性规范,并由行政法规中的刑事罚则所规定的犯罪。职务犯罪、经济犯罪等即属于此类。这一类犯罪的特点在于都以违反一定的行政性法规为前提,它们本来意义上并不是犯罪,只有当刑法将违反行政性法规情节严重的行为在刑法中规定后,这类行为才是犯罪。

(二)身份犯与非身份犯

身份犯,是指以某种特定的身份作为犯罪构成主体条件的犯罪。诸如受贿罪需要有国家工作人员的身份才可以构成,玩忽职守罪、滥用职权罪需要有国家机关工作人员的身份才可以构成,遗弃罪需要具有家庭成员的身份才可以构成,等等。非身份犯,是指身份犯以外的,刑法对其犯罪主体条件未作特别限定的犯罪,如故意杀人罪、抢劫罪、盗窃罪、诈骗罪，等等。

（三）行为犯与结果犯

行为犯，是指不要求犯罪行为造成危害结果的发生，只要实施了刑法在某一特定犯罪的罪状中规定的行为即为犯罪既遂的犯罪，如强奸罪、伪证罪、非法组织卖血罪，等等。结果犯，是指不仅要实施刑法分则对具体犯罪的罪状中所规定的行为，还有以发生某种在具体犯罪的罪状中所要求的危害结果才能成立犯罪既遂的犯罪，如盗窃罪、诈骗罪、交通肇事罪，等等。

（四）实害犯与危险犯

实害犯，是指以出现法定的危害结果为构成要件的犯罪。如《刑法》第119第二款所规定的过失损坏交通工具、交通设施、电力设备、燃气设备、易燃易爆设备等犯罪。危险犯，是指以实施危害行为并出现某种法定危险状态为构成要件的犯罪，这种法定危险状态在刑法中通常用"足以"或"尚未"等字眼表述。如《刑法》第114条、第116条、第117条、第118条规定的破坏交通工具、交通设施、电力设备、燃气设备、易燃易爆设备等犯罪。

二、犯罪的立法分类

我国刑法分则根据犯罪所侵犯的同类客体的不同，将犯罪分为10类，具体包括：危害国家安全罪，危害公共安全罪，破坏社会主义市场经济秩序罪，侵犯公民人身权利、民主权利罪，侵犯财产罪，妨害社会管理秩序罪，危害国防利益罪，贪污贿赂罪，渎职罪，军人违反职责罪。而根据具体犯罪客体性质的不同，刑法立法通常又对犯罪进行如下分类：

（一）国事犯罪与普通犯罪

国事犯罪，是指危害国家政权、社会主义制度以及国家安全的犯罪。普通犯罪，是指除国事犯罪以外的其他各类刑事犯罪。对国事犯罪，各国和地区的立法的表述各不相同，多数国家称为"国事罪"，我国1979年《刑法》曾经将其称为"反革命罪"，它同样属于国事罪的范畴。在我国1997年《刑法》中，第七章规定了"危害国防利益罪"，国防利益属于国家利益是无疑的。但对于该章规定的犯罪是否都属于国事罪，理论上的认识尚不一致。如果从严格意义的"国事罪"而言，它主要是指危害国家政治利益的犯罪，因此，危害国家经济利益、军事利益的犯罪，不宜作为国事罪对待。

（二）故意犯罪与过失犯罪

故意犯罪，是指明知自己的行为会发生危害社会的结果，并且希望或者放任这种结果发生，从而构成的犯罪。过失犯罪，是指应当预见自己的行为可能发生危害社会的结果，因为疏忽大意没有预见，或者已经预见而轻信能够避免，以致发生这种结果,从而构成的犯罪。刑法通常都以处罚故意犯罪为原则,而以处罚过失犯罪为例外。我国《刑法》规定:"过失犯罪,法律有规定的才负刑事责任。"

(三)亲告罪与非亲告罪

亲告罪,是指告诉才处理的犯罪。根据《刑法》第98条的规定:"本法所称告诉才处理,是指被害人告诉才处理",由于"亲告罪"是在以"非亲告罪"为原则基础上的特别规定,因此,我国刑法对"需要告诉才处理"的罪名作了明文规定。这类犯罪包括侮辱罪、诽谤罪、暴力干涉婚姻自由罪、虐待罪和侵占罪。法律规定需要亲告的犯罪,是由于这类犯罪通常与被害人的人格权、名誉权、财产权和婚姻家庭关系密切相关,被害人有自主处分其权利的自由,法律将对犯罪的告诉权赋予了被害人。除亲告罪以外的其他犯罪,都是非亲告罪,需要由公安机关、检察机关立案侦查或者监察机关调查,并由检察机关代表国家提起公诉。不过,从全面保护被害人利益出发,我国《刑法》第98条同时规定,需要被害人告诉的犯罪,"如果被害人因受强制、威吓无法告诉的,人民检察院和被害人的近亲属也可以告诉"。

(四)重罪与轻罪

重罪与轻罪的分类是国外一些国家以法定刑为标准所作的分类。这种分类法不仅盛行于大陆法系国家,而且也为英美法系国家所认可。不过,同是重罪与轻罪,各国规定的内涵是有所不同的。

重罪与轻罪,主要是根据犯罪的轻重程度划分的。在刑法立法中,重罪与轻罪的划分标准通常是从具体犯罪的刑罚设定中,通过比较得出的。如,一些国家规定需要被判处自由刑以上刑罚的是重罪;也有一些国家规定凡是刑法对某一犯罪设定的最低刑是3年以上刑罚的是重罪;还有一些国家是根据该种犯罪的性质具有可诉性来作为重罪的标准。

我国《刑法》没有重罪与轻罪的明文规定,但在刑法中存在"犯罪较轻的"和"处刑较轻的"规定,相对于"犯罪较轻的"和"处刑较轻的"情形,当然就有"犯罪较重的"和"处刑较重的"情形。这里的犯罪较轻与犯罪较重,并非指不同种犯罪之间的轻重之分,而是指同一种犯罪中的轻重之别。如《刑法》第67条对"自首"规定中的"犯罪较轻的,可以免除处罚",此处的"犯罪较轻的"即为轻罪。

复习与练习

本章提要

犯罪的概念可以分为犯罪的形式概念、犯罪的实质概念和犯罪的混合概念三种形式。我国采取的是犯罪的混合概念,它揭示了犯罪的法律属性和社会属性。根据我国刑法的犯罪概念,犯罪具有三个基本特征:即具有严重的社会危害性、具有刑事违法性和应受刑罚惩罚性。犯罪分类是指根据犯罪所具有的某些特殊属性,将犯罪划分为若干相互对应的类别。从理论上分,犯罪可以分为自然犯与法定犯、身份犯与非身份犯、行为犯与结果犯、实害犯与危险犯;从立法上分,犯罪可以分为国事犯罪与普通犯罪、故意犯罪与过失犯罪、亲告罪与非亲告罪、重罪与轻罪。

重要概念

犯罪的形式概念　犯罪的实质概念　自然犯　法定犯　身份犯　行为犯结果犯　实害犯　危险犯

思考题

1.如何理解犯罪的形式概念?

2.如何理解犯罪的实质概念?

3.如何理解犯罪的混合概念是法律属性与社会属性的统一?

4.我国刑法对犯罪特征的规定是什么?

5.犯罪可以作哪些分类?

第六章　犯罪构成

犯罪构成,是指我国刑法所规定的,决定某一具体行为的社会危害性及其程度而为该行为构成犯罪所必须具备的一切主客观要件的有机统一体。犯罪构成是认定某一行为是否成立犯罪的标准。它是犯罪论的核心,在整个刑法学体系中占有十分重要的地位。本章阐述的犯罪构成的要件及其要素是刑法学犯罪论的基础。它是决定犯罪构成共同要件与犯罪构成具体要件各个要素在犯罪构成中的地位和作用的主要依据。

本章重点
- 犯罪构成的概念
- 犯罪构成要件
- 犯罪构成的要素
- 犯罪构成的分类

第一节　犯罪构成的概念

一、犯罪构成的概念

我国刑法中的犯罪构成,是指我国刑法所规定的,决定某一具体行为的社会危害性及其程度而为该行为构成犯罪所必须具备的一切主客观要件的有机统一体。根据这一概念,我国刑法中的犯罪构成具有以下三个特征:

(一)犯罪构成是一系列主客观要件的有机统一体

犯罪构成由法定的一系列要件组成,这些要件形成了一个系统,表现为一个整体,具有整体性。它包含成立犯罪所必备的客观要件,也包括成立犯罪不可或缺的主观要件。所谓客观要件,是指犯罪客体和犯罪客观方面的要件;所谓主观要件,是指犯罪主体和犯罪主观方面的要件。如根据《刑法》第 264 条的规定,盗窃罪的构成要件是:(1)犯罪客体是公私财产所有权;(2)犯罪客观方面表现为秘密窃取公私财物,数额较大,或者多次盗窃公私财物的行为;(3)犯罪主体是一般主体,即年满 16 周岁具有刑事责任能力的自然人;(4)犯罪主观方面是直接故意,要有非法占有的目的。上述各个要件对于构成盗窃罪来讲必须同时具备,如果缺少了其中任何一个要件,就不能作为盗窃罪来加以认定。

　　需要强调的是,犯罪构成不是一系列主客观要件的简单相加,而是这些要件的有机统一的整体。我国刑法既反对只根据客观危害,不考虑主观罪过的"客观归罪",也反对只根据主观罪过,不考虑实际危害的"主观归罪"。

　　(二)犯罪构成是刑法所规定的事实特征

　　犯罪构成要件的法定性与行为的刑事违法性是一致的。根据罪刑法定原则的要求,任何犯罪都必须是违反刑法规定的行为。刑法对犯罪构成的规定,是由刑法总则和分则共同实现的。如《刑法》第263条规定的抢劫罪的犯罪构成要件,其客观方面是以暴力、胁迫或者其他方法抢劫公私财物的行为;主观方面从总则的规定和其客观方面来看是直接故意;客体从《刑法》分则第五章的章名和条文规定来看是复杂客体,即公私财产的所有权和他人的人身权;对其主体,条文没有规定,只能根据总则的规定来认定。一般来说,犯罪的共同要件,如犯罪主体的刑事责任年龄、刑事责任能力、犯罪主观方面的故意、过失等,在总则中加以规定。同时修正的犯罪构成要件的犯罪预备、犯罪未遂、犯罪中止以及共同犯罪中的主犯、从犯、胁从犯和教唆犯等,也在总则中作了规定。

　　(三)犯罪构成决定某一具体行为的社会危害性及其程度

　　任何一种犯罪,都可以用很多的事实特征来说明,然而,只有对行为的社会危害性及其程度具有决定意义而为该行为成立犯罪所必需的事实特征,才能成为犯罪构成的要件。如一25岁精神正常的男性青年李某,为报复移情别恋的前女友王某,在一个月黑风高的夜晚,潜入王某家,用匕首将王某刺死。在本案中,能说明犯罪的事实特征很多,但构成要件的事实仅包括:(1)李某将王某刺死,侵犯了王某的生命权;(2)李某客观上实施了杀人的行为;(3)李某已达刑事责任年龄,精神正常,具有刑事责任能力;(4)杀人的行为是在故意的罪过支配下实施的。只要具备了上述这些要件,李某的行为就成立故意杀人罪。至于其他的事实特征,如李某是否是初犯,作案的时间、地点等,都不是故意杀人罪的构成要件。

　　二、研究犯罪构成的意义

　　犯罪构成理论,在刑法学体系中居于中心的地位,因此研究犯罪构成对于理解整个刑法学体系,特别是犯罪论体系,具有十分重要的理论意义。也就是说,刑法理论中的非犯罪构成要件之行为、故意犯罪停止形态、共同犯罪、数罪等理论问题,都与犯罪构成理论具有紧密的联系,因此研究并掌握犯罪构成理论具有特别重要的意义。

　　(一)它为区分罪与非罪提供了法律标准

　　行为符合犯罪构成就成立犯罪,否则便不成立犯罪。

（二）它为区分此罪与彼罪提供了法律标准

犯罪构成不同，犯罪性质就不同。不同的犯罪存在各自不同的犯罪构成，符合不同的犯罪构成便成立不同的犯罪。

（三）它为区分一罪与数罪提供了法律依据

区分行为构成一罪还是数罪，我国是以犯罪构成为法律标准的，行为符合一个罪的犯罪构成就成立一罪；行为符合数个罪的犯罪构成的便成立数罪。

（四）它为区分重罪与轻罪提供了法律依据

犯罪构成的内容不同，其所反映的社会危害性就不同，因此，犯罪构成能够成为区分犯罪之重轻的标准。

第二节　犯罪构成的要件及要素

一、犯罪构成要件的概念

犯罪构成的要件，是指根据刑法分则对某一个具体犯罪的罪状规定的成立该具体犯罪必须具备的条件。犯罪构成的要件既不同于犯罪构成，也不同于犯罪构成的要素。它介于二者之间。因为，犯罪构成是一个系统，它是从整体上来看待构成犯罪所需要具备的条件；犯罪构成要件是组成犯罪构成系统的条件，是系统的骨架，它是犯罪构成要素的概括表述；而犯罪构成要素是犯罪构成各条件的内容，同时也是组成犯罪构成系统的细胞。

从犯罪构成要件的一般定义中，我们可以看出，犯罪构成要件具有以下几个特征：

（一）犯罪构成要件的内容是由刑法确定的

如前所述，任何具体犯罪的构成总是由不同的条件来构成的。这些条件不仅包括刑法分则的规定，也包括刑法总则的规定。刑法分则规定的是犯罪的罪状，刑法总则规定的是犯罪的一般条件。犯罪构成要件的确定，首先要查找刑法分则的相关规定，如果刑法分则对该罪犯罪构成的要件全部都规定齐全了，或者按照通常理解就可以得出结论的，就直接按照该分则条款的规定内容确定即可，如《刑法》第382条规定的贪污罪，对犯罪的构成要件作了明示；如果刑法分则对犯罪构成要件的某一部分内容没有明确规定，而按照一般概念理解又不能得出结论，或者会得出错误结论的情况下，该未被明确部分的内容，则需要运用刑法总则的规定来确定。如抢劫罪的构成要件，《刑法》分则第263条规定了"暴力、胁迫或者其他方法"、"劫取"、"公私财物"这样一些内容，但对犯罪主体的条件没有规定。因此，对于抢劫罪的犯罪主体就需要依据《刑法》总则第17条第2款"已满十四周岁不满十六周岁的人,犯故意杀人、故意伤害致人重伤或者死亡、强奸、抢劫、贩卖毒品、放火、爆炸、投放危险物质罪的,应当负刑事责任"的规定来确定。只有这样,才能组成抢劫罪完整的犯罪构成。

(二)犯罪构成要件是构成具体犯罪的特定条件

犯罪构成要件从宏观和微观的角度,可以区分为共同的犯罪构成要件和具体的犯罪构成要件。共同的犯罪构成要件是各种犯罪构成形式要件的概括,是从具体犯罪构成要件的共性特征中概括出来的。共同的构成要件是衡量犯罪成立的一般规格。具体的犯罪构成要件是根据刑法分则的规定,决定某一个具体犯罪成立的条件。在每一个具体的犯罪中,犯罪构成的条件总是有所不同的。由于犯罪构成要件是针对具体犯罪设定的,是对具体犯罪在特定构成体系中的内容表述,因此,就单个构成要件而言,也许在内容上或者属性上是相同的,但与其他要素结合的时候,与该内容配套的构成要件要素就是不同的。也就是说,从构成要件所有要素的对比来看,具体犯罪构成中,没有两个具体犯罪的构成要素是完全相同的,不然就难以区分是这个罪还是那个罪了。如《刑法》第 239 条规定的绑架罪与《刑法》第 263 条规定的抢劫罪,在客观上都有暴力、胁迫等手段,都侵犯了人身权和财产权,都是故意心态,但犯罪主体及侵害客体的主要属性这两个要素及其内容是不同的。所以刑法才把它们确定为不同的犯罪,并归入不同的章节中进行规定。

(三)犯罪构成要件组成犯罪构成的实体内容

犯罪的成立需要由一系列条件组成。但在犯罪构成中的各个条件并不是简单的组合或相加,而是要根据犯罪构成的共性条件进行衡量的。只有当这些不同的条件均符合犯罪构成的总体要求,并与该构成要件中的其他相关要件形成完整体系后,才能成为犯罪构成的要件。因此,在犯罪构成要件的考察中,主要要把握要件中的内容是否能够与犯罪构成的共同要件相一致,当二者相一致时,才可以被作为该具体犯罪的构成要素而成立犯罪。

二、犯罪构成的共同要件

犯罪构成的共同要件,也称犯罪构成的一般要件,是指每一种具体犯罪的构成都要具备的条件。犯罪构成的共同要件是从具体要件中抽象出来的,是对具体犯罪特征的规律性认识。根据我国刑法理论的通说,犯罪构成包括以下四个共同要件:

(一)犯罪客体

犯罪客体,是指我国刑法所保护的而为犯罪行为所侵犯的社会关系。犯罪客体是体现犯罪社会危害性的法律形式,是任何犯罪的成立所不可缺少的条件。

犯罪客体可以分为一般客体、同类客体、直接客体。直接客体又可以分为单一客体和复杂客体。复杂客体又根据侵犯社会关系种类的多少,分为双重客体和多重客体。

(二)犯罪客观方面

犯罪客观方面,是指行为人所实施的危害社会的客观事实特征。它是任何犯罪成立不可缺少的条件。犯罪客观方面包括危害行为、危害结果以及特定的时间、地点和方法等。

(三)犯罪主体

犯罪主体,是指实施危害社会的行为、依法应当负刑事责任的自然人和单位。自然人是我国刑法中最基本和最主要的犯罪主体。根据《刑法》第 30 条"公司、企业、事业单位、机关、团体实施的危害社会的行为,法律规定为单位犯罪的,应当负刑事责任"的规定,单位成为犯罪主体的,以刑法分则的规定为限。

(四)犯罪主观方面

犯罪主观方面,是指犯罪主体对自己的危害行为及其结果所抱的主观心理态度。它包括罪过、犯罪的目的和动机。罪过是犯罪成立的必备条件;犯罪的目的只是某些犯罪构成所必须具备的条件;犯罪的动机不是犯罪构成的必备条件。

但是,随着犯罪构成理论的深化和发展,理论界提出了不同的学说。主要有:(1)"二要件说",即主张犯罪构成应当具备主观要件和客观要件。主观要件包括犯罪主体和犯罪主观方面,客观要件包括犯罪客体和犯罪客观方面。或者认为犯罪构成只要具备行为要件(内含客观行为和主观罪过)和主体要件即可。(2)"三要件说",即主张犯罪构成只要有犯罪客观行为、犯罪主体和犯罪主观方面,不需要客体要件,或者认为犯罪构成应当具备犯罪主体、危害行为(包括罪过、客观行为及其结果)和客体。(3)"五要件说",主张犯罪构成必须具备的条件包括犯罪行为、犯罪客体、犯罪客观方面、犯罪主体和犯罪主观方面。我们认为,这些观点,对于推动犯罪构成理论研究的细化是有一定意义的,但是除"二要件说"中不需要犯罪客体的观点对传统犯罪构成要件学说提出了挑战外,其余的观点都只不过是对通说观点的组合方式不同而已,并没有提出实质性的差别。而否定犯罪客体作为犯罪构成必要条件的观点,没有很好地把握认识犯罪本质要素需要考察载体这一特点,是对犯罪构成理论系统性要求的误解。所以,我们仍然主张犯罪构成需要四个要件。本书以此为基点展开。

至于有学者提出犯罪构成共同要件的排序,应当按照犯罪主体、犯罪主观方面、犯罪客观方面、犯罪客体这样的顺序进行的观点,我们也不能完全赞同。尽管在实际案件的发生过程中,确实应当先有犯罪主体,再有罪过、犯罪行为,最后侵害犯罪客体。但是,刑法中的犯罪构成要件理论是为司法活动而创设的,而不是为犯罪活动而创设的。因此,对犯罪构成要件的选择和确定,应当以犯罪现象进入刑法调整视野的先后顺序来排列比较科学,这样既符合司法人员认识问题的思维过程,也有利于及时确定刑法适用的可能性,节省司法成本。

三、犯罪构成的具体要件

犯罪构成的具体要件,也称具体犯罪的构成要件,是指某一个具体犯罪的成立必须具备的要件。它是具体犯罪符合刑法规定内容的法律标志。在刑法中,犯罪的惩罚都是要落实在具体罪名中的,每一个具体罪名的确定,都应有相应的构成要件。只有符合某一特定犯罪所要求的相应的构成要件,才能成立犯罪。

具体犯罪的确定需要正确地把握刑法分则对该罪罪状的要求。无论是叙明罪状还是空白罪状,都不可能完整地规定每个犯罪的所有构成要件。因此,在确定具体的犯罪构成要件时,既要把握刑法分则的规定,也要结合刑法总则的规定,还要根据一定的原则和方法进行。

从刑法分则的规定来看,具体的犯罪构成要件一般都包含着该种犯罪既遂状态的条件。如《刑法》第 266 条规定的诈骗罪,它必须要规定三个条件,一是"诈骗",二是"公私财物",三是"数额较大"。如果缺少这其中的任何一个条件,就可能与其他的犯罪相混淆。假如没有"诈骗"行为,自然就不能成立诈骗罪;即使有"诈骗"这一条件,但如果骗取的不是"公私财物",而是职位,也不能构成诈骗罪;假使"诈骗"和"公私财物"这两个条件都具备了,但如果不是"数额较大"还是不构成诈骗罪。因此,刑法分则对具体犯罪所规定的要件往往是区分罪与非罪、此罪与彼罪的关键要素。

从刑法总则的规定来看,具体的犯罪构成需要引用的条件往往是犯罪主体、犯罪的主观心理状态。如《刑法》第 347 条规定的走私、贩卖、运输、制造毒品罪,该条对犯罪的行为方式、犯罪对象作了规定,并且明确规定数量多少不影响犯罪构成。但它没有对本罪的犯罪主体作出规定,就需要到刑法总则中去查找。根据《刑法》第 17 条第 1 款的规定,一般犯罪的刑事责任年龄是 16 周岁。因此可以初步得出《刑法》第 347 条规定的犯罪主体是年满 16 周岁的自然人。但是,《刑法》第 17 条第 2 款又规定了 8 种年满 14 周岁就需要追究刑事责任的犯罪,其中就有贩卖毒品罪。因此,把刑法总则的规定结合起来看,才可以得出这样的结论:走私、运输、制造毒品犯罪的主体是年满 16 周岁的自然人,而贩卖毒品罪的犯罪主体是年满 14 周岁的自然人。

对于刑法分则和总则都没有明确规定,需要从现行刑法的规定精神来确定犯罪构成的具体要件的,就必须坚持以下原则:(1)合法性原则。也就是说,确定某一个犯罪的具体构成要件,必须依照刑法及相关法律的规定来确定具体犯罪的构成要件,而不能离开法律的规定任意增加或者删减构成要件的内容。(2)客观性原则。对具体犯罪构成要件的确定必须以可以被认识和认定的事实特征为依据，坚持法律特征与事实的统一。如《刑法》第276条规定的破坏生产经营罪规定了"由于泄愤报复或者其他个人目的"为主观要件，它是法律规定的特征，在具体认定时，必须有客观的"泄愤报复"特征，做到二者的统一，不然就不符合本罪具体构成要件的要求。(3)科学性原则。确定具体犯罪构成的要件，要在客观事实的基础上，对已有要件内容进行科学、合理的分析和解释，从中判断客观事实特征是否符合刑法对该罪所要求的罪状性质，使确定的要件与未确定的要件、客观要件与主观要件有机结合。

四、犯罪构成的要素

犯罪构成的要素是体现在犯罪构成的结构中的，它需要根据其在结构中的地位来决定。

因此，研究犯罪构成的要素，必须与犯罪构成的结构一起来考察。

(一)犯罪构成的结构

犯罪构成的结构，是指犯罪构成的层次划分及各层次的排列顺序。刑法理论上通常将犯罪构成的结构划分为四个层次。第一层次就是犯罪构成本身。第二层次是在犯罪构成下，将犯罪构成的要件根据认识对象的特性来划分，一般分为客观要件和主观要件，客观要件排列在前，主观要件排列在后。第三层次是将第二层次的两个方面，根据其内容的不同，将犯罪的客观要件分为犯罪客体和犯罪客观方面；将犯罪的主观要件分为犯罪主体和犯罪主观方面。第四层次是在第三层次下，将犯罪客体划分为犯罪客体本身与犯罪对象；将犯罪客观方面划分为危害行为、危害结果等；将犯罪的主体划分为自然人主体与单位主体；将犯罪主观方面划分为犯罪故意与犯罪过失。依据这样的划分标准，再结合相应的逻辑顺序，就形成了犯罪构成要件与要素的层次结构和排列顺序。

(二)犯罪构成要素

犯罪构成要素，是指决定某一个具体犯罪的成立所要求的内容。依据刑法对犯罪认定和性质确定的需要，犯罪构成的要素一般体现在第二至第四个层次上。其中，第四个层次在刑法理论上通常称为"构成要件之要素"。这表明，能够成为犯罪构成要素的必须是对某一个具体犯罪具有界标作用的那些内容。

犯罪的要素是犯罪构成要件的实体内容。如前所述，犯罪构成由犯罪客体、犯罪客观方面、犯罪主体、犯罪主观方面有机统一而成。犯罪构成的每一个要件又是由不同的要素所组成的。这些要素紧密围绕犯罪构成的要件，使各个要件的内容确定化。因此，考察犯罪构成的要素是正确理解和把握犯罪构成的关键。

（三）犯罪构成要素的分类

以犯罪构成的结构层次为基础，根据构成要件的要素内容、表现形式、功能的不同，可以将犯罪构成的要素分为以下几种：

1.共同的构成要件要素与非共同的构成要件要素

共同的构成要件要素是指在第二至第四层次结构中，表现为每一种犯罪都需要具备的要素。

如危害行为，作为犯罪客观方面要件的要素，它是每一种犯罪都必须具备的要素。"没有行为就没有犯罪"的刑法格言，体现了行为是犯罪的核心要素。非共同的构成要件要素，是指只在某些犯罪中成为犯罪构成要件的内容。对某一具体犯罪而言，该要素是必备的，但放在一般犯罪构成要件的层面讲，该要素不具有独立的地位。如，《刑法》第340条规定的"在禁渔区、禁渔期或者使用禁用的工具"是非法捕捞水产品罪客观方面要件的要素，而不是其他一般犯罪客观方面的要素。

2.客观的构成要件要素与主观的构成要件要素

客观的构成要件要素，是指以犯罪客体和犯罪客观方面要件为基础而确定的要素内容。它说明客观外部的事实特征，如行为、结果等客观实在。主观的构成要件要素，是指以犯罪主体和犯罪主观方面要件为基础而确定的要素内容。它反映行为人的犯意、动机等主观心理态度的特征，如行为人的辨认和控制能力、故意的罪过等。通常来说，犯罪的客观要素是罪状的必备内容，规定在刑法分则中；而犯罪的主观要素要根据犯罪的具体要求选择适用，它可以规定在刑法分则中，也可以规定在刑法总则中。

3.肯定的构成要件要素与否定的构成要件要素

肯定的构成要件要素，是指正面确定犯罪构成要件所必须具备的要素。在刑法中，绝大多数构成要件的要素是通过肯定的构成要件要素形式来表达的。如，《刑法》第217条"以营利为目的，有下列侵犯著作权情形之一……"中的"以营利为目的"就是属于肯定的构成要件要素。在要件上，它属于犯罪主观方面，是该罪主观要素的内容。否定的构成要件要素，是指从反面排除犯罪构成所要求具备的要素。这在刑法中往往属于例外情形。如，《刑法》第389条第3款规定"因被勒索给予国家工作人员以财物，没有获取不正当利益的，不是行贿。"这里就将"没有获取不正当利益"作为排除构成行贿罪的要素。

当然，在理论上对犯罪构成要件的要素还可以作其他的分类，但从我国刑法的规定及实际应用价值的角度考虑，我们认为，上述基本分类可以涵盖各种构成要件要素的类型。就是在上述分类中，也还存在一些交叉的情形，需要在实际运用时作进一步的分析。

第三节 犯罪构成的分类

为了深入地研究犯罪构成,我们可以根据我国刑法的规定,按照不同标准,从不同角度对犯罪构成作以下分类:

一、基本的犯罪构成与修正的犯罪构成

根据犯罪构成的形态,可将犯罪构成分为基本的犯罪构成和修正的犯罪构成。基本的犯罪构成,是指刑法分则性条文就单独的既遂犯所规定的犯罪构成。我国刑法的规定是以既遂犯为原则,故分则性条文多是以单个行为主体的犯罪既遂形态为标本,来规定各个具体犯罪的构成。所以,只要某一具体犯罪对照基本的犯罪构成,在要件或要素上作了改变,而该变化后的情形又未按独立犯罪对待的,就属于对犯罪构成的修正。修正的犯罪构成,是指刑法总则性条文以基本犯罪构成为基础加以修正而成的犯罪构成。修正的犯罪构成主要包括《刑法》第22条至第24条规定的犯罪预备、犯罪未遂和犯罪中止,第27条至第29条规定的从犯、胁从犯和教唆犯。基本的犯罪构成,只要依据刑法分则有关规定即可加以认定;而修正的犯罪构成,需要把有关犯罪在分则中规定的犯罪构成和总则中关于该修正的犯罪构成要素结合起来加以认定。本书第二编犯罪总论中各章的编排就是以这种划分标准为依据的。

二、普通的犯罪构成与派生的犯罪构成

根据犯罪构成中行为的社会危害程度,将犯罪构成划分为普通的犯罪构成和派生的犯罪构成。普通的犯罪构成,是指刑法分则条文对于通常社会危害性程度的行为所规定的犯罪构成。如《刑法》第234条第1款就故意伤害罪的规定,相对于第2款"犯前款罪,致人重伤的"规定,就是故意伤害罪的普通犯罪构成。而派生的犯罪构成,是以普通犯罪构成为基础具有较重或者较轻社会危害性程度的犯罪构成,包括加重的犯罪构成和减轻的犯罪构成。如《刑法》第236条第2款"奸淫不满14周岁的幼女的,以强奸论,从重处罚",与该条第1款比较而言是加重的犯罪构成。《刑法》第233条关于过失致人死亡罪的后半段,就是过失致人死亡罪的减轻犯罪构成。区分这类犯罪构成的意义在于,体现罪刑相适应原则。刑罚轻重与犯罪行为的社会危害性大小相适应。同一种犯罪,由于社会危害性大小不同,就有轻重不同的犯罪构成,法定刑的轻重就不一样了。

三、叙述的犯罪构成与空白的犯罪构成

根据刑法条文对犯罪构成要件表述的情况,可将犯罪构成分为叙述的犯罪构成和空白的犯罪构成。叙述的犯罪构成,是指刑法条文对犯罪构成要件予以详细或简明叙述的犯罪构成。如《刑法》第 305 条对伪证罪的犯罪构成要件就进行了详细的描述;第 232 条对故意杀人罪的构成要件只是进行了简单的叙述。空白的犯罪构成,是指刑法条文没有将犯罪构成的要件予以说明,而是需要援引其他法律来说明的犯罪构成。如《刑法》第 132 条规定的铁路运营安全事故罪就是如此。在我国刑法分则中,使用空白的犯罪构成的条文只是少数,而绝大多数犯罪构成都是以叙述的犯罪构成加以规定的。

四、简单的犯罪构成与复杂的犯罪构成

根据犯罪构成内部的结构状况,可将犯罪构成分为简单的犯罪构成与复杂的犯罪构成。简单的犯罪构成,是指刑法规定的某一犯罪的诸构成要件均属于单一的犯罪构成。如《刑法》第 232 条规定的故意杀人罪的犯罪构成就是一个适例。该罪的犯罪构成是单一的犯罪客体——他人的生命权利;单一的行为——杀人行为;单一的罪过形式——故意。复杂的犯罪构成,是指刑法条文规定犯罪构成诸要件之间存在着选择或者重叠关系的犯罪构成。构成要件可供选择的犯罪构成是复杂的犯罪构成。如《刑法》第 347 条第 1 款规定:"走私、贩卖、运输、制造毒品,无论数量多少,都应当追究刑事责任,予以刑事处罚。"该犯罪构成就有四种可供选择的行为手段。在复杂的犯罪构成中,构成要件具有重叠关系的犯罪构成是复合的犯罪构成。如《刑法》第 236 条第 1 款规定:"以暴力、胁迫或者其他手段强奸妇女的,处三年以上十年以下有期徒刑。"依据刑法这一规定,强奸罪客观方面的行为具有双重性,即由手段行为和目的行为复合而成。

复习与练习

本章提要

我国刑法中的犯罪构成,是指我国刑法所规定的,决定某一具体行为的社会危害性及其程度而为该行为构成犯罪所必须具备的一切主客观要件的有机统一体。犯罪构成具有三个特征:它是一系列客观要件与主观要件的有机统一体;它是刑法所规定的事实特征;它决定某一具体行为的社会危害性及其程度。犯罪构成的共同要件包括犯罪客体、犯罪客观方面、犯罪主体、犯罪主观方面。其中,犯罪客体是指被犯罪行为所侵犯的而为刑法所保护的社会利益;犯罪客观方面是指行为人所

实施的行为,以及在一定条件下的危害结果和时间、地点、手段等客观特征;犯罪主体是指实施危害社会行为的、具有刑事责任能力的自然人和单位;犯罪主观方面是行为人实施犯罪时的主观心理态度,它包括罪过、犯罪的目的与动机。犯罪构成的要素与要件不同,它是要件的内容。按照我国犯罪构成要件的内容、表现形式和要件功能,可以将犯罪构成的要素分为:共同的构成要件要素与非共同的构成要件要素;客观的构成要件要素与主观的构成要件要素;肯定的构成要件要素与否定的构成要件要素。而犯罪构成要件是系统的整体。刑法理论上将犯罪构成分为:基本的犯罪构成与修正的犯罪构成;普通的犯罪构成与派生的犯罪构成;叙述的犯罪构成与空白的犯罪构成;简单的犯罪构成与复杂的犯罪构成。

重要概念

犯罪构成　犯罪构成要件　犯罪客体　犯罪客观方面　犯罪主体　犯罪主观方面　犯罪构成的要素　修正的犯罪构成　派生的犯罪构成　叙述的犯罪构成　空白的犯罪构成

思考题

1.简述犯罪构成的特征。

2.简述犯罪构成的要素。

3.简述犯罪构成的主要类型。

4.甲与乙是夫妻。一日,两人为家务事争吵并发生扭打,甲的手指甲将乙的胳膊划出一道血痕。甲的行为(　　　　)。

A.构成故意伤害罪　　　　　B.构成寻衅滋事罪

C.有严重的社会危害性　　　D.不认为是犯罪

5.被告人李某,女,40岁,工人。被告人黄某,男,50岁,某医院主治医生。

被告人李某的母亲陈某在 2002 年检查身体时被发现患有癌症,便入院治疗。经过近两年的治疗,花费了巨额医疗费,病情也没见好转。该医院主治医生黄某告知李某,其母亲的病情已无法控制,无救愈可能,生命只可能维持半年左右。陈某因癌症的折磨,曾多次要求其女李某终止治疗或让医生注射能立即致其死亡的药物。李某经过反复考虑,便找到主治医生黄某,请其为母亲注射能立即致其死亡的药物,使母亲能摆脱癌症折磨。2005 年 4 月 12 日,黄某按照李某的要求,为陈某注射了一支药物,致其死亡。

问:被告人李某、黄某的行为是否构成犯罪?请说明理由。

第七章　犯罪客体

犯罪客体,是指我国刑法所保护的,为犯罪行为所侵犯的社会主义社会关系,是犯罪构成的必备要件之一,是衡量社会危害性的基本要素。犯罪客体可以分为三个层次,即一般客体、同类客体和直接客体。直接客体根据其内容的数量又可以分为简单客体和复杂客体。犯罪客体不同于犯罪对象,犯罪对象是犯罪客体的载体,犯罪客体是表现于犯罪对象之上的权利关系。

本章重点
- 犯罪客体的概念
- 犯罪客体的分类
- 犯罪客体与犯罪对象的关系

第一节　犯罪客体的概念

一、犯罪客体的概念

犯罪客体是指我国刑法所保护的,而为犯罪行为所侵害的社会主义社会关系。犯罪客体是犯罪构成的必备要件之一。某种行为,如果不可能危害或者没有危害刑法所保护的社会关系,其行为就不构成犯罪。只有当犯罪行为侵害了统治阶级赖以生存的、受刑法保护的社会关系,才具有动用刑罚加以制裁的必要。从上述概念中可以看出,犯罪客体具有以下一些特征:

(一)犯罪客体是一种社会关系

人在社会上活动,总会与同处在社会上的其他人形成各种不同的关系。这种关系是社会存在的必要条件。社会关系是人们在生产和共同生活中所形成的人与人之间的相互关系。社会关系可以分为物质关系和思想意识关系。物质关系是社会的生产关系,是人们在共同的生产和劳动过程中所形成的关系,它是一切社会关系的基础,其他关系都是建立在生产关系这个基础之上的;思想意识关系是由物质生产关系所决定的,建立在物质生产关系之上的政治法律关系和思想意识形态关系。犯罪正是在各种不同的场合,用不同的形式侵害着不同的社会关系。而法律则是调整和恢复这种被侵害的社会关系,维护社会生存和发展的必备条件。在阶级社会,社会关系都具有阶级性,任何侵害这种社会关系的行为,必然会引起统治者的强烈反应。刑法就是统治者用来保护社会关系的法律表现。

（二）犯罪客体是刑法所保护的社会关系

人与人之间的社会关系的内容是十分广泛的,其范围涉及社会生活的各个领域和不同层次,在政治、经济、文化、宗教等各方面都存在人与人之间的关系。但作为犯罪客体的社会关系并不是社会关系的全部,只是其中的一部分。这部分社会关系,无论是物质关系还是非物质关系,只有受到刑法的保护,才有可能成为犯罪客体。根据《刑法》第 2 条和第 13 条的规定,这些社会关系概括起来包括国家主权和领土完整,人民民主专政制度,社会公共安全,社会经济秩序,公民的人身权利、民主权利和其他权利,公私财产的合法权利,国家的管理秩序和国防利益等社会关系。

（三）犯罪客体是犯罪行为所侵害的社会关系

犯罪客体是刑法所保护的社会关系,在我国,几乎所有重要的社会关系都受到我国刑法的保护,但并不能说我国刑法所保护的社会关系就是犯罪客体。只有当刑法所保护的社会关系受到犯罪行为侵害时,才能称为犯罪客体。如公民都拥有对自己合法财产的所有权,这种所有权在受到犯罪侵害前是客观存在的,如果没有被犯罪行为所侵犯,就不能把公民的合法财产的所有权说成是犯罪客体;只有当公民的财产被他人盗窃、抢劫、诈骗等行为侵害时,公民的财产所有权才成为犯罪客体。

二、研究犯罪客体的意义

犯罪行为侵害了何种社会关系,是决定行为的社会危害程度的首要因素。犯罪之所以有社会危害性,就是因为犯罪行为侵犯了一定社会关系。并且,犯罪行为所侵犯的社会关系的社会政治意义越大,犯罪的社会危害性也就越大。因此,研究犯罪客体对于在司法实践中认识犯罪的本质,准确定罪、正确量刑,都具有重要的意义。

（一）有助于把握犯罪的本质特征,科学地划分犯罪类型

犯罪的本质特征是行为的社会危害性,而决定社会危害性的首要因素,就是其所侵犯的客体。从本质上看,犯罪是对整个社会的危害。但这种整体性是通过社会关系的层级性来架构的。侵犯不同的社会关系,社会危害性就有差异。只有以犯罪的同类客体为主要依据,才能对犯罪类型作出科学的划分;也只有以犯罪的直接客体为依据,才能揭示各种具体犯罪的本质属性,恰当地配置刑罚,以形成合理、有序的犯罪论体系。

（二）有助于准确认定犯罪性质，分清此罪与彼罪的界限

犯罪行为的性质往往是由犯罪客体的性质来决定的。我国刑法规定的具体犯罪中，除了行为这一要素外，主要用来区分此罪与彼罪界限的就是犯罪客体。虽然任何犯罪都会侵犯刑法所保护的社会关系，但如果犯罪所侵犯的社会关系的种类不同，其犯罪的性质也就相应不同，罪名也就不同。如挪用公款罪与挪用资金罪、受贿罪与非国家工作人员受贿罪的区别，就在于犯罪的直接客体的不同。

（三）有助于全面认识行为的社会危害性，正确量刑

根据罪责刑相适应的原则，犯罪的社会危害性和犯罪人的人身危险性大小不同，则行为人应承担的刑事责任就不同。而考察和评估社会危险性大小的主要因素是刑法所保护的社会关系受侵害的程度。这是因为，受侵害的社会关系的性质决定犯罪的性质，而犯罪的性质不同，其所体现的社会危害程度当然就有差异。因此，犯罪行为所侵犯的社会关系不同，社会危害性就有不同。有的社会关系在社会生活中所处的地位相对比较重要，侵犯这种社会关系时其危害性就相对较大；有的社会关系相对次要一些，侵犯这种社会关系的危害性就相对较小。而且，即使犯罪性质相同，其社会危害程度也可能不同。因为社会危害性的程度还受行为所侵害的犯罪客体的内容影响。因此，同种性质的犯罪，由于社会关系的内容不同、危害程度不同，对其所配置和裁量的刑罚也就不同。在通常情况下，犯罪的社会危害程度与社会关系受侵害程度是成正比的；在特殊情况下，犯罪行为所侵害的社会关系除了刑法为特定犯罪所规定的社会关系外，还会涉及其他社会关系，"其他社会关系"也会影响社会危害性的大小。总之，对犯罪的社会危害程度的全面评估，可以为量刑提供科学的依据。

第二节　犯罪客体的分类

根据犯罪行为所侵害的社会关系的范围不同，刑法理论上一般把犯罪客体划分为三个层次：犯罪的一般客体，犯罪的同类客体，犯罪的直接客体。这三个层次的客体之间有着非常密切的联系，即它们之间是一般与特殊、共性与个性、整体与部分的关系。同类客体是在直接客体基础上的分类和概括，而一般客体又是对一切犯罪客体的抽象概括。三者之间构成了两个层次的一般和个别的关系，反映的是一个犯罪、一类犯罪和全部犯罪之间在客体上的共性和个性的关系。

研究犯罪客体的分类，有助于揭示各类犯罪的本质属性，正确把握犯罪客体在具体案件中的体现，为实践中定罪量刑提供理论依据；也有助于进一步认识犯罪的共性特征与个性特征之间的关系，科学认识犯罪、总结规律，为制定正确的刑事政策提供依据。

一、犯罪的一般客体

犯罪的一般客体,是指一切犯罪所侵犯的社会关系的属性,即我国刑法所保护的社会主义社会关系的整体。我国《刑法》第 2 条和第 13 条都规定了犯罪一般客体的主要内容。犯罪的一般客体是刑法保护的社会关系的最高层次,它反映了一切犯罪客体的共同性,揭示的是犯罪的共同本质。所谓一切犯罪所侵犯的客体,不是指某种或者某一类犯罪所侵犯的客体的特殊性,而是指任何犯罪行为都侵犯了刑法所保护的社会关系的整体;也不是指每一种犯罪都侵犯了刑法所保护的社会关系的整体,而是指每一种犯罪都侵犯了我国刑法所保护的社会关系的整体中的一个侧面。正是犯罪客体的这种属性,才把刑法中的一切犯罪连接成一个整体。

研究一般客体,就是把刑法保护的所有社会关系作为一个整体来研究,揭示所有犯罪的共同属性,认识犯罪的阶级实质和犯罪的社会危害性,了解我国同犯罪作斗争的社会政治意义。

二、犯罪的同类客体

犯罪的同类客体,是指某一类犯罪行为所共同侵害的我国刑法所保护的社会主义社会关系的某一部分或者某一方面。

犯罪的同类客体,是根据犯罪行为所侵害的刑法所保护的社会关系的不同方面进行的科学分类。同类客体说明某一类犯罪所侵犯的社会关系的某种共同特点,即作为同类客体的社会关系,往往具有相同或者相近的属性。如生命权、健康权、人身自由、婚姻自由、公民住宅安宁权以及人格权、名誉权等,都与人身有不可分割的直接联系,属于人身权利的范畴。当这些权利受到犯罪行为侵害时,人身权利就成了这些犯罪的同类客体。

研究同类客体的意义在于:第一,犯罪同类客体原理是建立我国刑法分则体系的重要理论依据。我国刑法分则主要是根据犯罪的同类客体,将犯罪分为十大类,每一类犯罪都以被侵害的社会关系的共同性,归属于同一类客体,并据此形成一个完整的刑法分则的科学体系。只有以同类客体为主要依据,才能对犯罪作科学的分类,以利于对犯罪进行分类研究,正确认定犯罪性质并适用刑罚。第二,可以帮助认识某一类犯罪的危害性程度。如危害国家安全的犯罪排在所有犯罪的最前面,危害公共安全的犯罪排在第二位,破坏社会主义市场经济秩序的犯罪排在第三位,等等。这种顺序,体现了国家对某一类犯罪否定评价的强弱,把危害大的列在前面,这样依次排列。

需要特别说明的是,我国刑法分则第三章"破坏社会主义市场经济秩序罪"和第六章"妨害社会管理秩序罪"这两章犯罪,在"章"下面分别还有八节和九节犯罪。这"节"的犯罪,属于"次层次"的同类客体。

三、犯罪的直接客体

犯罪的直接客体,是指某一犯罪行为所直接侵害的、而为我国刑法所保护的社会主义社会关系。它往往表现为我国刑法所保护的某种具体的社会关系。在我国刑法分则规定中,每一种具体犯罪所指向的社会关系就是该罪的直接客体。这是因为在现实生活中的犯罪都是具体的,一个犯罪行为不可能使社会关系的各个方面都受到侵害,而只能侵害社会关系的某一个侧面,即某一种具体的社会关系。因此,通过犯罪的直接客体,我们就能够直接分析出犯罪的性质和特征,以及该种犯罪的社会危害性的程度,划清具体犯罪之间的界限。如欺骗这种方法在很多种犯罪中都可能使用,如《刑法》第196条的信用卡诈骗罪、第224条的合同诈骗罪、第266条的诈骗罪、第279条的招摇撞骗罪,等等,但因为它们各自侵犯的直接客体不同,刑法就把它们规定在不同的章节和条款中。信用卡诈骗罪和合同诈骗罪都侵犯了他人的财产权,但前者还侵犯了国家的金融秩序而后者侵犯的客体是市场秩序。诈骗罪侵犯的客体是公私财产的所有权,属于侵犯财产罪的范畴,而招摇撞骗罪虽然也可能侵犯他人的财产权,但它还侵犯国家机关的威信及正常管理活动。所以前者属于单纯的侵犯财产犯罪,而后者则属于妨害社会管理秩序的犯罪。犯罪的直接客体是研究犯罪客体的重点,是司法实践中区分罪与非罪、此罪与彼罪界限的关键。

多数犯罪行为只直接侵犯到一种具体的社会关系。如诈骗罪,直接侵犯的是公私财产所有权一种社会关系;非法拘禁罪直接侵犯的是他人的人身自由权利一种社会关系。由于犯罪现象的复杂性,某一个犯罪行为直接侵害的社会关系并不都是单一的,有的时候一个行为或多个行为会直接侵害几个不同属性的社会关系。而这多个不同属性的社会关系可以规定在一个具体犯罪中,也可以规定在多个不同的犯罪中。立法机关出于人们认识习惯和条文简练的需要,往往会有选择地将某些侵害多个社会关系的行为规定为一个具体犯罪,使该种犯罪的直接客体包含有多种不同性质的社会关系。故此,在刑法理论上,又根据犯罪行为所直接侵犯的具体社会关系种类的数量多少,将犯罪直接客体划分为简单客体和复杂客体。

简单客体,又称单一客体,是指某一种犯罪只直接侵害一种具体社会关系。如故意伤害罪直接侵害的是他人的身体健康权利。我国刑法中规定的多数犯罪,其侵犯的客体是简单客体。复杂客体,是指一种犯罪行为同时直接侵害两种以上的具体社会关系。例如,抢劫罪,不仅直接侵犯他人的财产权,而且还侵犯他人的人身权;贪污罪,不仅侵犯公共财产的所有权,还损害了国家工作人员的职务廉洁性。在复杂客体所包含的多种不同社会关系中,各种社会关系的地位与轻重程度并不是完全等同的,大多数情况下是有主次之分的,即立法者将被侵害的各种社会关系分为主要客体与次要客体,然后根据主要客体的性质纳入有关章节中。如把同样也侵犯财产权的合同诈骗罪，从其主要客体侵犯了市场的公平交易秩序而纳入破坏社会主义市场经济秩序罪中；把同样也侵犯财产权的贪污罪，从其主要侵犯国家工作人员职务行为的廉洁性而纳入贪污贿赂罪中。因此，主要客体是某一具体犯罪构成的关键要素，对于正确认识某一犯罪的性质具有决定性作用；次要客体是某一具体构成的必要要件，对于定罪量刑也有重要作用。以抢劫为例，如果某种行为只侵犯财产权，而不会侵犯他人的人身权利，就不能构成抢劫罪。

在刑法通说理论上，对于犯罪客体还以具体犯罪侵犯的社会关系能否量化为标准，直接客体又分为物质性犯罪客体与非物质性犯罪客体。物质性客体，是指对该种社会关系侵害的标志是物质性的损害，它是可以具体量化的，如对人的生命权、健康权的侵害，对财产权的侵害等。非物质性犯罪客体，是指对该种社会关系侵害的标志是不能具体量化的，如对社会秩序的损害，对公民的人格、名誉的损害等。其实，从犯罪客体是一种社会关系的角度讲，这种分类并没有多少实际意义，在一定程度上说，它还容易混淆犯罪客体与犯罪对象的关系。

第三节　犯罪对象

一、犯罪对象

客体与对象两个词，法理学上把它们作为同一范畴对待，认为法律关系的客体是法律关系主体的权利义务所指向的对象。但在刑法理论上，犯罪客体与犯罪对象是作为两个不同的概念使用的。对于犯罪对象的概念，理论上有不同的观点。通说认为：犯罪对象，是指刑法分则条文规定的犯罪行为所作用的客观存在的具体人或者具体物。大多数具体的犯罪行为，都直接作用于一定的物或者人，使之发生非常态变化，使刑法所保护的社会关系受到危害。如挪用公款罪中的公款就是犯罪对象，挪用行为将该公共资金脱离原先的正常状态而擅自使用，侵犯了单位对该财产的使用权。故意伤害罪中的人就是本罪的犯罪对象，行为人的行为作用于被害人，使被害人受伤，侵犯其健康权。由此可见，犯罪对象是人们认识犯罪的直接参照系，人们对行为是否构成犯罪的认识过程，往往是从对犯罪对象的感知开始的，并在此基础上去认识犯罪对象所代表的、受到刑法保护的社会关系受侵害的情况，进而确定该行为是否构成犯罪和构成何种犯罪。犯罪对象具有以下几个特征：

（一）犯罪对象是具体的人或具体的物

首先，犯罪对象是具体的人或物，而不包括行为。这是我国传统刑法理论一直主张的观点。尽管在法理学中，法律关系的客体包括了物、行为和智力成果。该行为的内容包含了人的属性，即此处的行为是指人的行为。但行为与人毕竟不是同一概念。在刑法中,所有被规制的是人的行为,因此,把行为作为犯罪对象,既不符合我国刑法立法的现实状况,也容易混淆犯罪调控的对象与犯罪客体载体的对象的界限。因此,我们认为,认定犯罪对象应以刑法条文规定为依据,从有利于司法实践认定犯罪为出发点,坚守传统的观点是合理的。

其次,作为犯罪对象的具体人或物是客观存在的,可以被感知的。犯罪对象的客观性决定了它一经犯罪行为作用,就成为客观存在,不以人们的意志为转移。任何犯罪行为作用于犯罪对象,必然或多或少地在犯罪对象方面留下其作用的痕迹与影响,从而忠实、准确地反映了犯罪行为对其作用时的客观情况,使犯罪对象在刑事诉讼中具有提供证据和检验证据的双重功效。犯罪对象的客观性,决定了它是可以被人们认识和感知的。

(二)犯罪对象是犯罪行为直接作用的人或物

犯罪行为在发生、发展的过程中,其涉及的具体人或具体物可能是多个的,甚至既有人也有物。例如,生产、销售假药罪中犯罪行为不仅作用于物(假药),也可能因销售假药后传授服药方法而作用于人,但只有"假药"才是生产、销售行为直接作用的物,而不包括作为销售行为交易对象的人。这种被犯罪行为直接作用的犯罪对象具有客观性。在人或物未受到犯罪行为侵害时,仅是可能的犯罪对象。只有犯罪行为直接作用于某人或某物时,具体的人或物才能成为事实上的犯罪对象。所以犯罪对象只能是犯罪行为直接作用的人或物,否则不是犯罪对象。

需要注意的是:犯罪对象与犯罪所得之物、犯罪所用之物是有区别的。犯罪所得之物,是指犯罪人通过犯罪所获得的财产或物品。如出售、购买、运输假币罪中,行为人通过出售、运输假币行为可能获得非法收入,这里,假币是犯罪对象,非法收入是犯罪所得之物。犯罪所用之物,是指犯罪人进行犯罪活动所使用的工具或物品。如持枪抢劫,枪支是行为人抢劫所使用的工具,即犯罪所用之物;他人的人体和财产是行为所作用的对象,即犯罪对象。

(三)犯罪对象是刑法规定的人或物

只有刑法明确规定的人或物才能成为某罪的犯罪对象。没有明确规定的人或者物不能成为某罪的犯罪对象。如《刑法》第240条规定的拐卖妇女、儿童罪,本罪的犯罪对象只规定了妇女、儿童,因此,14周岁以上的男性不能成为本罪的犯罪对象。

二、犯罪对象与犯罪客体的联系和区别

犯罪对象与犯罪客体是两个既有联系又有区别的概念。二者的联系在于:作为犯罪对象的具体的人是具体社会关系的主体和参加者;作为犯罪对象的物是犯罪客体的具体合法权益的物质表现。在刑事法律关系中,犯罪对象是刑事法律关系存在的前提,是犯罪客体的物质载体或主体承担者。犯罪行为作用于犯罪对象,

就是通过具体人或物来实现侵害一定的社会关系的。二者的主要区别是：

第一，对犯罪性质的决定力不同。犯罪客体决定犯罪性质，犯罪对象在很多情况下不决定犯罪性质。由于犯罪对象直接表现为可感知的外部事物，而犯罪客体则是借助于犯罪对象表现出来的权利，因此，仅从犯罪对象分析某一案件，并不能判断犯罪性质。只有通过考察犯罪对象体现的社会关系即犯罪客体，才能确定某种行为性质。如同样是盗窃电缆，甲盗窃的是正在使用中的电缆，乙盗窃的是仓库里的电缆，前者可能构成破坏公用电信设施罪，后者构成盗窃罪。二者的区别就在于犯罪对象体现的社会关系不同，前者侵害公共安全，后者侵害财产所有权。只有在极少数场合，如挪用型犯罪中的钱款，可根据其属于公共财物还是单位资金来判断行为人是构成挪用公款罪还是挪用资金罪。

第二，在犯罪构成中的地位不同。犯罪客体是任何犯罪必须具备的要件，而犯罪对象则仅仅是某些犯罪的构成要件。任何犯罪都要侵害一定的社会关系，才可能危害社会，构成犯罪。没有侵害被刑法保护的社会关系，就谈不上犯罪。如《刑法》第 270 条的侵占罪，其犯罪对象只能是保管物、遗忘物、埋藏物，否则不构成本罪。而犯罪对象并不是每个犯罪都必须具备的，有些犯罪，如颠覆国家政权罪、脱逃罪、非法集会、游行、示威罪，就没有犯罪对象。

第三，是否实际受到损害不完全相同。任何犯罪都会使犯罪客体受到危害，而犯罪对象则不一定受损害。犯罪的社会危害性是通过侵害犯罪客体表现出来的，因此，任何犯罪的成立，犯罪客体这种刑法所保护的社会关系必定受到了实际损害。但犯罪对象则不一定，它要区别对待：有的会遭受损害，如故意毁坏财物罪；而有的就不一定受损害，如走私文物罪。

第四，对犯罪分类的功能不同。犯罪客体是犯罪分类的基础，犯罪对象则不是犯罪分类的基础。犯罪客体是犯罪的必备构成要件，其性质和范围都是确定的，所以它可以成为犯罪分类的基础，将相同性质的犯罪归为一类。我国刑法分则规定的十类犯罪，主要是以犯罪同类客体为标准进行划分的。如果以犯罪对象为标准，就无法对犯罪进行分类。犯罪对象的属性是不确定的，它在不同的犯罪中可以是相同的，在同一犯罪中也可以是不同的。因此，犯罪对象不是犯罪的必备构成要件。

复习与练习

本章提要

犯罪客体是我国刑法保护的，为犯罪行为所侵害的社会主义社会关系。犯罪客体是犯罪构成的必备要件，没有犯罪客体，犯罪就不能成立。刑法理论上一般将犯罪客体分为三个层次，即犯罪的一般客体、犯罪的同类客体和犯罪的直接客体。

犯罪的一般客体,是指一切犯罪共同侵犯的社会关系的属性,即我国刑法所保护的社会关系的整体。犯罪的同类客体,是指某一类犯罪行为所共同侵害的我国刑法所保护的社会关系的某一个方面。我国刑法分则第三章"破坏社会主义市场经济秩序罪"和第六章"妨害社会管理秩序罪"分别规定的"节"犯罪,属于"次层次"的同类客体。犯罪的直接客体是某一种犯罪行为所直接侵犯的我国刑法所保护的社会关系,即某一具体罪名所侵犯的社会关系。根据某一罪名所侵犯的社会关系种类的数量多少,又把犯罪的直接客体分为简单客体与复杂客体。简单客体,是指某一行为只直接侵犯到某一种具体的社会关系。复杂客体,是指某一行为同时直接侵犯到两种以上的具体社会关系。与犯罪客体密切相关的是犯罪对象。犯罪对象,是指刑法分则条文规定的犯罪行为所作用的客观存在的具体人或具体物。犯罪客体与犯罪对象既有联系又有区别。主要区别是:犯罪客体决定犯罪性质,而犯罪对象不决定犯罪性质;犯罪客体是任何犯罪构成的必备要件,而犯罪对象不是任何犯罪构成的必备要件;任何犯罪必定使犯罪客体受到实际危害,而犯罪对象则不一定受到损害;犯罪客体是犯罪分类的基础,而犯罪对象不是犯罪分类的基础。

重要概念

犯罪客体　一般客体　同类客体　直接客体　复杂客体　犯罪对象

思考题

1. 什么是犯罪客体?它有什么特点?

2. 犯罪客体是如何分类的?

3. 简述犯罪客体与犯罪对象的联系与区别。

4. 我国刑法分则对犯罪进行分类的主要依据是(　　　)。

A. 犯罪的同类客体　　　　　　B. 犯罪的直接客体

C. 犯罪对象的特点　　　　　　D. 行为人的主观心态

5. 下列各罪中,(　　　)的犯罪客体是复杂客体。

A. 抢劫罪　　　　　　　　　　B. 交通肇事罪

C. 贪污罪　　　　　　　　　　D. 职务侵占罪

6. 某日,被告人应某在路上与何某相遇并发生身体碰撞,顿起讹诈之念,遂以胳膊被撞伤为由,强行向何某索要金钱看病。何某不给。应某见何某上衣的兜里有钱1000元钱,即伸手将该1000元钱掏出。后应某见马路上不便摆脱何某,便以让何某去他家帮助干活可以把钱还给他为由,将何某拖上一辆出租车,欲摆脱何某。此时,恰遇公安巡警过来,何某呼救,应某被抓获,赃款被追回。

问:试用有关刑法理论分析本案的犯罪客体。

第八章　犯罪客观方面

犯罪客观方面是指刑法所规定的、揭示行为的社会危害性而为成立犯罪所必须具备的客观事实特征,是犯罪构成的必备要件之一,是正确认识犯罪主观方面的基础,它直接影响着对犯罪的认定和处罚,是定罪量刑的重要因素。犯罪客观方面的内容主要包括危害行为和危害结果。危害行为是一切犯罪的必备条件,危害结果是结果犯犯罪构成的必备条件。在需要危害结果作为犯罪成立条件的场合,危害结果与危害行为之间的因果关系也是犯罪客观方面需要研究的重要问题。犯罪客观方面还包括时间、地点等其他一些选择性要素。

本章重点
- 犯罪客观方面的概念
- 危害行为
- 危害结果
- 刑法上的因果关系

第一节　犯罪客观方面的概念

一、犯罪客观方面的概念

犯罪客观方面,是指刑法所规定的、揭示行为对刑法所保护的合法权益的侵害性,而为成立犯罪所必须具备的客观事实特征。

犯罪客观方面具体表现为危害行为、危害结果,以及行为的时间、地点、方法等。其中,危害行为是一切犯罪成立的必备条件,即任何犯罪的成立都须有刑法所规定的行为;危害结果是结果犯成立的必备条件;行为的时间、地点、方法则是某些犯罪成立必须具备的客观要素。

危害行为是所有犯罪构成都不可缺少的要素,没有危害行为就没有犯罪。这在理论界是没有异议的。而行为的时间、地点、方法则是为某些犯罪构成所要求的,在学理上被称为犯罪客观方面的选择要素。对此,学者们的认识也是一致的。但是,对于危害结果是必要要素还是选择要素学界存有争议。有的学者认为,危害结果是选择要素,因为有的犯罪构成并不要求具备危害结果,如在预备犯中,就没有危害结果的发生,因此认为危害结果不是必要要素。有的学者认为,危害结果是一切犯罪构成的必要要素,因为只要实施了危害行为就必然产生危害结果,危害结果存在于各种犯罪之中,只不过在不同的犯罪中,危害结果的表现形态不同罢了,因此,危害结果不是选择要素。之所以产生上述分歧,主要是在于学者们对危害结果认识的不同。根据我国刑法的规定,刑法意义上的危害结果,有广义和狭义之分。广义的危害结果,是指由行为人的危害行为所引起的一切对社会的侵害事实,包括属于犯罪构成要素必备内容的结果和不属于犯罪构成要素必备内容的结果。而狭义的危害结果,是指属于犯罪构成要素的结果。如,甲男强奸乙女,乙女羞愤而自杀。乙女的死是广义的危害结果而非狭义的危害结果。通说是从狭义的角度去理解危害结果的。从这个意义上说,危害结果是选择性要素,而不是必要要素。

另外,危害行为与危害结果之间的因果关系是研究犯罪客观方面的一个重要问题,但刑法上的因果关系只是危害行为与危害结果之间的联系,是二者间的连接点而已,它并不是犯罪客观方面本身的内容。

二、犯罪客观方面的特征

上述概念,给我们揭示了犯罪客观方面的四个方面特征。

(一)犯罪客观方面以客观事实特征为内容

犯罪行为是主客观要件的有机统一。客观要件是主观要件的外化及客观表现。行为人基于某种动机,形成了犯罪目的,设想通过具体的行为来实现和完成犯罪。这一系列的心理活动都可通过客观方面来考察。与主观要件相比,客观要件是能够被人直接感知的。需要指出的是,行为所侵犯的犯罪客体也属于一种客观事实特征,但由于我国刑法理论已将犯罪客体作为犯罪构成的一个独立要件对待,因而犯罪客观方面仅指犯罪客体之外的其他客观事实内容。

(二)犯罪客观方面是刑法所规定的

犯罪是通过客观外在的各种各样的事实表现出来的,但并不是所有的客观事实都是犯罪构成的要素。只有那些符合刑法条文明文规定的客观事实,才是构成犯罪必须具备的客观要素。这是罪刑法定原则在犯罪构成中的重要体现。我国刑法总则对于犯罪客观方面没有专门的规定,但在《刑法》第13条对犯罪的定义、第14条对故意犯罪和第15条对过失犯罪等的规定中,包含了犯罪客观方面的内容。分则条文则较为明确、具体地规定了各种犯罪的客观要素。如《刑法》第239条对绑架罪的客观方面规定为"以勒索财物为目的绑架他人的"、"绑架他人作为人质的"、"以勒索财物为目的偷盗婴幼儿的"行为。而《刑法》第340条非法捕捞水产品罪中,对行为的时间、地点、方法作了规定——"在禁渔区、禁渔期或者使用禁用的工具、方法"。由此可见,犯罪客观方面的内容是通过刑法总则和分则规范预先设定的,因此,在司法实践中,必须严格依照刑法的规定认定犯罪的客观要素。

(三)犯罪客观方面是反映行为对刑法所保护的合法权益侵犯的客观事实特征

犯罪客观方面所涵盖的事实导致了对刑法所保护的合法权益的侵犯,即犯罪客观方面的内容旨在说明在什么样的条件下,通过什么样的行为,对犯罪客体造成什么样的侵害。如《刑法》第263条对抢劫罪的客观方面规定,说明了行为人是"以暴力、胁迫或者其他方法抢劫公私财物"的,侵犯了被害人的人身权和财产权。不为刑法明文规定的,不能说明刑法所保护的合法权益遭受侵害的客观事实特征,就不是犯罪客观方面内容。

(四)犯罪客观方面是成立犯罪所必须具备的客观要素

犯罪构成的四个要件是有机结合,缺一不可的。处于核心地位的犯罪客观方面更是不可缺少的。特别是"危害行为"乃犯罪客观方面的必备要素,也是犯罪其他要件所依附的本体性要素。没有行为就不成立犯罪,我国刑法是禁止"主观归罪"、禁止惩罚"思想犯"的。因此,不具备客观方面要件,就无法表明合法权益受到侵犯的客观事实,因而就不能构成犯罪。

第二节　危害行为

危害行为,是犯罪成立的首要要素。马克思在抨击普鲁士法时说过:"我只是由于表现自己,只是由于踏入现实的领域,我才进入受立法者支配的范围,对于法律来说,除了我的行为以外,我是根本不存在的,我根本不是法律的对象。我的行为就是我同法律打交道的唯一领域。"从中我们可以看出,行为是现代刑法的基石,研究危害行为有着重大的理论和实用价值。

一、危害行为的概念

危害行为,是指人在其意志支配下所实施的危害社会的身体动静。从这一定义,我们可以归纳出,作为犯罪客观方面的危害行为,具有以下四个特征:

(一)危害行为的主体是人

这是危害行为的主体性,即实施危害行为的只能是人。这里指的人通常是指自然人,在法律规定法人或其他单位也可以构成的犯罪中,也包括从中实施行为的责任人。这是由刑法的目的所决定的,因为刑法只能惩罚实施了危害行为并具有刑事责任能力的人。

(二)危害行为是人的身体动静

这是危害行为的有体性。任何的危害行为都表现为人的一定的身体动静。行为人往往是通过身体的动静来危害社会的。危害行为的身体动静包括两个方面:

一是"动",即身体积极的活动,表现为四肢的活动、口头的表达等;二是"静",即身体的相对静止。

（三）危害行为是在行为人的意志支配下的身体动静

这是危害行为的有意性。刑法意义上的危害行为是受人的意志支配的。如果不是在人的意志支配下的身体动静,即使对社会造成了危害,也不能纳入刑法的调整范围。换言之,行为人的行为只有与其主观意志有着因果联系时,才能被认定为是刑法意义上的危害行为。

（四）危害行为是危害社会的身体动静

这是危害行为的有害性,是对危害行为的价值评价。人的行为对社会的影响各不相同,就其本质而言,可分为无害于社会的行为和有害于社会的行为。只有那些有害于社会并达到一定严重程度的行为才是刑法所调整的对象。因此,在考察行为人的行为是否属于犯罪客观方面的危害行为时,首先得确认该行为是否具有社会危害性。

根据危害行为的上述特征,下列行为不属于犯罪客观方面的危害行为:

一是缺少主体性的动物的活动和自然现象。如某甲养的狼狗将路人乙咬成重伤,狗咬人的客观事实就不属于刑法上的危害行为。

二是缺少有体性的思想活动。如某甲对邻居乙怀恨在心,天天诅咒乙死于非命。该思想活动不属于危害行为。因为仅仅是单纯的思想活动并不能改变客观世界,不可能对社会造成任何危害。

三是缺少有意性的行为。该类行为主要有:(1)睡梦中的行为。如某甲梦游,将睡在身边的妻子乙掐死。该杀人行为因为是无意识的身体活动,所以不属于危害行为。(2)精神病人在精神错乱时的行为。《刑法》第18条规定:"精神病人在不能辨认或者不能控制自己行为的时候造成危害结果,经法定程序鉴定确认的,不负刑事责任。"(3)人在不可抗力情况下的行为。如某囚犯甲越狱逃跑,途中窃得一辆汽车。警察乙发现后驾车追缉,并依法朝某甲开枪射击。某甲中弹受伤,致使汽车失控撞上迎面开来的一辆汽车,将司机丙撞成重伤。本案中,某甲对司机丙的重伤结果,是不可抗力,不负刑事责任。《刑法》第16条规定:"行为在客观上虽然造成了损害结果,但不是出于故意或者过失,而是由于不能抗拒或者不能预见的原因所引起的,不是犯罪。"(4)人在身体受到暴力强制下作出的行为。这种行为是违背行为人主观意愿的,因此,不属于刑法意义上的危害行为。如某甲夜里到博物馆行窃,被保安乙发现,两人展开搏斗。过程中,保安乙被甲猛力推开,其无法控制身体平衡而撞倒并摔碎了展示台上一价值昂贵的花瓶。本案中,乙撞碎花瓶的行为,并非出于其主观意志,而是在甲的暴力强制下所作出的行为,不属于刑法意义上的危害行为,乙对损坏该花瓶的行为不负刑事责任。

需要强调的是,这里指的受到暴力强制,仅指身体受到的强制,不包括精神上受到的强制。若行为人在精神上受到威胁、恐吓而实施的某种危害社会的行为,该行为是否属于刑法意义上的危害行为,应具体分析。如果符合紧急避险条件的,则按紧急避险处理;若不符合紧急避险条件的,则应认定为犯罪并追究其刑事责任。如某甲将汽车停在路边,正准备熄火离开,两个刚从银行劫得巨款的持枪劫匪闯入甲车内,用枪胁迫甲驾车逃离现场。本案中,某甲的行为符合紧急避险的条件,属于紧急避险,不负刑事责任。再如一工厂搬运工某甲欲窃取本厂仓库货物,为便于行窃,甲威胁仓管人员某乙,令其当晚不得锁仓库大门以助其行窃,否则将揭露乙与工人丙之妻的奸情。乙恐其奸情被揭发,被迫答应了甲的要求。在乙的帮助下,甲顺利窃得货物。本案中,乙被胁迫从而参与犯罪的行为,不符合紧急避险的条件,应认定为盗窃共犯。

四是缺少有害性的行为。即行为在形式上具有危害行为的外部特征,但实质上不具有有害性。我国《刑法》第 20 条规定的正当防卫和第 21 条规定的紧急避险,就属于该种情形。此外,对刑法虽没有明文规定,但不具有实质危害性的行为,如正当业务行为、执行命令的行为、经被害人承诺的行为、基于推定的承诺的行为及法令行为等,皆不属于刑法意义上的危害行为,因此,也就缺乏基本构成的首要条件。

二、危害行为的表现形式

我国刑法中所规定的危害行为,其表现形式是多种多样的。从行为违反刑法规范的类型考察,可以将危害行为分为作为与不作为。

(一)作为

1.作为的概念

作为,是指行为人以积极的身体活动实施违反刑法禁止性规定的危害行为,即"不当为而为之"。从我国刑法的规定来看,大多数的犯罪都是以作为的形式实施的。如强奸罪、抢劫罪等。因此,作为是危害行为的基本形式之一,它除了具备危害行为的基本特征外,还具有以下两个特性:一是作为必须是行为人以积极的身体活动来实施的;二是作为必然是违反了刑法的禁止性规范。

2.作为的表现形式

按照行为人是否借用外力可将作为的表现形式分为两类。一是利用行为人自己身体实施的作为。这类身体活动既可以表现为四肢的活动,也可以表现为五官的活动。前者如以拳打脚踢的方式伤害他人;后者如以言语教唆他人犯罪。二是利用外力条件实施的作为,包括:(1)利用物质性工具实施的作为。这类作为是最常见的形式。行为人利用物质性工具这一载体,作用于犯罪对象,从而侵犯某种社会关系。如利用刀枪棍棒杀伤他人。随着科技的进步,以电脑、化学药剂、病毒等高科技产品为工具进行犯罪的也属于此类。(2)利用他人的作为。即行为人利用无刑事责任能力的人或者不知情的人实施的危害行为。如教唆不满 14 周岁的未成年人盗窃;盗窃犯让不知情的妻子窝藏赃物等。需要注意的是,被利用的人必须是无刑事责任能力的人或者是不知情的人,否则行为人与被利用者就有可能构成共同犯罪。(3)利用动物的作为。即将动物作为其实施犯罪的工具。如利用恶犬咬伤他人等。(4)利用自然现象实施的作为。如决水毁坏农田、利用光能聚焦引燃房屋等。

(二)不作为

不作为是否是行为,理论界曾存有争议。一方面,从身体动作上看,不作为表现为没有实施任何行为;另一方面,行为都会引起外界变动,而不作为是"无",无中不能生有。我国刑法理论的通说认为,不作为是行为的基本形式。首先,不作为实质上不是单纯的"无",而是没有实施应当实施的行为。其次,不作为是违反了命令性规范,也是对刑法规范的违反,这与作为违反禁止性规范的行为在性质上并没有区别。最后,从实质上看,命令性规范是命令人们实施保护合法权益的行为,违反命令性规范意味着合法权益没有得到保护而受损。因此,不作为也具有行为性。

1. 不作为的概念

不作为,是指行为人负有实施某种行为的特定义务,并且能够履行而不履行该种义务的危害行为,即"当为而不为"。

构成刑法的不作为,必须具备以下三个条件:

(1)行为人负有实施某种行为的特定义务,这是构成不作为的前提条件。一般认为,特定义务有四个来源:一是法律明确规定的义务。该种义务不仅仅是指刑法明文规定的义务,还包括其他法律规范规定的义务。如《中华人民共和国宪法》、《中华人民共和国税收征收管理法》规定了公民和法人有依法向国家纳税的义务,并且我国《刑法》第 201 条规定了逃税罪,若行为人不履行依法纳税的义务,达到一定数额,就以不作为的方式构成逃税罪。当然也不是任何法律规定的义务都能成为刑法意义上不作为的根据的,只有那些其他法律、法规规定了并为刑法所认可的义务,才是不作为的法律义务的根据。二是职务或业务上要求的义务。这一特定义务以行为人具有某种职务身份或者从事某种业务并且正在执行为前提。如值班医生有救死扶伤的义务,当班押款员有保护现金的义务,值勤消防员有消灭火患的义务等。还要注意的是,只有行为人正在执行其职责时,才会产生义务。而且作为义务的对象,必须仅限于职责范围之内。三是法律行为引起的义务。法律行为是指具有法律意义,能够引起一定法律效果的行为。如果行为人实施了一定的法律行为,从而产生了某种特定的义务,若行为人不履行该义务,致使刑法所保护的合法权益受到侵犯,就可能成立不作为方式的危害行为。如房主久经租户催促,而仍不修缮其有倒塌危险的房屋,最终导致房屋倒塌压死租户。根据《中华人民共和国民法典》第712条的规定,"出租人应当履行租赁物的维修义务"。本案中,房主不履行房屋的维修义务导致房屋倒塌压死租户,房主应当承担相应的责任。四是先行行为引起的义务。这是由于行为人先前实施的行为,使某种刑法保护的合法权益处于危险状态,行为人负有采取积极行为消除危险或阻止危害结果发生的义务。若行为人不履行这种特定义务,就是以不作为的方式实施的危害行为。如成年人带小孩去游泳,当小孩陷入漩涡而呼救时,该成年人就有救助的义务。

(2)行为人有能力履行特定义务。行为人是否能够履行特定义务,应当从行为人履行义务的主观意愿和客观条件两方面来判断。法律不强求任何人做不可能做到的事。如果在实际情况下,行为人根本不可能履行其应当履行的义务,不构成刑法上的不作为,行为人不承担刑事责任。如扳道工被他人捆绑,不能及时扳道,导致火车颠覆,不能认定该扳道工构成不作为犯罪。再如行为人因交通事故丧失劳动能力,无力赡养年迈的父母,也不能认定为遗弃罪。

(3)行为人未履行特定义务。行为人负有特定义务,且有能力履行但没有履行,引起了危害结果,从而构成不作为犯罪。这里指的"未履行"除了根本不履行外,还包括未完全履行。

2.不作为犯的分类

根据刑法分则条文的规定,可将不作为犯分为纯正(真正)不作为犯和不纯正(不真正)不作为犯。纯正不作为犯,是指根据刑法分则规定只能以不作为的方式实施的犯罪。如丢失枪支不报罪、遗弃罪、战时拒绝军事征用罪等。这类犯罪,行为人违反了刑法所规定的命令性规范。不纯正不作为犯,是指刑法分则规定既可以由作为的方式实施,也可以由不作为的方式实施,而行为人实际上以不作为方式实施的犯罪。如母亲故意不给婴儿喂奶,致婴儿死亡,构成不作为杀人。不纯正不作为犯既违反了刑法的禁止性规范,又违反了其他法律、法规所规定的命令性规范,这是不纯正不作为犯与纯正不作为犯的主要区别。

三、关于持有的性质问题

持有,可从一般意义上和刑法意义上这两个层面去理解。一般意义上的持有,是指以行为人对物的实力支配关系为内容的行为,换言之就是人对物的实力支配和控制力。而刑法意义上的持有,是指行为人故意对法定违禁品有法律上或事实上的支配或控制的行为。我国刑法分则规定了以下的持有型犯罪,如第128条第1款规定的非法持有枪支、弹药罪,第130条规定的非法携带枪支、弹药、管制刀具、危险物品危及公共安全罪,第172条规定的持有假币罪,第282条第2款规定的非法持有国家绝密、机密文件、资料、物品罪,第 297 条规定的非法携带武器、管制刀具、爆炸物参加集会、游行、示威罪,第 348 条规定的非法持有毒品罪,第 352 条规定的非法携带、持有毒品原植物种子、幼苗罪等。至于持有的属性是作为、不作为还是独立于作为和不作为的第三种行为方式,理论界仍未有定论。我们认为,在刑法意义上,以行为违反命令性规范或禁止性规范及身体动静状态的结合为依据,持有或者表现为作为,或者表现为不作为,它不是独立的犯罪行为形式。

第三节　危害结果

一、危害结果的概念

如前所述,危害结果有广义与狭义之分。广义的危害结果,是指由行为人的危害行为所引起的一切对社会的损害事实。狭义的危害结果,专指属于犯罪构成要件内容的结果,也就是指危害行为对犯罪直接客体造成的法定的实际损害或者现实危险状态。危害结果有以下四个特征:

(一)危害结果的客观性

从结果的哲学含义上理解,结果是由原因作用而引起的现象。现象是事物的外部联系和表面特征,能为人的感官直接感知,具有客观性。结果作为一种现象,固然也具有客观性。刑法上的危害结果相对于哲学范畴的结果而言,属于特殊的一类结果,它必然具有结果的一般特性,因而危害结果也是一种现象,同样具有客观性。由此可见,危害结果是现实存在的,并非行为人主观设定的。前者属于客观范畴,后者属于主观范畴。在司法实践中,二者并不完全一致。如某甲欲杀死某乙,在连砍乙三刀后,甲以为乙已死便弃“尸”而逃,但乙被路人发现,及时被送往医院而获救。本案中,甲希望达到的结果与实际发生的结果并不一致。

(二)危害结果的特定性

原因和结果是揭示客观世界中普遍联系着的事物间引起与被引起的一对范畴。原因是引起一定现象的现象,结果则是由于原因作用而被引起的现象,结果只能是由原因引起的。刑法上的危害行为与危害结果之间的关系正如哲学范畴中原因与结果之间的关系,只有由危害行为引起的事实,才可以成为危害结果。因此,任何非危害行为所造成的事实,如自然力、动物引起的结果,都不属于刑法上的危害结果。

(三)危害结果的侵害性

如上所述,危害结果是由危害行为引起的,作为一种事实,它反映了刑法所保护的合法权益被侵犯的状态。这种侵犯既包括对合法权益的实际损害,如侵犯了被害人的生命权、使被害人的财产受到损失,也包括对合法权益造成的现实危险状态,如对交通工具或交通设施进行破坏后出现的足以使交通工具发生倾覆、毁坏等危险的状态。

(四)危害结果的法定性

危害结果作为一种事实,就决定了其具有多样性,但要成为刑法意义上的危害结果,成为某一具体犯罪客观方面的必备要素,必须由刑法加以规定。如在故意杀人案中,行为人有可能造成被害人轻伤或重伤或死亡的结果,但是要达到故意杀人罪的既遂标准,危害结果只能是被害人死亡的结果。再如,在过失犯罪中,必须造成了严重危害结果,才成立犯罪。

二、危害结果的分类

危害结果表现形式多种多样,为了更深入全面地理解危害结果,有必要对危害结果进行分类。从广义上的危害结果考虑,危害结果可以分为以下几类:

(一)基本构成结果与非基本构成结果

这是以危害结果是否属于基本犯罪构成要件的要素为标准而进行划分的。基本构成结果是指属于基本犯罪构成要件要素的危害结果,即被刑法分则明确规定为成立某一犯罪所必须具备的危害结果。根据我国《刑法》第14条、第15条和分则有关条文的规定,间接故意犯罪和过失犯罪必须以发生特定的危害结果为成立犯罪的条件。若没有发生特定的危害结果,该犯罪就不能成立。如某甲在树林里打猎,发现一只熟睡的猎物,同时又发现猎物附近有一个孩子在玩耍,但甲为能射杀猎物,遂放任可能射伤小孩这种危害结果的发生,仍然向猎物开枪,结果只是将猎物打死,小孩安然无恙。本案中,甲射杀猎物时,尽管他放任可能会射伤小孩这种危害结果的发生,但事实上并没有导致小孩伤亡这一危害结果的发生,因此,不成立故意杀人罪(间接故意)。再如,根据《刑法》第266条的规定,行为人诈骗公私财物,数额较大才成立诈骗罪,这里的"数额较大"就属于构成要件的危害结果。

非基本构成结果,是指刑法分则规定的基本构成要件要素以外的其他危害结果。这类结果的发生与否以及轻重如何,并不影响犯罪的成立。只是在行为构成犯罪的基础上,对反映社会危害性程度起一定的作用,从而影响法定刑是否升格以及同一法定刑内的量刑轻重。非基本构成结果发生在两种场合:一是在犯罪的未完成状态中;二是在结果加重犯中。前者如,故意杀人罪以被害人死亡为构成结果,如果行为人着手实施杀人行为,但由于意志以外的原因而未得逞,只是造成被害人重伤的,该重伤结果就是非构成结果。后者如,抢劫罪的成立并不要求发生致人重伤、死亡的结果,但若行为人在抢劫过程中,致被害人重伤或死亡,则根据刑法的规定处以较重的法定刑,该重伤或死亡的结果就是非基本构成结果。

（二）物质性结果与非物质性结果

这是根据危害结果的现象形态为标准而进行划分的。物质性结果,是指现象形态表现为物质性变化的危害结果。物质性结果是看得见、摸得着,可以量度的,故又称为有形结果,如致人的重伤或死亡,财物的损毁或物理位置的改变。

非物质性结果,是指现象形态表现为非物质性变化的危害结果。非物质性结果是看不见、摸不着,不可量度的,故又称为无形结果。在刑法分则中,以非物质性结果为定罪量刑情节的还属少数。一般来说,将人格权和名誉权等设定为刑法保护的权益,往往以非物质性的危害结果为其定罪量刑的结果要求。如《刑法》第246条规定的侮辱罪、诽谤罪,就是以对被害人的人格尊严和名誉权的损害为危害结果的。

（三）直接结果与间接结果

这是根据危害行为对危害结果的影响状态以及危害行为与危害结果的因果联系形式而对危害结果进行的划分。直接结果,是指由危害行为直接造成的侵害事实,它与危害行为之间具有直接因果关系。如某甲用刀将某乙砍伤,乙的伤就是甲危害行为的直接结果。

间接结果,是指由危害行为间接造成的侵害事实,在危害行为与危害结果之间存在独立的另一现象作为联系的中介。如甲男强奸乙女,乙女因羞愤而自杀,乙之死就是甲强奸行为的间接结果。

三、我国刑法对危害结果的规定

我国刑法对广义上的危害结果作了不同的设定,尤其体现在分则条文中。在不同的设定中,危害结果的含义就会有所不同。主要表现在:

（一）在故意犯罪与过失犯罪定义中对危害结果的规定

从刑法总则对故意犯罪和过失犯罪所下的定义中,我们可以看出,对危害结果的态度是区分故意犯罪与过失犯罪的标准之一。对危害结果的发生持希望或者放任态度的,属故意犯罪;因行为人疏忽大意或者过于自信从而导致危害结果发生的,属过失犯罪。

（二）在结果犯中对危害结果的规定

结果犯,是指不仅要实施危害行为,而且危害行为必须发生法定的危害结果才成立既遂的犯罪。此时,法定危害结果的发生与否成为犯罪既遂与未遂的标志。而且该类危害结果都是物质性的、可具体测量认定的、有形的。如《刑法》第264条规定的盗窃罪、第266条规定的诈骗罪及第267条第1款规定的抢夺罪都要求以"数额较大"这一危害结果作为既遂的条件。

（三）在危险犯中对危害结果的规定

危险犯，是指以行为人实施的危害行为造成法律规定的某种危险状态的存在作为既遂标志的犯罪。刑法分则将发生某种危险状态作为构成某种故意犯罪的既遂标准。如《刑法》第 116 条规定的破坏交通工具罪、第 117 条规定的破坏交通设施罪，以发生足以使交通工具损坏或者倾覆的危险为犯罪既遂的条件。

（四）在结果加重犯中对危害结果的规定

结果加重犯，是指实施基本犯罪构成要件的行为，发生了基本犯罪构成要件以外的结果，因而刑法规定加重刑罚的犯罪。此时，将造成某种严重的危害结果作为提高法定刑的根据。需要注意的是，行为人实施的基本犯罪既包括故意犯罪也包括过失犯罪。前者如《刑法》第 260 条规定，犯虐待罪处 2 年以下有期徒刑、拘役或者管制；致人重伤、死亡的，处 2 年以上 7 年以下有期徒刑。后者如《刑法》第 131 条规定，犯重大飞行事故罪处 3 年以下有期徒刑或者拘役；造成飞机坠毁或者人员死亡的，处 3 年以上 7 年以下有期徒刑。

（五）在过失犯罪中对危害结果的规定

我国刑法是以惩罚故意犯罪为原则，惩罚过失犯罪为例外的。因此，对过失犯罪的处罚以法律明文为限。在刑法规定的过失犯罪中，绝大多数是以某种严重危害结果的出现作为犯罪成立的条件的。如《刑法》第 131 条规定的重大飞行事故罪、第 132 条规定的铁路运营安全事故罪都要求行为导致"严重结果"，才成立犯罪。

（六）以发生特定结果作为区分此罪与彼罪的界限

行为的性质往往可以从结果的性质中反映出来，但也存在一种行为从不同的角度观察具有不同性质的情况。如《刑法》第 292 条规定的聚众斗殴罪，就以斗殴是否致人重伤或死亡来确定此罪与彼罪的界限。聚众斗殴未致人重伤或死亡的，构成该条规定的聚众斗殴罪；致人重伤的构成故意伤害罪；致人死亡的构成故意杀人罪。

（七）以危害结果的轻重来确定诉讼程序

根据刑法分则的规定，在亲告罪中，情节一般的由被害人亲自到人民法院告诉。但若发生"严重危害社会秩序和国家利益"的危害结果，则由人民检察院提起公诉。如《刑法》第 246 条的侮辱罪和诽谤罪第 2 款规定："前款罪，告诉的才处理，但是严重危害社会秩序和国家利益的除外。"

第四节　刑法上的因果关系

根据现代刑法的罪责自负原则，行为人只对自己的危害行为所造成的危害结果负刑事责任。因此，如果发生了危害结果，要使行为人对该结果负刑事责任，就必须查明这一结果是由行为人的危害行为引起的，否则，就不能让他承担刑事责任。因此，正确理解刑法上的因果关系问题，对于解决刑事责任问题具有重要意义。

一、刑法上因果关系的概念

刑法上的因果关系，是指犯罪构成客观要件中的危害行为同危害结果之间存在的引起与被引起的关系。刑法上的因果关系是哲学上的因果关系在犯罪问题上的应用，它们是个别与一般、特殊与普遍的关系。刑法上的因果关系具有以下特征：

（一）因果关系的客观性

刑法上的因果关系是现象之间引起与被引起的关系，它是一种客观存在，是不以人的主观意志为转移的。如，某甲在公共场所以不堪入耳的话语辱骂一位老人，导致老人心脏病发作，当场死亡。老人的死是由某甲的辱骂行为引起的，二者有着因果关系，绝不能以甲不知道老人有心脏病为借口，来否认其因果关系的存在。至于甲是否应为老人的死负刑事责任，则不是因果关系考察的内容。因果关系是不包含对主观罪过的评价的。

（二）因果关系的相对性

在世界无限发展的链条中，原因与结果的区分是不确定的。同一个现象在一种关系中是结果，在另一种关系中则是原因，反之亦然。只有将两个具有因果关系的现象从普遍联系中抽出来加以考察，原因与结果的区分才是绝对的，并具有特定性。即刑法因果关系中的原因，只能是特定的危害行为。如甲男强奸乙女，乙反抗而杀死甲。乙杀死甲的行为就不是刑法因果关系中的原因，因为该行为不是危害行为而是正当防卫。同样，刑法因果关系中的结果，只能是危害结果，该结果应是有形的、可被量度的物质性危害结果。因为犯罪构成中不包含或者不要求物质性危害结果的犯罪，以及尚未出现法定危害结果的犯罪预备、未遂和中止等犯罪未完成形态，一般不存在解决刑法上的因果关系问题。

（三）因果关系的时间顺序性

刑法上的因果关系，从危害结果发生的时间上看，危害行为实施在前，危害结果发生在后，二者的时间顺序不可颠倒。如某甲欲杀死某乙，摸黑潜入乙家，将乙杀死。当夜，不知情的某丙也想杀死乙，他放火烧了乙家。后经法医鉴定表明，乙的烧伤是死后伤。由于丙的行为在乙死亡之后实施的，因此，与乙的死亡结果而言，二者之间不具有因果关系。

（四）因果关系的条件性

原因与结果之间的联系是发生在一定的时空环境中的。这就决定了刑法上的因果关系都是有条件的,是以特定的条件为转移的。在刑事案件中,要查明因果关系,一定要从实施危害行为的时间、地点等具体情况出发作具体分析。如王某用石块伤了李某的头,李捂着头去医院治疗,途中不小心跌入一个正在施工未设置明显标志和采取安全措施的深坑中,造成腹腔内出血及右腿开放性骨折,后被路过此地的张某救起,张某用三轮车载李去医院治疗。到医院后,值班医生陈某擅离职守,贻误李的治疗时机,使得李失血过多,不治身亡。本案中,王某只是轻伤李某的头部,不是造成李死亡的原因。对陈某擅离职守的行为是否是李死亡的原因,取决于李不慎导致的腹腔内出血与右腿开放性骨折,是否是其死亡的决定性因素。若是,则陈的行为不成为李之死的原因。否则,陈的行为至少成为李死亡的原因之一。

（五）因果关系的复杂性

如同哲学上的因果关系,刑法上的因果关系也存在的一因一果、多因一果、一因多果、多因多果、同因异果、异因同果等现象。

需要注意的是,刑法上的因果关系有别于哲学上的因果关系的特殊性。它主要表现为以下两点:一是范围的特定性。哲学上的因果关系,原因可以是任何现象,结果也可以是任何现象。而刑法上的因果关系所研究的原因是人的危害行为,所研究的结果是危害行为所造成的损害事实,其范围有明确限定。二是内容的法定性。从哲学上讲,凡是引起结果发生的现象,都是原因;凡是被原因引起的现象,都是结果。而在刑事案件中,只有危害行为这个原因才是刑法所关注的对象,并需在刑法条文有明确的规定。如,某甲当众侮辱、猥亵乙女,乙因羞愤而自杀。本案中,乙死亡这一危害结果的原因有甲的侮辱、猥亵行为和乙的自杀行为,但刑法所关注的、能够成为刑法上因果关系之因的只有甲的行为。同样,一个危害行为,所引起的结果也可能是多方面的。如,某甲抢某乙的钱包,抢得大笔现金。乙察觉后,马上紧追甲,过程中撞倒路人丙,还把自己的脚扭伤。上述结果都是危害行为造成的,但刑法所关注的、能够成为刑法上因果关系之果的,只是乙的财产权被侵害的结果。

二、刑法上因果关系的认定

如何认定刑法上的因果关系是个复杂的问题,也是学界长期争论的问题,存在着各种各样的学说。学界曾采用必然因果关系说。该说主张,当危害行为中包含着危害结果产生的根据,并符合规律地产生了危害结果时,危害行为与危害结果之间就是必然因果关系;只有这种必然因果关系,才是刑法上的因果关系。如行为人开枪杀被害人,被害人中枪死亡。开枪行为是死亡发生的原因,而死亡结果的出现,是开枪行为所导致的必然结果。当然,原因要引起结果的发生,同哲学上的因果关系一样,还需要一定条件。如子弹须是完好的,要击中被害人的要害部位,等等。

由于必然因果关系说导致因果关系的成立范围过窄,而客观上还可能发生偶然联系的因果关系,因此学界提出了偶然因果关系说。该说主张,当危害行为本身并不包含产生危害结果的根据,但在其发展过程中,偶然介入其他因素,并由介入因素合乎规律地引起了危害结果时,危害行为与危害结果之间就是偶然因果关系,介入因素与危害结果之间是必然因果关系。必然因果关系与偶然因果关系都是刑法上的因果关系。偶然因果关系通常对量刑有一定的意义。如在月台上,某甲偷走了某乙的钱包,乙在跨铁轨追赶甲时,被碰巧驶过的火车轧死。本案中,甲的行为同乙的死亡结果之间就存在着偶然因果关系,在处理他的盗窃行为时,对其行为导致乙死亡这一事实,在量刑上应当予以适当考虑。

三、刑法上的因果关系与刑事责任

需要强调的是,确定因果关系不等于确定刑事责任。行为人的危害行为与危害结果之间具有刑法上的因果关系,只是行为人承担刑事责任的客观基础;行为人是否要承担刑事责任,还要取决于行为人主观上有无罪过和有无刑事责任能力。只有主客观相统一,行为与结果具有因果关系,才成立犯罪,行为人才需要承担相应的刑事责任。否则,仅仅确定了因果关系就要行为人承担刑事责任,就是客观归罪了。

第五节　犯罪客观方面其他要素

一、犯罪客观方面其他要素的概念

犯罪客观方面的其他要素,是指刑法规定的构成某些犯罪必须具备的特定的时间、地点和方法等客观要素。任何犯罪都是在一定的时间、地点,以一定的方法实施的。其中,犯罪时间,是指犯罪实施的时间条件。犯罪地点,是指犯罪实施的空间条件。犯罪方法,是指犯罪实施的方式、手段、步骤和途径等。

二、犯罪客观方面其他要素对定罪量刑的意义

刑法分则将特定的时间、地点和方法明确规定为某一犯罪构成要件内容时,意味着特定时间、地点和方法对某一行为是否构成该种犯罪具有决定性作用。如《刑法》第340条规定的非法捕捞水产品罪,就将"禁渔区"、"禁渔期"、"禁用的工具、方法"等规定为构成该罪的必备要素,因而实施的行为是否具备这些要素,就成为区分罪与非罪的重要标志。

当然,对于大多数犯罪来说,犯罪的时间、地点、方法是犯罪客观方面的选择性

要素,因此,这些要素对犯罪是否成立没有直接影响。但是,这些要素往往影响到犯罪行为本身社会危害性的大小,因而对正确量刑具有重要意义。如在故意杀人罪中,虽然犯罪的时间、地点、方法等并不影响该罪的成立,但是,在白天作案与夜间作案、在闹市作案与在偏僻地方作案、以残酷手段作案与以一般手段作案影响就有所不同。这些差异在一定程度上会影响行为的社会危害性程度,因而也就有可能影响量刑。

复习与练习

本章提要

犯罪客观方面,是指刑法所规定的、揭示行为对刑法所保护的合法权益的侵害性而为成立犯罪所必备的客观事实特征。犯罪客观方面是区分罪与非罪的客观标准;是划分此罪与彼罪的界限;是正确认定犯罪主观要件的客观基础;是正确定罪量刑的重要因素。根据刑法分则的规定,犯罪客观方面的内容主要有危害行为,危害结果,犯罪的时间、地点、方法等。其中,危害行为是犯罪构成的必备条件,是我国刑法中犯罪客观方面的首要因素,在犯罪构成中居基础地位。危害结果和犯罪的时间、地点、方法是犯罪构成的选择性要素。危害结果可作为区分某些故意犯罪既遂与未遂、罪与非罪、此罪与彼罪以及适用法定刑轻重的标准。对大多数犯罪来说,犯罪的时间、地点、方法对犯罪是否成立并没有直接影响,但可能对量刑发生影响。

此外,危害行为与危害结果之间的因果关系,是研究犯罪客观方面的一个重要问题,但刑法中的因果关系只是危害行为与危害结果之间的连接点而已,并不是犯罪客观方面的独立内容。

重要概念

危害行为　作为　不作为　危害结果　因果关系

思考题

1.试述危害行为的特征。

2.试述危害行为的种类。

3.试述不作为成立犯罪的条件。

4.试述危害结果的表现形式。

5.下列说法正确的是(　　　)。

A.甲在月台上偷乙的钱包,乙发现后追赶,甲在逃跑中被进站的火车撞死。

甲的死亡结果与乙的追赶行为有刑法上的因果关系

B.甲将乙打成轻伤,乙在去医院的途中发生车祸而死亡。甲的行为与乙的死亡之间有刑法上的因果关系

C.甲将乙打成重伤,乙的仇人丙正好路过,又对乙进行殴打,从而加速了乙的死亡。甲的行为与乙的死亡之间具有刑法上的因果关系

D.甲向乙勒索1万元钱,而乙出于怜悯之心给了甲1万元。甲的勒索行为与乙交出财物之间不具有刑法上的因果关系

6.被告人李某与被害人王某(女)是一对恋人。一日,两人到公园游玩。在游玩中,两人因琐事发生争执。李某打了王某一记耳光,由于用力过大,将王某打倒在地。王某碰巧摔倒在旁边的石凳上,当即晕了过去。李某马上将王某送去医院,但在途中,王某不治身亡。经法医鉴定表明,王某患有先天性脾脏过大。王某的死正是由于李某那一记耳光使其摔倒,胸部碰到石凳上,而使脾脏破裂所致。

问:被告人李某的行为与王某的死亡之间有无刑法上的因果关系?为什么?

第九章　犯罪主体

犯罪主体,是指实施危害社会的行为并且依法应当承担刑事责任的自然人和单位,是犯罪成立的必备要件之一。行为人的辨认能力和控制能力是犯罪主体适格的主观要素。犯罪主体包括自然人犯罪主体与单位犯罪主体;自然人犯罪主体和单位犯罪主体又分可为一般主体与特殊主体。犯罪主体要件的核心是刑事责任能力。

本章重点
- 犯罪主体的概念和分类
- 刑事责任能力
- 影响刑事责任能力的因素
- 单位犯罪主体

第一节　犯罪主体的概念

一、犯罪主体的概念

犯罪主体,从严格意义上讲,是指犯罪的实施者。它与犯罪的责任主体是有所不同的。而从犯罪主体实施危害社会的行为能够进入刑法领域进行评价的角度讲,犯罪行为的实施主体与犯罪行为的责任主体是应当统一的。这是罪责自负原则的应有之义。我国刑法采用的是犯罪行为实施主体与责任主体合一的模式。

犯罪主体,是指实施危害社会的行为并且依法应当承担刑事责任的自然人和单位。任何犯罪都是人的行为,因此,自然人是犯罪的最基本的主体类型。我国1979年《刑法》所规定的犯罪都是基于自然人为主体设立的。自1987年《海关法》明文规定单位实施走私行为需要追究刑事责任以后,我国在单行刑法中开始规定单位犯罪。单位作为犯罪主体在我国刑法中只以法律规定为限,不具有普遍意义。《刑法》第30条规定:“公司、企业、事业单位、机关、团体实施的危害社会的行为,法律规定为单位犯罪的,应当负刑事责任。”因此,在法律有明文规定的情况下,单位也是我国刑法规定的犯罪主体。

二、研究犯罪主体的意义

犯罪主体是犯罪构成的必备要件之一,研究犯罪主体对定罪和量刑均具有重要意义。

（一）犯罪主体对定罪的意义

任何犯罪都有主体,它包括犯罪行为的实施者和刑事责任的承担者,离开了犯罪主体,犯罪就无从谈起,也不会发生刑事责任问题。同时,犯罪主体还需要具备一定的条件,并非任何违反刑法实施了危害社会行为的人都能成为犯罪主体;只有具备了刑法所要求的条件的人,才能成为犯罪主体,构成犯罪并承担刑事责任。因此,就一般犯罪而言,不符合犯罪主体条件的人,虽然违反刑法实施了危害社会的行为,也不构成犯罪,不负刑事责任,如已满 14 周岁不满 16 周岁的人实施了盗窃行为,数额较大,也不构成盗窃罪;就某些特定犯罪而言,虽然具备了犯罪主体的一般资格,但如果刑法对该罪设定了特殊主体条件,而行为人没有这种特殊条件,也不能构成该种特定犯罪。如税务机关的工作人员为了逼取逃税者的口供使用肉刑或者变相肉刑的行为,就不能构成刑讯逼供罪。当然可以根据其行为给被逼供者造成的损伤程度,另行判定是否构成其他犯罪。所以,研究犯罪一般主体的条件,对于正确认定犯罪,划清罪与非罪以及应否追究刑事责任的界限,具有相当重要的作用;而研究某些犯罪的法定特殊身份,则对正确区分罪与非罪以及此罪与彼罪的界限,也都具有重要意义。

（二）犯罪主体对量刑的意义

犯罪主体除影响定罪以外,还对量刑产生重要影响。这是因为,同样符合某一具体犯罪的主体条件,由于犯罪主体的具体情况不同,也会影响到刑事责任程度的大小。例如,我国《刑法》规定:《刑法》第 17 条第 1 款、第 2 款、第 3 款规定的已满 12 周岁不满 18 周岁的人,应当从轻或者减轻处罚;尚未完全丧失辨认或者控制自己行为能力的精神病人犯罪的,应当负刑事责任,但是可以从轻或者减轻处罚;又聋又哑的人或者盲人犯罪,可以从轻、减轻或者免除处罚,等等,都是基于犯罪主体的特定情形而作出的规定。这些立法例说明,犯罪主体的不同情况对量刑具有重要影响,认真对待有关犯罪主体问题,对于实践中正确地适用刑罚,具有十分重要的意义。

第二节　犯罪主体的分类

一、犯罪主体的分类概述

犯罪主体,从不同的角度,可以作不同的划分。

从主体的法律属性上,犯罪主体可以分为自然人犯罪主体和单位犯罪主体。自然人犯罪主体是我国刑法中最基本的、具有普遍意义的犯罪主体,除刑法分则规定只能由单位构成的犯罪以外,都可以由自然人构成。单位犯罪主体只有在刑法分则有明文规定的情况下,才成为犯罪主体。

以犯罪主体是否要求以特定条件为要件,犯罪主体又可以分为一般主体与特殊主体。对于具体的犯罪而言,只要求达到刑事责任年龄和具备刑事责任能力的自然人,或具有刑事责任能力的单位,就符合犯罪主体要件的为一般主体,如盗窃罪、故意杀人罪、走私罪等大量犯罪的成立并不要求具有特定的身份或资格条件。除了具备相应的刑事责任能力以外,还要求具有特定的身份或资格条件才符合某种犯罪主体要件的为特殊主体,如贪污罪、违规制造枪支罪中的犯罪主体。

二、犯罪的一般主体

在传统刑法中,犯罪的一般主体是针对自然人而言的,它是指达到刑事责任年龄,具备刑事责任能力的自然人。凡是符合这两个条件的主体就是犯罪的一般主体。在刑事责任年龄上,犯罪一般主体的年龄通常是指起点年龄,各国的规定有所不同。我国《刑法》第 17 条第 1 款、第 2 款和第 3 款对我国刑法中刑事责任的起点年龄原则规定为 16 周岁,特别严重的犯罪规定为 14 周岁,其中犯故意杀人、故意伤害罪,致人死亡或者以特别残忍手段致人重伤造成严重残疾,情节恶劣,经最高人民检察院核准追诉的年龄是 12 周岁。就具体犯罪而言,它们都是犯罪一般主体的年龄起点。具体将在本章第三节中作详细阐述。

在现代刑法中,在法律有明文规定的情况下,凡是所有单位都可以构成犯罪的主体也是一般主体。它是指具有刑事责任能力的单位。这里的"能力"包括犯罪能力和承担刑事责任的能力。具体将在本章第四节中作详细阐述。

三、犯罪的特殊主体

（一）自然人的特殊身份

自然人犯罪主体的特殊身份,是指刑法规定的影响刑事责任的行为人人身方面特定的资格、地位或状态。如国家工作人员、军人、司法工作人员、辩护人、诉讼代理人、证人、依法被关押的罪犯、家庭成员等。它是某些犯罪的自然人主体所必须具备的条件。

根据特殊身份的形成方式,可以将身份分为自然身份与法定身份。自然身份,是指人因自然因素而形成的身份,如基于性别形成的男女之别,有的犯罪如强奸罪仅男子可以成为犯罪的主体;再如,基于血缘、婚姻等事实而形成的亲属身份,有些犯罪的主体只能由具有此种身份的人构成,如遗弃罪、虐待罪等。法定身份,是指基于法律赋予而形成的身份,如国家机关工作人员、司法工作人员、军人等。不过,自然身份与法定身份要成为犯罪主体的特殊身份,需要由刑法予以明确规定。

根据特殊身份对行为人刑事责任的影响面,可以将身份分为定罪身份与量刑身份。定罪身份,是决定刑事责任存在的身份,是某些犯罪主体要件中必备的要素,缺少这种身份,犯罪主体要件就不具备,因而不能构成该种特定犯罪。量刑身份,是影响刑事责任程度的身份,此种身份的存在与否虽然不影响刑事责任的存在,但影响刑事责任的大小和刑罚的轻重。如诬告陷害罪的构成不需要特殊身份,但犯罪主体为国家机关工作人员时,则应从重处罚。

在刑法理论上,以特殊身份作为犯罪成立与刑罚轻重考量因素的犯罪类型统称为身份犯。身份犯可以分为纯正的身份犯(真正身份犯)和不纯正的身份犯(不真正身份犯)。纯正的身份犯是指只能由特殊身份构成的犯罪,不纯正身份犯是指特殊身份不影响定罪但影响量刑的犯罪。根据某种犯罪只能由本人亲自实施还是可以利用他人实施,可以将纯正身份犯又分为自手犯和非自手犯。自手犯又称亲手犯或己手犯,是指必须由行为人亲自实施才能实现的犯罪。

需要注意的是:身份犯的特殊身份必须是在行为人开始实施危害行为时就已经具有的特殊资格或者已经形成的特殊地位或状态。行为人在实施行为后才形成的特殊地位,并不属于特殊身份。并且,作为犯罪主体要件的特殊身份,仅仅是针对实行犯而言的,至于教唆犯和帮助犯,则不受特殊身份的限制。

（二）单位的特殊资格

我国1997年《刑法》第30条规定了单位犯罪主体的基本范围。这表明对于符合法定条件的单位,均可以在刑法分则规定有单位犯罪的场合而成为犯罪主体。如《刑法》第153条规定的走私普通货物、物品罪,只要实施了走私除特定货物、物品以外的货物、物品,偷逃应缴税额达到刑法分则条文规定的数额,任何单位均可以构成。但我国刑法也规定了某些单位犯罪只能由具有特殊资格的单位才能构成。如《刑法》第126条规定的违规制造、销售枪支罪,只能由定点的枪支制造、销售企业才能构成,非定点的枪支制造、销售企业实施同类行为的,则构成《刑法》第125条"非法制造、买卖、运输、邮寄、储存枪支罪"中的"非法制造、买卖枪支罪"。

单位的特殊资格在我国刑法中是根据行为特征和犯罪对象的属性来确定的。在理解和掌握单位犯罪主体的特定原理上,可以运用对待自然人特殊主体的基本理论和方法。

第三节　自然人犯罪主体

自然人犯罪主体,是指达到刑事责任年龄、具备刑事责任能力,实施危害社会行为的自然人。自然人主体通常需要具有三个条件:第一,必须是自然人。第二,作为自然人的犯罪主体必须具有刑事责任能力。第三,只有当该自然人实施了危害社会的行为时,才能称为是自然人犯罪主体。其中,刑事责任能力是犯罪主体的核心要素。

一、刑事责任能力

(一)刑事责任能力的概念

刑事责任能力,是指行为人构成犯罪并承担刑事责任所必需的,行为人具备的刑法意义上辨认和控制自己行为的能力。

在刑法理论上,刑事责任能力的实质是行为人在实施危害社会行为时具有相对的自由意志能力,即行为人对实施刑法所禁止的严重危害社会的行为,具有自由选择和决定的能力。因此,刑事责任能力是实施危害社会行为时行为人的犯罪能力与承担刑事责任能力的统一,是行为人辨认行为能力和控制行为能力的统一。通常而论,当人达到一定的年龄之后,只要智力发育正常,就自然具备了这种能力。但在某些受生理或心理乃至精神因素影响的场合,这种能力也可能因精神状况、生理功能缺陷的原因而不具备或不完全具备。因此,这就需要具体考察,区别对待。

(二)刑事责任能力的内容

刑事责任能力的内容,是行为人对自己行为所具备的刑法意义上的辨认和控制能力。其中,辨认能力是指行为人具备的对自己的行为在刑法上的性质、作用、后果的分辨认识能力。也就是行为人能够认识到自己的行为是否为刑法所禁止、谴责和制裁。例如,一个人在实施杀人行为时,能否认识到杀人为刑法所禁止,他选择的工具、方法是否会导致被害人死亡结果的发生。如果能认识,就具有辨认能力;反之,就不具有辨认能力。控制能力是指行为人具备决定自己是否以行为触犯刑法的能力。例如,当认识到杀人是违反刑法规定的,他选择的工具和方法也足以置人于死地,他有能力选择实施或不实施该种行为。只要有自由选择的可能,就具备了控制能力。如果行为人身体受到强制,无法自由决定实施或者不实施该行为,就不具备控制能力。

刑事责任能力中的辨认能力和控制能力之间,存在着有机的联系。辨认能力是刑事责任能力的前提和基础,没有辨认能力就没有控制能力,也就谈不上有刑事责任能力。只有对自己的行为在刑法上的性质、后果与意义有认识,才谈得上凭借这种认识能力而自觉有效地选择和决定自己是否实施触犯刑法的行为的控制能力。控制能力是刑事责任能力的关键。在具备辨认能力的基础上,还需要有控制能力才能具备刑事责任能力。仅有辨认能力而没有控制能力,就没有了选择和决定自己行为的能力,就不能成为刑事责任能力。辨认能力和控制能力是刑事责任能力两个基本要素,必须同时具备,缺一不可。

二、刑事责任能力的程度

影响和决定人的刑事责任能力程度的因素,通常有两个方面:一是人的知识和智力成熟程度,二是精神状况。前者主要受人的年龄因素的制约;后者则受人是否患有精神疾病及精神疾病的种类、程度和特点的影响。此外,重要器官生理功能的丧失对刑事责任能力的程度也会有一定的影响。

根据人的年龄、精神状况、生理功能状况等因素,刑法理论上可以将刑事责任能力划分为不同的类别。如按照刑事责任的有无可以分为完全有刑事责任能力、完全无刑事责任能力和相对无刑事责任能力;按照刑事责任能力的程度可以分为完全刑事责任能力和减轻刑事责任能力。从我国刑法立法中的规定综合起来看,刑事责任能力程度包括以下几种情况:

(一)完全刑事责任能力

完全刑事责任能力,也称完全有刑事责任能力,是指行为人对刑法规定的所有犯罪都具有刑事责任能力。凡年满16周岁、精神和生理功能健全且智力与知识发展正常的人,都是完全刑事责任能力人。完全刑事责任能力通常是不需要证明的。只有当出现精神病或其他责任因素影响完全责任能力的认定时,才需要证明。如要认定间歇性的精神病人实施的危害行为具备完全刑事责任能力,就要证明其在实施危害行为时具有辨认和控制能力,属于精神正常时犯罪。完全刑事责任能力人实施了犯罪行为的,应当依法负全部的刑事责任,不存在由于责任能力因素而不负刑事责任或者减轻刑事责任。

(二)完全无刑事责任能力

完全无刑事责任能力,是指行为人没有刑法意义上的辨认和控制自己行为的能力。根据我国刑法的规定,完全无刑事责任能力人包括两类:一类是未达法定刑事责任年龄的人;另一类是行为时因精神疾病而不能辨认或者不能控制自己行为的人,如《刑法》第18条第1款规定:"精神病人在不能辨认或者不能控制自己行为的时候造成危害结果,经法定程序鉴定确认的,不负刑事责任。"

(三)相对无刑事责任能力

相对无刑事责任能力,也称相对有刑事责任能力,是指行为人仅限于对刑法所明文规定的某些严重犯罪具有刑事责任能力,而对未明确限定的其他危害行为无刑事责任能力的情况。这种相对无刑事责任能力者是介于完全无刑事责任年龄和完全有刑事责任年龄之间。我国刑法中相对无刑事责任能力者是指已满12周岁不满16周岁的人。已满12周岁不满14周岁的人,只对符合《刑法》第17条第3款规定的犯罪具有刑事责任能力;已满14周岁不满16周岁的人,只对《刑法》第17条第2款规定的犯罪具有刑事责任能力,而对除此之外的其他危害行为无刑事责任能力。

（四）减轻刑事责任能力

减轻刑事责任能力，又称限制刑事责任能力、部分刑事责任能力，是指因年龄、精神状况、生理功能缺陷等原因，而使行为人实施刑法所禁止的危害行为时，虽然具有责任能力，但其辨认或控制自己行为的能力较完全责任能力者有一定程度的减弱或降低，而相应地减轻其刑事责任。根据刑法的规定，《刑法》第 17 条第 1 款、第 2 款、第 3 款规定的已满 12 周岁不满 18 周岁人的人犯罪，应当从轻或者减轻处罚；对于尚未完全丧失辨认或者控制自己行为能力的精神病人犯罪的，可以从轻或者减轻处罚；对于又聋又哑的人或者盲人犯罪，可以从轻、减轻或者免除处罚。

三、与刑事责任能力有关的因素

与刑事责任能力有关的因素，是指影响行为人知识和智力成熟程度的因素，主要包括人的年龄情况、精神状况和重要的生理功能状况等，因此，全面判断刑事责任能力还需要考察刑事责任年龄、精神障碍和生理功能三个基本要素。

（一）刑事责任年龄

1.刑事责任年龄的概念和意义

刑事责任年龄，是指刑法所规定的行为人对自己实施的刑法所禁止的危害社会行为负刑事责任必须达到的年龄。如果没有达到刑事责任年龄，其实施的行为就不可能成立犯罪。

如前所述，刑事责任能力是受行为人对自己行为的辨认和控制能力影响的。而任何人的辨认和控制能力总是与其智力和知识发展状况相关联的，因而它必然受到行为人年龄的制约。没有达到法定的刑事责任年龄，就被认为不能正确认识自己行为的刑法意义和适应刑罚的能力；只有达到法定的刑事责任年龄，才能被认为能够辨认和控制自己的行为，并适应刑罚的惩罚和教育效果的施加。因此，刑事责任年龄具有两个方面的功能：一是规定行为人是否负刑事责任的年龄界限，二是规定如何负刑事责任。

犯罪主体必须是达到法定年龄的人，这是由犯罪自身的特征所决定的。刑事责任年龄制度，就是从年龄上给实施危害社会行为的人划定一个负刑事责任的范围，达到一定年龄的人除非因精神病而导致没有辨认能力和控制能力，其他达到法定年龄的人都是具有辨认能力和控制能力的人。所以，在通常情况下，对于达到刑事责任年龄的人都是具有辨认能力和控制能力的人，司法机关无须举证证明其具有辨认能力和控制能力。我国刑法中关于责任年龄的规定，主要解决不同年龄人刑事责任的有无问题，同时也包含了对未成年的犯罪人从宽处罚的内容。因此，研究刑事责任年龄问题，对于认识责任年龄与责任能力的关系，把握犯罪主体要件的本质，正确定罪量刑，都有重要意义。

2.刑事责任年龄阶段的划分

刑事责任年龄阶段,通常涉及两个方面,一是刑事责任的起点年龄,二是刑事责任大小的分界年龄。关于起点年龄,由于各国历史、地理、人种、传统、文化、经济以及少年身心发育成长状态及刑事政策等方面的差异,对刑事责任的起点年龄的规定并不一致,如新加坡规定为7岁,菲律宾规定为9岁,加拿大规定为12岁,日本规定为14岁,葡萄牙规定为16岁,等等。对刑事责任大小的分界年龄,各国一般都是根据本国少年儿童成长的实际情况和同犯罪作斗争的需要,把刑事责任年龄划分为几个阶段,有实行绝对无责任年龄和完全负责任年龄的两分制;有实行绝对无责任年龄、相对无责任年龄、减轻责任年龄、完全负责任年龄的四分制等。我国刑法坚持对少年儿童的违法犯罪以教育为主、惩罚为辅的原则,从实际出发,把刑事责任年龄划分为完全不负刑事责任、相对负刑事责任和完全负刑事责任三个年龄阶段。

(1)完全不负刑事责任年龄阶段

近些年来,我国未成年人犯罪案件数整体呈现下降趋势,但是低龄未成年人实施故意杀人、强奸等恶性案件时有发生。比如,2018年12月2日湖南益阳12岁儿童吴某持刀杀母案;2019年10月20日辽宁大连13岁儿童蔡某杀害10岁邻居女孩后抛尸案;2020年4月安徽郎溪13岁儿童杨某杀害堂妹后抛尸案等。这些案件犯罪手段恶劣,主观恶性大,但因行为人不满14周岁而不能得到刑事制裁,引发社会公众强烈不满,也引发了社会对刑事责任年龄的广泛讨论。《刑法修正案(十一)》对1997年刑法有关刑事责任年龄的规定作出修改,在总则第17条刑事责任年龄条文中增加了一款,将故意杀人、故意伤害等导致特别严重后果的犯罪的刑事责任年龄适当下调,规定"已满12周岁不满14周岁的人,犯故意杀人、故意伤害罪,致人死亡或者以特别残忍手段致人重伤造成严重残疾,情节恶劣,经最高人民检察院核准追诉的,应当负刑事责任。"因此,根据我国《刑法》的规定,不满12周岁是完全不负刑事责任年龄阶段。因为不满12周岁的人尚处幼年时期,其知识和智力都处在较低阶段,还不具备辨认和控制自己行为的能力。因此法律规定,对不满12周岁的人所实施的危害社会的行为,概不追究刑事责任。

(2)相对负刑事责任年龄阶段

按照我国《刑法》第17条第2款、第3款的规定,已满12周岁不满16周岁,是相对负刑事责任年龄阶段。这是因为,这个年龄段的人,已经具备了一定的辨别大是大非和对自己重要行为的控制能力,法律只要求他们对自己实施的严重危害社会的行为负刑事责任。因此《刑法》第17条第2款规定:"已满14周岁不满16周岁的人,犯故意杀人、故意伤害致人重伤或者死亡、强奸、抢劫、贩卖毒品、放火、爆炸、投放危险物质罪的,应当负刑事责任。"第17条第3款规定:"已满12周岁不满14周岁的人,犯故意杀人、故意伤害罪,致人死亡或者以特别残忍手段致人重伤造成严重残疾,情节恶劣,经最高人民检察院核准追诉的,应当负刑事责任。

(3)完全负刑事责任年龄阶段

按照我国《刑法》第17条第1款的规定,已满16周岁的人属于完全负刑事责任年龄阶段。由于已满16周岁的人体力和智力发展已较成熟,习得了较多的知识,具备了一定的判断是非的能力,能够根据国家法律和社会道德规范的要求来约束自己的行为,因而他们已经具备了刑法意义上辨认和控制自己行为的能力。因此,我国刑法作出了上述规定。

(二)精神障碍

一般来说,自然人达到一定年龄并且精神正常,就具备了与其年龄相适应的认识和控制能力。因此,当刑法根据本国实际确定了刑事责任的起点年龄后,凡达到该年龄的人就被认为具备了刑事责任能力。但是,在某些特殊情况下,即使达到负刑事责任的年龄,如果存在精神障碍,就可能影响其责任能力。我国《刑法》第18条用三款专门规定了精神病人的刑事责任问题,具体内容包括:

1.完全无刑事责任的精神病人

我国《刑法》第18条第1款的规定:"精神病人在不能辨认或者不能控制自己行为的时候造成危害结果,经法定程序鉴定确认的,不负刑事责任。"这表明,认定精神病人为无责任能力者,必须同时符合两个标准:

(1)医学标准。医学标准,亦称生物学标准,是指实施危害行为者必须是精神病人,即行为人是基于精神病理的作用而实施危害社会行为的精神病人。它包括三个要素:第一,行为人必须是精神病人。这里的精神病,应作广义理解,不仅包括精神分裂症、癫痫病等,也包括痴呆症、夜游症、病理性醉酒等,但不包括神经官能症、人格障碍、性变态等非精神病性精神障碍。第二,精神病人实施了刑法所禁止的危害社会的行为。第三,危害行为必须是精神病人在精神病理的作用下实施的。

(2)心理学标准。心理学标准,亦称法学标准,是指行为人的行为必须是在精神病理机制的直接作用下引起的,而且由于精神病理的作用使其丧失了辨认和控制自己行为的能力。如果精神病人所实施的危害行为与其患有的精神病没有直接关系,就不能认为其丧失了辨认和控制能力。

上述两个标准必须同时具备,才能认定实施刑法所禁止的危害行为的精神病人属于无责任能力人。当然,在司法应用中,通过医学和心理学标准相结合,得出精神病人无刑事责任能力的结论,必须是经过法定程序鉴定,并经过法庭审理确认的。

2.完全负刑事责任的精神病人

根据我国《刑法》第18条的规定,结合有关司法实践经验,完全负刑事责任的精神病人包括以下两类:

(1)精神正常时期的"间歇性精神病人"。我国《刑法》第18条第2款规定:"间歇性的精神病人在精神正常的时候犯罪，应当负刑事责任。"所谓"间歇性精神病"，是指具有间歇发作特点的精神病。

这里的"精神正常的时候"，是以实施行为时为标准，而非诉讼时为标准。间歇性精神病人在精神正常的时候实施刑法所禁止的危害行为的，其辨认和控制自己行为的能力完全具备，因而法律要求行为人对其危害行为依法负完全的刑事责任。

（2）多数非精神病性精神障碍人。精神病人都属于精神障碍者，但并非所有精神障碍者都是精神病人。按照司法精神病学原理，非精神病性精神障碍的主要种类有：各种类型的神经官能症；各种人格障碍式变态人格；性变态；情绪反应；未达到精神病程度的成瘾药物中毒与戒断反应；轻躁狂与轻性抑郁症；生理性醉酒与单纯慢性酒精中毒；脑震荡后遗症、癫痫性心境恶劣以及其他未达到精神病程度的精神疾患；轻微精神发育不全；等等。

非精神病性精神障碍人，通常不会因精神障碍而使辨认或者控制能力丧失或减弱，因而需要对其行为负刑事责任。但在少数情况下，非精神病性精神障碍人也可出现认识能力和控制能力丧失或减弱的情况，从而成为限制责任能力人甚至无责任能力人，影响刑事责任的轻重及有无。

3.限制刑事责任的精神病人

限制刑事责任的精神病人，又称减轻（部分）刑事责任的精神病人，是介于无刑事责任的精神病人与完全刑事责任的精神病人中间状态的精神病人。我国《刑法》第18条第3款规定："尚未完全丧失辨认或者控制自己行为能力的精神病人犯罪的，应当负刑事责任，但是可以从轻或者减轻处罚。"这里的"精神病人"，从立法意图来说，应作广义的理解，一般包括以下两类：一是处于早期（发作前趋期）或部分缓解期的精神病（如精神分裂症等）患者，这种患者受精神病理机制的作用使其辨认或控制行为的能力有所减弱；二是某些非精神病性精神障碍人，包括轻至中度的精神发育迟滞（不全）者、脑部器质性病变（如脑炎、脑外伤）或精神病后遗症所引起的人格变态者、神经官能症中少数严重的强迫症和癔症患者等。

（三）生理功能丧失

具有正常生理功能的人，只要达到法定刑事责任年龄，精神无疾病，就是完全刑事责任能力人。但当人的某些重要的生理功能（如听力、视力等）丧失后，就可能影响其辨认或控制行为能力，从而影响其刑事责任能力的程度。我国《刑法》第19条规定："又聋又哑的人或者盲人犯罪，可以从轻、减轻或者免除处罚。"这就是我国刑法中对生理功能缺陷者刑事责任的特别规定。这一规定意味着，聋哑人或者盲人实施刑法禁止的危害行为，应当负刑事责任，但又可以从轻、减轻或者免除处罚。这里的"聋哑人"是指既聋又哑的人，即同时完全丧失听力和语言功能者；这里的"盲人"是指双目失明者。

(四)生理醉酒

醉酒主要包括生理醉酒和病理性醉酒两类情况。病理醉酒属于精神病的范畴,根据精神病的严重程度决定刑事责任的有无和大小,国际通行的做法是把它作为无责任能力状态。我国刑法中规定的"醉酒"仅指生理醉酒。因此,此处论述的是生理醉酒者的责任能力及其刑事责任问题。

生理醉酒,又称普通醉酒、单纯性醉酒,是指因饮酒过量而致精神过度兴奋或者神志不清的情况。刑法学通说认为,生理醉酒的人在兴奋症状明显时,其辨认和控制能力会有所减弱,但并未完全丧失,不属于无刑事责任能力人。生理醉酒人在醉酒前不仅能控制自己的饮酒行为和饮酒程度,而且能够预见甚至已经预见自己醉酒后可能实施的危害行为,完全具备故意或者过失的犯罪主观心态。所以,对生理醉酒人犯罪应当追究刑事责任。我国《刑法》第18条第4款规定:"醉酒的人犯罪,应当负刑事责任。"

第四节 单位犯罪主体

单位是我国刑法所规定的犯罪主体形式,它是与自然人相对应的一个概念。单位能否犯罪,在理论上一直存在争论。从各国的立法上看,有不少国家已经从立法上承认了单位犯罪。英美法系国家在立法和判例上普遍承认单位犯罪;大陆法系国家大多未规定单位犯罪,只有个别国家以单行法或判例的形式承认单位犯罪,如法国在刑法典中明确规定了单位犯罪。我国最早规定单位可以成为犯罪主体的是1987年1月22日通过的《中华人民共和国海关法》,该法第47条第4款规定:"企业事业单位、国家机关、社会团体犯走私罪的,由司法机关对其主管人员和直接责任人员依法追究刑事责任;对该单位判处罚金,判处没收走私货物、物品、走私运输工具和违法所得。"此后,1988年全国人大常委会《关于惩治贪污罪贿赂罪的补充规定》和《关于惩治走私罪的补充规定》中规定了部分单位可以构成的犯罪。1997年修订刑法时,采取总则与分则相结合的方式确立了单位犯罪主体的地位及其刑事责任。

一、单位犯罪的概念

《刑法》第30条规定:"公司、企业、事业单位、机关、团体实施的危害社会的行为,法律规定为单位犯罪的,应当负刑事责任。"作为与自然人犯罪对应的概念,结合我国刑法犯罪的一般概念,我们认为,单位犯罪是指由公司、企业、事业单位、机关、团体根据单位的决策意志,以单位名义,为单位利益实施的依法应当承担刑事责任的危害社会的行为。单位犯罪具有以下四个基本特征:

第一，单位犯罪的主体包括公司、企业、事业单位、机关、团体。根据最高人民法院《关于审理单位犯罪案件具体应用法律有关问题的解释》，单位犯罪中的"公司、企业、事业单位"，既包括国有、集体所有的公司、企业、事业单位，也包括依法设立的合资经营、合作经营企业和具有法人资格的独资、私营等公司、企业、事业单位。个人为进行违法犯罪活动而设立的公司、企业、事业单位实施犯罪的，或者公司、企业、事业单位设立后，以实施犯罪为主要活动的，不以单位犯罪论处。盗用单位名义实施犯罪，违法所得由实施犯罪的个人私分的，依照刑法有关自然人犯罪的规定定罪处罚。作为单位犯罪主体的单位既可以是具有法人资格的，也可以是没有法人资格的，但由于刑法规定犯罪是要求犯罪主体承担刑事责任的，因而犯罪的单位必须具有相应的承担刑事责任的能力，即要求单位是具有决策相对独立、财产相对独立的组织。所以，单位的范围还包括那些具有相对独立性的法人单位的内设机构。

第二，单位犯罪必须是在单位意志的支配下实施的危害行为。这是单位犯罪主体的整体性特点决定的。单位意志通常是经单位集体研究决定而形成的；在法律、法规或章程规定实行行政首长负责制的单位，其具有拍板决定权的负责人员代表单位作出的决定，也属于单位意志的范畴。单位意志不是单位成员个体意志的简单相加。

第三，单位犯罪必须是为了单位利益而实施。这里的单位利益主要是非法利益，但也可以是合法利益。如为了谋取合法利益，但手段或方法违反了刑法规定，仍然可能构成犯罪。

第四，单位犯罪的范围以法律有明文规定为限。只有法律明文规定单位可以成为犯罪主体的场合，单位才能承担刑事责任。具体地说，只有在刑法分则条文中规定了单位或者单位主管人员、直接责任人员应当承担刑罚的犯罪，才是单位犯罪。我国刑法分则的规定采用了三种模式：一是在罪刑式条文中明确规定单位"犯前款罪"的处罚，如《刑法》第176条非法吸收公众存款罪；二是以专门的条文规定某些犯罪可以由单位构成，如《刑法》第211条专门规定刑法分则第三章第六节中单位可以构成的犯罪范围；三是在罪状中隐含了单位可能构成本罪，同时又在处罚的规定中明确要对主管人员或者直接责任人员进行处罚的，如《刑法》第244条强迫劳动罪。

二、单位犯罪的处罚原则

我国《刑法》第31条规定："单位犯罪的，对单位判处罚金，并对其直接负责的主管人员和其他直接责任人员判处刑罚。本法分则和其他法律另有规定的，依照规定。"根据这一规定，单位犯罪的处罚方式有两种：一是双罚制，既对单位判处罚金，又对有关直接责任人员判处刑罚的制度；二是单罚制，即只处罚犯罪单位的直接责任人员。在这两种方式中，对单位犯罪实行双罚制为原则，单罚制为例外。从刑法分则对单位犯罪刑事责任的规定看,除刑法分则没有作出"对单位判处罚金"的规定外,都实行"双罚制"。

在我国刑法分则中,规定实行"单罚制"的犯罪主要有《刑法》第107条资助危害国家安全犯罪活动罪、第135条重大劳动安全事故罪、第137条工程重大安全事故罪、第138条教育设施重大安全事故罪、第139条消防责任事故罪、第162条妨害清算罪、第244条强迫劳动罪、第250条出版歧视、侮辱少数民族作品罪、第273条挪用特定款物罪、第396条私分国有资产罪和私分罚没财物罪、第442条擅自出卖、转让军队房地产罪。实行"单罚制"的原因主要在于维护被害人的利益,避免二次侵害,或者是所处罚的对象属于国家财政拨款的国有单位,判处罚金没有实际意义。

复习与练习

本章提要

犯罪主体,是指实施危害社会的行为并且具有承担刑事责任能力的自然人和单位。犯罪主体包括自然人犯罪主体与单位犯罪主体,自然人犯罪主体和单位犯罪主体又可分为一般主体与特殊主体。犯罪主体要件的核心是刑事责任能力,而刑事责任能力的内容是行为人对自己实施的危害社会行为的辨认能力和控制能力。影响自然人辨认和控制能力的因素主要有年龄、精神障碍、生理缺陷等。单位犯罪是指由公司、企业、事业单位、机关、团体根据单位的决策意志,以单位名义,为单位利益实施的依法应当承担刑事责任的危害社会的行为。单位能否构成犯罪应以刑法分则的明文规定为准。我国刑法对单位犯罪的处罚,以"双罚制"为原则,以"单罚制"为例外。

重要概念

刑事责任能力　刑事责任年龄　辨认能力　控制能力　单位犯罪　双罚制

思考题

1.什么是刑事责任能力? 辨认能力与控制能力之间的关系如何?

2.我国刑法对于刑事责任年龄是如何划分的?

3.我国刑法对于刑事责任能力是如何规定的?

4.精神病人的刑事责任如何解决?

5.犯罪主体的特殊身份有哪些分类?

6.如何理解单位犯罪及其处罚原则?

第十章 犯罪主观方面

犯罪主观方面,是指犯罪主体对其实施的危害行为及其危害结果所持的心理态度。犯罪主观方面的内容包括罪过、犯罪的目的与动机。其中罪过分为犯罪故意与犯罪过失,是一切犯罪构成都必须具备的主观要件;犯罪目的是犯罪构成的选择要件,只是某些犯罪构成所必须具备的条件;犯罪动机不是犯罪构成必备要件,它不影响定罪,但可能影响量刑。此外,与犯罪主观方面相关联的还有刑法上的认识错误。犯罪主观方面在犯罪构成中具有重要的地位,是行为人负刑事责任的主观基础,对于区分罪与非罪、此罪与彼罪以及量刑方面均有重要意义。

本章重点
- 犯罪主观方面
- 罪过
- 犯罪目的和动机
- 刑法上的认识错误

第一节 犯罪主观方面的概念

一、犯罪主观方面的概念

犯罪主观方面,是指犯罪主体对其实施的危害行为及其危害结果所持的心理态度。犯罪主观方面的主要内容包括犯罪的故意或过失、犯罪的目的与动机。其中犯罪故意与犯罪过失合称罪过,是一切犯罪构成都必须具备的主观要件;犯罪目的是犯罪构成的选择要件,它只是某些犯罪构成所必须具备的要件;犯罪动机不是犯罪构成的要件,它不影响定罪,但可能影响量刑。犯罪主观方面具有以下特征:

（一）犯罪主观方面是一种心理态度

心理态度是反映人们对自己行为的一种主观内心意思。在刑法中,危害行为只有是在行为人的意识支配下实施的,该行为才具有刑法上的意义。表现于客观外在的危害行为只有反映了行为人的罪过心理,才能称为犯罪行为,并使行为人承担刑事责任。如果具有罪过的心理还没有表现于外在的行为,它只是单纯的思想活动,就不能作为犯罪主观方面来对待。

（二）犯罪主观方面是对危害结果所持的心理态度

任何犯罪都是因为行为对刑法所保护的社会关系造成了危害,才被作为刑法评价的对象的。这种危害可以表现为行为本身的强度,也可以表现为行为导致的后果,它们都是危害结果的表现形式。作为行为人承担刑事责任的主观要件,犯罪主观方面要求行为人对自己行为会发生危害社会结果具有故意或过失的心理态度。犯罪故意和过失是行为人对自己行为会发生危害社会结果的心理态度的集中体现。

（三）犯罪主观方面是行为人实施危害行为时的心理态度

在通常情况下,危害行为的发生总是与一定的主观心理相联系的。作为犯罪主观方面的罪过心理（故意或者过失）,只有与犯罪行为具有同时性,才能认为是该犯罪行为的主观方面内容。缺少这个特征,就不属于某一特定犯罪构成的主观要件。例如,张三因与邻居李四有多年积怨,意图用炸药炸死李四。某日,张三自制了一简易炸弹后在家休息,准备在半夜进入李四家引爆炸弹。结果他随手丢下的烟蒂引发了火灾,不仅烧毁了自家房屋,也烧毁了李四家的财产,烧死了李四。这里,张三虽早有杀害李四的故意,但是此故意与其吸烟不慎引发火灾致李四死亡的结果并无同时性。因此,张三对致李四死亡结果的心理状态不是当初的故意,而是"扔烟蒂行为时"的过失。

二、研究犯罪主观方面的意义

研究犯罪的主观方面,不仅可以全面考察行为人实施危害行为的整个心理过程,而且可以深刻地剖析支配行为人实施危害行为的罪过形式,以利于区分罪与非罪、此罪与彼罪,实现主客观统一的刑事责任原则。因此,研究犯罪主观方面,对于刑法理论和司法实践都具有重要的意义。

（一）对刑法理论的意义

研究犯罪主观方面,能够把犯罪的各种主观要素放在一个系统平台上进行全面的分析,它对于厘清作为犯罪构成必备要素的罪过与作为犯罪构成选择要素的犯罪目的的关系,区分犯罪目的与犯罪动机的界限,都具有重要意义。同时,对于心理学等知识在刑法学中的应用,推动刑法学的科学化具有积极作用。

（二）对司法实践的意义

1. 犯罪主观方面对于定罪的意义

我国刑法对于犯罪的认定实行的是主客观相统一的原则,反对客观归罪和主观归罪。因此,只有查明犯罪主观方面的内容,才能准确定罪。一方面,任何具体犯罪的成立都必须以行为人存在确定的罪过为条件,即使行为造成了损害结果,但如果主观上不具备犯罪主观方面的规定条件,就不能成立犯罪。另一方面,任何具体犯罪构成的罪过形式和罪过内容都是特定的,有的犯罪行为人在主观上必须是故意的,有的犯罪行为人在主观上只能是过失,还有的犯罪必须以行为人具有特定目的为条件;即使同是故意或过失犯罪,此罪与彼罪的故意内容或过失内容也有所不同,查明行为人是否具备这些具体犯罪构成所要求的特定罪过形式与内容,对于正确界定此罪与彼罪的界限,意义重大。

2.犯罪主观方面对于量刑的意义

犯罪主观方面是行为人主观恶性和人身危险性大小的重要标志,它不仅对具体犯罪的社会危害程度有重要影响,而且直接关系到刑罚目的实现的难易程度。故意犯罪与过失犯罪的主观恶性不同,故意犯罪中各种犯罪目的和动机所反映的主观恶性也不同。为此,刑法对故意犯罪和过失犯罪规定了不同的法定刑,并对目的性犯罪与非目的性犯罪的刑罚幅度作了区分。因此,查明犯罪主观方面的各种要素,正确评估犯罪的目的、动机,犯罪故意的表现形式,犯罪过失的程度等内容,对正确量刑都有重要意义。

第二节　罪　过

罪过是犯罪构成的主观要件,是对一个人追究刑事责任的主观基础。没有罪过就没有犯罪和刑事责任,已成为现代刑法的一个基本理念。我国刑法中虽然并没有"罪过"一词,但其却是我国刑法学必不可少的概念。一般认为,"罪过"就是故意与过失的合称,它可以分为犯罪故意与犯罪过失。

一、犯罪故意

(一)犯罪故意的概念

犯罪故意是罪过的最基本形式。在刑法立法史上,对于犯罪的确定都是以故意犯罪为原则的,在通常情况下,刑法分则条文中没有标明犯罪主观心理状态的犯罪,都是故意犯罪。我国《刑法》第14条第1款规定:"明知自己的行为会发生危害社会的结果,并且希望或者放任这种结果发生,因而构成犯罪的,是故意犯罪。"这是关于故意犯罪的概念,应注意的是故意犯罪虽然与犯罪故意具有密切联系,但二者不是等同的概念,前者是一种行为,后者是一种罪过心理。从上述刑法条文可以推导出:犯罪故意,是指行为人明知自己的行为会发生危害社会的结果,并且希望或者放任这种结果发生的主观心理态度。它由两个心理因素构成:一是认识因素,即明知自己的行为会发生危害社会的结果;二是意志因素,即希望或者放任危害结果的发生。

犯罪故意是认识因素和意志因素二者的有机统一,实施危害行为的行为人在主观方面必须同时具备这两个方面的因素，才能认定他具有犯罪故意而构成故意犯罪。要正确认定犯罪故意，必须对故意的两种因素有全面的理解。

1. 犯罪故意的认识因素

犯罪故意的认识因素是指行为人具备犯罪故意必须认识到的因素。根据我国刑法的规定，这种认识因素表现为行为人明知自己的行为会发生危害社会的结果。这是构成故意犯罪的前提条件。全面把握犯罪故意的认识因素，应当明确以下几个问题：

（1）如何理解"明知"的内容？关于"明知"的内容，刑法只概括地规定为"行为人明知自己的行为会发生危害社会的结果"，但是故意的认识内容绝不仅限于危害结果，而应当包括成立故意所不可缺少的、行为人构成犯罪的全面客观事实。从刑法对犯罪行为责难的选择要素看，它至少涉及以下三个方面的内容。

第一，对行为及其性质的认识。无行为即无犯罪，行为是犯罪构成的核心要件。因此，行为人对行为的认识是其主观反映的第一要素，是成立犯罪故意必须具备的内容。虽然有行为，但行为人没有认识系自己所为，则只能根据该行为是否被刑法责难而判断是否构成犯罪过失，而必定不成立犯罪故意所要求的"明知"。这是其一。其二，"明知"要求行为人在认识到行为为自己所实施后，还要求其对自己所实施的行为性质具有明确的认识。这里的"行为性质"包括行为本身的属性及行为会发生危害结果的性质。如"拿刀往别人的颈部砍"是刑法所禁止的行为，这样做的后果是"会置人于死地"的。如果行为人对自己的行为及其性质没有认识，则不存在犯罪故意。

第二，对危害结果的认识。即行为人对其行为发生危害社会结果的内容与性质有认识。这里的"危害结果"是指犯罪行为对犯罪客体造成的侵害的事实，它包括实际的危害和即将发生实际危害前的危险状态。危害结果并不是所有犯罪构成的必要要件，但是，当危害结果属于某一具体犯罪构成的必要要件时，即在结果犯、危险犯的场合，行为人对于危害结果的认识，是犯罪故意所不可缺少的认识内容。如果行为人对危害结果无认识，则不成立故意。例如，伤害致人死亡的，由于行为人仅对伤害结果有故意，而无致人死亡的故意，行为人只负故意伤害（致人死亡）罪的刑事责任，不负故意杀人罪的刑事责任。又如，行为人只有危险驾驶的故意，而没有致人伤亡的故意，即使由于危险驾驶导致了致人伤亡的结果，其对人员伤亡的心理状态也不能被认定为是明知，不负故意杀人罪或故意伤害罪的刑事责任。

第三，对其他法定构成要件事实的认识。其他法定构成要件事实，主要是指被法律规定的作为某些犯罪构成要件的对象、时间、地点和方法等。在一般情况下，行为的对象、时间、地点和方法等并不是犯罪构成的要件。例如，故意杀人罪并不以犯罪对象、时间、地点、手段为犯罪构成要件，无论何时、何地，使用何种方法，对什么人实施杀人都构成故意杀人罪。但在个别情况下,刑法将行为的对象、时间、地点、手段等规定为犯罪的成立要件。因此,当刑法规定行为对象、时间、地点、手段等属于某一犯罪构成的要件时,就要求行为人对自己行为的对象、时间、地点、手段等必须有认识,如果行为人对该对象、时间、地点、手段等无认识,就不成立故意。例如,盗窃枪支罪的成立要求行为人主观上认识到其盗窃的对象是枪支;贩卖毒品罪的成立要求行为人主观上认识到其贩卖的对象是毒品;非法狩猎罪要求行为人必须明知自己是在禁猎区、禁猎期或者使用禁用的工具在狩猎,行为人才具有各相关犯罪的犯罪故意。

(2)犯罪故意内容是否要求包含违法性认识? 对此问题,刑法理论界存在着"违法性认识不要说"和"违法性认识必要说"两种观点。其实这是从大陆法系犯罪构成模式引出的分歧。在我国刑法中,刑事违法性是通过刑法分则条文罪状所赋予的法律性质表现出来的,符合了罪状所要求的情形就具有了刑事违法性。因此,它是与犯罪客观方面相联系的一个特征,而不是与犯罪主观方面相联系的特征。如前所述,犯罪故意的认识因素表现为"行为人明知自己的行为会发生危害社会的结果",这表明,刑法中的"明知"只要求行为人明知其行为及行为结果的社会危害性,而没有要求行为人在明知其行为及结果的危害性之外,再明知其行为的违法性。事实上,要求行为人在明知其行为会发生社会危害性之外再明知其违法性的内容,也是不切实际的。很少有人在实施危害行为时是清楚地知道他违反了刑法的哪一条规定。如果只是要求行为人知道他的行为是违法的,实际上就是对行为客观特征的认识,而不是主观故意的内容。据此,我们认为,当行为人认识到自己行为的危害性与危害结果,并且希望或者放任危害结果发生时,就不能因为其不知法律,而作不"明知"认定。

(3)如何理解行为人明知自己的行为会发生危害社会的结果中的"会发生"? 所谓"会发生",包含两种情况:一是明知自己的行为必然发生危害社会的结果。例如,甲用锋利的马刀将乙的头颅砍下,就属于明知乙必然死亡。二是明知自己的行为可能发生危害社会的结果。例如,乙在 20 米高的脚手架上施工,为让乙吃吃苦头,甲将脚手架下端的支杆移开,导致乙下坠落地,无论乙是死还是伤,甲都构成故意犯罪。

2.犯罪故意的意志因素

犯罪故意的意志因素,是指行为人对自己的行为引起危害结果所持的希望或者放任的心理态度。根据我国刑法的规定,犯罪故意的意志因素包含希望和放任两种形式。所谓希望危害结果的发生,是指行为人对危害结果的发生抱着积极追求的态度,该危害结果的发生,是行为人通过自己实施的行为所意图达到的犯罪目的。例如,贪污犯希望通过自己利用职权虚报冒领的形式,侵吞公共财物;杀人犯希望通过自己用刀向被害人胸部刺击的行为,达到被害人死亡结果的发生;等等。所谓放任危害结果的发生,是指行为人虽然不追求危害结果的发生,但也不反对危害结果的发生,对危害结果的发生抱着满不在乎、听之任之的态度。

犯罪故意的认识因素和意志因素是任何故意犯罪都必须具备的两个要素,二者具有密切的关系,缺一不可。认识因素是故意成立的前提和基础,行为人对结果发生采取希望或放任的心理态度是建立在其对行为及其结果的危害性质有明确认识的基础上的,只有这种明确的认识,才谈得上行为人对危害结果持希望或放任的态度;意志因素又是认识因素的发展,意志因素对故意的成立具有决定性作用。如果仅有认识因素而没有意志因素,即主观上不是希望也不是放任危害结果的发生,就不存在犯罪故意。

(二)犯罪故意的类型

刑法理论根据行为人对危害结果发生的认识程度和所持的心理态度的不同,把犯罪故意分为直接故意和间接故意两种类型。

1.直接故意

直接故意,是指明知自己的行为会发生危害社会的结果,并且希望这种结果发生的心理态度。构成直接故意,行为人在主观上必须具备"明知"和"希望"两个条件。即在认识因素上,行为人认识到自己的行为必然或者可能发生危害社会的结果;在意志因素上,行为人希望危害结果的发生。这里的"希望"是指行为人积极追求危害结果的发生。

从如前所述的"明知"程度的差异上,可以将直接故意分为两种类型:一种是"必然型的直接故意",即行为人明知自己的行为必然发生危害社会的结果,并且希望这种结果的发生;另一种是"可能型的直接故意",即行为人明知自己的行为可能发生危害社会的结果,并且希望这种结果的发生。可见,只要行为人在意志因素上表现出积极追求的"希望"心态,无论其对自己行为发生社会危害性预见的程度有何不同,都可以成立直接故意。希望危害结果发生,是直接故意的根本特征。

2.间接故意

间接故意,是指行为人明知自己的行为会发生危害社会的结果,并且放任这种结果发生的心理态度。构成间接故意,行为人在主观上必须具备"明知"和"放任"两个条件。即在认识因素上,行为人认识到自己的行为可能发生危害社会的结果;在意志因素上,行为人放任危害结果的发生。所谓放任危害结果的发生,是指行为人不是希望、追求危害结果的发生,但也不反对危害结果的发生,而是对危害结果的发生采取听之任之的态度。无论是否发生明知的危害结果,都不违背行为人的本意。

在司法实践中,间接故意的犯罪通常发生在以下几种场合:

（1）行为人在追求某种犯罪目的的过程中，放任另一个危害结果的发生。如李某欲谋杀其妻子姜某，在其妻姜某的茶杯中投下毒药。由于只有3岁的孩子由姜某在家照料，李某预见到孩子可能会喝姜某杯中的水而被毒死，但他杀妻心切，对孩子可能被毒死的结果全然不顾，结果其妻姜某和孩子都喝了该杯中的水而死亡。这里李某明知其妻姜某会喝水中毒身亡仍积极追求这种结果的发生，其对姜某死亡的结果所抱的心理态度是直接故意；但李某对其孩子死亡的心理态度则不同，他虽然不追求孩子死亡结果的发生，但为追求谋杀姜某的结果而放任了孩子的死亡，其心理状态属于间接故意。

（2）行为人为了追求一个非犯罪的目的，在行为过程中放任某种危害结果的发生。如胡某欲用气枪射击对面一幢楼里张某家阳台上的一只家养花猫，同时又发现张某的儿子在旁边玩，如果射击，可能射中张某的儿子，但他一心想射杀这只花猫，不愿放弃这次机会，就激发手中的气枪，结果将张某儿子的一只眼睛打瞎。该例中，胡某射杀花猫并非犯罪行为，但为了追求该非犯罪目的，他放任张某儿子眼睛受伤结果的发生，其主观心理状态就属于间接故意。

（3）在一些突发性事件中，不计后果，导致严重结果的发生。如王某与余某因排队发生争执，进而扭打，王某用随身携带的水果刀向余某腹部捅了一刀，扬长而去，结果余某在被送医院途中不治身亡。对于此案件，王某虽然不追求余某死亡结果的发生，但他对结果不闻不问的表现反映出其对余某死亡结果的发生并不持排斥态度，其心理状态就属于间接故意。

3. 直接故意与间接故意的联系和区别

（1）直接故意与间接故意的联系

直接故意与间接故意同属于犯罪故意的范畴，它们具有共同点：从认识因素上看，二者都属于"明知"，即明知自己的行为会发生危害社会的结果；从意志因素上看，二者都不排斥、不反对危害结果的发生。这两个相同点，构成了直接故意和间接故意的共同本质。

（2）直接故意与间接故意的区别

第一，对危害结果发生的认识程度不同。直接故意和间接故意在认识因素上虽然都认识到"自己的行为会发生危害社会的结果"，但二者对危害结果发生的认识程度则有所不同。犯罪的直接故意既可以是明知自己的行为必然发生危害结果，也可以是明知自己的行为可能发生危害结果；而间接故意只能是明知自己的行为可能发生某种危害结果，危害结果的发生只具有或然性、可能性，不具有必然性。如果明知自己的行为必然发生危害结果而放任不管，就超过了间接故意认识因素的范围，应属于直接故意。

第二，对危害结果发生的态度不同。直接故意是希望并积极追求某种危害社会结果的发生;间接故意不是希望某种危害结果的发生,行为人不是积极追求某种结果的出现,但也不是竭力阻止某种危害结果的出现,对结果的发生采取满不在乎的态度,放任危害结果的发生。对危害结果态度的不同,是区别直接故意与间接故意的关键。

第三,在成立犯罪的作用上不同。在直接故意的情况下,特定危害结果的发生与否并不影响犯罪的成立;在间接故意的情况下,只有发生了特定的危害结果,才能认定构成该特定结果的犯罪。也就是说,直接故意犯罪的成立是由行为及其所指向的结果决定的,直接故意的行为性质与结果性质是同一的;而间接故意的场合,某种特定危害结果可能发生,也可能不发生,发生与否都在行为人的意志范围之中,因而只要行为没有危害结果,就不能认定行为人构成犯罪,实际发生的结果是决定间接故意犯罪的成立及犯罪性质的根本要素。

(三)犯罪故意的立法表现

在刑法立法中,对于行为人的主观心理状态是采用故意为原则的立场,并且,对犯罪故意的表述采用的是综合的方法。即凡是刑法条文没有标明"过失"的犯罪都是故意犯罪;凡是刑法条文中没有标明某种故意犯罪的成立必须以特定目的为条件,其犯罪的主观心理状态既包括直接故意也包括间接故意。

二、犯罪过失

(一)犯罪过失的概念

犯罪过失是对过失结果追究刑事责任的主观根据。它以法律的明文规定为限。我国《刑法》第 15 条规定,"应当预见自己的行为可能发生危害社会的结果,因为疏忽大意而没有预见,或者已经预见而轻信能够避免,以致发生这种结果的,是过失犯罪","过失犯罪,法律有规定的才负刑事责任"。这一规定表明,所谓的犯罪过失,是指行为人应当预见自己的行为可能发生危害社会的结果,因为疏忽大意而没有预见,或者已经预见而轻信能够避免的心理态度。犯罪过失是过失犯罪的主观心理态度,它是与犯罪故意并列的主观罪过形式。

犯罪过失的构成也包含认识因素和意志因素两个方面。犯罪过失的认识因素涉及的是行为人对自己行为可能发生危害社会的结果是否已经认识到或者能够认识到的问题,犯罪过失的意志因素涉及行为人对已经认识到或者能够认识到的自己行为可能发生危害社会结果所抱的心理态度。

1.犯罪过失的认识因素

犯罪过失的认识因素,是指行为人应当预见自己的行为可能发生危害社会的结果而没有预见,或者已经预见到自己的行为可能发生危害社会的结果而行为人基于某些主客观条件而认为可以避免结果发生的可能性。犯罪过失的认识内容是危害社会的结果,包括引起该结果的原因(行为)、场所和因果关系;犯罪过失的认识程度是根据法律对特定人员和事项作出的注意义务来衡量的,或者应当认识而没有认识到,或者是已经认识到危害结果的发生。在有认识的场合,行为人也只认识到危害结果发生的可能性,而不是必然性。

2.犯罪过失的意志因素

犯罪过失的意志因素,是指行为人不希望自己的行为发生危害社会的结果,对危害结果的发生持否定态度的心理状态。它的表现或者是"疏忽",或者是"自信可以避免"。这是区别犯罪过失与犯罪故意的关键。在"疏忽"的场合,只要证明行为人没有预见就可以认定。而在"自信可以避免"的场合,如果行为人基于避免结果发生的主客观条件是存在的,就应当认定为过失心态;如果行为人根本没有可以凭借的条件,而是凭主观臆想认为不会发生危害结果,则不是犯罪过失,而应认定为犯罪故意。

从上述两个方面的分析,可以将犯罪过失的特征概括为两个方面:一是实际认识与认识能力相分离。在过失犯罪的场合,行为人认识到自己行为发生危害社会结果的可能性,但实际上在行为时他没有认识到,或者虽然认识到了,并且能够防止这种危害结果的发生,但行为时错误地高估了自己防止危害结果发生的能力和条件。二是主观愿望与客观效果相分离。在过失犯罪中,行为人主观上并不希望、也不放任危害社会结果的发生,亦即行为人在其意志支配下实施的行为所造成的客观危害结果,却是行为人不希望发生或者没有想到会发生的。危害结果之所以发生,是由于行为人马虎草率、粗心大意,没有认识到这种结果可能发生,或者虽然认识到了,但错误地估计了避免结果发生的可能性。

(二)犯罪过失的类型

根据犯罪过失的认识因素和意志因素的不同,刑法理论上通常把犯罪过失分为疏忽大意的过失和过于自信的过失两种类型。

1.疏忽大意的过失

疏忽大意的过失,也称无认识的过失,是指行为人应当预见自己的行为可能发生危害社会的结果,因为疏忽大意而没有预见,以致发生这种结果的心理态度。构成疏忽大意的过失,需要具备两个条件:

(1)没有预见。所谓"没有预见",是指行为人在行为时没有想到自己的行为可能发生危害社会的结果。这是疏忽大意过失的认识因素。这里的"没有预见"是以行为人行为时的主观心理状态为依据的判断,而不是说行为人在平时的社会生活中从来就不知道他所实施的行为会发生危害结果。其没有预见到的原因是由于行为人在行为时主观上粗心、马虎、不仔细等因素造成的。因此,"没有预见"既是此种过失的重要心理特征,也是行为人承担刑事责任的主观根据。"没有预见"可以发生在行为人实施积极作为的场合,也可以发生在行为人消极不作为的场合。

(2)应当预见。所谓"应当预见",是指行为人负有预见的义务和具有预见的能力。这是疏忽大意过失的意志因素。这一条件是刑法对行为人基于其特定职务、业务的要求,或者公共生活准则的基本要求而设定的。在刑法理论上也被称为预见义务。预见的义务,是指根据实施行为时的具体情况,行为人负有预见自己的行为可能发生危害结果的义务。这种预见的义务来源于法律规定。如果没有这种预见的义务,就不存在疏忽大意的过失问题。对行为人预见义务的设定,应当以行为人具有预见的可能性为前提。预见的可能性即预见能力,是根据行为人的实际认识能力,行为时的环境、条件等因素来决定的。如果行为人在行为时根本不能预见,也就不能认定行为人在行为时有过失心理存在。因此,判断能否预见就成了认定能否构成疏忽大意过失的先决条件。

关于如何判断行为人对自己行为发生危害社会的结果是否应当预见,理论上主要有四种不同的观点:一是客观标准说,即判断行为人能不能预见,应以一般人的一般认识水平为标准。凡是一般理智正常的人能够预见这种行为会发生危害社会结果的,就认定行为人是应当预见的;反之,就不认为是应当预见。至于一般人的认识水平,则由司法人员依据自己的社会经验来判断。二是主观标准说,即判断行为人能不能预见,应以其自身的能力、水平和行为时的具体条件为标准,而不是以一般人的一般认识水平为标准。凡是根据行为人的主观条件,如年龄、知识、智力、发育状况、工作经验和业务技能水平等,能够预见自己的行为会发生危害社会的结果,那么,就认定行为人是应当预见的;反之,就不能认为是应当预见。三是综合说,即判断行为人能不能预见,既要考虑行为人的年龄、知识、智力、发育状况、工作经验和业务技能水平等因素,又要考虑一般人对行为人行为时所处环境、条件的反应能力等因素,作出综合评判。四是混合折中说,即以主观标准为根据,结合考虑客观标准。根据此观点,判断行为人对自己的行为发生危害结果是否应当预见,应根据行为人本身在行为时的状况来判断他是否具有实际认识能力,只要根据主观标准得出的结论没有背离一般人的认识水平的基本要求,就应该充分尊重主观标准;客观标准只是对主观标准的修正。第四种观点是我国刑法理论通行的主张。

2.过于自信的过失

过于自信的过失,也称有认识的过失,是指行为人预见到自己的行为可能发生危害社会的结果,但轻信能够避免,以致发生这种结果的心理态度。构成过于自信的过失,需要具备两个条件:

(1)已经预见。所谓"已经预见",是指行为人已经预见到自己的行为可能发生危害社会的结果。这是过于自信过失的认识因素。如果行为人在行为时根本没有预见到自己的行为可能发生危害社会的结果,那就不是过于自信的过失心理,而有可能是疏忽大意的过失或意外事件。

（2）轻信能够避免。所谓"轻信能够避免"，是指行为人轻信凭借自己的能力能够避免危害结果的发生。这是过于自信过失的意志因素。这里的"轻信"，是指没有确实可靠的根据而轻率地相信。即行为人自认为凭借自己熟练的技术、丰富的经验、渊博的知识、强健的身体等条件，可以避免危害结果的发生，但事与愿违，危害结果出乎意料地发生了。实践中，往往体现为行为人过高地估计可以避免危害结果发生的有利因素，而过低地估计促使危害结果发生的不利因素。值得注意的是，轻信的根据是不可靠的，但毕竟还不是毫无根据的。如果客观上根本不存在可避免危害结果发生的条件，行为人又认识到自己的行为可能发生危害社会的结果，那就不是轻信，而是放任。因此，要注意考察行为人实施危害行为时是否存在导致行为人产生轻信心理的主观和客观条件。

理解过于自信的过失，必须正确把握它与间接故意的区别。因为，在认识因素上，过于自信的过失与间接故意都预见到了行为发生危害结果的可能性，在意志因素上，过于自信的过失与间接故意都不希望危害结果的发生，二者很容易混淆。但在刑法罪过的类型中，它们是两种性质截然不同的罪过形式。它们的主要区别是：（1）在认识因素上，行为人对行为发生危害结果的可能性是否会转化为现实性的认识是不同的。在间接故意中，行为人对可能性转化为现实性是有认识的，行为人的主观认识和客观发生危害的结果并不相分离；而在过于自信的过失中，行为人对这种可能性转化为现实性是没有认识的，其主观认识与客观发生的结果是相分离的。（2）在意志因素上，间接故意的行为人虽然不是希望危害结果的发生，但也不反对危害结果的发生，对危害结果的发生采取放任的态度；而过于自信过失的行为人不仅不希望危害结果的发生，而且希望并相信能够避免这种结果的发生。

三、与罪过相关的几个特殊问题

在我国刑法理论和司法实践中，与罪过相关的特殊问题主要是指意外事件的问题。随着对外国刑法理论的深入研究和有意识的借鉴，期待可能性理论与严格责任理论也引起了我国刑法学界广泛的关注与深入的探讨。

（一）意外事件

《刑法》第 16 条规定："行为在客观上虽然造成了损害结果，但是不是出于故意或者过失，而是由于不能抗拒或者不能预见的原因所引起的，不是犯罪。"这就是我国刑法中的"意外事件"。根据上述规定，意外事件具有以下三个特征：

1.行为在客观上造成了损害结果。这里的"损害结果"是一种客观叙述，是独立于主观意志的实在结果。在有罪过的场合，这种客观的损害结果，其实就是危害结果。

2.行为人在主观上没有罪过,即行为人对自己行为所造成的损害结果既无故意也无过失。这是意外事件的最基本特征。

3.损害结果的发生是由于不能抗拒或者不能预见的原因造成的。所谓不能抗拒的原因,是指行为人遇到一种依靠自身当时的全部智慧和力量不能控制,也无法排除的外来力量。这种不可抗拒的原因,包括来自于自然界的地震、洪水等自然灾害和来自于他人的强制行为。所谓不能预见的原因,是指行为人根据行为时的客观情况和主观认识能力,不可能预见到自己的行为会造成危害结果的原因。不可抗拒和不可预见是意外事件的两种不同原因,只要具备其中之一,就可以不认为是犯罪。

判断是否属于意外事件,必须将它与疏忽大意的过失相区别。因为,意外事件和疏忽大意的过失,主观上都没有预见到自己的行为会发生危害结果,而客观上都发生了危害社会的结果,非常容易混淆。区分二者的关键在于主观方面对危害结果的发生是否能够预见。疏忽大意过失的行为人对危害结果的发生是应当预见,也能够预见,但由于疏忽大意而实际上没有预见;意外事件的行为人对危害结果的发生,根据当时的主客观情况,是不可能预见的。

(二)严格责任

严格责任,又称绝对责任,是法律许可对某些缺乏犯罪心态的行为追究刑事责任的一种制度。具体而言,严格责任是指法律规定在某些特殊情况下,行为人在犯罪时不具有犯罪构成所要求的主观罪过,或者法律并不要求证明行为人在行为时具有犯罪意图,只要客观上实施了法律所规定的犯罪行为,或者只要行为人自愿实施了被法律所禁止的行为,就可以要求行为人承担相应的刑事责任。

严格责任是英美刑法中特有的一种制度,它是随着资本主义工商业的发达而确立起来的。在严格责任出现以前,犯意一直是行为构成犯罪并承担刑事责任的必备条件。它体现了英美法系"无犯意则无犯人"(Non reu nisi mens sit rea)的原则。但是,二战后特别是 20 世纪五六十年代后,随着资本主义工商业的发达,涉及公民健康和公共安全的社会立法大量涌现,责任原则不断受到挑战,严格责任在民事责任领域首先得以确立。在目前的英美法系国家,基于维护公众重大利益和更有效地预防特定犯罪的考虑以及节约诉讼资源的需要,则进一步将严格责任引入刑事责任的领域,承认严格责任犯罪的存在。

在英美法系中,严格责任可以分为相对严格责任和绝对严格责任两种类型。相对严格责任,是指对于某些特殊的犯罪,法官并不把犯意作为决定刑事责任的先决条件要求检察官加以证明,只要被告实施了一定的为法律禁止的行为,而被告又不能证明自己"主观上不存在过错",包括"已尽自己的能力避免",则被告可能被判有罪;绝对严格责任,是指对于某些特殊的犯罪案件,犯意并不是犯罪构成的必要要件,犯意存在与否,不仅检察官无须证明,而且被告也不能据此作为辩护理由。

我国目前也有一些学者主张在环境污染等公害犯罪中,可以采用严格责任,以便实现更大地维护公众重大利益,更有效地预防特定犯罪以及节约诉讼资源。甚至有学者认为,我国《刑法》第 236 条第 2 款"奸淫不满十四周岁的幼女的,以强奸论"的规定就是严格责任的规定。我们认为,我国刑法坚持主客观相一致的原则,始终以故意和过失作为犯罪的主观要件,严格责任在刑事立法中并无明确规定,并且也不应该引入刑法领域。因为,把严格责任引入事关公民自由权利等重大问题的刑事责任领域是违背我国刑法坚持的主客观相统一原则的,并且在目前的司法环境下容易导致客观归罪,不利于保障人权。

（三）期待可能性

期待可能性,是指在行为当时的具体情况下,有可能期待行为人不实施违法犯罪行为而做出合法行为。它是大陆法系犯罪构成体系中责任论的一个重要概念。期待可能性理论是根据德国著名的癖马案的判例而产生的。该案的基本案情如下:该案的被告人是马车夫,自 1895 年起,一直受雇于一家经营马车出租业的雇主。在受雇期间,被告人发现其驾驭的马车中的一匹马经常用尾巴缠绕缰绳,并用力压低缰绳,妨碍被告人驾车。被告人虽多次要求雇主更换马匹,但未能获准,迫于生计,只好依从。1896 年 7 月 19 日,正当被告人驾车之时,该马突然绕住缰绳并用力下压,致使被告人不能制驭它,马车往前急驰,终将一行人撞成重伤。检察官以过失伤害罪提起公诉,但原判法院宣告被告人无罪。检察官不服,提起上诉,案件移交德国帝国法院。帝国法院驳回检察官的上诉,维持原判。帝国法院的理由是:要确定基于违反义务的过失责任,不仅要根据行为人当时可能并且已经认识到"驾驭有癖害之马可能伤害行人",还要求以被告人处于当时的境地有无拒绝驾车之可能。而本案中,不能期待被告人不顾自己职业损失,违反雇主的命令而拒绝使用此马,因此被告人不负过失责任。

该判例公布后,德国的一些刑法学者对责任的本质展开研究,提出了期待可能性理论,认为责任的内容除故意或过失的心理要素外,还必须具备"非难可能性",主张行为人所为之违法行为,如果是迫不得已而为之,不能期待其实施合法行为,那么行为人所实施的违法行为,便可免除责任。期待可能性理论经过长期的发展和完善,虽然至今在许多具体问题上还存在着分歧和争论,但它的影响是深远的。我国刑事立法中虽然没有规定"期待可能性"这一术语,但从许多分则条文的内容来看,实质上有期待可能性之内涵存在。因此,我们认为,期待可能性理论对于我国刑法中判断行为人主观上是否有罪过是具有借鉴意义的。

第三节 犯罪目的和动机

犯罪目的和动机是故意犯罪主观心理状态的两个要素。在通常情况下,故意实施的行为,都是行为人在一定的动机的支配下,去追求一定的目的。刑法学研究的目的和动机,不是人的一般故意行为的目的与动机,而是作为行为人故意犯罪主观因素的犯罪目的和动机,它们直接影响犯罪行为的危害性质和危害程度,对定罪量刑具有重要意义。

一、犯罪目的

犯罪目的,是行为人希望通过实施犯罪行为达到某种结果的心理态度,也即危害结果在犯罪人主观上的表现。犯罪目的是以心理学的行为目的为基础的。行为目的是一种主观愿望,是行为人对某种结果的追求,在意志因素中就是希望,它本身并不会带来任何结果,必须通过行为才能实现。

犯罪目的是构成某些犯罪主观方面的必备要素,它只存在于直接故意犯罪中。凡属直接故意,都是行为人基于一定目的而实施的。犯罪目的与犯罪的直接故意有紧密的联系,它表现了直接故意的内容,并通过行为人在自己的意志支配下实施犯罪行为来实现。任何直接故意犯罪都有犯罪目的,但在一般情况下,法律并没有把犯罪目的作为一切犯罪构成的必要要件。只是在某些罪中,法律才以某种特定的犯罪目的作为构成要件。例如,《刑法》第363条的制作、复制、出版、贩卖、传播淫秽物品牟利罪在主观上必须以牟利为目的;《刑法》第218条规定的销售侵权复制品罪在主观上必须以营利为目的。在这些罪中,行为人若主观上没有这种刑法所规定的特定犯罪目的,行为就不构成该特定犯罪。

在理解犯罪目的时,需要把握犯罪目的在主观罪过中存在的场所。根据我国刑法理论,在间接故意犯罪中是不存在犯罪目的的。这是由间接故意的放任心态与犯罪目的的希望心态不同所决定的。因为,犯罪目的作为行为人通过自己的犯罪行为意图达到危害结果的愿望,必定是有确定的目标的,行为人正是为此目标而实施积极追求的行为。而间接故意只是预见了危害结果发生的可能性,这种特定的结果可能发生,也可能不发生,这两种情形中任何一种情形的出现,都在行为人的主观心理范围内。因此,间接故意不具备犯罪目的所要求的行为指向有目标的特征。

正确认定犯罪目的,对于直接故意犯罪的定罪量刑,具有重要意义。

首先,犯罪目的是区分某些犯罪罪与非罪的标准。在刑法分则明文规定某些犯罪必须以具有特定目的为要件的场合,缺乏这种特定的目的就不能构成犯罪。

例如,侵犯著作权罪在主观上必须"以营利为目的",如果行为人主观上不具有这种特定的目的,则不构成该犯罪。即使在刑法分则条文中没有明文规定"以……为目的"的场合,如果这些犯罪根据社会生活的一般观念,需要某种目的是不言自明的,则在司法认定中就要考察行为人的主观心理是否符合该特定目的。如《刑法》第263条的抢劫罪,刑法分则条文并没有写上"以非法占有为目的",但抢劫就是要非法占有他人财物的,如果行为人没有非法占有他人财物的目的,就不能构成抢劫罪。

其次,犯罪目的是区分此罪与彼罪的标准。在刑法立法中,对于相同类型的行为设置成不同的犯罪,除了犯罪主体、客体等要素外,在犯罪主观方面的一个重要要素就是犯罪目的。在某些情况下,犯罪目的不同,行为的性质就不同,因而罪名不同。例如,同是收买被拐卖的妇女、儿童的行为,如果出于出卖的目的,就构成拐卖妇女、儿童罪;如果不是以出卖为目的,则成立收买被拐卖的妇女、儿童罪。再如,同样是传播淫秽物品,如果是以牟利为目的,就构成《刑法》第363条的制作、复制、出版、贩卖、传播淫秽物品牟利罪,如果以娱乐为目的,就可以构成《刑法》第364条的传播淫秽物品罪。

再次,犯罪目的是决定刑罚轻重的重要因素。犯罪目的不仅决定行为的性质,也直接反映着行为人的主观恶性程度和社会危害性程度,它是量刑时需要考虑的因素之一,对量刑的轻重有直接的影响。

二、犯罪动机

犯罪动机,是指推动或者促使犯罪人实施犯罪行为的内心冲动或者起因,它揭示犯罪人实施犯罪的心理原因。在心理学上,动机是推动人们去行为的主观原因。而刑法中的犯罪动机与一般动机不同,它是促使人们去实施犯罪行为,推动行为人确立和达到犯罪目的的内心活动。例如,为报复而杀人,报复就是犯罪的动机。

犯罪动机和犯罪目的是密切联系的,二者都是行为人的心理活动;都通过行为人的危害行为表现出来;都反映行为人的非法需要。

但犯罪动机与犯罪目的又是两个完全不同的心理层面,如果以行为为中心,犯罪动机是置于行为前的推动力,犯罪目的是置于行为后的牵引力。具体来说,它们的区别主要表现在以下四个方面:(1)犯罪动机是犯罪目的的内在起因,犯罪目的是犯罪动机所指向的具体目标。(2)犯罪动机的作用是推动行为人实施犯罪行为;犯罪目的的作用在于为犯罪定向,确定犯罪行为所希望达到的结果。(3)在同一犯罪中,犯罪目的只有一个,而犯罪动机却可能多种多样,如同样是贪污,其目的只能是非法占有公共财物,但其动机则具有多样化,有的是为了改善家庭生活,有的是为了包养情妇,还有的是为了实施其他违法犯罪。(4)一种犯罪动机可以导致几个不同的犯罪目的;一个犯罪目的也可以同时为多种犯罪动机所推动。

需要特别指出的是,在我国《刑法》第 276 条破坏生产经营罪中,明文规定"由于泄愤报复或者其他个人目的"作为犯罪的主观条件。多数教科书在阐述本罪的犯罪主观方面时,都以"主观方面表现为故意,并且具有泄愤报复或者其他个人目的"来概括。我们认为,这是从立法开始存在的错误。按照刑法原理,破坏生产经营的目的就是使生产、经营不能正常进行,"泄愤报复"等因素只是推动"破坏"行为实施的内心起因,它属于犯罪的动机,而不是犯罪目的。

在我国刑法中,犯罪动机一般不作为犯罪构成的要件,不影响定罪。但在以"情节严重"、"情节恶劣"作为犯罪构成条件的犯罪中,犯罪动机可以成为影响情节是否严重、恶劣的一个因素。在一般犯罪中,犯罪动机表明行为人的人身危险程度,进而影响犯罪的社会危害程度,因而对量刑有一定的意义。如报复杀人与出于义愤杀人、防卫过当杀人,它们的动机就不同,在量刑的轻重上也应该有所区别。

第四节　刑法上的认识错误

一、刑法上认识错误的概念

刑法学上的认识错误,是指行为人对自己的行为在法律上的意义或者对其所危害社会事实情况的错误理解。它表明行为人在实施危害行为时,其主观认识同行为的事实情况或者同该行为在法律上的应有评价不相符。行为人的认识错误问题,是犯罪构成主观方面的一个特殊而又重要的问题,它与罪过及其形式有着密切的联系。在刑法学中研究行为人认识错误的问题,主要是为了确定行为人的认识错误是否阻却其犯罪故意的成立,以确定行为人的行为是否应负刑事责任及负何种刑事责任。

在理论上,刑法上的认识错误通常分为两种类型:一是对事实的认识错误;二是对法律的认识错误。

二、对事实的认识错误

对事实的认识错误,是指行为人对自己实施的危害社会行为的事实情况,主观认识的内容与实际发生的客观事实不相符。在现实生活中,人的主观认识与客观事实不相符的情况是经常发生的,即人们常说的"事与愿违"。但刑法上所要研究的仅仅是与确定刑事责任相关的那部分主客观不符的情况。在刑法所研究的"认识错误"中,这些错误是否影响行为人的刑事责任,也要分情况处理:如果属于对犯罪构成要件的事实情况的错误认识,就会影响行为人的刑事责任;如果属于对犯罪构成要件以外的事实情况的错误认识,则不影响行为人的刑事责任的存在,但可能影响刑事责任的大小。从司法实践情况来看,对事实的认识错误通常有以下几种情形:

（一）对犯罪客体的认识错误

对犯罪客体的认识错误,是指行为人对侵害的客体的认识与实际情况不符。例如,老杨在居住的小区内看到一辆崭新的电瓶车没有上锁,就将其开走,到郊县一集市上将其卖掉,获得赃款 3000 元。结果回家发现他"偷走"的电瓶车是其妻子刚刚买来,准备作为生日礼物送给女儿的。这里,老杨对电瓶车的所有权归属发生了错误,本以为是别人的财产,结果是自己家的财产。对犯罪客体的认识错误,可以分为对客体的幻觉错误和对客体的错觉错误。前者是指行为人行为时其主观上认为存在犯罪客体,而实际上犯罪客体并不存在,如把家畜当作人加以杀害,把自己家的财物当作他人的财物而予以盗窃;后者是指行为人行为时其主观上认为不存在犯罪客体,而实际上却存在犯罪客体,如将人误认为动物而加以杀害;将他人的财物误认为是自己的财物而加以损毁。

（二）对行为方法的认识错误

对行为方法的认识错误,又称手段错误、工具错误,是指行为人在实施犯罪行为时,其主观上对自己所采取的手段或者使用的工具的认识与实际发生的功效不相符。例如,将白糖误认为砒霜而投毒杀人。行为人在犯罪过程中发生这种认识错误,不影响其犯罪故意的成立。行为人具有犯罪故意,又实施了犯罪行为,只因方法错误致使危害结果不能发生,应负犯罪未遂的刑事责任。

在此需要说明的是,对于"迷信犯",即使用念咒等迷信、愚昧的方法实施"杀人"或者其他"犯罪"的,行为人虽然主观上有犯意,但是在客观上无论如何都不可能发生危害社会的结果的,就不认为是犯罪。

（三）对对象的认识错误

对对象的认识错误,又称目标错误,是指行为人对自己行为侵害的对象的认识与实际情况不符。在司法实践中,具体有以下几种情形:

1.具体的犯罪对象不存在,行为人误以为存在而实施犯罪行为,因而致使犯罪未能得逞的,应当定为犯罪未遂。例如,行为人误以野兽为人,或者将尸体当作活人而开枪射击的,应当按故意杀人罪（未遂）追究其刑事责任。

2.行为人误以人为兽而实施杀伤行为,误把非不法侵害人认为是不法侵害人而进行防卫。该类情况下,行为人的认识错误阻却了犯罪故意的成立,不构成故意杀人或伤害犯罪,应当根据实际情况,认定为过失犯罪或意外事件。

3.具体目标的错误。即把一个人当作另一个人而加以侵害。例如,贾某的父亲与邻居李某发生争执,两人扭打在一起,贾某前去帮忙,他手持木棍朝李某的腿部击打,此时恰逢李某倒地,贾某的木棍击伤了其父的腿,致重伤。这种对具体目标的错误认识,对行为人的刑事责任不发生任何影响,行为人贾某仍应负故意伤害罪的刑事责任。因为甲、乙的健康权在法律上的价值是一样的,同样受到法律的保护。

需要强调的是,在目标的认识错误中,如果该目标是构成要件的内容,行为人对目标的认识错误也反映了客体的不同。在这种情况下,应按照行为人意图侵害的对象确定罪名,而不能按实际侵害的对象定罪。例如,行为人误认为他人的皮包中是钱财而将其窃走,结果皮包中是毒品。对此,根据主客观相统一的原则,只能按盗窃定性,而不能定为盗窃毒品罪。

(四)对危害结果的认识错误

对危害结果的认识错误,是指行为人在实施行为后,主观上认识到的危害结果与实际情况不符。它表现为以下三种情况:

1.行为人认为自己的行为已经发生了某种危害结果,但事实上该结果并没有发生。在这种情况下,由于行为人对其行为产生的危害结果的性质的认识并没有错误,只是对结果是否实际发生有错误认识,因此,不影响故意的成立。但由于行为人根据行为特点所认识到的危害结果没有发生,可能影响犯罪既遂。

2.行为人认为自己的行为没有发生某种危害结果,实际上该结果已经发生。这种认识错误不影响犯罪故意的成立,应认定为故意犯罪既遂。

3.行为人认为自己的行为会发生此种危害结果,但行为没有按照行为人预想的方向发展,实际上发生了彼种危害结果。对此,要根据具体情况作分别处理:如果现实发生的危害结果重于行为人认识的结果,但没有超出同一犯罪构成要件,在法律有规定的情况下,成立结果加重犯。如行为人认识的是伤害结果,但实际发生了死亡结果,成立故意伤害(致人死亡)罪。如果现实发生的结果轻于行为人认识的结果,即没有达到行为人意图实现的重结果,就作为犯罪未遂对待。

(五)对因果关系的认识错误

对因果关系的认识错误,是指行为人在实施行为时,其主观上认识到的自己行为与危害结果之间的因果关系与实际存在的因果关系不相符。从实际情况看,行为人对因果关系的认识错误主要有以下几种情况:

1.行为人故意实施了某种犯罪行为,并认为由其行为发生了危害结果,但实际上危害结果并没有发生(即因果关系中断),或者这种危害结果不是由于行为人的行为产生的(即因果关系异化)。在此种情形中,因为客观上缺乏因果联系,不能让行为人对他认为已产生的结果或由其他原因造成的结果负责,只能成立犯罪未遂。

2.行为客观上已经产生了某种危害结果,而行为人却误认为该结果不是自己的行为产生的。在这种场合,应分情况作不同的处理:如果行为人本来就有造成这种结果的意图,只要该结果与其行为具有因果关系,就应当追究其故意犯罪既遂的刑事责任;如果行为人根本没有造成这种结果的意思,应根据其主观上的认识因素,分别确定为过失犯罪或意外事件。

3.行为人实施了先后两个行为,先前的行为没有出现行为人预期的危害结果,但行为人误认为该结果已经出现了,又实施了后一个非独立犯罪的行为。而实际上行为人预期的结果是第二个行为造成的。例如,某甲意图杀死乙,便用刀猛刺乙,致其倒在地上。甲用手测了一下乙的鼻孔,见其已没有呼吸,以为乙已经死亡。某甲为逃避罪责,便将乙的"尸体"抛入河中,以毁尸灭迹。经法医鉴定,某乙是被溺死的。在此种情况下,行为人的第二个行为虽然在其主观上只是"抛尸"行为,但由于两个行为是密切联系的,行为人的认识错误并不影响其第二个行为与预期的危害结果之间的因果联系,因此,应当以故意犯罪既遂追究某甲的刑事责任。

三、对法律的认识错误

对法律的认识错误,是指行为人在实施行为时,其主观认识与刑法对该行为的评价不相符合。这种错误认识是由行为人对法律规定不了解或不熟悉引起的。从司法实践情况来看,对法律的认识错误通常有以下三种情形:

(一)行为人将无罪误认为有罪

即行为人的行为在法律上本身不是犯罪,而行为人却误认为是犯罪。刑法理论上将此称为"假想的犯罪"。具体又有以下两种情形:一种是行为人实施了在伦理观念上需要谴责但刑法没有规定为犯罪的行为,如通奸行为,行为人误认为其行为构成了犯罪。另一种是行为人实施了某种刑法确定为排除社会危害性的正当行为,而行为人误认为是犯罪行为。如行为人为了保护自己的生命免受正在发生的危险,而打破他人的大门进入屋内躲避的行为,误认为是构成了故意毁坏财物罪。上述两种情形,虽然从表面上看,行为人既有"危害行为",又有"违法意图",但由于刑法没有将上述行为规定为犯罪,就不能因为行为人误认为是犯罪而让他负刑事责任。

(二)行为人将有罪误认为无罪

即行为人的行为在刑法中已经规定为犯罪而行为人误认为不构成犯罪。刑法理论上将此称为"假想的不犯罪"。例如,有人认为,现在提倡自由恋爱,父母采用暴力干涉子女结婚的行为是法律禁止的,而采用暴力干涉子女离婚的行为是没有关系的。殊不知,刑法保护的婚姻自由,既包括结婚自由,也包括离婚自由。采用暴力干涉他人离婚自由的行为就是犯罪行为。对于这种"假想不犯罪",行为人对法律的错误认识,不影响犯罪故意的成立,不能因为行为人对自己的行为的法律性质的误解而不追究其刑事责任。

（三）行为人对自己的行为在罪名和处刑上的认识错误

即行为人对自己所实施的犯罪行为在法律上应成立何种罪名及应受什么样的刑罚处罚有误解。通常表现为对此罪与彼罪的界限认识发生误解，或者对刑法适用的具体款项发生认识错误。行为人对法律上这种认识错误，不影响其犯罪构成和行为的社会危害性，应当按照他实际构成的犯罪及触犯的款项定罪量刑。

复习与练习

本章提要

犯罪主观方面，是指犯罪主体对其实施的危害行为及其危害结果所持的心理态度。其主要要素包含罪过、犯罪目的与动机。罪过又包括犯罪故意和犯罪过失，它是一切犯罪构成都必须具备的主观要素。犯罪故意，是指行为人明知自己的行为会发生危害社会的结果，并且希望或放任这种结果发生的心理态度。犯罪故意可以分为直接故意和间接故意两种类型。犯罪过失，是指行为人应当预见自己的行为可能发生危害社会的结果，因为疏忽大意而没有预见，或者已经预见而轻信能够避免的心理态度。犯罪过失可以分为疏忽大意的过失和过于自信的过失两种类型。故意犯罪都应当承担刑事责任；过失犯罪只有法律有规定的才追究刑事责任。犯罪目的，是指行为人希望通过实施犯罪行为达到某种结果的心理态度；犯罪动机，是指推动或者促使犯罪人实施犯罪行为的内心冲动或起因。犯罪目的是犯罪构成的选择要素，只是某些直接故意犯罪在主观方面所必须具备的条件；犯罪动机通常不是犯罪构成的必备条件。刑法上的认识错误，是指行为人对自己的行为在法律上的意义或者对其所危害社会的事实情况的错误理解。刑法上的认识错误分为对事实的认识错误和对法律的认识错误。

重要概念

罪过　犯罪故意　犯罪过失　犯罪目的　意外事件　严格责任　期待可能性

思考题

1. 犯罪主观方面的特征是什么？
2. 简述犯罪故意的概念。
3. 犯罪故意可以分为哪些类型？
4. 简述犯罪过失的概念。
5. 犯罪过失可以分为哪些类型？
6. 比较间接故意与过于自信的过失的异同。

7. 比较疏忽大意的过失与意外事件的异同。

8. 比较犯罪目的与犯罪动机的异同。

9. 刑法上的认识错误包括哪些类型？

10. 罪过的内容包括(　　)。

A. 犯罪故意　　　　　B. 犯罪过失

C. 犯罪动机　　　　　D. 犯罪目的

11. 任某与妻子江某经常为家庭事务争吵。某日中午,任某又与妻子在家中发生激烈争吵,引来不少路人在屋外围观。任某对妻子进行辱骂,江某见在大庭广众之下被任某辱骂,非常气愤,便拿出一瓶剧毒农药揭开瓶盖,声称要喝下农药死在任某面前。任某见此情景,急忙从江某手中将农药瓶夺下,扔向屋外,结果毒药洒在一小孩脸上,流入口中,致其中毒死亡。

问:任某在主观上是否具有犯罪过失,为什么?

第十一章　故意犯罪的停止形态

在刑法立法中,除法律有特别规定的以外,刑法分则对具体犯罪的规定,总是以犯罪既遂为标准的,即犯罪的成立条件、法定刑的设定都是以行为完全符合某一犯罪的全部条件为基点进行的。在这种意义上的犯罪停止形态可以被称为"标准的停止形态"。但事实上,有一些犯罪在实施的过程中,会由于这样那样的原因而使刑法所要求的全部条件没有实现便停止下来。这种没有完全达到刑法分则规定的全部要求而停止下来的情况,可以被称为"特殊的停止形态"。由于过失犯罪是以结果定罪的,在结果出现以前,行为就不涉及犯罪的问题,也就不存在"特殊的犯罪形态"问题。因此,从理论上说,研究特殊的犯罪停止形态其实主要是研究故意犯罪的特殊停止形态,它不包括犯罪已经完成的既遂形态。但为了比较的方便,我国刑法理论上通常将犯罪既遂也纳入故意犯罪停止形态的研究范围。本书也采用这一立场,本章所称故意犯罪的停止形态,除有特别标明的以外,包括犯罪既遂。

本章重点
- 犯罪既遂
- 犯罪预备
- 犯罪未遂
- 犯罪中止

第一节　故意犯罪的停止形态概述

一、故意犯罪停止形态的概念和特征

(一)故意犯罪停止形态的概念

故意犯罪的停止形态,是指故意犯罪在其发展过程中,由于某种原因而停止下来所呈现的各种状态,即犯罪既遂、犯罪预备、犯罪未遂和犯罪中止。由于过失犯罪是以结果定罪的,在结果出现以前,行为就不涉及犯罪的问题。因此,从理论上说,犯罪的停止形态只存在于故意犯罪中,并被称为"故意犯罪的停止形态"。

故意犯罪的停止形态,按其停止下来时犯罪是否已经完成为依据,可以分为犯罪的完成形态和犯罪的未完成形态两种基本类型。犯罪的完成形态,是指犯罪的

既遂形态,是指故意犯罪在其发展过程中未经停顿而持续进行到终点,实现刑法分则的全部构成要件的情形。它标志着法定的犯罪行为的完成与终结,具备犯罪构成的全部要件,是犯罪的基本形态。犯罪的未完成形态,是指故意犯罪在其发展过程中出现停顿,在具备刑法分则所规定的全部构成要件前停止下来,没有完成犯罪的情形。在犯罪未完成形态这一类型中,根据犯罪停止下来的原因或与犯罪完成的距离等情况不同,又可以区分为犯罪的预备、犯罪的未遂和犯罪的中止三种形态。

对于犯罪未完成的情形是否需要定罪处罚,在于各国立法的选择。有的国家规定刑法分则规定的犯罪达到既遂都要处罚,而犯罪没有完成的预备、未遂和中止,需要特别规定才处。我国刑法在总则中规定了这三种特殊的犯罪形态,意味着所有犯罪的预备、未遂和中止都要处罚。

(二)故意犯罪停止形态的特征

故意犯罪的停止,如果已经满足了刑法分则所规定的全部犯罪构成条件,那么,它就显示为某一犯罪构成的基本特征,具备犯罪既遂所呈现的完整性。这种完整性可在刑法分则各具体犯罪的构成特征中体现,在此无法一一列举。故在此主要讨论未完成形态的几个特征。

1.行为的终局性

故意犯罪的停止形态必须是行为人的停止行为具有结束意义的停顿。这种结束意义的停顿,可以是犯罪已经实现,没有必要再继续实施犯罪行为,也可以是犯罪人实施的犯罪条件已经不具备,无法再实施犯罪,还可以是行为人不想再继续实施犯罪。它处于一个完全静止的状态。如果只是在故意犯罪中出现的暂时停顿或中断,则不能作为未完成意义上的停止形态。例如,张三盗窃外出旅游的李四家的财物,第一天把大门和内室房门撬开,发现了一个保险箱,但用随身携带的工具都无法打开,就回家去取钻子,在路上遇见巡逻队员,就立即逃到邻村躲避。次日晚,他携带钻子打开保险箱取走了里面的全部现金 2 万元。这里,张三第一天回家取钻子而使犯罪行为停顿下来的情形,因不具有终局性而不属于犯罪停止形态。

2.过程的排他性

由于犯罪的停止要具备静态的终局效果才能成为故意犯罪的停止形态,因此,就同一犯罪行为而言,出现了一种犯罪形态后,不可能再出现另一种犯罪形态。犯罪停止形态一旦成立,它既阻隔了犯罪行为向前逆转的可能性,也阻隔了犯罪行为向后持续的可能性。例如,当出现了犯罪既遂形态之后,就不可能再使犯罪行为逆转而出现未遂或者中止形态;出现了犯罪未遂后,就不可能再使犯罪行为发展成既遂形态,如果在出现犯罪未遂后行为人摆脱原先阻隔犯罪进程的障碍,继续实施犯罪,那是一个新的犯罪行为,而不是犯罪未遂的延续。

3. 范围的有限性

按照我国刑法理论的通说，犯罪故意形态只存在于直接故意犯罪之中，过失犯罪和间接故意犯罪都不存在未完成意义上的犯罪停止形态。过失犯罪不存在这种意义上的犯罪停止形态的理由前面已有提及。至于间接故意不存在犯罪停止形态，是因为间接故意的行为人在主观上采取的是一种放任态度，只有行为人的危害行为达到了法定的放任结果的时候才构成犯罪。

二、故意犯罪停止形态与故意犯罪过程、故意犯罪阶段的关系

犯罪的过程，是指故意犯罪所经过的从开始预备到着手实行，进而最终完成刑法分则所要求的全部条件的整个历程。故意犯罪的阶段是在故意犯罪过程中，根据行为接触犯罪对象、对犯罪客体侵害的现实性而对犯罪过程划分的不同段落。在犯罪行为理论上，故意犯罪的过程是指故意犯罪发生、发展和完成所要经过的程序和阶段的总括，它是故意犯罪行为的连续性在时间上和空间上的表现。而故意犯罪的阶段是指故意犯罪过程中根据各种主客观原因所呈现出来的停止样态所作的划分。从行为人的犯意外露转化为行为开始，到行为人完成犯罪为终点，故意犯罪大致可以分为两个阶段：一是犯罪的预备阶段，它从犯意转化为行为开始到犯罪着手之前，即犯罪尚未着手实施；二是犯罪的实行阶段，它从犯罪行为着手开始到犯罪完成为止。

故意犯罪的停止形态与故意犯罪过程、故意犯罪阶段之间，是一种既相互联系又相互区别的关系。从联系来讲，犯罪停止形态只能发生在故意犯罪的过程和阶段中，离开犯罪的过程和阶段，就不存在犯罪形态；犯罪阶段和犯罪形态都处在同一个犯罪的行为过程中，它们都是刑法规制的对象；犯罪阶段又是犯罪形态产生的直接基础，没有处在犯罪过程中的犯罪阶段的划分，犯罪形态就无从产生。

从区别来讲，大致包括以下几个方面：(1)故意犯罪的形态是故意犯罪已经停止下来的各种不同的状态，属于相对静止的范畴；故意犯罪的过程与阶段是故意犯罪发生、发展到完成的整个过程，或者是据此划分的段落，属于运动的状态。(2)犯罪阶段是犯罪过程的区间运动形态，是犯罪形态的存在场所；犯罪形态是犯罪过程已经停止的各种不同终结状态，不具有阶段性的特点，一经停下就不再运动。(3)就某一个具体犯罪而言，行为人符合犯罪构成的形态只能是某一个停止形态，它不可能同时具备两种犯罪形态；而一个人的犯罪行为完全可能经历两个犯罪阶段，完成犯罪的整个过程。

三、犯罪停止形态存在的范围

犯罪的停止形态，作为包含犯罪完成形态在内的范畴，它的范围可以包括各种

具体犯罪。尽管研究犯罪完成形态的存在范围也是有意义的,但以修正的犯罪构成为视角,我们需要重点研究的是未完成形态的存在范围。以下的内容是在这个意义上说的。

(一)过失犯罪不存在犯罪的未完成停止形态

过失犯罪由于行为人主观上具备的是过失的心理,而我国刑法又限定过失犯罪只有发生特定的危害结果,且刑法分则条文有明文规定的才构成犯罪,因而过失犯罪不可能存在犯罪的预备、未遂和中止形态。由于犯罪完成形态是与犯罪未完成形态相对而言的,过失犯罪既然无犯罪未完成形态的存在,因而它只有是否成立犯罪的问题,而不存在犯罪的预备、未遂、中止和既遂形态的区分问题。

(二)间接故意犯罪也不存在犯罪的未完成停止形态

间接故意犯罪不存在未完成犯罪的预备、未遂和中止这些犯罪停止形态,这是由其主客观特征所决定的。

在主观方面,间接故意犯罪表现为对自己的行为所可能造成的一定危害结果持"放任"的心理态度,没有对完成特定犯罪结果的预期和追求,也就谈不上这种预期或追求的目标实现与否的问题。而犯罪的预备、未遂和中止形态,行为人原本都存在着实施和完成特定犯罪的意图与追求,之所以在未完成犯罪时停止下来,对犯罪的预备形态和未遂形态而言,是因为受到行为人意志以外的原因而使犯罪意图无法实现;对犯罪的中止形态而言,是因为行为人自动放弃了原先的对特定犯罪的追求。可见,间接故意犯罪主观上的放任心理是不符合未完成形态的主观特征的,因而间接故意犯罪不可能存在犯罪的预备、未遂和中止形态。

在客观方面,犯罪未完成形态是在行为人开始犯罪的预备行为或者实行行为之后,由于行为人意志以外原因的阻隔或者行为人自动放弃犯罪意志,而使犯罪停止在未完成的状态下。而间接故意犯罪,由于行为人主观上放任心理的支配,在客观方面不存在是否完成特定犯罪的状态,无论客观上出现什么状态都是符合其放任心理的。间接故意实施的危害行为也只有是否构成犯罪的问题。间接故意心态下实施的危害行为只有造成了实际危害结果时,才能构成犯罪。因而间接故意犯罪也就没有了犯罪未完成形态存在的余地,不存在犯罪的预备、未遂和中止形态。

(三)直接故意犯罪并非都存在犯罪的停止形态

直接故意犯罪,由于行为人存在一定的犯罪目的,因此,它可以存在犯罪的预备、未遂和中止形态。直接故意犯罪的行为人在希望、追求某种危害结果发生的主观罪过形式的支配下,客观上就会有一个从犯罪预备、犯罪实行,直至犯罪得逞的过程。在这一过程顺利完成的情况下,就形成了犯罪的既遂形态;若在此过程中因主观因素而使犯罪停止下来,就形成了犯罪的中止形态,因客观原因停止下来,就形成了犯罪的预备或未遂。

直接故意犯罪存在犯罪的完成和未完成形态,这是就其总体和大多数直接故意犯罪而言的,并不意味着所有直接故意犯罪的罪种与具体案件都会存在这些犯罪的停止形态。先从犯罪类型方面看,有几类直接故意犯罪不存在某种或某几种犯罪的未完成形态:一是参加、煽动等一经着手实行即告完成犯罪的举动犯,不可能存在犯罪未遂;二是我国刑法中把"情节严重"、"情节恶劣"等作为犯罪构成客观要件的情节犯,不可能存在犯罪未遂;三是在加重犯中,根据加重犯的构成特征,其只有构成与否这一种状态,即只有是否成立加重构成犯之分,而不存在犯罪既遂与未遂之分。再从实践的角度看,突发性的直接故意犯罪案件往往是直接着手实施犯罪实行行为,一般不存在犯罪的预备阶段,因而也不可能存在犯罪的预备形态以及犯罪预备阶段的中止形态,而只有犯罪实行阶段的犯罪中止、犯罪未遂以及犯罪既遂形态存在的可能。

四、研究故意犯罪停止形态的意义

(一)有助于分清罪与非罪

我国刑法分则所规定的一切犯罪,都取其完成形态,也即犯罪既遂形态。对于犯罪既遂的行为,直接引用相应的分则条文认定即可。然而,在实践中,还有大量的以未完成形态出现的案件,在这些犯罪预备、犯罪未遂和犯罪中止的案件中,行为人的行为与刑法分则条文并不完全吻合,还需结合刑法总则第二章第二节有关犯罪未完成形态的规定,才能完整说明行为人的犯罪事实与特征。故意犯罪未完成形态的存在告诉我们,故意犯罪并不是只有在满足全部要件的情况下才构成,犯罪预备、犯罪未遂和犯罪中止虽然并没有完成犯罪,但依据刑法总则的规定,都存在构成犯罪的可能。因此,不能把故意犯罪的未完成形态都当作非犯罪来对待。

(二)有助于区分此罪与彼罪

根据故意犯罪未完成停止形态的基本理论,它们都是以业已停顿下来的结果形态来决定犯罪的成立的。而结果仅仅是犯罪构成要件客观方面的一个要素,考察犯罪的性质还必须结合其他要素。如果某人用刀刺人,致人重伤,要是只从结果考察,就很难判断是故意伤害致人重伤(既遂)还是故意杀人(未遂)。这就需要结合行为人的主观意图进行分析。在主观故意内容被查明的情况下,这停止形态就对区分此罪与彼罪有重要作用。

(三)有助于适当量刑

一般地说,未完成形态的犯罪行为,其客观的社会危害性或行为人的主观恶性,总是或多或少地轻于同类犯罪的完成形态。而同在犯罪未完成形态内部,预备、未遂和中止之间,刑法也都规定了轻重不同的法定刑。因此,研究并正确把握故意犯罪的停止形态,就能为正确量刑奠定基础。

第二节　犯罪既遂

一、犯罪既遂的概念

犯罪既遂,是指行为人故意实施的犯罪行为已经齐备了刑法分则规定的该种犯罪构成的全部要件。由于我国刑法并未对犯罪既遂的概念作出直接规定,因此,理论上对于既遂的标准就有不同的认识:一是结果发生说,认为犯罪既遂是指故意实施犯罪行为,并且造成了法律规定的犯罪结果的情形;二是目的实现说,认为犯罪既遂是指行为人故意实施犯罪行为,并且实现了犯罪目的的情形;三是构成要件齐备说,认为犯罪既遂是指着手实行犯罪行为,并且具备了某一具体犯罪的全部构成要件的情形。其中,构成要件齐备说是我国刑法学界的通行观点。

把构成要件齐备作为犯罪既遂的标准,在理解上应注意以下三个方面的问题:

1.犯罪既遂中的"既遂"不能理解为"已经如愿"。刑法术语与一般日常生活用语存在一定的差异,有时并不完全相同。刑法中的既遂特指犯罪的完成形态,而与目的的实现并不存在必然联系。目的实现了通常是既遂了,但目的没有实现,并不表明犯罪不能成立既遂。如张三的犯罪目的是要把李四一家三人杀死,结果只杀死了一人就被警察抓获了,张三的行为仍是故意杀人罪的既遂。

2.犯罪既遂意义上的危害结果是指具体的危害结果,它属于犯罪客观方面的要素。因为只有具体危害结果才容易为人所掌握。如果将既遂意义上的危害结果理解为抽象结果,则属于犯罪客体的内容。而犯罪客体是否被侵害,不只是既遂与其他犯罪形态的区别问题,而是罪与非罪的问题。

3.犯罪构成要件的齐备是以刑法分则规定的条件为标准来衡量的,它与行为符合犯罪构成即成立犯罪是一致的。我国刑法分则规定的犯罪是以既遂为模式的,对于既遂的犯罪构成,我国刑法分则条文均作了明文规定,只要完全符合刑法分则某一条文的规定,就可以直接依照该条文的规定,追究行为人既遂的刑事责任。

二、犯罪既遂的类型

根据刑法分则对各种直接故意犯罪构成要件的不同规定,犯罪既遂主要有四种不同的类型:

(一)举动犯

举动犯,也称即时犯,是指行为人一旦着手实行犯罪,即完全符合法律规定的行为特征,构成既遂的犯罪形态。从犯罪构成性质上分析,举动犯大致包括两种情况：一是预备行为实行化，即由法律将通常只是为实行犯罪创造便利条件的预备性质的行为，鉴于其所涉及的犯罪的严重性，而将其提升为实行行为，一经着手实施就构成犯罪既遂。如《刑法》第120条中规定的参加恐怖活动组织罪、第294条中规定的参加黑社会性质组织罪等。二是瞬间动作整体化，即具有教唆、煽动性质的行为，由于此类行为的每一个动作点都可以成为特定犯罪的"全部"行为，并且往往是针对多个对象进行，能够产生几何级的危害性，根据这些行为的社会危害性及行为性质的特点，法律将之规定为举动犯。如《刑法》第249条规定的煽动民族仇恨、民族歧视罪，第295条规定的传授犯罪方法罪。举动犯只要一实行犯罪就构成既遂，因此，其不存在犯罪未遂问题。

（二）行为犯

行为犯，是指以法定的犯罪行为的完成而不要求造成物质性的或有形的犯罪结果即为既遂的犯罪形态。但是，这些行为又不是一经着手即告完成的，而是要有一个实行的过程，并达到一定程度，才能视为行为的完成。因此，在着手实行犯罪的情况下，如果行为达到了法律要求的程度就是完成了犯罪，成立犯罪的既遂；如果在实行过程中因行为人意志以外的原因未能达到法律要求的程度，就应认定为未完成犯罪，成立犯罪的未遂。我国刑法规定的投敌叛变罪、强奸罪、脱逃罪等犯罪都以行为人达到了实行行为所要求的状态和程度，才作为犯罪完成的标志；因意志以外原因未能达到此等程度的，为犯罪未完成。

（三）危险犯

危险犯，是指以行为人实施的危害行为造成法律规定的发生某种危害结果的危险状态即为既遂的犯罪形态。如我国《刑法》第114条规定的放火罪、决水罪、爆炸罪、投放危险物质罪、以危险方法危害公共安全罪，第116条规定的破坏交通工具罪，第117条规定的破坏交通设施罪，第118条规定的破坏电力设备罪和破坏易燃易爆设备罪，第143条生产、销售不符合卫生标准的食品罪等，都是危险犯。危险犯在法条上往往用"尚未"、"足以"的字眼来表述。危险犯在主观方面既可以是直接故意也可以是间接故意，对由直接故意构成的这类犯罪来说，其既遂不是造成物质性的、有形的犯罪结果，而以法定的客观危险状态的出现为标志。

（四）结果犯

结果犯，是指不仅要实施具体犯罪构成客观要件的行为，而且必须发生法定的犯罪结果才为既遂的犯罪形态。法定的犯罪结果的发生与否是区分犯罪既遂与其他停止形态的界限。所谓法定的犯罪结果，是指刑法分则条文规定的犯罪行为通过犯罪对象而给犯罪客体造成的物质性的、可测量确定的、有形的损害结果。这是我国刑法中规定的最为常见的一种犯罪既遂形式。如故意杀人罪、故意伤害罪、抢劫罪、盗窃罪、诈骗罪等。这类犯罪以犯罪结果是否发生作为是否构成犯罪既遂的标志。在着手实行犯罪的情况下,犯罪结果发生就标志着犯罪的完成和犯罪既遂的成立。如故意杀人罪的犯罪结果就是他人的死亡,发生了死亡结果的为既遂,因行为人意志以外的原因未发生死亡结果的为未遂。不过,在故意伤害罪中,需要注意正确把握对结果的理解。例如,某人雇佣他人去毁掉被害人的面容,结果最终形成的结果是轻伤,在这种情况下,就按照故意伤害(致人轻伤)罪处罚,而不能按照故意伤害(致人重伤)罪的(未遂)来处罚。

第三节　犯罪未遂

一、犯罪未遂的概念和特征

(一)犯罪未遂的概念

我国《刑法》第 23 条第 1 款规定:"已经着手实行犯罪,由于犯罪分子意志以外的原因而未得逞的,是犯罪未遂。"据此,在刑法理论上一般认为,犯罪未遂是指行为人已经着手实施具体犯罪的实行行为,由于其意志以外的原因而未能完成犯罪即未达既遂的一种犯罪停止形态。

(二)犯罪未遂的特征

根据《刑法》第 23 条第 1 款的规定内容,我国刑法中的犯罪未遂具有三个特征:

1.已经着手实行犯罪

所谓着手实行犯罪,是指行为人开始实施刑法分则条文规定的某种具体犯罪构成要件的行为。这里的"着手"具有两个方面的特点:(1)在主观上,行为人实行具体犯罪的意志已经直接支配客观实行行为并通过后者开始充分表现出来,而不同于在预备阶段实施犯罪的意志。(2)在客观上,行为人已开始直接实行具体犯罪构成客观方面的行为,这种行为已不再属于为犯罪的实行创造便利条件的预备犯罪的性质,而是实行犯罪的性质。这种行为已使刑法所保护的具体权益面临实际存在的威胁甚至初步产生实际危害。

在理解"着手"的概念时,必须注意把握着手点的性质。着手,作为犯罪过程中的一个行为点,它是具体犯罪实行行为的起点,直接标志着犯罪实行行为的开始,是实行行为不可分割的有机组成部分。它既不是介于犯罪预备阶段和实行阶段之间的一个独立阶段,也不是独立于实行行为的行为动作。着手,不是犯罪预备行为的结束,不是犯罪预备行为的终了行为。

在通常情况下,"着手"是区分犯罪预备与犯罪未遂的一个重要标志,行为人在实施犯罪的过程中,如果由于意志以外的原因而被迫停止下来,这时我们考察这种停止形态到底属于预备还是未遂,关键就在于行为人是否"着手"实施了犯罪实行行为。如果已着手实施了犯罪实行行为的,属于未遂;反之,则为预备。但在不处罚预备犯的国家,"着手"则是区分罪与非罪的标志。

2.犯罪未得逞

犯罪未得逞,是指犯罪分子实施的犯罪没有完全齐备刑法分则规定的某一具体犯罪构成的全部要件。

对"犯罪未得逞"的理解,应注意以下问题:第一,不能把犯罪目的没有达到、犯罪结果没有发生,一概视为犯罪没有得逞。因为对于有些犯罪,法律并不要求犯罪目的为构成条件,如诬告陷害罪,目的是否达到并不影响既遂的成立;还有不少的犯罪,法律并不要求有结果的发生,如在行为犯、危险犯的场合,犯罪结果没有发生并不等于犯罪构成要件没有齐备。第二,犯罪未得逞不等于没有发生任何损害结果而是指犯罪构成要件中特定的危害结果没有发生。如果实际发生的结果,不是法律为行为人实施的具体犯罪规定的结果,则不能按实际损害结果确定罪责,而应按照法律规定的犯罪确定罪名,并按照实际的损害确定责任形态。例如,故意杀人没有致他人死亡而是造成重伤结果,对该重伤结果仍然按照故意杀人罪定罪,按照犯罪未遂追究责任。第三,犯罪构成全部要件的齐备,没有时间长短的限制。只要犯罪构成全部要件一齐备,就应认为是犯罪已得逞,构成犯罪既遂。不能因为犯罪人事后返还赃物而认定为未遂。如索贿的人在取得贿赂款后,担心被查出,在一段时间后,又将财物送还被索贿的人,是受贿罪的犯罪既遂,而不是未遂。

3.犯罪未得逞是由于犯罪分子意志以外的原因

所谓犯罪分子意志以外的原因,是指违背犯罪分子本意的原因。这"意志以外的原因"应当是足以阻止其犯罪意志的原因,它需要具备质和量两个方面的特征。从质上来说,只有那些违背犯罪分子本意的原因才能成为犯罪分子意志以外的原因。从量上来说,那些违背犯罪分子本意的原因必须达到足以阻却犯罪分子继续实行犯罪的程度。因此,有些犯罪分子遇到一些轻微的阻碍因素,如在抢劫罪中遇到熟人,犯罪分子就中止了犯罪,应该认为是自动中止而不能认为是犯罪未遂。在司法实践中,所谓犯罪分子意志以外的原因,具体包括以下两种情形:(1)犯罪分子本人以外的原因,如被害人的逃避、反抗,被第三者制止、抓获,自然力的破坏,工具障碍,等等。(2)犯罪分子本人的原因,如自身能力、状态的限制,对犯罪的对象、方法或工具发生错误认识。

二、犯罪未遂的分类

在刑法理论上,根据不同标准,可以把犯罪未遂分为实行终了的未遂与未实行终了的未遂,能犯未遂与不能犯未遂。

（一）实行终了的未遂与未实行终了的未遂

刑法理论上根据犯罪的实行行为是否已经实行终了，把犯罪未遂分为实行终了的未遂与未实行终了的未遂。

实行终了的未遂，是指犯罪分子已将他认为实现犯罪意图所必需的全部行为实行终了，但由于犯罪分子意志以外的原因而未得逞。它通常有两种表现：一是行为人误认为其实现犯罪意图所必要的全部行为都已终了，因而停止下来，但实际上其犯罪意图并未实现，如行为人故意杀人，在被害人身上刺了十几刀，致其倒在血泊中，行为人误以为被害人已经死亡，就停止刺杀行为后逃离，后被害人被路人发现及时送医院救治，幸免于难，就属于实行终了的未遂。二是行为人对完成犯罪所必备的犯罪行为已经实行终了，但行为终了离犯罪既遂还有一定的距离，如甲为谋杀乙，将毒药投入乙的水杯里，乙端起杯子准备喝水时发觉有异味，就将杯子里的水倒掉，致使危害结果没有发生。甲的行为就构成故意杀人罪的未遂，属于实行终了的未遂。未实行终了的未遂，是指犯罪分子还未将刑法规定的全部行为实行终了，因而未发生犯罪分子预期的犯罪结果。例如，正在进行盗窃时被人抓获，就属于此类情形。

将犯罪未遂分为实行终了的未遂与未实行终了的未遂，一般只有在结果犯的场合才能适用。而在其他场合，例如举动犯、危险犯等，则不适用。因为在这些场合，根据刑法规定，犯罪行为实行完毕，行为本身或行为的状态就可达成犯罪既遂，而不可能存在实行终了的未遂。

在相同的条件下，实行终了的未遂比未实行终了的未遂更接近危害结果的发生，因而二者的社会危害程度是不相同的，在量刑时，前者一般比后者要重。

（二）能犯未遂和不能犯未遂

以实际上能否构成既遂为标准，可分为能犯未遂与不能犯未遂。

能犯未遂，是指犯罪行为有实际可能达到犯罪既遂，但在着手实行犯罪以后，由于犯罪分子意志以外的原因而未能达到既遂而停止下来的情形。不能犯未遂，是指犯罪分子已着手实行犯罪行为，因犯罪分子对有关犯罪事实发生错误认识而使犯罪不可能达到既遂的情形。

不能犯未遂具体又可分为工具不能犯和对象不能犯两种情况。工具不能犯，又称方法不能犯，是指犯罪分子实行犯罪时，误用了按其客观性质不可能实现行为人的意图的工具和方法，致使犯罪未得逞。如误将味精当作砒霜杀人。对象不能犯，是指罪犯实行犯罪行为时，该种犯罪对象实际上并不存在，致使犯罪不能得逞。如误将尸体当作活人加以刺杀，误认男子为女子而实施强奸。由于不能犯未遂行为人主观上具有犯罪故意，客观上具有犯罪行为，因此，仍应对其追究刑事责任。在一般情况下，不能犯未遂与能犯未遂相比，危害性相对较小，因此，不能犯未遂的处罚应轻于能犯未遂。

不能犯未遂与迷信犯是有本质区别的。迷信犯，是指行为人采用根本不可能产生实际危害的迷信手段或方法来实现其犯罪意图。例如，采用诅咒的方法，或对模拟真人的纸人扎针的方法"杀害"被害人。迷信犯主观上虽有犯罪意图，但客观上不能产生危害社会的结果，根据主客观相统一的原则，不能作为犯罪处理。

三、犯罪未遂的处罚

我国《刑法》第 23 条第 2 款规定："对于未遂犯，可以比照既遂犯从轻或者减轻处罚。"这就是我国犯罪未遂的处罚原则，正确使用这一处罚原则，应注意把握以下几点：

第一，对于未遂犯的定罪量刑，应当同时引用刑法分则具体罪的条文和刑法总则第 23 条的规定。根据分则确定罪名，根据总则确定形态。如盗窃罪（未遂）。

第二，对未遂犯处罚原则的掌握上，要体现出立法的倾向。"可以比照既遂犯从轻或者减轻处罚"，是指需要先考虑给予未遂犯比照既遂犯从轻或减轻处罚。如果不能给予从轻或减轻处罚，必须说明理由。

第三，在具体衡量是否给予未遂犯比照既遂犯从轻或者减轻处罚，要看犯罪的性质，以及未遂行为距离犯罪完成的远近程度。同样是未遂，杀人未遂与盗窃未遂就有很大差别，对杀人未遂，一般不宜减轻处罚。同时，未遂行为距离犯罪完成远近程度的不同，不仅反映了行为的不同危害程度，而且表现出犯罪意图实现的不同程度。所以，这一因素在对犯罪未遂处罚时也要予以考虑。

第四，在决定是否给予未遂犯比照既遂犯从轻或者减轻处罚时，还要坚持主客观相统一的原则。由于犯罪未遂都是犯罪意志被抑制，因此，行为人在实施犯罪行为时所表现出来的犯罪意志的程度对于衡量其主观恶性是非常重要的。一般情况下，行为人犯罪意志坚决的，其主观恶性就大；犯罪意志比较薄弱的，其主观恶性相对较小。

第四节　犯罪预备

一、犯罪预备的概念和特征

（一）犯罪预备的概念

我国《刑法》第 22 条第 1 款规定："为了犯罪，准备工具、制造条件的，是犯罪预备。"这是我国刑法对犯罪预备的表述，它揭示了犯罪预备的主客观特征。在刑法理论上，犯罪预备，作为故意犯罪过程中的一种犯罪未完成形态，是指行为人开始实施为犯罪准备工具、制造条件的行为,由于行为人意志以外的原因而未能着手犯罪实行行为的犯罪停止形态。

(二)犯罪预备的特征

1.犯罪预备的客观特征

(1)行为人已经开始实施犯罪的预备行为。犯罪预备,是指为着手实施和完成犯罪,准备工具、制造条件的行为。其表现形式是多种多样的。根据我国刑法的规定,可以将其概括为两种:准备工具和制造条件。所谓准备工具,是指制造、收集可供犯罪利用的各种物品。例如,用来杀人的凶器、用来招摇撞骗的警服,等等。本来,准备工具也是为了犯罪制造条件,但考虑到准备工具是一种最典型、最普遍的制造条件行为,所以,刑法单独把它列举出来。所谓制造条件,是指除准备工具外,为犯罪的实行而进行的各种准备活动。例如,跟踪被害人、事先察看作案现场、选择犯罪时机和逃跑路线、联络同伙,等等。

已经开始实施犯罪的预备行为这一特征是犯罪预备与犯意表示区别的标志。所谓犯意表示,是指以口头、文字或其他方式对犯罪意图的单纯表露。犯意表示属于犯罪思想的范畴。我国现行刑法坚决摒弃"思想犯罪",认为只有犯意尚未实施犯罪行为的,不具有社会危害性,因而不能认定为犯罪和处以刑罚。犯意表示与犯罪预备的根本区别在于:犯罪预备中准备工具、制造条件的行为是具有社会危害性的;而犯意表示,无论是从行为人的主观意图还是客观表现上看,都不具有现实的社会危害性。

(2)未能着手犯罪行为。所谓未能着手犯罪,是指未能实施刑法分则规定的犯罪构成要件所包含的实行行为。犯罪的实行行为,是指刑法分则条文中所叙明的具体犯罪罪状要素中的客观行为。这一特征是犯罪预备与犯罪未遂相区别的标志。例如,在抢劫罪中,物色的犯罪对象尚未确定即被抓获,就属于犯罪预备。相反,如果犯罪对象已经确定,行为人在着手实行犯罪后才被抓获,则不再是犯罪预备,而是犯罪未遂。

2.犯罪预备的主观特征

(1)行为人进行准备活动时已具备了犯罪的目的。行为人进行犯罪预备活动的意图和目的,是为了顺利地进行犯罪。在多数故意犯罪的场合,都有一个准备过程,更有一些犯罪必须经过犯罪预备阶段才能进入实行阶段。

(2)尚未着手实行行为而停止下来是由于意志以外的原因造成的。这一特征说明,行为人在着手犯罪实行行为前停止犯罪,是被迫的而不是自愿的,它表征行为人的主观恶性。这一特征也是犯罪预备形态与犯罪中止形态区别的关键所在,犯罪中止的行为人停止犯罪是出于其本人的意愿的。

二、犯罪预备的类型

根据《刑法》第 22 条的规定,犯罪预备可以分为两种基本类型:

(一)为实施犯罪准备工具的预备

这里的"工具",是指犯罪分子进行犯罪活动所用的一切器械物品。准备犯罪工具,包括收集、寻找犯罪工具,制造犯罪工具和加工犯罪工具使之适合于特定犯罪的需要。准备工具的本质也属于为实行犯罪创造便利条件,它与《刑法》第 22 条中的为犯罪"制造条件"的区分是相对的。

(二)其他为实施犯罪制造条件的预备

根据刑事司法实践,通常把为实施犯罪而准备工具以外的预备行为概括为以下几种:(1)为实施犯罪对犯罪场所、被害人行踪所进行的调查;(2)学习、训练犯罪的技能和手段;(3)跟踪被害人、守候被害人的到来或者其他接近被害人等犯罪对象的活动;(4)排除犯罪实施过程中可能遇到的障碍;(5)拟定犯罪的计划及实施步骤、逃跑路线等;(6)物色、联络、结集犯罪成员等。

此外,在理论上,根据犯罪预备行为的表现形式,还可以将犯罪预备分为有形预备与无形预备。有形预备是指预备行为具有外在情状,如购买凶器。无形预备是指预备行为没有外在情状,如踩点。这两种犯罪预备,其内容可以包含在上述基本分类中。

三、犯罪预备的处罚

《刑法》第 22 条第 2 款规定:"对于预备犯,可以比照既遂犯从轻、减轻处罚或者免除处罚。"理解和把握预备犯的处罚原则,除了要注意在比照既遂犯处罚时坚持主客观相统一原则,在定罪量刑上和法条的引用方面遵守前述未遂犯处罚注意事项外,最根本是要正确地看待预备犯的危害性。在一般情况下,由于预备犯还没有着手实行犯罪,也没有造成实际的危害结果,故对预备犯比照既遂犯予以从轻、减轻或者免除处罚;但对于个别预备犯情节恶劣、社会危害性较大的则可以不予从轻、减轻或者免除处罚。

第五节 犯罪中止

一、犯罪中止的概念和特征

(一)犯罪中止的概念

根据《刑法》第 24 条第 1 款的规定,犯罪中止是指在犯罪过程中,自动放弃犯罪或者自动有效地防止犯罪结果发生的犯罪停止形态。这表明犯罪中止有两种类型：自动停止犯罪的中止和自动有效防止危害结果发生的中止。

（二）犯罪中止的特征

1.自动停止型犯罪中止的特征

自动停止型犯罪中止，是指在犯罪过程中，自动放弃犯罪而成立的犯罪停止形态。该类型的中止必须同时具备三个条件：

（1）时空性。即犯罪中止必须发生在犯罪过程中。根据中止及时性的要求，以下两种行为不能视为犯罪中止：第一，犯罪既遂以后自动返还原物。第二，犯罪未遂后主动抢救被害人。以上两种行为形式类似于犯罪中止，但由于它不具备犯罪中止的时间条件，因此不能视为犯罪中止。对于这种事后的悔改表现，在量刑时可以作为一个情节予以考虑。

（2）自动性。即行为人必须是自动停止犯罪。这是犯罪中止的本质特征，是犯罪中止与犯罪未遂和犯罪预备的根本区别。犯罪中止的自动性，是指行为人出于自己的意志而放弃了本可以继续实施的犯罪。犯罪中止的自动性包括两层含义：其一，行为人意识到当时可以继续实施犯罪，这是自动中止的前提条件。当然，行为人的这种"可以继续实施犯罪"的判断，应当是有一定的主客观条件为根据的。其二，行为人是出于本人意志而停止犯罪，这是自动中止的关键。"出于本人意志"是指行为人停止犯罪行为，放弃继续犯罪是由其本人的自由意志决定的。至于影响其作出该决定的因素是什么，可以不受限制。

（3）彻底性。即行为人彻底放弃了犯罪。它既表明了行为人自动停止犯罪的决意，也表明犯罪分子自动停止犯罪不是暂时的。必须指出的是，彻底放弃犯罪只是对已经实施的某个具体犯罪而言的，而不是指行为人在以后任何时候都不再犯同种犯罪，更不能理解为行为人在以后的任何时候都不再犯任何罪。

2.自动防止型犯罪中止的特征

自动防止型犯罪中止，即自动有效地防止危害结果发生的犯罪中止，是指在某些特殊情况下，行为人已经着手实行的犯罪行为可能造成但尚未造成犯罪既遂所要求的犯罪结果，行为人停止犯罪所成立的犯罪中止。这种类型的犯罪中止与自动停止型中止相比，除了应具备自动中止型形态所必需的三个条件外，还要具备"有效性"的条件。所谓"有效性"，是指行为人不仅要通过积极的措施来防止危害结果的发生，而且这种措施还必须是有效的，能有效地防止犯罪结果的发生。如果行为人虽采取积极的防止措施，但犯罪结果仍然发生的，则缺乏有效性，不能成立犯罪中止，而是犯罪既遂。例如，行为人给被害人服毒后，虽主动送被害人至医院抢救，但最终被害人还是中毒致残，仍构成投放危险物质罪既遂，而不能成立犯罪中止。

二、犯罪中止的类型

犯罪中止形态的具体表现形式是多种多样的，从不同角度，根据不同的标准，可以作不同的划分。

（一）预备中止、未实行终了的中止与实行终了的中止

这是以犯罪中止发生的时空范围为依据所作的划分。

1. 预备中止

预备中止，是指在犯罪的预备活动过程中，行为人认识到自己可以继续实施犯罪的情况下，自动地将犯罪停止下来，不再继续实施犯罪预备行为的情况。如行为人为杀人而去购买尖刀，在到店门口后因为害怕受到法律制裁而又返回。

2. 未实行终了的中止

未实行终了的中止，是指行为人已着手犯罪的实行行为，但没有实施完毕刑法分则所要求的全部构成要件行为时，行为人自动放弃了犯罪的情形。这种中止较为常见。如绑匪在实施劫持人质行为后，出于对被害人的怜悯而自动停止了进一步可以实施的勒索财物行为，并将人质释放的中止形态。

3. 实行终了的中止

实行终了的中止，通常发生于犯罪实行终了之后法定的犯罪结果发生之前。如行为人在给被害人吃下毒药后采取积极的措施而使被害人避免死亡。

上述三种类型的犯罪中止，其社会危害性程度显然有所不同，预备中止最小，实行终了的中止最大，而未实行终了的中止一般居中。这在裁量刑罚时，应当有所体现。

（二）消极中止与积极中止

这是根据中止行为中行为人的行为方式不同所作的划分。

1. 消极中止

消极中止，是指行为人仅需自动停止实施犯罪行为便可成立的犯罪中止。其行为方式是不作为。此种类型即自动停止的犯罪中止。

2. 积极中止

积极中止，是指犯罪人不但需要自动停止实施犯罪，而且还需要以积极的行为来防止危害结果的发生才能成立的犯罪中止。其行为方式是作为。此种类型即有效防止结果的犯罪中止。

上述两种类型的犯罪中止，消极中止距离犯罪既遂较远；而积极中止距离犯罪既遂较近，尤其是其中有些还发生了一定的实际危害后果。因此，一般说来，积极中止比消极中止的社会危害性大一些。

三、犯罪中止的处罚

我国《刑法》第 24 条第 2 款规定："对于中止犯，没有造成损害的，应当免除处罚；造成损害的，应当减轻处罚。"这就是我国犯罪中止的处罚原则，它采用的是必减免制，体现了我国刑法对中止犯行为的积极鼓励态度。为此，在对犯罪中止处罚的时候，根据犯罪中止是否造成损害，可以分为以下两种情形：一是没有造成损害的，根据刑法规定应当免除处罚。这里的没有造成损害，是指没有造成损害结果。二是已经造成损害的，根据刑法规定应当减轻处罚。对于减轻处罚的幅度，要根据犯罪中止时行为人的主客观因素作综合分析。

复习与练习

本章提要

故意犯罪的停止形态，是指故意犯罪在其发展过程中，由于某种原因而停止下来所呈现的各种状态，即犯罪既遂、犯罪预备、犯罪未遂和犯罪中止。故意犯罪的停止形态，按其停止下来时犯罪是否已经完成为标准，可以分为犯罪的完成形态和犯罪的未完成形态。在犯罪未完成形态这一类型中，又可以分为犯罪未遂、犯罪预备和犯罪中止三种形态。犯罪既遂有举动犯、行为犯、危险犯和结果犯四种类型。犯罪未遂是在着手实施实行行为后由于意志以外的原因而未得逞的犯罪形态；犯罪预备是为犯罪准备工具、制造条件的犯罪形态；犯罪中止是在犯罪过程中自动放弃犯罪或者自动有效地防止危害结果发生的犯罪形态。犯罪未遂、犯罪预备与犯罪中止的区别在于前两种形态是由于行为人意志以外的原因造成的，而犯罪中止是由行为人本人的意志形成的；犯罪预备与犯罪未遂都是由于客观原因而停止下来的，它们的区别在于形成的阶段不同，犯罪预备形成于犯罪预备阶段，犯罪未遂则形成于实行阶段。

重要概念

犯罪既遂　犯罪未遂　犯罪预备　犯罪中止

思考题

1. 故意犯罪过程中有哪些停止形态？
2. 犯罪停止形态与犯罪过程、犯罪阶段有何联系和区别？
3. 简述犯罪既遂的特征及类型。
4. 简述犯罪未遂、犯罪中止、犯罪预备的特征。

5.犯罪未遂与犯罪预备有何区别？

6.犯罪中止与犯罪未遂、犯罪预备有何区别？

7.药店营业员李某与王某有仇。某日王某之妻到药店买药为王某治病,李某将一包砒霜混在药中交给王妻。后李某后悔,于第二天到王家欲取回砒霜,而王某谎称已服完。李某见王某没有什么异常,就没有将真相告诉王某。几天后,王某因服用李某提供的含有砒霜的药物而死亡。

问:李某的行为属于哪一种犯罪停止形态？为什么？

第十二章　共同犯罪形态

　　犯罪是一种复杂的社会现象，就实施犯罪的人数而言，既有单个人实施的犯罪，也有二人以上共同实施的犯罪。共同犯罪相对于单个人犯罪而言，既是一种特殊的犯罪现象，也是一种特殊的犯罪形态。共同犯罪是由二人以上共同实施而构成的犯罪，其主体要素既包括自然人，也包括单位。共同犯罪具有单个人犯罪所不具有的特点。共同犯罪根据其组合的形式不同，可以将共同犯罪人作不同的划分。对于共同犯罪的刑事责任，要根据各共同犯罪人在共同犯罪中的地位、作用的不同，区别对待，分别处罚。本章主要阐述共同犯罪的成立条件、共同犯罪的表现形式和共同犯罪人的刑事责任。

　　本章重点
- 共同犯罪的成立条件
- 共同犯罪的形式
- 共同犯罪人的种类及其刑事责任

第一节　共同犯罪形态概述

　　共同犯罪是修正的犯罪构成的一种类型，是犯罪的一种特殊形态。在刑法理论上，基本的犯罪构成是以刑法立法对具体犯罪的规定采用一个人在一个故意支配下，实施一个行为，出现一个结果，侵犯一种社会关系，触犯一个罪名的模式来表现的。凡是不符合这标准模式的，就是对基本的犯罪构成的修正，被称为修正的犯罪构成。共同犯罪作为修正的犯罪构成模式，其特点在于对犯罪主体成员个数的修正，即将基本犯罪构成模式中参与实施犯罪的人数由一个人变成两个以上的人。因此，它是一种特殊的犯罪形态，这种犯罪形态与单个人犯罪相比较，在犯罪性质相同的情况下，具有更大的社会危害性，犯罪更容易实施和得逞，并具有逃避侦查或反侦查的能力。同时共同犯罪具有一定的复杂性，即共同参与人在共同犯罪中所处的地位和所起的作用可能不同，其社会危害性也就有差异，应对他们区别对待，给予不同的法律评价和处罚原则。

　　我国《刑法》第 25 条第 1 款规定：“共同犯罪是指二人以上共同故意犯罪。”该条第 2 款规定：“二人以上共同过失犯罪，不以共同犯罪论处；应当负刑事责任的，按照他们所犯的罪分别处罚。"该条规定从主体、主观方面、客观方面科学地概括了共同犯罪的本质属性,适度地圈定了共同犯罪的范围。根据该条规定,共同犯罪,是指二人以上共同故意犯罪。这里的"人"其实就是指犯罪主体。但在共同犯罪的场合,说共同犯罪需要两个以上的犯罪主体并不恰当,每一个具体犯罪都只有一个犯罪主体,而主体的成员可以是多个的。因此,共同犯罪定义中"二人"的"人"是指犯罪成员的个数而不是犯罪主体的个数。

在理解共同犯罪理论时还要特别注意以下几点:第一,共同犯罪的统一性,即共同犯罪是主客观条件的有机统一体,共同犯罪的成立必须具备主观和客观两个方面的要件,而且二者是相互依存的辩证统一关系。第二,共同犯罪的整体性,即共同犯罪不是参与人的行为的简单相加,而是共同犯罪人的共同故意支配下的共同行为,共同实行犯罪完成犯罪。第三,共同犯罪的差异性,即一方面相对单个人犯罪而言,共同犯罪具有更大的社会危害性,但同时各共同犯罪人的地位作用各不相同,有必要区别对待。

第二节　共同犯罪的成立条件

一、共同犯罪的成立条件

根据我国《刑法》第 25 条的规定,共同犯罪的成立必须具备以下条件:

(一)共同犯罪的主体条件

共同犯罪的主体,必须是两个以上达到刑事责任年龄、具备刑事责任能力的人或依法具备刑事责任能力的单位。在此需要注意以下几个问题:

1.共同犯罪的主体必须是两个以上的人。这是对共同犯罪主体人数的起点规定。"二人"是共同犯罪的最少人数要求,至于上限则没有限制。一个人实施的行为不存在共同犯罪问题。

2.必须是两个以上达到了刑事责任年龄、具备刑事责任能力的人。这是对共同犯罪主体质的规定。在自然人构成的共同犯罪中,参与共同犯罪的人都应当达到刑事责任年龄,具备刑事责任能力。如果有两个以上的人,但是其中一人未达刑事责任年龄,或不具备刑事责任能力,则不能构成共同犯罪。例如,已满 14 周岁未满 16 周岁的人与已满 16 周岁的人共同实施《刑法》第 17 条第 2 款规定的故意杀人、故意伤害致人重伤或者死亡、强奸、抢劫、贩卖毒品、放火、爆炸、投放危险物质罪以外的其他犯罪,对于这些案件,由于已满 14 周岁未满 16 周岁的人就所实施的行为来说属于无刑事责任能力人,不能认定为共同犯罪。

然而,在单位共同犯罪和单位与自然人共同犯罪的场合,如何理解这一条件就有争议。有人认为,刑法中关于刑事责任年龄的规定只能针对自然人犯罪而不能针对单位犯罪。我们认为,就共同犯罪的主体而言,单位承担刑事责任的资格条件仅仅是单位的刑事责任能力,单位不存在刑事责任年龄的问题。但就单位实施具体犯罪的参与者而言,每一个在单位意志支配下实施危害社会的人,是需要有一定的年龄条件的。比如,两个单位共同实施走私犯罪,其中一个单位中的某一个成员年龄还不满 16 周岁,就不能成为共同犯罪中的成员。由于我国《刑法》第 17 条第 2 款和第 3 款所规定的已满 12 周岁不满 16 周岁的人所能构成的犯罪,都是自然人犯罪,而不是单位犯罪,因此,在单位犯罪中,参与实施共同犯罪行为的主体应当达到 16 周岁的要求。

3.不具有特殊身份的人不能单独构成特殊主体的犯罪,但是可以与具有特殊身份的人成为共同犯罪主体。

4.我国刑法还规定了单位犯罪,所以单位也可成为共同犯罪的主体,即两个以上的单位共同故意犯罪,或者单位与个人构成共同犯罪。但在单位犯罪的场合,直接负责的主管人员及其他直接责任人员,与该单位本身不成立共同犯罪,只认定该单位为一个犯罪主体。

(二)共同犯罪的主观方面条件

共同犯罪的主观方面,是指两个以上的行为人具有共同的犯罪故意。共同故意是共同犯罪在主观上的必备条件,这是依据《刑法》第 25 条第 1 款的规定得出的结论。所谓共同犯罪故意,是指各行为人通过犯意联络,明知自己是在与他人配合共同实施犯罪,共同的犯罪行为会造成某种危害结果,并且希望或者放任这种危害结果发生的心理态度。具体包括以下几个方面:

1.共同犯罪故意的认识因素

共同犯罪故意的认识因素包括:(1)有犯意联络,即共同犯罪人之间通过各种形式在犯罪意思上互相沟通、彼此联系,各共同犯罪人都认识到自己不是一个人在单独实施犯罪,而是在与他人相互配合共同实施犯罪;(2)对危害结果有预见,即各行为人不仅认识到自己的行为会导致某种危害结果发生,而且认识到共同犯罪行为会导致该种危害结果。

2.共同犯罪故意的意志因素

共同犯罪故意的意志因素包括:(1)行为人明知在与他人共同犯罪的情况下,仍决意参与;(2)各共同犯罪人不仅希望或者放任自己的行为导致某种危害结果,而且对其他共同犯罪人的共同犯罪行为导致该种危害结果发生持希望或者放任态度。

3.共同犯罪故意的具体罪过形式

根据刑法对犯罪故意的基本分类,在理论上可以将共同犯罪故意分为三种形式:(1)共同直接故意,即所有共同犯罪人都认识到共同犯罪行为会发生某种危害社会的结果,并且都希望这种危害结果发生。(2)共同间接故意,即所有共同犯罪人都认识到共同犯罪行为可能发生某种危害社会的结果,但却都放任这种危害结果的发生。(3)直接故意和间接故意的组合,即一部分共同犯罪人属于直接故意,另一部分共同犯罪人属于间接故意。

(三)共同犯罪的客观方面条件

共同犯罪的客观方面,是指二人以上必须具有共同的犯罪行为。所谓共同犯罪行为,是指各行为人都实施了同一犯罪构成的行为,而且各共同犯罪的行为人在共同故意支配下,相互联系、相互配合、紧密合作,成为一个有机统一的整体,即共同犯罪参与人的行为都是共同的犯罪行为的有机组成部分;在发生危害结果的情形下,各参与人的行为结合成为一个整体与犯罪结果之间存在着因果关系。理解共同犯罪的客观条件,应注意把握以下几点:

1.共同犯罪行为的表现形式

犯罪行为的基本表现形式是作为和不作为两种。把这两种表现形式应用于共同犯罪,可以形成共同犯罪的三种形式:(1)共同的作为,即各共同犯罪人的行为都是作为。这是司法实践中最常见的情形。(2)共同的不作为,即各共同犯罪人的行为都是不作为。如负有共同作为义务的人员,经过明确的意思联络,均不实施积极消除危害的行为,导致危害结果的出现,就属于共同的不作为。(3)作为与不作为的结合。各共同犯罪人的行为,有的是作为,有的是不作为。就实施作为行为的人来说,其违反的是禁止性规范;就应当实施而没有实施作为义务的人来说,其违反的是义务性规范。如甲为公司保安,甲与乙合谋盗窃公司财务室的现金,乙按照事先的约定撬开了公司财务室,进入里面盗窃,甲与丙在值班室打扑克,故意不去巡逻。此例中,乙的行为是作为,甲的行为是不作为,二者构成共同犯罪。

2.共同犯罪的行为分工

根据行为人之间的分工不同,共同犯罪行为可划分为几种不同的类型,通常将其分为实行行为与非实行行为。非实行行为又可以分为组织行为、教唆行为和帮助行为。

(1)实行行为,是指各共同犯罪人均直接实施刑法分则具体犯罪构成客观方面的行为。在共同实行行为内部根据有无更进一步的分工,还可以分为分担的共同实行行为、并进的共同实行行为、承继的共同实行行为。分担的共同实行行为,是指各共同犯罪人在实行犯罪时,具有实行行为内部的分工。如在绑架犯罪中,甲实施劫持人质的行为,乙实施勒索财物的行为。并进的共同实行行为,是指各共同犯罪人在实行犯罪时,每个人的行为均符合某一犯罪的全部构成要件。如甲、乙二人一起入户盗窃,甲搬走了一台笔记本电脑,乙搜走了价值1万余元的金银首饰。承继的共同实行行为,是指一个实行犯在完成该犯罪构成的一部分行为以后,又有新的实行犯的加入,双方都同意在原先犯罪行为的基础上,把犯罪的实行行为进行到完成为止。如甲欲盗窃某银行的金库,就在银行附近挖地洞,希望通到银行库房的地下,进入金库盗窃。挖了三天,进展缓慢。某日遇见乙,甲把自己的想法说了一下,得到乙的赞同。次日起由乙与甲一起挖到金库库房下面,窃得大量现金。

(2)非实行行为,是指在共同意思支配下参与共同犯罪的人,没有直接实施刑法分则所规定的某一具体犯罪的构成要件的行为。在通常情况下,非实行行为是不直接接触犯罪对象的。根据非实行行为的表现形式,可以将其分为组织行为、教唆行为和帮助行为三种具体形式。组织行为,是指在犯罪集团中组织、领导、策划、指挥共同犯罪的行为。教唆行为是指采用劝说、收买、威胁或者其他方法唆使他人故意实施犯罪的行为。教唆行为的实质在于制造犯意,对他人犯意的形成起关键作用。帮助行为,是指在共同犯罪中创造条件的行为,它对共同犯罪起辅助作用。

3.共同犯罪行为与犯罪结果之间的因果关系

共同实施的犯罪,如果是结果犯并发生了危害结果时,各共同犯罪人的行为与结果之间都存在因果关系。共同犯罪中的因果关系与单个人犯罪的因果关系有所不同。因为共同犯罪行为是围绕同一个犯罪目标进行的,它建立的是各行为人的行为整体与共同结果之间的联系,换言之,行为人及其行为动作可以是多个的,但作为整体的行为只有一个。因此,共同犯罪的因果关系只要求共同犯罪行为的有机整体与犯罪结果之间存在因果关系,并不要求每一个共同犯罪人所具体实施的行为直接地导致犯罪结果的发生。只要共同犯罪人中的一个人的实行行为导致了犯罪结果的发生,全体共同犯罪人都应对该犯罪结果承担刑事责任。这就是共同犯罪"部分行为,全体责任"刑事责任原则的基本原理。

二、共同犯罪的认定

(一)不构成共同犯罪的情形

1.共同过失行为不构成共同犯罪。共同过失行为,是指二人以上的共同过失行为造成一定危害结果的情形。《刑法》第25条第2款规定:"二人以上共同过失犯罪,不以共同犯罪论处。"这既是对共同犯罪的补充规定,也是《刑法》第25条第1款规定的必然要求。根据我国刑法主客观相一致的原则,成立共同犯罪,各犯罪人之间应有犯意联络,形成共同犯罪故意;而过失犯罪是不存在犯意的,也就没有相互间犯意联络的可能,各犯罪人的行为不是一个整体,因而不具备共同犯罪的本质特征。对共同过失行为,应分别定罪处罚。

2.同时犯不构成共同犯罪。同时犯,是指二人以上主观上缺乏共同实施犯罪的意思联络,但客观上同时或者近乎同时针对同一个目标实施了同一犯罪的情形。

如甲经常欺负乙和丙,某日甲在修理一安装在隔墙上的机器时被卡住了,使得这墙两边都无法看到对面的情况,此时恰遇乙、丙从两个不同的方向走来,就分别站在甲的正面和背面,上前痛打甲,甲两面摇晃。打完后,乙将甲从机器边拉出来,发现原来丙在对面击打,丙也恍然大悟。对同时犯,各自对自己的行为承担刑事责任。

3.故意内容不同不构成共同犯罪。二人以上同时对同一对象实施故意犯罪行为,但是由于故意的内容不同,不具有共同的故意,就不构成共同犯罪。如甲乙系夫妻,丙长期纠缠乙,甲和乙共谋将丙腿打断。某日晚,丙又来敲乙的门,乙将丙领进客厅就拿起扁担击打其大腿,甲闻讯下楼持木棍与乙一起击打丙。丙骂甲是"王八",甲怒火中烧,用木棍朝丙头部猛击,致其死亡。本案中,甲以杀害丙为犯罪故意内容,而乙却以伤害丙为犯罪故意内容,二者的犯罪故意内容不同,不构成共同犯罪,应分别以故意杀人罪和故意伤害罪论处。

4.超出共同故意范围的实行过限行为不构成共同犯罪。共同犯罪人超出共同犯罪故意的范围,单独实施其他犯罪行为的,不属于共同犯罪,对单独实施的犯罪只能由实施该行为的人负责,其他共同犯罪人不承担责任。如甲和乙共同盗窃,但甲盗窃后为破坏现场又实施了放火行为,甲与乙构成盗窃罪的共同犯罪,此外甲还对自己的放火行为承担刑事责任。

5.共同实施危害行为,但罪过形式不同,不构成共同犯罪。由于我国刑法中所规定的罪过形式,只有故意和过失两种。过失犯罪没有共同犯罪,因此,犯罪的故意与过失结合,也不可能存在共同犯罪。

6.事后通谋的窝藏、包庇行为,不构成共同犯罪。这些行为与危害结果的发生没有因果关系。

(二)构成共同犯罪的情形

1.两个以上不同身份的人,可以构成共同犯罪。在刑法分则规定需要特殊主体才可以构成犯罪的场合,不具有特殊身份的人不能单独构成特殊主体的犯罪,但是可以与具有特殊身份的人构成共同犯罪。如非国家工作人员不能单独构成受贿罪,但是可以与国家工作人员一起构成受贿罪的共同犯罪。

2.仅有共谋而没有参与犯罪实行行为的,构成共同犯罪。共谋,是指二人以上为实行犯罪进行了商议、谋划。共谋而未参与实行仍构成共同犯罪。因为谋划本身就是共同犯罪行为的组成部分,只是处于预备阶段而已。当然,对参与共谋而未参与实行的共同犯罪人进行处罚时,要根据其他共谋者的行为状况以及该行为人未参与的主客观原因,区别对待。

3.事前通谋的窝藏、包庇行为成立共同犯罪。事先有通谋的窝藏、包庇行为,由于行为人之间具有共同侵害犯罪客体的主观意思联络,在客观上鼓励了实行犯的实行行为,危害结果的发生与二人的共同意图和分阶段存在的行为都有因果关系。因此,我国《刑法》第 310 条第 2 款规定,实施窝藏、包庇行为,事先通谋的,以共同犯罪论处。

（三）认定共同犯罪需要特别关注的问题

1. 片面共犯问题

片面共犯是从国外引入的一个刑法概念。它是指两个以上的行为人共同针对同一对象实施犯罪行为,但只有一方存在共同犯罪故意,而另一方则没有与此故意内容一致的犯罪故意,而形成的犯罪形式。

对如何处理片面共犯,中外刑法理论上都存在争论。有的否认片面共犯概念,认为片面共犯不能成立共同犯罪;有的肯定片面共犯的概念,认为所有片面共犯都成立共同犯罪;有的只承认片面教唆犯和片面帮助犯;有的只承认片面帮助犯等。我们认为,片面共犯的情形是客观存在的。无论我们是否称之为"共犯",它总是在二人以上实施犯罪的场合出现。但从我国刑法对共同犯罪规定的条件和共同犯罪人的种类看,片面共犯不是共犯,它只是为刑法处罚"间接正犯"提供分析的路径和存在的根据。

2. 共同犯罪与单位犯罪的界限

我国对单位犯罪的处罚,原则上采取"双罚制",即既要对单位判处罚金,还要对该单位直接负责的主管人员和其他直接责任人员处以刑罚。在通常情况下,单位犯罪一旦成立,其被处罚的责任人往往是多人,因而很容易与共同犯罪相混淆。因此,有必要准确区分共同犯罪和单位犯罪,避免将共同犯罪以单位犯罪论处,或者将单位犯罪以共同犯罪论处。

共同犯罪与单位犯罪的主要区别有以下几个方面:(1)产生犯意的时间不同。在共同犯罪中,犯意产生的时间是较随意的,只要有一个人的犯意先决存在,其他共同犯罪参与人的犯意既可以是在实施犯罪以前与起意者同时产生,也可以在实施犯罪过程中产生;在单位故意犯罪中,由于单位犯罪总是在单位集体研究决定或单位负责人决定之后才会实施,因而,单位犯罪的犯意只能产生于犯罪行为实施以前。(2)产生犯意的方式不同。在共同犯罪中,犯意产生的方式是多种多样的,既可以是几个人共同商议后形成共同犯意,也可以是由一人提出再传达给其他人,甚至通过教唆行为使他人产生犯意从而形成共同犯意,等等;而在单位犯罪中,犯意只能由单位集体研究而产生,或者是由具有拍板权的负责人员决定。(3)罪过形式不同。共同犯罪的行为人在主观上既可以都表现为直接故意;也可以有的表现为直接故意,有的表现为间接故意;还可以都表现为间接故意。单位犯罪可以是故意犯罪,也可以是过失犯罪。(4)在共同犯罪中,共同犯罪人有主犯、从犯等区别;而在单位犯罪中,根据最高人民法院 2000 年 10 月 10 日施行的《关于审理单位犯罪案件对其直接负责的主管人员和其他直接责任人员是否区分主犯、从犯问题的批复》的规定,在审理单位故意犯罪案件时,对其直接负责的主管人员和其他直接责任人员,可不区分主犯、从犯,按照其在单位犯罪中所起的作用判处刑罚。

第三节　共同犯罪的形式

一、共同犯罪形式的概念

共同犯罪的形式,是指二人以上共同犯罪的结构或者共同犯罪人之间的结合形态。共同犯罪的结构,是指共同犯罪在法律上或者事实上呈现的要素间的关系。它是共同犯罪的承载形式。共同犯罪人的结合,是指在共同犯罪中的各个行为人在其中的分工、地位和运行方式。它是以人为对象所表现的承载形式。

共同犯罪的形式多种多样,不同的共同犯罪的形式具有各自的特点和不同的社会危害性。区分共同犯罪的形式,旨在认识各种共同犯罪的特点和社会危害程度,便于准确适用法律,也便于对共同犯罪人区别对待,达到分化瓦解的作用。

二、共同犯罪形式的划分

在刑法理论上,根据不同的标准,可以对共同犯罪的形式作不同的分类,主要包括以下几种:

(一)任意的共同犯罪和必要的共同犯罪

根据共同犯罪能否任意形成,可以将共同犯罪分为任意的共同犯罪和必要的共同犯罪。任意的共同犯罪,是指刑法分则规定的一个人能单独实施的犯罪,由二人以上共同实施而形成的犯罪形式。如盗窃罪、抢劫罪、故意杀人罪、贪污罪,既可以由一个人实施,也可以由二人以上共同实施,如果由二人以上共同故意实施的,就是任意共同犯罪。对任意共同犯罪,应根据刑法分则规定的具体犯罪并结合总则关于共同犯罪的规定定罪量刑。必要的共同犯罪,是指刑法分则规定必须由二人以上共同实施才能构成的犯罪。必要的共同犯罪的犯罪主体必须是二人以上,一个人不可能单独构成此种犯罪。

根据我国刑法分则的规定,必要的共同犯罪有三种形式:(1)聚众性的共同犯罪,是指以多数人向着同一目标的共同行为为犯罪构成要件的犯罪。此种形式的共同犯罪的特点是人数众多,参与者的行为指向相同,但参与的程度和形态可能存在差异。如《刑法》第 290 条的聚众扰乱社会秩序罪、第 301 条的聚众淫乱罪、第 317 条的聚众持械劫狱罪,都属于这种形式。(2)集团性的共同犯罪,是指以组织、领导或者参加某种犯罪集团为犯罪构成要件的犯罪。它包括一般犯罪集团和有组织的犯罪。如《刑法》第 120 条规定的组织、领导、参加恐怖活动组织罪,其犯罪主体包括组织者、领导者、积极参加者和其他参加者。（3）对行性的共同犯罪。对行性的共同犯罪，也称"对向犯"或"对偶犯"，是指基于二人以上的相互对向行为构成的犯罪。如行贿与受贿、相婚与重婚。一方行为违法性的存在是以他方行为为前提的。对行性的共同犯罪，在我国刑法理论上一般属于必要的共同犯罪的一种类型，但也还有些特殊情况需要作进一步的研究。

（二）事前通谋的共同犯罪和事前无通谋的共同犯罪

根据共同犯罪故意形成的时间不同，可以将共同犯罪分为事前通谋的共同犯罪和事前无通谋的共同犯罪。

事前通谋的共同犯罪，是指共同犯罪人在着手实行犯罪以前，进行了程度不同的商议和谋划，已经形成共同故意的犯罪形式。通谋，一般是指共同犯罪人之间相互沟通、协调犯罪意思。

事前无通谋的共同犯罪，是指共同犯罪人在着手实行犯罪之时或实行犯罪的过程中形成共同犯罪故意的共同犯罪。事前无通谋的共同犯罪，有的也叫"事中通谋的共同犯罪"，由于事前无通谋包括事中通谋和事后通谋，而事后通谋不构成共同犯罪，因此事前无通谋的共同犯罪也可以称为事中通谋的共同犯罪。

事前通谋的共同犯罪，由于各共同犯罪人在实施行为前有一个谋划过程，犯罪的计划性更强，也更容易得逞，此种共同犯罪人的人身危险性和行为的社会危害性比临时起意、没有进行周密的谋划和商议的事前无通谋的共同犯罪要大，所以处罚也应该重一些。

（三）简单的共同犯罪和复杂的共同犯罪

根据共同犯罪人之间是否存在分工，可以将共同犯罪分为简单的共同犯罪和复杂的共同犯罪。

简单的共同犯罪，即共同实行犯，是指各共同犯罪人都直接实行刑法分则规定的某一具体犯罪客观方面行为的犯罪形式。在简单的共同犯罪中，每一个共同犯罪人都是实行犯，其刑事责任的确定只要比照相应的分则条文，结合其在共同犯罪中的地位和作用判定。即在坚持"部分实行，全部负责"原则基础上，要贯彻罪责自负原则，实行区别对待。

复杂的共同犯罪，是指各共同犯罪人之间存在着一定分工的共同犯罪形式。具体可以表现为教唆行为和实行行为的分工、实行行为与帮助行为的分工、组织行为与实行行为的分工，也可以表现为教唆行为、实行行为、帮助行为的分工，还可以表现为教唆行为、组织行为、实行行为、帮助行为之间的分工，等等。我国刑法没有规定复杂共同犯罪应当如何处理，因此，在实践中应当根据各共同犯罪人在共同犯罪中所起的作用的大小和对社会的危害程度，依照刑法的有关规定解决他们的刑事责任问题。

（四）一般共同犯罪和特殊共同犯罪

根据共同犯罪人之间结合的紧密程度和有无组织形式,可以将共同犯罪分为一般共同犯罪和特殊共同犯罪。

一般共同犯罪,是指各共同犯罪人之间不存在组织形式的共同犯罪。这种形式的共同犯罪,一般是为实施某种特定的犯罪而临时结合,该种犯罪一旦完成,其犯罪的共同体就不复存在。一般共同犯罪,既可以是事前通谋的共同犯罪,也可以是事前无通谋的共同犯罪;既可以是简单共同犯罪,也可以是复杂共同犯罪。

特殊共同犯罪,是指各共同犯罪人之间存在一定组织形式的共同犯罪,也称犯罪集团。根据《刑法》第26条第2款的规定,犯罪集团,是指三人以上为共同实施犯罪而组成的较为固定的犯罪组织。据此,认定犯罪集团必须同时具备以下条件:(1)成员的多数性,即成员必须是3个人以上。这是构成犯罪集团最低人数要求。(2)确定的目的性,即主观方面具有实施某种或某几种犯罪的目的性。其共同的犯罪目的可以是通过成员之间口头或书面联络形成的。(3)具有一定的组织性。即成员之间存在着领导与被领导的关系,形成较为固定的犯罪组织。犯罪组织,是指为实施犯罪而建立起来的集体。(4)具有较强的稳定性。不同的犯罪集团有不同的组织形式,其组织的严密程度也不同。因此根据组织的严密程度的不同,犯罪集团又可分为普通犯罪集团、有组织犯罪集团。所谓固定性,是指各共同犯罪人是为了在较长时间内多次实施犯罪活动而结合起来的,在实施一次犯罪后,集团成员间的相互关系和组织形式依然存在,并不因特定犯罪的完成而解散。

对犯罪集团,应当按照刑法分则的有关规定,结合刑法总则关于共同犯罪的规定予以处罚。

第四节　共同犯罪人的刑事责任

一、共同犯罪人的分类标准

共同犯罪是二人以上共同实施的犯罪,相对于单独犯罪而言,它的罪刑关系比较复杂。在共同犯罪中,各共同犯罪人所实施的行为不可能完全相同,每个参与者在共同犯罪中所处的地位与所起的作用也会有大小。因此,依据一定的标准,对共同犯罪人进行科学的分类,并据此确定各共同犯罪人的刑事责任是十分必要和至关重要的。

对于共同犯罪人的分类,各国刑法主要有两种分法:一种是以共同犯罪人在共同犯罪中的分工为标准,将共同犯罪人分为实行犯、组织犯、教唆犯和帮助犯;另一种是以共同犯罪人在共同犯罪中所起的作用为标准,将共同犯罪人分为主犯和从犯。这两种分类方法各有利弊,以分工为标准的分类,能反映各共同犯罪人在共同犯罪中所实施的具体行为,便于对共同犯罪人定罪,但不能说明该行为在共同犯罪中起了何种作用,不能解决量刑问题;以作用为标准的分类,虽能客观地反映共同犯罪人在共同犯罪中所起的作用,但不能说明各共同犯罪人在共同犯罪中实施的具体行为,无法落实定罪问题。

对共同犯罪人的分类,是为了解决刑事责任问题,因此我国刑法从现实性考虑,对共同犯罪人的分类采用了综合的方法,即以共同犯罪人在共同犯罪中的作用为主要标准,并适当考虑共同犯罪人的分工,将共同犯罪人分为主犯、从犯、胁从犯和教唆犯四类。

二、主犯及其刑事责任

（一）主犯的概念

《刑法》第 26 条第 1 款规定:"组织、领导犯罪集团进行犯罪活动的或者在共同犯罪中起主要作用的,是主犯。"因此,我国刑法中的主犯有两种:

1. 组织、领导犯罪集团进行犯罪活动的犯罪分子

组织、领导犯罪集团进行犯罪活动的犯罪分子,就是犯罪集团的首要分子。这种主犯以犯罪集团的存在为条件。没有犯罪集团就没有这类主犯存在的可能。组织、领导犯罪集团进行犯罪活动的具体表现是多种多样的,其基本内容通常包括:负责组建犯罪集团,为犯罪集团的活动出谋划策,网罗、招收犯罪集团成员,制定犯罪活动计划,协调集团成员的分工,指挥、布置具体的犯罪活动,等等。

2. 在共同犯罪中起主要作用的犯罪分子

这类主犯,是指除犯罪集团首要分子以外的,在共同犯罪中起主要作用的犯罪分子。具体包括以下几种:（1）犯罪集团中首要分子以外的在犯罪集团中起主要作用的犯罪分子。在犯罪集团中组织、领导犯罪集团进行犯罪活动的首要分子当然是主犯,但除此之外,在犯罪集团中虽然不起组织、指挥作用,但积极参加犯罪集团或者在犯罪活动中特别卖力,或者直接实行重大犯罪的,也是主犯。（2）在一般共同犯罪中起主要作用的犯罪分子,如在共同犯罪中直接造成严重后果的、罪行重大的、情节特别恶劣的等。（3）在聚众性犯罪中起主要作用的犯罪分子。

这里需要特别注意首要分子与主犯的关系问题。《刑法》第 97 条规定:"本法所称首要分子,是指在犯罪集团或者聚众犯罪中起组织、策划、指挥作用的犯罪分子。"据此,首要分子包括两种人:第一,在犯罪集团中起组织、策划、指挥作用的犯罪分子;第二,在聚众犯罪中起组织、策划、指挥作用的犯罪分子。根据我国刑法的规定,将聚众犯罪包括以下三种类型:第一类是参与者均构成犯罪的聚众犯罪。如《刑法》第 317 条规定的聚众持械劫狱罪,首要分子、积极参加者和其他参加者均可构成犯罪。第二类是只有首要分子和积极参加者才构成犯罪的聚众犯罪。如《刑

法》第290条规定的聚众冲击国家机关罪。第三类是只有首要分子才构成犯罪的聚众犯罪。如《刑法》第291条规定的聚众扰乱公共场所秩序、交通秩序罪。第三类犯罪由于只处罚首要分子,不属于共同犯罪,也就不存在主犯问题;在第二类聚众犯罪中,只有首要分子才可能成为主犯;在第一类聚众犯罪中的首要分子、积极参加者一般都可以成为主犯。因此,聚众性犯罪中起主要作用的犯罪分子,仅指第一类和第二类中的首要分子和第一类中的积极参加者,而不包括第三类中的首要分子及其他积极参加者。

(二)主犯的刑事责任

1.犯罪集团首要分子的刑事责任

根据《刑法》第26条第3款规定:"对组织、领导犯罪集团的首要分子,按照集团所犯的全部罪行处罚。""集团所犯的全部罪行",是指首要分子组织、指挥的全部犯罪,对于集团个别成员超出集团预谋实施的犯罪,首要分子不承担刑事责任,由实施者本人承担刑事责任。

2.其他主犯的刑事责任

根据《刑法》第26条第4款规定:"对于第三款规定以外的主犯,应当按照其所参与的或者组织、指挥的全部犯罪处罚。"

此外,我国刑法分则对某些必要共犯的主犯和其他一般共同犯罪人规定了具体的法定刑,例如《刑法》第290条第2款规定,犯聚众冲击国家机关罪的,对首要分子处5年以上10年以下有期徒刑;对其他积极参加的,处5年以下有期徒刑、拘役、管制或者剥夺政治权利。对于这些共同犯罪中的首要分子、积极参加者等主犯,应直接依照刑法分则的有关规定处罚。

三、从犯及其刑事责任

(一)从犯的概念

根据《刑法》第27条第1款的规定,在共同犯罪中起次要或者辅助作用的犯罪分子,是从犯。据此,我国刑法中的从犯分为两种情形:

1.在共同犯罪中起次要作用的犯罪分子

这是指行为人虽然直接实施了具体犯罪构成客观方面的犯罪行为,但在整个共同犯罪中处在次要的地位,对共同犯罪的重要事项没有决定权和影响力。这种情形的从犯既可以存在于犯罪集团中,也可以存在于其他一般的共同犯罪中。

2.在共同犯罪中起辅助作用的犯罪分子

这是指未直接实行具体犯罪构成客观方面的犯罪行为,而是为共同犯罪的实施、完成创造方便条件、辅助实行犯实行犯罪的人。在实践中,起辅助作用的人往往是帮助犯,它的存在与否不影响实行行为者犯罪构成的成立。

（二）从犯的刑事责任

《刑法》第 27 条第 2 款规定："对于从犯，应当从轻、减轻处罚或者免除处罚。"这里的"应当"从轻、减轻或者免除处罚，是必须从宽处罚，而不是"可以"从轻、减轻或者免除处罚。当然，具体对从犯是适用从轻、减轻或者免除处罚的哪一种，需要结合犯罪性质、情节以及在共同犯罪中所起的作用等情况综合判定。

此外，我国刑法分则对一些必要共犯的从犯与主犯一起规定了具体的法定刑。如《刑法》第 317 条第 1 款规定，犯组织越狱罪的，对首要分子和积极参加者，处 5 年以上有期徒刑；对其他参加者，处 5 年以下有期徒刑或者拘役。此处的其他参加者，实际上是从犯。但当刑法分则对其规定了具体的法定刑的，应当直接根据分则的规定适用刑罚。

四、胁从犯及其刑事责任

（一）胁从犯的概念

根据《刑法》第 28 条的规定，胁从犯，是指被胁迫参加犯罪的人。所谓被胁迫参加犯罪，是指受到暴力威胁或者精神威胁，被迫参加犯罪活动。具体来说，行为人明知自己参与实施的行为是犯罪行为，虽主观上不愿意，但在遭受他人的胁迫后仍参与实施了犯罪。

认定胁从犯要注意以下三个问题：（1）如果行为人被欺骗不知道自己实施的是犯罪行为，或者虽然知道自己实施的行为是犯罪行为，但是其丧失了选择不实施犯罪的意志自由，就不构成共同犯罪。（2）受胁迫实施犯罪能否成立紧急避险，关键在于看被迫损害的利益是否小于所保护的利益。如，他人以杀害相威胁，行为人在迫不得已的情况下实施了故意毁坏他人财物的行为，可以成立紧急避险。（3）胁从犯向主犯的转化，在现实生活中，有的共同犯罪人开始是被胁迫参加犯罪的，在其后的共同犯罪中自愿参与犯罪，且在共同犯罪中起主要作用，对这种共同犯罪人不能以胁从犯论处，而应当按照他在共同犯罪中所起的作用，分别以主犯或从犯论处。

（二）胁从犯的刑事责任

根据《刑法》第 28 条规定："对于被胁迫参加犯罪的，应当按照他的犯罪情节减轻处罚或者免除处罚。"适用这一原则时需要注意的是，胁从犯的量刑基准是"他的犯罪情节"，而不是以主犯或从犯为参照系。即根据胁从犯参与犯罪的事实及相关情节，再决定应当减轻处罚还是应当免除处罚。

五、教唆犯及其刑事责任

（一）教唆犯的概念

根据《刑法》第 29 条第 1 款的规定及有关刑法理论，教唆犯，是指故意唆使他人犯罪的人。这是以共同犯罪人的分工为标准而作的划分。构成教唆犯必须同时具备以下条件：

1.客观条件

教唆犯的客观方面必须有教唆他人犯罪的行为。它包括三个方面的内容：(1)必须有教唆行为。教唆行为的成立，通常是从被教唆者的表现中得到印证的。即教唆行为引起了被教唆者的犯罪故意，被教唆者实施了被教唆的犯罪行为，教唆行为与被教唆者实施犯罪之间具有因果关系，二者构成共同犯罪。(2)教唆行为的内容是唆使他人实施较为特定的犯罪。(3)教唆行为的方式可以是多种多样。既可以是口头教唆，也可以是书面教唆，还可以是通过打手势、使眼神等形体语言进行教唆。

2.主观条件

教唆犯在主观方面必须有教唆他人犯罪的故意。在认识因素上，教唆者必须具备以下条件：

(1)教唆者认识到被教唆者已达到刑事责任年龄，并具有刑事责任能力。如果教唆者明知被教唆者未达到刑事责任年龄，或者不具备刑事责任能力，而予以教唆的，则不构成教唆犯，而属于间接正犯。但如果误认为对方达到刑事责任年龄、具有刑事责任能力而教唆的，仍然构成教唆犯。(2)教唆者认识到他人没有犯罪意图。如果不知他人已有犯罪意图仍然教唆其犯罪的，教唆犯仍然成立。(3)教唆者预见到自己的教唆行为会引起被教唆者产生实行某种犯罪的意图，并实施该种犯罪。

教唆犯的意志因素通常是积极追求被教唆者实施被教唆的行为，但是否包括放任心理，有不同观点。通说认为，教唆犯的意志因素包括直接故意和间接故意。

3.对象条件

教唆犯的对象必须是特定的、本来没有犯罪意图的，并具有刑事责任能力的人。教唆未达刑事责任年龄者或者精神病人实施犯罪的，不构成共同犯罪；应对教唆者本人以间接正犯论处。已有实施某种与所教唆罪相同犯罪意图的人，不能成为教唆对象。

(二)教唆犯的刑事责任

1.教唆犯的一般刑事责任

根据《刑法》第29条第1款的规定，"教唆他人犯罪的，应当按照他在共同犯罪中所起的作用处罚"，即教唆犯在共同犯罪中起主要作用的，按主犯的处罚原则处罚；在共同犯罪中起次要作用的，按从犯处罚。

2.教唆未成年人犯罪的刑事责任

根据《刑法》第29条第1款的规定，"教唆不满十八周岁的人犯罪的，应当从重处罚",由于未成年人分辨是非的能力差,容易被犯罪分子所利用,教唆未成年人犯罪具有极大的社会危害性;同时,教唆未成年人犯罪也反映出教唆者之极大的主观恶性。因而对教唆未成年人犯罪的行为应从重处罚。

3.教唆未遂的刑事责任

根据《刑法》第29条第2款的规定,"如果被教唆的人没有犯被教唆的罪,对于教唆犯,可以从轻或者减轻处罚",教唆未遂是指被教唆者没有犯被教唆的罪而使教唆行为未遂的情况。具体包括以下四种情形:(1)被教唆人拒绝了教唆人的教唆;(2)被教唆人当时接受了教唆人的教唆,但实际上没有进行任何犯罪活动;(3)被教唆人当时接受了教唆人犯某罪的教唆,但实际上实施了其他犯罪;(4)教唆人对被教唆人进行教唆时,被教唆人已经有实施该罪的故意。

复习与练习

本章提要

共同犯罪,是指二人以上共同故意犯罪,它是故意犯罪的一种特殊形态。共同犯罪的成立需要具备共同犯罪的主体条件、主观条件和客观条件,缺一不可。根据不同的标准,可以将共同犯罪分为任意共同犯罪和必要共同犯罪,事前通谋的共同犯罪与事前无通谋的共同犯罪,简单共同犯罪与复杂共同犯罪,一般共同犯罪与特殊共同犯罪。根据我国刑法的规定,共同犯罪人分为四种:主犯、从犯、胁从犯和教唆犯。主犯,是指组织、领导犯罪集团进行犯罪活动或者在共同犯罪中起主要作用的犯罪分子。对组织、领导犯罪集团的首要分子,按照集团所犯的全部罪行处罚。对其他主犯,应当按照其所参与的或者组织、指挥的全部犯罪处罚。在共同犯罪中起次要或者辅助作用的是从犯。对于从犯,应当从轻、减轻处罚或者免除处罚。被胁迫参加犯罪的人是胁从犯,对于胁从犯应当按照他的犯罪情节减轻处罚或者免除处罚。教唆他人犯罪的是教唆犯,对教唆犯应当按照他在共同犯罪中所起的作用处罚。教唆不满18周岁的人犯罪的,应当从重处罚。如果被教唆的人没有犯被教唆的罪,对于教唆犯,可以从轻或者减轻处罚。

重要概念

共同犯罪　犯罪集团　聚众犯罪　主犯　从犯　胁从犯　教唆犯

思考题

1.试述共同犯罪的概念和成立条件。

2.试述共同犯罪的形式。

3.简述犯罪集团的概念和特征。

4.简述主犯的概念及其刑事责任。

5.简述从犯的概念及其刑事责任。

6.如何理解教唆犯的处罚原则?

7.甲请乙为其在丙家盗窃时望风,乙同意。某日晚,甲、乙按约定前往丙家,乙在门外望风,甲进入丙家后,见丙一人在家,便对丙实施暴力,抢劫了丙的1万元现金,对本案应如何认定?(　　　)

A.甲、乙构成抢劫罪的共犯

B.甲、乙构成盗窃罪的共犯

C.甲与乙都成立抢劫罪

D.甲成立抢劫罪、乙成立盗窃罪

8.甲(18岁)和乙(17岁)准备去某仓库偷随身听等电器,路上遇到丙(16岁)便邀其同去,丙犹豫不决,乙一把拖其就走。行走中,三人又遇上了丁(15岁),甲、乙也邀其同去,丁不愿去。甲威胁说:"不去就一拳揍死你。"丁只好跟从。到仓库后,甲吩咐丁在巷子口望风,甲和乙撬开仓库大门,甲、乙、丙三人各搬走一箱电器,叫上丁逃离现场。后案发均被捕。

问:(1)他们是否构成共同犯罪? 为什么?

(2)他们在犯罪中各处于什么地位? 量刑情节如何?

第十三章　罪数形态

罪数形态是从基本犯罪构成中引出的一个现实问题,即行为人在一个故意支配下实施的行为,在什么样的情况下构成一罪,又在什么样的情况下构成数罪。这就需要明确一罪与数罪的判断标准,并以刑法所采用的标准划分出一罪与数罪的类型。只有正确地区分一罪与数罪,才能正确判断行为的性质,评价行为人的刑事责任,并予以恰当的量刑。在刑法理论上,判断行为是构成一罪还是构成数罪,既要以基本的犯罪构成理论为指导,同时也要考虑司法实践应用的必要性和可行性。

本章重点
- 罪数判断的标准
- 实质的一罪
- 法定的一罪
- 处断的一罪

第一节　罪数形态概述

一、罪数形态的概念

罪数,是指一人所犯之罪的个数。罪数形态,是指表现为一罪或数罪的各种类型化的犯罪形态。

由于现实中发生的犯罪现象情况复杂,形式多样,而刑法立法对这些犯罪现象的规定又不完全一样,因此,就出现一罪与数罪的复杂局面。按照犯罪构成的基本原理,行为是犯罪必不可少的要素,在传统刑法立法中,通常是以行为为标准来划分罪数的,一个行为就构成一罪,多个行为就构成多罪。但现代刑法将行为中心主义为唯一要素的犯罪观转向以行为和法益为要素的犯罪观,这使得一行为符合数罪和数行为符合一罪的情况大量出现。这就需要对什么是一罪、什么是数罪,以及犯罪个数与行为的关联性等复杂理论问题进行认真的研究。研究罪数形态的任务主要在于:从罪数之单复的角度描述行为人实施的危害行为构成犯罪的形态特征,阐明各种罪数形态的构成要件和本质属性,剖析不同罪数形态的共同特征并科学界定其界限,进而确定不同罪数形态适用的处理原则。

二、研究罪数形态的意义

（一）有助于准确定罪

定罪准确是刑事审判活动最基本的要求。要做到准确定罪，除了需要查明行为人的行为是否构成犯罪、构成何种犯罪以外，还必须确定犯罪的个数，准确地认定行为是一罪还是数罪。在刑事司法中，犯罪个数的认定，直接关系到行为在犯罪构成中的地位及刑法分则罪状要素的落实，意义重大。

（二）有助于适当量刑

罪数形态是刑罚适用的前提，要做到罪责刑相适应，就必须分清犯罪分子所犯的是一罪还是数罪。犯罪的个数直接影响量刑，特别是在选择性罪名与法定一罪，多个行为与处断一罪的关系上，表现更为明显。分不清一罪与数罪的界限，就会导致量刑畸轻畸重。若将一罪定为数罪，就会无根据地加重行为人的刑事责任；若将数罪定为一罪，又会不适当地减轻行为人的刑事责任。因此，只有正确地界定罪数，才能为正确量刑提供前提条件，防止量刑上的畸轻畸重。

（三）有助于刑法制度的落实和刑法理论的深化

我国刑法中的罪数形态都与刑法的效力规范相关，因此，深入、具体地研究罪数形态，有助于刑法的时间效力、空间效力、追诉时效等相关制度的落实和应用，也有助于推动管辖权根据的理论深化。

第二节　罪数判断标准的学说

罪数判断标准，是判断一罪还是数罪的依据。依据什么来判断罪数，围绕这一问题，中外刑法理论上存在各种不同的主张。

一、国外关于罪数标准的学说

（一）行为标准说

行为标准说认为，行为是犯罪的最基本的要素，无行为即无犯罪，所以判断罪数是一罪还是数罪，应当以行为的个数为标准。行为人实施了一个行为的，为一罪；实施了数个行为的，为数罪。对于行为的理解又有自然行为说与法律行为说之分。自然行为说主张，行为就是自然的一个行为，即人的一个动作或举动。法律行为说主张，行为应当依照法律观念来认定。依照法律观念，数个举动可能只是法律上的一个行为。例如掏枪、举枪、瞄准、射击，这一系列的举动，从法律上看，只是一个杀人行为。只有按照法律规定，符合数个独立法律行为所构成的犯罪，才是数罪。

（二）法益标准说

法益标准说，又称结果标准说，认为犯罪的本质是侵害或者威胁法益，刑法之所以将某种行为规定为犯罪，就是为了保护法益，不侵害法益的行为就不可能构成犯罪。所以，判断是一罪还是数罪，应以侵害法益或者犯罪结果的个数为标准。侵害一个法益或者发生一个结果的，是一罪；侵害数个法益或者发生数个结果的，是数罪。

（三）犯意标准说

犯意标准说，又称意思标准说，认为犯罪是行为人主观上犯罪意思的表现，犯罪行为只是行为人表示犯罪意思或者主观恶性的手段，犯罪结果是证明犯罪人恶性的客观实在。所以，判断是一罪还是数罪应以犯罪意思为标准。行为基于一个犯罪意思实施犯罪的，是一罪；基于数个犯罪意思实施犯罪的，是数罪。

（四）构成要件标准说

构成要件标准说认为，犯罪首先以构成要件符合性为标准才能成立，行为不具备构成要件符合性就不可能构成犯罪，所以，判断罪数是一罪还是数罪只能以构成要件为标准。凡是符合一个构成要件的行为，是一罪；符合数个构成要件的行为，是数罪。

二、我国关于罪数标准的学说

在我国，尽管对罪数标准也有各种不同的学说，但基本一致的观点是以犯罪构成作为区分一罪与数罪的标准。这是符合我国刑法对犯罪构成的基本原理的。我国刑法中的犯罪构成，是主客观要件的统一，是犯罪成立要件的整体性评价。行为符合犯罪构成，犯罪即可成立。所以，判断是一罪还是数罪，应当以犯罪构成为标准：行为具备一个犯罪构成的，是一罪；行为具备数个犯罪构成的，是数罪。用犯罪构成标准说作为区分一罪与数罪的理论，具有重要的意义：

第一，以犯罪构成为标准区分一罪与数罪，体现和贯彻了罪刑法定的刑法基本原则。我国《刑法》的总则性规范和分则性规范，全面、系统地确定了犯罪构成的要件，这是罪刑法定原则罪法定要求在刑法中的体现。以犯罪构成作为区分一罪与数罪的标准，可以避免罪数判定上的随意性，确保罪数判定的法定性、统一性和公正性。

第二，以犯罪构成为标准区分一罪与数罪，贯彻了主客观相统一的原则。任何犯罪都是主观要件和客观要件所构成的有机统一体。犯罪构成标准说既包含了犯罪的客观要件，又包含了犯罪的主观要件，全面地贯彻了主客观相统一的原则。因此，以犯罪构成作为区分一罪与数罪的标准，就能够防止主观归罪或客观归罪的错误，保证定罪和量刑的准确性。

第三，以犯罪构成为标准区分一罪与数罪，也是对我国犯罪构成理论的全面贯彻，是犯罪构成理论在罪数形态中的具体体现。如果以犯罪构成以外的标准来作为划分一罪与数罪的标准,就使得犯罪的衡量出现了形式标准与实质标准不统一的问题,使犯罪构成理论在非基本的犯罪形态中得不到贯彻落实,影响了犯罪构成理论价值的实现。

需要说明的是,犯罪构成标准说作为罪数划分标准,也只是为罪数的类型化提供依据。在刑法立法中,突破类型化作特殊规定的情形也是存在的,如为骗取保险金而故意造成财产损失,按一般原理应作牵连犯处理,但《刑法》第198条却规定应当数罪并罚。因此,在区分一罪与数罪时,通常以犯罪构成为标准,但刑法有特别的规定,必须依照刑法的规定处理。

三、罪数的类型

罪数的类型是根据罪数标准划出的各种一罪或者数罪形态的种类。理论上主要有以下一些分类:

(一)一罪的类型

1.纯粹的一罪,也就是单纯的一罪。

2.实质的一罪,包括继续犯、想象竞合犯和结果加重犯。

3.法定的一罪,包括结合犯和集合犯。

4.处断的一罪,包括连续犯、牵连犯和吸收犯。

(二)数罪的类型

1.实质数罪与想象数罪。

2.异种数罪与同种数罪。

3.并罚数罪与非并罚数罪。

4.判决宣告以前的数罪与刑罚执行期间的数罪。

我们认为,上述罪数类型的划分基本上是可取的,本书采取这种分类进行理论分析。由于纯粹的一罪就是根据基本犯罪构成所确定的一罪,从犯罪构成角度分析,通常不会发生形式与实质分离的问题。因此,在此不作专门论述。

第三节　一罪的类型

一、实质的一罪

(一)继续犯

1.继续犯的概念

继续犯,也称持续犯,是指犯罪行为从着手实行到行为终了,犯罪行为与不法状态在一定时间内同时处于持续状态的犯罪形态。非法拘禁罪、挪用公款罪都是典型的继续犯。

2.继续犯的特征

(1)必须是基于一个犯罪故意,实施一个危害行为。即行为人主观上出于一个犯罪故意并在同一犯罪意图支配下实施一个犯罪行为。如果行为人出于一个故意,但实施了数个危害行为;或者在数个故意支配下实施了数个行为,则不构成继续犯。至于行为个数的判断,除了主观因素外,在客观方面主要考察行为是否曾经间断过。如果危害行为处于不间断的过程中,即使行为人采用的具体作案手段的数量、方式发生了变化,只要其所实施的行为同属于一个特定危害的行为就不能认定为数个行为。

(2)必须是同时在同一对象中处于持续状态。继续犯的危害行为侵犯的是同一或者相同的直接客体,持续作用的对象必须是同一的。例如非法拘禁罪,行为人非法拘禁某甲5天,这是继续犯。如果行为人非法拘禁某甲5天后,发现对象搞错了,又把乙骗来拘禁了5天,则构成数个非法拘禁罪,属于同种数罪。

(3)必须是犯罪行为与不法状态同处于持续过程中。这就是说,继续犯必须具有犯罪行为持续性的特征;由犯罪行为所引起的不法状态必须表现为一种持续存在的状态,这里的不法状态,是指由于犯罪行为使社会关系遭受侵害的状态;犯罪行为与其所引起的不法状态的持续,必须是同步的。如果犯罪行为及其所造成的不法状态的持续过程因犯罪行为一度或数次停顿而呈现非连续状态,则不属于继续犯。

(4)必须是从着手实行到行为终了持续一定时间。继续犯应当具有时间上的持续性,没有一定的时间过程,就不能说是犯罪行为和不法状态的继续。继续犯的时间持续性,通常可以分为作为继续犯成立条件的时间持续性和作为继续犯状态化的时间持续性。它表现为基本构成行为时间与经常伴发状态时间不间断性的统一。

以上四个是构成继续犯必备的要件,它们是密切联系的,必须同时具备才能构成继续犯,缺一不可。

3.继续犯与有关罪数形态的关系

(1)继续犯与状态犯。状态犯是指犯罪既遂后,其实行行为所造成的不法状态处于持续之中的犯罪形态。状态犯与继续犯非常相似,它们都具有行为所造成的不法状态继续的特点。二者的主要区别是:第一,继续犯的不法状态存在于从犯罪实行到犯罪结束的整个过程中;状态犯的不法状态则发生于犯罪行为终了之后。第二,继续犯是犯罪行为与不法状态同时的继续;状态犯则只是不法状态的继续,而不存在犯罪行为的继续。

(2)继续犯与即成犯。即成犯,是指犯罪行为实行终了,犯罪即告完成的犯罪状态。即成犯与继续犯的主要区别在于:继续犯以犯罪行为和不法状态在一定时间内同时存在并且持续一段时间为要件,而即成犯在犯罪行为实行完毕后就具备了完整的构成条件,它不存在不法状态的持续问题,也就没有时间间隔的要求。

(3)继续犯与接续犯。接续犯,又称徐行犯,是指行为人在同一犯罪场以性质相同的数个举动连接不断地完成一个犯罪行为的犯罪形态。例如,行为人意图杀死被害人,每次下少量毒药,经过多次下毒后致使被害人死亡。这种致人死亡的情形,就是接续犯。接续犯与继续犯的区别主要在于:接续犯是数个相同举动组成一个犯罪行为,没有与犯罪行为同时存续的不法状态;而继续犯则是犯罪行为和不法状态同时处于持续的犯罪过程之中。

4.继续犯的处断原则

由于继续犯无论时间持续多长,都属于一个行为,它只符合一个犯罪构成,故对继续犯应以一罪论处,根据刑法分则相应的法定刑裁量,不实行数罪并罚。

(二)想象竞合犯

1.想象竞合犯的概念

想象竞合犯,也称想象的数罪、观念的竞合,是指一个行为触犯数个罪名的犯罪形态。我国刑法总则并没有规定想象竞合犯的概念和处罚原则,而只在分则的罪刑条款中规定有具体的犯罪和处罚。

2.想象竞合犯的特征

(1)行为人必须只实施了一个犯罪行为。所谓一个行为,是指在社会生活意义上被评价为一个的行为。该行为可以是故意行为,也可以是过失行为。就犯罪的结果而言,可以是一个希望追求的结果与一个放任的结果,甚至过失结果同时出现。例如,行为人意图杀害某甲,向某甲射击,结果打死了某甲,重伤了在某甲背后的某乙,即一个行为触犯了故意杀人罪和过失致人重伤罪两个罪名。

(2)一个行为同时触犯了数个罪名。所谓一个行为同时触犯数个罪名,就是一个行为在形式上或外观上同时符合刑法分则规定的数个犯罪构成。只有数个不同的罪名,才是数个罪名;数个相同的罪名,也就谈不到想象竞合犯。

3.想象竞合犯与法条竞合

法条竞合,也称法规竞合,指行为人实施一个犯罪行为同时触犯数个在犯罪构成上具有包容或交叉关系的刑法规范,只适用其中一个刑法规范的情况。这里的包容或交叉关系,是指一个犯罪构成在法律上为另一个犯罪构成所全部包容或部分包容,所以实质上只完全符合一个犯罪构成,因而只适用其中一个刑法规范论处。

想象竞合犯与法条竞合都是实施了一个行为,都是触犯了数个罪名,这是相同的。二者的区别在于:(1)法条竞合的一个行为,只是出于一个罪过,并且是产生一个结果;想象竞合犯的一个行为,往往是数个罪过和数个结果。(2)法条竞合是由于法条的错杂规定即法律条文内容存在着包容或交叉关系,以致一个犯罪行为触犯数个刑法规范;想象竞合犯则是由于犯罪的事实特征,即出于数个罪过、产生数个结果,以致一行为触犯数罪名。(3)法条竞合一行为触犯的数个刑法规范之间存在着一个规范规定的犯罪构成包容另一个规范规定的犯罪构成的关系;想象竞合犯一行为触犯数个罪名的法条不存在上述犯罪构成之间的包容关系。(4)法条竞合的数法条中,仅仅一个法条可以适用其行为,其法律适用依照特别法优于普通法、重法优于轻法等原则来解决;想象竞合犯的数法条均可以适用其行为,其法律适用依照"择一重处断"的原则来解决。

4.想象竞合犯的处断原则

对想象竞合犯,按"择一重处断"原则处理,即依照行为触犯的数个罪名中法定刑较重的犯罪定罪处刑,而不实行数罪并罚。当然,刑法另有特别规定的,则应当依照特别规定处理。

(三)结果加重犯

1.结果加重犯的概念

结果加重犯,是指实施基本犯罪构成要件的行为,发生了基本犯罪构成要件以外的重结果,因而刑法对重结果规定加重法定刑的犯罪形态。例如,《刑法》第132条规定:"铁路职工违反规章制度,致使发生铁路运营安全事故,造成严重后果的,处三年以下有期徒刑或者拘役;造成特别严重后果的,处三年以上七年以下有期徒刑。"这里的"特别严重后果",就是加重结果,由此构成的犯罪就是结果加重犯。又如,《刑法》第165条规定:"国有公司、企业的董事、经理利用职务便利,自己经营或者为他人经营与其所任职公司、企业同类的营业,获取非法利益,数额巨大的,处三年以下有期徒刑或者拘役,并处或者单处罚金;数额特别巨大的,处三年以上七年以下有期徒刑,并处罚金。"这里的"数额特别巨大"也是加重结果,可以构成结果加重犯。在传统刑法中,数额加重犯和情节加重犯也是结果加重犯的一种表现形式。不过,在现代加重犯理论中,数额加重犯和情节加重犯也获得了理论上独立的地位。

2.结果加重犯的特征

(1)实施了基本犯罪构成要件的行为。基本犯罪构成是结果加重犯存在的前提,没有基本犯罪构成就没有结果加重犯。对基本犯罪是否必须是结果犯,则存在不同认识。有学者认为,只有基本犯是结果犯,才能成立结果加重犯;有学者则认为,在基本犯为危险犯的场合,也可以成立结果加重犯。后种观点处于通说的地位。例如,我国《刑法》第114条规定的放火罪,基本罪是危险犯,其结果加重犯就是《刑法》第115条第1款的规定。

(2)产生了基本犯罪构成以外的重结果,且加重结果与基本犯罪之间存在因果关系。加重结果是指超出法律对基本犯罪构成要件所规定的结果。行为人之所以要对超出基本犯罪的加重结果负刑事责任,就是因为加重结果与基本犯罪之间存在着因果关系,如果没有这种因果关系,就不存在结果加重犯的问题。

（3）行为人对于加重结果主观上有罪过。行为人对于加重结果主观上有罪过，是行为人对加重结果承担刑事责任的主观基础。行为人对加重结果所持的罪过心理，我国刑法理论通说认为，根据我国刑法典的规定，结果大致可以表现为三种类型：一是基本犯为故意，对加重的结果也是故意，如《刑法》第 263 条第（五）项规定的抢劫致人死亡案件中，抢劫行为是出于故意，致人死亡也可以是故意的。二是基本犯是故意的，对加重的结果则出于过失，如《刑法》第 234 条规定的故意伤害致人死亡的情形中，伤害行为是出于故意的，对被害人死亡的结果则是出于过失。三是基本犯是过失，对加重的结果也是出于过失，如《刑法》第 406 条规定的国家机关工作人员签订、履行合同失职罪，遭受重大损失的基本犯是过失，遭受特别重大损失的加重犯也是出于过失。

（4）刑法规定了比基本犯罪更重的刑罚。即由刑法分则规定比基本犯罪更重的法定刑。虽然实施了基本犯罪构成要件的行为，并由此产生了重结果，但刑法不是对其单独规定较重刑罚，而是规定按照另一种较重犯罪定罪处罚，那就不是结果加重犯。

3.结果加重犯的处断原则

由于刑法对结果加重犯规定了比基本犯罪更重的法定刑，所以对结果加重犯只能依照刑法的规定，在较重的法定刑幅度内量刑，而不是实行数罪并罚。

二、法定的一罪

（一）结合犯

1.结合犯的概念

结合犯，是指刑法将数个各自独立的犯罪行为，结合而成为另一个独立的新罪的犯罪形态。在我国刑法中，没有典型的结合犯。所谓典型的结合犯，是指刑法立法对罪名本身的规定就可以判断出是两个独立犯罪的结合。如日本刑法中的抢劫杀人罪、强盗强奸罪都是典型的立法例。我国《刑法》第 239 条绑架罪中规定的"杀害被绑架人"的情形，与结合犯的实质是一致的，但刑法没有规定"绑架杀人罪"，因此，它只能作为绑架罪的加重结果来对待，而不是结合犯。

2.结合犯的特征

（1）结合犯所结合的数罪，原为刑法规定的数个独立犯罪。独立犯罪个数的判断，以所涉犯罪的罪名为标准。如日本刑法中的抢劫杀人罪是由抢劫罪和故意杀人罪结合而成，抢劫罪和故意杀人罪就是刑法规定的独立犯罪。

（2）结合犯是将数个独立犯罪，结合成一个独立的新罪。结合犯的规定主要是由于数个犯罪行为之间具有牵连关系，同时也是为了处理上的方便，而将数个犯罪结合成另一新罪。

（3）结合犯必须是刑法明文规定为一个独立的新罪，如果刑法没有明文规定为新罪，那就不是结合犯，而是加重犯或者数罪。例如《刑法》第 358 条规定的组织卖淫罪、强迫卖淫罪中规定的"强奸后迫使卖淫的"，由于刑法规定组织卖淫或强迫卖淫并强奸卖淫妇女的为该两罪的加重犯罪构成的要件，而没有结合成为新罪，所以不是结合犯，而是组织卖淫罪和强迫卖淫罪的结果加重犯。

3.结合犯的处断原则

由于结合犯是刑法规定将原来的数罪结合成为一个新罪，并规定相应的法定刑，因此，只需依照刑法规定的新罪定罪量刑，不实行数罪并罚。

（二）集合犯

1.集合犯的概念

集合犯，是指行为人以实施不定次数的同种犯罪行为为目的，实施了数个同种犯罪行为，刑法明文规定作为一罪论处的犯罪形态。集合犯分为常习犯和营业犯两种。常习犯，也称常业犯，是指以一定的行为为常业的犯罪，即行为人意图实施多次同种犯罪行为，法律规定以反复实施同种犯罪行为为构成要件的犯罪。如《刑法》第 303 条规定的"以赌博为业的"就是常习犯。营业犯，是指通常以营利为目的，意图反复实施一定的行为为业的犯罪。对营业犯来说，实施一次犯罪行为，就可能构成犯罪；反复实施同种犯罪行为，也只构成该种犯罪一罪。如制作一次淫秽物品可能构成犯罪，即使多次制作淫秽物品，也只构成一罪。

2.集合犯的特征

（1）集合犯是行为人以实施不定次数的同种犯罪行为为目的。即行为人不是意图实施一次犯罪行为即行结束，而是预计实施不定次数的同种犯罪行为。

（2）集合犯通常实施了数个同种的犯罪行为。集合犯虽然是行为人意图实施不定次数的同种犯罪行为，并且通常也实施了数个同种的犯罪行为，但如果犯罪意图明确，具有多种实施犯罪的谋划，即使实际只有一个行为，如果情节严重，也应当以集合犯对待。

（3）集合犯必须是刑法规定的，即刑法将可能实施的数个同种犯罪行为规定为一罪。从数个同种行为构成一罪来看，集合犯与连续犯相近似，但二者存在根本区别：集合犯是刑法规定同种的数行为为一罪，所以是法定的一罪；而连续犯连续实施的同种数行为均独立构成犯罪，是数罪作为一罪处理，所以是处断的一罪。从犯罪在时间上可能存在一定的过程来看，集合犯又与继续犯相近似，但二者也存在明显区别：集合犯是由数个同种的犯罪行为组成，并且行为之间存在时间的间隔。而继续犯则是一行为处于不间断地持续之中，它是一个行为。

3.集合犯的处断原则

集合犯是法定的一罪，对集合犯，不论行为人实施多少次行为，都只能根据刑法的规定以一罪论处,并依照刑法规定的法定刑量刑,不实行数罪并罚。

三、处断的一罪

(一)连续犯

1.连续犯的概念

连续犯,是指基于同一或者概括的犯罪故意,连续实施性质相同的数个独立成罪的行为,触犯同一罪名的犯罪形态。例如,甲因恋爱对象乙与其分手不满,遂于某日傍晚身绑炸药包进入乙家,先在一楼厨房杀死乙的母亲,又冲到二楼将乙的妹妹刺成重伤,再回到一楼大门口将刚下班回家的乙刺死。这种情况就叫连续犯,应当按一个故意杀人罪从重处罚。

2.连续犯的特征

(1)必须实施性质相同的数个独立成罪的行为。连续犯的数个犯罪行为,分开看每一次行为都可以单独构成犯罪。如果行为人有意识地以数个举动完成犯罪,而数个举动仅形成一个行为,就不是连续犯,而是徐行犯。如果数个行为被刑法规定作为一罪论处,则是集合犯,也不是连续犯。并且数个行为还必须是性质相同的,如果实施的数个行为性质不同,则不属于连续犯,而是数罪。

(2)数个行为必须基于同一的或概括的犯罪故意。所谓同一犯罪故意,是指行为人具有数次实施同种犯罪的故意,每次实施的犯罪行为都在犯罪人的预定计划之中。所谓概括的犯罪故意,是指虽然每次实施的犯罪并非都有明确具体的犯罪计划,但是有一个概括的犯罪内容,有一个总的犯罪意图。否则,就不能认为是连续犯。

(3)数个行为必须具有连续性。认定数个犯罪之间是否具有连续性,应当坚持主客观相统一的原则,以反映连续意图及其所支配的犯罪行为的连续性。只有基于连续意图支配下的同一犯罪故意,在一定时期之内连续实施了性质相同的数个单独构成犯罪的危害行为,数个犯罪之间才存在连续性,否则,就无连续性可言。

(4)数个行为必须触犯同一罪名。同一罪名,是指犯罪性质完全相同的罪名。如果触犯的不是同种罪名而是异种罪名,那就不是连续犯。同一罪名应以具体犯罪中基本犯的犯罪构成为标准来认定,只要行为符合同一基本犯罪构成的,即为触犯同一罪名。

3.连续犯的处断原则

连续犯是处断的一罪,不实行数罪并罚。对连续犯的处理,应当按照不同情况,依照刑法的有关规定分别从重处罚或者加重处罚。

(二)牵连犯

1.牵连犯的概念

牵连犯,是指以实施某一犯罪为目的,其方法行为或结果行为又触犯其他罪名的犯罪形态。例如,以伪造国家机关公文的方法骗取公私财物,其伪造国家机关公文的方法行为触犯了伪造国家机关公文罪,其骗取财物的目的行为触犯了诈骗罪,是目的行为与方法行为的牵连犯。

2.牵连犯的特征

(1)牵连犯是以实施一个犯罪为目的。目的行为是牵连犯的本行为,由此构成的犯罪是本罪;方法行为或结果行为属于他行为,由此构成的另一独立犯罪,是牵连犯的他罪。牵连犯的本罪是一个犯罪,他罪是围绕本罪而成立的。如果行为人出于实施数个犯罪的目的,并在这样的目的支配下实施了数个犯罪行为,则不构成牵连犯。

(2)牵连犯必须具有两个以上的行为。牵连犯的数个行为表现为两种情况:一是目的行为与方法行为(或称手段行为);二是原因行为与结果行为。目的行为、原因行为其实是同一种性质的行为,只是当与方法行为相对应时,称目的行为;当与结果行为相对应时,称原因行为。方法行为,是指为了便于本罪的实行而实施的行为,它不是方法本身;结果行为,是指本罪行为实行后由于本罪而实施的行为,它也不是结果本身。

(3)牵连犯的数个行为之间必须具有牵连关系。刑法上的牵连关系表现为三种形式:一是目的行为与方法行为的牵连。例如,为了诈骗财物(目的行为)而伪造国家机关公文(方法行为),构成诈骗罪与伪造国家机关公文罪的牵连犯。二是目的行为与结果行为的牵连。例如,为了窃取财物(目的行为),在盗掘古墓葬中毁坏部分文物(结果行为),构成盗掘古墓葬罪与故意损毁文物罪的牵连犯。三是复杂的牵连,即在三个以上的犯罪行为中分别具有手段和目的、原因与结果的牵连关系。例如,为盗窃而侵入他人住宅是目的和手段(方法)的牵连,在盗窃所得的财物中发现有枪支而私藏枪支是目的(原因)与结果的牵连。牵连关系的具体认定,要坚持主客观相统一的原则。只有当犯罪人对数个犯罪行为之间的关系有认识,在这种认识支配下实施了事实上具有牵连关系的行为,才能被认为具有牵连关系。

(4)牵连犯的数个行为必须触犯不同的罪名。牵连犯具有两个以上的危害行为,是事实上的关系;牵连犯触犯两个以上的罪名,是法律上的关系。牵连犯以实施某一犯罪为目的,其方法行为或结果行为又触犯了其他罪名。如果实施一种犯罪,其犯罪的方法行为或结果行为不是触犯其他罪名,而是触犯相同的罪名,则不构成牵连犯。例如入户抢劫的,抢劫是目的行为,入户是方法行为,根据刑法的规定,入户抢劫这一方法行为触犯的仍然是抢劫罪,因而不构成牵连犯,只应按抢劫罪的加重犯处罚。

3.牵连犯的处断原则

对牵连犯如何处理,我国刑法总则没有规定。刑法理论上通说认为,对于牵连犯,应"择一重处断",即按法定刑最重的一罪从重处罚,而不实行数罪并罚。但是,刑法分则对某些具体犯罪的牵连犯的处理作了特别规定:有规定择一重处罚的,有规定择一重刑从重处罚的,有规定独立的法定刑的,也有规定实行数罪并罚的。例如,《刑法》第149条第2款规定:生产、销售本节第141条至第148条所列产品,构成各该条规定的犯罪,同时又构成本节第140条规定之罪的,依照处罚较重的规定定罪处罚。又如,《刑法》第157条第2款的规定,以暴力、威胁方法抗拒缉私的,应以走私罪和阻碍国家机关工作人员依法执行职务罪并罚。因此,若刑法分则条文对牵连犯有特别规定的,只能按照刑法分则有关条款的规定处理。

（三）吸收犯

1.吸收犯的概念

吸收犯,是指数个犯罪行为,其中一个犯罪行为吸收其他犯罪行为,仅成立吸收的犯罪行为一个罪名的犯罪形态。两种行为之间之所以具有吸收关系,是因为它们处于同一犯罪过程中,彼此之间存在着密切的联系,前行为可能是后行为发展的必经阶段,后行为可能是前行为发展的必然结果。例如,抢劫枪支、弹药,事后藏于家中。前一行为构成抢劫枪支、弹药罪,后一行为构成私藏枪支、弹药罪。前一犯罪行为吸收后一犯罪行为,仅仅成立抢劫枪支、弹药罪,私藏枪支、弹药罪被吸收后不再单独论罪。

2.吸收犯的特征

（1）吸收犯必须具有数个犯罪行为。如果没有数个行为,就谈不上一个行为吸收另一个行为,从而也就无所谓吸收犯。同时,吸收犯的数个行为还必须都是犯罪行为,即每个行为都符合刑法分则规定的犯罪构成。如果数个行为中只有一个是犯罪行为,其余是违法行为,也不可能构成吸收犯。

（2）吸收犯的数个行为之间必须具有吸收关系。所谓吸收,即一个行为包容其他行为,只成立一个行为构成的犯罪,其他行为构成的犯罪失去独立存在的意义,不再予以定罪。吸收关系大致有如下三种:第一,重行为吸收轻行为。行为重轻的判断以行为的社会危害性的大小为标准。第二,主行为吸收从行为。行为的主从是根据行为在犯罪过程中的作用来区分的。第三,实行行为吸收非实行行为。实行行为与非实行行为的划分是根据刑法分则所规定的罪状的受侵害特征进行的。凡是刑法分则规定的能够直接体现犯罪客体（对象）受侵害属性的行为,都是实行行为。

3.吸收犯的认定

（1）吸收犯与牵连犯的区别。根据传统刑法理论,牵连犯是实行"择一重处断"的原则。因此,在牵连犯中,存在重罪吸收轻罪的问题。在某种意义上说,牵连犯往往都是吸收犯。但是,反之则不然。吸收犯并不都是牵连犯。二者的主要区别是:第一,在主观方面,吸收犯是基于一个犯意实施的,目的只有一个,牵连犯虽然也只有一个犯罪目的,但往往有与方法行为或结果行为相对应的多个故意内容。第二,吸收犯的数个行为所侵犯的对象具有同一性,而牵连犯则不一定。第三,从触犯的罪名看,吸收犯的数行为所触犯的罪名应当是相同的,而牵连犯的数行为所触犯的罪名必须是不同的。第四,从处断原则看,吸收犯仅以吸收之罪处罚,而牵连犯则一般是择一重处断。

(2)吸收犯与连续犯的区别。在连续犯针对多个对象的场合,往往会发生多个程度不同的犯罪结果,而符合特定犯罪构成的只有一个结果,这就会产生吸收问题。但此种情况下的吸收与吸收犯不同。主要区别是:第一,吸收犯只有一个犯罪故意,而连续犯是数个相同的犯罪故意;第二,吸收犯的数个犯罪行为必须作用于同一犯罪对象,而连续犯没有这种限制;第三,吸收犯仅以吸收之罪论处,而连续犯则是一罪的从重或加重处罚情节。

(3)吸收犯与数罪中吸收原则的区别。吸收原则是在构成数罪的前提下的一种并罚原则,它涉及刑之吸收。根据我国《刑法》第 69 条规定,数罪中有一罪判处死刑或者无期徒刑的,只执行死刑或者无期徒刑,其他刑罚不再执行。这就是采取了吸收原则。它在不同刑种的并罚中被采用。吸收犯不同于吸收原则,它是罪之吸收,而不是刑之吸收。

4.吸收犯的处断原则

对吸收犯,依照吸收行为所构成的犯罪处断,不实行数罪并罚。

第四节　数罪的类型

一、实质数罪与想象数罪

实质数罪与想象数罪,是以行为的个数为标准所作的划分。行为人实施数个犯罪行为,符合数个犯罪构成,构成数个独立犯罪的是实质的数罪。行为人实施一个犯罪行为,符合数个犯罪构成,触犯数个罪名的,是想象数罪。想象数罪,也称为想象竞合犯。这种划分的意义在于:能够揭示各种罪数形态的罪数本质,进一步明确犯罪构成要件及要素在定罪中的地位和作用,为实质数罪和想象数罪确定不同的处断原则奠定理论基础。

二、异种数罪与同种数罪

异种数罪与同种数罪,是以行为符合的数个基本犯罪构成的性质是否相同为标准所作的划分。行为人出于数个不同的犯意,实施数个行为,符合数个性质不同的基本犯罪构成,触犯数个不同罪名的数罪,是异种数罪。行为人出于数个相同的犯意,实施数个行为,符合数个性质相同的基本犯罪构成,触犯数个相同罪名的数罪,是同种数罪。这种划分的意义在于:作为实质数罪的部分异种数罪和同种数罪,会引起并罚的法律后果,但是,在相同的法律条件下,对于异种数罪必须予以并罚,而对于同种数罪则无须实行并罚。

三、并罚数罪与非并罚数罪

并罚数罪与非并罚数罪,是以行为人已构成的实质数罪在量刑时是否实行数罪并罚为标准所作的划分。并罚数罪,是指行为人基于数个罪过,实施数个行为,构成数个独立的犯罪,依照法律应当实行并罚的数罪。异种数罪在一般情况下,都是并罚数罪;同种数罪只有在法律有特别规定的情况下,才是并罚数罪。例如根据《刑法》第70条的规定,在判决执行期间,发现被判刑的犯罪分子在判决宣告以前还有其他罪没有判决的,应当对新发现的罪作出判决,把前后两个判决所判处的刑罚,依照数罪并罚的原则,决定执行的刑罚。这里所说新发现的罪,就包括与前已判决的犯罪性质相同的罪。非并罚数罪,是指行为人虽然触犯数个罪名,但由于特定事由或法律规定不实行并罚,只按一罪处罚的数罪。一般情况下,同种数罪都是非并罚数罪。这种划分的意义在于:明辨实质数罪中应予并罚的数罪范围,并对非并罚的数罪确定相应的处断原则。

四、判决宣告以前的数罪与刑罚执行期间的数罪

判决宣告以前的数罪与刑罚执行期间的数罪,是以实质数罪发生的时间为标准进行的分类。行为人在判决宣告以前实施的并被发现的数罪,是判决宣告以前的数罪;行为人在刑罚执行期间发现漏罪或再犯新罪而构成的数罪,是刑罚执行期间的数罪。刑罚执行期间的数罪又可分为在刑罚执行期间发现漏罪而构成的数罪和在刑罚执行期间又犯新罪而构成的数罪。由于我国刑法对发生于不同时间条件下的数罪,规定了不同的并罚规则,所以,将数罪区分为判决宣告以前的数罪和刑罚执行期间的数罪,是正确适用不同并罚规则的前提。

复习与练习

本章提要

罪数,是指一人所犯之罪的个数。罪数形态,是指表现为一罪或数罪的各种类型化的犯罪形态。罪数判断标准,在国外刑法理论上有行为标准说、法益标准说、犯意标准说和构成要件标准说等多种学说,我国采用的是犯罪构成要件标准说,即行为具备一个犯罪构成的,是一罪;行为具备数个犯罪构成的,是数罪。据此,在我

国刑法理论上,通常将一罪分为纯粹的一罪、实质的一罪、法定的一罪和处断的一罪等类型。纯粹的一罪,就是标准的一罪,它是以具体犯罪的犯罪构成要件为标准确定的犯罪类型。实质的一罪,是指以一个行为为基础构成的犯罪类型,包括继续犯、想象竞合犯和结果加重犯。法定的一罪,是指本来是符合数个犯罪构成的犯罪行为,法律规定为一罪的犯罪类型,包括结合犯、惯犯等。处断的一罪,是指符合数个犯罪构成要件的行为,在定罪量刑时按照一罪处理,而不实行数罪并罚的犯罪类型,包括连续犯、牵连犯和吸收犯。数罪,是符合数个犯罪构成要件的行为。根据不同的标准,可以将数罪分为实质的数罪与想象的数罪、同种数罪和异种数罪、并罚的数罪和非并罚的数罪、判决宣告以前的数罪与刑罚执行期间的数罪。

重要概念

罪数　实质的一罪　法定的一罪　处断的一罪　想象竞合犯　结果加重犯　继续犯　牵连犯　吸收犯　结合犯　惯犯　异种数罪

思考题

1. 确定罪数的标准有哪些学说?请给予适当评价。

2. 实质的一罪有哪些类型?

3. 简述结果加重犯的主观方面特征。

4. 比较继续犯、连续犯、牵连犯和吸收犯的异同。

5. 简述想象竞合犯的特征。

6. 某甲生产、销售伪劣化妆品,销售金额达 50 万元,并且造成严重后果,其行为分别触犯生产、销售伪劣产品罪和生产、销售不符合卫生标准的化妆品罪。对其行为应当(　　　)。

A. 按想象竞合犯数罪并罚

B. 按想象竞合犯择一重罪处断

C. 按法条竞合以生产、销售伪劣产品罪论处

D. 按生产、销售伪劣产品罪和生产、销售不符合卫生标准的化妆品罪数罪并罚

7. 李某在火车站盗窃了一名军人的手提包,逃离现场后发现里面不仅有现金和贵重物品,还有一把手枪。李某大喜,即把手枪藏于自家阁楼,准备伺机卖掉。后被公安机关抓获。

问:李某的行为是罪数中的哪种类型?请运用刑法原理说明。

第十四章　非犯罪构成要件之行为

在我国刑法理论中,非犯罪构成要件之行为,是以犯罪构成要件及其要素为衡量标准得出的称呼,旨在与基本的犯罪构成及修正的犯罪构成在理论上保持逻辑的一致性。通常而言,非犯罪构成要件之行为包含正当防卫、紧急避险、依照法令的行为、执行命令的行为、经被害人承诺的行为等。我国刑法只规定了正当防卫和紧急避险这两种非犯罪构成要件之行为。本章将重点阐述该两种行为的基本理论,并对其他司法实践中认可的相关非犯罪构成要件之行为作必要介绍。

本章重点

● 正当防卫

● 紧急避险

第一节　非犯罪构成要件之行为概述

一、非犯罪构成要件之行为的概念

所谓非犯罪构成要件之行为,是指行为在客观上造成了一定损害结果,表面上符合刑法分则所规定的某一犯罪的客观要件,但实质上该行为不具有社会危害性,并不符合犯罪构成,依法不成立犯罪的行为。如正当防卫行为,客观上给不法侵害人造成了一定的损害,其表面上也符合故意伤害罪或故意杀人罪的客观要件,但是由于行为没有犯罪的社会危害性,也就不符合故意伤害罪或故意杀人罪的犯罪构成,因而就不成立犯罪。

在我国刑法理论中,非犯罪构成要件之行为也被称为"排除社会危害性的行为"、"排除违法性的行为"、"阻却违法性行为"或"排除犯罪的事由"。这些称呼都在一定程度上概括了这些在表面上符合犯罪的客观要件,但实质上不能作为犯罪处理的某一方面原因。然而,从它们的共同特征分析,非犯罪构成要件之行为之所以不成立犯罪,其本质原因是该行为不具有社会危害性。社会危害性是犯罪最本质的特征,是区分罪与非罪的首要特征。一个行为具有社会危害性,该行为就有可能被认定为犯罪。非犯罪构成要件之行为由于存在特定的条件,不但不具有犯罪的社会危害性,相反,其中大部分行为是有益于社会的、为法律所鼓励实施的行为,具有重大的意义。如正当防卫制度的设置,就有利于鼓励和支持人们大胆、积极地行使法律所赋予的防卫权,以保护国家、公共利益、公民个人的合法权益。而在医疗、体育竞技等正当业务中造成的难以避免的损害,属社会生活中所需要付出的必要代价。明确这类行为的合法性而给予保护,有利于促进社会的进步和发展。

二、非犯罪构成要件之行为的特征

非犯罪构成要件之行为具有以下基本特征:

1.非犯罪构成要件之行为客观上符合刑法分则规定的某一犯罪的客观要件,造成了一定的损害结果。如正当防卫行为对不法侵害人造成伤害或死亡,紧急避险行为造成一定公私财产的毁损等,符合故意伤害罪或故意杀人罪、故意毁坏财物罪的客观方面要件。

2.非犯罪构成要件之行为,是行为人"故意"实施的。此种"故意"是日常生活意义上的故意,俗称"有意",如正当防卫、紧急避险是行为人为了保护国家、公共利益、本人或者他人的合法权益而实施的。因此,这里的"故意"与刑法意义上作为罪过的故意是不同的。

3.非犯罪构成要件之行为是合法的行为。虽然非犯罪构成要件之行为在客观上造成了一定的损害,但由于不具有社会危害性,因而为刑法所允许。该种行为不仅不为法律所禁止,而且是法律明文规定或者虽没有明文规定但被社会习俗予以充分认可的。前者如正当防卫、紧急避险等,后者如依照法令的行为、正当业务行为等。

4.非犯罪构成要件之行为是有利于社会的行为。该种行为在客观上造成了一定损害的情况下,刑法还予以支持和保护,就在于其有利于鼓励广大公民及时保护国家和公民的合法权益,有利于树立良好的社会道德风尚。从社会功利的大局来看,其给社会带来的利远远大于其给社会造成的弊。

第二节 正当防卫

一、正当防卫的概念和意义

(一)正当防卫的概念

根据《刑法》第 20 条第 1 款的规定,正当防卫,是指为了保护国家、公共利益、本人或者他人的人身、财产和其他权利免受正在进行的不法侵害,采取对不法侵害人造成损害的方法,制止不法侵害的行为。

要明确的是,正当防卫的本质是制止不法侵害,保护合法权益。在处理与正当防卫相关的问题时,务必把握这一点。正当防卫是防卫人在认识到不法侵害正在进行的紧急情况下,意图保护合法权益,以损害不法侵害人的人身和财产利益为手段,而实施的一种紧迫措施。从主观方面看,防卫人不存在危害社会的故意或过失的心理态度,防卫意图具有鲜明的正当性。因此,正当防卫与犯罪有着本质的区别,它不仅完全不符合犯罪构成,而且还是法律赋予公民与违法犯罪行为作斗争的一种正当的防卫权。正当防卫从某种意义上讲,是国家把一部分刑罚权让渡给紧迫情况下来不及诉诸国家司法机关的防卫人。换言之,任何公民在国家、公共利益、本人或者他人的合法权益受到正在进行的不法侵害时,都有实行正当防卫的权利,且受到法律的保护。从客观方面看,正当防卫是针对不法侵害而实行的具有防卫性质的直接反击行为。因而,防卫人也就难以避免会给不法侵害人造成一定的损害结果。但正当防卫属保护合法权益的行为,并不是对社会有危害的行为;在正当性范围内其造成的一定损害是刑法所允许的,并没有侵犯刑法所保护的合法权益。

（二）正当防卫的意义

刑法规定正当防卫制度,具有重要的意义。

1. 正当防卫制度,有利于鼓励和支持公民积极地同违法犯罪行为作斗争,以保护国家、公共利益、本人或者他人的合法权益。当合法权益正在遭受不法侵害时,国家公权有时候并不能提供及时的保护,此时,公民若能行使法律赋予的正当防卫权,就能及时有效地制止和抵御不法侵害,从而使合法权益免受损害或者减轻损害。

2. 正当防卫制度,可以对违法犯罪分子形成强有力的威慑力量,使其不敢以身试法,从而起到遏制和预防犯罪的作用。刑法规定,防卫人可以对不法侵害人进行防卫反击,对其人身或财产利益造成必要的损害,甚至可以致伤或致死。这无疑对不法侵害人形成一种十分有效的震慑力,并告诫他们,一旦实施违法犯罪行为,就有可能遭受严重的打击,从而有效地遏制违法犯罪行为的发生。

二、正当防卫的成立条件

正当防卫是刑法赋予公民,以对不法侵害人造成损害的手段加以实施的救济措施。若实行不当,滥用防卫权,就会背离立法精神,使合法行为转化为非法行为,从而给社会造成危害。因此,我国刑法规定正当防卫的实施必须符合以下五个必备的条件:

（一）正当防卫的起因条件

实际存在的不法侵害是正当防卫的起因条件。正当防卫是制止不法侵害、保护合法权益的行为。因此,只有存在现实的不法侵害,防卫人才能对不法侵害人实

行直接反击。要正确地理解正当防卫的起因条件,必须把握以下四点:

1.正当防卫只能针对不法侵害行为实施,而不能对合法行为进行。如,不能针对国家司法人员依法对犯罪嫌疑人实行拘留、逮捕,公民依法扭送正在实施犯罪的犯罪嫌疑人或者正在被通缉的在逃犯人等行为进行所谓的防卫。

2.不法侵害不仅仅指犯罪行为,还包括其他违法行为。我国刑法并没有明确规定不法侵害的含义。刑法学界对此存在不同的认识。有学者认为,不法侵害仅指违反刑法的犯罪行为,并不包括其他违法行为。这是最狭义的理解。也有学者认为,不法侵害是一切违法与犯罪行为。这是最广义的理解。还有学者认为,不法侵害既包括犯罪行为,也包括其他违法行为,但又不是泛指一切违法犯罪行为。我们同意第三种观点。理由在于:其一,犯罪行为与其他违法行为都是侵害合法权益的行为,而合法权益都是受到法律保护的。正当防卫设立的目的,就是为了公民在不能及时得到公力救济的情况下,行使防卫权,以保护国家、社会利益、本人或者他人的合法权益,因此也就没有理由禁止公民对其他违法行为进行正当防卫了。这是其一。其二,公民在面临不法侵害,且在不法侵害刚刚着手进行时,往往很难分辨它是达到犯罪程度的不法侵害还是属于一般违法。若要公民在明辨该行为的性质后才能进行防卫,无疑给公民提出了很高的要求。刑法是不强人所难的。再进一步看,若禁止公民对尚未达到犯罪程度的不法侵害行使防卫权,无异于是对不法侵害人的纵容。而对不法侵害人的纵容就是对守法公民的伤害,其结果往往是使不法侵害人得寸进尺,对合法权益造成更大的损害。其三,在刑法条文中,使用的是"不法"一词,而非"犯罪"一说,也就表明了不仅仅可以对犯罪行为行使防卫权,还可以对其他违法行为进行正当防卫。其四,并不是对所有的违法犯罪行为都可以实行正当防卫,只有对那些刑法规定的,以暴力攻击性或者严重毁坏性方式对合法权益进行侵害的故意犯罪,如故意杀人、故意伤害、强奸、抢劫等暴力犯罪才可以实行正当防卫。至于那些不具有防卫紧迫性的故意犯罪,如诈骗、贪污等,则不能使用造成人身伤害的正当防卫手段去制止。因为这些犯罪通常不会形成防卫紧迫感,并且也不可能用对不法侵害人造成人身或者财产等损害的方法来保护合法权益。

3.不法侵害应当是人的不法侵害。如野生动物的袭击,属于自然现象,无所谓不法与合法的问题。人们都可以对其进行反击,也就不存在正当防卫问题。需要探讨的是:若动物饲养人唆使其饲养的动物侵害他人时,能否通过击打动物进行正当防卫呢?我们认为,此时的动物如果是动物饲养人进行不法侵害的工具,对该动物进行打击,就是通过给不法侵害人造成财产损害的手段,制止不法侵害,该打击行为属于正当防卫。还有一种情况,即有饲养主人的动物自发袭击他人时,能否通过打击该动物进行正当防卫呢?对此,我们持否定态度,不能通过打击该动物进行正当防卫,但可以成立紧急避险。如果在不得已的情况下打伤或者打死该动物,则是通过给动物饲养人财产造成损害的方法保护合法权益的,属于紧急避险。

4.不法侵害必须现实存在,即不法侵害必须是客观真实存在的,而非行为人主观想象、臆测的。在现实中并不存在不法侵害的情况下,行为人主观上误认为发生了某种不法侵害行为,而对"不法侵害人"实施了"正当防卫",造成他人的合法权益受到损害的,属于"假想防卫"。假想防卫由于缺乏正当防卫的起因条件,不可能成立正当防卫。假想防卫一般发生在以下两种场合:一是发生在根本不存在不法侵害的场合。如,甲、乙两家互为邻里,两家积怨很深。某日,甲见乙拿着一把菜刀从远处急忙走来,以为乙欲伤害自己,便拾起路边一木棒,冲上前将迎面而来的乙打伤在地。经查明,乙并无伤害甲的恶意。菜刀是乙刚买的,走得急是为了赶回家做饭。二是发生在对不法侵害实行正当防卫的过程中,对与不法侵害人无关的第三人实行所谓的正当防卫。如,某日晚,李某在自己家附近遇见两个男青年正在侮辱他的女朋友,即上前制止,因被其中一男青年殴打而被迫还手。在对打时,便衣警察程某路过,见状抓住李的左肩,但未表明其警察身份。李误以为程是对方的帮凶,便拔刀刺程右臂一刀后逃走。假想防卫属于刑法中的认识错误。在实践中,应当根据其具体情况,依照对事实认识错误的一般原则解决:(1)在假想防卫的情况下,行为人不可能构成故意犯罪。因为,行为人在实施其所谓的正当防卫时,其主观上具有制止不法侵害、保护合法权益的目的,而不可能有故意危害社会的意图。因此,不能成立故意犯罪。(2)在假想防卫的情况下,如果行为人在实施其所谓的正当防卫时,应当预见到对方不是不法侵害,因疏忽大意没有预见而实施了"防卫"行为的,那么,其主观上存在过失,应当以过失犯罪论处。(3)在假想防卫的情况下,如果行为人主观上没有罪过,其危害结果是由于不能预见的原因引起的,属于意外事件,行为人不负刑事责任。

(二)正当防卫的时间条件

不法侵害正在进行时,防卫人才能实行正当防卫。这就是正当防卫的时间条件。不法侵害正在进行,是指不法侵害已经开始且尚未结束。只有在这一特殊的时间段,防卫人才能实行正当防卫。

对于不法侵害的开始时间,我国刑法理论与实践中存在较大的争议。主要有以下四种观点:(1)进入侵害现场说。该说认为,当侵害人进入现场即为不法侵害已经开始。(2)着手说。此说认为,不法侵害人着手实行不法侵害时为其开始。(3)直接面临危险说。该说认为,不法侵害的开始是指合法权益已经直接面临不法侵害的侵害危险。(4)综合说。此说认为,一般应以不法侵害人着手实施不法侵害为其开始,但是在不法侵害的现实威胁十分明显、紧迫,若不及时实行防卫反击,就不能减轻或者避免危害结果的发生时,也应当认为不法侵害已经发生。我们赞同综合说。在一般情况下,不法侵害人已经着手实行刑法分则所规定的某一具体犯罪客观方面要件内容的行为,或者已经着手实行其他违法行为时,即可认定不法侵害已经开始。如,杀人犯已经拿刀向被害人砍去,抢劫犯已经持枪威胁被害人等情况,都可以认定为不法侵害已经开始。然而,对于一些危害性大、程度强烈、危害后果即刻显现的暴力侵害,即使尚未着手,若它对客观的现实威胁已迫在眉睫,不实行正当防卫就可能丧失防卫时机,也可视为不法侵害已经开始。如,某日晚,甲为了杀乙而潜入乙住宅,在甲开始侵入乙住的房间时,就可视为不法侵害已经开始,乙就可以对该侵入行为进行正当防卫。

对于不法侵害的结束时间,刑法学界也存在不同观点。有学者认为,不法侵害的结束时间,应是不法侵害行为的危害结果实际形成的时间;也有学者认为,不法侵害被制止时,就是不法侵害的结束;还有学者认为,对不法侵害的结束时间应具体情况具体分析,没有统一标准。我们认为,不法侵害的结束是指不法侵害行为已经停止而不再继续,合法权益不再处于被侵害、威胁之中。需要注意的是:有些情况下,尽管不法侵害行为已经实施完毕,其导致的危险状态尚在继续,合法权益仍处于被威胁之中,但正当防卫行为并不能将其排除的,则应视为不法侵害已经结束。如,行为人已向饭菜中投毒,侵害行为已经实施完毕,但是被害人中毒的危险尚未排除。此时,对行为人进行正当防卫也不能排除危险。因此,应认定不法侵害已经结束,不能对行为人进行所谓的正当防卫。我们将不法侵害结束的情况进行概括,可分为以下三种:(1)不法侵害人出于悔悟、畏惧等原因自动停止不法侵害;(2)防卫人制服不法侵害人,使其丧失继续进行侵害的能力,或者由于不法侵害人意志以外的原因,未能将侵害行为进行到底;(3)不法侵害已经实施完毕,危害结果已经发生。

从正当防卫制度所设置的时间条件来看,不法侵害行为尚未开始、还没有危及合法权益,或者不法侵害行为已经结束、危害结果已经发生的情况下是不允许进行所谓的正当防卫的。如果此时实行防卫,则是防卫不适时。主要有两种情况:第一种情况是事先防卫,即在不法侵害尚未开始时所实施的防卫。换言之,在对方只有不法侵害的意图或者只有不法侵害的预备行为时,合法权益并未受到直接的威胁,行为人即提前实行防卫。对于事先防卫,由于它所针对的是未来的不法侵害,而不是正在进行的不法侵害,因此,事先防卫不是正当防卫。第二种情况是事后防卫,即在不法侵害结束后实施的防卫。换言之,行为人在不法侵害已经实施完毕,危害结果已经造成且无法挽回,或者不法侵害人已被制服,或者不法侵害人自动停止不法侵害的情况下,仍对不法侵害人加以损害。该行为不符合正当防卫的时间条件,因此,也不属于正当防卫。

综上所述,无论是事先防卫还是事后防卫,由于不具备防卫的时间条件,均不能成立正当防卫。如果造成严重后果,应根据具体情况,作不同的处理:一是,若明知不法侵害尚未开始或者已经结束,而故意对不法侵害人实施打击,属故意犯罪;二是,若应当预见不法侵害尚未开始或者已经结束,因为疏忽大意而没有预见,对不法侵害人造成侵害的,属过失犯罪;三是,若客观上不能预见不法侵害尚未开始或者已经结束,因而对不法侵害人造成损害的,属意外事件。

对于预先安装的防护措施,如为预防盗窃而在围墙上插上玻璃片、拉电网等行为,能否视为正当防卫?理论界存在不同意见。有学者认为,行为人在安装防护措施时,虽不存在不法侵害,但防护措施正在发挥作用时,不法侵害发生,此时可以视为正当防卫。有学者认为,在任何情况下都不成立正当防卫。还有学者认为,应视防护措施发生的对象而定:若防护措施发挥的作用是对不法侵害人发生的,应视为正当防卫;若防护措施发挥的作用是对无辜人员的,则不能认定为正当防卫。我们认为,预先安装防护措施的情况是复杂的。有些安装行为不具有危害公共安全的性质,不违反法律的规定,如在围墙上插上玻璃片;而有些安装行为则具有危害公共安全的性质,违反法律,如私拉电网。但是,在任何情况下,预先安装的防护措施都不能成立正当防卫。一是在正当防卫场合,防卫人的反击行为和不法侵害是同步的,或者不法侵害先于防卫反击行为;而预先安装防护措施行为则是防卫人的防卫反击行为先于不法侵害。二是在防卫对象上,正当防卫的对象是特定的;而预先安装防护措施行为的防范对象是不特定的,甚至有时会误伤无辜。三是在防卫作用上,正当防卫的效果是不法侵害行为当时产生的,而预先安装防护措施行为的效果则是在安装措施后某个时间产生的。

(三)正当防卫的对象条件

正当防卫就是通过采取对不法侵害人的人身或者财产造成损害的手段,使得合法权益免受侵害的行为。这一性质决定了正当防卫的对象只能是不法侵害人本人。即使是在共同违法犯罪的情况下,也只能对正在进行不法侵害的人进行防卫,对没有正在进行不法侵害的其他共同违法犯罪人,如教唆犯、帮助犯等不能实行正当防卫。这就是正当防卫的对象条件。

对于能否对无刑事责任能力人,如未达刑事责任年龄的未成年人和精神病人实行正当防卫,刑法理论存在不同看法。有否定说和肯定说两种不同主张。否定说认为,不法侵害的成立,除了行为在客观上造成损害外,行为人主观上必须有罪过、过错,必须达到主客观相统一。否则不能称之为不法侵害,就不能对行为人实行正当防卫。肯定说认为,不法侵害并不以行为人主观上有责为必要,只要行为客观上造成侵害,就属于不法侵害,就能对其实行正当防卫。我们认为,对无刑事责任能力人的不法侵害行为可以实行正当防卫,但是,这种防卫是有条件进行的。在此需要指出,不法侵害的"不法"是不包括行为人主观方面内容的。只要行为人的行为对合法权益造成损害就可以对其实行正当防卫。如果将不法侵害仅理解为有刑事责任能力人实施的行为,而将无刑事责任能力人实施的侵害行为排除在正当防卫之外,显然会严重限制防卫权的实行,不利于保护国家、公共利益和公民的合法权益。在现实当中,当公民面临侵害时,不可能要求他在实行防卫前,分辨侵害人是否具有刑事责任能力。法律不强人所难。因此,只要不法侵害是正在进行,若不及时制止,就会造成严重危害结果的,都可以进行正当防卫。但是,考虑到不法侵害人是无刑事责任能力人这一特殊情况,他们的侵害行为当然不能等同于有刑事责任能力人的故意侵害。所以,我们认为对他们实行正当防卫是有条件的,即若防卫人明知侵害人是无刑事责任能力人且有条件采取其他方法予以避免的话,一般用其他方法予以排除,不进行正当防卫;若防卫人不知道侵害人是无刑事责任能力人,或者不能够用其他方法避免的,才可以实行正当防卫。

（四）正当防卫的主观条件

正当防卫的主观条件,即防卫意图,是支配和促使防卫人进行正当防卫的心理态度。它包括两个方面的内容:一是防卫认识,即防卫人对正在进行的不法侵害的诸多事实因素的认识和对自己防卫行为的认识;二是防卫目的,即防卫人基于防卫认识,希望通过防卫行为达到制止不法侵害,从而保护国家、公共利益、本人或者他人合法权益的心理态度。

正当防卫的防卫意图正是防卫行为排除犯罪性,不负刑事责任的主观依据。在司法实践中,某些行为在客观上符合正当防卫的条件,但是主观上不具有防卫意图,因而不能认定为正当防卫。主要有以下情形:

1.防卫挑拨,是指行为人为了侵害对方,故意挑逗对方向自己进行不法侵害,而后借口正当防卫加害对方的行为。在防卫挑拨的情况下,从形式上看是符合正当防卫的:存在着一定的不法侵害,行为人也实行了所谓的防卫反击行为。但是,由于对方的不法侵害是由行为人故意挑拨诱发的,行为人主观上不但不具有防卫意图,反而是出于侵害意图,无正义性而言。可见,防卫挑拨是一种特殊形式的、有预谋的故意侵害,不属于正当防卫。需要注意的是,若行为人在主观上仅是挑逗对方,并无借口挑拨实行正当防卫来加害对方的意图,或者只是无意中激怒了对方,导致不法侵害的出现,行为人对其实行防卫反击,不属于防卫挑拨,应当认定为正当防卫。

2.互殴行为,是指双方都有加害对方的意图而发生的互相侵害的行为。由于互相斗殴的双方都有侵害对方的故意,都不具有正当的防卫意图。因此,任何一方的斗殴行为都不存在正当防卫的问题,而属于不法侵害行为,双方都应当就自己的不法侵害行为承担法律责任。但是,若一方已经明确放弃继续侵害对方,而另一方却不肯放手,继续对对方实施侵害,则已经放弃侵害的一方就具备了对对方不法侵害行为进行正当防卫的前提条件,应当认定为正当防卫。

3.偶然防卫,是指行为人不知他人正在实施不法侵害,而故意或者过失地对其实施了侵害行为,偶然制止了不法侵害的情形。在主观上,行为人并不明知他人正在实施不法侵害且存有罪过。在客观上,行为人的侵害行为阻却了他人正在进行的不法侵害。如,甲欲杀乙,向乙开枪,恰好这时乙正举枪射杀丙,甲的故意侵害行为制止了乙的不法侵害。偶然防卫在客观上完全符合正当防卫的特征,但主观上存在犯罪的故意或过失,欠缺防卫的意图。因此,偶然防卫不属于正当防卫,行为人应当对自己的行为承担法律责任。

(五)正当防卫的限度条件

根据《刑法》第 20 条第 2 款的规定,正当防卫不能明显超过必要的限度,造成重大损害。"必要限度"应如何理解呢?刑法学界对此提出了不同的学说。一是基本相适应说。该说认为正当防卫的必要限度,是指防卫行为的性质、手段、强度和后果同不法侵害行为的性质、手段、强度和后果必须基本相适应。但并不意味着防卫行为与不法侵害行为完全相等。二是必要说。该说认为正当防卫的必要限度,就是防卫人制止不法侵害所必需的限度。只要造成的损害是制止不法侵害所必需的,即使防卫的强度大于侵害的强度,也不能认定为超过了必要限度。三是适当说。该说认为正当防卫的必要限度,就是防卫人的行为足以制止侵害人的不法侵害,防卫行为与不法侵害行为在手段、强度和后果上要基本相适应。

上述三种观点中,基本相适应说提出防卫行为必须与不法侵害相适应,但这种"相适应"并不是相等,而且可以超过,且又强调不能超过太多,这样既有利于保障公民行使防卫权,又有利于防止公民滥用防卫权。但是,该说只是从防卫和侵害的强度和利益上相权衡,没有考虑到防卫人的主观目的,因而没有抓住问题的本质,特别是当防卫的强度超过侵害强度时,容易出现认识偏差。必要说以防卫人制止不法侵害之必需为必要限度,强调了防卫目的的正当性,但它只注重防卫的"必需",忽视了防卫的应有限制,没有对防卫人设定必要的约束,从而容易导致防卫权的滥用。而适当说,可谓是基本相适应说与必要说的有机结合。它既提出防卫行为的质与量都应足以制止不法侵害,抓住了理解必要限度的本质,有利于鼓励公民行使防卫权;同时它又认为在一般情况下,防卫强度应与不法侵害的强度基本相适应,这对防卫人提出了必要的约束,就有利于保障防卫权的正当行使。所以,我们认为该学说较为合理可行。

因此,结合适当说与《刑法》第 20 条第 2 款的规定,在认定防卫行为是否超过必要限度时,一方面,我们要看防卫的限度是否为制止不法侵害所必需,即防卫行为的性质、手段、强度和损害后果是否为制止不法侵害所必需。从个案角度出发,我们应当分析案发的时间、地点,双方的情况如个人身体状况、手段,在现场所处的客观环境和形势,从而判断防卫人在当时的情形下应否控制防卫强度、能否控制防卫强度。不能向防卫人提出防卫行为强度与侵害行为强度保持一致的苛刻要求。另一方面,要看防卫行为是否明显超过必要限度造成重大损害。即防卫行为在强度、手段或者使用的器具上是否显然超过了制止不法侵害的实际需要,并且是否造成人身的死亡、重伤或者财产的重大损害。对于造成重大损害但行为不是明显超过必要限度,或者虽然行为明显超过必要限度但客观上没有造成重大损害的,均应认为是正当的防卫。

需要指出,鉴于我国目前严重危及人身安全的暴力犯罪尚较猖獗,《刑法》第20条第3款规定:"对正在进行行凶、杀人、抢劫、强奸、绑架以及其他严重危及人身安全的暴力犯罪,采取防卫行为,造成不法侵害人伤亡的,不属于防卫过当,不负刑事责任。"可以认为,这是刑法关于无限防卫权或特殊防卫权的规定。无限防卫权在防卫时间条件、对象条件、主观条件上与一般正当防卫是相同的,只是不设定限度条件。也正是由于没有设置限度条件,因而就要严格依照刑法设定的前提条件行使无限防卫权。只有对正在进行的行凶、杀人、抢劫、强奸、绑架以及其他严重危及人身安全的暴力犯罪,才能行使无限防卫权。

三、防卫过当及其刑事责任

(一)防卫过当的概念

防卫过当,是指防卫行为明显超过必要限度且造成重大损害的行为。防卫过当是一种特殊的犯罪形式,是在正当防卫过程中发生了质的变化而形成的。因此,防卫过当与正当防卫既有紧密的联系又有本质的区别。二者的紧密联系在于:防卫过当完全符合正当防卫成立条件当中的前四个条件,行为人在主观上有防卫意图,客观上也实行了防卫行为。本质区别在于:防卫过当违反了正当防卫的限度条件,明显超过了必要的限度,造成了重大损害,这使防卫行为发生了质的转化,由正当的防卫行为转化为一种不法的侵害。由此可见,防卫过当是一种犯罪行为,行为人应对此承担刑事责任。在此需要注意,防卫过当不是独立的罪名,不能定所谓的"防卫过当罪",而是应根据具体个案中的防卫过当的行为、危害结果和行为人的主观罪过,依照刑法分则的有关条款来确定罪名。

(二)防卫过当的罪过形式

我国刑法没有规定防卫过当的罪过形式,理论上有不同的观点:(1)认为防卫过当的罪过形式既可以是过失,也可以是故意,包括直接故意和间接故意。在防卫强度违反了自我约束造成过当时,可以是过失与间接故意,而在防卫行为违反了随时随地终止性的情况下,就是直接故意;(2)认为防卫过当的罪过形式只能是过失,包括疏忽大意的过失和过于自信的过失;(3)认为防卫过当的罪过形式只能是疏忽大意的过失,故意和过于自信的过失都不能成为防卫过当的罪过;(4)认为防卫过当的罪过形式可以是过失,包括疏忽大意的过失和过于自信的过失,也可以是间接故意,但不可以是直接故意。我们同意第四种观点,理由如下:一是在防卫过当情形下,防卫行为是行为人"故意"实行的,是在正当防卫的认识和意志的支配下实行的。行为人只认识到自己的行为是防卫行为,所造成的后果是法律所允许的,而不是明知自己的行为会发生危害社会的结果。行为人希望制止不法侵害、保护合法权益,而不是希望危害结果的发生。因此,这种"故意"并非刑法意义上的故意。防卫过当行为前提条件和目的的正当性决定了它不可能由直接故意构成。二是在防卫过当情形下,防卫人有可能认识到自己的行为会超过不法侵害的强度,给不法侵害人造成损害,但是,他为了达到合法正当的防卫目的,而放任其行为造成的损害结果的发生。因此,防卫过当有可能由间接故意构成。三是在防卫过当情形下,行为人虽然是应当预见其行为可能超过不法侵害的强度,但由于疏忽大意而没有预见到,或者已经预见到,但由于轻信可以避免,从而造成过当结果。因此,防卫过当可以由疏忽大意的过失或过于自信的过失构成。

(三)防卫过当的刑事责任

根据《刑法》第 20 条第 2 款的规定,对于防卫过当,应当减轻或者免除处罚。防卫过当是一种特殊的犯罪形式,与一般的刑事犯罪有着重大的区别。在防卫过当的场合,行为人主观上是出于制止不法侵害、保护合法权益的目的,其主观恶性要小些。因此,在处理该类案件时,要根据案件的客观事实,并充分考虑防卫行为的具体目的、防卫过当的程度、罪过形式等情况,依法减轻或者免除处罚。

第三节 紧急避险

一、紧急避险的概念和意义

(一)紧急避险的概念

根据《刑法》第 21 条的规定,紧急避险,是指为了使国家、公共利益、本人或者他人的人身、财产和其他权利免受正在发生的危险,不得已而采取的损害另一较小合法权益的行为。

紧急避险是为了避免现实危险、保护较大合法利益,不得已而采取的行为。在客观上,紧急避险行为损害较小的合法权益。当行为人面临发生两个合法权益相冲突,只能保全其中之一的紧急情况下,为了保全较大的权益,行为人不得已而牺牲较小权益,从而使国家、公共利益和公民个人的合法权益可能遭受的损失减少到最低限度。在主观上,行为人认识到合法权益受到正在发生的危险的威胁,为了使合法权益免受危险的侵袭,而实施避险行为。因此,避险行为虽然造成了某种合法权益的损害,但行为人没有犯罪的罪过,该行为不符合任何犯罪构成,是非犯罪构成要件之行为的又一种形式。

(二)紧急避险的意义

刑法规定紧急避险的意义在于:有利于教育和鼓励公民在与自然灾害和不法侵害的斗争中,能够主动行使避险权,勇于牺牲局部的、较小的合法权益以保护全局的、较大的合法权益;同时,也有利于促进人与人之间的相互友爱,培养社会成员之间的全局观念,切实保护社会的整体利益。

二、紧急避险的成立条件

紧急避险是以损害一个合法权益的方式来保护另一合法权益的行为。因此,在行使避险权时必须严格遵守法定的条件。根据《刑法》第 21 条的规定,紧急避险的成立必须同时符合以下五个条件:

(一)紧急避险的起因条件

紧急避险只有在合法权益受到危险的现实威胁时才能实行。所谓危险,是指某种迫在眉睫的、足以对合法权益造成严重危害的紧迫事实状态。这种事实状态既可以来自社会因素,又可以来自自然因素。主要有:(1)自然破坏力对合法权益形成的危险,如地震、洪水、火灾等;(2)动物侵袭对合法权益形成的危险,如野兽追扑、狂犬撕咬等;(3)他人的不法侵害行为对合法权益形成的危险,如不法侵害人实施的伤害、杀人、抢劫等行为;(4)人的生理、病理原因对合法权益形成的危险,如饥饿、疾病等对人的生命健康构成的严重威胁等。在此,我们还要把握的一个问题是:对于自招的危险能否实行紧急避险?考察各国刑法,对此规定不一。有的国家明文规定对于自招危险不能实施紧急避险,如德国刑法规定"危险因自己引起"时不能适用紧急避险的规定;有些国家对自招危险能否实行紧急避险则没有明文规定,我国刑法正是采用该立法例。我们认为,在紧急避险场合,是以存在现实的危险为前提,至于危险的来源在所不问。因为在此情形下,法律考虑的是:是否存在两个合法权益冲突且只能保全其一,并希望行为人能实行避险权以保护较大的权益。因此,若行为人对非出于利用紧急事态而招致的危险,可以实行紧急避险。但是,若行为人是出于某种非法目的,意图利用紧急事态而招致危险发生,并以此为借口实行避险行为以实现其非法目的,则不允许实行紧急避险。因为此时,行为人不具有避险意图,其主观上是为了故意损害他人的合法权益,而非为了保护合法权益免受危险的侵害。

作为紧急避险起因条件中的危险,必须是客观、真实存在的。若实际上并没有危险存在,但行为人主观想象或者臆测误认为有危险,并实行了所谓的避险行为,致使合法权益受到损害的情况,在刑法理论上称为假想避险。对于假想避险,应当按照事实认识错误的原则,确定是否应当负刑事责任。若行为人应当预见到危险并不存在而由于疏忽大意没有预见,而实行了所谓的避险行为,造成严重后果的,应当按照过失犯罪处理;若行为人根本不可能认识到危险并不存在,而实行了所谓的避险行为的,应当按照意外事件处理。

(二)紧急避险的时间条件

紧急避险只有针对正在发生的危险才能进行,这是紧急避险的时间条件。所谓正在发生的危险,是指立即造成损害,或者正在造成损害的危险已经出现且尚未结束。行为人只能在危险已经出现而又尚未结束这一时间条件下进行。因为,对于尚未出现的危险,行为人可以采取相应的措施予以预防;对于已经结束的危险,此时损害已经造成,实行所谓紧急避险已不能达到保护合法权益免受损害的目的。

对于尚未发生或者已经结束的危险,进行所谓的紧急避险,在刑法理论上称为"避险不适时"。避险不适时有两种情形:一是事前避险,是指在危险尚未出现,行为人就实行所谓的避险行为;二是事后避险,是指在危险已经结束,损害已经造成时,行为人还实行所谓的避险行为。对于避险不适时应当按照事实认识错误的原则,根据其对合法权益造成损害的大小,以及行为人的主观罪过的有无,来判断是否追究行为人的刑事责任。

(三)紧急避险的主观条件

紧急避险必须是为了使合法权益免受危险的侵害。首先,行为人认识到,某种危险正在发生,使得两个合法权益相冲突,只有损害较小的合法权益才能保护另一较大的合法权益。其次,行为人是基于对上述危险事态的认识,希望通过避险行为达到使国家、公共利益、公民个人的合法权益免受更大损害的目的。如果不具有避险目的,则不成立紧急避险。如,抢劫犯为了逃脱警察的追捕而侵入他人的住宅,该侵入行为不能认定为紧急避险。

(四)紧急避险的限制条件

由于紧急避险是以损害一个合法权益的方式来保护另一合法权益的权宜措施,它毕竟对那较小的、无辜的合法权益造成了损害。因此,只有在"不得已"的情况下才能进行紧急避险。所谓不得已,是指在合法权益面临正在发生的危险的紧急状态下,行为人没有其他可行方法排除危险,只有损害较小的合法权益,才能保护另一较大的合法权益的情况。如果当时还有其他不损害合法权益的方法可以避免危险,则不能实行紧急避险。若行为人仍然盲目选择以损害合法权益的手段避险,造成严重后果的,应当依法承担刑事责任。

另外,根据《刑法》第21条第3款的规定,避免本人危险不适用于职务上、业务上负有特定责任的人。这是法律对紧急避险主体设置的一项限制。该类人员在危险发生时,其依法承担的职务或者所从事的业务活动本身要求他们同危险作斗争。如,在非典暴发时期,医护人员应坚守岗位,积极抢救病患,不能因有被传染的危险而采取避险行为,拒绝履行职责。如果该类人员为了避免本人危险而放弃履行职务,不能成立紧急避险。造成严重后果的,还应根据具体情况,依法承担相应的法律责任。

（五）紧急避险的限度条件

紧急避险不能超过必要限度,造成不应有的损害,这是紧急避险的限度条件。通说认为,紧急避险的必要限度,是指紧急避险所引起的损害小于所避免的损害。如果避险行为所造成的损害结果等于或者大于所要避免的损害,该损害结果就是不应有的结果,就是超过了必要限度。

在司法实践中,衡量合法权益的标准,是一个复杂的问题。不可能有一个抽象的、一般的标准,而是应当根据具体事态,按照法律秩序整体性的要求,作出合理的判断。一般而言,人身权的价值应大于财产权;人身权当中,生命权居于最高的地位,优于其他种类的人身权;财产权之间的比较,以其价值大小为准。

三、避险过当及其刑事责任

根据《刑法》第 21 条第 2 款的规定,避险过当,是指避险行为超过必要限度造成不应有的损害行为。要成立避险过当,在客观上,行为人的避险行为超过了必要限度,对第三者的合法权益造成了不应有的损害;在主观上,行为人具有过失的心理态度,在少数情况下,还可能具有放任危害结果发生的间接故意的心理态度。

与防卫过当一样,避险过当不是独立的罪名。因此,在追究行为人刑事责任时,应当根据行为人的主观罪过形式以及过当行为的具体特征,按照刑法分则中相关条款的规定确定罪名。根据《刑法》第 21 条第 2 款的规定,对于避险过当,应当减轻或者免除处罚。

第四节　非犯罪构成要件之其他行为

一、依照法令的行为

依照法令的行为,是指依照现行法律、法规而实施的行使权利或者履行义务的行为。依照法令实行的行为是法律本身所允许乃至鼓励的行为,因而是合法行为。虽然有些行为在表面上符合刑法分则规定的某种犯罪构成的客观要件,但是行为人的目的是为了维护国家、公共利益和公民个人的合法权益,而不是为了实现犯罪目的,不符合犯罪构成要件,因此,依照法令的行为是一种正当的行为。这类行为有两种表现形式:一是职权行为,即公务人员根据其职责实施的行为。如,警察依法对犯罪嫌疑人实行逮捕。二是一般公民的权利行为。如,公民依据刑事诉讼法的规定,对案犯的扭送。依照法令的行为,其成立必须具备以下条件:(1)行为必须是依照现行有效的法令实施的;(2)行为的内容是行使法令所赋予的权利或者履行义务;(3)行为的实施必须在法定的限度内。

二、执行命令的行为

执行命令行为,是指依照上级国家工作人员的命令而实施的行为。下级服从上级命令,是实现国家职能和保卫社会的需要。虽然这类行为有时在客观上与某些犯罪行为有相似之处,但是实质上是有益于社会的行为。如,武装警察受命执行枪决死刑罪犯。

该类行为一般不会发生刑法上的问题,但是如果所执行的命令的内容本身不合法,执行该命令会造成危害后果,行为人执行了这一命令,行为应如何定性?我们认为,行为人是有意志自由、具有责任能力的人,行为人也具有自觉遵守法律、抵制违法犯罪的义务。他的行为不仅要对上级负责,还要对整个国家和公民负责。因此,行为人对上级的命令不能盲目地服从。如果行为人不知命令是不合法而执行了,可以免除法律责任。但是,如果明知上级命令是违法仍然执行,造成严重后果,构成犯罪的,则应与下达命令的上级承担共同犯罪的责任。

三、正当业务行为

正当业务行为,是指行为人根据其所从事的正当业务的要求而实施的行为。有些正当业务行为在表面上与某些犯罪相似,如医生为病患截去坏死的器官,与故意伤害罪在客观行为上相同。但是行为人没有犯罪的故意,不构成犯罪,而且该行为还是有益于患者、有益于社会的行为。

正当业务行为要具备以下条件才能被认为是非犯罪构成要件之行为:(1)行为人所从事的业务是合法的;(2)行为人必须具有一定业务知识和业务能力;(3)行为人实施的行为是在业务范围内,且符合规定的;(4)行为人实施的行为必须具有业务内正当的目的。

四、经被害人承诺的行为

经被害人承诺的行为,是指行为人在被害人请求或者同意的前提下,损害其合法权益的行为。被害人请求或者同意行为人损害其某种合法权益,即表明他已放弃该权益,因此,法律也就没有必要对其予以保护,也就不需要惩罚损害合法权益的行为。

　　经被害人承诺的行为要具备以下条件才能被认为是非犯罪构成要件之行为而排除其犯罪性:(1)被损害的合法权益必须是被害人具有处分权的权益。个人的合法权益有些可以自己处分,有些则不能。一个人是否有权利同意他人剥夺自己的生命权? 对此理论界争论激烈,该问题所涉及的最有代表性的行为类型就是"安乐死"。关于该行为的定性,学者们的主张有三种:一是持肯定态度,即对于忍受剧烈痛苦且濒临死亡的病患,基于病患的请求,可以对其实行安乐死,排除其犯罪性;二是持否定态度,即安乐死是杀人行为,即使经被害人同意,也不能排除其犯罪性;三是持折中态度,即认为法律对安乐死应作免罚规定,但同时应有严格的限制条件。安乐死问题极其复杂。从各国的立法例来看,极少数国家明确规定安乐死不具有违法性或不构成犯罪。在我国,一般认为,人的生命权是不能由自己处分的。实行安乐死并不能排除故意杀人罪的成立。因此,我国没有通过立法确认安乐死的合法性。(2)被害人的承诺必须是其真实的意思表示。(3)承诺必须存在于行为前或者行为时,事后承诺不影响行为成立犯罪。(4)经被害人承诺的行为必须符合法律规定和公序良俗。

复习与练习

本章提要

　　非犯罪构成要件之行为,是指行为在客观上造成了一定损害结果,表面上符合刑法分则所规定的某一犯罪的客观要件,但实质上该行为不具有社会危害性,并不符合犯罪构成,依法不成立犯罪的行为。非犯罪构成要件之行为包含正当防卫、紧急避险、依照法令的行为、执行命令的行为、经被害人承诺的行为等。正当防卫,是指为了保护国家、公共利益、本人或者他人的人身、财产和其他权利免受正在进行的不法侵害,采取对不法侵害人造成损害的方法,制止不法侵害的行为。其本质是制止不法侵害保护合法权益。成立正当防卫必须同时具备法定的五个条件。对于正在进行的严重危及人身安全的暴力犯罪,公民可以行使无限防卫权,不存在防卫过当的情形。紧急避险,是指为了使国家、公共利益、本人或者他人的人身、财产和其他权利免受正在发生的危险,不得已而采取的损害另一较小合法权益的行为。其本质在于以损害一个合法权益的方式来保护另一合法权益。其成立也必须严格符合法定的五个条件。

重要概念

　　非犯罪构成要件之行为　正当防卫　防卫过当　无限防卫权　紧急避险
避险过当

思考题

1.试述正当防卫的概念和成立条件。

2.试述紧急避险的概念和成立条件。

3.如何理解无限防卫权?

4.比较正当防卫与紧急避险的异同。

5.成立经被害人承诺的行为需要具备哪些条件?

6.甲、乙所乘坐的轮船在海上遇难,甲、乙二人一同游向一块木板。甲抓住木板后,发现木板只能承重一人,于是在乙伸手拉木板时将乙推开,致其死亡。

问:甲对乙的死亡结果应否负刑事责任?

第三编

刑罚总论

第十五章　刑罚概说

刑罚的一般理论,主要包括刑罚的概念、功能和目的,它是刑罚论的重点,也是刑法学的重要组成部分。其中,刑罚目的论可以说是刑罚论的核心。本章主要阐述刑罚的概念、特征、刑罚的功能、刑罚的目的,以帮助全面、深入地理解刑罚理论。

本章重点
- 刑罚的特征
- 刑罚的功能
- 刑罚的目的

第一节　刑罚概述

一、刑罚的概念与特征

(一)刑罚的概念

刑罚,是刑法规定的,由国家审判机关依法对犯罪分子所适用的剥夺或者限制其某种权利的最严厉的法律强制方法。我国刑法将刑罚的种类分为主刑和附加刑。主刑有管制、拘役、有期徒刑、无期徒刑和死刑五种;附加刑有罚金、剥夺政治权利、没收财产三种。另有一种特殊附加刑是驱逐出境。

(二)刑罚的特征

1.刑罚是国家法律规定的强制方法

刑罚是刑法的基本内容。刑法作为一个国家的基本部门法,它规定的内容是对公民重要权利的处置,因此,一般都由国家的最高立法机关依照法定的程序来制定。在我国,根据宪法的规定,刑法的制定、修改只能由全国人大及其常委会进行,其他任何机关、团体和个人都无权规定刑罚这种强制方法。

2.刑罚的内容为对受刑者一定权利的限制和剥夺

无论是传统的报应刑论还是现代的目的刑论,刑罚作为对犯罪的制裁措施,具有给犯罪人带来身体的、精神的或财产的剥夺性痛苦的功能,这是刑罚的本质要求。这种痛苦相对于其他法律制裁措施而言,无疑是最强烈的。它不仅可以剥夺犯罪人的政治权利、财产权利,而且还可以限制或剥夺犯罪人的人身自由,甚至可以剥夺犯罪人的生命。

3.刑罚是国家最为严厉的制裁措施

为了有效治理国家、维护社会秩序和保障公民权利,国家根据行为违法性和危害性的特点,制定了刑事、民事、行政、纪律等各类制裁措施。除刑事制裁外的其他制裁措施均不涉及生命权等重大人身权利,即使是在特定情形下限制人身自由的措施,也是时间较短且不具有刑罚性质。可见,刑罚作为刑事制裁的主要方式,与其他制裁措施相比,整体上是最为严厉的处罚措施。

4.刑罚只能由人民法院依照法定程序适用于特定的人

在我国,刑罚适用的主体只能是人民法院。人民法院有权对犯罪人适用刑罚,但必须符合法律的规定。这里的法律主要是刑法和刑事诉讼法,即以刑法的规定为依据,并遵循刑事诉讼法规定的讼诉程序进行。不经过应有的诉讼程序,是不能适用刑罚的。

同时,人民法院适用刑罚的对象只能是犯罪人。刑罚是对犯罪人的犯罪行为所作出的否定评价,是对犯罪人的道义谴责,它是因犯罪所产生的当然的法律后果。与之相适应,刑罚处罚的对象只能是实施了犯罪行为的犯罪人,包括自然人和单位。因此,犯罪人既是犯罪行为的实施者,也是刑罚的承担者。刑罚既不能适用于动植物和其他非人的对象,也不能适用于与犯罪无关的无辜者。

5.刑罚是由特定机关执行的制裁措施

根据我国刑法和刑事诉讼法的规定,死刑、罚金和没收财产由人民法院执行,无期徒刑和有期徒刑由监狱或其他劳改场所执行,拘役和剥夺政治权利由公安机关执行,对管制刑实行社区矫正。这也是刑罚区别于其他制裁措施的标志之一。

二、刑罚与犯罪、刑事责任、刑罚权之间的关系

总的来说,刑罚与犯罪、刑事责任以及刑罚权都是认识和处理刑事犯罪过程中必然要涉及的基本范畴,它们之间既有联系、又有区别。

(一)刑罚与犯罪的关系

刑罚与犯罪的关系是对立统一的关系。刑罚与犯罪的对立表现在两个方面:(1)从国家的角度看,犯罪是危害社会、破坏社会秩序的行为,而刑罚则是惩罚犯罪、保卫社会的重要手段。(2)从犯罪人的角度看,犯罪是为了侵害国家、社会或者个人的利益,给社会造成痛苦,而刑罚则是对犯罪人施加的痛苦。刑罚与犯罪的统一表现在:(1)二者起源相同,即都是人类社会发展到一定阶段的产物,它们都是在阶级社会中产生的。(2)二者因果相承,即犯罪是刑罚的原因,刑罚是犯罪的结果,没有犯罪,就没有受刑罚惩罚的可能性。(3)二者趋势联动,即犯罪态势趋重,则刑罚的配置也相应趋严;犯罪态势趋缓,则刑罚的配置也相应趋轻;犯罪消失了,刑罚也就不存在了。

（二）刑罚与刑事责任的关系

刑罚与刑事责任是同时产生，同时成立的，它们是一个事物的两个方面，没有先后之分。一个行为成立犯罪之时，也是刑事责任确定之日。二者的联系表现在：（1）它们都以犯罪为前提，没有犯罪，就没有刑事责任和刑罚。（2）二者互相依存，一方面，刑事责任决定刑罚，没有刑事责任，刑罚的配置和裁量就没有依据；另一方面，刑罚是刑事责任的实现形式，没有刑罚，刑事责任就不能被实际的追究。二者的区别主要表现在：（1）刑罚是刑事责任的一种外在表现形式，比较具体；而刑事责任是刑罚适用的内在根据，相对而言，比较抽象。（2）二者内容不同，刑罚是对犯罪人一定权利的剥夺和限制，而刑事责任是对犯罪人的否定评价。（3）刑事责任的实现方式多种多样，刑罚虽是其最基本、最重要的承担方式，但并非唯一的方式，除了刑罚，刑事责任还可以通过非刑罚措施或者免予刑罚的方式实现。

（三）刑罚与刑罚权的关系

刑罚与刑罚权之间也是既有联系、又有区别的关系。所谓刑罚权，是指国家基于对社会的管理或统治，依法对犯罪人惩罚的权力。从层次上说，理论上通常将刑罚权分为一般的刑罚权和个别的刑罚权。只要发生犯罪，国家就可以对犯罪人实行刑罚惩罚这种一般、抽象意义上的刑罚权，就是一般的刑罚权；发生具体的犯罪时，国家可以对具体犯罪人实行刑罚惩罚这种个别、具体意义上的刑罚权，就是个别的刑罚权。从内容上讲，刑罚权包括制刑权、求刑权、量刑权和行刑权。制刑权是指国家立法机关在刑事立法中创制刑罚的权力，这种权力在我国只能由全国人民代表大会及其常务委员会行使，其内容主要包括确定刑种，建立刑罚体系，规定刑罚裁量的原则、刑罚执行方法与制度以及具体犯罪的法定刑。求刑权是指对犯罪行为提起刑事诉讼的权力。这种权力原则上由检察机关行使，但国家也将部分轻微犯罪（告诉才处理的犯罪）的求刑权赋予被害人。量刑权是指人民法院对犯罪人决定科处刑罚的权力。行刑权是指特定机关将人民法院对犯罪人判处的刑罚付诸现实执行的权力。可见，刑罚是制刑权的结果，是求刑权、量刑权和行刑权的依据。而刑罚权则又是制刑权的根据，是刑罚正当性的内在要素。因此，明确刑罚与刑罚权之间的关系有利于全面、整体地把握国家与犯罪人之间的刑事法律关系。

第二节　刑罚的功能

一、刑罚功能的概念

刑罚功能，是指国家制定、适用和执行刑罚对人们可能产生的积极作用。刑罚的功能具有如下几个特征：

（一）刑罚的功能是刑罚对人们产生的作用

所谓对人们产生的作用，是指刑罚对犯罪人、被害人以及社会上其他人产生的作用。刑罚是对犯罪人适用的，当然会对犯罪人产生一定的作用；但是刑罚不仅直接影响犯罪人，而且对被害人和其他社会成员也会产生作用。刑罚对被害人的作用，主要是补偿作用，即通过对犯罪人的惩罚而实现对被害人的物质和精神上的补偿；刑罚对其他社会成员的作用，包括对社会上的不稳定分子或者说潜在的犯罪人的警告作用和对广大群众与犯罪作斗争的激励作用。所以考察刑罚的功能，不能只限于考察刑罚对犯罪分子本身的作用，而应从整个社会的角度，即从对整个社会的作用来考察，才能对刑罚的功能有全面、恰当的评价。

（二）刑罚的功能是刑罚可能产生的积极作用

刑罚的适用，既有积极的作用，也有消极的影响。作为国家规定刑罚并加以适用，目的在于追求其对社会可能发生的积极作用。刑罚这种在客观上具有产生相应积极作用的可能性，是其本身存在的根据。如果客观上根本不可能产生积极作用，自然谈不上刑罚的功能。认识刑罚积极作用的可能性，有助于将刑罚功能与刑罚适用实际产生的效果相区别，不致由于某种原因未产生积极效果而否定刑罚功能的存在。

（三）刑罚的功能是制定、裁量、执行刑罚可能产生的作用

这表明刑罚的功能不是仅就刑罚的判处或刑罚的执行某一点而言的，而是从刑罚的制定到刑罚的裁量再到刑罚的执行整个过程而言的，不这样考察就会失之于片面。国家制定刑罚，对某种犯罪规定一定的法定刑，使人们知道实施某种危害社会的行为会受到什么样的刑罚处罚，从而使人们在心理上受到影响。审判机关对犯罪人裁量判处一定的刑罚，执行机关对犯罪人执行刑罚，不仅会对犯罪人产生作用，也会对犯罪人以外的人产生作用。因而可以说刑罚的功能是刑罚的制定、裁量、执行全过程的功能。

二、刑罚功能的内容

根据功能以及对象范围的不同，可以将刑罚的功能概括为三个方面：对犯罪人的功能、对被害人的功能和对社会的功能。

（一）对犯罪人的功能

刑罚是对犯罪人适用的强制方法，它首先对犯罪人发生作用。刑罚对犯罪人的功能，主要有如下两种：

1.惩罚功能

刑罚的惩罚功能，是指刑罚的适用不仅包括使犯罪人因被剥夺或限制某种重

要权利而感受到的痛苦,而且包括使其因受到政治和道义上的否定评价而感受到的耻辱。刑罚如果不具有这种使犯罪人产生痛苦和耻辱的感觉,那么刑罚就失去了它作为遏制犯罪的惩罚措施的价值。因此,任何刑罚都具有惩罚功能,这是各种刑罚的共性。但不同刑罚还具有不同的惩罚功能,这是各种刑罚的个性,如死刑具有剥夺犯罪人生命的功能,它从肉体上将犯罪人加以消灭,使犯罪人本人永远不可能再危害社会;无期徒刑、有期徒刑、拘役等自由刑具有剥夺犯罪人身体自由的功能,它将犯罪人置于与社会隔离的场所。不同刑罚的不同功能对防止服刑人重新犯罪的强度是不同的。

2.教育改造功能

教育改造功能,是指在刑罚执行过程中,注重犯罪人人性的特点,对其进行感化教育,通过劳动意识的培养,使其成为遵纪守法、自食其力的公民。它可以说是我国刑罚对犯罪人的主要功能。刑罚对犯罪人的惩罚功能是与刑罚的产生同时产生的,它具有久远的历史;而刑罚对犯罪人的教育改造功能,则是近代目的刑论产生以后才为刑法学者所大力倡导。在我国,刑罚的改造功能,主要是通过劳动改造和教育改造来实现的。

(二)对被害人的功能

这里的被害人,包括犯罪行为的直接受害者和直接受害者的家属。刑罚对被害人的功能,主要是安抚功能,即通过对犯罪人适用刑罚处罚,一定程度上满足被害人及其家属要求惩罚犯罪人的诉求,平息他们因被犯罪行为侵害而产生的复仇情绪,抚慰其内心的创伤,避免产生新的矛盾冲突和犯罪。

刑罚安抚功能的实现,有赖于对法律的准确把握和正确适用。在司法实践中,适用和执行刑法必须依法进行,不能一味地为满足被害人及其家属的愿望和要求,背离罪责刑相适应原则对犯罪人适用刑罚。

(三)对社会的功能

刑罚虽是对犯罪人适用的强制方法,但它同时也是社会的防卫手段。因而刑罚不仅对犯罪人发生作用,而且对社会也会产生积极的作用。刑罚对社会的功能,主要表现在以下三个方面:

1.威慑功能

威慑功能,也称威吓功能,是指刑罚以其具有剥夺权利的强制力使人畏惧而不敢犯罪。刑罚的威慑功能体现在立法、裁判和执行三个阶段中。在立法阶段,国家通过刑法规定具体犯罪的刑罚,使有犯罪危险倾向的人不敢作案;在裁判阶段,通过司法机关对犯罪人的具体犯罪适用刑罚,使那些不稳定分子清楚犯罪所给予的惩罚的严厉性,从而放弃犯罪;在执行阶段,通过犯罪人被判处刑罚的实际执行,向社会昭示犯罪人身受执行刑罚之苦,回心向善。

当然,刑罚的威慑功能也是有限的,它不是对任何人都能产生威慑的效果。对绝大多数人来说,他们奉公守法,从没有想过违法犯罪,这不是因为害怕犯罪后会受到刑罚处罚,而是由于他们具有良好的思想意识;对于极少数恶性很深或者犯罪习性很深的人来说,他们虽然知道犯罪后会受重惩,也不惜以身试法,刑罚对他们很难发挥威慑功能。

2.教育功能

对一些犯罪规定一定的刑罚,可以教育广大人民群众,使其了解违法犯罪行为的后果,自觉地遵纪守法。对犯罪人判处应得的刑罚和执行刑罚,可以使广大人民群众进一步了解犯罪与刑罚的具体关系,认识犯罪之后刑罚的不可避免性,提高人民群众遵纪守法的自觉性和同犯罪分子斗争的积极性。这说明对应处刑罚的犯罪人判处刑罚,对广大人民群众都具有教育意义。

3.鼓励功能

犯罪人的犯罪行为,侵害公民利益,危害社会秩序,广大奉公守法的公民,对之无不心怀痛恨。在犯罪人受到刑罚的宣判和执行时,他们会受到鼓舞,消除同违法犯罪作斗争的后顾之忧。这有助于鼓励公民大胆揭发、检举犯罪行为,同违法犯罪行为作斗争。可以说,刑罚对罪犯的现实适用,就是对人民群众与犯罪分子作斗争的支持与鼓励。

第三节　刑罚的目的

一、刑罚目的的概念

所谓刑罚目的,是指国家制定、适用和执行刑罚所期望达到的效果。刑罚目的,体现着刑罚的性质和国家运用刑罚同犯罪作斗争的指导思想,决定着刑罚体系和刑罚种类的确立,是构建刑罚制度的出发点和归宿,影响着刑罚适用的效果。因此,刑罚目的决定或制约着刑罚的其他全部问题,是刑罚论的核心和要害。

二、刑罚目的的内容

在我国,刑法学者对于刑罚目的内容的认识,观点不同,表述各异,但多数学者认为,刑罚的目的是预防犯罪,具体包括特殊预防和一般预防。

（一）特殊预防

所谓特殊预防,是指通过对犯罪人适用、执行刑罚,防止其重新犯罪。可见,特殊预防的对象只能是犯罪人,也即实施了危害社会的行为,依法应当承担刑事责任的人。防止已经犯罪的人重新犯罪,可以采取多种方式,刑罚则是最重要的一种预防手段。刑罚在特殊预防中的具体作用方式表现为:(1)通过对极少数罪行极其严重的犯罪人适用和执行死刑,永远剥夺其再犯罪之能力。这是一种最简单、最有效的特殊预防,但在现代社会它不应成为实现特殊预防的主要途径。(2)通过对绝大多数犯罪人适用和执行自由刑,一方面使其与社会隔离,防止再危害社会;另一方面也可对其进行教育改造,使他们改过自新,重新做人。(3)通过对经济犯罪、财产犯罪和其他贪利性犯罪的犯罪人适用和执行财产刑,剥夺其继续犯罪的物质条件。(4)通过对某些犯罪人适用和执行资格刑,剥夺其某种权利或资格,防止他们利用这些权利或资格进行新的犯罪活动。当然,这并不是说对犯罪人判处和执行刑罚就能自然实现特殊预防的目的,而是要通过多方面的协调配合,坚持惩罚与教育相结合、劳动与改造相结合的方针,以实现特殊预防。

(二)一般预防

所谓一般预防,是指通过制定刑罚和对犯罪人适用、执行刑罚,威慑、警戒其他人,防止社会上可能犯罪的人走上犯罪道路。由此可见,一般预防的对象不是犯罪人,而是没有犯罪的社会成员,包括危险分子、不稳定分子、刑事被害人以及其他社会成员。

预防对象的不同决定了实现特殊预防和一般预防的方式的差异。刑罚是直接施加于犯罪人的,因此,特殊预防的方式侧重于刑罚的物理性强制和由此而产生的精神威慑。而一般预防的对象并不是犯罪人,所以一般预防的方式只能是通过对犯罪人适用和执行刑罚这一客观事实,以期对其他社会成员产生一定的心理影响。具体来说,一般预防的方式主要包括:(1)通过制定刑罚和对犯罪人适用、执行刑罚,威慑、警戒社会上的不稳定分子,使他们不敢以身试法。(2)通过制定刑罚和对犯罪人适用、执行刑罚,表明国家对犯罪行为的否定态度,抚慰被害人,防止报复性犯罪活动的发生。(3)通过制定刑罚和对犯罪人适用、执行刑罚,教育和鼓励广大人民群众积极地同犯罪作斗争。

(三)特殊预防与一般预防的关系

特殊预防和一般预防是刑罚目的的两个方面,它们之间是紧密结合、相辅相成的。没有特殊预防,一般预防也很难实现;而没有一般预防,特殊预防的效果就没有意义。在整个刑事立法和刑事司法过程中,对任何一个犯罪规定和适用刑罚,都包含着特殊预防和一般预防的目的。因此,制定、适用和执行刑罚,既要考虑特殊预防,也要考虑一般预防,二者不可偏废。如果舍弃了其中任何一个方面,都将使刑罚的目的难以实现。当然,在不同的环节,对于特殊预防与一般预防是可以根据具体情况的不同而有所侧重的。例如,在刑事立法上要侧重一般预防,而在量刑与刑罚执行上要侧重特殊预防。又如,对于累犯、惯犯等再犯可能性较大的犯罪人,应侧重于特殊预防;对于初犯、偶犯等再犯可能性小的犯罪人,应侧重于一般预防。

第四节 刑罚的适用基础

一、刑罚适用基础的概念

刑罚的适用基础,是指刑罚可以在什么样的场合适用,它需要具备哪些基础性条件。根据刑法的基本理论,"行为人的行为是犯罪"与"行为人的行为应当受刑罚惩罚",只是一个逻辑的结论。但是不是实际需要处罚,要根据行为人的实际状况和法律的规定来决定。例如,行为人盗窃了他人价值 5000 元的电脑一台,但事后查明该窃贼的年龄离 16 周岁还差 1 天,因此就不能对其追究刑事责任,当然也就不能适用刑罚。又如,行为人行凶刺杀他人,被侦查机关捉拿归案,检察机关也查明:本案事实清楚、证据确实充分,行为人的行为已经构成故意杀人罪而向法院提起公诉。但在法院审理案件的过程中,被告人因意外而死亡,对此,就没有必要再对被告人定罪,因此也就不需要适用刑罚。在我国刑法中,凡是依法不能被追究刑事责任的情形,都不存在适用刑罚的问题,不是适用刑罚的基础。

从刑法理论与司法实践结合的角度考察,在审判工作中要能够具体适用刑罚,必须具备两个基本条件:一是行为人的行为具有刑事责任;二是审判机关依法对被告人进行了定罪。上述两个条件必须同时具备,缺一不可。

二、刑事责任

(一)刑事责任的概念和特征

刑事责任,是指由行为人违反刑法规范义务的行为所引起的、体现国家对行为人否定的道德政治评价的、应由其自身承担的刑事法律后果。对于刑事责任,应从两个方面来理解:从行为人角度讲,刑事责任是行为人对违反刑法规范义务的行为(犯罪)所引起的刑事法律后果(刑罚)的一种承担;从国家角度讲,刑事责任就是国家对实施犯罪行为的人的一种否定评价。

刑事责任具有以下特征:(1)强制性。刑事责任是一种由犯罪行为所引起的国家强制犯罪人承担的法律责任。(2)严厉性。刑事责任是性质最为严重、否定性评价最为强烈、制裁后果最为严厉的法律责任。(3)专属性。刑事责任只能由犯罪的个人或单位承担,具有专属性,不可转嫁,不能替代。这是"罪责自负原则"的要求。

刑事责任不同于民事责任等其他法律责任,具体表现在:(1)基础不同。刑事责任只能由实施犯罪行为的人承担;而其他法律责任不以犯罪行为为必要前提。(2)程序不同。行为人是否承担刑事责任,只能由国家司法机关依照刑事诉讼程序来决定;而其他法律责任的追究则通过民事、行政程序进行。(3)法律后果不同。

刑事责任的法律后果是予以刑罚处罚,这是最严厉的国家制裁方法;而其他法律责任不会引起刑罚处罚这种严厉的法律后果,其承担方式较刑事责任的承担方式相对要轻缓得多。

（二）刑事责任的根据

刑事责任的根据,所要回答的是犯罪人基于何种理由承担刑事责任、国家基于何种理由追究犯罪人刑事责任的问题。刑事责任的根据,包括哲学理论根据和法律事实根据两个方面。

1.哲学理论根据

犯罪人承担刑事责任的哲学理论根据,在于犯罪人基于自己的主观能动性或相对自由意志实施了犯罪行为。辩证唯物主义认为,意识决定人的行为。一个人实施何种行为,在一定限度内具有选择的自由,即具有相对自由意志。这种相对自由意志,使得国家能够要求人们按照一定的社会标准选择和决定自己的行为,并且依据人们所选择、决定的行为是否符合该社会标准来给予肯定或否定的评价。因此,当行为人选择了危害国家、社会和人民利益的犯罪行为时,国家对行为人的行为给予否定评价就有了依据。因此,追究犯罪人刑事责任的哲学理论根据,就在于犯罪人基于自己的主观能动性选择实施了犯罪行为。

国家可以追究犯罪人刑事责任的哲学理论根据,还在于犯罪人具有社会性。犯罪实施者同其他人一样,不仅是自然的存在物,而且是社会的存在物。而犯罪行为是在一定的社会环境中实施的,危害了一定的社会关系。国家作为社会关系的维护者,维护这种社会关系,既是其权力,也是其义务。因此,国家对基于主观意志实施危害社会的犯罪人,追究刑事责任是法律本身的要求。

2.法律事实根据

刑事责任的法律事实根据,在于行为人的行为具备刑法规定的犯罪构成。犯罪构成是犯罪概念的具体化,是犯罪基本属性的法律表现。立法者通过罪状设置具体的犯罪构成,使具有严重社会危害性的犯罪行为具体化、特定化。因此,行为具备犯罪构成是刑事责任的法律事实根据。这里的事实根据包括犯罪手段、犯罪对象、危害结果、犯罪前的一贯表现、犯罪后的态度等,它们影响刑事责任的程度。应当指出,决定刑事责任程度大小的,首先应当是行为具备的犯罪构成要件中的事实。但犯罪构成事实不是唯一的根据,除了犯罪构成要件的事实外,在犯罪案件的客观、主观、主体以及其他方面,都还存在着一系列能够影响和说明刑事责任程度轻重的事实。

（三）承担刑事责任的方式

根据不同的情况,刑事责任的解决可以分别采取以下几种方式：（1）定罪判刑方式。即对犯罪人在作出有罪判决的同时予以刑事制裁即适用刑罚。这是解决刑事责任最常见、最基本的方式。人民法院对行为人作有罪判决时才有权适用这种方式来解决行为人的刑事责任问题。(2)定罪免刑方式。即在确定行为人的行为构成犯罪、应负刑事责任的前提下,以免除刑罚处罚的方式解决行为人的刑事责任问题。(3)消灭处理方式。这是指本来行为人的行为已构成犯罪,应负刑事责任和应受刑罚处罚,但法律规定不需要追究行为人的刑事责任,因而使刑事责任归于消灭,行为人不再负刑事责任。如已超过追诉时效期限的犯罪人,其刑事责任基于时效的届满而消灭。(4)转移处理方式。刑事责任的转移处理方式只能对享有外交特权和豁免权的外国人适用。根据我国《刑法》第11条的规定,享有外交特权和豁免权的外国人的刑事责任,通过外交途径解决。

三、定罪

定罪是全部刑事司法活动的核心问题,只有准确定罪,国家的刑罚权才能正确实现。定罪是融刑事实体法与刑事程序法为一体的司法活动,它既是司法人员的主观认识过程,要求司法人员充分发挥其主观能动性查明案件事实,并找到可以适用的法律规范;又是适用法律对事实与法律的评判过程,需要对事实和法律作出判断和应用。因此,在刑法中研究定罪问题具有特别重要的意义。

(一)定罪的概念与特征

关于定罪的概念,理论界存在不同观点。有学者认为:"定罪就是司法机关根据案件事实和依照刑事法律认定犯罪嫌疑人和被告人的行为是否符合犯罪构成的活动。"也有的学者认为:"定罪就是人民法院按照刑事诉讼程序,确定被审理的案件事实与刑法中所规定的犯罪概念和犯罪构成是否相符合的活动。"我国刑法通说认为:"定罪,是指司法机关依法认定被审理的行为是否构成犯罪以及构成何种犯罪的活动。"

定罪的主要特征如下:

1.主体的特定性。定罪的主体只能是人民法院,因为定罪权属于刑事审判权的一项基本内容,而能够行使审判权的机关只能是法院,这是现代法治国家刑事诉讼的最基本规则。根据我国《刑事诉讼法》第12条规定:"未经人民法院依法判决,对任何人都不得确定有罪。"这就表明,只有人民法院才有对被告人定罪的权利。

2.对象的特定性。定罪的对象是被告人的行为。首先,定罪只能针对行为而不是行为人。因为没有行为即没有犯罪,缺乏通过作为或不作为形式表现出来的犯罪行为,不能确定被告人有罪。其次,定罪指向的是受到追诉的被告人的行为。如果脱离了被告人的行为,就无法准确定罪。

3.根据的法定性。定罪的根据是犯罪事实与刑事法律。定罪的事实是依法定程序证明了的案件事实,即是经正当程序确定了的法律事实。定罪的法律主要是刑事法律。它是广义刑法的范畴。

4.内容的专门性。定罪的内容是确定被告人的行为是否符合刑法规定的犯罪构成,即其是否构成犯罪、构成何种犯罪。具体包括:确定罪与非罪;确定此罪与彼罪;确定轻罪与重罪;确定一罪与数罪;确定未完成犯罪的形态;确定是否成立共犯。以上内容并非都存在于一个行为当中,应根据案件具体情况予以确定。

(二)定罪的原则

定罪的原则,是指国家审判机关在进行定罪活动时应当遵循的行为准则。对于定罪的原则,学者们的观点并不一致,主要有这样一些主张:(1)依法定罪原则、客观公正原则、必要性原则和疑罪从无原则;(2)合法原则、平等原则、协调原则与谦抑原则;(3)程序法定原则、证据裁判原则、无罪推定原则、罪之法定原则、主客观相统一原则、必要性原则;(4)主观与客观相统一的原则,等等。

我们认为,定罪的原则要兼顾程序和实体两方面的法律,同时也不能面面俱到。因此,定罪的原则可以包括以下几个:

1.程序法定原则

程序法定原则,是指司法机关的定罪活动只能由国家审判机关依照法定程序进行,不得超越法定职权或违反法定程序办案。这里包含两层含义:一是只能由具有法定审判权的法院进行;二是在定罪活动中不得违反刑事诉讼法的程序。

2.无罪推定原则

无罪推定原则,是指在刑事诉讼中,任何受到刑事追诉的人在未经法院依法判决有罪之前,应被视为无罪。也就是说,要确定被告人有罪,需要具备两个条件:一是由指控被告人犯罪的机关或人员提供确实充分的证据;二是由审判机关依照法律程序对被告人作出犯罪的认定。我国《刑事诉讼法》第 12 条规定就是这种基本精神的体现。

3.罪之法定原则

罪之法定原则,是罪刑法定原则的一部分,它是指什么行为是犯罪应由刑法明文规定,对于刑法分则没有明文规定的行为,不得予以定罪。这一原则要求:(1)对于被告人的行为是否构成犯罪、构成何种犯罪以及是轻罪还是重罪、一罪还是数罪,都要以刑法规定的犯罪构成为标准,正确地确定其罪名;(2)在依据空白罪状定罪时,必须依照刑法条文中已指明的需要参照的其他法律、法规进行,不能任意解释;(3)对于刑法无明文规定的,不能确定为犯罪。

4.主客观相统一原则

主客观相统一原则,是指在犯罪的成立上不能只采用主观或者客观某一方面的标准,而应当将主观与客观相结合,防止片面性。这一原则的内容主要表现为以下两个方面:一是犯罪构成中主观要件与客观要件的统一,即行为人主观罪过与行为客观危害相统一;二是行为的社会危害性与行为人的人身危险性相统一。社会危害性是犯罪行为的特征,它通过在主观罪过支配下的危害行为对社会关系的损害得以表现;人身危险性是犯罪人的特征,主要通过犯罪人的人格特征得以体现。因此,兼顾主观与客观、行为与行为人的统一,对于正确定罪具有重要意义。

复习与练习

本章提要

刑罚,是刑法规定的由国家审判机关依法对犯罪分子所适用的剥夺或者限制其某种权益的最严厉的法律强制方法。刑罚与犯罪、刑事责任以及刑罚权之间相互关联,既有联系,又有区别。刑罚的功能,是指国家制定、裁量和执行刑罚对人们可能产生的积极作用,包括对犯罪人的功能、对社会的功能和对被害人的功能三个方面。刑罚目的,是指国家制定、适用和执行刑罚所期望达到的效果。刑罚目的论是刑罚论的核心和要害。在西方国家,刑罚目的论主要有报应刑论、目的刑论和折中刑论三种。在我国,通说认为,刑罚的目的是预防犯罪,具体包括特殊预防和一般预防。特殊预防和一般预防是刑罚目的的两个方面,它们之间是紧密结合、相辅相成的。刑罚的适用需要有两个前提:一是行为人被确定为具有刑事责任;二是审判机关决定给予定罪。

重要概念

刑罚 刑罚功能 刑罚目的 一般预防 特殊预防

思考题

1. 如何理解刑罚的概念与特征?

2. 刑事责任的根据是什么?

3. 定罪的原则有哪些?

4. 我国刑罚功能的基本内容是什么?

5. 如何理解刑罚的目的?

6. 刑罚的功能包括(   )。

A. 对犯罪人的功能   B. 对社会的功能

C. 对被害人的功能   D. 对危险分子的功能

第十六章　刑罚的体系

刑罚体系是在确定刑种、实行分类的基础上,依其轻重程度排列成的一个有机联系的整体,旨在发挥刑罚的积极功能、实现刑罚目的。本章主要阐述刑罚体系的概念、特点,刑罚的种类及其适用,以及非刑罚处理方法的种类及其适用。

本章重点

- 刑罚体系的概念
- 主刑的种类及适用
- 附加刑的种类

第一节　刑罚体系概述

一、刑罚体系的概念

刑罚体系,是指由刑法依照一定的标准对各种刑罚方法进行分类并依其轻重排列而成的刑罚序列。刑罚体系有以下特征:

首先,刑罚体系是以刑罚方法(即刑种)为内容,并按照一定的次序排列而成。刑种是刑罚体系的基本构成要素,没有刑种,就不可能有刑罚体系。

其次,刑罚体系是由刑法明文规定的。刑罚体系由哪些刑种组成,是由立法者确定的,这也是罪刑法定原则的必然要求。根据我国刑法的规定,刑罚分为主刑和附加刑,主刑包括管制、拘役、有期徒刑、无期徒刑和死刑;附加刑包括罚金、剥夺政治权利、没收财产和驱逐出境。

再次,刑罚体系的确立依据是发挥刑罚功能、彰显刑罚目的。刑种的选择、刑种的排列,都是以发挥刑罚功能、彰显刑罚目的为指导思想。纵观刑法史,不同的历史时期,即报复刑时期、威慑刑时期、教育刑时期等不同阶段,有不同的指导思想,决定了有不同的刑罚体系。

二、刑罚的分类

在各国刑罚体系中,根据不同的标准,刑罚基本上有两种分类方法:

（一）以刑罚剥夺犯罪分子的权利的性质为标准的分类

以刑罚剥夺犯罪分子的权利和利益的性质不同为标准，可分为生命刑、自由刑、财产刑和资格刑四种。

1.生命刑，是指剥夺犯罪分子生命的一种刑罚方法，如死刑，它是最重的一种刑罚方法。

2.自由刑，是指剥夺或限制犯罪分子人身自由的一种刑罚方法，如有期徒刑、无期徒刑、拘役等，这是各种刑罚方法中运用最广泛的一种刑罚方法。

3.财产刑，是指剥夺犯罪分子财产的一种刑罚方法，如罚金、没收财产等，在经济犯罪中适用较广泛。

4.资格刑，是指剥夺犯罪分子行使某种权利的资格的一种刑罚方法。如剥夺政治权利等。

（二）以刑罚方法的适用方式为标准的分类

以某种刑罚方法只能单独适用还是可以附加适用为标准，可分为主刑和附加刑两种。

主刑也叫基本刑罚，主要特点是只能独立适用，而不能附加适用。对一罪，只能判处一个主刑，不能判处两个以上的主刑。如果犯有数罪，可以判处几个以上的主刑，但要按一定的规则把各罪的刑罚加以合并，最后决定执行一个主刑，而不是执行 2 个以上的主刑。

附加刑也被称为从刑，主要特点是补充主刑适用的刑罚方法。附加刑可以独立适用，也可以作为主刑的附加刑适用。

三、我国刑罚体系的特点

根据《刑法》第 33 条的规定，我国刑法中主刑包括管制、拘役、有期徒刑、无期徒刑和死刑。我国《刑法》第 34 条规定了罚金、剥夺政治权利与没收财产三种附加刑；第 35 条规定了适用于犯罪的外国人的驱逐出境，这是一种特殊的附加刑。

我国刑罚体系具有以下特点：

（一）宽严相济、目标统一

轻重不同的刑种组成了我国刑罚体系，无论是主刑还是附加刑，都是有轻有重。如主刑中轻的有管制、拘役，也有较重的有期徒刑，更重的是无期徒刑，最重的是死刑。这些都体现了我国刑罚体系宽严相济的特点。

这种刑罚体系，其目标是通过贯彻惩罚与教育相结合的方针，起到预防犯罪的实效。

（二）体系完整、结构严谨

我国刑罚由主刑和附加刑构成了一个完整体系，主刑和附加刑相互补充。不同的刑种对受刑人造成的痛苦不同,可以适用于不同的犯罪和不同的犯罪分子,以充分体现罪刑相适应原则。此外刑罚体系的结构也很严谨,主刑在先,附加刑在后,体现了主刑是对犯罪分子适用的主要刑罚方法,附加刑是补充适用的一种刑罚方法。主刑和附加刑均是根据各自的严厉程度由轻到重依次排列。

（三）内容合理、方法人道

我国刑罚体系的内容立足于我国的国情,各个刑种都包含了惩罚与教育改造的机制,适应了我国刑事政策的需要。我国刑罚体系以自由刑为中心,扩大了罚金刑的适用范围,符合世界各国刑罚发展趋势。我国所有刑罚方法(除死刑立即执行外)都强调对犯罪分子的教育和改造,不包含对犯罪人肉体摧残、人格侮辱、精神折磨、牵连家属的内容,我国刑罚具有人道性。

第二节　主　刑

我国刑法规定的主刑有管制、拘役、有期徒刑、无期徒刑和死刑五种。

一、管制

管制,是指对犯罪分子不予关押,但限制其一定自由,依法实行社区矫正的刑罚方法。管制是我国独创的一种刑罚方法,是最轻的一个刑种。由于管制是对犯罪分子不予关押,作为一种开放型的刑罚方法,符合刑罚改革的国际趋势。管制刑具有如下特征:

（一）对犯罪分子不予关押

即不剥夺犯罪分子的人身自由,而放在社区改造。这种不剥夺自由的特点,可以避免短期自由刑的弊端,将犯罪分子留在社会上可以保持正常的工作和生活,有利于罪犯的劳动和改造。

（二）限制犯罪分子的人身自由

管制区别于免予刑罚处罚,主要体现在对犯罪分子人身自由的限制上。根据《刑法修正案（八）》的规定,在《刑法》第 38 条中增加一款作为第二款:"判处管制,可以根据犯罪情况,同时禁止犯罪分子在执行期间从事特定活动,进入特定区域、场所,接触特定的人。"根据《刑法》第 39 条的规定,限制自由的具体内容是:(1)遵守法律、行政法规,服从监督;(2)未经执行机关批准,不得行使言论、出版、集会、结社、游行、示威自由的权利;(3)按照执行机关规定报告自己的活动情况;(4)遵守执行机关关于会客的规定;(5)离开所居住的市、县或者迁居,应当报经执行机关批准。对于被判处管制的犯罪分子,在劳动中应当同工同酬。

（三）对自由的限制有一定期限

根据《刑法》第 38 条、第 69 条的规定，管制的期限为 3 个月以上 2 年以下，数罪并罚时不得超过 3 年。根据《刑法》第 41 条的规定，管制的刑期，从判决执行之日起计算；判决执行以前先行羁押的，羁押 1 日折抵刑期 2 日。根据《刑法》第 40 条的规定，被判处管制的犯罪分子，管制期满，执行机关应即向本人和其所在单位或者居住地的群众宣布解除管制。

（四）对被管制的犯罪分子依法实行社区矫正

由于管制是一种开放性的刑罚，实际上离不开群众的监督改造。《刑法》第 39 条规定的"服从监督"，实际上就是在社区接受群众的监督改造。《刑法》第 40 条规定的，被判处管制的犯罪分子，管制期满，执行机关应即向本人和其所在单位或者居住地的群众宣布解除管制。这也说明判处管制的犯罪分子在管制期间是受群众监督的。

二、拘役

拘役，是短期剥夺犯罪分子自由，就近执行并实行劳动改造的刑罚方法。拘役是介于管制和有期徒刑之间的轻刑，是一种短期自由刑，在我国刑法中适用面较宽，仅次于有期徒刑。根据《刑法》第 42 条至第 44 条的规定，拘役刑具有如下特征：

（一）拘役适用于罪行较轻的犯罪分子

拘役主要适用于那些罪行较轻，但又必须短期剥夺其人身自由进行劳动改造的犯罪人。

（二）拘役是短期剥夺自由的刑罚方法

拘役是短期剥夺犯罪分子人身自由的刑罚方法，与管制有明显区别。同时与行政拘留、刑事拘留、民事拘留在性质、适用对象、适用机关、适用的法律依据等方面都有明显区别。

根据《刑法》第 42 条、第 69 条的规定，拘役的期限为 1 个月以上 6 个月以下，数罪并罚时不得超过 1 年。根据《刑法》第 44 条的规定，拘役的刑期，从判决执行之日起计算；判决执行以前先行羁押的，羁押 1 日折抵刑期 1 日。

（三）拘役就近执行并可以探亲

《刑法》第 43 条第 1 款规定："被判处拘役的犯罪分子，由公安机关就近执行。"第 2 款规定："在执行期间，被判处拘役的犯罪分子每月可以回家一天至两天；参加劳动的，可以酌量发给报酬。"

这说明拘役的执行机关是公安机关。就近执行，是指公安机关对于人民法院判处拘役的犯罪分子，建有拘役所的地方，放在拘役所执行；没有建拘役所的可放在就近的监狱执行；远离监狱的可以放在就近的看守所内执行；但在监狱或看守所执行的，要实行分管分押，以防交叉感染。对放在监狱执行拘役的犯罪分子，要组织其劳动。对放在看守所执行的，应创造条件，在看守所参加一定的生产劳动。在执行期间，服刑人员每月可以回家1至2日。参加劳动的，根据服刑人员参加生产劳动的表现、技术水平等情况，发给适当的报酬。

三、有期徒刑

有期徒刑，是指剥夺犯罪分子一定期限的人身自由，并强制其进行劳动改造的刑罚方法。有期徒刑是自由刑的主体，在刑罚体系中占有重要地位，因为有期徒刑适用范围大，不仅刑期可长可短，而且幅度较大，在幅度内又可分不同的档次，这就使有期徒刑既可适用于严重的犯罪，也可适用于一般的犯罪，还可适用较轻的犯罪。有期徒刑最能体现罪责刑相适应原则和刑罚个别化原则。犯罪的社会危害性大小不同，刑罚的轻重也就不同。针对轻重不同的犯罪，选择长短不一的刑期。有期徒刑具有以下特征：

（一）有期徒刑的适用对象非常广泛

我国的有期徒刑是适用范围最广的刑种。它适用于各种犯罪，在刑法分则中凡是具体规定法定刑的，都挂有有期徒刑。有期徒刑轻重长短不同，幅度也较大，有利于法院根据案件的不同情况，判处轻重相适应的刑罚。

（二）有期徒刑的期限跨度大

根据《刑法》第45条的规定，有期徒刑的期限为6个月以上15年以下。

有期徒刑的最高期限一般为15年，但在以下三种情况可以超过15年。第一，根据《刑法》第69条的规定，有期徒刑数罪并罚时最高可达20年，其中有期徒刑总和刑期在35年以上的，最高可达25年。第二，根据《刑法》第50条的规定，判处死刑缓期执行的，如果确有重大立功表现，二年期满以后，减为25年有期徒刑。第三，判处无期徒刑的犯罪分子，如果获得减刑，实际执行的刑期不能少于13年，但通常会超过15年。

有期徒刑刑期的计算与折抵：《刑法》第47条规定，有期徒刑的刑期，从判决执行之日起开始计算；判决执行以前先行羁押的，羁押1日折抵刑期1日。

由于有期徒刑的刑期幅度很大，如果不在法定刑中对有期徒刑的刑度作进一步的规定，会导致法官自由裁量权太大，出现量刑不均衡的现象，所以对《刑法》对具体犯罪有期徒刑的刑度作了规定，具体有以下情况：1年以下、2年以下、3年以下、5年以下、1年以上7年以下、2年以上5年以下、2年以上7年以下、3年以上7年以下、3年以上10年以下、5年以上10年以下、7年以上10年以下、5年以上、7年以上、10年以上和15年。

（三）有期徒刑的执行实行强制劳动改造

根据《刑法》第 46 条规定，被判处有期徒刑的犯罪分子，在监狱或者其他执行场所执行。其他执行场所，如少年犯管教所，是以少年犯为对象的执行机关，关押 14 周岁以上不满 18 周岁的未成年罪犯。此外，《刑事诉讼法》第 264 条规定，对于被判处有期徒刑的罪犯，在被交付执行刑罚前，剩余刑期在 3 个月以下的，由看守所代为执行。

《刑法》第 46 条规定，被判处有期徒刑的犯罪分子，"凡有劳动能力的，都应当参加劳动，接受教育和改造"。劳动改造是强制性的，除丧失劳动能力的以外，都必须参加劳动。所以我国对判处有期徒刑的犯罪分子，不是消极地关押和监禁，也不是将执行机关当作单纯从事生产的企业，而是通过劳动的方式，使犯罪分子学会一定的生产技能，将其改造成自食其力、遵纪守法的公民，以达到预防犯罪的刑罚目的。

四、无期徒刑

无期徒刑，是指剥夺犯罪分子终身自由，实行强迫劳动并接受教育改造的刑罚方法。无期徒刑具有如下特点：

（一）剥夺犯罪分子终身自由

无期徒刑是剥夺犯罪分子终身自由的刑种，是剥夺自由刑中最严厉的刑罚方法，其严厉程度仅次于死刑。因而，它的适用对象是罪行严重，但又不需剥夺生命的犯罪分子。

无期徒刑虽然从理论上或法律规定上讲，是剥夺终身自由，无限期关押，但实际上由于《刑法》同时规定了减刑、假释等制度，被判处无期徒刑的犯罪分子很少有终身服刑的，只要悔过自新，就可以回归社会，并没有断绝犯罪分子的再生之路。当然，对犯贪污、受贿罪，被判处死刑缓期执行的，在依法减为无期徒刑后，有可能被终身监禁。

（二）对犯罪分子实行强制劳动改造

根据《刑法》第 46 条的规定，被判处无期徒刑的犯罪分子，在监狱或其他执行场所执行；凡具有劳动能力的，应当参加劳动，接受教育和改造。被判处无期徒刑的犯罪分子，除没有劳动能力的以外，都必须参加无偿劳动，接受教育和改造。刑法规定的减刑、假释制度，同样适用于被判处无期徒刑的犯罪分子，目的是促使犯罪分子积极改造，回归社会。

（三）不可以孤立地适用

根据《刑法》第 57 条的规定，被判处无期徒刑的犯罪分子，应当附加剥夺政治权利终身。

（四）羁押时间不能折抵刑期

由于无期徒刑没有期限，被判决执行前先行羁押的时间不能折抵刑期。

五、死刑

死刑，是剥夺犯罪分子生命的刑罚方法。死刑是以剥夺犯罪分子的生命为内容，又被称为生命刑。由于生命一旦被剥夺则不可恢复，所以，死刑是刑罚方法中最严厉的刑罚，故又被称为"极刑"。

在各个刑种中，死刑的历史最源远流长，但从18世纪资产阶级启蒙思想家贝卡利亚提出废除死刑的主张以来，死刑的存废之争已持续了两个多世纪。大多是围绕人的生命价值、死刑是否具有威慑力、是否违宪、是否有利于贯彻罪刑相适应原则、是否会助长人们的残忍心理、是否符合刑罚目的、是否符合历史发展趋势等问题展开了激烈的争论，形成两派观点：主存论和主废论。

死刑问题近年来也是我国刑法理论上的一个热点问题，减少死刑，而不是废除死刑是目前我国理论上的共识，我国《刑法》对死刑作出了明确规定，彰显了立法态度。我国现阶段必须保留死刑：第一，司法实践中还存在极其严重的犯罪，需要死刑保护国家和公民的重大利益。第二，保留死刑有利于刑罚目的的实现。对那些罪行极其严重的犯罪人只有适用死刑，才能达到特殊预防的目的；同时对那些意图实施极其严重的犯罪的人也有警告作用，达到一般预防的目的。第三，保留死刑符合现阶段的社会价值观，被公众认同和支持。总之，保留死刑符合我国的基本国情。

保留死刑是我国的基本态度，但坚持少杀，反对多杀，防止错杀，严格控制死刑的适用，是我国死刑的基本政策。这在我国《刑法》中得到了充分体现，对死刑的适用作了多方面的限制性的规定。

（一）死刑适用条件的限制

《刑法》第48条规定："死刑只适用于罪行极其严重的犯罪分子。"所谓罪行极其严重，是指犯罪的性质极其严重，犯罪的情节极其严重，行为人的人身危险性极其严重，即主客观危害都极其严重。这是适用死刑应该遵循的总体标准。

（二）死刑适用对象的限制

《刑法》第49条和《刑法修正案（八）》规定："犯罪的时候不满十八周岁的人和审判的时候怀孕的妇女，不适用死刑。""对于审判的时候已满七十五周岁的人，不适用死刑，但以特别残忍手段致人死亡的除外。"这一规定体现了我国刑法对未成年人、妇女和老人的人道主义精神。这里需要注意以下问题：

1. 不适用死刑，是指既不能适用死刑立即执行，也不能适用死刑缓期二年执行。它不能理解为可以判处死刑，但暂时不执行，待犯罪人年满18周岁或怀孕妇女分娩后再执行死刑。

2.对于犯罪的时候不满18周岁和审判的时候怀孕的妇女,即使罪行极其严重,也不能适用死刑,只能判处其他刑罚。但对于审判的时候已满75周岁的人,如果以特别残忍手段致人死亡的,仍然也可以适用死刑。

3.犯罪的时候,是指犯罪人实施犯罪行为的时候。审判的时候怀孕的妇女,当然包括在人民法院审判的时候,被告人是怀孕的妇女。最高人民法院1998年8月13日的《关于对怀孕妇女在羁押期间自然流产审判时是否可以适用死刑问题的批复》规定:怀孕妇女因涉嫌犯罪在羁押期间自然流产后,又因同一事实被起诉、交付审判的,应当视为"审判的时候怀孕的妇女",依法不适用死刑。据此,被告人在羁押期间分娩的,应视为审判的时候怀孕的妇女;被告人在羁押期间无论是否自然流产还是人工流产,也视为审判的时候怀孕的妇女;在羁押期间已经怀孕的妇女,无论其怀孕是否违反国家计划生育政策,也视为审判的时候怀孕的妇女。

（三）死刑适用程序的限制

根据《刑事诉讼法》第21条规定,死刑案件只能由中级以上的法院进行一审,基层法院无权受理死刑案件。

《刑法》第48条规定:死刑除依法由最高人民法院判决的以外,都应当报请最高人民法院核准。死刑缓期执行的,可以由高级人民法院判决或者核准。

中级人民法院判处死刑的第一审案件,被告人不上诉的,应当由高级人民法院复核后,报请最高人民法院核准;高级人民法院判处死刑的第一审案件被告人不上诉的,以及判处死刑的第二审案件,都应当报请最高人民法院核准。死刑缓期执行的,可以由高级人民法院判决或者核准。

死刑核准程序是在一般的一审、二审程序之外,对死刑案件予以审核批准的特别监督程序。该制度严格了死刑的适用程序,在制度上为死刑的正确、公正适用提供了有力的保障,客观上也能起到限制死刑适用的作用。

（四）死刑执行制度的限制

《刑法》第48条规定:"对于应当判处死刑的犯罪分子,如果不是必须立即执行的,可以判处死刑同时宣告缓期二年执行。"这就是死刑缓期执行制度,简称死缓,这是我国独创的制度。死缓不是独立的刑种,而是死刑的一种执行制度。即死刑有两种执行方法,一种是死刑立即执行,一种是死刑缓期执行。死缓的适用需要注意以下四个方面:

第一,适用对象必须是应当判处死刑的犯罪分子。这是适用死缓的前提条件。应当判处死刑是指根据犯罪分子所犯罪行是极其严重的,即罪该处死。

第二,不是必须立即执行。这是根据犯罪分子所犯罪行,虽然罪该处死,但又不是非执行不可。哪些情形属于"不是必须立即执行"刑法没有明确规定,根据刑事审判经验，一般具有以下情形的，可以认为属于"不是必须立即执行"：犯罪后自首、立功或者具有其他法定从轻情节的；在共同犯罪中罪行不是最严重的；因被害人的过错导致犯罪人激愤犯罪的；有其他应当留有余地的情况的；等等。

第三，死缓的结果。死缓不是一个独立的刑种，而是死刑的执行方法，所以被判处死缓的犯罪人在缓期执行期满后，根据其表现就可能有几种结果，《刑法》第50条规定有以下情形：

判处死刑缓期执行的，在死刑缓期执行期间，如果没有故意犯罪，二年期满以后，减为无期徒刑；如果确有重大立功表现，二年期满以后，减为25年有期徒刑；如果故意犯罪，情节恶劣的，报请最高人民法院核准后执行死刑；对于故意犯罪未执行死刑的，死刑缓期执行的期间重新计算，并报最高人民法院备案。

对被判处死刑缓期执行的累犯以及因故意杀人、强奸、抢劫、绑架、放火、爆炸、投放危险物质或者有组织的暴力性犯罪被判处死刑缓期执行的犯罪分子，人民法院根据犯罪情节等情况可以同时决定对其限制减刑。

第四，死缓的期间计算。《刑法》第51条规定："死刑缓期执行的期间，从判决确定之日起计算。死刑缓期执行减为有期徒刑的刑期，从死刑缓期执行期满之日起计算。"根据最高人民法院2002年11月5日《关于死刑缓期执行的期间如何确定问题的批复》的规定，死刑缓期执行的期间，从判决或者裁定核准死刑缓期2年执行的法律文书宣告或送达之日起计算。所以死缓判决确定之前的羁押时间不计算在缓期2年的期限之内。如果死缓减为有期徒刑的，有期徒刑的期限从死刑缓期执行期满之日起计算，而不是从裁定之日起开始计算，即缓期2年届满后至裁定减为有期徒刑之前的关押日数，应计算在减刑之后的有期徒刑的刑期之内。

第三节　附加刑

附加刑，是补充主刑适用的刑罚方法。其特点是既可独立适用，又可附加于主刑而适用。根据《刑法》第34条、第35条的规定，我国刑法中有罚金、剥夺政治权利、没收财产与驱逐出境四种附加刑。

一、罚金

（一）罚金的概念

罚金，是人民法院判处犯罪分子向国家缴纳一定数额金钱的刑罚方法。

罚金属于财产刑的一种，它与行政罚款在处罚性质、适用对象、适用机关、适用法律依据等方面有诸多区别。罚金刑主要适用于贪图牟利、经济犯罪等与财产有关的犯罪。罚金刑的适用，可以剥夺犯罪分子继续犯罪的资本，对犯罪分子再次实施犯罪起到一定的预防作用。

（二）罚金的适用方式

根据刑法分则的规定，罚金刑的适用方式有：

一是选处罚金，即将罚金作为选择法定刑，只能单独适用，不能附加适用。如《刑法》第 270 条规定，将代为保管的他人财物非法占为己有，数额较大，拒不退还的，处 2 年以下有期徒刑、拘役或者罚金。

二是单处罚金，即对犯罪分子只能判处罚金，不能判处其他刑罚。单处罚金只适用于犯罪的单位。

三是并处罚金，即对犯罪分子判处主刑的同时附加适用罚金，而且是必须附加适用，不能单独适用。如《刑法》第 263 条规定，以暴力、胁迫或者其他方法抢劫公私财物的，处 3 年以上 10 年以下有期徒刑，并处罚金。

四是并处或者单处罚金，即罚金既可以附加适用，也可以独立适用。如《刑法》第 222 条规定，广告主、广告经营者、广告发布者违反国家规定，利用广告对商品或者服务作虚假宣传，情节严重的，处 2 年以下有期徒刑或者拘役，并处或者单处罚金。

（三）罚金数额的确定

《刑法》第 52 条规定："判处罚金，应当根据犯罪情节决定罚金数额。"这说明罚金数额必须以犯罪情节为根据。罚金是犯罪的一种法律后果，应当与犯罪的危害程度和犯罪分子的人身危险性相适应，而犯罪的危害程度和犯罪分子的人身危险性都是由犯罪情节决定的。犯罪情节包括犯罪手段、犯罪对象、犯罪的后果、犯罪的时间地点等各方面的情况。在确定罚金的具体数额时必须全面考虑犯罪情节。但同时还要考虑犯罪分子的经济情况、支付能力。因为罚金是判处犯罪分子向国家缴纳一定数额的金钱，在决定罚金数额时应当考虑所判处的罚金刑能否执行的问题。另外还要考虑对犯罪分子判处罚金能否起到教育和改造犯罪分子的作用。

此外罚金数额的确定，还要根据《刑法》分则的规定，分则规定的有以下几种情况：

一是不确定罚金刑，即《刑法》没有规定具体数额，由法官根据犯罪情节酌情判处。如《刑法》第 216 条规定，假冒他人专利，情节严重的，处 3 年以下有期徒刑或者拘役，并处或者单处罚金。二是相对确定罚金刑，即在法定的数额幅度之内由法官依据犯罪情节决定应当判处的数额。如《刑法》第 207 条规定，非法出售增值税专用发票的，处 3 年以下有期徒刑、拘役或者管制，并处 2 万元以上 20 万元以下罚金。三是浮动罚金刑，即以违法所得或犯罪涉及的数额为基准，处以一定比例或倍数的罚金。如《刑法》第 202 条规定，以暴力、威胁方法拒不缴纳税款的，处 3 年以下有期徒刑或者拘役，并处拒缴税款 1 倍以上 5 倍以下罚金。

（四）罚金的缴纳

根据《刑法》第53条的规定,罚金在判决指定的期限内一次或者分期缴纳。期满不缴纳的,强制缴纳。对于不能全部缴纳罚金的,人民法院在任何时候发现被执行人有可以执行的财产,应当随时追缴。由于遭遇不能抗拒的灾祸等原因缴纳确实有困难的,经人民法院裁定,可以延期缴纳、酌情减少或者免除。据此,罚金有以下五种缴纳方式:(1)一次缴纳,即犯罪分子根据判决确定的数额和指定的期限,一次性缴纳完毕。这种方式,一般是针对罚金数额不多,或有能力缴纳的犯罪分子。(2)分期缴纳,即犯罪分子根据判决确定的数额和指定的期限,分几次缴纳完毕。这种方式,一般是针对罚金数额较大,一次缴纳有困难的犯罪分子。(3)强制缴纳,指在判决确定的期限届满以后,犯罪分子未缴纳或未全部缴纳的,由人民法院强制其缴纳的方法。这种方式,主要是针对有缴纳能力的犯罪分子。(4)随时追缴,指对于不能全部缴纳罚金的犯罪分子,人民法院在任何时候发现被执行人有可以执行的财产的,应当随时追缴。不能全部缴纳的原因,往往是由于被执行人转移、隐匿财产,造成不能全部缴纳的假象,使法院无法采取强制缴纳的执行方式。所以这种执行方式,主要是针对被执行人转移、隐匿财产的犯罪分子。(5)延期或减免缴纳,即如果由于遭遇不能抗拒的灾祸等原因,犯罪分子缴纳确实有困难的,经人民法院裁定,可以延期缴纳、酌情减少或者免除。这种方式,主要是针对遭遇客观困难的犯罪分子,如遭遇火灾、地震等灾祸,罪犯因患病、伤残等丧失劳动能力的情形。

二、剥夺政治权利

（一）剥夺政治权利的概念和内容

剥夺政治权利,是指剥夺犯罪分子参加管理国家和政治活动权利的刑罚方法。

根据《刑法》第54条的规定,剥夺政治权利是剥夺以下权利:(1)选举权和被选举权;(2)言论、出版、集会、结社、游行、示威自由的权利;(3)担任国家机关职务的权利;(4)担任国有公司、企业、事业单位和人民团体领导职务的权利。

（二）剥夺政治权利的适用对象和适用方式

剥夺政治权利的适用对象很广泛,在犯罪的性质上、犯罪的轻重上均无限制,既可适用于危害国家安全的犯罪,也可适用普通刑事犯罪,既可适用轻罪,也可适用重罪。

在适用方式上,既可独立适用,也可附加适用。

1.应当附加适用剥夺政治权利的情形

即法院必须依法附加适用剥夺政治权利。根据《刑法》第56条、第57条的规定,应当附加适用剥夺政治权利的情况有两种:第一,对于危害国家安全的犯罪分子应当附加剥夺政治权利。对此类犯罪分子,不管其适用的主刑是何种刑罚,都应当附加剥夺政治权利,但根据分则规定独立适用剥夺政治权利的除外。第二,对于被判处死刑、无期徒刑的犯罪分子,应当剥夺政治权利终身。对此类犯罪分子,不管其犯罪的性质和类型,只要是被判处死刑、无期徒刑的,就必须剥夺政治权利终身。这既是对他们予以政治上的否定评价,也为了防止他们如果获得赦免或假释后,再利用政治权利实施犯罪,另外还有利于处理某些民事法律关系。

2.可以附加适用剥夺政治权利的情形

人民法院根据案件具体情况确定对犯罪分子是否适用附加剥夺政治权利。根据《刑法》第56条规定,对于故意杀人、强奸、放火、爆炸、投毒、抢劫等严重破坏社会秩序的犯罪分子,可以附加剥夺政治权利。此外,根据最高人民法院1998年1月13日的《关于对故意伤害、盗窃等严重破坏社会秩序的犯罪分子能否附加剥夺政治权利问题的批复》,对故意伤害、盗窃等其他严重破坏社会秩序的犯罪,犯罪分子主观恶性较深、犯罪情节恶劣、罪行严重的,也可以附加剥夺政治权利。

3.独立适用剥夺政治权利

独立适用剥夺政治权利的,一般是犯罪性质较轻的或犯罪性质虽然较重但情节较轻的犯罪。独立适用剥夺政治权利由分则明确规定,如果分则没有规定独立适用剥夺政治权利,不得予以适用。

(三)剥夺政治权利的期限

剥夺政治权利的期限有以下四种情况:(1)对于判处死刑、无期徒刑的犯罪分子,应当附加剥夺政治权利终身。(2)对于死刑缓期执行减为有期徒刑的,或者无期徒刑减为有期徒刑的,应当把附加剥夺政治权利的期限改为3年以上10年以下。(3)独立适用剥夺政治权利或者判处有期徒刑、拘役而附加剥夺政治权利的,其期限为1年以上5年以下。(4)判处管制附加剥夺政治权利的,其期限与管制的期限相同,同时执行。

(四)剥夺政治权利刑期的起算与执行

根据《刑法》第55条、第57条、第58条的规定,剥夺政治权利的刑期起算与执行有以下情况:(1)被判处管制附加剥夺政治权利的,剥夺政治权利的期限与管制的期限同时起算,同时执行。(2)被判处有期徒刑、拘役附加剥夺政治权利的,剥夺政治权利的期限,从有期徒刑、拘役执行完毕之日或者假释之日起计算。剥夺政治权利的效力当然施用于主刑执行期间。(3)死刑缓期执行减为有期徒刑或者无期徒刑减为有期徒刑的,应当把附加剥夺政治权利的期限改为3年以上10年以下。剥夺政治权利的期限从减刑后的有期徒刑执行完毕之日或者假释之日起计算。剥夺政治权利的效力当然施用于主刑执行期间。(4)独立适用剥夺政治权利的期限,从判决执行之日起计算。

剥夺政治权利由公安机关执行。根据《刑法》第58条第2款的规定,被剥夺政治权利的犯罪分子,在执行期间,应当遵守法律、行政法规和国务院公安部门有关监督管理的规定,服从监督;不得行使《刑法》第54条规定的各项权利。

三、没收财产

（一）没收财产的概念

没收财产,是指将犯罪分子个人所有的财产的一部或全部强制无偿地收归国有的一种刑罚方法。

没收财产与罚金虽然都是财产刑,但有本质区别,没收财产是没收犯罪人现实有的一部或全部财产,财产可以是金钱,也可以是其他财物,而罚金则是剥夺犯罪分子的金钱,这些金钱不一定是现实所有的。

没收财产与追缴犯罪所得、没收违禁品和供犯罪所用的物品,也有本质区别。根据《刑法》第64条:"犯罪分子违法所得的一切财物,应当予以追缴或者责令退赔;对被害人的合法财产,应当及时返还;违禁品和供犯罪所用的本人财物,应当予以没收。没收的财物和罚金,一律上缴国库,不得挪用和自行处理。"犯罪所得财物,理应追缴或责令退赔,使公私财物恢复原状。违禁品是国家禁止个人非法持有的物品,理应没收,其性质是行政性强制措施。供犯罪所用的个人财物,其财物本身具有诉讼证据的作用。

（二）没收财产的适用方式

根据我国刑法分则的规定,没收财产适用方式有以下三种:

1. 与罚金刑选择并处。即法官在没收财产刑与罚金刑两种附加刑之间选择适用,二者必选其一。如《刑法》第358条规定,组织他人卖淫或者强迫他人卖淫有该条规定的特别情形之一的,处10年以上有期徒刑或者无期徒刑,并处罚金或者没收财产。

2. 并处适用。即没收财产必须附加主刑适用。如《刑法》第240条规定,拐卖妇女、儿童的,情节特别严重的,处死刑,并处没收财产。

3. 可以并处适用。即没收财产可以附加主刑适用,也可以不附加主刑适用的情形。如《刑法》第271条规定,公司、企业或者其他单位的人员,利用职务上的便利,将本单位财物非法占为己有,数额巨大的,处5年以上有期徒刑,可以并处没收财产。

（三）没收财产的范围

我国《刑法》第59条规定:"没收财产是没收犯罪分子个人所有财产的一部或者全部。没收全部财产的,应当对犯罪分子个人及其扶养的家属保留必需的生活费用。在判处没收财产的时候,不得没收属于犯罪分子家属所有或者应有的财产。"

据此规定,其一,没收财产的范围只能是犯罪人个人所有的财产,犯罪分子家属所有或者应有的财产不在此列。犯罪分子家属所有的财产,是指所有权属于犯罪分子家属的财产。犯罪分子家属应有的财产,是指家庭共有财产中,犯罪分子家属应当所有的那部分财产。其二,没收财产可以是没收犯罪分子个人所有财产的一部分,也可以是全部。具体多少,由法官根据案件的具体情况酌情判处。如果没收全部财产的,应当对犯罪分子个人及其扶养的家属保留必需的生活费用。

(四)债务偿还的问题

根据《刑法》第 60 条的规定,没收财产以前犯罪分子所负的正当债务,需要以没收的财产偿还的,经债权人请求,应当偿还。

四、驱逐出境

驱逐出境,是指强迫犯罪的外国人离开中国国(边)境的一种刑罚方法。

《刑法》第 35 条规定,对于犯罪的外国人,可以独立适用或者附加适用驱逐出境。据此规定,驱逐出境可以独立适用,也可以附加适用,但由于它仅适用于犯罪的外国人,对中国人不适用,所以《刑法》第 34 条没有把它规定为一般的附加刑,而作为一种特殊的附加刑。

在我国境内的一切外国人必须遵守我的法律,除享有外交特权和豁免权的以外,外国人在我国境内犯罪的,一律适用我国刑法。如果犯罪的外国人继续居留在我国境内有害于我国国家、社会、公民利益的,可以适用驱逐出境,以预防在我国境内再犯罪。

根据《刑法》第 35 条的规定,对犯罪的外国人是"可以"适用驱逐出境,所以在具体适用时,既要考虑案件的具体情况,也要考虑我国与犯罪的外国人所属国之间的关系,慎重适用。

第四节　非刑罚处理方法

一、非刑罚处理方法的概念

非刑罚处理方法,是指对犯罪分子所适用的刑罚以外的处理方法。非刑罚处罚方法的特点是对犯罪人适用,但又不具有刑罚性质,所以叫非刑罚处理方法。

我国刑法规定非刑罚处罚方法,说明我国对犯罪的处理不是单纯只有刑罚方法,而是采取多种形式,体现了惩罚与宽大相结合的刑事政策,同时对犯罪分子进行社会化教育,达到预防犯罪的目的。

二、非刑罚处理方法的种类

根据《刑法》第 36 条、第 37 条和第 37 条之一的规定,我国非刑罚的处理方法有以下几种:

（一）赔偿经济损失

《刑法》第 36 条规定,由于犯罪行为而使被害人遭受经济损失的,对犯罪分子除依法给予刑事处罚外,并应根据情况判处赔偿经济损失。承担民事赔偿责任的犯罪分子,同时被判处罚金,其财产不足以全部支付的,或者被判处没收财产的,应当先承担对被害人的民事赔偿责任。

判处赔偿经济损失的,必须具备以下条件:（1）被害人的经济损失必须是由犯罪分子的犯罪行为造成的,即犯罪行为与被害人的经济损失之间有刑法上的因果关系。（2）适用的对象是依法被判处刑罚的犯罪分子。（3）民事赔偿责任优先履行,在被判处的对被害人的经济损失全部予以赔偿后,再以其剩余的财产缴纳罚金,或者作为没收财产的执行对象。

（二）训诫、责令具结悔过、赔礼道歉、赔偿损失、由主管部门予以行政处罚或者行政处分

《刑法》第 37 条规定:对于犯罪情节轻微不需要判处刑罚的,可以免予刑事处罚,但是可以根据案件的不同情况,予以训诫或者责令具结悔过、赔礼道歉、赔偿损失,或者由主管部门予以行政处罚或者行政处分。

训诫,是指人民法院对犯罪分子当庭予以批评或者谴责,责令其改正的一种教育方法。

责令具结悔过,是指人民法院责令犯罪分子用书面方式保证悔改,以后不再犯罪的一种教育方法。

责令赔礼道歉,是指人民法院责令犯罪分子向被害人承认错误、表示歉意的一种教育方法。

责令赔偿损失,是指人民法院对犯罪情节轻微不需要判处刑罚的犯罪分子,在免除其刑事处罚的同时,根据犯罪行为对被害人造成的经济损失情况,责令犯罪分子给予被害人一定经济赔偿的一种处理方法。

判处赔偿经济损失与责令赔偿损失,都是赔偿被害人经济损失的非刑罚处理方法,二者的不同之处是:判处赔偿经济损失与刑事处罚一并适用,责令赔偿损失适用于依法被免予刑事处罚的犯罪分子,是独立适用。

由主管部门予以行政处罚或者行政处分,是指人民法院根据案件的情况,向犯罪分子的主管部门提出对犯罪分子予以行政处罚或者行政处分的建议,由主管部门给予犯罪分子一定的行政处罚或者行政处分的一种非刑罚处理方法。行政处

罚,是指行政执法机关依照国家行政法规和行政处罚法的规定,给予被免予刑事处罚的犯罪分子以经济制裁或剥夺人身自由的处罚,如罚款、行政拘留等。行政处分,是指犯罪分子的所在单位或基层组织,依照行政规章、纪律、章程等,对被免予刑事处罚的犯罪分子予以行政纪律处分,如开除、记过、警告等。

训诫、责令具结悔过、赔礼道歉、赔偿损失、由主管部门予以行政处罚或者行政处分的适用条件:(1)行为人必须构成犯罪。(2)适用对象是由于犯罪情节轻微不需要判处刑罚而被免予刑事处罚的犯罪分子。(3)根据案件的具体情况需要对犯罪分子给予适当处理的。

这些处理方法有利于犯罪分子悔过自新,不再犯罪,同时取得被害人的宽恕,缓和犯罪人与被害人之间的矛盾,对维护社会稳定有利。

(三)禁止从事相关职业

因利用职业便利实施犯罪,或者实施违背职业要求的特定义务的犯罪被判处刑罚的,人民法院可以根据犯罪情况和预防再犯罪的需要,禁止其自刑罚执行完毕之日或者假释之日起从事相关职业,期限为 3 年至 5 年。被禁止从事相关职业的人违反人民法院依照前款规定作出的决定的,由公安机关依法给予处罚;情节严重的,依照《刑法》第 313 条的规定定罪处罚。其他法律、行政法规对其从事相关职业另有禁止或者限制性规定的,从其规定。

复习与练习

本章提要

刑罚体系,是指由刑法依照一定的标准对各种刑罚方法进行分类并依其轻重排列而成的刑罚序列。我国刑罚体系中的刑罚方法分为主刑和附加刑。我国刑法规定的主刑包括管制、拘役、有期徒刑、无期徒刑和死刑五种。附加刑有罚金、剥夺政治权利、没收财产三种。另外还有一种特别附加刑,即驱逐出境。非刑罚处理方法,是指对犯罪分子适用的刑罚以外的处理方法。我国刑罚体系中的非刑罚处理方法包括赔偿经济损失、训诫、责令具结悔过、赔礼道歉、赔偿损失、由主管部门予以行政处罚或者行政处分以及禁止从事相关职业。

重要概念

刑罚体系　主刑　附加刑　管制　拘役　有期徒刑　无期徒刑　死刑　罚金　没收财产　剥夺政治权利

思考题

1.什么是刑罚体系?

2.简述我国刑法中主刑、附加刑的种类。

3.我国刑法中对死刑有哪些限制规定?

4.简述剥夺政治权利的适用对象和适用方式。

5.下列关于剥夺政治权利附加刑如何执行问题的说法哪些是正确的?(　　)

A.被判处无期徒刑的罪犯,一般要剥夺政治权利,其刑期与主刑一样,同时执行

B.被判处有期徒刑的罪犯,被剥夺政治权利的,从有期徒刑执行完毕或假释之日起,执行剥夺政治权利附加刑

C.被判处拘役的罪犯,被剥夺政治权利的,从拘役执行完毕或假释之日起,执行剥夺政治权利附加刑

D.被判处管制的罪犯,被剥夺政治权利的,附加刑与主刑刑期相等,同时执行

6.审判的时候怀孕的妇女依法不适用死刑。对这一规定的理解,下列哪一选项是错误的?(　　)

A.关押期间人工流产的,属于审判的时候怀孕的妇女

B.关押期间自然流产的,属于审判的时候怀孕的妇女

C.不适用死刑,是指不适用死刑立即执行但可适用死缓

D.不适用死刑,既包括不适用死刑立即执行,也包括不适用死缓

第十七章　刑罚的裁量

刑罚的裁量,是指人民法院在查明犯罪事实、依法对被告人定罪的基础上,就是否需要对被告人判处刑罚,应当判处何种刑罚、判处多重的刑罚,以及所判刑罚是否立即执行的审判活动。裁量刑罚是刑罚权运用的一个重要环节。本章主要阐述刑罚裁量的概念与原则,刑罚裁量情节的分类与适用,累犯的类型、构成条件及处罚原则,自首和立功的概念、种类、成立条件及适用规定,数罪并罚的类型与并罚方法,缓刑的概念、适用条件、考察要求及法律后果。

本章重点

- 刑罚裁量概念
- 刑罚裁量情节
- 累犯
- 自首与立功
- 数罪并罚的原则
- 缓刑

第一节　刑罚裁量概述

一、刑罚裁量的概念

刑罚裁量,也称为量刑,是指人民法院在查明犯罪事实、依法对被告人定罪的基础上,就是否需要对被告人判处刑罚,应当判处何种刑罚、判处多重的刑罚,以及所判刑罚是否立即执行的审判活动。量刑和定罪一样,都是人民法院的活动,是整个审判工作不可缺少的环节。量刑具有以下特征:

首先,量刑的主体是人民法院。量刑权是国家司法权的重要内容,量刑属于刑事审判活动。根据我国宪法和法律的规定,审判权由人民法院行使,故量刑的主体只能是人民法院,其他任何个人、团体和机构都没有量刑权。当然,在实际操作中,审级不同的法院,其量刑权限是有区别的。例如,依据我国刑事诉讼法的规定,基层人民法院无权适用无期徒刑与死刑这两种刑罚,中级以上人民法院则可适用所有刑罚种类。

其次,量刑的前提是查明犯罪事实、依法确定犯罪。虽然定罪本身并不是量刑的内容,但它是量刑的前提。只有在查明了犯罪事实,依法确定被告人的行为已经触犯了刑法分则的具体规定,构成犯罪后,才能进行量刑。

再次,量刑的内容是决定是否需要对被告人判处刑罚,应当判处何种刑罚、判处多重的刑罚,以及所判刑罚是否立即执行。量刑作为一种审判活动,它包括三层结构:一是决定是否需要判处刑罚。量刑是在定罪后的司法活动,而我国刑法规定对于犯罪情节轻微的犯罪分子,可以由人民法院判处"免予刑事处分",因此,量刑不限于实际判处刑罚,还包括决定不判处刑罚。二是在确定需要判处刑罚的前提下,再选择刑种和刑度,以决定判处何种刑罚和判处多重的刑罚。三是在确定具体的刑种和刑度后,最终选择刑罚的执行方式。因为我国刑法规定了缓刑制度和死缓制度,因此,在决定判处有期徒刑、拘役和单处罚金等刑罚后,应考虑是否需要实际执行;在决定判处死刑后,也应当考虑是否需要立即执行。

二、刑罚裁量的原则

刑罚裁量原则,是指人民法院在对被告人进行量刑时必须遵循的基本准则。根据我国《刑法》第 61 条:"对于犯罪分子决定刑罚的时候,应当根据犯罪的事实、犯罪的性质、情节和对于社会的危害程度,依照本法的有关规定判处"的规定,刑罚裁量的原则就是"以犯罪事实为根据,以刑事法律为准绳"。

(一)以犯罪事实为根据

犯罪事实有广义和狭义之分。狭义的犯罪事实,是指犯罪客观方面的行为事实。广义的犯罪事实,是指包括犯罪的事实、犯罪的性质、情节和对于社会的危害程度在内的案件事实。刑罚裁量中"以犯罪事实为根据",是从广义上来说的。因此,要全面贯彻这一原则,必须做到如下几点:

1.查清犯罪事实

犯罪事实,是指符合刑法规定的犯罪构成要件的主客观事实。因此,查清犯罪事实,就是要查明是谁在何种心理状态支配下实施了什么犯罪行为,以及该行为侵犯了何种社会关系,造成了哪些危害结果。它是量刑适当的前提和基础,是贯彻"以犯罪事实为根据"原则的基础。

2.正确认定犯罪性质

这里的犯罪性质,是指具体犯罪的性质,根据我国刑法分则对各犯罪构成要件的具体规定,正确认定犯罪性质,也就是正确认定行为构成了什么罪。它需要确定具体犯罪的罪名,以区分此罪与彼罪的界限。只有确定了犯罪的性质,才能确定应当适用的刑法条文,并进而确定相应的法定刑。

3.全面掌握案件情节

案件情节,是指在刑法分则对某一具体犯罪规定的定罪要素之外的、反映出主客观因素的、对量刑有影响的各种事实情况。它与"犯罪情节"是有些差别的。犯罪情节通常是指犯罪行为的手段与后果所呈现出来的样态。如，反复实施同一行为、杀人后毁尸灭迹、贪污救济款等，它往往是围绕犯罪构成要件的要素发生的。虽然案件情节包括了罪前情节、罪中情节和罪后情节，并且大多数犯罪的"犯罪情节"属于"罪中情节"，但"犯罪情节"并不等同于"罪中情节"。与《刑法》第 61 条的"犯罪事实"相并列的"犯罪情节"，主要是指"罪前情节"和"罪后情节"，但也包括法定构成要件的要素之外的"罪中情节"。

案件情节虽然不影响犯罪性质，但对说明犯罪行为的社会危害性程度、正确区分刑罚条款的适用，是非常重要的。因为，正确认定犯罪性质，只是选定了应当适用的刑法条文，它并没有完全确定法定刑，也不意味着量刑结果是适当的。因此，在根据罪责刑相适应原则的要求决定刑罚时，必须全面考虑与行为人有关的各种情节及这些情节对社会危害的影响程度，做到量刑适当。

4. 综合评价犯罪对社会的危害程度

社会危害程度是犯罪的本质属性，是决定犯罪有无与轻重的重要指标。而行为的社会危害性程度则是由犯罪的事实、性质与情节来决定的。确定犯罪的社会危害程度大小，必须在对犯罪的事实、性质与情节进行综合分析的基础上，才能得出正确的结论。仅仅根据某一方面的要素所得出的社会危害程度判断都是片面的。此外，国家政治、经济和社会治安形势也应当考虑在社会危害程度内。

(二)以刑事法律为准绳

以刑事法律为准绳，不仅是对认定犯罪的要求，也是对裁量刑罚的要求。这里的刑事法律，主要是指刑法，但也包括与刑罚裁量活动相关的程序性规定；这里的刑法，不仅仅指刑法典，也包含附属刑法和单行刑法。就刑法规范而言，它包含以下内容：

1. 必须依照刑法中有关刑种和刑度的规定确定刑罚。我国《刑法》总则规定了管制、拘役、有期徒刑、无期徒刑、死刑五种主刑和罚金、剥夺政治权利、没收财产三种附加刑。同时规定管制的期限是 3 个月以上 2 年以下，数罪并罚的不能超过 3 年；拘役的期限是 1 个月以上 6 个月以下，数罪并罚的不能超过 1 年；有期徒刑的期限是 6 个月以上 15 年以下，数罪并罚的不能超过 20 年(如果数罪总和刑期在有期徒刑 35 年以上的，则数罪并罚可以超过 20 年，但最高不能超过 25 年)。剥夺政治权利的期限一般为 1 年以上 5 年以下，死刑缓期执行或者无期徒刑减为有期徒刑的剥夺政治权利期限为 3 年以上 10 年以下。因此，刑事裁判决定刑罚，要在具体犯罪构成要件确定的犯罪事实基础上，按照确定的罪名所对应的刑法分则条文选择具体的刑种。同时，在刑罚裁量时，要根据具体犯罪对应的刑种(主要是有期徒刑和拘役)所规定的刑度的上限和下限，根据犯罪分子的刑事责任轻重和各种刑罚适用对象的特点，确定适当的宣告刑。

2.必须依照刑法规定的适用条件和范围适用刑罚方法。在量刑时应当严格遵守刑罚的适用条件和范围,如死刑只适用于罪行极其严重的犯罪分子。因此,在准确认定犯罪性质和各情节的基础上,严格遵循刑法中关于死刑、剥夺政治权利、没收财产、罚金等有特殊内容的规定。

3.必须依照刑法关于刑罚裁量制度的规定裁量刑罚。《刑法》规定了自首制度、立功制度、累犯制度、缓刑制度、数罪并罚制度等具体的刑罚裁量制度。这些制度体现了刑罚目的的要求,是实现罪责刑相适应原则的保证,不得违反。

4.必须依照刑法分则规定的法定刑进行量刑。犯罪行为触犯某一具体的刑法分则条文,则以该条文规定的法定刑为标准;然后在法定刑内确定具体刑种与刑度;刑法分则中绝大多数犯罪都有两个及两个以上的法定刑幅度,应当按照具体犯罪情况考虑从重、从轻、减轻处罚,同时,也不能脱离选定的法定刑标准。

5.必须按照刑法规定的调整刑度的要求裁量刑罚。我国刑法规定有从重、从轻、减轻与免除四种调整刑罚处罚幅度的类型划分,它们是引导基本法定刑适用的风向标。刑罚裁量要根据刑法对从重、从轻、减轻与免除的规定是"应当"还是"可以",予以具体适用。

第二节　刑罚裁量的情节

一、刑罚裁量情节的概念

刑罚裁量情节,又称为量刑情节,是指对除了那些对定罪有影响的因素以外,其他体现社会危害程度和人身危险性的事实,人民法院据此对犯罪分子从重、从轻、减轻或者免除处罚的各种主客观事实。它具有以下特征:

1.量刑情节是犯罪构成要件要素之外的主客观事实。量刑情节是与定罪情节不同的。定罪情节是犯罪构成方面的内容,是成立某一具体犯罪必须具备的主客观事实;而量刑情节并不能影响和决定犯罪行为的性质。即使是在犯罪过程中出现的主客观事实,如抢劫孕妇的财物,也是在"孕妇"这一对象不是抢劫罪的构成要件要素的情况下,才成为量刑情节的。如果某一对象(如本单位财物)成为特定犯罪(如职务侵占罪)的构成要件要素时,就不能以此对象作为影响刑罚轻重的因素。

2.量刑情节对行为的社会危害性程度和犯罪人的人身危险性大小具有影响作用。"罪行"和"责任"是量刑的两大根据。而社会危害性是决定罪行轻重的关键因素,人身危险性是决定责任的关键因素。因此,无论是法定的量刑情节还是酌定的量刑情节,都必须对犯罪的社会危害性或犯罪人的人身危险性有影响,才能成为量刑情节。对二者都没有影响的事实不能作为量刑情节。

3.量刑情节是人民法院在对犯罪人决定刑罚时需要考虑的事实情况。人民法院在刑事审判中面对的主客观事实有很多,凡是被刑法分则对某一具体犯罪的罪状所确定的要素,就不能成为量刑情节。除此之外的与犯罪事实和犯罪人相关的事实状况,无论是法定情节还是酌定情节,都是人民法院对犯罪人决定刑罚时需要考虑的因素。

二、刑罚裁量情节的分类

(一)刑罚裁量情节的种类

对量刑情节,可以从不同角度进行分类。根据我国刑法理论的一般主张,我们将刑罚裁量的情节分为以下几类:

1.法定情节与酌定情节

这是以刑法有无明文规定为标准进行的划分。法定情节,是指刑法明文规定在量刑时必须予以考虑的主客观事实。法定情节又可划分为总则性情节和分则性情节、应当型情节与可以型情节。酌定情节,是指刑法没有明文规定,但根据《刑法》的目的和刑事政策需要,在量刑时需要酌情考虑的情节。根据司法实践,酌定量刑情节主要有犯罪手段、时间、地点、动机、后果、一贯表现、前科等。

至于司法解释规定的量刑情节,往往是本来意义上的酌定量刑情节,由于其对同类案件具有普遍影响力,最高国家司法机关通过指导性文件,将其确定为实践中"应当"考虑的主客观事实。

2.应当型情节和可以型情节

这是以量刑时是否必须要采用为标准所作的划分。应当型情节,是量刑时必须采用的法定情节;可以型情节,是指量刑时经考虑后可以采用也可以不采用的情节。

3.从宽情节与从严情节

这是以情节对量刑产生的影响是否有利为标准而作的划分。从宽情节,是指对被告人的量刑产生从宽或有利影响的情节,它包括免除处罚情节、减轻处罚情节和从轻处罚情节。从严情节,是对被告人的量刑产生不利影响的情节,即从重处罚情节。

4.罪前情节、罪中情节和罪后情节

这是以情节与犯罪行为在时间上的关系为标准所作的划分。罪前情节,是指在犯罪行为之前出现的情节,如犯罪分子的一贯表现;罪中情节,是指在犯罪过程中出现的各种影响量刑的情节,如犯罪手段、犯罪动机等;罪后情节,是指犯罪行为实施完毕后出现的对量刑有影响的各种事实情况,如认罪态度、退赃表现。

5.单功能情节与多功能情节

这是以情节对量刑能够产生确定作用还是仅提供选择方向为标准所作的划分。单功能情节,是指对量刑能够产生仅有的确定作用的情节,根据该情节即能确定刑罚等级与刑罚幅度。如对没有造成损害结果的中止犯,产生"应当免除处罚"的影响。多功能情节,是指情节对量刑具有两种以上的作用,需要司法人员结合实际情况再次进行选择考虑的事实情况。如对于从犯"从轻、减轻与免除处罚",但实际应当如何处罚,还需要选择决定。

(二)法定量刑情节

法定情节,是指刑法总则和刑法分则规定的各种影响量刑的情节。它分为应当型情节和可以型情节。

应当型情节有以下七类:

1.应当免除处罚的情节:没有造成损害的中止犯(第24条第2款前段)。

2.应当减轻处罚的情节:造成损害的中止犯(第24条第2款后段)。

3.应当减轻或者免除处罚的情节:(1)防卫过当(第20条第2款);(2)避险过当(第21条第2款);(3)胁从犯(第28条)。

4.应当从轻或者减轻处罚的情节:(1)《刑法》第17条第1款、第2款、第3款规定的已满12周岁不满18周岁的(第17条第4款);(2)已满75周岁的人过失犯罪的(第17条之一)。

5.应当从轻、减轻或者免除处罚的情节:从犯(第27条第2款)。

6.不得判处死刑的情节:(1)犯罪的时候不满18周岁的人与审判的时候怀孕的妇女(第49条);(2)审判的时候已满75周岁的人,犯罪手段不是特别残忍致人死亡的(第49条第2款)。

7.应当从重处罚的情节:(1)教唆不满18周岁的人犯罪的(第29条第1款);(2)累犯(第65条第1款);(3)策动、胁迫、勾引、收买国家机关工作人员、武装部队人员、人民警察、民兵进行武装叛乱或者武装暴乱的(第104条第2款);(4)与境外机构、组织、个人相勾结犯第103条、第104条、第105条规定之罪的(第106条);(5)掌握国家秘密的国家工作人员犯叛逃罪的(第109条第2款);(6)武装掩护走私的(第157条第1款);(7)国有公司、企业、事业单位的工作人员,徇私舞弊犯第168条第1款与第2款之罪的(第168条第3款);(8)伪造货币并出售或者运输伪造的货币的(第171条第3款);(9)银行或者其他金融机构的工作人员利用职务上的便利犯窃取、收买、非法提供信用卡信息罪的(第177条之一第3款);(10)违法向关系人发放贷款的(第186条第2款);(11)奸淫幼女的(第236条第2款);(12)非法拘禁具有殴打、侮辱情节的(第238条第1款);(13)国家机关工作人员利用职权犯非法拘禁及转化的故意伤害、故意杀人之罪的(第238条第4款);(14)国家机关工作人员犯诬告陷害罪的(第243条第2款);(15)司法工作人员滥用职权犯非法搜查罪或非法侵入住宅罪的(第245条第2款);(16)刑讯逼供或暴力取证致人伤残、死亡的(第247条);(17)虐待被监管人致人伤残、死亡的(第248

条第 1 款);(18)邮政工作人员私拆、隐匿、毁弃邮件、电报而窃取财物的(第 253 条第 2 款);(19)将在履行职责或者提供服务过程中获得的公民个人信息出售或者提供给他人的(第 253 条之一第 2 款);(20)冒充人民警察招摇撞骗的(第 279 条第 2 款);(21)组织、指示他人盗用、冒用他人身份,顶替他人取得的高等学历教育入学资格、公务员录用资格、就业安置待遇的(第 282 条之二第 2 款);(22)引诱未成年人参加聚众淫乱活动的(第 301 条第 2 款);(23)司法工作人员阻止证人作证、指使他人作伪证或者帮助毁灭、伪造证据的(第 307 条第 3 款);(24)虚假诉讼又侵占财物或逃避债务同时构成其他犯罪选择重罪处罚的(第 307 条之一第 2 款);(25)司法工作人员利用职权与他人共同实施虚假诉讼行为的(第 307 条之一第 3 款前段);(26)司法工作人员利用职权与他人共同实施虚假诉讼行为的同时构成其他犯罪选择重罪处罚的(第 307 条之一第 3 款后段);(27)盗伐、滥伐国家级自然保护区内的森林或者其他林木的(第 345 条第 4 款);(28)利用、教唆未成年人走私、贩卖、运输、制造毒品,或者向未成年人出售毒品的(第 347 条第 6 款);(29)缉毒人员或者其他国家机关工作人员掩护、包庇走私、贩卖、运输、制造毒品的犯罪分子的(第 349 条第 2 款);(30)引诱、教唆、欺骗或者强迫未成年人吸食、注射毒品的(第 353 条第 3 款);(31)组织、强迫运动员使用兴奋剂参加国内、国际重大体育竞赛的(第 355 条之一第 2 款);(32)因走私、贩卖、运输、制造、非法持有毒品罪被判过刑,又实施毒品犯罪的(第 356 条);(33)组织、强迫未成年人卖淫的(第 358 条第 2 款);(34)旅馆业、饮食服务业、文化娱乐业、出租汽车业等单位的主要负责人利用本单位的条件,组织、强迫、引诱、容留、介绍他人卖淫的(第 361 条第 2 款);(35)制作、复制淫秽的电影、录像等音像制品组织播放的(第 364 条第 3 款);(36)向不满 18 周岁的未成年人传播淫秽物品的(第 364 条第 4 款);(37)战时破坏武器装备、军事设施、军事通信的(第 369 条第 3 款);(38)挪用用于救灾、抢险、防汛、优抚、扶贫、移民、救济款物归个人使用的(第 384 条第 2 款);(39)索取贿赂的(第 386 条);(40)徇私舞弊犯食品监管渎职罪的(第 408 条之一第 2 款);(41)战时阻碍执行军事职务的(第 426 条);(42)伪造、变造海关签发的报关单等凭证和单据,并用于骗购外汇的(《关于惩治骗购外汇、逃汇和非法买卖外汇犯罪的决定》第 1 条第 2 款);(43)海关、外汇管理部门以及金融机构、从事对外贸易经营活动的公司、企业或者其他单位的工作人员与骗购外汇或者逃汇的行为人通谋,为其提供购买外汇的有关凭证或者其他便利条件的,或者明知是伪造、变造的凭证和单据而售汇、付汇的(上述《决定》第 5 条)。

可以型情节有以下七类:

1. 可以免除处罚的情节:(1)犯罪情节轻微不需要判处刑罚的(第 37 条);(2)犯罪较轻的自首犯(第 67 条第 1 款);(3)非法种植罂粟或者其他毒品原植物,

在收获前自动铲除的(第351条第3款)。

2.可以免除或者减轻处罚的情节:在国外犯罪,已在外国受过刑罚处罚的(第10条)。

3.可以减轻处罚的情节:因如实供述自己罪行,避免特别严重后果发生的(第67条第3款后段)。

4.可以减轻或者免除处罚的情节:(1)有重大立功表现的(第68条第1款后段);(2)在被追诉前主动交待向公司、企业或者其他单位工作人员行贿行为的(第164条第4款);(3)犯挪用资金罪,在提起公诉前将挪用的资金退还,犯罪较轻的(第272条第3款后半段);(4)犯拒不支付劳动报酬罪,尚未造成严重后果,在提起公诉前支付劳动者的劳动报酬,并依法承担相应的赔偿责任的(第276条之一第3款);(5)行贿犯罪较轻的,对侦破重大案件起关键作用的,或者有重大立功表现的(第390条第2款后段);(6)在被追诉前主动交待介绍贿赂行为的(第392条第2款)。

5.可以从轻处罚的情节:(1)如实供述自己罪行的(第67条第3款前段);(2)收买被拐卖的妇女、儿童,对被买儿童没有虐待行为,不阻碍对其进行解救的(第241条第6款前段);(3)犯贪污罪、受贿罪,数额巨大或者特别巨大,情节严重或者情节特别严重,在提起公诉前如实供述自己罪行、真诚悔罪、积极退赃,避免、减少损害结果发生的(第383条第3款后段)。

6.可以从轻或者减轻处罚的情节:(1)已满75周岁的人故意犯罪的(第17条之一);(2)尚未完全丧失辨认或者控制自己行为能力的精神病人犯罪的(第18条第3款);(3)未遂犯(第23条第2款);(4)被教唆的人没有犯被教唆的罪时的教唆犯(第29条第2款);(5)自首的(第67条第1款中段);(6)有立功表现的(第68条第1款前段);(7)犯非法吸收公众存款罪,在提前公诉前积极退赃退赔,减少损害结果发生的(第176条第3款);(8)收买被拐卖的妇女,按照被买妇女的意愿,不阻碍其返回原居住地的(第241条第6款后段);(9)犯挪用资金罪,在提起公诉前将挪用的资金退还的(第272条第3款前半段);(10)行贿人在被追诉前主动交待行贿行为的(第390条第2款前段)。

7.可以从轻、减轻或者免除处罚的情节:(1)又聋又哑的人或者盲人犯罪(第19条);(2)预备犯(第22条第2款);(3)犯贪污罪、受贿罪,数额较大或情节较重,在提起公诉前如实供述自己罪行、真诚悔罪、积极退赃,避免、减少损害结果发生的(第383条第3款前段)。

(三)酌定量刑情节

酌定量刑情节,是指虽然不是刑法明文规定的量刑情节,但对决定被告人的刑罚也有着重要影响。根据司法实践,常见的酌定情节主要有以下八种:

1.犯罪的手段

这里所讲的犯罪手段,是指不属于构成要件内容的手段。作为犯罪构成要件要素(行为)的特定手段,不是量刑情节,而是定罪情节。因此,在构成犯罪的前提下,犯罪手段的残酷程度,直接说明罪行的轻重程度,因而影响量刑。

2.犯罪的时间、地点

犯罪的时间、地点不同,犯罪的社会危害性和主观恶性也会有所不同,从而对量刑有一定的影响。例如,在公共场所抢劫,其罪行就比在隐蔽地方犯罪的社会危害性大;在节假日实施爆炸行为,比在平时实施爆炸行为的危害性要大。所以,量刑时就会重一些。

3.犯罪的对象

这里的犯罪对象是指不是作为定罪要素的犯罪对象,它是在构成犯罪的前提下由于对象不同而引起刑罚差异的情况。通常说,对某些特定对象实施的犯罪,比其他普通对象的犯罪危害性大,因此也是量刑的酌定情节。例如,强奸不满18周岁的未成年女性通常比强奸年满18周岁的妇女的危害性要大,量刑时应区别对待。

4.犯罪造成的危害结果

这里的危害结果是指犯罪构成要件要素之外的结果。这些结果,虽然不决定犯罪的性质,但它对说明行为对社会造成的危害,是有重要意义的,因而是重要的酌定量刑情节。

5.犯罪的动机

犯罪动机不同,说明犯罪人的主观恶性程度不同,在量刑时应当予以考虑。例如,同样是盗窃犯罪,因好逸恶劳、贪图享受而盗窃与因生活没有着落、临时起意而盗窃,犯罪分子的主观恶性程度就有所不同,量刑时应该有所区别。

6.犯罪后的态度

犯罪后的态度是反映行为人的人身危险性程度和改造难易程度的主要指标,是量刑时必须予以考虑的因素。例如,犯罪后有悔罪表现、积极退赃等表现与犯罪后拒不认罪、隐匿赃物等表现,其所反映出来的行为人的人身危险性程度是不同的,从刑罚个别化的要求出发,必须对二者有所区别。当然,这类酌定情节在有的犯罪(如《刑法》第383条第3款)中被确定为法定情节后,就应当严格执行。

7.犯罪前的一贯表现

犯罪分子的一贯表现虽然不影响定罪,也不是量刑的主要依据,但它反映行为人的人身危险程度,量刑时也应当予以考虑。

8.前科

前科,是指受过刑事处罚的事实。有前科的人再犯罪,如果构成累犯,就按照法定情节从重处罚；如果没有构成累犯，其再次犯罪（包括故意犯罪和过失犯罪）就说明行为人的人身危险性大，应当作为量刑情节酌定予以从重处罚。

三、刑罚裁量情节的适用

（一）从重、从轻、减轻、免除处罚的含义

1. 从重与从轻处罚

根据《刑法》第 62 条的规定，从重与从轻处罚，都"应当在法定刑的限度以内判处刑罚"，因此，从重处罚，是指在法定刑的限定内选择较重的刑种或者判处较长的刑期；从轻处罚，是指在法定刑的限定内选择较轻的刑种和判处较短的刑期。其具体要求如下：

第一，从重处罚与从轻处罚，都必须是在法定刑的限定内选择刑种、判处刑期，而不能超出法定刑之外判处刑罚。

第二，一个罪的法定刑中有数个主刑时，从重处罚或从轻处罚即要求选择较重或较轻的刑种；当某个罪的法定刑中规定有数个刑种，各相关刑种又有不同的刑罚幅度时，从重处罚或从轻处罚就是要求选择较长或较短的刑期。对于什么是"较长或较短"的刑期？理论界有不同观点：一种观点主张"中间线说"，即"从重"是在法定刑的平均刑期以上处刑；"从轻"是在法定刑的平均刑期以下处刑。另一种观点主张"基准点说"，即根据犯罪分子的犯罪事实对照整个量刑幅度内确定一个基准点，在这个量刑基准点以上量刑为从重处罚，在这个量刑基准点以下量刑为从轻处罚。我们认为，从罪刑法定原则和刑罚个别化的要求出发，"基准点说"相对较为合理，它撇开从宽从严情节而仅根据构成要件的事实对应法定刑所确定的基点，具有客观公正性，以此为基础，进行从宽或从严处罚，能够更好地体现刑罚的公平性。

2. 减轻处罚

根据《刑法》第 63 条的规定，减轻处罚是指"应当在法定刑以下判处刑罚；本法规定有数个量刑幅度的，应当在法定刑幅度的下一个量刑幅度内判处刑罚"。据此，减轻处罚有两种情况：一是具有法定的减轻处罚情节时予以减轻处罚；二是犯罪分子虽然不具有刑法规定的减轻处罚情节，但是根据案件的特殊情况需要减轻处罚时，经最高人民法院核准，也可以减轻处罚。

这里的"法定刑以下"有两层意思：某一犯罪的法定刑规定有数个轻重不同的刑种，最低法定刑就是最轻的刑种。如某一个罪的法定刑规定有"三年以下有期徒刑、拘役或者管制"的，那么，减轻处罚就要在管制以下量刑。如果某一犯罪的法定刑只有一个有一定幅度的刑种时，最低法定刑就是该刑种最低的刑期。如危险驾驶罪的法定刑是"拘役"，最低法定刑就是拘役 1 个月，减轻处罚就只能选择管制。

由于拘役与管制的期间折抵是一比二,因此,此种情况下的减轻处罚应当在管制 2 个月以下判处。如果法定最低刑是管制,减轻处罚能否选择附加刑予以独立适用,是一个有争论的问题。我们认为,既然减轻处罚必须是低于法定最低刑判处刑罚,在最低刑为管制的情况下,选择附加刑也是适当的。当然,附加刑的实际适用,不能重于未减轻时的最低刑。

3.免除处罚

免除处罚,是指在对犯罪分子定罪以后,由于犯罪情节轻微不需要判处刑罚或者有法定免除处罚情节,不对其判处刑罚。免除处罚虽然对犯罪分子不判处刑罚,但可以给予非刑罚处理方法的处罚。

(二)可以型情节与酌定情节的适用

1.量刑情节可以划分为应当型情节、可以型情节与酌定情节。应当型情节的规定是义务性规范,司法人员必须遵守,没有自由选择的余地。可以型情节的规定是授权性规范,人民法院具有在一定幅度内决定具体刑罚的自由裁量权。当然,可以型情节并不能简单地理解为法官随心所欲和主观臆断,应将其理解为"一般应当",即没有特殊情况,就应当适用该情节;如果没有适用该情节,就应当予以说明。酌定情节是刑法没有作出明文规定的,由司法人员根据案件情况考虑从宽或从严的情节。酌定情节虽然不是法律规定的情节,但仍然应当予以重视。

2.正确处理数个量刑情节。司法实践中,有的犯罪分子一人可能具有多个情节,这就需要根据量刑情节的法定含义和功能进行正确适用。如果犯罪分子同时具有几个(没有免除处罚的)从宽情节时,只能加大对其减轻处罚的幅度,而不能免除处罚;犯罪分子同时具有几个从重处罚情节,也不能高于法定刑判处刑罚;当同时具备不同法律效力的情节时,应根据法律效力大小运用量刑情节,如法定情节应优于酌定情节,应当型情节优于可以型情节;犯罪分子同时具有从宽情节与从严情节的,应当先考虑犯罪分子应当判处的刑种与刑度,再考虑从严情节,最后考虑从宽处罚情节。

(三)多功能情节的适用

刑法规定的多功能情节主要体现在从宽情节中。实践中,司法人员应根据案件具体情况,选择其中一种情节对犯罪分子进行量刑。犯罪分子罪行轻微的,应选择幅度较大的从宽情节;反之,则选择幅度较小的从宽情节。同时,结合刑法条文中"免除或者减轻处罚"和"减轻或者免除处罚"的不同顺序,首先考虑选择排列在前的处理方法。

第三节　累　犯

一、累犯的概念

累犯，是指因故意犯罪而受过一定的刑罚处罚，在刑罚执行完毕或者赦免以后，在法定期限内又犯一定之罪的犯罪人。

累犯不同于再犯。再犯和累犯都是实施了二次以上犯罪行为，但累犯的成立条件比再犯更为严格，二者存在以下区别：第一，累犯要求实施的前后两罪都必须是故意犯罪，而再犯则没有此要求；第二，累犯的前罪必须是判处一定刑罚的罪，后罪是应受一定刑罚处罚，而再犯则没有要求；第三，累犯所犯后罪必须是前罪所判刑罚执行完毕或赦免后一定期限内实施，而再犯则对后罪实施的时间没有要求。

累犯与常习犯也存在严格区别。常习犯是反复实施某种犯罪而形成了犯罪习癖的情况，它侧重于考虑行为人的内心世界。而累犯是在法定期间内再次犯罪，它虽然不排除对行为人主观方面的考虑，但重点是从形式上考察两次犯罪之间的联系，即使因偶然因素而再次犯罪，也可以成立累犯。累犯是因为无视刑罚的体验再次犯罪而被认为人身危险性严重；常习犯是因为具有反复实施犯罪的危险性格而被认为人身危险性严重。

二、累犯的种类与成立条件

依照我国刑法的规定，累犯可以分为一般累犯与特殊累犯。一般累犯，是指因犯罪受过一定的刑罚处罚，在刑罚执行完毕或赦免以后的法定期限内又犯一定之罪的犯罪分子。特别累犯是指因犯特定之罪，在刑罚执行完毕或赦免以后又犯特定之罪的犯罪分子。

（一）一般累犯

根据《刑法》第65条第1款的规定："被判处有期徒刑以上刑罚的犯罪分子，刑罚执行完毕或者赦免以后，在五年以内再犯应当判处有期徒刑以上刑罚之罪的，是累犯，应当从重处罚，但是过失犯罪和不满十八周岁的人犯罪的除外。"因此，一般累犯的成立应当具有以下几个条件：

1. 前罪与后罪都是故意犯罪。这是成立一般累犯的犯罪性质条件。如果犯罪分子实施的前后两罪或者其中有一个罪不是故意犯罪，则不构成累犯。

2. 前罪被判处有期徒刑以上刑罚，后罪也应当判处有期徒刑以上刑罚。这是成立累犯的刑种条件。前罪被判处有期徒刑以上刑罚，是指人民法院最后确定的宣告刑为有期徒刑以上刑罚；后罪应当判处有期徒刑以上刑罚，不是指法定刑为有期徒刑以上刑罚,而是指根据后罪的事实以及刑法规定,应当判处有期徒刑以上刑罚。所谓"有期徒刑以上刑罚",是指有期徒刑、无期徒刑和死刑。

3.后罪发生在前罪所判处的刑罚执行完毕或者赦免以后5年之内。这是累犯成立的时间条件,刑罚执行完毕的要求,是指主刑执行完毕,而不要求附加刑也要执行完毕。主刑执行完毕5年内,附加刑尚未执行完毕又犯罪的,也构成累犯。此处的赦免,是指特赦刑罚而言的。5年期限的计算,从刑罚执行完毕之日或者赦免之日起开始;犯罪分子被假释的,应从假释期满之日起计算。由于累犯的成立以前罪"刑罚执行完毕或者赦免以后"5年内再犯罪为条件,故被假释的犯罪分子在假释考验期内再犯新罪的,被判处缓刑的犯罪分子在缓刑考验期内再犯新罪的,以及被判处缓刑的犯罪分子在缓刑考验期满后再犯新罪的,都不成立累犯。

4.不满18周岁的人,不构成累犯。这是《刑法修正案(八)》对《刑法》第65条修改后作出的规定。它意味着累犯主体必须是前后罪都满18周岁,如果故意犯罪,犯前罪时不满18周岁,而犯后罪时已满18周岁,仍不构成累犯。

(二)特殊累犯

《刑法》第66条对特殊累犯作出如下规定:"危害国家安全犯罪、恐怖活动犯罪、黑社会性质的组织犯罪的犯罪分子,在刑罚执行完毕或者赦免以后,在任何时候再犯上述任一类罪的,都以累犯论处。"因此,特殊累犯的成立条件也可以从犯罪性质、刑罚以及时间三方面进行分析:

1.前罪和后罪都必须是同一类特定犯罪,即危害国家安全的犯罪、恐怖活动犯罪和黑社会性质的组织犯罪。如果前后两罪或者其中一个罪不是此类犯罪,就不能成立特殊累犯。其中,对于危害国家安全的犯罪,如果行为人的前罪发生在1979年《刑法》生效期间而被认定为反革命罪,行为人在1997年《刑法》实施后犯危害国家安全罪的,应认定为特殊累犯。

2.后罪必须发生在前罪刑罚执行完毕或者赦免以后。由此看出,如果前罪是免予刑罚处罚而不属于被赦免的,就不成立特殊累犯。因为免予刑罚处罚,不存在刑罚执行完毕的问题。

3.前罪刑罚执行完毕或者赦免以后的任何时候再犯上述罪,都不影响特殊累犯的成立。

三、累犯的法律后果

《刑法》第65条第1款规定:"对累犯应当从重处罚。"对该条规定应当从以下几个方面理解:首先,对累犯必须从重处罚,即不管是一般累犯还是特殊累犯,都必须从重处罚;其次,累犯从重是相对于非累犯所承担的刑事责任而言的,也就是对累犯从重的处罚标准,是不构成累犯时应承担的刑事责任;最后,在决定从重的幅度时,除了要考虑后罪的事实、性质、情节和对社会的危害程度外,还要适当考虑后罪与前罪的时间间隔、犯后罪的原因等因素。

第四节　自首与立功

一、自首

（一）自首的概念

自首,是对犯罪后自动投案,如实供述自己的罪行,以及被采取强制措施的犯罪嫌疑人、被告人和正在服刑的罪犯,如实供述司法机关还未掌握的本人其他罪行的犯罪分子,予以从宽处罚的量刑制度。由于自首的犯罪分子人身危险性相对较小,因此,世界上绝大多数国家和地区均对自首的犯罪分子予以从宽处理。

（二）自首的种类

根据《刑法》第 67 条规定,自首有两种情形:一是犯罪以后自动投案,如实供述自己的罪行的行为;二是被采取强制措施的犯罪嫌疑人、被告人和正在服刑的罪犯,如实供述司法机关还未掌握的本人其他罪行的行为。理论上把这两种情形分别称为一般自首与特别自首。

（三）一般自首的成立条件

根据《刑法》的有关规定,所谓一般自首,是指犯罪分子犯罪以后自动投案,如实供述自己的罪行的行为。一般自首应当具备以下条件:

1. 犯罪以后自动投案

自动投案,一般是指犯罪分子在犯罪事实没有被司法机关发觉,或者虽被发觉,但犯罪分子尚没有受到司法机关的讯问、没有被采取强制措施之时,出于本人意志,主动、直接向公安机关、人民检察院或者人民法院等司法机关投案。

（1）投案行为必须发生在犯罪后、犯罪分子归案之前。所谓"归案之前",是指犯罪人尚未处于司法机关的控制之下。根据时间的远近,大致有三种类型:一是在犯罪事实尚未被发觉;二是虽然犯罪事实已经被发觉,但犯罪人尚未被查获;三是犯罪事实和犯罪人都已经被发觉,但尚未受到讯问、未被采取强制措施、未被群众扭送。实践中,对于犯罪后逃跑,在被通缉、追捕的过程中投案的,视为归案前投案;或者经查实犯罪分子确已准备投案,或者正在投案途中,被司法机关捕获的,也视为归案前投案。

（2）投案必须是向司法机关进行。根据《刑法》规定,司法机关是指负有侦查、检察、审判和监管职责的国家机关。根据最高人民法院 1998 年 4 月 6 日制定的《关于处理自首和立功具体应用法律若干问题的解释》（以下简称《自首立功的解释》规定，犯罪分子向所在单位、城乡基层组织或者其他有关负责人员投案的，也应视为投案。

自动"投案"，一般应是犯罪分子本人直接向上述有关机关投案，但犯罪分子因病、因伤或者为了减轻犯罪后果，委托他人先代为投案，或者先以电报、信函投案的，也应视为投案，但必须在不能投案的情形消失后，置于司法机关控制之下。

（3）投案必须是出自犯罪人本人的意志。即投案必须是自动的。在司法实践中，下列情形视为自动投案：在罪行尚未被司法机关发觉，仅因形迹可疑，被有关组织或者司法机关盘问、教育后，主动交待自己的罪行的，应认为是自动投案；并非出于犯罪分子主动，而是经亲友规劝、陪同投案的，应视为自动投案；公安、检察机关通知犯罪分子的亲友，或者亲友主动报案后，将犯罪分子送去投案的，同样视为自动投案。

"自动投案"的动机与目的是多种多样的。有的出于真心悔悟，有的是为了争取宽大处理，有的是因为亲友劝说，有的是由于潜逃后为生活所迫，这些不同的动机，一般不会影响自首的成立。

需要说明的是：行为人向司法机关投案，通常就意味着将自己置于司法机关控制之下，并愿意接受司法裁判。但是否需要把"接受司法机关的审查与裁判"作为自首的必备条件，理论界存在不同的认识。我们认为，只要具备自动投案和如实供述就可成立自首。因此，如果犯罪分子先投案交待罪行后，又潜逃的，不能认为是自动投案；犯罪分子以匿名方式向司法机关或有关部门提供犯罪事实或非法所得去向的，也不能成立自动投案。

为了适应司法实践的需要，更加明确认定自动投案，2010 年 12 月 22 日制定的《最高人民法院关于处理自首和立功若干具体问题的意见》（以下简称《自首立功的意见》）规定具有以下情形之一的，应当视为自动投案：一是犯罪后主动报案，虽未表明自己是作案人，但没有逃离现场，在司法机关询问时交待自己罪行的；二是明知他人报案而在现场等待，抓捕时无拒捕行为，供认犯罪事实的；三是在司法机关未确定犯罪嫌疑人，尚在一般性排查询问时主动交待自己罪行的；四是因特定违法行为被采取劳动教养、行政拘留、司法拘留、强制隔离戒毒等行政、司法强制措施期间，主动向执行机关交待尚未被掌握的犯罪行为的；五是其他符合立法本意，应当视为自动投案的情形。罪行未被有关部门、司法机关发觉，仅因形迹可疑被盘问、教育后，主动交待了犯罪事实的，应当视为自动投案，但有关部门、司法机关在其身上、随身携带的物品、驾乘的交通工具等处发现与犯罪有关的物品的，不能认定为自动投案。交通肇事后保护现场、抢救伤者，并向公安机关报告的，应认定为自动投案，构成自首的，因上述行为同时系犯罪嫌疑人的法定义务，对其是否从宽、从宽幅度要适当从严掌握。交通肇事逃逸后自动投案，如实供述自己罪行的，应认定为自首,但应依法以较重法定刑为基准,视情决定对其是否从宽处罚以及从宽处罚的幅度。犯罪嫌疑人被亲友采用捆绑等手段送到司法机关,或者在亲友带领侦查人员前来抓捕时无拒捕行为,并如实供认犯罪事实的,虽然不能认定为自动投案,但可以参照法律对自首的有关规定酌情从轻处罚。

2. 如实供述自己的罪行

自动投案只是自首成立的一个基础条件,犯罪分子只有如实供述自己的罪行,才能证明其具有悔罪的诚意,并成为得到从宽处理的根据。因此,如实供述自己的罪行是自首的核心条件。这里"如实供述自己的罪行",主要是指客观犯罪事实,犯罪分子由于主客观方面的原因,不能供述全部犯罪事实,但却供述了主要或基本的犯罪事实,应当认为是如实供述自己的罪行。《自首立功的意见》规定,如实供述自己的罪行,除供述自己的主要犯罪事实外,还应包括姓名、年龄、职业、住址、前科等情况。犯罪嫌疑人供述的身份等情况与真实情况虽有差别,但不影响定罪量刑的,应认定为如实供述自己的罪行。犯罪嫌疑人自动投案后隐瞒自己的真实身份等情况,影响对其定罪量刑的,不能认定为如实供述自己的罪行。

犯罪分子犯有数罪的,仅对所犯数罪中部分犯罪如实供述的,如果如实供述的部分与未交待的犯罪是不同种数罪时,如实供述的犯罪成立自首,未交待的犯罪不成立自首。如果如实供述的部分与未交待的犯罪是同种数罪不需要并罚时,行为人自动投案后如实供述了主要罪行的,则全案认定为自首;没有交待主要事实的,不能认定为自首;如果如实供述的部分与未交待的犯罪是同种数罪需要并罚时,则仅将所交待的事实认定为自首。为正确认定"供述主要犯罪事实",《自首立功的意见》明确规定,犯罪嫌疑人多次实施同种罪行的,应当综合考虑已交待的犯罪事实与未交待的犯罪事实的危害程度,决定是否认定为如实供述主要犯罪事实。虽然投案后没有交待全部犯罪事实,但如实交待的犯罪情节重于未交待的犯罪情节,或者如实交待的犯罪数额多于未交待的犯罪数额,一般应认定为如实供述自己的主要犯罪事实。无法区分已交待的与未交待的犯罪情节的严重程度,或者已交待的犯罪数额与未交待的犯罪数额相当,一般不认定为如实供述自己的主要犯罪事实。犯罪嫌疑人自动投案时虽然没有交待自己的主要犯罪事实,但在司法机关掌握其主要犯罪事实之前主动交待的,应认定为如实供述自己的罪行。

犯罪分子所犯的是共同犯罪,成立自首要求除如实供述自己的罪行,还应当供述其他共同犯罪分子,主犯还必须供述所知其他同案犯的共同犯罪事实。否则,不能认定为自首。

《自首立功的解释》规定,犯罪分子自动投案并如实供述自己的罪行后又翻供的,不成立自首;但在一审判决前又能如实供述的,应当认定为自首。犯罪分子自动投案如实供述自己的犯罪事实后,就犯罪事实和适用法律提出辩护意见,行使上诉,申请回避或者更正、补充某些事实等诉讼权利,不能视为没有如实供述自己的罪行。犯罪分子自动投案后如实供述自己的罪行,但不退还赃物的,原则上也不影响自首的成立。

(四)特别自首的成立条件

特别自首,也称为准自首,是指被采取强制措施的犯罪嫌疑人、被告人或者正在服刑的罪犯,如实供述司法机关还未掌握的本人其他罪行的行为。特别自首的成立需要具备如下条件:

1.主体必须是被采取强制措施的犯罪嫌疑人、被告人或者正在服刑的罪犯。被"采取强制措施"是指司法机关根据刑事诉讼法的规定,所采取的拘传、拘留、取保候审、监视居住与逮捕的措施。所谓"正在服刑的罪犯"是指被人民法院生效判决确定有罪,正在被执行原判刑罚的罪犯。根据《自首立功的意见》的规定,因特定违法行为被采取劳动教养、行政拘留、司法拘留、强制隔离戒毒等行政、司法强制措施的人,也属于此范围的犯罪嫌疑人。

2.必须如实供述司法机关还未掌握的本人其他罪行。所谓"司法机关还未掌握的本人其他罪行",依据《自首立功的解释》是指"与司法机关已掌握的或者判决确定的罪行属不同种罪行"的情形。如属同种罪行的,不能成立自首,只可以酌情从轻处罚;如实供述的同种罪行成为主要罪行的,则应当从轻处罚。而《自首立功的意见》进一步规定,犯罪嫌疑人、被告人在被采取强制措施期间,向司法机关主动如实供述本人的其他罪行,该罪行是否属于"司法机关已掌握",应根据不同情形区别对待。如果该案犯罪嫌疑人已被通缉,一般应根据该罪行是否在通缉令发布范围内来作出判断,不在通缉令发布范围内的,应认定为还未掌握,在通缉令发布范围内的,应视为已掌握;如果该罪行已录入全国公安信息网络在逃人员信息数据库,应视为已掌握。如果该罪行未被通缉、也未录入全国公安信息网络在逃人员信息数据库,应以该司法机关是否已实际掌握该罪行的证据为标准。犯罪嫌疑人、被告人在被采取强制措施期间如实供述本人其他罪行,该罪行与司法机关已掌握的罪行属同种罪行还是不同种罪行,一般应以罪名区分。虽然如实供述的其他罪行的罪名与司法机关已掌握犯罪的罪名不同,但如实供述的其他犯罪与司法机关已掌握的犯罪属选择性罪名或者在法律、事实上密切关联,如因受贿被采取强制措施后交待受贿为他人谋取利益行为构成滥用职权罪的,应认定为同种罪行。

(五)自首与坦白的联系与区别

《刑法》第67条第3款规定:犯罪嫌疑人虽不具有前两款规定的自首情节,但是如实供述自己的罪行的,可以从轻处罚;因其如实供述自己罪行,避免特别严重后果发生的,可以减轻处罚。这就是对坦白的规定。

自首与坦白有如下相同点:二者的前提都是自己实施了犯罪行为;二者都是在

归案后如实供述自己的犯罪事实;二者都是从宽处罚的情节。自首与坦白的主要区别有以下几点:

1.投案是否自动。自首是犯罪分子自动投案,坦白是被动归案。

2.如实供述的本人其他罪行是否是已被司法机关掌握的罪行。自首对如实供述自己的罪行要求既可以是司法机关已经掌握的罪行,也可以是司法机关尚未掌握的罪行;而坦白对如实供述的本人罪行的要求只能是被司法机关已经掌握的事实。

3.坦白的犯罪分子的人身危险性相对较重,自首的犯罪分子的人身危险性相对较轻;坦白的从宽的幅度与自首比要小一些,因此,《刑法》规定"犯罪嫌疑人虽不具有前两款规定的自首情节,但能够如实供述自己罪行的,可以从轻处罚。""因其如实供述自己罪行,避免特别严重后果发生的,可以减轻处罚",而自首的从宽幅度可以是"免除处罚"。

（六）自首的法律后果

自首的法律后果在《刑法》和《自首立功的解释》中都有规定。《刑法》第 67 条第 1 款后段规定:"对于自首的犯罪分子,可以从轻或者减轻处罚。其中,犯罪较轻的,可以免除处罚。"该《自首立功的解释》进一步明确规定:"具体确定从轻、减轻还是免除处罚,应当根据犯罪轻重,并考虑自首的具体情节。"因此,对自首的犯罪分子的刑事责任问题应当从以下几个方面把握:

1.对自首的犯罪分子,无论罪行轻重,均可以从轻或者减轻处罚;如果属于犯罪较轻的情形,可以免除处罚。

2."可以从轻或者减轻处罚"的规定,包含两层含义:其一,刑法对自首规定的从宽处理原则,尽管立法用语是"可以"而不是"应当",但它实际上是要求司法机关先予考虑从宽,而不是可以随意决定"不可以"从宽。其二,从宽处理是相对的,最终是选择从轻还是减轻,应当根据案件情况而定。

3.在一人犯数罪或者多人共同犯罪的场合,只有符合自首条件的犯罪分子和其供述的罪行,才能予以从宽处理。对于没有自首的犯罪和共同犯罪中没有自首的其他犯罪分子,均不适用自首的从宽处罚。

二、立功

（一）立功的概念和认定

所谓立功,是指犯罪分子揭发他人犯罪行为,查证属实,或者提供重要线索,从而得以侦破其他案件,以及其他对国家和社会有突出贡献的行为。《刑法》第 68 条第 1 款对立功的表现规定了三种情况:一是揭发他人犯罪行为,查证属实的;包括共同犯罪案件中的犯罪分子揭发同案犯共同犯罪以外的其他犯罪,经查证属实的;

二是提供重要线索,从而得以侦破其他案件的;三是有其他立功表现的,如阻止他人犯罪活动、协助司法机关抓捕其他犯罪嫌疑人(包括同案犯)、阻止其他犯罪分子逃跑,等等。

《自首立功的解释》第 5 条对上述行为的时间明确规定为"到案后",这意味着犯罪分子到案前有上述行为,不能认定为立功,只能作为酌定情节处理。

(二)立功的认定

根据《自首立功的意见》的规定,犯罪分子具有下列行为之一,使司法机关抓获其他犯罪嫌疑人的,属于《自首立功的解释》第 5 条规定的"协助司法机关抓捕其他犯罪嫌疑人":(1)按照司法机关的安排,以打电话、发信息等方式将其他犯罪嫌疑人(包括同案犯)约至指定地点的;(2)按照司法机关的安排,当场指认、辨认其他犯罪嫌疑人(包括同案犯)的;(3)带领侦查人员抓获其他犯罪嫌疑人(包括同案犯)的;(4)提供司法机关尚未掌握的其他案件犯罪嫌疑人的联络方式、藏匿地址的,等等。犯罪分子提供同案犯姓名、住址、体貌特征等基本情况,或者提供犯罪前、犯罪中掌握、使用的同案犯联络方式、藏匿地址,司法机关据此抓捕同案犯的,不能认定为协助司法机关抓捕同案犯。

被告人检举揭发或者协助抓获的人的行为构成犯罪,但因法定事由不追究刑事责任、不起诉、终止审理的,不影响对被告人立功表现的认定;被告人检举揭发或者协助抓获的人的行为应判处无期徒刑以上刑罚,但因具有法定、酌定从宽情节,宣告刑为有期徒刑或者更轻刑罚的,不影响对被告人重大立功表现的认定。

《自首立功的意见》规定,犯罪分子通过贿买、暴力、胁迫等非法手段,或者被羁押后与律师、亲友会见过程中违反监管规定,获取他人犯罪线索并"检举揭发"的,不能认定为有立功表现。犯罪分子将本人以往查办犯罪职务活动中掌握的,或者从负有查办犯罪、监管职责的国家工作人员处获取的他人犯罪线索予以检举揭发的,不能认定为有立功表现。犯罪分子亲友为使犯罪分子"立功",向司法机关提供他人犯罪线索、协助抓捕犯罪嫌疑人的,不能认定为犯罪分子有立功表现。

(三)立功的法律后果

根据《刑法》第 68 条的规定,犯罪分子有立功表现的,可以从轻或者减轻处罚;有重大立功表现的,可以减轻或者免除处罚。

《自首立功的意见》规定,对具有立功情节的被告人是否从宽处罚以及从宽的幅度,应当考虑其犯罪的事实、性质、情节和对社会的危害后果以及被告人的主观恶性和人身危险性等因素。同时考虑其检举揭发罪行的轻重、被检举揭发的人可能或者已经被判处的刑罚、提供的线索对侦破案件或者协助抓捕其他犯罪嫌疑人所起作用的大小等。对于具有立功情节的,一般应依法从轻、减轻处罚;犯罪情节较轻的,可以免除处罚。虽然具有立功情节,但犯罪情节特别恶劣、犯罪后果特别严重、被告人主观恶性深、人身危险性大，或者在犯罪前即为规避法律、逃避处罚而准备立功的，可以不从宽处罚。对于被告人具有立功情节，同时又有累犯、毒品再犯等法定从重处罚情节的，既要考虑立功的具体情节，又要考虑被告人的主观恶性、人身危险性等因素，综合分析判断，确定从宽或者从严处罚。累犯的前罪为非暴力犯罪的，一般可以从宽处罚；前罪为暴力犯罪或者前、后罪为同类犯罪的，可以不从宽处罚。在共同犯罪案件中，对具有立功情节的被告人的处罚，应注意共同犯罪人以及首要分子、主犯、从犯之间的量刑平衡。犯罪集团的首要分子、共同犯罪的主犯检举揭发或者协助司法机关抓捕同案地位、作用较次的犯罪分子的，从宽处罚与否应当从严掌握，如果从轻处罚可能导致全案量刑失衡的，一般不从轻处罚；如果检举揭发或者协助司法机关抓捕的是其他案件中罪行同样严重的犯罪分子，一般应依法从宽处罚。对于犯罪集团的一般成员、共同犯罪的从犯立功的，特别是协助抓捕首要分子、主犯的，应当充分体现政策，依法从宽处罚。

第五节 数罪并罚

一、数罪并罚的概念

数罪并罚，是指对一人所犯数罪合并处罚的制度。它是刑事刑罚裁量制度的重要内容。我国《刑法》第 69 条、第 70 条和第 71 条对数罪并罚的原则和方法作了具体规定。

所谓数罪并罚，是指人民法院判决宣告前犯罪分子一人犯有数罪，或者判决宣告后，刑罚执行完毕前发现漏罪或者犯罪分子又犯新罪的，在分别定罪量刑后，根据法定原则与方法，决定应当执行的刑罚。适用数罪并罚，应当具备以下条件：

第一，必须是一人犯有数罪。犯罪分子犯两个以上的罪是实行数罪并罚的前提。这里的"数罪"，既包括数个实质数罪或者数个非实质数罪的任一类型，也包括二者的结合。实质数罪，是指行为人的犯罪事实符合数个犯罪构成，构成数个独立的犯罪形态；非实质数罪，是指行为人的犯罪事实仅符合一个犯罪构成，包括法定的一罪，或处断的一罪等情形。一人犯一罪以及数人共同犯一罪的，不发生数罪并罚的问题。数罪中罪过的形式和故意犯罪的形态没有限制。无论是故意犯罪还是过失犯罪，单独犯罪还是共同犯罪，犯罪的完成形态还是未完成形态，均不受影响。

第二，所犯数罪必须发生在法定的时间内。具体包括以下情况：（1）判决宣告以前一人犯数罪；（2）判决宣告后，刑罚执行完毕以前，发现被判刑的犯罪分子在判决宣告以前还有其他罪没有判决的（漏罪）；（3）判决宣告后，刑罚执行完毕以前，被判刑的犯罪分子又犯罪的（新罪）；（4）被宣告缓刑或假释的犯罪分子在缓刑或假释考验期内又犯罪或发现漏罪的。如果犯罪分子所犯前罪已经被判决有罪,但免予刑事处罚或所判已经刑罚执行完毕,则不能数罪并罚。因此,如果刑罚执行完毕之后又犯罪的,符合累犯条件的,按照累犯从重处罚,而不实行数罪并罚。刑罚执行完毕以后发现犯罪分子在判决宣告以前还有其他罪没有判决的,如果没有超过追诉时效,既不能按照数罪并罚处理,也不能按照累犯从重量刑,只能依法律规定定罪量刑。

第三,对所犯数罪分别定罪量刑,然后根据法定的原则与方法,决定应当执行的刑罚。对数罪并罚只能产生一个判决结果,而判决结果的产生,需要对数罪进行综合判断。这只有在分别定罪量刑的基础上,根据一定原则与方法决定合并执行的刑罚,才能实现。这里的"原则与方法"是指根据不同的刑罚种类而分别适用的吸收原则、并科原则和限制加重原则以及在不同的时间和条件下的刑期计算方法。

确立数罪并罚制度,具有重大的意义。首先,便于审判人员合理地决定对犯罪人适用适当的刑罚;其次,有利于贯彻罪责刑相适应原则,保证法律适用的准确性;再次,有利于保障犯罪分子的合法权益。

二、数罪并罚的原则

(一)数罪并罚原则的概念及内容

所谓数罪并罚原则,是指对一人犯有数罪在分别定罪量刑后,进行合并处罚所依据的原则。它体现着刑事政策的性质和价值取向,指导和制约着数罪并罚制度的具体内容及其适用效果。

根据各国刑法立法的规定,数罪并罚所采取的原则可以归纳为以下四个:

1.并科原则,也称相加原则,是指在对一人所犯数罪分别定罪量刑后,将各罪所处的刑罚相加、合并执行。该原则是报应刑主义刑罚思想的产物。从形式上看,它是追求客观公平的价值,但由于人的生命是有限的,有期徒刑绝对相加刑期到一定程度与无期徒刑的效果没有实质的区别;如果数罪中有被判处无期徒刑或死刑,则对其他限制或剥夺自由的刑罚无法绝对相加并科执行。因此,并科原则不能适用于所有刑种的处罚。

2.吸收原则,是指将一人所犯数罪分别定罪量刑,然后选择最重的一种刑罚作为执行的刑罚,其余较轻的刑罚都被最重的刑罚吸收,不再执行。吸收原则适用于犯罪分子所犯数罪分别定罪量刑判决中有死刑或无期徒刑的情况,若被普遍适用于有期徒刑、拘役和管制等其他刑罚的并罚情况,则弊端颇多,会产生只罚重罪不罚轻罪的罪刑失衡现象,有悖于罪责刑相适应基本原则的要求,不利于实现预防犯罪的刑罚目的。

3.限制加重原则,是指以一人所犯数罪中的最高刑为基础,再予以一定限度的加重作为执行刑的合并处罚。该原则具体的限制加重方法有两种类型:(1)以数罪中最重罪的法定刑为基础,加重一定比例的刑罚,并对加重后刑罚的最高限度进行规定。加重后的刑罚作为执行的刑罚。(2)在对数罪分别定罪量刑的基础上,以数罪中最高刑以上、数罪中总和刑期以下,确定需要执行的刑罚,同时确定对该最高刑期予以限制。限制加重原则克服了吸收原则和并科原则的弊端,但却对数罪中有无期徒刑或死刑的犯罪分子无法合并处罚,其适用范围也有一定的局限性。

4.折中原则,也称混合原则,是指以某种原则为主,兼采其他原则,而不单纯采用并科原则、吸收原则或限制加重原则。为主的原则与兼采的原则,则根据不同的刑罚种类,选择适用。折中原则避免了单独适用某种原则的弊端,目前为大多数国家和地区的刑法所采用。

(二)我国数罪并罚原则的运用

我国刑法对数罪并罚采取的是以限制加重为主,吸收和并科为补充的折中原则。《刑法》第69条规定:"判决宣告以前一人犯数罪的,除判处死刑和无期徒刑的以外,应当在总和刑期以下、数刑中最高刑期以上,酌情决定执行的刑期,但是管制最高不能超过三年,拘役最高不能超过一年,有期徒刑总和刑期不满三十五年的,最高不能超过二十年,总和刑期在三十五年以上的,最高不能超过二十五年。""数罪中有判处附加刑的,附加刑仍须执行,其中附加刑种类相同的,合并执行,种类不同的,分别执行。"根据以上法律规定,可以从以下几个方面把握我国的数罪并罚原则:

1.数罪中有被判处死刑和无期徒刑的,采取吸收原则。(1)数罪中有被判处一个或者几个死刑的,只执行一个死刑,不执行其他主刑(包括无期徒刑)。(2)数罪中有被判处一个或几个无期徒刑,且最重刑为无期徒刑的,只执行一个无期徒刑,不执行其他主刑,也不能将数罪中被判处两个以上的无期徒刑加重合并为死刑。

2.数罪中被判处有期徒刑、拘役和管制的,采取限制加重原则。有期徒刑、拘役、管制这三个刑种都有期限的规定,可以合并执行。具体的加重情形如下:

(1)数罪中被判决的主刑均为有期徒刑,应当在总和刑期以下、数刑中最高刑期以上,酌情决定执行的刑期,决定执行的有期徒刑总和刑期不满35年的,最高不能超过20年;有期徒刑总和刑期在35年以上的,不能超过25年;

(2)数罪中被判决的主刑均为拘役的,应当在总和刑期以下、数刑中最高刑期以上,酌情决定执行的刑期,决定执行的拘役最高不能超过1年;

(3)数罪中被判决的主刑均为管制刑,应当在总和刑期以下、数刑中最高刑期以上,酌情决定执行的刑期,决定执行的管制最高不能超3年。在合并处罚时,不能将数个自由刑合并为严厉程度更高的自由刑。即不能将数个管制合并升格为拘役、有期徒刑或者无期徒刑,不能将数个拘役合并升格为有期徒刑、无期徒刑,不能将数个有期徒刑合并升格为无期徒刑。

可见，我国的限制加重原则的"加重"表现在数罪中最高刑以上的加重和实际执行刑期可能超过非数罪并罚的刑种最高限度，即管制可以超过2年，拘役可以超过6个月，有期徒刑可以超过15年。"限制"则体现在以下两个方面：一是数罪的执行刑期必须在总和刑期以下，二是受数罪并罚最高法定刑的限制。

在数罪中，被判刑罚为同一刑种，即均为有期徒刑，或均为拘役、管制时，按照上述法律规定的限制加重方法量刑，不会存在问题。但如果犯罪分子所犯数罪被判处的主刑刑种不同，即同时被判处有期徒刑、拘役或者管制等数个不同种的主刑时，如何按照限制加重原则实行并罚，理论上有不同的看法。具体的主张有：(1)折算说，即将不同刑种折算成较重的刑种，再进行并罚，如将拘役、管制折算为有期徒刑或将管制折算成拘役，然后按有期徒刑或拘役实行并罚，具体的折算标准是管制2日折算成拘役或有期徒刑1日，拘役1日折算成有期徒刑1日。这主要是基于管制为限制自由，而拘役、有期徒刑为剥夺自由，管制要比拘役和有期徒刑宽缓得多，而拘役和有期徒刑的实质区别不大，二者的最大区别只是剥夺自由的时间长短不同，剥夺自由的实质没有改变。(2)吸收说，即只执行较重的刑种、不执行较轻的刑种，数罪中被判处有期徒刑、拘役和管制的，有期徒刑吸收管制和拘役，只执行有期徒刑；数罪中被判处拘役和管制的，拘役吸收管制，只执行拘役，不执行管制。《刑法修正案(九)》采用了主刑吸收说，只规定"数罪中有判处有期徒刑和拘役的，执行有期徒刑"，附加刑不实行吸收原则。(3)比例并罚说，即对于不同刑种从重到轻分别执行一定比例的部分刑期；刑法应当对不同刑种的不同比例作出规定。(4)分别执行说，即分别执行不同的全部刑罚。纵观前述几种观点，各有利弊，吸收说只执行重刑种而不执行轻刑种，不符合限制加重原则的精神；分别执行说将所判不同的全部刑罚分别执行，就不属于数罪并罚了；比例并罚说操作性差，不同种自由刑之间的比例关系在法律没有规定的情况下很难确定，而且同时适用几种自由刑有违限制加重的要求。但相比而言，折算说有一定的法律依据，具有可操作性，《刑法》第41条、第44条和第47条分别对判决前羁押日期折抵刑期有所规定，被判处管制的，判决前的羁押1日折抵刑期2日，被判处拘役或有期徒刑的，判决前羁押1日折抵刑期1日。羁押与拘役和有期徒刑的执行就剥夺自由而言，并没有实质的区别，应当可以以此折算。

3.数罪中有被判处附加刑的，无论主刑是有期徒刑还是拘役，附加刑仍须执行。执行的方式采取并科、合并或分别执行。所谓并科执行，是指所犯数罪中既有被判处主刑的，也有被判处附加刑的，如数罪中有判处有期徒刑和管制，或者拘役和管制的，有期徒刑、拘役执行完毕后，管制仍须执行。而合并执行，是指所判数罪有数个附加刑，并且附加刑种类相同的，合并执行；分别执行，是指所判数罪有数个附加刑,但附加刑种类不同,则分别执行。

三、不同情况下数罪并罚原则的适用

《刑法》第 69 条、第 70 条和第 71 条以判决宣告前后和刑罚执行完毕以前为基点,规定了三种不同的情况:判决宣告以前一人犯数罪的并罚,刑罚执行完毕以前发现漏罪的并罚和刑罚执行完毕以前犯新罪的并罚。这三种不同情况分别适用不同的数罪并罚的适用方法。

（一）判决宣告以前一人犯数罪的并罚

《刑法》第 69 条规定:"判决宣告以前一人犯数罪的,除判处死刑和无期徒刑的以外,应当在总和刑期以下、数刑中最高刑期以上,酌情决定执行的刑期,但是管制最高不能超过三年,拘役最高不能超过一年,有期徒刑总和刑期不满三十五年的,最高不能超过二十年,总和刑期在三十五年以上的,最高不能超过二十五年。"

如果判决宣告以前一人所犯数罪为不同性质的犯罪,按照《刑法》第 69 条的规定并罚没有争议,但对判决宣告以前一人所犯数罪为同种性质犯罪,是按照一罪论处还是以数罪进行并罚,理论上有三种不同的观点:一是一罚说,即对同种数罪不并罚,按照一罪的从重情节或法定刑升格的情节处罚。此主张为我国司法实践的通行做法。二是并罚说,对同种数罪实行并罚,认为我国数罪并罚制度中的数罪并没有限定异种数罪才可以并罚,同种性质数罪也应当予以并罚。三是折中说,即以一罚作为基本处罚方法,以并罚作为补充方法。如果一罪的法定刑量刑幅度已经满足了罪责刑相适应的要求,就按照一罪从重或者加重情节幅度进行量刑即可,没有必要并罚。如果一罪的所有法定量刑幅度都不能满足数罪罪责刑相适应的需要,那么就应当并罚。我们倾向于折中说。

（二）判决宣告以后刑罚执行完毕以前,发现漏罪的并罚

《刑法》第 70 条规定:"判决宣告以后,刑罚执行完毕以前,发现被判刑的犯罪分子在判决宣告以前还有其他罪没有判决的,应当对新发现的罪作出判决,把前后两个判决所判处的刑罚,依照本法第六十九条的规定,决定执行的刑罚。已经执行的刑期,应当计算在新判决决定的刑期以内。"

所谓"新发现的罪",也称为漏罪,是指犯罪分子犯有数罪,其中部分犯罪已经宣告判决而且判决已经生效,还有其他犯罪没有判决。《刑法》第 70 条对发现漏罪的数罪并罚规定的处理方法称为"先并后减",其条件和方法是:

1.判决宣告以前所犯的罪在判决宣告后和刑罚执行完毕以前被发现。如果犯罪分子未判决的犯罪发生在已判决犯罪的刑罚执行期间或以后,或犯罪分子未判决的犯罪发生在判决宣告前但在刑罚执行完毕后被发现,都不适用《刑法》第 70 条的"先并后减"方法。

2.被发现的漏罪与原判决的罪无论性质是否相同,都应当对漏罪单独定罪量刑,然后与已经生效的原判决确定的刑罚,依照《刑法》第69条的规定实行并罚。

3.犯罪分子已执行的刑期计算在新判决确定的刑期以内。这意味着犯罪分子已经执行的刑罚,应当从合并处罚的新判决中予以扣除,剩余的刑罚才是需要执行的刑期。

(三)判决宣告以后刑罚执行完毕以前,又犯新罪的并罚

《刑法》第71条规定:"判决宣告以后,刑罚执行完毕以前,被判刑的犯罪分子又犯罪的,应当对新犯的罪作出判决,把前罪没有执行的刑罚和后罪所判处的刑罚,依照本法第六十九条的规定,决定执行的刑罚。"这种数罪并罚的方法称为"先减后并",其条件和方法是:

1.犯罪分子在原判决宣告以后,刑罚执行完毕之前又犯新罪。"判决宣告以后"是指原判决已经宣告,而且发生法律效力。如果原判决已经宣告,但处于上诉和二审期间,尚没有发生法律效力,则不能视为"原判决宣告以后"。

2.与原判决的罪无论性质是否相同,都应当对漏罪单独定罪量刑,然后与已经生效的原判决确定的刑罚,依照《刑法》第69条的规定实行并罚。

3.将前罪没有执行的刑罚与新罪所判处的刑罚,依照《刑法》第69条的规定进行并罚,决定执行的刑罚。已经执行的刑期不得计算在新判决所决定的刑期以内。这种方法的优点是:犯罪分子在刑罚执行期间所犯新罪的时间距离前罪所判刑罚执行完毕的期限越近(即余刑期越短),数罪并罚时实际执行的刑期就越长。这体现了对犯新罪的从严处理。一方面是实际执行的起点刑期提高了,另一方面是实际执行的刑期可能超过《刑法》规定的数罪并罚法定最高刑的限制。例如,某人因犯抢劫罪被判处有期徒刑15年,执行10年后又犯故意伤害罪(致人重伤),对新罪判处有期徒刑8年。依照先减后并的方法,应当将没有执行的5年与新罪的8年实行并罚,即在8年以上13年以下决定执行的刑期,假定决定执行12年,则犯罪分子还需服刑12年。加上已执行的刑期,犯罪分子实际执行的刑期为22年。如果上例采取先并后减的方法,实际执行的最高刑期不得超过20年。

(四)判决宣告以后刑罚执行完毕以前,既犯新罪又发现漏罪的并罚

犯罪分子在判决宣告以后刑罚执行完毕以前,既犯新罪,又被发现有漏罪,数罪并罚的顺序则先根据《刑法》第70条规定的方法先将漏罪与原判决的罪采用"先并后减"的方法进行并罚,确定"应当执行"的刑期;然后再根据《刑法》第71条规定的"先减后并"方法,将新罪所判处的刑罚与原判之罪与漏罪并罚后应当执行而还没有执行的刑期,进行并罚,决定最终应当执行的刑期。

第六节 缓 刑

一、缓刑的概念和意义

缓刑，是指对被判处一定刑罚的犯罪分子有条件地不执行原判刑罚的制度。缓刑是由人民法院在作出判决时宣告的，它属于刑罚的适用制度。同时，缓刑的宣告就决定了符合特定条件时，判决就不再执行，因此，它也是一种（实际不执行刑罚的）刑罚执行制度。无论它属于何种制度范畴，缓刑都不是刑种。

缓刑不同于免予刑事处罚。缓刑以判处一定刑罚为前提，而免除处罚是人民法院对构成犯罪的犯罪分子，根据案件的具体情况，认为不需要判处刑罚，因而宣告免予刑事处分，即只定罪不判刑；被判处缓刑的犯罪分子具有执行所判刑罚的可能性，而被免予刑事处罚的犯罪分子则不存在刑罚执行的可能性。

缓刑不同于死刑缓期执行。缓刑与死缓虽然都是有条件地不执行原判刑罚，都不是独立的刑种，但存在本质区别：（1）适用前提不同，缓刑以犯罪分子被判处拘役或者 3 年以下有期徒刑为前提；死缓以犯罪分子被判处死刑为前提。（2）执行方法不同。对于宣告缓刑的犯罪分子不予关押，实行社区矫正；对于宣告死缓的犯罪分子则予以监禁，由监狱予以关押，实行劳动改造。（3）考验期不同，缓刑的考验期限，依所判处的刑种与刑期不同而有不同的法定期限；死缓的法定考验期为 2 年。（4）后果不同。缓刑的后果要么是原判刑罚不再执行，要么是执行原判刑罚；死缓的后果根据犯罪分子在考验期的表现有所不同，可能是执行死刑，也可能是减为无期徒刑或有期徒刑。

缓刑不同于监外执行。二者具有以下区别：（1）缓刑适用对象是被判处拘役或者 3 年以下有期徒刑的犯罪分子；监外执行的对象是判处有期徒刑、拘役的犯罪分子。（2）适用条件不同，缓刑的适用条件是犯罪分子的犯罪情节和悔罪表现，适用缓刑确实不致再危害社会的。监外执行的法定情形是有严重疾病需要保外就医的，或者怀孕或者需要哺乳婴儿的妇女。（3）缓刑是有条件地不执行所判刑罚，如果犯罪分子遵守了法定条件，原判刑罚就不再执行；而监外执行则视为执行刑罚，暂予监外执行的情形消失后，犯罪分子刑期未满的，应当及时收监执行。（4）法律依据不同，缓刑适用刑法的相关规定，而暂予监外执行依据刑事诉讼法有关规定。

实行缓刑制度，具有重要的意义：一是有助于避免短期自由刑的弊端。被适用缓刑的犯罪分子大多是初犯、偶犯，人身危险性并不太大，如关押到监狱和拘役所，可能会被其他犯罪分子的恶习濡染，也可能会因监禁带来的监禁化标签，增加犯罪分子再社会化的难度，可能产生自暴自弃心理，不利于犯罪分子教育改造。二是有助于犯罪分子的再社会化。缓刑可以让犯罪分子不脱离社会而进行改造,有利于犯罪分子的家庭生活与工作劳动,防止使其陷入二次社会化的困境。三是有利于节省刑罚成本。国家对犯罪分子的监禁和关押,需要付出一定的人力、物力和财力,而国家的刑罚成本是有一定限度的,被判缓刑的犯罪分子不予关押,则可以使国家集中力量强化对具有严重危害性和较大人身危险性的重刑犯和累犯进行惩罚和改造,从而有利于刑罚效益的最佳实现。

二、缓刑的种类与适用条件

我国刑法规定的缓刑有两种:即一般缓刑和战时缓刑。所谓一般缓刑,是指人民法院对于被判处拘役或者 3 年以下有期徒刑的犯罪分子,根据其犯罪情节和悔罪表现,认为其符合一定的条件,规定一定的考验期,考验期内实行社区矫正,暂缓其刑罚的执行;如果犯罪分子在考验期内不再犯罪,或者未被发现漏罪,或者没有违反法律、法规和有关规定,原判刑罚就不再执行。所谓战时缓刑,是指被判 3 年以下有期徒刑没有现实危险的犯罪军人,暂缓其刑罚执行,允许其戴罪立功,如果有立功表现,则撤销原判刑罚,不再以犯罪论处。

(一)一般缓刑的适用条件

《刑法》第 72 条第 1 款和第 74 条的规定:对于被判处拘役、3 年以下有期徒刑的犯罪分子,犯罪情节较轻,有悔罪表现,没有再犯罪的危险,宣告缓刑对所居住社区没有重大不良影响,可以宣告缓刑,对其中不满 18 周岁的人、怀孕的妇女和已满 75 周岁的人,应当宣告缓刑;对于累犯和犯罪集团的首要分子,不适用缓刑。"由此可见,适用一般缓刑必须具备以下条件:

1. 犯罪分子被判处拘役或者 3 年以下有期徒刑。这是适用一般缓刑的前提条件。由于缓刑是有条件地不执行原判刑罚,这决定了其适用对象只能是犯罪较轻的犯罪分子。根据我国刑法立法,犯罪的轻重一般以有期徒刑 3 年作为基本界限,法定最高刑为 3 年以下的属于轻罪,法定最低刑为 3 年以上的属于重罪。因此,被判处超过 3 年以上有期徒刑刑罚的犯罪分子,其罪行对社会危害较重,如果暂不执行刑罚,他们还可能再危害社会,因此不能适用缓刑。需要指出的是,此处"被判处拘役或者 3 年以下有期徒刑",是指人民法院的宣告刑,而不是某种犯罪的法定刑。对于法定最低刑高于 3 年有期徒刑,但因犯罪分子具有某种减轻处罚情节而判处 3 年以下有期徒刑的,也可以适用缓刑。如果犯罪分子犯有数罪,实行数罪并罚后,决定执行的刑罚为 3 年以下有期徒刑或者拘役的,同样可以适用缓刑。

2. 犯罪情节较轻,有悔罪表现,没有再犯罪的危险,宣告缓刑对所居住社区没有重大不良影响。这是适用一般缓刑的实质条件,四个方面的内容必须同时具备。但其中"没有再犯罪的危险"是核心要素,它可以通过犯罪情节和悔罪表现的考察得出基本判断。所谓"犯罪情节较轻",实际上就是指的被判处 3 年以下有期徒刑或拘役的情形,所谓"有悔罪表现",是指犯罪后悔恨自己罪行的态度,主要表现为认罪态度好,坦白交待自己的罪行,积极退赃,遵守监管法规等。"没有再犯罪危险"的落脚点,是犯罪分子的人格倾向得到良好认可,不致影响社区安定,即对所居住社区没有重大不良影响。这是从犯罪分子可能所处之社区居民的角度分析的,即犯罪分子在特定社区不会对该社区居民的正常生活形成干扰或造成侵害,不会给居民造成不安。因此,如果没有不良影响,自然可以适用缓刑;虽有不良影响,但很微小的,仍然可以适用缓刑。

3.犯罪分子不是累犯和犯罪集团的首要分子。这是适用一般缓刑的限制条件。由于累犯在执行一定刑罚之后在一定期间内再犯故意犯罪,表明其人身危险性严重,改造难度较大;如果对其所判处的刑罚不予执行,再次犯罪的可能性非常大,因此,对累犯不能适用缓刑。

(二)战时缓刑的适用条件

根据《刑法》第 449 条的规定,战时缓刑是指在战时,对于被判处 3 年以下有期徒刑没有现实危险宣告缓刑的犯罪军人,允许其戴罪立功,确有立功表现时,可以撤销原判刑罚,不以犯罪论处的制度。适用战时缓刑,必须具备以下条件:

1.适用的时间必须是在战时。所谓战时,依据《刑法》第 451 条的规定,是指国家宣布进入战争状态、部队受领作战任务或者遭敌突然袭击时。部队执行戒严任务或者处置突发性暴力事件时,以战时论。

2.适用的对象只能是被判处 3 年以下有期徒刑的犯罪军人。不是犯罪的军人,或者虽是犯罪的军人,但被判处的刑罚为 3 年以上有期徒刑的,均不能适用战时缓刑。这里的"3 年以下有期徒刑",依照示重明轻的原则,应包含拘役刑。

3.适用战时缓刑的基本根据是在战争条件下对犯罪的军人宣告缓刑没有现实危险。这是战时缓刑适用的最核心条件。即使是被判处 3 年以下有期徒刑的犯罪军人,若被判断为适用缓刑具有现实危险,也不能宣告缓刑。因为,战时缓刑的适用,是将犯罪军人继续留在部队,并在战时状态下执行军事任务。若宣告缓刑具有现实的危险,则会在战时危害国家军事利益,其后果不堪设想。是否具有现实危险,要结合犯罪军人的悔罪态度和一贯表现综合评判。

(三)一般缓刑与战时缓刑的区别

1.适用对象不同。一般缓刑适用于累犯和犯罪集团首要分子以外的所有被判处拘役、3 年以下有期徒刑的人;战时缓刑适用于累犯以外的被判处 3 年以下有期徒刑的犯罪军人。

2.适用时间不同。一般缓刑的适用没有时间上的限制;战时缓刑只能在战时适用。

3.适用的核心条件不同。一般缓刑以"没有再犯罪的危险、对所居住社区没有重大不良影响"为条件;战时缓刑是在战时状态下"没有现实危险"为条件。

4.适用方法和考察内容不同。一般缓刑必须是在宣告缓刑的同时依法确定缓刑考验期,考察内容是犯罪分子在缓刑考验期内是否具有我国《刑法》第77条规定的情形;战时缓刑没有缓刑考验期,缓刑的考验内容为犯罪军人是否具有立功表现。

5.法律后果不同。一般缓刑的法律后果为,无论缓刑是否被撤销,所宣告的罪仍然成立;而战时缓刑在犯罪军人确有立功表现时,原判刑罚予以撤销,不以犯罪论处。

三、缓刑的宣告

(一)缓刑宣告的对象

缓刑宣告的对象包括两种:一是符合《刑法》第72条"可以适用缓刑"的规定由人民法院裁量被宣告缓刑的人。二是由法律规定"应当"宣告缓刑的人,即符合第一种对象的条件,又属于不满18周岁的人、怀孕的妇女和已满75周岁的人,应当宣告缓刑。这里的"不满18周岁",应以判决宣告为标准,而不是指犯罪时不满18周岁。如果犯罪时不满18周岁,在判决宣告前已满18周岁的,应根据一般缓刑的适用条件予以审查。对符合条件的,仍然可以宣告缓刑。这里的"怀孕的妇女",是指在判决宣告之前妇女怀有身孕,而不是指犯罪时怀有身孕。依据我国的司法实践,判决前怀有身孕的妇女即使因各种原因实施人工流产后,仍然视为怀孕妇女;"年满75周岁"也是指判决宣告之前已满75周岁。

(二)缓刑宣告的内容

根据《刑法》第72条第2款的规定,宣告缓刑,可以根据犯罪情况,同时禁止犯罪分子在缓刑考验期限内从事特定活动,进入特定区域、场所,接触特定的人。所谓"根据犯罪情况",主要是指根据犯罪分子的犯罪情节、生活环境、是否有不良癖好等确定禁止令的内容。所以,人民法院在决定适用缓刑时,应充分考虑其犯罪的原因、动机、特点等犯罪的情况,决定宣告缓刑时是否应当同时发布禁止令。"特定的活动",应是与原犯罪行为相关联的活动;"特定的人",应是原犯罪行为的被害人及其近亲属、特定的证人等;"特定的区域、场所",应是原犯罪的区域、场所以及与原犯罪场所相类似的场所、区域等。

(三)缓刑宣告的效力

根据我国刑法对缓刑规定的特殊性,一旦被人民法院宣告缓刑,即意味着对犯罪分子作了有罪的认定,如果没有上诉或者上诉被驳回,判决即生效。同时,也意味着对犯罪分子人身自由权的确认,不得再行羁押。

四、缓刑考验期及其考察

(一)缓刑考验期

缓刑考验期,是指对被宣告缓刑的犯罪分子进行考察的一定期间。缓刑考验期是缓刑制度的重要组成部分,旨在考察被宣告缓刑的人是否遵守判决的要求。因此,人民法院在决定对犯罪分子适用缓刑的同时,必须确定一定期限作为考验期。根据《刑法》第73条的规定,"拘役的缓刑考验期限为原判刑期以上一年以下,但是不能少于二个月。有期徒刑的缓刑考验期限为原判刑期以上五年以下,但是不能少于一年。"可见,缓刑考验期限与主刑所判刑期有关。

根据《刑法》第73条第3款的规定,缓刑考验期限的计算从判决确定之日起。所谓判决确定之日,是指判决发生法律效力之日。判决确定以前先行被羁押的,不能折抵缓刑考验期限。因为缓刑考验期限不是刑罚执行期限,不应折抵。同时,一审判决缓刑的案件,人民法院应当对被适用缓刑而正被羁押的被告人变更强制措施,待判决生效后再根据是否实际适用缓刑的情况,交付执行。此外,缓刑的效力不及于附加刑,根据《刑法》第72条第3款的规定,被宣告缓刑的犯罪分子,如果被判处附加刑,附加刑仍须执行。

(二)缓刑考验期内的考察

根据我国《刑法》第75条和第76条的规定,缓刑考验期限内的考察,主要有以下内容:

1.缓刑考验期考察的依据

被宣告缓刑的犯罪分子在缓刑考验期限内,其权利须受到一定的限制。根据《刑法》第72条第2款的规定,对犯罪分子宣告缓刑,可以根据犯罪情况,同时禁止犯罪分子在缓刑考验期内从事特定活动,进入特定区域、场所,接触特定的人。根据《刑法》第75条的规定,被宣告缓刑的犯罪分子,应当遵守下列规定:(1)遵守法律、行政法规,服从监督;(2)按照考察机关的规定报告自己的活动情况;(3)遵守考察机关关于会客的规定;(4)离开所居住的市、县或者迁居,应当报经考察机关批准。

2.缓刑考察的实施机构

对被判缓刑的犯罪分子在缓刑考验期限内是否遵守上述规定,需要专门机关进行考察,否则缓刑就难以起到应有作用。根据《刑法》第76条的规定,对宣告缓刑的犯罪分子,在缓刑考验期内,依法实行社区矫正。据此,缓刑考察的实施机构是社区的矫正机构和组织。依据2020年7月1日施行的《中华人民共和国社区矫正法》,县级以上地方人民政府司法行政部门主管本行政区域内的社区矫正工作。人民法院、人民检察院、公安机关和其他有关部门依照各自职责,依法做好社区矫正工作。人民检察院依法对社区矫正工作实行法律监督。地方人民政府根据需要设立社区矫正委员会,负责统筹协调和指导本行政区域内的社区矫正工作。司法所根据社区矫正机构的委托,承担社区矫正相关工作。

3.缓刑考验期考察的内容

根据我国《刑法》第72条第2款和第75条的规定,缓期考察的内容就是《刑法》第77条规定的情形,即被宣告缓刑的人是否再犯新罪或者有漏罪,或者违反法律、行政法规或者国务院公安部门有关缓刑的监督管理规定,或者违反人民法院判决中的禁止令并且情节严重。

五、缓刑的法律后果

根据被判处缓刑的犯罪分子在缓刑考验期间的表现和有无发现漏罪或重新犯罪等情形,缓刑可以产生两种法律后果:

（一）原判刑罚不再执行

根据《刑法》第76条的规定,犯罪分子在缓刑考验期内,没有再犯新罪,没有发现判决宣告以前还有其他罪没有判决,没有违反有关缓刑的监督管理规定,没有违反人民法院判决中的禁止令,或有情节严重的行为,考验期满,原判的刑罚就不再执行,并公开予以宣告。

（二）撤销缓刑

撤销缓刑,是指由于犯罪分子在缓刑考验期内,出现《刑法》第77条规定的情形,而撤销原判决宣告的缓刑,对犯罪分子执行原判刑罚或者实行数罪并罚。根据《刑法》第76条和第77条的规定,撤销缓刑有三种情况:

1.被宣告缓刑的犯罪分子,在缓刑考验期内犯新罪的,应当撤销缓刑,对新犯的罪作出判决,然后和原判决所判处的刑罚,依照《刑法》第69条的规定数罪并罚,决定执行的刑罚。如果原判决宣告以前先行羁押的,羁押日期应当折抵刑期。

2.被宣告缓刑的犯罪分子,在缓刑考验期内发现判决宣告以前还有其他罪没有判决的,应当撤销缓刑,对新发现的罪作出判决,把前罪和后罪所判处的刑罚,依照《刑法》第69条的规定,决定执行的刑罚。如果原判决宣告以前先行羁押的,羁押日期应当折抵刑期。

3.被宣告缓刑的犯罪分子,在缓刑考验期内,违反法律、行政法规或者国务院有关部门关于缓刑的监督管理规定,或者人民法院判决中的禁止令,情节严重的,应当撤销缓刑,执行原判刑罚。

复习与练习

本章提要

　　刑罚的裁量,是指依法对犯罪分子裁量刑罚。刑罚裁量的原则,是以犯罪事实为依据,以刑事法律为准绳。刑罚裁量情节根据不同标准可以分为法定情节与酌定情节,从宽情节与从严情节,罪前情节、罪中情节与罪后情节,单功能情节与多功能情节等类型。累犯,是指因犯罪被判处一定刑罚的犯罪分子,在刑罚执行完毕或者赦免以后,在法定期限内又犯一定之罪的情况。自首包括一般自首和特别自首,一般自首是自动投案如实供述自己罪行的行为;特别自首是指被采取强制措施的犯罪嫌疑人、被告人或者正在服刑的罪犯,如实供述司法机关还未掌握的本人其他罪行的行为。立功,是指犯罪分子到案后揭发他人犯罪行为,查证属实,或者提供重要线索,从而得以侦破其他案件,以及其他对国家和社会有突出贡献的行为。我国数罪并罚的原则是以限制加重原则为主,以并科和吸收为补充的折中原则。缓刑是对判处一定刑罚的犯罪分子有条件地不执行原判刑罚的制度。

重要概念

刑罚裁量　累犯　自首　立功　数罪并罚　缓刑

思考题

1.试述刑罚裁量的原则。

2.简述刑罚裁量情节的分类。

3.简述一般累犯与特殊累犯的区别。

4.试述一般自首的成立条件。

5.下列关于缓刑的表述,正确的有(　　　)。

A.对累犯不适用缓刑

B.由公安机关对被宣告缓刑的犯罪分子进行考察

C.有期徒刑的缓刑考验期为原判刑期以上 5 年以下

D.缓刑的对象是被判处 3 年以下有期徒刑、拘役或者管制的犯罪分子

6.甲因盗窃罪被判处有期徒刑 3 年,刑满释放后的第二年,又犯故意伤害罪和抢劫罪,分别被判处有期徒刑 4 年和 7 年。根据《刑法》的规定,甲应当执行的刑期为(　　　)。

A.4 年以上 7 年以下　　　　　B.4 年以上 11 年以下

C.7 年以上 11 年以下　　　　　D.11 年以上 15 年以下

第十八章　刑罚的执行

刑罚的执行,是指刑罚执行机关将人民法院已经生效的刑事判决所确定的刑罚付诸实施的司法活动。刑罚执行制度既包括刑罚内容变更的减刑制度,也包括行刑方式变更的假释制度。本章的具体内容包括刑罚执行的概念与特征,刑罚执行的原则,减刑的概念、适用条件和程序,假释的概念、适用条件、考察和法律后果。

本章重点

- 刑罚执行
- 减刑
- 假释

第一节　刑罚执行概述

一、刑罚执行的概念与特征

(一)刑罚执行的概念

刑罚执行,简称行刑,是指依法行使刑罚执行权的机关,依法将发生法律效力的刑事裁判所确定的刑罚内容付诸实施的各种活动。行刑的含义有广义与狭义之分,广义的行刑,包括一切刑罚的执行;狭义的行刑,仅指监狱对自由刑的执行。刑罚执行制度不仅包括实施刑事裁判所处刑罚的内容,还要解决在执行过程中的刑罚内容及其执行方式变更的法律问题,如通过减刑、假释、监外执行等方式,对原判决确定的刑种、刑度或执行方式进行变更。因此,减刑、假释也就成为刑罚执行制度的重要组成制度。

(二)刑罚执行的特征

刑罚执行作为一项专门的司法活动,它具有以下特征:

1. 刑罚执行的主体是法定的具有行刑权的国家机关。根据我国法律规定,人民法院、公安机关、监狱和社区司法所是特定刑罚的执行机关。人民法院负责死刑立即执行、没收财产、罚金的刑罚执行;公安机关是拘役、剥夺政治权利的刑罚执行机关;监狱是死刑缓期 2 年执行、无期徒刑、有期徒刑的刑罚执行机关。剩余刑期不足 3 个月的有期徒刑,由隶属于公安机关的看守所代为执行。公安机关还负责对暂予监外执行的犯罪分子进行监督。社区是管制刑的主管执行机关。其他任何机关、组织和个人都不是刑罚执行机关。

2.刑罚执行的对象是被定罪判刑的罪犯。被刑罚执行的对象是被人民法院生效判决确定实施了犯罪行为的人，它包括自然人和单位。就刑罚执行而言，只要是被刑事判决确定需要承担刑罚后果的主体，都是被执行的对象。

3.刑罚执行的依据是发生法律效力的刑事裁判。根据《刑事诉讼法》第259条的规定，刑事判决和裁定在发生法律效力后执行。下列判决和裁定是发生法律效力的判决和裁定：已过法定期限没有上诉、抗诉的判决和裁定；终审的判决和裁定；最高人民法院核准的死刑的判决和高级人民法院核准的死刑缓期二年执行的判决。

4.刑罚执行的内容是将生效判决、裁定所确定的宣告刑加以具体化。人民法院通过判决确定的宣告刑，须通过行刑机关的具体活动得以实现。行刑机关只有在裁判确定的范围内实施刑罚，才有法律效力；刑事裁判也只有在行刑活动完成时，其判决的内容才具有意义。

二、刑罚执行的原则

刑罚执行的原则，是指刑罚执行机关在执行刑罚的过程中必须遵循的基本准则。随着近代自由刑为中心的刑罚体系的形成，对刑罚执行原则的讨论也多从自由刑角度出发。据此，刑罚执行的原则大致可以概括为以下几个：

1.合法性原则

合法性原则，是罪刑法定原则对刑罚执行的必然要求。刑罚执行的合法性原则主要包括以下内容：刑罚执行的主体是合法的；刑罚执行的依据是人民法院具有法律效力的刑事判决与裁定；刑罚执行的内容与方法严格遵循法律的规定；刑罚执行的程序必须符合刑事法律的规定。

2.人道主义原则

人道主义原则要求在刑罚执行过程中，必须尊重犯罪分子的人格，禁止使用残酷的、不人道的处罚。我国刑法将殴打、体罚虐待被监管人的行为规定为犯罪；监狱法规定，罪犯的人格不受侮辱，其人身安全、合法财产和辩护、申诉、控告、检举以及其他未被依法剥夺或者限制的权利不受侵犯。这充分体现了我国行刑中人道主义的价值追求。

3.惩办与教育相结合的原则

刑罚具有惩罚的功能，但单纯的惩罚并不是刑罚的目的。因此，应当将惩办与教育改造结合起来作为我国刑罚执行的基本原则。为实现对犯罪分子的改造，我国的监狱法不仅组织犯罪分子按照规定从事生产劳动，而且还要求刑罚执行机构对罪犯进行思想教育、文化教育和技术教育。服刑的罪犯则具有严格遵守法律、法规和监狱纪律,服从管理,接受教育,参加劳动的义务。

4.行刑个别化原则

行刑个别化是主张目的刑论的产物,它要求根据犯罪分子的具体情况,采取不同的教育改造方法,给予不同的刑罚处遇。在行刑实践中,涉及影响犯罪分子处遇的因素包括年龄、性别、性格特点、生理状况等自然因素和犯罪事实、人身危险性、刑罚性质等案件特征。我国监狱法对未成年犯和女犯应当照顾其生理心理特点和对不同情况的罪犯实行分别关押、分类管理的规定,在一定程度上体现了行刑个别化原则的要求。

5.行刑社会化原则

行刑社会化,是指为了避免和克服监禁刑存在的某些弊端,把刑罚执行与罪犯回归社会结合起来,减少和避免监禁刑的适用,使犯罪分子在社会上得到教育改造,使刑事执行与社会同步发展。因此,对于符合法律规定条件的罪犯,要尽量多地适用缓刑、假释等非监禁方式,以借助社会力量完成行刑目标。

第二节　减　刑

一、减刑的概念

根据《刑法》第78条的规定,减刑是指被判处管制、拘役、有期徒刑、无期徒刑的犯罪分子,在刑罚执行期间,如果认真遵守监规,接受教育改造,确有悔改表现的,或者有立功表现的,将原判刑罚予以减轻的制度。这种减刑可以是刑种的变更,如将无期徒刑变更为有期徒刑,也可以是刑期的减少,如将管制、拘役、有期徒刑等有幅度的刑罚分割刑期。

减刑不同于改判和减轻处罚。改判是指原判决有错误,依照二审程序或者审判监督程序,撤销原判决而重新作出判决;改判的结果多种多样,改判的结果既可以是加重原判决的刑罚,也可以是减轻原判决的刑罚。减刑并不改变原判决,而是在肯定原判决正确的基础上,基于法定原因将原判决的刑罚予以减轻;减刑与减轻处罚的区别也很明显,减轻处罚属于量刑过程,减轻的参照标准是法定刑,而不是已经发生效力并且已经执行的宣告刑。

减刑不同于死刑缓期执行依法减为无期徒刑或者有期徒刑的情况。虽然死缓减为无期徒刑或者有期徒刑在刑罚实质上有减轻效果,但不是刑罚执行制度的减刑,而是死刑制度的组成部分。

减刑不同于附加刑的减轻处罚。附加刑也存在着减轻的现象,在死刑缓期执行减为有期徒刑或者无期徒刑减为有期徒刑时,附加剥夺政治权利的期限也将改为 3 年以上 10 年以下;犯罪分子被判处罚金的,如果遇到不能缴纳的特殊情况,可以酌情减少。但附加刑的减轻,与《刑法》第 78 条规定的减刑在适用对象、适用条件、适用后果等方面都存在区别,也不属于刑罚执行的减刑制度。

减刑制度确立的根据是惩办与宽大相结合的刑事政策和罪责刑相适应的刑法基本原则。罪责刑相适应原则要求决定刑罚既要考虑犯罪的社会危害性,也要考虑犯罪人的人身危险性。由于人身危险性是随着环境变化而变化的个体特征,如果犯罪分子在刑罚执行过程中积极悔改,较之宣判时的人身危险性减弱,那么,适当减轻原判刑罚就是罪责刑相适应原则的内在要求,从而使刑罚与罪责相适应,更好地达到刑罚特殊预防的目的。

二、减刑的适用条件

根据《刑法》第 78 条的规定,必须具备两个基本条件,才能对犯罪分子适用减刑。

（一）对象条件

减刑的对象只能是被判处管制、拘役、有期徒刑、无期徒刑的犯罪分子。这表明,刑法对减刑的对象仅限定于被判处剥夺或限制人身自由的刑罚,而没有对刑种和刑期作出限制。因此,只要是被判处上述四种刑罚之一的犯罪分子,无论是故意犯罪还是过失犯罪,是重罪还是轻罪,是严重暴力犯罪还是其他刑事犯罪,只要具备了法定的减刑条件,都可以减刑。由于缓刑考验期限不是刑罚的期限,对缓刑考验期限的减短,不属于减刑。因此,根据最高人民法院 2017 年 1 月 1 日实施的《关于办理减刑、假释案件具体应用法律的规定》(以下简称《减刑假释的规定》)规定,判处拘役或者 3 年以下有期徒刑并宣告缓刑的罪犯,一般不适用减刑。前款规定的罪犯在缓刑考验期限内有重大立功表现的,可以参照《刑法》第 78 条的规定,予以减刑,同时应依法缩减其缓刑考验期限。拘役的缓刑考验期限不能少于 2 个月,有期徒刑的缓刑考验期限不能少于 1 年。

（二）实质条件

由于减刑分为可以减刑和应当减刑两类,减刑的实质条件也分为可以减刑的实质条件和应当减刑的实质条件。

1. 可以减刑的实质条件

刑法规定,犯罪分子在刑罚执行期间,认真遵守监规,接受教育改造,确有悔改表现,或者有立功表现,可以减刑。因此,可以减刑有两种途径:

一是犯罪分子在执行期间,认真遵守监管法规,接受教育改造,确有悔改表现的。根据《减刑假释的规定》第 3 条的规定,认定"确有悔改表现"必须同时具备以下四个方面的情形:(1)认罪悔罪;(2)遵守法律法规及监规,接受教育改造;(3)积极参加思想、文化、职业技术教育;(4)积极参加劳动,努力完成劳动任务。在实践中认定"确有悔改表现"时,要区别情况进行分析,不能采取一刀切的简单方法。

二是具有立功表现的。根据《减刑假释的规定》第4条的规定,罪犯在刑罚执行期间具有下列情形之一的,可以认定为有"立功表现":(1)阻止他人实施犯罪活动的;(2)检举、揭发监狱内外犯罪活动,或者提供重要的破案线索,经查证属实的;(3)协助司法机关抓捕其他犯罪嫌疑人的;(4)在生产、科研中进行技术革新,成绩突出的;(5)在抗御自然灾害或者排除重大事故中,表现积极的;(6)对国家和社会有其他较大贡献的。

确有悔改表现和立功表现情形只要具备其一就可以减刑,并不是两种情形同时具备,才可以减刑。

2.应当减刑的实质条件

刑法规定,犯罪分子在刑罚执行期间,有重大立功表现,应当减刑。所谓"重大立功表现",是指具有下列情形之一:(1)阻止他人实施重大犯罪活动的;(2)检举监狱内外重大犯罪活动,经查证属实的;(3)协助司法机关抓捕其他重大犯罪嫌疑人的;(4)有发明创造或者重大技术革新的;(5)在日常生产、生活中舍己救人的;(6)在抗御自然灾害或者排除重大事故中,有突出表现的;(7)对国家和社会有其他重大贡献的。

三、减刑的限度

减刑不是改判,它必须以生效的原判决为基础,因此,减刑必须有一定的限度,否则,就会导致减刑裁定不当改变生效判决的情况,损害了法律的严肃性和判决的权威性。因此,《刑法》第78条第2款规定:"减刑以后实际执行的刑期不能少于下列期限:(一)判处管制、拘役、有期徒刑的,不能少于原判刑期的二分之一;(二)判处无期徒刑的,不能少于十三年。"可见,如果管制、拘役、有期徒刑经过一次或数次减刑,剩余的刑期只有原判刑期的二分之一,无期徒刑经过一次或数次减刑后,剩余的刑期只有13年有期徒刑,就不能再减刑。

不仅如此,刑法对某一些特定犯罪的减刑幅度作了一些更严格的限制:即对判处死刑缓期执行的累犯及因故意杀人、强奸、抢劫、绑架、放火、爆炸、投放危险物质或者有组织的暴力犯罪被判处死刑缓期执行的犯罪分子,人民法院根据犯罪情节可以同时决定在依照前款规定减为无期徒刑的,减刑以后实际执行的刑期不得少于25年;减为25年有期徒刑的,减刑以后实际执行的刑期不得少于20年。根据《刑法修正案(九)》第4条的规定,对犯贪污罪、受贿罪,被判处死刑缓刑执行的,人民法院根据犯罪情节等情况,可以同时决定在其死刑缓期执行二年期满依法减为无期徒刑后,终身监禁,不得减刑、假释。

所谓"实际执行的刑期",应是指原判决发生法律效力,将判决交付执行后,犯罪分子实际服刑改造的时期。对于判决宣告以前先行羁押的日期,是否折抵取决于原判决的刑罚种类,原判决的刑罚是管制、拘役和有期徒刑的,判决宣告以前先行羁押的日期应当折抵刑期;原判决的刑罚是无期徒刑和死刑缓期执行的,刑期自判决确定之日起开始计算,因此,判决宣告以前先行羁押的日期不能计入实际执行的刑期。

四、减刑的起始和间隔时间

刑法规定了减刑的限度,但对何时可以减刑、减刑次数、每次减刑幅度、两次减刑间隔时间等问题没有明确规定。为鼓励犯罪分子积极改造,又维护法律与判决的严肃性,《减刑假释的规定》对不同刑罚种类的减刑起始时间、减刑次数、减刑幅度进行明确细化规定:(1)对有期徒刑罪犯在刑罚执行期间,符合减刑条件的减刑幅度为:如果确有悔改表现或者有立功表现的,一次减刑不超过 9 个月有期徒刑;确有悔改表现并有立功表现的,一次减刑不超过 1 年有期徒刑;有重大立功表现的,一次减刑不超过 1 年 6 个月有期徒刑;确有悔改表现并有重大立功表现的,一次减刑不超过 2 年有期徒刑。(2)有期徒刑罪犯的减刑起始时间和间隔时间为:被判处不满五年有期徒刑的,应当执行 1 年以上方可减刑。被判处 5 年以上不满 10 年有期徒刑的,应当执行 1 年 6 个月以上方可减刑;两次减刑间隔时间不得少于 1 年。被判处 10 年以上有期徒刑的,应当执行 2 年以上方可减刑;两次减刑间隔不得少于一年 6 个月。减刑间隔时间不得低于上次减刑减去的刑期。(3)被判处有期徒刑罪犯减刑时,对附加剥夺政治权利的刑期可以酌减。酌减后的剥夺政治权利的期限,不得少于 1 年。(4)无期徒刑罪犯在执行期间,符合减刑条件的,执行 2 年以上,方可减刑。减刑幅度为:确有悔改表现或者立功表现的,可以减为 22 年有期徒刑;确有悔改表现并有立功表现的,可以减为 21 年以上 22 年以下有期徒刑;有重大立功表现的,可以减为 20 年以上 21 年以下有期徒刑;确有悔改表现并有重大立功表现的,可以减为 19 年以上 20 年以下有期徒刑。无期徒刑罪犯减为有期徒刑后再减刑的,减刑幅度依照对被判处有期徒刑罪犯减刑的规定执行。两次减刑间隔时间不得少于 2 年。(5)被判处死刑缓期执行的罪犯减为无期徒刑后,符合减刑条件的,执行 3 年以上方可减刑。减刑幅度为:确有悔改表现或者有立功表现的,可以减为 25 年有期徒刑;确有悔改表现并有立功表现的,可以减为 24 年以上 25 年以下有期徒刑;有重大立功表现的,可以减为 23 年以上 24 年以下有期徒刑;确有悔改表现并有重大立功表现的,可以减为 22 年以上 23 年以下有期徒刑。此外,被判处死刑缓期执行的罪犯经过一次或者几次减刑后,其实际执行的刑期不得少于 15 年,死刑缓刑执行期间不包括在内。(6)被判处死刑缓期执行、无期徒刑的罪犯减为有期徒刑时,应当将附加剥夺政治权利的期限减为 7 年以上 10 年以下,经过一次或者几次减刑后,最终剥夺政治权利的期限不得少于 3 年。(7)被判处管制、拘役的罪犯,以及判决生效后剩余刑期不满 2 年有期徒刑的罪犯,符合减刑条件的,可以酌情减刑,减刑起始时间可以适当缩短,但实际执行的刑期不得少于原判刑期的二分之一。(8)被判处拘役或者 3 年以下有期徒刑,并宣告缓刑的罪犯,一般不适用减刑。

五、减刑的程序与减刑后的刑期计算

(一)减刑的法定程序

《刑法》第 79 条对减刑的程序作出具体的规定:"对于犯罪分子的减刑,由执行机关向中级以上人民法院提出减刑建议书。人民法院应当组成合议庭进行审理,对确有悔改或者立功事实的,裁定予以减刑。非经法定程序不得减刑。"2012 年 10 月 26 日颁布的《中华人民共和国监狱法》第 30 条规定:"减刑建议由监狱向人民法院提出,人民法院应当在收到减刑建议书之日起一个月内予以审核裁定;案情复杂或者情况特殊的,可以延长一个月。减刑裁定的副本应当抄送人民检察院。"可见,减刑程序有以下几点需要注意:第一,减刑建议书必须由刑罚执行机关向中级以上人民法院提出。刑罚执行机关本身不能直接减刑,基层人民法院没有裁定减刑的职权,人民法院没有收到刑罚执行机关的减刑建议书,不能直接裁定减刑。为了确保减刑建议的可行性,《人民检察院办理减刑、假释案件规定》第 10 条规定:人民检察院收到执行机关抄送的减刑、假释建议书副本后,应当逐案进行审查,可以向人民法院提出书面意见。发现减刑、假释建议不当或者提请减刑、假释违反法定程序的,应当在收到建议书副本后十日以内,依法向审理减刑、假释案件的人民法院提出书面意见,同时将检察意见书副本抄送执行机关。案情复杂或者情况特殊的,可以延长十日。第二,中级以上人民法院应当组成合议庭进行审理,裁定减刑。人民法院在没有组成合议庭的情况下,不得裁定减刑;裁定减刑时,为了保证减刑裁定的适当性,《刑事诉讼法》第 274 条还规定了人民检察院对减刑裁定的法律监督程序,人民检察院认为人民法院减刑、假释的裁定不当,应当自收到裁定书副本后 20 日以内,向人民法院提出书面纠正意见。人民法院应当在收到纠正意见后 1 个月以内重新组成合议庭进行审理,作出最终裁定。

(二)减刑后的刑期计算

减刑后刑期的计算,应当根据原判决确定的刑罚种类,区别情况,采取不同的方法:

1.犯罪分子的原判刑罚为管制、拘役、有期徒刑的,减刑后的刑期应从原判决执行之日起计算;原判刑期已经执行的部分,应计算到减刑后的刑期之内。

2.原判刑罚为无期徒刑减为有期徒刑的,刑期从裁定减刑之日起计算;已经执行的刑期以及判决宣告以前先行羁押的日期,不计入减为有期徒刑的刑期以内;

3.对于无期徒刑减为有期徒刑以后再次减刑的,其刑期的计算,从无期徒刑裁定减为有期徒刑之日起计算,已经执行的刑期计入再次减刑后的刑期。

4.被依法减刑后,原判决因为适用法律错误,经过审判监督程序后改判的,需要继续执行刑罚的,原来的减刑裁定仍然有效,应从改判后的刑期中扣除所减刑期。

第三节 假 释

一、假释的概念

《刑法》第 81 条规定:"被判处有期徒刑的犯罪分子,执行原判刑期二分之一以上,被判处无期徒刑的犯罪分子,实际执行十三年以上,如果认真遵守监规,接受教育改造,确有悔改表现,没有再犯罪的危险的,可以假释。如果有特殊情况,经最高人民法院核准,可以不受上述执行刑期的限制。"因此,假释是指被判处有期徒刑、无期徒刑的犯罪分子,在刑罚执行一定期限后,确有悔改表现,不致再危害社会,附条件地予以提前释放的制度。

假释,虽然表面上与释放、监外执行、缓刑及减刑很相似,但实际上它们之间存在着本质的区别。

假释是附条件的提前释放,不同于无罪释放。释放既可能是无罪释放,也可能是刑罚执行完毕而释放,还可能是赦免释放,但都是无条件释放,不存在再执行的可能性;而假释考验期满后,如果出现法定情形,则会出现撤销假释,剩余刑期有可能重新收监执行,或者与没有判决的其他罪数罪并罚。

假释与监外执行有所不同,二者虽然都是自由刑执行的变通方式,但存在着以下区别:(1)适用对象不同。假释的适用对象是在刑罚执行一定期限后,确有悔改表现,不致再危害社会的被判处有期徒刑、无期徒刑的犯罪分子,但是累犯以及因故意杀人、强奸、抢劫、绑架、放火、爆炸、投放危险物质或者有组织的暴力性犯罪被判处 10 年以上有期徒刑、无期徒刑的犯罪分子,不得假释。而监外执行的对象是,具有下列情形之一的被判处有期徒刑或者拘役的罪犯:有严重疾病需要保外就医的;怀孕或者正在哺乳自己婴儿的妇女;生活不能自理,适用暂予监外执行不致危害社会的。(2)后果不同。被假释的犯罪分子,在假释考验期满后,没有出现撤销假释的法定情形,则视为原判刑罚执行完毕。被监外执行的犯罪分子,在监外执行的法定情形消失后,仍有余刑需要执行的,应当收监执行没有完毕的刑罚。(3)决定的机关不同。有权作出假释的裁定只能是人民法院,而决定监外执行的除人民法院外,还有各省、自治区和直辖市的监狱管理局。(4)刑期计算不同。假释后如果没有遵守法定条件,余刑仍需执行,所经过的考验期不能计入原判刑期之内;暂予监外执行的期间,均计入原判刑期之内。

假释与减刑的区别:(1)假释只能适用于被判处有期徒刑或无期徒刑的犯罪分子,但是累犯以及因故意杀人、强奸、抢劫、绑架、放火、爆炸、投放危险物质或者有组织的暴力性犯罪被判处10年以上有期徒刑、无期徒刑的犯罪分子,不得假释;减刑适用于被判处管制、拘役、有期徒刑和无期徒刑的犯罪分子。(2)适用的次数不同,假释只能适用一次,减刑可以适用多次。(3)法律后果不同。假释有考验期,如果再犯罪或有其他法定理由,就撤销假释;减刑没有考验期,减刑后不会被撤销。假释的直接结果是提前释放犯罪分子,减刑的直接结果只是减轻原判刑罚,并不产生直接释放犯罪分子的后果。

假释和缓刑,都不在监狱执行刑罚,但二者存在下列区别:(1)适用的阶段不同。假释的适用阶段在原判刑罚的执行过程中,缓刑是在量刑阶段适用,在判决一定刑罚时同时宣告。(2)决定根据不同。假释的根据是犯罪分子在刑罚执行过程中的悔改表现,缓刑的根据是案件情节与悔改表现。(3)适用对象不同。假释适用于被判处有期徒刑或者无期徒刑的犯罪分子,但是累犯以及因故意杀人、强奸、抢劫、绑架、放火、爆炸、投放危险物质或者有组织的暴力性犯罪被判处10年以上有期徒刑、无期徒刑的犯罪分子,不得假释;缓刑适用于被判处拘役或者3年以下有期徒刑的犯罪分子。(4)法律后果不同。假释是有条件地不执行余刑,缓刑是有条件地不执行原判全部刑罚。在假释考验期内遵守法定条件的,认为原判刑罚已经执行完毕;在缓刑考验期内遵守法定条件的,原判刑罚就不再执行。

二、假释制度的意义

假释制度是刑罚执行中的重要制度,它是改造重刑犯的有效手段。首先,假释制度使自由刑起到了不定期刑的作用,它鼓励被剥夺较长自由的受刑人,积极改造,即使被判处的刑期较长乃至无期徒刑,也可以提前出狱,对预防其再犯罪起到了预防作用。其次,假释制度使受刑人在狱外改造,避免不必要的刑罚执行,有助于节省司法资源,推进行刑社会化的发展。再次,假释制度有助于受刑人重返社会。由于受刑人长时间在与社会隔离的监狱服刑,如果刑满释放进入完全自由的社会,必然会发生不适应社会的问题。假释是让受刑人从无自由的拘禁生活进入完全自由的社会生活之间的一个过渡阶段,是重刑犯回归社会的桥梁。

三、假释的适用条件

根据《刑法》第 81 条的规定,适用假释应当具备以下条件:

（一）假释的对象

假释的对象只能是被判处有期徒刑、无期徒刑的犯罪分子。因此,对被判处其他刑罚的犯罪分子,不得假释。即使是被判处有期徒刑、无期徒刑的犯罪分子,并不意味都可以假释。为了防止人身危险性较大的犯罪分子通过假释回归社会后危害社会,有必要对假释的对象进行限制,故《刑法》第 81 条第 2 款又规定,对累犯以及因故意杀人、强奸、抢劫、绑架、放火、爆炸、投放危险物质或者有组织的暴力性犯罪被判处 10 年以上有期徒刑、无期徒刑的犯罪分子,不得假释。

对假释对象作上述限制,主要是从以下几个方面考虑的:第一,在社会上改造的刑罚（如管制）没有必要假释。第二,轻度的剥夺自由刑没有太大必要适用假释。如被判处拘役的犯罪分子,刑期较短,适用假释会削弱刑罚的威慑力。第三,死刑（包括死刑缓期二年执行）不可能适用假释。第四,累犯,由于是被执行过刑罚的人再次犯罪,说明其人身危险性较大,无论其被判处的刑种与刑期是什么,都不得假释。第五,实施了故意杀人、强奸、抢劫、绑架、放火、爆炸、投放危险物质或者有组织的暴力性犯罪,并且被判处 10 年以上有期徒刑、无期徒刑的犯罪分子,不得假释。这是考虑到上述严重暴力性犯罪的社会危害性严重,对其适用假释会造成罪刑失衡,不符合罪责刑相适应的要求,不利于刑罚的一般预防目的。

（二）限制条件

犯罪分子只有经过一定时期的刑罚执行,才能判断其是否具有悔改表现和不致危害社会。因此,《刑法》第 81 条规定,被判处有期徒刑的犯罪分子,执行原判刑期二分之一以上;被判处无期徒刑的犯罪分子,实际执行 13 年以上,才可以假释。刑法条文针对有期徒刑使用的是"执行"一词,包括判决前先行羁押而折抵的日期在内,判决执行以前先行羁押的,羁押 1 日折抵刑期 1 日;无期徒刑的实际执行刑期从判决执行之日起计算,不包括判决前羁押的期限。为强化对死刑缓期执行的犯罪分子减刑后假释的控制,《减刑假释的规定》规定了以下内容:被判处死刑缓期执行的罪犯减为无期徒刑或者有期徒刑后,实际执行 15 年以上,方可假释,该实际执行时间应当从死刑缓期执行期满之日起计算。死刑缓期执行期间不包括在内,判决确定以前先行羁押的时间不予折抵。罪犯减刑后又假释的,间隔时间不得少于 1 年;对一次减去 1 年以上有期徒刑后,决定假释的,间隔时间不得少于 1 年 6个月。罪犯减刑后余刑不足 2 年,决定假释的,可以适当缩短间隔时间。

为了增强假释适用的灵活性,《刑法》第 81 条又规定,如果有特殊情况,经最高人民法院核准,可以不受上述执行刑期的限制。根据《减刑假释的规定》第 24 条的规定,这里的"特殊情况",是指有国家、政治、国防、外交等方面特殊需要的情况。

（三）实质条件

适用假释必须遵守的实质条件是犯罪分子在刑罚执行期间,认真遵守监规,接受教育改造,确有悔改表现,没有再犯罪的危险。"确有悔改表现",同减刑的实质条件要求一样,即同时具备以下四个方面情形:认罪悔罪;认真遵守法律法规及监规,接受教育改造;积极参加思想、文化、职业技术教育;积极参加劳动,努力完成劳动任务。罪犯依法申诉的,不能简单地认为是不认罪服法。判断"没有再犯罪的危险",除符合刑法第81条规定的情形外,还应根据犯罪的具体情节、原判刑罚情况、在刑罚执行中的一贯表现,罪犯的年龄、身体状况、性格特征,假释后生活来源以及监管条件等因素综合考虑。需要注意的是,对犯罪时未成年的罪犯的假释,在掌握标准上可以比照成年罪犯依法适度放宽。《减刑假释的规定》第19条的规定:在报请减刑前的服刑期间不满18周岁,且所犯罪行不属于刑法第81条第2款规定情形的罪犯,能认罪悔罪,遵守法律法规及监规,积极参加学习、劳动的,应视为确有悔改表现,减刑的幅度可以适当放宽,起始时间、间隔时间可以相应缩短。符合《刑法》第81条第1款规定的,可以假释。假释不以立功为条件,犯罪分子如果有重大立功表现的,应当减刑。《刑法》第81条第3款规定,"对犯罪分子决定假释时,应当考虑其假释后对所居住社区的影响"。

四、假释的程序和监督

《刑法》第82条规定:"对于犯罪分子的假释,依照本法第七十九条规定的程序进行。非经法定程序不得假释。"由此可见,假释的程序与减刑相同,即执行机关提出假释建议书,由中级以上人民法院组成合议庭进行审理,依据假释的法定条件,裁定是否假释。

为了保证假释的正确适用,《刑事诉讼法》第274条规定了人民检察院对假释的监督程序,人民检察院认为人民法院减刑、假释的裁定不当,应当在收到裁定书副本后20日以内,向人民法院提出书面纠正意见。人民法院应当在收到纠正意见后1个月以内重新组成合议庭进行审理,作出最终裁定。

五、假释的考验期及其考察

（一）假释考验期

假释是附条件的提前释放制度,适用假释后仍存在着执行的可能性。因此,必须在对犯罪分子宣布假释的同时宣布确定一定期限,通过考察犯罪分子在社会上的表现,来判断是否需要重新收监执行。这里的"一定期限"就是假释的考验期。《刑法》第83条根据原判刑罚的不同种类,规定了与刑罚轻重相适应的考验期,即有期徒刑的假释考验期限为没有执行完毕的刑期;无期徒刑的假释考验期限为 10 年。假释考验期限,从假释之日起计算。对于被限制减刑的罪犯是否可以假释的问题,相关司法解释作了明确规定:因《刑法》第 81 条第 2 款情形和犯罪被判处死刑缓期执行的罪犯,被减为无期徒刑、有期徒刑后,也不得假释。

(二)假释考验期的考察

根据《刑法》第 85 条的规定,对假释的犯罪分子,在假释考验期限内,依法实行社区矫正。根据《刑法》第 84 条的规定,被假释的犯罪分子应当遵守下列规定:(1)遵守法律、行政法规,服从监督;(2)按照监督机关的规定报告自己的活动情况;(3)遵守监督机关关于会客的规定;(4)离开所居住的市、县或者迁居,应当报经监督机关批准。

六、假释的法律后果

根据《刑法》第 85 条和第 86 条的规定,假释的法律后果有以下几种:

1.原判刑罚视为已经执行完毕

被假释的犯罪分子,在假释考验期内,没有出现《刑法》第 86 条规定的撤销假释的情形,即没有发现漏罪、犯有新罪或有违反法律、行政法规或者国务院有关部门关于假释的监督管理的行为,假释考验期满,就认为原判刑罚已经执行完毕,并公开予以宣告。

2.撤销假释

被假释的犯罪分子在考验期限内没有遵守法定条件,或者出现了不符合条件的事实,就应当根据《刑法》第 86 条的规定撤销假释。

(1)被假释的犯罪分子,在假释考验期限内犯新罪,应当撤销假释,按照《刑法》第 71 条的规定实行数罪并罚,已经执行的刑期和假释后所经过的考验期,均不得计算在新判决确定的刑期之内。如果前罪为无期徒刑,则将新罪所判处的刑罚与前罪的无期徒刑实行并罚。需要特别说明的是,只要是在假释考验期内犯新罪,即使经过了假释考验期限后才发现新罪,也应当撤销假释,按照先减后并的方法实行并罚。

(2)在假释考验期限内,发现被假释的犯罪分子在判决宣告以前还有其他罪没有判决的,应当撤销假释,按照《刑法》第 70 条规定实行数罪并罚,已经执行的刑期,计算在新判决确定的刑期以内,但假释后所经过的考验期,不得计算在新判决确定的刑期以内。

(3)被假释的犯罪分子,在假释考验期限内,有违反法律、行政法规或者国务院有关部门关于假释的监督管理规定的行为,尚未构成新的犯罪的,应当依照法定程序撤销假释,收监执行未执行完毕的刑罚。

复习与练习

本章提要

刑罚的执行,是指国家刑罚执行机关将人民法院生效的刑事判决所确定的刑罚付诸实施的司法活动。刑罚执行的原则包括合法性原则、人道主义原则、惩办与教育相结合的原则、行刑个别化原则和行刑社会化原则。减刑是指被判处管制、拘役、有期徒刑、无期徒刑的犯罪分子,在刑罚执行期间,如果认真遵守监规,接受教育改造,确有悔改表现,或者有立功表现的,将原判刑罚予以减轻的制度。减刑应当严格按照减刑的条件和法定程序进行。假释,是指被判处有期徒刑、无期徒刑的犯罪分子,在刑罚执行一定期限后,确有悔改表现,不致再危害社会,附条件地予以提前释放的制度。假释也应当遵守假释的适用条件和程序规定。

重要概念

刑罚执行 减刑 假释

思考题

1.试述我国刑罚执行的原则。

2.试述我国减刑的条件。

3.试述我国假释的适用条件。

4.试述假释的考察与法律后果。

5.按照《刑法》的规定,不得假释的犯罪分子包括( )。

A.因抢劫罪被判处有期徒刑 15 年的某甲

B.因受贿罪被判处 10 年有期徒刑同时附加剥夺政治权利 3 年的某乙

C.因贩卖毒品罪被判处无期徒刑的某丙

D.因构成累犯而被从重处罚判处有期徒刑 7 年的某丁

第十九章　刑罚的消灭

刑罚消灭，是指由于法定或事实的原因，致使国家对犯罪人的刑罚权归于消灭。我国刑法规定的刑罚消灭制度包括时效和赦免两大制度。本章具体讨论刑罚消灭的概念及特征，时效的概念和种类，追诉时效的期限、计算、中断和延长，赦免的概念和种类，我国的特赦制度及其特点等。

本章重点

● 刑罚消灭

● 时效

● 赦免

第一节　刑罚消灭概述

一、刑罚消灭的概念

刑罚消灭，是指由于出现法定或事实的原因，致使国家的刑罚权归于消灭。对犯罪人而言，刑罚消灭意味着刑事责任的终结；对国家而言，刑罚消灭则是指求刑权、量刑权和行刑权的消灭。

二、刑罚消灭的特征

1.刑罚消灭的前提是行为人的行为已构成犯罪。刑罚消灭必须以应当或者已经适用刑罚为前提条件；如果不存在这个前提条件，刑罚消灭就无从谈起。所以，行为构成犯罪是刑罚消灭的必要前提。

2.刑罚消灭是由法定的或者事实的原因引起的。刑罚消灭作为一种结果，总是由一定的原因引起的。引起刑罚消灭的原因包括两类：一类是法律规定，称为法定原因，如赦免、减刑、时效届满等；另一类是客观现象，称为事实原因，如犯罪人死亡等。

3.刑罚消灭的实质是国家对特定犯罪人刑罚权的消灭。刑罚权是国家权力的组成部分，它包括制刑权、追诉权、量刑权和行刑权四个方面。对特定犯罪人而言，制刑权是无法消灭的，因此，刑罚权消灭的范围，仅指刑罚请求权的消灭、刑罚裁量权的消灭和刑罚执行权的消灭。

第二节　时　效

一、时效概述

(一)时效的概念

刑法上的时效,是指刑法规定的国家对犯罪人行使追诉权和行刑权的有效期限。国家未能在有效期限内行使追诉权和行刑权,这些权力即归于消灭,对犯罪人就不能再追诉或者执行刑罚。

(二)时效的种类

时效分为追诉时效和行刑时效。

追诉时效,是刑法规定的、对犯罪分子追究刑事责任的有效期限。超过法定追诉期限,司法机关或有告诉权的人不得再对犯罪人进行追诉;已经追诉的,应撤销案件或者不起诉,或者终止审判。追诉时效完成,是刑罚请求权消灭的重要事由之一。

行刑时效,是刑法规定的、对被判刑的人执行刑罚的有效期限。犯罪人被判处刑罚后,只有在行刑时效期内,刑罚执行机关才有权对犯罪人执行所判处的刑罚。行刑时效期间所判处的刑罚未执行,超过行刑的时效,便不能再对犯罪人执行所判处的刑罚。行刑时效完成,是刑罚执行权消灭的一项重要事由。

(三)时效的意义

我国刑法总则只规定了追诉时效,而未对行刑时效作出规定。我国设立追诉时效制度的意义在于:

1.符合我国刑罚目的的要求。一个人犯罪后,经过一定期限虽未被追诉,但没有再犯新罪,据此可推断其已悔改,不致再危害社会。在这种情况下,再行追诉已失去意义,不再追诉符合刑罚目的。

2.有利于司法机关集中精力办理现行的案件。犯罪案件发生后,经过一定期限没有审理和追诉,时过境迁,证据失散,侦查、起诉、审判难以顺利进行。而设立追诉时效制度,有利于司法审判机关集中精力审理现行案件。

3.可以节省人力、物力、财力。查处和惩治犯罪是一项耗资巨大的工程,需要大量人力、物力和财力的投入。对那些经过一定期限不再犯罪的人不予追诉,符合经济原则,有利于将司法资源用到最需要的地方。

4.有利于社会的稳定。犯罪后经过一定的时期,因犯罪破坏的某一社会秩序以及失衡的公众心理已经逐渐得到恢复,如再重新追究旧案,重提积怨,容易引发新的不安定因素,不利于社会稳定。

二、追诉时效

（一）追诉时效的期限

我国刑法以犯罪的法定最高刑为标准，规定了四个档次的追诉时效。根据《刑法》第 87 条的规定，犯罪经过下列期限不再追诉：(1)法定最高刑为不满 5 年有期徒刑的，经过 5 年；(2)法定最高刑为 5 年以上不满 10 年有期徒刑的，经过 10 年；(3)法定最高刑为 10 年以上有期徒刑的，经过 15 年；(4)法定最高刑为无期徒刑、死刑的，经过 20 年。如果 20 年以后认为必须追诉的，须报请最高人民检察院核准。

根据上述规定，在确定具体犯罪的追诉时效的期限时，不能简单地把"法定最高刑"理解为犯罪人所触犯的罪名的最高法定刑，而应当根据犯罪的性质、情节所对应的应当适用条款或量刑幅度，按其法定最高刑计算追诉时效期限：(1)在只规定一个量刑幅度的条文中，应依照该条文的法定最高刑确定追诉时效期限。(2)在一个条文中规定有两个以上不同的量刑幅度的，应按与其罪行相对应的条款的法定最高刑确定其追诉时效期限。(3)如果所犯罪行的刑罚，分别规定在不同的条款时，应按其罪行应当适用的条款的法定最高刑确定其追诉时效的期限。

（二）追诉时效期限的计算

根据我国《刑法》第 89 条的规定，追诉时效期限的计算分为两种情况：

1. 追诉期限的计算的一般标准

《刑法》第 89 条规定，追诉期限"从犯罪之日起计算"。所谓犯罪之日，是指犯罪成立之日，即行为符合犯罪构成之日。由于刑法对不同种类和形态的犯罪所规定的构成要件不同，因而其犯罪成立之日的计算标准亦不同。具体而言，可作如下划分：(1)行为犯，应从犯罪行为实施之日起计算。(2)危险犯，应从实施危险行为之日起计算。(3)预备犯，应从预备犯罪之日起计算。(4)中止犯，应当分别情况予以确定：如果是在着手实行犯罪后中止犯罪，应从犯罪行为实施之日起计算；如果在预备阶段中止犯罪，则应从犯罪中止成立之日起计算。(5)未遂犯，应从犯罪未遂成立之日起计算。(6)共同犯罪，以整体共同犯罪行为得以实施之日起计算。(7)结果犯，应从犯罪结果发生之日起计算。结果加重犯，应从加重结果发生之日起计算。

2. 连续犯和继续犯追诉期限的计算

根据《刑法》第 89 条第 1 款后段的规定，犯罪行为有连续或者继续状态的，追诉时效期限从犯罪行为终了之日起计算。犯罪行为有连续状态的，为连续犯。由于连续犯连续实施的数个相同行为都可单独构成犯罪，所以，连续犯的犯罪行为终了之日，就是指最后一个犯罪行为成立之日。犯罪行为有继续状态的，是继续犯。由于继续犯只有一个犯罪行为，而其不法状态在一定时间内处于持续状态，因此，继续犯的犯罪行为终了之日是指持续状态结束之日。

（三）追诉时效的中断和延长

1.追诉时效的中断

追诉时效中断，是指在追诉时效进行期间，因发生法律规定的事由，使已经经过的时效期间归于无效，法律规定的事由一旦终了，时效重新开始计算的制度。

追诉时效中断制度是为了防止继续犯罪而设立的。我国《刑法》第89条第2款规定，在追诉期限内又犯罪的，前罪的追诉期限从犯后罪之日起计算。这一规定表明，我国追诉时效中断是以犯罪人在追诉期限内又犯罪为条件的，而不论新罪的性质和刑罚轻重。根据这一规定，追诉时效中断后时效起算的时间为"犯后罪之日"。所谓"犯后罪之日"，即后罪成立之日。

2.追诉时效的延长

追诉时效延长，是指在追诉时效进行期间，由于发生了法律规定的事由，致使追诉时效暂时停止进行，或者因法定事由而使得对犯罪分子的追诉不受追诉期限限制的制度。根据《刑法》第88条的规定，我国追诉时效延长分为两种情况：

（1）《刑法》第88条第1款规定："在人民检察院、公安机关、国家安全机关立案侦查或者在人民法院受理案件以后，逃避侦查或者审判的，不受追诉期限的限制。"此类时效延长情形需要具备两个条件：第一，人民检察院、公安机关、国家安全机关已经立案侦查或者人民法院已经受理案件。这里的"立案侦查"，根据我国刑事诉讼法规定的程序，实际上是指立案。第二，行为人实施了逃避侦查和审判的行为。所谓"逃避侦查和审判"，是指行为人在得知自己被司法机关追诉的情况下，予以逃避和隐匿的情形。

（2）《刑法》第88条第2款规定："被害人在追诉期限内提出控告，人民法院、人民检察院、公安机关应当立案而不予立案的，不受追诉期限的限制。"此类时效延长的情形需要具备两个条件：第一，被害人在追诉期限内向人民法院、人民检察院和公安机关提出了控告。第二，人民法院、人民检察院和公安机关应当立案而不予立案。"应当立案"是指被控告人的行为已经构成犯罪，有关司法机关应当依法进行立案侦查或者受理起诉。至于司法机关不予立案出于何种原因，不影响时效延长的适用。

第三节　赦　免

一、赦免的概念

赦免，是指国家以政令的形式，免除或者减轻犯罪人的罪责或者刑罚的一种法律制度。赦免制度通常是根据宪法的规定由国家元首或最高国家权力机关以政令形式颁布，由审判机关执行。广义的赦免包括大赦、特赦、免除刑罚执行、减刑和复权等内容。狭义的赦免仅指大赦和特赦。

大赦，是指国家元首或者国家最高权力机关对某一时期内犯有一定罪行的不特定的犯罪人，一律予以赦免的制度。大赦的效力很大，它不仅免除刑罚的执行，而且使犯罪也归于消灭。经过大赦之人，其刑事责任完全归于消灭。尚未追诉的，不再追诉；已经追诉的，撤销追诉；已受罪刑宣告的，宣告归于无效，不再执行。

特赦，是指国家元首或者国家最高权力机关对已受罪刑宣告的特定犯罪人免除其全部或部分刑罚的制度。

特赦与大赦的主体均为国家元首或国家最高权力机关，法律后果都是免除了犯罪人的刑罚，但二者也存在较大差异：(1)赦免的对象不同。特赦的对象是特定的；而大赦对象是不特定的。(2)赦免的内容不同。特赦仅赦刑而不赦罪；大赦既赦刑又赦罪。(3)适用实践不同。大赦既可以在判决宣告前实施，也可以在判决宣告后实施；特赦只能在判决宣告后实施。(4)赦免的方式不同。特赦往往公布被赦人的名单；大赦一般不公布被赦人的名单。(5)法律后果不同。特赦后再犯罪则有可能构成累犯；而大赦后行为人再犯罪没有累犯问题。

我国1954年《宪法》曾有大赦和特赦的规定，但大赦没有实行过。后来的几部《宪法》没有再规定大赦，都只规定了特赦。因此，我国《刑法》第65条和第66条所说的"赦免"都是指特赦。

二、我国的特赦制度及其特点

我国1954年《宪法》规定了大赦和特赦，并将大赦决定权赋予全国人民代表大会，特赦的决定权赋予了全国人大常委会，大赦令和特赦令由国家主席发布。1975年、1978年和现行(1982年)《宪法》都只有特赦的规定，这表明我国已经取消了大赦制度。根据我国现行《宪法》第67条和第80条的规定，特赦须经全国人大常委会决定，由国家主席发布。

自1959年以来，我国共实行了9次特赦：第一次是在1959年中华人民共和国成立10周年庆典前夕，对在押的确已改恶从善的蒋介石集团和伪满洲国战争罪犯、反革命犯和普通刑事犯实行特赦。第二次、第三次特赦分别于1960年、1961年实行，都是对蒋介石集团和伪满洲国罪犯确有改恶从善表现的进行特赦。第四次、第五次、第六次分别于1963年、1964年、1966年实行。与前两次相比，只是在特赦对象上增加了伪蒙疆自治政府的战争罪犯，其他内容完全相同。第七次是1975年，对全部在押战争罪犯实行特赦释放。第八次是2015年8月29日在纪念中国人民抗日战争暨世界反法西斯战争胜利70周年之际，对参加过中国人民抗日战争和解放战争的；在保卫国家主权安全和领土完整作出突出贡献的(犯贪污、受贿罪以及刑法规定的严重暴力性犯罪、累犯除外)；年满75周岁，严重残疾，生活不能自理的服刑人员；未成年轻刑犯，犯罪时未满18周岁，被判处3年以下有期徒刑的(犯杀人、强奸、贩毒、恐怖犯罪除外)。第九次是2019年6月29日在中华人民共和国成立七十周年之际对九类服刑罪犯实行特赦。

与其他国家的特赦相比,我国特赦制度有以下几个特点:(1)特赦对象,除第一次包括反革命罪犯和普通刑事罪犯外,都是战争罪犯。(2)特赦的范围,仅限于全国各地某类犯罪中的一部分人,而不是对某类罪犯全部实行特赦,更不是对个人实行。(3)特赦的条件,是罪犯经过服刑改造,确已改恶从善的。对尚未宣告刑罚或者刑罚虽已宣告但尚未开始执行的罪犯,不赦免。(4)特赦的效力,只及于刑而不及于罪。(5)特赦的程序,是由全国人大常委会审议决定,由国家主席发布特赦令,并授权最高人民法院和高级人民法院执行。

复习与练习

本章提要

刑罚消灭,是指由于出现法定或事实的原因,致使国家的刑罚权归于消灭。刑法上的时效,是指刑法规定的国家对犯罪人行使追诉权和行刑权的有效期限,它包括追诉时效和行刑时效。赦免,是指国家以政令的形式,免除或者减轻犯罪人的罪责或者刑罚的一种法律制度。赦免包括大赦和特赦。

重要概念

刑罚消失　追诉时效　时效中断　时效延长　特赦

思考题

1. 简述刑罚消失的法定事由。

2. 我国《刑法》对追诉时效是如何规定的?

3. 简述时效中断与时效延长的区别。

4. 按照刑法的规定,追诉时效中断的条件之一是在追诉时效内犯罪分子(　　)。

A. 还有其他违法行为　　　　　　B. 又犯新罪

C. 逃避侦查或者审判　　　　　　D. 阻止被害人向公、检、法机关控告

5. 1998 年 2 月起,张某与许某结伙盗窃,先后共同作案五次,共窃得财物价值25000 元,销赃后得赃款 9000 元,二人平分。1998 年 10 月张某单独作案一次,窃得现金 5000 元。1999 年 3 月案发后,张某主动交代曾在 1988 年元月单独作案,窃得摩托车一辆,价值 1800 元。在追究张某和许某刑事责任时,张某和许某分别对下列何种数额负责? (　　)

A. 张某盗窃合计 31800 元　　　　B. 许某盗窃 25000 元

C. 张某盗窃 30000 元　　　　　　D. 许某盗窃 12500 元

第四编

罪刑分论

第二十章 罪刑分论概说

罪刑分论概说,也称罪刑分论合说,是把犯罪与刑罚结合起来研究。它是在刑法概论、犯罪总论、刑罚总论的基础上对具体犯罪定罪量刑学说的一般阐述。相对于刑法概论、犯罪总论、刑罚总论而言,罪刑分论概说是对总论原理在罪刑分论中的应用研究;相对于每一个特定犯罪而言,罪刑分论概说又是对各种特定的具体犯罪的一般理论概括,是对具体犯罪共性问题的研究。本章主要阐述:罪刑分论与刑法概论、犯罪总论、刑罚总论的关系,刑法分则的体系,具体犯罪的条文结构和法条竞合。

本章重点
- 罪刑分论的研究对象
- 我国刑法分则体系
- 具体犯罪的条文结构
- 法条竞合

第一节 罪刑分论与刑法概论、犯罪总论、刑罚总论的关系

一、罪刑分论的研究对象

罪刑分论是研究刑法所规定的具体犯罪及其刑事责任的理论。从这个意义上说,罪刑分论的研究对象是规定具体犯罪及其刑事责任的法律规范,即所谓的刑法分则规范。刑法分则规范是指在法律中规定具体犯罪的构成要件及其刑事责任的规范,它包括三类法律规范:刑法典分则规范、单行刑法规范与附属刑法规范。

刑法典分则规范就是《中华人民共和国刑法》的第二编"分则"中每个条文所规定的法律规范。刑法典分则规范系统而全面地规定了各种具体犯罪的构成要件及其刑事责任,是刑事司法实践中依法惩治各种具体犯罪行为的主要法律依据。

单行刑法规范是由立法机关专门针对刑法典的某种或某几种制度或犯罪而制定的补充性的刑法规范。从我国的刑法立法实践情况看,单行刑法规范较少有总则性的规定,大多为分则性的规定。一般来说,单行刑法规范是特别法规范,而刑法典分则规范是一般法规范。根据特别法优于一般法的原则,当某个行为同时触

犯单行刑法规范与刑法典分则规范时,应当适用单行刑法规范。

附属刑法规范是由立法机关制定的经济性、行政性法律中包含犯罪与刑事责任内容的规范。从我国的立法实践情况看,附属刑法规范通常可以分为两类:一类为提示性规范,即立法机关在附属刑法规范中指明严重触犯该经济性、行政性法律的行为,应当依照刑法或者依照刑法某个条文追究其刑事责任的规定;另一类是特别规范,即立法机关在附属刑法规范中对于刑法典分则规范或单行刑法规范作了补充、修改的规定。在这种情况下,按照特别法优于一般法的原则,对于触犯附属刑法规范的行为,应当适用附属刑法规范追究行为人的刑事责任。

二、罪刑分论与刑法概论、犯罪总论、刑罚总论的关系

罪刑分论与刑法概论、犯罪总论、刑罚总论的关系,是以刑法分则规范与刑法总则规范的关系为前提的。

我国刑法规范主要由刑法总则规范与刑法分则规范两大部分组成。刑法总则规范主要由《刑法》第一编的内容构成,规定的是刑法的基本原则、效力范围、犯罪的一般构成要件、刑罚适用的一般原则与制度等;而刑法分则规范则主要由《刑法》第二编的内容构成,规定的是各种具体犯罪的特定构成要件、刑事责任的判定及刑罚具体裁量的幅度、原则与制度等。刑法总则规范与刑法分则规范具有抽象与具体、一般与个别、普遍与特殊的关系。刑法总则规范对于刑法分则规范具有指导与制约作用;而刑法分则规范则是刑法总则规范的具体体现。

刑法概论、犯罪总论、刑罚总论与罪刑分论分别以刑法总则规范与刑法分则规范为研究对象。由于刑法总则规范是关于犯罪及其刑事责任的基本原则、一般原理、概念与制度的规定,因此,刑法概论、犯罪总论、刑罚总论主要研究认定犯罪与适用刑罚的一般原理与原则;由于刑法分则规范是关于具体犯罪及其刑事责任的规定,因此,罪刑分论主要研究认定各种具体犯罪的罪与非罪、此罪与彼罪的界限,以及构成各种犯罪之后的刑罚裁量原则与原理。刑法概论、犯罪总论、刑罚总论与罪刑分论的相互关系,和刑法总则规范与刑法分则规范的相互关系是一样的,也具有抽象与具体、一般与个别、普遍与特殊的关系。刑法概论、犯罪总论、刑罚总论所研究的定罪与量刑的基本理论,对罪刑分论关于具体犯罪及其刑事责任的研究,具有重要的指导意义;而罪刑分论所研究的具体犯罪及其刑事责任的基本理论,对于刑法概论、犯罪总论、刑罚总论有关犯罪与刑事责任的一般原理的发展与完善也具有推动作用。

三、研究罪刑分论的意义

研究罪刑分论,具有十分重要的理论与实践意义。

（一）有助于指导刑事司法

罪刑分论是专门研究刑法分则规范的理论，也是研究具体犯罪的构成及其刑事责任的理论。因此，学习与研究罪刑分论，有助于我们掌握认定具体犯罪的罪与非罪、此罪与彼罪的界限，也有助于我们掌握正确裁量刑罚的原则与标准。

（二）有助于完善刑法立法

罪刑分论以刑法分则规范为研究对象，不仅研究刑法典分则条文关于某种具体犯罪构成要件、刑事责任与法定刑设置的规定，而且还研究单行刑法条文与附属刑法条文关于某种具体犯罪构成、刑事责任与法定刑设置的规定。通过研究刑法分则规范，在指导正确适用法律条文、准确定罪量刑的同时，还能够发现刑法分则条文的不足与缺陷，从而提出相应的修改与完善意见，供立法机关在修改与完善刑法时作参考。

（三）有助于推动刑法学理论的发展

由于刑法概论、犯罪总论、刑罚总论与罪刑分论具有抽象与具体、一般与个别、普遍与特殊的关系，因此，我们学习与研究罪刑分论的过程，就是我们认识与深化刑法学理论体系的过程。毛泽东同志正确地指出了人的认识发展深化的两个过程的关系："这是两个认识的过程：一个是由特殊到一般，一个是由一般到特殊。人类的认识总是这样循环往复地进行的，而每一次的循环（只要是严格地按照科学的方法）都可能使人类的认识提高一步，使人类的认识不断地深化。"通过学习与研究罪刑分论，可以使我们更好地从中抽象与概括出具有共性的理论，从而推动刑法概论、犯罪总论、刑罚总论基本理论的发展；反过来，在更为完善的刑法概论、犯罪总论、刑罚总论基本理论的指导下，又可以推动我们更好地研究罪刑分论关于具体犯罪及其刑事责任的具有个性的理论，从而推动罪刑分论具体理论的发展。

第二节　刑法分则体系

刑法分则规范内容繁多，形式各异，应当按照一定的逻辑建立体系。刑法分则规范的逻辑建构，包括两个方面的内容：一是刑法分则条文内部的逻辑构造；二是刑法分则条文外部的逻辑构造。前者是指刑法分则各个条文内部在规定某种具体犯罪时应当采取什么逻辑结构；后者则是指刑法分则不同条文外部在规定各种具体犯罪时应当采取什么逻辑体系。我们称前者为刑法分则条文的结构，称后者为刑法分则的体系。本节重点研究刑法分则体系。

一、刑法分则体系概述

刑法分则体系，是指刑法分则条文对于各种犯罪进行规定之后，按照一定的逻辑规则所作的分类及其排列次序。由于现实社会中犯罪行为的种类繁多,立法机关在用刑法分则条文对各种犯罪进行规定时,必然要考虑依据什么逻辑规则对各种犯罪进行分类并且排列,以建立合理而科学的刑法分则的逻辑体系。由此可见,刑法分则的体系实际上是对犯罪的分类问题及排列问题。

对犯罪的分类,一般是以犯罪所侵犯的客体或者法益的性质为基础的。西方国家通常将犯罪分为侵犯公法益的犯罪与侵犯私法益的犯罪两类,或者将犯罪分为侵犯国家法益的犯罪、侵犯社会法益的犯罪与侵犯个人法益的犯罪三类,并在每一大类犯罪中又分出若干小类犯罪,然后再按一定的标准进行排列。

对犯罪的分类及其在刑法分则中的排列次序,实质上反映了刑法立法者特定的价值取向。早期西方各国刑法分则对各类犯罪的排列次序上,受到国家与社会本位的价值观影响,最初是按照侵犯国家法益犯罪、侵犯社会法益犯罪、侵犯个人法益犯罪这样的次序进行排列的。但自第二次世界大战之后,随着人权观念的迅猛发展,以个人本位的价值观逐渐成为法律界的主流价值观。受此影响,西方各国在刑法分则体系的构建上,虽然对犯罪的分类标准没有发生大的变化,但在各类犯罪排列的次序上却发生了令人瞩目的变化,这突出地表现在将侵犯个人法益的犯罪排列在刑法分则体系的最前面,而将侵犯国家法益的犯罪放在了刑法分则体系的最后,以突出国家对人权的高度重视与法律保护。

二、我国刑法分则体系的特点

1997 年《刑法》分则将全部犯罪分为 10 大类,每一类犯罪形成刑法分则的一章,其 10 大类犯罪的排列次序依次为:危害国家安全罪,危害公共安全罪,破坏社会主义市场经济秩序罪,侵犯公民的人身权利、民主权利罪,侵犯财产罪,妨碍社会管理秩序罪,危害国防利益罪,贪污贿赂罪,渎职罪,军人违反职责罪。刑法分则体系由此形成。概括地说,我国刑法分则体系具有以下几个特点:

1. 在对犯罪的分类上,采取主要以犯罪的同类客体为标准进行分类。在某一犯罪行为所侵犯的直接客体为简单客体的情况下,其同类客体的确定就以该简单客体的性质作为依据;但在某一犯罪行为所侵犯的直接客体为复杂客体的情况下,其同类客体的确定则依据其中的主要客体来进行。以同类客体为标准对各种犯罪进行分类,有利于在立法上体现各种不同犯罪社会危害程度的差异,从而有助于在司法上贯彻区别对待的政策,对各种不同犯罪正确地定罪量刑。

2. 在对具体犯罪的排列次序上,采取主要以犯罪的社会危害程度为标准进行排列。在这一方面,涉及不同类别的具体犯罪之间的排列次序与同一种类的具体犯罪之间的排列次序两个问题。首先,在不同种类的各类犯罪之间的排列次序上,按照社会危害程度由重到轻的顺序排列。比如,在对各种不同犯罪的排列次序上,按照社会危害程度由重到轻的标准排列，形成了我国刑法分则将危害国家安全罪放在第一章、危害公共安全罪位列第二章、破坏社会主义市场经济秩序罪放在第三章、侵犯公民的人身权利和民主权利罪放在第四章、侵犯财产罪放在第五章，其他不是单纯以客体为标准分类的犯罪放在这之后。其次，在同一大类的不同具体犯罪的排列次序上，也是按照社会危害程度由重到轻的标准排列的。如在侵犯公民的人身权利、民主权利这类犯罪中，排列在最前面的是故意杀人罪，接着是故意伤害罪、强奸罪等，最后才是重婚、虐待、遗弃等相对较轻的犯罪。

3.对犯罪的分类和排序，并不是完全以客体为标准，还需要兼顾其他一些条件和因素。因此，同类客体只是对犯罪进行分类的主要标准而不是唯一标准。随着我国刑法理论研究的进一步深入，以及立法机关对犯罪现象的认识深化，人们对影响犯罪的分类及其排序的条件和因素也会有新的认识，因而，在我国刑法分则中，对于犯罪的分类标准及其排序都会发生相应的变化。

第三节　具体犯罪的条文结构

刑法分则具体犯罪的条文结构，是刑法分则规范的逻辑结果的内容之一。它的形成和发展受一国法律文化、历史传统和现实法制的影响。从国外刑法分则的立法规定看，刑法分则条文的逻辑结构一般包含三个基本部分，即罪名、罪状和法定刑。从我国刑法规定的情况看，刑法分则条文多数只规定了两个部分，一是罪状，二是法定刑。虽然在1997年《刑法》中有少数条文（如贪污罪、挪用公款罪、受贿罪）规定了具体的罪名，但绝大多数罪名是由司法机关通过司法解释来确定的。尽管如此，从理论上对刑法条文进行分析，还是需要从三个方面进行的。

一、罪状

（一）罪状的概念

罪状，是指刑法分则条文对某种具体犯罪的构成要素的描述。它是根据刑法总则理论对具体危害社会的行为进行概括后所形成的要素组合。刑法分则对于犯罪构成要素的描述，构成了刑法具体犯罪的规范模式和衡量标准。只有当某种危害社会的行为符合刑法分则某一条文所规定的条件时，才能适用该规范。

按照刑法分则条文对罪状规范描述方式的不同，可以将罪状分为两大类：一类是对犯罪的具体构成要件的描述，它是对某种行为构成犯罪所必须具备的事实要件的特征进行的描述，被称为基本罪状；另一类是对具体犯罪的非构成要件的特征进行的描述，它是对某种行为构成犯罪后决定刑事责任的事实特征的描述，被称为加重罪状或者减轻罪状。

（二）罪状的种类

按照刑法分则条文中对某种犯罪构成所需要的事实特征的描述方式的不同，可以将罪状分为以下几种：

1. 简单罪状

简单罪状，是指在刑法分则条文中只对某种犯罪的客观事实特征作简单的描述。从我国刑法分则条文的规定看，简单罪状对于构成要件的特征描述可以分为两类必要的方式：一类是对于某种犯罪的构成要件的事实特征作简单的描述；另一类是对于某种犯罪与量刑有关的事实特征作简单描述。在通常情况下，刑法分则条文对于某种犯罪的构成要件所作的简单描述，就是该法条对某种犯罪所确立的罪名。如《刑法》第232条规定"故意杀人的"，构成故意杀人罪。这些法条中对犯罪构成条件的描述，与该罪的罪名要求相一致，直接成为犯罪的罪名。

简单罪状的优点是避免法条对具体犯罪特征与界限的描述过于繁琐，使刑法规范简洁明快，概括性强；其缺点是不能从罪名的本义自然引申出所需要具备的全部构成要件，往往容易产生歧义。从贯彻罪刑法定原则的要求出发，在刑法分则条文的立法过程中应当以追求法条的明确性与确定性为根本要求，尽量少地使用简单罪状。

2. 叙明罪状

叙明罪状，是指刑法分则条文对某种犯罪的罪状进行详细具体描述，以便说明该种犯罪的具体构成条件的一种描述情形。如《刑法》第163条规定："公司、企业或者其他单位的工作人员利用职务上的便利，索取他人财物或者非法收受他人财物，为他人谋取利益，数额较大的，处五年以下有期徒刑或者拘役；数额巨大的，处五年以上有期徒刑，可以并处没收财产。"这里"公司、企业或者其他单位的工作人员利用职务上的便利，索取他人财物或者非法收受他人财物，为他人谋取利益，数额较大"就是非国家工作人员受贿罪的罪状描述，它由主体、行为、结果等具体要素构成。叙明罪状在我国《刑法》分则具体犯罪条文中占多数。

叙明罪状的优点是有利于正确、全面把握犯罪构成，便于分清罪与非罪、此罪与彼罪的界限，落实罪刑法定的明确性要求；其缺点是具体犯罪都用叙明罪状描述，容易出现重复现象，文字繁杂。

3. 引证罪状

引证罪状，是指在对某种犯罪的基本构成要件进行描述时，需要引用刑法中的其他条款所规定的相同的罪状来确定本罪的构成特征的情形。如《刑法》第349条规定："包庇走私、贩卖、运输、制造毒品的犯罪分子的，为犯罪分子窝藏、转移、隐瞒毒品或者犯罪所得的财物的，处三年以下有期徒刑、拘役或者管制；情节严重的，处三年以上十年以下有期徒刑。""缉毒人员或者其他国家机关工作人员掩护、包庇走私、贩卖、运输、制造毒品的犯罪分子的,依照前款的规定从重处罚。""犯前两款罪,事先通谋的,以走私、贩卖、运输、制造毒品罪的共犯论处。"这第三款中所规定的"犯前两款罪"就是引证罪状,其内容需要由前两款决定,即行为人"包庇走私、贩卖、运输、制造毒品的犯罪分子",或者"为犯罪分子窝藏、转移、隐瞒毒品或者犯罪所得的财物",或者缉毒人员或者其他国家机关工作人员"掩护、包庇走私、贩卖、运输、制造毒品的犯罪分子",事先通谋的,以走私、贩卖、运输、制造毒品罪的共犯论处。

引证罪状的优点是可以避免法条文字描述的重复与累赘,保持刑法条文的简明扼要,在立法上被广泛采用。当然,引证罪状由于是引用别处的内容,所以,当相同的文字在不同的语境中可能会产生多义时,如果使用不当,会导致定罪的出入,需要特别注意。

4. 空白罪状

空白罪状,是指在对某种犯罪的构成要件特征进行描述时,需要引用非刑法的其他法律中对违法性要件规定的内容进行的描述。空白罪状与引证罪状具有相同性,当刑法分则条文对某种犯罪的构成要件特征进行描述时,都需要引用其他相关的法律规定来说明。但空白罪状所引用的其他法律条文是行政的、经济的等非刑法的条文,它在刑法规范本身中是找不到的;而引证罪状所引用的其他法律条文,是在刑法规范中的法律条文。这里的刑法规范是广义的,它既包括刑法典中的刑法条文,也包括单行刑法和附属刑法中的相关条文。

空白罪状的优点在于,它能够更好地反映刑法谦抑主义的原则,起到刑法最后的法律保障功能,也能够保持刑法规范的稳定性,使刑法适用领域的相关法律的变化不至于引起刑法的朝令夕改。空白罪状的缺点是,在说明某种犯罪的构成条件时,往往难以直接找出相对应的法律规范的内容与刑法规范的对应性,在适用的准确性上存在一定的问题。

5. 混合罪状

混合罪状,是指在刑法分则条文对某一具体犯罪的描述中,采用了两种或者两种以上的方法所形成的罪状结构。如《刑法》第 292 条规定的"聚众斗殴",就是简单罪状;而该条对首要分子和其他积极参加人员的加重处罚规定为:"有下列情形之一的,对首要分子和其他积极参加的,处三年以上十年以下有期徒刑:(一)多次聚众斗殴的;(二)聚众斗殴人数多,规模大,社会影响恶劣的;(三)在公共场所或者交通要道聚众斗殴,造成社会秩序严重混乱的;(四)持械聚众斗殴的。"这里的加重罪状采用的是叙明罪状的形式。因此,本条是简单罪状与叙明罪状的结合。

混合罪状兼采了简单罪状与叙明罪状的优点,能够根据犯罪的特性灵活运用。因此,混合罪状目前在各国立法中被广泛采用。

二、罪名

（一）罪名概述

罪名，是指犯罪的名称，它是对犯罪的本质特征或者主要特征所作的概括性称谓。在刑法的立法、司法上，罪名具有多种功能。

1. 定性功能

罪名的定性功能，是指罪名具有指明某种危害社会行为的违法性质的功能。具体来说，就是指罪名具有能够使某一危害社会行为的违法性质得以确定的功能。罪名的定性功能，具有两方面的意义：一方面，罪名使得犯罪行为与非犯罪行为区分开来；另一方面，罪名使得同样是犯罪行为的此行为与彼行为区分开来。

2. 评价功能

罪名的评价功能，是指罪名具有使国家立法机关与司法机关依据罪名对某种危害社会的行为性质及其程度进行评估与判断的功能。罪名的评价功能，也具有两方面的意义：一方面，罪名使得立法机关能够通过不同的罪名来对具有不同危害社会性质及程度的触犯刑法的行为来设定不同的刑事责任，从而反映了立法上对该行为的否定评价；另一方面，罪名也使得司法机关能够将符合刑法分则某个法条所确立罪名的危害社会行为宣判为犯罪，从而适用不同的刑法分则条文罪刑规范来追究其刑事责任，由此反映了司法上对该行为的否定评价。

3. 警示功能

罪名的警示功能，是指罪名包含的通过对某种危害社会行为的严厉否定评价，产生相应的威慑效应，对那些潜在的试图犯罪者是一个有力的预先警示，促使他们不敢轻举妄动，以身试法。

4. 宣示功能

罪名的宣示功能，是指罪名包含的通过对某种危害社会行为的严厉否定评价，表明刑法对危害行为的态度，为广大公民提供了一个具体的行为准则，使他们明了什么行为是刑法禁止的，什么行为是刑法要求的。

（二）罪名的分类

罪名的分类，是指立法上或者司法上对刑法分则条文所确立的犯罪名称从不同的角度或者依照不同的标准进行的分类。研究罪名的分类，不仅有助于在立法上准确地设定罪名，而且还有助于在司法上根据不同种类的罪名来正确地认定并处罚犯罪。一般来说，罪名可以分为以下几类：

1. 类罪名与具体罪名

类罪名是某一类犯罪的名称。在我国《刑法》中，类罪名有大类罪名与小类罪名之分。所谓大类罪名，就是由《刑法》分则所确立的章罪名；所谓小类罪名，只在

《刑法》分则的部分章中存在着。具体来说,在《刑法》分则第 3 章的章罪名之下,还存在着 8 节的节罪名;在《刑法》分则第 6 章的章罪名之下,还存在着 9 节的节罪名。如果将章罪名称为大类罪名,那么,就可以将节罪名称为小类罪名。类罪名的作用主要是具有立法意义,即在立法上有助于将各种犯罪进行分类,从而形成科学合理的刑法分则体系。在司法机关认定某种犯罪时,不能以类罪名来定案。

具体罪名是各种具体犯罪的名称。具体罪名是不同性质、不同特征的各种犯罪行为的表现形式。各种具体犯罪的罪与非罪、此罪与彼罪界限,主要是通过具体罪名的不同来区分的。具体罪名既具有立法上的意义,也具有司法上的意义。在立法上,立法机关通过设置不同的罪名,体现出对不同性质的危害社会行为给予的不同否定评价;在司法上,司法机关通过宣判不同的罪名,将立法上应然的否定评价转化为实然的否定评价,以实现罪名的警示功能与宣示功能。

2.单一罪名、选择性罪名与概括性罪名

单一罪名,是指罪名所反映的犯罪构成要件只包含单一的内容,能够确定适用的形式。单一罪名不可被分解,更不能选择适用。例如,我国《刑法》规定的故意杀人罪、放火罪、爆炸罪等犯罪,都属于单一罪名,在司法实践中不能根据具体犯罪案件的表现形式将上述罪名分解,选择适用为爆炸杀人罪、放火毁财罪等。当某种危害社会行为触犯《刑法》分则所设定的单一罪名时,应当直接以该单一罪名定罪。我国《刑法》分则中的大部分罪名都是单一罪名。

选择性罪名,是指罪名所反映的犯罪构成要件包含着复杂的内容,具有不确定的可分解、选择适用的形式。根据我国刑法分则的有关条文规定,选择性罪名的构成大致有以下 3 种情形:第一种情形是行为具有可选择性,即在罪名中包括了多种构成要件的行为,因而形成选择性罪名。如《刑法》第 347 条规定的“走私、贩卖、运输、制造毒品罪”,其中就包括了 4 种犯罪构成要件行为的选择。第二种情形是对象具有可选择性,即在罪名中包括了多种构成要件的对象,因而形成选择性罪名。如《刑法》第 280 条规定的“伪造、变造、买卖国家机关公文、证件、印章罪”与“盗窃、抢夺、毁灭国家机关公文、证件、印章罪”这两个罪名,各包括了 3 种构成要件的行为与 3 种构成要件的对象。选择性罪名这种立法方式最大的优点在于,可以将具有相同或者相近性质、特征的危害行为确定为一个罪名,从而达到简化法条的效果,避免条文臃肿。选择性罪名具有两个主要特点:一是可分解;二是可选择适用。当行为人实施了选择性罪名反映的一种构成要件行为或者侵犯了其中的一个构成要件对象时,应当以该构成要件行为或者该构成要件对象作为刑事判决中认定的罪名;当行为人实施了选择性罪名反映的两个以上构成要件行为或者侵犯了其中的两个以上构成要件对象时,应当以该两个以上构成要件行为或者构成要件对象作为刑事判决中认定的罪名,并不实行数罪并罚。

概括性罪名,是指罪名所反映的犯罪构成虽然包含着复杂的内容,但只能概括使用,不能拆开独立使用的罪名。如《刑法》第116条规定的"破坏火车、汽车、电车、船只、航空器"犯罪,只能使用概括的"破坏交通工具罪",而不能出现"破坏火车罪"这样的罪名。对这一罪名的分类属性,理论上还有分歧。但通说观点认为,它是罪名的一种形式。

（三）罪名确定的原则

罪名的确定,有两种含义:一种含义是立法上罪名的确定,即指立法机关在制定刑法时,在刑法分则条文中确立各种不同的犯罪名称;另一种含义是司法上罪名的确定,指的是司法机关在适用刑法时,对被指控的某种触犯刑法的危害社会的行为判定具体的罪名。后一种含义的罪名的确定是以前一种含义的罪名的确定为前提和基础的。我国刑法分则条文中最高立法机关只对少数罪名予以确定,多数罪名没有在条文中确定,而是留待最高司法机关通过司法解释予以确定。一般来说,罪名的确定应当遵循以下几项原则。

1.合法性原则

所谓合法性原则,是指在确定罪名时要以刑法分则条文规定的具体犯罪的构成要件为依据,不得超出具体构成要件的范围来确定罪名。在遵循合法性原则确定罪名时,应当注意区分不同的罪状形式:第一,刑法分则条文采用简单罪状时,通常该罪状的表述用语可以直接被用作罪名,如《刑法》第233条过失致人死亡罪,是将该条"过失致人死亡的"的罪状表述用语直接用作罪名。第二,刑法分则条文采用叙明罪状时,如果在条文中已经对行为性质予以定性的,通常该定性的表述词可以直接被用作罪名,如《刑法》第196条信用卡诈骗罪,是直接将该条"有下列情形之一,进行信用卡诈骗活动"的罪状用作罪名。第三,刑法分则条文采用引证罪状时,通常可以将"本条款的特有罪状＋被引证罪名"的表述方式用作罪名,如《刑法》第124条第1款规定了"破坏广播电视设施罪"与"破坏公用电信设施罪"两个罪名,在该条第2款采用了"过失犯前款罪的"引证罪状表述方式,按照"本条款的特有罪状＋被引证罪名"方式来确定罪名,就可以分别得到"过失破坏广播电视设施罪"、"过失破坏公用电信设施罪"的罪名。第四,刑法分则条文采用空白罪状时,通常可以将"非法＋本条的特有罪状"的表述方式用作罪名,如《刑法》第340条规定的非法捕捞水产品罪,系将该条规定的"违反保护水产资源法规,在禁渔区、禁渔期或者使用禁用的工具、方法捕捞水产品"的空白罪状按照"非法＋本条的特有罪状"予以确定。

2.科学性原则

所谓科学性原则,是指在确定罪名时要科学地反映刑法分则条文规定的具体犯罪构成要件的本质特征。而能够包容刑法分则条文规定的具体犯罪构成要件本质特征的,只能是该罪的基本构成要件而不是非基本构成要件罪状。例如,对《刑法》第234条之所以确定为"故意伤害罪",就是因为其基本构成要件的罪状表述是"故意伤害他人身体的",而不是以其非基本构成要件即加重构成要件表述的"致人重伤"以及"致人死亡或者以特别残忍手段致人重伤造成严重残疾的",确定为"故意重伤罪"或者"过失重伤罪"、"过失致人死亡罪"。

3.概括性原则

所谓概括性原则,是指罪名的确定必须以准确、精练的用词集中表达具体犯罪构成要件的全部内容。例如,《刑法》第273条规定的"挪用用于救灾、抢险、防汛、优抚、扶贫、移民、救济款物"的叙明罪状对该罪构成要件的对象表述为7种,将上述7种构成要件的对象以"特定款物"予以概括,形成了"挪用特定款物罪"。

4.逻辑性原则

所谓逻辑性原则,是指对刑法分则各个条文的具体犯罪的罪名进行确定时,应当注意不同条文所采用的罪状表述方法之间的关系,坚持一致性,避免出现逻辑矛盾。如挪用公款罪就是适例。遵循这一原则可以使罪名的确定更加符合逻辑,也更加规范。

三、法定刑

(一)法定刑概述

法定刑,是指刑法分则条文对具体犯罪规定的刑罚种类与刑罚幅度。刑罚种类,可以简称为刑种;刑罚幅度,可以简称为刑度。

法定刑的确立与设定,是国家立法机关行使立法权的产物。国家立法机关通过在刑法分则条文中确立与设定法定刑,一方面揭示出国家对犯罪行为的否定评价和对犯罪人的谴责态度,使人们明了哪些行为是国家刑法所禁止的,是不能去实施的,哪些行为是国家刑法所要求的,是必须去完成的;另一方面也宣示了国家对各种不同犯罪行为的否定评价程度,告诉人们哪些严重危害社会的犯罪行为,将受到何种刑罚惩罚。

法定刑与宣告刑不同。宣告刑是在具体案件中的犯罪人被确定构成犯罪后,国家审判机关根据其具体犯罪情节在法定刑的幅度之内依法判处并宣告其应当实际执行的刑罚。因此,法定刑与宣告刑既有联系又有区别:首先,法定刑是宣告刑的前提与基础,而宣告刑是对法定刑所反映的国家否定评价与谴责态度的实现。法定刑是对触犯刑法的危害社会行为的应然否定评价,而宣告刑则是对触犯刑法的危害社会行为的实然否定评价。其次,法定刑对宣告刑有着严格的制约。宣告刑一般只能是在法定刑的幅度之内来确定,只有在法律特别规定的情况下(如适用特别减轻)才能够在法定刑的幅度之外来确定宣告刑。

法定刑与执行刑也不同。执行刑是国家刑罚执行机关对被国家审判机关宣告有罪并判处刑罚的犯罪人实际执行的刑罚。法定刑是宣告刑的根据,而宣告刑又是执行刑的根据。在通常情况下,宣告刑与执行刑是相等的。但在特殊情况下,执行刑可能要低于宣告刑。如,在宣告刑的执行期间,由于犯罪人具有立功表现而获得减刑时,实际执行的刑期便会少于原宣告刑。

(二)法定刑的种类

根据各国的立法实践与刑法理论,按照不同的标准,可以将刑法分则条文设定的法定刑划分为不同的种类。

1.以法定刑的刑种与刑度是否确定为标准,可以将法定刑分为绝对确定的法定刑、绝对不确定的法定刑与相对确定的法定刑3种。

(1)绝对确定的法定刑

绝对确定的法定刑,是指刑法分则条文对具体犯罪只规定了唯一的刑罚种类或者期限,不允许审判机关有任何自由裁量的余地。绝对确定的法定刑,根据刑法分则条文对具体刑种确立的不同,可以有以下几种立法形式:第一,只规定生命刑为具体犯罪或者具有特定情节的具体犯罪的唯一的刑种。如《刑法》第121条规定,犯劫持航空器罪,致人重伤、死亡或者使航空器遭受严重破坏的,处死刑"。第二,只规定有期限的自由刑为具体犯罪或者具有特定情节的具体犯罪的唯一刑种。第三,只规定资格刑为具体犯罪或者具有特定情节的具体犯罪的唯一刑种。第四,只规定特定数额的财产刑为具体犯罪的唯一刑种。绝对确定的法定刑,对于限制审判机关滥用司法权,有积极的意义;但是,由于犯罪现象是十分复杂的社会现象,不同性质的犯罪之间危害程度相差悬殊,即使是相同性质的犯罪之间危害程度也迥然不同。因此,如果不给审判机关留出一定的自由裁量余地是根本无法实行刑罚个别化的,也是无法实现罪责刑相适应的刑法基本原则的。

(2)绝对不确定的法定刑

绝对不确定的法定刑,是指在刑法分则条文中,只笼统地规定要给予刑罚处罚,但并不明确规定刑罚的刑种及刑度。由于绝对不确定的法定刑,未规定任何刑种及刑度,容易导致审判机关在量刑时的恣意妄为、滥用自由裁量权,造成罪刑不相称,因而在我国1997年《刑法》的分则条文中,没有采用这种法定刑的设定方式。

(3)相对确定的法定刑

相对确定的法定刑,是指刑法分则条文根据具体犯罪的不同社会危害程度,而设定了一定的刑度。在不同的刑法分则条文中,法定刑有着不同的规定方式:有的法定刑包含着若干个不同的刑种,供审判机关在量刑时选择适用;有的法定刑虽只有一个刑种,但对该刑种设定了上限与下限,供审判机关在量刑时确定适用;还有的条文设定了两个或者两个以上的刑度,供审判机关在量刑时选择适用。相对确定的法定刑的优点在于,在立法上既对审判机关的具体适用刑罚作了一定的约束,又为审判机关根据具体犯罪案件的不同情节适用刑罚提供了相当程度的自由裁量权,从而有利于贯彻罪责刑相适应原则。因此,相对确定的法定刑为当代各国刑法分则条文所广泛采用。

我国刑法分则条文也同样采用了相对确定的法定刑的立法方式。归纳起来,我国刑法分则条文中相对确定的法定刑主要有以下几种立法规定方式:

第一,只包含一个刑种的情况下规定该法定刑的最高限度。即刑法分则条文对具体犯罪只规定刑罚的最高限度,而该刑罚的最低限度则依照刑法总则的有关条文规定予以设定。如《刑法》第 448 条对"虐待俘虏罪"的法定刑规定为"处三年以下有期徒刑",只对该罪的法定刑最高期限设定为 3 年,该罪法定刑的最低期限,依《刑法》总则第 45 条的规定,限定为 6 个月。

第二,只包含一个刑种的情况下规定该法定刑的最低限度。即刑法分则条文对具体犯罪只规定刑罚的最低限度,而该刑罚的最高限度则依照刑法总则的有关条文规定予以设定。如《刑法》第 425 条对"战时擅离、玩忽军事职守"的犯罪行为的法定刑规定为"处五年以上有期徒刑",只对该法定刑幅度的最低期限设定为 5 年,该法定刑幅度的最高期限,则依照《刑法》第 45 条的规定,限定为 15 年。

第三,只包含一个刑种的情况下规定该法定刑的最高限度与最低限度。即刑法分则条文对具体犯罪同时规定了法定刑的最高限度与最低限度。如《刑法》第 236 条规定:"以暴力、胁迫或者其他手段强奸妇女的,处三年以上十年以下有期徒刑。"

第四,包含两个或者两个以上刑种的情况下对有关刑种的最高限度或者最低限度进行限定。即刑法分则条文根据不同的危害程度对具体犯罪在同一刑度内同时规定了两个或者多个刑种。例如,《刑法》第 295 条对"传授犯罪方法罪"在同一刑度内规定了"处五年以下有期徒刑、拘役或者管制"。其中,对有期徒刑限定了其最高限度。

2.以法定刑的刑度是否与犯罪危害程度发生联动关系为标准,可以将法定刑分为固定的法定刑与联动的法定刑两种。

(1)固定的法定刑

固定的法定刑,是指刑法分则条文规定的固定形式的法定刑,它不与具体犯罪的犯罪数额发生联动的关系。固定的法定刑,在我国刑法分则的条文中占绝大多数。

(2)联动的法定刑

联动的法定刑,也称浮动的法定刑,是指法定刑的具体限度并非由刑法分则条文以固定的形式规定,而是以与具体犯罪的犯罪数额联动的形式予以规定。如《刑法》第 204 条对"骗取国家出口退税款,数额较大"的犯罪行为,规定"并处骗取税款一倍以上五倍以下罚金"。在我国刑法分则条文中以这种联动的法定刑方式设定的法定刑,具有以下 3 个特点:第一,只存在于罚金刑这一附加刑中,其他的主刑与附加刑均未设定这样的联动法定刑。这主要是因为其他的主刑与附加刑不适合与具体犯罪的数额挂钩建立联动的关系。第二,只存在于经济犯罪与财产犯罪的法定刑中,其他类型的犯罪均未设定这样的联动法定刑。这主要是因为其他类型的犯罪其犯罪情节难以与罚金刑数额建立可比较的联动关系。第三,罚金刑与犯罪数额的联动挂钩采取比例幅度的方式设定。

3.以刑法分则条文是否直接规定了法定刑为标准,可以将法定刑划分为自设法定刑与援引法定刑。

(1)自设法定刑

自设法定刑,是指刑法分则条文直接地对具体犯罪的法定刑作了明确规定。自设法定刑,能够根据不同犯罪的性质及不同犯罪危害社会的程度,设定个别化的法定刑刑种及刑度,它既是刑罚个别化的客观要求,也有利于罪责刑相适应原则的更好实现。因此,尽管这种法定刑的立法规定方式可能造成法律条文的臃肿,但仍然应当成为刑法分则大多数条文设定法定刑的立法方式。

(2)援引法定刑

援引法定刑,是指刑法分则条文未直接对具体犯罪规定法定刑,而只是规定对该罪援引其他条款所设定的法定刑处罚。例如,《刑法》第 144 条对"生产、销售有毒、有害食品……致人死亡或者有其他特别严重情节的"行为,规定"依照本法第一百四十一条的规定处罚",即援引《刑法》第 141 条对"生产、销售假药罪""致人死亡或者有其他特别严重情节的"确定的法定刑幅度——"十年以上有期徒刑、无期徒刑或者死刑,并处罚金或者没收财产"。刑法分则条文之所以采用援引法定刑的立法方式,是为了简化分则条文。不过,援引法定刑的基础,是要求被援引的刑法分则条文所规定的犯罪,必须是与本刑法分则条文规定的犯罪在性质上近似的犯罪。

第四节　法条竞合

一、法条竞合概述

(一)法条竞合的概念

法条竞合,又称法规竞合、法律竞合、规范竞合,是指由于刑法对犯罪的错综规定,一个犯罪行为同时触犯了数个互相存在着整体或者部分包容关系的刑法分则条文,只能适用其中一个条文而排斥适用其他条文的情形。例如,《刑法》第 263 条规定的抢劫罪,其犯罪对象是"公私财物",而《刑法》第 127 条第 2 款规定的抢劫枪支、弹药、爆炸物罪,其犯罪对象是"枪支、弹药、爆炸物",前罪的犯罪对象外延可以包容后罪的犯罪对象。因此,抢劫枪支、弹药、爆炸物的行为,既触犯了《刑法》第 127 条第 2 款,同时也触犯了《刑法》第 263 条。这两个条文就形成了法条竞合关系。

（二）法条竞合的特点

一般来说,法条竞合具有以下几个特点：

1. 行为人基于一个罪过（故意或者过失）而实施了一个犯罪行为。如果是基于数个罪过,实施了数个不同的犯罪行为,则可能构成数个犯罪,通常不属于法条竞合。

2. 行为人实施的一个犯罪行为同时触犯了数个刑法分则条文。具体地说,就是行为人实施的一个危害行为同时符合了刑法分则不同条文所规定的数个犯罪的构成要件。如果一个危害行为只符合了刑法分则一个条文所规定的一个犯罪的构成要件,不属于法条竞合。

3. 行为人实施的一个危害行为触犯的数个刑法分则条文所规定的犯罪构成要件之间,存在着逻辑上的包容与被包容的关系,即竞合关系。如果一个危害行为虽然触犯了刑法分则数个不同的条文,符合各个条文所规定的犯罪构成要件,但各构成要件之间不存在着包容与被包容的关系,则不属法条竞合,而应当属于想象竞合。换言之,法条竞合与想象竞合具有相似性,二者都是一行为触犯了数个刑法分则条文,符合各个分则条文所规定的犯罪构成要件。但是,二者的根本区别在于：法条竞合中一行为所符合的数个犯罪构成要件之间具有包容与被包容的关系,而想象竞合中一行为所符合的数个犯罪构成要件之间没有包容与被包容的关系。因此,两种"竞合"形似而实不同。

4. 行为人实施的一个危害行为虽然触犯了数个法条规定的数个罪名,但只能根据一定的处理原则依照其中的某一法条定罪处罚,不能实行数罪并罚。

二、法条竞合的形态及其处理原则

（一）法条竞合的形态

法条竞合的形态,是指法条竞合所涉及的数法条规定的犯罪构成要件之间的逻辑关系的表现形式。根据我国刑法分则条文的规定分析,法条竞合可以表现为两种形态,即：一为数法条所规定的犯罪构成要件之间存在着整体包容与被包容的关系；二为数法条所规定的犯罪构成要件之间存在着部分包容与被包容的关系。我们也可以将上述法条竞合的两种形态分别表述为：重合关系的法条竞合形态与交叉关系的法条竞合形态。

1. 重合关系的法条竞合形态

重合关系的法条竞合形态,是指刑法分则的一个法条所规定的具体犯罪构成全部要件为另一个法条所规定的具体犯罪构成要件所包容。

重合关系的法条竞合形态在我国刑法分则条文中比较普遍地存在着。归纳起来说，大致表现为以下几种情形：

(1)因犯罪主体的重合而形成的法条竞合形态。例如，《刑法》第433条规定了战时造谣惑众罪，第378条规定了战时造谣扰乱军心罪。两罪的犯罪行为手段完全一致，但前罪由一般主体构成，而后罪则只能由军人构成。后罪的主体可以被前罪的主体完全包容。

(2)因犯罪对象的重合而形成的法条竞合形态。例如，《刑法》第398条规定了泄露国家秘密罪，第432条规定了泄露军事机密罪。在犯罪构成的对象要件上，军事机密完全可以包容在国家秘密当中；在犯罪构成的主体要件上，军人完全可以包容在一般主体当中；在犯罪构成的客观要件与主观要件上，两罪的行为手段与罪过形式都是完全一样的；在犯罪构成的客体要件上，军事利益可以完全包容在国家利益当中。

(3)因犯罪目的的重合而形成的法条竞合形态。如《刑法》第363条规定了制作、复制、出版、贩卖、传播淫秽物品牟利罪，第364条规定了传播淫秽物品罪。两罪的行为手段完全一致，但前罪不仅要求出于故意，还要求具有"以牟利为目的"，而后罪只要求出于故意，不要求具有上述目的。前罪的目的要件可以被后罪的一般故意要件完全包容。

(4)因犯罪手段的重合而形成的法条竞合形态。如《刑法》第224条规定了合同诈骗罪，第266条规定了诈骗罪。两罪的犯罪手段虽然都是诈骗，但前罪限定为利用合同诈骗，而后罪可以是以任何手段进行诈骗。前罪的特定犯罪手段可以被后罪的一般犯罪手段所完全包容。

(5)因犯罪时间的重合而形成的法条竞合形态。如《刑法》第424条规定了战时临阵脱逃罪，第435条规定了逃离部队罪。两罪的犯罪手段都是服役的军人逃离部队，但前罪要求犯罪的时间必须为"战时"，后罪未对时间作出限定，但战时犯此罪的，按加重刑处罚。前罪的犯罪时间可以被后罪的犯罪时间完全包容。

(6)因数个构成要件的同时重合而形成的复杂法条竞合形态。如《刑法》第438条规定了盗窃武器装备、军用物资罪，第264条规定了盗窃罪。虽然两罪的犯罪手段是相同的，都是盗窃，但前罪要求犯罪主体是军人，后罪未对主体作出限定；前罪要求犯罪对象是武器装备、军用物资，后罪则可以是任何他人财物。前罪的主体与对象可以被后罪的主体与对象完全包容。

2.交叉关系的法条竞合形态

交叉关系的法条竞合形态，是指刑法分则的一个法条所规定的具体犯罪构成的部分要件与另一个法条所规定的具体犯罪构成的部分要件发生交叉。具体地说,在两个不同法条所规定的不同具体犯罪的构成要件中,只有部分构成要件发生交叉,其他构成要件均未发生交叉。例如,《刑法》第279条规定了招摇撞骗罪,第266条规定了诈骗罪。两罪在两个构成要件上存在着交叉关系。一是在犯罪手段上,两罪都必须有"骗"的手段,但前罪的"骗"是限定的,只能是"冒充国家工作人员招摇撞骗",而后罪的"骗"是未限定的,可以是任何欺骗的手段。二是在犯罪对象上,两罪都可以是侵害了他人的财物,但后罪的对象限定为他人财物,而前罪的对象除了财物,还可以是其他利益,如美色、荣誉、职位等。因此,从犯罪手段上说,诈骗罪的范围要广于招摇撞骗罪;但从犯罪对象上说,招摇撞骗罪又要广于诈骗罪。所以,两罪不存在着谁包容谁,而只是彼此有一定的交叉,从而形成了交叉关系的法条竞合形态。

（二）法条竞合的处理原则

对于法条竞合的处理原则,应当根据法条竞合的不同形态予以确定。

1. 重合关系的法条竞合形态的处理原则

在重合关系的法条竞合形态下,应当适用"特别法优于一般法"或"特殊法优于普通法"的处理原则。在重合关系的法条竞合形态下,之所以要适用"特别法优于一般法"或"特殊法优于普通法"的原则,是因为立法机关考虑到某些犯罪行为具有特定的危害性,并表现出特定的犯罪特质,有必要为其单立法条从而设定相应的法定刑,因而将其以特别法或特殊法的形式予以规定,以区别于一般法或普通法。因此,在发生一般法或普通法与特别法或特殊法竞合的情况下,应当考虑适用特别法或特殊法,而排斥适用一般法或普通法。因此,当一个军人出于过失而泄露了军事机密时,他的行为既触犯了泄露军事机密罪这一特别法条,又触犯了泄露国家秘密罪这一一般法条,按照"特别法优于一般法"的处理原则,应当以泄露军事机密罪予以定罪处罚。

2. 交叉关系的法条竞合形态的处理原则

在交叉关系的法条竞合形态下,应当适用"复杂法优于简单法"的处理原则。由于犯罪现象的复杂性,立法机关在运用两个法条规制两个不同犯罪行为时,可能会将两个犯罪的某个或者某几个相同构成要件规定在两个法条中,从而形成交叉关系的法条竞合形态。一般来说,复杂法是立法机关对某种犯罪现象出于特别的考虑而设定的,其内部犯罪构成要件的内容规定要比简单法内部犯罪构成要件的内容规定更多。例如,《刑法》第219条规定的侵犯商业秘密罪与第264条规定的盗窃罪是具有交叉关系的法条竞合形态。其中,侵犯商业秘密罪的犯罪对象——商业秘密中的技术信息作为财产权的表现形式之一,其范围可以被盗窃罪的犯罪对象——他人财物所包容,但商业秘密中的经营信息则无法被盗窃罪的犯罪对象所包容;而侵犯商业秘密罪的行为手段包括了窃取、利诱、胁迫、披露、使用、允许他人使用及其他不正当手段,其范围远远大于盗窃罪的行为手段范围。因此,就《刑法》第219条与第264条相比较,应当认为前者为复杂法,后者为简单法。当某个行为人以盗窃的方法窃取了权利人的商业秘密时,应当依照《刑法》第219条以侵犯商业秘密罪定罪处罚。

我国刑法学界有学者认为,对于法条竞合形态,还应当适用"重法优于轻法"原则作为补充原则。即在当出现重合关系或者交叉关系的法条竞合形态时,应当首先考虑适用"特别法优于一般法"或者"复杂法优于简单法"原则;当在某些特殊情况下即特别法或复杂法规定的法定刑显然不能做到罪责刑相适应时,就应当考虑适用普通法或简单法即重法。这是值得研究的。在法律有特别规定即将"重法优于轻法"确立为法定原则的情形下,按照重法条定罪处罚当然是无可争议的。但在法律没有特别规定的情况下,仅仅因为适用特别法不能做到罪责刑相适应就要以"重法优于轻法"原则来取代"特别法优于一般法"原则或者"复杂法优于简单法"原则,恰恰是违背罪责刑法定原则的。

复习与练习

本章提要

罪刑分论是研究刑法所规定的具体犯罪及其刑事责任的理论。刑法概论、犯罪总论、刑罚总论与罪刑分论的相互关系,是抽象与具体、一般与个别、普遍与特殊的关系。刑法分则规范的逻辑结构,包括两个方面的内容:一是刑法分则条文内部的逻辑构造,即具体犯罪的条文结构;二是刑法分则条文外部的逻辑构造,即刑法分则体系。刑法分则的体系,采取主要以犯罪的同类客体为标准进行分类以及主要以犯罪的社会危害程度为标准进行排列的方法构造。刑法分则具体犯罪的条文结构,包括罪名、罪状与法定刑。其中,罪名有类罪名与具体罪名,单一罪名与选择性罪名、概括性罪名的分类。罪状的表述方式,包括简单罪状、叙明罪状、引证罪状、空白罪状与混合罪状。法定刑包括绝对不确定的法定刑、绝对确定的法定刑与相对确定的法定刑三种形式。刑法分则条文之间,存在着法条竞合形态。法条竞合形态分为重合关系的法条竞合和交叉关系的法条竞合两种:对重合关系的法条竞合形态,应当适用"特别法优于一般法"原则;对交叉关系的法条竞合形态,应当适用"复杂法优于简单法"原则。

重要概念

罪状　简单罪状　叙明罪状　引证罪状　空白罪状　罪名　选择性罪名
法定刑　援引法定刑　法条竞合

思考题

1. 我国刑法分则体系的特点是什么？

2. 简述罪状的概念及种类。

3. 简述罪名的概念及种类。

4. 简述法定刑的概念及种类。

5. 如何理解我国刑法分则中的法条竞合关系？

6. 在下列法条竞合关系的犯罪中，应当优先适用特别法的是(　　)。

A. 诈骗罪与合同诈骗罪

B. 生产销售伪劣产品罪与生产销售假冒化妆品罪

C. 逃离部队罪与战时临阵脱逃罪

D. 招摇撞骗罪与冒充军人招摇撞骗罪

第二十一章　危害国家安全罪

危害国家安全罪,是指由行为人故意实施的、危害国家主权独立、损害国家领土安全与完整、破坏现行的政治制度与社会制度的犯罪行为。1997 年《刑法》规定的危害国家安全罪,大部分来源于 1979 年《刑法》规定的反革命罪,但由于反革命罪特别强调具有推翻现有政权的反革命目的,因此,1997 年《刑法》将"反革命罪"改为"危害国家安全罪",抛弃了"反革命"这一意识形态色彩特别强烈的概念。对于危害国家安全的犯罪,《刑法》分则共计使用 12 个条文,详细规定了 12 种具体的犯罪及其刑罚。

本章重点
- 背叛国家罪
- 叛逃罪
- 间谍罪
- 为境外窃取、刺探、收买、非法提供国家秘密、情报罪

第一节　危害国家安全罪概述

一、危害国家安全罪的概念

危害国家安全罪,是指故意危害中华人民共和国国家安全的行为。

二、危害国家安全罪的特征

1.本类罪的客体是国家安全。"国家安全"是指国家独立、国家领土完整和安全、国家团结统一、国家政权、国家基本制度以及国家其他基本利益安全的总称。由于国家安全是国家赖以生存和发展的政治基础和物质基础,所以该类犯罪被认为是最严重的犯罪。根据《中华人民共和国反分裂国家法》第 8 条的规定,"台独"分裂势力以任何名义、任何方式造成台湾从中国分裂出去的事实,或者发生将会导致台湾从中国分裂出去的重大事变,或者和平统一的可能性完全丧失,国家得采取非和平方式及其他必要措施,捍卫国家主权和领土完整。

2.本类罪在客观方面表现为实施了危害中华人民共和国国家安全的行为。其

具体表现为《刑法》第 102 条至第 105 条及第 107 条至 112 条规定的各种犯罪行为。这类犯罪行为通常表现为作为的方式。

3.本类罪的主体多数为一般主体,少数为特殊主体。例如,背叛国家罪、投敌叛变罪的主体限于中国公民,叛逃罪的主体限于国家机关工作人员。

4.本类罪的主观方面表现为故意,过失不构成本类罪。

三、危害国家安全罪的分类

根据犯罪的客观表现形式和侵犯的具体客体不同,危害国家安全罪大致可以分为下面三类:

(一)危害国家安全、颠覆政权的犯罪

背叛国家罪,分裂国家罪,煽动分裂国家罪,武装叛乱、暴乱罪,颠覆国家政权罪,煽动颠覆国家政权罪,资助危害国家安全犯罪活动罪。

(二)叛变、叛逃的犯罪

投敌叛变罪,叛逃罪。

(三)间谍、资敌的犯罪

间谍罪,为境外窃取、刺探、收买、非法提供国家秘密、情报罪,资敌罪。

第二节　危害国家安全罪分述

一、背叛国家罪

(一)背叛国家罪的概念

背叛国家罪,是指中华人民共和国的公民,勾结外国或者勾结境外机构、组织、个人,危害中华人民共和国的国家主权、破坏国家领土的完整和安全的行为。

(二)背叛国家罪的特征

1.本罪侵犯的客体是国家的主权、领土完整和安全。国家主权即一个国家所有的,独立处理国内国际事务,不受任何其他国家、地区和个人势力干预或限制的最高权力。

本罪中的勾结对象具有两种不同的类型:一种是旧势力,包括对中国持敌视态度的外国政府、政党或国家联盟;另一种是对中国持仇视态度的境外组织。这里的"境外的机构和组织"可以是官方的,如外国政府设立的境外代表处、大使馆、领事馆等;也可以是非官方的,如跨国公司办事处、外国商社事务所等。而"被勾结的境外个人",则通常指具有外国国籍的、无国籍的自然人。由于外籍华人在法律上已不具有中国公民的身份,因而属于外国国籍人。海外华侨或台湾地区居民,由于其永久住所或主要生活经历在外,因而也属于"境外个人"。但是,对于长期居住在中国境内但不具有中国国籍的人员,不能单纯依据其居住状况否定其"境外个人的身份"。

2.本罪的客观方面包括两个层面,其中,同外国或者境外机构、组织、个人相互勾结的行为是犯罪的手段,而在此基础上实施的侵犯国家主权、领土完整和安全等实质性危害行为是目的。也就是说,手段行为与目的行为相互结合,缺少其中任何一个行为环节,都不能成立本罪。需要注意的是,本罪中的"勾结",是指投靠或者接受境外势力的指使、帮助及支持,或者与境外势力相互合作,以及获取其他形式的帮助,实施双方的共同意图行为。可以说,"勾结"是一种具体的行为,因此,思想观念层面的相互联系和沟通就不属于独立的"勾结"行为。"勾结"可以表现为,与境外敌对势力通谋对内发动战争,与外国政府签约出卖国家领土,与境外敌对势力相互联系颠覆社会主义制度,与境外敌对势力相互合作危害国家的安全等。"勾结"的目的必须是为实施危害主权独立、领土完整和国家安全的犯罪创造条件、奠定基础。

3.本罪的主体是中国公民。本罪只能由被背叛国家的人员所实施,即只能由本国公民实施。根据现行刑法的规定,被勾结的外国政府、境外机构、境外组织,不能同勾结人构成共同犯罪的关系,而对于被勾结的境外个人是否能同勾结人构成共同犯罪,理论上存在着不同的观点。但是,从背叛国家罪的内涵上说,国家之所以被背叛,是本国的公民实施了出卖国家利益的行为,背叛本身的含义限定了这一犯罪主体的范围,非本国公民的危害本国国家利益的行为,通常不能归入背叛行为的范畴。

4.本罪的主观方面是故意。

(三)背叛国家罪的处罚

根据《刑法》第102条、第113条第1款的规定,犯本罪的,处无期徒刑或者10年以上有期徒刑;对国家和人民危害特别严重、情节特别恶劣的,可以判处死刑。依照《刑法》第56条和第113条第2款的规定,犯本罪的,应当附加剥夺政治权利,可以并处没收财产。

二、分裂国家罪

(一)分裂国家罪的概念

分裂国家罪,是指采取组织、策划或者具体实施的方式,企图分裂国家、破坏国家统一的行为。

(二)分裂国家罪的特征

1.本罪侵犯的客体是国家的统一。

2.本罪的客观方面表现为实施"组织、策划、实施"的行为。具体内容包括:聚集人员、组织机构、制定纲领、确定方案、准备物资、策划密谋、确定目标,以及武装割据、宣告成立伪政府、宣告局部独立或者其他各种具体的破坏行为。"组织、策划和实施"是选择行为,无论实施哪种行为,只要符合其中一种行为的特征,都属于分裂国家罪的实行行为。此外,根据"两高"1999年10月30日颁布的《关于办理组织和利用邪教组织犯罪案件具体应用法律若干问题的解释》的规定,组织和利用邪教组织,进行组织、策划、实施分裂国家、破坏国家统一活动的,也以分裂国家罪论处。

3.本罪的主体是一般主体。无论是中国公民,还是外国公民,或者无国籍人都可以成为本罪的主体。

4.本罪的主观方面为故意,并要求具有分裂国家、破坏国家统一的目的。

(三)分裂国家罪的认定

本罪与背叛国家罪的区别

由于政权和领土的完整是国家安全的重要保障和前提条件,因此,本罪与背叛国家罪存在着局部范围内的交叉与重合。例如,采取勾结境外组织势力的方法实施分裂国家的犯罪,或者与境外人员相互勾结实施分裂国家的犯罪都将直接危及国家主权和国家安全,涉及了上述两罪名。根据《刑法》第106条规定,与境外机构、组织、个人相勾结,实施分裂国家的犯罪,仍应按《刑法》第103条的规定,以分裂国家罪论处。因此,以背叛国家罪的手段来实施和实现分裂国家的目的,应当以分裂国家罪论处。需要注意的是,背叛国家必然是具有本国国籍的人员,而勾结境外势力的行为则既可以由本国人员实施,也可以由境外个人完成。从这一层面上看,《刑法》第106条的规定更应当作为第103条的例外性补充。

(四)分裂国家罪的处罚

本罪处罚的主体包括分裂国家的首要分子或者罪行重大者、积极参加者、其他参加者。对首要分子或者罪行重大的,处无期徒刑或者10年以上有期徒刑;对积极参加的,处3年以上10年以下有期徒刑;对其他参加的,处3年以下有期徒刑、拘役、管制或者剥夺政治权利。此外,根据《刑法》第113条的规定,犯本罪,对国家和人民危害特别严重、情节特别恶劣的,可以判处死刑,并处没收财产。根据《刑法》第56条、第106条的规定,犯本罪的,应当附加剥夺政治权利;与境外机构、组织、个人相勾结的,从重处罚。

三、煽动分裂国家罪

(一)煽动分裂国家罪的概念

煽动分裂国家罪,是指煽动分裂国家、破坏国家统一的行为,即单纯的鼓动宣传,希望他人分裂国家的犯罪行为。

（二）煽动分裂国家罪的特征

1.本罪侵犯的客体是国家的统一。

2.本罪的客观方面表现为具有煽动的行为。这里的"煽动"内涵比较广泛,通常是指使用语言文字、音像设备、网络技术或者其他传播手段,通过编造谎言、歪曲事实、诋毁现实等方法,对他人进行宣传与鼓动。

本罪是举动犯,也就是说,只要一经实施鼓动、激发、诱惑他人实施分裂国家的行为,无论他人是否接受"煽动",也无论他人是否实施分裂国家的犯罪,煽动分裂国家罪都已成立。

3.本罪的主体是一般主体。

4.本罪的主观方面是故意,并且要求具有鼓动他人实施分裂国家的目的。因此,单纯的仇视与发泄而无鼓动他人犯罪的行为,或者单纯的分裂思想的表达而没有作用于他人的行为,即使内容涉及国家根本利益,也不能成立煽动分裂国家罪。

（三）煽动分裂国家罪的处罚

根据《刑法》第103条第2款的规定,犯本罪的,处5年以下有期徒刑、拘役、管制或者剥夺政治权利;首要分子或者罪行重大的,处5年以上有期徒刑。根据《刑法》第113条和第106条的规定,犯本罪的可以并处没收财产;与境外机构、组织、个人相勾结犯本罪的,从重处罚。

四、武装叛乱、暴乱罪

（一）武装叛乱、暴乱罪的概念

武装叛乱、暴乱罪,即组织、策划、实施武装叛乱或暴乱的犯罪行为。

（二）武装叛乱、暴乱罪的特征

1.本罪的客体是人民民主专政的政权和社会主义制度。

2.本罪的客观方面表现为组织、策划武装叛乱、武装暴乱的行为和具体实施武装叛乱、暴乱的行为。这两种行为方式同时或者交错实施都成立犯罪,但根据选择罪名的一般特征,即使多种武装叛乱和暴乱的行为相互交错实施,也只成立一罪。

本罪中的"武装",是指行为人装备了各种明显具有杀伤力或破坏力的武器、枪械、器具,例如装备枪支、火炮、爆炸物、燃烧物等,但是,携带和使用具有一定杀伤力的棍棒和刀斧也可视为"武装"。"叛乱"与"暴乱"的外部表现大体上相同,都是指使用武装或者严重暴力的方式,对国家安全、政治稳定和社会秩序进行大规模的破坏活动。二者的主要区别在于,前者具有叛变或者投靠境外敌对势力的行为意图或者行为倾向,而后者则为单纯在境内实施大规模暴力性破坏与骚乱,同国家、政府、法律直接对抗,并无叛变或者投敌的意图或目的。

本罪的客观表现形式多样,既包括招募、聚集与管理叛乱或暴乱分子的活动,也包括叛乱或暴乱活动的领导与指挥,以及为叛乱或者暴乱活动提供武器装备的行为。但是,在针对"国家机关工作人员、武装部队人员、人民警察或民兵"等特定对象时,还可以采取"策动、胁迫、勾引、收买"等方式。换句话说,被组织、策划参与叛乱或暴乱犯罪的对象,其身份、地位和性质的不同,虽然并不改变犯罪的性质,但却影响犯罪人的刑事责任。此外,实际的组织、策划行为还存在方式的不同和程度上的区别,如使用暴力加以逼迫、利用物质利益引诱、通过游说进行鼓动、采取其他方法使人屈从等,但无论是否使用暴力,只要行为能够产生组织、策划他人参与的作用,都构成相同的武装叛乱、暴乱罪。

3.本罪的主体是一般主体。

4.本罪的主观方面是故意的。

(三)武装叛乱、暴乱罪的认定

1.本罪的既遂与未遂

本罪是行为犯,只要行为人实施了组织、策划、实施武装叛乱、暴乱的行为,就构成犯罪既遂,是否造成危害结果不影响既遂的构成。

2.本罪的一罪与数罪

在武装叛乱、暴乱的过程中,如果出现了杀人、伤害、放火、抢劫等行为,仍按本罪一罪处理。因为武装叛乱、暴乱罪实质上涵括了这些行为,不再数罪并罚。

(四)武装叛乱、暴乱罪的处罚

根据《刑法》第104条的规定,犯本罪的,对首要分子或者罪行重大的,处无期徒刑或者10年以上有期徒刑;对积极参加的,处3年以上10年以下有期徒刑;对其他参与的,处3年以下有期徒刑、拘役、管制或者剥夺政治权利。

根据《刑法》第106条、第113条和第56条的规定,与境外机构、组织、个人相勾结犯本罪的,从重处罚;对国家和人民危害特别严重、情节特别恶劣的,可以判处死刑,并处没收财产;犯本罪的,应当附加剥夺政治权利。

五、颠覆国家政权罪

(一)颠覆国家政权罪的概念

颠覆国家政权罪,是指组织、策划、实施颠覆现行国家政权、推翻社会主义国家制度的行为。

(二)颠覆国家政权罪的特征

1.本罪的客体是中华人民共和国国家政权和社会主义制度。

2.本罪的客观方面表现为实行组织、策划、实施颠覆国家政权、推翻社会主义制度的行为。其行为方式是多种多样的,包括公开的和秘密的手段,还包括暴力和非暴力的手段,如以和平演变的方式夺取政权等。此外,组织、策划与具体实施两种不同的行为方式都能成立本罪,只要行为是以颠覆国家政权、推翻社会主义制度为目的。换句话说,本罪的既遂不要求行为人造成颠覆国家政权、推翻社会主义制度的实际结果,只要存在组织、策划、实施的行为之一即可。

3.本罪的主体为一般主体,只要已满16周岁具有刑事责任能力的人均可以成为本罪主体。

4.本罪的主观方面为故意,并且行为人必须具备颠覆国家政权、推翻社会主义制度的目的。

(三)颠覆国家政权罪的认定

1.本罪的罪与非罪

本罪是行为犯,因而只需要具备颠覆国家政权、推翻社会主义制度的具体行为事实就可构成犯罪,并不要求发生实际的结果。按照最高人民检察院和最高人民法院1999年10月30日颁布的《关于办理组织和利用邪教组织犯罪案件具体应用法律若干问题的解释》的规定,组织和利用邪教组织,继而进行组织、策划、实施颠覆国家政权、推翻社会主义制度的活动,也以颠覆国家政权罪论处。

2.本罪与武装叛乱、暴乱罪的区别

二者的主要区别在于行为方式的不同。本罪表现为组织、策划、实施颠覆国家政权、推翻社会主义制度的行为。颠覆和推翻的方式包括公开的和秘密的、暴力的和非暴力的;而武装叛乱、暴乱罪强调使用武力,属于暴力方式。

(四)颠覆国家政权罪的处罚

根据《刑法》第105条第1款的规定,犯本罪的,对首要分子或者罪行重大的,处无期徒刑或者10年以上有期徒刑;对积极参加的,处3年以上10年以下有期徒刑;对其他参与的,处3年以下有期徒刑、拘役、管制或者剥夺政治权利。与境外机构、组织、个人相勾结犯本罪的,从重处罚。根据《刑法》第113条第2款的规定,犯本罪的,可以并处没收财产。根据《刑法》第56条的规定,犯本罪的,应当附加剥夺政治权利。

六、煽动颠覆国家政权罪

(一)煽动颠覆国家政权罪的概念

煽动颠覆国家政权罪,是指以造谣、诽谤或者其他方式,煽动他人实施颠覆国家政权、推翻社会主义制度的行为。

(二)煽动颠覆国家政权罪的特征

1.本罪的客体是中华人民共和国国家政权和社会主义制度。

2.本罪的客观方面表现为实施"煽动"行为。所谓"煽动"包括"造谣、诽谤或者其他类似的方式",其中"造谣"一般是指无中生有、凭空捏造,继而散布捏造的谣言,混淆公众视听的行为;"诽谤"一般是指编造、散布虚假的事实,借以诋毁政权与制度的声誉的行为;"其他方式"通常是指与造谣、诽谤的作用相似或者接近的各种行为,如发表演讲、散布宣传资料、张贴传单、邮寄或通过网络传递不实材料等。至于被煽动的人员是否真正实施颠覆国家政权、推翻社会主义制度的行为,不影响本罪的成立。

3.本罪的主体是一般主体。

4.本罪的主观方面是故意,并具有危害国家政权和推翻社会主义制度的目的。

(三)煽动颠覆国家政权罪的认定

1.本罪的罪与非罪

本罪是典型的举动犯,他人是否被煽动,是否出现危害结果,都不影响犯罪的成立。根据最高人民法院 1998 年 12 月 11 日通过的《关于审理非法出版物刑事案件具体应用法律若干问题的解释》第 1 条规定,明知出版物中载有煽动颠覆国家政权、推翻社会主义制度的内容,而予以出版、印刷、复制、发行、传播的,以煽动颠覆国家政权罪定罪。

2.本罪的一罪与数罪

行为人既煽动他人进行颠覆国家政权的活动,又亲自组织、策划、实施颠覆国家政权犯罪活动的,应按煽动颠覆国家政权罪和颠覆国家政权罪数罪并罚。

3.本罪与煽动分裂国家罪的区别

二者的主要区别在于行为的表现上存在着一定的差别。对煽动分裂国家罪,刑法并未特别限定具体的行为方法,凡是能够形成鼓动、激发、刺激他人实施分裂国家犯罪作用的行为,都属于"煽动"范围;而煽动颠覆国家政权罪中的"煽动"则被刑法明确规定为"造谣、诽谤或者其他类似的方式"。

(四)煽动颠覆国家政权罪的处罚

根据《刑法》第 105 条第 2 款的规定,犯本罪的,处 5 年以下有期徒刑、拘役、管制或者剥夺政治权利;对首要分子或者罪行重大的,处 5 年以上有期徒刑。根据《刑法》第 106 条的规定,与境外机构、组织、个人相勾结犯本罪的,从重处罚。根据《刑法》第 113 条第 2 款的规定,犯本罪的,可以并处没收财产。根据《刑法》第 56 条的规定,犯本罪的,应当附加剥夺政治权利。

七、资助危害国家安全犯罪活动罪

(一)资助危害国家安全犯罪活动罪的概念

资助危害国家安全犯罪活动罪,是指行为人本身并不直接实施危害国家安全的犯罪行为,而是以资助为手段,协助、促成其他人实施背叛国家罪,分裂国家罪,煽动分裂国家罪,武装叛乱、暴乱罪,颠覆国家政权罪,煽动颠覆国家政权罪等危害国家安全的犯罪行为。

（二）资助危害国家安全犯罪活动罪的特征

1.本罪的客体是中华人民共和国的国家安全。

2.本罪的客观方面的核心在于资助行为。这里"资助"仅限于一定的物质性帮助，如为上述各种犯罪提供活动经费、提供活动场所、提供特种物资或设备等，而不包括精神上或心理上的鼓励、刺激与抚慰。

3.本罪的主体是一般主体。既可以是境内外的组织，也可以是境内外的自然人，但被资助的对象则应当是境内的组织或自然人。而且资助对象本来就已具有实施危害国家安全罪的意图，或者已经开始实施危害国家安全罪的行为，资助行为本身并不直接造成资助对象的犯罪意图。

4.本罪的主观方面是故意，并且行为人明知被资助人准备实施、正在实施或者已经实施完毕某一危害国家安全的犯罪。

（三）资助危害国家安全犯罪活动罪的认定

本罪的共同犯罪问题

在客观形式上，资助危害国家安全犯罪活动罪的行为，具有较为明显的共同犯罪和帮助行为的基本特征；在主观心理上，资助人明知被资助人会实施特定犯罪而协助其犯罪，因而具有同被资助人相同的犯罪故意。但是，成立本罪的实施行为本身还具有其独立的目的，也就是说，资助行为还包含着共同犯罪中帮助行为所无法包含的行为内容，因此，资助人与被资助人之间并不成立共同犯罪。如果行为人不仅实施了一定的资助行为，还同被资助人共同进行组织、策划或者实施某一特定的危害国家安全的犯罪，或者对被资助人进行煽动、教唆，那么，就有可能构成共同犯罪。

（四）资助危害国家安全犯罪的处罚

根据《刑法》第107条的规定，犯本罪的，对直接责任人员处5年以下有期徒刑、拘役、管制或者剥夺政治权利；情节严重的，处5年以上有期徒刑。根据《刑法》第113条第2款的规定，犯本罪的，可以并处没收财产。根据《刑法》第56条的规定，犯本罪的，应当附加剥夺政治权利。

八、投敌叛变罪

（一）投敌叛变罪的概念

投敌叛变罪，是指中国公民背叛国家投奔敌人营垒，或者被捕、被俘后投降敌人，危害国家安全的行为。

（二）投敌叛变罪的特征

1.本罪的客体是国家安全。

2.本罪的客观方面具有两种不同的行为方式，投敌行为和叛变行为。其中，

"投敌"是指本国公民以实施危害国家安全活动为目的,主动投靠敌对势力的行为;"叛变"是指本国公民被敌对势力俘虏、控制之后,向敌对势力投降,继而进行危害国家安全活动的行为。投敌与叛变,既可能是犯罪人积极主动的行为,也可能是在被他人策动、引诱、收买等条件下的消极被动的行为。投敌与叛变既可能是单独的行为,即或者投敌或者叛变,也可能是连续的行为,即投敌与叛变合二为一。通常情况下,以下行为可以认为是较为典型的投敌叛变行为:(1)脱离并且背叛国家;(2)变节投降、投奔敌人占领或者控制的地区;(3)主动联络敌对势力,潜伏在内部伺机从事破坏活动或其他危害国家安全的组织、策划活动;(4)被敌对势力捕获后投降,并继而从事危害国家安全的活动;(5)被敌对势力捕获后投降,接受敌对势力的派遣返回内部从事破坏活动;(6)率领武装部队、人民警察或民兵投奔敌对势力。

3.本罪的主体是特殊主体,即本罪的实行犯只能是中华人民共和国公民。如果非中华人民共和国公民策动、帮助、引诱中国公民投敌、叛变,或者强制中国公民投敌、叛变,则可以同中国公民一起构成本罪的共犯。

4.本罪的主观方面是故意,并且具有危害国家安全的目的。因此,行为人基于经济目的、感情目的或其他目的而偷越国(边)境、投靠敌对势力、投奔敌占区,并且尚未实施危害国家安全的活动的,一般不能成立投敌叛变罪。

(三)投敌叛变罪的认定

1.本罪的罪与非罪

本罪通常发生在本国与他国交战的状态之下,或者发生在两国关系处于明显敌对的状态中。但是,即使处于这一特定的状态,对于投靠敌方的行为也不是一定成立犯罪。比如说,缺乏明显的危害国家安全的故意的行为,包括因投靠亲友而进入敌占区的行为,因经商买卖而进入敌占区的行为,或者因为继承财产、解决私人纠纷而进入敌对国家的行为,等等。此外,从历史事实和中国政府的一贯政策分析,两国之间发生武装冲突,因参加军事活动而被敌对势力捕获,其后又被敌方强迫劳役或受敌方胁迫而参加其他非军事对抗、非刺探军情或严重破坏的活动的,通常不应当认定为投敌叛变罪。

2.本罪的一罪与数罪

如果行为人投敌叛变后,又实施了其他危害国家安全的行为,那么通常后行为只作为判定投敌叛变行为的重要指标与依据,不再成立其他独立的罪名。如果投敌叛变行为与其后的危害国家安全的行为之间存在着牵连关系,且投敌叛变后的行为又能满足其他危害国家安全罪的构成要件,则应当按照牵连犯的处理原则处罚。

(四)投敌叛变罪的处罚

根据《刑法》第108条的规定,犯本罪的,处3年以上10年以下有期徒刑;情节严重或带领武装部队人员、人民警察、民兵投敌叛变的，处 10 年以上有期徒刑或者无期徒刑。根据《刑法》第 113 条的规定，犯本罪，对国家和人民危害特别严重、情节特别恶劣的，可以判处死刑，并处没收财产。根据《刑法》第 56 条的规定，犯本罪的，应当附加剥夺政治权利。

九、叛逃罪

（一）叛逃罪的概念

叛逃罪是指国家机关工作人员和掌握国家秘密的国家工作人员，在履行公务期间，擅离岗位，叛逃境外，或者在境外叛逃，危害国家安全的行为。

（二）叛逃罪的特征

1. 本罪侵犯的客体是中华人民共和国国家安全。

2. 本罪客观方面表现为行为人在履行公务期间，擅离岗位，叛逃境外或者在境外叛逃，危害国家安全的行为。"履行公务期间"，指的是为履行职责、依法完成公务活动的期间。本罪的行为具体表现为：（1）"叛逃境外"，即叛逃发生前，行为人处于在境内履行公务的状态，叛逃行为直接改变了行为人所处的地理位置和政治地位；（2）"境外叛逃"，即行为人叛逃前处于在境外履行公务的状态，叛逃行为只改变了行为人的政治地位而并未直接改变其所处的地理位置，行为人从境外履行公务的一国向第二国叛逃的行为，也属于"境外叛逃"，其行为本质上也只改变了其政治地位。例如，我国常驻境外机构的国家工作人员叛逃的，临时出境执行公务的国家机关工作人员叛逃的，在境外学习、进修、工作的国家机关工作人员和掌握国家秘密的国家工作人员叛逃的，以及国家机关工作人员和掌握国家秘密的国家工作人员非法出境然后叛逃的，都可以叛逃罪论处。

3. 本罪的主体是特殊主体，包括"国家机关工作人员"与"掌握国家秘密的国家工作人员"两类。其中，"国家机关工作人员"的定义比较清晰，即在国家权力机关依法从事公共事务管理和执行的公务员。"掌握国家秘密的国家工作人员"所涉及的身份范围比较宽泛，包括掌握国家秘密的党、政机关的一般工作人员，掌握国家秘密的在国有企事业单位、人民团体中依法从事公务的工作人员，以及其他掌握国家秘密的、刑法规定以国家工作人员论处的特定人员。换句话说，除了国家机关工作人员之外，其他按照刑法规定以国家工作人员论的各种人员，一旦掌握了国家秘密而叛逃的，也可以成立叛逃罪，并且应当从重处罚。这里，是否掌握国家秘密，并非国家机关工作人员成立叛逃罪的必要条件，但却是国家工作人员成立叛逃罪的必要条件。

4. 本罪的主观方面是故意，并具有危害国家安全的目的。叛逃的动机只影响量刑，不影响定罪。

（三）叛逃罪的认定

本罪与投敌叛变罪的区别

二者在行为形式上存在着部分重合，两罪的形式结果都是行为人实际离开了国境、脱离了国家。但是，叛逃罪与投敌叛变罪又存在着明显的区别：（1）行为方式不同。刑法对叛逃罪没有提出叛逃方向的要求，行为人只要离境、脱离了国家的管束，无论叛逃至敌对势力还是其他境外势力，犯罪都能成立；而刑法对投敌叛变罪则有明确的方向要求，投靠的势力必须是境外敌对势力，与我国的国家制度和政治力量之间存在着明确的敌我界限。（2）主体范围不同。叛逃罪的行为主体必定是国家机关工作人员或者掌握国家秘密的国家工作人员，即刑法理论通常所谓的特殊主体；而投敌叛变罪则无主体身份的特殊要求，国家机关工作人员、国家工作人员以及普通中国公民都可以是投敌叛变罪的犯罪主体。

（四）叛逃罪的处罚

根据《刑法》第 109 条的规定，犯本罪的，处 5 年以下有期徒刑、拘役、管制或者剥夺政治权利；情节严重的，处 5 年以上 10 年以下有期徒刑。掌握国家秘密的国家工作人员犯本罪的，从重处罚。根据《刑法》第 113 条第 2 款的规定，犯本罪的，可以并处没收财产。根据《刑法》第 56 条的规定，犯本罪的，应当附加剥夺政治权利。

十、间谍罪

（一）间谍罪的概念

间谍罪，是指参加间谍组织，或者接受间谍组织及其代理人的任务，或者为敌人指示轰击目标的行为。

（二）间谍罪的特征

1.本罪的客体是中华人民共和国国家安全。

2.本罪的客观方面表现为："参加间谍组织"、"接受间谍组织及其代理人的任务"或"为敌人指示轰击目标"三种方式，无论是实施其中一种行为或者多种行为，都只成立间谍罪一罪。其中，（1）参加间谍组织，是指表示一定的意愿并履行一定的手续而成为间谍组织成员，或者通过信件、互联网、电子通信等方式加入间谍组织的行为。由行为人本人授权，由其他境外人员代为办理加入间谍组织的手续，并因此成为间谍组织成员的行为，通常可以被认为授权人已经参加了间谍组织。（2）接受间谍组织及其代理人的任务，是指行为人虽然形式上并未履行参加间谍组织的手续，但事实上接受了间谍组织及其代理人委派的任务，接受任务的行为就成立间谍罪。这里的"间谍组织代理人"，指接受间谍组织或间谍组织成员的指使，代理间谍组织向行为人明确授意，要求其进行间谍活动的人。（3）为敌人指示轰击目标，则既不需要行为人已参加间谍组织，也不需要行为人接受间谍组织及其代理人委派,只要行为人受指使而指示轰击目标的,或者行为人主动为敌人指示轰击目标的,其行为都成立间谍罪。一般而言,为敌人指示轰击目标的行为往往发生在战争期间,这一行为直接危及国家安全和军事利益。根据刑法的规定,为敌人指示轰击目标的行为本身已经成立犯罪,所指示的目标是否准确、目标是否遭受轰击,都非间谍罪的必要构成要件。

3.本罪的主体是一般主体。只要实施针对中华人民共和国国家安全的间谍行为,无论是本国人、外国人、多国籍人还是无国籍人,都符合间谍罪行为主体的构成要件。而且,随着经济建设的不断发展和社会的进一步开放,大量实施间谍行为的人都以公开合法的身份,如商人、学者、学生乃至以外交人员的身份作掩护,间谍行为往往是在其合法身份的掩饰下秘密进行的。

4.本罪的主观方面是故意,但不以特定的动机或目的为必要的构成要件。一般而言,参加间谍组织、实施间谍行为,都基于一定的动机,都存在着一定的目的,如仇视社会主义制度、贪图间谍机构许诺的钱财,甚至是一些个人的恩怨,都有可能促使行为人参加间谍组织或接受间谍组织委派的任务,但动机和目的并不影响本罪的成立。

(三)间谍罪的处罚

根据《刑法》第110条的规定,犯本罪的,处10年以上有期徒刑或者无期徒刑;情节较轻的,处3年以上10年以下有期徒刑。根据《刑法》第113条的规定,犯本罪,对国家和人民危害特别严重、情节特别恶劣的,可以判处死刑,并处没收财产。根据《刑法》第56条的规定,犯本罪的,应当附加剥夺政治权利。

十一、为境外窃取、刺探、收买、非法提供国家秘密、情报罪

(一)为境外窃取、刺探、收买、非法提供国家秘密、情报罪的概念

为境外窃取、刺探、收买、非法提供国家秘密、情报罪,是指通过一定的途径,或采取一定的手段,为我国境外的各种组织、机构或个人窃取、刺探、收买、非法提供国家秘密或情报的行为。

(二)为境外窃取、刺探、收买、非法提供国家秘密、情报罪的特征

1.本罪的客体是中华人民共和国国家安全和利益。

2.本罪的客观方面包括窃取、刺探、收买、非法提供四种行为方式。所谓"窃取",即秘密获取、非法获取的行为,与通常意义上的"偷盗"方式基本相同,但由于"窃取"的对象与一般的盗窃行为不同,故采取诸如秘密录音、秘密拍摄等方式获取国家秘密的,也属于"窃取",即任何以不为人知的、隐匿诡秘的方式获取国家秘密或机密情报的行为,都为"窃取";所谓"刺探",是指为掌握秘密或情报,通过各种人际关系或采取其他直接、间接的手段进行打探、套问或了解的行为,"刺探"的目的

在于掌握国家秘密或者情报的具体内容、存放地点或保管人员等信息,往往不以获取实际的物理载体为目标,这是"刺探"与"窃取"的基本区别;所谓"收买",通常包括两种手段,一是金钱、物质利益的引诱,二是色情或其他非物质利益的诱惑,"收买"的目的在于通过笼络掌握秘密或情报的人员,获得其需要的国家秘密或者情报的具体内容或物理载体;所谓"非法提供",通常是指掌握国家秘密或者情报的人员,或者已经了解国家秘密或情报的人员,未经许可或未履行必要的手续,私自将所掌握或所了解的国家秘密或情报,提供给不应当掌握、不应当了解这一国家秘密或情报的境外人员;所谓"国家秘密"指直接关系国家安全和利益的,根据法律的规定、遵循法定的程序所确定的、在规定的时限内,仅由特定范围内少数人掌握的信息或其他具体事项;所谓"情报",指是同样关系国家安全和利益但不包括上述国家秘密的,涉及国家政治、经济、技术、文化、人事安排等方面尚未公开的信息,或者暂时不宜公开的内部信息。

3.本罪的主体是一般主体。

4.本罪只能由故意构成。意外获取国家秘密或情报,如盗窃钱财时的无意取得,拾得遗失物时的意外发现,或者受人蒙骗传递国家秘密或情报等,由于其获得国家秘密的行为并非基于特定的认识和意志,因而不能成立这一犯罪。

(三)为境外窃取、刺探、收买、非法提供国家秘密、情报罪的认定

本罪的一罪与数罪

本罪是一项包含多种行为方式的选择性罪名,在实践中,往往需要根据行为人具体的实施行为,进行确定。如果行为人实施了为境外刺探国家秘密的行为,罪名就定为"刺探国家秘密罪";如果行为人实施了为境外窃取国家情报的行为,罪名就定为"窃取情报罪"。但是,只要在刑法规定的四种行为形式的范围内,无论行为的数量多寡都只能成立一罪。因此,如果行为人既窃取、刺探国家秘密或情报,又收买、非法提供国家秘密或情报,就定为"为境外窃取、刺探、收买、非法提供国家秘密、情报罪"。

(四)为境外窃取、刺探、收买、非法提供国家秘密、情报罪的处罚

根据《刑法》第111条的规定,犯本罪的,处5年以上10年以下有期徒刑;情节特别严重的,处10年以上有期徒刑或者无期徒刑;情节较轻的,处5年以下有期徒刑、拘役、管制或者剥夺政治权利。根据《刑法》第113条的规定,犯本罪,对国家和人民危害特别严重、情节特别恶劣的,可以判处死刑,并处没收财产。根据《刑法》第56条的规定,犯本罪的,应当附加剥夺政治权利。

十二、资敌罪

(一)资敌罪的概念

资敌罪,是指战时为敌对方提供武器装备或者其他军用物资的行为。

（二）资敌罪的特征

1.本罪的客体是中华人民共和国国家安全。本罪的对象,即资助的物品必须是武器装备或其他军用物资,向敌人提供现金帮助或者其他非军用物资的帮助,也不成立资敌罪。所谓的敌人,是指一种整体上的敌对的武装势力,通常并不包含个别的敌对分子。因此,战争期间为被俘的敌方战斗人员提供食品、药物的行为,通常都符合国际人道法的一般原则,不应将该行为视为资敌,更不应当认为是资敌罪。战争期间为个别敌方人员提供非军用物资的帮助,一般也不成立资敌罪。

2.本罪的客观方面表现为向敌人提供军用物资的行为。并且,资助敌人的行为必须发生在战时,即整个战争期间或发生具体战斗的期间,资助敌人的行为发生在非战时的,不成立资敌罪。

3.本罪的主体通常是本国公民,但其他境外人员在符合刑法规定的条件下,也可以成为资敌罪的行为主体。

4.本罪的主观方面是故意,即行为人在明知被资助方是战争的敌对方的条件下,仍然向其提供武器装备或者其他军用物资。

（三）资敌罪的处罚

根据《刑法》第 112 条的规定,犯本罪的,处 10 年以上有期徒刑或者无期徒刑;情节较轻的,处 3 年以上 10 年以下有期徒刑。根据《刑法》第 113 条的规定,犯本罪,对国家和人民危害特别严重、情节特别恶劣的,可以判处死刑,并处没收财产。根据《刑法》第 56 条的规定,犯本罪的,应当附加剥夺政治权利。

复习与练习

本章提要

危害国家安全罪,是指故意危害中华人民共和国国家安全的行为。本类罪的客体是国家安全。本类罪在客观方面表现为实施了危害国家安全的行为。本类罪的犯罪主体大多是一般主体,少数是特殊主体,如背叛国家罪、投敌叛变罪的主体限于中国公民,叛逃罪的主体限于国家机关工作人员。本类罪在主观方面为故意,过失不成立本类罪。针对本类罪的刑罚在整体上处于较为严厉的状态,由于大部分危害国家安全的犯罪行为都有可能特别严重地侵害国家和人民的利益,或者表现出特别恶劣的犯罪情节,故刑法还对这类犯罪行为规定有死刑。具体地说,除了煽动分裂国家罪、颠覆国家政权罪、煽动颠覆国家政权罪、资助危害国家安全犯罪活动罪和叛逃罪之外,其他危害国家安全的犯罪,如果满足刑法规定的危害特别严重、情节特别恶劣的条件,则可以适用死刑。此外,对于实施危害国家安全罪的行为人,在判处主刑的同时,还需要附加剥夺政治权利,还可以并处没收财产。

重要概念

危害国家安全罪　背叛国家罪　叛逃罪　间谍罪　为境外窃取、刺探、收买、非法提供国家秘密、情报罪　资敌罪

思考题

1.试述危害国家安全罪的概念和特征。

2.试述背叛国家罪的概念和特征。

3.试述间谍罪的概念和特征。

第二十二章　危害公共安全罪

危害公共安全罪是指故意或者过失地实施危害不特定的多数人的生命、健康或者重大公私财产安全的行为。《刑法》分则第二章规定的犯罪，其社会危害性仅次于危害国家安全罪，而且与危害国家安全罪一章不同的是，其中许多罪均是常见罪。该章从第114条至第139条，共26个条文，规定了43个罪名；《刑法修正案（三）》修改删除了非法买卖、运输核材料罪，增加了一个条文，即第120条之一"资助恐怖活动罪"，根据《刑法修正案（九）》的修改内容，罪名已调整为"帮助恐怖活动罪"；《刑法修正案（六）》增加了强令违章冒险作业罪，大型群众性活动重大安全事故罪，不报、谎报安全事故罪；《刑法修正案（八）》增加了一个条文，即第133条之一"危险驾驶罪"；《刑法修正案（九）》增加了5个条文，即恐怖活动预备罪，宣扬恐怖主义、极端主义罪，利用极端主义破坏制度实施罪，强制穿着、佩戴恐怖主义、极端主义服饰、标志罪，非法持有宣扬恐怖主义、极端主义物品罪。《刑法修正案（十一）》增加了妨害安全驾驶罪、危险作业罪。因此，危害公共安全罪一章共37个条文54个罪名。

本章重点

- 放火罪
- 爆炸罪
- 投放危险物质罪
- 组织、领导、参加恐怖组织罪
- 帮助恐怖活动罪
- 劫持航空器罪
- 非法制造、买卖、运输、邮寄、储存枪支、弹药、爆炸物罪
- 非法持有、私藏枪支、弹药罪
- 交通肇事罪
- 危险驾驶罪
- 重大责任事故罪

第一节　危害公共安全罪概述

一、危害公共安全罪的概念

危害公共安全罪,是指故意或者过失地实施危害不特定的多数人的生命、健康或者重大公私财产的安全的行为。

二、危害公共安全罪的特征

1.本类罪的客体是公共安全。所谓公共安全是指不特定多数人的生命、健康或者重大公私财产安全。这里有几个概念需要澄清:第一,"不特定"的含义。"不特定"是指危害公共安全罪中的每一种犯罪都不是针对特定的个人或者特定的财产的,其严重的后果往往是行为人本人也无法预料和控制的,这正是危害公共安全罪区别于其他各类犯罪的本质特征所在。"不特定"主要包括两个方面:一个是对象的不特定,即不以特定的生命、健康和财产为犯罪对象;一个是结果的不特定,也可以说是无法预料该行为的后果。第二,"多数人"的含义。"多数人"虽然不能用具体数字表述,但至少是三人以上。只要行为侵害了不特定多数人的生命、健康或者重大公私财产的安全,就属于危害公共安全罪;如果行为仅侵害了特定的少数人的生命、健康或者财产,则不构成危害公共安全罪。

2.本类罪客观方面表现为实施了危害不特定多数人的生命、健康或者重大公私财产安全的行为。这类行为的特点,或者是以危险方法实施行为,或者是破坏公用工具或者设施,或者实施恐怖活动,或者使用具有极大杀伤力的枪支、弹药或者爆炸物进行犯罪,或者违反安全规则造成重大事故。一切危害公共安全的行为都会造成一定的后果,但是从犯罪构成的角度分析,此类犯罪客观方面可以包括:(1)一部分犯罪是危险犯,即犯罪既遂只需要造成一定的危险状态,而不要求有实害结果,如放火罪、决水罪、爆炸罪、投放危险物质罪、以危险方法危害公共安全罪等。(2)一部分犯罪是实害犯,需要具备一定的法定结果才符合本罪的犯罪构成,若未出现法定结果,即不构成该罪,如失火罪、过失决水罪、过失爆炸罪、过失投放危险物质罪、过失以危险方法危害公共安全罪、交通肇事罪、过失损坏易燃易爆设备罪等。(3)一部分属于行为犯,其犯罪既遂不需要造成一定的实害结果,只要行为实行完毕,即构成本罪的既遂。如组织、领导、参加恐怖组织罪,非法出租、出借枪支罪等。

就行为表现方式来看,危害公共安全罪的行为可以包括多种方式:(1)作为的方式,即行为人以积极的方式实施刑法所禁止的行为,本章绝大多数的犯罪都属于作为犯罪;(2)不作为的方式,即行为人应该履行自己维护公共安全的义务并且能够履行此种义务而未履行,以致造成不特定的多数人生命、健康和重大公私财产安全的损害。本章中许多犯罪属于不纯正不作为犯,即既可以作为方式实施,也可以不作为方式实施。

3.本类罪的主体多数是一般主体,少数是特殊主体,例如,丢失枪支不报罪的主体,必须是依法配备公务用枪的人员。铁路运营安全事故罪的主体必须是铁路职工,教育设施重大安全事故罪的主体必须是对校舍或教育教学设施负有直接管理责任的人员,等等。有些犯罪只能由单位构成,比如,违规制造、销售枪支罪,工程重大安全事故罪。

4.本类罪的主观方面既有故意,也有过失。故意既可能是直接故意,也可能是间接故意,过失既可能是疏忽大意的过失,也可能是过于自信的过失。本类罪的具体罪过形式包括两类:(1)只能由故意构成的犯罪,如劫持航空器罪,抢劫枪支、弹药、爆炸物罪等;(2)只能由过失构成的犯罪,如交通肇事罪,铁路运营安全事故罪,重大责任事故罪等。

三、危害公共安全罪的分类

根据《刑法》分则第二章的规定,危害公共安全罪可以分为以下五类:

(一)以危险方法危害公共安全的犯罪

放火罪,失火罪,决水罪,过失决水罪,爆炸罪,过失爆炸罪,投放危险物质罪,过失投放危险物质罪,以危险方法危害公共安全罪,过失以危险方法危害公共安全罪、危险驾驶罪、妨害安全驾驶罪。

(二)侵害特定对象的犯罪

破坏交通工具罪,过失损坏交通工具罪,破坏交通设施罪,过失损坏交通设施罪,破坏电力设备罪,过失损坏电力设备罪,破坏易燃易爆设备罪,过失损坏易燃易爆设备罪,破坏广播电视设施、公用电信设施罪,过失损坏广播电视、公用电信设施罪。

(三)具有恐怖性质的犯罪

组织、领导、参加恐怖组织罪,资助恐怖活动罪,恐怖活动预备罪,宣扬恐怖主义、极端主义罪,利用极端主义破坏制度实施罪,强制穿着、佩戴恐怖主义、极端主义服饰、标志罪,非法持有宣扬恐怖主义、极端主义物品罪,劫持航空器罪,劫持船只、汽车罪,暴力危及飞行安全罪。

(四)涉及枪支、弹药、爆炸物、危险物质的犯罪

非法制造、买卖、运输、邮寄、储存枪支、弹药、爆炸物罪,非法制造、买卖、运输、储存危险物质罪,违规制造、销售枪支罪,盗窃、抢夺枪支、弹药、爆炸物、危险物质罪,抢劫枪支、弹药、爆炸物、危险物质罪,非法持有、私藏枪支、弹药罪,非法出租、出借枪支罪,丢失枪支不报罪,非法携带枪支、弹药、管制刀具、危险物品危及公共

安全罪。

（五）责任事故型犯罪

重大飞行事故罪，铁路运营安全事故罪，交通肇事罪，强令、组织他人违章冒险作业罪，危险作业罪，重大责任事故罪，重大劳动安全事故罪，大型群众性活动重大安全事故罪，危险物品肇事罪，工程重大安全事故罪，教育设施重大安全事故罪，消防责任事故罪，不报、谎报安全事故罪。

第二节　危害公共安全罪分述

一、放火罪

（一）放火罪的概念

放火罪，是指故意焚烧公私财物，足以危害公共安全的行为。

（二）放火罪的特征

1.本罪的客体是社会公共安全，即不特定的多数人的生命、健康或重大公私财产的安全。

2.本罪的客观方面表现为实施放火焚烧公私财物，危害公共安全的行为。所谓放火，就是故意引起公私财物燃烧、引起火灾的行为。放火的行为方式，可以是作为，即用各种引火物，直接把公私财物点燃；也可以是不作为，即故意不履行自己防止火灾发生的义务，放任火灾的发生。如某电气维修工人，发现其负责维护的电气设备存在故障，可能引起火灾，而他不加以维修，放任火灾的发生，就是以不作为的方式实施的放火行为。被燃烧的财物，不管是他人所有还是自己所有，不影响放火行为性质的认定。由于放火是危险性很大的行为，故只要实施了足以危害公共安全的放火行为就构成放火罪的既遂，不要求造成实际的危害结果。

3.本罪的主体为一般主体。根据《刑法》第17条第2款的规定，已满14周岁的具有刑事责任能力的人，应当负刑事责任。

4.本罪的主观方面表现为故意。在此需要注意一点，即在间接故意心态的支配下，如果未发生危害公共安全的结果，就不应该以犯罪论处。

（三）放火罪的认定

1.本罪的既遂与未遂

本罪是危险犯，区分既遂与未遂，不在于其是否达到了犯罪的预期目的，而在于行为是否已经实施完毕，是否足以危害公共安全。根据通说观点，对放火罪的既遂持"独立燃烧说"，即只要行为人实施了放火行为，将可燃物点燃，足以危及公共安全，即使由于行为人意志以外的原因，尚未造成严重后果，也应认定为放火罪的既遂。如由于意志以外的原因未达到独立燃烧的程度,则是放火罪的未遂。

2.一罪与数罪的界限

放火行为是危害公共安全的行为,可能造成多种结果。行为人在放火故意的支配下实施一个放火行为,即使造成多种结果,也只能以放火罪论处。行为人在实施杀人、强奸等犯罪行为后用放火的方法焚毁罪迹的,应区分不同情况处理。如果行为人消灭罪迹的放火行为不足以危及公共安全的,按所犯的罪从重处罚,不另与放火罪数罪并罚;如果行为人消灭罪迹的放火行为是足以危及公共安全的,则应另以放火罪与前行为构成的犯罪数罪并罚。这里需注意一点,对于为了骗取保险金而放火,并且已经着手骗取保险金的,应实行数罪并罚。

3.本罪与故意杀人罪、故意伤害罪的界限

如果行为人以放火为手段杀害或伤害特定的人,不足以危害公共安全的,只能构成故意杀人罪或故意伤害罪;如果行为人以放火为手段杀伤特定的人,同时可能造成火灾危害公共安全的,应以放火罪论处。

(四)放火罪的处罚

根据《刑法》第114条和第115条的规定,犯本罪,尚未造成严重后果的,处3年以上10年以下有期徒刑;致人重伤、死亡或者使公私财产遭受重大损失的,处10年以上有期徒刑、无期徒刑或者死刑。

二、决水罪

(一)决水罪的概念

决水罪,是指故意破坏水利设施,制造水患,危害公共安全的行为。

(二)决水罪的特征

1.本罪的客体是社会公共安全。

2.本罪的客观方面表现为破坏水利设施,制造水患,危害公共安全的行为。决水行为既可以表现为积极的作为,如炸毁堤坝、堵塞水道、破坏水闸、破坏防水设备等,采取何种手段不影响本罪的成立;也可以表现为消极的不作为,如洪水来临时,水库管理人员不及时开放泄洪闸,或者不关闭防水堤的闸门。以不作为方式构成决水犯罪的,行为人必须负有特定的作为义务,并且有能力履行这种特定的作为义务而不履行。行为人实施的决水行为只要足以危害公共安全,就应以决水罪论处;如果仅是为个人利益或局部利益,擅自开闸放水、挖渠引水,尚不足以危害公共安全的,不应以决水罪论处。

3.本罪的主体为一般主体。

4.本罪的主观方面表现为故意,包括直接故意和间接故意。

（三）决水罪的认定

1.本罪的既遂与未遂

本罪是危险犯,行为人只要实施足以危害公共安全的决水行为,即危及多数人的生命、健康或者重大公私财产的安全,即使未发生严重的危害结果,也视为犯罪既遂。至于认定"足以危害公共安全",刑法理论通说以"水流开始说"为标准。因为水流具有巨大的冲刷力,水势一旦失控,往往借助于冲刷力愈冲愈烈,从而构成对不特定多数人的生命、健康或重大公私财产安全的严重威胁。如果行为人刚着手破坏水利设施,或者在破坏过程中,由于犯罪分子意志以外的原因,未致使所决之水流开始冲溢,应为决水罪的未遂。

2.本罪与破坏生产经营罪的界限

如果行为人为破坏生产经营而决水,并放任危害公共安全结果的发生,其行为分别触犯了《刑法》第115条规定的决水罪和第276条规定的破坏生产经营罪,对行为人应以决水罪论处。

（四）决水罪的处罚

根据《刑法》第114条和第115条的规定,犯本罪,尚未造成严重后果的,处3年以上10年以下有期徒刑;致人重伤、死亡或者使公私财产遭受重大损失的,处10年以上有期徒刑、无期徒刑或者死刑。

三、爆炸罪

（一）爆炸罪的概念

爆炸罪,是指故意引起爆炸物或其他设备、装置爆炸,危害公共安全的行为。

（二）爆炸罪的特征

1.本罪的客体是公共安全。

2.本罪的客观方面表现为引起爆炸物或其他设备、装置爆炸,危害公共安全的行为。爆炸物品,包括炸弹、手榴弹、地雷、炸药、雷管、导火索、雷汞、雷银等起爆器材和各种自制的爆炸装置,如炸药包、炸药瓶、炸药罐等。实施爆炸的方法很多:有的在室内安装炸药包,在室内或者室外引爆;有的将爆炸物直接投入室内爆炸;有的利用技术手段,使锅炉、设备发生爆炸;有的使用液化气或者其他方法爆炸。实施爆炸地点主要是在人群集中或者财产集中的公共场所、交通线等处,如将爆炸物放在船只、飞机、汽车、火车上定时爆炸,在商场、车站、影剧院、街道、群众集会地方制造爆炸事件。

爆炸行为有作为和不作为两种基本方式:如直接点燃爆炸物引发爆炸,就是积极的作为方式;而行为人负有防止爆炸发生的特定义务,并且有能力履行这种特定的义务而不履行,以致发生爆炸的,就是不作为的方式。只要行为人实施了足以危害公共安全的爆炸行为,就构成爆炸罪。爆炸罪的既遂并不要求发生危害公共安全的实际后果,如果行为人实施的爆炸行为是指向特定的人或者特定的公私财物,并且有意识地把破坏的范围控制在不足以危害公共安全的范围之内,客观上也未发生危害公共安全的结果,则不应定爆炸罪,而应根据实际情况,另定他罪。

3.本罪的主体为一般主体,即年满 14 周岁,具有刑事责任能力的人均可成为本罪的主体。

4.本罪的主观方面表现为故意,包括直接故意和间接故意。

(三)爆炸罪的认定

1.本罪的既遂与未遂

根据《刑法》第 114 条的规定,只要行为人实施了爆炸的行为,危害公共安全,即使尚未造成严重后果,也符合爆炸罪既遂的全部构成要件。如果致人重伤、死亡或者使公私财产遭受重大损失,应按《刑法》第 115 条处罚。至于爆炸罪的未遂,从立法精神看,不存在实行终了的未遂。因为爆炸行为已经实行终了,在一定条件下就足以危害不特定多数人的生命、健康或重大财产的安全,无论是否引起严重后果,都是既遂。爆炸罪未遂只能发生在爆炸行为尚未实行终了的阶段,比如刚着手引爆或者在引爆过程中,被人发现夺下炸药,使爆炸未能得逞,这种情况属于未实行终了的爆炸未遂。

2.本罪与故意杀人罪、故意伤害罪的界限

二者的区别主要是:(1)客体要件不同。本罪侵犯的是公共安全,即不特定多数人的生命、健康和重大公私财产的安全;而故意杀人罪、故意伤害罪侵犯的是特定公民的人身权利。(2)客观方面不同。本罪中行为人故意引起爆炸物或其他设备、装置爆炸,足以造成不特定多数人的伤亡或重大公私财产的毁损,其危害结果是难以预料和控制的;故意杀人罪、故意伤害罪中行为人虽然也可以使用爆炸的方法,但还可以使用其他方法,其行为所造成的危害后果是特定的某个人或某几个人的伤亡,而且一般只造成人身伤亡,不造成财产毁损,且客观上未危害公共安全。因此,如果行为人针对特定的对象实施爆炸行为,选择的作案环境和条件也只能杀伤特定的某个人或某几个人,而不及公共安全的,应按故意杀人罪或故意伤害罪论处。

3.本罪与故意毁坏财物罪的界限

使用爆炸手段破坏公私财产的,往往也会同时侵犯公民的其他权利,危害公共安全。如果行为人的目的只是为了毁坏财物,且其行为并未危害到公共安全的,依照《刑法》第 275 条的规定,以故意毁坏财物罪论处。

(四)爆炸罪的处罚

根据《刑法》第 114 条和第 115 条的规定,犯本罪,尚未造成严重后果的,处 3年以上 10 年以下有期徒刑;致人重伤、死亡或者使公私财产遭受重大损失的,处10 年以上有期徒刑、无期徒刑或者死刑。

四、投放危险物质罪

(一)投放危险物质罪的概念

投放危险物质罪,是指故意投放毒害性、放射性、传染病病原体等物质,危害公共安全的行为。这是由《中华人民共和国刑法修正案(三)》对第114条、第115条的投毒罪进行的修订:将投毒罪改为投放危险物质罪,包含投放毒害性、放射性、传染病病原体等物质,取消投毒罪罪名。

(二)投放危险物质罪的特征

1.本罪的客体是公共安全。

2.本罪的客观方面表现为故意投放毒害性、放射性、传染病病原体等物质,危害公共安全的行为。该种行为已经对不特定多数人的生命、健康或者公私财产造成严重威胁。本罪是危险犯,其既遂并不需要出现不特定多数人的中毒或公私财产遭受重大毁损的实际结果,只要行为人实施了投放危险物质的行为,足以危害公共安全的,就构成投放危险物质罪的既遂。如果行为人投放危险物质的行为根本不具有公共危险的,则应以投放危险物质罪未遂或不以本罪论处。

3.本罪主体为一般主体。根据《刑法》第17条第2款规定,已满14周岁的人犯投放危险物质罪的,应当负刑事责任。

4.本罪的主观方面表现为故意。

(三)投放危险物质罪的认定

1.本罪的既遂与未遂

对投放危险物质行为直接适用《刑法》第114条的规定。只要行为人实施的投放危险物质的行为足以危害公共安全,即使尚未造成严重后果,也构成本罪的既遂。如果已经造成致人重伤、死亡或者公私财产重大损失的严重后果,则应依照《刑法》第115条的规定处罚。

2.本罪与投放虚假危险物质罪的界限

根据《刑法修正案(三)》的规定,《刑法》第291条后增加一条,作为第291条之一:投放虚假的爆炸性、毒害性、放射性、传染病病原体等物质,处5年以下有期徒刑、拘役或者管制;造成严重后果的,处5年以上有期徒刑。这就是“投放虚假危险物质罪”。但这种行为由于对公共安全本质上不构成危害,与本罪的客体不同,因此不属于本类犯罪,属于扰乱社会公共秩序的犯罪。

(四)投放危险物质罪的处罚

根据《刑法》第114条和第115条的规定,犯本罪,尚未造成严重危害后果的,处3年以上10年以下有期徒刑;致人重伤、死亡或者使公私财产遭受重大损失的,处10年以上有期徒刑、无期徒刑或者死刑。

五、以危险方法危害公共安全罪

（一）以危险方法危害公共安全罪的概念

以危险方法危害公共安全罪，是指故意使用放火、决水、爆炸、投放危险物质以外的危险方法危害公共安全的行为。

（二）以危险方法危害公共安全罪的特征

1. 本罪的客体是公共安全。

2. 本罪的客观方面表现为使用放火、决水、爆炸、投放危险物质以外的危险方法危害公共安全的行为。这里的其他危险方法包括两层含义：第一，其他危险方法，是指放火、决水、爆炸、投放危险物质以外的危险方法；第二，其他危险方法应理解为与放火、决水、爆炸、投放危险物质的危险性相当的、足以危害公共安全的方法，即这种危险方法一旦实施就可能造成不特定多数人的伤亡或重大公私财产的毁损。只有行为人实施危害公共安全的行为所采用的危险方法与放火、决水、爆炸、投放危险物质的危险性相当，且行为的社会危害性达到相当严重的程度，才能按以危险方法危害公共安全罪论处。如某日，甲酒后驾车，车上坐着女友乙，途中酒精发作，甲撞到一人丙，致其当场死亡，经女友提醒，已发生交通事故，甲仍不予理睬，继续前行，后又连续撞伤、撞死数人，直至车撞到路边大树后停下。甲最初的撞人行为构成交通肇事罪，后来的行为即构成以危险方法危害公共安全罪。

依据"两高"2003 年 5 月 13 日《关于办理妨害预防、控制突发传染病疫情等灾害的刑事案件具体应用法律若干问题的解释》第 1 条规定："故意传播突发传染病病原体，危害公共安全的，依照刑法第一百一十四条、第一百一十五条第一款的规定，按照以危险方法危害公共安全罪定罪处罚。"

3. 本罪的主体为一般主体。

4. 本罪的主观方面表现为故意。实践中，这种案件除少数对危害公共安全的后果持希望态度，由直接故意构成外，大多持放任态度，属于间接故意。

（三）以危险方法危害公共安全罪的认定

1. 本罪与故意杀人罪、故意伤害罪、故意毁坏财物罪的界限

区分本罪与故意杀人罪、故意伤害罪、故意毁坏财物罪的标准，主要看是否足以危害公共安全。如果行为人使用危险的方法杀人、伤人或毁坏公私财物，其行为足以危害公共安全的，就构成以危险方法危害公共安全罪；如果其行为不足以危害公共安全的，应当依照《刑法》第 232 条、第 234 条、第 275 条的规定，分别以故意杀人罪、故意伤害罪、故意毁坏财物罪论处。

2. 本罪与放火罪、决水罪、爆炸罪等的界限

放火、决水、爆炸、投放危险物质罪是本节犯罪的基本犯，而以危险方法危害公

共安全罪则是本节犯罪的兜底条款。凡是构成基本犯罪的,都以基本犯定罪;只有超出基本犯的范围,才能以兜底条款定罪。

（四）以危险方法危害公共安全罪的处罚

根据《刑法》第114条和第115条的规定,以危险方法危害公共安全,尚未造成严重后果的,处3年以上10年以下有期徒刑;致人重伤、死亡或者使公私财产遭受重大损失的,处10年以上有期徒刑、无期徒刑或者死刑。

六、失火罪

（一）失火罪的概念

失火罪,是指由于行为人的过失引起火灾,危害公共安全,致人重伤、死亡或者使公私财产遭受重大损失的行为。

（二）失火罪的特征

1. 本罪的客体是公共安全。

2. 本罪的客观方面表现为行为人实施引起火灾,危害公共安全,致人重伤、死亡或者使重大公私财产遭受损失的行为。第一,行为人必须有过失引起火灾的行为。失火一般发生在日常生活中,如卧床吸烟引起火灾,取暖做饭用火不慎引起火灾。如果在工作中严重不负责任或擅离职守,或者在生产中违章作业或强令他人违章作业而引起火灾,则分别构成玩忽职守罪或者重大责任事故罪。如果火灾不是由于行为人的失火行为引起的,而是由于自然原因引起的,不构成失火罪。第二,行为人的行为必须造成严重后果,即致人重伤、死亡或者使公私财产遭受重大损失。仅有失火行为,未引起危害后果,或者危害后果不严重,不构成失火罪,而属一般失火行为。第三,上述严重后果与失火行为有着直接的因果关系。此三者缺一不可。

3. 本罪主体为一般主体。

4. 本罪的主观方面是过失。

（三）失火罪的认定

1. 本罪与放火罪的界限

二者的区别在于:(1)客观方面不同。本罪必须造成致人重伤、死亡或者使公私财产遭受重大损失的严重后果,才能构成。放火罪并不以发生上述严重后果作为法定要件,只要实施足以危害公共安全的放火行为,放火罪即能成立,且构成既遂。(2)放火罪有既遂、未遂之分,本罪是过失犯罪,以发生严重后果作为法定要件,不存在犯罪未遂问题。(3)主体要件不同。放火罪年满14周岁的人即可构成;本罪年满16周岁的人才负刑事责任。(4)主观要件不同。放火罪只能由故意构成,本罪则由过失构成。

2.本罪与玩忽职守罪的界限

二者主观方面都是过失,客观方面表现相似,其区别主要在于主体方面,玩忽职守罪的主体是国家机关工作人员,而本罪则无此要求。

(四)失火罪的处罚

根据《刑法》第115条第2款的规定,犯本罪的,处3年以上7年以下有期徒刑;情节较轻的,处3年以下有期徒刑或者拘役。

七、过失决水罪

(一)过失决水罪的概念

过失决水罪,是指过失造成水患,危害公共安全,致人重伤、死亡或者使重大公私财产遭受损失的行为。

(二)过失决水罪的特征

1.本罪的客体是公共安全。

2.本罪的客观方面表现为:第一,行为人必须实施引起水灾的行为,即改变水势,使之泛滥成灾的行为。这种行为多是发生在日常生活中,由于行为人不注意公共安全以致酿成水灾。第二,已经造成法定的严重后果,即致人重伤、死亡或者重大公私财产遭受损失。如果造成的危害后果不严重,或者未造成危害后果,则不构成过失决水罪。第三,严重后果必须是过失行为所引起,二者存在着因果关系。

3.本罪主体为一般主体。

4.本罪的主观方面为过失。

(三)过失决水罪的认定

1.本罪与决水罪的界限

二者区别在于:(1)主观要件不同。本罪是出于过失,决水罪是出于故意。(2)客观方面要件不同。本罪必须造成法定的严重后果,即致人重伤、死亡或者使公私财产遭受重大损失,才能构成本罪;而决水罪是只要故意实施危害公共安全的决水行为,无论是否发生严重后果,都构成犯罪。(3)决水罪有既遂、未遂之分,本罪不可能出现未遂的形态。

2.本罪与玩忽职守罪的界限

二者区别主要在于主体方面,玩忽职守罪的主体是国家机关工作人员,而本罪的主体是一般主体。如负责防洪的国家机关工作人员,在工作中严重不负责任或擅离职守,过失引起水灾,致人重伤、死亡或者重大公私财产遭受损失,不构成本罪,视情节可定为玩忽职守罪。

(四)过失决水罪的处罚

根据《刑法》第115条第2款的规定,犯本罪的,处3年以上7年以下有期徒刑;情节较轻的,处 3 年以下有期徒刑或者拘役。

八、过失爆炸罪

(一)过失爆炸罪的概念

过失爆炸罪,是指过失引起爆炸,危害公共安全,致人重伤、死亡或者使公私财产遭受重大损失的行为。

(二)过失爆炸罪的特征

1.本罪的客体是公共安全。

2.本罪的客观方面表现为行为人的行为同时具备以下几个条件:第一,行为人实施了过失引起爆炸的行为。如果爆炸不是由于行为人的过失行为引起的,而是由于自然原因或者其他不能预见、不可抗拒的原因引起的,则不成立过失爆炸罪。第二,必须造成严重后果。也就是说必须造成不特定多数人的重伤、死亡或者造成重大公私财产的毁损。如果尚未发生危害结果,或者发生的危害结果尚未达到致人重伤、死亡或者使重大公私财产遭受损失的严重程度,则不构成过失爆炸罪。第三,过失引起爆炸的行为与严重后果之间必须具有因果关系,即致人重伤、死亡或者使重大公私财产遭受损失的严重后果必须是由于行为人的过失爆炸行为引起的。以上三个方面必须同时具备,缺一不可。

3.本罪的主体为一般主体。

4.本罪的主观方面为过失。

(三)过失爆炸罪的认定

1.本罪与爆炸罪的界限

二者的区别在于:(1)主观要件不同。本罪是出于过失,而爆炸罪只能由故意构成。(2)客观方面不同。本罪只有造成致人重伤、死亡或者重大公私财产遭受损失的严重后果,才构成犯罪;爆炸罪只要故意实施爆炸行为足以危害公共安全,即使未造成严重后果,也构成既遂。(3)主体要件不同。在爆炸罪中,行为人只要年满 14 周岁就应当负刑事责任,而本罪中,行为人只有年满 16 周岁才负刑事责任。(4)犯罪形态上不同。爆炸罪有既遂、未遂之分,本罪不可能出现未遂形态。

2.本罪与过失致人重伤罪、过失致人死亡罪的界限

它们都是过失犯罪,主要区别在于:(1)客体不同。本罪的客体是公共安全,即不特定多数人的生命、健康和重大公私财产的安全;过失致人重伤罪、过失致人死亡罪的客体是特定公民的生命、健康权利。(2)客观方面不同。本罪既可以表现为致人重伤或死亡,也可以表现为使重大公私财产遭受损失;过失致人重伤罪、过失致人死亡罪虽然也造成他人重伤、死亡的结果,但不危害公共安全。如果过失爆炸的行为只引起特定人的伤亡,而不危害公共安全的,则应以过失致人重伤罪或者过

失致人死亡罪论处。

（四）过失爆炸罪的处罚

根据《刑法》第 115 条第 2 款的规定,犯本罪的,处 3 年以上 7 年以下有期徒刑;情节较轻的,处 3 年以下有期徒刑或者拘役。

九、过失投放危险物质罪

（一）过失投放危险物质罪的概念

过失投放危险物质罪,是指过失投放毒害性、放射性、传染病病原体等物质,危害公共安全,致人重伤、死亡或者使公私财产遭受重大损失的行为。

（二）过失投放危险物质罪的特征

1.本罪的客体是公共安全。

2.本罪的客观方面表现为投放毒害性、放射性、传染病病原体等物质,危害公共安全,致人重伤、死亡或者使公私财产遭受重大损失的行为。构成本罪,第一,必须实施引起中毒,危害公共安全的行为。在日常生活中,如果把装过农药的口袋与粮食口袋混杂在一起,把瓶装敌敌畏与瓶装食油放在一起,因不慎误用农药口袋装粮食,误用敌敌畏炒菜,以致造成多人中毒死亡的严重后果,就构成过失投放危险物质罪。第二,必须造成危害公共安全的严重后果。如果没有引起中毒、辐射或传染的行为表现,或者致人中毒、辐射或传染的行为并没有危害公共安全,均不能认定为过失投放危险物质罪。例如,误将毒药当作药品给特定人服用致死,根据案件具体情节,可定为过失致人死亡罪。第三,严重后果必须与行为人的过失投放行为具有因果关系。以上三个条件缺一不可。

3.本罪的主体为一般主体。

4.本罪的主观方面为过失。

（三）过失投放危险物质罪的认定

1.本罪与投放危险物质罪的界限

二者的区别是:(1)投放危险物质罪是故意犯罪,本罪是过失犯罪。(2)本罪在客观上以造成法定的严重后果作为构成犯罪的必备要件,未造成他人重伤、死亡或者使公私财物遭受重大损失的,不构成本罪。投放危险物质罪只要实施危害公共安全的投放危险物质的行为,不论是否造成严重后果,都作犯罪既遂处理。(3)投放危险物质罪有既遂、未遂之分,本罪是过失犯罪,不存在犯罪未遂。(4)主体要件不同。投放危险物质罪年满 14 周岁的人即可构成,本罪必须年满 16 周岁的人才负刑事责任。

2.本罪与过失致人重伤罪、过失致人死亡罪的界限

二者都是过失犯罪,主要区别在于:(1)客体不同。本罪的客体是公共安全;而过失致人重伤、过失致人死亡罪的客体是特定公民的生命、健康权利。(2)客观方

面表现不同。本罪表现为行为人过失投放危险物质,危害公共安全,造成不特定多数人的伤亡或者使公私财产遭受重大损失的行为;而过失致人重伤、过失致人死亡罪则表现为过失地引起了特定的人重伤或者死亡结果的发生。

(四)过失投放危险物质罪的处罚

根据《刑法》第115条第2款的规定,犯本罪的,处3年以上7年以下有期徒刑;情节较轻的,处3年以下有期徒刑或者拘役。

十、过失以危险方法危害公共安全罪

(一)过失以危险方法危害公共安全罪的概念

过失以危险方法危害公共安全罪,是指过失以放火、决水、爆炸、投放危险物质以外的危险方法危害公共安全,致人重伤、死亡或者使公私财产遭受重大损失的行为。

(二)过失以危险方法危害公共安全罪的特征

1.本罪的客体是公共安全。

2.本罪在客观方面是指以放火、决水、爆炸、投放危险物质以外的危险方法危害公共安全,致人重伤、死亡或者使公私财产遭受重大损失的行为。构成本罪必须同时具备以下三个特征:第一,行为人实施了以其他危险方法,即除放火、决水、爆炸、投放危险物质以外的并与之相当的危险方法,危害公共安全的行为。第二,已经造成了危害公共安全的严重后果,致不特定多数人重伤、死亡或者使公私财产遭受严重损失。如果未造成危害结果或者危害结果不严重,均不构成本罪。第三,严重后果必须是以其他危险方法危害公共安全的行为所造成,即与其有因果关系。此三个条件,缺一不可。"两高"2003年5月13日《关于办理妨害预防、控制突发传染病疫情等灾害的刑事案件具体应用法律若干问题的解释》第1条规定:"患有突发传染病或者疑似突发传染病而拒绝接受检疫、强制隔离或者治疗,过失造成传染病传播,情节严重,危害公共安全的,依照刑法第一百一十五条第二款的规定,按照过失以危险方法危害公共安全罪定罪处罚。"

3.本罪的主体为一般主体。

4.本罪的主观方面为过失。

(三)过失以危险方法危害公共安全罪的认定

本罪与以危险方法危害公共安全罪的界限

两罪在客观上都表现为使用其他危险方法危害公共安全的行为。二者区别:(1)本罪必须造成致人重伤、死亡或者使公私财产遭受重大损失的严重后果,才构成犯罪;以危险方法危害公共安全罪只要实施危害公共安全的行为,即使尚未造成严重后果,也构成犯罪。(2)主观上,本罪只能由过失构成;以危险方法危害公共安全罪则必须出于故意。

（四）过失以危险方法危害公共安全罪的处罚

根据《刑法》第 115 条第 2 款的规定，犯本罪的，处 3 年以上 7 年以下有期徒刑；情节较轻的，处 3 年以下有期徒刑或者拘役。

十一、破坏交通工具罪

（一）破坏交通工具罪的概念

破坏交通工具罪，是指故意破坏火车、汽车、电车、船只、航空器，足以使其发生倾覆、毁坏危险，危害公共安全的行为。

（二）破坏交通工具罪的特征

1. 本罪的客体是交通运输安全。

2. 本罪的客观方面表现为破坏火车、汽车、电车、船只、航空器，足以使其发生倾覆、毁坏危险的行为。这里有几点必须注意：第一，行为破坏的对象是火车、汽车、电车、船只、航空器。破坏自行车、人力三轮车、马车等非机动交通工具的，由于一般不足以危害公共安全，故不构成本罪。由于本罪属于危害公共安全的犯罪，故并非任何火车、汽车、电车、船只等都能成为本罪对象，只有当火车、汽车等交通工具危及公共安全时，才能成为本罪的对象。

行为人破坏的必须是"正在使用中"的交通工具，在这里，所谓"正在使用"，不仅仅是指正在行驶中的车辆、船只、航空器，而且也包括在交付使用期间，停机待用的交通工具，如停在车库、机库、码头上的随时准备执行任务的交通工具。第二，实施了破坏行为，通常是指对上述交通工具的整体或者重要部件的破坏，影响交通运输安全。需注意的是，本罪可与其他罪发生竞合，比如在劫持汽车、船只时也实施了足以使汽车发生倾覆的行为，这时只能按特别法优于普通法的原则处理，定劫持汽车、船只罪。第三，破坏行为必须足以使火车、汽车、电车、船只或者航空器发生倾覆、毁坏危险。倾覆是指火车出轨、汽车电车翻车、船只翻沉、航空器坠落等；毁坏是指造成交通工具的性能丧失、报废或者其他重大毁损；危险是指具有倾覆、毁坏的现实可能性。

3. 本罪的主体为一般主体。

4. 本罪的主观方面是故意，既可以是直接故意，也可以是间接故意。

（三）破坏交通工具罪的认定

1. 本罪的既遂与未遂

本罪为危险犯，其既遂并不需要发生严重的危害结果，只要行为人实施的破坏交通工具的行为足以使交通工具发生倾覆、毁坏的危险，即可构成本罪的既遂。至于出现实际的危害结果，仅是法定刑升格的条件，不影响本罪的既遂。当然，如果本行为实施过程中，由于意志以外的原因，而未实施完毕，可以成立本罪的未遂。

2.本罪与放火罪、爆炸罪的界限

本罪与放火罪、爆炸罪的界限,一般不难区分,但在行为人采取放火、爆炸的方法破坏交通工具时,究竟按何罪进行处理,就值得引起足够的重视。这种情况属于法条竞合,按照特别法优于普通法的原则,应当按破坏交通工具罪定罪处罚。

(四)破坏交通工具罪的处罚

根据《刑法》第116条和第119条的规定,犯本罪,尚未造成严重后果的,处3年以上10年以下有期徒刑;造成严重后果的,处10年以上有期徒刑、无期徒刑或者死刑。

十二、破坏交通设施罪

(一)破坏交通设施罪的概念

破坏交通设施罪,是指故意破坏轨道、桥梁、隧道、公路、机场、航道、灯塔、标志或者进行其他破坏活动,足以使火车、汽车、电车、船只、航空器发生倾覆、毁坏危险,危害公共安全的行为。

(二)破坏交通设施罪的特征

1.本罪的客体是交通运输安全。

2.本罪的客观方面表现为破坏轨道、桥梁、隧道、公路、机场、航道、灯塔、标志或者进行其他破坏活动,足以使火车、汽车、电车、船只、航空器发生倾覆、毁坏危险。主要包括以下几点:第一,必须实施了破坏行为,包括使交通设施本身遭受毁损和使交通设施丧失应有性能的行为,如拆卸铁轨、拔去枕木、毁损标志、熄灭灯塔上的灯光、在公路或机场上挖坑掘穴等。这里应该注意两个问题,一是在高速公路上撒铁钉行为的定性,很多人认为是破坏交通设施,但实际上这是破坏交通工具,因为,撒钉子的行为不会对高速公路本身有什么损害;二是本罪的犯罪行为破坏的对象是正在使用中的交通设施,如盗走的是废弃的铁轨,就不构成本罪。第二,破坏行为必须足以使火车、汽车、电车、船只或者航空器发生倾覆、毁坏危险,如果其破坏的行为,并不足以产生此危险,则不以本罪论处。至于实际上的倾覆与毁坏只是本罪法定刑升格的条件。

3.本罪的主体为一般主体。

4.本罪的主观方面表现为故意,包括直接故意和间接故意。

(三)破坏交通设施罪的认定

1.本罪的既遂与未遂

本罪为危险犯,其既遂并不以发生严重的危害结果为条件,只要行为人实施的破坏交通设施的行为足以使交通工具发生倾覆、毁坏的危险即可。至于出现实际的危害结果,仅是法定刑升格的条件,不影响本罪的既遂。当然,如果在行为实施过程中,由于意志以外的原因,而未实施完毕,可以成立本罪的未遂。

2.本罪与盗窃罪的界限

实践中,经常会发生基于非法占有的目的,盗窃铁轨上的枕木或偷割使用中的铁路专用电缆等严重危害交通运输安全的犯罪,容易与盗窃罪相混淆。这二者虽然都是以非法占有为目的,并采取秘密手段窃取财物,但前者盗窃的不是一般公共财物,而是正在使用中,关系到交通运输安全的设施,它不仅侵犯财产关系,而且危害交通运输安全,属于想象竞合犯,应择一重罪按破坏交通设施罪定罪处罚。

(四)破坏交通设施罪的处罚

根据《刑法》第 117 条和第 119 条的规定,犯本罪,尚未造成严重后果的,处 3 年以上 10 年以下有期徒刑;造成严重后果的,处 10 年以上有期徒刑、无期徒刑或者死刑。

十三、破坏电力设备罪

(一)破坏电力设备罪的概念

破坏电力设备罪,是指故意破坏电力设备,危害公共电力安全的行为。

(二)破坏电力设备罪的特征

1.本罪的客体是公用供电方面的公共安全。破坏电力设备的社会危害性,不仅在于破坏电力设备的正常功能,更在于其往往引发爆炸、起火、触电等事故,从而危及不特定多数人的生命、财产安全。

2.本罪的客观方面表现为破坏电力设备,危害公共安全的行为。本罪客观上需具备以下几点:第一,行为人必须实施了破坏正在使用中的电力设备的行为。这里所指的电力设备包括水力、火力、风力、核能等发电设备和输变电设备,也包括使这些设备发挥功能的建筑设施。这一行为大多数情况下表现为作为,如采用放火、爆炸的方法破坏电力设备,在电力设备中掺放杂物,毁坏电力设备的重要部件或者偷割、偷拆电力设备等;在少数情况下,也可以表现为不作为,如对电力设备负有维修保护职责的工作人员,在上班检修电力设备期间,发现重要部件异常或出现故障,有毁坏电力设备的危险,却故意置之不理,放任危险的发生,其客观行为方式就是不作为。第二,行为人的破坏行为必须足以危及公共电力安全,要认定行为人的行为是否足以危害公共安全,必须根据破坏的具体对象、破坏的具体部位和破坏的方法以及具体的损害程度等来综合分析认定。

3.本罪的主体为一般主体。

4.本罪的主观方面表现为故意,包括直接故意和间接故意。

(三)破坏电力设备罪的认定

1.本罪的既遂与未遂

本罪为危险犯,其既遂的成立并不以发生严重的危害结果为条件,只要行为人实施的行为足以使公用电力设备发生无法正常工作的危险即可。如果出现实际的危害结果,那么就作为法定刑升格的条件,按加重法定刑处罚,不影响本罪的既遂。当然,如果在行为实施过程中,由于意志以外的原因,而致行为未实施完毕的,可以成立本罪的未遂。

2. 本罪与故意毁坏财物罪的界限

二者的区别主要是:(1)被破坏的电力设备是否正在使用中。如果被破坏的是正在使用中的电力设备,如验收完毕、已交付使用的发电设备、供电设备、变电设备,就按本罪认定;如果被破坏的不是正在使用中的电力设备,就按故意毁坏财物罪认定。(2)破坏电力设备的行为是否足以危及公共安全。如果足以危害公共安全的,即可认定为破坏电力设备罪;反之,则应认定为故意毁坏财物罪。

3. 本罪与盗窃罪的界限

以偷割电线的形式破坏电力设备与盗窃非常接近。二者都是以非法占有为目的,秘密地窃取了电线,但二者有重要区别:(1)对象不同。如果盗窃的是正在使用中的电力设备,应认定构成本罪;如果盗窃的不是正在使用中的电线,则构成盗窃罪。(2)客体不同。盗窃电力设备的行为如果足以危害公共安全的,应认定为破坏电力设备罪;反之,则应认定为盗窃罪。

最高人民检察院 1986 年 12 月 9 日《关于破坏电力设备罪几个问题的批复》规定:(1)尚未安装完毕的农用低压照明电线路,不属于正在使用中的电力设备。行为人即便盗走其中架设好的部分的电线,也不致对公共安全造成危害,其行为应以盗窃定性。(2)已经通电使用,只是由于枯水季节或电力不足等原因,而暂停供电的线路,仍应认为是正在使用的线路。行为人偷割这类线路中的电线,如果构成犯罪,应按破坏电力设备罪追究其刑事责任。(3)对偷割已经安装完毕,但还未供电的电力线路的行为,应分别不同情况处理。如果偷割的是未正式交付电力部门使用的线路,应按盗窃案件处理。如果行为人明知线路已交付电力部门使用而偷割电线的,应定为破坏电力设备罪。

(四)破坏电力设备罪的处罚

根据《刑法》第 118 条和第 119 条的规定,犯本罪,尚未造成严重后果的,处 3 年以上 10 年以下有期徒刑;造成严重后果的,处 10 年以上有期徒刑、无期徒刑或者死刑。

十四、破坏易燃易爆设备罪

(一)破坏易燃易爆设备罪的概念

破坏易燃易爆设备罪,是指故意破坏燃气或者其他易燃易爆设备,危害公共安全的行为。

（二）破坏易燃易爆设备罪的特征

1.本罪的客体是公共供给燃气、易燃易爆物品的公共安全。

2.本罪的客观方面表现为破坏燃气或者其他易燃易爆设备,危害公共安全的行为。主要包括以下几点:第一,行为人必须实施了破坏正在使用中的易燃易爆设备的行为。行为人破坏易燃易爆设备的行为是多种多样的,破坏的方法如何,不影响本罪的成立。第二,行为人破坏易燃易爆设备的行为必须足以危害公共安全。如果行为人实施的破坏行为不足以使易燃易爆设备发生燃烧、爆炸的危险,则不能构成本罪。

3.本罪的主体为一般主体。

4.本罪的主观方面表现为故意,包括直接故意和间接故意。

（三）破坏易燃易爆设备罪的认定

1.本罪的既遂与未遂

本罪为危险犯,犯罪的既遂并不以发生严重的危害结果为条件。只要行为人实施的破坏易燃易爆设备的行为足以使易燃易爆设备发生燃烧、爆炸的危险即可。如果出现实际的危害结果,仅是法定刑升格的条件,不影响本罪的既遂。当然,如果在行为实施过程中,由于意志以外的原因,以致行为未实施完毕的,则成立本罪的未遂。

2.本罪与盗窃罪的界限

区分二者,主要看犯罪对象和犯罪客体。(1)被盗窃的易燃易爆设备是否处于正在使用中。如果行为人盗窃的不是正在使用中的易燃易爆设备,因其不存在危害公共安全的可能性,就依盗窃罪认定。反之,就以本罪认定。(2)破坏行为是否足以危害公共安全。如果破坏的行为足以危害公共安全的,则构成破坏易燃易爆设备罪。

（四）破坏易燃易爆设备罪的处罚

根据《刑法》第 118 条和第 119 条的规定,犯本罪,尚未造成严重后果的,处 3 年以上 10 年以下有期徒刑;造成严重后果的,处 10 年以上有期徒刑、无期徒刑或者死刑。

十五、过失损坏交通工具罪

（一）过失损坏交通工具罪的概念

过失损坏交通工具罪,是指行为人过失损坏火车、汽车、电车、船只、航空器,造成严重后果,危害交通运输安全的行为。

（二）过失损坏交通工具罪的特征

1.本罪的客体是交通运输安全。

2.本罪的客观方面表现为实施使火车、汽车、电车、船只、航空器遭受破坏,并造成严重后果的行为。构成本罪,客观方面必须有三个条件:第一,有破坏交通工具的行为,通常表现为行为人不谨慎,无意中造成交通工具的破坏。与前罪一样,这里的"交通工具"必须是正在使用中的交通工具。第二,造成严重后果。所谓"严重后果"是指致人重伤、死亡或者使公私财产遭受重大损失,如交通工具倾覆、互撞、起火、爆炸、车毁人亡等。只有过失损坏交通工具的行为,并未引起严重后果,不构成本罪。第三,损坏交通工具的行为与严重后果存在刑法上的因果关系,虽然后果严重,但不是过失损坏交通工具的行为所引起,不构成过失损坏交通工具罪。这三个条件,缺一不可。

3.本罪的主体为一般主体。

4.本罪的主观方面表现为过失。

(三)过失损坏交通工具罪的认定

1.本罪与破坏交通工具罪的界限

二者主要的区别是:(1)主观方面不同。本罪是过失;破坏交通工具罪是故意。(2)对危害结果要求不同。本罪把造成严重后果作为构成犯罪的法定要件;破坏交通工具罪只要有故意实施破坏交通工具的行为,并足以使之发生倾覆或毁坏危险,无论是否造成严重危害结果,均构成犯罪的既遂。

2.本罪与交通肇事罪的界限

二者主要区别在于客观方面不同:本罪主要表现为行为人因过失行为而致使火车、汽车、电车、船只、航空器发生倾覆、毁坏,造成严重后果;交通肇事罪则表现为行为人违反交通运输管理法规而引起重大事故,致人重伤、死亡或者使公私财产遭受重大损失。因此,如果交通运输人员在驾驶交通工具的过程中,违反交通运输管理法规,过失引起交通工具倾覆、毁坏,造成严重后果,则不构成过失损坏交通工具罪,而构成交通肇事罪。

(四)过失损坏交通工具罪的处罚

根据《刑法》第119条第2款的规定,犯本罪的,处3年以上7年以下有期徒刑;情节较轻的,处3年以下有期徒刑或者拘役。

十六、过失损坏交通设施罪

(一)过失损坏交通设施罪的概念

过失损坏交通设施罪,是指过失破坏轨道、桥梁、隧道、公路、机场、航道、灯塔、标志,危害交通运输安全,造成严重后果的行为。

(二)过失损坏交通设施罪的特征

1.本罪的客体是交通运输安全。

2.本罪的客观方面是指破坏轨道、桥梁、隧道、公路、机场、航道、灯塔、标志,危害交通运输安全,造成严重后果的行为。第一,行为人必须实施破坏交通设施的行为,这种行为通常是发生在日常生活和工作中,由于行为人缺乏谨慎所致。如果行为人没有损害上述交通设施的行为存在,或者说损害的不是正在使用中的交通设施,都不构成本罪。第二,破坏交通设施的过失行为必须造成危害交通运输安全的严重后果,即造成火车、汽车等交通工具倾覆或毁坏,致人重伤、死亡或者使公私财产遭受重大损失。如果未造成后果或者后果不严重,不构成本罪。第三,破坏交通设施的行为与严重后果之间必须具有因果关系。以上三个方面必须同时具备,缺一不可。

3.本罪的主体为一般主体。

4.本罪的主观方面表现为过失。

(三)过失损坏交通设施罪的认定

本罪与破坏交通设施罪的界限

二者的主要区别是:(1)对危害结果要求不同。本罪损坏交通设施的过失行为必须造成危害交通运输安全的严重后果,才构成犯罪;破坏交通设施罪只要实施破坏交通设施的行为,并足以使交通工具发生倾覆、毁坏危险,无论是否造成严重后果,均构成犯罪既遂。(2)主观要件不同。本罪是过失,破坏交通设施罪是故意。

(四)过失损坏交通设施罪的处罚

根据《刑法》第119条第2款的规定,犯本罪的,处3年以上7年以下有期徒刑;情节较轻的,处3年以下有期徒刑或者拘役。

十七、过失损坏电力设备罪

(一)过失损坏电力设备罪的概念

过失损坏电力设备罪,是指过失损坏电力设备,危害公共电力安全,造成严重后果的行为。

(二)过失损坏电力设备罪的特征

1.本罪的客体是公用供电方面的公共安全。

2.本罪的客观方面表现为行为人损坏电力设备,危害公共电力安全,造成严重后果的行为。本罪在客观方面具有以下特征:第一,行为人必须有过失损坏电力设备的行为。第二,行为人过失损坏电力设备的行为必须造成严重后果。第三,行为人过失损坏电力设备的行为与严重后果之间存在着刑法上的因果关系。以上条件必须同时具备,缺一不可。

3.本罪的主体为一般主体。

4.本罪的主观方面表现为过失。

(三)过失损坏电力设备罪的认定

1.本罪与破坏电力设备罪的界限

二者之间的区别是:(1)主观要件不同。破坏电力设备罪的主观要件是故意;

本罪在主观上则表现为过失。(2)客观方面不同。本罪必须出现致人重伤、死亡或者使公私财产遭受重大损失的严重后果才能构成；破坏电力设备罪并不以发生严重后果为条件，行为人只要实施了足以危害公共安全的行为，就可成立既遂。(3)破坏电力设备罪有既遂与未遂之分；本罪不存在未遂问题。

2.本罪与重大责任事故罪的界限

二者的主要区别是：(1)客体不同。重大责任事故罪的客体是生产、作业单位的安全秩序；本罪的客体是公共电力安全。(2)主体不同。重大责任事故罪的主体是特殊主体，必须是生产、作业单位的职工；本罪的主体是一般主体。若二者发生竞合，应适用特别法，即以重大责任事故罪论处。

(四)过失损坏电力设备罪的处罚

根据《刑法》第119条第2款的规定，犯本罪的，处3年以上7年以下有期徒刑；情节较轻的，处3年以下有期徒刑或者拘役。

十八、过失损坏易燃易爆设备罪

(一)过失损坏易燃易爆设备罪的概念

过失损坏易燃易爆设备罪，是指过失损坏燃气或者其他易燃易爆设备，危害公共安全，造成严重后果的行为。

(二)过失损坏易燃易爆设备罪的特征

1.本罪的客体是公共供给燃气、易燃易爆物品的公共安全。

2.本罪的客观方面是指损坏燃气或者其他易燃易爆设备，危害公共安全，造成严重后果的行为。理解客观方面，需要把握以下几个条件：第一，实施了损坏燃气或其他易燃易爆设备的行为。第二，损坏行为危害了公共安全，已经造成了严重后果。第三，严重的危害结果与损坏行为之间有因果关系。这三个条件应同时具备，缺一不可。

3.本罪的主体为一般主体。

4.本罪的主观方面表现为过失。

(三)过失损坏易燃易爆设备罪的认定

本罪与破坏易燃易爆设备罪的界限

二者的主要区别是：(1)主观方面不同。破坏易燃易爆设备罪的行为人主观上是故意；本罪主观上是过失。(2)对犯罪结果要求不同。破坏易燃易爆设备罪，只要行为人实施破坏易燃易爆设备的行为，并足以引起危害公共安全的危险，无论严重后果实际是否发生，均构成犯罪既遂；而本罪则要求必须发生严重后果才构成犯罪。

（四）过失损坏易燃易爆设备罪的处罚

根据《刑法》第 119 条第 2 款的规定，犯本罪的，处 3 年以上 7 年以下有期徒刑；情节较轻的，处 3 年以下有期徒刑或者拘役。

十九、组织、领导、参加恐怖组织罪

（一）组织、领导、参加恐怖组织罪的概念

组织、领导、参加恐怖组织罪，是指组织、领导或者参加恐怖活动组织，危害公共安全的行为。

（二）组织、领导、参加恐怖组织罪的特征

1.本罪的客体是社会的公共安全。由于恐怖活动组织是以暴力、胁迫为犯罪手段，以社会上不特定多数人的生命、健康和重大公私财产为犯罪对象，以引起社会恐慌为特点，所以，组织、领导、参加恐怖组织的犯罪行为的客体也是公共安全。

2.本罪的客观方面表现为组织、领导或者参加恐怖活动组织，危害公共安全的行为。恐怖活动组织，是以实施恐怖活动为目的建立起来的，危害极为严重的犯罪组织，包括国际恐怖活动组织与国内恐怖活动组织。恐怖活动，通常是指为了达到一定目的特别是政治目的，而对他人的生命、身体、自由、财产等使用暴力、胁迫等强迫手段，以造成社会恐惧的犯罪行为的总称。本罪是选择性罪名，行为人只要实施了组织、领导、参加恐怖组织行为之一，便成立本罪。行为人实施两个或两个以上的行为，比如既组织又领导恐怖组织的，也只成立一罪，不实行数罪并罚。并且，该组织事实上是否开始实施恐怖活动如杀人、爆炸、绑架等，不影响本罪的成立。但是，行为人如果组织、领导、参加恐怖组织后又实施了杀人、爆炸、绑架等恐怖活动犯罪的，则应将组织、领导、参加恐怖组织罪与其他相关的犯罪实行数罪并罚。

3.本罪的主体为一般主体。

4.本罪主观上是故意，即行为人明知自己组织、领导、参加的是恐怖活动组织而故意实施组织、领导、参加行为。如果行为人客观上参加的是恐怖活动组织，但在主观上根本不知道参加的是恐怖活动组织，则不能依照本罪处理。但如果行为人参加后发现是恐怖组织而不退出的，则应按本罪论处。

（三）组织、领导、参加恐怖组织罪的认定

本罪的既遂与未遂

本罪是行为犯，只要行为人实施了组织、领导、参加恐怖活动组织的行为，即构成本罪的既遂，至于行为人参加恐怖活动组织以后，有无进行犯罪活动，则不影响本罪既遂的成立。

（四）组织、领导、参加恐怖组织罪的处罚

根据《刑法》第 120 条的规定，组织、领导恐怖活动组织的，处 10 年以上有期徒

刑或者无期徒刑,并处没收财产;积极参加的,处 3 年以上 10 年以下有期徒刑,并处罚金;其他参加的,处 3 年以下有期徒刑、拘役、管制或者剥夺政治权利,可以并处罚金。

二十、资助恐怖活动罪

(一)资助恐怖活动罪的概念

资助恐怖活动罪,是指故意资助恐怖活动组织、实施恐怖活动的个人的,或者资助恐怖活动培训的行为。

(二)资助恐怖活动罪的特征

1.本罪的客体是社会公共安全。资助恐怖活动组织和个人是以对象为标准划分的,此类行为,实际上是为其恐怖活动的开展创造条件,增加了恐怖活动的危害性和实施可能性,从而直接或间接地对不特定多数人的生命、健康和重大公私财产的安全构成了威胁。而资助恐怖活动培训,是以内容为标准划分的。

2.本罪的客观方面表现为资助恐怖活动组织、实施恐怖活动的个人,或者资助恐怖活动培训的行为。根据 2009 年 9 月 21 日最高人民法院《关于审理洗钱等刑事案件具体应用法律若干问题的解释》第 5 条规定,这里的"资助",是指为恐怖活动组织或者实施恐怖活动的个人筹集、提供经费、物资或者提供场所以及其他物质便利的行为。资助的具体方式没有限制资助的时间也没有限定。如果行为超出了资助的范围,并故意与恐怖活动组织或者个人一起实施组织、领导行为,策划、实施恐怖犯罪活动,应以相关犯罪的共犯论处。对于实施为恐怖活动组织、实施恐怖活动或者恐怖活动培训招募、运送人员的行为,也属于本罪的客观方面。

3.本罪主体既可以是年满 16 周岁,具有刑事责任能力的自然人,也可以是单位。这与前面的各罪有所区别。

4.本罪的主观方面是故意,并以明知为条件,即要求行为人认识到所资助的对方为恐怖活动组织或者实施恐怖活动的个人;如果行为人不明知对方是恐怖活动的组织或个人而提供资助的,则不成立本罪。

(三)资助恐怖活动罪的处罚

根据《刑法》第 120 条之一的规定,犯本罪的,处 5 年以下有期徒刑、拘役、管制或者剥夺政治权利,并处罚金;情节严重的,处 5 年以上有期徒刑,并处罚金或者没收财产。

单位犯本罪的,对单位判处罚金,并对其直接负责的主管人员和其他直接责任人员,依照自然人犯本罪的规定处罚。

二十一、恐怖活动预备罪

（一）恐怖活动预备罪的概念

恐怖活动预备罪，是指为实施恐怖活动准备工具、制造条件的行为。

（二）恐怖活动预备罪的特征

1.本罪的客体是社会公共安全。

2.本罪的客观方面表现为实施恐怖活动的预备行为。这些行为包括：（1）为实施恐怖活动准备凶器、危险物品或者其他工具的；（2）组织恐怖活动培训或者积极参加恐怖活动培训的；（3）为实施恐怖活动与境外恐怖活动组织或者人员联络的；（4）为实施恐怖活动进行策划或者其他准备的。

3.本罪的主体是一般主体。

4.本罪的主观方面是故意。

（三）恐怖活动预备罪的处罚

根据《刑法》第120条之二的规定，犯本罪的，处5年以下有期徒刑、拘役、管制或者剥夺政治权利，并处罚金；情节严重的，处5年以上有期徒刑，并处罚金或者没收财产。实施恐怖活动的预备行为，同时构成其他犯罪的，依照处罚较重的规定定罪处罚。

二十二、宣扬恐怖主义、极端主义罪

（一）宣扬恐怖主义、极端主义罪的概念

宣扬恐怖主义、极端主义罪，是指以制作资料、散发资料、发布信息、当面讲授等方式或者通过音频视频、信息网络等宣扬恐怖主义、极端主义的行为。

（二）宣扬恐怖主义、极端主义罪的特征

1.本罪的客体是社会公共安全。

2.本罪的客观方面表现为以制作、散发宣扬恐怖主义、极端主义的图书、音频视频资料或者其他物品，或者通过讲授发布信息等方式宣扬恐怖主义、极端主义，或者煽动实施恐怖活动的行为。

3.本罪的主体是一般主体。

4.本罪的主观方面是故意。

（三）宣扬恐怖主义、极端主义罪的处罚

根据《刑法》第120条之三的规定，犯本罪的，处5年以下有期徒刑、拘役、管制或者剥夺政治权利，并处罚金；情节严重的，处5年以上有期徒刑，并处罚金或者没收财产。

二十三、利用极端主义破坏制度实施罪

（一）利用极端主义破坏制度实施罪的概念

利用极端主义破坏制度实施罪，是指利用极端主义煽动、胁迫群众破坏国家法律确立的婚姻、司法、教育、社会管理制度实施的行为。本罪的对象是法律管理制度。

（二）利用极端主义破坏制度实施罪的特征

1.本罪的客体是国家公共管理制度。

2.本罪的客观方面是指利用极端主义煽动、胁迫群众破坏国家法律确立的婚姻、司法、教育、社会管理制度实施的行为。

3.本罪的主体是一般主体。

4.本罪的主观方面是故意。

（三）利用极端主义破坏制度实施罪的处罚

根据《刑法》第120条之四的规定，犯本罪的，处3年以下有期徒刑、拘役或者管制，并处罚金；情节严重的，处3年以上7年以下有期徒刑，并处罚金；情节特别严重的，处7年以上有期徒刑，并处罚金或者没收财产。

二十四、强制穿着、佩戴恐怖主义、极端主义服饰、标志罪

（一）强制穿着、佩戴恐怖主义、极端主义服饰、标志罪的概念

强制穿着、佩戴恐怖主义、极端主义服饰、标志罪，是指以暴力、胁迫等方式强制他人在公共场所穿着、佩戴宣扬恐怖主义、极端主义服饰、标志的行为。

（二）强制穿着、佩戴恐怖主义、极端主义服饰、标志罪的特征

1.本罪的客体是社会公共安全和公民的人身自由。

2.本罪的客观方面是暴力、胁迫等方式强制他人在公共场所穿着、佩戴宣扬恐怖主义、极端主义服饰、标志的行为。

3.本罪的主体是一般主体。

4.本罪的主观方面是故意。

（三）强制穿着、佩戴恐怖主义、极端主义服饰、标志罪的处罚

根据《刑法》第120条之五的规定，犯本罪的，处3年以下有期徒刑、拘役或者管制，并处罚金。

二十五、非法持有宣扬恐怖主义、极端主义物品罪

（一）非法持有宣扬恐怖主义、极端主义物品罪的概念

非法持有宣扬恐怖主义、极端主义物品罪，是指明知是宣扬恐怖主义、极端主义的图书、音频视频资料或者其他物品而非法持有，情节严重的行为。

（二）非法持有宣扬恐怖主义、极端主义物品罪的特征

1.本罪的客体是国家的社会管理制度。

2.本罪的客观方面表现为非法持有宣扬恐怖主义、极端主义的图书、音频视频资料或者其他物品的行为。构成本罪必须以"情节严重"为条件。

3.本罪的主体是一般主体。

4.本罪的主观方面是故意。

（三）非法持有宣扬恐怖主义、极端主义物品罪的处罚

根据《刑法》第120条之六的规定，犯本罪的，处3年以下有期徒刑、拘役或者管制，并处或者单处罚金。

二十六、劫持航空器罪

（一）劫持航空器罪的概念

劫持航空器罪，是指以暴力、胁迫或者其他方法劫持航空器，危害公共安全的行为。

（二）劫持航空器罪的特征

1.本罪的客体是航空运输安全。劫持航空器的犯罪活动，不仅危及航空器上的机组人员、所承载旅客的人身和财产安全，而且由于航空器被劫持，很可能引起航空器的爆炸和失事，危及航空器的安全，甚至危及地面建筑、设施和人员的安全，因此，这种犯罪危害性极大，必须予以严惩。

2.本罪的客观方面表现为以暴力、胁迫或者其他方法劫持航空器，危害公共安全的行为。主要包括以下几点：（1）行为对象是正在使用中或者飞行中的航空器。刑法虽然没有明文限定为使用中或者飞行中的航空器，但从劫持的含义来看，应当作出这种限定。根据《蒙特利尔公约》第2条的规定，从地面人员或机组为某一特定飞行而对航空器进行飞行前的准备时起，直到降落后24小时为止，该航空器被认为是正在使用中；在任何情况下，使用的期间包括航空器在飞行中的整个时间。航空器从装载完毕，机舱外部各门均已关闭时起，直至打开任一机舱门以便卸载时止，属于正在飞行中；航空器被迫降落时，在主管当局接管该航空器及机上人员与财产的责任以前，视为仍在飞行中。根据《东京公约》第1条、《海牙公约》第3条和《蒙特利尔公约》第4条中关于"本公约不适用于供军事、海关或警察用的航空器"的规定，只能是指正在飞行中的民用航空器。（2）行为人劫持航空器的方法主要是以暴力、胁迫或者其他方法。暴力，是指直接对航空器上的人员实施暴力袭击，特别是对驾驶人员和机组人员实施捆绑、殴打、扣押等身体上的强制，使他人不能反抗的行为。胁迫是指以暴力相威胁，使被害人不敢反抗的精神强制方法。如劫机犯向机组人员或乘客喊"谁动就打死谁"、"动就马上引爆"等。其他方法，是指除暴

力、胁迫以外的其他使被害人不知反抗的强制方法。劫持航空器的行为,一经实施,即构成本罪;行为人是否实际控制了航空器,并不影响犯罪成立。

3.本罪的主体是一般主体。无论是中国人,还是外国人或无国籍人,均可成为本罪的主体。

4.本罪的主观方面只能是故意。从实践上看,劫持者总是为了达到某种特定目的而实施犯罪行为的,但犯罪目的不影响本罪的成立。

(三)劫持航空器罪的认定

本罪的既遂与未遂

对劫持航空器罪的既遂与未遂,理论上有三种观点:(1)目的说,认为犯罪人劫持航空器的目的一般是要外逃,因此,行为人在着手实施劫持行为后,把航空器劫持到了他指定的地点,劫机外逃取得了成功,才算该罪的既遂;如果未能使航空器劫持到预定的降落地,就是该罪的未遂。(2)离境说,认为行为人着手实施劫持行为后,被劫持的航空器飞出了本国的领域以外,即飞出了国境线的,构成该罪的犯罪既遂;否则就是未遂。(3)控制说,认为行为人着手实施劫持行为后,已经实际控制了该航空器的,为该罪的既遂,未能控制该航空器的,为未遂。控制说现已成为通说。

(四)劫持航空器罪的处罚

根据《刑法》第121条的规定,犯本罪的,处10年以上有期徒刑或者无期徒刑;致人重伤、死亡或者使航空器遭受严重破坏的,处死刑。

二十七、劫持船只、汽车罪

(一)劫持船只、汽车罪的概念

劫持船只、汽车罪,是指使用暴力、胁迫或者其他方法劫持船只、汽车,危害公共安全的行为。

(二)劫持船只、汽车罪的特征

1.本罪的客体是船只、汽车的交通运输安全和不特定多数旅客的生命、健康及重大财产安全。

2.本罪的客观方面表现为使用暴力、胁迫或者其他方法劫持船只、汽车,危害公共安全的行为。其具体内容包括以下两个方面:(1)行为人侵犯的对象是船只、汽车,劫持火车、电车的行为不成立本罪。(2)行为人采用的方法包括暴力、胁迫或者其他方法,从而使船只、汽车上人员不敢反抗、不能反抗或不知反抗。行为人只要实施其中之一,即可构成本罪。

3.本罪的主体为一般主体。

4.本罪的主观方面是故意,而且只能是直接故意,间接故意和过失不能构成本罪。

（三）劫持船只、汽车罪的认定

本罪与抢劫罪的界限

二者区别有以下三个方面：(1)行为的对象不同,本罪的对象仅限于船只和汽车,而抢劫罪的对象则包括船只、汽车在内的一切有形的动产,对象比本罪广泛得多。(2)在客观上表现不完全相同。本罪由于意在控制船只、汽车,一旦达到其目的,往往会弃船、车而去,或者将所劫船只、汽车予以毁坏;而抢劫罪由于意在非法取得财物,通常就会在一段时间继续使用或出卖所劫船只、汽车。(3)主观目的完全不同,本罪的目的在于控制船只、汽车;而抢劫罪的目的在于非法占有财物。

（四）劫持船只、汽车罪的处罚

根据《刑法》第122条的规定,犯本罪的,处5年以上10年以下有期徒刑;造成严重后果的,处10年以上有期徒刑或者无期徒刑。

二十八、暴力危及飞行安全罪

（一）暴力危及飞行安全罪的概念

暴力危及飞行安全罪,是指对飞行中的航空器上的人员使用暴力,危及飞行安全的行为。

（二）暴力危及飞行安全罪的特征

1.本罪的客体是航空器的飞行安全。

2.本罪的客观方面表现为对飞行中的航空器上的人员使用暴力,危及飞行安全的行为。注意以下几点:(1)行为人必须使用了暴力,但从相关规定来看,这里的"暴力"不包括故意重伤与故意杀人,只是捆绑、殴打和伤害行为。(2)必须是对航空器上的人员使用暴力,其中的人员既包括机组人员,也包括乘客等航空器上的其他人员。(3)必须是对飞行中的航空器上的人员使用暴力,否则不成立本罪,"飞行中"是指已经开始运行尚未着陆停机之前。(4)行为在客观上必须危及飞行安全,或对飞行安全构成了威胁。暴力行为不危及飞行安全的,不成立本罪。

3.本罪的主体为一般主体。

4.本罪的主观方面是故意,既可以是直接故意,也可以是间接故意。

（三）暴力危及飞行安全罪的认定

本罪与劫持航空器罪的界限

二者的主要区别是:(1)主观要件不同。劫持航空器罪的行为人对航空器上的人员使用暴力,其目的在于劫持航空器;本罪的行为人对正在飞行中的航空器上的人员使用暴力,只有危及(民用)航空器飞行安全的故意。(2)客观方面不同。本罪的行为人是对正在飞行中的航空器上的人员使用暴力,其犯罪行为只能发生在正在飞行中的航空器内,对象是航空器上的人员,犯罪手段仅限于暴力;劫持航空器罪的行为人是对正在使用中或正在飞行中的航空器本身和机上人员使用暴力、胁迫或其他方法,控制航空器,犯罪对象包括航空器本身和机上人员,犯罪手段也不限于暴力。(3)构成犯罪的要求不同。本罪的行为人对正在飞行中的航空器上的人员使用暴力,必须危及飞行安全,才构成犯罪;劫持航空器罪的犯罪行为人只要实施了劫持行为即构成犯罪。

(四)暴力危及飞行安全罪的处罚

根据《刑法》第 123 条的规定,犯本罪的,处 5 年以下有期徒刑或者拘役;造成严重后果的,处 5 年以上有期徒刑。

二十九、破坏广播电视设施、公用电信设施罪

(一)破坏广播电视设施、公用电信设施罪的概念

破坏广播电视设施、公用电信设施罪,是指故意破坏广播电视设施、公用电信设施,危害公共安全的行为。

(二)破坏广播电视设施、公用电信设施罪的特征

1.本罪的客体是传播与通信方面的公共安全。

2.本罪的客观方面表现为破坏广播电视设施、公用电信设施,危害公共安全的行为。根据最高人民法院 2011 年 6 月 13 日施行的《关于审理破坏广播电视设施等刑事案件具体应用法律若干问题的解释》(以下简称《广播电视设施的解释》)第 1 条的规定,这里的"破坏"主要是指采取拆卸、毁坏设备,剪割缆线,删除、修改、增加广播电视设备系统中存储、处理、传输的数据和应用程序,非法占用频率等行为。

理解本罪客观方面要注意以下几点:第一,行为人实施了破坏正在使用中的广播电视设施、公用电信设施的行为,没有安装完毕、没有交付使用或者已经报废的广播电视设施、公用电信设施不能成为本罪的行为对象。第二,实施的破坏行为,足以引起危害公共安全的危险。根据上述《广播电视设施的解释》第 1 条的规定,这里的"危害公共安全",是指具有下列情形之一:(1)造成救灾、抢险、防汛和灾害预警等重大公共信息无法发布的;(2)造成县级、地市(设区的市)级广播电视台中直接关系节目播出的设施无法使用,信号无法播出的;(3)造成省级以上广播电视传输网内的设施无法使用,地市(设区的市)级广播电视传输网内的设施无法使用 3 小时以上,县级广播电视传输网内的设施无法使用 12 小时以上,信号无法传输的;(4)其他危害公共安全的情形。

3.本罪的主体为一般主体。建设、施工单位的管理人员、施工人员可以成为本罪的主体。

4.本罪的主观方面表现为故意,包括直接故意和间接故意。

（三）破坏广播电视设施、公用电信设施罪的认定

1.本罪的既遂与未遂

本罪为危险犯，犯罪既遂的成立，并不以发生严重的危害结果为条件，只要实施的破坏广播电视设施、公用电信设施的行为足以引起使广播电视设施、公用电信设施无法正常工作的危险即可。如果出现实际的危害结果，仅是法定刑升格的条件，不影响本罪的既遂。当然，如果在行为实施过程中，由于意志以外的原因，而使行为未实施完毕的，则成立本罪的未遂。

2.本罪与盗窃罪的界限

对于偷割正在使用中的电话线、电缆线、偷砍电线杆等，势必会使不特定多数单位或个人的广播、电视通信受阻。这种行为不仅侵害财产所有权，而且危害传播与通信方面的公共安全。对于此行为，根据《广播电视设施的解释》的规定，盗窃正在使用的广播电视设施、公用电信设施，尚未构成盗窃罪，但符合危害公共安全犯罪的规定情形的，以破坏广播电视设施罪定罪处罚；同时构成盗窃罪和破坏广播电视设施、公用电信设施罪的，依照处罚较重的规定定罪处罚。

3.本罪与故意毁坏财物罪的界限

破坏正在使用的广播电视设施、公用电信设施，未危及公共安全，或者故意毁坏尚未投入使用的广播电视设施、公用电信设施，造成财物损失数额较大或者有其他严重情节的，以故意毁坏财物罪定罪处罚。

4.一罪与数罪问题

实施破坏广播电视设施、公用电信设施犯罪，并利用广播电视设施、公用电信设施实施煽动分裂国家、煽动颠覆国家政权、煽动民族仇恨、民族歧视或者宣扬邪教等行为，同时构成其他犯罪的，依照处罚较重的规定定罪处罚。

（四）破坏广播电视设施、公用电信设施罪的处罚

根据《刑法》第124条的规定，犯本罪的，处3年以上7年以下有期徒刑；造成严重后果的，处7年以上有期徒刑。根据上述《广播电视设施的解释》第2条的规定，所谓"严重后果"，是指具有下列情形之一：（1）造成救灾、抢险、防汛和灾害预警等重大公共信息无法发布，因此贻误排除险情或者疏导群众，致使1人以上死亡、3人以上重伤或者财产损失50万元以上，或者引起严重社会恐慌、社会秩序混乱的；（2）造成省级以上广播电视台中直接关系节目播出的设施无法使用，信号无法播出的；（3）造成省级以上广播电视传输网内的设施无法使用3小时以上，地市（设区的市）级广播电视传输网内的设施无法使用12小时以上，县级广播电视传输网内的设施无法使用48小时以上，信号无法传输的；（4）造成其他严重后果的。

三十、过失损坏广播电视设施、公用电信设施罪

（一）过失损坏广播电视设施、公用电信设施罪的概念

过失损坏广播电视设施、公用电信设施罪，是指过失损坏广播电视设施、公用电信设施，危害公共安全，造成严重后果的行为。

（二）过失损坏广播电视设施、公用电信设施罪的特征

1.本罪的客体是传播与通信方面的公共安全。

2.本罪的客观方面表现为损坏广播电视设施、公用电信设施，危害公共安全，造成严重后果的行为。主要有以下几点：第一，行为人实施了损坏上述设施的行为。第二，行为危害公共安全并造成严重后果。"严重后果"的标准，可以参照上述《广播电视设施的解释》对破坏广播电视设施、公用电信设施罪的加重结果的四种情形。第三，严重后果与损害行为具有因果关系。

3.本罪的主体为一般主体。建设、施工单位的管理人员、施工人员可以成为本罪的主体。

4.本罪的主观方面是过失。

（三）过失损坏广播电视设施、公用电信设施罪的认定

本罪与破坏广播电视设施、公用电信设施罪的界限：

二者的区别在于：（1）主观方面不同。破坏广播电视设施、公用电信设施罪是故意，本罪是过失。（2）对危害后果的要求不同。破坏广播电视设施、公用电信设施罪不以造成严重后果为构成要件，只要引起了足以危害传播与通信方面的公共安全的危险，就构成本罪的既遂；本罪则以造成严重后果为构成要件，如果未造成严重危害后果的，就不构成犯罪。

（四）过失损坏广播电视设施、公用电信设施罪的处罚

根据《刑法》第124条第2款的规定，犯本罪的，处3年以上7年以下有期徒刑；情节较轻的，处3年以下有期徒刑或者拘役。过失损坏广播电视设施构成犯罪，但能主动向有关部门报告，积极赔偿损失或者修复被损坏设施的，可以酌情从宽处罚。

三十一、非法制造、买卖、运输、邮寄、储存枪支、弹药、爆炸物罪

（一）非法制造、买卖、运输、邮寄、储存枪支、弹药、爆炸物罪的概念

非法制造、买卖、运输、邮寄、储存枪支、弹药、爆炸物罪，是指违反国家有关枪支、弹药、爆炸物管理法规，非法制造、买卖、运输、邮寄、储存枪支、弹药、爆炸物，危害公共安全的行为。

（二）非法制造、买卖、运输、邮寄、储存枪支、弹药、爆炸物罪的特征

1. 本罪的客体是社会的公共安全和国家对枪支、弹药、爆炸物的管理制度。

2. 本罪的客观方面表现为违反国家有关枪支、弹药、爆炸物管理法规，非法制造、买卖、运输、邮寄、储存枪支、弹药、爆炸物，危害公共安全的行为。理解本罪的客观方面需要注意以下几点：(1)制造、买卖、运输、邮寄、储存的对象必须是枪支、弹药与爆炸物，且该行为本身是非法的。根据《枪支管理法》第 46 条的规定，所谓枪支，是指以火药或者压缩气体等为动力，利用管状器具发射金属弹丸或其他物质，足以致人伤亡或者丧失知觉的各种枪支；供上述枪支激发用的金属弹丸等物质，为弹药。此外，对私自制作土枪出售，或者将体育运动用枪改装成火药枪的，应根据具体情况，区别对待：构成犯罪的，以非法制造、买卖枪支罪予以处罚；如果情节显著轻微危害不大的，则不以犯罪论处。至于爆炸物，则是指具有较大爆破性或杀伤性的爆炸物，既包括军用的爆炸物，如地雷、炸弹、手榴弹，也包括《民用爆炸物品安全管理条例》所列的爆破器材，但不应包括烟花、爆竹。(2)行为人实施了非法制造、买卖、运输、邮寄、储存枪支、弹药、爆炸物的行为。非法制造，是指非经国家许可擅自制造(包括改装、配装)枪支、弹药、爆炸物。非法买卖，是指违反有关法规，购买或者出售枪支、弹药、爆炸物；介绍买卖枪支、弹药、爆炸物的，以买卖枪支、弹药、爆炸物罪的共犯论处。非法运输，是指违反有关法规，转移枪支、弹药、爆炸物存在地的行为。非法邮寄，是指违反有关法规，通过邮政部门寄递枪支、弹药、爆炸物。非法储存根据最高人民法院 2009 年 11 月 16 日《关于审理非法制造、买卖、运输枪支、弹药、爆炸物等刑事案件具体应用法律若干问题的解释》(以下简称《枪支、弹药、爆炸物的解释》)，是指明知是他人非法制造、买卖、运输、邮寄的枪支、弹药而为其存放的行为，或者非法存放爆炸物的行为。

3. 本罪的主体既可以是年满 16 周岁，具有刑事责任能力的自然人，也可以是单位。

4. 本罪的主观方面是故意，而且是直接故意。

（三）非法制造、买卖、运输、邮寄、储存枪支、弹药、爆炸物罪的认定

本罪罪与非罪的界限

根据上述《枪支、弹药、爆炸物的解释》第 1 条的规定，个人或者单位非法制造、买卖、运输、邮寄、储存枪支、弹药、爆炸物，具有下列情形之一的，依照《刑法》第 125 条第 1 款的规定，以非法制造、买卖、运输、邮寄、储存枪支、弹药、爆炸物罪定罪处罚：(1)非法制造、买卖、运输、邮寄、储存军用枪支 1 支以上的；(2)非法制造、买卖、运输、邮寄、储存以火药为动力发射枪弹的非军用枪支 1 支以上或者以压缩气体等为动力的其他非军用枪支 2 支以上的；(3)非法制造、买卖、运输、邮寄、储存军用子弹 10 发以上、气枪铅弹 500 发以上或者其他非军用子弹 100 发以上的；

(4)非法制造、买卖、运输、邮寄、储存手榴弹1枚以上的;(5)非法制造、买卖、运输、邮寄、储存爆炸装置的;(6)非法制造、买卖、运输、邮寄、储存炸药、发射药、黑火药1000克以上或者烟火药3000克以上、雷管30枚以上,或者导火索、导爆索30米以上的;(7)具有生产爆炸物品资格的单位不按照规定的品种制造,或者具有销售、使用爆炸物品资格的单位超过限额买卖炸药、发射药、黑火药10千克以上或者烟火药30千克以上、雷管300枚以上或者导火索、导爆索300米以上的;(8)多次非法制造、买卖、运输、邮寄、储存弹药、爆炸物的;(9)虽未达到上述最低数量标准,但具有造成严重后果等其他恶劣情节的。

介绍买卖枪支、弹药、爆炸物的,以买卖枪支、弹药、爆炸物罪的共犯论处。

(四)非法制造、买卖、运输、邮寄、储存枪支、弹药、爆炸物罪的处罚

根据《刑法》第125条第1款和第3款的规定,犯本罪的,处3年以上10年以下有期徒刑;情节严重的,处10年以上有期徒刑、无期徒刑或者死刑。对于"情节严重",是指:(1)非法制造、买卖、运输、邮寄、储存枪支、弹药、爆炸物的数量达到上述司法解释第1条第(1)、(2)、(3)、(6)、(7)项规定的最低数量标准5倍以上的;(2)非法制造、买卖、运输、邮寄、储存手榴弹3枚以上的;(3)非法制造、买卖、运输、邮寄、储存爆炸装置,危害严重的;(4)达到上述司法解释第1条规定的最低数量标准,并具有造成严重后果等其他恶劣情节的。

单位犯本罪的,对单位判处罚金,并对其直接负责的主管人员和其他直接责任人员,依照自然人犯本罪的规定处罚。

三十二、非法制造、买卖、运输、储存危险物质罪

(一)非法制造、买卖、运输、储存危险物质罪的概念

非法制造、买卖、运输、储存危险物质罪,是指非法制造、买卖、运输、储存毒害性、放射性、传染病病原体等危险物质,危害公共安全的行为。

(二)非法制造、买卖、运输、储存危险物质罪的特征

1.本罪的客体是公共安全和国家对毒害性、放射性、传染病病原体等物质的管理制度。

2.本罪的客观方面表现为非法制造、买卖、运输、储存毒害性、放射性、传染病病原体等物质,危害公共安全的行为。需注意以下几点:(1)行为人非法制造、买卖、运输、储存的对象是危险物质。(2)行为人必须违反国家有关毒害性、放射性、传染病病原体等物质的管理制度,非法制造、买卖、运输、储存上述危险物质。本罪为选择性罪名,行为人只要实施了上述行为中的一种,即符合本罪的客观行为特征。

3.本罪主体既可以是年满16周岁,具有刑事责任能力的自然人,也可以是单位。

4.本罪的主观方面是故意,而且是直接故意。

(三)非法制造、买卖、运输、储存危险物质罪的处罚

根据《刑法》第 125 条第 2 款和第 3 款的规定,犯本罪的,处 3 年以上 10 年以下有期徒刑;情节严重的,处 10 年以上有期徒刑、无期徒刑或者死刑。

单位犯本罪的,对单位判处罚金,并对其直接负责的主管人员和其他直接责任人员,依照自然人犯本罪的规定处罚。

三十三、违规制造、销售枪支罪

(一)违规制造、销售枪支罪的概念

违规制造、销售枪支,是指依法被指定、确定的枪支制造企业、销售企业,违反枪支管理规定,擅自制造、销售枪支的行为。

(二)违规制造、销售枪支罪的特征

1.本罪的客体是公共安全和国家对枪支制造与销售的管理制度。

2.本罪的客观方面表现为依法被指定、确定的枪支制造企业、销售企业,违反枪支管理规定,擅自制造、销售枪支的行为。包括三种行为:(1)超过限额或者不按规定的品种制造、配售枪支;(2)制造无号、重号、假号的枪支;(3)非法销售枪支或者在境内销售为出口制造的枪支。

3.本罪是特殊主体,即依法被指定、确定的枪支制造企业、销售企业。其他企业及个人非法制造、销售枪支的,构成《刑法》第 125 条的非法制造、买卖枪支罪。

4.本罪的主观方面为故意,其中,违规制造枪支的行为必须以非法销售为目的;违规销售枪支的行为不要求具有特定目的。

(三)违规制造、销售枪支罪的认定

本罪罪与非罪的界限

根据《枪支、弹药、爆炸物的解释》第 3 条的规定,依法被指定或者确定的枪支制造、销售企业,实施《刑法》第 126 条规定的行为,具有下列情形之一的,以违规制造、销售枪支罪定罪处罚:(1)违规制造枪支 5 支以上的;(2)违规销售枪支 2 支以上的;(3)虽未达到上述最低数量标准,但具有造成严重后果等其他恶劣情节的。

(四)违规制造、销售枪支罪的处罚

根据《刑法》第 126 条的规定,犯本罪的,对单位判处罚金,并对其直接负责的主管人员和直接责任人员,处 5 年以下有期徒刑;情节严重的,处 5 年以上 10 年以下有期徒刑;情节特别严重的,处 10 年以上有期徒刑或者无期徒刑。根据上述《枪支、弹药、爆炸物的解释》第 3 条的规定,具有下列情形之一的,属于“情节严重”:(1)违规制造枪支 20 支以上的;(2)违规销售枪支 10 支以上的;(3)达到该条第 1 款规定的最低数量标准,并具有造成严重后果等其他恶劣情节的。具有下列情形

之一的,属于"情节特别严重":(1)违规制造枪支 50 支以上的;(2)违规销售枪支 30 支以上的;(3)达到该条第 2 款规定的最低数量标准,并具有造成严重后果等其他恶劣情节的。

三十四、盗窃、抢夺枪支、弹药、爆炸物、危险物质罪

(一)盗窃、抢夺枪支、弹药、爆炸物、危险物质罪的概念

盗窃、抢夺枪支、弹药、爆炸物、危险物质罪,是指以非法占有为目的,窃取或者抢夺枪支、弹药、爆炸物,或者窃取、抢夺毒害性、放射性、传染病病原体等危险物质,危害公共安全的行为。

(二)盗窃、抢夺枪支、弹药、爆炸物、危险物质罪的特征

1.本罪的客体是公共安全和国家对枪支、弹药、爆炸物、危险物质的管理制度。

2.本罪的客观方面表现为,窃取或者抢夺枪支、弹药、爆炸物,或者窃取、抢夺毒害性、放射性、传染病病原体等危险物质,危害公共安全的行为。盗窃是指违反占有者的意思,将枪支、弹药、爆炸物或者其他危险物质转移为自己或者第三者占有;抢夺一般是指乘人不备而夺取。至于他人占有枪支、弹药等是否合法,则不影响本罪的成立。只要行为人实施了盗窃、抢夺枪支、弹药、爆炸物、危险物质的行为,达到法定数量和情节的,即可以本罪论处。

3.本罪的主体为一般主体。

4.本罪的主观上是故意,且是直接故意,即行为人明知是枪支、弹药、爆炸物和危险物质而予以盗窃、抢夺。

(三)盗窃、抢夺枪支、弹药、爆炸物、危险物质罪的认定

本罪罪与非罪的界限

根据《枪支、弹药、爆炸物的解释》第 4 条的规定,盗窃、抢夺枪支、弹药、爆炸物,具有下列情形之一的,依照《刑法》第 127 条第 1 款的规定,以盗窃、抢夺枪支、弹药、爆炸物罪定罪处罚:(1)盗窃、抢夺以火药为动力的发射枪弹非军用枪支 1 支以上或者以压缩气体等为动力的其他非军用枪支 2 支以上的;(2)盗窃、抢夺军用子弹 10 发以上、气枪铅弹五百发以上或者其他非军用子弹 100 发以上的;(3)盗窃、抢夺爆炸装置的;(4)盗窃、抢夺炸药、发射药、黑火药 1000 克以上,或者烟火药 3000 克以上、雷管 30 枚以上或者导火索、导爆索 30 米以上的;(5)虽未达到上述最低数量标准,但具有造成严重后果等其他恶劣情节的。

(四)盗窃、抢夺枪支、弹药、爆炸物、危险物质罪的处罚

根据《刑法》第 127 条第 1 款的规定,犯本罪的,处 3 年以上 10 年以下有期徒刑;情节严重的,处 10 年以上有期徒刑、无期徒刑或者死刑。根据《枪支、弹药、爆炸物的解释》第 4 条的规定,所谓"情节严重"是指具有下列情形之一的:(1)盗窃、

抢夺枪支、弹药、爆炸物的数量达到该条第 1 款规定的最低数量标准 5 倍以上的；(2)盗窃、抢夺军用枪支的；(3)盗窃、抢夺手榴弹的；(4)盗窃、抢夺爆炸装置，危害严重的；(5)达到该条第 1 款规定的最低数量标准，并具有造成严重后果等其他恶劣情节的。

三十五、抢劫枪支、弹药、爆炸物、危险物质罪

（一）抢劫枪支、弹药、爆炸物、危险物质罪的概念

抢劫枪支、弹药、爆炸物、危险物质罪，是指以非法占有为目的，以暴力、胁迫或者其他方法抢劫枪支、弹药、爆炸物，或者抢劫毒害性、放射性、传染病病原体等危险物质，危害公共安全的行为。

（二）抢劫枪支、弹药、爆炸物、危险物质罪的特征

1.本罪的客体是公共安全和国家对枪支、弹药、爆炸物、危险物质的管理制度。

2.本罪的客观方面表现为以暴力、胁迫或者其他方法抢劫枪支、弹药、爆炸物，或者抢劫毒害性、放射性、传染病病原体等危险物质，危害公共安全的行为。理解客观方面应注意以下两点：(1)使用暴力、胁迫或者其他使人不能反抗、不敢反抗、不知反抗的强制方法，强行劫取枪支、弹药、爆炸物的行为。只要抢劫的是枪支、弹药、爆炸物，不问其所有者、占有者与使用者是谁，均成立本罪。(2)使用暴力、胁迫或者其他强制方法，劫取毒害性、放射性、传染病病原体等危险物质，危害公共安全的行为。只要实施了该行为，即构成本罪。

3.本罪的主体为一般主体。

4.本罪的主观方面是故意，且是直接故意，即行为人明知是枪支、弹药、爆炸物和危险物质而予以抢劫。

（三）抢劫枪支、弹药、爆炸物、危险物质罪的处罚

根据《刑法》第 127 条第 2 款的规定，犯本罪的，处 10 年以上有期徒刑、无期徒刑或者死刑。

三十六、非法持有、私藏枪支、弹药罪

（一）非法持有、私藏枪支、弹药罪的概念

非法持有、私藏枪支、弹药罪，是指违反枪支、弹药管理规定，非法持有、私藏枪支、弹药的行为。

（二）非法持有、私藏枪支、弹药罪的特征

1.本罪的客体是公共安全和国家对枪支、弹药的管理制度。

2.本罪的客观方面表现为违反枪支、弹药管理规定，非法持有、私藏枪支、弹药的行为。根据《枪支、弹药、爆炸物的解释》第 8 条的规定，"非法持有"是指不符合

配备、配置枪支、弹药条件的人员,违反枪支管理法律、法规的规定,擅自持有枪支、弹药的行为。接受枪支质押进而实际占有或者控制枪支的,属于非法持有枪支。"私藏"是指依法配备、配置枪支、弹药的人员,在配备、配置枪支、弹药的条件消除后,违反枪支管理法律、法规的规定,私自藏匿所配备、配置的枪支、弹药且拒不交出的行为。枪支、弹药的来源没有限制,如他人赠与的、自己拾得的均可。但非法制造后又持有、私藏的,属于吸收犯,应以非法制造枪支、弹药罪论处,不实行数罪并罚。非法持有、私藏以故意为前提,即行为人认识到持有、私藏的是枪支、弹药,过失不可成立本罪。本罪是选择性罪名,只要实施了所列行为之一,即可构成本罪。

3.本罪的主体为一般主体。

4.本罪的主观方面是故意,并以明知为条件,即行为人明知是枪支、弹药而予以非法持有或私藏。

(三)非法持有、私藏枪支、弹药罪的认定

本罪罪与非罪的界限

根据《枪支、弹药、爆炸物的解释》第 5 条的规定,具有下列情形之一的,以非法持有、私藏枪支、弹药罪定罪处罚:(1)非法持有、私藏军用枪支 1 支的;(2)非法持有、私藏以火药为动力发射枪弹的非军用枪支 1 支或者以压缩气体等为动力的其他非军用枪支 2 支以上的;(3)非法持有、私藏军用子弹 20 发以上、气枪铅弹 1000发以上或者其他非军用子弹 200 发以上的;(4)非法持有、私藏手榴弹 1 枚以上的;(5)非法持有、私藏的弹药造成人员伤亡、财产损失的。

(四)非法持有、私藏枪支、弹药罪的处罚

根据《刑法》第 128 条第 1 款的规定,犯本罪的,处 3 年以下有期徒刑、拘役或者管制;情节严重的,处 3 年以上 7 年以下有期徒刑。根据《枪支、弹药、爆炸物的解释》第 5 条的规定,具有下列情形之一的,属于"情节严重":(1)非法持有、私藏军用枪支 2 支以上的;(2)非法持有、私藏以火药为动力发射枪弹的非军用枪支 2 支以上或者以压缩气体等为动力的其他非军用枪支 5 支以上的;(3)非法持有、私藏军用子弹 100 发以上、气枪铅弹 5000 发以上或者其他非军用子弹 1000 发以上的;(4)非法持有、私藏手榴弹 3 枚以上的;(5)达到上述司法解释第 1 条第 1 款的最低数量标准,并具有造成严重后果等其他恶劣情节的。

三十七、非法出租、出借枪支罪

(一)非法出租、出借枪支罪的概念

非法出租、出借枪支罪,是指依法配备公务用枪的人员与单位,非法出租、出借枪支的行为,或者依法配置枪支的人员与单位,非法出租、出借枪支,造成严重后果的行为。

（二）非法出租、出借枪支罪的特征

1.本罪的客体是公共安全和国家对枪支的管理秩序。

2.本罪的客观方面表现为两种类型：一种类型是，依法配备公务用枪的人员与单位，非法出租、出借枪支。客观上表现为非法出租、出借公务用枪的行为。非法出租枪支，是指违反《枪支管理法》的规定，擅自将公务用枪在一段时间内有偿提供给他人使用的行为；如果是永久性地有偿转让给他人，则成立非法买卖枪支罪。非法出借枪支，一般是指违反《枪支管理法》的规定，擅自将公务用枪在一段时间内无偿提供给他人使用的行为；但根据立法精神，非法将公务用枪赠与给他人的，可以认为是永久性无偿提供给他人使用的行为，应认定为非法出借枪支。依法配备公务用枪的人员，违反法律规定，将公务用枪用作借债质押物，使枪支处于非依法持枪人的控制、使用之下的，成立非法出借枪支罪。另一种类型是，依法配置枪支的人员与单位，非法出租、出借枪支，造成严重后果的行为。客观方面表现为非法出租、出借配置枪支，并且造成了严重后果。

3.本罪的犯罪主体，与客观方面的类型相对应，亦有两种类型，即前一种类型的主体是依法配备公务用枪的人员与单位；后一种类型的主体是依法配置枪支的人员与单位。

4.本罪的主观方面是故意。如果行为人明知他人租借枪支是为了进行犯罪活动，则应按有关犯罪的共犯进行处理。

（三）非法出租、出借枪支罪的认定

本罪与非法持有枪支罪的界限

根据最高人民检察院《关于将公务用枪用作借债质押的行为如何适用法律问题的批复》，依法配备公务用枪的人员，违反法律规定，将公务用枪用作借债质押物，使枪支处于非依法持枪人的控制、使用之下，严重危害公共安全，是《刑法》第128条第2款所规定的非法出借枪支行为的一种形式，应以非法出借枪支罪追究刑事责任；对接受枪支质押的人员，构成犯罪的，根据《刑法》第128条第1款规定，应以非法持有枪支罪追究刑事责任。

（四）非法出租、出借枪支罪的处罚

根据《刑法》第128条的规定，犯本罪的，处3年以下有期徒刑、拘役或者管制；情节严重的，处3年以上7年以下有期徒刑。

单位犯本罪的，对单位判处罚金，并对其直接负责的主管人员和其他直接责任人员，依照自然人犯本罪的规定处罚。

三十八、丢失枪支不报罪

（一）丢失枪支不报罪的概念

丢失枪支不报罪，是指依法配备公务用枪的人员，丢失枪支不及时报告，造成严重后果的行为。

（二）丢失枪支不报罪的特征

1. 本罪的客体是公共安全和国家对枪支的管理制度。

2. 本罪的客观方面表现为依法配备公务用枪的人员，丢失枪支不及时报告，造成严重后果的行为。理解本罪的客观方面需要注意以下三点：(1)丢失枪支，即遗失枪支，包括枪支被盗、被抢等情况。(2)不及时报告，根据《枪支管理法》，行为人丢失枪支后有立即报告的义务，但行为人没有履行这种义务。不及时报告包括两种情况：一是丢失枪支后根本不报告；二是丢失枪支后拖延一段时间才报告。(3)造成严重结果。这里的严重后果，应当包括直接危害结果与间接危害结果，但一般表现为枪支落入不法分子之手后，不法分子利用行为人丢失的枪支实施犯罪行为造成严重后果；丢失枪支本身不是本罪所说的"严重后果"。

3. 本罪的主体是特殊主体，只能由依法配备公务用枪的人员构成。

4. 本罪的主观方面是过失。行为人在主观上的过失只能是就丢失枪支造成的后果而言的，对于不及时报告，行为人是故意的，这不是本罪的罪过要求。

（三）丢失枪支不报罪的处罚

根据《刑法》第129条的规定，犯本罪的，处3年以下有期徒刑或者拘役。

三十九、非法携带枪支、弹药、管制刀具、危险物品危及公共安全罪

（一）非法携带枪支、弹药、管制刀具、危险物品危及公共安全罪的概念

非法携带枪支、弹药、管制刀具、危险物品危及公共安全罪，是指非法携带枪支、弹药、管制刀具或者爆炸性、易燃性、放射性、毒害性、腐蚀性物品，进入公共场所或者公共交通工具，危及公共安全，情节严重的行为。

（二）非法携带枪支、弹药、管制刀具、危险物品危及公共安全罪的特征

1. 本罪的客体是公共安全。

2. 本罪的客观方面表现为非法携带枪支、弹药、管制刀具或者爆炸性、易燃性、放射性、毒害性、腐蚀性物品，进入公共场所或者公共交通工具，危及公共安全，情节严重的行为。理解时需要把握以下几个方面：第一，行为人非法携带枪支、弹药、管制刀具或者爆炸性、易燃性、放射性、毒害性、腐蚀性物品。第二，进入公共场所或者公共交通工具。第三，危及公共安全。第四，属于情节严重。根据《枪支、弹药、爆炸物的解释》第6条的规定，具有下列情形之一的，属于"情节严重"：(1)携带

枪支或者手榴弹的;(2)携带爆炸装置的;(3)携带炸药、发射药、黑火药500克以上,或者烟火药1000克以上、雷管20枚以上或者导火索、导爆索20米以上的;(4)携带的弹药、爆炸物在公共场所或者公共交通工具上发生爆炸或者燃烧,尚未造成严重后果的;(5)具有其他严重情节的。行为人非法携带上述第(3)项爆炸物进入公共场所或者公共交通工具,虽未达到上述数量标准,但拒不交出的,依照本罪处罚;携带的数量达到最低数量标准,能够主动、全部交出的不以犯罪论处。

3.本罪的主体是一般主体。

4.本罪的主观方面是故意,而且只能是直接故意。

(三)非法携带枪支、弹药、管制刀具、危险物品危及公共安全罪的处罚

根据《刑法》第130条的规定,犯本罪的,处3年以下有期徒刑、拘役或者管制。

四十、重大飞行事故罪

(一)重大飞行事故罪的概念

重大飞行事故罪,是指航空人员违反规章制度,致使发生重大飞行事故,造成严重后果的行为。

(二)重大飞行事故罪的特征

1.本罪的客体是航空器的飞行安全。

2.本罪的客观方面表现为实施违反航空规章制度的行为,致使发生重大飞行事故,造成严重后果。具体内容如下:(1)实施了违反航空规章制度的行为,即是指违反《航空法》及其他相关制度的行为。(2)行为导致发生重大飞行事故,造成严重后果。

3.本罪的主体是特殊主体,必须是航空人员,包括空勤人员与地面人员。空勤人员,包括驾驶员、领航员、飞行机械人员、飞行通信员与乘务员;地面人员,包括航空器维修人员、空中交通管制员、飞行签派员与航空电台通信员。航空人员以外的人不能成为本罪主体。

4.本罪的主观方面是过失。

(三)重大飞行事故罪的处罚

根据《刑法》第131条的规定,犯本罪的,处3年以下有期徒刑或者拘役;造成飞机坠毁或者人员死亡的,处3年以上7年以下有期徒刑。

四十一、铁路运营安全事故罪

(一)铁路运营安全事故罪的概念

铁路运营安全事故罪,是指铁路职工违反规章制度,致使发生铁路运营安全事故,造成严重后果的行为。

(二)铁路运营安全事故罪的特征

1.本罪的客体是铁路运输安全。

2.本罪的客观方面表现为违反规章制度,致使发生铁路运营安全事故,造成严重后果的行为。具体包括以下内容:(1)实施了违反铁路规章制度的行为。(2)致使发生铁路运输、营业安全事故,造成了严重后果。

3.本罪的主体为特殊主体,即铁路职工。

4.本罪的主观方面表现为过失。如果行为主观上是故意,则不能按本罪处理,而应当分别按破坏交通工具罪或破坏交通设施罪处理。

(三)铁路运营安全事故罪的处罚

根据《刑法》第 132 条的规定,犯本罪的,处 3 年以下有期徒刑或者拘役;造成特别严重后果的,处 3 年以上 7 年以下有期徒刑。

四十二、交通肇事罪

(一)交通肇事罪的概念

交通肇事罪,是指违反交通运输管理法规,因而发生重大交通事故,致人重伤、死亡或者使公私财产遭受重大损失的行为。

(二)交通肇事罪的特征

1.本罪的客体是公路、水路交通运输安全。

2.本罪的客观方面表现为违反交通运输管理法规,因而发生重大交通事故,致人重伤、死亡或者使公私财产遭受重大损失的行为。具体包括以下内容:第一,必须有违反交通运输管理法规的行为。这里的交通运输管理法规,主要指公路、水上交通运输中的各种交通规则、操作规程、劳动纪律等,同时也包括铁路、航空交通运输中的各种管理法规。第二,必须发生重大交通事故,致人重伤、死亡或者使公私财产遭受重大损失。行为虽然违反交通运输管理法规,但没有发生重大交通事故的,不成立本罪。所谓"重大事故",根据最高人民法院 2000 年 11 月 10 日《关于审理交通肇事刑事案件具体应用法律若干问题的解释》第 2 条的规定,是指:(1)死亡1 人或者重伤 3 人以上,负事故全部或者主要责任的;(2)死亡 3 人以上,负事故同等责任的;(3)造成公共财产或者他人财产直接损失,负事故全部或者主要责任,无能力赔偿数额在 30 万元以上的。交通肇事致 1 人以上重伤,负事故全部或者主要责任,并具有下列情形之一的,也属于"重大事故":(1)酒后、吸食毒品后驾驶机动车辆的;(2)无驾驶资格驾驶机动车辆的;(3)明知是安全装置不全或者安全机件失灵的机动车辆而驾驶的;(4)明知是无牌证或者已报废的机动车辆而驾驶的;(5)严重超载驾驶的;(6)为逃避法律追究逃离事故现场的。第三,重大交通事故必须发生在交通过程中以及与交通有直接关系的活动中。

3.本罪的主体是一般主体,即年满 16 周岁,具有刑事责任能力的人均可成为本罪的主体。交通肇事后,单位主管人员,机动车辆所有人、承包人,或者乘车人,指使肇事人逃逸,致使被害人因得不到救助而死亡的,以交通肇事罪的共犯论处。根据司法解释的规定,单位主管人员、机动车辆所有人或者机动车辆承包人指使、强令他人违章驾驶造成重大交通事故,具有该解释第 2 条规定情形之一的,以交通肇事罪定罪处罚。这就涉及犯罪主体是不是可以包括单位的问题,在理论上是有争议的。

4.本罪的主观方面是过失。

(三)交通肇事罪的认定

1.本罪罪与非罪的界限

认定本罪,关键要查清以下三个方面:(1)行为人对危害结果是否有主观罪过。(2)是否实施了违反交通运输管理法规的行为。(3)行为与重大交通事故是否具有因果关系等。此三个条件,缺一不可。倘若没有违法行为或者虽有违法行为但没有因果关系,如事故发生纯属被害人不遵守交通规则,乱穿马路造成,或由自然因素,如山崩、地裂、风暴、洪水等造成,则不应以本罪论处。尤其要注意行为人是否实施了违反交通运输管理法规的行为。

2.本罪与利用交通工具的故意犯罪的界限

处理此类案件时,必须查清行为人主观上是出于故意还是过失。如果是故意,也要分情况处理。如果行为人在交通肇事后为逃避法律追究,将被害人带离事故现场后隐藏或者遗弃,致使被害人无法得到救助而死亡或者严重残疾的,就应按故意杀人或故意伤害罪处理;如果行为人故意开车朝人群冲撞的,就应按以危险方法危害公共安全罪定罪处罚。

3.本罪与重大飞行事故罪、铁路运营安全事故罪的界限

二者的区别在于:(1)客体要件不同。本罪的客体主要是公路、水上交通运输的安全,重大飞行事故罪的客体是航空交通运输的安全,铁路运营事故罪的客体是铁路交通运输安全。(2)客观方面上造成的严重后果的内容不同。(3)犯罪主体不同,本罪的犯罪主体是一般主体,包括交通运输人员和非交通运输人员;重大飞行事故的犯罪主体只能是航空人员,包括空勤人员与地面人员;铁路运营安全事故罪的犯罪主体必须是铁路职工。

(四)交通肇事罪的处罚

根据《刑法》第 133 条的规定,犯本罪的,处 3 年以下有期徒刑或者拘役;交通运输肇事后逃逸或者有其他特别恶劣情节的,处 3 年以上 7 年以下有期徒刑;因逃逸致人死亡的,处 7 年以上有期徒刑。

这里所谓"交通运输肇事后逃逸",是指行为人具有上述司法解释第 2 条第 1

款规定和第 2 款第(1)至(5)项规定的情形之一,在发生交通事故后,为逃避法律追究而逃跑的行为。所谓"有其他特别恶劣情节",是指:(1)死亡 2 人以上或者重伤 5 人以上,负事故全部或者主要责任的;(2)死亡 6 人以上,负事故同等责任的;(3)造成公共财产或者他人财产直接损失,负事故全部或者主要责任,无能力赔偿数额在 60 万元以上的。

所谓"因逃逸致人死亡",是指行为人在交通肇事后为逃避法律追究而逃跑,致使被害人因得不到救助而死亡的情形。

四十三、危险驾驶罪

(一)危险驾驶罪的概念

危险驾驶罪,是指具有超速、超载等危险状态而驾驶机动车辆,足以危害公共安全的行为。

(二)危险驾驶罪的特征

1.本罪的客体是交通公共安全。

2.本罪的客观方面是指具有下列行为之一:(1)追逐竞驶,情节恶劣的;(2)醉酒驾驶机动车的;(3)从事校车业务或者旅客运输,严重超过额定乘员载客,或者严重超过规定时速行驶的;(4)违反危险化学品安全管理规定运输危险化学品,危及公共安全的。追逐竞驶,俗称"飙车",是限定在城镇区域还是所有公共道路,是有争议的。醉酒的标准如何把握也是一个有争议的问题,关键在于是否需要考虑个体差异。我们认为,危险驾驶罪作为危险犯,其责难点应该是驾驶机动车导致的危险状态,而不是某种结果样态,因此,不能以"情节严重"、"情节恶劣"等字眼来描述其罪状。

3.本罪的主体是一般主体,凡是年满 16 周岁的、具有刑事责任能力的自然人均可构成。根据《刑法》第 133 条第 2 款的规定,机动车所有人、管理人对上述客观方面的第(3)项、第(4)项行为负有直接责任的,也作为本罪的主体予以追究。

4.本罪的主观方面是故意。即明知自己的驾驶行为可能给社会造成危险,仍然予以驾驶的主观心态。在通常情况下,其意志因素是放任危险的出现。

(三)危险驾驶罪的处罚

根据《刑法》第 133 条之一的规定,犯本罪的,处拘役,并处罚金。如果有危险驾驶行为,同时构成其他犯罪的,依照处罚较重的规定定罪处罚。

四十四、妨害安全驾驶罪

(一)妨害安全驾驶罪的概念

妨害安全罪,是指妨害、干扰公共交通工具正常行驶,危及公共安全的行为。

(二)妨害安全驾驶罪的特征

1.本罪的客体是交通公共安全。

2.本罪的客观方面是指行为人对行驶中的公共交通工具的驾驶人员使用暴力或者抢控驾驶操纵装置,干扰公共交通工具正常行驶,危及公共安全;驾驶人员在行驶的公共交通工具上擅离职守,与他人互殴或者殴打他人,危及公共安全。即行为人的行为足以导致公共交通工具不能安全行驶、车辆失控、随时可能发生乘客、道路上的行人、车辆伤亡或者财产损失的现实危险。

3.本罪的主体是一般主体。需要注意的是,除了乘客以外,驾驶人员如果擅离职守,与他人互殴或者殴打他人,危及公共安全的,也可以成为本罪的犯罪主体。

4.本罪的主观方面是故意。

(三)妨害安全驾驶罪的处罚

根据《刑法》第133条之二的规定,犯本罪的,处1年以下有期徒刑、拘役或者管制、并处或者单处罚金。

四十五、重大责任事故罪

(一)重大责任事故罪的概念

重大责任事故罪,是指在生产、作业中违反有关安全管理的规定,因而发生重大伤亡事故或者造成其他严重后果的行为。

(二)重大责任事故罪的特征

1.本罪的客体是生产、作业的安全秩序。

2.本罪的客观方面表现为在生产、作业中违反有关安全管理的规定,因而发生重大伤亡事故或者造成其他严重后果的行为。它具体包括以下内容:(1)必须有违反生产、作业安全管理规定的行为。(2)重大事故必须发生在生产、作业活动中,并同有关职工、从业人员的生产、作业活动有直接联系。(3)必须发生重大伤亡事故或者造成其他严重后果。

3.本罪的主体是特殊主体,即直接从事生产、作业的人员。如对矿山生产、作业负有组织、指挥或者管理职责的负责人、管理人员、实际控制人、投资人等人员,以及直接从事矿山生产、作业的人员。

4.本罪的主观方面是过失,既包括疏忽大意的过失,也包括过于自信的过失。

(三)重大责任事故罪的认定

1.本罪罪与非罪的界限

区分本罪的罪与非罪,要注意以下几点:(1)由于不能预见或者不能抗拒的自然现象引起的事故,以及因为技术条件或设备条件的限制而无法避免的事故,由于行为人主观上没有过失,不能认定为本罪。(2)在技术革新、科学实验中,只要行为人遵守了有关规则,就不能因为技术革新或科学实验失败而认定为本罪。只有在行为人没有遵守有关规则的情况下,才能认定为过失行为。(3)行为人虽然在生产、作业中违反规章制度,但没有造成严重后果的,不能认定为本罪。

2.本罪与失火罪、过失爆炸罪的界限

三者的主要区别是:(1)本罪是在生产、作业活动中违反规章制度造成严重后果,失火罪、过失爆炸罪是在日常生活中违反生活规则造成严重后果;(2)本罪的主体是特殊主体,失火罪、过失爆炸罪是一般主体;(3)本罪属于业务过失,失火罪、过失爆炸罪是普通过失。

3.本罪与交通肇事罪的界限

本罪与交通肇事罪一般容易区别,但对厂(矿)区内机动车作业期间发生的伤亡事故案件有时难以认定。对此应根据不同情况,区别对待:在公共交通管理范围内,因违反交通运输管理法规,造成重大事故的,应认定为交通肇事罪;因违反安全生产规章制度,发生重大伤亡事故,造成严重后果的,应认定为本罪;在公共交通管理范围外发生重大事故的,应认定为生产、作业重大事故罪。

4.法律适用参照标准

根据最高人民法院2011年12月30日《关于进一步加强危害生产安全刑事案件审判工作的意见》,非矿山生产安全事故中,认定"直接负责的主管人员和其他直接责任人员"、"负有报告职责的人员"的主体资格,认定构成"重大伤亡事故或者其他严重后果"、"情节特别恶劣",不报、谎报事故情况,贻误事故抢救,"情节严重"、"情节特别严重"等,可参照"两高"《关于办理危害矿山生产安全刑事案件具体应用法律若干问题的解释》的相关规定。

(四)重大责任事故罪的处罚

根据《刑法》第134条的规定,犯本罪的,处3年以下有期徒刑或者拘役;情节特别恶劣的,处3年以上7年以下有期徒刑。所谓"情节特别恶劣",是指造成上述《解释》第4条规定的"重大伤亡事故或者其他严重后果",同时具有下列情形之一的:(1)非法、违法生产的;(2)无基本劳动安全设施或未向生产、作业人员提供必要的劳动防护用品,生产、作业人员劳动安全无保障的;(3)曾因安全生产设施或者安全生产条件不符合国家规定,被监督管理部门处罚或责令改正,一年内再次违规生产致使发生重大生产安全事故的;(4)关闭、故意破坏必要安全警示设备的;(5)已发现事故隐患,未采取有效措施,导致发生重大事故的;(6)事故发生后不积极抢救人员,或者毁灭、伪造、隐藏影响事故调查的证据,或者转移财产逃避责任的;(7)其他特别恶劣的情节。

四十六、强令、组织他人违章冒险作业罪

(一)强令、组织他人违章冒险作业罪的概念

强令、组织他人违章冒险作业罪,是指强令他人违章冒险作业,或者明知存在重大事故隐患而不排除,仍冒险组织作业,因而发生重大伤亡事故或者造成其他严重后果的行为。

(二)强令、组织他人违章冒险作业罪

1.本罪的客体是生产作业的安全秩序和他人的人身自由权利。由于强令他人违章冒险作业的成立,是以他人不自愿为前提的,因此,强令行为除了会造成生产、作业活动的安全隐患外,还是对被强令者自由权利的侵犯。

2.本罪的客观方面表现为强令他人违章冒险作业,或者明知存在重大事故隐患而不排除,仍冒险组织作业,发生重大伤亡事故或者其他严重后果的行为。强令,就是指不能被改变的指令。也就是说,不管接受指令的人有任何不愿意,都必须按照行为人已经下达的指令执行。一般情况下,强令发生在接受者提出反对意见的场合,但如果接受者虽然没有提出明确的反对意见,而按照一般正常人的理解和判断,该指令是不能被接受的,仍可以被认定为强令。重大伤亡事故一般以死亡1人或者重伤3人以上为定罪标准。其他严重后果是指造成了大量人员的轻伤或者财产的重大损失等。

3.本罪的主体是特殊主体,即对生产、作业具有组织、指挥或者管理职责的负责人、管理人员、实际控制人、投资人等人员。

4.本罪的主观方面是过失。虽然强令行为是故意的,但对于可能造成的结果是过失的。

(三)强令、组织他人违章冒险作业罪的认定

本罪与重大责任事故罪的区别

由于本罪是从重大责任事故罪中分离出来的,它们的要素十分相似。二者的区别主要是:(1)犯罪的客体不同。本罪的犯罪客体是复杂客体,包括生产、作业的安全秩序和他人的人身权利;而重大责任事故罪的客体是生产、作业的安全秩序。(2)犯罪客观方面的行为方式不同。本罪的行为方式是强令,而重大责任事故罪的行为方式仅仅是违反安全管理规定。(3)犯罪主体不同。本罪的主体是有指挥管理职责的人员;而重大责任事故罪的主体是直接从事生产、作业的人员。

(四)强令、组织他人违章冒险作业罪的处罚

根据刑法第134条第2款的规定,犯本罪的,处5年以下有期徒刑或者拘役;情节特别恶劣的,处5年以上有期徒刑。

四十七、危险作业罪

（一）危险作业罪的概念

危险作业罪是指在生产、作业中违反有关安全管理的规定，具有发生重大伤亡事故或者其他严重后果的现实危险的行为。

（二）危险作业罪的特征

1.本罪的客体是生产、作业中有关安全生产的管理制度和公共安全。近年来，在生产、作业中违反安全管理制度呈现高发、多发态势，不仅对生产、作业人员，而且对其他不特定多数人的生命、健康或者财产产生较大安全隐患。这种安全隐患，一旦转化为安全生产事故，将造成难以估量的巨大损失。《刑法修正案（十一）》新增本罪，并将本罪规定为危险犯，不要求实际发生生产、作业事故，只要"具有发生重大伤亡事故或者其他严重后果的现实危险"，即可成立本罪。

2.本罪的客观方面表现为在生产、作业中违反有关安全管理规定，具有发生重大伤亡事故或者其他严重后果的现实危险的行为，具体包括以下内容：（1）关闭、破坏直接关系生产安全的监控、报警、防护、救生设备、设施，或者篡改、隐瞒、销毁其相关数据、信息的；（2）因存在重大事故隐患被依法责令停产停业、停止施工、停止使用有关设备、设施、场所或者立即采取排除危险的整改措施、而拒不执行的；（3）涉及安全生产的事项未经依法批准或者许可，擅自从事矿山开采、金属冶炼、建筑施工，以及危险物品生产、经营、储存等高度危险的生产作业活动的。

3.本罪的主体为一般主体。

4.本罪的主观方面是故意。

（三）危险作业罪的处罚

根据《刑法》第134条之一的规定，犯本罪的，处1年以下有期徒刑、拘役或者管制。

四十八、重大劳动安全事故罪

（一）重大劳动安全事故罪的概念

重大劳动安全事故罪，是指安全生产设施或者安全生产条件不符合国家规定，因而发生重大伤亡事故或者造成其他严重后果的行为。

（二）重大劳动安全事故罪的特征

1.本罪的客体是生产单位的劳动安全，即劳动者的生命、健康和重大公私财产的安全。

2.本罪的客观方面表现为安全生产设施或者安全生产条件不符合国家规定，因而发生重大伤亡事故或者造成其他严重后果的行为。具体包括以下内容：（1）安全设施不符合国家规定;(2)发生重大伤亡事故或者造成其他严重后果。

3.本罪的主体是特殊主体,即生产单位直接负责的主管人员和其他直接责任人员,包括生产经营单位负责人、管理人员、实际控制人、投资人,以及对安全生产设施或者安全生产条件负有管理、维护职责的电工、瓦斯检查工等人员。

4.本罪的主观方面是过失。

(三)重大劳动安全事故罪的认定

本罪与重大责任事故罪的界限

二者的主要区别在于:(1)本罪的行为是没有落实符合安全生产的设施和条件,重大责任事故罪的行为是违章作业;(2)本罪的主体是安全设施的主管或管理人员,重大责任事故罪的主体是单位从事生产、作业的一般职工。

(四)重大劳动安全事故罪的处罚

根据《刑法》第135条的规定,犯本罪的,对直接责任人员处3年以下有期徒刑或者拘役;情节特别恶劣的,处3年以上7年以下有期徒刑。

四十九、大型群众性活动重大安全事故罪

(一)大型群众性活动重大安全事故罪的概念

大型群众性活动重大安全事故罪,是指举办大型群众性活动违反安全管理规定,因而发生重大伤亡事故或者造成其他严重后果的行为。

(二)大型群众性活动重大安全事故罪的特征

1.本罪的客体是大型群众性活动的安全秩序和公共安全。

2.本罪在客观上主要表现为举办大型群众性活动违反有关安全管理规定,因而发生重大事故的行为。"有关规定",是指有关举办大型群众性活动的法规、规章等。"违反安全管理的行为"具体表现为:(1)未经许可,擅自举办大型群众性活动的。(2)超过核准人数的。(3)场地及其附属设施不符合安全标准,存在安全隐患,如场地建筑不坚固,有发生倒塌坠毁的可能性;各种电线、线路老化,容易引发火灾。(4)消防设施不符合法定要求。如灭火器超过使用期限;没有按照规定安装火灾自动报警系统;消防通道和紧急通道被占用,一旦发生事故,消防车不能开进,人员无法逃离现场。(5)没有制定安全保卫工作方案。根据公安部《群众性文化体育活动治安管理办法》规定,申请举办群众性文化体育活动的公民、法人和其他组织,应当对活动的具体内容、安全保卫措施承担全部责任,并制定安全保卫工作方案。重大伤亡一般以死亡1人或者重伤3人以上为定罪标准,其他严重后果是指造成了大量人员的轻伤或者财产的重大损失等。

3.本罪的主体是特殊主体,即是文化、体育等大型群众性活动的组织者,既可以是个人,也可以是单位。

4.本罪的主观方面是过失。但间接故意是否可以构成,理论上还不统一。有学者提出,本罪的行为人在主观上表现为故意或者过失,如为了降低成本,获取最大经济利益,而故意减少在安全保卫方面的投入,明知存在安全隐患仍不加整改。我们认为,从事故类犯罪的本质特征讲,行为人只对实际造成的后果负责,而该后果一般是行为人不希望发生的,因此,把本罪的主观心理态度确定为过失比较妥当。

(三)大型群众性活动重大安全事故罪的处罚

根据《刑法》第135条之一的规定,犯本罪的,对直接负责的主管人员和其他直接责任人员,处3年以下有期徒刑或者拘役;情节特别恶劣的,处3年以上7年以下有期徒刑。

五十、危险物品肇事罪

(一)危险物品肇事罪的概念

危险物品肇事罪,是指违反爆炸性、易燃性、放射性、毒害性、腐蚀性物品的管理规定,在生产、储存、运输、使用中发生重大事故,造成严重后果的行为。

(二)危险物品肇事罪的特征

1.本罪的客体是公共安全。

2.本罪的客观方面表现为具有违反爆炸性、易燃性、放射性、毒害性、腐蚀性物品的管理规定的行为。具体内容如下:(1)行为必须发生在生产、储存、运输、使用上述危险物品的过程中;(2)行为必须导致重大事故,造成严重后果。

3.本罪的主体是一般主体。

4.本罪的主观方面是过失。

(三)危险物品肇事罪的处罚

根据《刑法》第136条的规定,犯本罪的,处3年以下有期徒刑或者拘役;后果特别严重的,处3年以上7年以下有期徒刑。

五十一、工程重大安全事故罪

(一)工程重大安全事故罪的概念

工程重大安全事故罪,是指建设单位、设计单位、施工单位、工程监理单位违反国家规定,降低工程质量标准,造成重大安全事故的行为。

(二)工程重大安全事故罪的特征

1.本罪的客体是公共安全。

2.本罪的客观方面表现为违反国家规定,降低建设工程质量标准,造成重大安全事故的行为。具体内容如下:(1)违反国家规定,这是前提;(2)降低工程质量标准;(3)造成重大安全事故。这里的"造成重大安全事故",不限于造成对人的生命、身体的安全事故,还应包括造成工程本身的安全事故,如导致工程本身不合格,无法投入使用等。由于本罪造成的结果往往非常严重,故属于严重的过失犯罪。

3.本罪的主体是特殊主体,即建设单位、设计单位、施工单位与工程监理单位,但刑法只处罚直接责任人员。

4.本罪的主观方面是过失。

(三)工程重大安全事故罪的处罚

根据《刑法》第137条的规定,犯本罪的,对直接责任人员,处5年以下有期徒刑或者拘役,并处罚金;后果特别严重的,处5年以上10年以下有期徒刑,并处罚金。

五十二、教育设施重大安全事故罪

(一)教育设施重大安全事故罪的概念

教育设施重大安全事故罪,是指明知校舍或者教育教学设施有危险,而不采取措施或者不及时报告,致使发生重大伤亡事故的行为。

(二)教育设施重大安全事故罪的特征

1.本罪的客体是公共安全。

2.本罪的客观方面表现为在校舍或其他教育教学设施存在危险的情况下,不采取措施消除、避免危险或者不及时向有关部门报告,以致发生重大伤亡事故的行为。可见,本罪行为表现为不作为,因此如果行为人采取了一定有效措施或者及时向有关部门报告情况,即使造成了重大伤亡事故,也不成立本罪。

3.本罪的主体是特殊主体,即对教育教学设施负有管理责任的人员。

4.本罪的主观方面是过失。

(三)教育设施重大安全事故罪的认定

本罪与工程重大安全事故罪的界限

建设单位、设计单位、施工单位、工程监理单位违反国家规定,降低校舍质量标准,有关人员明知校舍有危险,而不采取措施或者不及时报告,致使发生重大伤亡事故的,前者成立工程重大安全事故罪,后者成立教育设施重大安全事故罪。

(四)教育设施重大安全事故罪的处罚

根据《刑法》第138条的规定,犯本罪的,对直接责任人员,处3年以下有期徒刑或者拘役;后果特别严重的,处3年以上7年以下有期徒刑。

五十三、消防责任事故罪

（一）消防责任事故罪的概念

消防责任事故罪,是指违反消防管理法规,经消防监督机构通知采取改正措施而拒绝执行,造成严重后果的行为。

（二）消防责任事故罪的特征

1. 本罪的客体是公共安全。

2. 本罪的客观方面表现为违反消防管理法规,经消防监督机构通知采取改正措施而拒绝执行,造成严重后果的行为。

3. 本罪的主体是特殊主体,即只能是单位负责消防工作的直接责任人员。

4. 本罪的主观方面表现为过失,往往是过于自信的过失。

（三）消防责任事故罪的处罚

根据《刑法》第 139 条的规定,犯本罪的,对直接责任人员,处 3 年以下有期徒刑或者拘役;后果特别严重的,处 3 年以上 7 年以下有期徒刑。

五十四、不报、谎报安全事故罪

（一）不报、谎报安全事故罪的概念

不报、谎报安全事故罪,是指在安全事故发生后,负有报告职责的人员不报或者谎报安全事故情况,贻误事故抢救,情节严重的行为。

（二）不报、谎报安全事故罪的特征

1. 本罪的客体是国家对于安全事故的报告制度。

2. 本罪的客观方面表现为在安全事故发生后,负有报告职责的人员不报或者谎报安全事故情况,贻误事故抢救,情节严重的行为。这里着重要把握三个方面:(1)负有报告职责的人员不报或者谎报。不报,是指没有报告,即对已经发生的事故没有依照规定上报,是隐瞒事故;谎报是指没有客观真实地报告事故的情况,多数情况下是将事故报小,如少报人员伤亡或者财产损失的情况。(2)贻误事故抢救的时机。如果没有贻误事故抢救的,不构成本罪。(3)情节严重。所谓情节严重,既包括隐瞒事实或者弄虚作假的手段卑劣,也包括隐瞒的事故重大,或者不报、谎报的次数多等。根据 2007 年"两高"《关于办理危害矿山生产安全刑事案件具体应用法律若干问题的解释》,具有下列情形之一的,应当认定为"情节严重":(1)导致事故后果扩大,增加死亡 1 人以上,或者增加重伤 3 人以上,或者增加直接经济损失 100 万元以上的;(2)实施下列行为之一,致使不能及时有效开展事故抢救的:决定不报、谎报事故情况或者指使、串通有关人员不报、谎报事故情况的;或者在事故抢救期间擅离职守或者逃匿的;或者伪造、破坏事故现场,或者转移、藏匿、毁灭遇难人员尸体，或者转移、藏匿受伤人员的；或者毁灭、伪造、隐匿与事故有关的图纸、记录、计算机数据等资料以及其他证据的；(3)其他严重的情节。

3.本罪的主体是特殊主体，即对安全事故负有报告职责的人员。包括生产经营单位的负责人、实际控制人、负责生产经营管理的投资人以及其他负有报告职责的人员。在矿山生产安全事故发生后，实施相关行为帮助负有报告职责的人员不报或者谎报事故情况，贻误事故抢救的，对组织者或者积极参加者，以共犯论处。

4.本罪的主观方面是故意。

(三)不报、谎报安全事故罪的认定

本罪的一罪与数罪

安全事故发生后，负有报告职责的国家工作人员不报或者谎报事故情况，贻误事故抢救，情节严重，构成不报、谎报安全事故罪，同时构成职务犯罪或其他危害生产安全犯罪的，依照数罪并罚的规定处罚。

(四)不报、谎报安全事故罪的处罚

根据《刑法》第 139 条之一的规定，犯本罪的，处 3 年以下有期徒刑或者拘役；情节特别严重的，处 3 年以上 7 年以下有期徒刑。这里的"情节特别严重"是指具有下列之一的情形：(1)导致事故后果扩大，增加死亡 3 人以上，或者增加重伤 10 人以上，或者增加直接经济损失 300 万元以上的；(2)采用暴力、胁迫、命令等方式阻止他人报告事故情况导致事故后果扩大的；(3)其他特别严重的情节。

复习与练习

本章提要

危害公共安全罪是故意或者过失地实施危害或足以危害不特定多数人的生命、健康和重大公私财产安全的行为。其社会危害性仅次于危害国家安全罪，故刑法对其处罚也较为严厉。本章罪名分为五大类，分别是以危险方法危害公共安全的犯罪，侵害特定对象的犯罪，具有恐怖性质的犯罪，涉及枪支、弹药、爆炸物、危险物质的犯罪，责任事故型犯罪。就其行为方式而言，既有以作为方式实施的犯罪，亦有以不作为方式实施的犯罪。就行为构成既遂的要求而言，既有危险犯，即只要实施足以危害公共安全的行为，就构成犯罪既遂；亦有行为犯，即只要实施了该罪客观方面要求的行为，即构成该罪的既遂。本章罪的主体，大多数是一般主体，但也有少数犯罪的主体是特殊主体，例如违规制造、销售枪支罪，重大责任事故罪，铁路运营安全事故罪。本章罪的主观方面，既有故意，包含直接故意和间接故意；亦有过失，包含疏忽大意的过失和过于自信的过失。

重要概念

放火罪 爆炸罪 投放危险物质罪 破坏交通工具罪 破坏交通设施罪 破坏广播电视设施、公用电信设施罪 组织、领导、参加恐怖组织罪 资助恐怖活动罪 劫持航空器罪 非法持有、私藏枪支、弹药罪 非法出租、出借枪支罪 交通肇事罪 重大责任事故罪 重大劳动安全事故罪 不报、谎报安全事故罪

思考题

1.简述投放危险物质罪的特征。

2.试分析组织、领导、参加恐怖活动组织罪的罪数界限。

3.如何认定交通肇事"因逃逸致人死亡"?

4.李某在火车站窃得提包一只,回家打开一看,发现里面有一支手枪、10发子弹,即将其藏于阁楼。李某的行为构成( )。

A.盗窃枪支、弹药罪   B.非法持有枪支、弹药罪

C.非法储存枪支、弹药罪   D.A和B两罪

5.甲是某搬运场司机,在搬运场驾车作业时违反操作规程,不慎将另一职工轧死。对甲的行为应当如何处理?( )

A.按过失致人死亡罪处理   B.按交通肇事罪处理

C.按重大责任事故罪处理   D.按意外事件处理

6.警察甲某要为自己的儿子上学筹一笔钱,便使乙某借钱。乙某同意借钱,但条件是要有物品抵押。甲某将公务用枪交给乙某质押。乙某借甲3万元现金,借期一年。一年后,甲某无力还钱,乙某持枪逼债,被公安机关发觉。关于甲某、乙某的行为如何定性?( )

A.两人均无罪   B.两人均构成非法出借枪支罪

C.甲某犯非法出借枪支罪   D.乙某构成非法持有枪支罪

7.某日,甲某酒后驾车回家,途中酒精发作,撞到了路边行人乙,将其撞成重伤。甲某顿时清醒,下车后,将其扶上车,开至郊外的丛林里,将其丢下,逃之夭夭,后被公安机关抓获。

问:甲某的行为构成何罪? 请说明理由。

第二十三章　破坏社会主义市场经济秩序罪

社会主义市场经济是法治经济。制定完善的经济管理法律、法规体系,规范一切市场经济行为,并同一切破坏市场经济秩序的行为作斗争,是保持社会稳定和经济发展的必要条件。近年来,经济犯罪,尤其是走私、生产、销售伪劣商品等行为,十分猖獗。《刑法》分则第三章从 140 条到 231 条,共 92 个条文。《刑法修正案》增设了 162 条之一和第 225 条第 3 项;《刑法修正案(四)》增设了第 152 条第 2 款;《刑法修正案(五)》增设了第 177 条第 3 款;《刑法修正案(六)》增设了第 162 条之二、第 169 条第 2 款、第 175 条第 2 款和第 185 条第 3 款;《刑法修正案(七)》增设了第 181 条第 4 款和第 224 条之一;《刑法修正案(十一)》增设了第 142 条之一和第 219 条之一。因此,破坏社会主义市场经济秩序罪一章共有 110 个罪名。

本章重点
- 生产、销售伪劣产品罪
- 走私普通货物、物品罪
- 非国家工作人员受贿罪
- 伪造货币罪
- 非法吸收公众存款罪
- 信用卡诈骗罪
- 保险诈骗罪
- 逃税罪
- 抗税罪
- 骗取出口退税罪
- 虚开增值税专用发票用于骗取出口退税、抵扣税款发票罪
- 假冒注册商标罪
- 侵犯著作权罪
- 侵犯商业秘密罪
- 合同诈骗罪
- 非法经营罪

第一节　破坏社会主义市场经济秩序罪概述

一、破坏社会主义市场经济秩序罪的概念

破坏社会主义市场经济秩序罪，是指违反国家经济管理法规，在市场经济运行或经济管理活动中进行非法经济活动，严重破坏社会主义市场经济秩序，严重危害市场经济发展的行为。

二、破坏社会主义市场经济秩序罪的特征

1. 本类犯罪的客体，是我国社会主义市场经济秩序。市场经济秩序是指由市场经济活动所必须遵循的经济准则与行为规范所调整的模式、结构及有序状态。经济秩序本质上是社会经济利益的直接或间接表现，一定的经济秩序总是作为维系相应的经济利益格局而存在的；经济利益的任何调整与变动，都将导致经济秩序状态发生某种程度的变化。因此，可以说本章规定的犯罪行为最终侵犯的是国家、社会的经济利益。从刑法的规定来看，社会主义市场经济秩序，包括正当竞争秩序，对外贸易秩序，对公司、企业的管理秩序，金融管理秩序，税收征管秩序，市场活动秩序等等。各种犯罪虽然都破坏了市场经济秩序，但具体犯罪所侵犯的具体秩序的内容则不完全相同。

2. 本类犯罪的客观方面，表现为违反国家经济管理法规，在市场经济运行或经济管理活动中进行非法经济活动，严重破坏社会主义市场经济秩序的行为。本章规定的犯罪行为，总是以违反一定的经济管理法规为前提。因为对这类犯罪行为，往往有相应的经济管理法规加以规范，从而这类犯罪都具有违反经济管理法规的违法性。如生产、销售伪劣产品罪违反《中华人民共和国产品质量法》或《中华人民共和国药品管理法》或《中华人民共和国食品卫生法》，走私罪违反《中华人民共和国海关法》等。而诸如杀人罪、强奸罪、抢劫罪、盗窃罪等一类犯罪，则没有相应的法律规范这类行为，而由刑法直接加以规定，这是破坏社会主义市场经济秩序罪的特点之一。但并非违反市场经济管理法规的行为都是犯罪，只有其中严重危害市场经济发展的行为，才被刑法规定为犯罪。所以，本章规定的许多犯罪以情节严重、数额较大为构成要件。这是本章划分罪与非罪的重要标志。

3. 本类犯罪的主体表现为三种类型：有的只能由自然人构成；有的只能由单位构成；有的既可以由单位构成，也可以由自然人构成。就自然人犯罪主体而言，大多数是一般主体，即已满16周岁的具有辨别和控制能力的自然人，但也有少数是特殊主体。

4.本类犯罪的主观方面,对于绝大多数具体犯罪来说是出于故意,即明知自己的行为违反国家经济管理法规,会产生破坏社会主义市场经济秩序的结果,并且希望或放任这种结果的发生。其中有些犯罪要求具有特定目的,如集资诈骗罪、金融诈骗罪等,法律规定"以非法占有为目的"。个别犯罪则只能由过失构成。

三、破坏社会主义市场经济秩序罪的分类

依照刑法分则第三章的规定,破坏社会主义市场经济秩序罪分为以下八类:

(一)生产销售伪劣商品罪

生产、销售伪劣产品罪,生产、销售、提供假药罪,生产、销售、提供劣药罪,妨害药品管理罪,生产、销售不符合安全标准的食品罪,生产、销售有毒、有害食品罪,生产、销售不符合标准的医用器材罪,生产、销售不符合安全标准的产品罪,生产、销售伪劣农药、兽药、化肥、种子罪,生产、销售不符合卫生标准的化妆品罪。

(二)走私罪

走私武器、弹药罪,走私核材料罪,走私假币罪,走私文物罪,走私贵重金属罪,走私珍贵动物、珍贵动物制品罪,走私国家禁止进出口的货物、制品罪,走私淫秽物品罪,走私废物罪,走私普通货物、物品罪。

(三)妨害对公司、企业的管理秩序罪

虚报注册资本罪,虚假出资、抽逃出资罪,欺诈发行证券罪,违规披露、不披露重要信息罪,妨害清算罪,隐匿、故意销毁会计凭证、会计账簿、财务会计报告罪,虚假破产罪,非国家工作人员受贿罪,对非国家工作人员行贿罪,对外国公职人员、国际公共组织官员行贿罪,非法经营同类营业罪,为亲友非法牟利罪,签订、履行合同失职被骗罪,国有公司、企业、事业单位人员失职罪,国有公司、企业、事业单位人员滥用职权罪,徇私舞弊低价折股、出售国有资产罪,背信损害上市公司利益罪。

(四)破坏金融管理秩序罪

伪造货币罪,出售、购买、运输假币罪,金融工作人员购买假币、以假币换取货币罪,持有、使用假币罪,变造货币罪,擅自设立金融机构罪,伪造、变造、转让金融机构经营许可证、批准文件罪,高利转贷罪,骗取贷款、票据承兑、金融票证罪,非法吸收公众存款罪,伪造、变造金融票证罪,妨害信用卡管理罪,窃取、收买、非法提供信用卡信息资料罪,伪造、变造国家有价证券罪,伪造、变造股票、公司、企业债券罪,擅自发行股票、公司、企业债券罪,内幕交易、泄露内幕信息罪,利用未公开信息交易罪,编造并传播证券、期货交易虚假信息罪,诱骗投资者买卖证券、期货合约罪,操纵证券、期货市场罪,背信运用受托财产罪,违法运用资金罪,违法发放贷款罪,吸收客户资金不入账罪,违规出具金融票证罪,对违法票据承兑、付款、保证罪,骗购外汇罪,逃汇罪,洗钱罪。

（五）金融诈骗罪

集资诈骗罪，贷款诈骗罪，票据诈骗罪，金融凭证诈骗罪，信用证诈骗罪，信用卡诈骗罪，有价证券诈骗罪，保险诈骗罪。

（六）危害税收征管罪

逃税罪，抗税罪，逃避追缴欠税罪，骗取出口退税罪，虚开增值税专用发票、用于骗取出口退税、抵扣税款发票罪，虚开发票罪，伪造、出售伪造的增值税专用发票罪，非法出售增值税专用发票罪，非法购买增值税专用发票、购买伪造的增值税专用发票罪，非法制造、出售非法制造的用于骗取出口退税、抵扣税款发票罪，非法制造、出售非法制造的发票罪，非法出售用于骗取出口退税、抵扣税款发票罪，非法出售发票罪，持有伪造的发票罪。

（七）侵犯知识产权罪

假冒注册商标罪，销售假冒注册商标的商品罪，非法制造、销售非法制造的注册商标标识罪，假冒专利罪，侵犯著作权罪，销售侵权复制品罪，侵犯商业秘密罪，为境外窃取、刺探、收买、非法提供商业秘密罪。

（八）扰乱市场秩序罪

损害商业信誉、商品声誉罪，虚假广告罪，串通投标罪，合同诈骗罪，非法经营罪，组织、领导传销活动罪，强迫交易罪，伪造、倒卖伪造的有价票证罪，倒卖车票、船票罪，非法转让、倒卖土地使用权罪，提供虚假证明文件罪，出具证明文件重大失实罪，逃避商检罪。

第二节　生产、销售伪劣商品罪分述

一、生产、销售伪劣产品罪

（一）生产、销售伪劣产品罪的概念

生产、销售伪劣产品罪，是指生产者、销售者违反产品质量管理法规，在产品中掺杂掺假，以假充真，以次充好或者以不合格产品冒充合格产品，销售金额5万元以上的行为。

本罪属选择性罪名，可根据行为人的具体行为方式，分别认定为生产伪劣产品罪、销售伪劣产品罪或者生产、销售伪劣产品罪。

（二）生产、销售伪劣产品罪的特征

1. 本罪的客体是复杂客体，它侵犯了两种社会关系：其一，国家对产品质量的监督管理；其二，广大消费者、用户的合法权益。

本罪的犯罪对象是伪劣产品。何谓伪劣产品？根据《中华人民共和国产品质量法》第 37 条、第 38 条和第 40 条的规定,是指未达到国家、行业标准,不具备使用性能,产品标注、说明与实际不符,或已经失效变质,可能危及人体健康、财产安全的产品。根据《刑法》第 140 条的规定,伪劣产品包括:(1)掺杂、掺假的产品;(2)以假充真的产品;(3)以次充好的产品;(4)冒充合格的不合格产品。通常限于特定种类伪劣产品,如药品、食品、医疗器械、农业生产资料等之外的普通伪劣产品。生产、销售特定种类的伪劣产品,如果不构成《刑法》第 141 条至第 148 条各条规定的犯罪,但是销售金额达到 5 万元以上的,可按照《刑法》第 149 条第 1 款的规定,以本罪论处。

2.本罪的客观方面表现为生产者、销售者实施了在产品中掺杂掺假,以假充真,以次充好,或者以不合格产品冒充合格产品的行为。(1)掺杂掺假。在产品中掺入杂质或者异物,致使产品不符合国家法律、法规或者产品明示标准所规定的质量要求,降低、丧失产品应有使用性能的行为。如在小麦中掺入草籽(掺杂);在磷肥中掺入同一颜色的泥土(掺假)。(2)以假充真。以不具有某种使用性能的产品冒充具有该种使用性能的产品的行为。这种情况与掺假的区别在于:在二者中,前者的产品全部是假的,后者的产品仅部分是假的。如以自来水冒充矿泉水。(3)以次充好。以低等级、低档次产品冒充高等级、高档次产品,或者以残次、废旧零配件组合、拼装后冒充正品或新产品的行为。如以人工制皮服装冒充动物天然皮服装销售(以同种品质较差的合格产品冒充同种品质较好的合格产品);以劣等的陶瓷处理品冒充优等的陶瓷处理品销售(以同种品质较差的不合格产品冒充同种品质较好的不合格产品)。(4)以不合格产品冒充合格产品。根据《产品质量法》第 26 条第 2 款的规定:"产品质量应当符合下列要求:(一)不存在危及人身、财产安全的不合理的危险,有保障人体健康,人身、财产安全的国家标准、行业标准的,应当符合该标准;(二)具备产品应当具备的使用性能,但是,对产品存在使用性能的瑕疵作出说明的除外;(三)符合在产品或者其包装上注明采用的产品标准,符合以产品说明、实物样品等方式表明的质量状况。"不符合上述要求的产品,属于不合格产品。如果对上述各种危害行为方式难以进行产品质量确定的,应当委托法律、行政法规规定的产品质量检验机构进行鉴定。

以上诸种行为须是行为人在生产、销售中发生的行为。生产,指从产品生产前的准备一直到产品生产完成之间的一系列制造性活动。销售,指产品生产完成后,准备出售一直到产品已出售给消费者、用户之间的一系列经营性活动。只要行为人在生产、销售过程中实施了上述行为中的某一种,就可能构成本罪。但是否能实际按照本罪论处,还须生产、销售的伪劣产品达到销售金额 5 万元以上。这是区分生产、销售伪劣产品罪与非罪的重要法定标准。所谓销售金额,指生产者、销售者出售伪劣产品后的全部违法所得,包括出售伪劣产品后已得到的违法收入和已经出售伪劣产品按照合同或者其他约定将要得到的违法收入,但不扣除成本和有关费用。多次实施生产、销售伪劣产品的行为,未经处理的,销售金额累计计算。因此,生产、销售伪劣产品而销售金额不足 5 万元,或者不是为了销售而生产伪劣产品的情形,不能认定为本罪。

3.本罪的主体是一般主体,单位也可以成为本罪主体。

4.本罪的主观方面是故意。即行为人明知生产、销售的是伪劣产品,仍予以生产或者销售。行为人通常具有非法牟利的目的,但非法牟利的目的不是本罪的构成要件。因此,行为人是否具有非法牟利的目的,不影响本罪的成立。

(三)生产、销售伪劣产品罪的认定

1.本罪罪与非罪的界限

应当以本罪的构成特征为标准进行考察,主要注意以下几个问题:(1)生产、销售伪劣产品的销售金额是否达到 5 万元的问题。如上所述,销售金额是认定本罪的重要法定标准。它反映了行为人生产、销售伪劣产品的社会危害程度强弱和主观恶性大小,因此,生产、销售伪劣产品只有达到了一定数额标准,才能表明其具有较强的社会危害性和较大的人身主观恶性,从而有必要将其作为犯罪予以处理。如果销售金额不足 5 万元,则属一般违法行为,可给予行政处罚。(2)生产、销售伪劣产品的主观故意问题。生产、销售伪劣产品罪虽不要求以非法牟利为目的作为主观要件,但显然排除过失犯罪。意在维护公平竞争的市场经济秩序和打击侵犯消费者合法权益的恶意逐利行为。因此,行为人因过失而生产、销售伪劣产品的行为,不构成本罪。例如,甲某由于轻信他人的产品推介和广告宣传,购进一批伪劣产品,被有关部门查获后才得知自己购进的竟然是伪劣产品。这时,该伪劣产品的销售金额即使已超出 5 万元,但甲某缺乏主观故意而不构成本罪。同时,还须注意到某些行为人虽具有生产伪劣产品的行为,但其主观目的不在于销售,而是为了自用或其他不进入市场流通的意图的,也不构成本罪。

2.本罪与销售假冒注册商标的商品罪的界限

二者的客观方面都具有销售的行为,且在行为方式上有相互交叉的情况。例如,行为人为了销售伪劣产品,往往假冒注册商标;而销售假冒注册商标的商品,也往往是将自己生产、销售的劣质产品冒充他人生产、销售的优质产品。二者主观上都是故意,且一般为了牟取非法利益。但二者之间仍具有明显区别:(1)犯罪客体与犯罪对象不同。本罪侵犯的客体是国家产品质量监督管理秩序和广大消费者、用户的合法权益,犯罪对象是伪劣产品。销售假冒注册商标的商品罪侵犯的客体是国家商标管理制度和他人的注册商标专用权,犯罪对象是假冒他人注册商标的商品,该商品既可以是合格产品,也可以是不合格产品。(2)犯罪客观方面不同。本罪的客观方面主要表现为四种形式的生产、销售伪劣产品的行为。既可以是生产行为,也可以是销售行为。销售假冒注册商标的商品罪的客观方面仅表现为销售行为。当然,如果行为人既生产、销售伪劣产品又假冒他人注册商标,就涉及两罪的法条竞合问题。按照法条竞合的处理原则,应当以生产、销售伪劣产品罪论处。同理,生产、销售伪劣产品罪与销售假冒注册商标罪的牵连犯问题,应当以生产、销售伪劣产品罪论处。

3. 本罪与诈骗罪的界限

二者在客观方面都有隐瞒事实真相的行为。例如,生产、销售伪劣产品过程中,掺杂、掺假,以假充真,以次充好,以不合格产品冒充合格产品这些行为方式都有不同程度的隐瞒事实真相情况的存在,与诈骗罪有相似之处。但二者之间仍有明显区别:(1)犯罪客体不同。本罪侵犯的客体是国家产品质量监督管理秩序和广大消费者、用户的合法权益。诈骗罪侵犯的客体是公私财产所有权。(2)犯罪客观方面的不完全相同。本罪客观方面虽有隐瞒事实真相的欺骗行为,但毕竟有实际发生的商品交易活动。而诈骗罪则是采取虚构事实、隐瞒真相的方法,使被害人信以为真或者产生错误认识,从而将其财物占为己有,不发生实际的商品交易活动,即使有也是形式上或虚拟的商品交易。

4. 本罪与非法经营罪的界限

非法经营罪是指违反国家规定,从事非法经营活动,扰乱市场秩序,情节严重的行为。与本罪的区别在于:(1)犯罪客体不同。本罪的犯罪客体是国家产品质量监督管理秩序和广大消费者、用户的合法权益。非法经营罪的客体是国家市场管理秩序。(2)犯罪对象不同。本罪的犯罪对象是伪劣产品。非法经营罪的犯罪对象是未经许可经营的专营、专卖物品,其他限制买卖的货物、物品、外汇、进出口许可证、进出口原产地证明以及其他法律、法规规定的经营许可证或者批准文件。(3)犯罪客观方面不同。本罪的客观方面主要是生产、销售伪劣产品的行为。非法经营罪的客观方面主要是从事非法经营活动,扰乱市场秩序的行为。从两罪的犯罪构成上看,本罪完全被非法经营罪所包容,存在包容与被包容的法条竞合关系。按照特别法优先于普通法的处理原则,应当以生产、销售伪劣产品罪论处。

5. 本罪与本节规定的生产、销售特定种类伪劣产品犯罪的界限

《刑法》第141条至第148条分别规定了生产、销售假药,劣药,不符合安全标准的食品,有毒有害食品,不符合标准的医用器材,不符合安全标准的产品,伪劣农药、兽药、化肥、种子,不符合卫生标准的化妆品八种特定种类伪劣产品的犯罪。这些特定种类的伪劣产品罪与本罪的区别在于:(1)犯罪对象不同。本罪的犯罪对象是伪劣产品,刑法未作特别的限定。而这八种犯罪的犯罪对象是刑法限定的特别种类的伪劣产品。(2)犯罪客观方面不同。本罪以"销售金额5万元以上"为构成犯罪的要件。这八种犯罪以"足以严重危害人体健康"或者"对人体健康造成严重危害"等为构成犯罪的要件。这八种犯罪当然也符合《刑法》第140条规定的本罪

构成,与本罪形成普通法与特别法的法条竞合关系。通常按照特别法优先于普通法的法条竞合处理原则,以《刑法》对这八种犯罪分别规定的法条论处。但还须兼顾《刑法》第 149 条第 2 款规定:"依照处罚较重的规定定罪处罚。"即还须兼顾重法优先于轻法的另一项法条竞合处理原则。其次,如果生产、销售这八种特定种类的伪劣产品,不构成各该条规定的犯罪,而销售金额在 5 万元以上的,仍按照本罪论处。

6.本罪的一罪与数罪

行为人生产、销售特定种类的伪劣产品,销售金额在 5 万元以上,既构成《刑法》第 141 条至第 148 条各该条所规定的犯罪,又构成本罪的,按照法条竞合"重法优于轻法"的处理原则,依据《刑法》第 149 条第 2 款的规定,应以其中处罚较重的罪论处。行为人为了生产、销售伪劣产品,假冒他人注册商标,或伪造、擅自制造他人注册商标标识,在构成本罪的同时,又触犯假冒他人注册商标罪或非法制造、销售非法制造的注册商标标识罪的,按照牵连犯"择一重罪处罚"的原则,应以本罪论处。行为人生产、销售的伪劣产品进入流通市场后,引起了不特定多数人人身、财产安全潜在危险或实际损害的,按照想象竞合犯"择一重罪处断"的原则,应以其中处罚较重的罪论处。行为人在生产、销售伪劣产品的过程中,又涉及妨害公务、行贿等行为的,应当实行数罪并罚。

7.本罪的既遂与未遂

只要行为人生产或销售的伪劣产品预计或实际销售金额在 5 万元以上,就构成既遂。只有行为人对预计销售金额在 5 万元以上的伪劣产品进行全面生产,由于意志以外的原因案发而使生产未完成时,才可能构成未遂。此外,如果伪劣产品尚未销售,货值金额达到《刑法》第 140 条规定的销售金额 3 倍以上的,也以生产、销售伪劣产品罪(未遂)定罪处罚。

(四)生产、销售伪劣产品罪的处罚

根据《刑法》第 140 条和第 150 条的规定,犯本罪的,区别以下情形处理:销售金额 5 万元以上不满 20 万元的,处 2 年以下有期徒刑或者拘役,并处或者单处销售金额 50%以上 2 倍以下罚金;销售金额 20 万元以上不满 50 万元的,处 2 年以上 7 年以下有期徒刑,并处销售金额 50%以上 2 倍以下罚金;销售金额 50 万元以上不满 200 万元的,处 7 年以上有期徒刑,并处销售金额 50%以上 2 倍以下罚金;销售金额 200 万元以上的,处 15 年有期徒刑或者无期徒刑,并处销售金额 50%以上 2 倍以下罚金或者没收财产。

单位犯本罪的,对单位判处罚金,并对其直接负责的主管人员和其他直接责任人员,依照自然人犯本罪的规定处罚。

二、生产、销售、提供假药罪

（一）生产、销售、提供假药罪的概念

生产、销售、提供假药罪，是指违反国家药品管理法规，生产、销售假药，或者明知是假药而提供给他人，危害人体生命、健康的行为。

（二）生产、销售、提供假药罪的特征

1.本罪的客体是复杂客体，它侵犯了两种社会关系。一种表现为国家药品管理秩序；一种表现为不特定多数人的健康权利。药品是一种特定用途和特殊作用的商品，与广大民众的生命、健康息息相关。为保障广大民众的生命、健康安全，维护药品的有效管理，国家针对药品的生产与销售，往往严格规定，特别关注，并设立一系列相关法律制度予以监督。因此，生产、销售、提供假药的行为，既是对广大民众生命、健康权利的侵犯，更是对国家药品管理秩序的侵犯。

本罪的犯罪对象是假药。所谓假药，是指依据《中华人民共和国药品管理法》的规定，属于假药和按假药处理的药品或非药品。假药具体指以下几种情况：（1）药品所含成分与国家药品标准规定的成份不符；（2）以非药品冒充药品或者以他种药品冒充此种药品；（3）变质的药品；（4）药品所标明的适应症状或者功能主治超出规定范围。

2.本罪的客观方面表现为违反国家药品管理法规，生产、销售假药，危害人体生命、健康的行为。依次包括三方面内容：（1）违反国家药品管理法规。主要指不符合法规所要求的生产、经营条件和主体资格；不遵守行政审批程序；未取得相应的生产、经营许可证件；未严格按照保障质量的工艺流程和工艺方法等违规情形。也就丧失了生产、销售符合质量标准的药品的前提条件。（2）实施了生产、销售假药的具体行为。根据2014年11月3日"两高"《关于办理危害药品安全刑事案件适用法律若干问题的解释》（以下简称《药品的解释》）第6条的规定，所谓"生产"，是指下列行为之一：①合成、精制、提取、储存、加工炮制药品原料的行为；②将药品原料、辅料、包装材料制成成品过程中，进行配料、混合、制剂、储存、包装的行为；③印制包装材料、标签、说明书的行为。"销售"主要指将自己生产或者他人生产的假药非法出售（零售或者批发）的行为，包括医疗机构、医疗机构工作人员明知是假药、劣药而有偿提供给他人使用，或者为出售而购买、储存的行为。本罪属行为选择性罪名，只要实施了生产、销售或者提供假药行为之一的，都可认定为构成本罪，罪名为生产假药罪、销售假药罪或者提供假药罪。如果既实施了生产假药的行为，又实施了销售假药的行为，也只构成本罪，罪名为生产、销售、提供假药罪，而不实行数罪并罚。（3）具有危害人体生命、健康的可能性。即具有对人体生命、健康造成法益侵害的实际危险。本罪属于行为犯，如果造成了对人体生命、健康的实际侵害,则构成本罪的结果加重犯,依照相应的法定刑处罚。

3.本罪的主体是一般主体。单位也可以成为本罪的主体。

4.本罪的主观方面是故意。

(三)生产、销售、提供假药罪的认定

1.关于共同犯罪

明知他人生产、销售假药、劣药,而有下列情形之一的,以共同犯罪论处:(1)提供资金、贷款、账号、发票、证明、许可证件的;(2)提供生产、经营场所、设备或者运输、储存、保管、邮寄、网络销售渠道等便利条件的;(3)提供生产技术或者原料、辅料、包装材料、标签、说明书的;(4)提供广告宣传等帮助行为的。

2.本罪与相关犯罪的界限

实施生产、销售、提供假药、劣药犯罪,同时构成生产、销售伪劣产品、侵犯知识产权、非法经营、非法行医、非法采供血等犯罪的,依照处罚较重的规定定罪处罚。

(四)生产、销售、提供假药罪的处罚

根据《刑法》第141条和第150条的规定,犯本罪的,处3年以下有期徒刑或者拘役,并处罚金;对人体健康造成严重危害或者有其他严重情节的,处3年以上10年以下有期徒刑,并处罚金;致人死亡或者有其他特别严重情节的,处10年以上有期徒刑、无期徒刑或者死刑,并处罚金或者没收财产。根据《药品的解释》第2条的规定,所谓"对人体健康造成严重危害的",是指具有下列情形之一:(1)造成轻伤或者重伤的;(2)造成轻度残疾或者中度残疾的;(3)造成器官组织损伤导致一般功能障碍或者严重功能障碍的;(4)其他对人体健康造成严重危害的情形。所谓"其他严重情节",是指具有下列情形之一:(1)造成较大突发公共卫生事件的;(2)生产、销售金额20万元以上不满50万元的;(3)生产、销售金额10万元以上不满20万元,并具有该解释第1条规定情形之一的;(4)根据生产、销售的时间、数量、假药种类等,应当认定为情节严重的。所谓"其他特别严重情节",是指具有下列情形之一:(1)致人重度残疾的;(2)造成3人以上重伤、中度残疾或者器官组织损伤导致严重功能障碍的;(3)造成5人以上轻度残疾或者器官组织损伤导致一般功能障碍的;(4)造成10人以上轻伤的;(5)造成重大、特别重大突发公共卫生事件的;(6)生产、销售金额50万元以上的;(7)生产、销售金额20万元以上不满50万元,并具有该解释第1条规定情形之一的;(8)根据生产、销售的时间、数量、假药种类等,应当认定为情节特别严重的。

单位犯本罪的,对单位判处罚金,并对其直接负责的主管人员和其他直接责任人员,依照自然人犯本罪的规定处罚。

根据《药品的解释》第1条的规定,生产、销售假药,具有下列情形之一的,应当酌情从重处罚:(1)生产、销售的假药以孕产妇、婴幼儿、儿童或者危重病人为主要使用对象的;(2)生产、销售的假药属于麻醉药品、精神药品、医疗用毒性药品、放射性药品、避孕药品、血液制品、疫苗的;(3)生产、销售的假药属于注射剂药品、急救药品的;(4)医疗机构、医疗机构工作人员生产、销售假药的;(5)在自然灾害、事故灾难、公共卫生事件、社会安全事件等突发事件期间,生产、销售用于应对突发事件的假药的;(6)两年内曾因危害药品安全违法犯罪活动受过行政处罚或者刑事处罚的;(7)其他应当酌情从重处罚的情形。

三、生产、销售、提供劣药罪

(一)生产、销售、提供劣药罪的概念

生产、销售、提供劣药罪,是指违反国家药品管理法规,生产、销售劣药,对人体健康造成严重危害,或是药品使用单位的人员明知是劣药而提供给他人使用的行为。

(二)生产、销售、提供劣药罪的特征

1.本罪的客体是复杂客体,它侵犯了两种社会关系。一种表现为国家药品管理秩序;一种表现为不特定多数人的健康权利。

本罪的犯罪对象是劣药。所谓劣药,是指依据《中华人民共和国药品管理法》第34条的规定属于劣药的药品。劣药具体指以下几种情况:(1)药品成份的含量不符合国家药品标准;(2)被污染的药品;(3)未标明或者更改有效期的药品;(4)未注明或者更改产品批号的药品;(5)超过有效期的药品(6)擅自添加防腐剂、辅料的药品;(7)其他不符合药品标准的药品。

2.本罪的客观方面表现为不仅实施了生产、销售劣药的行为,还须对人体健康造成了严重危害。根据上述《药品的解释》第5条和第2条的规定,所谓"对人体健康造成严重危害的",是指具有下列情形之一:(1)造成轻伤或者重伤的;(2)造成轻度残疾或者中度残疾的;(3)造成器官组织损伤导致一般功能障碍或者严重功能障碍的;(4)其他对人体健康造成严重危害的情形。

3.本罪的主体是一般主体。单位也可以成为本罪主体。

4.本罪的主观方面是故意。

(三)生产、销售、提供劣药罪的认定

1.本罪罪与非罪的界限

主要从两个方面考察是否具备本罪的构成要件:(1)在客观方面是否对人体健康造成了严重危害?生产、销售、提供劣药构成本罪,必须具备对人体健康造成严重危害的客观要件。否则,即使是生产、销售劣药,但尚未对人体健康造成严重危害,也不构成本罪。(2)在主观方面是否出于故意?生产、销售、提供劣药只有出于故意,才能构成本罪。

2.本罪与生产、销售、提供假药罪的界限

两罪在客体、主体、主观方面都极为近似,区别它们的主要在于:(1)犯罪对象不同。本罪的对象是劣药;生产、销售、提供假药罪的对象是假药。(2)犯罪客观方面部分不同。本罪的既遂状态是结果犯;生产、销售、提供假药罪的既遂状态是行为犯。

(四)生产、销售、提供劣药罪的处罚

根据《刑法》第142条第1款和第150条的规定,犯本罪的,处3年以上10年以下有期徒刑,并处罚金;后果特别严重的,处10年以上有期徒刑或者无期徒刑,并处罚金或者没收财产。根据上述《药品的解释》第4条和第5条的规定,所谓"后果特别严重",是指具有下列情形之一:(1)致人死亡;(2)致人重度残疾的;(3)造成3人以上重伤、中度残疾或者器官组织损伤导致严重功能障碍的;(4)造成5人以上轻度残疾或者器官组织损伤导致一般功能障碍的;(5)造成10人以上轻伤的;(6)造成重大、特别重大突发公共卫生事件的。

单位犯本罪的,对单位判处罚金,并对其直接负责的主管人员和其他直接责任人员,依照自然人犯本罪的规定处罚。

生产、销售劣药,具有上述《药品的解释》第1条规定情形之一的,应当酌情从重处罚。

四、妨害药品管理罪

(一)妨害药品管理罪的概念

妨害药品管理罪,是指违反药品管理法规,实施足以严重危害人体健康的行为。

(二)妨害药品管理罪的特征

1.本罪的客体是复杂客体。它侵犯了两种社会关系。一种表现为国家药品管理秩序;一种表现为不特定多数人的健康权利。

2.本罪的客观方面表现为违反药品管理法规,实施申请、生产、进口、销售药品等妨害药品管理秩序的行为,足以严重危害人体健康。具体包括:(1)生产、销售国务院药品监督管理部门禁止使用的药品的;(2)未取得药品相关批准证明文件生产、进口药品或者明知是上述药品而销售的;(3)药品申请注册中提供虚假的证明、数据、资料、样品或者采取其他欺骗手段的。

3.本罪的主体是一般主体。单位也可以成为本罪的主体。

4.本罪的主观方面为故意。

(三)妨害药品管理罪的处罚

根据《刑法》第142条之一的规定,犯本罪的,处3年以下有期徒刑或者拘役,并处或者单处罚金;对人体健康造成严重危害或者其他严重情节的,处 3 年以上 7 年以下有期徒刑,并处罚金。

单位犯本罪的,对单位判处罚金,并对其直接负责的主管人员和其他直接责任人员,依照犯本罪的规定处罚。

五、生产、销售不符合安全标准的食品罪

(一)生产、销售不符合安全标准的食品罪的概念

生产、销售不符合安全标准的食品罪,是指违反国家食品安全管理法规,生产、销售不符合安全标准的食品,足以造成严重食物中毒事故或者其他严重食源性疾患的行为。

(二)生产、销售不符合安全标准的食品罪的特征

1.本罪的客体是复杂客体。它侵犯了两种社会关系。一种表现为国家食品安全管理秩序;一种是不特定多数人的健康权利。

本罪的犯罪对象是不符合安全标准的食品。

2.本罪的客观方面表现为生产、销售不符合安全标准的食品,足以造成严重食物中毒事故或者其他严重食源性疾患。本罪的既遂状态是行为犯。所谓"严重食物中毒",是指细菌性、真菌性、化学性和有毒动植物等引起的严重爆发性中毒。所谓"严重食源性疾患",是指以食物为感染源导致的严重疾病。所谓"足以造成严重食物中毒事故或者其他严重食源性疾患",是指经省级以上安全行政部门确定的机构鉴定,食品中含有可能导致严重食物中毒事故或者其他严重食源性疾患的超标准的有害细菌或者其他污染物的。如果对人体健康造成了严重危害,是本罪的结果加重犯。

3.本罪的主体是一般主体。单位也可以成为本罪的主体。

4.本罪的主观方面只能是故意,且只能是间接故意。

(三)生产、销售不符合安全标准的食品罪的处罚

根据《刑法》第 143 条和第 150 条的规定,犯本罪的,处 3 年以下有期徒刑或者拘役,并处罚金;对人体健康造成严重危害或者有其他严重情节的,处 3 年以上 7 年以下有期徒刑,并处罚金;后果特别严重的,处 7 年以上有期徒刑或者无期徒刑,并处罚金或者没收财产。根据 2013 年 5 月 2 日"两高"《关于办理危害食品安全刑事案件适用法律若干问题的解释》(以下简称《食品的解释》)第 2 条、第 3 条和第 4 条的规定,所谓"对人体健康造成严重危害",是指具有下列情形之一:(1)造成轻伤以上伤害的;(2)造成轻度残疾或者中度残疾的;(3)造成器官组织损伤导致一般功能障碍或者严重功能障碍的;(4)造成 10 人以上严重食物中毒或者其他严重食源性疾病的;(5)其他对人体健康造成严重危害的情形。所谓"其他严重情节",是指

具有下列情形之一：(1)生产、销售金额20万元以上的；(2)生产、销售金额10万元以上不满20万元，不符合食品安全标准的食品数量较大或者生产、销售持续时间较长的；(3)生产、销售金额10万元以上不满20万元，属于婴幼儿食品的；(4)生产、销售金额10万元以上不满20万元，一年内曾因危害食品安全违法犯罪活动受过行政处罚或者刑事处罚的；(5)其他情节严重的情形。所谓"后果特别严重"，是指具有下列情形之一：(1)致人死亡或者重度残疾的；(2)造成3人以上重伤、中度残疾或者器官组织损伤导致严重功能障碍的；(3)造成10人以上轻伤、5人以上轻度残疾或者器官组织损伤导致一般功能障碍的；(4)造成30人以上严重食物中毒或者其他严重食源性疾病的；(5)其他特别严重的后果。

单位犯本罪的，对单位判处罚金，并对其直接负责的主管人员和其他直接责任人员，依照犯本罪的规定处罚。

六、生产、销售有毒、有害食品罪

(一)生产、销售有毒、有害食品罪的概念

生产、销售有毒、有害食品罪，是指违反国家食品安全管理法规，在生产、销售的食品中掺入有毒、有害的非食品原料或者销售明知掺有有毒、有害的非食品原料的食品的行为。

(二)生产、销售有毒、有害食品罪的特征

1. 本罪的客体是复杂客体。它侵犯了两种社会关系。一种表现为国家安全食品管理秩序；一种表现为不特定多数人的健康权利。

本罪的犯罪对象是有毒、有害食品。所谓食品，是指各种供人食用或者饮用的成品以及按照传统，既是食品又是药品的物品，但不包括以治疗为目的的药品。所谓有毒、有害的非食品原料，是指对人体具有生理毒性，食用后会引起不良反应，损害肌体健康的不能食用的原料。如工业酒精、工业盐等物品。如果掺入的是因腐败变质而有害的食品原料，则不属于本罪的犯罪对象。

2. 本罪的客观方面表现为违反国家食品安全管理法规，生产、销售有毒有害食品的行为。具体表现为两种行为：(1)在生产、销售的食品中掺入有毒、有害的非食品原料的行为。如在生产、销售的食用酒精中或者在食用盐中掺入工业酒精或者工业盐的行为。(2)销售明知掺有有毒、有害的非食品原料的食品的行为。即行为人本人并未实施在食品中掺入有毒、有害的非食品原料的行为，而是对明知他人掺有有毒、有害的非食品原料的食品仍然予以销售的行为。本罪的既遂状态是行为犯。只要实施了在生产、销售的食品中掺入有毒、有害的非食品原料或者明知是掺入了有毒、有害的非食品原料的食品仍然予以销售的行为，就构成本罪的既遂。如果实施了上述行为后，造成了对人体健康的严重危害或者有其他严重情节的，则构成本罪的结果加重犯。

3.本罪的主体是一般主体。单位也可以成为本罪的主体。

4.本罪的主观方面只能是故意。

（三）生产、销售有毒、有害食品罪的认定

1.本罪罪与非罪的界限

主要考察行为人的主观方面是故意还是过失。如果行为人明知在生产、销售的食品中掺有有毒、有害的非食品原料，或者明知是掺有有毒、有害的非食品原料的食品仍然予以销售的，则具备本罪主观方面的构成要件。如果行为人存在主观上的认识错误，而在生产、销售的食品中误掺入有毒、有害的非食品原料，或者不知道销售的食品中掺有有毒、有害的非食品原料，则缺乏本罪主观方面的构成要件，不构成本罪。

2.本罪与生产、销售不符合安全标准的食品罪的界限

二者在犯罪客体、犯罪客观方面有相同或者相似之处，但二者有着根本区别：本罪的犯罪对象是有毒、有害食品，其中掺有有毒、有害的非食品原料。生产、销售不符合安全标准的食品罪的犯罪对象是不符合安全标准的食品，其中可能掺有有毒、有害原料，但仍然是食品原料。

3.本罪与投放危险物质罪的界限

二者的主要区别在于主观方面不同。本罪的行为人在主观上虽然明知生产、销售的食品中掺有有毒、有害的非食品原料，但并不希望致人伤亡的危害结果的发生。如果行为人在明知生产、销售的食品中掺有有毒、有害的非食品原料，其目的是为了追求致人伤亡这种危害结果的发生，则构成投放危险物质罪。如果行为人由于过失在生产、销售的食品中掺有有毒、有害的非食品原料或者过失销售掺有有毒、有害非食品原料的食品，导致严重危害结果发生的，则构成过失投放危险物质罪。

（四）生产、销售有毒、有害食品罪的处罚

根据《刑法》第144条、第141条和第150条的规定，犯本罪的，处5年以下有期徒刑，并处罚金；对人体健康造成严重危害或者有其他严重情节的，处5年以上10年以下有期徒刑，并处罚金；致人死亡或者有其他特别严重情节的，处10年以上有期徒刑、无期徒刑或者死刑，并处罚金或者没收财产。根据《食品的解释》第5条、第6条和第7条的规定，"对人体健康造成严重危害"的标准与生产、销售不符合安全标准的食品罪的规定相同。所谓"其他严重情节"，是指具有下列情形之一：（1）生产、销售金额20万元以上不满50万元的；（2）生产、销售金额10万元以上不满20万元，有毒、有害食品的数量较大或者生产、销售持续时间较长的；（3）生产、销售金额10万元以上不满20万元，属于婴幼儿食品的；（4）生产、销售金额10万元以上不满20万元，一年内曾因危害食品安全违法犯罪活动受过行政处罚或者刑

事处罚的；(5)有毒、有害的非食品原料毒害性强或者含量高的；(6)其他情节严重的情形。所谓"其他特别严重情节"的具体情形，是指生产、销售金额 50 万元以上，或者具有下列情形之一：(1)致人重度残疾的；(2)造成 3 人以上重伤、中度残疾或者器官组织损伤导致严重功能障碍的；(3)造成 10 人以上轻伤、5 人以上轻度残疾或者器官组织损伤导致一般功能障碍的；(4)造成 30 人以上严重食物中毒或者其他严重食源性疾病的；(5)其他特别严重的后果。

单位犯本罪的，对单位判处罚金，并对其负责的主管人员和其他直接责任人员，按照自然人犯本罪的规定处罚。

七、生产、销售不符合标准的医用器材罪

(一)生产、销售不符合标准的医用器材罪的概念

生产、销售不符合标准的医用器材罪，是指生产不符合保障人体健康的国家标准、行业标准的医疗器械、医用卫生材料，或者销售明知是不符合保障人体健康的国家标准、行业标准的医疗器械、医用卫生材料，足以严重危害人体健康的行为。

(二)生产、销售不符合标准的医用器材罪的特征

1.本罪的客体是复杂客体。它侵犯了两种社会关系。一种表现为国家医用器材的管理秩序；一种表现为患者的健康权利。

本罪的犯罪对象是不符合标准的医用器材。包括医疗器械和医用卫生材料。所谓医疗器械，是指用于诊断、治疗、预防疾病，调节人体生理机能的仪器、设备等物品。所谓医用卫生材料，是指用于治病、防病的辅助材料，如医用包扎纱布、消毒棉、防护口罩等物品。

2.本罪的客观方面表现为生产、销售不符合标准的医用器材的行为，或者销售明知是不符合标准的医用器材的行为。本罪的既遂状态是行为犯。如果对人体健康造成严重危害的，构成本罪的结果加重犯。

3.本罪的主体是一般主体。单位也可以成为本罪的主体。

4.本罪的主观方面只能是故意。

(三)生产、销售不符合标准的医用器材罪的处罚

根据《刑法》第 145 条和第 150 条的规定，犯本罪的，处 3 年以下有期徒刑或者拘役，并处销售金额 50% 以上 2 倍以下罚金；对人体健康造成严重危害的，处 3 年以上 10 年以下有期徒刑，并处销售金额 50% 以上 2 倍以下罚金；后果特别严重的，处 10 年以上有期徒刑或者无期徒刑，并处销售金额 50% 以上 2 倍以下罚金或者没收财产。参照 2001 年 4 月 10 日起施行的"两高"《关于办理生产、销售伪劣商品刑事案件具体应用法律若干问题的解释》第 6 条第 1 款、第 2 款和第 3 款的规定，所谓"对人体健康造成严重危害"，是指致人轻伤或者其他严重后果的；所谓"后

果特别严重",是指造成感染病毒性肝炎等难以治愈的疾病、1人以上重伤、3人以上轻伤或者其他严重后果的;所谓"情节特别恶劣",是指致人死亡、严重残疾、感染艾滋病、3人以上重伤、10人以上轻伤或者造成其他特别严重后果的。

单位犯本罪的,对单位判处罚金,并对其负责的主管人员和其他直接责任人员,依照自然人犯本罪的规定处罚。

八、生产、销售不符合安全标准的产品罪

（一）生产、销售不符合安全标准的产品罪的概念

生产、销售不符合安全标准的产品罪,是指生产不符合保障人身、财产安全的国家标准、行业标准的电器、压力容器、易燃易爆产品或者其他不符合保障人身、财产安全的国家标准、行业标准的产品,或者销售明知是以上不符合保障人身、财产安全的国家标准、行业标准的产品,造成严重后果的行为。

（二）生产、销售不符合安全标准的产品罪的特征

1.本罪的客体是复杂客体。它侵犯了两种社会关系。一种是国家产品质量管理秩序;另一种是为不特定的人身、财产安全。

本罪的犯罪对象为不符合安全标准的产品,包括电器、压力容器、易燃易爆产品和其他与人身、财产安全相关的产品。

2.本罪的客观方面表现为生产、销售不符合安全标准的产品的行为,或者是销售明知是不符合安全标准的产品的行为。本罪的既遂状态是结果犯,即不仅实施了生产、销售不符合安全标准的产品的行为,而且造成了严重后果。

3.本罪的主体是一般主体。单位也可以成为本罪的主体。

4.本罪的主观方面是故意。

（三）生产、销售不符合安全标准的产品罪的处罚

根据《刑法》第146条和第150条的规定,犯本罪的,处5年以下有期徒刑,并处销售金额50%以上2倍以下罚金;后果特别严重的,处5年以上有期徒刑,并处销售金额50%以上2倍以下罚金。

单位犯本罪的,对单位判处罚金,并对其负责的主管人员和其他直接责任人员,依照自然人犯本罪的规定处罚。

九、生产、销售伪劣农药、兽药、化肥、种子罪

（一）生产、销售伪劣农药、兽药、化肥、种子罪的概念

生产、销售伪劣农药、兽药、化肥、种子罪,是指生产假农药、假兽药、假化肥、假种子,或者销售明知是假的或者失去使用效能的农药、兽药、化肥、种子,或者生产者、销售者以不合格的农药、兽药、化肥、种子冒充合格的农药、兽药、化肥、种子,使

农牧业生产遭受较大损失的行为。

（二）生产、销售伪劣农药、兽药、化肥、种子罪的特征

1.本罪的客体是复杂客体。它侵犯了两种社会关系。一种是国家产品质量管理秩序；另一种是农牧业生产秩序。

本罪的犯罪对象是伪劣农药、兽药、化肥、种子。包括假农药、假兽药、假种子、假化肥；还包括失去使用效能的劣质农药、兽药、化肥、种子以及不合格的农药、兽药、化肥、种子。所谓假农药，是指根据国务院《农药管理条例》第 31 条所规定的情况，具体指：(1)以非农药冒充农药或者以此种农药冒充他种农药的；(2)所含有效成分的种类、名称与产品标签或者说明书上注明的农药有效成分的种类、名称不符的。所谓假兽药，是指根据国务院《兽药管理条例》第 47 条所规定的情况，具体指：(1)以非兽药冒充兽药的；(2)兽药所含成分的种类、名称与国家标准、专业标准或者地方标准不符合的。所谓假化肥，虽然没有具体的法规规定，但是可以参照假农药、假兽药的法规规定，具体指：(1)以非化肥冒充化肥或者以此种化肥冒充他种化肥的；(2)所含有效成分的种类、名称与产品标签或者说明书上注明的化肥有效成分的种类、名称不符的。所谓假种子，虽然没有具体的法规规定，但是可以参照假农药、假兽药的法规规定，指以非种子冒充种子或者以此种种子冒充他种种子的。所谓失去使用效能的农药、兽药、化肥、种子，是指因过期、受潮、变质而丧失原有使用性能和效果的农药、兽药、化肥、种子。所谓不合格的农药、兽药、化肥、种子，是指不符合国家标准、行业标准或者地方标准质量要求的农药、兽药、化肥、种子。

2.本罪的客观方面表现为三种行为方式：(1)生产假农药、假兽药、假化肥、假种子的行为；(2)销售明知是假的或者失去使用效能的农药、兽药、化肥、种子的行为；(3)以不合格的农药、兽药、化肥、种子冒充合格的农药、兽药、化肥、种子的行为。上述三种行为均造成了农牧业生产较大损失的危害结果。二者之间具有因果关系。其中的较大损失，虽然没有明确的立法或者司法解释，但一般指比较严重或者比较大范围的农作物、兽禽减产、患病或者死亡等经济利益遭受损害的状况。本罪的既遂状态是结果犯。

3.本罪的主体是一般主体。单位也可以成为本罪的主体。

4.本罪的主观方面是故意。

（三）生产、销售伪劣农药、兽药、化肥、种子罪的处罚

根据《刑法》第 147 条和第 150 条的规定，犯本罪的，处 3 年以下有期徒刑或者拘役，并处或者单处销售金额 50％以上 2 倍以下罚金；使生产遭受重大损失的，处 3 年以上 7 年以下有期徒刑，并处销售金额 50％以上 2 倍以下罚金；使生产遭受特别重大损失的，处 7 年以上有期徒刑或者无期徒刑，并处销售金额 50％以上 2 倍以下罚金或者没收财产。所谓"使生产遭受较大损失"，一般以 2 万元为起点；"重

大损失",一般以 10 万元为起点;"特别重大损失",一般以 50 万元为起点。

单位犯本罪的,对单位判处罚金,并对其负责的主管人员和其他直接责任人员,依照自然人犯本罪的规定处罚。

十、生产、销售不符合卫生标准的化妆品罪

(一)生产、销售不符合卫生标准的化妆品罪的概念

生产、销售不符合卫生标准的化妆品罪,是指生产不符合卫生标准的化妆品,或者销售明知是不符合卫生标准的化妆品,造成严重后果的行为。

(二)生产、销售不符合卫生标准的化妆品罪的特征

1.本罪的客体是复杂客体。它侵犯了两种社会关系。一种是国家产品质量管理秩序;另一种是消费者、用户的健康权。

本罪的犯罪对象是不符合标准的化妆品。所谓化妆品,是指以涂抹、喷洒或者其他类似方法,散布于人体表面任何部位(包括皮肤、毛发、指甲、口唇等),以达到清洗、消除不良气味,或者用于护肤、美容和修饰目的的日用化学工业品。

2.本罪的客观方面表现为生产、销售不符合卫生标准的化妆品,并造成了严重后果的行为。本罪的既遂状态是结果犯。所谓不符合卫生标准,是指违反了《化妆品卫生标准》和《化妆品卫生监督条例》等法规规定的化妆品国家卫生标准。所谓"造成严重后果",是指对使用化妆品的人体部位造成了严重损伤。可参见 2008 年 6 月 25 日最高人民检察院、公安部《关于公安机关管辖的刑事案件立案追诉标准的规定(一)》(简称《追诉标准(一)》)第 24 条的规定。

3.本罪的主体是一般主体。单位也可以成为本罪的主体。

4.本罪的主观方面是故意。

(三)生产、销售不符合卫生标准的化妆品罪的处罚

根据《刑法》第 148 条和第 150 条的规定,犯本罪的,处 3 年以下有期徒刑或者拘役,并处或者单处销售金额 50% 以上 2 倍以下罚金。

单位犯本罪的,对单位判处罚金,并对其负责的主管人员或者其他直接责任人员,依照犯本罪的规定处罚。

第三节　走私罪分述

一、走私武器、弹药罪

(一)走私武器、弹药罪的概念

走私武器、弹药罪,是指违反海关法规,逃避海关监管,运输、携带、邮寄武器、

弹药进出国(边)境的行为。

(二)走私武器、弹药罪的特征

1.本罪的客体是国家对外贸易管制中关于武器、弹药禁止进出口的监管制度。所谓国家对外贸易管制，是指国家根据经济建设的需要，垄断对外贸易，对进出口货物及其他物品的种类、数量实行控制和监督的制度。具体包括以下制度：(1)对进出口的货物、物品实行准许、限制或者禁止进出口的制度；(2)对非贸易物品实行限进、限出、限量、限值的制度；(3)对金融、外汇实行国家统一管理和控制的制度；(4)对进出口货物及其他物品实行征收关税的制度。武器、弹药属于国家禁止进出口的物品，受到对外贸易的严格管制。1993年3月1日，海关总署公布了《中华人民共和国禁止进出境物品表》，其中明确规定了各种武器、弹药为禁止进出境物品。

本罪的犯罪对象是武器、弹药。所谓武器、弹药，是指具有直接杀伤力或者破坏力的器械、装置或者其他物品。由于刑事立法以及相关行政法规没有界定武器、弹药的具体范围，因此，只能结合本罪客体——国家对外贸易管制的制度范畴，将本罪的犯罪对象限于国家禁止对外贸易的武器、弹药。即通常所指的军用武器、弹药。仿真手枪、管制刀具以及爆炸物均不属于本罪的犯罪对象。

2.本罪的客观方面表现为违反海关法规，逃避海关监管，运输、携带、邮寄武器、弹药进出境的行为。所谓违反海关法规，是指违反《中华人民共和国海关法》及其他有关的法律法规中关于禁止武器、弹药进出境的各种规定。所谓逃避海关监管，是指在未设海关的国(边)境上运输、携带、邮寄武器、弹药进出境，或者虽然经过海关，但采取伪装、藏匿、隐报等方法，欺骗、蒙蔽海关检查人员，运输、携带、邮寄武器、弹药进出境的行为。

3.本罪的主体是一般主体。单位也可以成为本罪的主体。

4.本罪的主观方面是故意。

(三)走私武器、弹药罪的认定

1.本罪罪与非罪的界限

主要考察犯罪对象和犯罪主观两个方面：(1)犯罪对象是否为武器、弹药。如果走私的不是本罪所特指的武器、弹药，不构成本罪。(2)犯罪主观方面是否故意。如果行为人确实不知所走私的物品是武器、弹药，不构成本罪。如果行为人意图走私武器、弹药，只是对走私的物品产生认识错误，不影响本罪的成立。如果行为人明知自己在走私，但对走私的物品是否武器、弹药，存在概括认识，虽不影响犯罪的成立，但具体构成何罪，应当根据实际情况分析。

2.本罪与非法持有、私藏枪支、弹药罪的界限

非法持有、私藏枪支、弹药罪，是指违反枪支管理规定，未依法取得持枪资格而

持有枪支、弹药,或者私自藏匿枪支、弹药,拒不交出的行为。二者的区别在于:(1)犯罪客体不同。本罪的客体是国家对外贸易管制中关于禁止武器、弹药进出境的管理制度。非法持有、私藏枪支、弹药罪的客体是社会的公共安全和国家枪支、弹药的管理制度。(2)犯罪对象不同。本罪的对象是国家对外贸易中禁止进出境的武器、弹药,一般指军用武器、弹药。武器的范畴中包括枪支,但不仅限于枪支。非法持有、私藏枪支、弹药罪的对象是枪支、弹药。包括各种公务用枪、民用枪及其弹药。(3)犯罪客观方面不同。本罪的客观方面表现为违反海关法规,逃避海关监管,运输、携带、邮寄武器、弹药的行为。实行行为一般发生在国(边)境通道上。非法持有、私藏枪支、弹药罪的客观方面表现为违法枪支管理法规,持有、私藏枪支、弹药的行为。实行行为一般发生在国内地域上。

3.本罪与走私核材料、走私假币等其他特定物品罪的界限

本罪与走私其他特定物品罪同属于一种类型,彼此间在犯罪客观方面、主观方面、主体上均相同或极为相近,而有别于走私普通货物、物品罪。只是由于彼此间的犯罪对象所指向的犯罪客体有所不同,而由刑法分别设立为各自独立的犯罪。

4.本罪的罪数形态

行为人在走私武器、弹药之前,往往持有、私藏武器、弹药,或者在走私武器、弹药之后,也往往持有、私藏武器、弹药。对此,是以一罪论处还是数罪并罚,不能一概而论,要具体分析:(1)如果行为人非法持有、私藏武器、弹药之时,并不具有走私意图,只是事后由于某种原因,才将非法持有、私藏的武器、弹药用于走私,那么两个行为之间各自具有独立的犯罪构成,不存在牵连的法律关系,应当以非法持有、私藏枪支、弹药罪和走私武器、弹药罪数罪并罚。(2)如果行为人非法持有武器、弹药就是为了走私,且实施了走私行为,那么两个行为之间具有方法行为与目的行为之间的牵连关系,应当以走私武器、弹药罪从重处罚。(3)如果行为人走私武器、弹药之后予以持有、私藏的,那么两个行为之间是一种事后的自然延伸状态,具有相互吸收的关系,应当以走私武器、弹药罪处罚。(4)如果非法持有、私藏的武器、弹药,与走私的武器、弹药在犯罪对象的性质上不具有同一性,即使将非法持有、私藏的武器、弹药是为了用于走私,也只能以非法持有、私藏枪支、弹药罪与走私武器、弹药罪数罪并罚。

(四)走私武器、弹药罪的处罚

根据《刑法》第151条第1款、第4款和第5款以及最高人民法院2000年10月8日施行的《关于审理走私刑事案件具体应用法律若干问题的解释》(以下简称《走私的解释》)的规定,犯本罪的,处7年以上有期徒刑,并处罚金或者没收财产;情节特别严重的,处无期徒刑,并处没收财产;情节较轻的,处3年以上7年以下有

期徒刑,并处罚金。具有下列情节之一的,处本罪的基本刑:(1)走私军用枪支1支或者军用子弹50发以上不满100发的;(2)走私非军用枪支5支以上不满10支或者非军用子弹500发以上不满1000发的;(3)走私武器、弹药达到情节较轻的量刑幅度的数量标准,并具有其他恶劣情节的。"情节特别严重",是指走私武器、弹药,具有下列情节之一的:(1)走私军用枪支2支以上或者军用子弹100发以上的;(2)走私非军用枪支10支以上或者非军用子弹1000发以上的;(3)犯罪集团的首要分子或者使用特种车,走私武器、弹药达到上述第一个量刑幅度的数量标准的;(4)走私武器、弹药达到上述第一个量刑档次适用的数量标准,并具有其他恶劣情节的。"情节较轻",是指走私武器、弹药,具有下列情节之一的:(1)走私军用子弹10发以上不满50发的;(2)走私非军用枪支2支以上不满5支或者非军用子弹100发以上不满500发的;(3)走私武器、弹药,虽未达到上述数量标准,但具有走私的武器、弹药被用于实施其他犯罪等恶劣情节的。走私其他武器、弹药的,参照上述规定的量刑标准处罚。走私成套枪支散件的,以走私相应数量的枪支计;走私非成套枪支散件的,以每30件为一套枪支散件计。

单位犯本罪的,对单位判处罚金,并对其负责的主管人员和其他直接责任人员,依照自然人犯本罪的规定处罚。

二、走私核材料罪

(一)走私核材料罪的概念

走私核材料罪,是指违反海关法规,逃避海关监管,运输、携带、邮寄核材料进出国(边)境的行为。

(二)走私核材料罪的特征

1.本罪的客体是国家对外贸易管制中关于禁止核材料进出口的监管制度。

本罪的犯罪对象是核材料。所谓核材料,是指根据我国加入的《核材料实物保护公约》的规定,任何含有钚(同位素含量不超过80%的钚-238)、铀(铀-233,同位素235或233浓缩的铀)、非矿石或矿渣形式的含天然存在的同位素混合物的铀其中一种或多种成分的材料。核材料是制造核武器和利用核能的核心原材料。它既可能造福于人类,也可能对人类的和平与安全造成巨大威胁。国际社会先后缔结一系列条约严格限制核扩散,当然也包括严格限制核材料的扩散。我国作为条约缔约国,认真履行了该公约义务。在刑法分则中设立此罪名,正是履行该义务的具体体现。

本罪的犯罪对象仅限于核材料,不包括由核材料组成的核武器。如果走私核武器,应当以走私武器、弹药罪论处。

2.本罪的客观方面表现为违反海关法规,逃避海关监管,运输、携带、邮寄核材料进出国(边)境的行为。违反海关法规,逃避海关监管是本罪客观方面的重要行为方式。虽违反海关法规,但未逃避海关监管的,不构成本罪。如果构成非法买卖、运输核材料罪的,可以以该罪论处。

3.本罪的主体是一般主体。单位也可以成为本罪的主体。

4.本罪的主观方面是故意。

(三)走私核材料罪的认定

1.本罪与非法买卖、运输核材料罪的界限

非法买卖、运输核材料罪,是指违反国家危险物品的管制规定,擅自买卖、运输核材料的行为。二者的区别在于:(1)犯罪客体不同。本罪的客体是国家对外贸易管制中关于禁止核材料进出口的监管制度。非法买卖、运输核材料罪的客体是社会的公共安全和国家危险物品的管制规定。(2)犯罪客观方面不同。本罪的客观方面表现为违反海关法规,逃避海关监管,运输、携带、邮寄核材料的行为。其实行行为一般发生在国(边)境上。非法买卖、运输核材料罪的客观方面表现为违反国家危险物品的管制规定,擅自买卖、运输核材料的行为。其实行行为一般发生在国境内。

2.本罪的罪数形态

如果行为人非法买卖、运输核材料是为了走私,那么两行为之间存在牵连关系,应当以走私核材料罪论处。如果行为人在非法买卖、运输核材料之后,由于某种原因再实施走私核材料的行为,那么两行为之间不存在牵连关系,应当以非法买卖、运输核材料罪和走私核材料罪数罪并罚。如果行为人在走私核材料之后,为了出售或其他目的而实施非法买卖、运输核材料的行为,那么两行为之间是一种后续延伸关系,根据吸收犯处理原则,应当以走私核材料罪论处。如果非法买卖、运输核材料的行为人与走私核材料的行为人之间具有共犯的意思联络,那么两行为之间是一种共犯的分工关系,应当以走私核材料罪论处。但如果非法买卖、运输的核材料与走私的核材料之间不具有同一性,仍应当以非法买卖、运输核材料罪与走私核材料罪数罪并罚。

(四)走私核材料罪的处罚

根据《刑法》第151条第1款、第4款、第5款的规定,犯本罪的,处7年以上有期徒刑,并处罚金或者没收财产;情节较轻的,处3年以上7年以下有期徒刑,并处罚金;情节特别严重的,处无期徒刑,并处没收财产。

单位犯本罪的,对单位判处罚金,并对其负责的主管人员和其他直接责任人员,依照自然人犯本罪的规定处罚。

三、走私假币罪

（一）走私假币罪的概念

走私假币罪，是指违反海关法规，逃避海关监管，运输、携带、邮寄伪造的货币进出国（边）境的行为。

（二）走私假币罪的特征

1.本罪的客体是国家对外贸易管制中关于禁止假币进出口的监管制度。

本罪的犯罪对象仅是伪造的货币，不包括变造的货币。所谓货币，是指可在国内市场流通或者兑换的人民币以及境外货币。所谓伪造的货币，是指依照真货币的图案、形状、色彩、面额、纸张质地，以印刷、复印、描绘、临摹、拓印等方法所制造出来的假币。所谓变造的货币，是指以剪贴、挖补、揭层、拼凑等方法对真货币进行加工改造，使货币面值增大，数量增加的货币。

2.本罪的客观方面表现为违反海关法规，逃避海关监管，运输、携带、邮寄伪造的货币的行为。

3.本罪的主体是一般主体。单位也可以成为本罪的主体。

4.本罪的主观方面是故意。

（三）走私假币罪的处罚

根据《刑法》151条第1款、第4款和第5款以及《走私的解释》第2条第2款、第3款和第4款的规定，犯本罪的，处7年以上有期徒刑，并处罚金或者没收财产；情节特别严重的，处无期徒刑，并处没收财产；情节较轻的，处3年以上7年以下有期徒刑，并处罚金。具有下列情节之一的，处本罪的基本刑：（1）走私伪造的货币，总面额2万元以上不足20万元或者币量2000张（枚）以上不足2万张（枚）的；（2）走私伪造的货币并流入市场，面额达到本条第2款规定的数量标准的。所谓情节特别严重，是指走私伪造的货币，具有下列情节之一的：（1）走私伪造的货币，总面额20万元以上或者币量2万张（枚）以上的；（2）走私伪造的货币并流入市场，面额达到本条第3款第（1）项规定的数量标准的；（3）走私伪造的货币达到本条第3款规定的数量标准，并具有是犯罪集团首要分子或者使用特种车进行走私等严重情节的。所谓情节较轻，是指走私伪造的货币，总面额2000元以上不足2万元或者币量200张（枚）以上不足2000张（枚）的情形。货币面额以人民币计。走私伪造的境外货币的，其面额以案发时国家外汇管理机关公布的外汇牌价折合人民币计算。

单位犯本罪的，对单位判处罚金，并对其负责的主管人员或者其他直接责任人员，依照自然人犯本罪的规定处罚。

四、走私文物罪

(一)走私文物罪的概念

走私文物罪,是指违反海关法规,逃避海关监管,运输、携带、邮寄禁止出口的文物出国(边)境的行为。

(二)走私文物罪的特征

1.本罪的客体是国家对外贸易管制中关于禁止出口的文物出口的监管制度。

本罪的犯罪对象是国家禁止出口的文物。所谓国家禁止出口的文物,是指根据《中华人民共和国文物保护法》第 28 条的规定,具有重要历史、艺术、科学价值,除经国务院批准运往国外展览以外的文物。

2.本罪的客观方面表现为违反海关法规,逃避海关监管,运输、携带、邮寄禁止出口的文物出国(边)境的行为。可见,走私文物仅限于将禁止出口的文物予以出口的行为,不包括将文物进口的行为。同时,根据《文物保护法》的规定,在境内私自出售或赠送禁止出口的文物给外国人的行为,也属于走私文物的行为。

3.本罪的主体是一般主体。单位也可以成为本罪的主体。

4.本罪的主观方面是故意。

(三)走私文物罪的认定

1.本罪罪与非罪的界限

区分罪与非罪主要应考察:(1)行为人走私出境的文物是否属于国家禁止出口的文物。如果行为人走私出境的文物不是国家禁止出口的文物,不构成本罪。符合其他走私罪构成特征的,以其他走私罪论处。(2)行为人是否有走私文物的故意。如果行为人不知是文物,或者不知是国家禁止出口的文物而将其运输、携带、邮寄出境的,不构成本罪。(3)行为人是否有逃避海关监管的行为。如果行为人在运输、携带、邮寄文物出境时,向海关如实申报,自觉接受海关检查,即使发现其运输、携带、邮寄的文物属国家禁止出口的文物,也不构成本罪。

2.本罪与非法向外国人出售、赠送珍贵文物罪的法条竞合问题

非法向外国人出售、赠送珍贵文物罪,是指违反文物保护法规,将收藏的国家禁止出口的珍贵文物私自出售或者私自赠送给外国人的行为。如果行为人在内海、领海将收藏的国家禁止出口的文物出售给外国走私分子时,其行为不仅符合本罪的特征,也符合非法向外国人出售、赠送珍贵文物罪的特征,出现两罪的法条竞合问题。按照重法优先于轻法的竞合处理原则,应当以走私文物罪论处。

(四)走私文物罪的处罚

根据《刑法》第 151 条第 2 款、第 4 款和第 5 款以及《走私的解释》第 3 条的规定,犯本罪的,处 5 年以上 10 年以下有期徒刑,并处罚金;情节特别严重的,处 10

年以上有期徒刑或者无期徒刑,并处没收财产;情节较轻的,处5年以下有期徒刑,并处罚金。具有下列情节之一的,处本罪的基本刑:(1)走私国家禁止出口的二级文物2件以下或者三级文物3件以上8件以下的;(2)走私国家禁止出口的文物达到"情节较轻"的量刑幅度的数量标准,并具有造成该文物严重毁损或者无法追回等恶劣情节的。所谓情节特别严重,是指具有下列情节之一的:(1)走私国家禁止出口的一级文物1件以上或者二级文物3件以上或者三级文物9件以上的;(2)走私国家禁止出口的文物达到本条第一档基本刑幅度的数量标准,并造成该文物严重毁损或者无法追回的;(3)走私国家禁止出口的文物达到本条第2款规定的数量标准,并具有是犯罪集团首要分子或者使用特种车进行走私等严重情节的。所谓情节较轻,是指走私国家禁止出口的三级文物2件以下的情形。

单位犯本罪,对单位判处罚金,并对其负责的主管人员和其他直接责任人员,依照自然人犯本罪的规定处罚。

五、走私贵重金属罪

(一)走私贵重金属罪的概念

走私贵重金属罪,是指违反海关法规,逃避海关监管,运输、携带、邮寄黄金、白银或者其他贵重金属出国(边)境的行为。

(二)走私贵重金属罪的特征

1.本罪的客体是国家对外贸易管制中关于贵重金属禁止出国(边)境的监管制度。

本罪的犯罪对象是贵重金属,包括黄金、白银以及与金、银同等重要的铱、铂、钯、铑、钛等国家禁止出口的各种贵重金属及其制品。

2.本罪的客观方面表现为违反海关法规、逃避海关监管,采取运输、携带、邮寄等方式将国家禁止出口的贵重金属予以出口的行为,但不限于将贵重金属予以进口的行为。

3.本罪的主体是一般主体。单位也可以成为本罪的主体。

4.本罪的主观方面是故意。

(三)走私贵重金属罪的处罚

根据《刑法》第151条第2款、第4款和第5款的规定,犯本罪的,处5年以上10年以下有期徒刑,并处罚金;情节特别严重的,处10年以上有期徒刑或者无期徒刑,并处没收财产;情节较轻的,处5年以下有期徒刑,并处罚金。

单位犯本罪的,对单位判处罚金,并对其直接负责的主管人员和其他直接责任人员,依照自然人犯本罪的规定处罚。

六、走私珍贵动物、珍贵动物制品罪

（一）走私珍贵动物、珍贵动物制品罪的概念

走私珍贵动物、珍贵动物制品罪，是指违反海关法规，逃避海关监管，运输、携带、邮寄珍贵动物及其制品进出国（边）境的行为。

（二）走私珍贵动物、珍贵动物制品罪的特征

1.本罪的客体是国家对外贸易管制中关于禁止珍贵动物及其制品进出境的监管制度。

本罪的犯罪对象是珍贵动物及其制品。所谓珍贵动物，是指被列入《国家重点保护野生动物名录》中国家一、二级保护野生动物和被列入《濒危野生动植物种国际贸易公约》附录一、附录二中野生动物以及驯养繁殖的上述物种。具体如大熊猫、金丝猴、白唇鹿、丹顶鹤等，共计列入有389种珍贵或者濒危的野生动物。所谓珍贵动物制品，是指以珍贵动物的皮、肉、毛、骨等身体部位为原料制作而成的物品。

2.本罪的客观方面表现为违反海关法规，逃避海关监管，采取运输、携带、邮寄等方法将珍贵动物及其制品进出境的行为。

3.本罪的主体是一般主体。单位也可以成为本罪的主体。

4.本罪的主观方面是故意。

（三）走私珍贵动物、珍贵动物制品罪的处罚

根据《刑法》第151条第2款、第4款和第5款的规定，犯本罪的，处5年以上10年以下有期徒刑，并处罚金；情节特别严重的，处10年以上有期徒刑或者无期徒刑，并处没收财产；情节较轻的，处5年以下有期徒刑，并处罚金。

单位犯本罪的，对单位判处罚金，并对其直接负责的主管人员和其他直接责任人员，依照自然人犯本罪的规定处罚。

七、走私国家禁止进出口的货物、物品罪

（一）走私国家禁止进出口的货物、物品罪的概念

走私国家禁止进出口的货物、物品罪，是指违反海关法规，逃避海关监管，对珍稀植物及其制品等国家禁止进出口的其他货物、物品运输、携带、邮寄国（边）境的行为。

（二）走私国家禁止进出口的货物、物品罪的特征

1.本罪的客体是国家对外贸易管制中关于珍稀植物及其制品等国家禁止进出口其他货物、物品出入境的监管制度。

本罪的犯罪对象是珍稀植物及其制品等国家禁止进出口其他货物、物品。所

谓珍稀植物,是指国家重点保护的原生的天然生长的珍贵植物和原生的天然生长的具有重要经济、科学研究、文化价值的濒危、稀有植物。1984年国务院环境保护委员会公布的《珍稀濒危保护植物名录》规定:国家一级保护植物8种,如金红茶、水杉等。国家二级保护植物143种,如云南梧桐、野茶树等。国家三级保护植物203种,如水曲柳、油杉等。所谓珍稀植物制品,是指利用珍稀植物加工制作的标本、药材及其他制成品。

2.本罪的犯罪客观方面表现为违反海关法规,逃避海关监管,采取运输、携带、邮寄等方法将珍稀植物及其制品进出国(边)境的行为。

3.本罪的主体是一般主体。单位也可以成为本罪的主体。

4.本罪的主观方面是故意。

(三)走私国家禁止进出口的货物、物品罪的处罚

根据《刑法》第151条第3款、第5款,以及《刑法修正案(七)》第1条的规定,犯本罪的,处5年以下有期徒刑或者拘役,并处或者单处罚金;情节严重的,处5年以上有期徒刑,并处罚金。

单位犯本罪的,对单位判处罚金,并对其直接负责的主管人员和其他直接责任人员,依照自然人犯本罪的规定处罚。

八、走私淫秽物品罪

(一)走私淫秽物品罪的概念

走私淫秽物品罪,是指以牟利或者传播为目的,违反海关法规,逃避海关监管,运输、携带、邮寄淫秽物品进出国(边)境的行为。

(二)走私淫秽物品罪的特征

1.本罪的客体是国家对外贸易管制中关于禁止淫秽物品进出口的监管制度。

本罪的犯罪对象是淫秽物品。所谓淫秽物品,是指具体描写性行为或者露骨宣扬色情的诲淫性的书刊、影片、录像带、录音带、图片及其他物品。所谓其他淫秽物品,是指除淫秽的书刊、影片、录像带、录音带、图片以外,通过文字、声音、形象等方式表现淫秽内容的影碟、音碟、电子出版物、玩具、用品、淫药、淫具。但夹杂淫秽内容的有艺术价值的文艺作品、表现人体艺术的美术作品、有关人体医学、生理和其他知识的自然科学作品,不属于淫秽物品的范围。

2.本罪的客观方面表现为违反海关法规,逃避海关监管,采取运输、携带、邮寄等方法将淫秽物品进出国(边)境的行为。如果走私非淫秽的书刊、影片、录像带、录音带、图片等物品,依照《刑法》第153条的规定定罪处罚。

3.本罪的主体是一般主体。单位也可以成为本罪的主体。

4.本罪的主观方面是故意,且只能是以牟利或者传播为目的的直接故意。所

谓以牟利为目的,是指走私淫秽物品是为了出售、出租或者以其他方式牟取非法利益。所谓以传播为目的,是指走私淫秽物品是为了在社会扩散、流传。如果走私少量淫秽物品是为了自用,不构成本罪。

(三)走私淫秽物品罪的处罚

根据《刑法》第152条第1款、第3款的规定,犯本罪的,处3年以上10年以下有期徒刑,并处罚金;情节严重的,处10年以上有期徒刑或者无期徒刑,并处罚金或者没收财产;情节较轻的,处3年以下有期徒刑、拘役或者管制,并处罚金。

单位犯本罪的,对单位判处罚金,并对其直接负责的主管人员和其他直接责任人员,依照自然人犯本罪的规定处罚。

九、走私废物罪

(一)走私废物罪的概念

走私废物罪,是指违反海关法规,逃避海关监管,将境外固体废物、液态废物或者气态废物运输进境的行为。

(二)走私废物罪的特征

1.本罪的客体是国家对外贸易管制中禁止废物进境的监管制度。

本罪的犯罪对象是废物,包括固体、液态和气态废物。

2.本罪的客观方面表现为违反海关法规,逃避海关监管,采取运输的方式将境外固体废物、液态废物或者气态废物进境的行为。如果将废物运输出境的行为,不构成本罪。如果以原料利用为名,进口不能用作原料的固体废物、液态、气态废物的,依照本罪定罪处罚。

3.本罪的主体是一般主体。单位也可以成为本罪的主体。

4.本罪的主观方面是故意。

(三)走私废物罪的处罚

根据《刑法》第152条第2款、第3款的规定,犯本罪的,处5年以下有期徒刑,并处或者单处罚金;情节特别严重的,处5年以上有期徒刑,并处罚金。

单位犯本罪的,对单位判处罚金,并对其直接负责的主管人员和其他直接责任人员,依照自然人犯本罪的规定处罚。

十、走私普通货物、物品罪

(一)走私普通货物、物品罪的概念

走私普通货物、物品罪,是指违反海关法规,逃避海关监管,运输、携带、邮寄普通货物、物品进出国(边)境,偷逃应缴税额较大的行为。

（二）走私普通货物、物品罪的特征

1.本罪的客体是国家对外贸易管制中关于普通货物、物品进出口的监管制度。

本罪的犯罪对象是普通货物、物品。所谓普通货物、物品，是指除《刑法》第151条规定的武器、弹药，核材料，伪造的货币，国家禁止出口的文物，国家禁止出口的贵重金属，国家禁止出口的珍贵动物、珍贵动物制品，国家禁止出口的珍稀植物、珍稀植物制品，第152条规定的淫秽物品、废物、第347条规定的毒品和第350条规定的制毒物品以外的货物、物品。

2.本罪的客观方面表现为违反海关法规，逃避海关监管，采取运输、携带、邮寄等其他方法将普通货物、物品进出国（边）境或者采取后续、间接的方式偷逃应缴税额，非法收购、贩卖、运输国家禁止、限制进出口货物、物品的行为。具体表现为四种行为方式：（1）绕关走私行为。即绕过海关，在没有设置海关或者边境检查站的边境线上，非法将普通货物、物品运输、携带进出境的行为。（2）瞒关走私行为。即通过海关，但采取隐瞒、伪报、藏匿等欺骗手段逃避海关监管，将普通货物、物品运输、携带、邮寄进出境的行为。（3）后续走私行为。即未经海关许可且未补缴应缴税额，擅自将批准进口的来料加工、来件装配、补偿贸易的原材料、零件、制成品、设备等保税货物，在境内销售牟利以及未经海关许可且未补缴应缴税额，擅自将特定减免税进口的货物、物品，在境内销售牟利的行为。（4）间接走私行为。即明知是走私行为人而在境内向其非法收购走私进口的普通货物、物品以及在内海、领海运输、收购、贩卖国家禁止进出口的货物、物品或者国家限制进出口的货物、物品，没有合法证明的行为。

本罪要求偷逃应缴税额较大或者一年内曾因走私被给予二次行政处罚后又走私的，才能构成犯罪。所谓应缴税额，是指进出口货物、物品应当交纳的进出口关税和进口环节海关代征税的税额。走私货物、物品所偷逃的应缴税额，应当以走私行为案发时所适用的税则、税率、汇率和海关审定的完税价格计算，并以海关出具的证明为准。

对多次走私未经处理的，按照累计走私货物、物品的偷逃应缴税额处罚。

3.本罪的主体是一般主体。单位也可以成为本罪的主体。

4.本罪的主观方面是故意。在实践中，行为人一般具有牟取非法利益的目的，但这不是本罪的构成要件。行为人是否实际以非法牟利为目的，不影响本罪的成立。

（三）走私普通货物、物品罪的认定

1.本罪罪与非罪的界限

主要考察以下两个方面：（1）偷逃应缴税额是否较大。如果达到数额较大，那么构成犯罪。否则，属于一般违法行为。（2）行为人主观上是否故意。如果行为人明知自己采取运输、携带、邮寄等其他方法将普通货物、物品进出境的行为,已违反了海关法规,逃避了海关监管,仍追求或者放任这种危害结果的发生,属于犯罪故意,构成本罪。如果是出于不知情,而实施上述行为的,不具有犯罪故意,不构成本罪。

2.本罪的既遂与未遂界限

本罪是一种行为犯的既遂形态。只要行为人完成了本罪所规定的要件行为,即为既遂。因此,行为人不论实施上述客观方面中的哪一种行为方式,只要将该种行为方式所必需的行为实施完毕,就符合既遂。

(四)走私普通货物、物品罪的处罚

根据《刑法》第153条的规定,犯本罪的,依照下列情形处理:走私货物、物品偷逃应缴税额较大或者一年内曾因走私被给予二次行政处罚后又走私的,处3年以下有期徒刑或者拘役,并处偷逃应缴税额1倍以上5倍以下罚金;走私货物、物品偷逃应缴税额巨大或者有其他严重情节的,处3年以上10年以下有期徒刑,并处偷逃应缴税额1倍以上5倍以下罚金;走私货物、物品偷逃应缴税额特别巨大或者有其他特别严重情节的,处10年以上有期徒刑或者无期徒刑,并处偷逃应缴税额1倍以上5倍以下罚金或者没收财产。

单位犯本罪的,对单位判处罚金,并对其直接负责的主管人员和其他直接责任人员,处3年以下有期徒刑或者拘役;情节严重的,处3年以上10年以下有期徒刑;情节特别严重的,处10年以上有期徒刑。

十一、关于走私罪的其他若干问题

(一)间接走私

间接走私,也称之准走私,是指《刑法》第155条第(1)项和第(2)项规定的两种行为。第一,直接向走私人非法收购国家进口物品的,或者直接向走私人非法收购走私进口的其他货物、物品,数额较大的行为。第二,在内海、领海、界河、界湖运输、收购、贩卖国家禁止进出口物品的,或者运输、收购、贩卖国家限制进出口货物、物品,数额较大,没有合法证明的行为。

间接走私不是独立罪名,需要根据走私的犯罪对象和有关条件,确定构成何种走私罪。第一,不是直接向走私人收购走私货物、物品的,不能以走私罪论处。如果直接向走私人非法收购走私进口的特定物品的,则分别以各自不同的走私特定物品罪论处。如果直接向走私人非法收购特定物品之外的普通货物、物品,数额较大,达到5万元以上的,则构成走私普通货物、物品罪。第二,不是在内海、领海而是在内地运输、收购、贩卖上述货物、物品的,不能以走私罪论处。如果在内海、领海运输、收购、贩卖国家禁止进出口特定物品的,则分别以各自不同的走私特定物品罪论处。如果在内海、领海、界河、界湖运输、收购、贩卖国家限制进出口普通货物、物品，数额较大，没有合法证明的，则构成走私普通货物、物品罪。所谓合法证明，是指国家有关主管部门颁发的进出口货物、物品许可证、准运证等用于证明货物、物品来源、用途合法有效的证明文件。

（二）武装走私

根据《刑法》第 157 条第 1 款的规定："武装掩护走私的，依照本法第一百五十一条第一款的规定从重处罚。"所谓武装掩护走私，是指走私分子或者其雇佣人员携带武器用于保护走私活动的行为。武装掩护走私不是独立罪名，是各种走私罪的一种从重处罚情节，应当根据所掩护的走私物品类型及行为性质定罪。

武装走私具有以下特征：第一，必须具有武装掩护走私的主观故意。如果行为人客观上给他人的走私行为提供了武装掩护，但事实上不知他人在走私，则不能以走私罪的武装掩护论处。第二，必须实施了武装掩护走私的行为。至于实际是否使用武器，不影响武装掩护走私行为的成立。第三，行为人既可以是走私分子本身，也可以是走私分子雇佣的其他人员。

（三）抗拒缉私

《刑法》第 157 条第 2 款规定："以暴力、威胁方法抗拒缉私的，以走私罪和本法第二百七十七条规定的阻碍国家机关工作人员依法执行职务罪，依照数罪并罚的规定处罚。"由于行为人既实施了走私行为，又实施了妨害缉私人员依法履行公务的行为，在分别构成犯罪的前提下，应当实行数罪并罚。

抗拒缉私具有以下特征：第一，实行数罪并罚的前提，走私行为本身必须已构成犯罪。第二，只有以暴力、威胁方法抗拒缉私的，才能实行数罪并罚。第三，实施暴力、威胁方法的主观目的是为了抗拒缉私，而不是出于其他原因。第四，尚未达到对缉私人员造成人身伤亡的危害程度，否则，属于走私罪与故意伤害罪或故意杀人罪的数罪并罚，而不是走私罪与妨害公务罪的数罪并罚。

（四）走私共犯

《刑法》第 156 条规定："与走私罪犯通谋，为其提供贷款、资金、账号、发票、证明，或者为其提供运输、保管、邮寄或者其他方便的，以走私罪的共犯论处。"即根据行为人在走私共同犯罪中的地位和作用，按照走私罪犯实施的具体走私犯罪的性质及其相应的法定刑定罪量刑。

所谓与走私罪犯通谋，是指犯罪行为人之间事先或者事中形成的共同的走私故意。下列情形可以认定为通谋：（1）对明知他人从事走私活动而同意为其提供贷款、资金、账号、发票、证明、海关单证，提供运输、保管、邮寄或者其他方便的；（2）多次为同一走私犯罪分子的走私行为提供前项帮助的。因此，构成走私共犯，就是犯罪行为人之间就走私活动进行商议、谋划、分工配合的犯罪行为。

所谓其他方便,是指为走私罪犯的实行行为提供除上述列举的帮助形式之外的其他帮助便利。如为走私罪犯传递重要信息,指认走私线路等帮助。

第四节 妨害对公司、企业的管理秩序罪分述

一、虚报注册资本罪

（一）虚报注册资本罪的概念

虚报注册资本罪,是指申请公司登记时使用虚假证明文件或者采取其他欺诈手段虚报注册资本,欺骗公司登记主管部门,取得公司登记,虚报注册资本数额巨大,后果严重或者有其他严重情节的行为。

（二）虚报注册资本罪的特征

1.本罪的客体是国家对公司的登记管理制度。公司的登记管理制度,有利于保障国家对公司的监督管理,规范公司的组织机构和经营行为,维护社会主义市场经济秩序和广大债权人的合法权益。

2.本罪的客观方面表现为行为人实施了使用虚假证明文件或者其他欺诈手段虚报注册资本,欺骗公司登记主管部门,取得了公司登记,且虚报注册资本数额巨大,后果严重或者具有其他严重情节的行为。具体为:(1)行为人虚报了注册资本。所谓注册资本,是指在公司登记机关登记的股东应当实际缴纳的出资总额或者应当实收的股本总额。依据《中华人民共和国公司法》(以下简称《公司法》)的规定,公司设立登记必须具备《公司法》规定的注册资本条件。我国2013年修改后的《公司法》将注册资本的实缴登记制改为认缴登记制,仅有27类金融相关企业仍需验资注册资本。当需要实缴资本时,行为人实际无资本而申报,或者在不具备法定注册资本最低限额的情况下,作出具有法定注册资本最低限额的申报,或者具有法定注册资本最低限额,但作出高于实缴资本的申报。均属于虚报注册资本的行为。(2)行为人为虚报注册资本,实施了使用虚假证明文件或者其他欺诈手段。依据《公司法》规定,股东全部缴纳出资或者发行股份的股款全部缴足后,在向登记机关申请登记时,必须出具验资、验证、评估等相关的证明文件。所谓虚假证明文件,是指通过伪造、变造或其他虚假手段获取的验资、验证、评估文件。所谓其他欺诈手段,是指虚假证明文件以外的与虚报注册资本紧密有关的行为方式、方法。行为人之所以使用虚假证明文件或者采取其他欺诈手段,其目的就在于虚报注册资本。如果与虚报注册资本无关,不构成本罪。(3)行为人骗取公司登记主管部门,取得了公司登记。行为人通过使用虚假证明文件或者采取其他欺诈手段,未被公司登记主管部门发觉而取得了公司登记。所谓取得公司登记,是指经公司登记主管部

门核准并获得了相关营业许可证件。如果公司登记主管部门发觉而未受骗,不构成本罪。(4)虚报注册资本的数额巨大,后果严重或者具有其他严重情节。根据最高人民检察院、公安部 2010 年 5 月 7 日《关于公安机关管辖的刑事案件立案追诉标准的规定(二)》(以下简称《追诉标准(二)》)第 3 条的规定,所谓数额巨大,后果严重或者具有其他严重情节,是指具有下列情形之一:①超过法定出资期限,实缴注册资本不足法定注册资本最低限额,有限责任公司虚报数额在 30 万元以上并占其应缴出资数额 60% 以上的,股份有限公司虚报数额在 300 万元以上并占其应缴出资数额 30% 以上的;②超过法定出资期限,实缴注册资本达到法定注册资本最低限额,但仍虚报注册资本,有限责任公司虚报数额在 100 万元以上并占其应缴出资数额 60% 以上的,股份有限公司虚报数额在 1000 万元以上并占其应缴出资数额 30% 以上的;③造成投资者或者其他债权人直接经济损失累计数额在 10 万元以上的;④虽未达到上述数额标准,但具有下列情形之一:两年内因虚报注册资本受过行政处罚二次以上,又虚报注册资本的;或者向公司登记主管人员行贿的;或者为进行违法活动而注册的;⑤其他后果严重或者有其他严重情节的情形。

3.本罪的主体是特殊主体,是指公司设立登记过程中,申请公司登记的公司或者受公司股东委托申请公司登记的个人。申请登记的公司也可以成为本罪的主体。

4.本罪的主观方面是故意。

(三)虚报注册资本罪的处罚

根据《刑法》第 158 条的规定,犯本罪的,处 3 年以下有期徒刑或者拘役,并处或者单处虚报注册资本金额 1% 以上 5% 以下罚金。

单位犯本罪的,对单位判处罚金,并对其直接负责的主管人员和其他直接责任人员,处 3 年以下有期徒刑或者拘役。

二、虚假出资、抽逃出资罪

(一)虚假出资、抽逃出资罪的概念

虚假出资、抽逃出资罪,是指公司发起人、股东违反《公司法》的规定,未交付货币、实物或者未转移财产权,虚假出资,或者在公司成立后又抽逃其出资,数额巨大,后果严重或者具有其他严重情节的行为。

(二)虚假出资、抽逃出资罪的特征

1.本罪的客体是复杂客体,它侵犯了两种社会关系。一种是国家对公司的出资管理制度;另一种是公司、其他股东和债权人的合法权益。

2.本罪的客观方面表现为违反《公司法》的规定,在公司成立期间虚假出资,或者在公司成立之后抽逃出资,数额巨大,后果严重或者具有其他严重情节的行为。

首先,虚假出资、抽逃出资的行为违反了《公司法》关于股东必须按期足额缴纳出资和不得减少公司注册资本的义务性规定。其次,由于虚假出资、抽逃出资数额巨大,后果严重或者具有其他严重情节,导致公司、其他股东、债权人遭受较大的经济损失。所谓虚假出资,是指在公司成立期间,违背股东之间约定的出资比例和法定的最低资本限额要求,未交付或未足额交付货币、实物,或者未转移财产权,与实际应当缴纳的出资存在不相符合的情形。所谓抽逃出资,是指在公司成立之后,有意违背公司注册资本不得减少的义务性规定,将已缴纳的股本金、实物或者其他财产抽走、取走、转走的情形。所谓数额巨大,后果严重或者具有其他严重情节,依据《追诉标准(二)》第 4 条的规定,是指具有下列情形之一的:(1)超过法定出资期限,有限责任公司股东虚假出资数额在 30 万元以上并占其应缴出资数额 60％以上的,股份有限公司发起人、股东虚假出资数额在 300 万元以上并占其应缴出资数额 30％以上的;(2)有限责任公司股东抽逃出资数额在 30 万元以上并占其实缴出资数额 60％以上的,股份有限公司发起人、股东抽逃出资数额在 300 万元以上并占其实缴出资数额 30％以上的;(3)造成公司、股东、债权人的直接经济损失累计数额在 10 万元以上的;(4)虽未达到上述数额标准,但具有下列情形之一的:致使公司资不抵债或者无法正常经营的;或者公司发起人、股东合谋虚假出资、抽逃出资的;或者两年内因虚假出资、抽逃出资受过行政处罚二次以上,又虚假出资、抽逃出资的;或者利用虚假出资、抽逃出资所得资金进行违法活动的;(5)其他后果严重或者有其他严重情节的情形。

3.本罪的主体是特殊主体,是指公司成立期间或者公司成立之后,虚假出资、抽逃出资的公司发起人或者股东。公司发起人或者股东,可以是单位。

4.本罪的主观方面是故意。

(三)虚假出资、抽逃出资罪的认定

本罪与虚报注册资本罪的界限

二者都涉及公司资本的虚假,但主要构成特征存在明显区别:(1)犯罪客体不同。本罪的客体是复杂客体。虚报注册资本罪的客体是单一客体。(2)犯罪客观方面不同。本罪的虚假出资是公司发起人、股东未实际交付货币、实物或转移财产的行为。欺骗的对象是公司、股东和其他债权人。虚报注册资本罪是申报公司登记的股东或其委托人为虚报注册资本而使用虚假证明文件或采取其他欺诈手段,骗取公司登记的行为。欺骗的对象是公司登记的主管部门。(3)犯罪主观方面不同。本罪是为了规避出资义务而虚假出资。虚报注册资本罪是为了虚报注册资本而骗取公司登记。(4)犯罪主体不同。虽然二者都是特殊主体,但主体身份有别。本罪的主体是公司发起人、股东。虚报注册资本罪的主体是申报公司登记的公司、股东或者其委托人。

（四）虚假出资、抽逃出资罪的处罚

根据《刑法》第 159 条的规定，犯本罪的，处 5 年以下有期徒刑或者拘役，并处或者单处虚假出资金额或者抽逃出资金额 2％以上 10％以下罚金。

单位犯本罪的，对单位判处罚金，并对其直接负责的主管人员和其他直接责任人员，处 5 年以下有期徒刑或者拘役。

三、欺诈发行证券罪

（一）欺诈发行证券罪的概念

欺诈发行证券罪，是指在招股说明书、认股书、公司、企业债券募集办法等发行文件中隐瞒重要事实或者编造重大虚假内容，发行股票或者公司、企业债券、存托凭证或者国务院依法认定的其他证券，数额巨大，后果严重或者有其他严重情节的行为。

（二）欺诈发行证券罪的特征

1. 本罪的客体是复杂客体，它侵犯了两种社会关系。一种是国家对公司股票、企业债券发行的管理制度；另一种是投资者和社会公众的合法利益。公司股票、公司、企业债券的发行，对于资本市场的合理配置和聚集社会闲散资金，增加公司、企业经济资本，促进市场经济发展具有积极作用。

2. 本罪的客观方面表现为行为人在招股说明书、认股书、公司企业债券募集等发行文件中隐瞒重要事实或者编造重大虚假内容，发行股票或者公司、企业债券、存托凭证或者国务院依法认定的其他证券，数额巨大、后果严重或者有其他严重情节的行为。具体为：（1）行为人在招股说明书、认股书、公司、企业债券募集办法等发行文件中隐瞒重要事实或者编造重大虚假内容的行为。依据《公司法》的有关规定，公司、企业发行股票、债券必须在重要文件（如招股说明书、认股书等）上对其事实及内容保证真实、准确、完整。如果隐瞒重要事实或者编造虚假内容，属于欺诈发行。（2）行为人实施或组织实施了发行股票、债券的行为，行为人隐瞒重要事实或者编造重大虚假内容，其目的是为了发行股票、债券。因此，二者之间是手段与目的的关系。（3）依据《追诉标准（二）》第 5 条的规定，是指具有下列情形之一的：①发行数额在 500 万元以上的；②伪造、变造国家机关公文、有效证明文件或者相关凭证、单据的；③利用募集的资金进行违法活动的；④转移或者隐瞒所募集资金的；⑤其他后果严重或者有其他严重情节的情形。

3. 本罪的主体是特殊主体，是法律允许发行股票、债券的个人；也可以是法律允许发行股票、债券的单位。

4. 本罪的主观方面只能是直接故意，且以非法募集资金为目的。

（三）欺诈发行证券罪的处罚

根据《刑法》第 160 条第 1 款的规定,犯本罪的,处 5 年以下有期徒刑或者拘役,并处或者单处罚金;数额特别巨大、后果特别严重或者有其他特别严重情节的,处 5 年以上有期徒刑,并处罚金。《刑法》第 160 条第 2 款规定,控股股东、实际控制人组织,指示实施前款行为的,处 5 年以下有期徒刑或者拘役,并处或者单处非法募集资金金额 20%以上 1 倍以下罚金;数额特别巨大、后果特别严重或者有其他特别严重情节的,处 5 年以上有期徒刑,并处非法募集资金金额 20%以上 1 倍以下罚金。《刑法》第 160 条第 3 款规定,单位犯前两款罪的,对单位判处非法募集资金金额 20%以上 1 倍以下罚金,并对其直接负责的主管人员和其他直接责任人员,依照自然人犯本罪的规定处罚。

四、违规披露、不披露重要信息罪

（一）违规披露、不披露重要信息罪的概念

违规披露、不披露重要信息罪,是指依法负有信息披露义务的公司、企业向股东和社会公众提供虚假的或者隐瞒重要事实的财务会计报告,或者对依法应当披露的其他重要信息不按照规定披露,严重损害股东或者其他人利益,或者有其他严重情节的行为。

（二）违规披露、不披露重要信息罪的特征

1.本罪的客体是复杂客体,它侵犯了两种社会关系:一种是公司财务会计制度;另一种是股东和社会公众的合法利益。

2.本罪的客观方面表现为行为人实施了向股东和社会公众提供虚假的或者隐瞒重要事实的财务会计报告,或者对依法应当披露的其他重要信息不按照规定披露,严重损害股东或者其他人利益,或者有其他严重情节的行为。所谓严重损害股东和社会公众利益,是指依据《追诉标准（二）》第 6 条的规定,具有下列情形之一的:(1)造成股东、债权人或者其他人直接经济损失数额累计在 50 万元以上的;(2)虚增或者虚减资产达到当期披露的资产总额 30%以上的;(3)虚增或者虚减利润达到当期披露的利润总额 30%以上的;(4)未按照规定披露的重大诉讼、仲裁、担保、关联交易或者其他重大事项所涉及的数额或者连续 12 个月的累计数额占净资产 50%以上的;(5)致使公司发行的股票、公司债券或者国务院依法认定的其他证券被终止上市交易或者多次被暂停上市交易的;(6)致使不符合发行条件的公司、企业骗取发行核准并且上市交易的;(7)在公司财务会计报告中将亏损披露为盈利,或者将盈利披露为亏损的;(8)多次提供虚假的或者隐瞒重要事实的财务会计报告,或者多次对依法应当披露的其他重要信息不按照规定披露的;(9)其他严重损害股东、债权人或者其他人利益,或者有其他严重情节的情形。

3.本罪的主体只能是依法负有披露信息义务的公司、企业,即本罪的主体只能是单位。

4.本罪的主观方面只能是故意。

(三)违规披露、不披露重要信息罪的处罚

根据《刑法》第161条第1款的规定,犯本罪的,对犯罪单位的直接负责的主管人员和其他直接责任人员,处5年以下有期徒刑或者拘役,并处或者单处罚金;情节特别严重的,处5年以上10年以下有期徒刑,并处罚金。《刑法》第161条第2款规定,前款规定的公司、企业的控股股东、实际控制人实施或者组织、指使实施前款行为的,或者隐瞒相关事项导致前款规定的情形发生的,依照前款的规定处罚。《刑法》第161条第3款规定,犯前款罪的控股股东、实际控制人是单位的,对单位判处罚金,并对其直接负责的主管人员和其他直接责任人员,依照自然人犯本罪的规定处罚。

五、妨害清算罪

(一)妨害清算罪的概念

妨害清算罪,是指公司、企业进行清算时,隐匿财产,对资产负债表或者财产清单作虚伪记载,或者在未清偿债务前分配公司、企业财产,严重损害债权人或者其他人利益的行为。

(二)妨害清算罪的特征

1.本罪的客体是复杂客体,它侵犯了两种社会关系:一种是公司、企业的清算制度;另一种是债权人或其他人的利益。

2.本罪的客观方面表现为公司、企业进行清算时,行为人实施了隐匿财产,对资产负债表或者财产清单作虚伪记载,或者在未清偿债务前分配公司、企业财产,严重损害债权人或者其他人利益的行为。隐匿财产和作虚伪记载是一个行为的两个方面,具有逻辑上的必然性。如果隐匿财产,未作虚伪记载,那么失去了隐匿的可能性和必要性。如果只作虚伪记载,而未隐匿财产,也不会影响到清算的实际后果,不构成本罪。清偿债务前分配公司、企业财产,其目的是为了逃避债务,从而妨害清算的正常进行,损害债权人或其他人的利益。因此,妨害清算的社会危害程度,主要通过损害债权人或其他人利益的程度予以考量。所谓严重损害债权人或者其他人利益,根据《追诉标准(二)》第7条的规定,是指具有下列情形之一:(1)隐匿财产价值在50万元以上的;(2)对资产负债表或者财产清单作虚伪记载涉及金额在50万元以上的;(3)在未清偿债务前分配公司、企业财产价值在50万元以上的;(4)造成债权人或者其他人直接经济损失数额累计在10万元以上的;(5)虽未达到上述数额标准,但应清偿的职工的工资、社会保险费用和法定补偿金得不到及时清偿,造成恶劣社会影响的;(6)其他严重损害债权人或者其他人利益的情形。

3.本罪的主体只能是妨害清算的公司、企业。即本罪的主体只能是单位。

4.本罪的主观方面是故意。一般具有非法逃避债务,损害债权人或其他人利益的目的。

(三)妨害清算罪的处罚

根据《刑法》第162条的规定,犯本罪的,对犯罪单位的直接负责的主管人员和其他直接责任人员,处5年以下有期徒刑或者拘役,并处或者单处2万元以上20万元以下罚金。

本罪的刑事责任只由犯罪单位的直接负责的主管人员和其他直接责任人员承担,而不处罚犯罪单位。

六、隐匿、故意销毁会计凭证、会计账簿、财务会计报告罪

(一)隐匿、故意销毁会计凭证、会计账簿、财务会计报告罪的概念

隐匿、故意销毁会计凭证、会计账簿、财务会计报告罪,是指隐匿或者故意销毁依法应当保存的会计凭证、会计账簿、财务会计报告,情节严重的行为。

(二)隐匿、故意销毁会计凭证、会计账簿、财务会计报告罪的特征

1.本罪的客体是财务会计制度。它是国家对各单位经济运转或正常经营状况实行宏观调控,实现国家财政、税务、审计等各项监督管理工作的重要制度。任何单位都应当严格按照国家会计法的有关规定建章立制,保存、保管、保护好相关的财务会计资料。

本罪的犯罪对象是依法应当保存的会计凭证、会计账簿、财务会计报告。

2.本罪的客观方面是行为人实施了隐匿或者故意销毁依法应当保存的会计凭证、会计账簿、财务会计报告,情节严重的行为。所谓隐匿,是指隐藏、藏匿依法制作、依法应当保存的会计凭证、会计账簿、财务会计报告,使之拒绝接受相关检查监督或不被他人知晓的行为。所谓故意销毁,是指明知依照会计法的规定依法应当保存相关的会计凭证、会计账簿、财务会计报告,而使之损毁、毁灭的行为。所谓情节严重,依据《追诉标准(二)》第8条的规定,是指具有下列情形之一的:(1)隐匿、销毁的会计资料涉及金额在50万元以上;(2)依法应当向司法机关、行政机关、有关主管部门等提供而隐匿、故意销毁或者拒不交出会计凭证、会计账簿、财务会计报告;(3)其他情节严重的情形。

3.本罪的主体是一般主体,可以是所有依照会计法规定办理会计事务的单位或个人。

4.本罪的主观方面是故意。

（三）隐匿、故意销毁会计凭证、会计账簿、财务会计报告罪的处罚

根据《刑法》第 162 条之一的规定，犯本罪的，处 5 年以下有期徒刑或者拘役，并处或者单处 2 万元以上 20 万元以下罚金。

单位犯本罪的，对单位判处罚金，并对其直接负责的主管人员和其他直接责任人员，依照自然人犯本罪的规定处罚。

七、虚假破产罪

（一）虚假破产罪的概念

虚假破产罪，是指公司、企业通过隐匿财产、承担虚构的债务或者以其他方法转移、处分财产，实施虚假破产，严重损害债权人或者其他人利益的行为。

（二）虚假破产罪的特征

1.本罪的客体是复杂客体，它侵犯了两种社会关系：一种是公司、企业的破产制度；另一种是债权人或其他人的利益。

2.本罪的客观方面表现为行为人实施了隐匿财产、承担虚构的债务或者以其他方法转移、处分财产，实施虚假破产，严重损害债权人或者其他人利益的行为。所谓破产，是指公司、企业不能清偿到期债务，为保护债权人利益，依法定程序，将公司的财产依法在全体债权人之间按比例公平分配的制度。公司、企业通过隐匿或者其他方法转移、处分财产，实质是一种虚假破产，其后果是损害债权人或者其他人（公司、企业职工以及国家税收等）的利益。本罪是结果犯，以严重损害债权人或者其他人利益作为构罪条件。

3.本罪的主体只能是公司、企业。即本罪的主体只能是单位。

4.本罪的主观方面是故意。一般具有非法逃避债务，损害债权人或其他人利益的目的。

（三）虚假破产罪的处罚

根据《刑法》第 162 条之二的规定，犯本罪的，对犯罪单位的直接负责的主管人员和其他直接责任人员，处 5 年以下有期徒刑或者拘役，并处或者单处 2 万元以上 20 万元以下罚金。

本罪的刑事责任只由犯罪单位的直接负责的主管人员和其他直接责任人员承担，而不处罚犯罪单位。

八、非国家工作人员受贿罪

（一）非国家工作人员受贿罪的概念

非国家工作人员受贿罪，是指公司、企业或者其他单位的工作人员利用职务上的便利，索取他人财物或者非法收受他人财物，为他人谋取利益，数额较大的行为。

(二)非国家工作人员受贿罪的特征

1.本罪的客体是复杂客体,它侵犯了两种社会关系:一种是公司、企业或者其他单位的正常管理制度;另一种是公司、企业或者其他单位工作人员职务的廉洁性。

本罪的犯罪对象是财物。同时根据《刑法》第163条第2款以及《刑法修正案(六)》第7条的规定,公司、企业或者其他单位的工作人员在经济往来中,利用职务上的便利,违反国家规定,收受各种名义的回扣、手续费归个人所有的,也构成本罪。因此,本罪的犯罪对象还包括回扣、手续费,但不包括非物质性利益。

2.本罪的客观方面表现为公司、企业或者其他单位的工作人员利用职务上的便利,索取他人财物或者非法收受他人财物,为他人谋取利益,数额较大的行为。具体为:(1)行为人利用了职务上的便利是构成本罪的先决条件。所谓利用职务上的便利,是指行为人利用自己在公司、企业或者其他单位所任职务而享有的职权或者与职务有关的便利条件。由于行为人在公司、企业或者其他单位担任一定职务,因此,基于此职务而相应享有了解公司、企业或者其他单位的内幕信息及处理公司、企业、单位事务的权利。一般包括人事、财、物以及对公司、企业、单位资金规模、生产经营状况、盈亏享负比例等知情处理权利。这些权利往往成为行为人索取、收受他人财物的便利条件。(2)索取或者非法收受他人财物。所谓索取,是指行为人强索硬取,也包括明示或暗示的索要,是一种凭借权力主动向他人寻求财物的行为。所谓非法收受,是指他人有所请托而主动给予财物,按照规定不能收受,而行为人却违反规定基于为请托人谋取利益的目的予以收受的行为。虽然索取和非法收受均是权钱交换的行为,但前者的主观恶性明显大于后者。此外,公司、企业或者其他单位的工作人员在经济往来中,利用职务上的便利,违反国家规定,收受各种名义的回扣、手续费,归个人所有的,也属于受贿的行为范畴。(3)为他人谋取利益。这是构成本罪的核心要件。所谓为他人谋取利益,是指行为人索取或者非法收受他人财物,利用职务上的便利为他人或允诺为他人实现某种利益。该利益是否合法,是否实际获取,不影响本罪的成立。只索取或者非法收受他人财物而没有为他人谋取利益的,不构成犯罪。

本罪的客观方面还须达到数额较大的危害结果。所谓数额较大,是指根据"两高"《贪污贿赂犯罪的解释》第7条和第11条的规定,索取或非法收受他人财物(包括各种名义的回扣、手续费)数额在6万元以上。

3.本罪的主体是特殊主体,指公司、企业或者其他单位的工作人员。《刑法修正案(六)》对本罪主体的扩张,是为了进一步规范除公司、企业以外的其他单位工作人员(例如医务人员)的职务廉洁行为。

4.本罪的主观方面是故意。

（三）非国家工作人员受贿罪的处罚

根据《刑法》第163条的规定，犯本罪的，处3年以下有期徒刑或者拘役，并处罚金；数额巨大或者有其他严重情节的，处3年以上10年以下有期徒刑，并处罚金；数额特别巨大或者有其他特别严重情节的，处10年以上有期徒刑或者无期徒刑，并处罚金。

九、对非国家工作人员行贿罪

（一）对非国家工作人员行贿罪的概念

对非国家工作人员行贿罪，是指为谋取不正当利益，给予公司、企业或者其他单位的工作人员以财物，数额较大的行为。

（二）对非国家工作人员行贿罪的特征

1.本罪的客体是复杂客体，它侵犯了两种社会关系。一种表现为公司、企业或者其他单位的正常管理制度；一种表现为公司、企业或者其他单位工作人员业务活动的廉洁性。

本罪的犯罪对象是财物，不包括非物质性利益。

2.本罪的客观方面表现为行为人给予公司、企业或者其他单位工作人员财物，数额较大的行为。本罪与非国家工作人员受贿罪是行为对应性犯罪，因此，给予公司、企业或者其他单位工作人员财物的行为，既包括行为人主动给予，也包括经公司、企业或者其他单位工作人员明示或暗示而被动给予。行为人如果是被勒索给予公司、企业或者其他单位工作人员财物，但没有获得不正当利益的，不构成本罪。行为人如果是被勒索给予公司、企业或者其他单位工作人员财物，已经获得不正当利益的，属于被动给予公司、企业或者其他单位工作人员财物的行为，符合本罪的构成特征。只是情节相对较轻，量刑时可以酌定从宽处罚。

本罪的客观方面还须达到数额较大的危害结果。所谓数额较大，根据"两高"《贪污贿赂犯罪的解释》第7条和第11条的规定，是指行为人向非国家工作人员行贿数额在6万元以上。

3.本罪的主体是一般主体。单位也可以本罪的主体。

4.本罪的主观方面只能是故意，并为谋取不正当利益。所谓不正当利益，是指违法的利益和在公平、公正、公开的市场竞争中不能获得的利益。如果行为人为谋取正当利益而给予公司、企业或者其他单位工作人员财物的，不构成本罪。在非国家工作人员受贿罪中，为他人谋取利益既包括为他人谋取正当利益，也包括为他人谋取不正当利益。相比之下，刑法对受贿罪的规定更为严厉。

（三）对非国家工作人员行贿罪的处罚

根据《刑法》第164条的规定，犯本罪的，处3年以下有期徒刑或者拘役，并处罚金;数额巨大的,处 3 年以上 10 年以下有期徒刑,并处罚金。

单位犯本罪的,对单位判处罚金,并对其直接负责的主管人员和其他直接责任人,依照上述规定处罚。

行贿人在被追诉前主动交代行贿行为的,可以减轻处罚或者免除处罚。

十、对外国公职人员、国际公共组织官员行贿罪

(一)对外国公职人员、国际公共组织官员行贿罪的概念

对外国公职人员、国际公共组织官员行贿罪,是指为谋取不正当商业利益,给予外国公职人员或者国际公共组织官员以财物的行为。

(二)对外国公职人员、国际公共组织官员行贿罪的特征

1.本罪的客体是单一客体,即国家对公司、企业的管理秩序。需要注意的是,外国公职人员或国际公共组织官员的职务廉洁性与我国国家工作人员的职务廉洁性不同,本罪侧重于对商业秩序的维护。

2.本罪的客观方面表现为给予外国公职人员或者国际公共组织官员以财物的行为。这里的"给予",根据《联合国反腐败公约》的规定,包括许诺给予、提议给予或实际给予。根据《追诉标准(二)》第 11 条之一的规定,为谋取不正当商业利益,给予外国公职人员或者国际公共组织官员以财物,个人行贿数额在 1 万元以上的,单位行贿数额在 20 万元以上的,应予立案追诉。

3.本罪的主体是一般主体,包括自然人和单位。

4.本罪主观方面是故意,且具有特定的为谋取不正当商业利益的目的。所谓不正当商业利益,则需要依据案件涉及的外国法律、法规或国家政策,以及国际组织的规章、制度作出判断。

(三)对外国公职人员、国际公共组织官员行贿罪的认定

1.外国公职人员、国际公共组织官员的认定

《联合国反腐败公约》中对外国公职人员、国际公共组织官员等术语进行了解释。根据该规定,外国公职人员是指外国无论是经任命还是经选举而担任立法、行政、行政管理或者司法职务的任何人员,以及为外国,包括为公共机构或者公营企业行使公共职能的任何人员;国际公共组织官员是指国际公务员或者经此种组织授权代表该组织行事的任何人员。然而,该规定中的"公共机构"、"公营企业"、"公共职能"、"国际公务员"等术语均没有直接对应的国内法规范依据,有待我国司法机关作出解释。

2.本罪与对非国家工作人员行贿罪的区别

(1)目的的内容不同,对非国家工作人员行贿,是为了谋取不正当利益,而本罪是为了谋取不正当商业利益,二者在不正当利益的范围上宽窄不同;(2)犯罪对象

不同,对非国家工作人员行贿罪的行贿对象是国内公司、企业或者其他单位的工作人员,本罪针对的仅是外国公职人员、国际公共组织官员这两类特定人员。

(四)对外国公职人员、国际公共组织官员行贿罪的处罚

根据《刑法》第 164 条第 2 款的规定,犯本罪的,处 3 年以下有期徒刑或者拘役;数额巨大的,处 3 年以上 10 年以下有期徒刑,并处罚金。

十一、非法经营同类营业罪

(一)非法经营同类营业罪的概念

非法经营同类营业罪,是指国有公司、企业的董事、经理利用职务便利,自己经营或者为他人经营与其所任职公司、企业同类的营业,获取非法利益,数额巨大的行为。

(二)非法经营同类营业罪的特征

1.本罪的客体是国有公司、企业的管理制度及其利益。国有公司、企业实行科学的管理体制,要求国有公司、企业的工作人员忠实地履行职责,不得为谋取私利,损害国家利益。

2.本罪的客观方面表现为行为人实施了利用职务便利,自己经营或者为他人经营与其所任职公司、企业同类的营业,获取非法利益,数额巨大的行为。具体为:(1)经营了与其所任职公司、企业同类的营业。所谓经营,是指自己直接经营或者为他人经营。所谓同类营业,是指行为人所任职公司、企业的营业范围与其兼营处所的营业范围相同。(2)利用了职务便利,获取非法利益数额巨大。所谓数额巨大,根据《追诉标准(二)》第 12 条规定,是指获取非法利益,数额在 10 万元以上。

3.本罪的主体是特殊主体,只能是国有公司、企业的董事、经理。

4.本罪的主观方面只能是直接故意,且以谋取非法利益为目的。

(三)非法经营同类营业罪的处罚

根据《刑法》第 165 条的规定,犯本罪的,处 3 年以下有期徒刑或者拘役,并处或者单处罚金;数额特别巨大的,处 3 年以上 7 年以下有期徒刑,并处罚金。

十二、为亲友非法牟利罪

(一)为亲友非法牟利罪的概念

为亲友非法牟利罪,是指国有公司、企业、事业单位的工作人员,利用职务便利,损公肥私,将本单位的盈利业务交由自己的亲友经营,或者以明显高于市场的价格向自己的亲友经营管理的单位采购商品或者以明显低于市场的价格向自己的亲友经营管理的单位销售商品,或者向自己的亲友经营管理的单位采购不合格商品,致使国家利益遭受重大损失的行为。

（二）为亲友非法牟利罪的特征

1.本罪的客体是国有公司、企业、事业单位的正常管理制度及其利益。

2.本罪的客观方面表现为行为人利用职务便利,损公肥私,致使国家利益遭受重大损失。具体为:(1)将本单位的盈利业务交由自己的亲友经营。所谓亲友,是指与行为人有一定血亲、姻亲关系或者交往较为密切的亲朋好友,并非限于直系亲属或者极为密切的朋友。所谓盈利业务,是指本可盈利的业务或者在正常情况下预计可以盈利的业务,并非仅指后来确实盈利的业务。如果本可盈利或预计可以盈利的业务,由于行为人亲友经营不善,或者意外事故而没有盈利的,也属于此范畴。(2)以明显高于市场的价格向自己的亲友经营管理的单位采购商品或者以明显低于市场的价格向自己的亲友经营管理的单位销售商品。这种情形更容易、更直接为其亲友牟利。(3)向自己的亲友经营管理的单位采购不合格商品。

上述三种行为均使国家利益遭受重大损失。所谓重大损失,根据《追诉标准(二)》第13条的规定,是指具有下列情形之一的:(1)造成国家直接经济损失数额在15万元以上的;(2)使其亲友非法获利数额在20万元以上的;(3)造成有关单位破产、停业、停产6个月以上,或者被吊销许可证和营业执照、责令关闭、撤销、解散的;(4)其他致使国家利益遭受重大损失的情形。

（三）为亲友非法牟利罪的处罚

根据《刑法》第166条的规定,犯本罪的,处3年以下有期徒刑或者拘役,并处或者单处罚金;致使国家利益遭受特别重大损失的,处3年以上7年以下有期徒刑,并处罚金。

十三、签订、履行合同失职被骗罪

（一）签订、履行合同失职被骗罪的概念

签订、履行合同失职被骗罪,是指国有公司、企业、事业单位直接负责的主管人员在签订、履行合同过程中,因严重不负责任被诈骗,致使国家利益遭受重大损失的行为。

（二）签订、履行合同失职被骗罪的特征

1.本罪的客体是国有公司、企业、事业单位的管理制度及其利益。

2.本罪的客观方面表现为行为人在签订、履行合同过程中,因严重不负责任被诈骗,致使国家利益遭受重大损失的行为。具体为:(1)发生在签订、履行合同过程中。犯罪时间成为本罪的构成要素。(2)因严重不负责任被诈骗,致使国家利益遭受重大损失。严重不负责任被诈骗的危害行为与致使国家利益遭受重大损失的危害结果之间的因果关系成为本罪的构成要素。所谓严重不负责任,是指由于没有履行或者由于没有认真履行合同法所规定的责任事项,具有明显的工作失职。所谓重大损失,根据《追诉标准(二)》第 14 条的规定,是指具有下列情形之一的:(1)造成国家直接经济损失数额在 50 万元以上的;(2)造成有关单位破产,停业、停产 6 个月以上,或者被吊销许可证和营业执照、责令关闭、撤销、解散的;(3)其他致使国家利益遭受重大损失的情形。

根据 1998 年 12 月 29 日全国人大常委会《关于惩治骗购外汇、逃汇和非法买卖外汇犯罪的决定》第 7 条的规定,金融机构、从事对外贸易经营活动的公司、企业的工作人员严重不负责任,造成大量外汇被骗购或者逃汇,致使国家利益遭受重大损失的,依照本罪定罪处罚。这里的"重大损失",是指造成 100 万美元以上外汇被骗购或者逃汇 1000 万美元以上的情形。

3. 本罪的主体是特殊主体,包括国有公司、企业、事业单位直接负责的主管人员和金融机构、从事对外贸易经营活动的公司、企业的工作人员。

4. 本罪的主观方面只能是过失。如果是故意,不构成本罪。

(三)签订、履行合同失职被骗罪的处罚

根据《刑法》第 167 条的规定,犯本罪的,处 3 年以下有期徒刑或者拘役;致使国家利益遭受特别重大损失的,处 3 年以上 7 年以下有期徒刑。

十四、国有公司、企业、事业单位人员失职罪

(一)国有公司、企业、事业单位人员失职罪的概念

国有公司、企业、事业单位人员失职罪,是指国有公司、企业的工作人员由于严重不负责任,造成国有公司、企业破产或者严重损失,或者国有事业单位工作人员严重不负责任,致使国家利益遭受重大损失的行为。

(二)国有公司、企业、事业单位人员失职罪的特征

1. 本罪的客体是国家对国有公司、企业、事业单位的管理制度和国家利益。

2. 本罪的客观方面表现为国有公司、企业的工作人员由于严重不负责任,造成国有公司、企业破产或者严重损失,或者国有事业单位工作人员严重不负责任,致使国家利益遭受重大损失的行为。所谓严重不负责任,是指国有公司、企业、事业单位的工作人员由于不履行或者不正确履行所承担的责任事项,存在主观上的明显过错,因而导致国家财产或者利益遭受重大损失的状况。所谓重大损失,根据《追诉标准(二)》第 15 条的规定,是指具有下列情形之一的:(1)造成国家直接经济损失数额在 50 万元以上的;(2)造成有关单位破产,停业、停产一年以上,或者被吊销许可证和营业执照、责令关闭、撤销、解散的;(3)其他致使国家利益遭受重大损失的情形。

3. 本罪的主体是特殊主体,不仅包括国有公司、企业、事业单位的管理人员,也包括国有公司、企业、事业单位的普通工作人员。

4. 本罪的主观方面是过失。

（三）国有公司、企业、事业单位人员失职罪的处罚

根据《刑法》第 168 条的规定，犯本罪的，处 3 年以下有期徒刑或者拘役；致使国家利益遭受特别重大损失的，处 3 年以上 7 年以下有期徒刑。徇私舞弊犯本罪的，应当从重处罚。

十五、国有公司、企业、事业单位人员滥用职权罪

（一）国有公司、企业、事业单位人员滥用职权罪的概念

国有公司、企业、事业单位人员滥用职权，是指国有公司、企业的工作人员滥用职权，造成国有公司、企业破产或者严重损失，或者国有事业单位的工作人员滥用职权，致使国家利益遭受重大损失的行为。

（二）国有公司、企业、事业单位人员滥用职权罪的特征

1.本罪的客体是国家对国有公司、企业、事业单位的管理制度和国家利益。

2.本罪的客观方面表现为国有公司、企业的工作人员滥用职权，造成国有公司、企业破产或者严重损失，或者国有事业单位的工作人员滥用职权，致使国家利益遭受重大损失的行为。所谓滥用职权，是指超越职权，违法决定、处理其无权决定、处理的事项，或者在行使职权的过程中蛮横无理、随心所欲地作出处理决定。

所谓严重损失或者重大损失，根据《追诉标准（二）》第 16 条的规定，是指具有下列情形之一的：（1）造成国家直接经济损失数额在 30 万元以上的；（2）造成有关单位破产、停业、停产 6 个月以上，或者被吊销许可证和营业执照、责令关闭、撤销、解散的；（3）其他致使国家利益遭受重大损失的情形。

3.本罪的主体是特殊主体，即国有公司、企业、事业单位的工作人员。

4.本罪的主观方面是故意。行为人往往在滥用职权的过程中，放任国有公司、企业、事业单位遭受重大损失的危害结果发生。

（三）国有公司、企业、事业单位人员滥用职权罪的处罚

根据《刑法》第 168 条的规定，犯本罪的，处 3 年以下有期徒刑或者拘役；致使国家利益遭受特别重大损失的，处 3 年以上 7 年以下有期徒刑。徇私舞弊犯本罪的，应当从重处罚。

十六、徇私舞弊低价折股、低价出售国有资产罪

（一）徇私舞弊低价折股、低价出售国有资产罪的概念

徇私舞弊低价折股、低价出售国有资产罪，是指国有公司、企业或者其上级主管部门直接负责的主管人员，徇私舞弊，将国有资产低价折股或者低价出售，致使国家利益遭受重大损失的行为。

（二）徇私舞弊低价折股、低价出售国有资产罪的特征

1.本罪的客体是国家对国有公司、企业的管理制度和国家利益。

2.本罪的客观方面表现为国有公司、企业或者其上级主管部门直接负责的主管人员，徇私舞弊，将国有资产低价折股或者低价出售，致使国家利益遭受重大损失的行为。所谓徇私舞弊，是指为了私情或者私利，有意违背事实和法律规章，在行使职权的过程中，弄虚作假，不当作出或者不作出处理决定。所谓低价折股、低价出售，是指以明显低于国有资产实际价值而予以折股计算或者直接出售的行为。所谓重大损失，根据《追诉标准（二）》第17条的规定，是指具有下列情形之一的：（1）造成国家直接经济损失数额在30万元以上的；（2）造成有关单位破产，停业、停产6个月以上，或者被吊销许可证和营业执照、责令关闭、撤销、解散的；（3）其他致使国家利益遭受重大损失的情形。

3.本罪的主体是特殊主体，指国有公司、企业或者其上级主管部门直接负责的主管人员。

4.本罪的主观方面是间接故意。行为人为了私情、私利而放任国有资产低价折股、低价出售的危害结果发生。

根据2010年11月26日"两高"《关于办理国家出资企业中职务犯罪案件具体应用法律若干问题的意见》第4条的规定，国家出资企业中的国家工作人员在公司、企业改制或者国有资产处置过程中徇私舞弊，将国有资产低价折股或者低价出售给其本人未持有股份的公司、企业或者其他个人，致使国家利益遭受重大损失的，依照本罪定罪处罚。

（三）徇私舞弊低价折股、低价出售国有资产罪的处罚

根据《刑法》第169条的规定，犯本罪的，处3年以下有期徒刑或者拘役；致使国家利益遭受特别重大损失的，处3年以上7年以下有期徒刑。

十七、背信损害上市公司利益罪

（一）背信损害上市公司利益罪的概念

背信损害上市公司利益罪，是指上市公司的董事、监事、高级管理人员或者上市公司的控股股东、实际控制人，指使上市公司董事、监事、高级管理人员违背对公司的忠实义务，利用职务便利，操纵上市公司，致使公司利益遭受重大损失的行为。

（二）背信损害上市公司利益罪的特征

1.本罪的客体是上市公司的管理制度和利益。

2.本罪的客观方面表现为上市公司的董事、监事、高级管理人员违背对公司的忠实义务，利用职务便利，操纵上市公司，致使上市公司利益遭受重大损失的行为。所谓重大损失，根据《追诉标准（二）》第18条的规定，是指具有下列情形之一，并且

致使上市公司直接经济损失数额在 150 万元以上的:(1)无偿向其他单位或者个人提供资金、商品、服务或者其他资产;(2)以明显不公平的条件,提供或者接受资金、商品、服务或者其他资产;(3)向明显不具有清偿能力的单位或者个人提供资金、商品、服务或者其他资产;(4)为明显不具有清偿能力的单位或者个人提供担保,或者无正当理由为其他单位或者个人提供担保;(5)无正当理由放弃债权、承担债务;(6)致使公司发行的股票、公司债券或者国务院依法认定的其他证券被终止上市交易或者多次被暂停上市交易等其他致使上市公司利益遭受重大损失的情形。

3.本罪的主体是特殊主体,指上市公司的董事、监事、高级管理人员以及上市公司的控股股东或者实际控制人。

4.本罪的主观方面是故意。

(三)背信损害上市公司利益罪的处罚

根据《刑法》第 169 条之一的规定,犯本罪的,处 3 年以下有期徒刑或者拘役,并处或者单处罚金;致使上市公司利益遭受特别重大损失的,处 3 年以上 7 年以下有期徒刑,并处罚金。

上市公司的控股股东或者实际控制人是单位的,对单位判处罚金,并对其直接负责的主管人员和其他直接责任人员,依照自然人犯本罪的规定处罚。

第五节　破坏金融管理秩序罪分述

一、伪造货币罪

(一)伪造货币罪的概念

伪造货币罪,是指仿照货币的式样、票面、图案、颜色、质地和防伪标记等特征,使用描绘、复印、影印、制版印刷和计算机扫描打印等方法,非法制造假货币、冒充真货币的行为。

(二)伪造货币罪的特征

1.本罪的客体是国家的货币管理制度。

本罪的犯罪对象是货币,既包括本国的货币,即人民币,也包括境外货币,即各个国家和地区正在流通使用的货币。货币面额应当以人民币计算,境外货币以案发时国家外汇管理机关公布的外汇牌价折算成人民币计算。

2.本罪的客观方面表现为伪造货币的行为,即行为人采取仿照货币的式样、票面、图案、颜色、质地和防伪标记等特征,使用描绘、复印、影印、制版印刷和计算机扫描打印等方法,非法制造假货币、冒充真货币的行为。伪造货币,实质为非法制造货币的行为。首先,伪造的货币,往往通过较高的技术手段,使其在外观或形式上能够达到与真货币基本相似的程度,足以以假乱真,使民众误认为是真货币。如果不是采取上述伪造货币的方式,而只是从画册上剪下货币的图案,然后冒充真货币,或者只是将货币大小一样的纸张夹在一叠货币中冒充货币的行为,不能认定为伪造货币。其次,伪造的货币,通常是正在流通的货币。如果伪造的是已经停止流通的货币或者其他有价值的货币类物品(如银圆、金圆券等),不构成本罪。此外,事前通谋,为他人伪造货币提供版样的,以本罪的共犯论处。

3.本罪的主体是一般主体。

4.本罪的主观方面是故意。虽然行为人一般具有非法牟利的目的,但不是本罪的构成要件。

(三)伪造货币罪的认定

1.本罪罪与非罪的界限

《刑法》第170条对伪造货币的犯罪数额或数量未作规定,是否可以认为不论行为人伪造货币的数额或数量是多少,均构成犯罪。关于此问题,最高人民法院在2000年9月8日颁布的《关于审理伪造货币等案件具体应用法律若干问题的解释》(以下简称《伪造货币的解释》)第1条和《追诉标准(二)》第19条的规定,伪造货币总面额在2000元以上或者币量在200张(枚)以上的,或者制造货币版样或者为他人伪造货币提供版样的,应予追诉。因此,伪造货币尚未达到上述数额或数量标准的,不构成犯罪。

2.一罪与数罪的界限

如果行为人伪造货币后,持有、使用、出售、运输本人伪造的货币,属于吸收犯,按伪造货币罪一罪从重处罚。如果行为人既伪造货币,又持有、使用、购买、出售、运输他人伪造的货币,属于数罪,按伪造货币罪和有关犯罪数罪并罚。

(四)伪造货币罪的处罚

根据《刑法》第170条的规定,犯本罪的,处3年以上10年以下有期徒刑,并处罚金;有下列情形之一的,处10年以上有期徒刑或者无期徒刑,并处罚金或者没收财产:(1)伪造货币集团的首要分子;(2)伪造货币数额特别巨大的;(3)有其他特别严重情节的。

二、出售、购买、运输假币罪

(一)出售、购买、运输假币罪的概念

出售、购买、运输假币罪,是指出售、购买伪造的货币或者明知是伪造的货币而予以运输,数额较大的行为。

(二)出售、购买、运输假币罪的特征

1.本罪的客体是国家的货币管理制度,本罪的犯罪对象是假币,即伪造的货币。

2.本罪的客观方面表现为出售、购买或者运输假币的行为。所谓出售,是指将本人持有的伪造的货币卖给他人的行为。既可以是假币与假币之间的交易,也可以是真币与假币之间的交易。所谓购买,是指用真币或者其他实物收购、换取他人假币的行为。所谓运输,是指通过一定的方法将伪造的货币从此地运至彼地的行为。既可以采用交通工具,也可以采用随身携带、邮寄或者其他方法。构成本罪,以"数额较大"为条件。所谓数额较大,根据《伪造货币的解释》第3条和《追诉标准(二)》第20条的规定,是指总面额在4000元以上不满5万元,或者币量在400张(枚)以上的情形。在出售假币时被抓获的,除现场查获的假币应认定为出售假币的数额外,现场之外在行为人住所或者其他藏匿地查获的假币,也应认定为出售假币的数额。

3.本罪的主体是一般主体。

4.本罪的主观方面是故意。如果行为人不知是伪造的货币,或者明知是伪造的货币而只是出于少量收藏等不用之于流通的目的,不构成本罪。

(三)出售、购买、运输假币罪的认定

一罪与数罪的界限

行为人出售、运输假币构成犯罪,同时又使用假币构成犯罪的,按照出售、运输假币罪和持有、使用假币罪数罪并罚。但如果行为人购买假币后又使用的,只按购买假币罪一罪从重处罚。

(四)出售、购买、运输假币罪的处罚

根据《刑法》第171条第1款和第3款的规定,犯本罪的,处3年以下有期徒刑或者拘役,并处2万元以上20万元以下罚金;数额巨大的,处3年以上10年以下有期徒刑,并处5万元以上50万元以下罚金;数额特别巨大的,处10年以上有期徒刑或者无期徒刑,并处5万元以上50万元以下罚金或者没收财产。根据《伪造货币的解释》第3条的规定,所谓数额巨大,是指总面额在5万元以上不满20万元的情形;所谓数额特别巨大,是指总面额在20万元以上的情形。

三、金融工作人员购买假币、以假币换取货币罪

(一)金融工作人员购买假币、以假币换取货币罪的概念

金融工作人员购买假币、以假币换取货币罪,是指银行或者其他金融机构的工作人员购买伪造的货币,或者利用职务上的便利,以伪造的货币换取货币的行为。

(二)金融工作人员购买假币、以假币换取货币罪的特征

1.本罪的客体是国家的货币管理制度。

2.本罪的客观方面表现为银行或者其他金融机构的工作人员购买伪造的货

币,或者利用职务上的便利,以伪造的货币换取货币的行为。所谓利用职务上的便利,是指利用本人经手、管理货币的职务而产生的便利条件。如果不是利用职务上的便利,而是利用工作环境、利用他人的工作疏忽等条件以假币换取货币,不构成本罪。以伪造的货币换取货币的行为,不限于以伪造的货币为自己换取,也可以是以伪造的货币为他人换取。根据《追诉标准(二)》第 21 条的规定,银行或者其他金融机构的工作人员购买伪造的货币或者利用职务上的便利,以伪造的货币换取货币,总面额在 2000 元以上或者币量在 200 百张(枚)以上的,应予立案追诉。

3. 本罪的主体是特殊主体,只能是银行或者其他金融机构的工作人员。

4. 本罪的主观方面是故意。如果是过失,不构成犯罪。

(三)金融工作人员购买假币、以假币换取货币罪的认定

1. 既遂与未遂的界限

应当以行为人是否将伪造的货币已实际购买到手或者是否将伪造的货币已实际换成货币作为区分标准。

2. 本罪与购买假币罪的界限

二者属法条竞合的关系。根据法条竞合特别条款优先于普通条款的处理原则,凡是银行或者其他金融机构的工作人员实施了购买假币的行为,均按本罪论处。

(三)金融工作人员购买假币、以假币换取货币罪的处罚

根据《刑法》第 171 条第 2 款的规定,犯本罪的,处 3 年以上 10 年以下有期徒刑,并处 2 万元以上 20 万元以下罚金;数额巨大或者有其他严重情节的,处 10 年以上有期徒刑或者无期徒刑,并处 2 万元以上 20 万元以下罚金或者没收财产;情节较轻的,处 3 年以下有期徒刑或者拘役,并处或者单处 1 万元以上 10 万元以下罚金。根据《伪造货币的解释》第 4 条的规定,所谓数额巨大,是指总面额在 5 万元以上或者币量在 5000 张(枚)以上的情形;所谓情节较轻,是指根据总面额不满 4000 元或者币量不足 400 张(枚)的情形。

四、持有、使用假币罪

(一)持有、使用假币罪的概念

持有、使用假币罪,是指明知是伪造的货币而持有、使用,数额较大的行为。

(二)持有、使用假币罪的特征

1. 本罪的客体是国家的货币管理制度。

2. 本罪的客观方面表现为持有、使用伪造的货币的行为。所谓持有,是指行为人实际控制、支配假货币的一种行为状态。如随身携带、放置家中、藏于某一场所或者委托他人代为保管等方式。所谓使用,是指行为人将假币进入流通领域,作为一种支付手段购买商品、接受服务或者偿还债务等。构成本罪需要以"数额较大"

为条件。所谓数额较大,根据《伪造货币的解释》第 5 条和《追诉标准(二)》第 22 条的规定,是指总面额在 4000 元以上不满 5 万元,或者币量在 400 张(枚)以上的情形。

3.本罪的主体是一般主体。

4.本罪的主观方面是故意。即行为人明知是伪造的货币而持有、使用。如果主观不明知,不构成犯罪。

(三)持有、使用假币罪的认定

本罪与有关犯罪的界限。非法持有、使用假币可能存在多种原因。在司法实践中,对于行为人持有、使用的假币,通常需要查明其来源。如果查明假币是行为人自己伪造,或者是走私、购买、运输所得,或者是为他人窝藏,则分别构成各种犯罪。如果无法查明假币来源,行为人又拒绝说明其来源的,则可认定为本罪。

(四)持有、使用假币罪的处罚

根据《刑法》第 172 条的规定,犯本罪的,处 3 年以下有期徒刑或者拘役,并处 1 万元以上 10 万元以下罚金;数额巨大的,处 3 年以上 10 年以下有期徒刑,并处 2 万元以上 20 万元以下罚金;数额特别巨大的,处 10 年以上有期徒刑,并处 5 万元以上 50 万元以下罚金或者没收财产。根据《伪造货币的解释》第 5 条的规定,所谓数额巨大,是指总面额在 5 万元以上不满 20 万元的情形;所谓数额特别巨大,是指总面额在 20 万元以上的情形。

五、变造货币罪

(一)变造货币罪的概念

变造货币罪,是指以进入流通市场为目的,对真实货币采取涂改、拼接、剪贴、挖补、揭层等方法,对货币进行加工改造,使货币面值增大、数量增加,数额较大的行为。

(二)变造货币罪的特征

1.本罪的客体是国家的货币管理制度,本罪的犯罪对象是货币。

2.本罪的客观方面表现为变造货币的行为。所谓变造,是指对真实货币采取涂改、拼接、剪贴、挖补、揭层等方法,对货币进行加工改造,使货币面值增大、数量增加的行为。构成本罪需要以"数额较大"为条件。所谓数额较大,根据《伪造货币的解释》第 6 条和《追诉标准(二)》第 23 条的规定,是指总面额在 2000 元以上不满 3 万元,或者币量在 200 张(枚)以上的情形。

3.本罪的主体是一般主体。

4.本罪的主观方面是故意,并且以变造的货币进入流通领域为目的。如果出于收藏等非流通使用的目的,不构成本罪。

（三）变造货币罪的认定

本罪与伪造货币罪的界限。本罪是在真币的基础上加工改造，使货币面值增大、数量增加的行为。后罪不以任何真币为基础，而是使用一定的原材料和技术手段伪造货币、冒充货币的行为。

（四）变造货币罪的处罚

根据《刑法》第 173 条的规定，犯本罪的，处 3 年以下有期徒刑或者拘役，并处 1 万元以上 10 万元以下罚金；数额巨大的，处 3 年以上 10 年以下有期徒刑，并处 2 万元以上 20 万元以下罚金。所谓数额巨大，根据上述《伪造货币的解释》第 6 条的规定，是指总面额在 3 万元以上的情形。

六、擅自设立金融机构罪

（一）擅自设立金融机构罪的概念

擅自设立金融机构罪，是指未经国家有关主管机关批准，擅自设立商业银行、证券交易所、证券公司、期货交易所、期货经纪公司、保险公司或者其他金融机构的行为。

（二）擅自设立金融机构罪的特征

1. 本罪的客体是国家关于金融机构的管理制度。

2. 本罪的客观方面表现为未经中国人民银行批准，私自设立商业银行或者其他金融机构的行为。根据《追诉标准（二）》第 24 条的规定，擅自设立金融机构包括两种情形：（1）擅自设立商业银行、证券交易所、期货交易所、证券公司、期货公司、保险公司或者其他金融机构；（2）擅自设立商业银行、证券交易所、期货交易所、证券公司、期货公司、保险公司或者其他金融机构筹备组织。因此，本罪的既遂以擅自设立的金融机构筹备成立为标准，而不以擅自设立的金融机构已经开始营业为标准。

3. 本罪的主体是一般主体。单位也可以成为本罪的主体。

4. 本罪的主观方面是故意，即明知私自设立金融机构是非法的而有意为之。

（三）擅自设立金融机构罪的处罚

根据《刑法》第 174 条第 1 款、第 3 款的规定，犯本罪的，处 3 年以下有期徒刑或者拘役，并处 2 万元以上 20 万元以下罚金；情节严重的，处 3 年以上 10 年以下有期徒刑，并处 5 万元以上 50 万元以下罚金。所谓情节严重，是指擅自设立多家商业银行或者其他金融机构或者伪造国家机关批准文件，造成恶劣影响的。

单位犯本罪的，对单位判处罚金，并对其直接负责的主管人员和其他直接责任人员，依照自然人犯本罪的规定处罚。

七、伪造、变造、转让金融机构经营许可证、批准文件罪

（一）伪造、变造、转让金融机构经营许可证、批准文件罪的概念

伪造、变造、转让金融机构经营许可证、批准文件罪，是指采用各种方法制造虚假的金融机构经营许可证、批准文件，或者在真实的金融机构经营许可证、批准文件的基础上进行加工改造，从而改变其原有内容，或者将合法取得的金融机构经营许可证、批准文件非法转让给他人使用的行为。

（二）伪造、变造、转让金融机构经营许可证、批准文件罪的特征

1. 本罪的客体是国家对金融机构经营许可证和批准文件的管理制度。

2. 本罪的客观方面表现为指采用各种方法制造虚假的金融机构经营许可证、批准文件，或者在真实的金融机构经营许可证、批准文件的基础上进行加工改造，从而改变其原有内容，或者将合法取得的金融机构经营许可证、批准文件非法转让给他人使用的行为。所谓转让，是指根据《中华人民共和国商业银行法》（以下简称《商业银行法》）和中国人民银行《金融机构管理规定》的有关内容，将合法取得的金融机构经营许可证、批准文件无偿提供给他人使用的行为。如果行为人出租、出借、出卖金融机构经营许可证、批准文件的，不构成本罪。

3. 本罪的主体是一般主体。单位也可以成为本罪的主体。

4. 本罪的主观方面是故意。

（三）伪造、变造、转让金融机构经营许可证、批准文件罪的认定

1. 本罪与伪造、变造、买卖国家机关证件罪的界限

二者对证件的伪造、变造行为上是法条竞合的关系。前者相对于后者是一种特殊规定。因此，如果是伪造、变造金融机构经营许可证、批准文件的行为，应当按前罪论处。如果仅有买卖金融机构经营许可证、批准文件的行为，则只能按后罪论处。因为本罪的转让行为中并不包含买卖行为。

2. 一罪与数罪的界限

在司法实践中，本罪行为往往与擅自设立金融机构罪的行为交织在一起。如果为了擅自设立金融机构而伪造、变造、转让金融机构经营许可证、批准文件的，应当按照牵连犯的处理原则，择一重罪处罚。

（四）伪造、变造、转让金融机构经营许可证、批准文件罪的处罚

根据《刑法》第 174 条第 2 款、第 3 款的规定，犯本罪的，处 3 年以下有期徒刑或者拘役，并处 2 万元以上 20 万元以下罚金；情节严重的，处 3 年以上 10 年以下有期徒刑，并处 5 万元以上 50 万元以下罚金。

单位犯本罪的，对单位判处罚金，并对其直接负责的主管人员和其他直接责任人员，依照自然人犯本罪的规定处罚。

八、高利转贷罪

（一）高利转贷罪的概念

高利转贷罪，是指以转贷牟利为目的，套取金融机构信贷资金高利转贷他人，违法所得数额较大的行为。

（二）高利转贷罪的特征

1.本罪的客体是国家的信贷资金管理制度。本罪的犯罪对象是信贷资金，指金融机构用于发放贷款的资金，既包括担保贷款，也包括信用贷款。

2.本罪的客观方面表现为行为人套取金融机构信贷资金并高利转贷他人的行为。所谓套取信贷资金，是指编造某种正当理由，从金融机构骗取贷款资金的行为。所谓高利转贷，是指把从金融机构套取的信贷资金以高于金融机构贷款利率的利率转贷给他人的行为。本罪还要求行为人违法所得数额较大的危害结果。所谓违法所得，是指扣除金融机构贷款本息之外的所得。所谓数额较大，根据《追诉标准（二）》第26条的规定，是指具有下列情形之一的：（1）高利转贷，违法所得数额在10万元以上的；（2）虽未达到上述数额标准，但两年内因高利转贷受过行政处罚二次以上，又高利转贷的。

3.本罪的主体是一般主体。单位也可以成为本罪的主体。

4.本罪的主观方面只能是直接故意，且以转贷牟利为目的。

（三）高利转贷罪的处罚

根据《刑法》第175条的规定，犯本罪的，处3年以下有期徒刑或者拘役，并处违法所得1倍以上5倍以下罚金；数额巨大的，处3年以上7年以下有期徒刑，并处违法所得1倍以上5倍以下罚金。

单位犯本罪的，对单位判处罚金，并对其直接负责的主管人员和其他直接责任人员，处3年以下有期徒刑或者拘役。

九、骗取贷款、票据承兑、金融票证罪

（一）骗取贷款、票据承兑、金融票证罪的概念

骗取贷款、票据承兑、金融票证罪，是指以欺骗手段取得银行或者其他金融机构贷款、票据承兑、信用证、保函等，给银行或者其他金融机构造成重大损失的行为。

（二）骗取贷款、票据承兑、金融票证罪的特征

1.本罪的客体是金融机构的资金安全和信用安全。本罪的犯罪对象明确限定为贷款资金、票据、信用证和保函四种物品。

2.本罪的客观方面表现为行为人采取虚构事实、隐瞒真相的方法，骗取了金融

机构的贷款、票据承兑、信用证、保函等,给银行或者其他金融机构造成重大损失的行为。

3.本罪的主体是一般主体。单位也可以成为本罪的主体。

4.本罪的主观方面是故意。

(三)骗取贷款、票据承兑、金融票证罪的认定

本罪与贷款诈骗罪、票据诈骗罪、信用证诈骗罪、金融凭证诈骗罪的界限

前罪与后几种罪在客观行为上均采取了欺骗手段,但之间的区别有以下几个方面:(1)犯罪客体不同。前罪的客体主要是金融机构的信用安全。后几种罪的客体主要是金融机构的资金所有权。(2)犯罪对象不同。本罪的犯罪对象为四种明确限定的金融信用物品。后几种罪除贷款诈骗罪有犯罪对象外,其他罪均是将这几种金融物品作为犯罪工具在使用,而不是将其作为犯罪对象。(3)犯罪主观方面不同。本罪没有犯罪目的的构成要求。而后几种罪均以非法占有为目的作为构罪要件。

(四)骗取贷款、票据承兑、金融票证罪的处罚

根据《刑法》第175条之一规定,犯本罪的,处3年以下有期徒刑或者拘役,并处或者单处罚金;给银行或者其他金融机构造成特别重大损失或者有其他特别严重情节的,处3年以上7年以下有期徒刑,并处罚金。

单位犯本罪的,对单位判处罚金,并对其直接负责的主管人员和其他直接责任人员,依照自然人犯本罪的规定处罚。

十、非法吸收公众存款罪

(一)非法吸收公众存款罪的概念

非法吸收公众存款罪,是指违反国家金融管理法规,非法吸收公众存款或者变相吸收公众存款,扰乱金融秩序的行为。

(二)非法吸收公众存款罪的特征

1.本罪的客体是国家对存款的管理制度。本罪的犯罪对象是公众存款。所谓公众存款,是指社会上不特定的人群的储蓄。如果存款人是一些特定的少数人,例如吸收人的亲朋好友,则不属于公众存款的范畴。

2.本罪的客观方面表现为行为人违规非法吸收公众存款或者变相吸收公众存款的行为。所谓非法吸收公众存款,是指行为人违反《中华人民共和国商业银行法》的规定,在社会上以存款的形式公开吸收公众资金的行为。根据2010年12月13日最高人民法院《关于审理非法集资刑事案件具体应用法律若干问题的解释》第1条的规定,对于违反国家金融管理法律规定,向社会公众(包括单位和个人)吸收资金的行为,同时具备下列四个条件的,除刑法另有规定的以外,应当认定为构

成本罪:(1)未经有关部门依法批准或者借用合法经营的形式吸收资金;(2)通过媒体、推介会、传单、手机短信等途径向社会公开宣传;(3)承诺在一定期限内以货币、实物、股权等方式还本付息或者给付回报;(4)向社会公众即社会不特定对象吸收资金。未向社会公开宣传,在亲友或者单位内部针对特定对象吸收资金的,不属于非法吸收或者变相吸收公众存款。根据《追诉标准(二)》第28条的规定,非法吸收公众存款或者变相吸收公众存款,扰乱金融秩序,涉嫌下列情形之一的,应予追诉:(1)个人非法吸收或者变相吸收公众存款数额在20万元以上的,单位非法吸收或者变相吸收公众存款数额在100万元以上的;(2)个人非法吸收或者变相吸收公众存款30户以上的,单位非法吸收或者变相吸收公众存款150户以上的;(3)个人非法吸收或者变相吸收公众存款,给存款人造成直接经济损失数额在10万元以上的,单位非法吸收或者变相吸收公众存款,给存款人造成直接经济损失数额在50万元以上的;(4)造成恶劣社会影响的;(5)其他扰乱金融秩序情节严重的情形。

3.本罪的主体是一般主体。单位也可以成为本罪的主体。

4.本罪的主观方面是故意,且不能以非法占有为目的。否则,构成其他犯罪。

(三)非法吸收公众存款罪的认定

1.本罪罪与非罪的界限

关键是要考察行为人吸收的资金是否属于公众存款。只有行为人吸收社会上广大的不特定人群的存款,才可能构成本罪。如果行为人吸收的是少数人或者特定多数人的存款,不构成犯罪。例如,一些公司、企业为解决生产、经营资金而向本单位职工吸收集资款、投资款的行为,不构成犯罪。

2.本罪与集资诈骗罪的界限

二者在客观方面可能都具有集资的行为方式,但主要区别在于犯罪主观目的的不同。本罪在主观方面没有非法占有所吸收资金的目的,而后罪在主观方面具有非法占有所集资金目的。

(四)非法吸收公众存款罪的处罚

根据《刑法》第176条的规定,犯本罪的,处3年以下有期徒刑或者拘役,并处或者单处罚金;数额巨大或者有其他严重情节的,处3年以上10年以下有期徒刑,并处罚金;数额特别巨大或者有其他特别严重情节的,处10年以上有期徒刑,并处罚金。

单位犯本罪的,对单位判处罚金,并对其直接负责的主管人员和其他直接责任人员,依照自然人犯本罪的规定处罚。

犯本罪的,在提起公诉前积极退赃退赔,减少损害结果发生的,可以从轻或者减轻处罚。

十一、伪造、变造金融票证罪

（一）伪造、变造金融票证罪的概念

伪造、变造金融票证罪，是指采取各种方法制造假金融票证或者篡改、变造真金融票证的行为。

（二）伪造、变造金融票证罪的特征

1.本罪的客体是国家的金融票证管理制度。本罪的犯罪对象是金融票证。包括汇票、本票、支票、委托收款凭证、汇款凭证、银行存单或者其他银行结算凭证、信用证或者附随的单据、文件、信用卡等。

2.本罪的客观方面表现为伪造、变造金融票证的行为。具体为：(1)伪造、变造汇票、本票、支票；(2)伪造、变造委托收款凭证、汇款凭证、银行存单或者其他银行结算凭证；(3)伪造、变造信用证或者附随的单据、文件；(4)伪造、变造信用卡。

本罪是行为犯。只要行为人实施了伪造、变造金融票证的行为，即构成犯罪。至于行为人是否自己使用了伪造、变造的金融票证，或者是否将伪造、变造的金融票证提供给他人使用，不影响本罪的成立。

根据《追诉标准（二）》第29条的规定，伪造、变造金融票证，涉嫌下列情形之一的，应予追诉：(1)伪造、变造汇票、本票、支票，或者伪造、变造委托收款凭证、汇款凭证、银行存单等其他银行结算凭证，或者伪造、变造信用证或者附随的单据、文件，总面额在1万元以上或者数量在10张以上的；(2)伪造信用卡1张以上，或者伪造空白信用卡10张以上的。

3.本罪的主体是一般主体。单位也可以成为本罪的主体。

4.本罪的主观方面是直接故意，且以行为人非法使用为目的。

（三）伪造、变造金融票证罪的处罚

根据《刑法》第177条的规定，犯本罪的，处5年以下有期徒刑或者拘役，并处或者单处2万元以上20万元以下罚金；情节严重的，处5年以上10年以下有期徒刑，并处5万元以上50万元以下罚金；情节特别严重的，处10年以上有期徒刑或者无期徒刑，并处没收财产。所谓情节严重，是指多次伪造、变造金融票证；伪造、变造多种金融票证；伪造、变造金融票证后出售的；利用伪造、变造的金融票证进行诈骗的；伪造、变造金融票证，严重扰乱了国家金融秩序或者给银行造成了重大经济损失等。所谓情节特别严重，是指伪造、变造金融票证，数量巨大；伪造、变造金融票证后出售，获利巨大的；利用伪造、变造的金融票证进行诈骗，违法所得数额巨大的；伪造、变造金融票证，给银行造成了巨大经济损失等严重后果的情况。

单位犯本罪的，对单位判处罚金，并对其直接负责的主管人员和其他直接责任人员，依照自然人犯本罪的规定处罚。

十二、妨害信用卡管理罪

（一）妨害信用卡管理罪的概念

妨害信用卡管理罪，是指明知是伪造的信用卡而持有、运输，或者明知是伪造的空白信用卡而持有、运输，数量较大，使用虚假的身份证明骗领信用卡，以及出售、购买、为他人提供伪造的信用卡或者以虚假的身份证明骗领的信用卡的行为。

（二）妨害信用卡管理罪的特征

1.本罪的客体是国家的信用卡管理制度，本罪的犯罪对象是信用卡。

2.本罪的客观方面表现为行为人明知是伪造的信用卡而持有、运输，或者明知是伪造的空白信用卡而持有、运输，数量较大，使用虚假的身份证明骗领信用卡，以及出售、购买、为他人提供伪造的信用卡或者以虚假的身份证明骗领的信用卡的行为。根据《追诉标准（二）》第30条的规定，妨害信用卡管理，具有下列情形之一的，应予立案追诉：（1）明知是伪造的信用卡而持有、运输的；（2）明知是伪造的空白信用卡而持有、运输，数量累计在10张以上的；（3）非法持有他人信用卡，数量累计在5张以上的；（4）使用虚假的身份证明骗领信用卡的；（5）出售、购买、为他人提供伪造的信用卡或者以虚假的身份证明骗领的信用卡的。违背他人意愿，使用其居民身份证、军官证、士兵证、港澳居民往来内地通行证、台湾居民来往大陆通行证、护照等身份证明申领信用卡的，或者使用伪造、变造的身份证明申领信用卡的，应当认定为"使用虚假的身份证明骗领信用卡"。

上述五种行为方式，可以单独实施，也可以结合实施。只要实施了其中的一种行为方式，就可构成本罪。如果同时实施了两种以上的行为，应当从重处罚，不可实行数罪并罚。但是，对于上述第一种和第五种行为方式，应当尽量查明行为人所持有的伪造的信用卡或者伪造的空白信用卡的来源。如果有证据证明行为人就是信用卡伪造集团的成员又实施上述行为的，应当按吸收原则，以伪造金融票证罪追究刑事责任。只有在确实无法查清是其参与伪造的情况下，才以本罪追究刑事责任。

3.本罪的主体是一般主体。

4.本罪的主观方面是故意。

（三）妨害信用卡管理罪的处罚

根据《刑法》第177条之一第1款的规定，犯本罪的，处3年以下有期徒刑或者拘役，并处或者单处1万元以上10万元以下罚金；数量巨大或者有其他严重情节的，处3年以上10年以下有期徒刑，并处2万元以上20万元以下罚金。根据2018年12月1日"两高"《关于办理妨害信用卡管理刑事案件具体应用法律若干问题的解释》（以下简称《妨害信用卡的解释》）第2条的规定，有下列情形之一的，属于"数量巨大"：(1)明知是伪造的信用卡而持有、运输 10 张以上的；(2)明知是伪造的空白信用卡而持有、运输 100 张以上的；(3)非法持有他人信用卡 50 张以上的；(4)使用虚假的身份证明骗领信用卡 10 张以上的；(5)出售、购买、为他人提供伪造的信用卡或者以虚假的身份证明骗领的信用卡 10 张以上的。

十三、窃取、收买、非法提供信用卡信息罪

（一）窃取、收买、非法提供信用卡信息罪的概念

窃取、收买、非法提供他人信用卡信息资料罪，是指窃取、收买或者非法提供他人信用卡信息资料的行为。

（二）窃取、收买、非法提供信用卡信息罪的特征

1.本罪的客体是国家的信用卡管理制度。在信用卡的磁条上写入事先非法获取的他人信用卡的磁条信息，是伪造信用卡的最后也是最关键的环节。所谓信用卡磁条信息，是指一组关于发卡行代码、持卡人账户、账号、密码等内容的加密电子数据。通常由发卡行在发卡时使用专用设备写入信用卡的磁条中，作为 POS 机、ATM 机等终端机识别用户是否合法的依据。没有这些信息，信用卡就无法使用。因此，持卡人信用卡磁条信息便成为犯罪分子千方百计获取的目标。刑法所要保护的正是持卡人的信用卡信息资料。

2.本罪的客观方面表现为行为人窃取、收买或者非法提供他人信用卡信息资料的行为。其具体方法多种多样：(1)使用望远镜偷窥或在自动柜员机上安装摄像头偷录；(2)在自动柜员机上安装吞卡装置并张贴假的客户服务电话，在客户求助时骗取持卡人信息；(3)在银行的自助门禁系统安装假门禁系统，窃取信用卡磁条信息及密码；(4)有的电脑维护人员利用对银行系统电脑维护、测试之机，私自将信用卡交易数据复制截留，进行解密，破译客户信用卡磁条信息和取款密码；(5)收买特约商户收银员、金融机构工作人员，暗中将盗码仪器与 POS 机连接，在他们受理信用卡业务之际，盗录他人信用卡磁条信息；(6)有的特约商户收银员见利忘义，向他人非法提供持卡人信用卡信息资料等。

3.本罪的主体是一般主体。

4.本罪的主观方面是故意。往往具有伪造信用卡或者协助他人伪造信用卡的意图。

（三）窃取、收买、非法提供信用卡信息罪的处罚

根据《刑法》第 177 条之一第 2 款的规定，犯本罪的，处 3 年以下有期徒刑或者拘役，并处或者单处 1 万元以上 10 万元以下罚金；数量巨大或者有其他严重情节的，处 3 年以上 10 年以下有期徒刑，并处 2 万元以上 20 万元以下罚金。根据《妨害信用卡的解释》第 3 条的规定，涉及信用卡 5 张以上的，属于"数量巨大"。银行

或者其他金融机构的工作人员利用职务上的便利犯本罪的,从重处罚。

十四、伪造、变造国家有价证券罪

（一）伪造、变造国家有价证券罪的概念

伪造、变造国家有价证券罪,是指伪造、变造国库券或者国家发行的其他有价证券,数额较大的行为。

（二）伪造、变造国家有价证券罪的特征

1.本罪的客体是国家有价证券的管理制度。本罪的犯罪对象是国家的有价证券,包括国库券、财政债券、国家建设债券、保值公债等国家发行的其他有价证券。

2.本罪的客观方面表现为行为人伪造、变造国库券或者国家发行的其他有价证券,数额较大的行为。本罪是行为选择性罪名。所谓数额较大,根据《追诉标准(二)》第32条的规定,是指总面额在2000元以上的情形。

3.本罪的主体是一般主体。单位也可以成为本罪的主体。

4.本罪的主观方面是故意。

（三）伪造、变造国家有价证券罪的处罚

根据《刑法》第178条第1款和第3款的规定,犯本罪的,处3年以下有期徒刑或者拘役,并处或者单处2万元以上20万元以下罚金;数额巨大的,处3年以上10年以下有期徒刑,并处5万元以上50万元以下罚金;数额特别巨大的,处10年以上有期徒刑或者无期徒刑,并处5万元以上50万元以下罚金或者没收财产。

单位犯本罪的,对单位判处罚金,并对其直接负责的主管人员和其他直接责任人员,依照自然人犯本罪的规定处罚。

十五、伪造、变造股票、公司、企业债券罪

（一）伪造、变造股票、公司、企业债券罪的概念

伪造、变造股票、公司、企业债券罪,是指伪造、变造股票或者公司、企业债券,数额较大的行为。

（二）伪造、变造股票、公司、企业债券罪的特征

1.本罪的客体是国家对股票、公司、企业债券的管理制度。本罪的犯罪对象是股票,公司、企业债券两种物品。

2.本罪的客观方面表现为行为人伪造、变造股票或者公司、企业债券,数额较大的行为。本罪是行为选择性罪名。所谓数额较大,根据《追诉标准(二)》第33条的规定,是指总面额在5000元以上的情形。

3.本罪的主体是一般主体。单位也可以成为本罪的主体。

4.本罪的主观方面是故意。

（三）伪造、变造股票、公司、企业债券罪的处罚

根据《刑法》第 178 条第 2 款和第 3 款的规定，犯本罪的，处 3 年以下有期徒刑或者拘役，并处或者单处 1 万元以上 10 万元以下罚金；数额巨大的，处 3 年以上 10 年以下有期徒刑，并处 2 万元以上 20 万元以下罚金。

单位犯本罪的，对单位判处罚金，并对其直接负责的主管人员和其他直接责任人员，依照自然人犯本罪的规定处罚。

十六、擅自发行股票、公司、企业债券罪

（一）擅自发行股票、公司、企业债券罪的概念

擅自发行股票、公司、企业债券罪，是指未经国家有关主管部门批准，擅自发行股票、公司、企业债券，数额巨大、后果严重或者有其他严重情节的行为。

（二）擅自发行股票、公司、企业债券罪的特征

1.本罪的客体是国家对股票、公司、企业债券发行的管理制度。本罪的犯罪对象是股票、公司、企业债券两种物品。

2.本罪的客观方面表现为行为人未经国家有关主管部门批准，擅自发行股票、公司、企业债券，数额巨大、后果严重或者有其他严重情节的行为。所谓擅自发行股票、公司、企业债券，是指未经批准，不具有发行资格而私自发行或者具有发行资格，违反《中华人民共和国证券法》等规定发行股票、公司、企业债券的行为。构成本罪还须擅自发行股票、公司、企业债券的数额巨大、后果严重或者有其他严重情节。所谓数额巨大、后果严重或者有其他严重情节，根据《追诉标准（二）》第 34 条的规定，是指具有下列情形之一：(1)发行数额在 50 万元以上；(2)虽未达到上述数额标准，但擅自发行致使 30 人以上的投资者购买了股票或者公司、企业债券的；(3)不能及时清偿或者清退的；(4)其他后果严重或者有其他严重情节的情形。

3.本罪的主体是一般主体，但通常是法人或非法人组织。

4.本罪的主观方面是故意。

（三）擅自发行股票、公司、企业债券罪的处罚

根据《刑法》第 179 条的规定，犯本罪的，处 5 年以下有期徒刑或者拘役，并处或者单处非法募集资金金额 1% 以上 5% 以下罚金。

单位犯本罪的，对单位判处罚金，并对直接负责的主管人员或者其他直接责任人员，处 5 年以下有期徒刑或者拘役。

十七、内幕交易、泄露内幕信息罪

（一）内幕交易、泄露内幕信息罪的概念

内幕交易、泄露内幕信息罪，是指证券、期货交易内幕信息的知情人员或者非

法获取证券、期货交易内幕信息的人员,在涉及证券的发行、证券、期货交易或者其他对证券、期货交易的价格有重大影响的信息尚未公开前,买入或者卖出该证券,或者从事与该内幕信息有关的期货交易,或者泄露该信息,或者明示、暗示他人从事上述交易活动,情节严重的行为。

(二)内幕交易、泄露内幕信息罪的特征

1.本罪的客体是复杂客体。它侵犯了两种社会关系。一种表现为国家对证券、期货市场的管理秩序;一种表现为证券、期货投资者的合法权益。

本罪的犯罪对象是有关证券、期货发行、交易的内幕信息。

2.本罪的客观方面表现为行为人内幕交易或者泄露内幕信息,情节严重的行为。

所谓内幕交易,是指在内幕信息尚未公开之前买入或者卖出该证券,或者从事与该内幕信息有关的期货交易。根据国务院证券管理委员会 1993 年 9 月 2 日发布的《禁止证券欺诈行为暂行办法》第 4 条的规定,下列行为属于证券内幕交易行为:(1)内幕人员利用内幕信息买卖证券或者根据内幕信息建议他人买卖证券;(2)内幕人员向他人泄露内幕信息,使他人利用该信息进行内幕交易;(3)非内幕人员通过不正当手段或者其他途径获取内幕信息,并根据该信息买卖证券或者建议他人买卖证券;(4)其他内幕交易的行为。

所谓泄露内幕信息,是指知悉内幕信息的人员,将内幕信息透露给不应知道内幕信息的人员。所谓内幕信息,是指在证券、期货交易活动中,涉及公司的经营、财务或者对该公司证券的市场价格、期货交易价格有重大影响的尚未公开的信息。只要行为人泄露内幕信息情节严重就构成犯罪,并不要求促使他人利用该信息进行内幕交易。如果内幕人员向他人泄露内幕信息,明示或暗示他人利用该信息进行内幕交易的,是内幕交易的一种形式。

所谓情节严重,根据“两高”《关于办理内幕交易、泄露内幕信息刑事案件具体应用法律若干问题的解释》第 6 条的规定,是指具有下列情形之一:(1)证券交易成交额累计在 50 万元以上的;(2)期货交易占用保证金数额累计在 30 万元以上的;(3)获利或者避免损失数额累计在 15 万元以上的;(4)多次进行内幕交易、泄露内幕信息三次以上的;(5)具有其他严重情节的。

3.本罪的主体是特殊主体。包括知悉证券、期货交易内幕信息的知情人员、单位以及非法获取证券、期货交易内幕信息的其他人员、单位。

4.本罪的主观方面比较特殊。内幕交易罪的主观方面只能是直接故意,且有为自己或者他人牟取非法利益的目的。泄露内幕信息罪的主观方面是故意,既可以是直接故意,也可以是间接故意。

(三)内幕交易、泄露内幕信息罪的认定

本罪罪与非罪的界限

本罪的罪与非罪主要考察三个方面：(1)信息是否已经公开。构成本罪必须是在内幕信息尚未公开之前。(2)行为人对内幕信息是否知情。行为人只有知悉证券、期货交易内幕信息或者非法获取了证券、期货交易内幕信息，才可能构成犯罪。(3)情节是否严重。如果内幕交易、泄露内幕信息尚未达到严重程度，不构成犯罪。

（四）内幕交易、泄露内幕信息罪的处罚

根据《刑法》第180条第1款和第2款的规定，犯本罪的，处5年以下有期徒刑或者拘役，并处或者单处违法所得1倍以上5倍以下罚金；情节特别严重的，处5年以上10年以下有期徒刑，并处违法所得1倍以上5倍以下罚金。

单位犯本罪的，对单位判处罚金，并对直接负责的主管人员或者其他直接责任人员，处5年以下有期徒刑或者拘役。

十八、利用未公开信息交易罪

（一）利用未公开信息交易罪的概念

利用未公开信息交易罪，是指证券交易所、期货交易所、证券公司、期货经纪公司、基金管理公司、商业银行、保险公司等金融机构的从业人员以及有关监管部门或者行业协会的工作人员，利用因职务便利获取的内幕信息以外的其他未公开的信息，违反规定，从事与该信息相关的证券、期货交易活动，或者明示、暗示他人从事相关交易活动，情节严重的行为。

（二）利用未公开信息交易罪的特征

1. 本罪客体是复杂客体。它侵犯了两种社会关系：一种是国家对证券、期货市场的管理秩序；另一种是其他证券、期货投资者的合法权益。本罪的犯罪对象是有关证券、期货发行、交易的内幕信息。

2. 本罪的客观方面要求行为人必须实施了利用因职务便利获取的内幕信息以外的其他未公开的信息，违反规定，从事与该信息相关的证券、期货交易活动，或者明示、暗示他人从事相关交易活动。内幕信息以外的其他未公开信息，是指资产管理机构、投资理财机构将用客户资金投资购买某个证券、期货等金融产品的决策信息。由于该信息不属于法律规定的内幕消息，不具有必须依法公开的义务，故称为内幕信息以外的其他未公开信息。违反规定，是指违反证券、期货等金融产品交易活动相关的法律或行政法规。这些法律法规严禁资产管理机构、投资理财机构的从业人员从事损害客户利益，或从事受托背信交易活动的行为。例如，资产管理机构的从业人员在使用客户资金买入证券、期货等金融产品之前，自己先行买入，或者在使用客户资金买入证券、期货等金融产品之后，自己先行卖出的行为。即所谓建"老鼠仓"的行为。根据《追诉标准（二）》第36条的规定，具有下列情形之一的，应予追诉：(1)证券交易成交额累计在50万元以上的；(2)期货交易占用保证金数额累计在 30 万元以上的;(3)获利或者避免损失数额累计在 15 万元以上的;(4)多次利用内幕信息以外的其他未公开信息进行交易活动的;(5)其他情节严重的情形。

3. 本罪的犯罪主体是特殊主体,包括证券交易所、期货交易所、证券公司、期货经纪公司、基金管理公司、商业银行、保险公司等金融机构的从业人员以及有关监管部门或者行业协会的工作人员。

4. 本罪的犯罪主观方面只能是直接故意,且一般为了牟取暴利。

(三)利用未公开信息交易罪的认定

1. 本罪罪与非罪的界限

利用未公开信息交易的行为必须情节严重才构成犯罪。情节严重,主要是指多次建立"老鼠仓";建"老鼠仓"非法获利数额巨大;或由于建"老鼠仓"对客户资产造成严重损失等情形。近年来,基金公司、商业银行、保险公司、证券公司、期货公司等金融机构大都开展了资产管理或投资理财业务,手中拥有大量客户资金,将客户资金投资于证券、期货等金融产品是代客投资理财和客户资产管理的主要方式之一。这类资产管理机构的某些从业人员,在用客户资金买入证券或者其衍生品、期货或者期权合约等金融产品前,以自己名义或假借他人名义或者告知其亲属、朋友、关系户,先行低价买入证券、期货等金融产品,然后用客户资金拉升到高位后自己率先卖出牟取暴利。

2. 本罪与相关犯罪的界限

(1)与内幕交易罪的区别。信息的内容不同,内幕信息主要是围绕上市公司本身的信息,如公司的重组计划、公司的重大合同项目、公司的盈利情况等对该公司证券、期货的市场价格有重大影响,按照法律规定应及时向社会公开但还尚未公开的信息;本罪所利用的信息一般属于内部商业信息,是内幕信息以外的其他未公开信息。损害的利益不同,内幕交易罪更多的是损害不特定的公众投资者的合法权益,本罪更多的是损害资产管理机构、投资理财机构的特定客户利益。

(2)与操纵证券、期货市场罪的区别。操纵证券、期货市场罪主要是利用行为人自身的资金、信息或技术优势,通过对倒、对敲等方法影响证券、期货交易价格或者交易数量,误导其他投资者,从而达到操纵证券、期货市场,从中牟取暴利的目的。本罪主要是利用未公开的信息通过抢先建仓、提早撤仓的交易行为获取利益,意在使受托客户承担更多的市场风险而减少行为人自身风险。

(3)与背信运用受托财产罪的区别。犯罪主体上的不同,背信运用受托财产罪是单位犯罪,犯罪主体是金融机构;本罪是一种个人犯罪,犯罪主体是资产管理机构、投资理财机构的从业人员。犯罪行为方式上的不同,背信运用受托财产罪是指金融机构擅自运用客户资金和受托财产的决策本身与受托义务相违背,因而使受托管理的客户资金或资产陷入极大风险;本罪是指资产管理机构、投资理财机构作出的投资决策本身并不违背受托义务,而是其从业人员利用机构内部信息提前建仓、提早撤仓,谋取非法利益的行为。

(四)利用未公开信息交易罪的处罚

根据《刑法》第 180 条第 1 款和第 2 款的规定,犯本罪的,处 5 年以下有期徒刑或者拘役,并处或者单处违法所得 1 倍以上 5 倍以下罚金;情节特别严重的,处 5 年以上 10 年以下有期徒刑,并处违法所得 1 倍以上 5 倍以下罚金。

单位犯本罪的,对单位判处罚金,并对直接负责的主管人员或者其他直接责任人员,处 5 年以下有期徒刑或者拘役。

十九、编造并传播证券、期货交易虚假信息罪

(一)编造并传播证券、期货交易虚假信息罪的概念

编造并传播证券、期货交易虚假信息罪,是指编造并传播证券、期货交易虚假信息,扰乱证券、期货交易市场,造成严重后果的行为。

(二)编造并传播证券、期货交易虚假信息罪的特征

1.本罪的客体是复杂客体。它侵犯了两种社会关系:一种是国家对证券、期货市场的管理秩序;另一种是其他证券、期货投资者的合法权益。

2.本罪的客观方面表现为行为人编造并传播证券、期货交易虚假信息,扰乱证券、期货交易市场,造成严重后果的行为。所谓编造,是指无中生有的捏造。所谓传播,是指以语言、文字、音像等形式将信息扩散给行为人以外的人。所谓虚假信息,是指根本不存在或者未发生的事实情况。本罪是结果犯,只有扰乱了证券、期货交易市场并造成严重后果时,才构成犯罪。所谓严重后果,根据《追诉标准(二)》第 37 条的规定,是指具有下列情形之一的:(1)获利或者避免损失数额累计在 5 万元以上的;(2)造成投资者直接经济损失数额在 5 万元以上的;(3)致使交易价格和交易量异常波动的;(4)虽未达到上述数额标准,但多次编造并且传播影响证券、期货交易的虚假信息的;(5)其他造成严重后果的情形。

3.本罪的主体是一般主体。单位也可以成为本罪的主体。

4.本罪的主观方面是故意。

(三)编造并传播证券、期货交易虚假信息罪的处罚

根据《刑法》第 181 条第 1 款、第 3 款的规定,犯本罪的,处 5 年以下有期徒刑或者拘役,并处或者单处 1 万元以上 10 万元以下罚金。

单位犯本罪的,对单位判处罚金,并对直接负责的主管人员或者其他直接责任人员,处 5 年以下有期徒刑或者拘役。

二十、诱骗投资者买卖证券、期货合约罪

(一)诱骗投资者买卖证券、期货合约罪的概念

诱骗投资者买卖证券、期货合约罪,是指证券交易所、期货交易所、证券公司、期货经纪公司的从业人员,证券业协会、期货业协会或者证券、期货管理监督部门的工作人员,故意提供虚假信息或者伪造、变造、销毁交易记录,诱骗投资者买卖证券、期货合约,造成严重后果的行为。

(二)诱骗投资者买卖证券、期货合约罪的特征

1.本罪的客体是复杂客体。它侵犯了两种社会关系:一种是国家对证券、期货市场的管理秩序;另一种是证券、期货投资者的合法权益。

2.本罪的客观方面表现为行为人故意提供虚假信息或者伪造、变造、销毁交易记录,诱骗投资者买卖证券、期货合约,造成严重后果的行为。所谓故意提供,是指行为人出于诱骗投资者买卖证券、期货合约,主动提供或者应投资者的要求而提供。既可以是口头方式,也可以是书面方式,还可以借助新闻媒介提供。既可以提供给个人,也可以提供给众多人。所谓伪造、变造、销毁交易记录,是指伪造、变造、销毁客户填写的委托单,保存在电脑中的交易数据以及与证券发行、证券、期货交易有关的记录等。所谓严重后果,根据《追诉标准(二)》第 38 条的规定,是指具有下列情形之一的:(1)获利或者避免损失数额累计在 5 万元以上的;(2)造成投资者直接经济损失数额在 5 万元以上的;(3)致使交易价格和交易量异常波动的;(4)其他造成严重后果的情形。

3.本罪的主体是特殊主体。指证券、期货业从业人员或者证券、期货业管理人员。单位也可以成为本罪的主体。

4.本罪的主观方面是直接故意,且具有诱骗投资者买卖证券、期货合约,为自己或关系人牟取不正当利益或转嫁风险的目的。

(三)诱骗投资者买卖证券、期货合约罪的认定

本罪与编造并传播证券、期货交易虚假信息罪的界限

二者都属于以虚假信息为手段实施证券、期货欺诈类型的犯罪。二者的区别在于:(1)犯罪客观方面不同。本罪的行为方式是故意提供虚假信息或者伪造、变造、销毁交易记录。后罪的方式是编造和传播虚假信息。(2)犯罪主体不同。本罪是特殊主体,限于证券、期货业从业人员和管理人员。后罪是一般主体。

(四)诱骗投资者买卖证券、期货合约罪的处罚

根据《刑法》第 181 条第 2 款和第 3 款的规定,犯本罪的,处 5 年以下有期徒刑或者拘役,并处或者单处 1 万元以上 10 万元以下罚金;情节特别恶劣的,处 5 年以上 10 年以下有期徒刑,并处 2 万元以上 20 万元以下罚金。

单位犯本罪的,对单位判处罚金,并对直接负责的主管人员或者其他直接责任人员,处 5 年以下有期徒刑或者拘役。

二十一、操纵证券、期货市场罪

(一)操纵证券、期货市场罪的概念

操纵证券、期货市场罪,是指以牟利或者减少损失为目的,操纵证券、期货市场,影响证券、期货交易价格或者证券、期货交易量,情节严重的行为。

(二)操纵证券、期货市场罪的特征

1.本罪的客体是复杂客体。它侵犯了两种社会关系:一种是国家对证券、期货市场的管理秩序;另一种是其他投资者的合法权益。

2.本罪的客观方面表现为行为人操纵证券、期货市场,获取不正当利益或者转嫁风险,情节严重的行为。根据《刑法》第 182 条的规定,具体为:(1)单独或者合谋,集中资金优势、持股或者持仓优势或者利用信息优势联合或者连续买卖的;(2)与他人串通,以事先约定的时间、价格和方式相互进行证券、期货交易的;(3)在自己实际控制的账户之间进行证券交易,或者以自己为交易对象,自买自卖期货合约的;(4)不以成交为目的,频繁或者大量申报买入、卖出证券、期货合约并撤销申报的;(5)利用虚假或者不确定的重大信息,诱导投资者进行证券、期货交易的;(6)对证券、证券发行人、期货交易标的公开作出评价、预测或者投资建议,同时进行反向证券交易或者相关期货交易的;(7)以其他方法操纵证券、期货市场的。上述行为的后果是影响了证券、期货交易价格或者证券、期货交易量,并情节严重,破坏了市场秩序。根据《追诉标准(二)》第 39 条的规定,具体为:(1)单独或者合谋,持有或者实际控制证券的流通股份数达到该证券的实际流通股份总量 30% 以上,且在该证券连续 20 个交易日内联合或者连续买卖股份数累计达到该证券同期总成交量 30% 以上的;(2)单独或者合谋,持有或者实际控制期货合约的数量超过期货交易所业务规则限定的持仓量 50% 以上,且在该期货合约连续 20 个交易日内联合或者连续买卖期货合约数累计达到该期货合约同期总成交量 30% 以上的;(3)与他人串通,以事先约定的时间、价格和方式相互进行证券或者期货合约交易,且在该证券或者期货合约连续 20 个交易日内成交量累计达到该证券或者期货合约同期总成交量 20% 以上的;(4)在自己实际控制的账户之间进行证券交易,或者以自己为交易对象,自买自卖期货合约,且在该证券或者期货合约连续 20 个交易日内成交量累计达到该证券或者期货合约同期总成交量 20% 以上的;(5)单独或者合谋,当日连续申报买入或者卖出同一证券、期货合约并在成交前撤回申报,撤回申报量占当日该种证券总申报量或者该种期货合约总申报量 50% 以上的;(6)上市公司及其董事、监事、高级管理人员、实际控制人、控股股东或者其他关联人单独或者合谋，利用信息优势，操纵该公司证券交易价格或者证券交易量的；(7)证券公司、证券投资咨询机构、专业中介机构或者从业人员，违背有关从业禁止的规定，买卖或者持有相关证券，通过对证券或者其发行人、上市公司公开作出评价、预测或者投资建议，在该证券的交易中谋取利益，情节严重的；(8)其他情节严重的情形。

3.本罪的主体是一般主体。单位也可以成为本罪的主体。

4.本罪的主观方面是直接故意，且以牟取不正当利益或转嫁风险为目的。

(三)操纵证券、期货市场罪的处罚

根据《刑法》第182条规定，犯本罪的，处5年以下有期徒刑或者拘役，并处或者单处罚金；情节特别严重的，处5年以上10年以下有期徒刑，并处罚金。

单位犯本罪的，对单位判处罚金，并对其直接负责的主管人员和其他直接责任人员，依照自然人犯本罪的规定处罚。

二十二、背信运用受托财产罪

(一)背信运用受托财产罪的概念

背信运用受托财产罪，是指银行或者其他金融机构，违背受托义务，擅自运用客户资金或者其他委托、信托的财产，情节严重的行为。

(二)背信运用受托财产罪的特征

1.本罪的客体是复杂客体。它侵犯了两种社会关系：一种是国家对金融机构的管理秩序；另一种是投资者的合法权益。

2.本罪的客观方面表现为行为人违背受托义务，擅自运用客户资金或者其他委托、信托的财产，情节严重的行为。所谓违背受托义务，是指违反金融法关于受托人应当对受托事务及财产进行妥善管理，慎重行事的职责义务。擅自动用客户资金及委托、信托的财产，是一种典型的民事侵权行为。如果情节严重，则具有刑事违法性，构成犯罪。所谓情节严重，根据《追诉标准(二)》第40条的规定，是指具有下列情形之一：(1)擅自运用客户资金或者其他委托、信托的财产数额在30万元以上的；(2)虽未达到上述数额标准，但多次擅自运用客户资金或者其他委托、信托的财产，或者擅自运用多个客户资金或者其他委托、信托的财产的；(3)其他情节严重的情形。

3.本罪的主体是特殊主体，即商业银行、证券交易所、期货交易所、证券公司、期货经纪公司、保险公司以及其他金融机构。

4.本罪的主观方面是故意。

(三)背信运用受托财产罪的处罚

根据《刑法》第185条之一第1款的规定，犯本罪的，对单位判处罚金，并对其直接负责的主管人员和其他直接责任人员,处3年以下有期徒刑或者拘役,并处3万元以上30万元以下罚金;情节特别严重的,处3年以上10年以下有期徒刑,并处5万元以上50万元以下罚金。

二十三、违法运用资金罪

(一)违法运用资金罪的概念

违法运用资金罪,是指公众资金管理机构以及保险公司、保险资产管理公司、证券投资基金管理公司,违反国家规定运用资金的行为。

(二)违法运用资金罪的特征

1.本罪的客体是公众资金管理机构以及保险公司、保险资产管理公司、证券投资基金管理公司的信誉和国家对这些机构的管理制度。

2.本罪的客观方面表现为公众资金管理机构以及保险公司、保险资产管理公司、证券投资基金管理公司违反国家规定运用资金的行为。所谓违法运用资金,是指违反国家对资金、基金严格管理、专项使用的法律规定,在未经批准或审批的情况下随意动用或擅自改变用途等其他违规操作的行为。刑法对该行为并不要求情节严重才构成犯罪。即只要实施了该行为就可构成犯罪。

3.本罪的主体是特殊主体,且只能社会保障基金管理机构、住房公积金管理机构等公众资金管理机构以及保险公司、保险资产管理公司、证券投资基金管理公司。

4.本罪的主观方面是故意。

(三)违法运用资金罪的处罚

根据《刑法》第185条之一第2款的规定,犯本罪的,对其直接负责的主管人员和其他直接责任人员,处3年以下有期徒刑或者拘役,并处3万元以上30万元以下罚金;情节特别严重的,处3年以上10年以下有期徒刑,并处5万元以上50万元以下罚金。

二十四、违法发放贷款罪

(一)违法发放贷款罪的概念

违法发放贷款罪,是指银行或者其他金融机构的工作人员,违反国家规定发放贷款,数额巨大或者造成重大损失的行为。

(二)违法发放贷款罪的特征

1.本罪的客体是复杂客体,既侵犯了国家对金融机构贷款活动的管理制度,又侵犯了金融机构的合法权益。

2.本罪的客观方面表现为行为人违反国家规定发放贷款,数额巨大或者造成重大损失的行为。所谓违反国家规定,是指违反国家有关金融贷款的法律规定。违法发放贷款包括违法发放信用贷款和违法发放担保贷款。所谓造成重大损失,根据《追诉标准(二)》第42条的规定,是指具有下列情形之一:(1)个人违法发放贷款,造成直接经济损失数额在50万元以上;(2)单位违法发放贷款,造成直接经济损失数额在100万元以上。

3.本罪的主体是特殊主体,即银行或者其他金融机构的工作人员。单位也可以成为本罪的主体。

4.本罪的主观方面可以是故意(只能是间接故意的。因为如果是直接故意,则可能构成其他犯罪),也可以是过失。但对于违反国家规定,可以是直接故意的。

(三)违法发放贷款罪的处罚

根据《刑法》第186条的规定,犯本罪的,处5年以下有期徒刑或者拘役,并处1万元以上10万元以下罚金;数额特别巨大或者造成特别重大损失的,处5年以上有期徒刑,并处2万元以上20万元以下有期徒刑;如果向关系人发放贷款的,从重处罚。

单位犯本罪的,对单位判处罚金,并对其直接负责的主管人员和其他直接责任人员,依照自然人犯本罪的规定处罚。

二十五、吸收客户资金不入账罪

(一)吸收客户资金不入账罪的概念

吸收客户资金不入账罪,是指银行或者其他金融机构的工作人员吸收客户资金不入账,数额巨大或者造成重大损失的行为。

(二)吸收客户资金不入账罪的特征

1.本罪的客体是复杂客体。它侵犯了两种社会关系:一种是国家对金融资金的管理制度;另一种是金融客户的合法权益。

本罪的犯罪对象是以金融机构办理业务的名义所吸收的客户资金,包括个人储蓄和单位存款。如果假借或虚构金融机构的名义吸收公众存款,不构成本罪。

2.本罪的客观方面表现为行为人吸收客户资金不入账,数额巨大或者造成重大损失的行为。所谓吸收客户资金不入账,是指违反《中华人民共和国会计法》和《商业银行法》等规定,未真实记录并未全面反映其业务活动和财务状况的情形。例如,办理存款、贷款等业务不按照会计制度记账、登记,或不在会计报表中反映;将存款与贷款等不同业务在同一账户内轧差处理;经营收入未列入会计账册;其他方式的账外经营行为。本罪是结果犯,必须达到数额巨大或者造成重大损失的危害结果。所谓数额巨大或者造成重大损失,根据《追诉标准(二)》第43条的规定,是指具有下列情形之一:(1)吸收客户资金不入账,数额在100万元以上的;(2)吸收客户资金不入账，造成直接经济损失数额在 20 万元以上的。

3.本罪的主体是特殊主体，指银行或者其他金融机构的工作人员。单位也可以成为本罪的主体。

4.本罪的主观方面可以是故意(只能是间接故意。因为如果是直接故意，则可能构成其他犯罪)，也可以是过失。但对于违反国家规定，可以是直接故意。

(三)吸收客户资金不入账罪的处罚

根据《刑法》第 187 条的规定，犯本罪的，处 5 年以下有期徒刑或者拘役，并处 2 万元以上 20 万元以下罚金；数额特别巨大或者造成特别重大损失的，处 5 年以上有期徒刑，并处 5 万元以上 50 万元以下有期徒刑。

单位犯本罪的，对单位判处罚金，并对其直接负责的主管人员和其他直接责任人员，依照自然人犯本罪的规定处罚。

二十六、违规出具金融票证罪

(一)违规出具金融票证罪的概念

违规出具金融票证罪，是指银行或者其他金融机构的工作人员违反规定，为他人出具信用证或者其他保函、票据、存单、资信证明，情节严重的行为。

(二)违规出具金融票证罪的特征

1.本罪的客体是复杂客体。它侵犯了两种社会关系。一种表现为国家对金融信用票证的管理制度；一种表现为金融机构的资金安全。

本罪的犯罪对象是金融票证。包括信用证、保函、票据、存单、资信证明。

2.本罪的客观方面表现为行为人违反规定，为他人出具信用证或者其他保函、票据、存单、资信证明，情节严重的行为。所谓违反规定，是指违反《商业银行法》、《中华人民共和国票据法》以及金融机构的规章制度。所谓他人，既包括个人，也包括单位。所谓情节严重，根据《追诉标准(二)》第 44 条的规定，是指具有下列情形之一：(1)违反规定为他人出具信用证或者其他保函、票据、存单、资信证明，数额在 100 万元以上的；(2)违反规定为他人出具信用证或者其他保函、票据、存单、资信证明，造成直接经济损失数额在 20 万元以上的；(3)多次违规出具信用证或者其他保函、票据、存单、资信证明的；(4)接受贿赂违规出具信用证或者其他保函、票据、存单、资信证明的；(5)其他情节严重的情形。

3.本罪的主体是特殊主体，指银行或者其他金融机构的工作人员。单位也可以成为本罪的主体。

4.本罪的主观方面可以是故意(只能是间接故意。因为如果是直接故意，则可能构成其他犯罪)，也可以是过失。但对于违反规定，可以是直接故意。

（三）违规出具金融票证罪的处罚

根据《刑法》第188条的规定，犯本罪的，处5年以下有期徒刑或者拘役；情节特别严重的，处5年以上有期徒刑。

单位犯本罪的，对单位判处罚金，并对其直接负责的主管人员和其他直接责任人员，依照自然人犯本罪的规定处罚。

二十七、对违法票据承兑、付款、保证罪

（一）对违法票据承兑、付款、保证罪的概念

对违法票据承兑、付款、保证罪，是指银行或者其他金融机构或者其工作人员在票据业务中，对违反票据法规定的票据予以承兑、付款或者保证，造成重大损失的行为。

（二）对违法票据承兑、付款、保证罪的特征

1.本罪的客体是复杂客体。它侵犯了两种社会关系：一种是国家对票据的管理制度；另一种是金融机构的资金安全。

2.本罪的客观方面表现为行为人在票据业务中，对违反票据法规定的票据予以承兑、付款或者保证，造成重大损失的行为。所谓违反票据法规定的票据，是指不符合票据法的规定，不能予以承兑、付款或者保证的票据。所谓重大损失，根据《追诉标准（二）》第45条的规定，是指违反票据法规定的票据予以承兑、付款或者保证，造成直接经济损失数额在20万元以上的情形。

3.本罪的主体是特殊主体，指银行或者其他金融机构的工作人员。单位也可以成为本罪的主体。

4.本罪的主观方面可以是故意（只能是间接故意。因为如果是直接故意，则可能构成其他犯罪），也可以是过失。但对于违反票据法规定，可以是直接故意。

（三）对违法票据承兑、付款、保证罪的处罚

根据《刑法》第189条的规定，犯本罪的，处5年以下有期徒刑或者拘役；造成特别重大损失的，处5年以上有期徒刑。

单位犯本罪的，对单位判处罚金，并对其直接负责的主管人员和其他直接责任人员，依照自然人犯本罪的规定处罚。

二十八、逃汇罪

（一）逃汇罪的概念

逃汇罪，是指公司、企业或者其他单位，违反国家规定，擅自将外汇存放境外，或者将境内的外汇非法转移到境外，数额较大的行为。

（二）逃汇罪的特征

1.本罪的客体是国家的外汇管理制度。本罪的犯罪对象是外汇。所谓外汇，是指：（1）外国货币。（2）外币有价证券。例如政府公债、国库券、公司债券、股票、息票等。（3）外汇支付凭证。例如，票据、银行存款凭证、邮政储蓄凭证等。（4）其他外汇资金。

2.本罪的客观方面表现为行为人违反国家规定，擅自将外汇存放境外，或者将境内的外汇非法转移到境外，数额较大的行为。所谓数额较大，根据《追诉标准（二）》第46条的规定，是指单笔在200万美元以上或者累计数额在500万美元以上的情形。

3.本罪的主体只能是单位。包括公司、企业以及其他单位。

4.本罪的主观方面只能是直接故意。如果是间接故意，则无法实现其逃汇的目的。

（三）逃汇罪的处罚

根据《刑法》第190条第1款的规定，对犯本罪的，判处逃汇数额5％以上30％以下罚金，并对其直接负责的主管人员和其他直接责任人员处5年以下有期徒刑或者拘役；数额巨大或者有其他严重情节的，判处逃汇数额5％以上30％以下罚金，并对其直接负责的主管人员和其他直接责任人员处5年以上有期徒刑。

二十九、骗购外汇罪

（一）骗购外汇罪的概念

骗购外汇罪，是指使用伪造、变造的购买外汇所需的凭证、单据，或者重复使用购买外汇所需的凭证、单据，以及用其他方式骗购外汇，数额较大的行为。

（二）骗购外汇罪的特征

1.本罪的客体是国家的外汇管理制度。本罪的犯罪对象是外汇。所谓外汇，是指：（1）外国货币。（2）外币有价证券。例如政府公债、国库券、公司债券、股票、息票等。（3）外汇支付凭证。例如，票据、银行存款凭证、邮政储蓄凭证等。（4）其他外汇资金。

2.本罪的客观方面表现为行为人使用伪造、变造的购买外汇所需的凭证、单据，或者重复使用购买外汇所需的凭证、单据，以及用其他方式骗购外汇，数额较大的行为。具体为：（1）使用伪造、变造的海关签发的报关单、进口证明、外汇管理部门核准件等凭证和单据的骗购外汇的行为；（2）重复使用海关签发的报关单、进口证明、外汇管理部门核准件等凭证和单据的骗购外汇的行为；（3）以其他方式骗购外汇的行为。如明知是骗购外汇而提供人民币资金或者其他服务的，以共犯论处。构成本罪必须以"数额较大"为条件。所谓骗购外汇数额较大，根据《追诉标准

（二）》第47条的规定，是指骗购外汇数额在50万美元以上。

3.本罪的主体是一般主体。单位也可以成为本罪的主体。

4.本罪的主观方面是故意。如果是过失，不构成本罪。

（三）骗购外汇罪的认定

本罪与套汇行为的界限

所谓套汇，是指下列行为：（1）违反国家规定，以人民币支付或者以实物偿付应当以外汇支付的进口货款或者其他类似支出的，但是合法的易货贸易除外。（2）以人民币为他人支付在境内的费用，而由对方给付外汇的。（3）明知用于非法套汇而提供人民币资金或者其他服务的。（4）以其他方式非法套汇的。套汇行为不构成犯罪，但应当给予行政处分或者纪律处分。

（四）骗购外汇罪的处罚

根据《刑法》第190条第2款的规定，犯本罪的，处5年以下有期徒刑或者拘役，并处骗购外汇数额5％以上30％以下罚金；数额巨大或者有其他严重情节的，处5年以上10年以下有期徒刑，并处骗购外汇数额5％以上30％以下罚金；数额特别巨大或者有其他特别严重情节的，处10年以上有期徒刑或者无期徒刑，并处骗购外汇数额5％以上30％以下罚金或者没收财产。

单位犯本罪的，依照上述规定对单位判处罚金，并对其直接负责的主管人员和其他直接责任人员处5年以下有期徒刑或者拘役；数额巨大或者有其他严重情节的，处5年以上10年以下有期徒刑；数额特别巨大或者有其他特别严重情节的，处10年以上有期徒刑或者无期徒刑。

伪造、变造海关签发的报关单、进口证明、外汇管理部门核准件等凭证和单据，并用于骗购外汇的，构成本罪，从重处罚。

三十、洗钱罪

（一）洗钱罪的概念

洗钱罪，是指为掩饰、隐瞒毒品犯罪、黑社会性质的组织犯罪、恐怖活动犯罪、走私犯罪、贪污贿赂犯罪、破坏金融管理秩序犯罪、金融诈骗犯罪的所得及其产生的收益的来源和性质，而以存入金融机构、转移资金等方式使其在市场上合法化的行为。

（二）洗钱罪的特征

1.本罪的客体是复杂客体。它侵犯了两种社会关系：一种是国家的金融管理制度；另一种是司法机关的正常活动。

本罪的犯罪对象是毒品犯罪、黑社会性质的组织犯罪、恐怖活动犯罪、走私犯罪、贪污贿赂犯罪、破坏金融管理秩序犯罪、金融诈骗犯罪的所得及其产生的收益。

如果是这些犯罪之外的所得及其产生的收益,不属于本罪范畴。

2.本罪的客观方面表现为行为人实施了掩饰、隐瞒这些犯罪所得及其收益的来源和性质的行为。具体为:(1)提供资金账户的;(2)将财产转换为现金、金融票据、有价证券的;(3)通过转账或者其他支付结算方式转移资金的;(4)跨境转移资产的;(5)以其他方式掩饰、隐瞒犯罪所得及其收益的来源和性质的。

本罪是行为犯。只要实施了上述行为之一的即构成犯罪,不管其是否达到掩饰、隐瞒犯罪所得来源和性质的目的。

3.本罪的主体是一般主体。单位也可以成为本罪的主体。

4.本罪的主观方面只能是直接故意,且以掩饰、隐瞒犯罪所得及其收益的来源和性质,并使之合法化为目的。

(三)洗钱罪的认定

1.本罪与掩饰、隐瞒犯罪所得及其收益罪的界限

二者在掩饰、隐瞒犯罪所得及其收益的目的与行为方法上有相似性。二者的区别主要在于:(1)犯罪客体不同。本罪的客体是复杂客体。不仅包括司法机关的正常活动,更包括国家的金融管理制度。后罪的客体是单一客体。只包括司法机关的正常活动。(2)犯罪对象不同。本罪的犯罪对象是法律明确指明的特定犯罪的所得及其产生的收益。后罪的犯罪对象是范围较广的犯罪所得及其产生的收益。(3)犯罪客观方面不同。本罪是五种方式的洗钱行为。后罪是各种方式的掩饰、隐瞒行为。(4)犯罪主体不同。本罪可以是个人犯罪,也可以是单位犯罪。后罪只能是个人犯罪。(5)犯罪主观方面不同。本罪的明知范围是某些特定犯罪的所得及其产生的收益。后罪的明知范围可以是其他各种犯罪的所得及其产生的收益。

2.本罪中毒品犯罪所得及其收益的洗钱行为与包庇毒品犯罪分子罪和窝藏、转移、隐瞒毒品、毒赃罪的界限

二者的区别是:(1)犯罪客体不同。前者的客体除了司法机关的正常活动外,还有国家的金融管理制度。后者的客体只是司法机关的正常管理活动。(2)犯罪对象不同。前者的对象是特定犯罪的所得及其产生的收益。后者的对象是毒品犯罪分子或者毒品、毒赃。(3)犯罪客观方面不同。前者是一种与毒品犯罪所得及其收益有关的洗钱行为。后者是包庇毒品犯罪分子和窝藏、转移、隐瞒毒品、毒赃的行为。(4)犯罪主体不同。前者的主体可以是个人,也可以是单位。后者的主体只能是个人。(5)犯罪主观方面不同。前者的明知范围是某些特定犯罪的所得及其产生的收益。后者的明知范围是毒品犯罪分子和毒品、毒赃。

(四)洗钱罪的处罚

根据《刑法》第191条的规定,犯本罪的,没收犯罪所得及其产生的收益,处5

年以下有期徒刑或者拘役,并处或者单处罚金;情节严重的,处 5 年以上 10 年以下有期徒刑,并处罚金。

单位犯本罪的,对单位判处罚金,并对其直接负责的主管人员和其他直接责任人员,按照自然人犯本罪的规定处罚。

第六节　金融诈骗罪分述

一、集资诈骗罪

(一)集资诈骗罪的概念

集资诈骗罪,是指以非法占有为目的,使用诈骗方法非法集资,数额较大的行为。

(二)集资诈骗罪的特征

1.本罪侵犯的客体,是复杂客体,既侵犯了公私财产所有权,又侵犯了国家金融管理制度。在现代社会,资金是企业进行生产经营不可缺少的资源和生产要素。而生产者、经营者自有资金极为有限,因此向社会筹集资金成为一种越来越重要的金融活动。与此同时,一些名为集资、实为诈骗的犯罪行为也开始滋生、蔓延。这种集资诈骗行为采取欺骗手段蒙骗社会公众,不仅造成投资者的经济损失,同时更干扰了金融机构储蓄、贷款等业务的正常进行,破坏国家的金融管理秩序。

2.本罪在客观方面表现为使用诈骗方法非法集资,数额较大的行为。本罪客观方面包括三个方面内容:(1)使用诈骗方法。传统的诈骗方法包括虚构事实和隐瞒真相两种。就集资诈骗罪而言,具体表现为,虚构集资用途,以虚假的证明文件和高回报率为诱饵,骗取集资款。如有的行为人以"共同投资"名义欺骗他人,有的行为人采用比银行同期存款利率高出若干倍的方法诱惑他人。(2)非法集资。非法集资,是指公司、企业、其他组织或个人未经有权机关批准,违反法律法规,通过不正当的渠道,向社会公众募集资金的行为。非法集资既指未经批准向社会募集,也指虽经批准但经撤销后仍然继续向社会募集资金。(3)非法集资数额较大的,才构成本罪。本罪是数额犯,本罪的成立要求"数额较大"。根据《追诉标准(二)》第49 条的规定,是指下列情形之一:①个人集资诈骗,数额在 10 万元以上的;②单位集资诈骗,数额在 50 万元以上的。

3.本罪的主体是一般主体,单位可以成为本罪主体。

4.本罪的主观方面,只能由故意构成,且以非法占有为目的。所谓非法占有,根据 2011 年 1 月 4 日起施行的最高人民法院《关于审理非法集资刑事案件具体应用法律若干问题的解释》(以下简称《非法集资的解释》)第 4 条的规定,行为人具有下列情形之一的,可以认定其行为属于"以非法占有为目的":(1)集资后不用于生产经营活动或者用于生产经营活动与筹集资金规模明显不成比例,致使集资款不能返还的;(2)挥霍集资款,致使集资款不能返还的;(3)携带集资款逃匿的;(4)将集资款用于违法犯罪活动的;(5)抽逃、转移资金、隐匿财产、逃避偿还资金的;(6)隐匿、销毁账目,或者搞假破产、假倒闭,逃避返还资金的;(7)拒不交代资金去向,逃避返还资金的;(8)其他可以认定非法占有目的的情形。

（三）集资诈骗罪的认定

1.本罪罪与非罪的界限

本罪必须是在使用诈骗方法非法集资数额较大,并且具有非法占有的目的时,才能构成犯罪。对于骗取数额较小资金且情节较轻的行为,或者筹措资金时虽有某些虚假成分,但不是将集资款据为己有的,则不构成本罪,而应当按集资借贷纠纷处理。但是,情节严重的,即使实际上没有非法占有集资款的,也应认定为集资诈骗未遂。

2.本罪与非法吸收公众存款罪的界限

非法吸收公共存款罪也有非法集资的行为,二者虽然有许多相似之处,但存在如下区别:(1)侵犯的客体不完全相同。本罪侵犯的是复杂客体,包括金融管理秩序和公私财产所有权,而后者侵犯的则是单一客体,即金融管理秩序。(2)客观方面表现不同。本罪的行为方式是使用欺诈的方法筹集资金,而非法吸收公众存款罪的方式不具有欺诈性。(3)犯罪目的不同。本罪的犯罪目的在于将非法筹集的资金占有为己有,而后者的犯罪目的是通过非法吸收存款进行盈利活动,并无将非法所吸收的存款据为己有的目的。

根据《非法集资的解释》第1条规定,所谓"非法吸收公众存款或者变相吸收公众存款",是指同时具备下列四个条件的行为:(1)未经有关部门依法批准或者借用合法经营的形式吸收资金;(2)通过媒体、推介会、传单、手机短信等途径向社会公开宣传;(3)承诺在一定期限内以货币、实物、股权等方式还本付息或者给付回报;(4)向社会公众即社会不特定对象吸收资金。未向社会公开宣传,在亲友或者单位内部针对特定对象吸收资金的,不属于非法吸收或者变相吸收公众存款。

根据《非法集资的解释》第2条规定,非法吸收公众存款行为是指下列行为之一:(1)不具有房产销售的真实内容或者不以房产销售为主要目的,以返本销售、售后包租、约定回购、销售房产份额等方式非法吸收资金的;(2)以转让林权并代为管护等方式非法吸收资金的;(3)以代种植(养殖)、租种植(养殖)、联合种植(养殖)等方式非法吸收资金的;(4)不具有销售商品、提供服务的真实内容或者不以销售商品、提供服务为主要目的,以商品回购、寄存代售等方式非法吸收资金的;(5)不具有发行股票、债券的真实内容,以虚假转让股权、发售虚构债券等方式非法吸收资金的;(6)不具有募集基金的真实内容,以假借境外基金、发售虚构基金等方式非法吸收资金的;(7)不具有销售保险的真实内容,以假冒保险公司、伪造保险单据等方式非法吸收资金的;(8)以投资入股的方式非法吸收资金的;(9)以委托理财的方式非法吸收资金的;(10)利用民间"会"、"社"等组织非法吸收资金的;(11)其他非法吸收资金的行为。

所谓"以非法占有为目的",根据《非法集资的解释》第4条的规定,是指具有下列情形之一的:(1)集资后不用于生产经营活动或者用于生产经营活动与筹集资金规模明显不成比例,致使集资款不能返还的;(2)肆意挥霍集资款,致使集资款不能返还的;(3)携带集资款逃匿的;(4)将集资款用于违法犯罪活动的;(5)抽逃、转移资金、隐匿财产,逃避返还资金的;(6)隐匿、销毁账目,或者搞假破产、假倒闭,逃避返还资金的;(7)拒不交代资金去向,逃避返还资金的;(8)其他可以认定非法占有目的的情形。

集资诈骗罪中的非法占有目的,应当区分情形进行具体认定。行为人部分非法集资行为具有非法占有目的的,对该部分非法集资行为所涉集资款以集资诈骗罪定罪处罚;非法集资共同犯罪中部分行为人具有非法占有目的,其他行为人没有非法占有集资款的共同故意和行为的,对具有非法占有目的的行为人以集资诈骗罪定罪处罚。

3. 本罪与擅自发行股票、债券罪的界限

集资诈骗罪和擅自发行股票、债券罪、非法吸收公众存款罪在客观上均表现为向社会公众非法募集资金。区别的关键在于行为人是否具有非法占有的目的。对于以非法占有为目的而非法集资,或者在非法集资过程中产生了非法占有他人资金的故意,均构成集资诈骗罪。但是,在处理具体案件时要注意以下两点:一是不能仅凭较大数额的非法集资款不能返还的结果,推定行为人具有非法占有的目的;二是行为人将大部分资金用于投资或生产经营活动,而将少量资金用于个人消费或挥霍的,不应仅以此便认定具有非法占有的目的。所谓"擅自发行股票、公司、企业债券",根据《非法集资的解释》第6条的规定,是指未经国家有关主管部门批准,向社会不特定对象发行、以转让股权等方式变相发行股票或者公司、企业债券,或者向特定对象发行、变相发行股票或者公司、企业债券累计超过200人的行为。

(四)集资诈骗罪的处罚

根据《刑法》第192条的规定,犯本罪的,处3年以上7年以下有期徒刑,并处罚金;数额巨大或者有其他严重情节的,处7年以上有期徒刑或者无期徒刑,并处罚金或者没收财产。

单位犯本罪的,对单位判处罚金,并对其直接负责的主管人员和其他直接责任人员,按照自然人犯本罪的规定处罚。

在具体认定集资诈骗犯罪的数额时,应当以行为人实际骗取的数额计算。但是案发前已归还的数额扣除。在量刑时,不能仅以集资诈骗的数额为基础,还要考虑诈骗手段、诈骗次数、危害结果、社会影响等情节。

二、贷款诈骗罪

(一)贷款诈骗罪的概念

贷款诈骗罪,是指以非法占有为目的,诈骗银行或者其他金融机构的贷款,数额较大的行为。

(二)贷款诈骗罪的特征

1.本罪的客体是复杂客体,既侵犯了国家对金融机构的贷款管理制度,又侵犯了金融机构所贷资金的所有权。犯罪的对象是银行或其他金融机构的贷款。

2.本罪的客观方面,表现为用虚构事实,隐瞒真相的方法,骗取银行或者其他金融机构的贷款,数额较大的行为。其诈骗方法包括:(1)编造引进资金、项目等虚假理由的;(2)使用虚假的经济合同的;(3)使用虚假的证明文件的;(4)使用虚假的产权证明作担保或者超出抵押物价值重复担保的;(5)以其他方法诈骗贷款的。使用上述方法之一的,即可成立本罪;同时使用几种方法的,也只成立一罪。本罪骗取的贷款必须数额较大。根据《追诉标准(二)》第50条的规定,所谓"数额较大",是指以非法占有为目的,诈骗银行或者其他金融机构的贷款,数额在2万元以上。

3.本罪的主体是一般主体,即年满16周岁并具有刑事责任能力的自然人。单位不能成为本罪的主体。

4.本罪的主观方面是故意,并有非法占有银行或者其他金融机构贷款的目的。

根据《全国法院审理金融犯罪案件工作座谈会纪要》规定,结合司法实践,对于行为人通过诈骗的方法非法获取资金,造成数额较大资金不能归还,并具有下列情形之一的,可以认定为具有非法占有的目的:(1)明知没有归还能力而大量骗取资金的;(2)非法获取资金后逃跑的;(3)肆意挥霍骗取资金的;(4)使用骗取的资金进行违法犯罪活动的;(5)抽逃、转移资金、隐匿财产,以逃避返还资金的;(6)隐匿、销毁账目,或者搞假破产、假倒闭,以逃避返还资金的;(7)其他非法占有资金、拒不返还的行为。

(三)贷款诈骗罪的认定

1.本罪罪与非罪的界限

认定本罪应注意以下三点:(1)是否采用了诈骗手段;(2)骗取贷款是否数额较大;(3)是否具有非法占有贷款的目的。如果行为人以非法占有为目的,诈骗银行或者其他金融机构的贷款,数额不是较大的,或者行为人在主观上不具有非法占有目的,即使在贷款时采取虚构事实或隐瞒真相的方法,均不构成本罪,但可能构成其他犯罪。

2.本罪与无力偿还贷款的界限

贷款诈骗罪与借贷纠纷容易混淆。区分本罪与借贷纠纷的界限,是看行为人主观上有无非法占有的目的。这要把握以下几点:(1)在发生到期不还的结果时,要看行为人在申请贷款时,履约能力不足的事实是否已经存在,行为人对此是否有认识。如果无法履约的原因形成于获得贷款之后,或者行为人对自己无法履约缺乏认识,即使到期不还,也不应认定为是贷款诈骗,而应以借贷纠纷处理。(2)要看行为人在取得贷款后是否积极地将贷款用于借贷合同所规定的事项,如果用于履约,尽管行为人在到期后无法偿还,也不能认定为贷款诈骗行为。(3)要看行为人在贷款到期后是否积极偿还,如果行为人仅仅口头上承认欠款而实际上没有尽其所能积极筹备还款的行为,很难证明行为人没有非法占有贷款的目的。总之,应当综合各种因素进行考察,准确判断借款人是否具有非法占有贷款的目的。

3.本罪与诈骗罪的界限

本罪是诈骗罪的一种特殊形态。诈骗罪是指以非法占有为目的,以虚假事实或者隐瞒真相的方法,骗取数额较大的公私财物的行为。本罪与诈骗罪的区别在于:(1)二者的客体不同。本罪的客体是国家对金融机构的贷款管理制度和金融机构对信贷资金的所有权,而后者的客体则泛指公私财产的所有权。(2)二者的犯罪行为不同。本罪只能是通过金融机构的信贷业务实施诈骗,而后者则可以用各种各样的行为实施。总之,本罪与诈骗罪的关系是特别法与普通法的关系。从立法上来讲,《刑法》第266条在规定普通诈骗罪时指出:"本法另有规定的,依照规定";从刑法理论上分析,在发生包容性的法条竞合时,应实行特别法优于普通法的原则,因此,不可将本罪错当诈骗罪处理。

4.本罪与单位贷款诈骗的界限

关于贷款诈骗罪,刑法未规定单位犯罪。所以,单位实施贷款诈骗行为应当如何处理是个难题。我国刑法学界存在两种观点:第一种观点认为,由于刑法没有规定单位可以成为贷款诈骗罪的主体,根据罪刑法定原则,既不能追究单位也不能追究单位的直接负责的主管人员和其他责任人员的刑事责任;第二种观点认为,由于刑法没有规定单位成为贷款诈骗罪的主体,就不能追究单位的刑事责任,但不妨对单位直接负责的主管人员和其他直接责任人员按照个人犯罪追究刑事责任。根据《刑法》第30条和第193条的规定,单位不构成贷款诈骗罪。对于单位实施的贷款诈骗行为,不能以贷款诈骗罪定罪处罚,也不能以贷款诈骗罪追究直接负责的主管人员和其他直接责任人员的刑事责任。但是,在司法实践中,对于单位十分明显地以非法占有为目的,利用签订、履行借款合同诈骗银行或其他金融机构贷款,符合《刑法》第224条规定的合同诈骗罪构成要件的,应当以合同诈骗罪定罪处罚。

（四）贷款诈骗罪的处罚

根据《刑法》第193条的规定，犯本罪的，处5年以下有期徒刑或者拘役，并处2万元以上20万元以下罚金；数额巨大或者有其他严重情节的，处5年以上10年以下有期徒刑，并处5万元以上50万元以下罚金；数额特别巨大或者有其他特别严重情节的，处10年以上有期徒刑或者无期徒刑，并处5万元以上50万元以下罚金或者没收财产。

三、票据诈骗罪

（一）票据诈骗罪的概念

票据诈骗罪，是指以非法占有为目的，利用金融票据进行诈骗活动，数额较大的行为。

（二）票据诈骗罪的特征

1.本罪的客体是复杂客体，既侵犯了他人的财物所有权，又侵犯了国家的金融管理制度。

2.本罪的客观方面必须是利用金融票据进行诈骗活动，骗取数额较大财物的行为。利用金融票据进行诈骗是指：（1）明知是伪造、变造的汇票、本票、支票而使用的；（2）明知是作废的汇票、本票、支票而使用的；（3）冒用他人的汇票、本票、支票，骗取财物的；（4）签发空头支票或者与其预留印鉴不符的支票，骗取财物的；空头支票，是指出票人在银行没有存款或存款不足时签发的到期无法兑现的支票。（5）汇票、支票的出票人签发无资金保证的汇票、支票或在出票时作虚假记载、骗取财物的；出票人，是指制作票据，按照法定条件在票据上签章，并按照所记载的事项承担票据责任的人。根据《追诉标准（二）》第51条规定，本罪的成立要求"数额较大"，是指以下情形之一：（1）个人进行金融票据诈骗，数额在1万元以上的；（2）单位进行金融票据诈骗，数额在10万元以上的。

3.本罪的主体是一般主体。单位也可以成为本罪的犯罪主体。

4.本罪主观上只能是故意，行为人使用伪造、变造的金融票据进行诈骗时，必须明知是伪造、变造的票据，目的是非法占有公私财物。

（三）票据诈骗罪的处罚

根据《刑法》第194条第1款和第200条的规定，犯本罪的，处5年以下有期徒刑或者拘役，并处2万元以上20万元以下罚金；数额巨大或者有其他严重情节的，处5年以上10年以下有期徒刑，并处5万元以上50万元以下罚金；数额特别巨大或者有其他特别严重情节的，处10年以上有期徒刑或者无期徒刑，并处5万元以上50万元以下罚金或者没收财产。

单位犯本罪的，对单位判处罚金，并对其直接负责的主管人员和其他直接责任人员，处 5 年以下有期徒刑或者拘役，可以并处罚金；数额巨大或者有其他严重情节的，处 5 年以上 10 年以下有期徒刑，并处罚金；数额特别巨大或者有其他特别严重情节的，处 10 年以上有期徒刑或者无期徒刑，并处罚金。

四、金融凭证诈骗罪

（一）金融凭证诈骗罪的概念

金融凭证诈骗罪，是指以非法占有为目的，使用伪造、变造的委托收款凭证、汇款凭证、银行存单等其他银行结算凭证，骗取财物，数额较大的行为。

（二）金融凭证诈骗罪的特征

1. 本罪的客体是复杂客体，即国家对金融凭证的管理制度和他人的财产权利。

2. 本罪的客观方面表现为使用伪造、变造的委托收款凭证、汇款凭证、银行存单等其他银行结算凭证，骗取财物，数额较大的行为。委托收款凭证，是指行为人在委托银行向付款人收取货款等款项时，所填写和提供的凭据和证明。汇款凭证，是指汇款人委托银行将款项汇给外地的收款人时所填写的凭据和证明。银行存单，是指储户向银行交付存款后由银行开具的载有户名、账号、存款金额、存期、存款时间和到期时间、利率等内容的凭证和证明。其他银行结算凭证，是指除票据及上述凭证以外的各种银行结算凭证，如信用卡等。所谓"数额较大"，根据《追诉标准（二）》第 52 条的规定，是指以下情形之一：（1）个人进行金融凭证诈骗，数额在 1 万元以上的；（2）单位进行金融凭证诈骗，数额在 10 万元以上的。

3. 本罪的主体是一般主体，既可以是自然人，也可以是单位。

4. 本罪的主观方面是故意，并以非法占有为目的。

（三）金融凭证诈骗罪的处罚

根据《刑法》第 194 条、第 200 条规定，犯本罪的，处 5 年以下有期徒刑，并处 2 万元以上 20 万元以下罚金；数额巨大或者有其他严重情节的，处 5 年以上 10 年以下有期徒刑，并处 5 万元以上 50 万元以下罚金；数额特别巨大或者有其他特别严重情节的，处 10 年以上有期徒刑或者无期徒刑，并处 5 万元以上 50 万元以下罚金或者没收财产。

单位犯本罪的，对单位判处罚金，并对其直接负责的主管人员和其他直接责任人员，处 5 年以下有期徒刑或者拘役，可以并处罚金；数额巨大或者有其他严重情节的，处 5 年以上 10 年以下有期徒刑，并处罚金；数额特别巨大或者有其他特别严重情节的，处 10 年以上有期徒刑或者无期徒刑，并处罚金。

五、信用证诈骗罪

（一）信用证诈骗罪的概念

信用证诈骗罪，是指以非法占有为目的，利用信用证进行诈骗活动的行为。

（二）信用证诈骗罪的特征

1.本罪的客体是复杂客体，即国家对信用证的管理制度和他人的财产权利。信用证，是指开证银行根据进口商的开证付款的书面凭证。它是当前国际结算的一种方式。

2.本罪的客观方面表现为利用信用证进行诈骗的行为。这类行为主要方式有：（1）使用伪造、变造的信用证或者附随的单据、文件的。附随的单据、文件，是指使用信用证时必须附随的运输单据、商业发票、合同、提单、保险单等单据、文件。（2）使用作废的信用证的。如使用过期、失效的信用证等。（3）骗取信用证的。指以虚构事实、隐瞒真相的方法，欺骗开证银行，使其开具信用证。（4）以其他方法进行信用证诈骗活动的。如与开证行、受益人合谋，在支付银行款项后宣布开证破产，使支付行受到财产损失；利用软条款设置信用证陷阱，即在开立信用证时故意附加设置一些隐瞒性条款，使开证行单方取得主动权，以便能够单方随时解除信用证，以达到限制信用证的使用效力，从而达到诈骗目的等。

3.本罪的主体是一般主体，既可以是自然人，也可以是单位。

4.本罪的主观方面是故意，并以非法占有为目的。

（三）信用证诈骗罪的处罚

根据《刑法》第 195 条和第 200 条的规定，犯本罪的，处 5 年以下有期徒刑或者拘役，并处 2 万元以上 20 万元以下罚金；数额巨大或者有其他严重情节的，处 5 年以上 10 年以下有期徒刑，并处 5 万元以上 50 万元以下罚金；数额特别巨大或者有其他特别严重情节的，处 10 年以上有期徒刑或者无期徒刑，并处 5 万元以上 50 万元以下罚金或者没收财产。

单位犯本罪的，对单位判处罚金，并对其直接负责的主管人员和其他直接责任人员，处 5 年以下有期徒刑或者拘役；数额巨大或者有其他严重情节的，处 5 年以上 10 年以下有期徒刑；数额特别巨大或者有其他特别严重情节的，处 10 年以上有期徒刑或者无期徒刑。

六、信用卡诈骗罪

（一）信用卡诈骗罪的概念

信用卡诈骗罪，是指以非法占有为目的，利用信用卡进行诈骗活动，数额较大的行为。

（二）信用卡诈骗罪的特征

1.本罪的客体是复杂客体，既侵犯了国家对信用卡的管理制度，又侵犯了银行以及信用卡的有关关系人的公私财物所有权。犯罪对象是信用卡。信用卡是由银行或专营机构发给消费者，在约定的银行或部门支取现金或购买货物、支付劳务费用的一种信用凭证。它具有结算和信贷的双重功能以及银行吸收存款和存款付息的储蓄性质。我国目前发放的信用卡为记账信用卡,即持卡人收、付款项通过在发卡行开立的"备用户"进行结算,它是一种支付工具,具有货币的支付功能,也是我国银行的一种重要结算手段。当持卡人持卡消费时,在金额不足的情况下允许善意透支,并由发卡银行以贷款形式加以解决。因此,信用卡也具有一种银行的信贷功能,另外,领取信用卡的客户随时续存,所存款项在消费支付前,银行按照规定的活期储蓄利率计算利息。因此,开展信用卡业务,也是银行增加储蓄存款的有效措施。

2. 本罪的客观方面,表现为利用信用卡进行诈骗活动,骗取数额较大的财物。利用信用卡实施诈骗行为是指:(1)使用伪造的信用卡,或者使用以虚假的身份证明骗领的信用卡。前者是使用伪造的信用卡购买商品、在银行或自动柜员机上支取现金以及接受服务等行为,包括自己伪造后又使用和明知是他人伪造的信用卡而使用。后者是使用违反本人居民身份证、军官证或者境外居民护照的真实内容的虚假身份证明,以欺骗手段领取信用卡的行为。根据我国发行信用卡的各有关规定,申请信用卡的用户,都应在发卡银行设相应的账户,并存入一定数额的信用卡起用金。使用伪造的信用卡,由于没有起用金,一旦使用得逞,就使特约商户经济上受到直接损失。(2)使用作废的信用卡。信用卡可以因种种原因而失去效用,不能继续使用。作废的信用卡主要有三种情形:一是指信用卡超过有效使用期限而自动失效;二是信用卡持卡人如果在信用卡有效期间停止使用,应办理退卡手续并将该信用卡退回发卡机构;三是因挂失而使信用卡失效。(3)冒用他人信用卡。根据《最高人民法院、最高人民检察院关于办理妨害信用卡管理刑事案件具体应用法律若干问题的解释》(法释〔2018〕19号)(以下简称《妨害信用卡的解释》)第5条的规定,"冒用他人信用卡"包括:(1)拾得他人信用卡并使用的;(2)骗取他人信用卡并使用的;(3)窃取、收买、骗取或者以其他非法方式获取他人信用卡信息资料,并通过互联网、通讯终端等使用的;(4)其他冒用他人信用卡的情形。(4)恶意透支。信用卡的透支是指持卡人在其发卡银行信用卡账户上资金不足或已无资金的情况下,按信用卡章程、协议约定,持卡人可以在一定额度内使用信用卡进行消费,但须在约定时间补充资金并支付一定利息,这种透支是种善意透支。我国信用卡中,不允许透支的信用卡主要是外币卡。恶意透支,是指持卡人以非法占有为目的,超过规定限额与期限透支,经发卡机构催收后仍不归还的行为。善意透支和恶意透支的区别在于,前者是先用后还,后者是以非法占有为目的,根本就不想归还透支的资金。本罪是结果犯,只有利用信用卡诈骗取得的财物达到数额较大的程度,才构成犯罪。本罪的成立要求"数额较大"。所谓数额较大,根据《妨害信用卡的解释》的规定,是指下列情形之一的:(1)使用伪造的信用卡、以虚假的身份证明骗领的信用卡、作废的信用卡或者冒用他人信用卡,进行信用卡诈骗活动,数额在5000元以上不满5万元的;(2)恶意透支,数额在5万元以上不满50万元的。

3.本罪的主体是一般主体,即年满16周岁并具有刑事责任能力的自然人。单位不构成本罪。

4.本罪的主观方面表现为故意,行为人主观上具有非法占有他人财物的目的。

(三)信用卡诈骗罪的认定

1.本罪与伪造金融票证罪的界限

伪造信用卡后又自己使用的,既构成本罪又触犯了《刑法》第177条规定的伪造金融票证罪。二者的主要区别是:(1)本罪的基本罪是结果犯,实施信用卡诈骗行为必须骗得数额较大,才构成犯罪;后者的基本罪是行为犯,只要实施了伪造信用卡的行为,无论是否发生危害结果都构成犯罪。(2)本罪的主体限于个人,单位不能构成;后者的主体,个人和单位均可构成。因此,行为人伪造信用卡又自己使用,如果骗得的财物尚未达至数额较大的,应当认定为伪造金融票证罪,适当从重处罚;如果骗得财物数额较大的,应按牵连犯,从重处罚。

2.盗窃信用卡的使用问题

根据《刑法》第196条第3款的规定,盗窃信用卡并使用的,构成盗窃罪。这里的信用卡仅限于他人的真实有效的信用卡,如果盗窃伪造或作废的信用卡并使用的,应认定为信用卡诈骗罪;如果以非法占有他人财物为目的而盗窃信用卡但尚未使用的,成立盗窃未遂。行为人盗窃并使用信用卡后又"恶意透支"的,应按盗窃罪与信用卡诈骗罪实行数罪并罚。实践中发生的抢劫信用卡的案件,如果仅抢劫信用卡并使用的,应认定为信用卡诈骗罪;如果抢劫信用卡的同时抢劫了其他财物,并使用抢劫来的信用卡的,应按抢劫罪与信用卡诈骗罪实行数罪并罚。

(四)信用卡诈骗罪的处罚

根据《刑法》第196条的规定,犯本罪的,处5年以下有期徒刑或拘役,并处2万元以上20万元以下罚金;数额巨大或者有其他严重情节的,处5年以上10年以下有期徒刑,并处5万元以上50万元以下罚金;数额特别巨大或者有其他特别严重情节的,处10年以上有期徒刑或无期徒刑,并处5万元以上50万元以下罚金或者没收财产。

七、有价证券诈骗罪

(一)有价证券诈骗罪的概念

有价证券诈骗罪,是指以非法占有为目的,使用伪造、变造的国库券或者国家发行的其他有价证券进行诈骗活动,数额较大的行为。

（二）有价证券诈骗罪的特征

1.本罪的客体是复杂客体，即国家对有价证券的发行管理规定和他人的财产权利。

2.本罪的客观方面表现为使用伪造、变造的国库券或者国家发行的其他有价证券进行诈骗活动，数额较大的行为。本罪的成立要求"数额较大"。所谓数额较大，根据《追诉标准（二）》第55条的规定，是指使用伪造、变造的国库券或者国家发行的其他有价证券进行诈骗活动，数额在1万元以上的。

3.本罪主体是一般主体，不包括单位。

4.本罪的主观方面是故意。

（三）有价证券诈骗罪的处罚

根据《刑法》第197条规定，犯本罪的，处5年以下有期徒刑或者拘役，并处2万元以上20万元以下罚金；数额巨大或者有其他严重情节的，处5年以上10年以下有期徒刑，并处5万元以上50万元以下罚金；数额特别巨大或者有其他特别严重情节的，处10年以上有期徒刑或者无期徒刑，并处5万元以上50万元以下罚金或者没收财产。

八、保险诈骗罪

（一）保险诈骗罪的概念

保险诈骗罪，是指投保人、被保险人或者受益人虚构事实或者隐瞒事实真相，骗取保险金，数额较大的行为。

（二）保险诈骗罪的特征

1.本罪的客体是复杂客体，既侵犯了保险公司的财产所有权，又侵犯了国家的金融保险制度。本罪的对象是保险金，它是保险人承担赔偿或者给付保险金责任的最高限额。如果行为人以欺骗方法骗取保险公司保险金以外的其他财产的，不能构成本罪。

2.本罪在客观方面表现为，虚构事实或者隐瞒事实真相，骗取保险金，数额较大的行为。本罪客观方面具体包括以下五种行为方式：（1）投保人故意虚构保险标的，骗取保险金。"虚构保险标的"，是指投保人违背《中华人民共和国保险法》（以下简称《保险法》）规定的如实告知义务，虚构一个根本不存在的保险标的或者将不合格的标的伪称为合格的标的，与保险人订立保险合同的行为。在实践中，投保人虚构保险标的骗取保险金的方式主要表现为以下三种：第一，虚构根本不存在的保险标的，骗取保险金。第二，将不合格的标的伪称为合格的标的，即将不符合投保人投保要求的标的投保。与前一种情形的不同在于，此种情形是保险标的确实存在，只是不符合相应险种的投保要求，属于以次充好；而前一种情形是无中生有。

第三,故意增大保险标的金额,恶意超额投保,骗取大于保险标的数倍甚至数十倍的保险金。(2)投保人、被保险人或者受益人对发生的保险事故编造虚假的原因或者夸大损失的程度,骗取保险金。具体包括两种行为:第一,对发生的保险事故编造虚假的原因,骗取保险金。在保险事故发生后,引起事故发生的原因是确定保险合同双方当事人的责任,以及是否属于保险事故,是否予以理赔的一个重要依据。"编造虚假的原因",就是保险标的因保险责任范围以外的原因发生事故,但投保人、被保险人或者受益人谎称是保险责任范围内的原因所致,向保险人骗取保险金。第二,夸大损失程度,骗取保险金。是指保险事故发生后,投保人、被保险人或者受益人故意夸大由于保险事故造成的保险标的的损失程度,从而骗取超过其应得赔付数额的保险金。(3)投保人、被保险人或者受益人编造未曾发生的保险事故,骗取保险金。在以保险事故的发生为支付保险金的保险合同中,保险事故的发生是保险人向投保人、被保险人或者受益人支付保险金的前提条件,如果没有发生约定的保险事故,就不必支付保险金。《保险法》第 27 条第 1 款规定:"未发生保险事故,被保险人和受益人谎称发生了保险事故,向保险人提出赔偿或者给付保险金请求的,保险人有权解除保险合同,并不退还保险费。"(4)投保人、被保险人故意造成财产损失的保险事故,骗取保险金。是指财产保险的投保人、被保险人在保险合同的有效期内,故意人为地制造保险标的出险的保险事故,造成财产损失,骗取保险金的行为。(5)投保人、受益人故意造成被保险人死亡、伤残或者疾病,骗取保险金。人身保险是以人的生命安全以及健康为保险标的的保险。这类保险一般都以被保险人的死亡、伤害或者发生疾病为赔偿条件。因而,在实践中,有些投保人、受益人为了获取保险赔偿金,故意造成被保险人死亡、伤残或者疾病,获取保险金。

本罪是数额犯,骗取数额较大保险金的,就可构成保险诈骗罪。本罪的成立要求"数额较大"。所谓数额较大,根据《追诉标准(二)》第 56 条的规定,是指具有下列情形之一:(1)个人进行保险诈骗,数额在 1 万元以上的;(2)单位进行保险诈骗,数额在 5 万元以上的。如果数额不是较大,则只能作为违法行为处理。

3.本罪的主体是特殊主体,即只能由投保人、被保险人和受益人三种人构成。自然人和单位均可成为保险诈骗罪的主体。

4.本罪的主观方面是故意,并且行为人具有非法占有保险金的目的。

(三)本罪的认定

1.本罪的牵连犯问题

第一,《刑法》第 198 条第 2 款规定:"有前款第四项、第五项所列行为,同时构成其他犯罪的,依照数罪并罚的规定处罚。"即投保人、被保险人故意造成财产损失的保险事故,骗取保险金,或者投保人、受益人故意造成被保险人死亡、伤残或者疾病,骗取保险金,其目的行为构成保险诈骗罪,手段行为如故意纵火、故意杀人、故意伤害、传播传染病、虐待、遗弃等构成故意毁坏财物罪、放火罪、故意杀人罪、故意伤害罪、虐待罪、遗弃罪等,属于牵连犯。但是,此处的牵连犯不再按照"择一重罪处断"的原则处理,而是根据法律的明确规定进行数罪并罚。第二,在实施保险诈骗的过程中实施的上述以外的其他手段行为构成犯罪的,也属于牵连犯,对这种法律没有规定明确的处断原则的牵连犯仍应当按照"择一重罪从重处罚"的一般原则处理。如为了骗取保险金而伪造国家机关公文、印章的。

2.本罪的共犯问题

根据《刑法》第198条第4款规定,保险事故的鉴定人、证明人、财产评估人故意提供虚假的证明文件,为他人诈骗提供条件的,以保险诈骗罪的共犯论处。故保险事故的鉴定人、证明人、财产评估人可以成为共同保险诈骗犯罪的主体。如果保险公司内部人员与诈骗犯罪人员相互勾结,共同诈骗保险人的保险金的,是保险诈骗罪的共犯,应依共同犯罪的规定处罚。

(四)保险诈骗罪的处罚

根据《刑法》第198条的规定,犯本罪的,处5年以下有期徒刑或者拘役,并处1万元以上10万元以下罚金;数额巨大或者有其他严重情节的,处5年以上10年以下有期徒刑,并处2万元以上20万元以下罚金;数额特别巨大或者有其他特别严重情节的,处10年以上有期徒刑,并处2万元以上20万元以下罚金或者没收财产。

单位犯本罪的,对单位判处罚金,并对其直接负责的主管人员和其他直接责任人员,处5年以下有期徒刑或者拘役;数额巨大或者有其他严重情节的,处5年以上10年以下有期徒刑;数额特别巨大或者有其他特别严重情节的,处10年以上有期徒刑。

第七节　危害税收征管罪分述

一、逃税罪

(一)逃税罪的概念

逃税罪,是指纳税人、扣缴义务人采取欺骗、隐瞒手段进行虚假纳税申报或者不申报,逃避缴纳税款数额较大并且占应纳税额10%以上的行为。

(二)逃税罪的特征

1.本罪的客体,是国家税收管理制度,即我国税法规定并通过税务机关具体执行的、对符合法定条件的单位或个人征收税款的法律制度。逃税罪的对象是税款。税款指的是根据税法规定,纳税人应该依法缴纳的款项和扣缴义务人已扣、已收税款。

2.本罪在客观方面表现为采取欺骗、隐瞒手段进行虚假纳税申报或者不申报，逃避缴纳税款数额较大的行为。数额较大，是指逃税数额占应纳税额的10％以上并且逃税数额在1万元以上。根据《刑法》第201条第3款的规定，多次实施逃税行为，未经处理的，按照累计数额计算。"未经处理"，是指纳税人或者扣缴义务人在5年内多次实施逃税行为，但每次逃税数额均未达到《刑法》第201条规定的构成犯罪的数额标准，且未受行政处罚的情形。需要指出的是，"逃税数额占应缴税额的10％以上"和"逃税数额在1万元以上"是逃税行为构成犯罪不可或缺的数量条件，前者是比例条件，后者是总量条件。逃税数额，是指在确定的纳税期间，不缴或者少缴各税种税款的总额；逃税数额占应纳税额的百分比，是指一个纳税年度中的各税种逃税总额与该纳税年度应纳税总额的比例。不按纳税年度确定纳税期的其他纳税人，逃税数额占应纳税额的百分比，按照行为人最后一次逃税行为发生之日前一年中各税种逃税总额与该年纳税总额的比例确定。纳税义务存续期间不足一个纳税年度的，逃税数额占应纳税额的百分比，按照各税种逃税总额与实际发生纳税义务期间应当缴纳税款总额的比例确定。该条第3款规定，逃税行为跨越若干个纳税年度，只要其中一个纳税年度的逃税数额及百分比达到《刑法》第201条第1款规定的标准，即构成逃税罪。各纳税年度的逃税数额应当累计计算，逃税百分比应当按照最高的百分比确定。

3.本罪的主体是特殊主体，即只能由纳税人、扣缴义务人构成。(1)纳税人。是指依法应当向国家缴纳税款的个人或单位。(2)扣缴义务人。是指负有代扣代缴义务的单位或个人，又可具体分为代扣代缴义务人和代收代缴义务人。代扣代缴义务人是指有义务从其持有的纳税人收入中扣除其应纳税款并代为缴纳的单位或个人；代收代缴义务人是指有义务借助经济往来向纳税人收取应纳税款并代为缴纳的单位或个人。此外，税务人员与纳税人相互勾结，共同实施逃税行为的，以逃税共犯论处。

4.本罪的主观方面表现为直接故意，并且具有逃避缴纳应缴税款，获取非法利益的目的。

(三)逃税罪的认定

本罪罪与非罪的界限

从原则上讲，纳税人和扣缴义务人逃税的绝对数额只有在1万元以上并且占应纳税款的10％以上，这两项指标必须同时具备，才能构成犯罪；如果缺少其中一项，即虽然逃税数额达到1万元但不足应纳税款10％或者相反的，均不构成犯罪，只能作为一般违法行为，由税务机关依照税收征管法规处理。有上述行为，经税务机关依法下达追缴通知后，补缴应纳税款，缴纳滞纳金，已受行政处罚的，不予追究刑事责任；但是，5 年内因逃避缴纳税款受过刑事处罚或者被税务机关给予 2 次以上行政处罚的除外。

（四）逃税罪的处罚

根据《刑法》第 201 条、第 204 条第 2 款、第 211 和第 212 条的规定，犯本罪的，处 3 年以下有期徒刑或者拘役，并处罚金；数额巨大并且占应纳税额 30% 以上的，处 3 年以上 7 年以下有期徒刑，并处罚金。扣缴义务人构成本罪的，依照纳税人犯本罪的规定处罚。

单位犯本罪的，对单位判处罚金，并对其直接负责的主管人员和其他直接责任人员，依照自然人犯本罪的规定处罚。

二、抗税罪

（一）抗税罪的概念

抗税罪，是指纳税人、扣缴义务人，违反税收征管法规，以暴力、威胁方法拒不缴纳税款的行为。

（二）抗税罪的特征

1. 本罪的客体是复杂客体，既侵犯了国家税收征管制度，又侵犯了依法执行征税公务的国家工作人员的人身权利。本罪行为侵害的对象是除海关、关税以外的国内税收及其征管人员。

2. 本罪的客观方面表现为，违反税收征收管理法律、法规，以暴力、威胁方法拒不缴纳税款的行为。违反税收征管法律、法规，是指拒绝依照税收管理法的规定履行纳税义务。如拒绝办理税务登记、纳税申报、提供纳税资料，以各种借口拖延缴纳或抵制缴纳应纳税款，拒缴滞纳金等。本罪的暴力包括两种情况：一是对人暴力，即对履行税收职责的税务人员的人身不法行使有形力，使其不能正常履行职责；二是对物暴力，为阻碍执行征税而砸坏其使用的交通工具、聚众冲击打砸税务机关。威胁，是指对征税工作人员实行精神强制，使其不敢正常履行税收职责。假如行为人一时激动讲了错话、气话，并无将威胁的内容付诸实施的意图，不能认定是犯罪。暴力、威胁是手段行为，目的行为是拒绝缴纳税款。至于其拒不缴纳税款数额，以及其占应纳税款总额的比例大小，不影响本罪的构成。

3. 本罪的主体是特殊主体，指纳税人和扣缴义务人。与纳税人或者扣缴义务人共同实施抗税行为的，以抗税罪的共犯依法处罚。单位不能成为本罪主体，如果单位领导决定并指使他人或者亲自参与使用暴力、威胁方法，为单位抗拒缴纳税款的，实施"单罚制"，只处罚其直接负责的主管人员和其他直接责任人员，不处罚单位。

4. 本罪的主观方面必须出于故意，即明知应缴纳税款而故意用暴力、威胁方法拒不缴纳，本罪一般具有抗拒缴纳税款的目的。

（三）抗税罪的认定

1.本罪罪与非罪的界限

虽然刑法对构成抗税罪没有规定数额和情节标准，但这并不意味着认定抗税罪不需要考虑数额和情节。抗税案件在情节和危害程度上差别很大，不能认为凡是抗税行为都作犯罪处理。《中华人民共和国税收征收管理法》第45条规定，抗税情节轻微，未构成犯罪的，由税务机关追缴应缴的税款，并处以抗缴税款5倍以下的罚款。因此，对于抗税情节显著轻微危害不大的，应根据《刑法》第13条的"但书"认定为无罪。情节轻重和危害大小，主要应从暴力程度、后果及威胁内容和抗税数额、次数两个方面进行判断。

2.正确处理以暴力方法抗税致人重伤、死亡的案件

以暴力方法抗税致人重伤、死亡的应当如何处理？刑法学界有不同观点：有的认为应当按故意伤害罪或故意杀人罪从重处罚；有的认为应当区别情况，分别按故意伤害罪、故意杀人罪或过失致人死亡罪论处；有的认为如果暴力抗税故意致人重伤、死亡的，根据罪过形式的不同，分别按故意伤害罪、故意杀人罪、过失致人重伤罪和过失致人死亡罪处理；有的认为这种情况属于转化犯，应根据转化后的犯罪处理。我们认为，这种情形属于想象竞合犯，择一重罪处断。根据最高人民法院2002年11月7日起施行《关于审理偷税抗税刑事案件具体应用法律若干问题的解释》（以下简称《偷税抗税的解释》）第6条的规定，实施抗税行为致人重伤、死亡，构成故意伤害罪、故意杀人罪的，分别依照《刑法》第234条第2款和第232条的规定定罪处罚。

（四）抗税罪的处罚

根据《刑法》第202条和第212条规定，犯本罪的，处3年以下有期徒刑或者拘役，并处拒缴税款1倍以上5倍以下的罚金；情节严重的，处3年以上7年以下有期徒刑，并处拒缴税款1倍以上5倍以下的罚金。所谓"情节严重"，根据《偷税抗税的解释》第5条规定，是指下列情形之一：（1）聚众抗税的首要分子；（2）抗税数额在10万元以上的；（3）多次抗税的；（4）故意伤害致人轻伤的；（5）具有其他严重情节的。

被判处罚金的，执行前，应当先由税务机关追缴所逃避的税款。

三、逃避追缴欠税罪

（一）逃避追缴欠税罪的概念

逃避追缴欠税罪，是指纳税义务人欠缴应纳税款，采取转移或者隐匿财产的手段，致使税务机关无法追缴欠缴的税款，数额较大的行为。

（二）逃避追缴欠税罪的特征

1.本罪的客体是国家的税收征管制度。

2.本罪在客观方面表现为采取转移或者隐匿财产的手段,致使税务机关无法追缴欠缴的税款,数额较大的行为。本罪的成立要求"数额较大"。所谓数额较大,根据《追诉标准（二）》第 59 条的规定,是指纳税人欠缴应纳税款,采取转移或者隐匿财产的手段,致使税务机关无法追缴欠缴的税款,数额在 1 万元以上。

3.本罪的主体是纳税义务人,既可以是个人也可以是单位。

4.本罪的主观方面是故意,并以逃避缴税为目的。

（三）逃避追缴欠税罪的处罚

根据《刑法》第 203 条、第 211 条和第 212 条规定,犯本罪的,数额在 1 万元以上不满 10 万元的,处 3 年以下有期徒刑或者拘役,并处或者单处欠缴税款 1 倍以上 5 倍以下罚金;数额在 10 万元以上的,处 3 年以上 7 年以下有期徒刑,并处欠缴税款 1 倍以上 5 倍以下的罚金。

单位犯本罪的,对单位判处罚金,并对其直接负责的主管人员和其他直接责任人员,依照自然人犯本罪的规定处罚。

被判处罚金的,在执行前,应当先由税务机关追缴所欠缴的税款。

四、骗取出口退税罪

（一）骗取出口退税罪的概念

骗取出口退税罪,是指以假报出口或者其他欺骗手段,骗取国家出口退税款,数额较大的行为。

（二）骗取出口退税罪的特征

1.本罪的客体是国家出口退税的管理制度和国家财产所有权。出口退税,指税务机关根据国家法律、法规和政策的规定,对于在国内已征收税款的产品,在其出口时,将已征收税款予以全部或者部分返还的制度。

2.本罪的客观方面表现为,使用假报出口或者其他欺骗手段,骗取国家出口退税款,数额较大的行为。根据最高人民法院 2002 年 9 月 17 日《关于审理骗取出口退税刑事案件具体应用法律若干问题的解释》（以下简称《骗取出口退税的解释》）第 1 条至第 3 条规定,所谓"假报出口",是指以虚构已税货物为目的,具有下列情形之一的行为:（1）伪造或者签订虚假的买卖合同;（2）以伪造、变造或者其他非法手段取得出口货物报关单、出口收汇核销单、出口货物专用缴款书等有关出口退税单据、凭证;（3）虚开、伪造、非法购买增值税专用发票或者其他可以用于出口退税的发票;（4）其他虚构已税货物出口事实的行为。所谓"其他欺骗手段",是指下列情形之一:①骗取出口货物退税资格的;②将未纳税或者免税货物作为已税货物出口的;③虽有货物出口,但虚构该出口货物的品名、数量、单价等要素,骗取未实际纳税部分出口退税款的;④以其他手段骗取出口退税款的。所谓"数额较大",是指"骗取国家出口退税款5万元以上的"。

3.本罪的主体,既可以是个人也可以是单位。

4.本罪的主观方面,只能出于直接故意,并具有骗取国家出口退税款的目的。

(三)骗取出口退税罪的认定

1.本罪罪与非罪的界限

构成本罪必须是骗取出口退税数额较大,如果犯罪数额尚未达到5万元的,不能以犯罪论处。根据《追诉标准(二)》第60条的规定,以假报出口或者其他欺骗手段,骗取国家出口退税款,数额在5万元以上的,应当予以追诉。此外,实践中,有些非出口单位和个人为骗取国家出口退税款,利用出口单位急于创汇的急功近利思想,充当中间商,自带客户、自带货源、自带汇票、自行报关与出口单位交易。其往往并无商品,所带汇票和报关单等凭证都是伪造的,而出口单位因急于出口创汇,违反外贸经营的正常程序,在不见出口商品、不见供货货主、不见外商的情况下与之进行交易,从而为其骗税提供了便利条件,给国家和企业造成严重损失。因此,《骗取出口退税的解释》第6条规定,有进出口经营权的公司、企业,明知他人意欲骗取国家出口退税款,仍违反国家有关进出口经营的规定,允许他人自带客户、自带货源、自带汇票并自行报关,骗取国家出口退税款的,依照《刑法》第204条第1款、第211条的规定定罪处罚。

2.本罪与偷税罪的竞合问题

根据《刑法》第204条的规定,如果纳税人纳税以后,采取假报出口或者其他欺骗手段,骗取所缴纳税款的,按偷税罪定罪处罚;行为人骗取的国家出口退税款超过所缴纳的税款部分,应定骗取出口退税罪。但如果一次骗税行为骗取税款超过所缴纳税款,其骗取所纳税款构成偷税罪,超过所纳税款的部分构成骗取出口退税罪,对此行为是择一从重处罚还是数罪并罚?对此刑法学界有不同的观点,有人主张数罪并罚,有人主张择一重罪处断。我们同意后一种观点,因为这种行为是同时触犯数个罪名的想象竞合犯,应当择一重罪处断。

3.实施骗取国家出口退税行为,没有实际取得出口退税款的,可以比照既遂犯从轻或者减轻处罚。

(四)骗取出口退税罪的处罚

根据《刑法》第204条、第211条和第212条的规定,犯本罪的,处5年以下有期徒刑或者拘役,并处骗取税款1倍以上5倍以下的罚金;数额巨大或者有其他严重情节的,处5年以上10年以下有期徒刑,并处骗取税款1倍以上5倍以下的罚金;数额特别巨大或者有其他特别严重情节的,处10年以上有期徒刑或者无期徒刑,并处骗取税款 1 倍以上 5 倍以下的罚金或者没收财产。

单位犯本罪的,对单位判处罚金,并对其直接负责的主管人员和其他直接责任人员,依照上述规定处罚。被判处罚金的,在执行前,应当先由税务机关追缴所欠缴的税款。

根据《骗取出口退税的解释》第 3 条至第 5 条规定,"数额巨大",是指骗取国家出口退税款 50 万元以上的情形。"其他严重情节"是指下列情形之一:(1)造成国家税款损失 30 万元以上并且在第一审判决宣告前无法追回的;(2)因骗取国家出口退税行为受过行政处罚,两年内又骗取国家出口退税款数额在 30 万元以上的;(3)情节严重的其他情形。"数额特别巨大",是指骗取国家出口退税款 250 万元以上的情形。"其他特别严重情节"是指下列情形之一:(1)造成国家税款损失 150 万元以上并且在第一审判决宣告前无法追回的;(2)因骗取国家出口退税行为受过行政处罚,两年内又骗取国家出口退税款数额在 150 万元以上的;(3)情节特别严重的其他情形。

单位犯本罪的,对单位判处罚金,并对其直接负责的主管人员和其他直接责任人员,依照自然人犯本罪的规定处罚。对被判处罚金、没收财产的,在执行前,应当由税务机关追缴税款和所骗取的出口退税款。

五、虚开增值税专用发票、用于骗取出口退税、抵扣税款发票罪

(一)虚开增值税专用发票、用于骗取出口退税、抵扣税款发票罪的概念

虚开增值税专用发票、用于骗取出口退税、抵扣税款发票罪,是指为了牟取非法经济利益,故意违反国家发票管理规定,虚开增值税专用发票或者用于骗取出口退税、抵扣税款的其他发票的行为。

(二)虚开增值税专用发票、用于骗取出口退税、抵扣税款发票罪的特征

1. 本罪的客体是国家的发票管理制度和税收征管制度。本罪的对象是增值税专用发票、用于骗取出口退税和抵扣税款发票。增值税专用发票,是指国家税务部门根据增值税征收管理需要,兼记货物或者劳务所负担的增值税税额而设定的一种专用发票。其他可用于出口退税、抵扣税款的发票,是指除增值税专用发票外,其他可用于出口退税、抵扣税款的农产品收购发票、废旧物质回收发票、运输发票等,如特别消费税发票等。

2. 本罪的客观方面表现为实施了虚开增值税专用发票或者其他可用于出口退税、抵扣税款的发票的行为。虚开增值税专用发票或可用于骗取出口退税、抵扣税款的其他发票主要包括两种情况:一种是根本不存在商品交易,无中生有,虚构商品交易内容和税额开具发票;另一种是虽然存在真实的商品交易,但是在填开发票时随意改变货名,虚增数量、价款和销项税额。根据《刑法》第 205 条第 4 款规定,虚开增值税专用发票或者虚开可用于骗取出口退税、抵扣税款的其他发票,是指有

为他人虚开、为自己虚开、让他人为自己虚开、介绍他人虚开行为之一的。(1)为他人虚开。通常也称"代开"。大致包括两种情况:一是行为人在他人有商品交易活动的情况下,用自己领购的增值税专用发票或可用于骗取出口退税、抵扣税款的其他发票为他人代开;二是行为人在他人没有商品交易活动的情况下,用自己领购的增值税专用发票或可用于骗取出口退税的、抵扣税款的其他发票为他人代开。(2)为自己虚开。是指行为人在没有商品交易或只有部分商品交易的情况下,在自行填开发票时,虚构商品交易的内容或者商品交易的数量、价款和销项税额。(3)让他人为自己虚开。通常包括以下三种情况:一是行为人为自己骗取出口退税或者非法抵扣税款,让发票领购人为自己虚开增值税专用发票或者可用于骗取出口退税、抵扣税款的其他发票;二是行为人为非法收购、倒卖发票从中牟利,或者为他人骗取出口退税、抵扣税款提供非法凭证,而让发票领购人为自己虚开增值税专用发票或者可用于骗取出口退税、抵扣税款的其他发票;三是行为人在没有商品交易或只有部分商品交易的情况下,让发票领购人为自己虚开增值税专用发票或者可用于骗取出口退税、抵扣税款的其他发票。(4)介绍他人虚开。是指行为人为开票人和受票人之间实施虚开增值税专用发票或者可用于骗取出口退税、抵扣税款的其他发票犯罪进行中间介绍。也包括两种情况:一是行为人介绍开票人与受票人直接见面,自己从中获取非法利益;二是行为人指使开票人将发票开给其指定的受票人,自己从中获取非法利益。上述4种行为方式是可以选择的,即行为人只要实施了其中一种行为即可构成本罪。根据《追诉标准(二)》第61条的规定,虚开增值税专用发票或者虚开用于骗取出口退税、抵扣税款的其他发票,虚开的税款数额在1万元以上或者致使国家税款被骗数额在5000元以上的,应当追究刑事责任。

3.本罪的主体,既可以是个人也可以是单位。在实践中,实施本罪的单位或个人通常是合法持有增值税专用发票的人和其他可用于骗取出口退税、抵扣税款发票的持有人。此外,本罪的主体还包括以其他非法手段获取增值税专用发票的单位和个人,以及介绍他人虚开增值税专用发票的单位和个人。

4.本罪的主观方面表现为直接故意,并具有获取非法经济利益,骗取出口退税、抵扣税款的目的。

(三)虚开增值税专用发票、用于骗取出口退税、抵扣税款发票罪的认定

本罪与骗取出口退税罪的界限

对于虚开增值税专用发票,又用于骗取出口退税的,应如何定罪处罚,理论上存在争议。一种观点认为,在这种案件中,虚开增值税发票是骗取出口退税的必要手段,二者密不可分,即其手段行为与目的行为分别触犯虚开增值税专用发票罪和骗取出口退税罪两个罪名,属牵连犯,应择一重罪处断。另一种观点认为,《刑法》第205条第1款规定虚开增值税专用发票,用于骗取出口退税、抵扣税款发票罪,

第 2 款规定:"有前款行为骗取国家税款,数额特别巨大,情节特别严重,给国家利益造成特别重大损失的,处无期徒刑或死刑,并处没收财产。"可见,上述规定是该条第 1 款之罪的加重处罚,不要求定骗取出口退税罪。我们认为,前一观点在理论上是有道理的,但后一种观点更符合立法原意。

(四)虚开增值税专用发票、用于骗取出口退税、抵扣税款发票罪的处罚

根据《刑法》第 205 条的规定,犯本罪的,处 3 年以下有期徒刑或者拘役,并处 2 万元以上 20 万元以下罚金;虚开的税款数额较大或者有其他严重情节的,处 3 年以上 10 年以下有期徒刑,并处 5 万元以上 50 万元以下罚金;虚开的税款数额巨大或者有其他特别严重情节的,处 10 年以上有期徒刑或者无期徒刑,并处 5 万元以上 50 万元以下罚金或者没收财产。

单位犯本罪的,对单位判处罚金,并对其负责的主管人员和其他直接责任人员,处 3 年以下有期徒刑或者拘役;虚开的税款数额较大或者有其他严重情节的,处 3 年以上 10 年以下有期徒刑;虚开的税款数额巨大或者有其他严重情节的,处 10 年以上有期徒刑或者无期徒刑。

根据 2018 年 8 月 22 日最高人民法院《关于虚开增值税专用发票定罪量刑标准的有关问题的通知》的规定,对虚开增值税专用发票刑事案件定罪量刑的数额标准,可以参照《最高人民法院关于审理骗取出口退税刑事案件具体应用法律若干问题的解释》第 3 条的执行规定,即虚开的税款数额在 5 万元以上的,以虚开增值税专用发票罪处 3 年以下有期徒刑或者拘役,并处 2 万元以上 20 万元以下罚金;虚开的税款数额在 50 万元以上的,认定为《刑法》第 205 条规定的"数额较大";虚开的税款数额在 250 万元以上的,认定为《刑法》第 205 条规定的"数额巨大"。

六、虚开发票罪

(一)虚开发票罪的概念

虚开发票罪,是指虚《刑法》第 205 条规定以外的其他发票,情节严重的行为。

(二)虚开发票罪的特征

1.本罪的客体是国家对普通发票的管理制度。

2.本罪的客观方面是实施了虚开发票的行为。这里的虚开行为,与虚开增值税专用发票的行为方式相同。

3.本罪的主体是一般主体。单位可以成为本罪的主体。

4.本罪的主观方面是故意,并以逃税为目的。

(三)虚开发票罪的处罚

根据《刑法》第 205 条之一的规定,犯本罪的,处 2 年以下有期徒刑、拘役或者管制,并处罚金;情节特别严重的,处 2 年以上 7 年以下有期徒刑,并处罚金。

单位犯本罪的,对单位判处罚金,并对其直接负责的主管人员和其他直接责任人员,依照自然人犯本罪的规定处罚。

七、伪造、出售伪造的增值税专用发票罪

(一)伪造、出售伪造的增值税专用发票罪的概念

伪造、出售伪造的增值税专用发票罪,是指仿造增值税专用发票的式样,非法印制假增值税专用发票或者出售非法印制的假增值税专用发票的行为。

(二)伪造、出售伪造的增值税专用发票罪的特征

1.本罪的客体是国家对增值税专用发票的管理制度。

2.本罪的客观方面表现为,仿造增值税专用发票的式样,非法印制假增值税专用发票或者出售非法印制的假增值税专用发票的行为。这里的伪造,不仅包括无制作权的人制造使一般人误认为是真实增值税专用发票的假增值税专用发票,而且还包括对真实的增值税专用发票进行加工的变造增值税专用发票的行为。根据《追诉标准(二)》第62条的规定,伪造或者出售伪造的增值税专用发票25份以上或者票面额累计在10万元以上的,应当予以追诉。本罪是选择性罪名,司法实践中应根据具体案件,选择适用或合并适用。

3.本罪的主体是一般主体,可以是自然人,也可以是单位。

4.本罪的主观方面是故意。

(三)伪造、出售伪造的增值税专用发票罪的处罚

根据《刑法》第206条的规定,犯本罪的,处3年以下有期徒刑、拘役或者管制,并处2万元以上20万元以下罚金;数额较大或者有其他严重情节的,处3年以上10年以下有期徒刑,并处5万元以上50万元以下罚金;数额巨大或者有其他特别严重情节的,处10年以上有期徒刑或者无期徒刑,并处5万元以上50万元以下罚金或者没收财产;伪造并出售伪造的增值税专用发票,数额特别巨大,情节特别严重,严重破坏经济秩序的,处无期徒刑或者死刑,并处没收财产。

单位犯本罪的,对单位判处罚金,并对其直接负责的主管人员和其他直接责任人员,处3年以下有期徒刑、拘役或者管制;数额较大或者有其他严重情节的,处3年以上10年以下有期徒刑;数量巨大或者有其他特别严重情节的,处10年以上有期徒刑或者无期徒刑。

八、非法出售增值税专用发票罪

(一)非法出售增值税专用发票罪的概念

非法出售增值税专用发票罪,是指违反国家发票管理法规,非法出售增值税专用发票的行为。

（二）非法出售增值税专用发票罪的特征

1.本罪的客体是国家对增值税专用发票的管理制度。

2.本罪的客观方面表现为违反国家发票管理法规,非法出售增值税专用发票的行为。行为人所出售的必须是真实的增值税专用发票,如果出售的是伪造的增值税专用发票,则成立出售伪造的增值税专用发票罪。根据《追诉标准(二)》第63条规定,非法出售增值税专用发票25份以上或者票面额累计在10万元以上的,应当予以追诉。

3.本罪的主体是特殊主体,即依法享有增值税专用发票使用权的单位或个人。

4.本罪的主观方面是故意,一般以牟利为目的。

（三）非法出售增值税专用发票罪的处罚

根据《刑法》第207条和第211条的规定,犯本罪的,处3年以下有期徒刑、拘役或者管制,并处2万以上20万以下的罚金;数量较大的,处3年以上10年以下有期徒刑,并处5万元以上50万元以下罚金;数量巨大的,处10年以上有期徒刑或者无期徒刑,并处5万元以上50万元以下罚金或者没收财产。

单位犯本罪的,对单位判处罚金,并对直接负责的主管人员和其他直接责任人员,依照自然人犯本罪的规定处罚。

九、非法购买增值税专用发票、购买伪造的增值税专用发票罪

（一）非法购买增值税专用发票、购买伪造的增值税专用发票罪的概念

非法购买增值税专用发票、购买伪造的增值税专用发票罪,是指故意违反国家发票管理法规,非法购买增值税专用发票或者购买伪造的增值税专用发票的行为。

（二）非法购买增值税专用发票、购买伪造的增值税专用发票罪的特征

1.本罪的客体是国家对增值税专用发票的管理制度。

2.本罪的客观方面表现为,违反国家发票管理法规,非法购买增值税专用发票或者购买伪造的增值税专用发票的行为。根据《追诉标准(二)》第64条的规定,非法购买增值税专用发票或者购买伪造的增值税专用发票25份以上或者票面额累计在10万元以上的,应当予以追诉。本罪是选择性罪名,司法实践中应根据具体案情,选择适用或合并适用。

3.本罪的主体是一般主体,既可以是单位也可以是个人。

4.本罪的主观方面是故意。

（三）非法购买增值税专用发票、购买伪造的增值税专用发票罪的处罚

根据《刑法》第208条和第211条的规定,犯本罪的,处5年以下有期徒刑或者拘役,并处或者单处2万元以上20万元以下罚金。

单位犯本罪的,对单位判处罚金,并对其直接负责的主管人员和其他直接责任

人员,依照自然人犯本罪的规定处罚。

非法购买增值税专用发票或者购买伪造的增值税专用发票又虚开或者出售的,应分别依照《刑法》第205条规定的虚开增值税专用发票罪、第206条规定的出售伪造的增值税专用发票罪以及第207条规定的非法出售增值税专用发票罪定罪处罚。

十、非法制造、出售非法制造的用于骗取出口退税、抵扣税款发票罪

(一)非法制造、出售非法制造的用于骗取出口退税、抵扣税款发票罪的概念

非法制造、出售非法制造的用于骗取出口退税、抵扣税款发票罪,是指故意违反国家发票管理法规,伪造、擅自制造或者出售伪造、擅自制造的可以用于骗取出口退税、抵扣税款的非增值税专用发票的行为。

(二)非法制造、出售非法制造的用于骗取出口退税、抵扣税款发票罪的特征

1.本罪的客体是国家的发票管理制度。

2.本罪的主观方面表现为,违反国家发票管理法规,伪造、擅自制造或者出售伪造、擅自制造的可以用于骗取出口退税、抵扣税款的非增值税专用发票的行为。根据《追诉标准(二)》第65条的规定,伪造、擅自制造或者出售伪造、擅自制造的可以用于骗取出口退税、抵扣税款的非增值税专用发票50份以上或者票面额累计在20万元以上的,应当予以追诉。本罪是选择性罪名,司法实践中应根据具体案情,选择适用或合并适用。

3.本罪的主体是一般主体,既可以是单位也可以是个人。

4.本罪的主观方面是故意。

(三)非法制造、出售非法制造的用于骗取出口退税、抵扣税款发票罪的处罚

根据《刑法》第209条第1款和第211条的规定,犯本罪的,处3年以下有期徒刑、拘役或者管制,并处2万元以上20万元以下罚金;数量巨大的,处3年以上7年以下有期徒刑,并处5万元以上50万元以下罚金;数量特别巨大的,处7年以上有期徒刑,并处5万元以上50万元以下罚金或者没收财产。

单位犯本罪的,对单位判处罚金,并对直接负责的主管人员和其他直接责任人员,依照自然人犯本罪的规定处罚。

十一、非法制造、出售非法制造的发票罪

(一)非法制造、出售非法制造的发票罪的概念

非法制造、出售非法制造的发票罪,指故意违反国家发票管理法规,伪造、擅自制造或者出售伪造、擅自制造的非用于骗取出口退税、抵扣税款的其他发票的行为。

（二）非法制造、出售非法制造的发票罪的特征

1.本罪的客体是国家的发票管理制度。

2.本罪的客观方面表现为违反国家发票管理法规,伪造、擅自制造或者出售伪造、擅自制造的非用于骗取出口退税、抵扣税款的其他发票的行为。根据《追诉标准(二)》第66条的规定,伪造、擅自制造或者出售伪造、擅自制造的不具有骗取出口退税、抵扣税款功能的普通发票100份以上或者票面额累计在40万元以上的,应当予以追诉。本罪是选择性罪名,司法实践中应根据具体案情,选择适用或者合并适用。

3.本罪的主体是一般主体,既可以是自然人也可以是单位。

4.本罪的主观方面是故意,通常以牟利为目的。

（三）非法制造、出售非法制造的发票罪的处罚

根据《刑法》第209条第2款、第211条规定,犯本罪的,处2年以下有期徒刑、拘役或者管制,并处1万元以上5万元以下罚金;情节严重的,处2年以上7年以下有期徒刑,并处5万元以上50万元以下罚金。单位犯本罪的,对单位判处罚金,并对其直接负责的主管人员和其他直接责任人员,依照自然人犯本罪的规定处罚。

十二、非法出售用于骗取出口退税、抵扣税款发票罪

（一）非法出售用于骗取出口退税、抵扣税款发票罪的概念

非法出售用于骗取出口退税、抵扣税款发票罪,指故意违反国家发票管理法规,非法出售可以用于骗取出口退税、抵扣税款的非增值税专用发票的行为。

（二）非法出售用于骗取出口退税、抵扣税款发票罪的特征

1.本罪的客体是国家的发票管理制度。

2.本罪的客观方面表现为违反国家发票管理法规,非法出售可以用于骗取出口退税、抵扣税款的非增值税专用发票的行为。行为人出售的必须是真实发票,如果出售的是伪造、擅自制造的可以用于骗取出口退税、抵扣税款的发票,则成立出售非法制造的用于骗取退税、抵扣税款发票罪。根据《追诉标准(二)》第67条的规定,非法出售用于骗取出口退税、抵扣税款的发票50份以上或者票面额累计在20万元以上的,应当予以追诉。本罪是选择性罪名,司法实践中应根据具体案情,选择适用或合并适用。

3.本罪的主体是特殊主体,即享有合法持有发票的单位或个人。

4.本罪的主观方面是故意。

（三）非法出售用于骗取出口退税、抵扣税款发票罪的处罚

根据《刑法》第209条第3款、第211条的规定,犯本罪的,处3年以下有期徒刑、拘役或者管制,并处2万元以上20万元以下罚金;数量巨大的,处3年以上7

年以下有期徒刑,并处 5 万元以上 50 万元以下罚金;数量特别巨大的,处 7 年以上有期徒刑,并处 5 万元以上 50 万元以下罚金或者没收财产。

单位犯本罪的,对单位判处罚金,并对其直接负责的主管人员和其他直接责任人员,依照自然人犯本罪的规定处罚。

十三、非法出售发票罪

(一)非法出售发票罪的概念

非法出售发票罪,是指故意违反国家发票管理法规,非法出售除增值税专用发票,可以用于骗取出口退税、抵扣税款的非增值税专用发票以外的普通发票的行为。

(二)非法出售发票罪的特征

1.本罪的客体是国家的发票管理制度。

2.本罪的客观方面表现为违反国家发票管理法规,非法出售除增值税专用发票,可以用于骗取出口退税、抵扣税款的非增值税专用发票以外的普通发票的行为。行为人出售的必须是真实发票,如果出售的是伪造、擅自制造的普通发票,则成立出售非法制造的发票罪。根据《追诉标准(二)》第 68 条的规定,非法出售普通发票 100 份以上或者票面额累计在 40 万元以上的,应当予以追诉。

3.本罪的主体是特殊主体,即享有合法持有发票权的单位或个人。

4.本罪的主观方面是故意。

(三)非法出售发票罪的处罚

根据《刑法》第 209 条第 4 款和第 211 条的规定,犯本罪的,处 2 年以下有期徒刑、拘役或者管制,并处 1 万元以上 5 万元以下罚金;情节严重的,处 2 年以上 7 年以下有期徒刑,并处 5 万元以上 50 万元以下罚金。

单位犯本罪的,对单位判处罚金,并对其直接负责的主管人员和其他直接责任人员,依照自然人犯本罪的规定处罚。

十四、持有伪造的发票罪

(一)持有伪造的发票罪的概念

持有伪造的发票罪,是指持有伪造的发票,数量较大的行为。

(二)持有伪造的发票罪的特征

1.本罪的客体是国家对发票市场的管理秩序。

2.本罪的客观方面表现为持有假发票,数量较大的行为。数量较大的标准,有待于司法解释作出具体规定。通常而言,如持有的假发票的份数较多。

3.本罪的主体是一般主体。单位不能成为本罪的犯罪主体。

4.本罪的主观方面是故意,通常具有牟利的目的。

(三)持有伪造的发票罪的处罚

根据《刑法》第 210 条之一的规定,犯本罪的,处 2 年以下有期徒刑、拘役或者管制,并处罚金;数量巨大的,处 2 年以上 7 年以下有期徒刑,并处罚金。

第八节 侵犯知识产权罪分述

一、假冒注册商标罪

(一)假冒注册商标罪的概念

假冒注册商标罪,是指违反国家商标管理法规,未经注册商标所有人许可,在同一种商品、服务上使用与注册商标相同的商标,情节严重的行为。

(二)假冒注册商标罪的特征

1.本罪的客体是复杂客体,既侵犯了国家对商标的管理制度,又侵犯了他人的注册商标专用权。商标专用权,指经商标局核准注册的商标,商标注册人即商标所有者享有的排他的、独立的使用该项商标的权利。本罪的犯罪对象是他人的注册商标。所谓商标,是指自然人、法人或者其他组织对其生产、制造、加工、拣选或者经销的商品或者对其提供的服务项目上采用的,由文字、图形、字母、数字、三维标志和颜色或者其组合构成的,能够将其商品或者提供的服务与他人的商品或者提供的服务区别开来的,具有显著特征的可视性标志。

我国对商标专用权的取得采用注册原则,即按申请注册的先后来确定商标权的归属,即谁先申请商标注册,商标权就授予谁。由于采用注册原则,只有注册商标才受《中华人民共和国商标法》(以下简称《商标法》)保护,没有注册的商标不在保护之列。在我国,按照不同的标准可对注册商标进行不同的分类,根据商标使用的对象来看,我国商标可分为商品商标与服务商标两大类。根据《刑法》第 213 条的规定,假冒注册商标罪的犯罪对象只包括商品商标,不包括服务商标。

2.本罪的客观方面表现为未经注册商标所有人许可,在同一种商品、服务上使用与其注册商标相同的商标,情节严重的行为。具体来讲,本罪的客观方面包括以下两点。

(1)未经注册商标所有人许可。根据《商标法》的规定,商标所有人可以允许他人在其商品上使用其注册商标。未经许可,不得在相同或相似的商品上使用与他人注册商标相同或类似的商标。这是注册商标专用权的内容之一。未经注册商标所有人许可包括以下具体情形:行为人从未获得过注册商标所有人使用其注册商标的许可;行为人虽然曾经获得过注册商标所有人的使用许可,但在许可使用合同规定的使用期限届满后,仍然继续使用注册商标所有人的商标;行为人虽然曾经获得注册商标所有人的使用许可,但由于被许可人不能保证使用该商标的商品的质量等原因导致许可合同提前解除,行为人在合同解除后仍然继续使用该注册商标;行为人虽然获得了注册商标所有人的使用许可,但超越许可使用注册商标的商品范围使用;行为人虽然获得了注册商标所有人的使用许可,但超越许可使用注册商标的地域范围使用。

(2)在同一种商品、服务上使用与他人注册商标相同的商标。在《商标法》上,未经注册商标所有人的许可,在同一种商品或类似商品上使用与其注册商标相同或者近似商标的行为均属于假冒商标行为。具体来说,假冒注册商标行为包括以下四种行为:①在同一种商品上使用与他人注册商标相同的商标;②在同一种商品上使用与他人注册商标相近似的商标;③在类似商品上使用与他人注册商标相同的商标;④在类似商品上使用与他人注册商标相近似的商标。但是《刑法》第213条仅仅将上述第①种行为规定为犯罪,对其他三类假冒注册商标的行为不能以假冒注册商标罪论处,而只能以商标违法行为处理。因而区分"同一种商品"与"类似商品"、"相同商标"与"相近似商标"对于准确认定本罪的客观方面具有十分重要的意义。关于同一商品的认定,根据《商标法》的规定,应按照商品的原料、形状、性能、用途等因素以及习惯来判断,同一种商品一般指名称相同的商品,或名称虽不相同但所指的商品是相同的商品。有些商品的原料、外观不相同,但从消费者情况考虑,在本质上有同一性,应视为同一种商品。如:收音机、录音机、电唱机,用途、结构不同,但在组合音响这一概念上属于同一商品。因此,同一种商品的概念并不是指完全一样的相同商品。根据最高人民法院、最高人民检察院2020年8月21日《关于办理侵犯知识产权刑事案件具体应用法律若干问题的解释(三)》(以下简称《知识产权犯罪的解释(三)》)第1条的规定,有下列情形之一的,可以认定为《刑法》第213条规定的"与其注册商标相同的商标":(1)改变注册商标的字体、字母大小写或者文字横竖排列,与注册商标之间基本无差别的;(2)改变注册商标的文字、字母、数字等之间的间距,与注册商标之间基本无差别的;(3)改变注册商标颜色,不影响体现注册商标显著特征的;(4)在注册商标上仅增加商品通用名称、型号等缺乏显著特征要素,不影响体现注册商标显著特征的;(5)与立体注册商标的三维标志及平面要素基本无差别的;(6)其他与注册商标基本无差别、足以对公众产生误导的商标。

上述两点是构成假冒商标行为不可缺少的条件。缺少其中任何一项,假冒商标行为就不能成立。

本罪属于情节犯,本罪的成立要求情节严重。根据《追诉标准(二)》第69条的规定,未经注册商标所有人许可,在同一种商品上使用与其注册商标相同的商标,涉嫌下列情形之一的,应当予以追诉:(1)非法经营数额在 5 万元以上或者违法所得数额在 3 万元以上的;(2)假冒两种以上注册商标,非法经营数额在 3 万元以上或者违法所得数额在 2 万元以上的;(3)其他情节严重的情形。

3. 本罪的主体,既可以是单位也可以是个人。

4. 本罪的主观方面,只能是故意,即行为人明知是他人已经注册的商标而故意在同一种商品上使用。假冒商标者通常出于营利或者谋取非法利益的目的,但不以此种目的为犯罪成立的必要要件。

（三）假冒注册商标罪的认定

1. 本罪罪与非罪的界限

主要应当注意以下两个标准:(1)主观方面标准。本罪主观方面是故意,如果是因过失,如不知道某一商标已被他人注册,或者是自己首先使用的商标没有注册,却被他人抢先注册,自己在不知情的情况下仍继续使用的,都不构成假冒注册商标罪。(2)犯罪情节标准。假冒注册商标罪是情节犯。行为人具备本罪主体、主观等要件并实施了"未经注册商标所有人许可,在同一种商品上使用与其相同的商标"的行为,还须达到"情节严重"的程度,方可构成犯罪。如果行为人虽然有假冒行为,但是情节显著轻微危害不大的,不应认定为犯罪。如果构成民事侵权和符合行政处罚条件的,应当追究民事责任并给予行政处罚。

2. 本罪与其他犯罪的牵连和竞合问题

如果在实施其他犯罪时使用了假冒注册商标的方法,行为同时触犯本罪与其他犯罪的,根据行为的个数,以牵连犯或者想象竞合犯,择一重罪处罚。例如,在生产、销售伪劣商品时,往往会连带实施假冒他人注册商标行为。这时,如果生产、销售伪劣商品的行为不构成犯罪,而假冒商标行为情节严重的,可单独以本罪论处;如果生产、销售伪劣商品的行为也已构成犯罪的,应当择一重罪论处,按生产、销售伪劣商品罪定罪处罚。根据"两高 2004 年 12 月 22 日"《关于办理侵犯知识产权刑事案件具体应用法律若干问题的解释》(以下简称《知识产权犯罪的解释》)第 13 条规定,实施本罪又销售该假冒注册商标的商品构成犯罪的,应当以本罪定罪处罚;实施本罪又销售明知是他人的假冒注册商标的商品构成犯罪的,应当实行数罪并罚。

3. 本罪的共犯问题

根据《知识产权犯罪的解释》第 16 条的规定,明知他人实施侵犯知识产权犯罪,而为其提供贷款、资金、账号、发票、证明、许可证件,或者提供生产、经营场所或者运输、储存、代理进出口等便利条件、帮助的,以侵犯知识产权犯罪的共犯论处。

（四）假冒注册商标罪的处罚

根据《刑法》第 213 条的规定,犯本罪的,处 3 年以下有期徒刑,并处或者单处罚金;情节特别严重的,处 3 年以上 10 年以下有期徒刑,并处罚金。所谓"情节特别严重",根据《知识产权犯罪的解释》第 1 条第 2 款规定,是指具有下列情形之一:(1)非法经营数额在 25 万元以上或者违法所得数额在 15 万元以上的;(2)假冒两种以上注册商标,非法经营数额在 15 万元以上或者违法所得数额在 10 万元以上的;(3)其他情节特别严重的情形。

单位犯本罪的,按自然人犯本罪认定标准的 3 倍认定犯罪和判处罚金,并对其直接负责的主管人员和其他直接责任人员,依照自然人犯本罪的规定处罚。

根据上述"两高"《知识产权犯罪的解释》第 12 条规定,多次实施侵犯知识产权行为,未经行政处理或者刑事处罚的,非法经营数额、违法所得数额或者销售金额累计计算。

二、销售假冒注册商标的商品罪

(一)销售假冒注册商标的商品罪的概念

销售假冒注册商标的商品罪,是指违反国家商标管理法规,销售明知是假冒注册商标的商品,违法所得数额较大或者有其他严重情节的行为。

(二)销售假冒注册商标的商品罪的特征

1.本罪的客体是复杂客体,既侵犯了国家对商标的管理制度,又侵犯了他人的注册商标专用权。

2.本罪的客观方面表现为违反国家商标管理法规,销售明知是假冒注册商标的商品,违法所得数额较大的行为。根据上述"两高"《知识产权的解释》第 2 条第 1 款的规定,"数额较大"是指销售金额在 5 万元以上的情形。根据上述"两高"《解释》第 16 条的规定,明知他人实施侵犯知识产权犯罪,而为其提供贷款、资金、账号、发票、证明、许可证件,或者提供生产、经营场所或者运输、储存、代理进出口等便利条件、帮助的,以侵犯知识产权犯罪的共犯论处。销售假冒注册商标的商品罪可能同时触犯销售伪劣产品罪,因为假冒注册商标的商品通常属于伪劣产品。由于行为人仅实施了一个销售行为,故成立想象竞合犯,择一重罪论处。根据《追诉标准(二)》第 70 条的规定,销售明知是假冒注册商标的商品,涉嫌下列情形之一的,应当予以追诉:(1)销售金额在 5 万元以上的;(2)尚未销售,货值金额在 15 万元以上的;(3)销售金额不满 5 万元,但已销售金额与尚未销售的货值金额合计在 15 万元以上的。

3.本罪的主体是一般主体,自然人和单位均可以构成。

4.本罪的主观方面表现为故意,并且需要"明知是假冒注册商标的商品"。所谓"明知",根据《知识产权犯罪的解释》第 9 条的规定,是指具有下列情形之一的:(1)知道自己销售的商品上的注册商标被涂改、调换或者覆盖的;(2)因销售假冒注册商标的商品受到过行政处罚或者承担过民事责任,又销售同一种假冒注册商标的商品的;(3)伪造、涂改商标注册人授权文件或者知道该文件被伪造、涂改的;(4)其他知道或者应当知道是假冒注册商标的商品的情形。销售金额是指销售假冒注册商标的商品后所得和应得的全部违法收入。

(三)销售假冒注册商标的商品罪的处罚

根据《刑法》第 214 条和第 220 条的规定,犯本罪的,处 3 年以下有期徒刑,并处或者单处罚金;违法所得数额巨大或者有其他特别严重情节的,处 3 年以上 10 年以下有期徒刑,并处罚金。

单位犯本罪的,对单位判处罚金,并对其直接负责的主管人员和其他直接责任人员,依照《刑法》第 214 条的规定处罚。

三、非法制造、销售非法制造的注册商标标识罪

(一)非法制造、销售非法制造的注册商标标识罪的概念

非法制造、销售非法制造的注册商标标识罪,是指伪造、擅自制造他人注册商标标识,或者销售伪造、擅自制造他人注册商标标识,情节严重的行为。

(二)非法制造、销售非法制造的注册商标标识罪的特征

1.本罪的客体是复杂客体,既侵犯了国家对商标的管理制度,又侵犯了他人的注册商标专用权。

2.本罪的客观方面表现为伪造、擅自制造他人注册商标标识,或者销售伪造、擅自制造的他人注册商标标识,情节严重的行为。本罪是选择式罪名,即实施上述任一行为,情节严重的,都可构成本罪,实施其中两种以上行为的,仍以一罪论处,不实行数罪并罚。明知他人实施侵犯知识产权犯罪,而为其提供贷款、资金、账号、发票、证明、许可证件,或者提供生产、经营场所或者运输、储存、代理进出口等便利条件、帮助的,以侵犯知识产权犯罪的共犯论处。根据《追诉标准(二)》第 71 条规定:伪造、擅自制造他人注册商标标识或者销售伪造、擅自制造的注册商标标识,涉嫌下列情形之一的,应当予以追诉:(1)伪造、擅自制造或者销售伪造、擅自制造的注册商标标识数量在 2 万件以上,或者非法经营数额在 5 万元以上,或者违法所得数额在 3 万元以上的;(2)伪造、擅自制造或者销售伪造、擅自制造两种以上注册商标标识数量在 1 万件以上,或者非法经营数额在 3 万元以上,或者违法所得数额在 2 万元以上的;(3)其他情节严重的情形。

3.本罪的主体是一般主体,单位和自然人均可以构成。

4.本罪的主观方面是故意。一般以谋取非法利益为目的。

(三)非法制造、销售非法制造的注册商标标识罪的处罚

根据《刑法》第 215 条和第 220 条的规定,犯本罪的,处 3 年以下有期徒刑,并

处或者单处罚金;情节特别严重的,处 3 年以上 10 年以下有期徒刑,并处罚金。根据"两高"《知识产权犯罪的解释》第 3 条第 2 款规定,"情节特别严重",是指具有下列情形之一:(1)伪造、擅自制造或者销售伪造、擅自制造的注册商标标识数量在 10 万件以上,或者非法经营数额在 25 万元以上,或者违法所得数额在 15 万元以上的;(2)伪造、擅自制造或者销售伪造、擅自制造两种以上注册商标标识数量在 5 万件以上,或者非法经营数额在 15 万元以上,或者违法所得数额在 10 万元以上的;(3)其他情节特别严重的情形。

根据该《解释》第 15 条规定,单位犯本罪的,按自然人犯本罪认定标准的 3 倍认定犯罪和判处罚金,并对其直接负责的主管人员和其他直接责任人员,依照自然人犯本罪的规定处罚。

根据该《解释》第 12 条规定,多次实施侵犯知识产权行为,未经行政处理或者刑事处罚的,非法经营数额、违法所得数额或者销售金额累计计算。

四、假冒专利罪

(一)假冒专利罪的概念

假冒专利罪,是指违反国家专利法规,假冒他人专利,情节严重的行为。

(二)假冒专利罪的特征

1.本罪的客体是复杂客体,既侵犯了国家的专利管理制度,又侵犯了他人的专利专用权。本罪行为对象必须是他人的专利。他人是指行为人之外的依法被授予专利并且仍然享有专利权的人。所谓专利,是指通过法定程序申请并经国家批准,授予申请人对之享有独占权的发明创造。

2.本罪的客观方面,表现为未经专利权人许可,假冒他人的专利的行为。具体来讲,本罪的客观方面包括以下几点:第一,未经专利权人许可实施假冒他人专利的行为。根据《知识产权犯罪的解释》第 10 条的规定,所谓"假冒他人专利"的行为,是指实施下列行为之一:(1)未经许可,在其制造或者销售的产品、产品的包装上标注他人专利号的;(2)未经许可,在广告或者其他宣传材料中使用他人的专利号,使人将所涉及的技术误认为是他人专利技术的;(3)未经许可,在合同中使用他人的专利号,使人将合同涉及的技术误认为是他人专利技术的;(4)伪造或者变造他人的专利证书、专利文件或者专利申请文件的。第二,假冒行为必须发生在专利权的有效保护期限内。本罪是特定时期的犯罪。根据《中华人民共和国专利法》(以下简称《专利法》)规定,发明专利权的期限为 20 年,实用新型和外观设计的专利权的期限为 10 年。如果在专利有效期满以后擅自使用他人专利,或者假冒他人已过期的"专利",均不能构成本罪。因为专利超过了法律规定的有效期限后,就不再受法律保护。

本罪属于情节犯,成立本罪还需要是"情节严重"。所谓"情节严重",根据《追诉标准(二)》第72条的规定,是指具有下列情形之一的:(1)非法经营数额在20万元以上或者违法所得数额在10万元以上的;(2)给专利权人造成直接经济损失在50万元以上的;(3)假冒两项以上他人专利,非法经营数额在10万元以上或者违法所得数额在5万元以上的;(4)其他情节严重的情形。

3.本罪的主体是一般主体,既可以是自然人也可以是单位。

4.本罪的主观方面是故意。

(三)假冒专利罪的认定

1.本罪罪与非罪的界限

本罪与一般违法行为的界限,关键是看假冒行为是否达到情节严重的程度。只有情节严重的,才构成本罪,否则,属于一般专利侵权行为,不可以犯罪论处。另外要区分专利侵权行为与非专利侵权行为的界限。根据《专利法》的规定,下列使用专利的行为不属于专利侵权行为:(1)专利权人制造或者经专利权人许可制造的专利产品售出后,使用或销售该产品的;(2)使用或销售不知道未经专利权人许可而制造并售出的专利产品的;(3)在专利申请日前已经制造相同产品、使用相同方法或者已经做好制造、使用的必要准备,并且仅在原有范围内继续制造、使用的;(4)临时通过中国领土、领水、领空的外国运输工具,依照其所属国同中国签订的协议或者共同参加的国际条约,或者依照互惠原则,为运输工具自身需要而在其装置和设备中使用有关专利的;(5)专为科学研究和实验而使用有关专利的。不是专利侵权行为,自然就谈不上构成犯罪。

2.本罪的共犯问题

根据《知识产权犯罪的解释》第16条的规定,明知他人实施侵犯知识产权犯罪,而为其提供贷款、资金、账号、发票、证明、许可证件,或者提供生产、经营场所或者运输、储存、代理进出口等便利条件、帮助的,以侵犯知识产权犯罪的共犯论处。

3.犯罪数额的计算问题

根据《知识产权犯罪的解释》第12条的规定,多次实施侵犯知识产权行为,未经行政处理或者刑事处罚的,非法经营数额、违法所得数额或者销售金额累计计算。

(四)假冒专利罪的处罚

根据《刑法》第216条和第220条规定,犯本罪的,处3年以下有期徒刑或者拘役,并处或者单处罚金。根据《知识产权犯罪的解释》第15条的规定,单位犯本罪的按自然人犯本罪认定标准的3倍认定犯罪和判处罚金,并对其直接负责的主管人员和其他直接责任人员,依照自然人犯本罪的规定处罚。

五、侵犯著作权罪

（一）侵犯著作权罪的概念

侵犯著作权罪，是指以营利为目的，未经著作权人或者著作权有关的权益人许可，实施的侵犯著作权或者与著作权有关的权利，违法所得数额较大或者有其他严重情节的行为。

（二）侵犯著作权罪的特征

1.本罪的客体是他人的著作权和与著作权有关的权利。著作权指公民依法对文学、艺术和科学作品所享有的各种权利的总称，其中包括著作人身权和著作财产权。著作人身权指作者对其作品的权利和获得报酬的权利以及许可他人使用作品，并由此获得报酬的权利。与著作权有关的权利，包括出版者、表演者、广播电台、电视台和录音录像者的权利。本罪的犯罪对象是他人依法享有著作权的成果。

2.本罪的客观方面表现为，违反著作权管理法规，有下列侵犯著作权情形之一，违法所得数额较大或者有其他严重情节的行为。

（1）未经著作权人许可，复制发行、通过信息网络向公众传播其文字作品、音乐、美术、视听作品、计算机软件及法律、行政法规规定的其他作品。"未经著作权人许可"是本行为构成犯罪的前提条件，如果是得到著作权人许可的复制发行，就是合法行为，不存在构成犯罪的问题。该项犯罪行为指向的对象是作品。根据《中华人民共和国著作权法》（以下简称《著作权法》）第3条的规定，作品是指文学、艺术和科学领域内具有独创性并能以一定形式表现的智力成果。

（2）出版他人享有专有出版权的图书。

（3）未经录音录像制作者许可，复制发行、通过信息网络向公众传播其制作的录音录像品。

（4）未经表演者许可，复制发行录有其表演的录音录像制品，或者通过信息网络向公众传播其表演。

（5）制作、出售假冒他人署名的美术作品。

（6）未经著作权人或者与著作权有关的权利人许可，故意避开或者破坏权利人为其作品、录音录像制品等采取的保护著作权或者与著作权有关的权利的技术措施的。

3.本罪的主体是一般主体，包括自然人和单位。

4.本罪的主观方面是故意，并且必须以营利为目的。行为人如果处于教学、研究等非营利目的复制他人作品的，则不属于侵犯著作权的行为。

另外，本罪是特定时间的犯罪。侵犯著作权的行为必须发生在著作权的有效保护期限内。如果行为发生在著作权保护期以后,不构成本罪。最后,侵犯著作权行为必须违法所得数额较大或者有其他严重情节。根据《知识产权的解释》第 5 条第 1 款的规定,"违法所得数额较大",是指违法所得数额在 3 万元以上的情形;所谓"有其他严重情节",是指具有下列情形之一:(1)非法经营数额在 5 万元以上的;(2)未经著作权人许可,复制发行其文字作品、音乐、电影、电视、录像作品、计算机软件及其他作品,复制品数量合计在 1000 张(份)以上的;(3)其他情节严重的情形。

根据《知识产权犯罪的解释》,所谓"未经著作权人许可",一般应当依据著作权人或者其授权的代理人、著作权集体管理组织、国家著作权行政管理部门指定的著作权认证机构出具的涉案作品版权认证文书,或者证明出版者、复制发行者伪造、涂改授权许可文件或者超出授权许可范围的证据,结合其他证据综合予以认定。在涉案作品种类众多且权利人分散的案件中,上述证据确实难以一一取得,但有证据证明涉案复制品系非法出版、复制发行的,且出版者、复制发行者不能提供获得著作权人许可的相关证明材料的,可以认定为"未经著作权人许可"。但是,有证据证明权利人放弃权利、涉案作品的著作权不受我国《著作权法》保护,或者著作权保护期限已经届满的除外。

3. 本罪的主体是一般主体,包括自然人和单位。

4. 本罪的主观方面是故意,并且必须以营利为目的。行为人如果出于教学、研究等非营利目的复制他人作品的,则不属于侵犯著作权的行为。

(三)侵犯著作权罪的认定

1. 本罪罪与非罪的界限

区分本罪罪与非罪的界限,应注意以下几点:(1)行为人主观方面是否"以营利为目的"。如果行为人实施侵犯著作权行为是出于破坏他人名誉等其他目的的,不构成本罪。(2)注意违法所得数额和其他情节在区分罪与非罪中的作用。违法所得数额较大或者具有其他严重情节是区分侵犯著作权罪与一般违法行为的重要标准。不过需要指出的是,"违法所得数额较大"和"有其他严重情节"是选择性要件,只要符合其中之一即可构成本罪,无须同时齐备。行为人不符合二者之任何情形的,属于侵犯著作权之一般违法行为,不构成本罪。(3)要看侵权行为是否属于《刑法》第 217 条明确规定的六种侵权行为,凡是不属于这六种侵权行为的,一律不得以本罪论处。

2. 本罪与制作、贩卖、传播淫秽物品犯罪的界限

二者的主要区别在于犯罪对象不同:本罪侵犯的对象是受法律保护的他人依法享有著作权的作品,而后者的行为对象则是为法律所禁止的淫秽物品,不但不受法律的保护而且还要受到法律的制裁。如果行为人复制发行他人制作的淫秽物品,只能构成制作、贩卖、传播淫秽物品罪,不构成本罪。

3.罪数形态问题

根据《知识产权犯罪的解释》第 14 条的规定,实施本罪又销售该侵权复制品,构成犯罪的,应以本罪定罪处罚;实施本罪又销售明知是他人侵权的复制品,构成犯罪的,应当实行数罪并罚。

4.本罪的共犯问题

根据《知识产权犯罪的解释》第 16 条的规定,明知他人实施侵犯知识产权犯罪,而为其提供贷款、资金、账号、发票、证明、许可证件,或者提供生产、经营场所或者运输、储存、代理进出口等便利条件、帮助的,以侵犯知识产权犯罪的共犯论处。

5.犯罪数额的计算问题

根据《知识产权犯罪的解释》第 12 条的规定,多次实施侵犯知识产权行为,未经行政处理或者刑事处罚的,非法经营数额、违法所得数额或者销售金额累计计算。

(四)侵犯著作权罪的处罚

根据《刑法》第 217 条和 220 条的规定,犯本罪的,处 3 年以上 10 年以下有期徒刑,并处罚金。根据《知识产权犯罪的解释》第 5 条第 2 款的规定,所谓"违法所得数额巨大",是指违法所得数额在 15 万元以上的情节;所谓"有其他特别严重情节",是指具有下列情形之一:(1)非法经营数额在 25 万元以上的;(2)未经著作权人许可,复制发行其文字作品、音乐、电影、电视、录像作品、计算机软件及其其他作品,复制品数量合计在 5000 张(份)以上的;(3)其他特别严重情节的情形。

单位犯本罪的,对单位判处罚金,并对其直接负责的主管人员和其他直接责任人员,依照《刑法》第 217 条的规定处罚。

六、销售侵权复制品罪

(一)销售侵权复制品罪的概念

销售侵权复制品罪,是指以营利为目的,销售明知是侵犯他人著作权的复制品,违法所得数额巨大或者有其他严重情节的行为。

(二)销售侵权复制品罪的特征

1.本罪的客体是他人的著作权和与著作权有关的权利。

2.本罪的客观方面表现为销售明知是侵犯他人著作权的复制品,违法所得数额巨大的行为。所谓"违法所得数额巨大",根据《知识产权犯罪的解释》第 6 条的规定,是指违法所得数额在 10 万元以上的情形。根据该《解释》第 16 条的规定,明知他人实施侵犯知识产权犯罪,而为其提供贷款、资金、账号、发票、证明、许可证件,或者提供生产、经营场所或者运输、储存、代理进出口等便利条件、帮助的,以侵犯知识产权犯罪的共犯论处。

3.本罪的犯罪主体是一般主体。

4.本罪的主观方面是故意。

(三)销售侵权复制品罪的处罚

根据《刑法》第218条和第220条的规定,犯本罪的,处5年以下有期徒刑或者拘役,并处或者单处罚金。根据《知识产权犯罪的解释》第15条的规定,单位犯本罪的,按自然人犯本罪认定标准的3倍认定犯罪和判处罚金,并对其直接负责的主管人员和其他直接责任人员,依照自然人犯本罪的规定处罚。根据《知识产权的解释》第12条的规定,多次实施侵犯知识产权行为,未经行政处理或者刑事处罚的,非法经营数额、违法所得数额或者销售金额累计计算。

七、侵犯商业秘密罪

(一)侵犯商业秘密罪的概念

侵犯商业秘密罪,是指违反国家秘密保护法规,侵犯他人商业秘密,情节严重的行为。

(二)侵犯商业秘密罪的特征

1.本罪的客体是商业秘密的专用权。商业秘密一经使用即可取得财产利益,因而商业秘密权是一种财产权,权利人对之具有占有、使用、收益和处分的权利。本罪侵犯的对象是商业秘密。它具有以下特征:(1)信息性。即这些秘密本身是一种信息,它能对某方面的经济活动产生积极影响。(2)经济性。指这种秘密的内容是技术信息和经营信息,这些信息有利于使用者的经营活动,能给其带来经济上的利益。"技术信息",通常指技术配方、技术诀窍、工艺流程、非专利技术成果等。"经营信息"一般指采取什么方式进行经营等有关经营的重大决策以及与自己有业务往来的客户名单、进货渠道、销售网络等情况。(3)实用性。指这种信息是直接与生产经营相关、应用性比较强的信息,而不是脱离实际的抽象观念。(4)保密性。指这些信息不为公众所知悉,只限于少数人知道,并且权利人已对这些信息采取了保密防范措施,防止他人轻易获取。如果某些信息已为大家所知悉,不具有秘密性质,或者权利人没有采取保密措施而使他人通过正常渠道了解到该信息,就不属于商业秘密范围。

2.本罪的客观方面表现为实施了侵犯他人商业秘密的行为。这种危害行为表现为下列三种形式:(1)以盗窃、贿赂、欺诈、胁迫、电子侵入或者其他不正当手段获取权利人的商业秘密的。根据《知识产权犯罪的解释(三)》第3条的规定,采取非法复制、未经授权或者超越授权使用计算机信息系统等方式窃取商业秘密的,应当认定为《刑法》第219条第1款第1项规定的"盗窃"。(2)披露、使用或者允许他人使用以前项手段获取的权利人的商业秘密。这种情况时行为人已经通过盗窃、贿赂、欺诈、胁迫、电子侵入或者其他不正当手段获取了权利人的商业秘密,又实施了披露、使用或者允许他人使用这些商业秘密的行为。披露,指向他人透露。使用,指自己直接使用和允许商业秘密权利人以外的第三者使用。(3)违反保密义务或者违反权利人有关保守商业秘密的要求,披露、使用或者允许他人使用其所掌握的商业秘密的。此外,《刑法》第219条第2款规定,明知前款所列行为,获取、披露、使用或者允许他人使用该商业秘密的,以侵犯商业秘密论,只要实施了上列一种行为,即可构成本罪。

本罪是结果犯,指侵犯商业秘密的行为必须给权利人造成重大损失。所谓"给商业秘密的权利人造成重大损失",根据《知识产权犯罪的解释(三)》的规定,是指具有下列情形之一的:(1)给商业秘密权利人造成损失数额在30万元以上的;(2)因侵犯商业秘密违法所得数额在30万元以上的;(3)直接导致商业秘密的权利人因重大经营困难而破产、倒闭的;(4)其他给商业秘密权利人造成重大损失的情形。

3.本罪的主体是一般主体,自然人和单位均可构成。

4.本罪的主观方面表现为故意。即明知是权利人已采取保密措施加以保护的商业秘密,而故意实施侵犯商业秘密的行为。

(三)侵犯商业秘密罪的认定

1.本罪的共犯问题

根据《知识产权的解释》第16条的规定,明知他人实施侵犯知识产权犯罪,而为其提供贷款、资金、账号、发票、证明、许可证件,或者提供生产、经营场所或者运输、储存代理进出口等便利条件、帮助的,以侵犯知识产权犯罪的共犯论处。

2.犯罪数额的计算问题

根据《知识产权犯罪的解释》第12条的规定,多次实施侵犯知识产权行为,未经行政处理或者刑事处罚的,非法经营数额、违法所得数额或者销售金额累计计算。

根据《知识产权犯罪的解释(三)》第5条的规定,实施侵犯商业秘密行为造成的损失数额或者违法所得数额,可以按照下列方式认定:(1)以不正当手段获取权利人的商业秘密,尚未披露、使用或者允许他人使用的,损失数额可以根据该项商业秘密的合理许可使用费确定;(2)以不正当手段获取权利人的商业秘密后,披露、使用或者允许他人使用的,损失数额可以根据权利人因被侵权造成销售利润的损失确定,但该损失数额低于商业秘密合理许可使用费的,根据合理许可使用费确定;(3)违反约定、权利人有关保守商业秘密的要求,披露、使用或者允许他人使用其所掌握的商业秘密的,损失数额可以根据权利人因被侵权造成销售利润的损失确定;(4)明知商业秘密是不正当手段获取或者是违反约定、权利人有关保守商业秘密的要求披露、使用、允许使用,仍获取、使用或者披露的,损失数额可以根据权利人因被侵权造成销售利润的损失确定;(5)因侵犯商业秘密行为导致商业秘密已为公众所知悉或者灭失的,损失数额可以根据该项商业秘密的商业价值确定。商业秘密的商业价值,可以根据该项商业秘密的研究开发成本、实施该项商业秘密的收益综合确定;(6)因披露或者允许他人使用商业秘密而获得的财物或者其他财产性利益,应当认定为违法所得。

（四）侵犯商业秘密罪的处罚

根据《刑法》第219条和第220条的规定,犯本罪的,处3年以下有期徒刑,并处或者单处罚金;情节特别严重的,处3年以上10年以下有期徒刑,并处罚金。

八、为境外窃取、刺探、收买、非法提供商业秘密罪

（一）为境外窃取、刺探、收买、非法提供商业秘密罪的概念

为境外窃取、刺探、收买、非法提供商业秘密罪,是指为境外的机构、组织、人员窃取、刺探、收买、非法提供商业秘密的行为。

（二）为境外窃取、刺探、收买、非法提供商业秘密罪的特征

1.本罪的客体是商业秘密的专用权。

2.本罪的客观方面表现为实施了为境外的机构、组织、人员窃取、刺探、收买、非法提供商业秘密的行为。《刑法》第219条之一未规定为境外的机构、组织、人员窃取、刺探、收买、非法提供商业秘密需要以营利为目的,因此不以营利为目的,实施上述行为之一的,也构成本罪。

3.本罪的主体是一般主体,自然人和单位均可构成。

4.本罪的主观方面表现为故意。即行为人有意识地通过多种手段为境外的机构、组织、人员窃取、刺探、收买、非法提供商业秘密。

（三）为境外窃取、刺探、收买、非法提供商业秘密罪的处罚

根据《刑法》第219条之一和第220条的规定,犯本罪的,处5年以下有期徒刑,并处或者单处罚金;情节严重的,处5年以上有期徒刑,并处罚金。

单位犯本罪的,对单位判处罚金,并对其直接负责的主管人员和其他直接责任人员,依照自然人犯本罪的规定处罚。

第九节　扰乱市场秩序罪分述

一、损害商业信誉、商品声誉罪

（一）损害商业信誉、商品声誉罪的概念

损害商业信誉、商品声誉罪,是指违反反不正当竞争管理法规,捏造并散布虚伪事实,损害他人的商业信誉、商品声誉,给他人造成重大损失或者有其他严重情

节的行为。本罪是选择性罪名,在司法实践中应根据具体案情,选择使用或合并使用。

(二)损害商业信誉、商品声誉罪的特征

1.本罪的客体是复杂客体,既侵犯了商业信誉和商品声誉的权利人的合法权益,又扰乱了市场秩序。

本罪侵犯的对象是他人的商业信誉和商品声誉。他人既包括单位,又包括个人,必须具有特定性。由于本罪所侵害的是商业信誉、商品声誉,因此,他人必须是从事商业活动的人。所谓商业信誉,是指从事商业活动的诚实信用和名誉,包括其信用、资产、经营能力、经营作风等内容。所谓商品声誉,则是指其商品的良好声望及称誉,包括商品的性能、结构、外观、效用、质量、价格等方面。

2.本罪的客观方面表现为捏造并散布虚伪事实,损害他人的商业信誉、商品声誉,给他人造成重大损失或者有其他严重情节的行为。捏造,是指虚构、编造不符合真相或并不存在的事实;散布,是指使不特定人或多数人知悉或可能知悉行为人所捏造的虚伪事实。本罪的成立还要求给他人造成重大损失或有其他严重情节。所谓"重大损失或有其他严重情节",根据《追诉标准(二)》第74条的规定,是指具有下列情形之一的:(1)给他人造成直接经济损失数额在50万元以上的。(2)虽未达到上述数额标准,但具有下列情形之一的:①利用互联网或者其他媒体公开损害他人商业信誉、商品声誉的;②造成公司、企业等单位停业、停产6个月以上,或者破产的;(3)其他给他人造成重大损失或者有其他严重情节的情形。

3.本罪的主体是一般主体,既可以是自然人也可以是单位。

4.本罪的主观方面是故意。

(三)损害商业信誉、商品声誉罪的认定

1.本罪罪与非罪的界限

首先,消费者和新闻单位对经营者的产品质量、服务质量进行合理的批评、评论的,不得认定为本罪。其次,只是捏造或散布虚伪事实的,不成立本罪。再次,对于没有商业诽谤的故意,听信他人谣传,而散布或夸大虚伪事实的,也不宜认定为本罪。最后,虽捏造并散布虚伪事实,但没有造成重大损失,也没有其他严重情节的,不能认定为本罪。

2.本罪与相关犯罪的界限

有的行为人为了损害竞争对手的商业信誉、商品声誉,在自己生产的劣质产品上假冒他人的注册商标,从而使他人受到重大损失。对此,应以假冒注册商标罪论处。

（四）损害商业信誉、商品声誉罪的处罚

根据《刑法》第221条和第231条的规定，犯本罪的，处2年以下有期徒刑或者拘役，并处或者单处罚金。

单位犯本罪的，对单位判处罚金，并对其直接负责的主管人员和其他直接责任人员，依照自然人犯本罪的规定处罚。

二、虚假广告罪

（一）虚假广告罪的概念

虚假广告罪，是指广告主、广告经营者、广告发布者违反国家规定，利用广告对商品或者服务作虚假宣传，情节严重的行为。

（二）虚假广告罪的特征

1.本罪的客体是复杂客体，既侵犯了国家对广告的管理制度，又侵犯了消费者的合法权益。本罪的行为对象是"虚假广告"。是指《中华人民共和国广告法》和《中华人民共和国反不正当竞争法》中所指的商业广告。

2.本罪的客观方面表现为，违反国家规定，利用广告对商品作虚假宣传的行为。所谓利用广告作虚假宣传，是指所利用的广告中具有虚假的不真实的内容，对商品的性能、质量、用途、价格、有效期限、产地、生产者、售后服务、附带赠品的允诺等以及对服务的内容、形式、质量、价格、允诺等作不符合事实真相的宣传，以假充真，以无冒有。但如果行为人发布的不是虚假广告，或者虽然制作了虚假广告而没有向社会公众发布，均不构成本罪。所谓"情节严重"，根据《追诉标准（二）》第75条的规定，是指具有下列情形之一的：（1）违法所得数额在10万元以上的；（2）给单个消费者造成直接经济损失数额在5万元以上的，或者给多个消费者造成直接经济损失数额累计在20万元以上的；（3）假借预防、控制突发事件的名义，利用广告作虚假宣传，致使多人上当受骗，违法所得数额在3万元以上的；（4）虽未达到上述数额标准，但两年内因利用广告作虚假宣传，受过行政处罚二次以上，又利用广告作虚假宣传的；（5）造成人身伤残的；（6）其他情节严重的情形。

3.本罪的主体为特殊主体，即广告主、广告经营者和广告发布者。所谓广告主，是指为推销商品或者提供服务，自主或者委托他人设计、制作、发布广告的法人、其他经济组织或者个人。所谓广告经营者，是指受委托提供广告设计、制作、代理服务的法人、其他经济组织或者个人。所谓广告发布者，是指为广告主或者广告主委托的广告经营者发布广告的法人或者其他经济组织。本罪主体既可以是自然人，也可以是单位。

4.本罪的主观方面只能是故意，而不能是过失，但因主体的不同身份而有所不同。广告主作为本罪主体时，其主观方面表现为直接故意。从广告经营者看，构成虚假广告罪,既可以是直接故意,又可以是间接故意。但是,如果对广告的虚假内容不是明知,即使有过失,也不能以本罪论处。

(三)虚假广告罪的认定

1.本罪与假冒注册商标罪的界限

两罪的行为人主观行为上有虚假、假冒的一面,但仍有重要的区别:(1)直接客体不同。本罪的直接客体是国家对广告的管理秩序,而假冒注册商标罪的直接客体是国家对注册商标的管理秩序。(2)客观行为不同。本罪客观方面是使用虚假广告对商品作引人误解的宣传,而假冒注册商标罪的客观方面是假冒他人注册商标的行为。

2.本罪与损害商业信誉、商品声誉罪的界限

它们都破坏了公平竞争的商业秩序,主观上都有故意,但也有明显的区别:本罪是特殊主体,后者则是一般主体;前者之不同身份的主体,其主观故意形式有所不同,而后者只能是直接故意;前者的行为对象是虚假广告,而后者的行为对象则是商业信誉、商品声誉。在实践中,可能会遇到以虚假广告的方式损害他人商誉的情况,这属于想象竞合犯。如果广告的内容主要是弄虚作假,欺骗、误导消费者的,则按本罪论处;如果虚假广告的内容主要是损害他人商业信誉、商品声誉并构成犯罪的,应以损害商业信誉或商品声誉罪论处;如果虚假广告欺骗、误导消费者与损害商业信誉、商品声誉的危害性大体相当,应按本罪论处并从重处罚。

3.本罪与诈骗罪之间的界限

两罪中都有欺骗行为,都有骗取他人钱财的目的。二者的主要区别在于:(1)客体不同。前者侵犯的是广告市场管理制度和消费者的合法权益,而后者则是侵犯公私财物的所有权。(2)客观方面不同。本罪只能是采用利用广告作虚假宣传的特定手段,而诈骗罪则是可以用任何隐瞒真相和虚构事实的欺骗方法。(3)犯罪主体不同。本罪是广告主、广告经营者和广告发布者,而后者则是一般主体。(4)被欺骗的对象范围不同。本罪被欺骗的是不特定的社会公众,而诈骗罪的对象通常是特定的单位或个人。(5)犯罪目的的具体内容不同。本罪以牟取非法利润为目的,而诈骗罪则是以非法占有他人财物为目的。

4.本罪与生产、销售伪劣产品罪的界限

如果生产者、销售者在商品中掺杂、掺假,以假充真,以次充好或者以不合格产品冒充合格产品,即触犯了《刑法》第140条的规定,同时生产者、销售者又以虚假广告的方法对商品质量作引人误解的欺骗宣传的,在此情况下只能定生产、销售伪劣产品罪,不能再定虚假广告罪。因为凡是生产、销售伪劣产品的,通常都有以虚假广告作欺骗宣传的行为,这符合牵连犯的规定,故择一重罪处断,而不适用数罪并罚的原则。但是对于广告经营者和广告发布者来说,在明知或应知的情况下仍

为生产、销售伪劣商品者代理、设计、制作、发布虚假广告,情节严重的行为,应单独成立虚假广告罪。根据《非法集资的解释》第 8 条的规定,广告经营者、广告发布者违反国家规定,利用广告为非法集资活动相关的商品或者服务作虚假宣传,具有下列情形之一的,以虚假广告罪定罪处罚:(1)违法所得数额在 10 万元以上的;(2)造成严重危害后果或者恶劣社会影响的;(3)二年内利用广告作虚假宣传,受过行政处罚二次以上的;(4)其他情节严重的情形。明知他人从事欺诈发行股票、债券,非法吸收公众存款,擅自发行股票、债券,集资诈骗或者组织、领导传销活动等集资犯罪活动,为其提供广告等宣传的,以相关犯罪的共犯论处。

(四)虚假广告罪的处罚

根据《刑法》第 222 条和第 231 条的规定,犯本罪的,处 2 年以下有期徒刑或者拘役,并处或者单处罚金。单位犯本罪的,对单位判处罚金,并对其直接负责的主管人员和其他直接责任人员,依照自然人犯本罪的规定处罚。

三、串通投标罪

(一)串通投标罪的概念

串通投标罪,指投标人相互串通投标报价,损害招标人或者其他投标人的利益,情节严重的行为,或者投标人与招标人串通招标,损害国家、集体、公民的合法利益的行为。

(二)串通投标罪的特征

1.本罪的客体是复杂客体,既侵犯其他投标人或国家、集体的合法权益,又侵犯社会主义市场经济的自由贸易和公平竞争的秩序。

2.本罪的客观方面表现为串通投标的行为。所谓串通投标是指在招标投标过程中,违反有关程序所发生的限制竞争行为的统称,具体地说,就是指在招标投际的过程中,投标人之间私下串通,抬高标价或压低标价,共同损害招标人或其他投标人的利益,或者投标人与招标人之间相互勾结,损害国家、集体、公民的合法权益的行为。主要有两种表现形式:一是投标者相互的串通投标。主要表现为:(1)投标人间相互约定,一致抬高投标报价;(2)投标人之间相互约定,一致压低投标报价;(3)投标人之间约定,在类似项目中轮流以高价位或低价位中标。二是投标者与招标者串通投标。主要表现为:(1)招标者故意泄露标底,即招标人有意向某一特定投标人透露其标底的行为;(2)招标者私下启标泄露,即招标人在公开开标之前,私下开启投标人标书,并通告给尚未报送标书的投标人;(3)招标者故意引导促使某人中标,即招标人在要求投标人就其标书作澄清事实时,故意做引导性提问,以促成该投标人中标;(4)招标实行差别对待,即招标在审查、评选标书时,对同样的标书实行差别对待,或者对不同的投标者实施差别对待;(5)招标者故意让不合格投标者中标,即招标者允许不符合投标资格的投标者参加投标,并让其中标;(6)投标者贿赂获密,即投标者通过贿赂手段,在公开开标之前,从招标者处获取投标者报价或其他投标条件的行为;(7)投标者给招标者标外补偿,即投标人有意与招标人商定,在公开投标时压低标价,中标后再给招标人以额外补偿;(8)招标者给投标者标外补偿,即招标者与某投标者商定,在公开投标时,故意抬高标价,使标价高于通常价,而致其他投标者上当吃亏,高价定标后,招标者按约定给故意抬高标价的投标者一定的补偿金。本罪属情节犯,只有情节严重的串通投标报价,损害招标人或者其他投标人利益的行为才能构成本罪;情节不属严重,即使实施了串通投标,损害招标人或者其他投标人利益的行为,也不能以本罪论处。所谓"严重情节",根据《追诉标准(二)》第76条的规定,是指具有下列情形之一的:(1)损害招标人、投标人或者国家、集体、公民的合法利益,造成直接经济损失数额在50万元以上的;(2)违法所得数额在10万元以上的;(3)中标项目金额在200万元以上的;(4)采取威胁、欺骗或者贿赂等非法手段的;(5)虽未达到上述数额标准,但两年内因串通投标,受过行政处罚二次以上,又串通投标的;(6)其他情节严重的情形。

3.本罪的主体就招标人而言,是特殊主体,就投标人而言,是一般主体,凡达到刑事责任年龄且具备刑事责任能力的自然人均能构成本罪。单位也能成为本罪主体。

4.本罪的主观方面必须出于故意,一般具有牟取非法利益之目的。

(三)串通投标罪的认定

本罪与相关犯罪的界限

在行为人犯串通投标罪的同时,往往可能牵连犯有贿赂罪、侵犯商业秘密罪等罪名,如投标人贿赂招标人许以特定经济利益,诱使其泄露标底,或者招标人接受贿赂,泄露标底等商业秘密。对于此种牵连犯罪行为,因无法律的特别规定,应择一重罪论处。

(四)串通投标罪的处罚

根据《刑法》第223条和第231条的规定,犯本罪的,处3年以下有期徒刑或者拘役,并处或者单处罚金。单位犯本罪的,对单位判处罚金,并对其直接负责的主管人员和其他直接责任人员,依照自然人犯本罪的规定处罚。

四、合同诈骗罪

(一)合同诈骗罪的概念

合同诈骗罪,指以非法占有为目的,在签订、履行合同过程中,以虚构事实或隐瞒真相的方法,骗取对方当事人的财物,数额较大的行为。

（二）合同诈骗罪的特征

1.本罪的客体是复杂客体,既侵犯了国家对经济合同的管理秩序,又侵犯了公私财产所有权。本罪的对象是公私财物。

2.本罪的客观方面表现为,在签订、履行经济合同过程中,以虚构事实或者隐瞒真相的方法,骗取对方当事人的财物,数额较大的行为。行为的具体手段包括以下五种:(1)以虚构的单位或者冒用他人名义签订合同。如伪造印章、证件、营业执照,报假姓名、假地址,编造根本不存在的公司与对方当事人签订合同,或利用抢、偷、骗来的盖有印章的介绍信、合同书,假冒他人签订合同,骗取财物。(2)以伪造、变造、作废的票据或者其他虚假的产权证明做担保。如利用伪造、变造、作废的支票、汇票、提单、信用证做担保,与他人签订合同,骗取财物。(3)没有实际履行能力,以先履行小额合同或者部分履行合同的方法,诱骗对方当事人继续签订和履行合同的。(4)收受对方当事人给付的货物、货款、预付款或者担保财产后逃匿的。(5)以其他方法骗取对方当事人财物的。这里所说的其他方法,是指在签订、履行经济合同过程中使用上述四种方法以外,以经济合同为手段,以骗取合同约定的由对方当事人交付的货物、预付款、货款或者定金以及其他担保财物为目的的一切手段。行为人只要实施上述一种诈骗行为,便可构成本罪。

本罪属于数额犯,构成本罪必须"数额较大"。所谓"数额较大",根据《追诉标准(二)》第77条的规定,是指数额在2万元以上的情形。

3.本罪的主体,既可以是单位也可以是个人。

4.本罪的主观方面表现为直接故意,并且具有非法占有对方当事人财物的目的。

（三）合同诈骗罪的认定

1.本罪与合同纠纷的界限

合同诈骗犯罪往往与合同纠纷交织在一起,罪与非罪的界限容易混淆。区分二者界限的关键是看行为人是以骗取财物为目的,还是以通过履行约定的民事法律行为而获得经济利益为目的。行为人的主观目的可以从以下几方面进行判断:(1)行为人有无履行合同的实际能力。行为人在签订合同时虽不具备履约能力,但在合同履行期限内能够合法地筹集到履行合同所需的资金和物品的,不能以合同诈骗罪论处。(2)行为是否采取了欺骗手段,如编造虚伪的事实、隐瞒真相、以假充真等。(3)行为人是否有履行合同的实际行动。(4)标的物的处置情况。(5)行为人在违约后有无承担责任的表现。

2.本罪与民事欺诈行为的界限

二者都有合同存在,客观上都采用欺骗方法,都是在故意的心理状态下行"骗"。二者的区别是:(1)主观故意内容不同。合同诈骗罪是以直接非法占有公私财物为故意内容,而民事欺诈则是通过双方履约来间接获取非法财产利益。(2)客观方面不同。具体表现在四个方面:一是诈欺的手段不同。本罪的行为人通常假冒合法身份,后者的行为人一般无须假冒合法身份。二是诈欺的内容不同。本罪的行为人根本没有履行合同的能力和实际行动,而后者的行为人则具有一定的履约能力。三是欺骗的程度不同。本罪在基本内容上虚构事实、隐瞒真相,而后者则在次要内容上弄虚作假。四是危害结果不同。本罪诈骗财物数额较大,后者骗取财物数额较小。(3)受侵犯权利的属性不同。合同诈骗罪侵犯的是财物所有权,而民事欺诈行为侵犯的则是债权。

(四)合同诈骗罪的处罚

根据《刑法》第224条和第231条的规定,犯本罪的,处3年以下有期徒刑或者拘役,并处或者单处罚金;数额巨大或者有其他严重情节的,处3年以上10年以下有期徒刑,并处罚金;数额特别巨大或者有其他特别严重情节的,处10年以上有期徒刑或者无期徒刑,并处罚金或者没收财产。

单位犯本罪的,对单位判处罚金,并对其直接负责的主管人员和其他直接负责人员,依照自然人犯本罪的规定处罚。

五、非法经营罪

(一)非法经营罪的概念

非法经营罪,是指违反国家规定,从事非法经营活动,扰乱市场秩序,情节严重的行为。

(二)非法经营罪的特征

1.本罪的客体是国家对市场的管理秩序。关于本罪的犯罪对象,根据《刑法》第225条、《关于惩治骗购外汇、逃汇和非法买卖外汇犯罪的决定》第4条和1999年《刑法修正案》第8条的规定,是指未经许可经营的专营、专卖物品,其他限制买卖的货物、物品、外汇,进出口许可证、进出口原产地证明以及其他法律、法规规定的经营许可证或者批准文件。

2.本罪的客观方面表现为违反国家规定,进行非法经营,扰乱市场秩序,情节严重的行为。具体表现为以下几种行为:(1)未经许可经营法律、行政法规规定的专营、专卖物品或者其他限制买卖的物品。所谓专营、专卖物品,是指法律、行政法规规定只能由特定部门或者单位经营的物品,如烟草、食盐、麻醉药品等。其他限制买卖的物品,是指国家法律、行政法规规定的不允许在市场上自由买卖的物品,如棉花、化肥、农药、种子等。(2)买卖进出口许可证、进出口原产地证明以及其他法律、行政法规规定的经营许可证或者批准文件。(3)在国家规定的交易场所以外非法买卖外汇。(4)未经国家有关主管部门批准,非法经营证券、期货或者保险业务。(5)其他严重扰乱市场秩序的非法经营行为。

本罪属情节犯,非法经营行为必须"情节严重"才能构成犯罪,如果只有非法经营行为,情节并不严重则不构成犯罪。"情节特别严重"是加重情节。所谓"情节严重",根据《追诉标准(二)》第79条的规定,是指以下类型:(1)违反国家有关盐业管理规定,非法生产、储运、销售食盐,扰乱市场秩序,具有下列情形之一的:第一,非法经营食盐数量在20吨以上的;第二,曾因非法经营食盐行为受过二次以上行政处罚又非法经营食盐,数量在10吨以上的。(2)违反国家烟草专卖管理法律法规,未经烟草专卖行政主管部门许可,无烟草专卖生产企业许可证、烟草专卖批发企业许可证、特种烟草专卖经营企业许可证、烟草专卖零售许可证等许可证明,非法经营烟草专卖品,具有下列情形之一的:第一,非法经营数额在5万元以上,或者违法所得数额在2万元以上的;第二,非法经营卷烟20万支以上的;第三,曾因非法经营烟草专卖品3年内受过二次以上行政处罚,又非法经营烟草专卖品且数额在3万元以上的。(3)未经国家有关主管部门批准,非法经营证券、期货、保险业务,或者非法从事资金支付结算业务,具有下列情形之一的:第一,非法经营证券、期货、保险业务,数额在30万元以上的;第二,非法从事资金支付结算业务,数额在200万元以上的;第三,违反国家规定,使用销售点终端机具(POS机)等方法,以虚构交易、虚开价格、现金退货等方式向信用卡持卡人直接支付现金,数额在100万元以上的,或者造成金融机构资金20万元以上逾期未还的,或者造成金融机构经济损失10万元以上的;第四,违法所得数额在5万元以上的。(4)非法经营外汇,具有下列情形之一的:第一,在外汇指定银行和中国外汇交易中心及其分中心以外买卖外汇,数额在20万美元以上的,或者违法所得数额在5万元以上的;第二,公司、企业或者其他单位违反有关外贸代理业务的规定,采用非法手段,或者明知是伪造、变造的凭证、商业单据,为他人向外汇指定银行骗购外汇,数额在500万美元以上或者违法所得数额在50万元以上的;第三,居间介绍骗购外汇,数额在100万美元以上或者违法所得数额在10万元以上的。(5)出版、印刷、复制、发行严重危害社会秩序和扰乱市场秩序的非法出版物,具有下列情形之一的:第一,个人非法经营数额在5万元以上的,单位非法经营数额在15万元以上的;第二,个人违法所得数额在2万元以上的,单位违法所得数额在5万元以上的;第三,个人非法经营报纸5000份或者期刊5000本或者图书2000册或者音像制品、电子出版物500张(盒)以上的,单位非法经营报纸15000份或者期刊15000本或者图书5000册或者音像制品、电子出版物1500张(盒)以上的;第四,虽未达到上述数额标准,但具有下列情形之一的:其一,两年内因出版、印刷、复制、发行非法出版物受过行政处罚二次以上的,又出版、印刷、复制、发行非法出版物的;其二,因出版、印刷、复制、发行非法出版物造成恶劣社会影响或者其他严重后果的。(6)非法从事出版物的出版、印刷、复制、发行业务，严重扰乱市场秩序，具有下列情形之一的：第一，个人非法经营数额在 15 万元以上的，单位非法经营数额在 50 万元以上的；第二，个人违法所得数额在 5 万元以上的，单位违法所得数额在 15 万元以上的；第三，个人非法经营报纸 1.5 万份或者期刊 1.5 万本或者图书 5000 册或者音像制品、电子出版物 1500 张（盒）以上的，单位非法经营报纸 5 万份或者期刊 5 万本或者图书 1.5 万册或者音像制品、电子出版物 5000 张（盒）以上的；第四，虽未达到上述数额标准，两年内因非法从事出版物的出版、印刷、复制、发行业务受过行政处罚二次以上的，又非法从事出版物的出版、印刷、复制、发行业务的。（7）采取租用国际专线、私设转接设备或者其他方法，擅自经营国际电信业务或者涉港澳台电信业务进行营利活动，扰乱电信市场管理秩序，具有下列情形之一的：第一，经营去话业务数额在 100 万元以上的；第二，经营来话业务造成电信资费损失数额在 100 万元以上的；第三，虽未达到上述数额标准，但具有下列情形之一的：其一，两年内因非法经营国际电信业务或者涉港澳台电信业务行为受过行政处罚二次以上，又非法经营国际电信业务或者涉港澳台电信业务的；其二，因非法经营国际电信业务或者涉港澳台电信业务行为造成其他严重后果的。（8）从事其他非法经营活动，具有下列情形之一的：第一，个人非法经营数额在 5 万元以上，或者违法所得数额在 1 万元以上的；第二，单位非法经营数额在 50 万元以上，或者违法所得数额在 10 万元以上的；第三，虽未达到上述数额标准，但两年内因同种非法经营行为受过二次以上行政处罚，又进行同种非法经营行为的；第四，其他情节严重的情形。

根据"两高"2013 年 9 月 10 日起施行的《关于办理利用信息网络实施诽谤等刑事案件适用法律若干问题的解释》（以下简称《网络诽谤的解释》）第 7 条的规定，违反国家规定，以营利为目的，通过信息网络有偿提供删除信息服务，或者明知是虚假信息，通过信息网络有偿提供发布信息等服务，扰乱市场秩序，具有下列情形之一的，属于非法经营行为"情节严重"：（1）个人非法经营数额在 5 万元以上，或者违法所得数额在 2 万元以上的；（2）单位非法经营数额在 15 万元以上，或者违法所得数额在 5 万元以上的。

3. 本罪的主体是一般主体，自然人和单位均可以成为本罪的主体。

4. 本罪的主观方面是故意，并且具有谋取非法利润的目的。

（三）非法经营罪的处罚

根据《刑法》第 225 条、第 231 条和全国人大常委会《关于惩治骗购外汇、逃汇和非法买卖外汇犯罪的决定》第 4 条及 1999 年《刑法修正案》第 8 条的规定，犯本罪的，处 5 年以下有期徒刑或者拘役，并处或者单处违法所得 1 倍以上 5 倍以下的罚金；情节特别严重的，处 5 年以上有期徒刑，并处违法所得 1 倍以上 5 倍以下的罚金或者没收财产。

单位犯本罪的,对单位判处罚金,并对其直接负责的主管人员和其他直接责任人员,依照自然人犯本罪的规定处罚。最高人民法院1998年12月23日施行的《关于审理非法出版物刑事案件具体应用法律若干问题的解释》第12条、第13条和第14条的规定如下。

1.个人具有下列情形之一的,属于非法经营行为"情节特别严重":(1)经营数额在15万元至30万元以上的;(2)违法所得数额在5万元至10万元以上的;(3)经营报纸1.5万份或者期刊1.5万本或者图书5000册或者音像制品、电子出版物1500张(盒)以上的。

2.单位具有下列情形之一的,属于非法经营行为"情节特别严重":(1)经营数额在50万元至100万元以上的;(2)违法所得数额在15万元至30万元以上的;(3)经营报纸5万份或者期刊5万本或者图书1.5万册或者音像制品、电子出版物5000张(盒)以上的。

3.经营数额、违法所得数额或者经营数量接近非法经营行为"情节特别严重"的数额、数量起点标准,并具有下列情形之一的,可以认定为非法经营行为"情节特别严重":(1)两年内因出版、印刷、复制、发行非法出版物受过行政处罚两次以上的;(2)因出版、印刷、复制、发行非法出版物造成恶劣社会影响或者其他严重后果的。

4.根据《网络诽谤的解释》第7条第2款的规定,实施通过信息网络有偿提供删除信息服务,或者明知是虚假信息,通过信息网络有偿提供发布信息等服务的行为,数额达到该《解释》第7条第1款规定的数额5倍以上的,应当认定为非法经营"情节特别严重"。

六、组织、领导传销活动罪

(一)组织、领导传销活动罪的概念

组织、领导传销活动罪,是指组织、领导传销活动,扰乱市场秩序的行为。

(二)组织、领导传销活动罪的特征

1.本罪的客体是复杂客体,既侵犯了公民的财产所有权,又侵犯了市场经济秩序和社会管理秩序。本罪的犯罪对象是公民个人财产,通常是货币。

2.本罪的客观方面表现为违反国家规定,组织、从事传销活动,扰乱市场秩序的行为。所谓传销活动,是指以推销商品、提供服务等经营活动为名,要求参加者以缴纳费用或者购买商品、服务等方式获得加入资格,并按照一定顺序组成层级,直接或者间接以发展人员的数量作为计酬或者返利依据,引诱、胁迫参加者继续发展他人参加,骗取财物的行为。本罪是行为犯,只要实施了对传销活动组织或领导的行为,就构成本罪。

3.本罪的主体是一般主体,年满 16 周岁、具有刑事责任能力的自然人均可以构成。本罪追究的主要是传销的组织者和领导者,即在传销活动中起组织、领导作用的发起人、决策人、操纵人,以及在传销活动中担负策划、指挥、布置、协调等重要职责,或者在传销活动实施中起到关键作用的人员。对一般参加者,则不予追究。根据最高人民法院 1999 年 6 月 18 日《关于审理单位犯罪案件具体应用法律有关问题的解释》第 2 条的规定:"个人为进行违法犯罪活动而设立的公司、企业、事业单位实施犯罪的,或者公司、企业、事业单位设立后,以实施犯罪为主要活动的,不以单位犯罪论处。"故对专门从事传销行为的公司,依照司法解释的规定,不以单位犯罪论处,而对其组织者和主要参与人以自然人犯罪定罪处罚。

4.本罪的主观方面表现为直接故意,并具有非法牟利的目的。

(三)组织、领导传销活动罪的认定

1.本罪罪与非罪的界限

(1)关于本罪追究刑事责任的基础。尽管本罪是行为犯,但不是一有组织、领导活动就需要定罪的,根据《追诉标准(二)》第 78 条的规定,组织、领导传销活动人员在 30 人以上且层级在 3 级以上的,对组织者、领导者,才予立案追诉。根据《关于办理组织领导传销活动刑事案件适用法律若干问题的意见》(以下简称《办理传销的意见》)规定,传销活动的组织者或者领导者通过发展人员,要求传销活动的被发展人员发展其他人员加入,形成上下线关系,并以下线的销售业绩为依据计算和给付上线报酬,牟取非法利益的,是"团队计酬"式传销活动。以销售商品为目的、以销售业绩为计酬依据的单纯的"团队计酬"式传销活动,不作为犯罪处理。形式上采取"团队计酬"方式,但实质上属于"以发展人员的数量作为计酬或者返利依据"的传销活动,应当依照《刑法》第 224 条之一的规定,以组织、领导传销活动罪定罪处罚。

(2)关于传销与直销的界限。要区分传销罪与直销活动中的违规行为。若在直销行为中出现夸大直销员收入、产品功效等欺骗、误导行为,应由直销监管部门处以行政处罚,而不应认定为本罪。

2.本罪的罪数界限问题

(1)本罪的客体为复杂客体,其中包含了人身权利内容,因此,如果传销活动的组织者、领导者既实施了组织、领导传销活动的犯罪行为,又对参与传销人员实施了一般的拘禁、搜查、侮辱等行为,二者具有吸收与被吸收的关系,根据重罪吸收轻罪的原则,以组织、领导传销活动罪定罪处罚。

(2)对于在组织、领导传销活动的过程中对参与传销人员实施故意伤害、杀人、强奸、抢劫、绑架等严重犯罪行为的,应对行为人以本罪与故意伤害、故意杀人、强奸、抢劫、绑架等犯罪数罪并罚。

(3)在组织、领导传销活动中,实施伪造经营许可证或者其他有关国家机关公文、证件、印章,或者虚报注册资本设立公司,或者妨害公务等行为的,以及在组织、领导传销活动中实施非法经营、销售假冒伪劣产品或者非法集资等行为的,属于牵连犯,按照择一重罪处断的原则定罪处罚。

(四)组织、领导传销活动罪的处罚

根据《刑法》第 224 条之一的规定,犯本罪的,处 5 年以下有期徒刑或者拘役,并处罚金;情节严重的,处 5 年以上有期徒刑,并处罚金。所谓"情节严重",根据《办理传销的意见》第 4 条的规定,是指具有下列情形之一的:(1)组织、领导的参与传销活动人员累计达 120 人以上的;(2)直接或者间接收取参与传销活动人员缴纳的传销资金数额累计达 250 万元以上的;(3)曾因组织、领导传销活动受过刑事处罚,或者一年以内因组织、领导传销活动受过行政处罚,又直接或者间接发展参与传销活动人员累计达 60 人以上的;(4)造成参与传销活动人员精神失常、自杀等严重后果的;(5)造成其他严重后果或者恶劣社会影响的。

七、强迫交易罪

(一)强迫交易罪的概念

强迫交易罪,是指以暴力、威胁手段强迫他人进行交易、经营活动,情节严重的行为。

(二)强迫交易罪的特征

1.本罪的客体是复杂客体,既侵犯了交易相对方的合法权益,又侵犯了国家对商品交易市场的管理秩序。商品交易是在平等民事主体之间发生的法律关系,应当遵循市场交易中的自愿与公平原则。但在现实生活中,交易双方强买强卖、强迫他人提供服务或者强迫他人接受服务的现象时有发生,这种行为违背了市场交易原则,破坏了市场交易秩序,侵害了消费者或经营者的合法权益。

2.本罪的客观方面表现为以暴力、威胁手段强买强卖商品、强迫他人提供或接受服务、强迫参与或退出投标、拍卖,强迫转让者收购资产,强迫进入或者退出特定的经营领域,情节严重的行为。所谓暴力,是指对被强迫人的人身或财产实际强制或打击,如殴打、捆绑、抱住、围困、伤害或者砸毁其财物等;所谓威胁、是指对被害人实际精神强制,以加害其人身、毁坏其财物、揭露其隐私、破坏其名誉、加害其亲属等相要挟。其方式则可以是言语,也可以是动作,甚至利用某种特定的危险环境进行胁迫。无论是暴力还是威胁,都意在使其不敢反抗而被迫答应交易。他人不愿意购买或出卖商品或者提供或接受服务时,如果采取利诱、欺骗等非暴力威胁方法要求交易,则不能以本罪论处。暴力、威胁直接与交易相关,意在促使交易的实现。如果不是出于这一目的,而在交易活动之外实施暴力、威胁行为的,自然不能以本罪论处。这里的交易行为包括:(1)强买强卖商品的;(2)强迫他人提供或者接受服务的;(3)强迫他人参与或者退出投标、拍卖的;(4)强迫他人转让或者收购公司、企业的股份、债券或者其他资产的;(5)强迫他人进入或者退出特定的经营领域的。

本罪属情节犯,只有在强迫他人交易的行为达到情节严重时才能构成。情节不属严重、即使实施了强买强卖行为,也不能以本罪论处。所谓情节严重,主要是指多次强迫交易的;实施强迫交易非法获得数额较大的;造成恶劣影响的结伙实行强迫交易的;手段恶劣的;强迫外国人交易的;强迫交易内容低劣的。

3.本罪主体为一般主体。凡年满16周岁并具备刑事责任能力的自然人,均能构成本罪。单位亦能成为本罪主体。

4.本罪在主观方面表现为直接故意,间接故意与过失不构成本罪。

(三)强迫交易罪的认定

1.强迫交易罪与一般违法行为的界限

强迫交易行为属一种扰乱市场管理秩序的违法行为,这种行为在商品交易或服务交易中并不鲜见,因此,刑法为了不至于打击面过大,而规定了强行商品交易行为必须达到情节严重的程度才能构成犯罪。行为人用轻微的威胁手段进行强买强卖、强迫他人接受或提供服务,行为很有节制、获利很有限,情节显著轻微、危害不大的,属于一般违法行为,不能认为是犯罪。

2.强迫交易罪的"交易中"之条件的认定

本罪必须发生在商品交易或服务交易中,行为人与被害人之间有交易事实存在,虽然这种不平等交易,是一方强求另一方接受的交易。如果没有这种交易存在,行为人以非法占有为目的,当场使用暴力、胁迫或其他方法,强行立即劫取财物的,应当认定为是抢劫行为,而不构成强迫交易罪。根据最高人民检察院2014年4月11日《关于强迫借贷行为适用法律问题的批复》规定,以暴力、胁迫手段强迫他人借贷,属于《刑法》第226条第(2)项规定的"强迫他人提供或者接受服务",情节严重的,以强迫交易罪追究刑事责任;同时构成故意伤害罪等其他犯罪的,依照处罚较重的规定定罪处罚。

(四)强迫交易罪处罚

根据《刑法》第226条和第231条的规定,犯本罪的,处3年以下有期徒刑或者拘役,并处或者单处罚金;情节特别严重的,处3年以上7年以下有期徒刑,并处罚金。

单位犯本罪的,对单位判处罚金,并对其直接负责的主管人员和其他直接责任人员,依照自然人犯本罪的规定处罚。

八、伪造、倒卖伪造的有价票证罪

（一）伪造、倒卖伪造的有价票证罪的概念

伪造、倒卖伪造的有价票证罪，是指伪造或者倒卖伪造的车票、船票、邮票或者其他有价票证，数额较大的行为。

（二）伪造、倒卖伪造的有价票证罪的特征

1.本罪的客体是国家有价票证的管理制度。

2.本罪的客观方面表现为伪造或者倒卖伪造的车票、船票、邮票或者其他有价票证，数额较大的行为。最高人民法院 2000 年 12 月 5 日《关于对变造、倒卖变造邮票行为如何适用法律问题的解释》规定，对变造或者倒卖变造的邮票数额较大的，以本罪定罪处罚。最高人民检察院 2003 年 4 月 2 日《关于非法制作、出售、使用 IC 电话卡行为如何适用法律问题的答复》规定，非法制作或者出售非法制作的 IC 电话卡，数额较大的，以本罪定罪处罚。

3.本罪的犯罪主体是一般主体。自然人和单位均可成为本罪主体。

4.本罪的主观方面是故意，通常以牟利为目的。

（三）伪造、倒卖伪造的有价票证罪的处罚

根据《刑法》第 227 条第 1 款和第 231 条的规定，犯本罪的，处 2 年以下有期徒刑、拘役或者管制，并处或者单处票证价额 1 倍以上 5 倍以下的罚金；数额巨大的，处 2 年以上 7 年以下有期徒刑，并处票证价额 1 倍以上 5 倍以下的罚金。

单位犯本罪的，对单位判处罚金，并对其直接负责的主管人员和其他直接责任人员，依照自然人犯本罪的规定处罚。

九、倒卖车票、船票罪

（一）倒卖车票、船票罪的概念

倒卖车票、船票罪，是指以牟取非法利益为目的，倒卖车票、船票，情节严重的行为。

（二）倒卖车票、船票罪的特征

1.本罪的客体是国家对票务市场的管理制度。

2.本罪的客观方面表现为倒卖车票、船票，情节严重的行为。根据最高人民法院 1999 年 9 月 6 日《关于审理倒卖车票刑事案件有关问题的解释》第 1 条的规定，高价、变相加价倒卖车票或者倒卖坐席、卧铺签字号及订购车票凭证，票面数额在 5000 元以上，或者非法获利数额在 2000 元以上的，属于本罪中"倒卖车票情节严重"。根据该《解释》第 2 条的规定，对于铁路职工倒卖车票或者与其他人员勾结倒卖车票的，是组织倒卖车票的首要分子的，曾因倒卖车票受过治安处罚 2 次以上或者被劳动教养 1 次以上,2 年内又倒卖车票,构成倒卖车票罪的,依法从重处罚。本罪是选择性罪名,在司法实践中应根据具体案情,选择适用或合并适用。

3.本罪的犯罪主体是一般主体。自然人与单位均可以成为本罪主体。

4.本罪的主观方面是故意,并以牟利为目的。

(三)倒卖车票、船票罪的处罚

根据《刑法》第 227 条第 2 款和第 231 条的规定,犯本罪的,处 3 年以下有期徒刑、拘役或者管制,并处或者单处票证价额 1 倍以上 5 倍以下的罚金。

单位犯本罪的,对单位判处罚金,并对其直接负责的主管人员和其他直接责任人员,依照自然人犯本罪的规定处罚。

十、非法转让、倒卖土地使用权罪

(一)非法转让、倒卖土地使用权罪的概念

非法转让、倒卖土地使用权罪,是指以牟利为目的,违反土地管理法规,非法转让、倒卖土地使用权,情节严重的行为。

(二)非法转让、倒卖土地使用权罪的特征

1.本罪的客体是土地管理法规和国家的土地所有权。

2.本罪的客观方面表现为违反土地管理法规,非法转让、倒卖土地使用权,情节严重的行为。这里的"情节严重",根据《追诉标准(二)》第 80 条的规定,是指具有下列情形之一的:(1)非法转让、倒卖基本农田 5 亩以上的;(2)非法转让、倒卖基本农田以外的耕地 10 亩以上的;(3)非法转让、倒卖其他土地 20 亩以上的;(4)违法所得数额在 50 万元以上的;(5)虽未达到上述数额标准,但因非法转让、倒卖土地使用权受过行政处罚,又非法转让、倒卖土地的;(6)其他情节严重的情形。

3.本罪的主体是一般主体。自然人和单位均可以成为本罪主体。

4.本罪的主观方面是故意,并以牟利为目的。

(三)非法转让、倒卖土地使用权罪的处罚

根据《刑法》第 228 条和第 231 条的规定,非法转让、倒卖土地使用权,情节严重的,处 3 年以下有期徒刑或者拘役,并处或者单处非法转让、倒卖土地使用权价额 5%以上 20%以下罚金;情节特别严重的,处 3 年以上 7 年以下有期徒刑,并处非法转让、倒卖土地使用权价额 5%以上 20%以下罚金。

单位犯本罪的,对单位判处罚金,并对其直接负责的主管人员和其他直接责任人员,依照自然人犯本罪的规定处罚。

十一、提供虚假证明文件罪

（一）提供虚假证明文件罪的概念

提供虚假证明文件罪，是指承担资产评估、验资、验证、会计、审计、法律服务、保荐、安全评价、环境影响评价、环境监测等职责的中介组织人员，故意提供虚假的证明文件，情节严重的行为。

（二）提供虚假证明文件罪的特征

1.本罪的客体是国家对中介市场的管理制度。

2.本罪的客观方面表现为故意提供虚假的证明文件，情节严重的行为。所谓"情节严重"，根据《追诉标准（二）》第 81 条的规定，是指具有下列情形之一的：(1)给国家、公众或者其他投资者造成直接经济损失数额在 50 万元以上的；(2)违法所得数额在 10 万元以上的；(3)虚假证明文件虚构数额在 100 万元且占实际数额 30％以上的；(4)虽未达到上述数额标准，但具有下列情形之一的：第一，在提供虚假证明文件过程中索取或者非法接受他人财物的；第二，2 年内因提供虚假证明文件，受过行政处罚二次以上，又提供虚假证明文件的。(5)其他情节严重的情形。

3.本罪的主体是特殊主体，即承担资产评估、验资、验证、会计、审计、法律服务等职责的中介组织的人员。单位也可以成为本罪的主体。

4.本罪的主观方面是故意。

（三）提供虚假证明文件罪的处罚

根据《刑法》第 229 条第 1 款和第 231 条的规定，犯本罪的，处 5 年以下有期徒刑或者拘役，并处罚金；有下列情形之一的：(1)提供与证券发行相关的虚假的资产评估、会计、审计、法律服务、保荐等证明文件，情节特别严重的；(2)提供与重大资产交易相关的虚假的资产评估、会计、审计等证明文件，情节特别严重的；(3)在涉及公共安全的重大工程、项目中提供虚假的安全评价、环境影响评价等证明文件，致使公共财产、国家和人民利益遭受特别重大损失的，处 5 年以上 10 年以下有期徒刑、并处罚金。《刑法》第 229 条第 2 款规定，有前款行为，同时索取他人财务或者非法收受他人财物构成犯罪的，依照处罚较重的规定定罪处罚。

单位犯本罪的，对单位判处罚金，并对其直接负责的主管人员和其他直接责任人员，依照自然人犯本罪的规定处罚。

十二、出具证明文件重大失实罪

（一）出具证明文件重大失实罪的概念

出具证明文件重大失实罪，是指承担资产评估、验资、验证、会计、审计、法律服务等职责的中介组织的人员,严重不负责任,出具的证明文件有重大失实,造成严重后果的行为。

(二)出具证明文件重大失实罪的特征

1.本罪的客体是国家对中介市场的管理制度。

2.本罪的客观方面表现为严重不负责任,出具的证明文件有重大失实,造成严重后果的行为。所谓"造成严重后果",根据《追诉标准(二)》第82条的规定,是指具有下列情形之一的:(1)给国家、公众或者其他投资者造成直接经济损失数额在100万元以上的;(2)其他造成严重后果的情形。

3.本罪的主体是特殊主体,即承担资产评估、验资、验证、会计、审计、法律服务等职责的中介组织的人员。

4.本罪的主观方面是过失。

(三)出具证明文件重大失实罪的处罚

根据《刑法》第229条第3款和第231条的规定,犯本罪的,处3年以下有期徒刑或者拘役,并处或者单处罚金。

单位犯本罪的,对单位判处罚金,并对其直接负责的主管人员和其他直接责任人员,依照自然人犯本罪的规定处罚。

十三、逃避商检罪

(一)逃避商检罪的概念

逃避商检罪,是指违反进出口商品检验法的规定,逃避商品检验,将必须经商检机构检验的进口商品未报经检验而擅自销售、使用,或者将必须经商检机构检验的出口商品未报经检验合格而擅自出口,情节严重的行为。

(二)逃避商检罪的特征

1.本罪的客体是国家的进出口商品检验管理规定。

2.本罪的客观方面表现为违反进出口商品检验法的规定,逃避商品检验,将必须经商检机构检验的进口商品未报经检验而擅自销售、使用,或者将必须经商检机构检验的出口商品未报经检验合格而擅自出口,情节严重的行为。所谓"情节严重",根据《追诉标准(二)》第83条的规定,是指具有下列情形之一的:(1)给国家、单位或者个人造成直接经济损失数额在50万元以上的;(2)逃避商检的进出口货物货值金额在300万元以上的;(3)导致病疫流行、灾害事故的;(4)多次逃避商检的;(5)引起国际经济贸易纠纷,严重影响国家对外贸易关系,或者严重损害国家声誉的;(6)其他情节严重的情形。

3.本罪的犯罪主体是特殊主体,即从事商品进出口业务的单位或个人。

4.本罪的主观方面是故意。

（三）逃避商检罪的处罚

根据《刑法》第 230 条和第 231 条的规定，犯本罪的，处 3 年以下有期徒刑或者拘役，并处或者单处罚金。

单位犯本罪的，对单位判处罚金，并对其直接负责的主管人员和其他直接责任人员，依照自然人犯本罪的规定处罚。

复习与练习

本章提要

破坏社会主义市场经济秩序罪，是指违反国家经济管理法律、法规，破坏社会主义市场经济秩序，严重危害国家经济发展的行为。本章罪具有如下特征：客体为社会主义市场经济秩序；客观方面表现为违反国家经济管理法律、法规，破坏市场经济秩序的行为；主体包括自然人和单位，且本类犯罪是刑法中包含单位犯罪最多的一类犯罪；主观方面，绝大部分为故意犯罪并且以非法获取经济利益为目的。本章重点罪名包括生产、销售伪劣产品罪，生产、销售假药罪，生产、销售有毒、有害食品罪，走私普通货物、物品罪，非国家工作人员受贿罪，签订、履行合同失职被骗罪，伪造货币罪，内幕交易、泄露内幕信息罪，信用卡诈骗罪，偷税罪，抗税罪，骗取出口退税罪，虚开增值税专用发票、用于骗取出口退税、抵扣税款发票罪，假冒注册商标罪，侵犯著作权罪，侵犯商业秘密罪，合同诈骗罪，非法经营罪。掌握重点罪名，关键在于掌握该罪的构成要件、认定和处罚三个方面。

重要概念

生产、销售伪劣商品罪 走私罪 伪造货币罪 洗钱罪 金融票证诈骗罪 集资诈骗罪 信用卡诈骗罪 保险诈骗罪 合同诈骗罪 非法经营罪 侵犯知识产权罪 假冒商标罪 侵犯商业秘密罪

思考题

1.如何理解《刑法》第 149 条法条竞合的处理原则？

2.结合《刑法修正案》，准确掌握非国家工作人员受贿罪的犯罪主体特征。

3.根据犯罪客体性质，归纳破坏金融管理秩序罪的罪行分类。

4.信用卡诈骗有哪几种形式？什么是恶意透支？

5.逃税罪的手段有哪些？对逃税罪的处罚标准是什么？

6.虚开增值税专用发票、用于骗取出口退税、抵扣税款的其他发票，包括哪几种行为表现？

7.假冒注册商标罪的构成特征是什么？本罪与生产、销售伪劣产品的犯罪有什么区别和联系？

8.什么是商业秘密？它有哪些特点？侵犯商业秘密罪有哪几种行为表现？

9.合同诈骗罪有哪几种行为表现？它与普通诈骗罪的区别是什么？

10.简述非法经营罪的具体表现形式。

11.下列行为人的哪种行为构成非法经营同类营业罪？　　　　　　（　　）

A.孙某在某家经营通信器材设备的国有公司里担任董事，为了增加自己的收入，亲自办照经营了一家通信器材设备厂。孙某利用职务上的便利条件，在短期内获取巨额非法利益。

B.陈某在开办了一家计算机系统与软件公司之后，便聘任自己以前的好友陆某到其公司任副总经理。因陆某现在某国有计算机系统与软件企业任经理职务，陆某便利用该职务上的便利，在二年内为陈某公司经营盈利 500 万元，自己分红 30%。

C.私企老板梁某在开办了一家啤酒厂后又开办了一家修理厂，梁某在这两厂中均担任经理职务。

D.霍某系某国有汽车公司的技术人员，利用其技术开办了一家汽车修理厂。

12.个体户李某，以贸易需要为名，通过给信用社（非国有性质）负责人王某送彩电、空调等物品使其开出多张空头存折。李某再以空头存折为担保，以月息约 7%，远远高于同期银行贷款利率的方式向一些单位和个人借款，并约定到期还本付息。在短短几个月内筹得资金数百万元。李某在一边向单位和个人借款的同时，一边又以月息约 10% 的利率贷款给其他单位和个人，从中赚取差价。到案发时，尚有大部分借款无法收回。李某的行为构成：　　　　　　（　　）

A.对非国家工作人员行贿罪和变相吸收公众存款罪

B.对非国家工作人员行贿罪和诈骗罪

C.对非国家工作人员行贿罪和非法吸收公众存款罪

D.对非国家工作人员行贿罪、非法吸收公众存款罪和集资诈骗罪

13.甲通过金融诈骗的方法非法获取资金，造成数额较大资金不能归还，甲具有下列（　　）情形之一，就可以认定甲具有非法占有的目的。

A.明知没有归还能力而大量骗取资金

B.肆意挥霍骗取的资金

C.使用骗取的资金进行违法犯罪活动

D.非法获取资金后逃跑

14.马来西亚公民林某将自己的身份资料交由一跨国集团 A 公司分别向马来西亚多家银行办理信用卡，获卡后自己并不消费，而是转卖给该跨国集团公司的部

分人员。这些人员遂以出境旅游、商贸活动为由,在我国上海、广州等大城市大量购物或者其他消费,透支数额巨大。当我国收单行向马来西亚有关银行核发消费账单要求付款时,马来西亚多家银行均根据林某的陈述,认为从未出境到过中国,不可能在中国境内有过信用卡消费而不愿承担巨额透支款项,致使我国收单行承担了巨额财产损失。我国公安机关经过缜密侦查,一举抓获了跨国集团 A 公司的部分人员。据这些人员交代,林某明知 A 公司长期有类似行为,只是为了谋取个人利益和利用信用卡跨国消费的管理漏洞而有意让 A 公司为其办理并转卖信用卡,放任信用卡的透支消费。林某不止一次,而是多次,不仅向 A 公司一家跨国公司,而是向多家跨国公司办理和转卖信用卡,并以同样理由造成许多国家的收单行无法收回透支款项。

问:林某的行为应当如何论处?

15.丁某系某市东郊电器厂(私营企业,不具有法人资格)厂长,2003 年因厂里资金紧缺,多次向银行贷款未果。为此,丁某仿照银行存单上的印章模式,伪造了甲银行的储蓄章和行政章,以及银行工作人员的人名章,伪造了户名分别为黄某和唐某在甲银行存款额均为 50 万元的存单两张。随后,丁某约请乙银行办事处(系国有金融机构)副主任朱某吃饭,并将东郊电器厂欲在乙银行办事处申请存单抵押贷款的打算告诉了朱某,承诺事后必有重谢。朱某见有利可图,就让丁某第二天到办事处找信贷科科长张某办理,并答应向张某打招呼。次日,丁某来到乙银行办事处。朱某将其介绍给张某,让其多加关照。张某在审查丁某提交的贷款材料时,对甲银行的两张存单有所怀疑,遂发函给甲银行查询。此时,丁某通过朱某催促张某,张某遂打电话询问查询事宜。甲银行储蓄科长答应抓紧办理,但张某未等回函,就为丁某办理了抵押贷款手续,并报朱某审批。后甲银行未就查询事宜回函。朱某审批时发现材料有问题,就把丁某找来询问。丁某见瞒不过朱某,就将假存单之事全盘托出,并欺骗朱某说有一笔大生意保证挣钱,贷款将如期归还,并当场给朱某 10 万元好处费。朱某见丁某信誓旦旦,便收受了好处费,同意批给丁某 100 万元贷款。丁某获得贷款后,以感谢为名送给张某 5 万元,张某予以收受。丁某将贷款全部投入电器厂经营,结果亏损殆尽,致使银行贷款不能归还。检察机关将本案起诉至法院。

问:丁某、朱某和张某的行为触犯哪些罪名?分别应如何处罚?

第二十四章　侵犯公民人身权利、民主权利罪

侵犯公民人身权利、民主权利罪,是指故意或者过失侵犯公民人身权利,以及故意侵犯公民民主权利,依法应当受到刑罚处罚的行为。《刑法》分则从第232条至第262条,共31个条文,规定了36个罪名;《刑法修正案(四)》增设第244条之一"雇用童工从事危重劳动罪";《刑法修正案(六)》增设第262条之一"组织残疾人、儿童乞讨罪";《刑法修正案(七)》增设第253条之一,补充了两个罪名,即出售、非法提供公民个人信息罪,非法获取公民个人信息罪;《刑法修正案(七)》增设第262条之二"组织未成年人进行违反治安管理活动罪";《刑法修正案(八)》增设第234条之一"组织出卖人体器官罪";《刑法修正案(九)》增设第260条之一"虐待被监护、看护人罪"。根据《刑法修正案(九)》的规定,司法解释将"非法获取公民个人信息罪"与"出售、非法提供公民个人信息罪"合并为"侵犯公民个人信息罪"。《刑法修正案(十一)》增设第236条之一"负有照护职责人员性侵罪"。因此,侵犯公民人身权利、民主权利罪一章共计43个罪名。

本章重点

- 故意杀人罪
- 故意伤害罪
- 强奸罪
- 强制猥亵他人、侮辱妇女罪
- 非法拘禁罪
- 绑架罪
- 拐卖妇女、儿童罪
- 诬告陷害罪
- 刑讯逼供罪
- 报复陷害罪
- 破坏选举罪
- 重婚罪
- 虐待罪

第一节　侵犯公民人身权利、民主权利罪概述

一、侵犯公民人身权利、民主权利罪的概念

侵犯公民人身权利、民主权利罪，是指故意或者过失地侵犯公民的人身权利，以及故意侵犯公民民主权利，依法应当受到刑罚处罚的行为。

二、侵犯公民人身权利、民主权利罪的特征

1.本类犯罪的客体是公民的人身权利以及民主权利。公民的人身权利，是指我国法律所保护的与公民的人身不可分离的权利，它包括公民的生命权、健康权、性的不可侵犯权、人身自由权、人格名誉权、婚姻自由权等。本章所指公民人身权利并不仅限于具有中国国籍的公民的人身权利，也包括外国国籍或者无国籍人的人身权利。换言之，此处公民的人身权利应理解为自然人的人身权利。公民的民主权利，是指公民所享有的管理国家和参加社会政治活动的权利以及其他民主权利，主要包括选举权和被选举权、控告权、申诉权、批评权、检举权、宗教信仰自由权、通信自由权等。人身权与民主权是宪法规定的两种并列的权利，二者联系密切，人身权利是公民行使民主权利的前提和基础，民主权利的实现又有利于保障人身权利。

本类罪所侵犯的一般是特定对象的人身权利和民主权利，这与危害公共安全罪相区别；但也有少部分犯罪所侵犯的是一个群体的权利，如侵犯少数民族风俗习惯罪，侵犯的是有关少数民族这一群体的集体感情。

本类罪的客体有的是复杂客体，如刑讯逼供罪、暴力取证罪，既侵犯了公民的人身权利又侵犯了司法机关的正常活动秩序；强迫劳动罪既侵犯了劳动者的休息权，又侵犯了其人身自由权。有的是单一客体，如故意杀人罪。

2.本类犯罪在客观方面表现为各种非法侵犯人身权利以及民主权利的行为。在行为方式上，"侵犯"包括剥夺、限制、损害、破坏、阻碍等行为；在表现形式上，多数犯罪只能是作为，如强奸罪，强制猥亵、侮辱罪，绑架罪，拐卖妇女、儿童罪，侮辱罪，破坏选举罪等。少数几种犯罪，既可表现为作为，也可表现为不作为，如故意杀人罪、故意伤害罪、非法拘禁罪等。

3.本类犯罪的主体多数只能是自然人，少数既可以是自然人，也可以是单位，如强迫劳动罪就由单位构成。在以自然人为主体的犯罪中，多数为一般主体，少数为特殊主体，如报复陷害罪的主体是国家机关工作人员。从刑事责任年龄的要求看，多数已满16周岁，但实施故意杀人、故意伤害致人重伤或者死亡、强奸行为的，已满14周岁未满16周岁的人也可以成为犯罪主体。另根据《刑法修正案（十一）》

的规定,犯故意杀人、故意伤害罪,致人死亡或者以特别残忍手段致人重伤造成严重残疾,情节恶劣,经最高人民检察院核准追诉的,已满 12 周岁不满 14 周岁的人也可以成为犯罪主体。

4.本类犯罪的主观方面,除了过失致人死亡罪和过失致人重伤罪由过失构成外,其他罪均由故意构成。

三、侵犯公民人身权利、民主权利罪的分类

根据具体犯罪的直接客体以及主要构成要件的特点,可以将本章犯罪作以下分类。

(一)侵犯公民人身权利的犯罪

故意杀人罪,过失致人死亡罪,故意伤害罪,过失致人重伤罪,组织出卖人体器官罪,强奸罪,负有照护职责人员性侵罪,强制猥亵、侮辱罪,猥亵儿童罪,非法拘禁罪,绑架罪,拐卖妇女、儿童罪,收买被拐卖的妇女、儿童罪,聚众阻碍解救被收买的妇女、儿童罪,诬告陷害罪,组织残疾人、儿童乞讨罪,组织未成年人进行违反治安管理活动罪,强迫劳动罪,雇用童工从事危重劳动罪,非法搜查罪,非法侵入住宅罪,侮辱罪,诽谤罪,刑讯逼供罪,暴力取证罪,虐待被监管人罪,煽动民族仇恨、民族歧视罪,出版歧视、侮辱少数民族作品罪,侵犯公民个人信息罪,虐待被监护、看护人罪。

(二)侵犯公民民主权利的犯罪

破坏选举罪,非法剥夺公民宗教信仰自由罪,侵犯少数民族风俗习惯罪,侵犯通信自由罪,私自开拆、隐匿、毁弃邮件、电报罪,报复陷害罪,打击报复会计、统计人员罪。

(三)侵犯婚姻家庭权利的犯罪

重婚罪,暴力干涉婚姻自由罪,破坏军婚罪,虐待罪,遗弃罪,拐骗儿童罪。

第二节 侵犯公民人身权利、民主权利罪分述

一、故意杀人罪

(一)故意杀人罪的概念

故意杀人罪,是指故意非法剥夺他人生命的行为。

(二)故意杀人罪的特征

1.本罪的客体是他人的生命权利。生命权是人身权利中最基本、最重要的权利,是公民行使其他一切权利的客观基础和前提。在我国,任何公民的生命都平等

地受法律保护,凡是有生命的人,不论他的任何自然属性及社会背景,均受刑法同等保护。故意杀人罪以侵犯人的生命权利为客体要件,因而有生命的人,才能成为故意杀人罪的对象。尚未出生的胎儿和人死后的尸体,都不是故意杀人罪的对象。出生前的胎儿还没有独立的法益,我国刑法尚未规定针对胎儿的犯罪规定,尸体也不可能是生命权利的享有者,刑法规定盗窃、侮辱尸体罪是为了保护社会的良好风俗。所以,确定自然人人格何时取得,何时消亡对于确定故意杀人罪及犯罪的停止形态具有十分重要的意义。

人的生命始于出生,终于死亡。生命的开始,在理论上有不同的认识,有"阵痛说"、"一部露出说"、"断带说"、"发声说"、"独立呼吸说"等。"独立呼吸说"是我国民法学界的通说,认为人的生命,开始于胎儿脱离母体后,能够独立呼吸。生命的终结,传统观点认为是以心脏停止跳动为标志,我国刑法学理论也采取该传统观点。但随着现代医学的发展,越来越多的医学专家提出了"脑死亡"为死亡标准的观点,认为包括大脑、小脑和脑干在内的脑的全部功能不可逆地完全消失,是人死亡的标志。"脑死亡"也在部分国家和地区得到了法律上的认可,如芬兰、英国、美国大部分州、我国台湾地区等。我国目前还没有明确认可"脑死亡",因而,在实践中仍以心脏停止跳动为生命终结的标志。

2.本罪在客观方面表现为非法剥夺他人生命的行为。首先,行为人具有剥夺他人生命的行为。从危害行为的基本形式角度来说,故意杀人罪的行为一般表现为作为,但也有以不作为形式实施的。其次,剥夺他人生命的行为必须是非法的。这是区分合法行为与故意杀人罪的关键所在。如果是实施特殊防卫权而致他人死亡,执行死刑命令将死刑罪犯枪决,这些行为虽然在客观上剥夺了他人的生命,但由于是合乎法律规定的,因而不具有非法的特征,不可能构成故意杀人罪。最后,直接故意杀人罪的既遂和间接故意杀人罪的成立,以被害人死亡为要件。但是,只有查明行为人的危害行为与被害人死亡的结果之间具有因果关系,才能断定行为人负直接故意杀人罪既遂或间接故意杀人罪罪责具有客观基础。

3.本罪的主体为一般主体,已满14周岁并具有刑事责任能力的自然人可构成本罪;已满12周岁不满14周岁的人故意杀人、故意伤害,致人死亡或者以特别残忍手段致人重伤造成严重残疾,情节恶劣,经最高人民检察院核准追诉的,也可以构成本罪。

4.本罪在主观方面要求行为人具有非法剥夺他人生命的故意,包括直接故意和间接故意。在认识因素上,除了要求行为人认识到自己行为的性质、后果、意义,以及行为造成的危害结果以外,还要求认识到行为的对象是人。如果行为人明知对方不是人而采取所谓杀害行为的,并不构成故意杀人罪。不过,如果行为人出于杀人的故意,误把尸体或其他无生命物体、动物当作有生命的人加以"杀害",如果具有导致活人死亡的可能性,应按故意杀人罪未遂犯处理,就犯罪停止形态而言,这种情况属于对象不能的未遂犯,在主观方面则属于对象认识错误。故意杀人的动机多种多样,如报复杀人、奸情杀人、义愤杀人,等等。不同的犯罪动机对故意杀人罪的成立没有影响,但对量刑有一定影响。

(三)故意杀人罪的认定

认定本罪时,应注意以下几个问题。

1.致人自杀行为。自杀是自愿结束自己生命的行为,在我国自杀行为并不构成犯罪。但引起自杀或者促成自杀的原因比较复杂,其中有些人的行为可能构成故意杀人罪,因而需要具体分析。致人自杀行为主要存在以下几种情况。

(1)正当行为引起他人自杀的,不构成犯罪。

(2)错误行为或者轻微违法行为引起他人自杀的,不构成犯罪。如教师采取轻微打骂等违法的方法批评学生,由于学生心胸狭隘而自杀的,不应追究行为人刑事责任。

(3)严重违法行为引起他人自杀身亡的,将严重违法行为与引起他人自杀身亡的结果进行综合评价,达到了犯罪的社会危害程度时,该行为构成犯罪。如诽谤他人,行为情节本不严重,但由于诽谤引起他人自杀身亡的,该自杀身亡的结果的出现,即可认为诽谤行为达到情节严重程度,因而构成诽谤罪。

(4)犯罪行为引起他人自杀,行为人对他人自杀身亡没有故意的,应按前犯罪行为定性,将他人自杀身亡的后果作为法定或者酌定量刑情节从重处罚。如强奸引起被害人自杀身亡的,作为加重法定刑情节处理。

2.帮人自杀行为。帮人自杀,是指他人已有自杀意图,行为人对他人进行精神上的鼓励或者物质上的帮助,使他人更坚定自杀意图或者促成他人自杀。通说认为,在精神上鼓励他人自杀的情况下,行为人对自杀死亡结果的原因力较小,危害也不大,可以不追究其故意杀人罪的刑事责任。在提供物质帮助促成他人自杀的情况下,行为人对自杀者的死亡结果的发生具有较大的原因力,原则上应追究其故意杀人罪的刑事责任,但毕竟自杀是他人本人的意思,因而,可以对帮助者从轻或者减轻处罚。

3.教唆自杀行为。教唆自杀,是指行为人使本没有自杀意图的他人产生自杀决意,实施自杀的行为。这里的教唆行为与共同犯罪理论中的教唆行为虽有相似之处,但并不相同。共同犯罪理论中的教唆是教唆他人犯罪,此处的教唆是使他人自杀。所以,不能用共同犯罪理论来解释教唆自杀行为。教唆自杀是借被害人之手杀死被害人的故意杀人行为,应追究教唆者故意杀人罪的刑事责任。考虑到自杀者具有是否自杀的意志自由,因而,是情节较轻的故意杀人罪。如果教唆无责任能力人自杀的,由于被教唆者缺乏辨认和控制能力,对教唆者应以故意杀人罪的间接正犯对待,依法追究其故意杀人罪的刑事责任。

4.相约自杀行为。相约自杀是指二人以上相互约定自愿共同自杀的行为。如果相约各方均自杀身亡的,自然不存在刑事责任问题。对于其他相约自杀的案件,则应根据具体情况分别处理。

(1)双方相约共同自杀,一方应对方要求杀死对方,而后行为人自杀未成或未自杀的。这种情况下,行为人主观上有致人死亡的犯罪故意,客观上实施的行为与他人的死亡结果之间具有因果关系,构成故意杀人罪,但量刑时可从轻处罚。

(2)双方相约共同自杀,一方为自杀提供条件,另一方利用该条件自杀身亡,而提供条件者未死。这实际上也是帮助自杀的行为,应当追究行为人故意杀人罪的刑事责任,但可以从轻或者减轻处罚。

(3)一方诱骗对方相约共同自杀,而行为人无自杀的意图,这是典型的借被害人之手杀被害人的行为,对诱骗者应以故意杀人罪定性。

5.受嘱托杀人行为及"安乐死"问题。受嘱托杀人,也称为"得承诺杀人",是指受已有自杀意图者的嘱托而直接将他人杀死的行为。由于被害人放弃生命权的承诺不具有正当的根据,因而,该承诺无效,"得承诺杀人"的行为也就不是正当行为,在有的国家中构成同意杀人罪;在我国没有将得到被害人承诺致人死亡的行为规定为独立的犯罪,因而也以故意杀人罪处理,但在处罚时与普通杀人行为作区别对待,从轻处罚。

"安乐死"在本质上也是一种受嘱托杀人的行为,一般应以故意杀人罪论处。"安乐死"是指为免除患有不治之症、濒临死亡的病人的痛苦,受患者嘱托而使其无痛苦地死亡。2001年,荷兰通过法案,使其成为第一个"安乐死"合法化的国家,至今只有荷兰、比利时、哥伦比亚等少数几个国家认可"安乐死",而其他国家要么默许"安乐死",要么对"安乐死"持否定态度。在我国,否定"安乐死"的观点认为,人为提前结束患者生命的行为,违背社会主义道德准则和法律规范,具有犯罪的社会危害性,即使被害人同意,也不能排除这种杀人行为的社会危害性和刑事违法性。特别是在法律对实行"安乐死"的条件、方法、程序等没有明确规定的情况下,实行"安乐死"会产生其他一系列的问题。

(四)故意杀人罪的处罚

根据《刑法》第232条的规定,犯本罪的,处死刑、无期徒刑或者10年以上有期徒刑;情节较轻的,处3年以上10年以下有期徒刑。情节较轻,一般是指出于激愤或义愤杀人的、防卫过当杀人的、因不堪被害人长期迫害或虐待而杀人的、出于情有可原动机的杀害亲生婴幼儿的,等等。

二、过失致人死亡罪

（一）过失致人死亡罪的概念

过失致人死亡罪，是指因过失致使他人死亡的行为。

（二）过失致人死亡罪的特征

1.本罪的客体是他人的生命权利。

2.本罪的客观方面是行为人实施了致人死亡的行为。行为人的作为或者不作为与他人死亡结果之间必须具有因果关系。

3.本罪的主体是一般主体，即年满16周岁并具有刑事责任能力的自然人。

4.本罪的主观方面是过失，包括疏忽大意的过失和过于自信的过失。这里的过失是普通过失而不是业务过失，前者发生在非业务活动中，后者发生在特定的业务活动中。如果在业务活动中因过失致人死亡的，则根据刑法的特别规定定罪处罚，如《刑法》第335条规定的医疗事故罪，是医务工作人员在医疗过程中过失对就诊人造成重大损害后果的行为。虽然医疗事故罪也是行为过失致人死亡的行为，但不能以过失致人死亡罪处理。

（三）过失致人死亡罪的认定

1.过于自信的过失致人死亡与（间接）故意杀人罪的界限

这两个罪的相似之处在于：均发生了他人死亡的结果；行为人都认识到自己的行为可能导致他人死亡的结果发生，并且都不想这种结果的发生。两罪的区别在于：前者的行为人希望避免他人死亡结果的发生，发生死亡结果违背行为人的意志，而且在客观上会采取措施避免他人死亡结果的发生；后者的行为人对死亡结果持放任态度，发生死亡结果并不违背行为人的意志，而且在客观上并不会采取措施阻止他人死亡结果的发生。

2.疏忽大意的过失致人死亡与意外事件致人死亡的界限

这两个罪的相似之处在于行为人对他人死亡结果的发生都未预见，而且，死亡结果的发生均违背行为人的意志。两罪的区别在于：行为人应否预见、能否预见自己的行为可能造成他人的死亡，前者行为人应当预见而且有能力预见却未预见他人死亡结果的发生，后者行为人无预见的可能。在分析行为人的注意义务与注意能力时，需要根据行为人的认知能力、行为本身的危险程度以及客观环境等因素，进行综合判断。

（四）过失致人死亡罪的处罚

根据《刑法》第233条的规定，犯本罪的，处3年以上7年以下有期徒刑；情节较轻的，处3年以下有期徒刑。"本法另有规定的，依照规定。"这里的"本法另有规定的，依照规定"是指刑法分则已经作了专门规定，有独立的罪名与法定刑的情况。

三、故意伤害罪

（一）故意伤害罪的概念

故意伤害罪，是指故意非法伤害他人身体健康的行为。

（二）故意伤害罪的特征

1. 本罪的客体是他人的身体健康权利。故意伤害罪是非法损害他人身体健康的行为，其结果表现为给他人身体造成伤害。故意伤害罪的客体中所指的身体，仅指有生命的人的整体，而且是行为人以外的人的身体。故意伤害罪的对象只能是行为人以外的他人，不包括行为人自己。根据我国的法律规定，有意伤害自己身体的，一般不构成犯罪。只有当自伤行为侵犯了国家和社会利益而触犯了刑法规范时，才构成犯罪。例如，军人战时自伤身体，逃避军事义务的，应按《刑法》第 434 条规定的战时自伤罪追究刑事责任。

2. 本罪在客观方面表现为非法损害他人身体健康的行为。首先，必须有伤害行为。伤害表现为两种情形：一是对人体组织完整性的破坏。如砍断他人一根指头。二是对人体器官正常机能的破坏。如使人肢体残废、神经机能失常、双目失明等。所以，损害他人非身体的有机组成部分，如损坏假肢、打掉假牙等，不可能构成故意伤害罪；强行剪去他人的毛发、指甲，不会损害他人人体组织的完整性，也不会造成人体器官正常机能的破坏，因此，不可能构成故意伤害罪。但对于损害已经成为他人身体不可分割、发挥身体器官功能的人造器官的行为，如损害人工晶状体、人工关节等则可能构成故意伤害罪。未经本人同意摘取其器官，或者摘取不满 18 周岁的人的器官，或者强迫、欺骗他人捐献器官的，也属于本罪的客观方面内容。

伤害通常表现为作为形式，既可以是直接使用刀、枪、棍、棒或拳打脚踢等暴力实施，也可以是间接利用未成年人、精神病患者、无过错的人、动物等伤害他人。在少数情况下，伤害行为可由不作为构成。

其次，伤害行为必须是非法的损害。如果是属于正当行为的伤害，不能以故意伤害罪论处。

最后，本罪的构成要求造成轻伤以上的后果，即轻伤、重伤与伤害致死。根据《刑法》第 95 条的规定，有下列情形之一的，属于重伤：（1）使人肢体残废或者毁人容貌的；（2）使人丧失听觉、视觉或其他器官机能的；（3）其他对于人身健康有重大伤害的。被害人是否构成轻伤、重伤以及受伤的等级需要依据《人体损伤程度鉴定标准》进行鉴定。

3. 本罪的主体需要根据伤害的程度以及犯罪情节的恶劣程度而定。故意伤害致人轻伤的主体，是已满 16 周岁并具有刑事责任能力的自然人；故意伤害致人重伤或者死亡的主体，是已满 14 周岁并具有刑事责任能力的自然人；故意伤害致人死亡或者以特别残忍手段致人重伤造成严重残疾,情节恶劣,经最高人民检察院核准追诉的,犯罪主体是已满 12 周岁不满 14 周岁并具有刑事责任能力的自然人。

4.本罪的主观方面是故意,既可以是直接故意,也可是间接故意。即行为人明知自己的行为会造成他人轻伤以上程度的损害后果,并且希望或者放任该轻伤以上程度损害结果的发生。如果行为人在客观上虽然殴打了他人,但并不希望或者放任他人轻伤以上程度损害后果发生的,则不能因为造成了他人轻伤以上损害,便以故意伤害罪追究其刑事责任。按通说认为,故意伤害(致死)是结果加重犯,行为人对他人伤害结果具有故意,而对他人死亡结果持过失态度。

(三)故意伤害罪的认定

1.故意伤害致人死亡与故意杀人罪的界限

二者的根本区别在于故意的内容不同:前者是明知自己的行为会引起他人身体健康受到伤害的结果(轻伤以上程度损害结果)并且希望或者放任这种结果发生的,具有伤害的故意,即使造成被害人死亡的结果,也只能认定故意伤害(致死)罪;后者是明知自己的行为会引起他人死亡的结果并且希望或者放任这种结果发生的,具有杀人的故意。在具体案件中,应当对侵害行为的起因、被告人与被害人平时的关系、使用的工具及打击的部位、侵害行为的实施方法等各方面因素进行考察,以准确查明行为人的主观心态。

2.本罪与其他涉及伤害犯罪的界限

刑法分则中有的犯罪的构成本身也可包含故意伤害(包括直接故意伤害和间接故意伤害,但有的仅含轻伤,有的则还包括重伤)在内,如抢劫罪的暴力可以是故意伤害重伤,暴力干涉婚姻自由罪的暴力就已经包含了致人轻伤;有的犯罪将故意造成他人伤害的结果作为量刑情节。对于这些故意伤害行为,不应再以故意伤害罪定罪处罚,而应直接依照刑法的有关规定定罪处罚。

(四)故意伤害罪的处罚

根据《刑法》第 234 条的规定,犯本罪的,处 3 年以下有期徒刑、拘役或管制;致人重伤的,处 3 年以上 10 年以下有期徒刑;致人死亡或者以特别残忍手段致人重伤造成严重残废的,处 10 年以上有期徒刑、无期徒刑或者死刑。

四、组织出卖人体器官罪

(一)组织出卖人体器官罪的概念

组织出卖人体器官罪,是指组织出卖他人人体器官的行为。

(二)组织出卖人体器官罪的特征

1.本罪的客体是公民的人身权利和国家对人体器官收集、使用的管理秩序。

2.本罪的客观方面是组织他人非法出卖人体器官的行为,包括以招募、雇佣、介绍、引诱等手段使他人出卖人体器官的行为。

3. 本罪的主体是一般主体。凡是年满 16 周岁，具有刑事责任能力的自然人均可以构成。

4. 本罪的主观方面是故意，往往具有牟利的目的。

（三）组织出卖人体器官罪的处罚

根据《刑法》第 234 条之一的规定，犯本罪的，处 5 年以下有期徒刑，并处罚金；情节严重的，处 5 年以上有期徒刑，并处罚金或者没收财产。

五、过失致人重伤罪

（一）过失致人重伤罪的概念

过失致人重伤罪是指过失伤害他人身体，致人重伤的行为。

（二）过失致人重伤罪的特征

1. 本罪的客体是他人的身体健康权。

2. 本罪在客观方面表现为非法损害他人身体健康，并且已经造成他人重伤。非法损害行为与他人身体受到重伤之间具有因果关系。

3. 本罪的主体是一般主体，即已满 16 周岁，具有刑事责任能力的自然人。

4. 本罪的主观方面表现为过失而且是普通过失，包括疏忽大意的过失与过于自信的过失，即行为人对造成他人伤害的结果并不希望也不放任。如果行为人主观上明显具有轻伤的故意，但由于过失造成他人重伤的，应定为故意伤害罪（致人重伤），而不是过失致人重伤罪。如果行为人过失致人重伤后由于抢救无效死亡的，应定过失致人死亡罪，而不能定过失致人重伤罪。

（三）过失致人重伤罪的认定

1. 本罪罪与非罪的界限

过失致人重伤罪是结果犯，要求行为人的过失伤害行为造成他人重伤结果，如果过失造成他人轻伤的（包括多人轻伤），不构成本罪。

2. 本罪与其他将重伤作为构成要件的过失犯罪之间的界限

在刑法分则中还存在其他包含重伤为构成要件的过失犯罪，如重大责任事故罪、交通肇事罪等，这些罪与过失致人重伤罪的区别在于其他构成要件的不同，它们或是特殊主体、或是在客观方面具有特定的时间、地点的要求，或是犯罪客体是公共安全等。由于刑法分则作了特别规定的，应当从其特别规定，不再以过失致人重伤罪论处。

（四）过失致人重伤罪的处罚

根据《刑法》第 235 条的规定，犯本罪的，处 3 年以下有期徒刑或者拘役。

六、强奸罪

（一）强奸罪的概念

根据所侵犯的对象是否为已满 14 周岁的女性，将强奸罪分为两种情况：一种是以暴力、胁迫或者其他手段，违背已满 14 周岁妇女意志，强行与之发生性交的行为；另一种是明知对方是未满 14 周岁的幼女，而与其发生性关系的行为。

（二）被害人为已满 14 周岁妇女的强奸罪的特征

1.本罪的客体是妇女性的自由权利。性的自由权利是指妇女根据自己的意愿发生性行为的权利。这里性的自由权利为已满 14 周岁的妇女生命存续时才享有。所以，如果被害人不是女性，则不可能构成强奸罪既遂。实践中奸淫妇女尸体的行为，因不符合强奸罪的客体、对象条件，所以不能成立强奸罪，可成立《刑法》第 302 条规定的侮辱尸体罪。如果基于奸淫的目的，在实施暴力或者其他方法行为的过程中致被害妇女死亡，又奸淫尸体的，构成强奸罪（未遂）和侮辱尸体罪。

2.本罪在客观方面表现为，行为人违背妇女意志，采用暴力、胁迫或者其他手段，强行与之发生性交的行为。

强奸罪中的性交行为是违背妇女意志的，即妇女不同意发生性交，而行为人与之性交。如果是妇女同意情况下的性交，不可能构成本罪，而不论这种性交关系合法正当与否。行为人采取暴力、胁迫或者其他方法是违背被害妇女性的自由权利的客观表现。

所谓暴力手段，是指犯罪分子直接对被害妇女采用殴打、伤害、捆绑、卡脖子、按倒等，使被害妇女不敢、不能反抗，危害其人身安全或者人身自由的手段。正确理解强奸罪中的暴力，要注意这样几个问题：第一，这里的暴力仅仅是针对被害妇女（即强奸的对象）而言的。如果行为人为了强奸妇女，对被害妇女以外的人（如妇女的家属）实施暴力而使被害妇女与其发生性关系的，则是以胁迫手段实行的强奸。行为人为了强奸妇女对他人实施暴力构成其他罪的，应以强奸罪和其他罪实行数罪并罚。第二，暴力手段并不一定要在客观上造成被害妇女没有反抗的能力。在具体案件中，暴力手段虽然尚未使被害妇女失去反抗的能力，但对妇女形成一种强制作用，致使妇女恐惧、胆怯而不敢反抗的，也可认定为违背妇女意志而成立强奸罪。第三，这里的暴力，不包括故意杀人在内。故意杀死妇女后又奸尸的，并不构成强奸罪，而应以故意杀人罪和侮辱尸体罪两罪并罚。如果强奸过程中或强奸后，杀死被害妇女罪，应以强奸罪与故意杀人罪并罚。

胁迫手段，是指对被害妇女威胁、恫吓，达到精神上的强制，使其不敢反抗的手段。胁迫的内容包括实施暴力的威胁，也包括揭发隐私或者破坏财产的威胁。

其他手段，是指除用暴力、胁迫以外的使被害妇女不知反抗或者不能反抗的手段。例如，利用妇女患重病、熟睡之机，进行奸淫；以醉酒、药物麻醉以及利用或者假冒治病等方法对妇女进行奸淫。实践中，有的犯罪分子冒充妇女丈夫、未婚夫、男友或情人奸淫妇女，或利用妇女愚昧无知骗奸，这种手段也属于暴力、胁迫以外的其他手段。

3. 本罪的主体是年满 14 周岁，具有刑事责任能力的男性。通说认为，女性不能成为本罪的实行犯，但可以与男子构成共同犯罪，成为本罪的教唆犯和帮助犯。女性教唆或帮助不满 14 周岁或 14 周岁以上但无责任能力的男子实施强奸妇女行为，该教唆或帮助行为达到支配他人行为的程度时，成立间接正犯。当然，也有学者认为强奸罪有两个实行行为，即暴力、胁迫或者其他手段的方法行为和性交这一目的行为，所以妇女也可以是强奸罪的实行犯。

4. 本罪在主观方面是直接故意，并且具有违背妇女意志与之发生性交的目的。

（三）被害人为未满 14 周岁幼女的强奸罪的特征

1. 本罪的客体既有幼女性的不可侵犯权，也有幼女的身体健康权。因为幼女的身心还未发育成熟，因而与幼女发生性关系，往往会损害幼女的身体健康。这也是刑法对奸淫幼女的行为作更严厉规定的原因。

2. 本罪在客观上表现为与未满 14 周岁的幼女发生性关系的行为。由于幼女的身心发育尚未成熟，因而还缺乏辨别是非的能力，不能正确理解性行为的后果。为保护幼女的身心健康，刑法特别规定，不论行为人采取的手段是否是暴力、胁迫或者其他手段，不论幼女是否自愿，只要与幼女发生性关系，就符合了此类强奸罪客观方面的要件。因此，嫖宿幼女的行为，也属于强奸罪的客观表现。

3. 本罪的主体是已满 14 周岁，具有刑事责任能力的自然人。

4. 本罪的主观方面是直接故意，并且在认识因素上必须明知对方是未满 14 周岁的幼女。"明知"包括知道和应当知道两种情况。司法实践对于判断行为人的"明知"作了相应的规定：对于不满 12 周岁的被害人实施奸淫等性侵害行为的，应当认定行为人"明知"对方是幼女。对于已满 12 周岁不满 14 周岁的被害人，从其身体发育状况、言谈举止、衣着特征、生活作息规律等观察可能是幼女，而实施奸淫等性侵害行为的，应当认定行为人"明知"对方是幼女。

（四）强奸罪的认定

1. 本罪罪与非罪的界限

未婚男女在恋爱过程中自愿发生的性交行为，双方或者一方有配偶的男女通奸行为，以及有教养关系、从属关系的男女自愿发生的性交行为等，都不能构成第一种类型的强奸罪（即被害人为已满 14 周岁的妇女）。此外，对第一次性行为违背妇女意志，但女方并未告发并继续多次自愿与该男子发生性行为的，即"先强奸后和奸"。由于这种情况给被害人造成的损害不大，从保护妇女与稳定社会的需要，没有必要再追究行为人强奸罪的刑事责任。

2.与精神病人或者痴呆患者发生性行为的认定

首先,要查清精神病人或者痴呆患者病情的轻重以及认识能力和意志能力。如果上述人员具有辨认能力和控制能力的,没有违背其意志,就不能定为强奸罪。其次,要查明行为人是否明知对方为不能辨认和控制自己行为的妇女。如果行为人没有使用违背妇女意志的行为,而且不知道被害人为不能辨认和控制自己行为的妇女,则不能认定为强奸罪。

3.本罪既遂与未遂的界限

关于强奸罪的既遂标准,理论界主要有射精说、插入说、接触说几种观点。通常认为认定强奸罪既遂与否应以插入说,即男女生殖器的结合为标准;但对于奸淫幼女之行为而言,其既遂的标准则应采取接触说,即只要双方的性器官接触就成立犯罪既遂。

(五)强奸罪的处罚

根据《刑法》第236条的规定,犯本罪的,处3年以上10年以下有期徒刑;奸淫不满14周岁的幼女的,从重处罚;有下列情形之一的,处10年以上有期徒刑、无期徒刑或者死刑:(1)强奸妇女情节恶劣的;(2)强奸妇女多人的;(3)在公共场合当众强奸妇女、奸淫幼女的;(4)二人以上轮奸的;(5)奸淫不满十周岁的幼女或者造成幼女伤害的;(6)致使被害人重伤、死亡或者造成其他严重后果的。"强奸妇女情节恶劣",主要是指:强奸妇女的手段残酷;强奸多次,折磨时间长;以特殊年龄或身体状况的妇女,如孕妇、病妇、老妇、月经在身的妇女为强奸对象的,等等。"强奸妇女多人",是指强奸3人以上,既包括作为单独实行犯参与强奸的,也包括作为实行犯、教唆犯或帮助犯参与共同强奸的。"在公共场所当众强奸妇女",是指在车站、码头、公园、电影院、运动场、公路、公共交通工具等地当着不特定多数人的面公然强奸妇女。在公共场所挟持或诱骗妇女至他处再行强奸的,不应视为"在公共场所当众强奸妇女";在女浴室、女厕所乘无人之机强奸妇女的,虽然公用的浴室、厕所具有公共场所的性质,但被告人是利用其便利的环境条件,所采用的方式实质上是隐蔽的,不具有公然性,所以也不应视为情节严重的强奸罪。"轮奸",是指基于共同的强奸故意,二人以上在同一段较短的时间内先后对同一妇女实施性交的行为。"轮奸"情节的成立并不要求二个以上的行为人强奸罪达到既遂。"奸淫不满十周岁的幼女或者造成幼女伤害的",是指客观上被害人是未满10周岁的幼女或者奸淫行为造成未满14周岁幼女受到轻伤以上程度损害的。"致使被害人重伤、死亡",是指因强奸妇女导致被害人性器官严重损伤,或者造成其他严重伤害,甚至当场死亡或者经治疗无效死亡的。如果使用故意杀人的手段对被害人实施强奸的,则应当以故意杀人罪处罚。如果出于报复、灭口等动机,在实施强奸的过程中杀死或者伤害被害妇女的,应定故意杀人罪或者故意伤害罪,与强奸罪一起实行数罪并罚。"造成其他严重后果",是指因强奸妇女引起被害人自杀、精神失常以及其他严重后果的。

七、负有照顾职责人员性侵罪

(一)负有照顾职责人员性侵罪的概念

负有照顾职责人员性侵罪,是指对已满14周岁不满16周岁的未成年女性负有监护、收养、看护、教育、医疗等特殊职责的人员,与该未成年女性发生性关系的行为。

(二)负有照顾职责人员性侵罪的特征

1.本罪的客体是已满14周岁不满16周岁的未成年女性的身心健康权和与性相关的人身权利。

2.本罪的客观方面表现为对已满14周岁不满16周岁的未成年女性负有监护、收养、看护、教育、医疗等特殊职责的人员,实施了与该未成年女性发生性关系的行为。负有照护职责人员与未成年女性发生性关系,不论未成年女性是否同意,上述负有照护职责的人员都构成本罪。

3.本罪的主体是特殊主体,即对已满14周岁不满16周岁的未成年女性负有监护、收养、看护、教育、医疗等特殊职责的人员。

4.本罪的主观方面是故意。

(三)负有照顾职责人员性侵罪的处罚

根据《刑法》第236条之一第1款的规定,犯本罪的,处3年以下有期徒刑;情节恶劣的,处3年以上10年以下有期徒刑。根据该条第2款的规定,犯本罪,同时又构成《刑法》第236条规定之罪的,依照处罚较重的规定定罪处罚。

八、强制猥亵、侮辱罪

(一)强制猥亵、侮辱罪的概念

强制猥亵、侮辱罪,是指违背他人意志,以暴力、胁迫或者其他方法强制猥亵、侮辱的行为。

(二)强制猥亵、侮辱罪的特征

1.本罪的客体是与公民的性相关的人身权利。对于强制猥亵行为而言,犯罪对象是已满14周岁的人。猥亵未满14周岁幼儿(包括男性)的行为,构成《刑法》第237条第3款的猥亵儿童罪。而对于强制侮辱妇女行为而言,其犯罪对象仅为妇女。

2.本罪在客观方面表现为,行为人以暴力、胁迫或者其他方法强制猥亵他人、侮辱妇女的行为。

首先,行为人采用暴力、胁迫或者其他方法实施了强制猥亵他人、侮辱妇女的行为。"暴力",是指行为人直接对被害人施以伤害、殴打等危害他人人身安全和人身自由,使被害人不能抗拒的方法。"胁迫",是指对被害人施以威胁、恫吓,进行精神上的强制,以迫使被害人就范,使被害人不敢抗拒的方法。如以杀害被害人、加害被害人的亲属相威胁的,利用职权、教养关系、从属关系以及被害人孤立无援的环境相威胁的,等等。"其他方法",是指使用暴力、胁迫以外的,使被害人不知抗拒、无法抗拒的强制方法。如将被害人用酒灌醉,用药物麻醉后进行猥亵、侮辱等。本罪在客观方面必须实施了强制手段,否则不构成本罪。

其次,行为人有猥亵他人、侮辱妇女的行为。猥亵他人,是指能够刺激、兴奋、满足行为人或第三人性欲,损害善良风俗,违反良好性道德观念,且不属于奸淫妇女的行为。被害人包括已满 14 周岁的男性和女性自然人。如对妇女抠摸、舌舔、吸吮、亲吻、搂抱等,对男性公民进行鸡奸,女性强制与已满 14 周岁男性性交等。猥亵行为具有行为人的身体与被害人的身体直接发生接触的特点。侮辱妇女,则是指以各种淫秽下流的语言或动作伤害妇女性羞耻心且不属于奸淫的行为。如向妇女身上泼洒腐蚀物、涂抹污物,向妇女显露生殖器或者用生殖器顶擦妇女身体等。侮辱行为的实施不以与妇女发生身体接触为前提。猥亵与侮辱一般都具有刺激或满足色欲需要的内容,二者并无本质的区别。有些行为既是猥亵行为又具有侮辱妇女的性质,如向妇女显露生殖器,用生殖器顶擦妇女身体等。但是,许多侮辱妇女行为不具有猥亵性质,如以下流的语言辱骂、调戏妇女,向妇女泼洒腐蚀物、涂抹污物等。

3.本罪的主体为一般主体,即年满 16 周岁,具有刑事责任能力的自然人。

4.本罪在主观方面出于故意,即具有猥亵他人、侮辱妇女的直接故意。行为人在动机上通常表现出刺激或满足本人的或者第三人的性欲的倾向。所以,理论上也称之为倾向犯。

(三)强制猥亵、侮辱罪的认定

本罪与强奸罪(未遂)的界限

二者在客观上都使用了暴力、胁迫或者其他方法,在具体表现上往往存在相同或类似之处,如抠摸、搂抱等行为。两罪的区别可以归纳为三个方面:(1)犯罪对象不同。强奸罪的对象是女性;强制猥亵他人、侮辱妇女罪除强制侮辱妇女罪的对象是妇女外,对于强制猥亵他人而言,犯罪对象包括年满 14 周岁的男性和女性。(2)主体不完全相同。强奸罪的主体只能是男子,强制猥亵他人、侮辱妇女罪则既可由男子也可由女子实行。(3)主观故意内容不同。强奸罪以奸淫为目的,而强制猥亵他人、侮辱妇女罪中对于男性犯罪主体而言没有性交的意图。

(四)强制猥亵、侮辱罪的处罚

根据《刑法》第 237 条第 1 款、第 2 款的规定,犯本罪的,处 5 年以下有期徒刑或者拘役;聚众或者在公共场所当众犯本罪的,或者有其他恶劣情节的,处 5 年以上有期徒刑。

九、猥亵儿童罪

（一）猥亵儿童罪的概念

猥亵儿童罪是，指猥亵不满 14 周岁儿童的行为。

（二）猥亵儿童罪的特征

1.本罪的客体是儿童的身心健康权。犯罪对象为不满 14 周岁的男、女儿童。

2.本罪在客观方面表现为采取强制或者非强制手段对儿童实施猥亵的行为。猥亵行为主要表现为对儿童鸡奸或者让儿童为其手淫等。强制手段可以表现为殴打、捆绑、威胁等手段，非强制手段可以表现为利用儿童年幼无知或者好奇心理实施欺骗、引诱等手段。

3.本罪的主体是年满 16 周岁，并具有刑事责任能力的自然人，可以是男性也可以是女性。

4.本罪的主观方面是直接故意，具有刺激或者满足性欲的目的。如果被害人是幼女，则男性行为人不具有奸淫的意图，否则构成强奸罪；但如果儿童为男性幼童，则女性行为人可以具有性交意图。

（三）猥亵儿童罪的处罚

根据《刑法》第 237 条第 3 款的规定，犯本罪的，处 5 年以下有期徒刑；有下列情形之一的，处 5 年以上有期徒刑：(1)猥亵儿童多人或者多次的；(2)聚众猥亵儿童的，或者在公众场所当众猥亵儿童，情节恶劣的；(3)造成儿童伤害或者其他严重后果的；(4)猥亵手段恶劣或者有其他恶劣情节的。

十、非法拘禁罪

（一）非法拘禁罪的概念

非法拘禁罪，是指行为人故意非法剥夺他人人身自由的行为。

（二）非法拘禁罪的特征

1.本罪的客体是他人的人身自由权利。《中华人民共和国宪法》明文规定："禁止非法拘禁或者以其他方法剥夺或者限制公民的人身自由。"这也是刑法设立本罪的宪法依据。人身自由是意志自由与行动自由的统一，而不是单纯的意志自由。所以人身自由权是他人根据自己的意愿自由支配自己身体活动的权利。犯罪对象是所有依法享有人身自由权利的人。对于本罪的侵犯对象在法律上并无任何限制，问题是，无行为能力人和限制行为能力人是否可以成为本罪对象。根据《中华人民共和国民法通则》的规定，自然人可分为完全行为能力人、限制行为能力人和无行为能力人三种。对于完全行为能力人成为本罪对象并无异议，而对后两者能否成为本罪对象尚有分歧。人身自由是意志自由与行为自由的统一,因而,人身自由直接受个人意志能力的制约,意志能力强弱影响着行动自由的程度和范围,而无行为能力人和限制行为能力人或不具有意志能力,或只具有较弱的意志能力,他们的行动自由受到严重制约,他们的人身自由必须借助其监护人的行为来实现。虽然这种实现本身就意味着在一定程度上对其人身自由的限制甚至是剥夺,但是这种限制或剥夺亦应在法律允许的范围之内。如无正当理由,则不能对无行为能力人和限制行为能力人的人身自由进行非法剥夺。也就是说,无行为能力人和限制行为能力人亦可成为非法拘禁罪的犯罪对象。

在实践中,对睡梦中的人非法禁闭能否构成非法拘禁罪这一问题讨论较多。有一种意见认为,睡梦中的人不具有离开房间的意识能力,也就不能做出离开房间的决定,此时,外部的束缚对他来说形同虚设,其身体行动自由便未遭到剥夺,只要在其醒来之前不被非法禁闭则不构成本罪。而另一种意见则针锋相对,认为人身自由是可能的、潜在的自由,所以对睡梦中的人采取非法禁闭等行为,即使待其醒来时打开门锁,亦属非法拘禁。后一观点是通说。

2.本罪在客观方面表现为非法拘禁或者以其他方法非法剥夺他人人身自由的行为。非法拘禁的方式、方法并无限制,既可以是强制性的,也可以是非强制性的。如利用妇女的羞耻心理,拿走正在洗澡的妇女的衣服,剥夺妇女的人身自由权;既可以是作为,也可以是不作为。所谓剥夺他人人身自由,是指使他人无法离开一定的处所,即他人的活动自由完全被控制在一定的空间范围内,并持续一定的时间。

3.本罪的主体为一般主体。凡年满 16 周岁,并具有刑事责任能力的人,均可构成本罪。国家机关工作人员利用职权犯本罪的,从重处罚。

4.本罪在主观方面是出于故意,并且具有非法剥夺他人人身自由的目的。

(三)非法拘禁罪的认定

1.本罪罪与非罪的界限

非法拘禁罪是典型的继续犯。只要行为人以剥夺他人人身自由的目的,非法拘禁他人,不论时间长短,都是本罪既遂。时间的长短可作为量刑情节考虑,但如果非法剥夺他人人身自由的时间很短,情节显著轻微,没有造成多大危害的,不构成犯罪,应按一般违法行为处理。对于是否构成本罪,可以参照最高人民检察院《关于人民检察院直接受理立案侦查案件立案标准的规定(试行)》(1999 年 9 月 16日)关于国家机关工作人员涉嫌利用职权非法拘禁案的立案标准:(1)非法拘禁持续时间超过 24 小时的;(2)3 次以上非法拘禁他人,或者一次非法拘禁 3 人以上的;(3)非法拘禁他人,并实施捆绑、殴打、侮辱等行为的;(4)非法拘禁,致人伤残、死亡、精神失常的;(5)为索取债务非法扣押、拘禁他人,具有上述情形之一的;

(6)司法工作人员对明知是无辜的人而非法拘禁的。考虑到非国家机关工作人员实施非法拘禁行为的社会危害性与前者比较相对要轻一些,因此,在把握时宜适当严格一些。

2.为索取债务非法扣押、拘禁他人的行为定性

根据《刑法》第238条第3款的规定,为索取债务非法扣押、拘禁他人的,以非法拘禁罪论处。又根据最高人民法院2000年7月19日起施行的《关于对为索取法律不予保护的债务非法拘禁他人行为如何定罪问题的解释》规定:"行为人为索取高利贷、赌债等法律不予保护的债务,非法扣押、拘禁他人的,依照刑法第二百三十八条的规定定罪处罚。"由此可见,此处的债务既包括合法债务又包括非法债务。

3.本罪既遂与未遂的界限

非法拘禁罪的既遂以被害人的人身自由被剥夺为标志;被害人的人身自由尚未剥夺的,构成犯罪未遂。

(四)非法拘禁罪的处罚

根据《刑法》第238条规定,犯本罪的,处3年以下有期徒刑、拘役、管制或者剥夺政治权利;具有殴打、侮辱情节的,从重处罚;致人重伤的,处3年以上10年以下有期徒刑;致人死亡的,处10年以上有期徒刑。使用暴力致人伤残、死亡的,依照故意伤害罪、故意杀人罪定罪处罚。

所谓"致人重伤的"、"致人死亡的",是指在非法剥夺他人人身自由的过程中因过失造成被害人重伤、死亡或者引起自杀致死亡、重伤的结果。所谓"使用暴力致人伤残、死亡的",是指行为人犯本罪过程中故意使被害人伤残、死亡的结果发生,符合故意伤害罪、故意杀人罪的构成,应以故意伤害罪、故意杀人罪论处。

十一、绑架罪

(一)绑架罪的概念

绑架罪,是指以勒索财物为目的绑架他人,或者绑架他人作为人质的行为。

(二)绑架罪的特征

1.本罪的客体按绑架行为人的目的不同而不同。以勒索财物为目的的绑架罪,则既侵犯了公民的人身自由权利,健康、生命权利,又侵犯了公民的财产所有权。由于绑架行为往往会严重损害他人的人身权利,因而,刑法将绑架罪列于侵犯公民人身权利、民主权利罪一章中。不以勒索财物为目的的绑架则仅侵犯公民的人身权利。

2.本罪在客观方面表现为绑架他人的行为。所谓绑架,是指以暴力、胁迫、麻醉或者其他使人不敢反抗、不能反抗或者不知反抗的方法,挟持他人离开家庭和处所,从而将他人置于自己的实力控制之下的行为。以勒索财物为目的偷盗婴幼儿

的,也构成绑架罪。所谓"偷盗婴幼儿",是指秘密窃取不满 6 周岁的儿童的行为。有观点认为,根据刑法的规定,行为人是否通知被绑架的亲属或者其他利害关系人,或者有关机关、政府部门,并继续扣押人质或加以杀、伤相要挟,以满足其某种要求,并不影响本罪的成立,只是量刑的情节。但多数学者和司法实践认为,绑架与抢劫的根本区别在于是否侵犯第三者的利益,也是绑架的社会危害性往往大于抢劫,法定刑也更重的原因,所以认为,绑架行为人必须有已经或者准备向第三者通知的行为,否则不构成绑架罪。此外,索财行为并不具有与绑架行为的同时性,即当场性。

3.本罪的主体为一般主体。凡年满 16 周岁,具有刑事责任能力的自然人均可成为本罪主体。已满 14 周岁未满 16 周岁的人实施绑架行为后又实施故意伤害(致人重伤、死亡)或者故意杀害人质的,则成立故意伤害罪、故意杀人罪。

4.本罪的主观方面是直接故意,并且具有勒索财物或者获取其他非法利益的目的。

(三)绑架罪的认定

1.本罪与非法拘禁罪的界限

勒索财物为目的的绑架罪与为索取债务非法拘禁他人的行为均具有剥夺他人人身自由的行为,而且主观方面也有占有财物的目的,所以容易引起混淆。绑架罪与非法拘禁罪实际上存在特殊与一般的关系,二者都是侵犯他人人身自由权利的犯罪,而且,绑架罪在客观上也必然表现为非法剥夺他人人身自由的行为,剥夺的方法与非法拘禁罪的方法没有质的区别,都可以是暴力、胁迫或其他方法;非法拘禁罪也可以由绑架方法构成。二者的区别主要在于,绑架罪的构成不仅要求有非法剥夺人身自由的行为,而且要求有勒索财物或满足行为人不法要求的目的以及与此相应的勒索财物或提出不法要求的实行行为。而非法拘禁罪仅要求行为人具有剥夺他人人身自由的目的。不论是索取正当债务还是索取不正当债务,行为人与被害人之间存在一定的财产上的关系,因而不存在勒索财物的目的,这与绑架罪是不同的。但以扣押、拘禁的方法,索取的财物明显高于债务的,则可以推定行为人主观上具有非法占有的目的,因而构成绑架罪。

2.一罪与数罪

以勒索财物为目的而绑架他人的,可能涉及多个罪名,非法拘禁罪、敲诈勒索罪、故意伤害罪或者故意杀人罪,这三罪结合在一起成为绑架罪,是结合犯。如果行为人没有实施绑架行为,直接杀害被害人,而后以索要赎金为名向被害人家属勒索财物的,则成立故意杀人罪、敲诈勒索罪,数罪并罚。

3.本罪的既遂与未遂

关于本罪的既遂标准,理论上有不同主张:第一种观点认为,本罪虽然是由两个行为构成,即绑架行为与勒索行为,但是否既遂,应以人质是否丧失行动自由为标准。至于是否开始索取财物或其他非法利益,不影响本罪的既遂。第二种观点认为,不能将绑架与勒索相分离,绑架人质是手段,勒索财物和取得其他利益才是目的,不能将其与勒索财物等行为割裂开来,所以,应以是否实际勒索到财物或其他非法利益为既遂标准。

按通说认为,绑架罪的实行行为只有一个,即绑架行为,所以,本罪的既遂应当以绑架行为是否达到实际控制人质,将其置于自己实际支配之下为标准。已经实际控制人质的,是既遂。虽实施暴力、胁迫、麻醉等行为,但未构成对人质人身实际控制的,是未遂。

（四）绑架罪的处罚

根据《刑法》第 239 条的规定,犯本罪的,处 10 年以上有期徒刑或者无期徒刑,并处罚金或者没收财产;情节较轻的,处 5 年以上 10 年以下有期徒刑,并处罚金;故意伤害、杀害被绑架人,致人重伤、死亡的,处无期徒刑或者死刑,并处没收财产。

十二、拐卖妇女、儿童罪

（一）拐卖妇女、儿童罪的概念

拐卖妇女、儿童罪,是指以出卖为目的,拐骗、绑架、收买、贩卖、接送、中转妇女、儿童的行为。

（二）拐卖妇女、儿童罪的特征

1.本罪的客体是妇女、儿童的人身权利中的人身不受买卖的权利。本罪的对象是已满 14 周岁的妇女和未满 14 周岁的男、女儿童。2000 年 1 月 3 日公布的《最高人民法院关于审理拐卖妇女案件适用法律有关问题的解释》强调,本罪的妇女既包括具有中国国籍的妇女,也包括具有外国国籍和无国籍的妇女。被拐卖的外国妇女没有身份证明的,不影响对犯罪分子的定罪处罚。作为本罪的对象的妇女、儿童,与行为人之间的身份关系,不影响本罪的成立。

2.本罪在客观方面表现为拐骗、绑架、收买、贩卖、接送、中转妇女、儿童,或者偷盗婴幼儿的行为。拐骗,是指以欺骗、利诱等非暴力手段将妇女、儿童拐走,以便出卖的行为。绑架,是指以暴力、胁迫或者麻醉方法劫持、控制妇女、儿童的行为。收买,是指以金钱或者其他财物买取、换取妇女、儿童的行为。贩卖,是指将妇女、儿童当作商品出售给他人以获取非法利益的行为。接送,是指行为人在拐卖妇女、儿童过程中的接收、运送的行为。中转,是指为拐卖妇女、儿童的罪犯提供中途场所或机会。偷盗婴幼儿,是指秘密窃取不满 6 周岁的儿童的行为。行为人只要实施上述七种行为之一的,就构成本罪,同时实施两种或两种以上行为的,亦构成一罪,而不实行数罪并罚。接送、中转行为相对于其他拐卖行为而言是出卖行为的帮助行为,但由于刑法已经将其作为拐卖妇女、儿童罪的实行行为,因而,不再以共同犯罪中的帮助犯处理。

3.本罪的主体为一般主体。凡年满16周岁,具有刑事责任能力的自然人均可成为本罪主体。

4.本罪在主观方面是故意,并且具有出卖的目的。

(三)拐卖妇女、儿童罪的认定

1.本罪罪与非罪的界限

借介绍婚姻、收养而索取财物行为,由于不具有欺骗性,双方当事人都是出于自愿,介绍人只是起牵线搭桥作用,且行为人是在婚姻、收养关系自愿成立的基础上索取酬金,数目相对较低,因此不能构成本罪。

2.本罪与绑架罪的界限

两罪均有绑架为手段,但二者在主观目的、犯罪对象、客体、获取的利益以及获取的方式等方面存在区别。本罪以出卖为目的,而绑架罪则以勒索财物或者获取其他非法利益为目的。本罪的对象仅限于妇女和儿童,绑架罪的对象可以是任何人。本罪是简单客体,而绑架罪是复杂客体。本罪是将犯罪对象出卖获取钱财,绑架罪是向人质的亲属或利害关系人或者有关单位要挟,可以是获取钱财,也可以是获取其他利益。

3.本罪的一罪与数罪

对于行为人在拐卖妇女、儿童的过程中同时实施了其他犯罪的,应根据不同情况区别对待:(1)在拐卖过程中因殴打、捆绑等行为过失导致伤害、死亡结果发生的,应以本罪论处;(2)奸淫被拐卖妇女或迫使其卖淫的,应以本罪论处;(3)因遇被害人反抗等原因而故意将被害人杀死或伤害的,应以故意杀人罪或故意伤害罪与本罪一起实行数罪并罚。

(三)拐卖妇女、儿童罪的处罚

根据《刑法》第240条的规定,犯本罪的,处5年以上10年以下有期徒刑,并处罚金。有下列情形之一的,处10年以上有期徒刑或者无期徒刑,并处罚金或者没收财产;情节特别严重的,处死刑,并处没收财产:(1)拐卖妇女、儿童集团的首要分子;(2)拐卖妇女、儿童3人以上的;(3)奸淫被拐卖的妇女的;(4)诱骗、强迫被拐卖的妇女卖淫或者将被拐卖的妇女卖给他人迫使其卖淫的;(5)以出卖为目的,使用暴力、胁迫或者麻醉方法绑架妇女、儿童的;(6)以出卖为目的,偷盗婴幼儿的;(7)造成被拐卖妇女、儿童或者其亲属重伤、死亡或者其他严重后果的;(8)将妇女、儿童卖往境外的。

十三、收买被拐卖的妇女、儿童罪

（一）收买被拐卖的妇女、儿童罪的概念

收买被拐卖的妇女、儿童罪，是指不以出卖为目的，收买被拐卖的妇女、儿童的行为。

（二）收买被拐卖的妇女、儿童罪的特征

1.本罪的客体是妇女、儿童的人身权利。犯罪对象是已满 14 周岁的妇女以及未满 14 周岁的男童和女童。

2.本罪的客观方面表现为收买被拐卖的妇女、儿童的行为。收买，是指以金钱或其他有经济价值的物资，换取被拐卖的妇女、儿童的行为。本罪是结果犯，行为人必须买到被拐卖的妇女、儿童才构成本罪，并为既遂。被拐卖的妇女、儿童是否愿意被收买不影响本罪的成立。即使被害人同意被收买，也不能否认收买行为的社会危害性。

3.本罪的主体是一般主体，即年满 16 周岁，具有刑事责任能力的自然人。

4.本罪的主观方面是直接故意，并且行为人必须明知收买的对象是被拐卖的妇女、儿童。

（三）收买被拐卖的妇女、儿童罪的罪数

1.收买被拐卖的妇女、儿童又出卖的，以拐卖妇女、儿童罪定罪处罚；

2.实施收买被拐卖的妇女、儿童的行为以后，又对被害人实施其他行为构成其他犯罪的，应当与本罪数罪并罚。

（四）收买被拐卖的妇女、儿童罪的处罚

根据《刑法》第 241 条的规定，犯本罪的，处 3 年以下有期徒刑、拘役或者管制。收买被拐卖的妇女、儿童，对被买儿童没有虐待行为，不阻碍对其进行解救的，可以从轻处罚；按照被买妇女的意愿，不阻碍其返回原居住地的，可以从轻或者减轻处罚。

十四、聚众阻碍解救被收买的妇女、儿童罪

（一）聚众阻碍解救被收买的妇女、儿童罪的概念

聚众阻碍解救被收买的妇女、儿童罪，是指首要分子聚集多人，阻碍国家机关工作人员解救被收买的妇女、儿童的行为。

（二）聚众阻碍解救被收买的妇女、儿童罪的特征

1.本罪的客体是被收买妇女、儿童的人身权利和国家机关正常的公务活动。

2.本罪在客观方面表现为聚集多人阻碍国家机关工作人员解救被收买的妇女、儿童的行为。阻碍的方式可以是暴力或者威胁方法，也可以是其他非暴力、威

胁的方法。

3. 本罪的主体是已满 16 周岁,具有刑事责任能力的人。

4. 本罪的主观方面是直接故意,并且明知阻碍的对象是正在实施解救的国家机关工作人员。

(三)聚众阻碍解救被收买的妇女、儿童罪的认定

本罪与妨害公务罪的界限

两罪的客体都包括国家机关的公务活动,行为方式上都可以是采取暴力或者威胁的方法,因而具有相似性。但二者在客观方面、承担刑事责任的主体方面均存在区别。(1)在客观方面的不同。前罪要求行为人必须采取聚众的方法阻碍公务活动,而且对于是否采取暴力或者威胁方法在所不问;后罪则一般要求暴力或者威胁方法。(2)承担刑事责任的主体不同。前罪承担刑事责任的主体是首要分子,后罪被追究刑事责任的人是非首要分子,即使在聚众阻碍国家机关工作人员解救被收买的妇女、儿童过程中,首要分子以外的其他参与者使用暴力、威胁方法的,也以妨害公务罪论处。

(四)聚众阻碍解救被收买的妇女、儿童罪的处罚

根据《刑法》第 242 条第 2 款的规定,犯本罪的,对首要分子处 5 年以下有期徒刑或者拘役。

十五、诬告陷害罪

(一)诬告陷害罪的概念

诬告陷害罪,是指故意捏造他人犯罪事实,向司法机关或有关单位告发,意图使他人受到刑事追究,情节严重的行为。

(二)诬告陷害罪的特征

1. 本罪的客体为他人的人身权利和司法机关的正常活动。通说认为,作为犯罪对象的"他人",可以是任何人。但问题是,陷害不符合具体犯罪构成之主体要件的他人,根本不可能使他人受到刑事追究,因而,在没有造成被害人其他重大损害的,可以认为行为人的行为情节显著轻微,危害不大,而不认为是犯罪。

2. 本罪在客观方面表现为捏造犯罪事实,向司法机关或有关单位告发,情节严重的行为。捏造他人犯罪事实的行为,是指无中生有,虚构犯罪事实。虚构犯罪事实包括他人无违法行为而捏造有犯罪事实,也可以是将他人的违法行为扩大为犯罪行为。如果没有捏造事实或者捏造的不是犯罪的事实,不能以本罪论处。至于捏造的是何种犯罪事实在所不问。构成本罪,除有捏造他人犯罪事实的行为外,还须有将这种事实向有关单位告发的行为。既可以是向司法机关告发,也可向被诬告者所在单位及其他有可能向司法机关转送或让司法机关获悉的单位(如新闻媒

体)告发。诬告的对象必须是特定的,但不要求指名道姓,只要根据诬告的内容可以推知是指何人即可。由于仅捏造犯罪事实而不向有关单位告发,不会侵犯他人的人身权利和司法机关的正常活动,所以,告发行为才是本罪的实行行为。

3.本罪的主体为一般主体,即已满16周岁,具有刑事责任能力的自然人。国家机关工作人员犯本罪的,从重处罚。因而,国家机关工作人员是本罪的量刑身份。

4.本罪在主观方面是故意,并且明知他人没有犯罪,同时具有使他人受到刑事追究的目的。如果行为人不是有意诬陷,而是错告或者检举失实的,不构成本罪。

(三)诬告陷害罪的认定

1.本罪罪与非罪的界限

(1)本罪与错告、检举失实行为的界限。《刑法》第243条第3款规定,不是有意诬陷,而是错告,或者检举失实的,不构成本罪。二者区别的标志在于,后者认为自己告发的是他人真实的犯罪事实,没有陷害他人的故意。(2)本罪与一般诬告陷害行为的界限。诬告陷害行为只有情节严重的才构成犯罪;对于对情节一般的诬告陷害行为,不应以犯罪论。情节是否严重,可从行为人的动机、诬告的方式方法、行为造成的后果影响等方面考察得出结论。

2.本罪与诽谤罪的界限

《刑法》第246条规定的诽谤罪是指故意捏造并散布某种事实,损坏他人人格,破坏他人名誉,情节严重的行为。二者都是捏造事实,而且诽谤罪也可能捏造犯罪事实,因而具有相似性。但诬告陷害罪与诽谤罪的主要区别是:(1)客体不同。前者的客体是公民的人身权利和司法机关的正常活动;后者的客体是公民的名誉权。(2)主观方面不同。前者的目的是使他人受到刑事追究;后者的目的是破坏他人的名誉。(3)客观方面的行为不同。前者是捏造他人犯罪的事实,并且向有关单位告发;后者是捏造使他人名誉受损的事实,并散布出去,但不向有关单位告发。

(四)诬告陷害罪的处罚

根据《刑法》第243条的规定,犯本罪的,处3年以下有期徒刑、拘役或者管制;造成严重后果的,处3年以上10年以下有期徒刑。

十六、强迫劳动罪

(一)强迫劳动罪的概念

强迫劳动罪,是指以暴力、威胁或者限制人身自由的方法强迫他人劳动的行为。

(二)强迫劳动罪的特征

1.本罪的客体是公民的休息权和人身自由权。

2.本罪在客观方面表现为,以暴力、威胁或者限制人身自由的方法强迫他人劳动的行为。强迫他人劳动是指违背劳动者意志,迫使其劳动的行为。

3.本罪的主体可以是单位,也可是自然人。用人单位可以是合法的单位,也可以是非法的用人单位。用人单位是个体工商户的,属于自然人犯罪主体。

4.本罪的主观方面是故意,可以是直接故意也可以是间接故意。

(三)强迫劳动罪的认定

1.本罪罪与非罪的界限

如果行为人没有采取暴力、威胁或者限制人身自由的方法或者没有违背他人意愿使其劳动的,则不构成本罪。

2.本罪的一罪与数罪

在强迫他人劳动中,又对被害人实施其他行为构成犯罪的,对行为人应当实行数罪并罚。

3.帮助犯的处理

明知他人实施强迫他人劳动的行为,为其招募、运送劳动者的,按照本罪定罪处罚。

(四)强迫劳动罪的处罚

根据《刑法》第244条的规定,犯本罪的,处3年以下有期徒刑或者拘役,并处或者单处罚金;情节严重的,处3年以上7年以下有期徒刑,并处罚金。

单位犯本罪的,单位判处罚金,并对其直接负责的主管人员和其他直接责任人员,依照自然人犯本罪的规定处罚。

十七、雇用童工从事危重劳动罪

(一)雇用童工从事危重劳动罪的概念

雇用童工从事危重劳动罪,是指违反劳动管理法规,雇用未满16周岁的未成年人从事超强度体力劳动的,或者从事高空、井下作业的,或者在爆炸性、易燃性、放射性、毒害性等危险环境下从事劳动,情节严重的行为。

(二)雇用童工从事危重劳动罪的特征

1.本罪的客体是未满16周岁的未成年人的身心健康。本罪的对象是未满16周岁的童工。

2.本罪的客观方面表现为违反劳动管理法规,雇用未满16周岁的未成年人从事超强度体力劳动的,或者从事高空、井下作业的,或者在爆炸性、易燃性、放射性、毒害性等危险环境下从事劳动,情节严重的行为。首先,违反劳动管理法规,也就是违反《中华人民共和国劳动法》和《禁止使用童工规定》以及其他关于劳动用工制度的法律法规中关于禁止雇用未满16周岁的未成年人的规定。其次,是雇用童工从事超强度体力劳动,或从事高空、井下作业,或在爆炸性、易燃性、放射性、毒害性等危险环境下从事劳动,情节严重。情节严重,在司法实践中一般是指多人、多次非法雇用童工从事法律禁止性的劳动;长时间非法雇用童工从事法律禁止性的劳动;造成危害后果,影响未满 16 周岁未成年人的身心健康。

3. 本罪的主体可以是单位,也可以是已满 16 周岁并具有刑事责任能力的自然人。

4. 本罪的主观方面是故意,可以是直接故意也可以间接故意,并且明知雇用的人未满 16 周岁。

（三）雇用童工从事危重劳动罪的认定

1. 本罪罪与非罪的界限

这里要注意两个问题:(1)要划清非法雇用童工与合法招用童工的界限。我国法律禁止使用童工,但又同时规定,文艺、体育单位经未成年人的父母或者其他监护人的同意,可以招用不满 16 周岁的专业文艺工作者、运动员。用人单位应当保障被招用的不满 16 周岁的未成年人的身心健康,保障其接受义务教育的权利。(2)要划清罪与非罪的界限。情节是否严重是区分违法与犯罪的关键。对情节不严重、不构成犯罪的违法行为,可由劳动行政部门给予行政处理或者行政处罚。

2. 本罪一罪与数罪的问题

雇用童工从事危重劳动,造成事故,又构成伤害等其他犯罪的,应当予以数罪并罚。

（四）雇用童工从事危重劳动罪的处罚

根据《刑法》第 244 条之一的规定,犯本罪的,对直接责任人员,处 3 年以下有期徒刑或者拘役,并处罚金;情节特别严重的,处 3 年以上 7 年以下有期徒刑,并处罚金。

十八、非法搜查罪

（一）非法搜查罪的概念

非法搜查罪,是指非法对他人的身体或者住宅进行搜查的行为。

（二）非法搜查罪的特征

1. 本罪的客体是他人的人身权利和住宅不受侵犯权。犯罪对象是他人的人身和住宅。

2. 本罪在客观方面表现为没有搜查权的人搜查他人的人身或者住宅,有搜查权的人未履行法定要求搜查他人的人身和住宅。

3. 本罪的主体是一般主体,即已满 16 周岁,具有刑事责任能力的自然人。司法工作人员滥用职权,犯本罪的,从重处罚。

4. 本罪的主观方面是故意。非法搜查的动机多种多样,不同的动机不影响本罪的成立,但可以作为量刑情节。

(三)非法搜查罪的认定

1.本罪罪与非罪的界限

虽然本罪没有将情节严重作为构成要件,但根据《刑法》第13条的规定,对于那些非法搜查而没有给他人造成严重后果的行为,属于情节显著轻微,危害不大,不是犯罪,是一般违法行为。

2.本罪与侮辱罪的界限

侮辱罪的行为方式可以采取搜身等方法,因而,与非法搜查罪具有一定的相似性。但二者的区别是:(1)犯罪目的不同。前者没有损害他人名誉的目的,后者具有贬低他人人格和名誉的目的。(2)行为方式上不同。因搜身构成非法搜查罪没有公然的要求,而后者必须是公然进行,否则不构成侮辱罪。

(四)非法搜查罪的处罚

根据《刑法》第245条的规定,犯本罪的,处3年以下有期徒刑或者拘役。

十九、非法侵入住宅罪

(一)非法侵入住宅罪的概念

非法侵入住宅罪,是指未经允许非法进入他人住宅或者经要求退出无故拒不退出的行为。

(二)非法侵入住宅罪的特征

1.本罪的客体是公民住宅的安宁权。

2.本罪的客观方面表现为非法侵入他人住宅的行为。他人的住宅包括所有权人、居住权人所居住和生活的场所。无人居住的空房不应视为本罪中的住宅。非法侵入,是指没有合法根据未经允许进入他人住宅;或者虽经许可或者有正当理由进入他人住宅,但经要求退出无故拒不退出。

3.本罪的主体是一般主体,已满16周岁并具有刑事责任能力的人均可构成本罪。司法工作人员滥用职权犯本罪的,从重处罚。

4.本罪的主观方面是直接故意。

(三)非法侵入住宅罪的认定

1.本罪罪与非罪的界限

为讨要债务或者基于其他民事纠纷而非法侵入他人住宅,没有严重妨害他人居住和生活安宁的,不应认定为非法侵入住宅罪。只有严重侵犯他人住宅安宁权的行为,才以非法侵入住宅罪处理。

2.本罪的一罪与数罪

一般来说,非法侵入他人住宅,常常与其他犯罪结合在一起,或者说,非法侵入他人住宅是其他犯罪的手段行为。如非法侵入他人住宅后进行盗窃、抢劫、行凶等犯罪。这种情况下非法侵入住宅是实施其他犯罪的手段,属于牵连犯,择一重罪定罪处罚,不实行数罪并罚。

（四）非法侵入住宅罪的处罚

根据《刑法》第 245 条的规定,犯本罪的,处 3 年以下有期徒刑或者拘役。

二十、侮辱罪

（一）侮辱罪的概念

侮辱罪,是指使用暴力或者其他方法公然贬低他人人格,破坏他人名誉,情节严重的行为。

（二）侮辱罪的特征

1. 本罪的客体是他人的人格尊严和名誉权。

2. 本罪在客观方面表现为,以暴力或者其他方法公然贬低他人人格和名誉,情节严重的行为。首先,必须有贬低他人人格和名誉的侮辱行为。侮辱行为的方式可以是暴力侮辱、言词辱骂、文字侮辱等。其次,必须是公然侮辱。公然,是指在有第三者在场或者能够使第三者知悉的方式进行,但没有要求被害人在场。最后,必须情节严重。情节严重一般是指,手段恶劣,如当众脱光被害人衣服;侮辱行为造成严重后果,致被害人精神失常、自杀等;侮辱国家领导人,造成恶劣影响;多次侮辱,等等。

3. 本罪的主体是一般主体,即年满 16 周岁,并具有刑事责任能力的自然人。

4. 本罪的主观方面是直接故意。

（三）侮辱罪的认定

本罪与强制猥亵、侮辱罪的界限

二者之间均有侮辱的行为,因而具有相似性。二者的区别在于:(1)客体不同。前者是他人的人格和名誉权,后者是性的不可侵犯权;(2)对象不同。前者的犯罪对象是特定的,后者一般是不特定的;(3)手段不同。前者可以是采取暴力也可以是非强制方法,后者只能采取暴力、威胁或者其他方法的强制方法;(4)行为方式不同。前者要求公然,后者没有该要求;(5)犯罪的目的不同。前者是破坏他人的人格和名誉,后者是为了刺激或满足性欲;(6)后果要求不同。前者要求情节严重,后者没有情节严重的要求;(7)诉讼类型不同。前者一般是告诉的才处理,后者采取公诉。

（四）侮辱罪的处罚

根据《刑法》第 246 条的规定,犯本罪的,处 3 年以下有期徒刑、拘役、管制或者剥夺政治权利。犯本罪,告诉的才处理,但是严重危害社会秩序和国家利益的除外。"严重危害社会秩序和国家利益",是指侮辱情节特别严重,引起了被害人自杀或者精神失常等后果;侮辱国家领导人、外国元首、外交代表等特定对象,既损害他人名誉又危害国家利益。通过信息网络实施侮辱行为,被害人向人民法院告诉,但提供证据确有困难的,人民法院可以要求公安机关提供协助。

二十一、诽谤罪

(一)诽谤罪的概念

诽谤罪,是指故意捏造并散布某种事实,损坏他人人格,破坏他人名誉,情节严重的行为。

(二)诽谤罪的特征

1.本罪的客体是他人的人格和名誉权。

2.本罪在客观方面表现为捏造并散布某种事实,损坏他人人格,破坏他人名誉,情节严重的行为。首先,要有捏造他人某种事实的行为。捏造,是指无中生有,制造虚假的事实。如果行为人传播的是他人客观存在但不愿意公开的事实,则不是诽谤,而可能是侮辱罪。其次,要有散布的行为。散布,是指用语言或者文字的方式扩散捏造的事实,使众人知道的行为。

3.本罪的主体是一般主体。

4.本罪的主观方面是直接故意,并具有损坏他人人格和名誉的目的。

(三)诽谤罪的认定

本罪与侮辱罪的界限

二者在客体、主体、主观方面具有相似性,二者的主要区别在于:(1)实施的方法不同。前者只能是以口头或者文字的形式而不能以暴力的方式实施;后者可能是以口头的或者文字的方式,也可能是以暴力的方式。(2)散布的事实内容不同。前者散布的是有损他人人格和名誉的虚假事实;后者散布的可以是真实的有损他人人格和名誉的事实。

(四)诽谤罪的处罚

根据《刑法》第246条的规定,犯本罪的,处3年以下有期徒刑、拘役、管制或者剥夺政治权利。犯本罪,告诉的才处理,但是严重危害社会秩序和国家利益的除外。通过信息网络实施诽谤,被害人向人民法院告诉,但提供证据确有困难的,人民法院可以要求公安机关提供协助。

二十二、刑讯逼供罪

(一)刑讯逼供罪的概念

刑讯逼供罪,是指司法工作人员对犯罪嫌疑人、被告人使用肉刑或者变相肉刑,逼取口供的行为。

（二）刑讯逼供罪的特征

1.本罪的客体是犯罪嫌疑人、被告人的人身权利和司法机关的正常活动秩序。犯罪对象为犯罪嫌疑人、被告人。

2.本罪在客观方面表现为使用肉刑或者变相肉刑逼取犯罪嫌疑人、被告人口供的行为。肉刑,是指对犯罪嫌疑人、被告人的肉体施行暴力,损害他人健康的行为,如捆绑、吊打、使用戒具等。变相肉刑,是指除肉刑以外的,对被害人使用非暴力的摧残和折磨的方法,如冻、饿、烤、晒,轮番审讯等。

3.本罪的主体是特殊主体,即具有侦查、检察、审判、监管职责的司法工作人员。

4.本罪的主观方面是直接故意,并且具有逼取口供的目的。

（三）刑讯逼供罪的认定

1.本罪罪与非罪的界限

对于在实际工作中有的司法工作人员采取诱供、指供等违法审讯方式,或者采用一些轻微的逼供,情节显著轻微,危害不大的,不以犯罪论处。判断行为人的逼供是否属于情节显著轻微,可以参照最高人民检察院《关于人民检察院直接受理立案侦查案件立案标准的规定(试行)》应当立案的情形:(1)手段残忍、影响恶劣的;(2)致人自杀或者精神失常的;(3)造成冤、假、错案的;(4)3次以上或者对3人以上进行刑讯逼供的;(5)授意、指使、强迫他人刑讯逼供。凡不符合上述情形的,可视为"情节显著轻微"。

2.本罪与故意伤害罪、故意杀人罪之间的关系

《刑法》第247条规定,刑讯逼供致人伤残、死亡的,依故意伤害罪、故意杀人罪从重处罚。(1)由于刑讯逼供罪与故意伤害致人轻伤的法定刑相同,所以,刑讯逼供造成轻伤的,可以在刑讯逼供罪的法定刑内从重处罚,不需以故意伤害罪从重处罚。因此,这里的"伤残"应理解为致人重伤,不包括轻伤。(2)如果行为人刑讯逼供过程中,对被害人的重伤或者死亡持过失态度的,能否以故意伤害罪或者故意杀人罪从重处罚的问题。对此,理论上主要有两种观点,一种观点认为,故意或者过失致犯罪嫌疑人、被告人的重伤或者死亡的,都以故意伤害罪、故意杀人罪论处;另一种观点认为,刑讯逼供罪转化为故意伤害罪、故意杀人罪的,行为人主观上仅限于故意。司法实践采纳第二种观点。

（四）刑讯逼供罪的处罚

根据《刑法》第247条的规定,犯本罪的,处3年以下有期徒刑或者拘役。

二十三、暴力取证罪

（一）暴力取证罪的概念

暴力取证罪，是指司法工作人员使用暴力逼取证人证言的行为。

（二）暴力取证罪的特征

1. 本罪的客体是证人的人身权利和司法机关的正常活动秩序。犯罪对象是证人。

2. 本罪在客观方面表现为，使用暴力逼取证人证言的行为。

3. 本罪的主体是特殊主体，即司法工作人员。

4. 本罪的主观方面是直接故意，并且具有逼取证言的目的。

（三）暴力取证罪的认定

1. 本罪与刑讯逼供罪的界限

二者都是司法工作人员逼取证据的行为，侵犯了他人人身权利和司法机关的正常活动。二者的区别主要有：（1）犯罪对象不同。前者是刑事诉讼中的证人；后者是犯罪嫌疑人、被告人。（2）主观目的不同。前者逼取证人证言；后者逼取犯罪嫌疑人、被告人的口供。（3）行为方式不完全相同。前者只能采取暴力；后者可以采取暴力方式，也可以是非暴力方式。（4）行为的场合条件不同。前者可以发生在刑事诉讼中，也可以发生在民事、行政诉讼中；后者只能发生在刑事诉讼中。

2. 本罪与故意伤害罪、故意杀人罪的界限

当司法工作人员实施暴力逼取口供的过程中，致人重伤、死亡的，应以故意伤害罪、故意杀人罪从重处罚。

（四）暴力取证罪的处罚

根据《刑法》第 247 条的规定，犯本罪的，处 3 年以下有期徒刑或者拘役。

二十四、虐待被监管人罪

（一）虐待被监管人罪的概念

虐待被监管人罪，是指监狱、拘留所、看守所等监管机构的监管人员对被监管人进行殴打或者体罚虐待，情节严重的行为。

（二）虐待被监管人罪的特征

1. 本罪的客体是被监管人的人身权利和正常的监管活动秩序。犯罪对象是被监管的人，包括在监狱、拘役所等劳动改造场所服刑的已决犯，在看守所羁押的犯罪嫌疑人、被告人，在拘留所等场所被拘留的人员。

2.本罪在客观方面表现为,对被监管人殴打或者体罚虐待,情节严重的行为。监管人员可以直接实施殴打或者体罚虐待行为,也可以由监管人员指使被监管人殴打或者体罚虐待其他被监管人。

3.本罪的主体是监狱、拘留所、看守所等监管机构的监管人员。

4.本罪的主观方面是故意,包括直接故意和间接故意。

（三）虐待被监管人罪的认定

本罪与故意伤害罪、故意杀人罪的界限

殴打、体罚虐待被监管人员,殴打、体罚虐待行为造成他人重伤或者死亡的,应以故意伤害罪、故意杀人罪从重处罚。

（四）虐待被监管人罪的处罚

根据《刑法》第248条的规定,犯本罪的,处3年以下有期徒刑或者拘役;情节特别严重的,处3年以上10年以下有期徒刑。

二十五、煽动民族仇恨、民族歧视罪

（一）煽动民族仇恨、民族歧视罪的概念

煽动民族仇恨、民族歧视罪,是指故意以语言、文字或者其他方式向不特定人或多数人鼓动民族仇恨、民族歧视,情节严重的行为。

（二）煽动民族仇恨、民族歧视罪的特征

1.本罪的客体是各民族的平等与民族和睦的关系。

2.本罪在客观方面表现为煽动民族仇恨、民族歧视,情节严重的行为。煽动民族仇恨,是指向不特定人或者多数人鼓动民族之间的仇恨,包括煽动汉族与少数民族之间的仇恨以及少数民族之间的仇恨。煽动民族歧视,是指向不特定人或者多数人鼓动歧视某一民族的行为。情节严重,一般是指手段恶劣、多次煽动、引起民族公愤的;严重损害民族感情、尊严;致使民族成员大量逃往国外以及引起其他影响民族团结、民族平等的等。

3.本罪的主体是一般主体。

4.本罪的主观方面是直接故意,且以激起民族仇恨、民族歧视为目的。

（三）煽动民族仇恨、民族歧视罪的处罚

根据《刑法》第249条的规定,犯本罪的,处3年以下有期徒刑、拘役或者剥夺政治权利;情节特别严重的,处3年以上10年以下有期徒刑。"情节特别严重",一般是指手段特别恶劣,长期进行煽动,引起民族纠纷、械斗或流血冲突,导致民族地方治安严重混乱或者骚乱等特别严重后果的,等等。

二十六、出版歧视、侮辱少数民族作品罪

（一）出版歧视、侮辱少数民族作品罪的概念

出版歧视、侮辱少数民族作品罪，是指在出版物中刊载歧视、侮辱少数民族作品的内容，情节恶劣，造成严重后果的行为。

（二）出版歧视、侮辱少数民族作品罪的特征

1. 本罪的客体是少数民族的尊严与民族和睦关系。

2. 本罪在客观方面表现为在出版物中刊载歧视、侮辱少数民族作品的内容，情节恶劣，造成严重后果的行为。本罪客观行为并不要求出版物的全部内容都是歧视、侮辱少数民族的。情节恶劣、造成严重后果，一般指动机恶劣，造成恶劣的政治影响，引发民族纠纷、冲突等后果。

3. 本罪的主体是一般主体。

4. 本罪的主观方面是故意。

（三）出版歧视、侮辱少数民族作品罪的处罚

根据《刑法》第 250 条的规定，犯本罪的，处 3 年以下有期徒刑、拘役或者管制。

二十七、非法剥夺公民宗教信仰自由罪

（一）非法剥夺公民宗教信仰自由罪的概念

非法剥夺公民宗教信仰自由罪，是指国家机关工作人员非法剥夺公民的宗教信仰自由，情节严重的行为。

（二）非法剥夺公民宗教信仰自由罪的特征

1. 本罪的客体是公民的宗教信仰自由权利。宗教信仰自由权利，包括信仰或不信仰宗教的自由，信仰何种宗教信仰的自由，改变宗教信仰和恢复宗教信仰的自由权利。

2. 本罪在客观方面表现为非法剥夺公民的宗教信仰自由，情节严重的行为。非法剥夺宗教信仰自由，是指违反法律规定采用暴力、胁迫或者其他强制方法，干扰公民行使宗教信仰自由权利，具体表现为阻挠参加宗教活动，捣毁、封闭宗教活动场所等。情节严重，是指行为人的手段恶劣或危害后果严重。如使用打、砸、抢、烧等方式毁坏与宗教有关的场所和设施的；给被害人的精神造成伤害，严重影响其正常的宗教活动和日常生活的；引起教徒骚乱、民族纠纷等社会矛盾，社会影响恶劣的；引起被害人家庭解体、自杀或其他严重后果的，等等。

3. 本罪的主体是特殊主体，即国家机关工作人员。

4. 本罪的主观方面是故意，即明知他人有宗教信仰自由权利而故意非法予以剥夺。

（三）非法剥夺公民宗教信仰自由罪的认定

本罪罪与非罪的界限

下列情况不构成犯罪：（1）取缔封建迷信活动或者制止利用宗教活动干预国家行政、司法、教育的行为，则不是违法行为，不构成犯罪。（2）非法剥夺公民宗教信仰自由情节不严重，或者由于工作方法简单粗暴、政策水平低所引起的一般侵犯他人宗教信仰自由权的行为，由于不具有剥夺公民宗教信仰自由的目的，因而也不构成本罪。

（四）非法剥夺公民宗教信仰自由罪的处罚

根据《刑法》第251条的规定，犯本罪的，处2年以下有期徒刑或者拘役。

二十八、侵犯少数民族风俗习惯罪

（一）侵犯少数民族风俗习惯罪的概念

侵犯少数民族风俗习惯罪，是指国家机关工作人员侵犯少数民族风俗习惯，情节严重的行为。

（二）侵犯少数民族风俗习惯罪的特征

1. 本罪的客体是少数民族保持和改革本民族风俗习惯自由的权利。所谓少数民族风俗习惯，是指少数民族在长期的历史发展中形成的，在服饰、饮食、婚嫁、丧葬、礼仪等方面的习惯做法。

2. 本罪在客观上表现为以强制手段非法干涉、破坏少数民族风俗习惯，情节严重的行为。具体表现为强迫少数民族公民改变自己的风俗习惯，干涉或破坏少数民族根据自己的风俗习惯所进行的正当行动。例如，强制回族群众食用猪肉，禁止少数民族过自己的节日等。情节严重，是指多次或者多人侵犯，手段恶劣，引起民族纠纷、民族矛盾的，造成骚乱、示威游行或社会秩序严重混乱，产生恶劣的政治影响的，等等。

3. 本罪的主体是特殊主体，即国家机关工作人员。非国家机关工作人员侵犯少数民族风俗习惯触犯《刑法》的，应根据行为的性质、情节与危害程度，以其他犯罪论处。

4. 本罪的主观方面是故意。犯罪的动机如何，不影响本罪的成立。

（三）侵犯少数民族风俗习惯罪的处罚

根据《刑法》第251条的规定，犯本罪的，处2年以下有期徒刑或者拘役。

二十九、侵犯通信自由罪

（一）侵犯通信自由罪的概念

侵犯通信自由罪，是指隐匿、毁弃或者非法开拆他人信件，侵犯公民通信自由权利,情节严重的行为。

（二）侵犯通信自由罪的特征

1.本罪的客体是公民的通信自由权利。本罪的对象是公民的信件,可以包括电报、信函等文字邮件,但不包括汇款、包裹、书籍纸包等邮件。公民的信件,不仅包括私人间的信件,而且包括国家机关、企事业单位、社会团体、组织发给公民个人的信函。非法隐匿、毁弃、开拆国家机关、企业、事业单位、社会团体、组织之间来往函件的,不构成本罪。随着现代科学技术的发展,公民通信的方式越来越多,比如利用网络工具进行通信,行为人通过破解密码查看他人邮件或者删除邮件的方式,同样侵犯公民的通信自由权利。

2.本罪在客观方面的表现为隐匿、毁弃或者非法开拆他人信件的行为。所谓隐匿,是指把他人的信件藏匿于一定地点,不交给被害人的行为。所谓毁弃,是指故意丢弃、撕毁、焚毁信件的行为。非法开拆,是指未经收、发件人同意,或者司法机关批准私自开启他人的信件。情节严重,是指隐匿、毁弃、非法开拆他人信件,次数较多,数量较大的;致使他人工作、生活受到严重妨害,或者身体、精神受到严重损害以及家庭不睦、夫妻离异等严重后果的;非法开拆他人信件,涂改信中的内容,侮辱他人人格的,等等。

3.本罪的主体是一般主体,即年满16周岁,具有刑事责任能力的自然人。

4.本罪的主观方面是故意。

（三）侵犯通信自由罪的认定

本罪的一罪与数罪

以非法占有为目的,非法开拆他人信件而后（构成侵犯通信自由罪时）占有数额较大财物的,属于牵连犯,应"择一重处断"。非法开拆他人信件后（构成侵犯通信自由罪时）,临时起意又占有他人数额较大财物或者毁弃他人数额较大财物的行为,属于独立的数罪,应数罪并罚。

（四）侵犯通信自由罪的处罚

根据《刑法》第252条的规定,犯本罪的,处1年以下有期徒刑或者拘役。

三十、私自开拆、隐匿、毁弃邮件、电报罪

（一）私自开拆、隐匿、毁弃邮件、电报罪的概念

私自开拆、隐匿、毁弃邮件、电报罪,是指邮政工作人员私自开拆、隐匿、毁弃邮件、电报的行为。

（二）私自开拆、隐匿、毁弃邮件、电报罪的特征

1.本罪的客体是公民的通信自由权利和邮政部门的正常活动秩序。犯罪对象是邮件、电报,即各种由邮政部门运输、传递的物品,如信件、印刷品、包裹、汇票等。

2.本罪在客观方面表现为利用邮政业务的职务便利条件,非法开拆、隐匿、毁弃邮件、电报的行为。

3.本罪的主体是特殊主体,即邮政工作人员。包括邮电部门从事邮递业务的营业员、分拣员、分行员、投递员、接发员、押运员以及有关的主管干部等。

4.本罪的主观方面是故意。

(三)私自开拆、隐匿、毁弃邮件、电报罪的认定

1.本罪与侵犯公民通信自由罪的界限

二者在客体、行为手段方面具有相似性,它们的主要区别有:(1)主体不同。前者是邮政工作人员,后者是非邮政工作人员。(2)客观方面不同。前者必须利用邮政工作的便利条件,后者没有该要求。(3)客体不完全相同。前者是复杂客体,除公民的通信自由权利外,还包括邮政部门的正常活动秩序,后者只是公民的通信自由权利。(4)对象不同。前者除信件外还包括其他邮件,后者只限于用于公民通信的邮件。

2.本罪的一罪与数罪

邮政工作人员犯本罪而窃取财物的,以盗窃罪从重处罚。前罪是后罪的必经过程,按吸收犯理论,仅以一重罪处理。

(四)私自开拆、隐匿、毁弃邮件、电报罪的处罚

根据《刑法》第253条的规定,犯本罪的,处2年以下有期徒刑或者拘役。

三十一、侵犯公民个人信息罪

(一)侵犯公民个人信息罪的概念

侵犯公民个人信息罪,是指窃取或者以其他方法非法获取公民个人信息,或者违反国家有关规定,向他人出售或者提供公民个人信息,情节严重的行为。

(二)侵犯公民个人信息罪的特征

1.本罪的客体是公民的个人信息权,即公民个人的情报、资料等信息自由支配并排除他人干涉的权利,个人私事及个人领域均为公民隐私权的组成部分。

2.本罪在客观方面表现为窃取或者以其他方法非法获取公民个人信息,或者违反国家有关规定,将公民个人信息出售或者非法提供给他人,情节严重的行为。根据《最高人民法院最高人民检察院关于办理侵犯公民个人信息刑事案件适用法律若干问题的解释》(以下简称《公民个人信息犯罪的解释》)的规定,"违反国家有关规定"是指违反法律、行政法规、部门规章有关公民个人信息保护的规定。出售,是指将公民个人信息有偿转让给他人。非法提供,是指除以出售方式之外的其他方式,包括有偿和无偿方式提供给其他单位或者个人的行为。

本罪的对象为公民个人信息,是指以电子或者其他方式记录的能够单独或者

与其他信息结合识别特定自然人身份或者反映特定自然人活动情况的各种信息，包括姓名、身份证件号码、通信通讯联系方式、住址、账号密码、财产状况、行踪轨迹等。

3.本罪的主体可以是自然人，也可以是单位。

4.本罪的主观方面是故意，包括直接故意和间接故意。

（三）侵犯公民个人信息罪的处罚

根据《刑法》第253条之一的规定，犯本罪，情节严重的，处3年以下有期徒刑或者拘役，并处或者单处罚金；情节特别严重的，处3年以上7年以下有期徒刑，并处罚金。违反国家有关规定，将在履行职责或者提供服务过程中获得的公民个人信息，出售或者提供给他人的，依照前款的规定从重处罚。

单位犯本罪的，对单位判处罚金，并对其直接负责的主管人员和其他直接责任人员，依照自然人犯本罪的规定处罚。

三十二、报复陷害罪

（一）报复陷害罪的概念

报复陷害罪，是指国家机关工作人员滥用职权、假公济私，对控告人、申诉人、批评人、举报人实行报复陷害的行为。

（二）报复陷害罪的特征

1.本罪的客体是复杂客体，即公民的民主权利和国家机关的正常活动。公民依宪法规定享有批评权、申诉权、控告权和举报权。《中华人民共和国宪法》第41条的规定，中华人民共和国公民对于任何国家机关和国家工作人员，有提出批评和建议的权利；对于任何国家机关和国家工作人员的违法失职行为，有向有关国家机关提出申诉、控告或者检举的权利。国家机关工作人员滥用职权、假公济私，打击报复公民依法行使民主权利，不仅侵犯了公民的民主权利，还损坏了国家机关的形象，影响了国家机关的正常活动。犯罪对象为特定的人，即控告人、申诉人、批评人、举报人。

2.本罪在客观方面表现为滥用职权、假公济私，对控告人、申诉人、批评人、举报人实行报复陷害的行为。首先，行为人必须是滥用职权、假公济私，即违反规定，超出职权，违反行使职权的程序，假借公事名义，陷害他人。陷害的方式多种多样，可以是非法克扣工资、奖金，开除公职，阻碍被害人晋级晋职等损害被害人合法权益的行为。而且，行为人必须利用职权，对被害人进行报复陷害。其次，报复陷害的对象必须是控告人、申诉人、批评人与举报人。控告人是向司法机关或其他有关国家机关告发国家工作人员违法失职行为的人；申诉人是指对自己或亲属所受处分不满，请求改变或撤销处分的人；批评人是指对国家机关及其工作人员提出批评建议的人；举报人是指向司法机关及其他有关部门检举、报告违法犯罪行为的人。

这里的控告人、申诉人、批评人与举报人，并不限于对实施本罪的国家机关工作人员本人进行控告、申诉、批评与举报的人，也包括对其他人提出控告、申诉、批评、举报而利用自己的职权进行报复陷害。根据最高人民检察院《关于人民检察院直接受理立案侦查案件立案标准的规定(试行)》的规定，有下列情形的，应予立案：(1)致使被害人的人身权利、民主权利或者其他合法权利受到严重损害的；(2)致人精神失常或者自杀的；(3)手段恶劣、后果严重的。

3. 本罪的主体是特殊主体，即国家机关工作人员。

4. 本罪的主观方面是直接故意，并且具有陷害他人的目的。

(三)报复陷害罪的认定

1. 本罪与诬告陷害罪的界限

二者都侵犯了公民的人身权利、民主权利和国家机关的正常活动，都有陷害他人的故意。其主要区别在于：(1)主体不同。前者是特殊主体，即国家机关工作人员，后者是一般主体；(2)犯罪目的不同。前者的目的是打击报复陷害他人，后者的目的则是意图使他人受到刑事追究；(3)犯罪手段不同。前者利用职权，即滥用职权或假公济私，后者则不要求必须利用职权。(4)犯罪对象不同。前者限于控告人、申诉人、批评人、举报人这四种人，后者可以是任何被害人。

2. 本罪与打击报复证人罪的界限

《刑法》第308条规定了打击报复证人罪，它是指对证人进行打击报复的行为。二者均是打击报复他人，它们的主要区别在于：(1)客体不同。前者是公民依法享有的控告、申诉、批评、检举等民主权利，以及国家机关的正常管理活动；后者是复杂客体，即国家司法机关的正常活动和公民依法作证的民主权利。(2)客观方面不同。前者表现为行为人利用手中的职权，假公济私，对他人进行报复陷害的行为。犯罪对象是控告人、申诉人、批评人、举报人。后者表现为对证人进行打击报复的行为。既可以是行为人利用手中职权，假公济私，对证人进行打击报复，也可以是行为人没有利用职权而对证人采用恐吓、行凶、伤害等手段进行报复。犯罪对象是依法作证的证人。(3)犯罪目的不同。二者具体的故意内容不同。前者是基于报复陷害控告人、申诉人、批评人、举报人的目的，故意侵犯他人民主权利和国家机关的正常活动；后者是出于报复证人的目的，故意侵犯司法机关的正常活动秩序和他人的人身权利。(4)主体不同。前者是特殊主体，即国家机关工作人员；后者是一般主体，即年满16周岁并具有刑事责任能力的人。

3. 本罪与滥用职权罪的界限

本罪与滥用职权罪的区别在于：(1)客体不同。前者主要是公民的民主权利，同时也妨害了国家机关的正常管理活动。后者是国家机关的正常管理活动。(2)客观方面行为方式不同。前者要求行为人必须滥用职权，假公济私，对他人进行报复陷害,不要求造成重大损失。后者表现为滥用职权,并导致了公共财产、国家和人民利益遭受重大损失的行为。(3)犯罪对象不同。前者限于控告人、申诉人、批评人、举报人,后者并不一定具有明确的对象。(4)主观方面不同。前者只能是直接故意,并具有陷害的目的,后者可以是直接故意也可以是间接故意。

(四)报复陷害罪的处罚

根据《刑法》第254条的规定,犯本罪的,处2年以下有期徒刑或者拘役;情节严重的,处2年以下7年以上有期徒刑。情节严重,是指对多人进行报复陷害,手段恶劣,造成严重后果等。

三十三、打击报复会计、统计人员罪

(一)打击报复会计、统计人员罪的概念

打击报复会计、统计人员罪,是指公司、企业、事业单位、机关、团体的领导人对依法履行职责,抵制违反会计法、统计法行为的会计、统计人员实行打击报复,情节恶劣的行为。

(二)打击报复会计、统计人员罪的特征

1.本罪的客体是复杂客体,即会计、统计人员的人身权利及与人身密切相关的权利和正常的会计、统计活动。犯罪对象为会计人员、统计人员。会计人员是指持有会计证,具备必要的专业知识和专业技能,按照有关规定从事会计工作的人员,包括专职会计人员、会计主管人员、会计机构负责人、总会计师等。其中"会计主管人员"是指不设置会计机构,只在其他机构中设置专职会计人员的单位行使会计机构负责人职权的人员。财政部1996年颁布《会计基础工作规范》第10条规定:"未取得会计证的人员,不得从事会计工作。"所以,打击报复会计人员罪的侵害对象不包括那些不具备会计资格的临时受指派从事一些有关会计事务工作的人员,公司、企业、事业单位、机关、团体的领导人对于不具有会计资格,临时从事财会管理工作的人员实行打击报复的,不能认定为打击报复会计人员罪,需要作为犯罪处罚的,可根据其打击报复行为的具体危害性,以其他犯罪处理。根据《中华人民共和国统计法》的有关规定,统计人员应包括国务院和地方各级人民政府的各部门设立的统计机构中的统计人员、统计负责人,还包括企业、事业组织根据统计任务的需要设立的统计机构中的统计人员、统计负责人。非上述统计人员,不能成为打击报告统计人员罪的侵犯对象。

2.本罪在客观方面表现为对依法履行职责,抵制违反会计法、统计法行为的会计、统计人员实行打击报复,情节恶劣的行为。打击报复的方式各种各样,如降级、撤职、调离工作岗位、解聘或者开除等方式。情节恶劣一般表现为手段恶劣、后果严重、影响较大等。

3.本罪的主体是特殊主体,即公司、企业、事业单位、机关、团体的领导人。

4.本罪的主观方面是直接故意,并具有打击报复会计、统计人员的目的。

(三)打击报复会计、统计人员罪的认定

本罪与报复陷害罪的界限

二者的主要区别在于:(1)犯罪主体不同。前者既包括国有的公司、企业、事业单位、机关、团体的领导人,也包括非国有公司、企业的领导人;后者仅限于国家机关工作人员,可以是领导人也可以是非领导人。(2)犯罪对象不同。前者只限于会计、统计人员;后者是控告人、申诉人、批评人和举报人四种人。(3)犯罪手段不同。前者可以使用职权打击报复,也可以采取其他方式对会计、统计人员进行打击报复;后者通过假公济私、滥用职权的手段对控告人、申诉人、批评人和举报人进行打击报复。如果国家机关单位的领导人滥用职权打击报复会计、统计人员的,则同时触犯两罪,属于想象竞合犯,择一重罪处断。

(四)打击报复会计、统计人员罪的处罚

根据《刑法》第255条的规定,犯本罪的,处3年以下有期徒刑或者拘役。

三十四、破坏选举罪

(一)破坏选举罪的概念

破坏选举罪,是指在选举各级人民代表大会代表和国家机关领导人员时,以暴力、威胁、欺骗、贿赂、伪造选举文件、虚报选举票数等手段破坏选举或者妨害选民和代表自由行使选举权和被选举权,情节严重的行为。

(二)破坏选举罪特征

1.本罪的客体为公民的选举权和被选举权以及国家的选举制度。侵犯的对象可以是选举工作人员,也可以是选民、代表。

2.本罪在客观方面表现为在选举各级人民代表大会和国家机关领导人员时,以暴力、威胁、欺骗、贿赂、伪造选举文件、虚报选举票数等手段,破坏选举或者妨害选民和代表自由行使选举权和被选举权,情节严重的行为。

首先,行为必须发生在选举各级人民代表大会代表和国家机关领导人期间。依照《中华人民共和国全国人民代表大会和地方各级人民代表大会选举法》等有关法律的规定,选举各级人民代表大会代表和国家机关领导人员的选举活动,包括选民登记、提出候选人、投票、补选、罢免等整个过程。

其次,必须实施暴力、威胁、欺骗、贿赂、伪造选举文件、虚报选举票数等手段破坏选举的行为。暴力,是指对选民、各级人民代表大会代表、候选人、选举工作人员等进行殴打、捆绑等人身打击或强制。威胁,是指以杀害、伤害、破坏名誉等手段进行要挟,迫使被要挟人不能正常履行组织、管理职责或者放弃权利、机会等。欺骗,是指捏造事实,颠倒是非,以虚假的事实扰乱选举的正常进行。贿赂,是指用金钱或者其他物质利益收买选民、各级人民代表大会代表、候选人、选举工作人员等,以实现自己操纵、破坏选举或者进行其他舞弊活动的目的。伪造选举文件,是指采用伪造选民证、选票、选民名单、候选人名单、代表资格报告等选举文件的方法破坏选举。虚报选举票数,是指选举工作人员对于统计出来的选票数、赞成和反对票数等进行虚假汇报的行为。只要行为人在选举各级人民代表大会代表和国家机关领导人时,采用了上述手段之一的,就符合本罪的客观要件。

最后,破坏选举行为必须情节严重。情节严重,一般是指迫使多数选民或者代表不能行使选举权和被选举权的,致使选举结果严重违背民意的,造成重大不良社会、政治影响的,等等。

3.本罪的主体为一般主体,即已满16周岁,并具有刑事责任能力的自然人,可以是有选举权和被选举权的公民,也可以是无选举权和被选举权的公民,还可以是选举工作人员。

4.本罪在主观方面是直接故意,并且具有破坏选举工作的目的。

(三)破坏选举罪的认定

1.本罪罪与非罪的界限

首先,要区分破坏选举罪与一般违反选举法行为的界限。由于构成本罪要具备"情节严重"的条件,因此,对于那些虽违反选举法,但情节轻微,危害不大的,可不以犯罪论处。这里的"情节严重",一般是指破坏选举手段恶劣,后果严重或者造成恶劣影响等情况。其次,要区分本罪与工作失误的界限。对于实践中因疏忽大意或过于自信而错计选票、遗失选举文件等行为,属于一般的工作失误,不能以本罪论处。

2.本罪与其他罪的界限

使用暴力、砸毁选举设备破坏选举,构成故意伤害罪、故意毁坏财物罪的,按故意伤害罪、故意毁坏财物罪定罪处罚。

(四)破坏选举罪的处罚

根据《刑法》第256条的规定,犯本罪的,处3年以下有期徒刑、拘役或者剥夺政治权利。

三十五、暴力干涉婚姻自由罪

(一)暴力干涉婚姻自由罪的概念

暴力干涉婚姻自由罪,是指以暴力方法干涉他人婚姻自由的行为。

(二)暴力干涉婚姻自由罪的特征

1.本罪的客体是他人的婚姻自由权利和人身权利。婚姻自由权利是指结婚、离婚的自由权利。

2.本罪在客观方面表现为以暴力方法干涉他人婚姻自由的行为。具体地说，就是以直接作用于他人人身的方法干涉他人与某人结婚或者离婚，禁止他人与某人结婚或者离婚的行为。

3.本罪的主体是一般主体。实践中多为被害人的家长或者其他亲属，当然也可以是想与被害人结婚或者离婚的人。

4.本罪的主观方面是直接故意，且具有使被害人与某人结婚或者离婚的目的。

（三）暴力干涉婚姻自由罪的认定

1.本罪罪与非罪的界限

行为人没有以暴力方法干涉他人婚姻自由或者虽然使用了暴力方法干涉他人婚姻自由的行为，但暴力程度比较轻微的，均不构成犯罪。

2.本罪与故意伤害罪的界限

本罪与故意伤害罪的主要区别在于犯罪的主观方面以及客观方面的危害结果不同。如果行为人出于干涉婚姻自由的故意而对被害人使用暴力，虽过失地造成被告人身体伤害或者死亡的，仍以本罪论处。

（四）暴力干涉婚姻自由罪的处罚

根据《刑法》第257条的规定，犯本罪的，处2年以下有期徒刑或者拘役。致使被害人死亡的，处2年以上7年以下有期徒刑。"致使被害人死亡"，是指由于暴力干涉婚姻自由而直接引起被害人自杀身亡或者在实施暴力的过程中因过失导致被害人死亡。除"致使被害人死亡的"以外，本罪告诉的才处理。

三十六、重婚罪

（一）重婚罪的概念

重婚罪，是指有配偶的人在夫妻关系存续期间又与他人建立夫妻关系，或者明知他人有配偶而与之结婚或以夫妻名义同居而形成事实婚姻的行为。

（二）重婚罪的特征

1.本罪的客体是一夫一妻制的婚姻制度。

2.本罪在客观方面表现为有配偶而又与他人结婚或以夫妻名义同居而形成事实婚姻，或者明知他人有配偶而与之结婚或以夫妻名义同居而形成事实婚姻的行为。这里所指的结婚包括登记结婚以及事实婚姻。

3.本罪的主体为一般主体。具体而言分为两类人：一是重婚者，即有配偶而在其婚姻关系存续期间又与他人结婚的人。虽然，无效或者可撤销的婚姻自始无效，但根据《关于适用〈中华人民共和国民法典〉婚姻家庭编的解释（一）》的规定，无效或者可撤销婚姻在依法被宣告无效或被撤销时，才确定该婚姻自始不受法律保护。

所以,在被宣告无效或者被撤销前,该婚姻还不属于无效。因而,我们认为,无效婚姻当事人也是"重婚者"。二是相婚者,即本人无配偶,但明知他人有配偶而与之结婚的人。

4.本罪在主观方面是直接故意。具体表现为:第一,有配偶的人明知自己有配偶而与他人结婚。如果行为人认为自己的配偶已死亡而与第三人结婚的,不构成本罪。第二,无配偶的人明知他人有配偶而与其结婚。如果无配偶的人受到有配偶的人的欺骗,误认为对方没有配偶而与其结婚的,无配偶的人可不构成本罪,而由有配偶的人单独构成重婚罪。

(三)重婚罪的认定

本罪罪与非罪的界限

有一些由于特殊原因引起的重婚行为,如遭受自然灾害外出谋生而重婚的,因配偶长期下落不明,造成家庭生活困难又与他人结婚的,被拐卖后再婚的等,因为这些重婚者的主观恶性较小,所以,可不以重婚罪论。通奸或者同居行为,没有形成事实婚姻关系的,不能构成重婚罪。

(四)重婚罪的处罚

根据《刑法》第 258 条的规定,犯本罪的,处 2 年以下有期徒刑或者拘役。

三十七、破坏军婚罪

(一)破坏军婚罪的概念

破坏军婚罪,是指明知对方是现役军人的配偶而与其结婚或者同居的行为。

(二)破坏军婚罪的特征

1.本罪的客体是现役军人的婚姻关系。

2.本罪在客观方面表现为与现役军人的配偶结婚或者同居的行为。所谓现役军人是指具有军籍,并正在中国人民解放军或者中国人民武装警察部队服役的军人。结婚既包括用欺骗的方法登记结婚,也包括虽未履行登记结婚手续,但以夫妻名义共同生活的事实婚姻。同居,是以两性关系为基础,关系相对稳定,但对外并不以夫妻名义相称,并具有共同的经济生活和其他生活方面的姘居关系。包括公开的同居,也包括秘密的同居,可以是长期的,也可以是短期的。同居也有别于通奸。通奸,是指有配偶的一方或者双方与他人之间的婚外性关系。

3.本罪的主体是一般主体,可以是男性,也可以是女性;可以是现役军人也可以是非现役军人;可以是达到法定结婚年龄的人,也可以是未达到法定结婚年龄的人。

4.本罪的主观方面是故意,即明知是与现役军人的配偶结婚或者同居。如果行为人误认为现役军人的配偶是非现役军人的配偶而与之结婚的,不构成本罪。

（三）破坏军婚罪的认定

1.本罪罪与非罪的界限

如果不知对方已经结婚而与其结婚的,不构成犯罪;或者因为不明知对方是现役军人的配偶,而与其同居的,也不构成犯罪。由于通奸具有秘密性,因而一般而言,其社会危害性比结婚或者同居小,所以与现役军人的配偶通奸,不构成破坏军婚罪。

2.本罪与重婚罪的界限

二者均侵犯婚姻关系,但二者有以下主要区别:(1)客体不同。前者侵犯的是现役军人的婚姻关系,后者侵犯的一般婚姻关系。(2)客观方面不同。前者要求与现役军人的配偶结婚或者同居,后者只能是结婚而不可以是同居。(3)发生关系的对方身份要求不同。前者必须是现役军人的配偶,后者没有要求。行为人明知对方是现役军人的配偶而与其结婚的,则其行为触犯了二罪,属于法条竞合,应根据特别法优于普通法的原则,以破坏军婚罪处理。现役军人的配偶与非现役军人的配偶的结婚的,则构成重婚罪;如果同居或者结婚的双方明知对方均是现役军人的配偶的,则均构成破坏军婚罪。

（四）破坏军婚罪的处罚

根据《刑法》第 259 条的规定,犯本罪的,处 3 年以下有期徒刑或者拘役。

三十八、虐待罪

（一）虐待罪的概念

虐待罪,是指经常以打骂、冻饿、限制人身自由、不给治病及强迫过度劳动等方法,对共同生活的家庭成员进行肉体上和精神上的摧残和折磨,情节恶劣的行为。

（二）虐待罪的特征

1.本罪的客体是人身权利和家庭成员中的平等权利。犯罪对象是受婚姻法调整的共同生活的家庭成员。家庭成员包括有血亲关系、婚姻关系、收养关系而形成的共同生活的成员。侵犯非家庭成员的行为不构成本罪。

2.本罪在客观方面表现为,经常对被害人实施虐待,情节严重的行为。首先,要有虐待的行为。虐待是指对被害人进行肉体和精神上的摧残和折磨。其方法可以各种各样,如殴打、强迫劳动、不给治病,谩骂等等。其次,必须情节恶劣。情节恶劣是指,动机卑鄙,手段残酷,虐待时间长,屡教不改,造成被害人重伤、死亡、精神失常等后果的。

3.本罪的主体是特殊主体,即家庭成员。

4.本罪的主观方面是直接故意,具有摧残和折磨被害人的目的。

（三）虐待罪的认定

1. 本罪罪与非罪的界限

不具有摧残和折磨的目的，只是教育方法失当、家庭矛盾导致的打骂或者态度冷漠，不能等同于虐待行为而以犯罪论处。

2. 本罪与过失致人重伤罪、过失致人死亡罪的界限

《刑法》第 260 条规定，因行为人虐待而过失致被害人重伤或者过失致被害人死亡的，是虐待罪，但处以较重的法定刑。这属于情节加重犯。

3. 本罪与故意伤害罪、故意杀人罪的界限

准确区分虐待犯罪致人重伤、死亡与故意伤害、故意杀人犯罪致人重伤、死亡的界限，要根据行为人的主观故意、所实施的暴力手段与方式、是否立即或者直接造成被害人伤亡后果等进行综合判断。对于行为人主观上不具有侵害被害人健康或者剥夺被害人生命的故意，而是出于追求被害人肉体和精神上的痛苦，长期或者多次实施虐待行为，逐渐造成被害人身体损害，过失导致被害人重伤或者死亡的，或者因虐待致使被害人不堪忍受而自残、自杀，导致重伤或者死亡的，属于《刑法》第 260 条第 2 款规定的虐待"致使被害人重伤、死亡"，应当以虐待罪定罪处罚。对于行为人虽然实施家庭暴力呈现出经常性、持续性、反复性的特点，但其主观上具有希望或者放任被害人重伤或者死亡的故意，持凶器实施暴力，暴力手段残忍，暴力程度较强，直接或者立即造成被害人重伤或者死亡的，应当以故意伤害罪或者故意杀人罪定罪处罚。

（四）虐待罪的处罚

根据《刑法》第 260 条的规定，犯本罪的，处 2 年以下有期徒刑、拘役或者管制；致使被害人重伤、死亡的，处 2 年以上 7 年以下有期徒刑。除"致使被害人重伤、死亡的"以外的情形，告诉的才处理，但被害人没有能力告诉，或者因受到强制、威吓无法告诉的除外。

三十九、虐待被监护、看护人罪

（一）虐待被监护、看护人罪的概念

虐待被监护、看护人罪是指对未成年人、老年人、患病的人、残疾人等负有监护、看护职责的个人或单位虐待被监护、看护的人，情节恶劣的行为。

（二）虐待被监护、看护人罪的特征

1. 本罪的客体是被监护人、被看护人的人身权利。犯罪对象是未成年人、老年人、患病的人、残疾人以及其他处于他人监护、看护下的人。

2. 本罪的客观方面表现为对被害人实施肉体、精神上摧残、折磨的虐待行为，且情节恶劣。

3.本罪的主体是特殊主体,对特定被害人不具有家庭成员关系,但具有监护、看护职责的自然人或者单位。如家庭保姆、幼儿园教师、福利院工作人员等。

4.本罪的主观方面为故意。

(三)虐待被监护、看护人罪的认定

1.本罪与虐待罪的界限

二罪在犯罪主体、犯罪对象方面存在区别。虐待罪的主体是自然人,并与对象之间具有家庭成员关系,是家庭成员之间的犯罪,不仅侵害被害人的人身权利,也自然侵害了家庭关系。本罪的主体可以是单位,它们与对象之间不具有家庭成员关系,但犯罪主体对犯罪对象存在监护、看护的职责。

2.本罪与故意伤害罪、故意杀人罪的界限

本罪行为人主观上并不存在伤害、剥夺他人生命的故意,反之则成立故意伤害罪、故意杀人罪。

3.一罪与数罪

行为人是由于虐待行为过失导致被害人重伤、死亡的,属于一行为触犯虐待被监护、看护人罪与过失致人重伤罪、过失致人死亡罪,是想象竞合犯,应择一重罪处断。《刑法》规定以处罚较重的规定定罪处罚。

(四)虐待被监护、看护人罪的处罚

根据《刑法》第260条之一的规定,犯本罪,处3年以下有期徒刑或者拘役。

单位犯本罪的,对单位判处罚金,对其直接负责的主管人员和直接责任人员,依照自然人犯本罪的规定处罚。

四十、遗弃罪

(一)遗弃罪的概念

遗弃罪,是指对于年老、年幼、患病或者其他没有独立生活能力的人,负有扶养义务而拒绝扶养,情节恶劣的行为。

(二)遗弃罪的特征

1.本罪的客体是被遗弃人受扶养的权利。犯罪对象是年老、年幼、患病或者其他没有独立生活能力的人。"没有独立生活能力"是指完全或者大部分丧失劳动能力,无生活来源而需要他人扶养,或者虽有生活来源,但生活不能自理而需要他人照顾的情形。

2.本罪在客观方面表现为对于年老、年幼、患病或者其他没有独立生活能力的人,负有扶养义务而拒绝扶养,情节恶劣的行为。首先,行为人必须具有扶养义务,没有义务则没有责任。扶养义务包括抚养义务和赡养义务,如父母具有抚养未成年子女的义务,成年子女具有赡养父母的义务等。其次,必须是有能力扶养而拒绝扶养。法不强人所难,没有能力履行义务不会承担刑事上的责任。最后,必须情节恶劣。根据司法实践,具有对被害人长期不予照顾、不提供生活来源;驱赶、逼迫被害人离家,致使被害人流离失所或者生存困难;遗弃患严重疾病或者生活不能自理的被害人;遗弃致使被害人身体严重损害或者造成其他严重后果等情形,属于《刑法》第261条规定的遗弃"情节恶劣"。

3. 本罪的主体是特殊主体,即对被遗弃的人负有扶养义务,而且具有扶养能力的人。由于本罪罪状中并没有限制犯罪对象为家庭成员,因而,与犯罪对象没有家庭成员关系,但有扶养被害人义务的行为人也可以构成本罪。如依遗赠扶养协议扶养他人的人。

4. 本罪的主观方面是故意。

(三)遗弃罪的认定

1. 本罪罪与非罪的界限

本罪的构成要求情节恶劣,如果遗弃时间短,也没有给被害人造成严重影响的,则不构成犯罪。同样,如果行为人主观并不具有故意,而是由于缺少关心没有及时尽到扶养义务的,也不构成犯罪。

2. 本罪与虐待罪的界限

二者都侵犯了他人的人身权利。二者的区别主要在于:(1)犯罪主体不同。前者的主体限于具有扶养义务人,可以是家庭成员也可以是其他依法承担扶养义务的人;后者没有扶养义务的限制,但必须是家庭成员。(2)犯罪对象不同。前者限于年老、年幼、患病或者其他没有独立生活能力的人;后者对家庭成员是否没有生活能力在所不问。(3)客观方面不同。前者表现为对没有独立生活能力人,有扶养义务而拒绝扶养的行为;后者表现为经常或连续折磨、摧残家庭成员身心健康的行为。

3. 本罪与不作为形式的故意杀人罪的界限

区分遗弃罪与故意杀人罪的界限,要根据行为人的主观故意、所实施行为的时间与地点、是否立即造成被害人死亡,以及被害人对行为人的依赖程度等进行综合判断。对于只是为了逃避扶养义务,并不希望或者放任被害人死亡,将生活不能自理的被害人弃置在福利院、医院、派出所等单位或者广场、车站等行人较多的场所,希望被害人得到他人救助的,一般以遗弃罪定罪处罚。对于希望或者放任被害人死亡,不履行必要的扶养义务,致使被害人因缺乏生活照料而死亡,或者将生活不能自理的被害人带至荒山野岭等人迹罕至的场所扔弃,使被害人难以得到他人救助的,应当以故意杀人罪定罪处罚。

(四)遗弃罪的处罚

根据《刑法》第261条的规定,犯本罪的,处5年以下有期徒刑、拘役或者管制。

四十一、拐骗儿童罪

（一）拐骗儿童罪的概念

拐骗儿童罪，是指不以出卖或者勒索财物为目的，用蒙骗、利诱或者其他方法使不满 14 周岁的男、女儿童，脱离家庭或者监护人的行为。

（二）拐骗儿童罪的特征

1.本罪的客体是儿童的身心健康权和他人的家庭关系。侵犯的对象是不满 14 周岁的男、女儿童。

2.客观方面表现为用蒙骗、利诱或者其他方法使未满 14 周岁的男、女儿童，脱离家庭或者监护人的行为。

所谓脱离家庭或者监护人，是指使儿童脱离家庭、父母或监护人致使儿童的父母或监护人不能继续对儿童行使监护权。需要注意的是，使儿童脱离家庭或者监护人的方式可以是直接对儿童本人实施，如将儿童偷走，也可以是对儿童的父母或者监护人实施一定的行为，从而间接将儿童拐骗走，如通过蒙骗儿童的父母或者监护人而控制儿童。

3.本罪的主体是一般主体，即年满 16 周岁，具有刑事责任能力的自然人。

4.本罪的主观方面是直接故意。

（三）拐骗儿童罪的认定

1.本罪与拐卖儿童罪的界限

二者侵犯的对象均是未满 14 周岁的儿童，二者的主要区别在于主观方面不同：前者不以出卖为目的，往往是出于自己收养或者供自己使唤、奴役的目的；后者是以出卖为目的。

2.本罪与（偷盗婴幼儿）绑架罪的界限

二者的主要区别是犯罪主观方面和犯罪对象的不同。偷盗婴幼儿构成绑架罪要求行为人以勒索财物为目的，并且侵犯的对象是未满 6 周岁的婴幼儿。

3.本罪一罪与数罪的界限

拐骗儿童又奸淫或者猥亵儿童的，分别构成拐骗儿童罪、强奸罪、猥亵儿童罪，应当数罪并罚。

（四）拐骗儿童罪的处罚

根据《刑法》第 262 条的规定，犯本罪的，处 5 年以下有期徒刑或者拘役。

四十二、组织残疾人、儿童乞讨罪

（一）组织残疾人、儿童乞讨罪的概念

组织残疾人、儿童乞讨罪，是指以暴力、胁迫手段组织残疾人或者不满 14 周岁的未成年人乞讨的行为。

(二)组织残疾人、儿童乞讨罪的特征

1.本罪的客体是他人的人格尊严、人身自由权利和社会治安秩序。本罪侵犯的对象是残疾人、不满 14 周岁的未成年人。

2.本罪在客观方面表现为以暴力、胁迫手段组织残疾人或者不满 14 周岁的未成年人乞讨的行为。暴力是指对他人人身进行打击或实施强制,如殴打、捆绑等;胁迫是指以杀害、伤害、毁坏财产、破坏名誉等手段进行要挟,违背了他人的意愿,迫使他人接受自己的意志的行为;组织,是指发起、建立乞讨团体,将分散的乞讨行为进行集中和控制,并在其中起组织作用的行为。组织残疾人、儿童乞讨的行为人可以是一个人,也可以是多人;被组织的残疾人、儿童应当是多人,即 3 人以上,或者组织他人乞讨 3 次以上。

3.本罪的主体是一般主体,即年满 16 周岁,并具有刑事责任能力的自然人。

4.本罪的主观方面是直接故意,并以获取非法经济利益为目的。

(三)组织残疾人、儿童乞讨罪的认定

本罪一罪与数罪的界限

行为人实施收买被拐卖的残疾妇女或者儿童、拐骗儿童等行为后,再以暴力或者胁迫的手段组织他人乞讨的,属于牵连犯,择一重罪处断;以非法拘禁、故意伤害致人轻伤、侮辱等方式组织残疾人、儿童乞讨的,对非法拘禁、故意伤害致人轻伤、侮辱等行为系后罪客观方面的危害行为,不再单独定罪,直接以本罪论处;如果行为人采取故意伤害致人重伤、故意杀人的方式组织乞讨的,则属于想象竞合犯,择一重罪处断;若组织他人乞讨后又实施故意伤害、故意杀人、拐卖等其他犯罪行为的,应实行数罪并罚。

(四)组织残疾人、儿童乞讨罪的处罚

根据《刑法》第 262 条之一的规定,犯本罪的,处 3 年以下有期徒刑或者拘役,并处罚金;情节严重的,处 3 年以上 7 年以下有期徒刑,并处罚金。所谓"情节严重"是指多次组织他人乞讨或者组织他人乞讨人数众多,违法所得数额巨大,过失致被组织人员重伤、过失致人死亡的,致被害人亲属精神失常、自杀的,等等。

四十三、组织未成年人进行违反治安管理活动罪

(一)组织未成年人进行违反治安管理活动罪的概念

组织未成年人进行违反治安管理活动罪,是指组织未成年人实施盗窃、诈骗、抢夺、敲诈勒索等违反治安管理活动的行为。

(二)组织未成年人进行违反治安管理活动罪的特征

1.本罪的客体是复杂客体,既侵犯了未成年人的身心健康权,又侵犯了社会治

安管理秩序。

2.本罪的客观方面表现为行为人组织未成年人进行违反治安管理的行为。行为人实施组织、策划和指挥未满 18 周岁的人进行违反治安管理活动的,违法但不构成犯罪的行为。组织是指通过招募、雇佣、引诱、强迫等手段,纠集未成年人的行为;策划是指为未成年人实施违反治安管理活动的行为制定计划的行为;指挥是在未成年人实施违反治安管理活动的行为中进行领导、调度等。

3.本罪的主体是一般主体,即年满 16 周岁具有刑事责任能力的人。单位不能构成本罪。

4.本罪的主观方面是故意,包括直接故意和间接故意。

(三)组织未成年人进行违反治安管理活动罪的认定

1.本罪与利用未成年人犯盗窃罪、诈骗罪等罪的关系

行为人组织未成年人实施盗窃、诈骗等违反治安管理的活动,被组织的未成年人仅因不具备相应的刑事责任能力而不构成相应的犯罪时,组织者成立相关治安犯罪的间接正犯,同时又构成本罪,此时属于一行为触犯数个罪名,两个法律规范之间不存在竞合关系,因而是想象竞合犯,应以处罚较重的罪定罪处罚。

行为人组织未成年人实施盗窃、诈骗等违反治安管理的活动,被组织者的未成年人构成相关的治安犯罪的,组织者与被组织的未成年人之间是相关治安犯罪的共同犯罪,应根据共同犯罪中的地位和作用追究他们的刑事责任;如果被组织的未成年人中有部分构成相关的治安犯罪的,组织者的行为分别触犯本罪和相关的治安管理犯罪,也是想象竞合犯,应以处罚较重的罪定罪处罚。

2.本罪与组织儿童乞讨罪的关系

行为人组织儿童以反复纠缠、强行讨要或者以其他滋扰他人的方式乞讨的,分别构成组织儿童乞讨罪和本罪的,由于两个法律规范之间存在包容关系,是法条竞合关系,根据特别法优于普通法的原则,以组织儿童乞讨罪定罪处罚。

(四)组织未成年人进行违反治安管理活动罪的处罚

根据《刑法》第 262 条之二的规定,犯本罪的,处 3 年以下有期徒刑或者拘役,并处罚金;情节严重的,处 3 年以上 7 年以下有期徒刑,并处罚金。

复习与练习

本章提要

侵犯公民人身权利、民主权利罪是指故意或者过失地侵犯公民的人身权利以及故意非法剥夺或者妨害公民自由地行使依法享有的管理国家事务和参加政治活动权利的行为。本类罪的特征是:(1)犯罪的客体是公民的人身权利、民主权利;

（2）客观方面表现为非法侵犯公民的人身权利、民主权利的行为；（3）犯罪的主体多为一般主体，少数是特殊主体；（4）主观方面只有过失致人死亡罪、过失致人重伤罪是过失，其他均为故意。在认定本章犯罪时，要注意与其他章节犯罪的区别，特别是与危害公共安全罪的区别，这两类罪的主要区别在于犯罪客体的不同，本章犯罪的客体绝大多数均为特定的个人的权利；在区分本章各罪时，要特别注意各罪罪过的具体内容。

重要概念

故意杀人罪　强奸罪　非法拘禁罪　绑架罪　拐卖妇女、儿童罪　强迫劳动罪　侮辱罪　刑讯逼供罪　侵犯通信自由罪　侵犯公民个人信息罪　报复陷害罪　破坏选举罪　遗弃罪

思考题

1.试述诬告陷害罪与报复陷害罪的区别。

2.试述强奸罪与强制猥亵、侮辱罪的区别。

3.试论刑讯逼供致人伤残、死亡以故意伤害罪、故意杀人罪从重处罚的条件。

4.简述侮辱罪与诽谤罪的界限。

5.简述虐待罪与故意杀人罪、故意伤害罪的界限。

6.关于故意杀人罪，下列哪一选项是正确的？（　　）

A.甲意欲使乙在跑步时被车撞死，便劝乙清晨在马路上跑步，乙果真在马路上跑步时被车撞死，甲的行为构成故意杀人罪。

B.甲意欲使乙遭雷击死亡，便劝乙雨天到树林散步，因为下雨时在树林中行走容易遭雷击，乙果真雨天在树林中散步时遭雷击身亡，甲的行为构成故意杀人罪。

C.甲对乙有仇，意图致乙死亡。甲仿照乙的模样捏小面人，写上乙的姓名，在小面人身上扎针并诅咒49天。到第50天，乙因车祸身亡。甲的行为不可能致人死亡，所以不构成故意杀人罪。

D.甲以为杀害妻子乙后，乙可以升天，在此念头支配下将乙杀死。后经法医鉴定，甲具有辨认与控制能力。但由于甲的行为出于愚昧无知，所以不构成故意杀人罪。

7.李某想占王某的财物，遂将王某不满3周岁的儿子偷走，后向王某索要现金10万元，王某向公安机关报案。李某见索要不成，遂将幼儿杀害。李某构成何罪？（　　）

A.绑架罪　　　　　　　　　　　B.故意杀人罪

C.绑架罪与故意杀人罪并罚　　　D.非法拘禁罪

8.甲因做生意借乙货款10000元,经乙几次催要均以无钱为由拒不归还。乙见甲的儿子活泼伶俐,加之对甲拒不还钱心生怨恨,就将甲的儿子骗出欲送给乡下无生育能力的姐姐做养子,行路途中因怕甲寻找儿子产生麻烦,又牵涉10000元现金,就将2岁的男孩丢弃村边一人迹罕至的小山沟内,致孩子冻饿而死。以下选项中对甲的行为认为正确的有( )。

A.乙将甲的儿子偷偷带走准备送给其姐姐做养子,构成拐卖儿童罪

B.乙将甲的儿子偷偷带走准备送给其姐姐做养子,构成拐骗儿童罪

C.乙将甲的儿子偷偷带走准备送给其姐姐做养子,构成绑架罪

D.乙将甲的儿子丢弃山沟致其冻饿而死,构成故意杀人罪

9.2002年6月11日,被告人马某与被害人李某因土地边界发生纠纷引起殴斗,殴斗中马某用拳头将李某打倒在地,李某倒地后死亡。经法医鉴定死者李某系生前患有高血压病,因头部外力作用导致颅脑损伤而死亡。

问:马某构成何罪?为什么?

10.A省B县人,被以5000元的价格卖给C省D县黄某为妻,黄某收买该妇女后,发现该妇女有逃跑的意图,为了防止该妇女逃跑,于是把该妇女关在其房间内,时间长达3个多月,每次黄某想行房事,该妇女都强烈反对,黄某只好强行与她发生性关系;3个月后黄某觉得此妇女不好管教,便以4000元的价格卖给了邻村的李某。后经群众举报把李某和黄某抓获。

问:黄某的行为构成何罪?为什么?

第二十五章 侵犯财产罪

侵犯财产罪,是指以非法占有为目的,攫取公私财物及挪用、故意毁坏公私财物或故意破坏生产经营的行为。《刑法》分则第五章从第 263 条到 276 条,共 14 个条文,规定了 13 个罪名。

本章重点

- 抢劫罪
- 盗窃罪
- 诈骗罪
- 敲诈勒索罪
- 侵占罪
- 职务侵占罪

第一节 侵犯财产罪概述

一、侵犯财产罪的概念

侵犯财产罪,是指以非法占有为目的,攫取公私财物及挪用、故意毁坏公私财物或故意破坏生产经营的行为。

二、侵犯财产罪的特征

1.本类罪的客体是公私财产的所有权。财产所有权是指财物的所有人依法对自己的财产享有的占有、使用、收益和处分的权利,其具体包括占有、使用、收益和处分四项权能。多数情况下,侵犯财产罪是对这四项权能的全部侵犯,使他人永久、完全丧失对财产的占有、使用、收益和处分的权利。但由于财产权的各项权能之间既紧密联系又可相互独立,因此,在某些情况下,侵犯的仅仅是所有权中的部分权能,如所有权人以非法占有为目的,从承租人处偷偷取回租赁期的财物的,也可成立盗窃罪;如挪用型财产犯罪仅仅只侵犯了财产的占有、使用权。

侵犯财产罪的对象是公私财物,即公共财产和公民私人所有的财产。根据《刑法》第 91 条的规定,公共财产是指:(1)国有财产;(2)劳动群众集体所有的财产;

(3)用于扶贫和其他公益事业的社会捐助或专项基金的财产。此外,在国家机关、国有公司、企业、事业单位、人民团体管理、使用、运输中的私人财产,以公共财产论。根据《刑法》第92条的规定,公民私人所有的财产是指:(1)公民的合法收入、储蓄、房屋和其他生活资料;(2)依法归个人、家庭所有的生产资料;(3)个体户和私营企业的合法财产;(4)依法归个人所有的股份、股票、债券和其他财产。

公私财物的表现形式多种多样,既可以是动产也可以是不动产;既包括有形财产,也包括电力、煤气、热能、天然气等具有经济价值的无形物质,在某些情况下,还包括财产性利益,如通过暴力手段撕毁借条等债务凭证,使之免除自己债务的,也可以成立抢劫罪。商标权、专利权、著作权、商业秘密等实际上也是一种无形财产权益,但由于侵犯这些权利的犯罪主要是一种不正当竞争的犯罪,故刑法没有将其规定为侵犯财产罪的对象。

2.本类罪在客观上表现为行为人实施了攫取、挪用公私财物,或者故意毁坏公私财物或故意破坏生产经营的行为。其具体可以分为以下三大类:第一类是以非法占有为目的,侵犯财产所有权的行为。此类行为的特点是,行为人采用各种非法手段,将公私财物据为己有,刑法规定的抢劫、盗窃、诈骗、抢夺、侵占、职务侵占和敲诈勒索等犯罪都属于这一类。第二类侵犯财产使用权的行为,如刑法规定的挪用资金罪和挪用特定款物罪。第三类是破坏型犯罪,如故意毁坏财物罪和破坏生产经营罪。在侵犯财产罪中,除抢劫罪个别犯罪外,绝大多数犯罪都有数额的限制,必须侵犯数额较大才构成犯罪,如果数额较小,则是情节显著轻微,危害不大,不认为是犯罪。

3.本类罪的主体只能是自然人,单位不能成为本类罪的主体。多数罪的主体为一般主体,少数犯罪主体为特殊主体,如职务侵占罪的主体必须是公司、企业和其他单位的人员。在刑事责任年龄上,除抢劫罪的主体是已满14周岁以外,其他犯罪的主体必须是已满16周岁。

4.本类罪的主观方面均为故意,过失不构成本类犯罪。其中大部分犯罪,行为人在主观上必须具有非法占有的目的;少数犯罪并不要求行为人主观上具有非法占有的目的,如挪用资金罪、挪用特定款物罪、故意毁坏财物罪、破坏生产经营罪。

三、侵犯财产罪的类型

侵犯财产罪包括13个具体罪名,根据行为人的主观故意及行为的样态不同,可将侵犯财产罪分为以下四类。

（一）暴力、胁迫型财产犯罪

抢劫罪,抢夺罪,聚众哄抢罪,敲诈勒索罪。

（二）窃取、骗取型财产犯罪

盗窃罪，诈骗罪。

（三）侵占、挪用型财产犯罪

侵占罪，职务侵占罪，拒不支付劳动报酬罪，挪用资金罪，挪用特定款物罪。

（四）毁坏、破坏型财产犯罪

故意毁坏财物罪，破坏生产经营罪。

第二节　侵犯财产罪分述

一、抢劫罪

（一）抢劫罪的概念

抢劫罪，是指以非法占有为目的，采用暴力、胁迫或者其他方法，当场劫取公私财物的行为。

（二）抢劫罪的特征

1. 本罪的客体为复杂客体，既侵犯了公私财产所有权，也侵犯了他人的人身权利。

作为抢劫罪的犯罪对象一般是动产，但也不能排除不动产成为抢劫罪犯罪对象的可能。因为我国刑法并没有将抢劫罪的对象限制在动产的范围内；实践中，当场使用暴力、胁迫等手段，强占他人住房或土地、山林等使用权的犯罪也有可能发生；至于占有本身是否能转移财物所有权，对抢劫罪的成立并没有决定意义，因为不管是非法占有动产还是占有不动产，都不可能取得法律上的所有权。

此外，使用暴力、胁迫手段当场劫取财产性利益，也可认定为抢劫罪，如对债权人施加暴力、胁迫使其免除债务，或者以暴力手段迫使他人免收自己的饮食费用等。

作为抢劫罪对象的公私财物一般是被害人合法占有的财物，但被害人非法取得的财物或违禁品也可以成为本罪的对象，如他人犯罪所得的赃款赃物、毒品、假币、淫秽物品等均可成为本罪的对象。

2. 本罪在客观方面表现为对财物的所有人、占有人当场实施暴力、胁迫或者其他使被害人不能反抗、不敢反抗或者不知反抗的方法，当场劫取公私财物的行为。抢劫罪的实行行为是复合行为。其中，暴力、胁迫或者其他使被害人无法抗拒的方法，是抢劫罪的手段行为；当场劫取公私财物的行为，是抢劫罪的目的行为。

"暴力方法"，是指对财物的所有人、占有人的身体行使有形暴力，使被害人不能反抗的行为，如殴打、捆绑、伤害、杀害等。这种暴力是犯罪分子用来排除被害人抵抗，以便劫取财物的手段。暴力存在程度的不同，可能造成的人身损害程度也存在着较大差异，轻的只受皮肉之苦，重者可致人死亡。暴力达到何种程度，才能构成抢劫罪，各国刑法规定不一，我国刑法没有明文规定。对此，我国刑法理论有观点认为，抢劫罪中"暴力"必须达到"足以抑制被害人反抗"的要求。我们认为，只要行为人主观上有抢劫的故意，客观上对被害人施加了暴力，一般就应以抢劫罪论处。但是如果以轻微暴力强抢少量财物的，可不以犯罪论处。

"胁迫方法"，是指以当场实施暴力相威胁，使被害人产生恐惧心理，因而不敢反抗的方法。胁迫方式既可以是语言，也可以是动作、手势等。胁迫的内容是当场对被害人实施暴力，如果被害人不交出财物，则立即实现胁迫内容。如果以揭发被害人隐私等其他有损名誉之类非暴力内容进行威胁，不成立抢劫罪；以将来实施暴力相威胁的，也不成立抢劫罪，而有可能成立敲诈勒索罪。

"其他方法"，是指除暴力、胁迫以外的其他造成被害人不知反抗、不能反抗的强制方法，如采用药物麻醉、用酒灌醉等手段使被害人暂时丧失自由意志，不知反抗或不能反抗，然后劫取财物。但如果单纯利用被害人不知反抗或不能反抗的状态取走财物的，不成立抢劫罪，而应该构成盗窃罪。

"当场劫取财物"是本罪的目的行为。使用暴力、胁迫或者其他方法，当场取得财物的，才能构成抢劫罪。"当场"意指作为抢劫罪的手段行为"暴力、胁迫和其他方法"和目的行为"取得财物"二者之间具有时间上、场所上的紧密连续性。但是对"当场"的理解又不能过于狭窄，暴力、胁迫或者其他方法与取得财物虽从时间上看有一定的间隔，地点也不属于同一场所，但从整体上看行为并无中断的，也应该认为是当场取得财物。如使用暴力迫使被害人交出财物，但被害人身边没有财物，于是一道前往被害人家中取得财物，也应该认定为抢劫罪。

本罪的客观方面除了上述表现形式外，《刑法》第 269 条还规定了一种特殊类型的抢劫罪，即犯盗窃、诈骗、抢夺罪，为窝藏赃物、抗拒抓捕或毁灭罪证而当场使用暴力或者以暴力相威胁的，依照《刑法》第 263 条关于抢劫罪的规定定罪处罚。刑法理论通常将这种类型抢劫罪称为准抢劫罪、转化型抢劫罪、事后抢劫罪。根据《刑法》第 269 条的规定，盗窃、诈骗、抢夺罪转化抢劫罪必须符合三个条件。

第一，行为人实施了盗窃、诈骗、抢夺罪。这是成立准抢劫罪的前提条件。根据刑法规定，盗窃罪、诈骗罪和抢夺罪的成立都要求"数额较大"，因此，成立转化型抢劫罪，一般要求其先行实施的盗窃、诈骗、抢夺行为达到数额较大的要求。但根据 2005 年 6 月 8 日最高人民法院《关于审理抢劫、抢夺刑事案件适用法律若干问题的意见》（以下简称《抢劫、抢夺的意见》）的规定，行为人先行实施的盗窃、诈骗、抢夺行为，未达到数额较大的要求，但具有下列情形之一，可依照《刑法》第 269 条的规定，以抢劫罪定罪处罚：（1）盗窃、诈骗、抢夺接近"数额较大"标准的；（2）入户或在公共交通工具上盗窃、诈骗、抢夺后在户外或交通工具外实施上述行为的；(3)使用暴力致人轻微伤以上后果的；(4)使用凶器或以凶器相威胁的；(5)具有其他严重情节的。

第二，当场使用暴力或者以暴力相威胁。这是成立准抢劫罪的客观条件。所谓"当场"，是指行为人实施盗窃、诈骗、抢夺行为的现场，也包括刚一离开现场就被人发觉追捕的整个过程。例如，甲抢夺乙的项链，被群众发现并追击，甲在逃至现场 500 多米处，发现还有一人在后面追赶，就停下对这个追击者施加暴力，应当认定"当场"。如果在盗窃、抢夺、诈骗犯罪完成后，在其他场合被人认出或者在销赃时被失主撞见，实施了暴力抗拒抓捕，不能认定为"当场"。

第三，使用暴力或者以暴力相威胁的目的是为了窝藏赃物、抗拒抓捕或者毁灭罪证。这是准抢劫罪成立的主观条件，这一条件也是区分《刑法》第 263 条一般抢劫罪和第 269 条准抢劫罪的关键。"窝藏赃物"，是指为保护已经取得的赃物不被追回；"抗拒抓捕"，是指抗拒公安人员的拘捕或者一般公民的扭送；"毁灭罪证"，是指毁灭本人的犯罪证据。暴力、威胁的对象，可以是财物的所有人、占有人，也可以是公安人员和其他公民。如果行为人在实施盗窃、诈骗、抢夺过程中，被他人发现，为了非法取得财物，而使用暴力或者以暴力相威胁的，应该直接认定为抢劫罪，而不适用《刑法》第 269 条。

另外，根据 2006 年最高人民法院《关于审理未成年人刑事案件具体应用法律若干问题的解释》，已满 14 周岁不满 16 周岁的人在盗窃、诈骗、抢夺他人财物过程中，为窝藏赃物、抗拒抓捕或者毁灭罪证，当场使用暴力，故意造成被害人重伤或死亡的，应当分别以故意伤害罪或者故意杀人罪定罪处罚。如果没有造成被害人重伤或死亡的，不应按抢劫罪定罪处罚。

根据《刑法》第 267 条第 2 款规定，携带凶器抢夺的，应按抢劫罪定罪处罚。刑法理论上一般也将这种情形视为转化型抢劫罪。构成这种转化型抢劫罪，必须具备两个条件：第一，行为人必须是实施了抢夺行为，实施其他犯罪的如盗窃、诈骗等，不能按此种情况处理。第二，在抢夺过程中，行为人必须携带有凶器。根据《抢劫、抢夺的意见》规定，"携带凶器抢夺"是指行为人随身携带枪支、爆炸物、管制刀具等国家禁止个人携带的器械进行抢夺或者为了实施犯罪而携带其他器械进行抢夺的行为。行为人随身携带国家禁止个人携带的器械以外的其他器械抢夺，但有证据证明该器械确实不是为了实施犯罪准备的，不以抢劫罪定罪；行为人将随身携带凶器有意加以显示、能为被害人察觉到的，直接适用《刑法》第 263 条的规定定罪处罚。

3.本罪的主体是一般主体。已满 14 周岁不满 16 周岁的相对刑事责任年龄的人，可成为本罪的主体。

4.本罪的主观方面只能是直接故意,并且以非法占有为目的。出于何种动机实施抢劫不影响定罪,但可以作为量刑情节考虑。

(三)抢劫罪的认定

1.本罪罪与非罪的界限

在所有的财产犯罪中,抢劫罪是最严重的犯罪,刑法对抢劫罪既没有数额要求也无情节限制,因此,即使情节轻微的抢劫行为,从理论上也成立抢劫罪。但是对于一些情节显著轻微、危害不大的抢劫行为,可依据《刑法》第13条的"但书"规定,不作为犯罪处理。如对于发生在中学生间强行索取少量财物,危害不大的行为。在借贷等民事纠纷中,强行拿走或扣留对方财物,用以抵债抵物,或者借以索还借款的,虽然其作为手段是不正当的,但因无非法占有他人财物的目的,不构成抢劫罪。

2.抢劫特定财物行为的定性

根据《抢劫、抢夺的意见》规定,以毒品、假币、淫秽物品等违禁品为对象,实施抢劫的,以抢劫罪定罪,抢劫的违禁品数量作为量刑情节予以考虑。抢劫违禁品后又以违禁品实施其他犯罪的,应以抢劫罪与具体实施的其他犯罪实行数罪并罚。抢劫赌资、犯罪所得的赃款赃物的,以抢劫罪定罪,但行为人仅以其所输赌资或所赢赌债为抢劫对象的,一般不以抢劫罪定罪处罚。构成其他犯罪的,依照刑法的相关规定处罚。为个人使用,以暴力、胁迫等手段取得家庭成员或近亲属财产的,一般不以抢劫罪定罪处罚,构成其他犯罪的,依照刑法的相关规定处理;教唆或者伙同他人采取暴力、胁迫等手段劫取家庭成员或近亲属财产的,可以抢劫罪定罪处罚。

3.本罪与相似犯罪的界限

(1)本罪与强迫交易罪的界限

对于以暴力、胁迫手段索取超出正常交易价钱、费用的钱财的行为如何定性问题,依据《抢劫、抢夺的意见》规定,从事正常商品买卖、交易或者劳动服务的人,以暴力、胁迫手段迫使他人交出与合理价钱、费用相差不大的钱物,情节严重的,以强迫交易罪定罪处罚;以非法占有为目的,以买卖、交易、服务为幌子采用暴力、胁迫手段迫使他人交出与合理价钱、费用相差悬殊的钱物的,以抢劫罪定罪处罚。在具体认定时,既要考虑超出合理价值、费用的绝对数额,还要考虑与其本身合理价钱、费用的比例,加以综合判断。

(2)本罪与故意杀人罪的界限

行为人为劫取财物而预谋故意杀人,或者在劫取财物过程中,为制服被害人反抗而故意杀人的,以抢劫罪定罪处罚;行为人实施抢劫后,为灭口而故意杀人的,以抢劫罪和故意杀人罪定罪,实行数罪并罚;故意杀人后,又产生非法占有他人财物的意图,顺手牵羊取走已死亡的被害人财物的,数额较大的,以故意杀人罪与盗窃罪数罪并罚。

(3)本罪与绑架罪的界限

本罪的暴力行为也可能是绑架行为,绑架罪中也存在着以勒索财物为目的而绑架他人的情况,故二者容易混淆。二者区别关键在于,抢劫罪是直接迫使被绑架人交付财物,而不是向第三者勒索财物;而绑架罪是向绑架人的近亲属或者其他与其关系密切人勒索财物。如果行为人使用暴力、胁迫手段非法扣押被害人或者迫使被害人离开日常生活处所后,仍然向该被害人勒索财物的,只能定本罪。绑架过程中又当场劫取被害人随身携带财物的,同时触犯绑架罪和抢劫罪两罪名,应择一重罪定罪处罚。

(4)本罪与抢劫枪支、弹药、爆炸物、危险物质罪的界限

二者区别的关键在于抢劫对象不同,因而侵犯的法益不同。在行为人误以为是一般财物但实际上抢劫了枪支、弹药、爆炸物、危险物质的情况下,根据主客观相统一原则,应该认定为抢劫罪。如果行为人明知所抢劫的对象既有一般财物,又有枪支、弹药、爆炸物、危险物质的,倘若不是明显具有两个行为,则属于一行为触犯两个罪名,按照想象竞合犯处理。

4.本罪既遂与未遂的界限

关于本罪的既遂与未遂的区分标准,理论上存在着不同的观点。根据《抢劫、抢夺的意见》,抢劫罪侵犯的是复杂客体,既侵犯财产权利又侵犯人身权利。因此,具备劫取财物或者造成他人轻伤以上后果二者之一,均属于抢劫既遂;既未劫取财物,又未造成他人人身伤害后果的,属抢劫未遂。据此,《刑法》第263条规定的8种处罚情节中除"抢劫致人重伤、死亡的"这一结果加重情节之外,其余7种处罚情节同样存在既遂、未遂问题,其中属抢劫未遂的,应当根据刑法关于加重情节的法定刑规定,结合未遂犯的处理原则量刑。

(四)抢劫罪的处罚

根据《刑法》第263条的规定,犯本罪的,处3年以上10年以下有期徒刑,并处罚金。犯抢劫罪具有下列情形之一的,处10年以上有期徒刑、无期徒刑或者死刑,并处罚金或者没收财产。

1.入户抢劫的

根据最高人民法院2000年11月22日《关于审理抢劫案件具体应用法律若干问题的解释》(以下简称《抢劫的解释》)及《抢劫、抢夺的意见》规定,"入户抢劫"是指为实施抢劫行为而进入他人生活的与外界相对隔离的住所,包括封闭的院落、牧民的账篷、渔民作为家庭生活场所的渔船、为生活租用的房屋等进行抢劫的行为。认定"入户抢劫"时,应当注意以下三个问题:一是"户"的范围。"户"在这里是指住所,其特征表现为供他人家庭生活和与外界相对隔离两个方面,前者为功能特征,

后者为场所特征。一般情况下,集体宿舍、旅店宾馆、临时工棚等不应认定为"户",但在特定情况下,如果确实具有上述两个特征的,也可以认定为"户"。二是"入户"目的的非法性。进入他人住所须以实施抢劫等犯罪为目的。抢劫行为虽然发生在户内,但行为人不以实施抢劫等犯罪为目的进入他人住所,而是在户内临时起意实施抢劫的,不属于"入户抢劫"。三是暴力或者暴力胁迫行为必须发生在户内。入户实施盗窃被发现,行为人为窝藏赃物、抗拒抓捕或者毁灭罪证而当场使用暴力或者以暴力相威胁的,如果暴力或者暴力胁迫行为发生在户内,可以认定为"入户抢劫";如果发生在户外,不能认定为"入户抢劫"。

2. 在公共交通工具上抢劫的

根据《抢劫、抢夺的意见》第 2 条的规定,"在公共交通工具上抢劫",主要是指在从事旅客运输的各种公共汽车、大中型出租车、火车、船只、飞机等正在运营中的机动公共交通工具上的旅客、司售员、乘务人员实施的抢劫。在未运营中的大、中型公共交通工具上针对司售、乘务人员,抢劫的,或者在小型出租车抢劫的,不属于"在公共交通工具上抢劫"。公共交通工具承载的旅客应具有不特定多数人的特点。

3. 抢劫银行或者其他金融机构的

根据《抢劫的解释》第 3 条的规定,"抢劫银行或者其他金融机构",是指抢劫银行或者其他金融机构的经营资金、有价证券和客户的资金等,而不包括金融机构的办公用品、交通工具等财物;抢劫正在使用中的银行或者其他金融机构的运钞车的,视为抢劫银行或者其他金融机构。

4. 多次抢劫或者抢劫数额巨大的

根据《抢劫的解释》和《抢劫、抢夺的意见》,"多次抢劫"是指抢劫 3 次以上。对于"多次"的认定,应以行为人实施的每一次抢劫行为均已构成犯罪为前提,综合考虑犯罪故意的产生,犯罪行为实施的时间、地点等因素,客观分析、认定。对于行为人基于同一犯意实施犯罪的,如在同一地点同时对在场的多人实施抢劫的;或基于同一犯意在同一地点实施连续抢劫的,如在同一地点连续对途经此地的多人进行抢劫的;或在一次犯罪中对一栋居民楼房中的几户居民连续实施入户抢劫的;一般应认定为一次抢劫。"抢劫数额巨大",包括一次抢劫数额或几次抢劫数额巨大,其具体的认定标准,参照各地规定的盗窃罪数额巨大的认定标准执行。

5. 抢劫致人重伤、死亡的

"抢劫致人重伤、死亡",是指为抢劫财物使用暴力或其他强制方法,造成他人死亡的,既包括过失造成重伤或者死亡,也包括故意致人重伤甚至以杀人手段实施抢劫致人死亡。

根据最高人民法院 2001 年 5 月 26 日起施行的《关于抢劫过程中故意杀人案

件如何定罪问题的批复》的规定,行为人为劫取财物而预谋故意杀人,或者在劫取财物过程中,为制服被害人反抗而故意杀人的,以抢劫罪定罪处罚。行为人实施抢劫后,为灭口而故意杀人的,以抢劫罪和故意杀人罪定罪,实行数罪并罚。

6.冒充军警人员抢劫的

"冒充军警人员抢劫",是指冒充现役军人、武装警察或者公安民警进行抢劫的行为。

7.持枪抢劫的

根据《抢劫的解释》第 5 条的规定,"持枪抢劫",是指行为人使用枪支或者向被害人显示持有、佩带的枪支进行抢劫的行为。

8.抢劫军用物资或者抢险、救灾、救济物资

根据《抢劫的解释》,这里的军用物资,是指枪支、弹药、爆炸物以外的军用物资,如军用汽车、军用通信设备、军用药品、军服等。这里的抢险、救灾、救济物资,是指已确定用于或者正在用于抢险、救灾、救济的各种款物。

二、盗窃罪

(一)盗窃罪的概念

盗窃罪,是指以非法占有为目的,窃取公私财物数额较大,或者多次窃取、入户盗窃、携带凶器盗窃、扒窃公私财物的行为。

(二)盗窃罪的特征

1.本罪的客体是公私财物的所有权。一般而言,本罪的对象是动产,不动产不能成为本罪的对象,但从不动产拆卸分离出来的部分,如房屋的门窗,可以成为本罪的对象。作为盗窃罪对象的财物既包括有体物,也包括电信号码、电力、煤气等无体物,但该类对象必须具有一定的经济价值,并可以为人们所控制和利用。依照刑法规定,盗窃枪支、弹药、公文、商业秘密等特定对象,不成立盗窃罪。

盗窃罪的对象必须是他人占有的财物,脱离他人占有状态下的财物,不能成为盗窃罪的对象。"占有"是一种事实上的支配,不仅包括物理支配范围内的支配,而且包括从社会观念上可以推知财物处于他人支配下的状态。首先,只要是在他人的事实支配领域内的财物,即使他人没有现实地握有或监视,也属于他人占有。其次,虽然处于他人支配领域外,但存在可以推知由他人事实上支配的状态时,也属于他人占有的财物。例如,他人门前停放的自行车,即使没有上锁,也应认为由他人占有。再次,主人饲养的,具有回到原处能力的动物,不管动物处于何处,都应该认定为主人占有。最后,即使原占有者丧失了占有,但当该财物转移为建筑物的管理者或第三者占有时,也应认定为他人占有的财物。例如旅客遗忘在旅馆房间的财物,属于旅馆管理者占有,而非遗忘物。

2.本罪的客观方面表现为行为人秘密窃取数额较大的公私财物或者多次盗窃、入户盗窃或携带凶器盗窃、扒窃公私财物的行为。

第一,行为人实施了"秘密窃取"行为。"秘密窃取",是指行为人采取自以为不为财物所有者、保管者发觉的方法,暗中将财物取走。这里对"秘密"的理解要把握两个要点:(1)"秘密"是相对财物所有人、保管人而言的。即使窃取财物时已经被财物所有人、保管人之外的他人发现或暗中注视,不影响盗窃罪的成立。(2)"秘密"是指行为人自认为没有被财物所有人、保管人发觉。因此,即使盗窃行为已经为被害人已经发觉,但基于害怕等原因,假装没有发现,如果行为人认为没有被被害人发现,也不影响盗窃罪的成立。秘密窃取财物的手段可以多种多样,如撬门扭锁、翻墙越窗、顺手牵羊或在公共场所掏兜、割包等。

根据《刑法》第 265 条的规定,盗接他人通信线路、复制他人电信号码或者明知是盗接、复制的电信设备、设施而使用的,也应该认定为盗窃行为。此外,根据最高人民法院 2000 年 5 月 12 日《关于审理扰乱电信市场管理秩序案件具体应用法律若干问题的解释》(以下简称《盗窃的解释》第 1 条的规定),将电信卡非法充值后使用,造成电信资费损失数额较大的,以盗窃罪定罪处罚。盗用他人公共信息网络上网账号、密码上网,造成他人电信资费损失数额较大的,以盗窃罪定罪处罚。

第二,窃取公私财物数额较大或者多次盗窃、入户盗窃、携带凶器盗窃、扒窃公私财物。根据"两高"2013 年 4 月 2 日制定的《关于办理盗窃刑事案件适用法律若干问题的解释》,盗窃公私财物价值人民币 1000 元至 3000 元以上的,为数额较大。各省、自治区、直辖市高级人民法院可根据本地区经济发展状况,并考虑社会治安状况,在上述数额幅度内,分别确定本地区执行的"数额较大"标准。第 2 条规定,盗窃公私财物,具有下列情形之一的,数额较大的标准可以按照第 1 条规定标准的 50% 确定。(1)曾因盗窃受过刑事处罚的;(2)一年内曾因盗窃受过行政处罚的;(3)组织、控制未成年人盗窃的;(4)自然灾害、事故灾害、社会安全事件等突发事件期间,在事件发生地盗窃的;(5)盗窃残疾人、孤寡老人或者丧失劳动能力人的财物的;(6)在医院盗窃病人或者其亲友财物的;(7)盗窃救灾、抢险、防汛、优抚、扶贫、移民、救济款物的;(8)因盗窃造成严重后果的。

该《解释》第 3 条规定,"多次盗窃",一般是指二年内盗窃 3 次以上。对于"多次"的认定,应以行为人实施的每一次盗窃行为均已构成犯罪为前提,综合考虑犯罪故意的产生,犯罪行为实施的时间、地点等因素,客观分析、认定。对于行为人基于同一犯意实施犯罪的,如在同一地点同时对在场的多人实施盗窃的;或基于同一犯意在同一地点实施连续盗窃的,如在一次犯罪中对列车上多名乘客的财物连续实施盗窃的,一般应认定为一次盗窃。

"入户盗窃",是指为实施盗窃行为而进入他人生活的与外界相对隔离的住所,包括封闭的院落、牧民的账篷、渔民作为家庭生活场所的渔船、为生活租用的房屋等进行盗窃的行为。

"携带凶器盗窃",是指行为人随身携带枪支、爆炸物、管制刀具等国家禁止个人携带的器械进行盗窃或者为了实施犯罪而携带其他器械进行盗窃的行为。行为人随身携带国家禁止个人携带的器械以外的其他器械盗窃,但有证据证明该器械确实不是为了实施犯罪准备的,不能作为本罪的定罪情节。

"扒窃",是指在公开场所或者公共交通工具上盗窃他人随身携带的财物的行为。

3.本罪的主体为一般主体,即年满16周岁并具有刑事责任能力的自然人。单位不能成为本罪的主体,单位组织、指使盗窃,应该以盗窃罪追究组织者、指使者、直接实施者的刑事责任。

4.本罪的主观方面为故意,即明知是他人占有或者所有的财物而秘密窃取,并具有非法占有的目的。如果是行为人误把公私财物当作自己的财物而拿走,或者未经物主同意而临时擅自借用其物,用完即归完的,不构成盗窃罪。至于行为人非法占有公私财物后如何处置,是据为己有,还是赠送给他人,均不影响盗窃罪成立。

(三)盗窃罪的认定

1.本罪罪与非罪的界限

对于盗窃财物没有达到数额较大,也不属于多次盗窃、入户盗窃或者携带凶器盗窃、扒窃的,原则上不应认定为盗窃罪。盗窃公私财物"数额较大",通常是指客观上已经窃取的公私财物数额较大,但这并不意味着凡是盗窃未遂的均不以犯罪论处,对于明确以数额巨大的财物、珍贵文物或者贵重物品为盗窃目标的,即使盗窃未遂,也应该认定为盗窃罪。司法实践中,偷拿自己家庭的财物或者近亲属的财物,一般可不按犯罪处理;对确有追究刑事责任必要的,处罚时也应与在社会上作案的有所区别。

2.盗窃数额的认定与计算

在盗窃罪中,盗窃数额不仅直接决定犯罪的成立,也直接决定量刑幅度的选择。鉴于盗窃所得计算在定罪量刑中的重要作用,《盗窃的解释》对被盗物品的数额计算原则作出了明确规定。

(1)被盗物品的价格,应当以被盗物品价格的有效证明确定;无有效价格证明,或者根据价格证明认定数额明显不合理的,应当按照有关规定委托估价机构估价。

(2)盗窃外币的,按照盗窃时中国外汇交易中心或者中国人民银行授权机构公布的人民币对该货币的中间价折合成人民币计算;中国外汇交易中心或者中国人民银行授权机构未公布汇率中间价的外币,按照盗窃时境内银行人民币对该货币的中间价折算成人民币,或者该货币在境内银行、国际外汇市场对美元汇率,与人民币对美元汇率中间价进行套算。

(3)盗窃电力、燃气、自来水等财物,盗窃数量能够查实的,按照查实的数量计算盗窃数额;盗窃数量无法查实的,以盗窃前 6 个月月均正常用量减去盗窃后计量仪表显示的月均用量推算盗窃数额;盗窃前正常使用不足 6 个月的,按照正常使用期间的月均用量减去盗窃后计量仪表显示的月均用量推算盗窃数额。

(4)明知是盗接他人通信线路、复制他人电信码号的电信设备、设施而使用的,按照合法用户为其支付的费用认定盗窃数额;无法直接确认的,以合法用户的电信设备、设施被盗接、复制后的月缴费额减去被盗接、复制前 6 个月的月均电话费推算盗窃数额;合法用户使用电信设备、设施不足 6 个月的,按照实际使用的月均电话费推算盗窃数额。

(5)盗接他人通信线路、复制他人电信码号出售的,按照销赃数额认定盗窃数额。

盗窃行为给失主造成的损失大于盗窃数额的,损失数额可以作为量刑情节考虑。

盗窃有价支付凭证、有价证券、有价票证的,按照下列方法认定盗窃数额:(1)盗窃不记名、不挂失的有价支付凭证、有价证券、有价票证的,应当按票面数额和盗窃时应得的孳息、奖金或者奖品等可得收益一并计算盗窃数额。(2)盗窃记名的有价支付凭证、有价证券、有价票证,已经兑现的,按照兑现部分的财物价值计算盗窃数额;没有兑现,但失主无法通过挂失、补领、补办手续等方式避免损失的,按照给失主造成的实际损失计算盗窃数额。

3.本罪既遂与未遂的界限

关于盗窃罪的既遂标准,理论上有接触说、转移说、隐匿说、失控说、控制说、失控加控制说各种观点。在上述各种观点中,失控说为目前刑法理论和司法实践所普遍接受,即只要被害人丧失了对自己财物的控制,不管行为人是否控制了该财物,都应当认定为盗窃既遂。因为盗窃行为是否侵害他人财物,不是取决于行为人是否控制了财产,而是取决于被害人是否丧失了对自己的财产实际控制。

4.本罪与其他犯罪的界限

(1)盗窃电力设备、广播电视设施、公用电信设施等,财物价值数额达不到较大标准,但是足以危害公共安全的,不构成盗窃罪,但可以构成破坏电力设备罪、破坏广播电视设施、公用电信设施罪;盗窃电力设备、广播电视设施、公用电信设施,同时构成盗窃罪和破坏电力设备罪、破坏广播电视设施、公用电信设施罪,按其中处罚较重的罪处罚。

(2)为盗窃其他财物,盗窃机动车作为工具使用的,被盗机动车辆的价值计入盗窃数额;为实施其他犯罪盗窃机动车辆的,以盗窃罪和所实施的其他犯罪实行数罪并罚。为实施其他犯罪,盗开机动车辆当犯罪工具使用后,将偷开的机动车辆送回原地或者停放在原处附近,车辆未丢失的,以其所实施的犯罪从重处罚,不定盗窃罪。

（3）为练习开车、游乐等目的,多次偷开机动车辆的,并将机动车辆丢失的,以盗窃罪定罪处罚;在偷开机动车辆过程中发生交通肇事构成犯罪,又构成其他犯罪的,应当以交通肇事罪和其他罪实行数罪并罚。

（4）实施盗窃犯罪,造成公私财物损毁的,以盗窃罪从重处罚;盗窃公私财物并未构成盗窃罪,但因采用破坏性手段造成公私财物损毁数额较大的,以故意毁坏公私财物罪定罪处罚。盗窃后,为掩盖盗窃罪行或者报复,故意破坏公私财物构成犯罪的,应当以盗窃罪和构成的其他罪实行数罪并罚。

（四）盗窃罪的处罚

根据《刑法》第264条的规定,犯本罪的,处3年以下有期徒刑、拘役或者管制,并处或单处罚金;数额巨大或者有其他严重情节的,处3年以上10年以下有期徒刑,并处罚金;数额特别巨大或者有其他特别严重情节的,处10年以上有期徒刑或者无期徒刑,并处罚金或者没收财产。

三、诈骗罪

（一）诈骗罪的概念

诈骗罪,是指以非法占有为目的,使用虚构事实或者隐瞒真相的方法,骗取公私财物,数额较大的行为。

（二）诈骗罪的基本特征

1.本罪的客体是公私财产的所有权。犯罪对象可以是动产,也可以是不动产,凡是有价值或有效用的财物,甚至是财产性利益都可成为本罪的对象,如伪造、租用军队车辆牌号骗免交养路费、通行费等规费的,可成立诈骗罪。

2.本罪在客观上表现为使用欺诈方法,骗取数额较大的公私财物。

首先,行为人实施了欺诈行为。"欺诈行为"是指虚构事实、隐瞒真相使他人陷入错误的行为。欺诈的手段各式各样,但概括起来有二:一是虚构事实;二是隐瞒真相。所谓虚构事实,是指编造某种根本不存在或不可能发生的事实。虚构的事实,可以是全部,也可以是部分;可以是过去或者现在的事实,也可以是将来的事实。隐瞒真相,是指行为人有义务告知对方某种事实,而故意不告知,使对方在陷入错误认识的情况下,交付财物。

其次,欺诈行为使对方产生错误认识。在欺诈行为与对方处分财产之间,必须介入对方的错误认识,如果对方不是因欺诈行为产生错误认识而处分财产,就不成立诈骗罪。

再次,行为人基于错误认识"自愿"交付财物。这里的"自愿"并非被害人的本意,不是建立在对客观事实的真正了解的基础之上,而是被假象所迷惑,陷入错误认识之后处分财产。

最后,骗取财物数额较大。根据"两高"2011年3月1日颁发的《关于办理诈骗刑事案件具体应用法律若干问题的解释》以下简称《诈骗的解释》规定,个人诈骗公私财物在3000元至1万元以上的,为数额较大。

3.本罪的主体为一般主体,即年满16周岁并具有刑事责任能力的自然人。

4.本罪的主观方面是故意,且具有非法占有的目的。

(三)诈骗罪的认定

1.本罪罪与非罪的界限

本罪罪与非罪的界限包括两种情况:一是本罪与一般违法行为的界限。刑法规定,诈骗公私财物数额较大的,才成立诈骗罪,骗取的公私财物的数额尚未达到较大的,不以犯罪论处,应按一般违法行为处理。二是本罪与借贷纠纷的界限。诈骗罪与借贷纠纷的关键区别在于,行为人是否具有非法占有的目的。具体认定时,要综合考虑行为人的借贷动机、目的、原因、用途、久拖不返的原因、有无归还能力等因素。如果行为人以高息为诱饵骗取财物,加以挥霍,然后久拖不还,百般掩饰,应认定为诈骗罪。如果行为人因正常用途而借贷,虽然在取得财物时编造了谎言,但没有非法占有的目的,也没有任意挥霍和赖账,只是因为客观原因无法如期归还,应属于借贷纠纷,不宜认定为诈骗罪。

2.本罪与其他特殊诈骗罪的界限

刑法除规定上述普通诈骗罪之外,还规定了一些特殊诈骗罪,后者主要是指《刑法》第192条至第200条规定的各种金融诈骗罪,以及《刑法》第224条规定的合同诈骗罪。这些特殊诈骗罪主要在诈骗对象、手段上与普通诈骗罪存在区别,规定这些特殊诈骗罪的法条与《刑法》第266条是特别法条与普通法条的关系,根据特别法条优于普通法条的原则,应该认定为特殊诈骗罪。因此,《刑法》第266条规定:"本法另有规定的,依照规定。"

3.本罪与盗窃罪的界限

二者区分的关键在于被害人是否基于错误认识而处分财物。本罪是通过欺骗手段使被害人产生错误认识"自愿"作出处分财产的决定而交付财物;盗窃罪则是通过秘密窃取的手段从被害人那里获取财物,尽管盗窃行为人有时也采取一些欺骗、蒙骗的方法,这些方法往往只是为了转移被害人的注意力,被害人可能也受到欺骗,但是并没有被骗而作出处分财产的意思和行为。

4.本罪与敲诈勒索罪的界限

本罪与敲诈勒索罪的主要区别在于:诈骗行为是使用欺诈方法使他人产生错

误认识,从而"自愿地"作出错误的处分决定而交付财物给行为人;而敲诈勒索罪则是行为人通过威胁、要挟的方法使他人感到恐惧而不得不交付财物,受害人没有产生错误认识,交付财物的决定是被迫做出的。

(四)诈骗罪的处罚

根据《刑法》第266条的规定,犯本罪的,处3年以下有期徒刑、拘役或者管制,并处或者单处罚金;数额巨大或者有其他特别严重情节的,处3年以上10年以下有期徒刑,并处罚金;数额特别巨大或者有其他特别严重情节的,处10年以上有期徒刑或者无期徒刑,并处罚金或者没收财产。

根据《诈骗的解释》规定,"数额巨大"一般以3万元为起点,"数额特别巨大"一般以50万元为起点。诈骗数额接近"数额巨大"、"数额特别巨大"的标准,并具有下列情形之一或者属于诈骗集团首要分子的,应当分别认定为"其他严重情节"、"其他特别严重情节":(1)通过发送短信、拨打电话或者利用互联网、广播电视、报刊杂志等发布虚假信息,对不特定多数人实施诈骗的;(2)诈骗救灾、抢险、防汛、优抚、扶贫、移民、救济、医疗款物的;(3)以赈灾募捐名义实施诈骗的;(4)诈骗残疾人、老年人或者丧失劳动能力人的财物的;(5)造成被害人自杀、精神失常或者其他严重后果的。

四、抢夺罪

(一)抢夺罪的概念

抢夺罪,是指以非法占有为目的,公然夺取公私财物,数额较大,或者多次抢夺的行为。

(二)抢夺罪的特征

1.本罪的客体是公私财物所有权。犯罪对象只能是动产,并且是有形物。本罪的犯罪对象不包括枪支、弹药、爆炸物,国家机关公文、证件、印章,国有档案等。如抢夺上述对象,则根据特别法优于一般法的原则定罪处罚。

2.本罪在客观方面表现为公然夺取公私财物,数额较大,但没有对财物所有人和占有人的身体使用暴力、胁迫等强制方法的行为。抢夺行为必须是公然进行的,"公然"是指当着财物所有人或占有人的面或者乘其不备之际,但采取可以使其立即发觉的方式夺取财物。抢夺过程中可以存在暴力行为,但抢夺罪中的暴力不包括对财物所有人或占有人的身体直接使用暴力的情形。抢夺罪中的暴力行为,主要是指对财物实施暴力,其暴力手段的采用不是为了压制被害人的反抗,而是为了夺取财物,这是抢夺罪与抢劫罪区别的关键所在。实施抢夺行为,过失造成被害人重伤、死亡等后果的,同时构成抢夺罪与过失致人重伤罪、过失致人死亡罪的,按想象竞合犯择一重罪处断的原则处理。

　　抢夺行为必须是数额较大，或者多次实施抢夺，才能构成犯罪。根据最高人民法院 2002 年 7 月 16 日《关于审理抢夺刑事案件具体应用法律若干问题的解释》（以下简称《抢夺犯罪的解释》），抢夺公私财物"数额较大"是指抢夺公私财物价值人民币 500 元至 2000 元以上。多次抢夺，是指两年以内实施 3 次以上抢夺行为。

　　另外必须注意，根据《刑法》第 267 条第 2 款的规定，携带凶器抢夺的，应按抢劫罪定罪处罚。

　　3. 本罪的主体为一般主体，即年满 16 周岁并具有刑事责任能力的自然人。

　　4. 本罪的主观方面为直接故意，并以非法占有为目的。

　　（三）抢夺罪的认定

　　1. 本罪罪与非罪的界限

　　本罪是"数额犯"，构成抢夺罪，要求行为人所抢夺的公私财物达到"数额较大"的要求。因此，如果行为人抢夺的数额达不到"较大"的标准，一般可视为情节显著轻微、危害不大，不构成本罪，应当视为违反治安管理法规的行为，可给予行政处罚。但是，多次实施抢夺，达不到以上数额，也可构成抢夺罪。

　　根据《抢夺的解释》的规定，抢夺公私财物虽然达到"数额较大"的标准，但具有下列情形之一的，可以视为《刑法》第 37 条规定的"犯罪情节轻微不需要判处刑罚"，免予刑事处罚：(1)已满 16 周岁不满 18 周岁的未成年人作案，属于初犯或者被教唆犯罪的；(2)主动投案、全部退赃或者退赔的；(3)被胁迫参加抢夺，没有分赃或者分赃较少的；(4)其他情节轻微，危害不大的。

　　2. 本罪与抢劫罪的界限

　　本罪和抢劫罪具有很多相似之处，在客观方面都表现为当着被害人的面公然夺取财物，主观上都表现为直接故意，且都具有非法占有的目的。二者的区别主要在于实施犯罪的手段不同：抢劫是使用"暴力、胁迫或者其他方法"劫取财物，暴力等强制性行为直接针对被害人实施，以压制被害人反抗，从而排除被害人对于财物的持有与控制；抢夺是"公然夺取"财物，往往也具有暴力性，但是暴力不是直接针对被害人，而是直接针对和作用于财物，直接使财物脱离被害人的持有、控制。此外，本罪要求"数额较大"，而抢劫罪则无此要求。

　　3. 利用行驶的机动车辆进行抢夺行为的定性

　　对于利用行驶的机动车辆进行抢夺，俗称"飞车抢夺"行为如何定性？根据《抢劫、抢夺的意见》第 11 条的规定，对于驾驶机动车、非机动车（以下简称"驾驶车辆"）夺取他人财物的，一般以抢夺罪从重处罚。但具有下列情形之一的，应当以抢劫罪定罪处罚：(1)驾驶车辆，逼挤、撞击或强行逼倒他人以排除他人反抗，乘机夺取财物的；(2)驾驶车辆强抢财物时，因被害人不放手而采取强拉硬拽方法劫取财物的；(3)行为人明知其驾驶车辆强行夺取他人财物的手段会造成他人伤亡的后果,仍然强行夺取并放任造成财物持有人轻伤以上后果的。

4.抢夺过程中过失导致被害人重伤、死亡行为的定性

根据《抢夺犯罪的解释》第5条规定:"实施抢夺公私财物行为,构成抢夺罪,同时造成被害人重伤、死亡等后果,构成过失致人重伤罪、过失致人死亡罪等犯罪的,依照处罚较重的规定定罪处罚。"

(四)抢夺罪的处罚

根据《刑法》第267条第1款的规定,犯本罪的,处3年以下有期徒刑、拘役或者管制,并处或单处罚金;数额巨大或者有其他严重情节的,处3年以上10年以下有期徒刑,并处罚金;数额特别巨大或者有其他特别严重情节的,处10年以上有期徒刑或者无期徒刑,并处罚金或者没收财产。

根据《抢夺犯罪的解释》规定,抢夺公私财物达到"数额较大"的标准,具有下列情形之一,可以依照《刑法》第267条第1款规定,以抢夺罪从重处罚:(1)抢夺残疾人、老年人、不满14周岁未成年人财物的;(2)抢夺救灾、抢险、防汛、优抚、移民、救济款物的;(3)一年内抢夺3次以上的;(4)利用行使的机动车辆抢夺的。抢夺公私财物,数额接近"数额巨大"、"数额特别巨大"的标准,并具有上述情形之一的,可以分别认定为"其他严重情节"或者"其他特别严重情节"。

五、聚众哄抢罪

(一)聚众哄抢罪的概念

聚众哄抢罪,是指以非法占有为目的,聚集多人,公然哄抢公私财物,数额较大或情节严重的行为。

(二)聚众哄抢罪的特征

1.本罪的客体是公私财物所有权。犯罪对象是公私财物,限于动产和不动产中可以拆卸的部分。

2.本罪的客观方面表现为聚集多人,公然哄抢公私财物,数额较大或者有其他严重情节。聚众哄抢罪是一种聚众性的必要共同犯罪,在客观方面必须同时有聚众和哄抢两方面的特征。所谓"聚众",是指组织、策划、集合多人;所谓"哄抢",是指在首要分子的鼓动、指挥下,乘财物占有人管理能力有限或无暇顾及之际,公然哄抢财物。聚众哄抢的特点是,哄抢人不使用暴力、胁迫手段,而主要依靠人多势众取得财物,如果使用了暴力、胁迫或其他人身强制手段,应该按抢劫罪论处。

3.本罪的主体为一般主体,且必须是首要分子和积极参加者,其他一般参加者不以犯罪论处。

4.本罪的主观方面为故意,并且具有非法占有公私财物的目的。

（三）聚众哄抢罪的处罚

根据《刑法》第 268 条的规定,犯本罪的,对首要分子和积极参加者,处 3 年以下有期徒刑、拘役或者管制,并处罚金;数额巨大或者有其他特别严重情节的,处 3 年以上 10 年以下有期徒刑,并处罚金。

六、侵占罪

（一）侵占罪的概念

侵占罪,是指以非法占有为目的,将代为保管的他人财物,或者他人的遗忘物、埋藏物非法据为己有,拒不退还或拒不交出,数额较大的行为。

（二）侵占罪的特征

1.本罪的客体是公私财物所有权。

2.本罪客观方面表现为将代为保管的他人财物,或者他人的遗忘物、埋藏物非法据为己有,拒不交还,数额较大的行为。具体包括三个方面。

（1）非法占有代为保管的他人财物、他人的遗忘物或埋藏物。代为保管的他人财物,主要是基于委托关系而存在,但是不限于委托关系,基于租赁关系、借用关系、担保关系和无因管理等理由而占有的他人财物,也属于代为保管的他人财物。委托可以是书面的,也可以是口头的,或者基于某种事实而成立的。“遗忘物”是指财物的所有人或持有人将所持财物放在某处,因疏忽忘记而未带走的财物。它与“遗失物”是有区别的,遗失物是指财物的所有人或持有人不知何时何地在何种情况下遗落的财物,也无法根据记忆找回。埋藏物,是指埋藏于地下,所有人不明或应该由国家所有的财物。如果是他人有意埋藏于地下的财物,则属于他人占有的财物,而非埋藏物。行为人不法取得的,成立盗窃罪;如果行为人不知道有所有人,则属于事实认识错误,虽不成立盗窃罪,但成立侵占罪。

（2）拒不退还或拒不交出。这是指行为人将财物持有后,当财物的所有人、占有人或者他们委托的其他人员要求其退还或者交出时,仍拒不退还或拒不交出。

（3）行为人侵占的财物数额较大。

3.本罪的主体是一般主体。

4.本罪主观方面为故意,并具有非法占有的目的。

（三）侵占罪的认定

1.本罪罪与非罪的界限

根据《刑法》规定,构成本罪必须要求侵占财物数额较大,并且拒不退还或拒不交出。因此,如果行为人侵占的数额没有达到较大的标准,或者虽已达到较大标准,但当财物的所有人、占有人或者他们委托的其他人员要求其退还或者交出时,能主动退还或交出时,都不构成犯罪。另外,本罪是告诉才处理的犯罪,因此,如果被害人不告诉,司法机关也不能追究行为人的刑事责任。

2.本罪与盗窃罪的界限

本罪和盗窃罪的区别在于:盗窃罪的对象是他人控制、占有状态下的财物;而本罪只是侵占自己占有状态下的他人财物或者脱离他人占有的遗忘物、埋藏物。所以,判断财物由谁占有、是否脱离占有,是区分本罪与盗窃罪的关键。

(四)侵占罪的处罚

根据《刑法》第270条的规定,犯本罪的,处2年以下有期徒刑、拘役或者罚金;数额巨大的或者有其他严重情节的,处2年以上5年以下有期徒刑,并处罚金。本罪告诉才处理。

七、职务侵占罪

(一)职务侵占罪的概念

职务侵占罪,是指公司、企业或其他单位的工作人员,利用职务上的便利,将本单位财物非法占为己有,数额较大的行为。

(二)职务侵占罪的特征

1.本罪的客体是公司、企业或者其他单位的财物所有权。

2.本罪的客观方面表现为利用职务上的便利,将本单位财物非法占为己有,数额较大的行为。首先,行为人必须利用了职务上的便利,即利用自己主管、管理、经营、经手单位财物的便利条件。如果不是利用职务上的便利,而是仅仅利用熟悉单位环境和机会上的便利,实施的窃取行为不能认定为职务侵占罪。其次,将单位的财物非法占为己有。非法占有的方式通常表现为侵吞、盗窃、骗取等非法手段。最后,必须是非法占有了数额较大的单位财物。根据《最高人民法院、最高人民检察院关于办理贪污贿赂刑事案件适用法律若干问题的解释》第11条的规定,数额较大以6万元至40万元为起点。

3.本罪的主体为公司、企业或者其他单位的工作人员,但不包括国有公司、企业或者其他单位从事公务的人员或者其他国有单位委派到非国有公司、企业以及其他单位从事公务的人员。根据2001年最高人民法院《关于在国有资本控股、参股的股份有限公司中从事管理工作的人员利用职务便利非法占有本公司财物如何定罪问题的批复》,在国有资本控股、参股的股份有限公司中从事管理工作的人员,除受国家机关、国有公司、企业、事业单位委派从事公务的以外,不属于国家工作人员。对其利用职务上的便利,将本单位财物非法占为己有,数额较大的,应当以职务侵占罪论处。

根据《刑法》第183条的规定,保险公司的工作人员(国有保险公司的工作人员和国有保险公司委派到非国有保险公司从事公务的人员除外)利用职务上的便利,故意编造未曾发生的保险事故进行虚假理赔,骗取保险金归自己所有的,以职务侵占罪论处。根据1999年最高人民法院《关于村民小组组长利用职务上的便利非法占有公共财物行为如何定性问题的批复》,对村民小组组长利用职务上的便利,将村民小组集体财产非法占为己有,数额较大的行为,以职务侵占罪处罚。村民委员会等村基层组织人员,利用职务便利侵吞集体财产的,以职务侵占罪论处;但是如果在协助人民政府从事行政管理工作时,利用职务上的便利侵占公共财物的,则成立贪污罪。

4.本罪的主观方面为故意,并且具有非法占有的目的。

（三）职务侵占罪的认定

1.本罪与盗窃罪、诈骗罪的界限

本罪与盗窃罪、诈骗罪主观上都具有非法占有的目的,客观上都可以通过盗窃、诈骗手段实施。它们的主要区别在于:第一,职务侵占罪侵犯的对象只能是公司、企业或其他单位的财物;而盗窃罪、诈骗罪侵犯的可以是任何公私财物。第二,职务侵占罪只能是利用职务上的便利实施,行为方式包括窃取、骗取、侵吞等多种;而盗窃、诈骗罪的实施与职务无关,行为方式分别只能是窃取或骗取。第三,职务侵占罪的主体是特殊主体;而盗窃罪、诈骗罪是一般主体。

2.本罪与侵占罪的界限

二者的主要区别表现在:(1)主体不同。本罪的主体为公司、企业或者其他单位不具有国家工作人员身份的人;侵占罪的主体为一般主体。(2)客观方面不同。本罪的客观方面表现为行为人利用其职务上的便利,非法占有本单位财物;侵占罪则表现为将代为保管的他人财物或者他人遗忘物、埋藏物非法占为己有,拒不退还或拒不交出。(3)犯罪对象不同。本罪的侵犯对象只能是本单位的财物;侵占罪的犯罪对象是一般公私财物。

（四）职务侵占罪的处罚

根据《刑法》第271条第1款的规定,犯本罪的,处3年以下有期徒刑,并处罚金;数额巨大的,处3年以上10年以下有期徒刑,并处罚金;数额特别巨大的,处10年以上有期徒刑或者无期徒刑,并处罚金。

八、挪用资金罪

（一）挪用资金罪的概念

挪用资金罪,是指公司、企业或者其他单位的工作人员,利用职务上的便利,挪用本单位资金归个人使用或者借贷给他人使用,数额较大,超过3个月未还的,或者虽未超过3个月,但数额较大、进行营利活动的,或者进行非法活动的行为。

（二）挪用资金罪的特征

1. 本罪的客体是公司、企业或者其他单位的资金使用权。

2. 本罪客观方面表现为利用职务上的便利，挪用单位资金归个人使用或者借贷给他人使用。具体包括以下内容。

首先，利用职务上的便利。利用职务上的便利，是指利用本人在职务上主管、经管或者经手单位资金的方便条件。

其次，必须是将本单位资金挪给个人使用或者借贷给他人使用。挪用，是指未经合法批准，擅自动用主管、管理、经手的单位资金，但并非要永久占有，而是暂时使用并准备日后归还。挪用可以是借贷给其他自然人，也可以是借贷给其他单位。根据 2000 年最高人民法院《关于如何理解刑法第二百七十二条规定的"挪用本单位资金归个人使用或者借贷给他人"问题的批复》，公司、企业或者其他单位的非国家工作人员，利用职务上的便利，挪用本单位资金归本人或者其他自然人使用，或者挪用人以个人名义将挪用的资金借给其他自然人和单位，构成犯罪的，应当以挪用资金罪定罪处罚。

再次，必须是挪用的数额较大、超过 3 个月未还的，或者虽未超过 3 个月，但数额较大、进行营利活动的，或者进行非法活动的行为。

3. 本罪的主体是特殊主体，即公司、企业或者其他单位的工作人员，但不包括国有公司、企业或者其他国有单位从事公务的人员和国有公司、企业或者其他国有单位委派到非国有公司、企业以及其他单位从事公务的人员。

4. 本罪的主观方面是直接故意，即明知是单位资金，而故意非法占有、使用。

（三）挪用资金罪的认定

本罪与职务侵占罪的界限

二者的区别主要有：(1)侵犯的客体不同。挪用资金罪侵犯的客体是本单位的资金的占有权、使用权、收益权；而职务侵占罪侵犯的是单位财物的所有权整体。(2)犯罪对象不完全相同。挪用资金罪的对象仅限于本单位的资金；而职务侵占罪的对象，除了本单位的资金外，还可以是其他财物。(3)行为方式不同。挪用资金罪只是将本单位资金挪用归个人使用或者借贷给他人使用，并没有改变资金的所有关系；职务侵占罪则表现为以侵吞、窃取、骗取等手段，非法占有本单位的财物。(4)故意内容不同。挪用资金罪的行为人只是暂时占有、使用本单位的资金，行为人主观上没有非法占有的目的；职务侵占罪的行为人是不法所有的故意，不具有归还的意图。

（四）挪用资金罪的处罚

根据《刑法》第 272 条第 1 款的规定，处 3 年以下有期徒刑或者拘役；挪用资金数额巨大的，处 3 年以上 7 年以下有期徒刑；数额特别巨大的，处 7 年以上有期徒刑。根据《刑法》第 272 条第 3 款的规定,在提起公诉前将挪用的资金退还的,可以从轻或者减轻处罚。其中,犯罪较轻的,可以减轻或者免除处罚。

九、挪用特定款物罪

(一)挪用特定款物罪的概念

挪用特定款物罪,是指违反国家财经管理制度,挪用用于救灾、抢险、防汛、优抚、扶贫、移民、救济款物,情节严重,致使国家和人民利益遭受重大损害的行为。

(二)挪用特定款物罪的特征

1. 本罪的客体是复杂客体,即公共财物的所有权和特定款物的财经管理制度。犯罪对象,只能是专门用于救灾、抢险、防汛、优抚、移民、救济款物,包括生产资料和生活资料。根据最高人民检察院 2003 年 1 月 28 日《关于挪用失业保险基金和下岗职工基本生活保障资金的行为适用法律问题的批复》的规定,失业保险基金和下岗职工基本生活保障资金亦属于特定款物。

2. 本罪的客观方面表现为挪用用于救灾、抢险、防汛、优抚、扶贫、移民、救济款物,情节严重,致使国家和人民利益遭受重大损害的行为。这里的"挪用"主要是指单位违反国家财经管理制度,改变上述特定款物的专款专用而挪作其他用途的行为,如将救灾款用于投资房地产、改善办公场所等。如个人挪用特定款物归个人使用,应该按挪用公款罪从重处罚。

3. 本罪的主体是特殊主体,即主管、经管、经手上述特定款物的工作人员,包括国家工作人员、集体经济组织工作人员,以及其他经手、管理上述款物的人员。

4. 本罪的主观方面是故意,即明知是特定款物,而故意挪作他用。

(三)挪用特定款物罪的处罚

根据《刑法》第 273 条的规定,犯本罪的,对直接责任人员处 3 年以下有期徒刑或者拘役;情节特别严重的,处 3 年以上 7 年以下有期徒刑。

十、敲诈勒索罪

(一)敲诈勒索罪的概念

敲诈勒索罪,是指以非法占有为目的,对财物所有人、占有人使用威胁或者要挟等恐吓方法,强行索取公私财物数额较大,或者多次敲诈勒索的行为。

(二)敲诈勒索罪的特征

1. 本罪的客体是复杂客体,既侵犯了公私财产的所有权,又侵犯了他人的人身权利和其他合法权益。犯罪对象是公私财物,可以是动产,也可以是不动产。

2. 本罪的客观方面表现为对财物所有人、占有人使用威胁或者要挟等恐吓方法,强行索取数额较大的公私财物或者多次敲诈勒索的行为。

"恐吓",是指以恶害相通告迫使被害人处分财产,即如果不按照行为人的要求处分财产,就会在将来某个时间遭受恶害。恐吓内容的种类没有限制,包括对被害人及其亲属的生命、身体、自由、名誉等进行恐吓。恐吓内容的实现,也不要求自身是违法的,如行为人以知道对方有犯罪事实,自己将向司法机关检举为名,向对方索取大量钱财的,也是恐吓。恐吓的方法没有限制,既可以是明示,也可以是暗示;既可以是使用语言文字,也可以使用动作手势;既可以是本人直接通告被害人,也可以通过第三者通告被害人。恐吓行为只要足以使他人产生恐惧心理即可,并不要求现实上使被害人产生了恐惧心理。恐吓的结果,是使被害人产生恐惧心理,然而为了保护自己更大的利益而处分其数额较大的财产,进而使行为人取得财产。被害人处分财产,并不限于被害人直接交付财产,也可以是因为恐惧而默许行为人取得财产,还可以是与被害人有特别关系的第三者基于被害人的财产处分意思交付财产。

敲诈勒索的财物价值达到数额较大或者多次敲诈勒索的。根据 2013 年 4 月23 日"两高"《关于办理敲诈勒索罪刑事案件适用法律若干问题的解释》的规定,敲诈勒索公私财物价值 2000 元至 5000 元以上,为数额较大;各省、自治区、直辖市高级人民法院可以根据本地区的实际情况,在上述数额幅度内,确定本地区数额较大具体数额标准。敲诈勒索公私财物,具有下列情形之一的,"数额较大"的标准可以按照该《解释》第 1 条规定标准的 50% 确定:(1)曾因敲诈勒索受过刑事处罚的;(2)一年内曾因敲诈勒索受过行政处罚的;(3)对未成年人、残疾人、老年人或者丧失劳动能力人敲诈勒索的;(4)以将要实施放火、爆炸等危害公共安全犯罪或者故意杀人、绑架等严重侵犯公民人身权利犯罪相威胁敲诈勒索的;(5)以黑恶势力名义敲诈勒索的;(6)利用或者冒充国家机关工作人员、军人、新闻工作者等特殊身份敲诈勒索的;(7)造成其他严重后果的。多次敲诈勒索,是指 2 年内实施敲诈勒索3 次以上的行为。

3.本罪的主体是一般主体,即年满 16 周岁并具有刑事责任能力的自然人。

4.本罪的主观方面只能是直接故意,并且具有非法占有的目的。

(三)敲诈勒索罪的认定

1.本罪与绑架罪的界限

绑架罪中包括了向被绑架人的近亲属及其他人勒索财物的情况下,它与敲诈勒索罪的关键区别在于是否实际上绑架了他人。如果绑架了他人然后向被绑架的人质的近亲属勒索财物,应该认定为绑架罪;如果以将要实施绑架相威胁而勒索财物,则应该认定为敲诈勒索罪。

2.本罪与胁迫型抢劫罪的界限

二者在客观方面都可以使用暴力威胁方式,主观都以非法占有财物为目的。

二者关键区别在于：第一，威胁的内容不完全相同。抢劫罪的威胁只能是以实施暴力相威胁；而敲诈勒索罪的威胁内容则可以是暴力，也可以是毁坏名誉、揭发隐私等。第二，威胁的方式不完全一致。抢劫罪的威胁方式只能是当场进行威胁，不可能通过第三者进行威胁；敲诈勒索罪既可以当场威胁，也可以通过第三者进行威胁。第三，威胁内容实现的时间不同。抢劫罪威胁内容的实现具有现实性，如果不满足行为人的要求，则当场实施威胁内容，即实施暴力；敲诈勒索罪的威胁内容实现不具有现实性，如果不满足行为人的要求，威胁内容将在以后的某个时间实现。第四，威胁要求交出财物的时间不同。抢劫罪只能是当场取得财物；敲诈勒索罪既可以当场取得财物，也可以事后取得财物。

3.本罪与诈骗罪的界限

二者的区别关键在于：本罪是以实施威胁、要挟的手段使被害人产生恐惧，被害人被迫交付财物；而诈骗罪中则是通过虚构事实、隐瞒真相的方法，使被害人产生错误认识，而"自愿"交付财物。

（四）敲诈勒索罪的处罚

根据《刑法》第274条的规定，犯本罪的，处3年以下有期徒刑、拘役或者管制，并处或者单处罚金；数额巨大或者有其他严重情节的，处3年以上10年以下有期徒刑，并处罚金；数额特别巨大或者有其他特别严重情节的，处10年以上有期徒刑，并处罚金。

十一、故意毁坏财物罪

（一）故意毁坏财物罪的概念

故意毁坏财物罪，是指故意非法地毁灭或者损坏公私财物，数额较大或者情节严重的行为。

（二）故意毁坏财物罪的特征

1.本罪的客体是公私财物所有权。犯罪对象可以是任何有形的公私财物，包括动产和不动产。但是，破坏特定公私财物，《刑法》另有规定的，应依相关规定处理。

2.本罪的客观方面表现为毁灭或者损坏公私财物，数额较大或者情节严重的行为。损毁财物的方法可以多种多样，包括砸毁、撕毁、压毁、烧毁等。根据《关于审理破坏广播电视设施等刑事案件具体应用法律若干问题的解释》的规定，破坏正在使用的广播电视设施未危及公共安全，或者故意毁坏尚未投入使用的广播电视设施，造成财物损失数额较大或者有其他严重情节的，以故意毁坏财物罪定罪处罚。但是，用放火、爆炸等危险方法破坏，危害公共安全的，应以放火罪、爆炸罪论处。损毁财物数额较大或情节严重的，才构成犯罪；数额不大，情节不严重的，按一般违法行为处理。

3.本罪的主体为一般主体。

4.本罪的主观方面为故意，并具有非法占有的目的。

（三）故意毁坏财物罪的处罚

根据《刑法》第275条的规定，犯本罪的，处3年以下有期徒刑、拘役或者罚金；数额巨大或者有其他特别严重情节的，处3年以上7年以下有期徒刑。

十二、破坏生产经营罪

（一）破坏生产经营罪的概念

破坏生产经营罪，是指破坏机器设备、残害耕畜或者以其他方法破坏生产经营的行为。

（二）破坏生产经营罪的特征

1.本罪的客体是复杂客体，既侵犯了公私财物的所有权，又侵犯了国家、集体或者个人生产经营的正常秩序。犯罪对象是与生产经营有直接联系的财物，一般是正在使用中的生产资料。

2.本罪的客观方面表现为破坏机器设备、残害耕畜或者以其他方法破坏生产经营的行为。其他方法是指与破坏机器设备、残害耕畜相类似的破坏生产经营的行为，如毁坏设计图纸、切断电源等。

3.本罪的主体为一般主体。

4.本罪的主观方面为故意，并具有为泄愤或其他不良动机，目的在于使他人或单位的市场经营无法正常进行。

（三）破坏生产经营罪的处罚

根据《刑法》第276条的规定，犯本罪的，处3年以下有期徒刑、拘役或者管制。

十三、拒不支付劳动报酬罪

（一）拒不支付劳动报酬罪的概念

拒不支付劳动报酬罪，是指有能力支付而不支付或者以转移财产、逃匿等方法逃避支付劳动者的劳动报酬，情节恶劣的行为。

（二）拒不支付劳动报酬罪的特征

1.本罪的客体是劳动者的获得报酬权。

2.本罪的客观方面表现为有能力支付而不支付或者以转移财产、逃匿等方法逃避支付劳动者的劳动报酬，情节恶劣的行为。有能力支付，是指行为人在正常的负债情形下可以采取措施予以偿还的能力。以转移财产、逃匿等方法逃避支付劳动者的劳动报酬，是指具有下列情形之一：（1）隐匿财产、恶意清偿、虚构债务、虚假破产、虚假倒闭或者以其他方法转移、处分财产的；（2）逃跑、藏匿的；（3）隐匿、销毁或者篡改账目、职工名册、工资支付记录、考勤记录等与劳动报酬相关的材料的；（4）以其他方法逃避支付劳动报酬的劳动报酬，包括劳动者依照《中华人民共和国劳动法》和《中华人民共和国劳动合同法》等法律的规定应得的劳动报酬，包括工资、奖金、津贴、补贴、延长工作时间的工资报酬及特殊情况下支付的工资等。

3.本罪的主体是特殊主体，即具有支付劳动者报酬的单位或个人。

4.本罪的主观方面是故意，并具有逃避支付劳动者报酬的目的。

（三）拒不支付劳动报酬罪的认定

本罪罪与非罪的界限

拒不支付劳动报酬在通常情况下属于劳动纠纷，因此，如果欠薪行为尚未造成严重后果，在提起公诉前支付劳动者的劳动报酬，并依法承担相应赔偿责任的，可以不追究刑事责任。

（四）拒不支付劳动报酬罪的处罚

根据《刑法》第 276 条之一的规定，犯本罪的，处 3 年以下有期徒刑或者拘役，并处或者单处罚金；造成严重后果的，处 3 年以上 7 年以下有期徒刑，并处罚金。

单位犯本罪的，对单位判处罚金，并对其直接负责的主管人员和其他直接责任人员，依照自然人犯本罪的规定处罚。

复习与练习

本章提要

侵犯财产罪，是指以非法占有为目的，攫取公私财物以及挪用公私财物、毁坏公私财物或故意破坏生产经营的行为。根据行为人的主观故意及行为的样态不同，可将侵犯财产罪分为以下四种类型：暴力、胁迫型财产犯罪，主要有抢劫罪、抢夺罪、聚众哄抢罪、敲诈勒索罪；窃取、骗取型财产犯罪，主要有盗窃罪、诈骗罪；侵占、挪用型财产犯罪，主要有侵占罪、职务侵占罪、拒不支付劳动报酬罪、挪用资金罪、挪用特定款物罪；毁坏、破坏型财产犯罪，主要有故意毁坏财物罪、破坏生产经营罪。侵犯财产罪的客体是公私财产的所有权；客观方面表现为实施了攫取、挪用公私财物，或者故意毁坏公私财物或故意破坏生产经营的行为；侵犯财产罪的主体大多数是一般主体，少数为特殊主体；主观方面是直接故意，有的罪还要求具有非法占有的目的。

重要概念

抢劫罪　盗窃罪　抢夺罪　诈骗罪　敲诈勒索罪　侵占罪　职务侵占罪故意毁坏财物罪

思考题

1.试述转化型抢劫罪的成立条件。

2.试述抢劫罪的法定加重情形。

3.试述敲诈勒索罪与胁迫型抢劫罪的区别。

4.试述盗窃罪与侵占罪的区别。

5.试述职务侵占罪的特征。

6.下列哪种说法是正确的?（　　　）

A.某甲见某乙锁上自行车后忘记拿走车筐里的钱包,乘某乙进屋之后将钱包从车筐里拿走,钱包中装有3000元现金。某甲的行为构成盗窃罪。

B.某甲对某乙谎称出售一处房产,让某乙带上30万元现金。当某甲和某乙在该待出售房屋内等候"房主"到来时,某甲建议某乙把现金放在该房屋的一个壁柜中。现金放入壁柜后,某甲将柜门锁上,钥匙交给某乙拿着。然后借故走开,从壁柜的背面将30万元现金取走。某乙久等未见某甲回来,打开柜门才发现壁柜中的巨款不见了。某甲构成诈骗罪。

C.某甲雇某乙运输一车货物,并随车押送。途中,某乙谎称车胎漏气骗某甲下车查看,某甲下车后,某乙乘机加速逃离,把货物据为己有。某乙构成抢夺罪。

D.某甲与某乙同住一集体宿舍,知道某乙信用卡的密码。某日,某甲一人在宿舍时发现某乙的信用卡掉在宿舍的地上。某甲捡起信用卡到自动取款机上提取了1万元现金后,又将信用卡放到原处。某甲构成侵占罪。

7.下列哪种说法是正确的?（　　　）

A.甲某拦路抢劫乙某,结果发现乙某身无分文。很不甘心,逼迫乙某写下5万元欠条一张。甲某构成抢劫罪(未遂)和敲诈勒索罪。

B.甲某因为乙某与其妻通奸,就找到乙某索取20万元"赔偿费"。乙某不从,甲某就对其进行殴打。乙某无奈,只好写出一份承认与甲妻通奸并承诺自愿赔偿20万元损失费的保证书。甲某构成敲诈勒索罪。

C.甲某听说某别墅区的人很有钱,便撬开一个别墅的院门,进去后接着撬房门。这时恰巧主人回家,上前将其抓住。某甲使用撬锁的铁棍朝主人连击数下,将主人击倒后乘机脱身。某甲属于入户抢劫,依法应当在10年以上有期徒刑、无期徒刑、死刑的幅度内适用刑罚。

D.现役军人某甲潜入军营的军械库盗窃自动步枪一支、子弹100发。正要离开时被值勤军人发现,喝令某甲站住。某甲情急之中开枪将执勤军人射杀后,离开军械库。某甲构成抢劫罪。

8.甲某等六人是某国有港口集装箱堆场的临时工。某公司在调运50个空集装箱到堆场时,误调入了一个装有 90 台进口彩电的重箱。甲某等人发现后,认为是混在空箱中的走私货,无人敢来认领,不听从交公司处理的意见,一致同意将其私分。甲某等人骗走门卫,将彩电运出堆场后私分。甲某等人的行为(　　)。

A.构成盗窃罪　　　　　　　　B.构成职务侵占罪

C.构成侵占罪　　　　　　　　D.属于不当得利,不构成犯罪

9.甲某妻子乙某常年在外打工,并提出离婚。甲某为了阻止乙某外出打工,避免离婚,唆使丙某将乙某的手指剁下 2 个或者割下 1 只耳朵,并将乙某带回的财物抢走,以掩人耳目。同时许诺强取的乙某的财物归丙某,作为酬谢。丙某将此情况告诉丁某,并邀请丁某参加。某晚,丙、丁二人进入乙某卧室。在抢取了乙某家 4000 元的财物后,又用刀将乙某的 1 只耳朵割下,致乙某重伤。下列哪种说法是正确的?(　　)

A.甲某构成故意伤害罪、抢劫罪。

B.甲某只构成故意伤害罪。

C.丙某、丁某构成故意伤害罪、抢劫罪。

D.丙某、丁某只构成抢劫罪。

10.以下应当以盗窃罪定罪处罚的情形是(　　)。

A.甲盗割一段正在使用中的通信光缆,价值 3000 余元,并造成当地通讯中断数小时。

B.甲在饭店用餐时发现另一顾客乙的手包(内有财物价值 1.2 万元)遗忘在坐椅上,顺手将该手包拿走。

C.甲在商场向营业员要了一套价值 1 万元的名贵西服,谎称试穿是否合身,在试穿时乘机带走了该套西服。

D.甲窃取乙制药公司的数种医药配方,转卖给丙医药公司,使乙制药公司遭受巨大经济损失。

第二十六章　妨害社会管理秩序罪

妨害社会管理秩序罪，是指妨害国家社会管理活动，破坏社会正常秩序，依法应当受到刑罚处罚的行为。本类犯罪规定在《刑法》分则第六章，共 9 节 91 个条文，125 个罪名。《刑法修正案（九）》在第 280 条后增加一条作为第 280 条之一，规定了"使用伪造、变造的身份证件罪"；在第 284 条后增加一条作为第 284 条之一，规定了"组织考试作弊罪"和"违法替考罪"；在第 286 条后增加一条作为第 286 条之一，规定了"信息网络安全管理失职罪"；在第 287 条后增加两条作为第 287 条之一，规定了"非法利用信息网络罪"，作为第 287 条之二规定了"非法提供信息网络技术支持、帮助罪"；在第 291 条之一中增加一款规定了"编造、传播虚假信息罪"；在第 307 条后增加一条作为第 307 条之一，规定了"虚假诉讼罪"；在第 308 条后增加一条作为第 308 条之一，规定了"泄露审判信息罪"。同时，取消了"嫖宿幼女罪"。《刑法修正案（十）》在第 299 条中增加一款，规定了"侮辱国歌罪"。《刑法修正案（十一）》增加了第 277 条第 5 款，规定了"袭警罪"；增加了第 282 条之二，规定了"冒名顶替罪"；增加了第 291 条之二，规定了"高空抛物罪"；增加了第 293 条之一，规定了"催收非法债务罪"；增加了第 299 条之一，规定了"侵害英雄烈士名誉、荣誉罪"；增加了第 303 条第 3 款，规定了"组织参与国（境）外赌博罪"；增加了第 334 条之一，规定了"非法采集人类遗传资源、走私人类遗传资源材料罪"；增加了第 336 条之一，规定了"非法植入基因编辑、克隆胚胎罪"；增加了第 341 条第 3 款，规定了"非法猎捕、收购、运输、出售陆生野生动物罪"；增加了第 342 条之一，规定了"破坏自然保护地罪"；增加了第 344 条之一，规定了"非法引进、释放、丢弃外来入侵物种罪"；增加了第 355 条之一，规定了"妨害兴奋剂管理罪"。同时将第 341 条第 1 款的"非法猎捕、杀害珍贵、濒危野生动物罪"和"非法收购、运输、出售珍贵、濒危野生动物、珍贵、濒危野生动物制品罪"合为"危害珍贵、濒危野生动物罪"。所以，妨害社会管理秩序罪一章共有 146 个罪名。

本章重点

- 妨害公务罪
- 聚众斗殴罪
- 寻衅滋事罪
- 伪证罪

- 组织、领导、参加黑社会性质组织罪
- 走私、贩卖、运输、制造毒品罪
- 非法持有毒品罪
- 组织卖淫罪
- 制作、复制、出版、贩卖、传播淫秽物品牟利罪

第一节　妨害社会管理秩序罪概述

一、妨害社会管理秩序罪的概念

妨害社会管理秩序罪,是指妨害国家社会管理活动,破坏社会正常秩序,依法应当受到刑罚处罚的行为。妨害社会管理秩序罪规定在《刑法》分则的第六章,共9 节 91 个条文。全国人大常委会通过的《刑法修正案(二)》、《刑法修正案(三)》、《刑法修正案(四)》、《刑法修正案(六)》、《刑法修正案(七)》、《刑法修正案(八)》、《刑法修正案(九)》、《刑法修正案(十)》、《刑法修正案(十一)》和立法解释对本章有关犯罪作了修改和解释。

二、妨害社会管理秩序罪的特征

1.本类犯罪的客体是社会管理秩序,即国家机关依法对社会进行管理而形成的正常的社会秩序。社会管理秩序是一个含义很广的概念,从宏观上看,所有犯罪都侵害了国家的社会管理秩序,但由于立法者已对侵害、侵犯国家安全、公共安全、市场经济、人身权利、公私财产所有权、国防利益以及国家机关正常活动等社会秩序的行为有专门规定,所以本章犯罪所侵犯的同类客体,是其他各章的同类客体以外的国家对社会的管理秩序。因此,本章规定的犯罪所侵犯的社会管理秩序有特定的含义,不包括分则其他各章规定的犯罪所侵犯的社会秩序。但即便如此,本章的客体所涉及的范围仍然非常广泛,如公共秩序、司法秩序、国(边)境管理秩序、公共卫生、环境保护、毒品管制、社会风化等,都是本章的客体。

2.本类犯罪的客观方面,表现为行为人实施了妨害国家对社会的管理活动,破坏社会管理秩序的,情节严重的行为。本章犯罪涉及的范围非常广泛,行为的表现形式也多种多样,根据刑法分则的规定,这些行为可以分为以下九类:第一,扰乱公共秩序;第二,妨害司法;第三,妨害国(边)境管理;第四,妨害文物管理;第五,危害公共卫生;第六,破坏环境资源保护;第七,走私、贩卖、运输、制造毒品;第八,组织、强迫、引诱、容留、介绍卖淫;第九,制作、贩卖、传播淫秽物品。上述九类犯罪的构成要件各不相同,有的是行为犯,有的是结果犯,有的是危险犯,有的是情节犯。本

章犯罪个别是自然犯,多数是法定犯,犯罪的构成以违反国家对各种社会关系进行管理所依据的法律、法规为前提。有的要求必须利用特定的方法、手段实施,有的还要求必须在特定的时间、地点实施。

3.本类犯罪的主体,多数是一般主体,少数是特殊主体。多数犯罪的主体限于自然人;也有少数犯罪既可以是自然人实施,也可以由单位实施;还有个别的犯罪的主体只能是单位。

4.本类犯罪的主观方面,绝大多数表现为故意,也有少数犯罪表现为过失。在故意犯罪中,有的犯罪还要求具有特定的犯罪目的,如倒卖文物罪,制作、复制、出版、贩卖、传播淫秽物品牟利罪等。

三、妨害社会管理秩序罪的分类

根据《刑法》分则第六章的规定,妨害社会管理秩序罪分为以下九类。

(一)扰乱公共秩序罪

妨害公务罪,袭警罪,煽动暴力抗拒法律实施罪,招摇撞骗罪,伪造、变造、买卖国家机关公文、证件、印章罪,盗窃、抢夺、毁灭国家机关公文、证件、印章罪,伪造公司、企业、事业单位、人民团体印章罪,伪造、变造居民身份证件罪,使用伪造、变造的身份证件罪,冒名顶替罪,非法生产、买卖警用装备罪,非法获取国家秘密罪,非法持有国家绝密、机密文件、资料、物品罪,非法生产、销售间谍专用器材罪,非法使用窃听、窃照专用器材罪,组织考试作弊罪,违法替考罪,非法侵入计算机信息系统罪,非法获取计算机信息系统数据、非法控制计算机信息系统罪,提供侵入、非法控制计算机信息系统的程序、工具罪,破坏计算机信息系统罪,信息网络安全管理失职罪,非法利用信息网络罪,非法提供信息网络技术支持、帮助罪,扰乱无线电通讯管理秩序罪,聚众扰乱社会秩序罪,聚众冲击国家机关罪,聚众扰乱公共场所秩序、交通秩序罪,投放虚假危险物质罪,编造、故意传播虚假恐怖信息罪,编造、传播虚假信息罪,高空抛物罪,聚众斗殴罪,寻衅滋事罪,催收非法债务罪,组织、领导、参加黑社会性质组织罪,入境发展黑社会组织罪,包庇、纵容黑社会性质组织罪,传授犯罪方法罪,非法集会、游行、示威罪,非法携带武器、管制刀具、爆炸物参加集会、游行、示威罪,破坏集会、游行、示威罪,侮辱国旗、国徽、国歌罪,侵害英雄烈士名誉、荣誉罪,组织、利用会道门、邪教组织、利用迷信破坏法律实施罪,组织、利用会道门、邪教组织、利用迷信致人死亡罪,聚众淫乱罪,引诱未成年人聚众淫乱罪,盗窃、侮辱、故意毁坏尸体、尸骨、骨灰罪,赌博罪,组织参与国(境)外赌博罪,开设赌场罪,故意延误投递邮件罪。

(二)妨害司法罪

伪证罪,辩护人、诉讼代理人毁灭、伪造证据、妨害作证罪,妨害作证罪,帮助毁灭、伪造证据罪,虚假诉讼罪,打击报复证人罪,泄露审判信息罪,扰乱法庭秩序罪,窝藏、包庇罪,拒绝提供间谍犯罪证据罪,掩饰、隐瞒犯罪所得、犯罪所得收益罪,拒不执行判决、裁定罪,非法处置查封、扣押、冻结的财产罪,破坏监管秩序罪,脱逃罪,劫夺被押解人员罪,组织越狱罪,暴动越狱罪,聚众持械劫狱罪。

（三）妨害国（边）境管理罪

组织他人偷越国（边）境罪,骗取出境证件罪,提供伪造、变造的出入境证件罪,出售出入境证件罪,运送他人偷越国（边）境罪,偷越国（边）境罪,破坏界碑、界桩罪,破坏永久性测量标志罪。

（四）妨害文物管理罪

故意损毁文物罪,故意损毁名胜古迹罪,过失损毁文物罪,非法向外国人出售、赠送珍贵文物罪,倒卖文物罪,非法出售、私赠文物藏品罪,盗掘古文化遗址、古墓葬罪,盗掘古人类化石、古脊椎动物化石罪,抢夺、窃取国有档案罪,擅自出卖、转让国有档案罪。

（五）危害公共卫生罪

妨害传染病防治罪,传染病菌种、毒种扩散罪,妨害国境卫生检疫罪,非法组织卖血罪,强迫卖血罪,非法采集、供应血液、制作、供应血液制品罪,采集、供应血液、制作、供应血液制品事故罪,非法采集人类遗传资源、走私人类遗传资源材料罪,医疗事故罪,非法行医罪,非法进行节育手术罪,非法植入基因编辑、克隆胚胎罪,妨害动植物防疫、检疫罪。

（六）破坏环境资源保护罪

污染环境罪,非法处置进口的固体废物罪,擅自进口固体废物罪,非法捕捞水产品罪,危害珍贵、濒危野生动物罪,非法狩猎罪,非法猎捕、收购、运输、出售陆生野生动物罪,非法占用农用地罪,破坏自然保护地罪,非法采矿罪,破坏性采矿罪,危害国家重点保护植物罪,非法引进、释放、丢弃外来入侵物种罪,盗伐林木罪,滥伐林木罪,非法收购、运输盗伐、滥伐的林木罪。

（七）走私、贩卖、运输、制造毒品罪

走私、贩卖、运输、制造毒品罪,非法持有毒品罪,包庇毒品犯罪分子罪,窝藏、转移、隐瞒毒品、毒赃罪,走私制毒物品罪,非法生产、买卖、运输制毒物品罪,非法种植毒品原植物罪,非法买卖、运输、携带、持有毒品原植物种子、幼苗罪,引诱、教唆、欺骗他人吸毒罪,强迫他人吸毒罪,容留他人吸毒罪,非法提供麻醉药品、精神药品罪,妨害兴奋剂管理罪。

（八）组织、强迫、引诱、介绍卖淫罪

组织卖淫罪,强迫卖淫罪,协助组织卖淫罪,引诱、容留、介绍卖淫罪,引诱幼女卖淫罪,传播性病罪。

（九）制造、贩卖、传播淫秽物品罪

制作、复制、出版、贩卖、传播淫秽物品牟利罪，为他人提供书号出版淫秽书刊罪，传播淫秽物品罪，组织播放淫秽音像制品罪，组织淫秽表演罪。

第二节　扰乱公共秩序罪分述

一、妨害公务罪

（一）妨害公务罪的概念

妨害公务罪，是指暴力、威胁的方法，阻碍国家机关工作人员、人大代表、红十字会工作人员依法执行职务或履行职责的行为，以及故意阻碍国家安全机关、公安机关依法执行国家安全工作任务，虽未使用暴力、威胁方法，但造成严重后果的行为。

（二）妨害公务罪的特征

1.本罪的客体是国家机关、人民代表大会、红十字会、国家安全机关以及公安机关的公务活动。"公务"，是指国家机关工作人员与人大代表依法执行职务的活动，红十字会工作人员依法履行职责的活动，以及国家安全机关和公安机关工作人员依法执行国家安全工作任务的活动。

本罪侵犯的对象是正在依法执行公务的上述四类人员，所以这四类人员如果从事非公务活动的，不成立本罪，如上述四类人员超越职权范围的活动，或者滥用职权、以权谋私、侵犯国家和公民利益的活动，则不是公务活动，对其进行阻碍不构成本罪。如果行为人阻碍军人执行军人职务的，也不成立本罪，构成阻碍军人执行职务罪。

另外，根据最高人民检察院 2000 年 3 月 21 日的《关于以暴力威胁方法阻碍事业编制人员依法执行行政执法职务是否可以对侵害人以妨害公务罪论处的批复》的规定，对于以暴力、威胁方法阻碍国有事业单位人员依照法律、行政法规的规定执行行政执法职务的，或者以暴力、威胁方法阻碍国家机关中受委托从事行政执法活动的事业编制人员执行行政执法职务的，可以对侵害人以本罪追究刑事责任。

2.本罪的客观方面表现为行为人以暴力、威胁的方法阻碍国家机关工作人员、人大代表依法执行职务，或者在自然灾害或者突发事件中以暴力、威胁方法阻碍红十字会工作人员依法履行职责，或者虽未使用暴力、威胁方法，但故意阻碍国家安全机关与公安机关工作人员依法履行维护国家安全的职务，且造成了严重后果的行为。

"暴力"，是指对正在依法执行公务的上述四种人员实施人身强制行为，如殴打、捆绑等,使其不能正常履行职务或者职责。

"威胁",是指行为人对上述人员进行精神强制,如以杀害、伤害相威胁,或者以毁坏财产、破坏名誉等相恐吓,迫使上述人员放弃职守或使其无法履行职责。

客观方面需要注意的问题:第一,以暴力、威胁方法阻碍红十字会工作人员依法履行职责的,必须发生在自然灾害或突发性事件中,否则不构成本罪。第二,故意阻碍国家安全机关、公安机关依法执行国家安全工作任务,不以行为人是否使用暴力为必备条件,只要行为造成严重后果,即构成本罪。第三,在采用暴力、威胁方法阻碍国家机关工作人员和人大代表依法执行职务的活动,或红十字会工作人员依法履行职责的活动时,本罪属于行为犯;在未使用暴力、威胁方法阻碍国家安全机关、公安机关工作人员依法执行国家安全工作任务时,本罪属于结果犯,即本罪的成立要求有严重后果。

3.本罪主体为一般主体。单位不能成为本罪主体。如果单位为了本单位的利益,组织人员以暴力、威胁方法妨害国家机关工作人员依法执行公务,对单位的主管人员和其他直接责任人员以本罪论处。

4.本罪的主观方面是故意,即行为人明知上述四种人员是正在依法执行公务而有意对其实施暴力、威胁,使之不能正常执行职务或者履行职责,或者明知对方正在依法执行国家安全工作任务,而故意进行阻碍。

"明知",包括两层含义:第一,行为人必须明知自己阻碍的是上述四种人员。第二,行为人明知上述人员是在依法公务。如果对正在执行公务的人员的身份发生了错误认识,或者对公务人员执行公务的合法性发生错误认识,而实施了妨害公务的行为,不能以本罪论处。

(三)妨害公务罪的认定

1.本罪罪与非罪的界限

(1)本罪与人民群众同国家机关工作人员的违法乱纪行为作斗争的界限。二者的主观意图和客观表现不同。前者的行为人是以反社会的意图而实施阻碍公务的行为,后者的行为人是基于社会公正的立场对违法乱纪的行为进行斗争。

(2)本罪与人民群众一般的不服管理行为的界限。对于某些群众对正在执行公务的前述人员使用轻微暴力、胁迫手段,实施了阻碍行为,但情节显著轻微,应认为是一般的妨害公务的行为,不以犯罪论处。

2.本罪与相关犯罪的界限

由于本罪客观方面表现为行为人以暴力或者威胁方法实施犯罪,所以本罪就可能与侮辱罪、故意伤害罪、故意毁坏财物罪等相关联。本罪与上述几种犯罪的界限主要是:本罪的暴力、威胁行为必须发生于上述四种人员依法执行公务期间,而前述三种犯罪没有该限制。如果行为人以暴力妨害公务的行为造成了上述四种人员人身伤害,是定本罪,还是故意伤害罪,还是数罪并罚? 我们认为,此种情形属于想象竞合犯,应择一重罪处断。

(四)妨害公务罪的处罚

根据《刑法》第 277 条的规定,犯本罪的,处 3 年以下有期徒刑、拘役、管制或者罚金。暴力袭击正在依法执行职务的人民警察的,从重处罚。

二、袭警罪

(一)袭警罪的概念

袭警罪,是指暴力袭击正在依法执行职务的人民警察的行为。

(二)袭警罪的特征

1.本罪的客体是复杂客体,包括国家正常管理秩序和人民警察的人身权利。人民警察执法代表了国家对社会的管理,暴力袭击正在执法的人民警察,既妨害了国家正常社会管理秩序,也侵害了执法的人民警察的人身权利。

2.本罪的客观方面是袭击正在依法执行职务的人民警察。行为人必须实施了暴力袭击行为,但不要求造成伤害后果。《最高人民法院、最高人民检察院、公安部关于依法惩治袭警违法犯罪行为的指导意见》第一条规定,对正在依法执行职务的民警实施下列行为的,属于《刑法》第 277 条第 5 款规定的"暴力袭击正在依法执行职务的人民警察":(1)实施撕咬、踢打、抱摔、投掷等,对民警人身进行攻击的;(2)实施打砸、毁坏、抢夺民警正在使用的警用车辆、警械等警用装备,对民警人身进行攻击的。因此,这里的"暴力"不仅仅是对人施加的强制,也包括对人民警察正常执行公务的物的强制。如果行为人实施的不是暴力袭击行为而是威胁行为,则不构成本罪。即如果仅仅是以威胁方法阻碍警察依法执行职务的,只能构成一般妨害公务犯罪,依照第 1 款的规定处罚。

暴力袭击的对象必须是正在依法执行职务的人民警察。人民警察,包括治安警察、交通警察、司法警察等各类警察。如果行为人袭击的对象是其他国家机关工作人员,或者袭击的人民警察不是正在依法执行职务的,则不构成袭警罪。如何正确认定是否"正在依法执行职务",是在适用本款犯罪时应当注意的问题。《人民警察法》第 6 条规定:"公安机关的人民警察按照职责分工,依法履行下列职责:(一)预防、制止和侦查违法犯罪活动;(二)维护社会治安秩序,制止危害社会治安秩序的行为;(三)维护交通安全和交通秩序,处理交通事故;(四)组织、实施消防工作,实行消防监督;(五)管理枪支弹药、管制刀具和易燃易爆、剧毒、放射性等危险物品;(六)对法律、法规规定的特种行业进行管理;(七)警卫国家规定的特定人员,守卫重要的场所和设施;(八)管理集会、游行、示威活动;(九)管理户政、国籍、入境出境事务和外国人在中国境内居留、旅行的有关事务;(十)维护国(边)境地区的治安秩序;(十一)对被判处拘役、剥夺政治权利的罪犯执行刑罚;(十二)监督管理计算机信息系统的安全保护工作;(十三)指导和监督国家机关、社会团体、企业事业组织和重点建设工程的治安保卫工作,指导治安保卫委员会等群众性组织的治安防范工作;(十四)法律、法规规定的其他职责。"依法执行职务需要在法律职责范围内,如果不在法律职责范围内不属于依法执行职务。警察属于特殊的执法主体,正在依法执行职务,既可能是在工作时间、工作场所内,也可能是在非工作时间,根据《人民警察法》第19条"人民警察在非工作时间,遇有其职责范围内的紧急情况,应当履行职责"的规定,警察在下班后,遇有紧急情况,只要是履行警察职责(而不要求必须是其实际岗位职责范围内的事),就可以视为是在执行职务。如果行为人暴力袭击的不是执行职务的警察,为了报复其执法行为而对警察实施暴力袭击、拦截、恐吓等行为,符合《刑法》第234条、第232条、第293条等规定的,应当以故意伤害罪、故意杀人罪、寻衅滋事罪等定罪。

3.本罪的主体是一般主体。

4.本罪的主观方面是故意。

(三)袭警罪的处罚

根据《刑法》第277条第5款的规定,犯本罪的,处3年以下有期徒刑、拘役或者管制;使用枪支、管制刀具,或者以驾驶机动车撞击等手段,严重危及人身安全的,处3年以上7年以下有期徒刑。

三、煽动暴力抗拒法律实施罪

(一)煽动暴力抗拒法律实施罪的概念

煽动暴力抗拒法律实施罪,是指煽动群众使用暴力抗拒国家法律、行政法规实施的行为。

(二)煽动暴力抗拒法律实施罪的特征

1.本罪的客体是国家实施法律、行政法规的正常秩序。

2.本罪的客观方面表现为行为人实施了煽动群众使用暴力抗拒国家法律、行政法规实施的行为。本罪是行为犯。

3.本罪的主体是一般主体。

4.本罪的主观方面为故意。

(三)煽动暴力抗拒法律实施罪的处罚

根据《刑法》第278条的规定,犯本罪的,处3年以下有期徒刑、拘役、管制或者剥夺政治权利;造成严重后果的,处3年以上7年以下有期徒刑。"造成严重后果的"一般是指造成人身伤害或者较大财产损失的;造成生产、工作、教学、科研不能正常进行的;严重扰乱社会秩序的等。

四、招摇撞骗罪

(一)招摇撞骗罪的概念

招摇撞骗罪,是指为了谋取非法利益,假冒国家机关工作人员或者人民警察进行招摇撞骗的行为。

(二)招摇撞骗罪的特征

1.本罪的客体是国家机关的正常管理活动及其威信。国家机关代表国家依法对社会行使管理职能,其具体的执行者是由具有国家机关工作人员的特殊身份的人,他们手里拥有一定的权力。如果不具有该种身份的人冒充国家机关工作人员或人民警察,不仅造成国家机关工作和人民公安工作的混乱,而且严重损害国家机关的威信。

2.本罪的客观方面表现为行为人实施了冒充国家机关工作人员或人民警察进行招摇撞骗的行为。本罪必须同时具备冒充国家机关工作人员和招摇撞骗两个行为。

"冒充"是指不具备国家机关工作人员和人民警察身份的人,假冒国家机关工作人员和人民警察身份的人。实践中主要有以下情形:(1)非国家机关工作人员冒充国家机关工作人员的身份或职务;(2)此种国家机关工作人员冒充他种国家机关工作人员。如下级国家机关工作人员冒充上级国家机关工作人员,此类国家机关工作人员冒充其他部门的国家机关工作人员。因此如果冒充的是非国家机关工作人员,不能构成本罪。

"招摇撞骗"是指行为人利用人们对国家机关工作人员和人民警察的信任,以假冒国家机关工作人员和人民警察的身份,到处炫耀,骗取非法利益的行为。

根据《中华人民共和国人民警察法》第 2 条第 2 款的规定,"人民警察"是指公安、国家安全、监狱、劳动教养管理机关的人民警察和人民法院、人民检察院的司法警察。

3.本罪主体是一般主体。

4.本罪的主观方面为故意。一般来说,本罪的行为人具有骗取某种非法利益的目的,如骗取钱财、地位、荣誉、待遇,等等。

(三)招摇撞骗罪的认定

本罪与诈骗罪的界限

二者的区别是:(1)侵犯的客体不同。本罪的客体主要是国家机关的正常活动;诈骗罪的客体是公私财产所有权。(2)犯罪手段不同。本罪的行为方式只能是冒充国家机关工作人员或人民警察行骗;诈骗罪的行为方式多种多样,不限于冒充有特殊身份的人员行骗。(3)构成犯罪的标准不同。本罪不要求行为人诈骗所得财物数额多少,只要行为人实施了冒充特定人员的行为,原则上构成犯罪;而诈骗罪必须是行为人诈骗所得的财物数额较大。(4)主观方面不同。本罪主观方面既包括骗取非财产性利益,如地位、荣誉、待遇,也包括骗取财物;诈骗罪则是以非法占有他人财物为目的。如果行为人冒充国家机关工作人员或人民警察,实施诈骗财物的行为,属于法条竞合,根据刑法理论处理法条竞合的原则来解决行为人的定罪量刑问题。

(四)招摇撞骗罪的处罚

根据《刑法》第279条的规定,犯本罪的,处3年以下有期徒刑、拘役、管制或者剥夺政治权利;情节严重的,处3年以上10年以下有期徒刑。冒充人民警察招摇撞骗的,从重处罚。"情节严重",一般是指多次进行招摇撞骗的;招摇撞骗手段恶劣的;招摇撞骗造成严重后果,如造成被骗人精神失常、自杀等严重后果或恶劣政治影响的等。

五、伪造、变造、买卖国家机关公文、证件、印章罪

(一)伪造、变造、买卖国家机关公文、证件、印章罪的概念

伪造、变造、买卖国家机关公文、证件、印章罪,是指伪造、变造、买卖国家机关公文、证件、印章的行为。

(二)伪造、变造、买卖国家机关公文、证件、印章罪的特征

1.本罪的客体是国家机关的正常管理活动。犯罪对象是国家机关的公文、证件、印章。另外根据最高人民检察院研究室《关于买卖尚未加盖印章的空白〈边境证〉行为如何适用法律问题的答复》的规定,对买卖尚未加盖发证机关的行政印章或者通行专用章印鉴的空白《边境证》的行为,一般不以买卖国家机关证件罪追究刑事责任,但如果国家机关工作人员实施上述行为,构成犯罪的,可以滥用职权等相关犯罪依法追究刑事责任。因此,对于没有加盖印章的空白证件的行为,一般不以本罪论处。

2.客观方面表现为行为人实施了伪造、变造、买卖国家机关公文、证件、印章的行为。本罪是行为犯。本罪是选择性罪名,既有行为选择,又有对象选择,即只要实施伪造、变造、买卖三种行为之一的,或者国家机关公文、证件、印章三种对象之一的,即可构成本罪。具体罪名根据行为人实施的具体行为、具体对象来确定。

3.本罪主体是一般主体。

4.本罪主观方面是故意。行为人的目的动机如何,不影响定罪。

(三)伪造、变造、买卖国家机关公文、证件、印章罪的处罚

根据《刑法》第280条第1款的规定,犯本罪的,处3年以下有期徒刑、拘役、管

制或者剥夺政治权利,并处罚金;情节严重的,处 3 年以上 10 年以下有期徒刑,并处罚金。

六、盗窃、抢夺、毁灭国家机关公文、证件、印章罪

(一)盗窃、抢夺、毁灭国家机关公文、证件、印章罪的概念

盗窃、抢夺、毁灭国家机关公文、证件、印章罪,是指盗窃、抢夺、毁灭国家机关公文、证件、印章的行为。

(二)盗窃、抢夺、毁灭国家机关公文、证件、印章罪的特征

1.本罪的客体是国家机关的正常管理活动。本罪的犯罪对象是国家机关公文、证件、印章。

2.本罪的客观方面表现为行为人实施了盗窃、抢夺、毁灭国家机关公文、证件、印章的行为。本罪是行为犯,也是选择性的罪名,只要实施了盗窃、抢夺、毁灭国家机关公文、证件、印章的行为之一的,即可成立犯罪。实践中根据具体实施的行为对行为人确定罪名。

3.本罪的主体是一般主体。

4.本罪的主观方面为故意。

(三)盗窃、抢夺、毁灭国家机关公文、证件、印章罪的处罚

根据《刑法》第 280 条第 1 款的规定,犯本罪的,处 3 年以下有期徒刑、拘役、管制或者剥夺政治权利,并处罚金;情节严重的,处 3 年以上 10 年以下有期徒刑,并处罚金。

七、伪造公司、企业、事业单位、人民团体印章罪

(一)伪造公司、企业、事业单位、人民团体印章罪的概念

伪造公司、企业、事业单位、人民团体印章罪,是指伪造公司、企业、事业单位、人民团体印章的行为。

(二)伪造公司、企业、事业单位、人民团体印章罪的特征

1.本罪的客体是公司、企业、事业单位、人民团体的正常管理活动。犯罪对象是公司、企业、事业单位、人民团体的印章。

2.本罪的客观方面表现为行为人实施了伪造公司、企业、事业单位、人民团体印章的行为。

3.本罪的主体是一般主体。

4.本罪的主观方面是故意,行为人的犯罪目的和动机如何,不影响本罪的成立。

（三）伪造公司、企业、事业单位、人民团体印章罪的认定

本罪的共犯问题

根据"两高"2001年7月3日发布的《关于办理伪造、贩卖伪造的高等院校学历、学位证明刑事案件如何适用法律问题的解释》，对于伪造高等院校印章制作学历、学位证明的行为，应按照《刑法》第280条第2款以伪造事业单位印章罪处罚。明知是伪造高等院校印章制作的学历、学位证明而贩卖的，以伪造事业单位印章罪的共犯论处。

（四）伪造公司、企业、事业单位、人民团体印章罪的处罚

根据《刑法》第280条第2款的规定，犯本罪的，处3年以下有期徒刑、拘役、管制或者剥夺政治权利，并处罚金。

八、伪造、变造居民身份证件罪

（一）伪造、变造居民身份证件罪的概念

伪造、变造居民身份证件罪，是指伪造、变造、买卖居民身份证、护照、社会保障卡、驾驶证等依法可以用于证明身份的证件的行为。

（二）伪造、变造居民身份证件罪的特征

1.本罪的客体是国家对居民身份证等证件的管理制度。犯罪对象是居民身份证、护照、社会保障卡、驾驶证等依法可以用于证明身份的证件。

2.本罪的客观方面表现为行为人实施了伪造、变造、买卖居民身份证等证件的行为。

3.本罪的主体是一般主体。

4.本罪的主观方面为故意。

（三）伪造、变造居民身份证件罪的处罚

根据《刑法》第280条第3款的规定，犯本罪的，处3年以下有期徒刑、拘役、管制或者剥夺政治权利，并处罚金；情节严重的，处3年以上7年以下有期徒刑，并处罚金。

九、使用伪造、变造的身份证件罪

（一）使用伪造、变造的身份证件罪的概念

使用伪造、变造的身份证件罪，是指在依照国家规定应当提供身份证明的活动中，使用伪造、变造的居民身份证、护照、社会保障卡、驾驶证等依法可以用于证明身份的证件，情节严重的行为。

（二）使用伪造、变造的身份证件罪的特征

1.本罪的客体是国家对居民身份证、护照、社会保障卡、驾驶证等证件的管理

制度。

2.本罪的客观方面表现为行为人实施了在依照国家规定应当提供身份证明的活动中,使用伪造、变造的居民身份证、护照、社会保障卡、驾驶证等依法可以用于证明身份的证件的行为。本罪的成立必须以"情节严重"为条件。

3.本罪的主体是一般主体。

4.本罪的主观方面为故意。

（三）使用伪造、变造的身份证件罪的处罚

根据《刑法》第280条之一的规定,犯本罪的,处拘役或者管制,并处或者单处罚金。有前款行为,同时构成其他犯罪的,依照处罚较重的规定定罪处罚。

十、冒名顶替罪

（一）冒名顶替罪的概念

冒名顶替罪,是指盗用、冒用他人身份,顶替他人取得的高等学历教育入学资格、公务员录用资格、就业安置待遇的行为。

（二）冒名顶替罪的特征

1.本罪的客体是社会正常的管理秩序和被冒名顶替者接受教育、工作、待遇的权利。

2.本罪的客观方面表现为行为人实施了盗用、冒用他人身份,顶替他人取得高等学历教育入学资格、公务员录用资格、就业安置待遇的行为。

3.本罪的主体是一般主体。

4.本罪的主观方面为故意。

（三）冒名顶替罪的处罚

根据《刑法》第282条之二第1款的规定,犯本罪的,处3年以下有期徒刑、拘役或者管制,并处罚金。组织、指使他人实施前款行为的,依照前款的规定从重处罚。国家工作人员有前两款行为,又构成其他犯罪的,依照数罪并罚的规定处罚。

十一、非法生产、买卖警用装备罪

（一）非法生产、买卖警用装备罪的概念

非法生产、买卖警用装备罪,是指非法生产、买卖人民警察制式服装、车辆号牌等专用标志、警械,情节严重的行为。

（二）非法生产、买卖警用装备罪的特征

1.本罪的客体是国家对警用装备的管理制度。犯罪对象是人民警察制式服装、车辆号牌等专用标志、警械。

2.本罪的客观方面表现为行为人实施了非法生产、买卖人民警察制式服装、车辆号牌等专用标志、警械的行为。本罪成立必须达到"情节严重"。所谓"情节严重",主要是指:多次或者大量生产、买卖警用装备的,为牟取非法利益而生产、买卖警用装备的,等等。

3.本罪的主体是一般主体,单位也可成为本罪的主体。

4.本罪的主观方面为故意。

(三)非法生产、买卖警用装备罪的处罚

根据《刑法》第281条的规定,犯本罪的,处3年以下有期徒刑、拘役或者管制,并处或者单处罚金。

单位犯本罪的,对单位判处罚金,并对其直接负责的主管人员和其他直接责任人员,依照自然人犯本罪的规定处罚。

十二、非法获取国家秘密罪

(一)非法获取国家秘密罪的概念

非法获取国家秘密罪,是指以窃取、刺探、收买方法,非法获取国家秘密的行为。

(二)非法获取国家秘密罪的特征

1.本罪的客体是国家对国家秘密的保密制度。国家为了维护自身的安全和全体国民的利益,通常要建立严格的保密制度。国家秘密涉及国家和全体国民的利益和安全,采取非法手段获取国家秘密直接威胁到国家和国民的安全。

本罪的犯罪对象是国家秘密。根据《中华人民共和国保守国家秘密法》第2条的规定,国家秘密是指关系国家的安全和利益,依照法定程序确定,在一定时间内只限于一定范围的人员知悉的事项。国家秘密具体包括以下几个方面:(1)国家事务的重大决策中的秘密事项;(2)国防建设和武装力量活动中的秘密事项;(3)外交和外事活动中的秘密事项以及对外承担保密义务的事项;(4)国民经济和社会发展中的秘密事项;(5)科学技术中的秘密事项;(6)维护国家安全活动和追查刑事犯罪中的秘密事项;(7)其他经国家保密工作部门确定应当保守的国家秘密事项。按其重要性程度,国家秘密分为绝密、机密和秘密三个等级,只要行为人非法获取三种国家秘密中任何一种秘密,均构成本罪。

2.本罪的客观方面表现为行为人实施了非法获取国家秘密的行为,即实施了窃取、刺探、收买国家秘密的行为。"窃取",是指盗窃国家秘密;"刺探",是指秘密探听国家秘密;"收买",是指以金钱或者其他利益换取国家秘密。本罪是选择性罪名,只要实施三种行为之一的,即可构成本罪。

3.本罪的主体是一般主体。

4.本罪的主观方面是故意。

（三）非法获取国家秘密罪的认定

1.本罪与非法持有国家绝密、机密文件、资料、物品罪的界限

二者的相同点是：犯罪客体都是侵害的国家保密制度，犯罪主体都是一般主体，犯罪的主观方面都是故意。二者的不同点是：（1）犯罪对象不同。本罪的对象是一切属于国家秘密的信息，而后者的对象只是属于国家绝密或机密的文件、资料、物品。（2）客观方面表现形式不同。本罪的行为形式是"窃取、刺探、收买"国家秘密的行为，而后者则是非法"持有"属于国家绝密、机密的文件、资料、物品，且"拒不说明来源与用途"的行为。

2.本罪与为境外窃取、刺探、收买、非法提供国家秘密、情报罪的界限

二者的相同点是：二者的行为人都实施了"窃取、刺探、收买"国家秘密的行为，二者的主体都是一般主体。二者的不同点是：（1）侵犯的客体不同。本罪侵犯的客体是国家保密制度，后者的客体是国家安全。（2）犯罪对象不同。本罪的犯罪对象是"国家秘密"，后者的犯罪对象还包括不属于国家秘密的"情报"。（3）主观内容不同。本罪不要求行为人具有特定犯罪目的，而后者一般要求行为人具有危害国家安全的目的。

3.本罪与侵犯商业秘密罪的界限

二者的主要区别点是：（1）侵犯的客体不同。本罪的客体是国家保密制度，后者是商业秘密的专用权。（2）对象不同。本罪的犯罪对象是国家秘密，后者的犯罪对象是商业秘密。

（四）非法获取国家秘密罪的处罚

根据《刑法》第282条第1款的规定，犯本罪的，处3年以下有期徒刑、拘役、管制或者剥夺政治权利；情节严重的，处3年以上7年以下有期徒刑。

十三、非法持有国家绝密、机密文件、资料、物品罪

（一）非法持有国家绝密、机密文件、资料、物品罪的概念

非法持有国家绝密、机密文件、资料、物品罪，是指非法持有国家绝密、机密文件、资料或者其他物品，拒不说明来源与用途的行为。

（二）非法持有国家绝密、机密文件、资料、物品罪的特征

1.本罪的客体是国家的保密制度。犯罪对象是国家绝密、机密文件、资料或者其他物品。

2.本罪的客观方面表现为行为人实施了非法持有国家绝密、机密文件、资料或者其他物品，拒不说明来源与用途的行为。客观方面需要注意的问题：（1）本罪是选择性罪名；（2）本罪的成立必须是行为人"非法持有"了国家绝密、机密文件、资料或者其他物品；（3）行为人必须是"拒不说明来源"，如果行为人虽然非法持有了这

些物品,但他说明了来源,不能以本罪论。如果持有这些物品之前获取这些物品的行为构成其他犯罪的,则应以相应犯罪论处。

3.本罪主体是一般主体。

4.本罪的主观方面为故意。

(三)非法持有国家绝密、机密文件、资料、物品罪的处罚

根据《刑法》第282条第2款的规定,犯本罪的,处3年以下有期徒刑、拘役或者管制。

十四、非法生产、销售间谍专用器材罪

(一)非法生产、销售间谍专用器材罪的概念

非法生产、销售间谍专用器材罪,是指非法生产、销售专用间谍器材或者窃听、窃照专用器材的行为。

(二)非法生产、销售间谍专用器材罪的特征

1.本罪的客体是国家对专用间谍器材和窃听、窃照专用器材的管理制度。犯罪对象是专用间谍器材或者窃听、窃照专用器材。

2.本罪的客观方面表现为行为人实施了非法生产、销售专用间谍器材或者窃听、窃照专用器材的行为。理解本罪的客观方面应注意两个问题:(1)具体行为方式有两种,一是生产行为,二是销售行为。只要实施其中之一的,即可成立本罪。(2)无论是生产行为还是销售行为,均是非法的,"非法"是指未经国家安全机关批准,无权或无资格生产、销售专用间谍器材或者窃听、窃照专用器材。

3.本罪的主体是一般主体。

4.本罪的主观方面为故意。

(三)非法生产、销售间谍专用器材罪的处罚

根据《刑法》第283条的规定,犯本罪的,处3年以下有期徒刑、拘役或者管制,并处或者单处罚金;情节严重的,处3年以上7年以下有期徒刑,并处罚金。

单位犯本罪的,对单位判处罚金,并对其直接负责的主管人员和其他直接责任人员,依照自然人犯本罪的规定处罚。

十五、非法使用窃听、窃照专用器材罪

(一)非法使用窃听、窃照专用器材罪的概念

非法使用窃听、窃照专用器材罪,是指非法使用窃听、窃照专用器材,造成严重后果的行为。

(二)非法使用窃听、窃照专用器材罪的特征

1.本罪的客体是国家对窃听、窃照专用器材的管理制度。犯罪对象是窃听、窃

照专用器材。窃听、窃照专用器材的使用,一般限于国家专门机关,如司法机关、公安机关、国家安全机关、军事机关等,用于专门的目的,如为了国家和全社会的利益等,才能使用,而且在程序上有严格的要求,如果擅自使用,必然严重侵犯公民的隐私权,危害社会秩序的稳定。

2.本罪的客观方面表现为行为人实施了非法使用窃听、窃照专用器材,造成严重后果的行为。本罪是结果犯,只有那些窃听、窃照造成了严重后果的行为,才构成犯罪。造成严重后果的,如严重侵犯他人隐私权、人格权的,窃听、窃照内容被广泛传播,严重影响社会秩序等。

3.本罪的主体是一般主体。

4.本罪的主观方面为故意。

(三)非法使用窃听、窃照专用器材罪的处罚

根据《刑法》第284条的规定,犯本罪的,处2年以下有期徒刑、拘役或者管制。

十六、组织考试作弊罪

(一)组织考试作弊罪的概念

组织考试作弊罪,是指在法律规定的国家考试中,组织作弊的行为。

(二)组织考试作弊罪的特征

1.本罪的客体是国家对国家考试的管理制度。

2.本罪的客观方面表现为行为人实施了在法律规定的国家考试中,组织作弊的行为。

3.本罪的主体是一般主体。

4.本罪的主观方面为故意。

(三)组织考试作弊罪的处罚

根据《刑法》第284条之一的规定,犯本罪的,处3年以下有期徒刑或者拘役,并处或者单处罚金;情节严重的,处3年以上7年以下有期徒刑,并处罚金。为他人实施组织作弊犯罪提供作弊器材或者其他帮助的,依照本罪的规定处罚。为实施考试作弊行为,向他人非法出售或者提供第1款规定的国家考试的试题、答案的,依照本罪的规定处罚。

十七、代替考试罪

(一)代替考试罪的概念

代替考试罪,是指代替他人或者让他人代替自己参加法律规定的国家考试的行为。

(二)代替考试罪的特征

1.本罪的客体是国家对国家考试的管理制度。

2.本罪的客观方面表现为行为人实施了代替他人或者让他人代替自己参加法律规定的国家考试的行为。

3.本罪的主体是一般主体。

4.本罪的主观方面为故意。

(三)代替考试罪的处罚

根据《刑法》第284条之一的规定,犯本罪的,处拘役或者管制,并处或者单处罚金。

十八、非法侵入计算机信息系统罪

(一)非法侵入计算机信息系统罪的概念

非法侵入计算机信息系统罪,是指违反国家规定,侵入国家事务、国防建设、尖端科学技术领域的计算机信息系统的行为。

(二)非法侵入计算机信息系统罪的特征

1.本罪的客体是国家事务、国防建设、尖端科学技术领域的计算机信息系统安全。计算机在我国国家事务、国防事务、尖端科学技术领域已被广泛运用,成为重要的管理手段和工具,因此刑法面临新的课题,即防止计算机黑客非法进入国家事务、国防建设、尖端科学技术领域的计算机系统,给我国这些重要领域造成损害。根据"两高"2011年9月1日起施行的《关于办理危害计算机信息系统安全刑事案件应用法律若干问题的解释》(以下简称《计算机的解释》)第11条的规定,"计算机信息系统"和"计算机系统",是指具备自动处理数据功能的系统,包括计算机、网络设备、通信设备、自动化控制设备等。

2.本罪的客观方面表现为行为人实施了非法侵入国家事务、国防建设、尖端科学技术领域的计算机信息系统的行为。客观方面注意的问题:(1)行为必须违反了国家规定。"国家规定",是指《中华人民共和国计算机信息系统安全保护条例》、公安部《计算机信息网络国际联网安全保护管理办法》等法规。(2)行为侵入的是三个特定领域的计算机信息系统,即国家事务、国防建设、尖端科学技术领域的计算机信息系统。"侵入",是指行为人依靠其计算机技术,擅自闯入上述三个领域的计算机信息系统。(3)本罪属于行为犯,只要行为人擅自进入上述三个领域的计算机信息系统,就可构成本罪。

3.本罪的主体是一般主体。

4.本罪的主观方面为故意,即行为人明知是国家事务、国防建设、尖端科学技术领域的计算机系统而擅自侵入。

(三)非法侵入计算机信息系统罪的认定

本罪罪与非罪的界限

(1)行为人侵入的必须是上述三个领域的计算机信息系统,否则不构成本罪。

(2)只有故意侵入上述三个领域的计算机信息系统的,才能以本罪论处。如果误入上述三个领域的计算机信息系统的,不构成本罪。

（四）非法侵入计算机信息系统罪的处罚

根据《刑法》第285条的规定,犯本罪的,处3年以下有期徒刑或者拘役。

单位犯本罪的,对单位判处罚金,并对其直接负责的主管人员和其他直接责任人员,依照自然人犯本罪的规定处罚。

十九、非法获取计算机信息系统数据罪

（一）非法获取计算机信息系统数据罪的概念

非法获取计算机信息系统数据罪,是指违反国家规定,侵入国家事务、国防建设、尖端科学技术领域以外的计算机信息系统或者采用其他技术手段,获取该计算机信息系统中存储、处理或者传输的数据,情节严重的行为。

（二）非法获取计算机信息系统数据罪的特征

1.本罪的客体是计算机信息系统的安全。本罪的犯罪对象是国家事务、国防建设、尖端科学技术领域以外的计算机信息系统中存储、处理或者传输的数据。

2.本罪的客观方面表现为违反国家规定,侵入国家事务、国防建设、尖端科学技术领域以外的计算机信息系统或者采用其他技术手段,获取该计算机信息系统中存储、处理或者传输的数据,情节严重的行为。侵入,是指行为人采取盗窃、破解密码等方法,在未得到该系统控制人或所有人许可的情况下,进入无权进入的计算机信息系统中。其他技术手段,主要是指利用"木马程序"、开放端口等对普通计算机信息系统进行"钓鱼",引诱被害的计算机信息系统自动共享数据等。所谓"情节严重",根据《计算机的解释》第1条的规定,是指具有下列情形之一:(1)获取支付结算、证券交易、期货交易等网络金融服务的身份认证信息10组以上的;(2)获取第(1)项以外的身份认证信息500组以上的;(3)非法控制计算机信息系统20台以上的;(4)违法所得5000元以上或者造成经济损失1万元以上的;(5)其他情节严重的情形。

3.本罪的主体是一般主体。

4.本罪的主观方面为故意。

（三）非法获取计算机信息系统数据罪的处罚

根据《刑法》第285条第2款的规定,犯本罪的,处3年以下有期徒刑或者拘役,并处或者单处罚金;情节特别严重的,处3年以上7年以下有期徒刑,并处罚金。根据《计算机的解释》第1条的规定,具有下列情形之一的,应当认定为"情节特别严重":数量或者数额达到"情节严重"第(1)项至第(4)项规定标准5倍以上的;其他情节特别严重的情形。

明知是他人非法控制的计算机信息系统,而对该计算机信息系统的控制权加以利用的,依照本罪的规定定罪处罚。

二十、非法控制计算机信息系统罪

（一）非法控制计算机信息系统罪的概念

非法控制计算机信息系统罪,是指违反国家规定,对国家事务、国防建设、尖端科学技术领域以外的计算机信息系统进行非法控制,情节严重的行为。

（二）非法控制计算机信息系统罪的特征

1.本罪的客体是计算机信息系统的安全。本罪的对象是国家事务、国防建设、尖端科学技术领域以外的计算机信息系统。

2.本罪的客观方面表现为违反国家规定,对国家事务、国防建设、尖端科学技术领域以外的计算机信息系统进行非法控制,情节严重的行为。非法控制,是指行为人违反规定,采用技术手段发挥他人计算机信息系统的部分或全部功能为自己所用的行为。"情节严重"的标准同非法获取计算机信息系统数据罪。

3.本罪的主体是一般主体。

4.本罪的主观方面为故意。

（三）非法控制计算机信息系统罪的处罚

根据《刑法》第 285 条第 2 款的规定,犯本罪的,处 3 年以下有期徒刑或者拘役,并处或者单处罚金;情节特别严重的,处 3 年以上 7 年以下有期徒刑,并处罚金。

单位犯本罪的,对单位判处罚金,并对其直接负责的主管人员和其他直接责任人员,依照自然人犯本罪的规定处罚。

二十一、提供侵入、非法控制计算机信息系统程序、工具罪

（一）提供侵入、非法控制计算机信息系统程序、工具罪的概念

提供侵入、非法控制计算机信息系统程序、工具罪,是指提供专门用于侵入、非法控制计算机信息系统的程序、工具,或者明知他人实施侵入、非法控制计算机信息系统的违法犯罪行为而为其提供程序、工具,情节严重的行为。

（二）提供侵入、非法控制计算机信息系统程序、工具罪的特征

1.本罪的客体是计算机信息系统的安全。本罪的对象是专门用于侵入、非法控制计算机信息系统的程序、工具。所谓"专门用于侵入、非法控制计算机信息系统的程序、工具",根据《计算机的解释》第 2 条的规定,是指具有下列情形之一的程序、工具:具有避开或者突破计算机信息系统安全保护措施,未经授权或者超越授权获取计算机信息系统数据的功能的;具有避开或者突破计算机信息系统安全保

护措施,未经授权或者超越授权对计算机信息系统实施控制的功能的;其他专门设计用于侵入、非法控制计算机信息系统、非法获取计算机信息系统数据的程序、工具。

2.本罪的客观方面表现为提供专门用于侵入、非法控制计算机信息系统的程序、工具,或者明知他人实施侵入、非法控制计算机信息系统的违法犯罪行为而为其提供程序、工具,情节严重的行为。根据《计算机的解释》第3条第1款的规定,具有下列情形之一的,应当认定为"情节严重":(1)提供能够用于非法获取支付结算、证券交易、期货交易等网络金融服务身份认证信息的专门性程序、工具5人次以上的;(2)提供第(1)项以外的专门用于侵入、非法控制计算机信息系统的程序、工具20人次以上的;(3)明知他人实施非法获取支付结算、证券交易、期货交易等网络金融服务身份认证信息的违法犯罪行为而为其提供程序、工具5人次以上的;(4)明知他人实施第(3)项以外的侵入、非法控制计算机信息系统的违法犯罪行为而为其提供程序、工具20人次以上的;违法所得5000元以上或者造成经济损失1万元以上的;其他情节严重的情形。

3.本罪的主体是一般主体。

4.本罪的主观方面为故意。

(三)提供侵入、非法控制计算机信息系统程序、工具罪的处罚

根据《刑法》第285条第3款的规定,犯本罪的,处3年以下有期徒刑或者拘役,并处或者单处罚金;情节特别严重的,处3年以上7年以下有期徒刑,并处罚金。所谓"情节特别严重",根据《计算机的解释》第3条第2款的规定,是指具有下列情形之一的:数量或者数额达到"情节严重"第(1)项至第(5)项规定标准5倍以上的;其他情节特别严重的情形。

单位犯本罪的,对单位判处罚金,并对其直接负责的主管人员和其他直接责任人员,依照自然人犯本罪的规定处罚。

二十二、破坏计算机信息系统罪

(一)破坏计算机信息系统罪的概念

破坏计算机信息系统罪,是指违反国家规定,对计算机信息系统功能进行删除、修改、增加、干扰,造成计算机信息系统不能正常运行,以及对计算机信息系统中存储、处理或者传输的数据和应用程序进行删除、修改、增加的操作,或者故意制作、传播计算机病毒等破坏性程序,影响计算机系统正常运行,后果严重的行为。

(二)破坏计算机信息系统罪的特征

1.本罪的客体是国家对计算机信息系统的安全运行管理制度和计算机信息系统的所有人和合法用户的合法权益。本罪的对象是计算机信息系统,包括数据、应

用程序和系统功能。

2.本罪的客观方面表现为行为人实施了破坏计算机信息系统的行为。具体表现有：(1)行为人对计算机信息系统功能进行删除、修改、增加、干扰，从而造成计算机信息系统不能正常运行，后果严重。(2)行为人对计算机信息系统中存储、处理或者传输的数据和应用程序进行删除、修改、增加的操作，后果严重。上述两项中的"后果严重"，是指根据"两高"《计算机的解释》第4条第1款规定的情形之一：即造成10台以上计算机信息系统的主要软件或者硬件不能正常运行的；对20台以上计算机信息系统中存储、处理或者传输的数据进行删除、修改、增加操作的；违法所得5000元以上或者造成经济损失1万元以上的；造成为100台以上计算机信息系统提供域名解析、身份认证、计费等基础服务或者为1万以上用户提供服务的计算机信息系统不能正常运行累计1小时以上的；造成其他严重后果的。(3)故意制作、传播计算机病毒等破坏性程序，影响计算机系统正常运行，后果严重。这里的"破坏性程序"，是指具有《计算机的解释》第5条规定的情形之一：能够通过网络、存储介质、文件等媒介，将自身的部分、全部或者变种进行复制、传播，并破坏计算机系统功能、数据或者应用程序的；能够在预先设定条件下自动触发，并破坏计算机系统功能、数据或者应用程序的；其他专门设计用于破坏计算机系统功能、数据或者应用程序的程序。这里的"后果严重"，是指具有《计算机的解释》第6条第1款规定的情形之一：①制作、提供、传输第5条第(1)项规定的程序，导致该程序通过网络、存储介质、文件等媒介传播的；②造成20台以上计算机系统被植入第5条第(2)、(3)项规定的程序的；③提供计算机病毒等破坏性程序10人次以上的；④违法所得5000元以上或者造成经济损失1万元以上的；⑤造成其他严重后果的。

3.本罪的主体是一般主体。

4.本罪的主观方面为故意。

(三)破坏计算机信息系统罪的认定

本罪与非法侵入计算机信息系统罪的区别：

(1)侵犯的对象不同。本罪侵犯的客体是一切计算机信息系统，包括国家事务、国防事务、尖端科学技术领域的计算机信息系统；而后者只限于非法侵入该三个领域的计算机信息系统。(2)客观方面不同。本罪行为人实施的各种行为，都是为了破坏计算机信息系统，具有破坏性；而后者的行为人只是"非法侵入"，一般无破坏行为。(3)故意内容不同。本罪的行为人的故意内容是"破坏"计算机信息系统；而后者的行为人的故意内容是"侵入"特定的计算机信息系统。(4)犯罪成立的标准不同。本罪属于结果犯，以后果严重为构成本罪的要件；而后者是行为犯，不以特定后果的发生为必备条件。

（四）破坏计算机信息系统罪的处罚

根据《刑法》第 286 条的规定，犯本罪的，处 5 年以下有期徒刑或者拘役；后果特别严重的，处 5 年以上有期徒刑。

单位犯本罪的，对单位判处罚金，并对其直接负责的主管人员和其他直接责任人员，依照自然人犯本罪的规定处罚。

根据《计算机的解释》第 4 条第 2 款的规定，具有下列情形之一的，应当认定为《刑法》第 286 条第 1 款和第 2 款规定的"后果特别严重"：①数量或者数额达到本罪"情节严重"第(1)项至第(3)项规定标准 5 倍以上的；②造成为 500 台以上计算机信息系统提供域名解析、身份认证、计费等基础服务或者为 5 万以上用户提供服务的计算机信息系统不能正常运行累计 1 小时以上的；③破坏国家机关或者金融、电信、交通、教育、医疗、能源等领域提供公共服务的计算机信息系统的功能、数据或者应用程序，致使生产、生活受到严重影响或者造成恶劣社会影响的；④造成其他特别严重后果的。根据《计算机的解释》第 6 条第 2 款的规定，具有下列情形之一的，应当认定为《刑法》第 286 条第 3 款的"后果特别严重"：①制作、提供、传输该《解释》第 5 条第(1)项规定的程序，导致该程序通过网络、存储介质、文件等媒介传播，致使生产、生活受到严重影响或者造成恶劣社会影响的；②数量或者数额达到该《解释》第 6 条第 1 款第(2)项至第(4)项规定标准 5 倍以上的；③造成其他特别严重后果的。

二十三、信息网络安全管理失职罪

（一）信息网络安全管理失职罪的概念

信息网络安全管理失职罪，是指网络服务提供者不履行法律、行政法规规定的信息网络安全管理义务，经监管部门责令采取改正措施而仍不改正，致使违法信息大量传播的；或者致使用户信息泄露，造成严重后果的；或者致使刑事案件证据灭失，情节严重的；或者有其他严重情节的行为。

（二）信息网络安全管理失职罪的特征

1. 本罪的客体是国家的信息网络安全、信息所有人的合法权益和司法秩序。

2. 本罪的客观方面表现为网络服务提供者不履行法律、行政法规规定的信息网络安全管理义务，经监管部门责令采取改正措施而仍不改正，有下列情形之一的：致使违法信息大量传播的；或者致使用户信息泄露，造成严重后果的；或者致使刑事案件证据灭失，情节严重的；或者有其他严重情节的行为。

3. 本罪的主体是网络服务提供者。

4. 本罪的主观方面是故意。

（三）信息网络安全管理失职罪的处罚

根据《刑法》第 286 条之一的规定，犯本罪的，处 3 年以下有期徒刑、拘役或者管制,并处或者单处罚金。有信息网络安全管理失职行为,同时又构成其他犯罪的,依照处罚较重的规定定罪处罚。

单位犯本罪的,对单位判处罚金,并对其直接负责的主管人员和其他直接责任人员,依照自然人犯本罪的规定处罚。

二十四、非法利用信息网络罪

(一)非法利用信息网络罪的概念

非法利用信息网络罪,是指行为人利用信息网络实施下列行为之一,情节严重的:(1)设立用于实施诈骗,传授犯罪方法,制作或者销售违禁物品、管制物品等违法犯罪活动的网站、通讯群组的;(2)发布有关制作或者销售毒品、枪支、淫秽物品等违禁物品、管制物品或者其他违法犯罪信息的;(3)为实施诈骗等违法犯罪活动发布信息的。

(二)非法利用信息网络罪的特征

1.本罪的客体是国家对信息网络的管理秩序。

2.本罪的客观方面表现为行为人实施了利用信息网络实施下列行为之一,情节严重的行为:(1)设立用于实施诈骗,传授犯罪方法,制作或者销售违禁物品、管制物品等违法犯罪活动的网站、通讯群组的;(2)发布有关制作或者销售毒品、枪支、淫秽物品等违禁物品、管制物品或者其他违法犯罪信息的;(3)为实施诈骗等违法犯罪活动发布信息的。

3.本罪的主体是一般主体。

4.本罪的主观方面是故意。

(三)非法利用信息网络罪的处罚

根据《刑法》第287条之一的规定,犯本罪的,处3年以下有期徒刑或者拘役,并处或者单处罚金。实施非法利用信息网络行为,同时构成其他犯罪的,依照处罚较重的规定定罪处罚。

单位犯本罪的,对单位判处罚金,并对其直接负责的主管人员和其他直接责任人员,依照自然人犯本罪的规定处罚。

二十五、帮助信息网络犯罪活动罪

(一)帮助信息网络犯罪活动罪的概念

帮助信息网络犯罪活动罪,是指行为人明知他人利用信息网络实施犯罪,为其犯罪提供互联网接入、服务器托管、网络存储、通讯传输等技术支持,或者提供广告推广、支付结算等帮助,情节严重的行为。

（二）帮助信息网络犯罪活动罪的特征

1.本罪的客体是国家对信息网络的管理秩序。

2.本罪的客观方面表现为行为人实施了明知他人利用信息网络实施犯罪,为其犯罪提供互联网接入、服务器托管、网络存储、通讯传输等技术支持,或者提供广告推广、支付结算等帮助,情节严重的行为。

3.本罪主体是一般主体。

4.本罪的主观方面是故意。

（三）帮助信息网络犯罪活动罪的处罚

根据《刑法》第287条之二的规定,犯本罪的,处3年以下有期徒刑或者拘役,并处或者单处罚金。实施帮助信息网络犯罪活动行为,同时构成其他犯罪的,依照处罚较重的规定定罪处罚。

单位犯本罪的,对单位判处罚金,并对其直接负责的主管人员和其他直接责任人员,依照自然人犯本罪的规定处罚。

二十六、扰乱无线电通讯管理秩序罪

（一）扰乱无线电通讯管理秩序罪的概念

扰乱无线电通讯管理秩序罪,是指违反国家规定,擅自设置、使用无线电台(站),或者擅自使用无线电频率,干扰无线电通讯秩序,情节严重的行为。

（二）扰乱无线电通讯管理秩序罪的特征

1.本罪的客体是国家无线电使用管理秩序。

2.本罪的客观方面表现为:(1)违反国家有关规定,即违反了国家《中华人民共和国无线电管理条例》等法规关于无线电台(站)或频率设置或者使用的规定。(2)实施了擅自设置、使用无线电台(站),或者擅自使用无线电频率,干扰无线电通讯秩序,情节严重的行为。

3.本罪的主体是一般主体,单位也可以成为本罪的主体。

4.本罪的主观方面是故意。

（三）扰乱无线电通讯管理秩序罪的处罚

根据《刑法》第288条的规定,对犯本罪的,处3年以下有期徒刑、拘役或者管制,并处或者单处罚金;情节特别严重的,处3年以上7年以下有期徒刑,并处罚金。

根据最高人民法院2000年4月28日通过的《关于审理扰乱电信市场管理秩序案件具体应用法律若干问题的解释》第5条的规定,违反国家规定,擅自设置、使用无线电台(站),或者擅自占用频率,非法经营国际电信业务或者涉港澳台电信业务进行营利活动,同时构成非法经营罪和《刑法》第288条规定的本罪的,依照处罚较重的规定定罪处罚。

二十七、聚众扰乱社会秩序罪

（一）聚众扰乱社会秩序罪的概念

聚众扰乱社会秩序罪，是指聚众扰乱社会秩序，情节严重，致使工作、生产、营业或者教学、科研、医疗无法进行，造成严重损失的行为。

（二）聚众扰乱社会秩序罪的特征

1. 本罪的客体是社会秩序。社会秩序是指国家机关、企业、事业单位、人民团体有条不紊的正常活动。

2. 本罪的客观方面表现为：（1）行为人实施了聚众扰乱社会秩序且情节严重的行为。"聚众"，是指首要分子纠集众人，在同一时间、同一地点相聚集。"扰乱社会秩序"，是指由于行为人之行为致使工作、生产、营业或教学、科研、医疗无法进行。（2）扰乱行为必须造成了严重损失。"严重损失"，一般是指因行为人的聚众扰乱行为导致生产、营业等部门长时间不能正常生产或者营业，纠集的人数多，扰乱重要部门的工作、生产、营业或者教学、科研、医疗秩序等。

3. 本罪的主体是一般主体，且仅限于"聚众"的首要分子和积极参加者，对一般参与人员，不以犯罪论处。

4. 本罪的主观方面为故意。犯罪目的与动机一般是为了实现自己的某种无理要求，或者为了发泄不满情绪，通过聚众闹事，给有关单位或部门施加压力，而实施扰乱行为。但目的动机不影响本罪成立。

（三）聚众扰乱社会秩序罪的认定

1. 本罪罪与非罪的界限

主要注意把聚众扰乱社会秩序罪与人民群众合法的游行、抗议、请愿活动相区别。根据宪法的规定，公民享有游行、示威等表达自己意愿的权利。如果人民群众由于对有关国家机关或部门及其工作人员的工作不满，或者对国家某些政策不理解，聚集起来到国家有关部门进行示威的，不以犯罪论处。

2. 本罪与破坏生产经营罪的区别

二者的相同点是：都干扰了或者破坏了正常的生产、经营，造成了一定的经济损失。二者的不同点是：（1）侵犯的客体不同。本罪侵犯的客体是国家的正常管理秩序，而后者侵犯的客体是公私财产权。（2）客观方面不同。本罪表现为聚众扰乱生产、经营秩序的行为，而后者则表现为"毁坏"机器设备、"残害"耕畜或者以其他方法破坏生产经营的行为。（3）主观方面不同。本罪无须特定的目的动机；但后者的成立要求行为人必须出于泄愤报复或者其他个人目的。（4）犯罪成立的标准不同。本罪是结果犯，即扰乱行为导致特定的结果，才构成犯罪；后者是行为犯，只要实施了破坏生产经营的行为，即可构成犯罪。

（四）聚众扰乱社会秩序罪的处罚

根据《刑法》第 290 条第 1 款的规定,犯本罪的,对首要分子处 3 年以上 7 年以下有期徒刑;对其他积极参加的,处 3 年以下有期徒刑、拘役、管制或者剥夺政治权利。或者多次扰乱国家机关工作秩序,经行政处罚后仍不改正,造成严重后果的,或者多次组织、资助他人非法聚集,扰乱社会秩序,情节严重的,处 3 年以下有期徒刑、拘役或者管制。

二十八、聚众冲击国家机关罪

（一）聚众冲击国家机关罪的概念

聚众冲击国家机关罪,是指聚众冲击国家机关,致使国家机关工作无法进行,造成严重损失的行为。

（二）聚众冲击国家机关罪的特征

1.本罪的客体是国家机关的正常秩序。犯罪对象是各级国家机关。

2.本罪的客观方面表现为行为人实施了聚众冲击国家机关,致使国家机关工作无法进行,造成严重损失的行为。"聚众冲击",是指首要分子聚集众人,强行进入或者占据国家机关驻地或者对其驻地四周进行强占、强行示威或堵塞国家机关通道等行为。

3.本罪的主体是一般主体,但只有首要分子和积极参加者才是本罪的主体。

4.本罪的主观方面为故意。

（三）聚众冲击国家机关罪的认定

本罪与组织利用邪教组织破坏国家法律实施罪的界限

根据"两高"1999 年 10 月 30 日起施行的《关于办理组织和利用邪教组织犯罪案件具体应用法律若干问题的解释》(以下简称《邪教组织的解释》)第 2 条的规定,组织和利用邪教组织聚众围攻、冲击国家机关的,依照《刑法》第 300 条第 1 款规定,以组织、利用邪教组织破坏国家法律实施罪定罪处罚。

（四）聚众冲击国家机关罪的处罚

根据《刑法》第 290 条第 2 款的规定,犯本罪的,对首要分子处 5 年以上 10 年以下有期徒刑;对其他积极参加者,处 5 年以下有期徒刑、拘役、管制或者剥夺政治权利。

二十九、聚众扰乱公共场所秩序、交通秩序罪

（一）聚众扰乱公共场所秩序、交通秩序罪的概念

聚众扰乱公共场所秩序、交通秩序罪,是指聚众扰乱车站、码头、民用航空站、商场、公园、影剧院、展览会、运动场或者其他公共场所秩序,聚众堵塞交通或者破坏交通秩序,抗拒、阻碍国家治安管理工作人员依法执行职务,情节严重的行为。

（二）聚众扰乱公共场所秩序、交通秩序罪的特征

1.本罪的客体是公共场所秩序或者交通秩序。

2.本罪的客观方面表现为行为人实施了聚众扰乱公共场所秩序、交通秩序的行为。聚众扰乱，是指由首要分子组织、策划、领导、指挥，聚集、纠合多人，破坏公共场所秩序，堵塞交通或破坏交通秩序，抗拒、阻碍国家治安管理工作人员依法执行职务。行为的具体表现形式多种多样，如在公共场所聚众拥挤、起哄闹事；在人群集结地进行煽动性讲演游说，静坐示威；冲击会场、影剧院、展览会、运动场等公共场所；围攻、殴打公共场所维护秩序的治安管理工作人员，严重妨害社会正常生活或者给国家和人民利益造成严重损失。本罪成立要求情节严重。

3.本罪的主体是一般主体，而且只有首要分子才构成本罪。

4.本罪的主观方面是故意。

（三）聚众扰乱公共场所秩序、交通秩序罪的认定

本罪与组织、利用邪教组织破坏国家法律实施罪的界限

根据《邪教组织的解释》第2条的规定，组织和利用邪教组织聚众围攻、冲击、强占、哄闹公共场所及宗教活动场所，扰乱社会秩序的，依照《刑法》第300条第1款规定，以组织、利用会道门、邪教组织、利用迷信破坏国家法律实施罪定罪处罚。

（四）聚众扰乱公共场所秩序、交通秩序罪的处罚

根据《刑法》第291条的规定，犯本罪的，对首要分子处5年以下有期徒刑、拘役或者管制。

三十、高空抛物罪

（一）高空抛物罪的概念

高空抛物罪，是指从建筑物或者其他高空抛掷物品，情节严重的行为。

（二）高空抛物罪的特征

1.本罪的客体是社会正常的管理秩序。

2.本罪的客观方面表现为行为人实施了从建筑物或者其他高空抛掷物品，情节严重的行为。"抛掷"是指行为人投、扔、丢弃相应物品的行为。如若行为人在高空使用弹弓等杀伤力较强的工具伤害他人身体或者公私财物的，不应认定为本罪中的抛掷行为。

3.本罪的主体为一般主体。

4.本罪的主观方面表现为故意。行为人由于过失而致物品从高空落下，不应认定为本罪。司法实践中应当准确区分基于故意心态的"高空抛物"和基于过失心态的"高空坠物"。

（三）高空抛物罪的处罚

根据《刑法》第291条之二的规定，犯本罪的，处1年以下有期徒刑、拘役或者管制，并处或者单处罚金。同时构成其他犯罪的，依照处罚较重的规定定罪处罚。

三十一、投放虚假危险物质罪

（一）投放虚假危险物质罪的概念

投放虚假危险物质罪，是指投放虚假的爆炸性、毒害性、放射性、传染病病原体等物质，严重扰乱社会秩序的行为。

（二）投放虚假危险物质罪的特征

1.本罪的客体是社会秩序。

2.本罪的客观方面表现为行为人实施了投放、邮寄、设置虚假的爆炸性、毒害性、放射性、传染病病原体等物质，严重扰乱社会秩序的行为。

3.本罪的主体是一般主体。

4.本罪的主观方面为故意。

（三）投放虚假危险物质罪的处罚

根据《刑法》第291条的规定，犯本罪的，处5年以下有期徒刑、拘役或者管制；造成严重后果的，处5年以上有期徒刑。

三十二、编造、故意传播虚假恐怖信息罪

（一）编造、故意传播虚假恐怖信息罪的概念

编造、故意传播虚假恐怖信息罪，是指编造爆炸威胁、生化威胁、放射威胁等恐怖信息，或者明知是编造的恐怖信息而故意传播，严重扰乱社会秩序的行为。

（二）编造、故意传播虚假恐怖信息罪的特征

1.本罪的客体是社会公共秩序。根据最高人民法院2013年9月30日起施行的《关于审理编造、故意传播虚假恐怖信息刑事案件适用法律若干问题的解释》（以下简称《虚假恐怖信息的解释》）第6条的规定："虚假恐怖信息"是指编造、故意传播以发生爆炸威胁、生化威胁、放射威胁、劫持航空器威胁、重大灾情、重大疫情等严重威胁公共安全的事件为内容，可能引起社会恐慌或者公共安全危机的不真实信息。

2.本罪的客观方面表现为行为人实施了编造爆炸威胁、生化威胁、放射威胁等恐怖信息，或者明知是编造的恐怖信息而故意传播，严重扰乱社会秩序的行为。根据《虚假恐怖信息的解释》第1条第1款规定，编造恐怖信息，传播或者放任传播，严重扰乱社会秩序的，应认定为编造虚假恐怖信息罪。根据该条第2款规定，明知是他人编造的恐怖信息而故意传播，严重扰乱社会秩序的，应认定为故意传播虚假恐怖信息罪。构成本罪，必须是"严重扰乱社会秩序"。根据该《解释》第2条的规定，具有下列情

形之一的,应当认定为"严重扰乱社会秩序":致使机场、车站、码头、商场、影剧院、运动场馆等人员密集场所秩序混乱,或者采取紧急疏散措施的;影响航空器、列车、船舶等大型客运交通工具正常运行的;致使国家机关、学校、医院、厂矿企业等单位的工作、生产、经营、教学、科研等活动中断的;造成行政村或者社区居民生活秩序严重混乱的;致使公安、武警、消防、卫生检疫等职能部门采取紧急应对措施的;其他严重扰乱社会秩序的。

3. 本罪的主体是一般主体。

4. 本罪的主观方面为故意。

(三)编造、故意传播虚假恐怖信息罪的处罚

根据《刑法》第 291 条之一的规定,犯本罪的,处 5 年以下有期徒刑、拘役或者管制;造成严重后果的,处 5 年以上有期徒刑。根据《虚假恐怖信息的解释》第 3 条的规定,具有下列情形之一的,应当在 5 年以下有期徒刑幅度内酌情从重处罚:致使航班备降或返航;或者致使列车、船舶等大型客运交通工具中断运行的;多次编造、故意传播虚假恐怖信息的;造成直接经济损失 20 万元以上的;造成乡镇、街道区域范围居民生活秩序严重混乱的;具有其他酌情从重处罚情节的。根据该《解释》第 4 条的规定,编造、故意传播虚假恐怖信息,严重扰乱社会秩序,具有下列情形之一的,应当认定为"造成严重后果",处 5 年以上有期徒刑:造成 3 人以上轻伤或者 1 人以上重伤的;造成直接经济损失 50 万元以上的;造成县级以上区域范围居民生活秩序严重混乱的;妨碍国家重大活动进行的;造成其他严重后果的。编造、故意传播虚假恐怖信息,严重扰乱社会秩序,同时又构成其他犯罪的,择一重罪处断。

三十三、编造、传播虚假信息罪

(一)编造、传播虚假信息罪的概念

编造、传播虚假信息罪,是指编造虚假的险情、疫情、灾情、警情,在信息网络或者其他媒体上传播,或者明知是上述虚假信息,故意在信息网络或者其他媒体上传播,严重扰乱社会秩序的行为。

(二)编造、传播虚假信息罪的特征

1. 本罪的客体是社会公共秩序。

2. 本罪的客观方面表现为行为人实施了编造虚假的险情、疫情、灾情、警情,在信息网络或者其他媒体上传播,或者明知是上述虚假信息,故意在信息网络或者其他媒体上传播,严重扰乱社会秩序的行为。

3. 本罪的主体是一般主体。

4. 本罪的主观方面为故意。

（三）编造、传播虚假信息罪的处罚

根据《刑法》第 291 条之一的规定，犯本罪的，处 3 年以下有期徒刑、拘役或者管制；造成严重后果的，处 3 年以上 7 年以下有期徒刑。

三十四、聚众斗殴罪

（一）聚众斗殴罪的概念

聚众斗殴罪，是指纠集众人成帮结伙地互相进行殴斗，破坏公共秩序的行为。本罪在 1979 年《刑法》中属于流氓罪的一种表现形式，1997 年《刑法》将其独立规定为一个罪名。

（二）聚众斗殴罪的特征

1. 本罪的客体是社会公共秩序。所谓公共秩序，不应简单地理解为公共场所的秩序，而是指在社会公共生活中应当遵守的各项共同生活的规则、秩序。在实际生活中，聚众斗殴犯罪可以是在公共场所，例如在公园、影剧院中，也可以是发生在较僻静的公共场所。因此，无论是在何种场所进行聚众斗殴，均应视为侵犯了公共秩序。聚众斗殴犯罪往往同时会造成公民的人身和财产的损失。但是，其所侵犯的主要不是特定的个人或者特定的公私财物，而是用聚众斗殴行为向整个社会挑战，从而形成对整个社会秩序的严重威胁。因此，公然藐视法纪和社会公德，破坏公共秩序，就是聚众斗殴罪的本质特征。

2. 本罪的客观方面表现为行为人纠集众人结伙殴斗的行为。"聚众"，与前文的含义相同。斗殴，主要是指的采用暴力相互搏斗，使用暴力的方式各种各样。聚众斗殴多表现为流氓团伙之间互相殴斗，少则几人、十几人，多则几十人、上百人，他们往往是约定时间、地点，拿刀动棒，大打出手，而且往往造成伤亡和社会秩序的混乱，是一种严重影响社会公共秩序的恶劣犯罪行为。

3. 本罪的主体为一般主体，聚众斗殴的首要分子和其他积极参与斗殴的分子才构成本罪，一般参与的人不构成犯罪。

4. 本罪的主观方面为故意。犯罪的动机，一般不是完全为了某种个人的利害冲突，也不是单纯为了取得某种物质利益，而是公然藐视国家的法纪和社会公德，通过实施聚众斗殴活动来寻求刺激或者追求某种卑鄙欲念的满足。

（三）聚众斗殴罪的认定

1. 本罪罪与非罪的界限

注意区别聚众斗殴罪与一般打群架的行为。二者都表现为多人参与，但一般打架的行为在斗殴规模、所使用暴力强度等方面远不如聚众斗殴的犯罪。所以，对于既没有使用器械，又没有造成人身伤亡或者财产损失或者其他严重后果的一般的打群架的行为，应认为符合《刑法》第 13 条"情节显著轻微危害不大的"的规定，不以犯罪论处。

2.本罪与聚众扰乱社会秩序罪的界限

二者的相同点是:都是聚众的行为,都扰乱公共秩序,犯罪主体都是聚众犯罪的首要分子和其他积极参加者。二者的主要区别是:(1)客观方面表现为不同。本罪的客观方面表现为行为人实施了聚众斗殴的行为;而后者表现为行为人实施了聚众扰乱社会秩序的行为。(2)犯罪对象不同。本罪的对象是相互斗殴的对方或者普通群众;而后者的对象是不特定的党政机关、企业、事业单位、人民团体等。(3)犯罪形态不同。本罪是行为犯,原则上只要行为人实施了聚众斗殴的行为,即可成立犯罪;后者是情节犯,即必须"情节严重的"才构成犯罪。

(四)聚众斗殴罪的处罚

根据《刑法》第 292 条第 1 款的规定,犯本罪的,处 3 年以下有期徒刑、拘役或者管制;有下列情形之一的,处 3 年以上 10 年以下有期徒刑:(1)多次聚众斗殴的;(2)聚众斗殴人数多,规模大,社会影响恶劣的;(3)在公共场所或者交通要道聚众斗殴,造成社会秩序严重混乱的;(4)持械聚众斗殴的。根据《刑法》第 292 条第 2 款的规定,聚众斗殴,致人重伤、死亡的,依照《刑法》第 234 条、第 232 条定罪处罚。

三十五、寻衅滋事罪

(一)寻衅滋事罪的概念

寻衅滋事罪,是指寻衅滋事,破坏社会秩序的行为。寻衅滋事罪也是从 1979 年《刑法》规定的流氓罪中分离出来的一个罪名。

(二)寻衅滋事罪的特征

1.本罪的客体是复杂客体,既侵犯了公共秩序,同时也侵犯了他人的人身权利、公私财产权利等。

2.本罪的客观方面表现为行为人实施了寻衅滋事,破坏社会秩序的行为。"寻衅滋事",有四种表现形式。

(1)随意殴打他人,情节恶劣的。这里的"情节恶劣",根据 2013 年 7 月 15 日"两高"《关于办理寻衅滋事刑事案件适用法律若干问题的解释》(以下简称《寻衅滋事的解释》)第 2 条的规定,是指具有下列情形之一的:致 1 人以上轻伤或者 2 人以上轻微伤的;引起他人精神失常、自杀等严重后果的;多次随意殴打他人的;持凶器随意殴打他人的;随意殴打精神病人、残疾人、流浪乞讨人员、老年人、孕妇、未成年人,造成恶劣社会影响的;在公共场所随意殴打他人,造成公共场所秩序严重混乱的;其他情节恶劣的情形。

(2)追逐、拦截、辱骂他人,情节恶劣的。这里的"情节恶劣",根据《寻衅滋事的解释》第 3 条的规定,是指具有下列情形之一的:多次追逐、拦截、辱骂、恐吓他人,造成恶劣社会影响的；持凶器追逐、拦截、辱骂、恐吓他人的；追逐、拦截、辱骂、恐吓精神病人、残疾人、流浪乞讨人员、老年人、孕妇、未成年人，造成恶劣社会影响的；引起他人精神失常、自杀等严重后果的；严重影响他人的工作、生活、生产、经营的；其他情节恶劣的情形。

（3）强拿硬要或者任意损毁、占用公私财物，情节严重的。这里的"情节严重"，根据《寻衅滋事的解释》第 4 条的规定，是指具有下列情形之一的：强拿硬要公私财物价值 1000 元以上，或者任意损毁、占用公私财物价值 2000 元以上的；多次强拿硬要或者任意损毁、占用公私财物，造成恶劣社会影响的；强拿硬要或者任意损毁、占用精神病人、残疾人、流浪乞讨人员、老年人、孕妇、未成年人的财物，造成恶劣社会影响的；引起他人精神失常、自杀等严重后果的；严重影响他人的工作、生活、生产、经营的；其他情节严重的情形。

（4）在公共场所起哄闹事，造成公共场所秩序严重混乱。根据《寻衅滋事的解释》第 5 条：在车站、码头、机场、医院、商场、公园、影剧院、展览会、运动场或者其他公共场所起哄闹事，应当根据公共场所的性质、公共活动的重要程度、公共场所的人数、起哄闹事的时间、公共场所受影响的范围与程度等因素，综合判断是否"造成公共场所秩序严重混乱"。

3.本罪的主体是一般主体。

4.本罪的主观方面为故意，并具有表现不良习气的动机。

（三）寻衅滋事罪的认定

1.本罪罪与非罪的界限

行为人为寻求刺激、发泄情绪、逞强耍横等，无事生非，实施《刑法》第 293 条规定的行为的，应当认定为"寻衅滋事"。行为人因日常生活中的偶发矛盾纠纷，借故生非，实施《刑法》第 293 条规定的行为的，应当认定为"寻衅滋事"，但矛盾系由被害人故意引发或者被害人对矛盾激化负有主要责任的除外。行为人因婚恋、家庭、邻里、债务等纠纷，实施殴打、辱骂、恐吓他人或者损毁、占用他人财物等行为的，一般不认定为"寻衅滋事"，但经有关部门批评制止或者处理处罚后，继续实施前列行为，破坏社会秩序的除外。

2.本罪与故意毁坏财物罪的界限

本罪的表现形式之一有"任意损毁"公私财物，使本罪与故意毁坏财物罪有共同点。二者的区别是：（1）二者侵犯的客体不同。本罪的客体是复杂客体，既侵犯公共秩序，也可能侵犯公民人身权利、公私财产权；而后者侵犯的客体是单一客体，即公私财产所有权。（2）犯罪的主观方面不同。本罪的行为人是为寻求刺激、发泄情绪、逞强耍横等，无事生非；而后者具有明确的损毁特定公私财物的目的。（3）犯罪成立的标准不同。本罪"情节严重的"才构成犯罪，情节严重不以毁坏的财物数额大小作为主要判断标准,而是以行为造成的社会影响的恶劣程度等作为判断标准。如果行为毁坏了数额较小的公私财物,但造成严重不良社会影响,也足以成立本罪。而后者是否构成犯罪是看故意毁坏的公私财物是否属于"数额较大"。如果以任意损毁公私财物的方式实施寻衅滋事的犯罪,其毁坏的公私财物价值十分巨大,属于想象竞合犯,应按想象竞合犯的原则处理。

3.本罪与聚众哄抢罪的区别

寻衅滋事罪的表现形式之一有"强拿硬要或者占用公私财物",使本罪与聚众哄抢罪有共同点。二者的主要区别是:(1)侵害的客体不同。本罪的客体是复杂客体,不仅侵犯了公共秩序,同时也侵犯了公私财产权与公民人身权;而后者侵犯的只是公私财产所有权。(2)犯罪客观方面不同。本罪中的"强拿硬要或者占用公私财物"只是本罪的表现之一;而后者只有"聚众哄抢"一种形式。(3)犯罪主体不同。本罪的主体是一般主体,凡参与寻衅滋事的,均可成为犯罪主体;而后者则限于实施聚众哄抢行为的首要分子和其他积极参与者。(4)故意内容不同。本罪行为人是为寻求刺激、发泄情绪、逞强耍横等,而无事生非;后者的行为人通常是出于非法占有公私财物的目的。

(四)寻衅滋事罪的处罚

根据《刑法》第 293 条的规定,犯本罪的,处 5 年以下有期徒刑、拘役或者管制。纠集他人多次实施寻衅滋事行为,严重破坏社会秩序的,处 5 年以上 10 年以下有期徒刑,可以并处罚金。纠集他人多次实施寻衅滋事行为,严重破坏社会秩序的,处 5 年以上 10 年以下有期徒刑,可以并处罚金。这里的"多次",根据"两高"《寻衅滋事的解释》第 6 条的规定,是指 3 次以上未经处理的事实。

根据该《解释》第 7 条规定,实施寻衅滋事行为,同时符合寻衅滋事罪和故意杀人罪、故意伤害罪、故意毁坏财物罪、敲诈勒索罪、抢夺罪、抢劫罪等罪的构成要件的,依照处罚较重的规定定罪处罚。

三十六、催收非法债务罪

(一)催收非法债务罪的概念

催收非法债务罪,是指使用暴力、胁迫方法,或者限制他人人身自由或者侵入他人住宅,或者恐吓、跟踪、骚扰他人等方法催收高利放贷等产生的非法债务,情节严重的行为。

(二)催收非法债务罪的特征

1.本罪的客体是复杂客体。主要客体是社会公共秩序,以及他人的人身权利与财产权利。

2.本罪的客观方面表现为使用暴力、胁迫方法,或者限制他人人身自由或者侵入他人住宅,或者恐吓、跟踪、骚扰他人,而催收高利放贷等产生的非法债务,情节严重的行为。

关于"非法债务"的内涵。《最高人民法院、最高人民检察院、公安部、司法部关于办理非法放贷刑事案件若干问题的意见》(法发〔2019〕24 号)第 2 条规定:"以超过 36％的实际年利率实施符合本意见第一条规定的非法放贷行为,具有下列情形之一的,属于刑法第 225 条规定的'情节严重',但单次非法放贷行为实际年利率未超过 36％的,定罪量刑时不得计入",也就是将"超过 36％的实际年利率"作为认定"非法放贷"的条件之一。另外,《最高人民法院关于审理民间借贷案件适用法律若干问题的规定》(法释〔2020〕17 号)第 25 条规定:"出借人请求借款人按照合同约定利率支付利息的,人民法院应予支持,但是双方约定的利率超过合同成立时一年期贷款市场报价利率四倍的除外。""前款所称'一年期贷款市场报价利率',是指中国人民银行授权全国银行间同业拆借中心自 2019 年 8 月 20 日起每月发布的一年期贷款市场报价利率。"即"将民间借贷利率司法保护上限由年利率 24％－36％调整为中国人民银行授权全国银行间同业拆借中心每月发布的一年期贷款市场报价利率的 4 倍。"《最高人民法院关于新民间借贷司法解释适用范围问题的批复》(法释〔2020〕27 号)规定:"地方金融监管部门监管的小额贷款公司、融资担保公司、区域性股权市场、典当行、融资租赁公司、商业保理公司、地方资产管理公司等七类地方金融组织,属于经金融监管部门批准设立的金融机构,其因从事相关金融业务引发的纠纷,不适用新民间借贷司法解释。"

3.本罪的主体为一般主体。

4.本罪的主观方面是故意。

(三)催收非法债务罪的处罚

根据《刑法》第 293 条之一的规定,犯本罪的,处 3 年以下有期徒刑、拘役或者管制,并处或者单处罚金。

三十七、组织、领导、参加黑社会性质组织罪

(一)组织、领导、参加黑社会性质组织罪的概念

组织、领导、参加黑社会性质组织罪,是指组织、领导、参加以暴力、威胁或者其他手段,有组织地进行违法犯罪活动,称霸一方,为非作恶,欺压、残害群众,严重破坏经济、社会生活秩序的黑社会性质组织的行为。

黑社会性质组织犯罪,是有组织犯罪的一种形式,与普通的有组织犯罪相比,其组织性更严密。刑法理论上一般认为,有组织犯罪就其组织性来说有几个层次,犯罪集团是有组织犯罪的初级形态,黑社会组织是有组织犯罪的高级形态,而黑社会性质组织是处于这二者之间的一种过渡形态。就目前我国的实际情况来看,还

没有出现像黑社会组织这样的有组织犯罪的高级形态,因此立法上使用了"黑社会性质的组织"这样的术语。根据《刑法》第 294 条的规定,"黑社会性质的组织",是指以暴力、威胁或者其他手段,有组织地进行违法犯罪活动,称霸一方,为非作恶,欺压、残害群众,严重破坏经济秩序、社会生活秩序的犯罪组织。黑社会性质的组织应当同时具备以下特征:(1)形成较稳定的犯罪组织,人数较多,有明确的组织者、领导者,骨干成员基本固定;(2)有组织地通过违法犯罪活动或者其他手段获取经济利益,具有一定的经济实力,以支持该组织的活动;(3)以暴力、威胁或者其他手段,有组织地多次进行违法犯罪活动,为非作恶,欺压、残害群众;(4)通过实施违法犯罪活动,或者利用国家工作人员的包庇或者纵容,称霸一方,在一定区域或者行业内,形成非法控制或者重大影响,严重破坏经济、社会生活秩序。

(二)组织、领导、参加黑社会性质组织罪的特征

1.本罪的客体是复杂客体,黑社会性质组织对于国家和社会公众的危害是全方位的,既侵犯了经济秩序、社会生活秩序,同时又侵犯公民人身权利。

2.本罪的客观方面表现为行为人实施了组织、领导、参加黑社会性质组织的行为。本罪是行为犯,只要实施了组织、领导和积极参加黑社会性质的组织的行为,即构成犯罪。同时本罪属选择性罪名,只要实施组织、领导、积极参加的行为之一的,即构成本罪,其具体罪名根据行为人实施的具体行为来确定。

3.本罪的主体是一般主体。

4.本罪的主观方面是直接故意,即行为人有明确的意图组织或者领导黑社会性质组织,或者明知是黑社会性质组织而参加。如果行为人不知是黑社会性质组织或被欺骗的情况下而加入其中的,不构成本罪。如果行为人后来发现自己加入的是黑社会性质组织而不退出,继续参与犯罪活动的,构成本罪。

(三)组织、领导、参加黑社会性质组织罪的认定

1.黑社会性质的组织与犯罪集团的界限

二者的区别是:(1)前者具有上文所述的特征,而犯罪集团虽然也有一定的组织形式,但其组织性与黑社会性质组织相比,没有那么严密。(2)前者在一定区域或者行业内,形成非法控制或者重大影响,而犯罪集团没有该特征。

2.本罪的一罪与数罪问题

组织、领导、参加黑社会性质组织又有其他犯罪行为的,根据《刑法》第 294 条第 3 款的规定,依照数罪并罚的规定处罚。

(四)组织、领导、参加黑社会性质组织罪的处罚

根据《刑法》第 294 条第 1 款的规定,犯本罪的,处 3 年以上 10 年以下有期徒刑,并处罚金或者没收财产;其他参加的,处 3 年以下有期徒刑、拘役、管制或者剥夺政治权利,可以并处罚金。

根据最高人民法院 2000 年 12 月 10 日起施行的《关于审理黑社会性质组织犯罪的案件具体应用法律若干问题的解释》(以下简称《黑社会的解释》)第 3 条的规定,对于黑社会性质组织的组织者、领导者,应当按照其所组织、领导的黑社会性质组织所犯的全部罪行处罚;对于黑社会性质组织的参加者,应当按照其所参与的犯罪处罚。对于参加黑社会性质组织,没有实施其他违法犯罪活动的,或者受蒙蔽、胁迫参加黑社会性质组织,情节轻微的,可以不作为犯罪处理。第 4 条规定,国家机关工作人员犯本罪的,从重处罚。

三十八、入境发展黑社会组织罪

(一)入境发展黑社会组织罪的概念

入境发展黑社会组织罪,是指我国境外的黑社会组织人员到我国境内发展组织成员的行为。

(二)入境发展黑社会组织罪的特征

1.本罪的客体是社会治安管理秩序。

2.本罪的客观方面表现为行为人实施了到我国境内发展黑社会组织成员的行为。"我国境内",主要是指我国大陆境内。根据《黑社会的解释》第 2 条的规定,发展组织成员是指将境内、外人员吸收为该黑社会组织成员的行为。对黑社会组织成员进行内部调整等行为,可视为"发展组织成员"。港、澳、台黑社会组织到内地发展组织成员的,适用《刑法》第 294 条第 2 款规定定罪处罚。

3.本罪的主体是特殊主体,即行为人须是境外黑社会组织人员。

4.本罪的主观方面为故意。

(三)入境发展黑社会组织罪的处罚

根据《刑法》第 294 条第 2 款和第 3 款的规定,犯本罪的,处 3 年以上 10 年以下有期徒刑;犯本罪又有其他犯罪行为的,依照数罪并罚的规定处罚。

三十九、包庇、纵容黑社会性质组织罪

(一)包庇、纵容黑社会性质组织罪的概念

包庇、纵容黑社会性质组织罪,是指国家机关工作人员包庇或者纵容黑社会性质的组织进行违法犯罪活动,为黑社会性质组织提供保护的行为。

(二)包庇、纵容黑社会性质组织罪的特征

1.本罪的客体是复杂客体,既侵犯了司法机关打击黑社会性质组织的正常活动,又侵害了社会治安管理秩序。

2.本罪的客观方面表现为行为人实施了包庇或者纵容黑社会性质的组织进行违法犯罪活动,为黑社会性质组织提供保护的行为。根据《黑社会的解释》第

5条的规定,"包庇",是指国家机关工作人员为使黑社会性质组织及其成员逃避查禁,而通风报信、隐匿、毁灭、伪造证据,阻止他人作证、检举揭发,指使他人作伪证,帮助逃匿,或者阻挠其他国家机关工作人员依法查禁等行为。"纵容",是指国家机关工作人员不依法履行职责,放纵黑社会性质组织进行违法犯罪活动的行为。

3.本罪主体是特殊主体,即国家机关工作人员。

4.本罪的主观方面为故意。

(三)包庇、纵容黑社会性质组织罪的处罚

根据《刑法》第294条的规定,犯本罪的,处5年以下有期徒刑;情节严重的,处5年以上有期徒刑。根据《黑社会的解释》第6条的规定,"情节严重"是指:(1)包庇、纵容黑社会性质组织跨境实施违法犯罪活动的;(2)包庇、纵容境外黑社会组织在境内实施违法犯罪活动的;(3)多次实施包庇、纵容行为的;(4)致使某一区域或者行业的经济、社会生活秩序遭受黑社会性质组织特别严重破坏的;(5)致使黑社会性质组织的组织者、领导者逃匿,或者致使对黑社会性质组织的查禁工作严重受阻的;(6)具有其他严重情节的。

四十、传授犯罪方法罪

(一)传授犯罪方法罪的概念

传授犯罪方法罪,是指向他人传授犯罪方法的行为。

(二)传授犯罪方法罪的特征

1.本罪的客体是社会治安管理秩序。

2.本罪的客观方面表现为行为人实施了传授犯罪方法的行为。即以语言、文字、动作或者其他方式方法将实施犯罪的具体经验、技能传授给他人的行为。传授犯罪方法的形式多种多样,即可以口头传授,也可以书面用文字传授;既可以公开传授,也可以秘密传授;还可以用动作或者其他方法传授等,方式方法不限。"犯罪方法"是指实施犯罪的一切经验、技能等,包括实施犯罪的手段、步骤,反侦查方法,犯罪后逃匿、销毁罪证等方法。

3.本罪的主体是一般主体,但实际中一般多为有犯罪技能和经验的人。

4.本罪的主观方面为故意。

(三)传授犯罪方法罪的处罚

根据《刑法》第295条的规定,犯本罪的,处5年以下有期徒刑、拘役或者管制;情节严重的,处5年以上10年以下有期徒刑;情节特别严重的,处10年以上有期徒刑或者无期徒刑。

四十一、非法集会、游行、示威罪

（一）非法集会、游行、示威罪的概念

非法集会、游行、示威罪，是指举行集会、游行、示威，未依照法律规定申请或者申请未获许可，或者未按照主管机关许可的起止时间、地点、路线进行，又拒不服从解散命令，严重破坏社会秩序的行为。

（二）非法集会、游行、示威罪的特征

1.本罪的客体是国家对集会、游行、示威的管理制度。

2.本罪的客观方面表现为行为人实施了举行集会、游行、示威，未依照法律规定申请或者申请未获许可，或者未按照主管机关许可的起止时间、地点、路线进行，又拒不服从解散命令，严重破坏社会秩序的行为。

3.本罪的主体是一般主体，但只有集会、游行、示威的负责人和直接责任人员才承担刑事责任。

4.本罪的主观方面为故意。

（三）非法集合、游行、示威罪的认定

本罪与组织、利用邪教组织破坏国家法律实施罪的界限

根据《邪教组织的解释》第 2 条的规定，组织和利用邪教组织非法举行集会、游行、示威，煽动、欺骗、组织其成员或者其他人聚众围攻、冲击、强占、哄闹公共场所及宗教活动场所，扰乱社会秩序的，依照《刑法》第 300 条第 1 款的规定，以组织、利用邪教组织破坏国家法律实施罪定罪处罚。

（三）非法集会、游行、示威罪的处罚

根据《刑法》第 296 条的规定，犯本罪的，处 5 年以下有期徒刑、拘役、管制或者剥夺政治权利。

四十二、非法携带武器、管制刀具、爆炸物参加集会、游行、示威罪

（一）非法携带武器、管制刀具、爆炸物参加集会、游行、示威罪的概念

非法携带武器、管制刀具、爆炸物参加集会、游行、示威罪，是指违反法律规定，携带武器、管制刀具、爆炸物参加集会、游行、示威的行为。

（二）非法携带武器、管制刀具、爆炸物参加集会、游行、示威罪的特征

1.本罪的客体是复杂客体，即国家关于集会、游行、示威的管理制度和社会治安管理秩序。

2.本罪的客观方面表现为行为人实施了违反法律规定，携带武器、管制刀具、爆炸物参加集会、游行、示威的行为。客观方面需要注意：(1)行为人违反了《中华人民共和国集会游行示威法》的规定；(2)行为人携带的是特定的物品，即武器、管

制刀具、爆炸物;(3)行为发生在特定的时间,即行为人参加集会、游行、示威之时。

3.本罪的主体是一般主体。

4.本罪的主观方面为故意。

(三)非法携带武器、管制刀具、爆炸物参加集会、游行、示威罪的处罚

根据《刑法》第297条的规定,犯本罪的,处3年以下有期徒刑、拘役、管制或者剥夺政治权利。

四十三、破坏集会、游行、示威罪

(一)破坏集会、游行、示威罪的概念

破坏集会、游行、示威罪,是指扰乱、冲击或者以其他方法破坏依法举行的集会、游行、示威,造成公共秩序混乱的行为。

(二)破坏集会、游行、示威罪的特征

1.本罪的客体复杂客体,即公民集会、游行、示威的政治自由权利和社会公共秩序。

2.本罪的客观方面表现为行为人实施了扰乱、冲击或者以其他方法破坏依法举行的集会、游行、示威的行为。本罪是结果犯,必须是造成了公共秩序混乱的危害结果才构成犯罪。

3.本罪的主体是一般主体。

4.本罪的主观方面为故意。

(三)破坏集会、游行、示威罪的处罚

根据《刑法》第298条的规定,犯本罪的,处5年以下有期徒刑、拘役、管制或者剥夺政治权利。

四十四、侮辱国旗、国徽、国歌罪

(一)侮辱国旗、国徽、国歌罪的概念

侮辱国旗、国徽、国歌罪,是指在公众场合故意以焚烧、毁坏、涂划、玷污、践踏等方法侮辱中华人民共和国国旗、国徽;在公共场合,故意篡改中华人民共和国国歌歌词、曲谱,以歪曲、贬损方式奏唱国歌,或者以其他方式侮辱国歌,情节严重的行为。

(二)侮辱国旗、国徽、国歌罪的特征

1.本罪的客体是国家尊严。犯罪对象是国旗、国徽、国歌。

2.本罪的客观方面表现为行为人实施了在公众场合故意以焚烧、毁坏、涂划、玷污、践踏等方法侮辱国旗、国徽,或者实施了在公共场合,故意篡改中华人民共和国国歌歌词、曲谱,以歪曲、贬损方式奏唱国歌,或者以其他方式侮辱国歌,情节严

重的行为。注意"公众场合"是本罪成立的一个要件。

3.本罪的主体是一般主体。

4.本罪的主观方面是故意。

（三）侮辱国旗、国徽、国歌罪的处罚

根据《刑法》第299条的规定，犯本罪的，处3年以下有期徒刑、拘役、管制或者剥夺政治权利。

四十五、侵害英雄烈士名誉、荣誉罪

（一）侵害英雄烈士名誉、荣誉罪的概念

侵害英雄烈士名誉、荣誉罪，是指侮辱、诽谤或者以其他方式侵害英雄烈士的名誉、荣誉，损害社会公共利益，情节严重的行为。

关于"英雄烈士"的界定问题。无论对已牺牲的英雄，还是未牺牲的英雄，都可以适用此条予以保护，这符合对法律用语的理解规则，也更能体现对英雄烈士这一特殊群体的利益保护。

（二）侵害英雄烈士名誉、荣誉罪的特征

1.本罪的客体为英雄烈士的名誉和荣誉。

2.本罪的客观方面表现为行为人实施了侮辱、诽谤或者以其他方式侵害英雄烈士的名誉、荣誉，损害社会公共利益，情节严重的行为。

3.本罪的主体是一般主体。

4.本罪的主观方面为故意。

（三）侵害英雄烈士名誉、荣誉罪的处罚

根据《刑法》第299条之一的规定，犯本罪的，处3年以下有期徒刑、拘役、管制或者剥夺政治权利。

四十六、组织、利用会道门、邪教组织、利用迷信破坏国家法律实施罪

（一）组织、利用会道门、邪教组织、利用迷信破坏国家法律实施罪的概念

组织、利用会道门、邪教组织、利用迷信破坏国家法律实施罪，是指组织、利用会道门、邪教组织或者利用迷信破坏国家法律、行政法规实施的行为。

（二）组织、利用会道门、邪教组织、利用迷信破坏国家法律实施罪的特征

1.本罪的客体是国家实施法律、行政法规的正常秩序。

2.本罪的客观方面表现为行为人实施了组织、利用会道门、邪教组织或者利用迷信破坏国家法律、行政法规实施的行为。本罪是行为犯，只要实施前述行为即可构成犯罪。本罪是选择性罪名，只要实施前述行为之一，即可成立本罪，实践中根据行为人实施的具体行为确定罪名。

3.本罪的主体是一般主体。

4.本罪的主观方面为故意,其犯罪目的一般是煽动或者蒙蔽他人抗拒法律、行政法规的实施。

(三)组织、利用会道门、邪教组织、利用迷信破坏国家法律实施罪的认定

1.本罪罪与非罪的界限

根据《邪教组织的解释》第 2 条第 1 款的规定,组织和利用邪教组织并具有下列情形之一的,构成本罪:(1)聚众围攻、冲击国家机关、企业事业单位,扰乱国家机关、企业事业单位的工作、生产、经营、教学和科研秩序的;(2)非法举行集会、游行、示威,煽动、欺骗、组织其成员或者其他人聚众围攻、冲击、强占、哄闹公共场所及宗教活动场所,扰乱社会秩序的;(3)抗拒有关部门取缔或者已经被有关部门取缔,又恢复或者另行建立邪教组织,或者继续进行邪教活动的;(4)煽动、欺骗、组织其成员或者其他人不履行法定义务,情节严重的;(5)出版、印刷、复制、发行宣扬邪教内容出版物,以及印制邪教组织标识的;(6)其他破坏国家法律、行政法规实施行为的。实施前款所列行为,并具有下列情形之一的,属于"情节特别严重":(1)跨省、自治区、直辖市建立组织机构或者发展成员的;(2)勾结境外机构、组织、人员进行邪教活动的;(3)出版、印刷、复制、发行宣扬邪教内容出版物以及印制邪教组织标识,数量或者数额巨大的;(4)煽动、欺骗、组织其成员或者其他人破坏国家法律、行政法规实施,造成严重后果的。该《解释》第 9 条规定,对组织和利用邪教组织进行犯罪活动的组织、策划、指挥者和屡教不改的积极参加者,依照刑法和该解释的规定追究刑事责任;对于受蒙蔽、胁迫参加邪教组织并已退出和不再参加邪教组织活动的人员,不作为犯罪处理。

根据"两高"2001 年 6 月 11 日起施行的《关于办理组织和利用邪教组织犯罪案件具体应用法律若干问题的解释(二)》(以下简称《邪教组织的解释(二)》)第 1 条第 1 款规定,制作、传播邪教宣传品,宣扬邪教,破坏法律、行政法规实施,具有下列情形之一的,依照《刑法》第 300 条第 1 款的规定,以组织、利用邪教组织破坏法律实施罪定罪处罚:(1)制作、传播邪教传单、图片、标语、报纸 300 份以上,书刊100 册以上,光盘 100 张以上,录音、录像带 100 盒以上的;(2)制作、传播宣扬邪教的 DVD、VCD、CD 母盘的;(3)利用互联网制作、传播邪教组织信息的;(4)在公共场所悬挂横幅、条幅,或者以书写、喷涂标语等方式宣扬邪教,造成严重社会影响的;(5)因制作、传播邪教宣传品受过刑事处罚或者行政处罚又制作、传播的;(6)其他制作、传播邪教宣传品,情节严重的。制作、传播邪教宣传品数量达到前款第(1)项规定的标准 5 倍以上,或者虽未达到 5 倍,但造成特别严重社会危害的,属于《刑法》第 300 条第 1 款规定的"情节特别严重"。根据上述《邪教组织的解释(二)》第13 条规定,"宣传品",是指传单、标语、喷图、图片、书籍、报刊、录音带、录像带、光

盘及其母盘或者其他有宣传作用的物品。"制作",是指编写、印制、复制、绘画、出版、录制、摄制、洗印等行为。"传播",是指散发、张贴、邮寄、上载、播放以及发送电子信息等行为。

2.本罪与其他相关犯罪的界限

根据《刑法》第 300 条第 3 款的规定,组织、利用会道门、邪教组织或者利用迷信破坏国家法律、行政法规实施的,又有奸淫妇女、诈骗财物等犯罪行为的,依照数罪并罚的规定处罚。

根据《邪教组织的解释》第 7 条规定,组织和利用邪教组织,组织、策划、实施、煽动分裂国家、破坏国家统一或者颠覆国家政权、推翻社会主义制度的,分别依照《刑法》第 103 条、第 105 条和第 113 条的规定定罪处罚。

根据《邪教组织的解释(二)》第 2 条的规定,制作、传播邪教宣传品,煽动分裂国家、破坏国家统一,或者煽动颠覆国家政权、推翻社会主义制度的,依照《刑法》第 103 条第 2 款、第 105 第 2 款的规定,以煽动分裂国家罪或者煽动颠覆国家政权罪定罪处罚。根据第 3 条的规定,制作、传播邪教宣传品,公然侮辱他人或者捏造事实诽谤他人的,依照《刑法》第 246 条的规定,以侮辱罪或者诽谤罪定罪处罚。根据第 4 条的规定,制作、传播的邪教宣传品具有煽动分裂国家、破坏国家统一,煽动颠覆国家政权、推翻社会主义制度,侮辱、诽谤他人,严重危害社会秩序和国家利益,或者破坏国家法律、行政法规实施等内容,其行为同时触犯《刑法》第 103 条第 2 款、第 105 条第 2 款、第 246 条和第 300 第 1 款等规定的,依照处罚较重的规定定罪处罚。根据第 5 条的规定,邪教组织被取缔后,仍聚集滋事、公开进行邪教活动,或者聚众冲击国家机关、新闻机构等单位,人数达到 20 人以上的,或者虽未达到 20 人,但具有其他严重情节的,对于组织者、策划者、指挥者和屡教不改的积极参加者,依照《刑法》第 300 条第 1 款的规定,以组织、利用邪教组织破坏法律实施罪定罪处罚。根据第 6 条的规定,为组织、策划邪教组织人员聚集滋事、公开进行邪教活动而进行聚会、串联等活动,对于组织者、策划者、指挥者和屡教不改的积极参加者,依照《刑法》第 300 条第 1 款的规定定罪处罚。根据第 7 条的规定,邪教组织人员以暴力、威胁方法阻碍国家机关工作人员依法执行职务的,依照《刑法》第 277 条第 1 款的规定,以妨害公务罪定罪处罚。其行为同时触犯刑法其他规定的,依照处罚较重的规定定罪处罚。根据第 8 条的规定,邪教组织人员为境外窃取、刺探、收买、非法提供国家秘密、情报的,以窃取、刺探、收买方法非法获取国家秘密的,非法持有国家绝密、机密文件、资料、物品拒不说明来源与用途的,或者泄露国家秘密情节严重的,分别依照《刑法》第 111 条为境外窃取、刺探、收买、非法提供国家秘密、情报罪,第 282 条第 1 款非法获取国家秘密罪,第 282 条第 2 款非法持有国家绝密、机密文件、资料、物品罪,第 398 条故意泄露国家秘密罪、过失泄露国家秘密罪的规定定罪处罚。根据第 10 条的规定,邪教组织人员以自焚、自爆或者其他危险方法危害公共安全的,分别依照《刑法》第 114 条、第 115 条第 1 款以危险方法危害公共安全罪等规定定罪处罚。

(四)组织、利用会道门、邪教组织、利用迷信破坏国家法律实施罪的处罚

根据《刑法》第 300 条第 1 款的规定,犯本罪的,处 3 年以上 7 年以下有期徒刑,并处罚金;情节特别严重的,处 7 年以上有期徒刑或者无期徒刑,并处罚金或者没收财产;情节较轻的,处 3 年以下有期徒刑、拘役、管制或者剥夺政治权利,并处或者单处罚金。组织、利用会道门、邪教组织或者利用迷信蒙骗他人,致人重伤、死亡的,依照第 1 款的规定处罚。犯第 1 款罪又有奸淫妇女、诈骗财物等犯罪行为的,依照数罪并罚的规定处罚。

四十七、组织、利用会道门、邪教组织、利用迷信致人死亡罪

(一)组织、利用会道门、邪教组织、利用迷信致人死亡罪的概念

组织、利用会道门、邪教组织、利用迷信致人死亡罪,是指组织、利用会道门、邪教组织、利用迷信蒙骗他人,致人死亡的行为。

(二)组织、利用会道门、邪教组织、利用迷信致人死亡罪的特征

1.本罪的客体是复杂客体,即侵犯社会治安秩序和他人的生命权。

2.本罪的客观方面,表现为行为人实施了组织、利用会道门、邪教组织或者利用迷信蒙骗他人,致人死亡的行为。

根据《邪教组织的解释》第 3 条的规定,组织和利用邪教组织蒙骗他人,致人死亡,是指组织和利用邪教组织制造、散布迷信邪说,蒙骗其成员或者其他人实施绝食、自残、自虐等行为,或者阻止病人进行正常治疗,致人死亡的情形。第 4 条规定,组织和利用邪教组织制造、散布迷信邪说,指使、胁迫其成员或者其他人实施自杀、自伤行为的,分别依照刑法第 232 条、第 234 条的规定,以故意杀人罪或者故意伤害罪定罪处罚。根据《邪教组织的解释(二)》第 9 条的规定,组织、策划、煽动、教唆、帮助邪教组织人员自杀、自残的,以故意杀人罪或者故意伤害罪定罪处罚。

本罪是结果犯,发生了致人死亡的后果,才构成本罪。本罪是选择性罪名,只要实施了前述行为之一,即可成立本罪,实践中根据行为人实施的具体行为确定罪名。

3.本罪主体是一般主体。

4.本罪的主观方面为间接故意。

(三)组织、利用会道门、邪教组织、利用迷信致人死亡罪的处罚

根据《刑法》第 300 条第 2 款的规定,犯本罪的,依照本条第 1 款规定处罚。

根据"两高"《关于办理组织和利用邪教组织犯罪案件具体应用法律若干问题的解释》第 3 条的规定,具有下列情形之一的,属于"情节特别严重":(1)造成 3 人以上死亡的;(2)造成死亡人数不满 3 人,但造成多人重伤的;(3)曾因邪教活动受过刑事或者行政处罚,又组织和利用邪教组织蒙骗他人,致人死亡的;(4)造成其他特别严重后果的。

四十八、聚众淫乱罪

(一)聚众淫乱罪的概念

聚众淫乱罪,是指聚众进行淫乱活动的行为。

(二)聚众淫乱罪的特征

1.本罪的客体是社会的良风美俗。

2.本罪的客观方面表现为行为人实施了聚众淫乱的行为。"淫乱",一般是指群奸群宿、性变态行为,如鸡奸、兽奸等严重败坏社会良风美俗的行为。

3.本罪的主体为一般主体,但本罪仅处罚首要分子和多次参加者。

4.本罪的主观方面为故意。

(三)聚众淫乱罪的处罚

根据《刑法》第 301 条的规定,犯本罪的,处 5 年以下有期徒刑、拘役或者管制。

四十九、引诱未成年人聚众淫乱罪

(一)引诱未成年人聚众淫乱罪的概念

引诱未成年人聚众淫乱罪,是指引诱未成年人参加聚众淫乱的行为。

(二)引诱未成年人聚众淫乱罪的特征

1.本罪的客体是社会的良风美俗。

2.本罪的客观方面表现为行为人实施了引诱未成年人参加聚众淫乱的行为。"引诱",是指用各种方法、手段挑逗未成年人,将未成年人拉入聚众淫乱活动中。其具体的引诱方法多种多样,如用口头语言对未成年人勾引,也可以用书面文字、画像诱劝,还可以是用表演、示范、收听、观看淫秽音像制品等手段引诱。

3.本罪的主体是一般主体。

4.本罪的主观方面为故意。

(三)引诱未成年人聚众淫乱罪的处罚

根据《刑法》第 301 条第 2 款的规定,犯本罪的,依照本条第 1 款规定的法定刑从重处罚。

五十、盗窃、侮辱、故意毁坏尸体、尸骨、骨灰罪

（一）盗窃、侮辱、故意毁坏尸体、尸骨、骨灰罪的概念

盗窃、侮辱、故意毁坏尸体、尸骨、骨灰罪，是指盗窃、侮辱、故意毁坏尸体、尸骨、骨灰的行为。

（二）盗窃、侮辱、故意毁坏尸体、尸骨、骨灰罪的特征

1.本罪的客体是社会的良风美俗。

2.本罪的客观方面表现为行为人实施了盗窃、侮辱、故意毁坏尸体、尸骨、骨灰的行为。

3.本罪的主体是一般主体。

4.本罪的主观方面为故意。

（三）盗窃、侮辱、故意毁坏尸体、尸骨、骨灰罪的处罚

根据《刑法》第302条的规定，犯本罪的，处3年以下有期徒刑、拘役或者管制。

五十一、赌博罪

（一）赌博罪的概念

赌博罪，是指以营利为目的，聚众赌博或者以赌博为业的行为。

（二）赌博罪的特征

1.本罪的客体是社会风尚和社会管理秩序。

2.本罪的客观方面表现为行为人实施了赌博的行为。"赌博"，是指具有下列行为之一的：聚众赌博；以赌博为业。

根据"两高"2005年5月13日起施行的《关于办理赌博刑事案件具体应用法律若干问题的解释》（以下简称《赌博的解释》）第1条的规定，"聚众赌博"，是指以营利为目的，有下列情形之一的行为：（1）组织3人以上赌博，抽头渔利数额累计达到5000元以上的；（2）组织3人以上赌博，赌资数额累计达到5万元以上的；（3）组织3人以上赌博，参赌人数累计达到20人以上的；（4）组织中华人民共和国公民10人以上赴境外赌博，从中收取回扣、介绍费。第3条规定，中华人民共和国公民在我国领域外周边地区聚众赌博、开设赌场，以吸引中华人民共和国公民为主要客源，构成赌博罪的，可以依照《刑法》规定追究刑事责任。第4条规定，明知他人实施赌博犯罪活动，而为其提供资金、计算机网络、通讯、费用结算等直接帮助的，以赌博罪的共犯论处。

3.本罪的主体是一般主体。

4.本罪的主观方面为故意，并具有营利的目的。

（三）赌博罪的认定

1. 本罪罪与非罪的界限

根据《赌博的解释》第 9 条的规定，对于不以营利为目的，进行带有少量财物输赢的娱乐活动，以及提供棋牌室等娱乐场所只收取正常的场所和服务费用的经营行为等，不以赌博论处。

2. 本罪与相关犯罪的界限

根据《赌博的解释》第 6 条的规定，未经国家批准擅自发行、销售彩票，构成犯罪的，依照《刑法》第 225 条第(4)项的规定，以非法经营罪定罪处罚。第 7 条规定，通过赌博或者为国家工作人员赌博提供资金的形式实施行贿、受贿行为，构成犯罪的，依照《刑法》关于贿赂犯罪的规定定罪处罚。

（四）赌博罪的处罚

根据《刑法》第 303 条的规定，犯本罪的，处 3 年以下有期徒刑、拘役或者管制，并处罚金。根据《赌博的解释》第 5 条的规定，实施赌博犯罪，有下列情形之一的，从重处罚：(1)具有国家工作人员身份的；(2)组织国家工作人员赴境外赌博的；(3)组织未成年人参与赌博的。赌资应当依法予以追缴；赌博用具、赌博违法所得以及赌博犯罪分子所有的专门用于赌博的资金、交通工具、通信工具等，应当依法予以没收。

五十二、开设赌场罪

（一）开设赌场罪的概念

开设赌场罪，是指为赌博提供场所、设定赌博方式、提供赌具、筹码、资金等组织赌博的行为。本罪是从赌博罪中分离出的新罪名。

（二）开设赌场罪的特征

1. 本罪的客体是社会风尚和社会管理秩序。

2. 本罪的客观方面表现为为赌博提供场所、设定赌博方式、提供赌具、筹码、资金等组织赌博的行为。根据《赌博的解释》第 2 条的规定，以营利为目的，在计算机网络上建立赌博网站，或者为赌博网站担任代理，接受投注的，属于本条规定的"开设赌场"。

根据最高人民法院、最高人民检察院、公安部于 2020 年 10 月 16 日发布的《办理跨境赌博犯罪案件若干问题的意见》的规定：以营利为目的，有下列情形之一的，属于本条规定的"开设赌场"：(1)境外赌场经营人、实际控制人、投资人，组织、招揽中华人民共和国公民赴境外赌博的；(2)境外赌场管理人员，组织、招揽中华人民共和国公民赴境外赌博的；(3)受境外赌场指派、雇佣，组织、招揽中华人民共和国公民赴境外赌博，或者组织、招揽中华人民共和国公民赴境外赌博，从赌场获取费用、其他利益的;(4)在境外赌场包租赌厅、赌台,组织、招揽中华人民共和国公民赴境外赌博的;(5)其他在境外以提供赌博场所、提供赌资、设定赌博方式等,组织、招揽中华人民共和国公民赴境外赌博的。在境外赌场通过开设账户、洗码等方式,为中华人民共和国公民赴境外赌博提供资金担保服务的,以"开设赌场"论处。以营利为目的,利用信息网络、通讯终端等传输赌博视频、数据,组织中华人民共和国公民跨境赌博活动,有下列情形之一的,属于本条规定的"开设赌场":(1)建立赌博网站、应用程序并接受投注的;(2)建立赌博网站、应用程序并提供给他人组织赌博的;(3)购买或者租用赌博网站、应用程序,组织他人赌博的;(4)参与赌博网站、应用程序利润分成的;(5)担任赌博网站、应用程序代理并接受投注的;(6)其他利用信息网络、通讯终端等传输赌博视频、数据,组织跨境赌博活动的。

3.本罪的主体是一般主体。

4.本罪的主观方面为故意,并具有营利的目的。

(三)开设赌场罪的处罚

犯本罪的,处 5 年以下有期徒刑、拘役或者管制,并处罚金;情节严重的,处 5 年以上 10 年以下有期徒刑,并处罚金。

五十三、组织参与国(境)外赌博罪

(一)组织参与国(境)外赌博罪的概念

组织参与国(境)外赌博罪,是指组织中华人民共和国公民参与国(境)外赌博,数额巨大或者有其他严重情节的行为。

(二)组织参与国(境)外赌博罪的特征

1.本罪的客体是社会风尚和社会管理秩序。

2.本罪的客观方面表现为行为人实施了组织中华人民共和国公民参与国(境)外赌博,数额巨大或者有其他严重情节的行为。根据最高人民法院、最高人民检察院、公安部于 2020 年 10 月 16 日发布的《办理跨境赌博犯罪案件若干问题的意见》,本罪的具体行为主要有:(1)境外赌场经营人、实际控制人、投资人、管理人,组织、招揽我国公民赴境外赌博;(2)受境外赌场指派、雇佣,组织、招揽我国公民赴境外赌博;(3)组织、招揽我国公民赴境外赌博,从赌场获取费用,其他利益;(4)在境外赌场包租赌厅、赌台,组织、招揽我国公民赴境外赌博;(5)其他在境外以提供赌博场所、提供赌资、设定赌博方式等,组织、招揽我国公民赴境外赌博;(6)利用信息网络、通信终端等传输赌博视频、数据,组织、招揽我国公民跨境赌博等。

3.本罪的主体为一般主体。

4.本罪的主观方面为故意。

（三）组织参与国（境）外赌博罪的处罚

根据《刑法》第 303 条第 3 款的规定，犯本罪的，依照《刑法》第 303 条第 2 款的规定处罚。

五十四、故意延误投递邮件罪

（一）故意延误投递邮件罪的概念

故意延误投递邮件罪，是指邮政工作人员严重不负责任，故意延误投递邮件，致使公共财产、国家和人民利益遭受重大损失的行为。

（二）故意延误投递邮件罪的特征

1.本罪的客体是国家邮件通讯管理秩序。

2.本罪的客观方面表现为行为人实施了严重不负责任，故意延误邮件投递，且造成公共财产、国家和人民利益的重大损失的行为。

3.本罪的主体为特殊主体，即邮件工作人员。

4.本罪的主观方面为故意。

（三）故意延误投递邮件罪的处罚

根据《刑法》第 304 条的规定，犯本罪的，处 2 年以下有期徒刑或者拘役。

第三节 妨害司法罪分述

一、伪证罪

（一）伪证罪的概念

伪证罪，是指在刑事诉讼中，证人、鉴定人、记录人、翻译人对与案件有重要关系的情节，故意作虚假证明、鉴定、记录、翻译，意图陷害他人或者隐匿罪证的行为。

（二）伪证罪的特征

1.本罪的客体是复杂客体，即国家的正常司法秩序和公民的人身权利。

2.本罪的客观方面表现为行为人在刑事诉讼中，对与案件有重要关系的情节，实施了伪证行为。"伪证"，是指行为人故意作虚假证明、鉴定、记录、翻译。本罪的成立必须是发生在刑事诉讼中。"刑事诉讼"，是指侦查、起诉、审判的整个过程。与案件有重要关系的情节，主要是指对案件是否构成犯罪、犯罪的性质或者对罪行轻重有重大影响的情节。

3.本罪主体是特殊主体，只能是刑事诉讼中的证人、鉴定人、记录人、翻译人。

4.本罪的主观方面为故意，且行为人具有陷害他人或者隐匿罪证的意图。

（三）伪证罪的认定

1.本罪罪与非罪的界限

对于鉴定人、记录人、翻译人工作不负责任,疏忽大意,或者业务水平有限而提供不正确的鉴定、记录、翻译的;以及由于对于案件真实情况一知半解,认识不准确,或者道听途说而传闻作证,从而提供了虚假证明的,因不具备伪证的主观故意,不构成伪证罪。对于虽有伪证行为,但情节显著轻微,危害不大的,不应认定为犯罪。

2.本罪与诬告陷害罪的界限

诬告陷害罪的行为人为了陷害他人,虚构事实、伪造证据,可能在表现形式上与本罪相似,二者的区别是:(1)犯罪方式不同。本罪只是在与案件有重要关系的个别情节上作伪证,而后者是捏造整个犯罪事实。(2)犯罪主体不同。本罪的主体是特殊主体;后者的主体为一般主体。(3)犯罪发生的时间不同。本罪只能发生在刑事诉讼过程中;而后者发生在刑事诉讼活动开始之前,往往是引起案件侦查的原因。(4)行为所针对的对象不同。本罪行为针对的对象是进入刑事诉讼程序的犯罪嫌疑人;而后者所针对的对象则是未必进入刑事诉讼程序的人。(5)犯罪意图不同。本罪的犯罪意图既可能是陷害无辜,也可能是包庇罪犯;而后者的行为人的犯罪意图只能是陷害无辜。

（四）伪证罪的处罚

根据《刑法》第305条的规定,犯本罪的,处3年以下有期徒刑或者拘役;情节严重的,处3年以上7年以下有期徒刑。

二、辩护人、诉讼代理人毁灭、伪造证据、妨害作证罪

（一）辩护人、诉讼代理人毁灭、伪造证据、妨害作证罪的概念

辩护人、诉讼代理人毁灭、伪造证据、妨害作证罪,是指在刑事诉讼中,辩护人、诉讼代理人毁灭证据、伪造证据,帮助当事人毁灭证据、伪造证据,威胁、引诱证人违背事实改变证言或者作伪证的行为。

（二）辩护人、诉讼代理人毁灭、伪造证据、妨害作证罪的特征

1.本罪的客体是国家司法机关的正常刑事诉讼活动。

2.本罪的客观方面表现为行为人实施了毁灭证据、伪造证据,帮助当事人毁灭证据、伪造证据,威胁、引诱证人违背事实改变证言或者作伪证的行为。注意根据《刑法》第306条第2款的规定,辩护人、诉讼代理人提供、出示、引用的证人证言或者其他证据失实,不是有意的,不属于伪造证据。

3.本罪的主体是特殊主体,即只能是辩护人、诉讼代理人。

4.本罪的主观方面为故意。

（三）辩护人、诉讼代理人毁灭、伪造证据、妨害作证罪的处罚

根据《刑法》第 306 条的规定，犯本罪的，处 3 年以下有期徒刑或者拘役；情节严重的，处 3 年以上 7 年以下有期徒刑。

三、妨害作证罪

（一）妨害作证罪的概念

妨害作证罪，是指以暴力、威胁、贿买等方法阻止证人作证或者指使他人作伪证的行为。

（二）妨害作证罪的特征

1. 本罪的客体是国家司法机关的正常诉讼活动。

2. 本罪的客观方面表现为行为人实施了以暴力、威胁、贿买等方法阻止证人作证或者指使他人作伪证的行为。本罪有多种表现形式，只要实施了前述行为之一的，即可构成本罪。本罪成立的时间范围，在刑法中没有明确规定，但一般发生在诉讼过程中，即刑事诉讼、民事诉讼、行政诉讼过程中。

3. 本罪的主体是一般主体。

4. 本罪的主观方面为故意。

（三）妨害作证罪的处罚

根据《刑法》第 307 条第 1 款的规定，犯本罪的，处 3 年以下有期徒刑或者拘役；情节严重的，处 3 年以上 7 年以下有期徒刑。司法工作人员犯本罪的，从重处罚。

四、帮助毁灭、伪造证据罪

（一）帮助毁灭、伪造证据罪的概念

帮助毁灭、伪造证据罪，是指帮助当事人毁灭、伪造证据，情节严重的行为。

（二）帮助毁灭、伪造证据罪的特征

1. 本罪的客体是国家司法机关的正常活动。

2. 本罪的客观方面表现为实施了帮助当事人毁灭、伪造证据，情节严重的行为。本罪行为必须情节严重的才构成犯罪。"情节严重"，一般是指严重妨碍司法机关的正常诉讼活动，帮助的目的动机特别卑劣；多次进行帮助的；所涉及的是大案要案的证据；因其帮助行为导致诉讼活动无法进行、中止的等。

3. 本罪的主体是一般主体。

4. 本罪的主观方面为故意。

（三）帮助毁灭、伪造证据罪的处罚

根据《刑法》第 307 条第 2 款的规定，犯本罪的，处 3 年以下有期徒刑或者拘

役。司法工作人员犯本罪的,从重处罚。

五、虚假诉讼罪

(一)虚假诉讼罪的概念

虚假诉讼罪,是指以捏造的事实提起民事诉讼,严重妨害司法秩序的,或者严重侵害他人合法权益的行为。

(二)虚假诉讼罪的特征

1.本罪的客体是国家的司法秩序。

2.本罪的客观方面表现为行为人实施了以捏造的事实提起民事诉讼,严重妨害司法秩序的,或者严重侵害他人合法权益的行为。

3.本罪的主体是一般主体。

4.本罪的主观方面为故意。

(三)虚假诉讼罪的处罚

根据《刑法》第 307 条之一的规定,犯本罪的,处 3 年以下有期徒刑、拘役或者管制,并处或者单处罚金。

单位犯本罪的,对单位判处罚金,并对其直接负责的主管人员和其他直接责任人员,依照自然人犯本罪的规定处罚。有虚假诉讼行为,非法占有他人财产或者逃避合法债务,又构成其他犯罪的,依照处罚较重的规定定罪从重处罚。司法工作人员利用职权,与他人共同实施前三款行为的,从重处罚;同时构成其他犯罪的,依照处罚较重的规定定罪从重处罚。

六、打击报复证人罪

(一)打击报复证人罪的概念

打击报复证人罪,是指故意对证人进行打击报复的行为。

(二)打击报复证人罪的特征

1.本罪的客体是证人依法作证的权利。

2.本罪的客观方面表现为行为人实施了对证人进行打击报复的行为。"打击报复"有多种形式,如制造种种"理由"、"借口",非法克扣证人的工资、奖金等;给证人降级、降职、降薪;对证人的提职、晋升及职称评定予以压制;等等。

3.本罪的主体是一般主体。

4.本罪的主观方面为故意,具有报复证人目的。

(三)打击报复证人罪的处罚

根据《刑法》第 308 条的规定,犯本罪的,处 3 年以下有期徒刑或者拘役;情节严重的,处 3 年以上 7 年以下有期徒刑。

七、泄露审判信息罪

（一）泄露审判信息罪的概念

泄露审判信息罪，是指司法工作人员、辩护人、诉讼代理人或者其他诉讼参与人，泄露依法不公开审理的案件中不应当公开的信息，造成信息公开传播或者其他严重后果的行为。

（二）泄露审判信息罪的特征

1.本罪的客体是国家司法机关的正常活动。

2.本罪的客观方面表现为实施了司法工作人员、辩护人、诉讼代理人或者其他诉讼参与人，泄露依法不公开审理的案件中不应当公开的信息，造成信息公开传播或者其他严重后果的行为。

3.本罪的主体是司法工作人员、辩护人、诉讼代理人或者其他诉讼参与人。

4.本罪的主观方面是故意。

（三）泄露审判信息罪的认定

泄露依法不公开审理的案件中不应当公开的信息，该信息属于国家秘密的，则依照《刑法》第398条的规定定罪处罚。

（四）泄露审判信息罪的处罚

根据《刑法》第308条的规定，犯本罪的，处3年以下有期徒刑、拘役或者管制，并处或者单处罚金。公开披露、报道第1款规定的案件信息，情节严重的，依照第1款的规定处罚。

单位犯本款罪的，对单位判处罚金，并对直接负责的主管人员和其他直接责任人员，依照自然人犯本罪的规定处罚。

八、扰乱法庭秩序罪

（一）扰乱法庭秩序罪的概念

扰乱法庭秩序罪，是指聚众哄闹、冲击法庭，或者殴打司法工作人员或者诉讼参与人，或者侮辱、诽谤、威胁司法工作人员或者诉讼参与人，不听法庭制止，严重扰乱法庭秩序，或者毁坏法庭设施，抢夺、损毁诉讼文书、证据等扰乱法庭秩序情节严重的行为。

（二）扰乱法庭秩序罪的特征

1.本罪的客体是人民法院审理案件的正常秩序。

2.本罪的客观方面表现为行为人实施了下列行为之一的：（1）聚众哄闹、冲击法庭的；（2）殴打司法工作人员或者诉讼参与人的；（3）侮辱、诽谤、威胁司法工作人员或者诉讼参与人，不听法庭制止，严重扰乱法庭秩序的；（4）毁坏法庭设施，抢夺、损毁诉讼文书、证据等扰乱法庭秩序行为,情节严重的。本罪是结果犯,必须严重扰乱法庭秩序,才构成犯罪。"严重扰乱法庭秩序",一般是指行为人的行为致使审判机关无法正常进行审判工作。

3.本罪的主体是一般主体。

4.本罪的主观方面为故意。

(三)扰乱法庭秩序罪的处罚

根据《刑法》第309条的规定,犯本罪的,处3年以下有期徒刑、拘役、管制或者罚金。

九、窝藏、包庇罪

(一)窝藏、包庇罪的概念

窝藏、包庇罪,是指明知是犯罪的人,而为其提供隐藏处所、财物,帮助其逃匿或者作假证明包庇的行为。

(二)窝藏、包庇罪的特征

1.本罪的客体是司法机关的正常活动。本罪的对象是犯罪人,是指已经实施犯罪行为的人,既包括犯罪后潜逃未归案的犯罪人,也包括被司法机关羁押而脱逃的未决犯与已决犯。

2.本罪的客观方面表现为行为人实施了窝藏或包庇犯罪分子的行为。具体指:(1)为犯罪分子提供隐藏处所、财物,帮助其逃匿。这种行为的特点是使司法机关不能或者难以发现犯罪人,因此,除提供隐藏处所、财物外,向犯罪的人通报侦查或追捕的信息、向犯罪的人提供化妆的用具等,也属于帮助其逃匿的行为。(2)为犯罪分子作假证明以掩盖其犯罪事实。注意本罪属于选择性罪名,只要行为人实施了窝藏、包庇犯罪分子行为之一的,即可构成本罪,在确定具体罪名时,根据行为人实际实施的行为来确定。

根据《刑法》第362条的规定,旅馆业、饮食服务业、文化娱乐业、出租汽车业等单位的人员,在公安机关查处卖淫、嫖娼活动时,为犯罪分子通风报信,情节严重的,也属于窝藏、包庇罪行为。

3.本罪的主体是一般主体。

4.本罪的主观方面为直接故意,即明知是犯罪人而窝藏、包庇的。如果不知对方是犯罪人而为其提供藏身之处或物资帮助,或者不了解事实而提供了客观上有利于犯罪人的证词的,不以犯罪论处。

(三)窝藏、包庇罪的认定

1.本罪罪与非罪的界限

注意本罪与知情不报行为的界限。"知情不报",一般是指知晓犯罪事实或者犯罪人的情况下而不主动或不自觉向司法机关举报的行为。虽然知情不报的行为客观上有利于犯罪分子逃匿,但与窝藏、包庇罪有显著区别。本罪的行为人是以积极的窝藏、包庇行为帮助犯罪分子逃避刑事制裁;而知情不报的行为人只是消极地不提供有关犯罪事实和犯罪分子的有关信息。由于我国刑法没有关于知悉一般犯罪事实和犯罪人情况的人必须举报的强制性规定,所以,对于知情不报的行为一般不能以犯罪论处。但如果明知他人有间谍犯罪或者恐怖主义、极端主义犯罪行为,在司法机关向其调查有关情况、收集有关证据时,拒绝提供,情节严重的,依照《刑法》第 311 条的规定,以拒绝提供间谍犯罪、恐怖主义犯罪、极端主义犯罪证据罪定罪处罚;作假证明包庇的,依照刑法第 310 条的规定,以包庇罪从重处罚。

2.窝藏、包庇罪中的包庇行为与伪证罪的界限

包庇罪的表现之一是行为人"作假证明",这与伪证罪中的"伪证"有共同点。二者的区别是:(1)主体不同。伪证罪的主体是特殊主体,限于刑事诉讼中的证人、鉴定人、记录人、翻译人。包庇罪的主体是一般主体。(2)实施犯罪的时间不同。伪证罪只能发生在刑事诉讼的过程中;而包庇罪可以发生犯罪人实施犯罪后任何时间。(3)故意内容不同。伪证罪的行为人犯罪故意内容既可以是隐匿罪证,使犯罪分子逃避法律制裁的意图,也可以是为了陷害他人使无罪者受到刑事追究的意图;而包庇罪的故意内容只是意图使犯罪分子逃避法律制裁。(4)本罪是通过使犯罪人逃匿或者采取其他庇护方法,使其逃避刑事制裁;伪证罪掩盖的是与案件有重要关系的犯罪情节。(5)本罪的对象既可以是未决犯,也可以是已决犯;而伪证罪所包庇的对象只能是未决犯。

3.本罪与事前通谋的共同犯罪的界限

窝藏、包庇行为只有在与犯罪人事前没有通谋的情况下,实施窝藏、包庇行为的,才成立本罪。如果行为人事前与犯罪人通谋,商定待犯罪人实行犯罪后予以窝藏、包庇的,则成立共同犯罪。因此,《刑法》第 310 条第 2 款规定,犯窝藏、包庇罪,事前通谋的,以共同犯罪论处。在这种情况下,即使共同犯罪所犯之罪的法定刑低于窝藏、包庇罪的法定刑,也应以共同犯罪论处。

(四)窝藏、包庇罪的处罚

根据《刑法》第 310 条第 1 款的规定,犯本罪的,处 3 年以下有期徒刑、拘役或者管制;情节严重的,处 3 年以上 10 年以下有期徒刑。

十、拒绝提供间谍犯罪证据罪

(一)拒绝提供间谍犯罪证据罪的概念

拒绝提供间谍犯罪证据罪,是指明知他人有间谍犯罪或者恐怖主义、极端主义犯罪

行为,在司法机关向其调查有关情况、收集有关证据时,拒绝提供,情节严重的行为。

(二)拒绝提供间谍犯罪证据罪的特征

1.本罪的客体是国家安全机关打击与防范间谍犯罪、恐怖主义犯罪、极端主义犯罪的正常活动。

2.本罪的客观方面表现为行为人实施了拒绝提供间谍犯罪等证据的行为。注意以下问题:(1)向行为人调查的调查者须是司法机关;(2)时间是特定的,即行为发生在司法机关向其调查有关情况、收集有关证据时;(3)行为方式是"拒不提供"。本罪是情节犯,情节严重才构成犯罪。

3.本罪的主体为一般主体。

4.本罪的主观方面是故意。

(三)拒绝提供间谍犯罪证据罪的处罚

根据《刑法》第311条的规定,犯本罪的,处3年以下有期徒刑、拘役或者管制。

十一、掩饰、隐瞒犯罪所得、犯罪所得收益罪

(一)掩饰、隐瞒犯罪所得、犯罪所得收益罪的概念

掩饰、隐瞒犯罪所得、犯罪所得收益罪,是指行为人明知是犯罪所得及其产生的收益而予以窝藏、转移、收购、代为销售或者以其他方法掩饰、隐瞒的行为。

(二)掩饰、隐瞒犯罪所得、犯罪所得收益罪的特征

1.本罪的客体是社会管理秩序和国家司法机关的正常活动。赃款、赃物既是犯罪所追求的目标,也是证实这些犯罪的主要证据之一。有效、及时地查获赃款、赃物是证实犯罪、揭露、打击犯罪分子的重要手段。帮助犯罪分子处理赃物,为犯罪分子逃避法律制裁创造了条件,严重妨害了公安、司法机关追查、审判犯罪分子的正常活动。本罪的犯罪对象是犯罪所得及其产生的收益。

2.本罪的客观方面表现为行为人实施了窝藏、转移、收购、销售赃物或者以其他方法掩饰、隐瞒的行为。窝藏,是指为犯罪分子藏匿赃物的行为;转移,是指把犯罪分子犯罪所得赃物由此地运往彼地的行为;收购,是指购买犯罪分子犯罪所得的赃物的行为;销售,是指为犯罪分子将犯罪所得的赃物卖出的行为。《刑法修正案(六)》第19条还增加规定了以其他方法掩饰、隐瞒的行为。该行为是指除前述窝藏、转移、收购、销售以外的其他行为。

3.本罪的主体是一般主体。单位也可以成为本罪主体。

4.本罪的主观方面为故意,即必须是行为人明知是犯罪所得的赃物而予以窝藏、转移、收购、代为销售或者以其他方法掩饰、隐瞒的,否则不构成犯罪。

（三）掩饰、隐瞒犯罪所得、犯罪所得收益罪的认定

1.本罪与共同犯罪的界限

本罪的行为人虽然明知自己掩饰、隐瞒的是犯罪所得或其收益,但没有与其他犯罪人事前通谋。如果行为人与其他犯罪人事前有通谋,即按照分工不同来实施窝藏、转移、收购、销售等掩饰、隐瞒行为的,对其应按共同犯罪论处。

2.本罪中的窝藏行为与窝藏、包庇罪的窝藏行为的界限

二者的相同点都是"藏",不同点是:所藏的对象不同,本罪中的"窝藏"所藏的是"赃物";而窝藏、包庇罪中的"窝藏",所藏的是犯罪人。

（四）掩饰、隐瞒犯罪所得、犯罪所得收益罪的处罚

根据《刑法》第312条的规定,犯本罪的,处3年以下有期徒刑、拘役或者管制,并处或者单处罚金;情节严重的,处3年以上7年以下有期徒刑,并处罚金。

单位犯本罪的,对单位判处罚金,并对其直接负责的主管人员和其他直接责任人员,依照自然人犯本罪的规定处罚。

十二、拒不执行判决、裁定罪

（一）拒不执行判决、裁定罪的概念

拒不执行判决、裁定罪,是指对人民法院的判决、裁定有能力执行而拒不执行,情节严重的行为。

（二）拒不执行判决、裁定罪的特征

1.本罪的客体是国家的审判制度。本罪的对象是判决、裁定。根据全国人大常委会2002年8月29日通过的《关于〈中华人民共和国刑法〉第三百一十三条的解释》（以下简称《刑法第313条的解释》）,判决、裁定是指人民法院依法作出的具有执行内容并已发生法律效力的判决、裁定。人民法院为依法执行支付令、生效的调解书、仲裁裁决、公证债权文书等所作的裁定属于该条规定的裁定。

2.本罪客观方面表现为行为人实施了拒不执行判决、裁定的行为。其基本特点是:（1）要有拒绝执行人民法院生效判决、裁定的行为。拒绝执行,是指对人民法院生效裁判所确定的义务采取种种手段而拒绝履行。（2）行为人有能力执行而拒不执行。（3）行为属于情节严重。

3.本罪的主体是负有执行人民法院判决、裁定义务的自然人。根据最高人民法院、最高人民检察院、公安部2007年8月30日发布的《关于依法严肃查处拒不执行判决、裁定和暴力抗拒法院执行犯罪行为有关问题的通知》第4条的规定,负有执行人民法院判决、裁定义务的单位的主管人员和其他直接责任人员,为了本单位的利益拒不执行判决、裁定,造成特别严重后果的,对该主管人员和其他直接责任人员以拒不执行判决、裁定罪定罪处罚,即按自然人犯本罪论处。

4. 本罪的主观方面为故意。

（三）拒不执行判决、裁定罪的认定

1. 本罪罪与非罪的界限

本罪是情节犯，情节严重的才构成犯罪。根据《刑法第313条的解释》，下列情形属于刑法第313条规定的"有能力执行而拒不执行，情节严重"的情形：（1）被执行人隐藏、转移、故意毁损财产或者无偿转让财产、以明显不合理的低价转让财产，致使判决、裁定无法执行的；（2）担保人或者被执行人隐藏、转移、故意毁损或者转让已向人民法院提供担保的财产，致使判决、裁定无法执行的；（3）协助执行义务人接到人民法院协助执行通知书后，拒不协助执行，致使判决、裁定无法执行的；（4）被执行人、担保人、协助执行义务人与国家机关工作人员通谋，利用国家机关工作人员的职权妨害执行，致使判决、裁定无法执行的；（5）其他有能力执行而拒不执行，情节严重的情形。

2. 本罪与故意杀人罪、故意伤害罪的界限

行为人以暴力阻止司法工作人员执行判决、裁定，其暴力程度应以造成轻伤害为限度，如果行为人在抗拒判决、裁定执行过程中将执行人员或协助执行人员打成重伤甚至杀害的，则应择一重罪处罚，按故意伤害罪或故意杀人罪处理。

3. 本罪与妨害公务罪的界限

二者的不同点有：（1）妨害公务罪指向的对象是依法执行职务的国家工作人员；本罪指向的对象是已生效的判决、裁定；（2）妨害公务罪的方法必须是用暴力、威胁的方法，而构成本罪不要求用这种方法。但是，往实践中，有的行为人拒不执行判决、裁定，往往表现为司法工作人员到现场强制执行判决、裁定时（如强制拆除违章建筑等），行为人对执行人员实施暴力的方法阻碍执行，这既是拒不执行判决、裁定，又具有妨害公务的特征，通常认为，对执行人员使用暴力，目的是阻碍执行判决、裁定，因此，定拒不执行判决、裁定罪更为恰当。

（四）拒不执行判决、裁定罪的处罚

根据《刑法》第313条的规定，犯本罪的，处3年以下有期徒刑、拘役或者罚金；情节特别严重的，处3年以上7年以下有期徒刑，并处罚金。

单位犯本罪的，对单位判处罚金，并对其直接负责的主管人员和其他直接责任人员，依照自然人犯本罪的规定处罚。

十三、非法处置查封、扣押、冻结的财产罪

（一）非法处置查封、扣押、冻结的财产罪的概念

非法处置查封、扣押、冻结的财产罪，是指隐藏、转移、变卖、故意毁损已被司法机关查封、扣押、冻结的财产，情节严重的行为。

（二）非法处置查封、扣押、冻结的财产罪的特征

1.本罪的客体是国家审判机关的正常活动。

2.本罪的客观方面表现为行为人实施了隐藏、转移、变卖、故意毁损已被司法机关查封、扣押、冻结的财产的行为。客观方面注意：（1）行为的非法性，即行为人必须是违法地处置了司法机关依法查封、扣押、冻结的财产；（2）行为人实施了隐藏、转移、变卖、故意毁损四种行为之一；（3）行为必须情节严重。

3.本罪的主体是一般主体。

4.本罪的主观方面为故意。

（三）非法处置查封、扣押、冻结的财产罪的处罚

根据《刑法》第314条的规定，犯本罪的，处3年以下有期徒刑、拘役或者罚金。

十四、破坏监管秩序罪

（一）破坏监管秩序罪的概念

破坏监管秩序罪，是指依法被关押的罪犯，故意破坏监管秩序，情节严重的行为。

（二）破坏监管秩序罪的特征

1.本罪的客体是国家监所管理秩序。"监所"，包括监狱、看守所、少年犯管教所、拘役所等。

2.本罪的客观方面表现为行为人实施了破坏监管秩序的行为。具体行为方式有：（1）殴打监管人员；（2）组织其他被监管人破坏监管秩序；（3）聚众闹事、扰乱正常监管秩序；（4）殴打、体罚或者指使他人殴打、体罚其他被监管人。实施上述四种行为之一，即可成立本罪。注意以下几点：（1）本罪发生的时间是罪犯被劳改机关监管的期间；（2）本罪发生的地点，是指罪犯在劳改机关监控下服刑的任何场所；（3）实施上述四种行为之一的，还必须情节严重的，才构成本罪。情节严重，一般指多次殴打监管人员或者为抗拒改造而殴打监管人员或者殴打监管人员致伤；多次聚众闹事扰乱监管秩序或者聚众绝食影响恶劣；多次殴打、体罚或者指使他人殴打体罚其他被监管人或者致人伤害的等等。

3.本罪的主体是特殊主体，即依法被关押的罪犯。

4.本罪的主观方面为故意。

（三）破坏监管秩序罪的处罚

根据《刑法》第315条的规定，犯本罪的，处3年以下有期徒刑。

十五、脱逃罪

(一)脱逃罪的概念

脱逃罪,是指依法被关押的罪犯、被告人、犯罪嫌疑人从被关押的处所逃逸的行为。

(二)脱逃罪的特征

1.本罪的客体是司法机关的正常管理秩序。对犯罪嫌疑人、被告人、罪犯进行拘留、逮捕、羁押、监管是司法机关依照法定条件和程序对犯罪嫌疑人、被告人、罪犯的法律强制措施,是保护人民、维护社会秩序,同犯罪作斗争的重要手段,也是保障司法机关司法活动正常进行的必要环节。接受司法机关依法对其所采取的羁押、监管,是犯罪嫌疑人、被告人、罪犯必须遵守的义务。行为人脱逃,直接破坏了司法机关的监管秩序,妨害了司法机关的活动。

2.本罪的客观方面表现为行为人实施了脱逃行为。"脱逃",是指行为人从司法机关的监所逃逸。注意以下问题:(1)脱逃的地点可以是从看守所、监狱逃跑,也可以是从其他临时被关押的场所或者从被押解的交通工具上或者从被押解的途中等逃逸。(2)逃逸的方法多种多样,可以使用暴力脱逃,也可以用非暴力的方法脱逃。但如果看守人员私放罪犯,而罪犯借机脱逃的,该脱逃人犯如何处理? 有的主张,应对看守人员定私放在押人员罪,同时对脱逃的人犯定本罪。我们认为,对看守人员定私放在押人犯罪是正确的,但对人犯的脱逃行为不宜定罪。因为在押人犯不脱逃具有不可期待性,根据期待可能性理论,其脱逃的行为不具有刑事归责性。

3.本罪的主体是特殊主体,即被关押的罪犯、被告人、犯罪嫌疑人。"依法被关押的",一般是指依据事实和法律,按照正当程序应当被关押的人。如果那些被非法关押者或者根本无罪却被错误地作为犯罪嫌疑人而加以关押者从被关押处所逃逸的,不能按犯罪论处。

4.本罪的主观方面为故意。

(三)脱逃罪的认定

1.本罪一罪与数罪的界限

行为人在脱逃的过程中可能使用暴力,同时又实施伤害或者杀人等行为的如何处理? 一般认为如果行为人在逃逸过程中轻伤他人的,仍应对行为人定脱逃罪;如果行为人在脱逃过程中重伤他人或者杀害他人的,行为人按一重罪处理。

2.本罪的既遂与未遂问题

关于脱逃罪的既遂与未遂的标准,我国刑法学界主要有两种观点:一种观点认为,认定本罪的既遂与未遂问题,以行为人是否逃出被关押的处所为标准,只要逃出被关押的处所,即使没有摆脱监管人员的控制也是既遂,否则是未遂;另一种观点认为,以行为人是否逃出了监管人员的控制范围为准,已逃出的,是既遂,未逃出的是未遂。如果行为人只逃出了监管设施,但并没有逃脱监管人员控制的仍应按未遂处理。我们认为后一种观点更合适。

（四）脱逃罪的处罚

根据《刑法》第 316 条第 1 款的规定,犯本罪的,处 5 年以下有期徒刑或者拘役。

十六、劫夺被押解人员罪

（一）劫夺被押解人员罪的概念

劫夺被押解人员罪,是指劫夺押解途中的罪犯、被告人和犯罪嫌疑人的行为。

（二）劫夺被押解人员罪的特征

1.本罪的客体是国家对人犯的监管秩序。

2.本罪的客观方面表现为行为人实施了劫夺押解途中的罪犯、被告人、犯罪嫌疑人的行为。其特点是:(1)本罪发生的时间是特定的,即行为人的劫夺行为发生在监管人员押解罪犯、被告人、犯罪嫌疑人的途中;(2)劫夺的对象是特定的,即被押解的罪犯、被告人、犯罪嫌疑人,否则不构成本罪。

3.本罪的主体是一般主体。

4.本罪的主观方面为故意。

（三）劫夺被押解人员罪的处罚

根据《刑法》第 316 条第 2 款的规定,犯本罪的,处 3 年以上 7 年以下有期徒刑;情节严重的,处 7 年以上有期徒刑。

十七、组织越狱罪

（一）组织越狱罪的概念

组织越狱罪,是指依法被关押的罪犯、被告人、犯罪嫌疑人相互组织起来进行越狱的行为。

（二）组织越狱罪的特征

1.本罪的客体是国家监所管理秩序。

2.本罪的客观方面表现为被关押的罪犯在首要分子的组织和秘密策划下有组织、有计划地逃往狱外的行为。"狱",指一切关押罪犯、被告人、犯罪嫌疑人的场所,包括监狱、看守所以及其他临时关押上述三种人员的场所和押解的交通工具。越狱的方式是多种多样的,如冲闯狱门、翻越狱墙、挖掘地道等。只要是多名在押罪犯有组织越狱行为,无论采取何种方式,都不影响本罪的构成。

3.本罪的主体是特殊主体,即依法被关押的罪犯、被告人和犯罪嫌疑人。

4.本罪的主观方面为故意。

（三）组织越狱罪的处罚

根据《刑法》第 317 条第 1 款的规定,犯本罪的,对首要分子和积极参加者处 5 年以上有期徒刑;其他参加者,处 5 年以下有期徒刑或者拘役。

十八、暴动越狱罪

（一）暴动越狱罪的概念

暴动越狱罪,是指在押的罪犯、被告人、犯罪嫌疑人相互勾结,使用暴力集体越狱逃跑的行为。

（二）暴动越狱罪的特征

1.本罪的客体是国家的监所管理秩序。

2.本罪在客观方面表现为在首要分子的组织、策划、指挥下,有组织、有预谋、有计划地使用暴力而共同越狱的行为。所谓越狱,是指逃离监狱、看守所等羁押场所。所谓有组织、有预谋、有计划地使用暴力共同越狱,是指在首要分子的组织、策划、指挥下,进行密谋策划、相互勾结、串通,使用暴力进行集体越狱。暴力,则通常表现为杀伤、杀害监管人员,抢夺枪支、弹药、交通工具,砸毁监舍门窗等方式。

3.本罪的主体是特殊主体,即在押的罪犯、被告人和犯罪嫌疑人。

4.本罪的主观方面为故意。

（三）暴动越狱罪的处罚

《刑法》第 317 条第 2 款的规定,犯本罪的,对首要分子和积极参加者,处 10 年以上有期徒刑或者无期徒刑;情节特别严重的,处死刑;其他参加者,处 3 年以上 10 年以下有期徒刑。

十九、聚众持械劫狱罪

（一）聚众持械劫狱罪的概念

聚众持械劫狱罪,是指聚集多人持械劫夺狱中的在押人犯的行为。

（二）聚众持械劫狱罪的特征

1.本罪的客体是国家监所管理秩序。

2.本罪的客观方面表现为行为人实施了聚集多人持械劫夺狱中在押人犯的行为。"持械",是指行为人手拿刀、枪、棍棒等凶器实施劫狱行为。

3.本罪的主体是一般主体。

4.本罪的主观方面为故意。

（三）聚众持械劫狱罪的处罚

根据《刑法》第 317 条第 2 款的规定,犯本罪的,对首要分子和积极参加者,处

10 年以上有期徒刑或者无期徒刑;情节特别严重的,处死刑;其他参加者,处 3 年以上 10 年以下有期徒刑。

第四节　妨害国(边)境管理罪分述

一、组织他人偷越国(边)境罪

(一)组织他人偷越国(边)境罪的概念

组织他人偷越国(边)境罪,是指组织他人偷越国(边)境的行为。

(二)组织他人偷越国(边)境罪的特征

1. 本罪的客体是国家对国(边)境的管理制度。国(边)境管理制度,是指我国与邻国的国境出入管理制度,还包括我国大陆地区与台湾、香港、澳门地区的边境出入管理制度。

2. 本罪的客观方面表现为行为人实施了组织他人出入国(边)境的行为。根据"两高"2012 年 12 月 20 日起施行的《关于办理妨害国(边)境管理刑事案件应用法律若干问题的解释》(以下简称《国边境的解释》)第 1 条的规定,组织他人偷越国(边)境是指领导、策划、指挥他人偷越国(边)境或者在首要分子指挥下,实施拉拢、引诱、介绍他人偷越国(边)境等行为的。所谓"偷越国(边)境",根据该《解释》第 6 条的规定,是指具有下列情形之一的行为:没有出入境证件出入国(边)境或者逃避接受边防检查的;使用伪造、变造、无效的出入境证件出入国(边)境的;使用他人出入境证件出入国(边)境的;使用以虚假的出入境事由、隐瞒真实身份、冒用他人身份证件等方式骗取的出入境证件出入国(边)境的;采用其他方式非法出入国(边)境的。

3. 本罪的主体是一般主体。

4. 本罪的主观方面为故意,行为人一般具有营利的目的。

(三)组织他人偷越国(边)境罪的认定

1. 本罪与走私罪的界限

二者都是非法进出国(边)境,它们的不同点是:(1)客体不同,本罪侵犯的客体是国家对国(边)境的正常管理秩序;而走私罪侵犯的客体是国家的对外贸易管理制度,其走私的对象是指国家禁止、限制进出口的任何物品。(2)客观方面不同。前者是非法组织他人偷越国(边)境;而后者则是非法携带、运输国家禁止、限制进出口的物品进出国(边)境。

2. 本罪的罪数问题

(1)在犯本罪的过程中,造成被组织人重伤、死亡的,不以数罪论处,对行为人仍应定本罪,适用《刑法》第 318 条第 1 款关于加重处罚的规定。(2)在犯本罪的过程中,对被组织人有杀害、伤害、强奸、拐卖等犯罪行为，或者对检查人员有杀害、伤害等犯罪行为的，根据《刑法》第318条第2款的规定以数罪论处，依照数罪并罚的规定处罚。

（四）组织他人偷越国（边）境罪的处罚

根据《刑法》第318条第1款的规定，犯本罪的，处2年以上7年以下有期徒刑，并处罚金；有下列情形之一的，处7年以上有期徒刑或者无期徒刑，并处罚金或者没收财产：(1)组织他人偷越国（边）境集团的首要分子；(2)多次组织他人偷越国（边）境或者组织他人偷越国（边）境人数众多的；(3)造成被组织人重伤、死亡；(4)剥夺或者限制被组织人人身自由；(5)以暴力、威胁方法抗拒检查的；(6)违法所得数额巨大的；(7)有其他特别严重情节的。

根据《国边境的解释》第1条第2款的规定，组织他人偷越国（边）境人数在10人以上的，应当认定为《刑法》第318条第1款第(2)项规定的"人数众多"；违法所得数额在20万元以上的，应当认定为《刑法》第318条第1款第(6)项规定的"违法所得数额巨大"。根据该《解释》第1条第3款的规定，以组织他人偷越国（边）境为目的，招募、拉拢、引诱、介绍、培训偷越国（边）境人员，策划、安排偷越国（边）境行为，在他人偷越国（边）境之前或者偷越国（边）境过程中被查获的，应当以组织他人偷越国（边）境罪（未遂）论处；具有《刑法》第318条第1款规定的情形之一的，应当在相应的法定刑幅度基础上，结合未遂犯的处罚原则量刑。根据该《解释》第7条的规定，以单位名义或者单位形式组织他人偷越国（边）境，应当追究直接负责的主管人员和其他直接责任人员的刑事责任。根据该《解释》第8条的规定，实施组织他人偷越国（边）境犯罪，同时构成骗取出境证件罪、提供伪造、变造的出入境证件罪、出售出入境证件罪、运送他人偷越国（边）境罪的，依照处罚较重的规定定罪处罚。

二、骗取出境证件罪

（一）骗取出境证件罪的概念

骗取出境证件罪，是指以劳务输出、经贸往来或者其他名义，弄虚作假，骗取护照、签证等出境证件，为组织他人偷越国（边）境使用的行为。

（二）骗取出境证件罪的特征

1.本罪的客体是国家对出境证件的管理制度。根据《国边境的解释》第2条第2款的规定，这里的"出境证件"，包括护照或者代替护照使用的国际旅行证件，中华人民共和国海员证，中华人民共和国出入境通行证，中华人民共和国旅行证，中国公民往来香港、澳门、台湾地区证件，边境地区出入境通行证，签证、签注，出国（境）证明、名单，以及其他出境时需要查验的资料。

2.本罪的客观方面表现为行为人实施了骗取出境证件的行为。具体表现：(1)假借劳务输出、经贸往来或者其他名义，弄虚作假的行为；(2)骗取护照、签证等出境证件,为组织他人偷越国(边)境使用的行为。根据《国边境的解释》第 2 条第 1 款的规定,"弄虚作假"是指:为组织他人偷越国(边)境,编造出境事由、身份信息或者相关的境外关系证明的。

3.本罪的主体是一般主体,单位也可成为本罪的主体。

4.本罪的主观方面为故意,且行为人具有在组织他人偷越国(边)境过程中使用骗取的出境证件之意图。

(三)骗取出境证件罪的处罚

根据《刑法》第 319 条的规定,犯本罪的,处 3 年以下有期徒刑,并处罚金;情节严重的,处 3 年以上 10 年以下有期徒刑。根据《国边境的解释》第 2 条第 3 款的规定,"情节严重"是指具有下列情形之一的:骗取出境证件 5 份以上的;非法收取费用 30 万元以上的;明知是国家规定的不准出境的人员而为其骗取出境证件的;其他情节严重的情形。

单位犯本罪的,对单位判处罚金,并对其直接负责的主管人员和其他直接责任人员,依照自然人犯本罪的规定处罚。

三、提供伪造、变造的出入境证件罪

(一)提供伪造、变造的出入境证件罪的概念

提供伪造、变造的出入境证件罪,是指为他人提供伪造、变造的护照、签证等出入境证件的行为。

(二)提供伪造、变造的出入境证件罪的特征

1.本罪的客体是国家出入境证件的管理制度。

2.本罪的客观方面表现为行为人实施了为他人提供伪造、变造的出入境证件的行为。如果行为人伪造、变造出入境证件,然后向他人提供伪造、变造的出入境证件,牵连触犯伪造、变造、买卖国家机关公文、证件、印章罪,对此应按牵连犯的原则处理。如果提供空白的出入境证件的,根据最高人民法院研究室《关于买卖尚未加盖印章的空白〈边境证〉行为如何适用法律问题的答复》的规定,对买卖尚未加盖发证机关的行政印章或者通行专用章印鉴的空白《边境证》的行为,一般不以买卖国家机关证件罪追究刑事责任,但如果国家机关工作人员实施上述行为,构成犯罪的,可以按滥用职权罪等相关犯罪依法追究刑事责任。

3.本罪的主体是一般主体。

4.本罪的主观方面为故意。

(三)提供伪造、变造的出入境证件罪的认定

本罪与骗取出境证件罪的界限

二者的主要区别是:(1)犯罪对象不同。本罪对象是伪造、变造的出入境证件,

后罪的对象是合法有效的出境证件。(2)行为特征不同。本罪的行为特征是"向他人提供";而后罪的行为特征是"骗取"。

(四)提供伪造、变造的出入境证件罪的处罚

根据《刑法》第320条的规定,犯本罪的,处5年以下有期徒刑,并处罚金;情节严重的,处5年以上有期徒刑,并处罚金。根据《国边境的解释》第3条的规定,"情节严重"是指具有下列情形之一的:为他人提供伪造、变造的出入境证件或者出售出入境证件5份以上的;非法收取费用30万元以上的;明知是国家规定的不准出入境的人员而为其提供伪造、变造的出入境证件或者向其出售出入境证件的;其他情节严重的情形。根据该《解释》第7条的规定,以单位名义或者单位形式为他人提供伪造、变造的出入境证件应当追究直接负责的主管人员和其他直接责任人员的刑事责任。

四、出售出入境证件罪

(一)出售出入境证件罪的概念

出售出入境证件罪,是指向他人出售护照、签证等出入境证件的行为。

(二)出售出入境证件罪的特征

1.本罪的客体是国家出入境管理制度。

2.本罪在客观方面表现为出售护照、签证等出入境证件的行为。出售,即出卖,是指将出入境证件出卖给他人,以换取金钱、财物或其他物质性利益的行为。出售的出入境证件可以是本人的出入境证件,也可以是倒卖的他人出入境证件。但出卖的必须是真实的、合法的出入境证件。倘若出卖的是伪造或变造的出入境证件,则不应构成本罪,应当以提供伪造、变造的出入境证件罪论处。

3.本罪的主体是一般主体。

4.本罪的主观方面为故意,且行为人一般具有营利的目的。

(三)出售出入境证件罪的处罚

根据《刑法》第320条的规定,犯本罪的,处5年以下有期徒刑,并处罚金;情节严重的,处5年以上有期徒刑,并处罚金。

五、运送他人偷越国(边)境罪

(一)运送他人偷越国(边)境罪的概念

运送他人偷越国(边)境罪,是指违反国家边境管理规定,运送他人偷越国(边)境的行为。

(二)运送他人偷越国(边)境罪的特征

1.本罪的客体是国家的国(边)境管理制度。

2.本罪的客观方面表现为行为人实施了非法运送他人偷越国(边)境的行为。

3.本罪的主体是一般主体。

4.本罪的主观方面为故意,一般具有营利的目的。

(三)运送他人偷越国(边)境罪的处罚

根据《刑法》第 321 条第 1 款的规定,犯本罪的,处 5 年以下有期徒刑、拘役或者管制,并处罚金;有下列情形之一的,处 5 年以上 10 年以下有期徒刑,并处罚金:(1)多次实施运送行为或者运送人数众多的;(2)所使用的船只、车辆等交通工具不具备必要的安全条件,足以造成严重后果的;(3)违法所得数额巨大的;(4)有其他特别严重情节的。第 2 款规定,在运送他人偷越国(边)境中造成被运送人重伤、死亡,或者以暴力、威胁方法抗拒检查的,处 7 年以上有期徒刑,并处罚金。第 3 款规定,犯前两款罪,对被运送人有杀害、伤害、强奸、拐卖等犯罪行为,或者对检查人员有杀害、伤害等犯罪行为的,依照数罪并罚的规定处罚。

根据《国边境的解释》第 4 条和第 7 条的规定,运送他人偷越国(边)境人数在 10 人以上的,应当认定为"人数众多";违法所得数额在 20 万元以上的,应当认定为"违法所得数额巨大"。以单位名义或者单位形式运送他人偷越国(边)境的,应当追究直接负责的主管人员和其他直接责任人员的刑事责任。

六、偷越国(边)境罪

(一)偷越国(边)境罪的概念

偷越国(边)境罪,是指违反国(边)境管理法规,偷越国(边)境,情节严重,或者为参加恐怖活动组织、接受恐怖活动培训或者实施恐怖活动,偷越国(边)境的行为。

(二)偷越国(边)境罪的特征

1.本罪的客体是国家对出入国(边)境的管理制度。

2.本罪的客观方面表现为违反国(边)境管理法规,偷越国(边)境,情节严重的行为;以及为参加恐怖活动组织、接受恐怖活动培训或者实施恐怖活动,偷越国(边)境的行为。

3.本罪的主体是一般主体。

4.本罪的主观方面为故意。

(三)偷越国(边)境罪的认定

1.本罪与组织他人偷越国(边)境罪的界限

二者的相同点是:侵犯的客体相同,即都侵犯了国(边)境管理制度;行为人都是以"偷越"的形式出入国(边)境。二者的主要不同点是:客观方面不同,本罪行为人亲自偷越国(边)境,而组织他人偷越国(边)境罪的行为人常常是组织他人偷越国(边)境,而行为人自己可能并不偷越。

2.本罪与叛逃罪的界限

二者的相同点是:行为人都实施了非法出境行为。二者的不同点是:(1)侵犯的客体不同。本罪侵犯的客体是国(边)境管理制度;而后者侵犯的客体是国家安全。(2)犯罪主体不同。本罪的主体是一般主体;而后者的主体是特殊主体,即国家机关工作人员。(3)客观方面不同。本罪在任何时间实施偷越国(边)境,均可成立本罪;而后者的行为只有在履行公务期间,才成立犯罪。

(四)偷越国(边)境罪的处罚

根据《刑法》第 322 条的规定,违反国(边)境管理法规,偷越国(边)境,情节严重的,处 1 年以下有期徒刑、拘役或者管制,并处罚金;为参加恐怖活动组织、接受恐怖活动培训或者实施恐怖活动,偷越国(边)境的,处 1 年以上 3 年以下有期徒刑,并处罚金。这里的"情节严重",根据《国边境的解释》第 5 条的规定,是指具有下列情形之一的:在境外实施损害国家利益行为的;偷越国(边)境 3 次以上或者 3 人以上结伙偷越国(边)境的;拉拢、引诱他人一起偷越国(边)境的;勾结境外组织、人员偷越国(边)境的;因偷越国(边)境被行政处罚后一年内又偷越国(边)境的;其他情节严重的情形。

七、破坏界碑、界桩罪

(一)破坏界碑、界桩罪的概念

破坏界碑、界桩罪,是指明知是国家边境的界碑、界桩而故意进行破坏的行为。

(二)破坏界碑、界桩罪的特征

1.本罪的客体是国家对国(边)境界碑、界桩的管理制度。犯罪的对象是国家边境的界碑、界桩。

2.本罪的客观方面表现为行为人实施了破坏界碑、界桩的行为。"破坏"的形式多种多样,如捣毁、拆除、损坏、盗窃、掩埋、移动位置等。不论采取何种方法,只要使国家边境的界碑、界桩失去了原有的作用,都应视作破坏行为。

3.本罪的主体是一般主体。

4.本罪的主观方面为故意。

(二)破坏界碑、界桩罪的处罚

根据《刑法》第 323 条的规定,犯本罪的,处 3 年以下有期徒刑或者拘役。

八、破坏永久性测量标志罪

(一)破坏永久性测量标志罪的概念

破坏永久性测量标志罪,是指明知是永久性测量标志而故意进行破坏的行为。

(二)破坏永久性测量标志罪的特征

1.本罪的客体是国家对永久性测量标志的管理制度。犯罪对象是永久性测量标志,是指国家测量机关建造或埋设的各种永久性的测量标志,如各种等级的三角点、水准点、重力点、地形点、天文点、破解点、导线点、炮控点、海控点等。

2.本罪的客观方面表现为行为人实施了破坏永久性测量标志的行为。"破坏"的含义与前罪相同。

3.本罪的主体是一般主体。

4.本罪的主观方面为故意。

(三)破坏永久性测量标志罪的处罚

根据《刑法》第323条的规定,犯本罪的,处3年以下有期徒刑或者拘役。

第五节 妨害文物管理罪分述

一、故意损毁文物罪

(一)故意损毁文物罪的概念

故意损毁文物罪,是指故意损毁国家保护的珍贵文物或者被确定为全国重点文物保护单位、省级文物保护单位的文物的行为。

(二)故意损毁文物罪的特征

1.本罪的客体为国家的文物管理制度。本罪的对象是国家保护的珍贵文物或者被确定为全国重点文物保护单位、省级文物保护单位的文物。

2.本罪的客观方面表现为行为人实施了故意损毁文物的行为。"损毁"包括损坏和毁灭,其具体表现形式多种多样,如摔、砸、撞以及烧毁等。

3.本罪的主体是一般主体。

4.本罪的主观方面为故意。

(三)故意损毁文物罪的处罚

根据《刑法》第324条第1款的规定,犯本罪的,处3年以下有期徒刑或者拘役,并处或者单处罚金;情节严重的,处3年以上10年以下有期徒刑,并处罚金。

二、故意损毁名胜古迹罪

(一)故意损毁名胜古迹罪的概念

故意损毁名胜古迹罪,是指故意损毁国家保护的名胜古迹,情节严重的行为。

(二)故意损毁名胜古迹罪的特征

1.本罪的客体是国家名胜古迹的管理制度。本罪犯罪对象是名胜古迹,所谓

"名胜古迹",是指具有重大历史、艺术、科学价值,并被核定为国家或者地方重点文物保护单位的风景区或与名人事迹、历史事件有关而值得后人登临凭吊的胜地和建筑物。

2.本罪的客观方面表现为行为人实施了故意损毁名胜古迹的行为。"损毁",是指损坏和毁灭,具体方式多种多样,如捣毁、砸碎、拆除、污损、挖掘、刻画、焚烧、炸毁等。本罪行为必须达到情节严重才构成犯罪。情节严重,根据 2015 年 12 月 30 日最高人民法院、最高人民检察院《关于办理妨害文物管理等刑事案件适用法律若干问题的解释》(以下简称《文物的解释》)第 3 条的规定,是指:(1)造成 5 件以上三级文物损毁的;(2)造成二级以上文物损毁的;(3)致使全国重点文物保护单位、省级文物保护单位的本体严重损毁或者灭失的;(4)多次损毁或者损毁多处全国重点文物保护单位、省级文物保护单位的本体的;(5)其他情节严重的情形。

3.本罪的主体是一般主体。

4.本罪的主观方面为故意。

(三)故意损毁名胜古迹罪的认定

本罪与故意损毁文物罪的界限

二者的主要区别是犯罪对象不同,本罪的犯罪对象是名胜古迹,后者的对象是文物。但如果行为人损毁的对象具有文物与名胜古迹的双重性质时,该情形属于想象竞合犯,应按照想象竞合犯的处理原则即择一重罪处断。

(四)故意损毁名胜古迹罪的处罚

根据《刑法》第 324 条第 2 款的规定,犯本罪的,处 5 年以下有期徒刑或者拘役,并处或者单处罚金。

三、过失损毁珍贵文物罪

(一)过失损毁珍贵文物罪的概念

过失损毁珍贵文物罪,是指过失损毁国家保护的珍贵文物或被确定为全国重点文物保护单位、省级文物保护单位的文物,造成严重后果的行为。

(二)过失损毁珍贵文物罪的特征

1.本罪的客体是国家的文物管理制度。犯罪对象是国家保护的珍贵文物或者被确定为全国重点文物保护单位、省级文物保护单位的文物。

2.本罪的客观方面表现为行为人因过失而实施了损毁珍贵文物的行为。损毁的含义与前罪相同。本罪是过失犯罪,必须造成了严重后果的,才构成犯罪。

3.本罪的主体是一般主体。

4.本罪的主观方面为过失。

（三）过失损毁珍贵文物罪的处罚

根据《刑法》第 324 条第 3 款的规定，犯本罪的，处 3 年以下有期徒刑或者拘役。

四、非法向外国人出售、赠送珍贵文物罪

（一）非法向外国人出售、赠送珍贵文物罪的概念

非法向外国人出售、赠送珍贵文物罪，是指违反文物保护法规，将收藏的国家禁止出口的珍贵文物私自出售或者私自赠送给外国人的行为。

（二）非法向外国人出售、赠送珍贵文物罪的特征

1. 本罪的客体是国家对珍贵文物的处置管制制度。其犯罪对象是收藏的国家禁止出口的珍贵文物，包括国有单位、集体单位收藏的，也包括个人收藏的。

2. 本罪的客观方面表现为行为人实施了非法向外国人出售、赠送珍贵文物的行为。"非法"，是指行为人违反国家对珍贵文物的处置管制制度方面的有关规定。本罪是选择性罪名，只要实施出售、赠送行为之一的，即可构成本罪。

3. 本罪的主体是一般主体，单位也可成为本罪主体。

4. 本罪的主观方面为故意。

（三）非法向外国人出售、赠送珍贵文物罪的处罚

根据《刑法》第 325 条的规定，犯本罪的，处 5 年以下有期徒刑或者拘役，可以并处罚金。

单位犯本罪的，对单位判处罚金，并对其直接负责的主管人员和其他直接责任人员，依照自然人犯本罪的规定处罚。

五、倒卖文物罪

（一）倒卖文物罪的概念

倒卖文物罪，是指以牟利为目的，倒卖国家禁止经营的文物，情节严重的行为。

（二）倒卖文物罪的特征

1. 本罪的客体是国家的文物管理制度。国家的文物管理制度，主要是以《中华人民共和国文物保护法》为核心的一系列有关文物保护的法规。根据法律、法规的规定，中华人民共和国境内地下、内水和海中遗存的一切文物，属于国家所有。古文化遗址、古墓葬、石窟寺属于国家所有。国家机关、部队、全民所有制企业、事业组织收藏的文物，属于国家所有。文物只能由文化行政主管部门指定的单位收购，其他任何单位或者个人不得经营文物收购业务。对于那些以牟利为目的，倒卖国家禁止买卖的文物，势必影响国家对于文物的管理，扰乱正常的文物收购秩序。犯罪对象是国家禁止经营的文物，其范围由国家有关主管部门核定公布。

2.本罪的客观方面表现为行为人实施了倒卖文物的行为。具体表现:(1)行为人的行为违反了国家文物经营管理法规。(2)行为人实施了倒卖文物的行为。倒卖,是指为了营利出售或者购买。(3)构成本罪,必须情节严重的。情节严重,一般是指具有下列情形之一:倒卖三级以上文物的;多次倒卖或大量倒卖文物的;以倒卖文物为业的;因倒卖文物受到行政处罚而继续倒卖的等。

3.本罪的主体是一般主体,单位可以成为本罪主体。

4.本罪的主观方面为故意,且行为人具有牟利的目的,如果是个人欣赏或收藏,不构成本罪。

（三）倒卖文物罪的认定

本罪与非法向外国人出售珍贵文物罪的界限

二者的相同点是:客观方面均表现有"卖"或"出售"文物的行为;侵犯的客体都是国家的文物管理制度;二者都可以由单位构成。二者的不同点是:(1)售卖对象不同,本罪的售卖文物的对象可以是中国人,也可以是外国人;而后者只能是外国人。(2)犯罪对象不同。本罪的犯罪对象是国家禁止经营的文物;后者的犯罪对象是国家禁止出口的珍贵文物。(3)故意内容不同。本罪行为人必须具有牟利的目的;而后者不以特定目的为必要条件。

（四）倒卖文物罪的处罚

根据《刑法》第 326 条的规定,犯本罪的,处 5 年以下有期徒刑或者拘役,并处罚金;情节特别严重的,处 5 年以上 10 年以下有期徒刑,并处罚金。

单位犯本罪的,对单位判处罚金,并对其直接负责的主管人员和其他直接责任人员,依照自然人犯本罪的规定处罚。

六、非法出售、私赠文物藏品罪

（一）非法出售、私赠文物藏品罪的概念

非法出售、私赠文物藏品罪,是指国有博物馆、图书馆等单位,违反文物保护法规,将国家保护的文物藏品出售或私自赠送给非国有单位或者个人的行为。

（二）非法出售、私赠文物藏品罪的特征

1.本罪的客体是国家文物保护管理制度和国有文物藏品的所有权。犯罪对象是国有馆藏文物,即国有博物馆、图书馆等单位收藏的文物。至于行为人非法出售、私赠的文物是否属于哪一级文物,不影响本罪的成立。

2.本罪的客观方面表现为违反文物保护法规,未经文化行政部门批准,实施了将国有文物藏品出售或私自赠送给非国有单位或者个人的行为。需要注意的是:出售或者私自赠送文物的对方只能是中国国内的非国有单位或中国公民,如果是国有单位,不构成本罪;如果出售或者私自赠送文物的对方是外国组织或者个人,构成非法向外国人出售、赠送珍贵文物罪。

3.本罪的主体是特殊主体,即只能是国有博物馆、图书馆等单位,个人和非国有单位不能成为本罪的主体。

4.本罪的主观方面为故意。

(三)非法出售、私赠文物藏品罪的认定

1.本罪与非法向外国人出售、赠送珍贵文物罪的界限

二者的相同点是:所侵犯的客体都是国家的文物管理制度,都有售卖、赠送文物的行为。二者的不同点是:(1)犯罪对象不同。本罪犯罪对象是国有馆藏文物;后者的犯罪对象是国家禁止出口的珍贵文物。(2)行为对象不同。本罪售卖、赠送文物的对象可以是中国人,也可以是外国人;而后者售卖、赠送珍贵文物的对象,只能是外国人。

2.本罪与倒卖文物罪的界限

二者的不同点是:(1)犯罪对象不同。本罪的犯罪对象只能是国有文物藏品;而后者的犯罪对象是国家禁止经营的文物。(2)行为方式不同。本罪的行为方式是非法"出售"、"私赠";而后者的行为方式则是"倒卖"。(3)犯罪主体不同。本罪的主体只能是国有博物馆、图书馆等单位;而后者的主体是一般主体。(4)故意内容不同。本罪主观上无须特定的目的;而后者必须具有牟利的目的。

(四)非法出售、私赠文物藏品罪的处罚

根据《刑法》第 327 条的规定,犯本罪的,对单位判处罚金,并对其直接负责的主管人员和其他直接责任人员,处 3 年以下有期徒刑或者拘役。

七、盗掘古文化遗址、古墓葬罪

(一)盗掘古文化遗址、古墓葬罪的概念

盗掘古文化遗址、古墓葬罪,是指违反文物保护法规,盗掘具有历史、艺术、科学价值的古文化遗址、古墓葬的行为。

(二)盗掘古文化遗址、古墓葬罪的特征

1.本罪的客体是国家对古文化遗址、古墓葬的管理制度和国家对古文化遗址、古墓葬的所有权。根据《文物的解释》的规定,"古文化遗址、古墓葬"包括水下古文化遗址、古墓葬。"古文化遗址、古墓葬"不以公布为不可移动文物的古文化遗址、古墓葬为限。

2.本罪的客观方面表现为行为人违反文物保护法规,实施了盗掘古文化遗址、古墓葬的行为。盗掘,既不同于单纯的盗窃行为,也不同于对文物的破坏行为,它是指未经国家文化主管部门批准的私自掘取行为,其行为方式有的是秘密的,有的是明火执仗、公开进行掘取。

本罪属于行为犯,只要行为人实施了盗掘古文化遗址、古墓葬的行为就已构成本罪,至于是否造成使古文化遗址、古墓葬受到严重破坏的结果,或者是否挖到文物,均不影响本罪成立。

3.本罪的主体是一般主体。

4.本罪的主观方面为故意。

(三)盗掘古文化遗址、古墓葬罪的认定

1.本罪与盗窃罪的界限

二者的区别在于:(1)侵犯的客体不同。本罪客体是国家对古文化遗址、古墓葬的管理制度和国家的财产所有权;盗窃罪的客体是公私财产所有权。(2)犯罪对象不同。前者对象是古文化遗址、古墓葬;后者对象是一般的公私财物。(3)客观表现不同。前者是私自挖掘古遗址、古墓葬的行为,其行为方式可以是秘密的,也可以是公开的,且不论是否窃得文物;后者是秘密窃取公私财物。

2.本罪与故意损毁名胜古迹罪的界限

二者的相同点是:客观上都造成了名胜古迹的损毁。二者的不同点是:(1)犯罪对象不同。本罪的犯罪对象是古文化遗址、古墓葬;而后者的犯罪对象是国家保护的名胜古迹。(2)客观方面不同。本罪的客观方面表现为"盗掘";后者表现为"损毁"。(3)故意内容不同。本罪行为人是要通过盗掘古文化遗址、古墓葬来获取文物;而后者行为人是损毁名胜古迹。

3.本罪与故意损毁文物罪的界限

二者的不同点是:(1)犯罪对象不同。本罪侵害的对象是古文化遗址、古墓葬;后者侵害的对象是国家保护的珍贵文物或者被确定为全国重点文物保护单位、省级文物保护单位的文物。(2)客观表现不同。本罪的客观表现是"盗掘";后者客观表现是"损毁"。(3)故意内容不同。本罪故意内容是非法占有文物;而后者故意内容则是损毁珍贵文物。如果盗掘古文化遗址、古墓葬而又造成国家珍贵文物损毁的,应按照牵连犯的处理原则择一重罪处断。

(四)盗掘古文化遗址、古墓葬罪的处罚

根据《刑法》第328条第1款的规定,犯本罪的,处3年以上10年以下有期徒刑,并处罚金;情节较轻的,处3年以下有期徒刑、拘役或者管制,并处罚金。有下列情形之一的,处10年以上有期徒刑或者无期徒刑,并处罚金或者没收财产:(1)盗掘确定为全国重点文物保护单位和省级文物保护单位的古文化遗址、古墓葬的;(2)盗掘古文化遗址、古墓葬集团的首要分子;(3)多次盗掘古文化遗址、古墓葬的;(4)盗掘古文化遗址、古墓葬,并盗窃珍贵文物或者造成珍贵文物严重破坏的。

八、盗掘古人类化石、古脊椎动物化石罪

(一)盗掘古人类化石、古脊椎动物化石罪的概念

盗掘古人类化石、古脊椎动物化石罪,是指盗掘国家保护的具有科学价值的古人类化石、古脊椎动物化石的行为。

(二)盗掘古人类化石、古脊椎动物化石罪的特征

1.本罪的客体是国家文物保护管理制度和古人类化石、古脊椎动物化石的国家所有权。本罪的犯罪对象是古人类化石和古脊椎动物化石。"古人类化石",是指保存在各地质时期岩层中或者埋藏于地下的万年前直立人、早晚期智人的遗骸和遗迹。"古脊椎动物化石",是指保存在各地质时期岩层中或者埋藏于地下的万年前古爬行动物、哺乳动物和鱼类的遗骸和遗迹。

2.本罪的客观方面表现为行为人实施了盗掘古人类化石、古脊椎动物化石的行为。

3.本罪的主体是一般主体。

4.本罪的主观方面为故意。

(三)盗掘古人类化石、古脊椎动物化石罪的处罚

根据《刑法》第328条第2款的规定,犯本罪的,依照第328条第1款的规定处罚。

九、抢夺、窃取国有档案罪

(一)抢夺、窃取国有档案罪的概念

抢夺、窃取国有档案罪,是指抢夺、窃取国有档案的行为。

(二)抢夺、窃取国有档案罪的特征

1.本罪的客体是国家的档案管理制度和档案的国家所有权。犯罪对象是国有档案。根据我国《档案法》的规定,档案是指过去和现在的国家机构、社会组织以及个人从事政治、军事、经济、科学、技术、文化、宗教等活动直接形成的对国家和社会有保存价值的各种文字、图表、图像等不同形式的历史记录。归集体、个人所有的档案不是本罪的对象。

2.本罪客观方面表现为行为人实施了抢夺、窃取国家所有的档案的行为。

3.本罪的主体是一般主体。

4.本罪的主观方面为故意。

(三)抢夺、窃取国有档案罪的处罚

根据《刑法》第329条第1款、第3款的规定,犯本罪的,处5年以下有期徒刑或者拘役。犯本罪同时又构成《刑法》规定的其他犯罪的,依照处罚较重的规定定罪处罚。

十、擅自出卖、转让国有档案罪

（一）擅自出卖、转让国有档案罪的概念

擅自出卖、转让国有档案罪，是指违反档案法的规定，擅自出卖、转让国有档案，情节严重的行为。

（二）擅自出卖、转让国有档案罪的特征

1.本罪的客体是国家档案管理制度和档案的国家所有权。

2.本罪的客观方面，表现为行为人实施了擅自出卖、转让国有档案的行为。"擅自"，是指未经国家档案行政管理部门批准，自作主张，出售或转让国有档案或其复印件。本罪成立必须"情节严重"，情节严重一般是指：出卖、转让重要国有档案的；多次出售、转让国有档案的；以出卖、转让国有档案牟利的；出卖、转让国有档案给国家造成重大损失或者不良政治影响的等。

3.本罪的主体是一般主体。

4.本罪主观方面为故意。

（三）擅自出卖、转让国有档案罪的处罚

根据《刑法》第 329 条第 2 款、第 3 款的规定，犯本罪的，处 3 年以下有期徒刑或者拘役。犯本罪的同时又构成《刑法》规定的其他犯罪的，依照处罚较重的规定定罪处罚。

第六节　危害公共卫生罪分述

一、妨害传染病防治罪

（一）妨害传染病防治罪的概念

妨害传染病防治罪，是指违反传染病防治法的规定，引起甲类传染病以及依法确定采取甲类传染病预防、控制措施的传染病或者有传播严重危险的行为。

（二）妨害传染病防治罪的特征

1.本罪的客体是国家关于传染病防治的管理制度。

2.本罪客观方面，表现为行为人违反国家传染病防治法的规定，其行为具有引起甲类传染病传播或者有传播危险的。具体而言，是行为人实施了下列行为之一：（1）供水单位供应的饮用水不符合国家规定的卫生标准；（2）拒绝按照疾病预防控制机构提出的卫生要求，对传染病病原体污染的污水、污物、场所和物品进行消毒处理的；（3）准许或者纵容传染病病人、病原携带者和疑似传染病病人从事国务院卫生行政部门规定禁止从事的易使该传染病扩散的工作的；（4）出售、运输疫区中被传染病病原体污染或者可能被传染病病原体污染的物品,未进行消毒处理的;(5)拒绝执行县级以上人民政府、疾病预防控制机构依照传染病防治法提出的预防、控制措施的。根据《中华人民共和国传染病防治法》第 3 条的规定,我国将传染病分为甲类、乙类、丙类三类。甲类传染病,是指鼠疫、霍乱等传染病。乙类传染病是指:病毒性肝炎、细菌性和阿米巴性痢疾、伤寒和副伤寒、艾滋病、淋病、梅毒、脊髓灰质炎、麻疹、百日咳、白喉、流行性脑脊髓膜炎、猩红热、流行性出血热、狂犬病、钩端螺旋体病、布鲁氏菌病、炭疽、肺结核、血吸虫病、流行性乙型脑炎、新生儿破伤风、疟疾、登革热、传染性非典型肺炎、人感染高致病性禽流感。丙类传染病是指:流行性和地方性斑疹伤寒、丝虫病、包虫病、麻风病、流行性感冒、流行性腮腺炎、风疹、黑热病、急性出血性结膜炎、除霍乱、细菌性和阿粑性痢疾、伤寒和副伤寒以外的感染性腹泻病。引起乙类或丙类传染病传播的,不构成本罪。引起了甲类传染病以及依法确定采取甲类传染病预防、控制措施的传染病传播或者有传播严重危险的,不论是否实际已经导致甲类传染病传播,足以成立本罪。

3.本罪的主体是一般主体,单位也可成为本罪主体。

4.本罪的主观方面为过失。

(三)妨害传染病防治罪的处罚

根据《刑法》第 330 条的规定,犯本罪的,处 3 年以下有期徒刑或者拘役;后果特别严重的,处 3 年以上 7 年以下有期徒刑。

单位犯本罪的,对单位判处罚金,并对其直接负责的主管人员和其他直接责任人员,依照自然人犯本罪的规定处罚。

二、非法采集人类遗传资源、走私人类遗传资源材料罪

(一)非法采集人类遗传资源、走私人类遗传资源材料罪的概念

非法采集人类遗传资源、走私人类遗传资源材料罪是指违反国家有关规定,非法采集我国人类遗传资源或者非法运送、邮寄、携带我国人类遗传资源材料出境,危害公众健康或者社会公共利益,情节严重的行为。

(二)非法采集人类遗传资源、走私人类遗传资源材料罪的特征

1.本罪的客体为复杂客体。既包括我国人类遗传资源的管理制度,也包括社会公众健康和公共利益以及海关监督管理制度。

2.本罪的客观方面表现为行为人实施了违反了《人类遗传资源管理条例》《生物安全法》《海关法》《海关行政处罚实施条例》等国家有关规定,非法采集我国人类遗传资源或者非法运送、邮寄、携带我国人类遗传资源材料出境,危害公众健康或者社会公共利益,情节严重的行为。

3.本罪的主体为一般主体。

4.本罪的主观方面为故意。

（三）非法采集人类遗传资源、走私人类遗传资源材料罪的处罚

根据《刑法》第 334 条之一的规定,犯本罪的,处 3 年以下有期徒刑、拘役或者管制,并处或者单处罚金;情节特别严重的,处 3 年以上 7 年以下有期徒刑,并处罚金。

三、传染病菌种、毒种扩散罪

（一）传染病菌种、毒种扩散罪的概念

传染病菌种、毒种扩散罪,是指从事实验、保藏、携带、运输传染病菌种、毒种的人员,违反国务院卫生行政部门的有关规定,造成传染病菌种、毒种扩散,后果严重的行为。

（二）传染病菌种、毒种扩散罪的特征

1.本罪的客体是国家关于传染病菌种、毒种实验、保藏、携带、运输的管理制度。

2.本罪的客观方面表现为行为人违反国务院卫生行政部门的有关规定,造成传染病菌种或者毒种扩散,后果严重的行为。其特点有三:一是必须违反国务院卫生行政部门的有关规定;二是造成了传染病菌种、毒种的扩散;三是产生了严重后果。

3.本罪的主体是特殊主体,即只有从事实验、保藏、携带、运输传染病菌种、毒种的人员,才能成为本罪主体。

4.本罪的主观方面为过失。

（三）传染病菌种、毒种扩散罪的处罚

根据《刑法》第 331 条的规定,犯本罪的,处 3 年以下有期徒刑或者拘役;后果特别严重的,处 3 年以上 7 年以下有期徒刑。

四、妨害国境卫生检疫罪

（一）妨害国境卫生检疫罪的概念

妨害国境卫生检疫罪,是指违反国境卫生检疫规定,引起检疫传染病传播或者有引起检疫传染病传播严重危险的行为。

（二）妨害国境卫生检疫罪的特征

1.本罪的客体是国家的国境卫生检疫制度和广大人民群众生命健康的权利。

2.本罪的客观方面表现为行为人实施了妨害国境卫生检疫行为。其行为特点有二:一是违反国境卫生检疫规定,是指入境、出境时采取逃避、蒙混或者其他手段,不接受国境卫生检疫机关对人身或者物品的医学检查、卫生检查和必要的卫生

处理,以及其他违反应当接受国境卫生检疫义务的行为;二是引起了检疫传染病传播或者有引起检疫传染病传播严重危险的行为。本罪属危险犯,只要行为具有引起检疫传染病传播的严重危险,即可成立本罪。

3.本罪的主体是一般主体,单位也可成为本罪的主体。

4.本罪的主观方面为过失。

(三)妨害国境卫生检疫罪的处罚

根据《刑法》第 332 条的规定,犯本罪的,处 3 年以下有期徒刑或者拘役,并处或者单处罚金。

单位犯本罪的,对单位判处罚金,并对其直接负责的主管人员和其他直接责任人员,依照自然人犯本罪的规定处罚。

五、非法组织卖血罪

(一)非法组织卖血罪的概念

非法组织卖血罪,是指违反国家有关规定,组织他人出卖血液的行为。

(二)非法组织卖血罪的特征

1.本罪的客体是国家血液采集、供应的管理制度和公民的身体健康与生命安全。

2.本罪的客观方面表现为行为人实施了非法组织卖血的行为。所谓非法,是指违反国家有关采血、供血管理的法律、行政法规,擅自组织他人出卖血液。组织卖血,是指采取引诱、雇佣、招募、纠集、串联、欺骗等手段,组织、指挥、领导并安排他人或者控制他人进行出卖血液活动的行为。实施本罪的行为方式不包括暴力、威胁手段。如果以暴力、威胁手段强迫公民出卖血液的,应以强迫卖血罪论处。

3.本罪主体是一般主体。

4.本罪主观方面为故意,行为人一般多具有牟利的目的。

(三)非法组织卖血罪的认定

本罪的既遂与未遂问题

本罪的既遂与未遂的区分,应以被组织者是否已经实际卖出血液为标准。被组织者已经卖出血液的,为既遂;行为人虽然已经组织好了出卖血液者,但被组织者尚未卖出血液即案发的,为未遂。

(四)非法组织卖血罪的处罚

根据《刑法》第 333 条第 1 款的规定,犯本罪的,处 5 年以下有期徒刑,并处罚金。该条第 2 款规定,实施前款行为,对他人造成伤害的,依照《刑法》第 234 条规定的故意伤害罪定罪处罚。

六、强迫卖血罪

（一）强迫卖血液罪的概念

强迫卖血液罪，是指以暴力、威胁方法强迫他人出卖血液的行为。

（二）强迫卖血液罪的特征

1.本罪的客体是国家血液采集、供应的管理制度和公民的身体健康与生命安全。

2.本罪的客观方面表现为行为人实施了以暴力、威胁方法强迫他人出卖血液的行为。

3.本罪的主体是一般主体。

4.本罪的主观方面为故意。

（三）强迫卖血液罪的处罚

根据《刑法》第333条第1款的规定，犯本罪的，处5年以上10年以下有期徒刑，并处罚金。有前款行为，对他人造成伤害的，依照《刑法》第234条规定的故意伤害罪定罪处罚。

七、非法采集、供应血液、制作、供应血液制品罪

（一）非法采集、供应血液、制作、供应血液制品罪的概念

非法采集、供应血液、制作、供应血液制品罪，是指非法采集、供应血液或者制作、供应血液制品，不符合国家规定的标准，足以危害人体健康的行为。

（二）非法采集、供应血液、制作、供应血液制品罪的特征

1.本罪的客体是国家对血液的采集、供应和血液制品的制作、供应的管理制度及受血者的生命安全和身体健康。

2.本罪的客观方面表现为行为人实施了非法采集、供应血液或者制作、供应血液制品，不符合国家规定的标准，足以危害人体健康的行为。客观方面需要注意的是：(1)行为的非法性，即没有按照国家规定的标准采集、供应血液、制作、供应血液制品。(2)其行为发生在采集、供应血液、制作、供应血液制品四个方面。(3)本罪是危险犯，只要行为"足以危害人体健康"，即可成立本罪。本罪的犯罪对象是血液、血液制品。

3.本罪的主体是一般主体。

4.本罪的主观方面为故意，且行为人一般具有非法牟利的目的，但并不以此为必备条件。

（三）非法采集、供应血液、制作、供应血液制品罪的处罚

根据《刑法》第334条的规定，犯本罪的，处5年以下有期徒刑或者拘役，并处

罚金;对人体健康造成严重危害的,处 5 年以上 10 年以下有期徒刑,并处罚金;造成特别严重后果的,处 10 年以上有期徒刑或者无期徒刑,并处罚金或者没收财产。

八、采集、供应血液、制作、供应血液制品事故罪

(一)采集、供应血液、制作、供应血液制品事故罪的概念

采集、供应血液、制作、供应血液制品事故罪,是指经国家主管部门批准采集、供应血液或者制作、供应血液制品的部门,不依照规定进行检测或者违背其他操作规定,造成危害他人身体健康后果的行为。

(二)采集、供应血液、制作、供应血液制品事故罪的特征

1.本罪的客体是国家对血液的采集、供应或血液制作、供应的管理制度和受血者的生命安全和身体健康。

2.本罪的客观方面表现为行为人实施了在采集、供应血液或者制作、供应血液制品的工作中,不依照规定进行检测或者违背其他操作规定,造成危害他人身体健康后果的行为。客观方面需要注意:(1)行为人在采集、供应血液或者制作、供应血液制品的工作中,不依照规定进行检测或者违背其他操作规定进行作业;(2)本罪是过失犯罪,必须造成危害他人身体健康的后果;(3)本罪是结果犯。

3.本罪的主体是特殊主体,即只能是经国家主管部门批准采集、供应血液或者制作、供应血液制品的部门。其他部门或者自然人不能构成本罪。

4.本罪的主观方面为过失。即对造成危害他人身体健康这一后果具有疏忽大意的过失或过于自信的过失,但对不依照规定进行检测或者违背其他操作规定,可能是故意的。

(三)采集、供应血液、制作、供应血液制品事故罪的处罚

根据《刑法》第 334 条第 2 款的规定,犯本罪的,对单位判处罚金,并对其直接负责的主管人员和其他直接责任人员,处 5 年以下有期徒刑或者拘役。

九、医疗事故罪

(一)医疗事故罪的概念

医疗事故罪,是指医务人员在医疗工作中由于严重不负责任,造成就诊人死亡或者严重损害就诊人身体健康的行为。

(二)医疗事故罪的特征

1.本罪的客体为复杂客体,它既侵犯了国家医疗工作管理秩序及医疗单位的正常活动,也侵犯了就诊人的生命和健康权利。

2.本罪的客观方面表现为行为人在医务工作中严重不负责任,造成就诊人死亡或者严重损害就诊人身体健康的行为。这里需要注意以下几个问题:(1)行为人

在医疗工作中严重不负责任。所谓"严重不负责任",主要表现为医务人员麻痹大意,掉以轻心,严重违反医疗规章制度、诊疗常规、技术操作常规和护理操作常规等。(2)造成了就诊人死亡或者严重损害了就诊人身体健康。所谓严重损害了就诊人身体健康,是指医务人员的失职行为造成就诊人员的残废、组织器官损伤而导致功能障碍。(3)严重不负责任的行为与就诊人死亡或者严重损害就诊人身体健康的结果有因果关系。以上几点,必须同时具备,才能成立本罪。

3.本罪的犯罪主体是特殊主体,即只能是医务人员。医务人员应作广义的理解,是指经过医学院校教育或经过各级机构培养训练后,经卫生行政机关批准或承认或经过考核取得相应资格的从事医疗实践工作的各级各类人员。按其业务性质可分为四类:一是医疗防疫人员,包括中医、西医、卫生防疫、寄生虫防疫、地方病防疫、工业卫生、妇女保健等技术人员;二是药剂人员;三是护理人员;四是其他技术人员,包括检验、理疗、病理、口腔、同位素、放射、营养等技术人员。除上述人员外,医疗单位中其他负有保障人民的生命和健康权益,必须实施某种行为的特定义务的人员(如救护车司机),由于不履行或不认真履行其义务,而造成就诊人死亡或者严重损害就诊人身体健康的严重后果的,也可构成本罪。但非法行医致人死亡的,不能以本罪论处,应以非法行医罪论处。

4.本罪的主观方面为过失。至于行为人对其违反有关医疗规章制度,则可能是故意的。

(三)医疗事故罪的认定

1.本罪与医疗差错的界限

医疗差错,是指在诊疗护理工作中,医务人员虽有违反规章制度的行为,但未给就诊人造成死亡、残废、组织器官损伤导致功能障碍的不良后果的行为。二者的相同点在于行为人在医疗工作中都有违规和不负责任的行为,都给被害人造成了一定的损害,都是过失行为。二者的不同点在于是否造成了就诊人死亡或者严重损害了就诊人身体健康,如果给就诊人造成了一般轻微伤害的,只能作为医疗差错或一般的医疗事故来处理,可以对行为人给予行政或纪律处分,不能作为犯罪处理。

2.本罪与医疗技术事故的界限

医疗事故可以分为责任事故和技术事故两类。医疗责任事故是指医务人员因违反规章制度、诊疗护理常规等失职行为所致的事故。医疗技术事故是指医务人员因技术过失所致的事故。二者区别关键在于造成事故的原因是严重不负责任的失职行为还是由于业务水平低,或者经验不足,或者单位医疗技术设备太差的技术失误。本罪将医疗事故罪限定为责任事故,医务人员因技术过失所致事故,不构成犯罪。

3.本罪与医疗意外的界限

医疗意外,是指由于病情或者病人体质特殊而发生难以预料和防范的不良后果。它与医疗事故罪都可能发生就诊人死亡或身体健康严重损害的后果,二者区别的关键在于主观上有无过失。如果就诊人死亡或身体健康严重损害,是因医务人员责任心不强,违反规章制度或诊疗常规造成的,则构成医疗事故罪;如上述后果是因医务人员难以预料或难以防范的因素所引起,即不可抗力的,属于医疗意外,不能以犯罪论处。

4.本罪与重大责任事故罪的界限

二者的区别点是:(1)侵犯的客体不同。本罪侵犯的客体是国家医疗工作管理秩序和就诊人的生命和健康权利;后者侵犯的是公共安全。(2)客观方面不同。本罪的客观方面表现为行为人在医疗工作中严重不负责任,造成了就诊人的伤亡结果;后者表现为生产、作业单位的职工由于不服管理、违反规章制度,因而发生重大伤亡事故或者造成其他严重后果的行为。(3)主体不同。本罪主体是特殊主体,限于医务人员;后者的主体则是工厂、林场、建筑企业或者其他企业、事业单位的职工。

(四)医疗事故罪的处罚

根据《刑法》第335条的规定,犯本罪的,处3年以下有期徒刑或者拘役。

十、非法行医罪

(一)非法行医罪的概念

非法行医罪,是指未取得医生执业资格的人非法行医,情节严重的行为。

(二)非法行医罪的特征

1.本罪的客体是国家医疗管理制度和就诊人的生命安全和健康权利。医疗工作是一项特殊的职业,随时面对着公民的生命健康安全,为了保障我国医疗卫生事业的良性健康的发展,我国对从事医疗职业的人员规定了有关执业资格制度。这项制度就是要保证从医人员必须达到相应专业水平,以保障人民群众在接受诊治的过程中,其生命安全和身体健康不受或尽可能少受侵害。

2.本罪的客观方面表现为未取得医生执业资格的人非法行医,造成他人死亡,或者严重损害就诊人的身体健康,情节严重的行为。非法行医,是指未取得国家医生执业资格而擅自行医。其行医方式形式多样,可以自己挂牌行医,也可以是挂靠其他单位行医。本罪是情节犯,即只有行为人的行为达到"情节严重",才构成犯罪。所谓情节严重,是指多次非法行医的;因非法行医受过处罚而不改的;以非法行医为职业的;因非法行医多次误诊、误治病人的;在具有较大危险性的领域非法行医的等。

3.本罪的主体是一般主体,但仅限于没有取得医生执业资格的人。

4.本罪的主观方面为故意,并具有牟利的目的。本罪的故意仅仅指就行医而言,对非法行医所造成的危害结果,行为人是出于过失的。事实上,行为人并不希望或放任危害结果的发生。如果行为人对危害后果持希望或放任的心态的,应以故意伤害罪或故意杀人罪论处。

(三)非法行医罪的认定

1.本罪与医疗事故罪的界限

二者的相同点是:侵害的都是国家的医疗管理制度和公民的生命与健康权利,都造成了就诊人的生命与健康的损害,都是在行医的过程中造成了危害结果。二者的不同点是:(1)主体不同。本罪的主体是未取得医生执业资格的人,后者的主体是经国家确认的医务人员。(2)主观方面不同。本罪主观方面是故意,后者主观方面是过失。

2.本罪与以行医的方式实施诈骗行为的界限

非法行医者往往是为了牟利,本罪可能与以行医为名的诈骗钱财的诈骗犯罪有相似之处。二者的不同点是:(1)本罪行为人一般有相对固定的行医场所,而后者常常没有固定场所,一般以走街串巷的游医形式出现。(2)本罪行为人虽然没有取得行医资格,但通常还是具备一定的医疗常识;而后者行为人可能根本没有基本的医疗常识。(3)本罪行为人为了行医还会配置基本的医疗设施、器材等,而后者通常没有任何医疗设施。

(四)非法行医罪的处罚

根据《刑法》第336条第1款的规定,犯本罪的,处3年以下有期徒刑、拘役或者管制,并处或者单处罚金;严重损害就诊人身体健康的,处3年以上10年以下有期徒刑,并处罚金;造成就诊人死亡的,处10年以上有期徒刑,并处罚金。

十一、非法植入基因编辑、克隆胚胎罪

(一)非法植入基因编辑、克隆胚胎罪的概念

非法植入基因编辑、克隆胚胎罪,是指将基因编辑、克隆的人类胚胎植入人体或者动物体内,或者将基因编辑、克隆的动物胚胎植入人体内、情节严重的行为。

(二)非法植入基因编辑、克隆胚胎罪的特征

1.本罪的客体是复杂客体。既包括人类基因科学技术应用的伦理性和安全性,也包括我国人类基因科学技术有关的管理制度。

2.本罪的客观方面表现为行为人实施了将基因编辑、克隆的人类胚胎植入人体或者动物体内,或者将基因编辑、克隆的动物胚胎植入人体内、情节严重的行为。

3.本罪的主体是一般主体。

4.本罪的主观方面是故意。

（三）非法植入基因编辑、克隆胚胎罪的处罚

根据《刑法》第336条之一的规定，犯本罪的，处3年以下有期徒刑或者拘役，并处罚金；情节特别严重的，处3年以上7年以下有期徒刑，并处罚金。

十二、非法进行节育手术罪

（一）非法进行节育手术罪的概念

非法进行节育手术罪，是指未取得医生执业资格的人擅自为他人进行节育复通手术、假节育手术、终止妊娠手术或者摘取宫内节育器，情节严重的行为。

（二）非法进行节育手术罪的特征

1.本罪的客体是国家计划生育制度和就诊人的身体健康和生命安全。

2.本罪的客观方面表现为行为人实施了非法为他人进行节育手术的行为。"节育手术"，是指复通手术、假节育手术、终止妊娠手术或者摘取宫内节育器的行为。行为人只要实施其中之一的，即可成立本罪。本罪还需"情节严重"，一般是指：多次为他人进行节育复通等手术，致使多人超计划生育的；使用不合卫生标准或医疗标准的方法，致使就诊人遭受重大痛苦或者损害就诊人健康的等。

3.本罪的主体为一般主体，但须是没有取得医生执业资格的人。

4.本罪的主观方面为故意，行为人一般具有牟利的目的。

（三）非法进行节育手术罪的认定

本罪与非法行医罪的界限

未取得医生执业资格的人非法进行节育手术，实际上也是非法行医，因此，非法进行节育手术罪是非法行医罪的一种特殊类型，属于特殊与一般的关系。二者的主要区别在于客体不同，本罪的客体除了就诊人的生命、健康之外，还特别包括计划生育的管理制度。

（四）非法进行节育手术罪的处罚

根据《刑法》第336条第2款的规定，犯本罪的，处3年以下有期徒刑、拘役或者管制，并处或者单处罚金；严重损害就诊人身体健康的，处3年以上10年以下有期徒刑，并处罚金；造成就诊人死亡的，处10年以上有期徒刑，并处罚金。

十三、妨害动植物防疫、检疫罪

（一）妨害动植物防疫、检疫罪的概念

妨害动植物防疫、检疫罪，是指违反有关动植物防疫、检疫的国家规定，引起重大动植物疫情的，或者有引起重大动植物疫情危险，情节严重的行为。

（二）妨害动植物防疫、检疫罪的特征

1.本罪的客体是国家进出境动植物防疫、检疫制度。

2.本罪的客观方面表现两种情形:一是引起重大动植物疫情;二是有引起重大动植物疫情的危险,情节严重。有两点需要注意:一是行为人违反了进出境动植物防疫、检疫的国家规定;二是行为人的行为引起了重大动植物疫情,或者虽未引起重大动植物疫情,但有引起重大动植物疫情危险,行为人未采取任何措施,达到了情节严重的程度。以上两点必须同时具备,才能构成本罪。

3.本罪的主体为一般主体,自然人、单位均可成为本罪主体。

4.本罪的主观方面为过失,但行为人违反动植物防疫、检疫的国家规定可能是故意的。

(三)妨害动植物防疫、检疫罪的处罚

根据《刑法》第337条的规定,犯本罪的,处3年以下有期徒刑或者拘役,并处或者单处罚金。

单位犯本罪的,对单位判处罚金,并对直接负责的主管人员和其他直接责任人员,依照自然人犯本罪的规定处罚。

第七节　破坏环境资源保护罪分述

一、污染环境罪

(一)污染环境罪的概念

污染环境罪,是指违反国家规定,排放、倾倒或者处置有放射性的废物、含传染病病原体的废物、有毒物质或者其他有害物质,严重污染环境的行为。

(二)污染环境罪的特征

1.本罪的客体是国家环境保护制度和公私财产与公民健康、生命安全。所谓环境保护制度,是指我国先后制定的《中华人民共和国环境保护法》、《中华人民共和国大气污染防治法》、《中华人民共和国水污染防治法》、《中华人民共和国海洋环境保护法》、《中华人民共和国固体废物污染环境防治法》等一系列法律、法规所形成的环境保护制度。本罪的各种表现形式为向土地、水体、大气,排放、倾倒或者处置有放射性的废物、含传染病病原体的废物、有毒物质或其他危险废物,均是对我国环境保护制度的破坏。本罪的犯罪对象是有放射性的废物、含传染病病原体的废物、有毒物质或其他危险废物。根据2017年1月1日起施行的"两高《关于办理环境污染刑事案件适用法律若干问题的解释》"(以下简称《环境污染犯罪的解释》)第15条的规定,下列物质应当认定为"有毒物质":(1)危险废物,是指列入国家危险废物名录,或者根据国家规定的危险废物鉴别标准和鉴别方法认定的,具有危险特性的废物;(2)《关于持久性有机污染物的斯德哥尔摩公约》附件所列物质;(3)含重金属的污染物；(4)其他具有毒性，可能污染环境的物质。

2.本罪的客观方面表现为行为人违反国家规定，排放、倾倒或者处置有放射性的废物、含传染病病原体的废物、有毒物质或者其他有害物质严重污染环境的行为。其特征是：(1)行为人的行为违反了国家有关规定，即违反了《中华人民共和国环境保护法》、《中华人民共和国水污染防治法》、《中华人民共和国大气污染防治法》等一系列环境保护的法律、法规。(2)实施了排放、倾倒或者处置有放射性的废物、含传染病病原体的废物、有毒物质或其他危险废物的行为。排放，是指将液态与气态的放射性的废物、含传染病病原体的废物、有毒物质或其他危险废物，排入土地、水体、大气；倾倒，通常指将固态有放射性的废物、含传染病病原体的废物、有毒物质或其他危险废物置于土地、水体。处置，一般是指以不符合环境保护要求的方式来处理有放射性污染的废物、含传染病病原体的废物、有毒物质或其他危险废物。(3)造成环境污染事故。根据《环境污染犯罪的解释》第1条的规定，具有下列情形之一的，属于"严重污染环境"：①在饮用水水源一级保护区、自然保护区核心区排放、倾倒、处置有放射性的废物、含传染病病原体的废物、有毒物质的；②非法排放、倾倒、处置危险废物3吨以上的；③排放、倾倒、处置含铅、汞、镉、铬、砷、铊、锑的污染物，超过国家或者地方污染物排放标准3倍以上的；④排放、倾倒、处置含镍、铜、锌、银、钒、锰、钴的污染物，超过国家或者地方污染物排放标准10倍以上的；⑤通过暗管、渗井、渗坑、裂隙、溶洞、灌注等逃避监管的方式排放、倾倒、处置有放射性的废物、含传染病病原体的废物、有毒物质的；⑥2年内曾因违反国家规定，排放、倾倒、处置有放射性的废物、含传染病病原体的废物、有毒物质受过两次以上行政处罚，又实施前列行为的；⑦重点排污单位篡改、伪造自动监测数据或者干扰自动监测设施，排放化学需氧量、氨氮、二氧化硫、氮氧化物等污染物的；⑧违法减少防治污染设施运行支出100万元以上的；⑨违法所得或者致使公私财产损失30万元以上的；⑩造成生态环境严重损害的；⑪致使乡镇以上集中式饮用水水源取水中断12小时以上的；⑫使基本农田、防护林地、特种用途林地5亩以上，其他农用地10亩以上，其他土地20亩以上基本功能丧失或者遭受永久性破坏的；⑬致使森林或者其他林木死亡50立方米以上，或者幼树死亡2500株以上的；⑭致使疏散、转移群众5000人以上的；⑮致使30人以上中毒的；⑯致使3人以上轻伤、轻度残疾或者器官组织损伤导致一般功能障碍的；⑰致使1人以上重伤、中度残疾或者器官组织损伤导致严重功能障碍的；⑱其他严重污染环境的情形。根据该《解释》第2条规定，实施《刑法》第338条、第408条规定的犯罪行为，致使公私财产损失30万元以上，或者具有上述第⑩项至第⑰项规定情形之一的，应当认定为"致使公私财产遭受重大损失或者严重危害人体健康"或者"致使公私财产遭受重大损失或者造成人身伤亡的严重后果"。根据该《解释》第3条规定，具有下列情形之一的，应当认定为"后果特别严重"：①致使县级以上城区集中式饮用水水源取水中断 12 小时以上的；②非法排放、倾倒、处置危险废物 100 吨以上的；③致使基本农田、防护林地、特种用途林地 15 亩以上，其他农用地 30 亩以上，其他土地 60 亩以上基本功能丧失或者遭受永久性破坏的；④致使森林或者其他林木死亡 150 立方米以上，或者幼树死亡 7500 株以上的；⑤致使公私财产损失 100 万元以上的；⑥造成生态环境特别严重损害的；⑦致使疏散、转移群众 1.5 万人以上的；⑧致使 100 人以上中毒的；⑨致使 10 人以上轻伤、轻度残疾或者器官组织损伤导致一般功能障碍的；⑩致使 3 人以上重伤、中度残疾或者器官组织损伤导致严重功能障碍的；⑪致使 1 人以上重伤、中度残疾或者器官组织损伤导致严重功能障碍，并致使 5 人以上轻伤、轻度残疾或者器官组织损伤导致一般功能障碍的；⑫致使 1 人以上死亡或者重度残疾的；⑬其他后果特别严重的情形。该《解释》所称"公私财产损失"，包括污染环境行为直接造成财产损毁、减少的实际价值，以及为防止污染扩大、消除污染而采取必要合理措施所产生的费用。

3.本罪的主体为一般主体，自然人或单位均可成为本罪主体。但从司法实践来看，实施本罪行为的主要是从事生产、经营活动的单位或个体经营者。

4.本罪的主观方面为过失。

（三）污染环境罪的认定

1.本罪与危险物品肇事罪的界限

二者的不同点是：(1)侵害的客体不同。本罪侵害的客体是国家环境保护制度和财产与公民健康、生命安全；而后者侵害的客体是公共安全。(2)客观方面不同。本罪表现为违反国家规定，向土地、水体、大气，排放、倾倒或者处置各种危险废物的行为，"排放、倾倒或者处置"行为是故意实施的；而后者表现为行为人在生产、存储、运输、使用危险物品过程中因违规过失而导致了严重后果，行为人没有故意"排放、倾倒或者处置"行为。

2.本罪与重大责任事故罪的界限

二者的区别点在于：(1)犯罪主体不尽相同。本罪的主体既可以是符合一般主体条件的自然人，也可以是单位；而后者主体只能是自然人，而且一般仅限于厂矿企业、建筑企业、事业单位的职工。(2)行为方式不同。本罪表现为违反国家有关排放、倾倒或者处置危险废物的规定，因而发生重大环境污染事故的行为；后者表现为在生产、作业活动中不服管理、违反规章制度，因而发生严重后果的行为。(3)犯罪客体不同。本罪侵犯的客体是国家环境保护和污染防治的管理活动；而后者侵犯的客体则是生产作业安全。

（四）污染环境罪的处罚

根据《刑法》第 338 条的规定，犯本罪的，处 3 年以下有期徒刑或者拘役，并处或者单处罚金;情节严重的,处 3 年以上 7 年以下有期徒刑,并处罚金;有下列情形之一的,处 7 年以上有期徒刑,并处罚金:(1)在饮用水水源保护区、自然保护地核心保护区等依法确定的重点保护区域排放、倾倒、处置有放射性的废物、含传染病病原体的废物、有毒物质,情节特别严重的;(2)向国家确定的重要江河、湖泊水域排放、倾倒、处置有放射性的废物、含传染病病原体的废物、有毒物质,情节特别严重的;(3)致使大量永久基本农田基本功能丧失或者遭受永久性破坏的;(4)致使多人重伤、严重疾病,或者致人严重残疾、死亡的。根据《环境污染的解释》第 4 条的规定,具有下列情形之一的,应当从重处罚:(1)阻挠环境监督检查或者突发环境事件调查,尚不构成妨害公务等犯罪的;(2)在医院、学校、居民区等人口集中地区及其附近,违反国家规定排放、倾倒、处置有放射性的废物、含传染病病原体的废物、有毒物质或者其他有害物质的;(3)在重污染天气预警期间、突发环境事件处置期间或者被责令限期整改期间,违反国家规定排放、倾倒、处置有放射性的废物、含传染病病原体的废物、有毒物质或者其他有害物质的;(4)具有危险废物经营许可证的企业违反国家规定排放、倾倒、处置有放射性的废物、含传染病病原体的废物、有毒物质或者其他有害物质的。根据该《解释》第 5 条规定,实施《刑法》第 338 条、第 339 条规定的行为,刚达到应当追究刑事责任的标准,但行为人及时采取措施,防止损失扩大、消除污染,全部赔偿损失,积极修复生态环境,且系初犯,确有悔罪表现的,可以认定为情节轻微,不起诉或者免予刑事处罚;却有必要判处刑罚的,应当从宽处罚。

单位犯《刑法》第 338 条、第 339 条规定的犯罪的,依照该《解释》的定罪量刑标准,对直接负责的主管人员和其他直接责任人员定罪处罚,并对单位判处罚金。

犯本罪的,同时构成其他犯罪的,依照处罚较重的规定定罪处罚。

二、非法处置进口的固体废物罪

(一)非法处置进口的固体废物罪的概念

非法处置进口的固体废物罪,是指违反国家规定,将境外固体废物进境倾倒、堆放、处置的行为。

(二)非法处置进口的固体废物罪的特征

1.本罪的客体是国家环境保护制度。

2.本罪的客观方面表现为行为人实施了非法将境外的固体废物进境倾倒、堆放、处置的行为。根据《中华人民共和国固体废物污染环境防治法》有关规定,我国禁止进口不能用作原料的固体废物,以免给环境带来污染。

3.本罪的主体是一般主体,可以是自然人,也可以是单位。

4.本罪的主观方面为故意。

（三）非法处置进口的固体废物罪的处罚

根据《刑法》第 339 条第 1 款和第 346 条的规定,犯本罪的,处 5 年以下有期徒刑或者拘役,并处罚金;造成重大环境污染事故,致使公私财产遭受重大损失或者严重危害人体健康的,处 5 年以上 10 年以下有期徒刑,并处罚金;后果特别严重的,处 10 年以上有期徒刑,并处罚金。

单位犯本罪的,对单位判处罚金,并对直接负责的主管人员和其他直接责任人员,依照自然人犯本罪的规定处罚。

三、擅自进口固体废物罪

（一）擅自进口固体废物罪的概念

擅自进口固体废物罪,是指未经国务院有关主管部门许可,擅自进口固体废物用作原料,造成重大环境污染事故,致使公私财产遭受重大损失,或者严重危害人体健康的行为。

（二）擅自进口固体废物罪的特征

1.本罪的客体是国家对废物进口管理制度与环境保护制度。

2.本罪的客观方面表现为行为人未经国务院有关主管部门许可,擅自进口固体废物用作原料,造成重大环境污染事故,致使公私财产遭受重大损失,或者严重危害人体健康的行为。应当指出,本罪是结果犯,须造成一定的后果,即致使公私财产遭受重大损失,或者严重危害人体健康的,才构成本罪。如果以原料利用为名,进口不能用作原料的固体废物、液态废物、气态废物的行为,根据《刑法修正案（四）》的规定,以走私废物罪论处。

3.本罪的主体是一般主体,自然人和单位都可以成为本罪的主体。

4.本罪的主观方面为故意。

（三）擅自进口固体废物罪的认定

1.本罪与非法处置进口的固体废物罪的界限

二者主要的区别在于:本罪具有利用废物作原料的目的,后罪则是以将境外的固体废物进境倾倒、堆放、处置为目的。

2.本罪与走私固体废物罪的界限

二者主要的区别在于:本罪没有逃避海关监管的行为,而后罪则必须具有逃避海关监管的行为。

（四）擅自进口固体废物罪的处罚

根据《刑法》第 339 条第 2 款,犯本罪的,处 5 年以下有期徒刑或者拘役,并处罚金;后果特别严重的,处 5 年以上 10 年以下有期徒刑,并处罚金。

单位犯本罪的,对单位判处罚金,对直接负责的主管人员和其他直接责任人员,依照自然人犯本罪的规定处罚。

四、非法捕捞水产品罪

(一)非法捕捞水产品罪的概念

非法捕捞水产品罪,是指违反保护水产资源法规,在禁渔区、禁渔期或者使用禁用的工具、方法捕捞水产品,情节严重的行为。

(二)非法捕捞水产品罪的特征

1.本罪的客体是国家保护水产资源制度。犯罪对象是水产品。

2.本罪的客观方面表现为行为人实施了非法捕捞水产品的行为。其具体表现是:违反保护水产资源法规,在禁渔区、禁渔期或者使用禁用的工具、方法捕捞水产品。本罪属情节犯,必须是行为人之行为属"情节严重的",才构成本罪。本罪以特定的时间、地点和工具、方法为客观条件。

3.本罪的主体是一般主体,可以是自然人,也可以是单位。

4.本罪的主观方面为故意。

(三)非法捕捞水产品罪的处罚

根据《刑法》第340条和第346条的规定,犯本罪的,处3年以下有期徒刑、拘役、管制或者罚金。

单位犯本罪的,对单位判处罚金,并对其直接负责的主管人员和其他直接责任人员,依照自然人犯本罪的规定处罚。

五、危害珍贵、濒危野生动物罪

(一)危害珍贵、濒危野生动物罪的概念

危害珍贵、濒危野生动物罪,是指非法猎捕、杀害国家重点保护的珍贵、濒危野生动物的,或者非法收购、运输、出售国家重点保护的珍贵、濒危野生动物及其制品的行为。

(二)危害珍贵、濒危野生动物罪的特征

1.本罪的客体是国家珍贵、濒危野生动物保护制度。犯罪对象是国家重点保护的珍贵、濒危野生动物。所谓国家重点保护的珍贵、濒危野生动物,应根据《中华人民共和国野生动物保护法》(以下简称《野生动物法》)与《国家重点保护野生动物名录》等来确定。最高人民法院2000年12月11日起施行的《关于审理破坏野生动物资源刑事案件具体应用法律若干问题的解释》第1条规定,珍贵、濒危野生动物包括列入国家重点保护野生动物名录的国家一、二级保护野生动物、列入《濒危野生动植物种国际贸易公约》附录一、附录二的野生动物以及驯养繁殖的上述物种。

2.本罪的客观方面表现为行为人实施了非法猎捕或杀害珍贵、濒危野生动物的行为,或者非法收购、运输、出售国家重点保护的珍贵、濒危野生动物及其制品的行为。本罪属于行为犯,只要行为人实施猎捕和杀害两种行为之一的,即可构成本罪。其具体方式、方法多种多样,捕杀行为在何时、何地、用何种工具,均不影响本罪成立。

3.本罪的主体是一般主体,可以是自然人,也可以是单位。

4.本罪的主观方面为故意。

(三)危害珍贵、濒危野生动物罪的处罚

根据《刑法》第341条和第346条的规定,犯本罪的,处5年以下有期徒刑、拘役,并处罚金;情节严重的,处5年以上10年以下有期徒刑,并处罚金;情节特别严重的,处10年上有期徒刑,并处罚金或者没收财产。

根据《关于审理破坏野生动物资源刑事案件具体应用法律若干问题的解释》(以下简称《野生动物的解释》)第3条、第4条的规定,具有下列情形之一的,属于情节严重:(1)达到该《解释》附表所列相应数量标准的;(2)非法猎捕、杀害不同种类的珍贵、濒危野生动物,其中两种以上分别达到附表所列"情节严重"数量标准一半以上的;(3)犯罪集团的首要分子;(4)严重影响对野生动物的科研、养殖等工作顺利进行的;(5)以武装掩护方法实施犯罪的;(6)使用特种车、军用车等交通工具实施犯罪的;(7)造成其他重大损失的。具有下列情形之一的,属于情节特别严重:(1)达到该《解释》附表所列相应数量标准的;(2)非法猎捕、杀害不同种类的珍贵、濒危野生动物,其中两种以上分别达到附表所列"情节特别严重"数量标准一半以上的;(3)非法猎捕、杀害珍贵、濒危野生动物符合该《解释》第3条第1款的规定,并具有下列情形之一的,可以认定为"情节特别严重":犯罪集团的首要分子;严重影响对野生动物的科研、养殖等工作顺利进行的;以武装掩护方法实施犯罪的;使用特种车、军用车等交通工具实施犯罪的;造成其他重大损失的。

单位犯本罪的,对单位判处罚金,并对其直接负责的主管人员和其他直接责任人员,依照自然人犯本罪的规定处罚。

六、非法收购、运输、出售珍贵、濒危野生动物、珍贵、濒危野生动物制品罪

(一)非法收购、运输、出售珍贵、濒危野生动物、珍贵、濒危野生动物制品罪的概念

非法收购、运输、出售珍贵、濒危野生动物、珍贵、濒危野生动物制品罪,是指非法收购、运输、出售国家重点保护的珍贵、濒危野生动物及其制品的行为。

(二)非法收购、运输、出售珍贵、濒危野生动物、珍贵、濒危野生动物制品罪的特征

1.本罪的客体是国家珍贵、濒危野生动物保护制度。犯罪对象是珍贵、濒危野生动物和珍贵、濒危野生动物制品。

2.本罪的客观方面表现为行为人实施了非法收购、运输、出售国家重点保护的珍贵、濒危野生动物及其制品的行为。珍贵、濒危野生动物因为其珍稀性,受到我国法律制度的特别保护。根据《野生动物保护法》的有关规定,即使是国家有计划的科学研究、驯养、繁殖、展览等特殊需要,出售、收购、利用国家重点保护的珍贵、濒危野生动物或者其产品的,也必须经国家和地方野生动物行政主管部门或者其授权的单位批准;因此,凡违反上述规定,有收购、运输、出售珍贵、濒危野生动物及其制品的三种行为之一的,即可成立本罪。根据《野生动物的解释》第2条的规定,"收购",包括以营利、自用等为目的的购买行为;"运输",包括采用携带、邮寄、利用他人、使用交通工具等方法进行运送的行为;"出售",包括出卖和以营利为目的的加工利用行为。根据全国人民代表大会常务委员会《关于〈中华人民共和国刑法〉第341条的解释》的规定,知道或者应当知道是国家重点保护的珍贵、濒危野生动物及其制品,为食用或者其他目的而非法购买的,属于《刑法》第341条第1款规定的非法收购国家重点保护的珍贵、濒危野生动物及其制品的行为。

3.本罪的犯罪主体是一般主体,可以是自然人,也可以是单位。

4.本罪的主观方面为故意。

(三)非法收购、运输、出售珍贵、濒危野生动物、珍贵、濒危野生动物制品罪的处罚

根据《刑法》第341条第1款和第346条的规定,犯本罪的,处5年以下有期徒刑或者拘役,并处罚金;情节严重的,处5年以上10年以下有期徒刑,并处罚金;情节特别严重的,处10年以上有期徒刑并处罚金或者没收财产。

根据《野生动物的解释》第3条、第4条的规定,具有下列情形之一,属于情节严重:(1)达到本解释附表所列相应数量标准的;(2)非法收购、运输、出售不同种类的珍贵、濒危野生动物,其中两种以上分别达到附表所列"情节严重"数量标准一半以上的。(3)犯罪集团的首要分子;(4)严重影响对野生动物的科研、养殖等工作顺利进行的;(5)以武装掩护方法实施犯罪的;(6)使用特种车、军用车等交通工具实施犯罪的;(7)造成其他重大损失的。具有下列情形之一的,属于情节特别严重:(1)达到该《解释》附表所列相应数量标准的;(2)非法收购、运输、出售不同种类的珍贵、濒危野生动物,其中两种以上分别达到附表所列"情节特别严重"数量标准一半以上的;(3)非法收购、运输、出售珍贵、濒危野生动物符合本解释第3条第1款的规定,并具有下列情形之一的,可以认定为"情节特别严重":犯罪集团的首要分子;严重影响对野生动物的科研、养殖等工作顺利进行的;以武装掩护方法实施犯罪的;使用特种车、军用车等交通工具实施犯罪的;造成其他重大损失的。同时,该《解释》第5条又从数量角度作了规定,非法收购、运输、出售珍贵、濒危野生动物制品具有下列情形之一的,属于"情节严重":(1)价值在10万元以上的;(2)非法获利

5 万元以上的;(3)具有其他严重情节的。具有下列情形之一的,属于"情节特别严重":(1)价值在 20 万元以上的;(2)非法获利 10 万元以上的;(3)具有其他特别严重情节的。

单位犯本罪的,对单位判处罚金,并对其直接负责的主管人员和其他直接责任人员,依照自然人犯本罪的规定处罚。

七、非法狩猎罪

(一)非法狩猎罪的概念

非法狩猎罪,是指违反狩猎法规,在禁猎区、禁猎期或者使用禁用的工具、方法进行狩猎,破坏野生动物资源,情节严重的行为。

(二)非法狩猎罪的特征

1.本罪的客体是国家野生动物保护制度。野生动物不仅是国家的重要自然资源,具有重要经济价值,而且是维持生态平衡的重要因素。同时,野生动物对于科学研究还具有特别重要意义。因此,我国历来十分重视对野生动物的保护。非法狩猎的行为违反了我国《野生动物保护法》等相关野生动物保护的法律、法规,破坏了国家野生动物保护制度,故对其中破坏野生动物资源情节严重的行为必须以犯罪论处。本罪的犯罪对象是珍贵、濒危野生动物以外的其他野生动物。

2.本罪的客观方面表现为行为人实施了非法狩猎的行为。所谓非法狩猎,其具体表现是:违反狩猎法规,在禁猎区、禁猎期或者使用禁用的工具、方法进行狩猎。违反狩猎法规,主要是指违反我国《野生动物保护法》等相关野生动物保护的法律、法规;禁猎区,是指国家根据野生动物保护需要,划定的禁止狩猎的区域;禁猎期,是指国家为了充分保护和合理利用野生动物资源,根据野生动物的繁殖和皮毛、肉食、药材的成熟季节,分别规定的禁止狩猎的期间;禁用的工具,一般是指具有极大杀伤力的狩猎器械,如地弓、地枪、大铁夹、军用武器等;禁用方法,是指一切足以破坏野生动物资源的方法,如以化学药品毒杀、布电网围杀、爆炸等方法。注意本行为必须是"情节严重",才构成本罪。所谓情节严重,根据《野生动物的解释》第 6 条的规定,具有下列情形之一的,属于非法狩猎"情节严重":(1)非法狩猎野生动物 20 只以上的;(2)违反狩猎法规,在禁猎区或者禁猎期使用禁用的工具、方法狩猎的;(3)具有其他严重情节的。

3.本罪的主体是一般主体,可以是自然人,也可以是单位。

4.本罪的主观方面为故意。

(三)非法狩猎罪的认定

1.本罪与非法猎捕、杀害珍贵、濒危野生动物罪的界限

二者的不同点是:(1)犯罪对象不同。非法狩猎罪的犯罪对象主要是指珍贵、

濒危野生动物以外的一般的野生动物;后者的犯罪对象为《国家重点保护野生动物名录》的珍贵、濒危野生动物。(2)犯罪时间、地点、工具、方法对于犯罪成立的意义不同。在本罪中,特定的时间(禁猎期)、特定的地点(禁猎区)、工具(禁用工具)或方法(禁用的方法)是本罪成立的必要条件;而后罪中,犯罪的时间、地点、工具和方法并非犯罪成立的条件。(3)本罪属情节犯,只有非法狩猎,且情节严重的,才构成犯罪;而后者并不要求产生特定结果,行为人只要非法捕杀国家重点保护的珍贵、濒危野生动物,即可构成犯罪,不受任何"禁止性"条件和情节是否严重的限制。

2.本罪与非法捕捞水产品罪的界限

二者的主要区别是犯罪对象不同。非法狩猎罪的对象是除国家重点保护的珍贵、濒危野生动物以外的一般野生动物;而后者的犯罪对象则为除国家重点保护的珍贵、濒危陆生和水生野生动物资源以外的其他水产品资源。

(四)非法狩猎罪的处罚

根据《刑法》第341条第2款和第346条的规定,犯本罪的,处3年以下有期徒刑、拘役、管制或者罚金。

单位犯本罪的,对单位判处罚金,并对其直接负责的主管人员和其他直接责任人员,依照自然人犯本罪的规定处罚。

八、非法捕猎、收购、运输、出售陆生野生动物罪

(一)非法捕猎、收购、运输、出售陆生野生动物罪的概念

非法捕猎、收购、运输、出售陆生野生动物罪,是指以食用为目的非法捕猎、收购、运输、出售珍贵、濒危野生动物以外的在野外环节自然生长繁殖的陆生野生动物,情节严重的行为。

(二)非法捕猎、收购、运输、出售陆生野生动物罪的特征

1.本罪的客体为国家陆生野生动物保护制度。犯罪对象是陆生野生动物。

2.本罪的客观方面为行为人以食用为目的,实施了非法捕猎、收购、运输、出售《刑法》第341条第1款规定以外的在野外环境自然生长繁殖的陆生野生动物,情节严重的行为。

3.本罪的主体为一般主体。

4.本罪的主观方面为故意。

(三)非法捕猎、收购、运输、出售陆生野生动物罪的处罚

根据《刑法》第341条第3款的规定,犯本罪的,处3年以下有期徒刑、拘役、管制、或者罚金。

九、非法占用农用地罪

(一)非法占用农用地罪的概念

非法占用农用地罪,是指违反土地管理法规,非法占用耕地、林地等农用地,改变被占用土地用途,数量较大,造成农用地大量毁坏的行为。

(二)非法占用农用地罪的特征

1.本罪的客体是国家土地管理制度。本罪的对象是农用地资源。

2.本罪的客观方面表现为行为人实施了违反土地管理法规,非法占用耕地、林地等农用地改作他用,数量较大,造成农用地大量毁坏的行为。

根据 2001 年 8 月 31 日起施行的《刑法修正案(二)》和有关立法解释,违反土地管理法规,是指违反《中华人民共和国土地管理法》、《中华人民共和国森林法》、《中华人民共和国草原法》等法律以及有关行政法规中关于土地管理的规定。占用农用地,是指行为人未经国家土地管理部门批准擅自占用耕地、林地等农用地;改作他用,是指行为人将土地管理部门批准专用的土地擅自改变用途,如开办企业、建造住宅、筑路、采石、采矿、采土、倾倒废物等。本罪属于结果犯,即要求行为人的行为造成了农用地大量毁坏才构成本罪。造成了农用地大量毁坏,是指行为人的行为导致数量较大的土地、土壤沙化、盐碱化、水土流失等严重不适宜农作物种植的情况发生。根据 2000 年 6 月 22 日起施行的最高人民法院《关于审理破坏土地资源刑事案件具体应用法律若干问题的解释》第 3 条的规定,非法占用耕地"数量较大",指非法占用基本农田 5 亩以上或者非法占用基本农田以外的耕地 10 亩以上。非法占用耕地"造成耕地大量毁坏",是指行为人非法占用耕地建窑、建坟、建房、挖沙、采石、采矿、取土、堆放固体废物或者进行其他非农业建设,造成基本农田 5 亩以上或者基本农田以外的耕地 10 亩以上种植条件严重破坏或者严重污染。

根据最高人民法院 2012 年 11 月 22 日起施行《关于审理破坏草原资源刑事案件应用法律若干问题的解释》第 2 条、第 3 条的规定,违反草原法等法规,非法占用草原,改变被占用草原用途,数量较大,造成草原大量毁坏的,以非法占用农用地罪论处。这里的"数量较大",是指非法占用草原数量在 20 亩以上的,或者曾因非法占用草原受过行政处罚,在 3 年内又非法占用草原,改变被占用草原用途,数量在 10 亩以上的情形;所谓"造成耕地、林地等农用地大量毁坏",是指具有下列情形之一的:(1)开垦草原种植粮食作物、经济作物、林木的;(2)在草原上建窑、建房、修路、挖砂、采石、采矿、取土、剥取草皮的;(3)在草原上堆放或者排放废弃物,造成草原的原有植被严重毁坏或者严重污染的;(4)违反草原保护、建设、利用规划种植牧草和饲料作物,造成草原沙化或者水土严重流失的;(5)其他造成草原严重毁坏的情形。

3.本罪的主体是一般主体,可以是自然人,也可以是单位。

4.本罪的主观方面为故意。

(三)非法占用农用地罪的处罚

根据《刑法》第 342 条和第 346 条的规定,犯本罪的,处 5 年以下有期徒刑或者拘役,并处或者单处罚金。

单位犯本罪的,对单位判处罚金,并对其直接负责的主管人员和其他直接责任人员,依照自然人犯本罪的规定处罚。

十、破坏自然保护地罪

(一)破坏自然保护地罪的概念

破坏自然保护地罪,是指违反自然保护地管理法规,在国家公园、国家级自然保护区进行开垦、开发活动或者修建建筑物,造成严重后果或者有其他恶劣情节的行为。

(二)破坏自然保护地罪的特征

1.本罪的客体是国家对自然保护地的管理秩序。

2.本罪的客观方面表现为行为人违反自然保护地管理法规,实施了在国家公园、国家级自然保护区进行开垦、开发活动或者修建建筑物,造成严重后果或者有其他恶劣情节的行为。

3.本罪的主体是一般主体。

4.本罪的主观方面是故意。

(三)破坏自然保护地罪的处罚

根据《刑法》第 342 条之一的规定,犯本罪的,处 5 年以下有期徒刑或者拘役,并处或者单处罚金。同时构成其他犯罪的,依照处罚较重的规定定罪处罚。

十一、非法采矿罪

(一)非法采矿罪的概念

非法采矿罪,是指违反矿产资源法的规定,未取得采矿许可证擅自采矿的,擅自进入国家规划矿区、对国民经济具有重要价值的矿区和他人矿区范围采矿的,擅自开采国家规定实行保护性开采的特定矿种,情节严重的行为。

(二)非法采矿罪的特征

1.本罪的客体是国家的矿产资源保护制度。

2.本罪的客观方面表现为行为人实施了非法采矿的行为。所谓非法采矿是指:(1)行为人的行为违反了矿产资源法的规定。(2)实施了以下行为之一的:第一,未取得采矿许可证擅自采矿;第二,擅自进入国家规划矿区、对国民经济具有重要价值的矿区和他人矿区范围采矿;第三,擅自开采国家规定实行保护性开采的特定矿种。(3)情节严重。以上三项内容必须同时具备,才成立本罪。根据最高人民法院、最高人民检察院 2016 年 12 月 1 日起实施的《关于办理非法采矿、破坏性采矿刑事案件适用法律若干问题的解释》(以下简称《采矿的解释》)第 3 条的规定,实施非法采矿行为,具有下列情形之一的,应当认定为《刑法》第 343 条第 1 款规定的"情节严重":(1)开采的矿产品价值或者造成矿产资源破坏的价值在 10 万元至 30 万元以上的;(2)在国家规划矿区、对国民经济具有重要价值的矿区采矿,开采国家规定实行保护性开采的特定矿种,或者在禁采区、禁采期内采矿,开采的矿产品价值或者造成矿产资源破坏的价值在 5 万元至 15 万元以上的;(3)2 年内曾因非法采矿受过 2 次以上行政处罚,又实施非法采矿行为的;(4)造成生态环境严重损害的;(5)其他情节严重的情形。

3.本罪的主体是一般主体,可以是自然人,也可以是单位。

4.本罪的主观方面为故意。

(三)非法采矿罪的处罚

根据《刑法》第 343 条第 1 款和第 346 条的规定,犯本罪的,处 3 年以下有期徒刑、拘役或者管制,并处或者单处罚金;造成矿产资源严重破坏的,处 3 年以上 7 年以下有期徒刑,并上罚金。

单位犯本罪的,对单位判处罚金,并对其直接负责的主管人员和其他直接责任人员,依照自然人犯本罪的规定处罚。

十二、破坏性采矿罪

(一)破坏性采矿罪的概念

破坏性采矿罪,是指违反矿产资源法的规定,采取破坏性的开采方法开采矿产资源,造成矿产资源严重破坏的行为。

(二)破坏性采矿罪的特征

1.本罪的客体是国家的矿产资源保护制度。

2.本罪的客观方面表现为违反矿产资源法的规定,采取破坏性的开采方法开采矿的资源,造成矿产资源严重破坏的行为。根据《采矿的解释》第 6 条的规定,造成矿产资源破坏的价值在 50 万元至 100 万元以上,或者造成国家规划矿区、对国民经济具有重要价值的矿区和国家规定实行保护性开采的特定矿种资源破坏的价值在 25 万元至 50 万元以上的,应当认定为《刑法》第 343 条第 2 款规定的"造成矿产资源严重破坏"。

3.本罪的主体为特殊主体,即取得采矿许可证的个人或单位。如果未取得采矿许可证的人或者单位采取破坏性的方法开采矿产资源,以非法采矿罪论处。

4.本罪的主观方面为故意。

（三）破坏性采矿罪的认定

本罪与非法采矿罪的界限

二者的主要区别是：（1）客观方面不同。本罪的客观方面表现为违反矿产资源法的规定，采取破坏性的开采方法开采矿产资源，造成矿产资源严重破坏的行为；非法采矿罪的客观方面表现为违反矿产资源法的规定实施了擅自开采行为，经责令停止开采后拒不停止开采，造成矿产资源破坏的行为。（2）犯罪对象不同。本罪的犯罪对象包括一切矿产资源；非法采矿罪的犯罪对象除擅自采矿外，一般针对国家规划矿区、对国民经济具有重要价值的矿区和他人矿区范围及国家规定实行保护性开采的特定矿种。（3）限制条件不同。构成本罪并"情节严重"的要求。

（四）破坏性采矿罪的处罚

根据《刑法》第 343 条和第 346 条的规定，犯本罪的，处 3 年以下有期徒刑、拘役或者管制，并处或者单处罚金；情节特别严重的，处 3 年以上 7 年以下有期徒刑，并处罚金。

单位犯本罪的，对单位判处罚金，并对其直接负责的主管人员和其他直接责任人员，依照自然人犯本罪的规定处罚。

十三、非法采伐、毁坏国家重点保护植物罪

（一）非法采伐、毁坏国家重点保护植物罪的概念

非法采伐、毁坏国家重点保护植物罪，是指违反国家的规定，非法采伐、毁坏珍贵树木或者国家重点保护的其他植物的行为。

（二）非法采伐、毁坏国家重点保护植物罪的特征

1. 本罪的客体是国家森林保护制度。犯罪对象是珍贵树木或者国家重点保护的其他植物。关于珍贵树木，应按照国务院环境保护委员会公布的《珍稀濒危保护植物名录》来确定。

2. 本罪的客观方面表现为行为人实施了违反国家规定，非法采伐、毁坏珍贵树木的行为。本罪属行为犯，且只要实施采伐、毁坏其中之一的，即可成立本罪。

3. 本罪的主体为一般主体，可以是自然人，也可以是单位。

4. 本罪的主观方面为故意。

（三）非法采伐、毁坏国家重点保护植物罪的处罚

根据《刑法》第 344 条和第 346 条的规定，犯本罪的，处 3 年以下有期徒刑、拘役或者管制，并处罚金；情节严重的，处 3 年以上 7 年以下有期徒刑，并处罚金。根据最高人民法院 2000 年 12 月 11 日起施行的《关于审理破坏森林资源刑事案件具体应用法律若干问题的解释》（以下简称《森林的解释》）第 2 条的规定，下列情形之一属于"情节严重"：（1）非法采伐珍贵树木 2 株以上或者毁坏珍贵树木致使珍贵树

木死亡 3 株以上的;(2)非法采伐珍贵树木 2 立方米以上的;(3)为首组织、策划、指挥非法采伐或者毁坏珍贵树木的;(4)其他情节严重的情形。

单位犯本罪的,对单位判处罚金,并对其直接负责的主管人员和其他直接责任人员,依照自然人犯本罪的规定处罚。

十四、非法引进、释放、丢弃外来入侵物种罪

（一）非法引进、释放、丢弃外来入侵物种罪的概念

非法引进、释放、丢弃外来入侵物种罪是指违反国家规定,非法引进、释放或者丢弃外来入侵物种,情节严重的行为。

（二）非法引进、释放、丢弃外来入侵物种罪的特征

1.本罪的客体为国家自然环境的保护制度。

2.本罪的客观方面表现为违反国家规定,非法引进、释放或者丢弃外来入侵物种,情节严重的行为。

3.本罪的主体是一般主体。

4.本罪的主观方面为故意。

（三）非法引进、释放、丢弃外来入侵物种罪的处罚

根据《刑法》第 344 条之一的规定,犯本罪的,处 3 年以下有期徒刑或者拘役,并处或者单处罚金。

十五、危害国家重点保护植物罪

（一）危害国家重点保护植物罪的概念

危害国家重点保护植物罪是指违反国家规定,非法采伐、毁坏珍贵树木或者国家重点保护的其他植物的,或者非法收购、运输、加工、出售珍贵树木或者国家重点保护的其他植物及其制品的行为。

（二）危害国家重点保护植物罪的特征

1.本罪的客体是国家对重点保护植物的管理制度。犯罪对象是国家重点保护植物及其制品。

2.本罪的客观方面表现为违反国家规定,非法采伐、毁坏珍贵树木或者国家重点保护的其他植物的,或者非法收购、运输、加工和出售珍贵树木或者国家重点保护的其他植物及其制品的行为。

3.本罪的主体是一般主体,自然人和单位均可构成。

4.本罪的主观方面为故意,一般具有牟利的目的。

（三）危害国家重点保护植物罪的处罚

根据《刑法》第 344 条和第 346 条的规定,犯本罪的,处 3 年以下有期徒刑、拘

役或者管制,并处罚金;情节严重的,处 3 年以上 7 年以下有期徒刑,并处罚金。

单位犯本罪的,对单位判处罚金,并对其直接负责的主管人员和其他直接责任人员,依照自然人犯本罪的规定处罚。

十六、盗伐林木罪

(一)盗伐林木罪的概念

盗伐林木罪,是指以非法占有为目的,盗伐森林或者其他林木,数量较大的行为。

(二)盗伐林木罪的特征

1.本罪的客体是国家林业管理制度和林木的所有权。林业管理制度,是指由《中华人民共和国森林法》及其实施细则等一系列法律、法规形成的有关林业管理制度。由于森林与林木依具体情况分别属国家、集体或者个人所有,故盗伐林木的行为在侵犯国家林业管理制度的同时,也必然侵犯了林业的国家、集体或个人的所有权。犯罪的对象是《中华人民共和国森林法》第 4 条规定的森林及其他林木,包括防护林、用材林、经济林、薪炭林、特种用途林等。不属于《中华人民共和国森林法》调整范围的个人房前屋后种植的零星树木,不属于本罪的犯罪对象。个人承包全民所有和集体所有的宜林荒山荒地造林,承包后种植的树木归承包个人所有,但这些林木已构成国家林业资源的组成部分,这些林木同样可作为盗伐林木罪的犯罪对象。

2.本罪的客观方面表现为行为人盗伐森林或者其他林木,数量较大的行为。(1)所谓"盗伐",是指以非法占有为目的,擅自砍伐森林或者其他林木的行为。根据前述《关于审理破坏森林资源刑事案件具体应用法律若干问题的解释》第 3 条的规定,盗伐行为包括:擅自砍伐国家、集体、他人所有或者他人承包经营管理的森林或者其他林木;擅自砍伐本单位或者个人承包经营管理的森林或者其他林木;在林木采伐许可证规定的地点以外采伐国家、集体、个人所有或者他人承包经营管理的森林或者其他林木。(2)必须数量较大才构成犯罪。根据该解释第 4 条的规定,"数量较大",以 2 至 5 立方米或者幼树 100 至 200 株为起点。第 7 条规定,对于一年内多次盗伐少量林木未经处罚的,累计其盗伐林木的数量,构成犯罪的,依法追究刑事责任。

3.本罪的主体是一般主体,可以是自然人,也可以是单位。

4.本罪的主观方面为故意,并具有非法占有的目的。

(三)盗伐林木罪的认定

本罪与盗窃罪的界限

本罪行为不仅侵犯国家林业管理制度,还侵犯了林木的国家、集体或个人的所有权,这就使本罪与盗窃罪中的盗窃树木行为有相似之处。但二者的区别在于:(1)侵犯的客体不完全相同。本罪的客体主要是国家的林业管理制度,其次是国家、集体或他人的林木的所有权;而盗窃罪中的盗窃林木的行为侵犯的客体只是公私财产的所有权。(2)成立犯罪的标准不同。本罪的成立须符合盗伐数量较大的要求;而盗窃罪中的盗窃林木的行为,其成立标准是"数额较大"(一般是指盗窃价值 500—2000 元以上)。(3)根据《森林的解释》第 9 条和第 15 条的规定,将他人已经伐倒的树木窃为己有的,以及偷砍他人房前屋后、自留地种植的零星树木数额较大或者多次偷砍的,应定盗窃罪。非法实施采种、采脂、挖笋、掘根、剥树皮等行为,牟取经济利益数额较大的,以盗窃罪定罪处罚。

(四)盗伐林木罪的处罚

根据《刑法》第 345 条第 1 款的规定,犯本罪的,处 3 年以下有期徒刑、拘役或者管制,并处或者单处罚金;数量巨大的,处 3 年以上 7 年以下有期徒刑,并处罚金;数量特别巨大的,处 7 年以上有期徒刑,并处罚金。根据该条第 4 款的规定,盗伐国家级自然保护区内的森林或者其他林木的,从重处罚。根据《森林的解释》第 4 条的规定,数量巨大,以 20 至 50 立方米或者幼树 1000 至 2000 株为起点;数量特别巨大,以 100 至 200 立方米或者幼树 5000 至 1 万株为起点。第 17 条第 2 款规定,幼树是指胸径 5 厘米以下的树木。

单位犯本罪的,对单位判处罚金,并对其直接负责的主管人员和其他直接责任人员,依照自然人犯本罪的规定处罚。

十七、滥伐林木罪

(一)滥伐林木罪的概念

滥伐林木罪,是指违反森林法的规定,滥伐森林或者其他林木,数量较大的行为。

(二)滥伐林木罪的特征

1.本罪的客体是国家森林保护制度。

2.本罪的客观方面表现为行为人实施了滥伐林木,数量较大的行为。根据最高人民法院《关于审理破坏森林资源刑事案件具体应用法律若干问题的解释》第 5 条第 1 款规定,所谓滥伐林木是指:(1)未经林业行政主管部门及法律规定的其他主管部门批准并核发林木采伐许可证,或者虽持有林木采伐许可证,但违反林木采伐许可证规定的时间、数量、树种或者方式,任意采伐本单位所有或者本人所有的森林或者其他林木的。(2)超过林木采伐许可证规定的数量采伐他人所有的森林或者其他林木的。根据 2004 年 4 月 1 日起施行的最高人民法院《关于在林木采伐许可证规定的地点以外采伐本单位或者本人所有的森林或者其他林木的行为如何适用法律问题的批复》的规定,在林木采伐许可证规定的地点以外采伐本单位或者本人所有的森林或者其他林木的行为适用法律问题不明确。除农村居民采伐自留地和房前屋后个人所有的零星林木以外,属于"未经林业行政主管部门及法律规定的其他主管部门批准并核发林木采伐许可证"规定的情形。(3)本罪属于数额犯,只有滥伐林木数量较大的才构成本罪。数量较大是指 10 至 20 立方米或者幼树500 至 1000 棵为起点。

3. 本罪的主体是一般主体,可以是自然人,也可以是单位。

4. 本罪的主观方面为故意。

(三)滥伐林木罪的处罚

根据《刑法》第 345 条第 2 款的规定,犯本罪的,处 3 年以下有期徒刑、拘役或者管制,并处或者单处罚金;数量巨大的,处 3 年以上 7 年以下有期徒刑,并处罚金。该条第 4 款规定,滥伐国家级自然保护区内的森林或者其他林木的,从重处罚。根据《森林的解释》第 6 条的规定,数量巨大,以 50 至 100 立方米或者幼树2500 至 5000 株为起点。

单位犯本罪的,对单位判处罚金,并对其直接负责的主管人员和其他直接责任人员,依照自然人犯本罪的规定处罚。

十八、非法收购、运输盗伐、滥伐的林木罪

(一)非法收购、运输盗伐、滥伐的林木罪的概念

非法收购、运输盗伐、滥伐的林木罪,是指非法收购、运输明知是盗伐、滥伐的林木,情节严重的行为。

(二)非法收购、运输盗伐、滥伐的林木罪的特征

1. 本罪的客体是国家的森林保护制度。

2. 本罪的客观方面表现为行为人实施了非法收购、运输明知盗伐、滥伐的林木的行为。本罪中收购、运输行为可以发生在林区,也可以发生在非林区。根据是《刑法》第 345 条第 3 款的规定是在林区非法收购明知是盗伐、滥伐的林木的行为,构成本罪。而《刑法修正案(四)》第 7 条第 3 款的规定取消了对林区的限定。

本罪只有情节严重的非法收购、运输盗伐、滥伐的林木的行为,才构成本罪。根据前述《关于审理破坏森林资源刑事案件具体应用法律若干问题的解释》第 11条第 1 款的规定,具有下列情形之一,属于"情节严重":(1)非法收购盗伐、滥伐的林木 20 立方米以上或者幼树 1000 株以上的;(2)非法收购盗伐、滥伐的珍贵林木2 立方米以上或者 5 株以上的;(3)其他情节严重情形。"情节特别严重"是指:(1)非法收购盗伐、滥伐的林木 100 立方米以上或者幼树 5000 株以上的;(2)非法收购盗伐、滥伐的珍贵树木 5 立方米以上或者 10 株以上的;(3)其他情节特别严重

的情形。

3.本罪的主体是一般主体，可以是自然人，也可以是单位。

4.本罪的主观方面为故意，且行为人必须明知是盗伐、滥伐的林木。明知，是指知道或者应当知道。具有下列情形之一的，可以视为应当知道，但是有证据证明确属被蒙骗的除外：(1)在非法的木材交易场所或者销售单位收购木材的；(2)收购以明显低于市场价格出售的木材的；(3)收购违反规定出售的木材的。

(三)非法收购、运输盗伐、滥伐的林木罪的处罚

根据《刑法》第345条第3款和第346条的规定，犯本罪的，处3年以下有期徒刑、拘役或者管制，并处或者单处罚金；情节特别严重的，处3年以上7年以下有期徒刑，并处罚金。

单位犯本罪的，对单位判处罚金，并对其直接负责的主管人员和其他直接责任人员，依照自然人犯本罪的规定处罚。

第八节　走私、贩卖、运输、制造毒品罪分述

一、走私、贩卖、运输、制造毒品罪

(一)走私、贩卖、运输、制造毒品罪的概念

走私、贩卖、运输、制造毒品罪，是指违反国家毒品管理法规，走私、贩卖、运输、制造毒品的行为。

(二)走私、贩卖、运输、制造毒品罪的特征

1.本罪的客体是国家对毒品的管理制度，其中走私毒品的行为还侵犯了国家进出口管理制度。本罪的犯罪对象是毒品。这里的毒品，是指鸦片、海洛因、甲基苯丙胺(冰毒)、吗啡、大麻、可卡因以及国家规定管制的其他能够使人形成瘾癖的麻醉药品和精神药品。具体品种以国家食品药品监督管理总局、公安部、国家卫生和计划生育委员会发布的《麻醉药品品种目录》、《精神药品品种目录》为依据。但不包括砒霜、氰化物、磷化锌等可以直接致人死亡的剧毒品。

2.本罪的客观方面表现为行为人实施了走私、贩卖、运输、制造毒品四种之一的行为。走私的含义与走私罪中的走私相同，只是本罪中走私的内容是毒品。走私毒品，是指非法运输、携带、邮寄毒品进出国(边)境的行为。行为方式主要是输入毒品与输出毒品，此外对在领海、内海运输、收购、贩卖国家禁止进出口的毒品，以及直接向走私毒品的犯罪人购买毒品的，应视为走私毒品。贩卖，是指明知是毒品而非法销售或者以贩卖为目的而非法收买的行为。运输，是指明知是毒品而采用携带、寄递、托运、利用他人或者使用交通工具等方法非法运送毒

品的行为,将毒品由一地运往另一地,运输方式多样。运输毒品必须限制在国内,否则便是走私毒品。制造,是指非法利用毒品原植物直接提炼或者用化学方法加工、配制毒品,或者以改变毒品成分和效用为目的,用混合等物理方法加工、配制毒品的行为。为了便于隐蔽运输、销售、使用、欺骗购买者,或者为了增重,对毒品掺杂使假,添加或者去除其他非毒品物质,不属于制造毒品的行为。本罪为选择性罪名,如果行为人实施了前述四种行为中的某一种或几种,则根据具体实施的行为确定罪名。

3.本罪的主体是一般主体,可以是自然人,也可以是单位。特别注意根据《刑法》第 17 条第 2 款的规定,已满 14 周岁不满 16 周岁并具有刑事责任能力的人实施贩卖毒品的行为应以本罪论处;如果是实施走私、运输、制造毒品的行为则不负刑事责任,不以犯罪论处。

4.本罪的主观方面为故意。如果行为人在不知情的情况下实施了运输毒品等行为的,不能以本罪论处。

(三)走私、贩卖、运输、制造毒品罪的认定

1.毒品数量的计算问题

本罪的量刑与走私、贩卖、运输、制造毒品的数量有重大的关系,因此,准确确定毒品的数量直接关系到对行为人的处罚,意义重大。根据《刑法》第 347 条第 7 款的规定,对多次走私、贩卖、运输、制造毒品而未经处理的,其毒品数量累计计算;根据《刑法》第 357 条第 2 款规定,毒品的数量以查证属实的走私、贩卖、运输、制造毒品的数量计算,不以纯度折算。根据《关于公安机关管辖的刑事案件立案追诉标准的规定(三)》(以下简称《追诉标准(三)》)的规定:走私、贩卖、运输、制造毒品罪是选择性罪名,对同一宗毒品实施了两种以上犯罪行为,并有相应确凿证据的,应当按照所实施的犯罪行为的性质并列适用罪名,毒品数量不重复计算。对同一宗毒品可能实施了两种以上犯罪行为,但相应证据只能认定其中一种或者几种行为,认定其他行为的证据不够确实充分的,只按照依法能够认定的行为的性质适用罪名。对不同宗毒品分别实施了不同种犯罪行为的,应对不同行为并列适用罪名,累计计算毒品数量。

2.贩卖假毒品的行为与诈骗罪的界限

本罪与诈骗罪的区别是明显的。如果行为人制造假毒品出售,或者明知不是毒品而假冒毒品出售的,是定本罪还是定诈骗罪? 如果行为人只是利用假毒品骗取他人钱财,行为更符合诈骗罪的特征;如果行为人出售假毒品骗取钱财数额较大的,应按诈骗罪论处。

3.本罪的共犯问题

应注意本罪共犯的特殊情况:(1)根据《刑法》第 349 条第 3 款的规定,犯包庇

毒品犯罪分子罪与窝藏、转移、隐瞒毒品、毒赃罪而事先通谋的,以走私、贩卖、运输、制造毒品罪的共犯论处。(2)根据《刑法》第350条第2款的规定,明知他人制造毒品而为其生产、买卖、运输前款规定的物品的,以制造毒品罪的共犯论处。

(四)走私、贩卖、运输、制造毒品罪的处罚

本罪的处罚分为以下几种情况。

1.根据《刑法》第347条第2款和最高人民法院2016年4月11日的《关于审理毒品犯罪案件适用法律若干问题的解释》(以下简称《毒品犯罪的解释》)的规定,犯本罪而有下列情形之一的,处15年有期徒刑、无期徒刑或者死刑,并处没收财产:(1)走私、贩卖、运输、制造鸦片1千克以上、海洛因、甲基苯丙胺50克以上或者其他毒品数量大的。其中,"其他毒品数量大",是指①可卡因50克以上;②3,4-亚甲二氧基甲基苯丙胺(MDMA)等苯丙胺类毒品(甲基苯丙胺除外)、吗啡100克以上;③芬太尼125克以上;④甲卡西酮200克以上;⑤二氢埃托啡10毫克以上;⑥哌替啶(度冷丁)250克以上;⑦氯胺酮500克以上;⑧美沙酮1000克以上;⑨曲马多、γ-羟丁酸2000克以上;⑩大麻油5千克、大麻脂10千克、大麻叶及大麻烟150千克以上;⑪可待因、丁丙诺啡5千克以上;⑫三唑仑、安眠酮50千克以上;⑬阿普唑仑、恰特草100千克以上;⑭咖啡因、罂粟壳200千克以上;⑮巴比妥、苯巴比妥、安钠咖、尼美西泮250千克以上;⑯氯氮卓、艾司唑仑、地西泮、溴西泮500千克以上;⑰上述毒品以外的其他毒品数量大的。(2)走私、贩卖、运输、制造毒品集团的首要分子。(3)武装掩护走私、贩卖、运输、制造毒品的。(4)以暴力抗拒检查、拘留、逮捕,情节严重的。(5)参与有组织的国际贩毒活动的。

2.根据《刑法》第347条第3款和《毒品的解释》第1条的规定,走私、贩卖、运输、制造鸦片200克以上不满1千克、海洛因、甲基苯丙胺10克以上不满50克或者其他毒品数量较大的,处7年以上有期徒刑,并处罚金。其中"其他毒品数量较大的"是指下列情形之一:(1)可卡因10克以上不满50克;(2)3,4-亚甲二氧基甲基苯丙胺(MDMA)等苯丙胺类毒品(甲基苯丙胺除外)、吗啡20克以上不满100克;(3)芬太尼25克以上不满125克;(4)甲卡西酮40克以上不满200克;(5)二氢埃托啡2毫克以上不满10毫克;(6)哌替啶(度冷丁)50克以上不满250克;(7)氯胺酮100克以上不满500克;(8)美沙酮200克以上不满1千克;(9)曲马多、γ-羟丁酸400克以上不满2千克;(10)大麻油1千克以上不满5千克、大麻脂二千克以上不满10千克、大麻叶及大麻烟30千克以上不满150千克;(11)可待因、丁丙诺啡1千克以上不满5千克;(12)三唑仑、安眠酮10千克以上不满50千克;(13)阿普唑仑、恰特草20千克以上不满100千克;(14)咖啡因、罂粟壳40千克以上不满200千克;(15)巴比妥、苯巴比妥、安钠咖、尼美西泮50千克以上不满250千克;

(16)氯氮卓、艾司唑仑、地西泮、溴西泮 100 千克以上不满 500 千克;(17)上述毒品以外的其他毒品数量较大的。

3.根据《刑法》第 347 条第 4 款和《毒品的解释》第 4 条的规定,走私、贩卖、运输、制造鸦片不满 200 克、海洛因或者甲基苯丙胺不满 10 克或者其他少量毒品的,处 3 年以下有期徒刑、拘役或者管制,并处罚金;情节严重的,处 3 年以上 7 年以下有期徒刑,并处罚金。"情节严重",是指具有下列情形之一的:(1)向多人贩卖毒品或者多次走私、贩卖、运输、制造毒品的;(2)在戒毒场所、监管场所贩卖毒品的;(3)向在校学生贩卖毒品的;(4)组织、利用残疾人、严重疾病患者、怀孕或者正在哺乳自己婴儿的妇女走私、贩卖、运输、制造毒品的;(5)国家工作人员走私、贩卖、运输、制造毒品的;(6)其他情节严重的情形。

4.根据《刑法》第 347 条第 5 款、第 6 款,第 349 条和第 356 条的规定,单位犯本罪的,对单位判处罚金,并对其直接负责的主管人员和其他直接责任人员,依照自然人犯本罪的规定处罚。利用、教唆未成年人走私、贩卖、运输、制造毒品,或者向未成年人出售毒品的,从重处罚。缉毒人员或者其他国家机关工作人员掩护、包庇走私、贩卖、运输、制造毒品的犯罪分子且事先通谋的,依照本罪从重处罚。因走私、贩卖、运输、制造、非法持有毒品罪被判过刑,又犯本罪的,从重处罚。

6.根据《刑法》第 350 条第 2 款的规定,"明知他人制造毒品而为其生产、买卖、运输前款规定的物品的,以制造毒品罪的共犯论处"。根据"两高"2012 年 6 月 18 日《关于办理走私、非法买卖麻黄碱类复方制剂等刑事案件适用法律若干问题的意见》规定,明知他人利用麻黄碱类制毒物品制造毒品,向其提供麻黄碱类复方制剂,为其利用麻黄碱类复方制剂加工、提炼制毒物品,或者为其获取、利用麻黄碱类复方制剂提供其他帮助的,以制造毒品罪的共犯论处。

二、非法持有毒品罪

(一)非法持有毒品罪的概念

非法持有毒品罪,是指违反国家法律和国家主管部门的规定,占有、携带、藏有或者以其他方式持有毒品且数量较大的行为。

(二)非法持有毒品罪的特征

1.本罪的客体是国家毒品管理制度。犯罪对象是国家禁止个人非法持有的毒品。

2.本罪的客观方面表现为行为人实施了非法持有毒品的行为。所谓非法,是指行为人违反《中华人民共和国药品管理法》、《麻醉药品管理办法》和《精神药品管理办法》等有关禁止个人持有毒品的规定。所谓持有,一般是指行为人对毒品事实上和法律上的支配、控制。至于毒品来源、存放方式、方法可多种多样。既可藏于自己的家中，也可委托他人代为收藏；既可随身携带，也可置于某处。总之，只要行为人可自由支配、控制毒品，无论毒品放置何处，以何种方式存在，均可理解为持有。本罪是数额犯，必须达到法定数量，才构成本罪。根据《追诉标准(三)》第2条第1款的规定，明知是毒品而非法持有，涉嫌下列情形之一的，应予立案追诉：(1)鸦片200克以上、海洛因、可卡因或者甲基苯丙胺10克以上；(2)二亚甲基双氧安非他明(MD-MA)等苯丙胺类毒品(甲基苯丙胺除外)、吗啡20克以上；(3)度冷丁(杜冷丁)50克以上(针剂100mg/支规格的500支以上，50mg/支规格的1000支以上；片剂25mg/片规格的2000片以上，50mg/片规格的1000片以上)；(4)盐酸二氢埃托啡2毫克以上(针剂或者片剂20ug/支、片规格的100支、片以上)；(5)氯胺酮、美沙酮200克以上；(6)三唑仑、安眠酮10千克以上；(7)咖啡因50千克以上；(8)氯氮卓、艾司唑仑、地西泮、溴西泮100千克以上；(9)大麻油1千克以上，大麻脂2千克以上，大麻叶及大麻烟30千克以上；(10)罂粟壳50千克以上；(11)上述毒品以外的其他毒品数量较大的。非法持有两种以上毒品，每种毒品均没有达到本条第1款规定的数量标准，但按前款规定的立案追诉数量比例折算成海洛因后累计相加达到10克以上的，应予立案追诉。

3.本罪的主观方面为故意，行为人如果不知情而持有毒品的，不能以犯罪论处。

(三)非法持有毒品罪的认定

1.本罪与走私、贩卖、运输、制造毒品罪的界限

实施走私、贩卖、运输、制造毒品的行为，行为人一般都会持有毒品，二者有相似之处，容易发生混淆，它们的区别也是显著的，主要是：(1)客观方面不同。本罪的行为特点是形式多样的持有；而后者的行为特点是局限于走私、贩卖、运输、制造四种，虽然行为人在走私、贩卖、运输、制造毒品的过程中也可能会持有毒品，但该种持有行为已被前四种行为吸收，不能独立成罪。(2)犯罪成立的标准不同。本罪是数额犯；而后者是行为犯，只要行为人实施了这四种行为之一的，不论数量多少，均成立犯罪。

2.持有假毒品的行为的定性

如果行为人误将假毒品当作毒品而持有的，应根据错误理论中关于对象不能犯的原则处理。行为人主观上具有犯罪的故意，客观上实施了持有毒品的行为，只是主观上发生了事实的认识错误，而这种认识错误不影响本罪的成立，应按犯罪未遂处理。

(四)非法持有毒品罪的处罚

根据《刑法》第348条的规定，非法持有鸦片1千克以上、海洛因或者甲基苯丙

胺 50 克以上或者其他毒品数量大的,处 7 年以上有期徒刑或者无期徒刑,并处罚金;非法持有鸦片 200 克以上不满 1 千克、海洛因或者甲基苯丙胺 10 克以上不满 50 克或者其他毒品数量较大的,处 3 年以下有期徒刑、拘役或者管制,并处罚金;情节严重的,处 3 年以上 7 年以下有期徒刑,并处罚金。"其他毒品数量大"或"其他毒品数较大",参照《毒品的解释》相关的规定执行。

根据《刑法》第 356 条的规定,因走私、贩卖、运输、制造、非法持有毒品罪被判过刑,又犯本罪的,从重处罚。

三、包庇毒品犯罪分子罪

(一)包庇毒品犯罪分子罪的概念

包庇毒品犯罪分子罪,是指明知是走私、贩卖、运输、制造毒品的犯罪分子而包庇的行为。

(二)包庇毒品犯罪分子罪的特征

1.本罪的客体是国家司法机关与毒品犯罪作斗争的正常活动。本罪行为人包庇的对象,仅限于走私、贩卖、运输、制造毒品的犯罪分子。

2.本罪的客观方面表现为行为人实施了包庇走私、贩卖、运输、制造毒品的犯罪分子的行为。所谓的包庇,是指明知是走私、贩卖、运输、制造毒品的犯罪分子,而向司法机关作虚假证明的,掩盖犯罪行为的。根据《追诉标准(三)》第 3 条的规定,包庇走私、贩卖、运输、制造毒品的犯罪分子,涉嫌下列情形之一的,应予立案追诉:(1)作虚假证明,帮助掩盖罪行的;(2)帮助隐藏、转移或者毁灭证据的;(3)帮助取得虚假身份或者身份证件的;(4)以其他方式包庇犯罪分子的。实施上述行为,事先通谋的,以走私、贩卖、运输、制造毒品罪的共犯立案追诉。

3.本罪的主体是一般主体。

4.本罪的主观方面为故意,要求行为人必须明知是走私、贩卖、运输、制造毒品的犯罪分子,否则不构成犯罪。

(三)包庇毒品犯罪分子罪的处罚

根据《刑法》第 349 条第 1 款的规定,犯本罪的,处 3 年以下有期徒刑、拘役或者管制;情节严重的,处 3 年以上 10 年以下有期徒刑。

根据该条第 2 款、第 3 款的规定,缉毒人员或者其他国家机关工作人员掩护、包庇走私、贩卖、运输、制造毒品的犯罪分子的,依照本罪的规定从重处罚;实施包庇毒品犯罪分子的行为,事先通谋的,以走私、贩卖、运输、制造毒品罪的共犯论处。

根据《刑法》第 356 条的规定,因走私、贩卖、运输、制造、非法持有毒品罪被判过刑,又犯本罪的,从重处罚。

四、窝藏、转移、隐瞒毒品、毒赃罪

（一）窝藏、转移、隐瞒毒品、毒赃罪的概念

窝藏、转移、隐瞒毒品、毒赃罪，是指明知是毒品或毒赃，加以窝藏、转移、隐瞒的行为。

（二）窝藏、转移、隐瞒毒品、毒赃罪的特征

1.本罪的客体是国家司法机关与毒品犯罪作斗争的正常活动。犯罪对象是毒品和毒赃。毒赃，是指犯罪分子通过走私、贩卖、运输、制造毒品所获得的钱或物。

2.本罪的客观方面表现为行为人实施了窝藏、转移、隐瞒毒品、毒赃的行为。

3.本罪的主体为一般主体。

4.本罪的主观方面为直接故意，即行为人明知是走私、贩卖、运输、制造毒品的犯罪分子的毒品、毒赃而予以窝藏、转移、隐瞒。否则，不成立本罪。

（三）窝藏、转移、隐瞒毒品、毒赃罪的认定

（1）本罪与洗钱罪的界限

二者的区别在于：本罪是窝藏、转移、隐瞒毒品、毒赃本身，并不将这些物品转换为其他合法形式；而洗钱罪则是掩饰、隐瞒毒品犯罪的违法所得及其所产生的收益来源与性质，赋予其合法形式。

（2）本罪与掩饰、隐瞒犯罪所得，犯罪所得收益罪界限

二者的区别在于：本罪的对象是特定的，即毒品、毒赃；而掩饰、隐瞒犯罪所得，犯罪所得收益罪则是泛指所有犯罪所得。

（四）窝藏、转移、隐瞒毒品、毒赃罪的处罚

根据《刑法》第349条的规定，犯本罪的，处3年以下有期徒刑、拘役或者管制；情节严重的，处3年以上10年以下有期徒刑。犯本罪的事先通谋的，以走私、贩卖、运输、制造毒品罪的共犯论处。

根据《刑法》第356条规定，因犯走私、贩卖、运输、制造、非法持有毒品罪被判过刑，又犯本罪的，从重处罚。

五、非法生产、买卖、运输制毒物品罪

（一）非法生产、买卖、运输制毒物品罪的概念

非法生产、买卖、运输制毒物品罪，是指违反国家规定，非法生产、买卖、运输醋酸酐、乙醚、三氯甲烷或者其他用于制造毒品的原料、配剂的行为。

（二）非法生产、买卖、运输制毒物品罪的特征

1.本罪的客体是国家对制毒物品的管制制度。犯罪对象是醋酸酐、乙醚、三氯甲烷等制毒物品。

2.本罪的客观方面表现为行为人违反国家规定,实施非法生产、买卖、运输制毒物品的行为。所谓"违反国家规定",是指:(1)未经许可或者备案,擅自生产、买卖、运输易制毒化学品的;(2)超出许可证明或者备案证明的品种、数量范围生产、买卖、运输易制毒化学品的;(3)使用他人的或者伪造、变造、失效的许可证明或者备案证明生产、买卖、运输易制毒化学品的;(4)经营单位违反规定,向无购买许可证明、备案证明的单位、个人销售易制毒化学品的,或者明知购买者使用他人的或者伪造、变造、失效的许可证明或者备案证明,向其销售易制毒化学品的;(5)以其他方式非法生产、买卖、运输易制毒化学品的。本罪的"生产、买卖、运输"是指在境内非法生产、买卖、运输,包括无经营权的单位或个人在境内进行制毒物品生产、买卖、运输,也包括虽有经营权的单位或个人超范围、超量经营的行为。

根据《追诉标准(三)》第 6 条的规定,非法买卖制毒物品,具有下列情形之一的,应予立案追诉:(1)1-苯基-2-丙酮 5 千克以上;(2)麻黄碱、伪麻黄碱及其盐类和单方制剂 5 千克以上,麻黄浸膏、麻黄浸膏粉 100 千克以上;(3)3,4-亚甲基二氧苯基-2-丙酮、去甲麻黄素(去甲麻黄碱)、甲基麻黄素(甲基麻黄碱)、羟亚胺及其盐类10 千克以上;(4)胡椒醛、黄樟素、黄樟油、异黄樟素、麦角酸、麦角胺、麦角新碱、苯乙酸 20 千克以上;(5)N-乙酰邻氨基苯酸、邻氨基苯甲酸、哌啶 150 千克以上;(6)醋酸酐、三氯甲烷 200 千克以上;(7)乙醚、甲苯、丙酮、甲基乙基酮、高锰酸钾、硫酸、盐酸 400 千克以上;(8)其他用于制造毒品的原料或者配剂相当数量的。非法生产、买卖、运输两种以上制毒物品,每种制毒物品均没有达到规定的数量标准,但按该条第 1 款规定的立案追诉数量比例折算成一种制毒物品后累计相加达到上述数量标准的,应予立案追诉。为了非法买卖制毒物品而采用生产、加工、提炼等方法非法制造易制毒化学品的,以非法买卖制毒物品罪(预备)立案追诉。

3.本罪的主体是一般主体,包括自然人和单位。

4.本罪的主观方面为直接故意,即明知是制毒物品而生产、买卖、运输的。

(三)非法生产、买卖、运输制毒物品罪的认定

1.本罪罪与非罪的界限

易制毒化学品的生产、经营、使用单位或者个人未办理许可证明或者备案证明,购买、销售易制毒化学品,如果有证据证明确实用于合法生产、生活需要,依法能够办理只是未及时办理许可证明或者备案证明,且未造成严重社会危害的,可不予追诉。

2.共同犯罪问题

依照刑法理论,明知他人实施非法生产、买卖、运输制毒物品犯罪,而为其提供便利的,以非法买卖制毒物品罪的共犯论处。

（四）非法生产、买卖、运输制毒物品罪的处罚

根据《刑法》第350条的规定，情节较重的，处3年以下有期徒刑、拘役或者管制，并处罚金；情节严重的，处3年以上7年以下有期徒刑，并处罚金；情节特别严重的，处7年以上有期徒刑，并处罚金或者没收财产。

根据《刑法》第356条规定，因犯走私、贩卖、运输、制造、非法持有毒品罪被判过刑，又犯本罪的，从重处罚。

六、走私制毒物品罪

（一）走私制毒物品罪的概念

走私制毒物品罪，是指违反国家规定，非法携带醋酸酐、乙醚、三氯甲烷或者其他用于制造毒品的原料、配剂进出境的行为。

（二）走私制毒物品罪的特征

1.本罪的客体是国家对制毒物品的管理制度和对外贸易管制。犯罪对象限于醋酸酐、乙醚、三氯甲烷或者其他用于制造毒品的原料或者配剂。"其他用于制造毒品的原料或者配剂"，可参考联合国《禁止非法贩运麻醉药品和精神药物公约》附件表一、表二所列物质。

2.本罪的客观方面表现为行为人违反国家规定，实施了走私制毒物品的行为。违反国家规定，是指违反1988年卫生部、外贸部、公安部、海关总署发布的《关于对三种特殊化学品实行出口准许证管理的通知》等管制制毒物品的法律、法规以及1989年我国加入的联合国《禁止非法贩运麻醉药品和精神药物公约》。违反国家规定，非法携带制毒物品进出国（边）境，达到《追诉标准（三）》第5条第1款规定的数量的，应予立案追诉。非法携带两种以上制毒物品进出国（边）境，每种制毒物品均没有达到规定的数量标准，但按该条第1款规定的立案追诉数量比例折算成一种制毒物品后累计相加达到上述数量标准的，应予立案追诉。为了走私制毒物品而采用生产、加工、提炼等方法非法制造易制毒化学品的，以走私制毒物品罪（预备）立案追诉。

3.本罪的主体为一般主体，自然人和单位均可成为本罪主体。

4.本罪的主观方面为直接故意，即明知是醋酸酐、乙醚、三氯甲烷等制毒物品而走私的。

（三）走私制毒物品罪的认定

本罪与走私毒品罪的界限

二者区别的关键是：犯罪对象不同，本罪的犯罪对象是制毒物品，即醋酸酐等用于制造毒品的原料或者配剂；后者的犯罪对象是毒品的成品，即毒品本身，如海洛因、甲基苯丙胺（冰毒）、吗啡、大麻、可卡因等。

(四)走私制毒物品罪的处罚

根据《刑法》第 350 条的规定,情节较重的,处 3 年以下有期徒刑、拘役或者管制,并处罚金;情节严重的,处 3 年以上 7 年以下有期徒刑,并处罚金;情节特别严重的,处 7 年以上有期徒刑,并处罚金或者没收财产。

根据《刑法》第 356 条规定,因犯走私、贩卖、运输、制造、非法持有毒品罪被判过刑,又犯本罪的,从重处罚。

七、非法种植毒品原植物罪

(一)非法种植毒品原植物罪的概念

非法种植毒品原植物罪,是指非法种植罂粟、大麻等毒品原植物,情节严重的行为。

(二)非法种植毒品原植物罪的特征

1.本罪的客体是国家对毒品原植物种植的管制制度。根据国家《麻醉药品管理办法》、《精神药品管理办法》等有关法规规定,种植麻醉药品原植物必须经过政府有关部门的审查批准,由指定单位严格按照批准的种植计划、限定数量进行种植。任何单位或者个人不得擅自种植。本罪的犯罪对象是罂粟、大麻等毒品原植物。

2.本罪的客观方面表现为实施了非法种植毒品原植物的行为,并符合法定情形。非法,是指违反国家有关法规规定,擅自种植毒品原植物,包括未获批准而种植与超计划种植。本条所规定的"种植",是指播种、育苗、移栽、插苗、施肥、灌溉、割取津液或者收取种子等行为。不论行为人实施了上述全部行为还是其中一种行为,都可视为种植。根据《追诉标准(三)》第 7 条的规定,非法种植罂粟、大麻等毒品原植物,涉嫌下列情形之一的,应予立案追诉:(1)非法种植罂粟 500 株以上的;(2)非法种植大麻 5000 株以上的;(3)非法种植其他毒品原植物数量较大的;(4)非法种植罂粟 200 平方米以上、大麻 2000 平方米以上或者其他毒品原植物面积较大,尚未出苗的;(6)经公安机关处理后又种植的;(7)抗拒铲除的。本罪是情节犯,不符合上述情形之一的,不以犯罪论处。

3.本罪的主体是一般主体。

4.本罪的主观方面为直接故意,即明知是毒品原植物而种植的。

(三)非法种植毒品原植物罪的认定

本罪与制造毒品罪的界限

二者的区别关键是:本罪行为特点是对毒品原植物进行农业耕作;而后者的行为特点是对各种毒品原材料进行加工,如提炼、合成、配制等。对非法种植毒品原植物后,又对其进行加工成毒品而贩卖的,是吸收犯,按重行为吸收轻行为的原则处理,以制造、贩卖毒品罪论处。

(四)非法种植毒品原植物罪的处罚

根据《刑法》第 351 条第 1 款的规定,犯本罪的,处 5 年以下有期徒刑、拘役或者管制,并处罚金;根据该条第 2 款的规定,非法种植罂粟 3000 株以上或者其他毒品原植物数量大的,处 5 年以上有期徒刑,并处罚金或者没收财产。根据种植罂粟与大麻立案追诉的数量比,非法种植大麻 30000 株以上,应认定为"其他毒品原植物数量大的"。该条第 3 款的规定,非法种植罂粟或者其他毒品原植物,在收获前自动铲除的,可以免除处罚。

根据《刑法》第 356 条规定,因犯走私、贩卖、运输、制造、非法持有毒品罪被判过刑,又犯本罪的,从重处罚。

八、非法买卖、运输、携带、持有毒品原植物种子、幼苗罪

(一)非法买卖、运输、携带、持有毒品原植物种子、幼苗罪的概念

非法买卖、运输、携带、持有毒品原植物种子、幼苗罪,是指非法买卖、运输、携带、持有数量较大的未经灭活的罂粟等毒品原植物种子、幼苗的行为。

(二)非法买卖、运输、携带、持有毒品原植物种子、幼苗罪的特征

1.本罪的客体是国家对毒品原植物的管制制度。其犯罪对象是未经灭活的罂粟等毒品原植物种子、幼苗。未经灭活,是指没有经过烘烤、放射线照射等方法,进行消灭植物繁殖和生长机能的处理。

2.本罪客观方面表现为行为人实施了非法买卖、运输、携带、持有未经灭活的罂粟等毒品原植物种子、幼苗的行为之一。根据《追诉标准(三)》第 8 条的规定,非法买卖、运输、携带、持有未经灭活的罂粟等毒品原植物种子或者幼苗,涉嫌下列情形之一的,应予立案追诉:(1)罂粟种子 50 克以上、罂粟幼苗 5000 株以上;(2)大麻种子 50 千克以上、大麻幼苗 5 万株以上;(3)其他毒品原植物种子、幼苗数量较大的。本罪是数额犯,要求数量较大的,才构成本罪。

3.本罪的主体是一般主体。

4.本罪的主观方面为直接故意,即明知是毒品原植物种子、幼苗而实施本罪行为的。

(三)非法买卖、运输、携带、持有毒品原植物种子、幼苗罪的处罚

根据《刑法》第 352 条的规定,犯本罪的,处 3 年以下有期徒刑、拘役或者管制,并处或者单处罚金。

根据《刑法》第 356 条规定,因犯走私、贩卖、运输、制造、非法持有毒品罪被判过刑,又犯本罪的,从重处罚。

九、引诱、教唆、欺骗他人吸毒罪

(一)引诱、教唆、欺骗他人吸毒罪的概念

引诱、教唆、欺骗他人吸毒罪,是指采取引诱、教唆、欺骗的手段,使他人吸食毒品的行为。

(二)引诱、教唆、欺骗他人吸毒罪的特征

1.本罪的客体是国家对毒品的管制制度和他人的身心健康。

2.本罪的客观方面表现为行为人采取引诱、教唆、欺骗的手段,使他人吸食毒品的行为。本罪是选择性罪名,只要实施其中三种行为之一的,即可成立本罪。至于被引诱、教唆、欺骗者是否因此成瘾,不是本罪的必要条件。吸食毒品,是指用口吸、鼻吸、吞服、饮用、皮下注射或静脉注射等方法使用毒品。

3.本罪的主体是一般主体。

4.本罪的主观方面为故意。

(三)引诱、教唆、欺骗他人吸毒罪的处罚

根据《刑法》第 353 条第 1 款的规定,犯本罪的,处 3 年以下有期徒刑、拘役或者管制,并处罚金;情节严重的,处 3 年以上 7 年以下有期徒刑,并处罚金。该条第 3 款规定,引诱、教唆、欺骗未成年人吸食毒品的,从重处罚。

根据《刑法》第 356 条规定,因犯走私、贩卖、运输、制造、非法持有毒品罪被判过刑,又犯本罪的,从重处罚。

十、强迫他人吸毒罪

(一)强迫他人吸毒罪的概念

强迫他人吸毒罪,是指违背他人意志,强迫他人吸食毒品的行为。

(二)强迫他人吸毒罪的特征

1.本罪的客体是国家对毒品的管制制度和他人的身体健康。

2.本罪的客观方面表现为行为人实施了强迫他人吸毒的行为。强迫,是指违背他人意志,使用暴力、胁迫等手段,迫使他人吸食毒品,即构成本罪,至于被强迫者是否因此成瘾,不是本罪的必要条件。

3.本罪的主体是一般主体。

4.本罪的主观方面为故意。

(三)强迫他人吸毒罪的处罚

根据《刑法》第 353 条第 2 款、第 3 款的规定,犯本罪的,处 3 年以上 10 年以下有期徒刑,并处罚金。强迫未成年人吸食毒品的,从重处罚。

根据《刑法》第 356 条规定,因犯走私、贩卖、运输、制造、非法持有毒品罪被判过刑,又犯本罪的,从重处罚。

十一、容留他人吸毒罪

(一)容留他人吸毒罪的概念

容留他人吸毒罪,是指行为人为他人提供场所,容留他人吸食、注射毒品,情节严重的行为。

(二)容留他人吸毒罪的特征

1.本罪的客体是国家对毒品的管制制度和他人的身体健康。

2.本罪的客观方面表现为行为人实施了为他人吸食、注射毒品提供场所的行为。场所,泛指一切可供吸毒的空间,如住宅、宾馆、办公室、娱乐场所。行为人既可以是主动提供,也可以是在吸毒者的要求下被动提供。根据《追诉标准(三)》第11条的规定,提供场所,容留他人吸食、注射毒品,涉嫌下列情形之一的,应予立案追诉:(1)容留他人吸食、注射毒品两次以上的;(2)一次容留 3 人以上吸食、注射毒品的;(3)因容留他人吸食、注射毒品被行政处罚,又容留他人吸食、注射毒品的;(4)容留未成年人吸食、注射毒品的;(5)以牟利为目的容留他人吸食、注射毒品的;(6)容留他人吸食、注射毒品造成严重后果或者其他情节严重的。

3.本罪的主体是一般主体。

4.本罪的主观方面为故意。

(二)容留他人吸毒罪的处罚

根据《刑法》第 354 条的规定,犯本罪的,处 3 年以下有期徒刑、拘役或者管制,并处罚金。

根据《刑法》第 356 条规定,因犯走私、贩卖、运输、制造、非法持有毒品罪被判过刑,又犯本罪的,从重处罚。

十二、非法提供麻醉药品、精神药品罪

(一)非法提供麻醉药品、精神药品罪的概念

非法提供麻醉药品、精神药品罪,是指依法从事生产、运输、管理、使用国家管制的麻醉药品、精神药品的个人或者单位,违反国家规定,向吸食、注射毒品的人员提供国家规定管制的能够使人形成瘾癖的麻醉药品、精神药品的行为。

(二)非法提供麻醉药品、精神药品罪的特征

1.本罪的客体是国家对毒品的管制制度。

2.本罪的客观方面表现实施了向吸食、注射毒品的人员非法提供国家规定管制的能够使人形成瘾癖的麻醉药品、精神药品的行为。非法提供,是指违反国家有关毒品管理规定,向吸食、注射毒品的人提供精神药品、麻醉药品。根据《追诉标准

(三)》第 12 条的规定,有下列情形之一,应予以立案追诉:(1)非法提供鸦片 20 克以上、吗啡 2 克以上、度冷丁(杜冷丁)5 克以上(针剂 100mg/支规格的 50 支以上,50mg/支规格的 100 支以上;片剂 25mg/片规格的 200 片以上,50mg/片规格的 100 片以上)、盐酸二氢埃托啡 0.2 毫克以上(针剂或者片剂 20ug/支、片规格的 10 支、片以上)、氯胺酮、美沙酮 20 克以上、三唑仑、安眠酮 1 千克以上、咖啡因 5 千克以上、氯氮卓、艾司唑仑、地西泮、溴西泮 10 千克以上,以及其他麻醉药品和精神药品数量较大的;(2)虽未达到上述数量标准,但非法提供麻醉药品、精神药品两次以上,数量累计达到前项规定的数量标准 80％以上的;(3)因非法提供麻醉药品、精神药品被行政处罚,又非法提供麻醉药品、精神药品的;(4)向吸食、注射毒品的未成年人提供麻醉药品、精神药品的;(6)造成严重后果或者其他情节严重的。

3.本罪的主体是特殊主体,是指依法从事生产、运输、管理、使用国家管制的麻醉药品、精神药品的个人或者单位。

4.本罪的主观方面是故意,即明知他人是吸食、注射毒品的人而向其提供麻醉药品、精神药品,但不以牟利为目的。

(三)非法提供麻醉药品、精神药品罪的认定

本罪与贩卖毒品罪的界限

依法从事生产、运输、管理、使用国家管制的麻醉药品、精神药品的个人或者单位,非法向走私、贩卖毒品的犯罪分子提供麻醉药品、精神药品的,以走私、贩卖毒品罪论处。以牟利为目的,向吸食、注射毒品的人员提供麻醉药品、精神药品的,以贩卖毒品罪论处。

(四)非法提供麻醉药品、精神药品罪的处罚

根据《刑法》第 355 条的规定,犯本罪的,处 3 年以下有期徒刑、拘役,并处罚金;情节严重的,处 3 年以上 7 年以下有期徒刑,并处罚金。

单位犯本罪的,对单位判处罚金,并对其直接负责的主管人员和其他直接责任人员依照自然人犯本罪的规定处罚。

根据《刑法》第 356 条规定,因犯走私、贩卖、运输、制造、非法持有毒品罪被判过刑,又犯本罪的,从重处罚。

十三、妨害兴奋剂管理罪

(一)妨害兴奋剂管理罪的概念

妨害兴奋剂管理罪,是指引诱、教唆、欺骗运动员使用兴奋剂参加国内、国际重大体育竞赛,或者明知运动员参加上述竞赛而向其提供兴奋剂,情节严重的行为。

(二)妨害兴奋剂管理罪的特征

1.本罪的客体为国家兴奋剂管理制度。

2.本罪的客观方面表现为行为人实施了引诱、教唆、欺骗运动员使用兴奋剂参加国内、国际重大体育竞赛,或者明知运动员参加上述竞赛而向其提供兴奋剂的行为。

3.本罪的主体为一般主体。

4.本罪的主观方面为故意。

(三)妨害兴奋剂管理罪的处罚

根据《刑法》第355条之一的规定,犯本罪的,处3年以下有期徒刑或者拘役,并处罚金。组织、强迫运动员使用兴奋剂参加国内、国际重大体育竞赛的,从重处罚。

第九节 组织、强迫、引诱、容留、介绍卖淫罪分述

一、组织卖淫罪

(一)组织卖淫罪的概念

组织卖淫罪,是指以招募、雇佣、引诱、容留等方式,组织他人卖淫的行为。

(二)组织卖淫罪的特征

1.本罪的客体是社会的道德风尚和社会管理秩序。本罪的犯罪对象一般是女性,但不排除男性成为本罪对象。

2.本罪的客观方面表现为行为人实施了组织他人卖淫的行为。组织他人卖淫,是指以招募、雇佣、引诱、容留、安排等方式,有组织、有计划地从事卖淫的活动。本罪的行为人既可以是一个,也可以是多人。注意本罪只处罚组织者,对一般参与卖淫者不以犯罪论处。本罪的对象是自愿卖淫者。如果组织者以强制手段迫使他人卖淫的,应以强迫他人卖淫罪论处。

3.本罪的主体是一般主体。既可以是男性,也可以是女性。但必须是卖淫活动的组织者,即俗称的"老鸨"、"窝主"。卖淫的组织者可以是一个人,也可以是多人。单位不能成为本罪主体。如果旅馆业、饮食服务业、文化娱乐业、出租汽车业等单位的人员,利用本单位的条件,组织他人卖淫的,亦应按自然人犯本罪处理,即对直接负责的主管人员和其他直接责任人员按本罪论处。

4.本罪的主观方面为故意。

(三)组织卖淫罪的认定

1.本罪与自动结伙卖淫行为的界限

本罪与自动结伙卖淫行为的区别是,前者是以招募、雇佣、引诱、容留等方式,组织他人卖淫;后者是指卖淫者为赚钱,相互传递信息、提供方便等共同从事卖淫

的行为。在后一种情形中,结伙人一般都是卖淫者,他们没有主从,也没有较为固定的组织、策划者和指挥者,该行为不应以犯罪论处,应根据《中华人民共和国治安管理处罚法》处理。但如果行为人自己参与者卖淫,又组织他人卖淫,应按本罪论处。

2.本罪与犯罪集团的界限

在组织他人卖淫的犯罪活动中,组织者与被组织者结合,通常组成一个相对稳定的团体,这与犯罪集团较相似,但二者有区别:(1)犯罪集团是共同犯罪的一种形式,不是罪名,只是量刑情节;本罪是一个独立的罪名,不是犯罪情节。(2)在组织他人卖淫的活动中,只有组织者、协助组织者构成犯罪,被组织者不构成犯罪;而犯罪集团的成员,只要实施共同犯罪的行为,即构成犯罪。(3)犯罪集团一般有固定的组织形式;而本罪不以是否具有固定的组织形式为条件。

(四)组织卖淫罪的处罚

根据《刑法》第 358 条的规定,犯本罪的,处 5 年以上 10 年以下有期徒刑,并处罚金。情节严重的,处 10 年以上有期徒刑或者无期徒刑,并处罚金或者没收财产。组织未成年人卖淫的,依照前款的规定从重处罚。犯前两款罪,并有杀害、伤害、强奸、绑架等犯罪行为的,依照数罪并罚的规定处罚。

根据《刑法》第 361 条的规定,旅馆业、饮食服务业、文化娱乐业、出租汽车业等单位的人员,利用本单位的条件,组织他人卖淫的,依照自然人犯本罪的规定处罚;前述单位的主要负责人犯本罪的,从重处罚。

二、强迫卖淫罪

(一)强迫卖淫罪的概念

强迫卖淫罪,是指以暴力、胁迫或者其他强制手段,迫使他人卖淫的行为。

(二)强迫卖淫罪的特征

1.本罪的客体是社会主义道德风尚和公民的生命、健康、人身自由权。犯罪对象包括妇女和男子。

2.本罪的客观方面表现为行为人实施了强迫他人卖淫的行为。所谓强迫,是指以暴力、胁迫或者其他强制手段,迫使他人违背自己意愿而卖淫。这里的暴力,是指对他人使用殴打、捆绑、拘禁等直接危及人身安全与自由的方法压服被害人就范;胁迫,是指用威胁、恐吓、要挟等精神压制的方法逼使被害人屈服;其他强制手段,是指除暴力、胁迫以外的对被害人具有强制意义的方法,如将被害人灌醉之后,令其卖淫等。

3.本罪的主体是一般主体。

4.本罪的主观方面为故意。

（三）强迫卖淫罪的认定

1.本罪与组织卖淫罪的界限

二者虽然都有"卖淫"的内容,但二者有显著的区别:(1)侵犯的客体不完全相同。本罪的客体是社会道德风尚和公民生命、健康、人身自由权;而后者侵犯的客体仅是社会道德风尚。(2)客观方面不同。本罪的客观方面表现为强迫他人卖淫,卖淫者本人是不愿卖淫;而后者的客观方面表现为把自愿卖淫者组织起来进行卖淫。如果行为人采取暴力、胁迫方法组织他人卖淫的,是想象竞合犯,按想象竞合犯的原则择一重处断。根据最高人民法院、最高人民检察院2017年7月25日《关于办理组织、强迫、引诱、容留、介绍卖淫刑事案件适用法律若干问题的解释》的规定,在组织卖淫犯罪活动中,对被组织卖淫的人有引诱、容留、介绍卖淫行为的,依照处罚较重的规定定罪处罚。但是,对被组织卖淫的人以外的其他人有引诱、容留、介绍卖淫行为的,应当分别定罪,实行数罪并罚。

2.本罪与强奸罪的界限

由于本罪在客观上亦表现为以暴力、胁迫等方法强迫被害人与他人发生性行为,与强奸罪有相似之处,但二者的不同点明显:(1)侵犯的客体不同。本罪的客体是社会道德风尚和公民的生命、健康、人身自由;而后者侵犯的客体是妇女的性的自由权利。(2)侵害的对象不同。本罪侵害的对象既可以是女性,也可以是男性;而后者侵害的对象只能是女性。(3)行为人的故意内容不同。本罪一般是为了赚钱强迫他人卖淫;后者是为了同他人发生性关系而实施强制性的行为。如果行为人先强奸,然后逼其卖淫的,依照数罪并罚的规定处罚。

（四）强迫卖淫罪的处罚

根据《刑法》第358条的规定,犯本罪的,处5年以上10年以下有期徒刑,并处罚金。情节严重的,处10年以上有期徒刑或者无期徒刑,并处罚金或者没收财产。强迫未成年人卖淫的,依照前款的规定从重处罚。犯前两款罪,并有杀害、伤害、强奸、绑架等犯罪行为的,依照数罪并罚的规定处罚。

根据《刑法》第361条的规定,旅馆业、饮食服务业、文化娱乐业、出租汽车业等单位的人员,利用本单位的条件,组织他人卖淫的,依照自然人犯本罪的规定处罚;前述单位的主要负责人犯本罪的,从重处罚。

三、协助组织卖淫罪

（一）协助组织卖淫罪的概念

协助组织卖淫罪,是指为他人组织卖淫提供帮助的行为。

（二）协助组织卖淫罪的特征

1.本罪的客体是社会道德风尚。

2.本罪的客观方面表现为行为人实施了帮助他人组织卖淫的行为。帮助,是指行为人为组织卖淫者提供各种方便的行为。行为本身是组织卖淫罪的帮助行为,但由于立法者把此种"帮助"行为作为一个独立的罪名加以规定,故不能认为是一般共同犯罪中的帮助行为。

3.本罪的主体是一般主体。

4.本罪的主观方面为故意。

(三)协助组织卖淫罪的认定

本罪与组织卖淫罪的界限

首先,组织卖淫罪的行为是直接实施组织行为,即主动召集卖淫人员并控制其卖淫活动;而本罪的行为是指向组织者的组织行为,是为这种组织行为提供帮助、创造条件,与卖淫活动的关系是间接的。其次,从二者关系来看,没有组织卖淫罪的构成,也就没有协助组织卖淫罪的构成,但有组织卖淫罪的构成,却未必有协助组织卖淫罪的构成。

(四)协助组织卖淫罪的处罚

根据《刑法》第 358 条第 3 款的规定,犯本罪的,处 5 年以下有期徒刑,并处罚金;情节严重的,处 5 年以上 10 年以下有期徒刑,并处罚金。

四、引诱、容留、介绍卖淫罪

(一)引诱、容留、介绍卖淫罪的概念

引诱、容留、介绍卖淫罪,是指引诱、容留、介绍他人卖淫的行为。

(二)引诱、容留、介绍卖淫罪的特征

1.本罪的客体是社会道德风尚。

2.本罪的客观方面表现为行为人实施了引诱、容留、介绍卖淫的行为。引诱,是指以金钱、物质或者其他利益为诱饵,勾引、拉拢、唆使他人出卖色相;容留,是指为他人卖淫提供场所;介绍,是指在卖淫者与嫖客之间牵线搭桥,促使卖淫嫖娼行为得以顺利完成。本罪是选择性罪名,行为人只要实施了"引诱"、"容留"、"介绍"三种行为之一的,即可定本罪。

3.本罪的主体是一般主体。

4.本罪的主观方面为故意。

(三)引诱、容留、介绍卖淫罪的认定

本罪与包庇罪的界限

根据《刑法》第 362 条的规定,旅游业、饮食服务业、文化娱乐业、出租汽车业等单位的人员,在公安机关查处卖淫、嫖娼活动时,为违法犯罪分子通风报信、情节严重的,依照包庇罪定罪处罚,事前与犯罪分子通谋的,以共同犯罪论处。

（四）引诱、容留、介绍卖淫罪的处罚

根据《刑法》第359条第1款的规定,犯本罪的,处5年以下有期徒刑,拘役或者管制,并处罚金;情节严重的,处5年以上有期徒刑,并处罚金。第361条第1款规定,旅馆业、饮食服务业、文化娱乐业、出租汽车业等单位的人员,利用本单位的条件,引诱、容留、介绍他人卖淫的,按照自然人犯本罪的规定定罪处罚。该条第2款规定,前款所列单位的主要负责人,犯前款罪的,从重处罚。

五、引诱幼女卖淫罪

（一）引诱幼女卖淫罪的概念

引诱幼女卖淫罪,是指引诱不满14周岁的幼女卖淫的行为。

（二）引诱幼女卖淫罪的特征

1.本罪的客体是复杂客体,即社会道德风尚和幼女身心健康。犯罪对象是不满14周岁的幼女。

2.本罪的客观方面表现为行为人实施了引诱幼女卖淫的行为。

3.本罪主体是一般主体。

4.本罪的主观方面为直接故意,且明知或应当知道对方是不满14周岁的幼女。

（三）引诱幼女卖淫罪的处罚

根据《刑法》第359条第2款的规定,犯本罪的,处5年以上有期徒刑,并处罚金。

六、传播性病罪

（一）传播性病罪的概念

传播性病罪,是指明知自己患有梅毒、淋病等严重性病而卖淫、嫖娼的行为。

（二）传播性病罪的特征

1.本罪的客体是社会道德风尚和公民的身体健康。

2.本罪的客观方面表现为行为人明知自己患有梅毒、淋病等严重性病而卖淫、嫖娼的行为。本罪是选择性罪名,实施卖淫、嫖娼行为之一的,即可成立本罪。卖淫与嫖娼相对的,是指以付出各种物质利益和非物质利益为代价,要求他人与自己发生不正当性关系的行为,如果不是以此为交换条件而发生性行为,即使行为人明知自己患有严重性病,不构成本罪。本罪是行为犯,只要在明知自己患有严重性病的情况下,实施了卖淫、嫖娼行为,即构成犯罪,实际上是否已造成将性病传染给他人的结果,不影响本罪的成立。

3.本罪主体是特殊主体,即患有梅毒、淋病等严重性病的人。

4.本罪主观方面为直接故意,即明知自己患有梅毒、淋病等严重性病而卖淫、嫖娼的。需要注意的是:不管是行为人仅知自己患有梅毒、淋病等具体病名而不知其为严重性病,还是行为人仅知自己患有某种严重性病而不知其病名,均应认为是明知自己患有严重性病。在司法实践中,只要具备下列情形之一的,均可认定行为人是"明知"的:(1)有证据证明行为人曾到医院就医,被诊断为患有严重性病的;(2)根据行为人本人的知识和经验,能够知道自己患有严重性病的;(3)通过其他方法能够证明行为人是"明知"的。

(三)传播性病罪的处罚

根据《刑法》第 360 条第 1 款的规定,犯本罪的,处 5 年以下有期徒刑、拘役或者管制,并处罚金。

第十节 制作、贩卖、传播淫秽物品罪分述

一、制作、复制、出版、贩卖、传播淫秽物品牟利罪

(一)制作、复制、出版、贩卖、传播淫秽物品牟利罪的概念

制作、复制、出版、贩卖、传播淫秽物品牟利罪,是指以牟利为目的,制作、复制、出版、贩卖、传播淫秽物品的行为。

(二)制作、复制、出版、贩卖、传播淫秽物品牟利罪的特征

1.本罪的客体是社会道德风尚和国家对文化市场的管理制度。本罪的犯罪对象是淫秽物品。淫秽物品,属于低级下流物,与我国精神文明建设格格不入。根据《刑法》第 367 条的规定,是指具体描绘性行为或者露骨宣扬色情的诲淫性的书刊、影片、录像带、录音带、图片及其他淫秽物品。有关人体生理、医学知识的科学著作不是淫秽物品。包含有色情内容的有艺术价值的文学、艺术作品不视为淫秽物品。

2.本罪的客观方面表现为行为人实施了制作、复制、出版、贩卖、传播淫秽物品牟利的行为。本罪是选择性罪名,其罪名根据行为人实施的具体行为来确定,只要实施其中之一的,即可成立本罪。

3.本罪的主体是一般主体,自然人和单位均可成为本罪主体。

4.本罪的主观方面为直接故意,即具有牟利的目的。如果行为人制作、复制、出版、贩卖、传播淫秽物品不以牟利为目的,不构成本罪,符合其他犯罪的,按相应罪名论处。

(三)制作、复制、出版、贩卖、传播淫秽物品牟利罪的认定

本罪罪与非罪的界限

根据最高人民法院 1998 年 12 月 23 日起施行的《关于审理非法出版物刑事案

件具体应用法律若干问题的解释》(以下简称《出版物的解释》)第 8 条第 1 款的规定,具有下列情节之一的,应予定罪处罚:(1)制作、复制、出版淫秽影碟、软件、录像带 50 至 100 张(盒)以上,淫秽音碟、录音带 100 至 200 张(盒)以上,淫秽扑克、书刊、画册 100 至 200 副(册)以上,淫秽照片、画片 500 至 1000 张以上的;(2)贩卖淫秽影碟、软件、录像带 100 至 200 张(盒)以上,淫秽音碟、录音带 200 至 400 张(盒)以上,淫秽扑克、书刊、画册 200 至 400 副(册)以上,淫秽照片、画片 1000 至 2000 张以上的;(3)向他人传播淫秽物品达 200 至 500 人次以上,或者组织播放淫秽影、像达 10 至 20 场次以上的;(4)制作、复制、出版、贩卖、传播淫秽物品,获利 5 千至 1 万元以上的。

根据"两高"2004 年 9 月 6 日起施行的《关于办理利用互联网、移动通讯终端、声讯台制作、复制、出版、贩卖、传播淫秽电子信息刑事案件具体应用法律若干问题的解释》(以下简称《淫秽电子信息的解释》)第 1 条第 1 款的规定,以牟利为目的,利用互联网、移动通讯终端制作、复制、出版、贩卖、传播淫秽电子信息,具有下列情形之一的,以制作、复制、出版、贩卖、传播淫秽物品牟利罪定罪处罚。(1)制作、复制、出版、贩卖、传播淫秽电影、表演、动画等视频文件 20 个以上的;(2)制作、复制、出版、贩卖、传播淫秽音频文件 100 个以上的;(3)制作、复制、出版、贩卖、传播淫秽电子刊物、图片、文章、短信息等 200 件以上的;(4)制作、复制、出版、贩卖、传播的淫秽电子信息,实际被点击数达到 1 万次以上的;(5)以会员制方式出版、贩卖、传播淫秽电子信息,注册会员达 200 人以上的;(6)利用淫秽电子信息收取广告费、会员注册费或者其他费用,违法所得 1 万元以上的;(7)数量或者数额虽未达到第(1)项至第(6)项规定标准,但分别达到其中两项以上标准一半以上的;(8)造成严重后果的。该条第 2 款规定,利用聊天室、论坛、即时通信软件、电子邮件等方式,实施第 1 款规定行为的,以制作、复制、出版、贩卖、传播淫秽物品牟利罪定罪处罚。第 5 条规定,以牟利为目的,通过声讯台传播淫秽语音信息,具有下列情形之一的,依照刑法第 363 条第 1 款的规定,对直接负责的主管人员和其他直接责任人员以传播淫秽物品牟利罪定罪处罚:(1)向 100 人次以上传播的;(2)违法所得 1 万元以上的;(3)造成严重后果的。第 7 条规定,明知他人实施制作、复制、出版、贩卖、传播淫秽电子信息犯罪,为其提供互联网接入、服务器托管、网络存储空间、通讯传输通道、费用结算等帮助,对直接负责的主管人员和其他直接责任人员,以共同犯罪论处。

(四)制作、复制、出版、贩卖、传播淫秽物品牟利罪的处罚

根据《刑法》第 363 条第 1 款的规定,犯本罪的,处 3 年以下有期徒刑、拘役或者管制,并处罚金;情节严重的,处 3 年以上 10 年以下有期徒刑,并处罚金;情节特别严重的,处 10 年以上有期徒刑或者无期徒刑,并处罚金或者没收财产。具体标

准如下。

1. 根据《出版物的解释》第 8 条第 2 款的规定,情节严重是指:(1)制作、复制、出版淫秽影碟、软件、录像带 250 至 500 张(盒)以上,淫秽音碟、录音带 500 至 1000 张(盒)以上,淫秽扑克、书刊、画册 500 至 1000 副(册)以上,淫秽照片、画片 2500 至 5000 张以上的;(2)贩卖淫秽影碟、软件、录像带 500 至 1000 张(盒)以上,淫秽音碟、录音带 1000 至 2000 张(盒)以上,淫秽扑克、书刊、画册 1000 至 2000 副(册)以上,淫秽照片、画片 5 千至 1 万张以上的;(3)向他人传播淫秽物品达 1000 至 2000 人次以上,或者组织播放淫秽影、像达 50 至 100 场次以上的;(4)制作、复制、出版、贩卖、传播淫秽物品,获利 3 万至 5 万元以上的。情节特别严重,根据该解释第 8 条第 3 款的规定,是指以牟利为目的,实施《刑法》第 363 条第 1 款规定的行为,其数量(数额)达到第 8 条第 2 款规定的数量(数额)5 倍以上的。

2. 根据《淫秽电子信息的解释》第 2 条的规定,实施第 1 条规定的行为,数量或者数额达到第 1 条第 1 款第(1)项至第(6)项规定标准 5 倍以上的,应当认定为《刑法》第 363 条第 1 款规定的"情节严重";达到规定标准 25 倍以上的,应当认定为"情节特别严重"。该解释第 5 条第 2 款规定,实施第 5 条第 1 款规定行为,数量或者数额达到前款第(1)项至第(2)项规定标准 5 倍以上的,应当认定为《刑法》第 363 条第 1 款规定的"情节严重";达到规定标准 25 倍以上的,应当认定为"情节特别严重"。该解释第 6 条规定,具有下列情形之一的,依照《刑法》第 363 条第 1 款、第 364 条第 1 款的规定从重处罚:(1)制作、复制、出版、贩卖、传播具体描绘不满 18 周岁未成年人性行为的淫秽电子信息的;(2)明知是具体描绘不满 18 周岁的未成年人性行为的淫秽电子信息而在自己所有、管理或者使用的网站或者网页上提供直接链接的;(3)向不满 18 周岁的未成年人贩卖、传播淫秽电子信息和语音信息的;(4)通过使用破坏性程序、恶意代码修改用户计算机设置等方法,强制用户访问、下载淫秽电子信息的。

单位犯本罪的,对单位判处罚金,并对其直接负责的主管人员和其他直接责任人员,按自然人犯本罪的规定处罚。

二、为他人提供书号出版淫秽书刊罪

(一)为他人提供书号出版淫秽书刊罪的概念

为他人提供书号出版淫秽书刊罪,是指违反国家书刊出版管理法规,为他人出版淫秽书刊提供书号的行为。

(二)为他人提供书号出版淫秽书刊罪的特征

1. 本罪的客体是国家对书刊出版管理制度和社会道德风尚。　犯罪对象是书

号,书号是出版物合法公开出版的通行证。

2.本罪的客观方面表现为行为人实施了为他人出版淫秽书刊提供书号的行为。根据《关于审理非法出版物刑事案件具体应用法律若干问题的解释》第9条第1款的规定,为他人提供书号、刊号,出版淫秽书刊的,以本罪定罪处罚。第2款规定,为他人提供版号,出版淫秽音像制品的,依照本罪规定定罪处罚。

3.本罪的主体是一般主体。

4.本罪的主观方面为过失,如果故意向他人出版淫秽书刊提供书号的,应按《刑法》第363条的出版淫秽物品牟利罪论处。

(三)为他人提供书号出版淫秽书刊罪的认定

本罪与出版淫秽物品牟利罪的界限

二者的主要区别是:(1)本罪主观表现为过失;出版淫秽物品牟利罪主观表现故意,且具有牟利目的。(2)本罪以淫秽书刊的出版为其构成要件,如果淫秽书刊在印刷过程中,被有关部门发现而未能出版,过失提供书号的不能构成犯罪;但如果是明知他人出版淫秽书刊而提供书号,即使因种种原因最后未能出版,仍构成出版淫秽物品牟利罪的未遂犯。

(二)为他人提供书号出版淫秽书刊罪的处罚

根据《刑法》第363条第2款的规定,犯本罪的,处3年以下有期徒刑、拘役或者管制,并处或者单处罚金。

单位犯本罪的,对单位判处罚金,并对其直接负责的主管人员和其他直接责任人员,按自然人犯本罪的规定处罚。

三、传播淫秽物品罪

(一)传播淫秽物品罪的概念

传播淫秽物品罪,是指传播淫秽书刊、影片、音像、图片或者其他淫秽物品,情节严重的行为。

(二)传播淫秽物品罪的特征

1.本罪的客体是社会道德风尚。

2.本罪的客观方面表现为行为人实施了传播淫秽书刊、影片、音像、图片或者其他淫秽物品,情节严重的行为。传播,是指将淫秽物品在社会上广为散播,其具体方式多种多样。

3.本罪的主体是一般主体。自然人和单位均可成为本罪主体。

4.本罪的主观方面为故意,并且不以牟利为目的。如果以牟利为目的传播的,构成传播淫秽物品牟利罪。

（三）传播淫秽物品罪的认定

本罪罪与非罪的界限

本罪必须达到情节严重才构成犯罪,根据《关于审理非法出版物刑事案件具体应用法律若干问题的解释》第 10 条的规定,"情节严重"是指:向他人传播淫秽的书刊、影片、音像、图片等出版物达 300 至 600 人次以上或者造成恶劣社会影响的。

根据《淫秽电子信息的解释》第 3 条第 1 款的规定,不以牟利为目的,利用互联网或者转移通讯终端传播淫秽电子信息,具有下列情形之一的,以本罪定罪处罚:（1）数量达到该《解释》第 1 条第 1 款第（1）项至第（5）项规定标准 2 倍以上的;（2）数量分别达到该《解释》第 1 条第 1 款第（1）项至第（5）项两项以上标准的;（3）造成严重后果的（第 1 条内容见本节第一个罪名）。该条第 2 款规定,利用聊天室、论坛、即时通信软件、电子邮件等方式,实施第 1 款规定行为的,以本罪定罪处罚。第 8 条规定,利用互联网、移动通讯终端、声讯台贩卖、传播淫秽书刊、影片、录像带、录音带等以实物为载体的淫秽物品的,依照《出版物的解释》的有关规定定罪处罚。第 7 条规定,明知他人实施制作、复制、出版、贩卖、传播淫秽电子信息犯罪,为其提供互联网接入、服务器托管、网络存储空间、通讯传输通道、费用结算等帮助的,对直接负责的主管人员和其他直接责任人员,以共同犯罪论处。

（四）传播淫秽物品罪的处罚

根据《刑法》第 364 条第 1 款的规定,犯本罪的,处 2 年以下有期徒刑、拘役或者管制。第 4 款规定,向不满 18 周岁的未成年人传播淫秽物品的,从重处罚。第 366 条规定,单位犯本罪的,对单位判处罚金,并对其直接负责的主管人员和其他直接责任人员,按自然人犯本罪的规定处罚。

根据《淫秽电子信息的解释》第 6 条的规定,具有下列情形之一的,从重处罚:（1）制作、复制、出版、贩卖、传播具体描绘不满 18 周岁未成年人性行为的淫秽电子信息的;（2）明知是具体描绘不满 18 周岁的未成年人性行为的淫秽电子信息而在自己所有、管理或者使用的网站或者网页上提供直接链接的;（3）向不满 18 周岁的未成年人贩卖、传播淫秽电子信息和语音信息的;（4）通过使用破坏性程序、恶意代码修改用户计算机设置等方法,强制用户访问、下载淫秽电子信息的。

四、组织播放淫秽音像制品罪

（一）组织播放淫秽音像制品罪的概念

组织播放淫秽音像制品罪,是指不以牟利为目的,组织播放淫秽的电影、录像等音像制品的行为。

（二）组织播放淫秽音像制品罪的特征

1.本罪的客体是社会道德风尚。

2.本罪的客观方面表现为行为人实施了组织播放淫秽音像制品的行为。组织播放,是指策划、指挥、安排播放淫秽音像制品,并使多人收听、收看淫秽音像制品的。根据《出版物的解释》第 10 条第 2 款规定,组织播放淫秽的电影、录像等音像制品达 15 至 30 场次以上或者造成恶劣社会影响的,以本罪定罪处罚。

3.本罪的主体为一般主体,自然人和单位均可成为本罪主体。

4.本罪的主观方面为故意,并且不具有牟利的目的,如果以牟利为目的播放淫秽音像制品的,应按传播淫秽物品牟利罪论处。

(三)组织播放淫秽音像制品罪的认定

1.本罪与传播淫秽物品牟利罪的界限

主要从以下三个方面来区分:(1)本罪的主观方面不以牟利为目的,而传播淫秽物品牟利罪则必须以牟利为目的。(2)本罪的犯罪对象只限于淫秽音像制品,不包括淫秽书刊、图片等其他淫秽物品,而传播淫秽物品牟利罪的对象则是指所有的淫秽物品。(3)本罪要求行为人有组织的行为,而传播淫秽物品牟利罪并无此要求。

2.本罪与传播淫秽物品罪的界限

二者都不是以牟利为目的,这是相同的。二者的主要区别是:(1)本罪的犯罪对象只限于淫秽音像制品,而不包其他淫秽物品,而传播淫秽物品罪的犯罪对象是指所有淫秽物品。(2)本罪要求行为人有组织的行为,即有召集多人观看、收听的行为,而传播淫秽物品罪只要求行为人实施传播行为。(3)本罪不要求行为达到严重的程度,而传播淫秽物品的行为只有情节严重才构成犯罪。

(四)组织播放淫秽音像制品罪的处罚

根据《刑法》第 364 条的规定,犯本罪的,处 3 年以下有期徒刑、拘役或者管制,并处罚金;情节严重的,处 3 年以上 10 年以下有期徒刑,并处罚金;制作、复制淫秽的电影、录像等音像制品组织播放的,依照前述规定从重处罚;向不满 18 周岁的未成年人传播淫秽物品的,从重处罚。

单位犯本罪的,对单位判处罚金,并对其直接负责的主管人员和其他直接责任人员,依照自然人犯本罪的规定处罚。

五、组织淫秽表演罪

(一)组织淫秽表演罪的概念

组织淫秽表演罪,是指组织进行淫秽表演的行为。

(二)组织淫秽表演罪的特征

1.本罪的客体是社会道德风尚。

2.本罪的客观方面表现为行为人实施了组织进行淫秽表演的行为。组织,是指为进行淫秽表演而实施的策划、指挥、安排、招募等行为。淫秽表演，是指露骨宣扬色情内容的表演，如跳裸体舞、进行性行为表演等。进行淫秽表演者，可以是女人，也可以是男人。

3.本罪的主体是一般主体，自然人和单位均可成为本罪主体。注意本罪主体是淫秽表演的组织者，不是表演者。

4.本罪的主观方面为故意。

（三）组织淫秽表演罪的处罚

根据《刑法》第365条的规定，犯本罪的，处3年以下有期徒刑、拘役或者管制，并处罚金；情节严重的，处3年以上10年以下有期徒刑，并处罚金。

单位犯本罪的，对单位判处罚金，并对其直接负责的主管人员和其他直接责任人员，依照自然人犯本罪的规定处罚。

复习与练习

本章提要

妨害社会管理秩序罪，是指妨害国家管理活动，破坏社会秩序，依法应当受到刑罚处罚的行为。本章犯罪的同类客体是社会的管理秩序，此外还有次同类客体，其内容包括公共秩序、司法秩序、国（边）境管理秩序、公共卫生、环境保护、毒品管制、社会风化等。本章犯罪的客观方面，表现为行为人实施了破坏社会管理秩序的行为，分别有九类犯罪行为。在犯罪既遂形态上，有的是行为犯，有的是结果犯，有的是危险犯，有的是情节犯。本章犯罪主体多数是一般主体，少数是特殊主体，有的犯罪只有自然人才能构成或者只有单位才能构成，有的犯罪自然人和单位均可构成。本章犯罪的主观方面，有的是故意，有的是过失，在故意犯罪中，有的犯罪还要求具有特定的目的。本章重点要掌握的是常见犯罪的构成要件、认定以及处罚。

重要概念

妨害公务罪　招摇撞骗罪　聚众扰乱社会秩序罪　组织、领导、参加黑社会性质组织罪　聚众斗殴罪　寻衅滋事罪　伪证罪　窝藏、包庇罪　医疗事故罪　走私、贩卖、运输、制造毒品罪　非法持有毒品罪　组织卖淫罪　制作、复制、出版、贩卖、传播淫秽物品牟利罪

思考题

1.试述妨害公务罪的特征。

2.试述招摇撞骗罪与诈骗罪的联系和区别。

3. 如何理解聚众斗殴罪的特征？

4. 试述伪证罪与诬告陷害罪的界限。

5. 试述组织领导参加黑社会性质组织罪与组织、领导、参加恐怖活动组织罪的区别。

6. 试述非法持有毒品罪的构成要件。

7. 甲某为招揽顾客，购得罂粟壳 6.5 千克，连续一个多月将罂粟壳混入其他佐料一起烧制烤鸭，在其开设的烤鸭店内出售。累计使用罂粟壳约 1 千克，出售烤鸭 5000 余只。对甲的行为应如何认定？（　　）

A. 构成生产、销售有毒、有害食品罪　　　B. 构成欺骗他人吸毒罪

C. 构成非法持有毒品罪　　　D. 构成贩卖毒品罪

8. 下列组织、强迫他人卖淫的行为依法不需数罪并罚的有（　　）。

A. 强奸后迫使卖淫的

B. 强迫不满 14 周岁的幼女卖淫的

C. 造成被强迫卖淫的人重伤、死亡或者其他严重后果的

D. 组织一批人卖淫又强迫另外一批人卖淫的

9. 关于非法持有毒品罪，下列说法错误的是（　　）。

A. 非法持有毒品的，无论数量多少，都应当追究刑事责任

B. 持有仅限于本人持有，不可能通过他人持有

C. 持有仅限于行为人对毒品享有所有权而持有

D. 为了贩卖毒品而持有毒品的，应当数罪并罚

10. 社会青年甲，伪造了一份本市公安局的工作证，又去黑市上买了一套警服，一天其穿上警服带上工作证，到某厂女工乙女家中，告知乙的父母说乙被怀疑犯罪，近期将会被逮捕，乙的父母吓得胆战心惊，甲趁机骗说如果乙家出 5 万元钱，他可以摆平此事。乙父感激不尽，连忙从银行取出 5 万元给甲。甲又称要与乙单独谈话，借机与乙发生性关系，乙不从，说自己没有犯罪。甲威胁乙无论其是否犯罪，他都能把她抓起来。乙害怕，不得已与甲发生了性关系。后甲又多次与乙性交。

问：甲的行为构成什么罪？为什么？

第二十七章　危害国防利益罪

危害国防利益罪是指破坏或者干扰国防活动,严重危害国防利益的行为。危害国防利益的犯罪具有四个方面的表现,即妨害军队作战和军事行动、破坏国防建设、危害国防管理秩序和拒绝或逃避履行国防义务。危害国防利益罪的一部分犯罪必须发生在战时,包括国家宣布进入战争状态、部队受领作战任务或者遭敌突然袭击期间,以及部队执行戒严任务或者处置突发性暴力事件期间;还有一部分犯罪则无论战时还是平时都能成立。危害国防利益罪列于《刑法》分则第七章,从第368条至381条,共14个条文,23个具体罪名。

本章重点
- 阻碍军人执行职务罪
- 破坏武器装备、军事设施、军事通信罪
- 冒充军人招摇撞骗罪
- 接送不合格兵员罪

第一节　危害国防利益罪概述

一、危害国防利益罪的概念

危害国防利益罪,是指违反国防法律、法规,危害军事行动,危害国防基础设施和国防建设,妨害部队管理秩序或采取其他形式危害国防利益,依照刑法应当受到刑罚处罚的行为。

二、危害国防利益罪的特征

1.本类罪的客体是国防利益。国防利益是指国家为了抵御外来侵略,制止武装叛乱、维护国家的统一和领土主权的完整而进行的军事以及与军事有关的政治、经济、外交、科技、教育等方面活动的利益。

2.本类罪在客观方面表现为违反国防法律、法规,危害军事行动,危害国防基础设施和国防建设,妨害部队管理秩序或采取其他形式危害国防利益,依照刑法应当受到刑罚处罚的行为。从表现形式上看,有的犯罪只能是作为,有的犯罪只能是不作为,有的犯罪可以是作为也可以是不作为;从犯罪时间上看,有的犯罪只能发生在战时,有的犯罪则没有限制。

3.本类罪的主体多数为一般主体,少数为特殊主体,如接送不合格兵员罪。此外,单位也可以成为某些犯罪的主体,如故意提供不合格武器装备、军事设施罪。

4.本类罪的主观方面多数为故意,少数犯罪还要求行为人具有营利的目的,如非法生产、买卖军用标志罪;个别犯罪由过失构成,如过失提供不合格武器装备、军事设施罪。

三、危害国防利益罪的分类

根据犯罪时间的不同,危害国防利益罪大致可以分为两类。

(一)平时危害国防利益的犯罪

阻碍军人执行职务罪,阻碍军事行动罪,破坏武器装备、军事设施、军事通信罪,过失损坏武器装备、军事设施、军事通信罪,故意提供不合格武器装备、军事设施罪,过失提供不合格武器装备、军事设施罪,聚众冲击军事禁区罪,聚众扰乱军事管理区秩序罪,冒充军人招摇撞骗罪,煽动军人逃离部队罪,雇用逃离部队军人罪,接送不合格兵员罪,伪造、变造、买卖部队公文、证件、印章罪,盗窃、抢夺部队公文、证件、印章罪,非法生产、买卖武装部队制式服装罪,伪造、盗窃、买卖、非法提供、非法使用武装部队专用标志罪。

(二)战时危害国防利益的犯罪

战时拒绝、逃避征召、军事训练罪,战时拒绝、逃避服役罪,战时故意提供虚假敌情罪,战时造谣扰乱军心罪,战时窝藏逃离部队军人罪,战时拒绝、故意延误军事订货罪,战时拒绝军事征用罪。

第二节　危害国防利益罪分述

一、阻碍军人执行职务犯罪

(一)阻碍军人执行职务罪的概念

阻碍军人执行职务罪,是指使用暴力或者以暴力相威胁等方法设置障碍,阻碍军人依法执行职务的行为。

(二)阻碍军人执行职务罪的特征

1.本罪的客体是军队担负的国防职能。国防职能的中心任务是作战和备战,军队是专门承担国防职能的武装集团,因此,阻碍军人依法执行职务,实质上就是侵害了军队所担负的国防职能。本罪的犯罪对象是正在依法执行职务的军人。

2.本罪的客观方面表现为通过暴力或威胁的手段致使军人无法执行职务或者不能圆满执行职务。因此,即使针对军人实施暴力或威胁,但并不基于阻碍军人职务行为的目的,或者暴力、威胁行为所作用的军人并不处于依法执行职务的状态,不成立这一犯罪。作为这一犯罪的手段行为,暴力或威胁行为的作用力应集中在阻碍职务行为之上,如果使用暴力的手段造成军人人身伤害或死亡的结果,则形成竞合关系,应当按照择一重罪处断的原则定罪处罚。

3.本罪的主体是一般主体。

4.本罪的主观方面为故意,即明知军人正在依法执行职务,仍然使用暴力、威胁的方法加以阻碍的心理态度。行为人不知军人正在依法执行职务,或者误认为执行职务的军人正在实施违法行为而加以阻碍,并不成立这一犯罪。

(三)阻碍军人执行职务罪的处罚

根据《刑法》第368条第1款的规定,犯本罪的,处3年以下有期徒刑、拘役、管制或者罚金。

二、阻碍军事行动罪

(一)阻碍军事行动罪的概念

阻碍军事行动罪,是指故意阻碍武装部队军事行动,造成严重后果,危害国防利益的行为。

(二)阻碍军事行动罪的特征

1.本罪的客体是军队担负的国防职能。

2.本罪的客观方面表现为阻碍军事行动的行为。至于行为方式,法律并没有明确规定。因此,凡是能够形成阻碍作用的手段,均属于这一犯罪的行为方式,例如暴力威胁、设置路障、鼓动骚乱、静坐示威等。这里的军事行动,是指人民解放军、武装警察部队依法进行的作战、戒严、战备、训练、执勤、救灾等保障国家和国防安全的集团性活动。此外,成立阻碍军事行动罪需要具备"造成严重后果"的条件,但对于这一犯罪的严重后果,刑法没有限定,也没有列举。

3.本罪的主体是一般主体,但不包括现役军人。

4.本罪的主观方面是直接故意,并且必须以明知是军事行动为前提条件。

(三)阻碍军事行动罪的处罚

根据《刑法》第368条第2款的规定,犯本罪的,处5年以下有期徒刑或者拘役。

三、破坏武器装备、军事设施、军事通信罪

（一）破坏武器装备、军事设施、军事通信罪的概念

破坏武器装备、军事设施、军事通信罪，是指出于贪图私利、发泄私愤或者其他个人目的，故意破坏武器装备、军事设施或者军事通信的行为。

（二）破坏武器装备、军事设施、军事通信罪的特征

1.本罪的客体是国防建设秩序。

犯罪对象分别是武器装备、军事设施和军事通信。这里所谓的武器装备，是军队用于实施和保障作战行动的武器、武器系统和军事技术器材的统称，并且包括军用的武器装备重要零件和部件；所谓的军事设施，即国家直接用于军事目的的建筑物、场地和设备；所谓的军事通信，即军队为实施指挥或武器控制等任务而进行的信息指令传递等通信手段。

2.本罪的客观方面表现为各种破坏性手段。比如爆炸、放火、拆卸、切割、填充异物等。评价这一犯罪的行为是否具有破坏作用，应当从物理、效能两方面考察，能造成物理上的毁损的行为当然是破坏，但未造成物理性破坏却能形成效能的丧失或降低的行为也属于破坏。

3.本罪的主体是一般主体。

4.本罪的主观方面为故意，即明知是武器装备、军事设施、军事通信仍然加以破坏的心理态度。

（三）破坏武器装备、军事设施、军事通信罪的认定

1.本罪与爆炸罪等罪的界限

使用爆炸、放火等方式破坏武器装备、军事设施、军事通信的行为与危害公共安全罪中的爆炸罪、放火罪之间存在竞合关系，重要区别在于行为对象不同。行为对象是武器装备、军事设施、军事通信，就构成本罪。

2.本罪与盗窃罪的界限

盗窃军事设施内存放的器材、物资的，应定为盗窃罪，如果盗窃枪支、弹药、爆炸物的，构成盗窃枪支、弹药、爆炸物罪。根据最高人民法院2007年6月18日发布的《关于审理危害军事通信刑事案件具体应用法律若干问题的解释》第6条规定，盗窃军事通信线路、设备，不构成盗窃罪，但破坏军事通信的，依照本罪定罪处罚；同时构成《刑法》第124条、第264条和本罪的，依照处罚较重的规定定罪处罚。

3.本罪与非法侵入计算机信息系统罪的界限

违反国家规定，侵入国防建设、尖端科学技术领域的军事通信计算机信息系统，尚未对军事通信造成破坏的，依照《刑法》第285条的规定定罪处罚；对军事通信造成破坏，同时构成《刑法》第285条、第286条和本罪的，依照处罚较重的规定

定罪处罚。

4.本罪与扰乱无线电通讯管理秩序罪的界限

主要是对象不同。扰乱无线电通讯管理秩序罪的对象是非特定的无线电通讯活动,而本罪的对象是军事活动使用的无线电通讯。根据《关于审理危害军事通信刑事案件具体应用法律若干问题的解释》(以下简称《军事通信的解释》)的规定,违反国家规定,实施扰乱无线电通讯管理秩序行为,造成军事通信中断或者严重障碍,同时构成《刑法》第288条和本罪的,依照处罚较重的规定定罪处罚。

(四)破坏武器装备、军事设施、军事通信罪的处罚

根据《刑法》第369条第1款的规定,犯本罪的,处3年以下有期徒刑、拘役或者管制;破坏重要武器装备、军事设施、军事通信的,处3年以上10年以下有期徒刑;情节特别严重的,处10年以上有期徒刑、无期徒刑或者死刑。根据《军事通信的解释》第2条的规定,所谓"情节特别严重",是指具有下列情形之一的:(1)造成重要军事通信中断或者严重障碍,严重影响部队完成作战任务或者致使部队在作战中遭受损失的;(2)造成部队执行抢险救灾、军事演习或者处置突发事件等任务的通信中断或者严重障碍,并因此贻误部队行动,致使死亡3人以上、重伤10人以上或者财产损失100万元以上的;(3)破坏重要军事通信3次以上的;(4)其他情节特别严重的情形。对于发生在战时的破坏武器装备、军事设施、军事通信罪,应当从重处罚。

四、过失破坏武器装备、军事设施、军事通信罪

(一)过失破坏武器装备、军事设施、军事通信罪概念

过失破坏武器装备、军事设施、军事通信罪,是指过失破坏武器装备、军事设施、军事通信,危害国防利益,造成严重后果的行为。

(二)过失破坏武器装备、军事设施、军事通信罪的特征

1.本罪的客体是部队战斗力的物质保障,犯罪对象是武器装备、军事设施、军事通信。

2.本罪的客观方面表现为武器装备、军事设施、军事通信遭受损坏的行为。构成本罪,需要具备"造成严重后果"的条件。

3.本罪的主体是一般主体。

4.本罪的主观方面是过失。

(三)过失破坏武器装备、军事设施、军事通信罪的处罚

根据《刑法》第369条第1款的规定,犯本罪的,处3年以下有期徒刑或者拘役;造成特别严重后果的,处3年以上7年以下有期徒刑。根据《军事通信的解释》第4条的规定,这里的"造成特别严重后果",是指具有下列情形之一的:(1)造成重

要军事通信中断或者严重障碍,严重影响部队完成作战任务或者致使部队在作战中遭受损失的;(2)造成部队执行抢险救灾、军事演习或者处置突发性事件等任务的通信中断或者严重障碍,并因此贻误部队行动,致使死亡3人以上、重伤10人以上或者财产损失100万元以上的;(3)其他后果特别严重的情形。战时犯本罪的,从重处罚。

五、故意提供不合格武器装备、军事设施罪

(一)故意提供不合格武器装备、军事设施罪的概念

故意提供不合格武器装备、军事设施罪,是指明知是不合格的武器装备、军事设施仍然提供给武装部队的行为。

(二)故意提供不合格武器装备、军事设施罪的特征

1.本罪的客体是武器装备、军事设施的质量管理秩序。

2.本罪的行为方式是提供不合格的武器装备、军事设施。"提供"既包括有对价的提供,也包括无对价的提供,接收提供的则必须是武装部队,是否具有谋利的目的,并不影响犯罪的成立。刑法并无明确的限定"不合格"标准,通常具有以下两个判断依据:其一是国家标准、地方标准或者其他专业、行业标准,或者武装部队签订合同时提出的特定标准;其二是导致危害后果的可能性,即使用所提供的武器装备、军事设施是否可能造成危害军事利益的结果。

3.本罪的主体是特殊主体,限于负责生产、建造、维修、采购武器装备或者军事设施的军队以及地方单位和自然人。

4.本罪的主观方面只能是故意,即既明知所提供的物品为武器装备、军事设施而非其他用途的物资,同时又明知所提供的物资为不合格的武器装备、军事设施。

(三)故意提供不合格武器装备、军事设施罪的处罚

根据《刑法》第370条第1款与第3款的规定,犯本罪的,处5年以下有期徒刑或者拘役;情节严重的,处5年以上10年以下有期徒刑;情节特别严重的,处10年以上有期徒刑、无期徒刑或者死刑。

单位犯本罪的,对单位处罚金,并对直接负责的主管人员和其他直接责任人员,依照自然人犯罪的规定处罚。

六、过失提供不合格武器装备、军事设施罪

(一)过失提供不合格武器装备、军事设施罪的概念

过失提供不合格武器装备、军事设施罪,是指出于过失心态而将不合格的武器装备、军事设施提供给武装部队使用,造成严重后果的行为。

（二）过失提供不合格武器装备、军事设施罪的特征

1.本罪的客体是武器装备、军事设施的管理制度以及部队的战斗力。

2.本罪的客观方面表现为行为人将不合格的武器装备、军事设施提供给部队，造成严重后果的行为。

3.本罪的主体是特殊主体，即具有向武装部队提供武器装备和军事设施义务的单位和个人。

4.本罪的主观方面是过失。

（三）过失提供不合格武器装备、军事设施罪的认定

本罪与故意提供不合格武器装备、军事设施罪的界限

两罪的主要区别在于：第一，主观心理态度不同，前者为过失，后者为故意；第二，情节和结果的要求不同，前者必须具备"造成严重后果"的条件，后者则为行为犯，情节只具有刑罚裁量的意义；第三，行为主体不尽相同，前者的行为主体只能是自然人，后者则包括自然人和单位。

（四）过失提供不合格武器装备、军事设施罪的处罚

根据《刑法》第370条第2款的规定，犯本罪的，处3年以下有期徒刑或者拘役；造成特别严重后果的，处3年以上7年以下有期徒刑。

七、聚众冲击军事禁区罪

（一）聚众冲击军事禁区罪的概念

聚众冲击军事禁区罪，是指聚集众人冲击军事禁区，严重扰乱军事禁区秩序的行为。

（二）聚众冲击军事禁区罪的特征

1.本罪的客体是军事禁区秩序。根据《中华人民共和国军事设施保护法》（以下简称《军事设施保护法》）第7条的规定："国家根据军事设施的性质、作用、安全保密的需要和使用效能的要求，划定军事禁区、军事管理区；没有划入军事禁区、军事管理区的军事设施，也应当采取保护措施。"军事禁区是指国家根据军事设施的性质、作用、安全保密的需要以及使用效能等的特殊要求，依照《军事设施保护法》等法律、法规的规定划定的，采取特殊措施加以重点保护的区域，通常具有明确的标示。

2.本罪的客观方面由两个行为环节联系而成：其一是聚集众人，其二是冲击军事禁区。聚众冲击军事禁区罪的行为环境具有明确的特定性，即必须是军事禁区，这是这一犯罪区别于聚众冲击国家机关罪的主要界限。聚众冲击军事禁区罪中的聚集众人的行为方式，与其他聚众犯罪相同，也即组织、招徕、唆使、鼓动数量较多的人员参与冲击的行为。所谓的冲击，是指聚集多人强行进入、聚集不散、围攻相关工作人员、骚扰正常工作等行为。单纯的冲击行为尚不足以成立这一犯罪，还需

要具备"严重扰乱军事禁区秩序"的情节。

3.本罪的主体没有特别的条件限定,但刑法只处罚聚众冲击的首要分子或者积极参加的人员。包括:(1)事前有通谋的案件中,聚首密切联系的骨干分子;(2)积极主动地参加到犯罪中,亲自参加了犯罪中大多数扰乱行为的人;(3)在犯罪中特别卖力,直接造成严重损失的人;(4)有其他严重情节的人员。对于一般性参与或者只是围观、起哄的人员通常不属于这一犯罪的行为主体。

4.本罪的主观方面为故意,即明知是军事禁区仍然执意聚集众人进行冲击的心理态。

（三）聚众冲击军事禁区罪的处罚

根据《刑法》第371条的规定,犯本罪的,对犯罪的首要分子,处5年以上10年以下有期徒刑;对积极参加者,处5年以下有期徒刑、拘役、管制或者剥夺政治权利。

八、聚众扰乱军事管理区秩序罪

（一）聚众扰乱军事管理区秩序罪的概念

聚众扰乱军事管理区秩序罪,是指聚集众人扰乱军事管理区秩序,情节严重,致使军事管理区工作无法进行,造成严重损失的行为。

（二）聚众扰乱军事管理区秩序罪的特征

1.本罪的客体是军事管理区秩序。军事管理区是指根据军事设施的基本特点、作用、安全保密的需要和使用效能的要求等标准,依照法律、法规的规定划定的,采取严格措施加以保护的区域。

2.本罪在客观方面表现为聚众扰乱军事管理区且情节严重,从而导致军事管理区工作无法进行,造成严重损失的行为。情节严重一般指聚众人数多、冲击区域大,持续时间长,携有凶器、武装弹药或爆炸物等情况。严重损失指上述行为导致的人员伤亡、财物损毁、军事任务无法完成或难以进行。

3.本罪的主体是一般主体,但必须是首要分子或积极参加者。

4.本罪的主观方面是故意,及行为人明知聚集多人扰乱军事管理区秩序会发生危害国防军事利益的结果而希望或放任这种结果的发生。

（三）聚众扰乱军事管理区秩序罪的认定

本罪与聚众冲击军事禁区罪的界限

二者具有两方面的区别:第一,行为环境不同,前者为军事管理区,后者为军事禁区,前者行为环境的特定性,也是这一犯罪区别于聚众扰乱社会秩序罪的主要界限;第二,情节和结果要求不同,前者只需要具备"严重扰乱军事禁区秩序"的情节,后者则不仅需要具备"情节严重"的条件,而且还需要具备"致使军事管理区工作无法进行,造成严重损失的"的危害结果。

（三）聚众扰乱军事管理区秩序罪的处罚

根据《刑法》第371条的规定,犯本罪的,对犯罪的首要分子,处3年以上7年以下有期徒刑;对积极参加者,处3年以下有期徒刑、拘役、管制或者剥夺政治权利。

九、冒充军人招摇撞骗罪

（一）冒充军人招摇撞骗罪的概念

冒充军人招摇撞骗罪,是指假冒军人的特定身份招摇撞骗的行为。

（二）冒充军人招摇撞骗罪的特征

1.本罪的客体是军人和军队的良好信誉。

2.本罪的客观表现为冒充军人招摇撞骗的行为。"假冒军人的特定身份"是指非军人冒充军人、低级别军人冒充高级别军人、一般武装部队的军人冒充特种武装部队的军人等假冒身份的现象。"招摇撞骗"表达的则是一种行为方式,与冒充国家工作人员的招摇撞骗罪的行为方式相同,也即假借特定的身份自我炫耀,蒙骗他人以获取虚假的尊重,骗取各种非财产性利益的行为。事实上,冒充军人招摇撞骗罪是招摇撞骗罪的特别法表达。两罪的行为方式基本相同,行为目的、罪过形式也无明显的差异,仅有的区别是假冒的身份,前者为军人,后者为国家工作人员。

3.本罪的主体是一般主体。

4.本罪的主观方面是故意。犯罪目的是骗取一定利益。单纯出于好奇或者炫耀而冒充军人的,不构成犯罪。

（三）冒充军人招摇撞骗罪的认定

1.本罪与招摇撞骗罪的界限

两罪在主体、主观方面和行为方式相似,但犯罪对象明显不同。本罪对象是军人,后罪对象是国家机关工作人员。军人冒充军队机关人员或者其他军人,或者伪称自己具有军队的某种级别、职务、军衔,并招摇撞骗的,应按招摇撞骗罪处断。

2.本罪与诈骗罪的界限

实施本罪骗取钱财时,与诈骗罪相似。两罪的区别在于本罪侵犯的客体是军人和军队的良好信誉,追求的犯罪目的多样,不局限于钱财,一般骗取的钱财数额不会太大,因此,冒充军人诈骗的钱财数额不大时,按本罪处断,数额巨大时,应认定为诈骗罪。

（四）冒充军人招摇撞骗罪的处罚

根据《刑法》第372条的规定,犯本罪的,处3年以下有期徒刑、拘役、管制或者剥夺政治权利;情节严重的,处3年以上10年以下有期徒刑。

十、煽动军人逃离部队罪

（一）煽动军人逃离部队罪的概念

煽动军人逃离部队罪，是指故意使用煽动的手段唆使现役军人逃离部队，情节严重的行为。

（二）煽动军人逃离部队罪的特征

1. 本罪的客体是部队的兵员管理秩序。

2. 本罪的客观表现是使用蛊惑军心、鼓动与唆使等手段，策动、怂恿现役军人逃离部队。煽动军人逃离部队罪为情节犯，实施煽动行为，必须情节严重才构成本罪，"情节严重"通常指战时煽动军人、煽动多人逃离部队，煽动级别较高或者职位重要的军人逃离部队，多次煽动军人逃离部队，或者实际导致多名军人逃离部队的结果等。

3. 本罪的主体是一般主体，单位不能成为本罪的主体。

4. 本罪的主观方面是故意，意在鼓动军人逃离部队。

（三）煽动军人逃离部队罪的处罚

根据《刑法》第 373 条第一款的规定，犯本罪的，处 3 年以下有期徒刑、拘役或者管制。

十一、雇用逃离部队军人罪

（一）雇用逃离部队军人罪的概念

雇用逃离部队军人罪，是指明知是逃离部队的军人而雇用，情节严重的行为。

（二）雇用逃离部队军人罪的特征

1. 本罪的客体是部队正常的兵员管理秩序。雇佣逃离部队军人的行为会削弱部队的战斗力，影响作战、训练、战备、值勤等任务的完成，危害国防利益。

2. 本罪的客观方面表现为"雇用"，采取其他方式隐匿逃离部队的军人的行为，不成立这一犯罪。雇用逃离部队军人罪的行为对象必须是逃离部队的军人，包括人民解放军各部队的军人和武装警察部队的军人，也包括战时执行军事任务的预备役部队的军人，逃离部队的军人本人是否已经成立犯罪，与雇用逃离部队军人罪的成立没有关系。

本罪需要具备"情节严重"的条件，如战时雇用逃离部队的军人、雇用多名或多次雇用逃离部队的军人、雇用逃离部队的指挥人员或者其他负有重要职责的逃离人员、雇用逃离部队的军人进行其他违法活动等。

3. 本罪的主体是一般主体。实践中，主要是各类企业、事业单位、团体以及个体工商户的负责人员，单位不是本罪的主体。

4. 本罪在主观方面必须是出于故意，即"明知"是逃离部队的军人而决意雇用。

（三）雇用逃离部队军人罪的处罚

根据《刑法》第 373 条第二款的规定，犯本罪的，处 3 年以下有期徒刑、拘役、管制。

十二、接送不合格兵员罪

（一）接送不合格兵员罪的概念

接送不合格兵员罪，是指征兵工作人员在征兵工作中徇私舞弊，将不符合条件的应征公民接送进部队，情节严重的行为。

（二）接送不合格兵员罪的特征

1. 本罪的客体是我国的兵役制度。

2. 本罪的客观方面表现为徇私舞弊接送不合格兵员的行为。这里"徇私舞弊"是指为谋求私利、私情，在征兵工作中故意弄虚作假，促使不合格的应征人员被征集入伍的行为，如故意让不合格的人员进行兵役登记，在体检中弄虚作假作虚伪的记录，隐瞒应征人员的真实年龄、虚报应征人员的文化程度，伪造或变造入伍登记表格，使用冒名顶替的方法等。"不合格兵"，是指不具备法定应征条件的人员，如存在严重生理缺陷、患有严重疾病的人员，政治审查不合格人员，刑满释放人员，犯罪后脱逃的人员，年龄或文化程度不符合应征规定的人员等。

本罪成立还必须要求"情节严重"。这里的"情节严重"包括以下情形：（1）谋取应征人员或其亲属的财物，数额较大；（2）致使多名不合格人员入伍；（3）征集不合格兵员在部队造成恶劣影响；（4）多次徇私舞弊接送不合格兵员；（5）战时征集不合格兵员；（6）因接送不合格兵员而影响部队的军事行动。

3. 本罪的主体是特殊主体，只能是在征兵工作中担任征兵职权和职责的人员，包括接收兵员部队中负责接兵的人员，地方有关部门中负有征兵职责的非军职人员，人民武装工作部门中的军职人员。非征兵的工作人员不成立本犯罪。

4. 本罪的主观方面为故意，因疏忽、懈怠、不负责任而错误地将不合格人员征集入伍，不成立本犯罪。

（三）接送不合格兵员罪的认定

1. 本罪与受贿罪的界限

在认定本罪时，对征兵工作中收受贿赂数额较大或者有索贿等严重情节，并利用职务之便利接送不合格兵员的，以受贿罪论处。

2. 本罪的牵连犯问题

由于实施本罪的行为主要是弄虚作假，因此可能会涉及其他罪名，如伪造、变造、买卖国家机关公文、证件、印章罪，伪造公司、企业、事业单位、人民团体印章罪、伪造、变造居民身份证罪、伪造、变造、买卖武装部队公文、证件、印章罪等，对此，应按牵连犯的原则择一重罪处断。

（四）接送不合格兵员罪的处罚

根据《刑法》第 374 条的规定，犯本罪的，处 3 年以下有期徒刑或者拘役；造成特别重要后果的，处 3 年以上 7 年以下有期徒刑。"造成特别重要后果"主要包括：不合格兵员入伍后实施了犯罪行为或者造成严重事故，或者因兵员不合格导致军事行动受挫或影响重大任务完成，以及不合格兵员是重大犯罪嫌疑人或重大逃犯等。

十三、伪造、变造、买卖武装部队的公文、证件、印章罪

（一）伪造、变造、买卖武装部队的公文、证件、印章罪的概念

伪造、变造、买卖武装部队的公文、证件、印章罪，是指实施伪造、变造、买卖武装部队的公文、证件、印章的行为。

（二）伪造、变造、买卖武装部队的公文、证件、印章罪的特征

1. 本罪的客体是武装部队的公文、证件、印章管理秩序。

2. 本罪的客观方面主要表现为：伪造、变造、买卖，包括非法制造公文、证件、印章、以假充真的行为，或者利用涂改、擦消、拼接、更换照片等方法改变真实内容，或者以金钱以及其他财物代为购进或出售武装部队的公文、证件、印章。这里的"武装部队的公文、证件、印章"，是指中国人民解放军现役部队、武装警察部队及预备役部队的公文、证件、印章。不论行为人侵害了上述犯罪对象中的一种还是数种，都成立本罪。根据"两高"2011 年 8 月 1 日起施行的《关于办理妨害武装部队制式服装、车辆号牌管理秩序等刑事案件具体应用法律若干问题的解释》（以下简称《武装装备的解释》）第 1 条规定，具有下列情形之一的，应当予以追诉：（1）伪造、变造、买卖或者盗窃、抢夺武装部队公文 1 件以上的；（2）伪造、变造、买卖或者盗窃、抢夺武装部队军官证、士兵证、车辆行驶证、车辆驾驶证或者其他证件 2 本以上的；（3）伪造、变造、买卖或者盗窃、抢夺武装部队机关印章、车辆牌证印章或者其他印章 1 枚以上的。

3. 本罪的主体是一般主体，凡已满 16 周岁、具有刑事责任能力的人，都能成为本罪主体。

4. 本罪的主观方面为故意，并具有非法占有武装部队的公文、证件、印章的目的。如果行为人主观上不具有非法占有武装部队的公文、证件、印章的目的，则不成立本罪。

（三）伪造、变造、买卖武装部队的公文、证件、印章罪的认定

本罪与伪造、变造、买卖国家机关公文、证件、印章罪的界限

除行为对象有所不同外，二者其他的构成要件相同，而规定这两种犯罪的法律条文之间则存在特别法与普通法的区别。

(四)伪造、变造、买卖武装部队的公文、证件、印章罪的处罚

根据《刑法》第 375 条第 1 款的规定,犯本罪的,处 3 年以下有期徒刑、拘役、管制或者剥夺政治权利;情节严重的,处 3 年以上 10 年以下有期徒刑。所谓"情节严重",根据《武装装备的解释》,是指实施第 1 条规定的行为,数量达到第(1)至(3)项规定标准 5 倍以上或者造成严重后果的情形。

十四、盗窃、抢夺武装部队公文、证件、印章罪

(一)盗窃、抢夺武装部队的公文、证件、印章罪的概念

盗窃、抢夺武装部队的公文、证件、印章罪,是指实施盗窃、抢夺、毁灭国家机关公文、证件、印章的行为。

(二)盗窃、抢夺武装部队的公文、证件、印章罪的特征

1.本罪的客体是武装部队的公文、证件、印章管理秩序。

2.本罪的客观方面表现以秘密手段窃取或者公然夺取武装部队的公文、证件、印章的行为。本罪的行为和行为对象都具有可选择性。其中,盗窃、抢夺的行为与其他犯罪中的盗窃、抢夺的方式相同;作为这一犯罪的行为对象,武装部队的公文、证件、印章的概念与伪造、变造、买卖武装部队的公文、证件、印章罪中的相应概念相同;本罪的追诉标准,与《武装装备的解释》第 1 条对伪造、变造、买卖武装部队的公文、证件、印章罪的规定相同。

3.本罪的主体是一般主体,凡已满 16 周岁、具有刑事责任能力的人,都能成立犯罪。

4.本罪的主观方面是故意,并以非法占有为目的。

(三)盗窃、抢夺武装部队的公文、证件、印章罪的处罚

根据《刑法》第 375 条第 1 款的规定,犯本罪的,处 3 年以下有期徒刑、拘役、管制或者剥夺政治权利;情节严重的,处 3 年以上 10 年以下有期徒刑。

十五、非法生产、买卖武装部队制式服装罪

(一)非法生产、买卖武装部队制式服装罪的概念

非法生产、买卖武装部队制式服装罪,是指非法生产、买卖武装部队制式服装,情节严重的行为。

(二)非法生产、买卖武装部队制式服装罪的特征

1.本罪的客体是军用服装管理规定,犯罪对象是武装部队的制式服装。

2.本罪的客观方面表现为非法生产、买卖武装部队制式服装,情节严重的行为。本罪的行为方式为非法的生产或者非法的买卖,也即违反有关的法律、法规,未经主管部门的批准,擅自仿制、出售或者购买武装部队制式服装的行为。非法生

产和非法买卖的行为,只要实施其中之一就成立犯罪,实施两种行为也只成立一罪。这里的"情节严重",根据《武装装备的解释》第2条的规定,是指具有下列情形之一的:(1)非法生产、买卖成套制式服装30套以上,或者非成套制式服装100件以上的;(2)非法生产、买卖帽徽、领花、臂章等标志服饰合计100件(副)以上的;(3)非法经营数额2万元以上的;(4)违法所得数额5000元以上的;(5)具有其他严重情节的。

3.本罪的犯罪主体是一般主体。单位也可以成为本罪的主体。

4.本罪的主观方面为故意,并通常具有牟利的目的。

(三)非法生产、买卖武装部队制式服装罪的处罚

根据《刑法》第375条第2款、第4款的规定,犯本罪的,处3年以下有期徒刑、拘役或者管制,并处或者单处罚金。

单位犯本罪的,对单位判处罚金,并对其直接负责的主管人员和其他直接责任人,依照自然人犯本罪的规定处罚。

十六、伪造、盗窃、买卖、非法提供、非法使用武装部队专用标志罪

(一)伪造、盗窃、买卖、非法提供、非法使用武装部队专用标志罪的概念

伪造、盗窃、买卖、非法提供、非法使用武装部队专用标志罪,是指伪造、盗窃、买卖或者非法提供、非法使用武装部队车辆号牌等专用标志,情节严重的行为。

(二)伪造、盗窃、买卖、非法提供、非法使用武装部队专用标志罪的特征

1.本罪的客体是军用标志管理秩序。本罪的对象是武装部队的车辆号牌、军衔标识等专用标志。

2.本罪的客观方面表现为实施了伪造、盗窃、买卖或者非法提供、非法使用武装部队专用标志的行为。成立本罪还需要具备"情节严重"的条件。所谓"情节严重",通常是指:(1)伪造、盗窃、买卖、非法提供、非法使用武装部队军以上机关专用车辆号牌或者3副以上其他武装部队车辆号牌;(2)伪造、盗窃、买卖、非法提供、非法使用军用标志数量较大;(3)战时伪造、盗窃、买卖、非法提供、非法使用军用标志;(4)多次伪造、盗窃、买卖、非法提供、非法使用军用标志;(5)伪造、盗窃、买卖、非法提供、非法使用军用标志严重损害武装部队声誉或者造成其他恶劣的影响;(6)造成其他严重的后果。

3.本罪的犯罪主体是一般主体,单位也可以成为本罪的主体。

4.本罪的主观方面为故意,即明知是武装部队的军用标志而予以伪造、盗窃、买卖、非法提供或者非法使用。行为人是否具有牟利的目的不影响本罪的成立。

(三)伪造、盗窃、买卖、非法提供、非法使用武装部队专用标志罪的处罚

根据《刑法》第375条第3款、第4款的规定,犯本罪的,处3年以下有期徒刑、

拘役或者管制,并处或者单处罚金;情节特别严重的,处 3 年以上 7 年以下有期徒刑,并处罚金。

单位犯本罪的,对单位判处罚金,并对其直接负责的主管人员和其他直接责任人,依照自然人犯本罪的规定处罚。

十七、战时拒绝、逃避征召、军事训练罪

(一)战时拒绝、逃避征召、军事训练罪的概念

战时拒绝、逃避征召、军事训练罪,是指战时预备役人员拒绝、逃避征召或者拒绝、逃避军事训练,情节严重的行为。

(二)战时拒绝、逃避征召、军事训练罪的特征

1.本罪的客体是国家战时预备役管理秩序。

2.本罪的客观方面具有作为和不作为两种表现形式,即积极的拒绝和消极的逃避,所拒绝或者逃避的必须是征召或军事训练。"征召"是指兵役机关依法要求预备役人员在规定的时间、地点转为现役的命令;"军事训练"是指军事理论教育和军事技能操练等活动。因此,"拒绝征召"、"拒绝军事训练"即各种对抗征召命令、对抗军事训练要求的行为表现;"逃避征召"、"逃避军事训练"即各种消极回避命令的行为表现。战时拒绝、逃避征召、军事训练罪的行为具有可选择性,实施拒绝、逃避行为中的一种行为,犯罪就能成立,相继实施两种行为,仍然成立一罪。本罪成立还必须具备"情节严重"的条件。"情节严重"通常指:(1)多次拒绝、逃避征召或军事训练;(2)组织、煽动他人共同拒绝、逃避征召或军事训练;(3)以暴力、威胁或者其他恶劣的方法拒绝征召或军事训练;(4)携带武器逃避军事训练等。

3.本罪的主体是特殊主体,只能是"预备役人员"。犯罪的时间也是特定,必须是"战时"。这里的"预备役人员",是指在军队外服兵役的人员,即编入民兵组织或者经过登记服预备役的人员,属于战时动员的主要对象。

4.本罪的主观方面为故意,即明知在战时已被国家征召或者已被要求参加军事训练,仍然执意拒绝或逃避的心理态度。

(三)战时拒绝、逃避征召、军事训练罪的处罚

根据《刑法》第 376 条第 1 款的规定,犯本罪的,处 3 年以下有期徒刑或者拘役。

十八、战时拒绝、逃避服役罪

(一)战时拒绝、逃避服役罪的概念

战时拒绝、逃避服役罪,是指公民在战时拒绝、逃避服役,情节严重的行为。

（二）战时拒绝、逃避服役罪的特征

1.本罪的客体是国家战时兵役管理秩序。

2.本罪的客观方面表现为两种方式，其一是战时拒绝服兵役，其二是战时逃避服兵役，两种行为都具有可选择性，实施其中一种行为就能成立犯罪。此外，战时拒绝、逃避服役必须情节严重才成立犯罪。犯罪时间必须是战时，平时拒绝、逃避服役的行为并不成立本罪。

3.本罪的主体是特殊主体，即年满 18 周岁的，具有服兵役义务的人。

4.本罪的主观方面为故意，即明知已被征召应当应征服役，仍然执意拒绝或逃避的心理态度。

（三）战时拒绝、逃避服役罪的处罚

根据《刑法》第 376 条第 2 款的规定，犯本罪的，处 3 年以下有期徒刑或者拘役。

十九、战时故意提供虚假敌情罪

（一）战时故意提供虚假敌情罪的概念

战时故意提供虚假敌情罪，是指非军职人员在战时故意向武装部队提供虚假敌情，造成严重后果的行为。

（二）战时故意提供虚假敌情罪的特征

1.本罪的客体是武装部队作战指挥秩序。行为对象为武装部队向非武装部队的其他机构提供虚假敌情的，不成立这一犯罪。

2.本罪的客观方面表现为提供虚假敌情的行为。提供虚假敌情的行为可以是积极主动的提供，也可以是武装部队询问时消极的提供，但所提供的必须是行为人确信为虚假，实际上也是虚假的敌情。这里的"虚假敌情"，是指有关敌对一方的虚假的、严重歪曲或夸大的军事情报，以及可能影响武装部队正确判断敌方军事行动的其他虚假的政治、经济、地理、技术方面的情报、信息。成立本罪需以"造成严重后果"为必要条件。所谓"造成严重后果"，是指因所提供的虚假敌情发生作用而扰乱武装部队的作战部署，或者干扰武装部队的军事行动，或者破坏作战计划的安排等后果。需要特别注意的是，本罪的客观方面对犯罪时间有要求，即只能在"战时"实施本罪行为的，才能构成犯罪。

3.本罪的主体是一般主体，通常是指除军人以外的年满 16 周岁的自然人。

4.本罪的主观方面为故意。行为人以危害国家安全的目的，在实施武装叛乱、武装暴乱的过程中，故意向武装部队提供虚假情报的行为，属于牵连犯，应当按照择一重罪的原则处断。

（三）战时故意提供虚假敌情罪的处罚

根据《刑法》第 377 条的规定，犯本罪，处 3 年以上 10 年以下有期徒刑；造成特别严重后果的，处 10 年以上有期徒刑、无期徒刑。"特别严重后果"是指因行为人提供的虚假敌情致使战斗、战役遭受重大损失，影响其他重大军事行动，人员、设备、物资损失惨重等。

二十、战时造谣扰乱军心罪

（一）战时造谣扰乱军心罪的概念

战时造谣扰乱军心罪，是指非武装部队在职人员战时制造谣言，迷惑众人，动摇军心的行为。

（二）战时造谣扰乱军心罪的特征

1. 本罪的客体是部队的战时宣传舆论秩序。

2. 本罪的客观表现是造谣惑众、动摇军心。其中，"造谣惑众"是指编造并且散布不存在的事实，或者故意歪曲、夸大、缩小事实的真相，以迷惑、蒙骗武装部队的参战人员，使之产生胆怯、厌战、恐惧等情绪。"扰乱军心"是指一种危害结果的表现，也是行为目的的反映。本罪以战时为条件。

3. 本罪的主体是一般主体，但不包括军人。

4. 本罪的主观方面为故意。

（三）战时造谣扰乱军心罪的认定

1. 如果行为人基于投敌叛变、武装叛乱、武装暴乱、煽动军人逃离部队等犯罪意图而采取造谣、蛊惑、扰乱军心的行为，那么，根据牵连犯的原则"择一重罪"处断。

2. 如果行为人并未捏造事实，而是不适当地散布真实的信息，并因此形成扰乱军心的结果，并不成立战时造谣扰乱军心罪。当所散布的信息属于军事机密，应以故意泄露国家秘密罪或者故意泄露军事秘密罪论处。

（四）战时造谣扰乱军心罪的处罚

根据《刑法》第 378 条的规定，犯本罪的，处 3 年以下有期徒刑、拘役或者管制；情节严重的，处 3 年以上 10 年以下有期徒刑。

二十一、战时窝藏逃离部队军人罪

（一）战时窝藏逃离部队军人罪的概念

战时窝藏逃离部队军人罪，是指战时明知是逃离部队的军人而为其提供隐蔽处所、财物，情节严重的行为。

（二）战时窝藏逃离部队军人罪的特征

1.本罪的客体是战时部队正常的兵员管理秩序。

2.本罪的客观方面包括两种行为方式：一是隐匿，即为逃离部队的军人提供隐蔽的处所；二是资助，即为逃离部队的军人提供财物以帮助其藏匿。这两种行为具有可选择性，同时实施隐匿和资助行为的也只成立一罪。本罪的成立需要达到"情节严重"的程度，并以"战时"为必要条件。

3.本罪的主体是一般主体。

4.本罪的主观方面是故意，也就是说，行为人实施窝藏的行为，以明知被窝藏人为逃离部队的军人为前提条件，不知对方为逃离部队的军人而收留、帮助的行为，并不成立这一犯罪。

（三）战时窝藏逃离部队军人罪的处罚

根据《刑法》第379条的规定，犯本罪的，处3年以下有期徒刑或者拘役。

二十二、战时拒绝、故意延误军事订货罪

（一）战时拒绝、故意延误军事订货罪的概念

战时拒绝、故意延误军事订货罪，是指生产、销售单位战时无正当的理由拒绝或者故意延误军事订货，情节严重的行为。

（二）战时拒绝、故意延误军事订货罪的特征

1.本罪的客体是国家的军事订货秩序。接受国家军事订货任务和按期交货是企业、事业单位应尽的国防义务。如果企事业单位在战时不履行这一任务，会直接危害到战时军事订货秩序乃至国防利益。根据《中华人民共和国国防动员法》第41条第1款的规定："国家决定实施国防动员后，承担转产、扩大生产军品任务的单位，应当按照国家军事订货合同和转产、扩大生产的要求，组织军品科研、生产，保证军品质量，按时交付订货，协助军队完成维修保障任务。为转产、扩大生产军品提供能源、材料、设备和配套产品的单位，应当优先满足转产、扩大生产军品的需要。"

2.本罪的客观方面有两种行为表现：一是积极的作为，即无正当的理由拒绝战时军事订货；二是消极的不作为，即接受订货后故意延误交付军事订货。对于这一犯罪中的"军事订货"应当作广泛的理解，即除了实物生产、销售方面的订货之外，还应当包括各种军事工程或服务的承接。比如，有关武器、军用运输设备、军用后勤医疗保障物资的订货属于"军事订货"，有关军事工程、建筑物、设备的修配和运输等也应属于"军事订货"。成立本罪还需要具备"情节严重"的条件，如多次拒绝或多次延误军事订货，拒绝或延误大量军事订货，因拒绝或延误而影响军事任务的完成等。

3.本罪的犯罪为主体仅限于单位，自然人不能成为本罪主体。

4.本罪的主观方面为故意,因判断失误、生产故障或者其他非故意的原因而延误军事订货的行为,不成立这一犯罪。

(三)战时拒绝、故意延误军事订货罪的处罚

根据《刑法》第380条的规定,犯本罪的,对单位判处罚金,并对其直接负责的主管人员和其他直接责任人员,处5年以下有期徒刑或者拘役;造成特别严重后果的,处5年以上有期徒刑。"特别严重后果"是指因拒绝军事订货或延误交货,严重贻误战机,直接造成战斗、战役严重失利,我方人员、设备、物资损失惨重等。

二十三、战时拒绝军事征用罪

(一)战时拒绝军事征用罪的概念

战时拒绝军事征用罪,是指战时公民拒绝国家征用其所有的物质、财产,情节严重的行为。

(二)战时拒绝军事征用罪的特征

1.本罪的客体是国家的战时军事征用秩序。

2.本罪的客观方面表现为拒绝国家的军事征用,情节严重的行为。所谓"军事征用"是指在战争或者其他类似于战争的紧急情况下,武装部队出于军事上的需要依照法定的程序征集使用公司、企业、事业单位、机关、团体以及个人的物资、财产的举措。

本罪的犯罪时间为战时,平时拒绝军事征用的行为不成立这一犯罪。成立本罪还需要具备"情节严重"的条件,但对于这一犯罪的"情节严重",刑法没有特别的限定。通常认为,诸如多次拒绝征用、煽动他人抵制征用、拒绝急需物品的征用、因拒绝征用妨碍军事任务的完成等情形,都可被认为是"情节严重"。

3.本罪的主体是一般主体,即已满16周岁并具有刑事责任能力的自然人。

4.本罪的主观方面为故意,即明知是战时的军事征用,仍然执意拒绝的心理态度。

(三)战时拒绝军事征用罪的处罚

根据《刑法》第381条的规定,犯本罪的,处3年以下有期徒刑或者拘役。

复习与练习

本章提要

危害国防利益罪是指违反国防法律法规,危害军事行动,危害国防基础设施和国防建设,妨害部队管理秩序或者以其他形式危害国防利益的行为。本类罪的客体是国防利益。客观方面表现为妨害军人执行职务、部队管理、军事禁区秩序,破

坏军事设备与设施,逃避兵役义务等行为。本类罪中,有些犯罪只能以作为的形式构成,有些犯罪只能以不作为的形式构成,还有些犯罪既能以作为的形式也能以不作为的形式构成。这类罪中的一部分罪只能发生在战时。犯罪主体多数为一般主体,少数为特殊主体,某些罪还属于单位犯罪。本类罪中多数是故意犯罪,有些犯罪行为人具有营利的目的,少数罪由过失构成。总体上看,刑法对于并不经常发生的战时危害国防利益的犯罪,规定的刑罚并不特别严厉。只有少数罪的法定最高刑为无期徒刑;多数罪的法定最高刑为3年以下有期徒刑。

重要概念

危害国防利益罪　阻碍军人执行职务罪　阻碍军事行动罪　破坏武器装备、军事设施、军事通信罪　冒充军人招摇撞骗罪

思考题

1.试述危害国防利益罪的概念和特征。

2.试述阻碍军人执行职务罪的概念和特征。

3.试述冒充军人招摇撞骗罪的概念和特征。

4.试述阻碍军事行动罪的概念和特征。

第二十八章 贪污贿赂罪

贪污贿赂罪是国家工作人员利用职务之便,用公权谋取私利的权钱交易犯罪,具有贪利性犯罪和渎职性犯罪的双重特点。贪污贿赂罪作为一个类罪名,是我国司法实践中常见的多发型犯罪,其社会危害性不仅表现为侵犯了公私财产所有权,而且严重破坏了国家工作人员职务行为的廉洁性,损害了党和政府的形象。《刑法》第382条至396条,用15个条文规定了12个具体罪名。《刑法修正案(七)》在《刑法》第388条后增加一条作为第388条之一,补充规定了"利用影响力受贿罪";《刑法修正案(九)》又在《刑法》第390条之后增加一条作为第390条之一,补充规定了"向特定关系人行贿罪"。至此,贪污贿赂罪一章共规定了14个罪名。

本章重点
- 贪污罪
- 挪用公款罪
- 受贿罪
- 利用影响力受贿罪
- 向特定关系人行贿罪
- 巨额财产来源不明罪
- 私分国有资产罪

第一节 贪污贿赂罪概述

一、贪污贿赂罪的概念

贪污贿赂罪,是指国家工作人员或者与国家工作人员关系密切的人,利用国家工作人员职务上的便利,贪污、挪用、私分公共财物,索取、收受贿赂,或者以国家机关、国有单位及其工作人员为对象进行贿赂以收买公务行为,破坏公务行为的廉洁性的犯罪的总称。

二、贪污贿赂罪的特征

1.本类罪的主要客体是国家廉政建设制度。国家廉政建设制度是国家要求国家工作人员恪尽职守、廉洁奉公、秉公办事的反腐倡廉制度。贪污贿赂犯罪不仅破坏了党群、干群关系,而且妨碍了国家廉政建设制度,其本质在于以公权谋取私利,具有渎职性犯罪与贪利性犯罪的双重特点。

2.本类罪在客观方面具体表现为贪污、挪用、私分公共财产、收受或者索取贿赂等侵害国家廉政建设制度,损害国家工作人员职务廉洁性的行为。其中,多数犯罪属于国家工作人员利用职务上的便利贪污、受贿、挪用公款、私分国有资产或罚没财物的行为,或者拥有不能说明合法来源的巨额财产。少数犯罪属于以国家工作人员的公务行为为收买对象,与国家工作人员受贿罪具有对向性或撮合性的行为,如行贿罪、介绍贿赂罪。还有与国家工作人员关系密切的人,利用国家工作人员职务上的便利,索取或收受财物的行为,如利用影响力受贿罪。

3.本类罪中多数犯罪的主体是特殊主体,即必须是国家工作人员,如贪污罪、受贿罪、挪用公款罪、巨额财产来源不明罪、隐瞒境外存款罪、私分国有资产罪、私分罚没财物罪等,其主体都必须是国家工作人员。少数与受贿具有对向性或撮合性的犯罪的主体是一般主体,如行贿罪、对单位行贿罪和介绍贿赂罪。多数犯罪只能由自然人实施,少数犯罪只能由单位实施,还有的犯罪如受贿罪,既可以由自然人实施,也可以由单位实施。就单位犯罪来说,既有纯正的单位犯罪,如私分国有资产罪、私分罚没财物罪,又有不纯正的单位犯罪,如单位行贿罪、单位受贿罪。

根据《刑法》第93条的规定,国家工作人员,是指国家机关中从事公务的人员。国有公司、企业、事业单位、人民团体中从事公务的人员和国家机关、国有公司、企业、事业单位委派到非国有公司、企业、事业单位、社会团体从事公务的人员,以及其他依照法律从事公务的人员,以国家工作人员论。据此,国家工作人员的范围具体包括以下四类。

(1)在国家机关中从事公务的人员。具体包括在各级国家权力机关、行政机关、司法机关、军事机关中从事公务的人员。根据2002年12月全国人民代表大会常务委员会《关于〈中华人民共和国刑法〉第九章渎职罪主体适用问题的解释》,在依照法律、法规规定行使国家行政管理职权的组织中从事公务的人员;在受国家机关委托代表国家机关行使职权的组织中从事公务的人员;虽未列入国家机关人员编制但在国家机关中从事公务的人员,也视为在国家机关中从事公务的人员。此外,在乡(镇)以上中国共产党机关、人民政协机关中从事公务的人员,司法实践中也视为国家机关工作人员。

(2)在国有公司、企业、事业单位、人民团体中从事公务的人员。这里的所谓"国有公司",是指财产完全属于国家所有的公司,不包括国有资本控股、参股的股份有限公司。所谓"国有企业",是指财产完全属于国家所有的从事生产、经营的经济组织。所谓"国有事业单位",是指国家使用财政税收兴办、运营、管理的教育、科研、文化、医疗卫生、体育、新闻、广播、出版等单位。所谓"人民团体",是指各民主党派、各级工会、共青团、妇联等群众性组织。所谓"从事公务",是指代表国家机关、国有公司、企业、事业单位、人民团体等履行组织、领导、监督、管理等职责。公务应是指与职权相联系的公共事务以及监督、管理国有财产的职务活动。如国家机关工作人员依法履行职责,国有公司的董事、经理、监事、会计、出纳人员等管理、监督国有财产等活动,应属于公务活动。那些不具备职权内容的劳务活动、技术服务工作,如售货员、售票员等所从事的工作,一般不认为是公务。

(3)国家机关、国有公司、企业、事业单位委派到非国有公司、企业、事业单位、社会团体从事公务的人员。所谓"委派",即委任、派遣,其形式多种多样,如任命、指派、提名、批准等。不论被委派的人员原来身份如何,只要是接受国家机关、国有单位委派,代表委派单位在非国有单位、社会团体中"从事公务"的人员,如国家机关、国有单位委派到国有控股或者参股的股份有限公司从事组织、领导、监督、管理等工作的人员,应当以国家工作人员论。

(4)其他依照法律从事公务的人员。即依照法律规定选举或者任命产生,从事某项公共事务管理的人员,如依法履行职责的各级人民代表大会代表,依法履行职责的各级人民政协委员,依法履行审判职责的人民陪审员。根据 2000 年 4 月 29日全国人民代表大会常务委员会《关于〈中华人民共和国刑法〉第九十三条第二款的解释》,村民委员会等村基层组织的人员协助人民政府从事下列行政管理工作,属于《刑法》第 93 条第 2 款规定的"其他依照法律从事公务的人员":救灾、抢险、防汛、优抚、扶贫、移民、救济款物的管理;社会捐助公益事业款物的管理;国有土地的经营和管理;土地征用补偿费用的管理;代征、代缴税款;有关计划生育、户籍、征兵工作;协助人民政府从事的其他行政管理工作。

4.本类罪的主观方面只能由故意构成,行为人一般具有明确的犯罪目的,过失不能构成本罪。

三、贪污贿赂罪的分类

根据《刑法》分则第八章的规定,贪污贿赂罪共规定了 14 个具体罪名。从犯罪行为的性质角度,具体可分为以下两种类型:

(一)贪利性质的犯罪

贪污罪,挪用公款罪,巨额财产来源不明罪,隐瞒境外存款罪,私分国有资产罪,私分罚没财物罪。

(二)贿赂性质的犯罪

受贿罪,利用影响力受贿罪,行贿罪,向特定关系人行贿罪,对单位行贿罪,介绍贿赂罪,单位受贿罪,单位行贿罪。

第二节　贪污贿赂罪分述

一、贪污罪

（一）贪污罪的概念

贪污罪，是指国家工作人员和受国家机关、国有公司、企业、事业单位、人民团体委托管理、经营国有财产的人员，利用职务上的便利，侵吞、窃取、骗取或者以其他手段非法占有公共财物的行为。

（二）贪污罪的特征

1. 本罪的客体是复杂客体，既侵犯了国家工作人员的职务廉洁性，又侵犯了公共财产的所有权。其中，国家工作人员的职务廉洁性是本罪的主要客体。根据《刑法》第91条的规定，"公共财产"是指：（1）国有财产；（2）劳动群众集体所有的财产；（3）用于扶贫和其他公益事业的社会捐助或专项基金的财产。在国家机关、国有公司、企业、集体企业和人民团体管理、使用或者运输中的私人财产，以公共财产论。需要特别指出的是，根据《刑法》第271条规定，国有公司、企业或者其他国有单位委派到非国有公司、企业以及其他单位从事公务的人员侵占所在单位财物构成犯罪的，应当以贪污罪论处。这种情形中的犯罪对象可能既非国有财物，亦非纯粹公共财物，而可能是国有财产、集体所有财产和私人所有财产共同组成的混合型财产。

2. 本罪在客观方面表现为行为人利用职务上的便利，以侵吞、窃取、骗取或者其他方法非法占有公共财物的行为。利用职务上的便利和以侵吞、窃取、骗取或者其他方法非法占有公共财物两个方面必须同时具备，而且二者之间必须具有实质的、紧密的联系。所谓"利用职务上的便利"，是指利用职务范围内的权力和地位所形成的主管、管理、经手、经营财物的有利条件，而不是利用与其职务无关的、仅因工作关系对作案环境比较熟悉、凭其身份便于进出单位、易于接近作案目标的方便条件。如会计利用管账这一职务上的便利，做假账骗取公共财物，或者出纳利用管钱所形成的便利条件非法占有公款的，都是贪污行为；但是，如果会计利用与出纳一起工作的便利条件，趁机配制了出纳所掌管的保险柜的钥匙，将保险柜中的现金盗走，就不属于会计利用职务上的便利贪污公款的行为，而应属于盗窃行为。所谓"侵吞"，指的是将自己经手、管理、支配、使用的公共财物非法据为己有。所谓"窃取"，指的是采取秘密的方式，将自己合法管理的公共财物非法占有己有，即通常所说的"监守自盗"。如仓库保管员将自己管理的公共财物秘密拿回家中据为己有。所谓"骗取"，指的是采用虚构事实、隐瞒真相的方法非法占有公共财物。如采购人员谎报出差费或者多报出差费骗取公款。根据《刑法》第 183 条第 2 款的规定,国有保险公司的工作人员和国有保险公司委派到非国有保险公司从事公务的人员利用职务上的便利,故意编造未曾发生的保险事故进行虚假理赔,骗取保险金归自己所有的,应当以贪污罪论处。所谓"其他手段",指的是侵吞、窃取、骗取以外的其他利用职务上的便利,非法占有公共财物的行为。如利用职权,巧立名目,私分公款;冒名借出公款存入银行,将利息据为己有。根据《刑法》第 394 条的规定,国家工作人员在国内公务活动或者对外交往中接受礼物,依照国家规定应当交公而不交公,数额较大的,以贪污罪论处。该条规定的即属于以其他手段非法占有公共财物的情况。

3. 本罪的主体是特殊主体。具体包括两类人员:一类是国家工作人员。关于国家工作人员的具体范围,《刑法》第 93 条已作了明确规定。另一类是受国家机关、国有公司、企业、事业单位、人民团体委托管理、经营国有财产的人员。这类人员虽不属于国家工作人员,但是,根据《刑法》第 382 条第 2 款的规定,受国家机关、国有公司、企业、事业单位、人民团体委托管理、经营国有财产的人员,也可以成为贪污罪的主体。这里所谓"受委托管理、经营国有财产",是指因承包、租赁、聘用等而管理、经营国有财产。不具有上述身份的人员不能构成贪污罪的实行犯,但与上述人员勾结,伙同贪污的,可以构成贪污罪的共犯。

4. 本罪的主观方面是故意,并且具有非法占有公共财物的目的。行为人主观上是否具有非法占有的目的,是本罪与挪用公款罪的一个重要区别标准。行为人挪用公款潜逃的,应按照贪污罪的规定定罪处罚。

(三)贪污罪的认定

1. 本罪与盗窃罪、诈骗罪、侵占罪的界限

本罪客观方面包括了窃取、骗取、侵占的行为方式,与盗窃罪、诈骗罪、侵占罪的区别主要在于:(1)犯罪客体和犯罪对象不同。本罪的客体是复杂客体,对象是公共财物;盗窃罪、诈骗罪、侵占罪的客体是简单客体,即仅侵犯了公私财产所有权。盗窃罪、诈骗罪的对象是公私财物,侵占罪的对象是保管物、遗忘物和埋藏物。(2)犯罪客观方面不同。本罪中对公共财物的窃取、骗取、侵占,必须是利用职务上的便利实施的;盗窃罪、诈骗罪、侵占罪则不存在利用职务上的便利问题。(3)犯罪主体不同。本罪是特殊主体,而盗窃罪、诈骗罪、侵占罪则是一般主体。

2. 本罪与职务侵占罪的界限

本罪与职务侵占罪在主观上都是故意,且都必须具有非法占有的目的;在客观上都要求利用职务上的便利。二者的区别主要表现在:(1)犯罪客体不同。本罪是复杂客体,而职务侵占罪是简单客体,即仅侵犯了公司、企业或者其他单位的财产所有权。(2)犯罪主体不同。本罪的主体是国家工作人员和受国家机关、国有公

司、企业、事业单位、人民团体委托管理、经营国有财产的人员，而职务侵占罪的主体是公司、企业或者其他单位中除国家工作人员以外的其他工作人员。

3. 本罪共犯的认定

本罪是身份犯，只有具有国家工作人员身份或者受委托管理国有财产的人员才能成为贪污罪的主体，不具有这种身份的人不能单独构成贪污罪。司法实践中，不具有国家工作人员身份的人员与国家工作人员相勾结共同占有本单位财物的案件时有发生，对此类案件的处理，应具体情况具体分析。根据最高人民法院 2000 年 6 月 27 日通过的《关于审理贪污、职务侵占案件如何认定共同犯罪几个问题的解释》规定，不具有国家工作人员身份的人员与国家工作人员勾结，利用国家工作人员的职务便利，共同侵吞、窃取、骗取或者以其他手段非法占有公共财物的，以贪污罪共犯论处；具有国家工作人员身份的人员与不具有国家工作人员身份的人员相勾结，利用不具有国家工作人员身份的人员职务上的便利共同非法占有本单位财物的，按职务侵占罪的共同犯罪处理；具有国家工作人员身份的人员与不具有国家工作人员身份的人员勾结，分别利用各自的职务便利，共同将本单位财物非法占为己有的，按照主犯的犯罪性质定罪。

4. 本罪的既遂与未遂问题

贪污罪是一种以非法占有为目的的财产性职务犯罪，与盗窃、诈骗、抢夺等侵犯财产罪一样，应当以行为人是否实际控制财物作为区分贪污罪既遂与未遂的标准。对于行为人利用职务上的便利，实施了虚假平账等贪污行为，但公共财物尚未实际转移，或者尚未被行为人控制就被查获的，应当认定为贪污未遂。行为人控制公共财物后，是否将财物据为己有，不影响贪污罪既遂的认定。

(四)贪污罪的处罚

根据修正后的《刑法》第 383 条的规定，对犯贪污罪的，根据情节轻重，分别依照下列规定处罚：(1)贪污数额较大或者有其他较重情节的，处 3 年以下有期徒刑或者拘役，并处罚金。(2)贪污数额巨大或者有其他严重情节的，处 3 年以上 10 年以下有期徒刑，并处罚金或者没收财产。(3)贪污数额特别巨大或者有其他特别严重情节的，处 10 年以上有期徒刑或者无期徒刑，并处罚金或者没收财产；数额特别巨大，并使国家和人民利益遭受特别重大损失的，处无期徒刑或者死刑，并处没收财产。另外，根据《刑法》第 383 条第 2 款的规定，对多次贪污未经处理的，按照累计贪污数额处罚。所谓"多次贪污未经处理"，是指贪污行为未被发现或虽已被发现，但未给予刑事处罚或任何行政纪律处分。根据《刑法》第 383 条第 3 款的规定，对于上述第(1)项情形的贪污罪，在提起公诉前如实供述自己罪行、真诚悔罪、积极退赃，避免、减少损害结果的发生，可以从轻、减轻或者免除处罚；对于上述第(2)项、第(3)项情形的贪污，则可以从轻处罚。犯本罪，有第(3)项规定情形被判处死刑缓期执行的,人民法院根据犯罪情节等情况可以同时决定其死刑缓期二年期满减为无期徒刑后,终身监禁,不得减刑、假释。

二、挪用公款罪

(一)挪用公款罪的概念

挪用公款罪,是指国家工作人员利用职务上的便利,挪用公款归个人使用,进行非法活动的,或者挪用公款数额较大、进行营利活动的,或者挪用公款数额较大、超过3个月未还的行为。

(二)挪用公款罪的特征

1.本罪的客体是复杂客体,既侵犯了国家工作人员的职务廉洁性,又侵犯了公共财产的占有、使用、收益权。财产所有权包括占有权、使用权、收益权、处分权,本罪并没有侵犯所有权的全部权能。本罪的犯罪对象主要是公款,公物一般不能成为本罪的对象。这里的"公款"应作广义理解,应是指公共财产中的货币资金或者直接代表一定数额货币的有价证券、定期存单等金融凭证。根据《刑法》第384条第2款的规定,挪用用于救灾、抢险、防汛、优抚、扶贫、移民、救济款物归个人使用的,从重处罚。因此,本罪的犯罪对象并不限于公款,还包括上述特定物。但是,除上述特定公物以外的一般公物,不属于挪用公款罪的犯罪对象。

2.本罪的客观方面表现为行为人利用职务上的便利,挪用公款归个人使用的行为。"利用职务上的便利"是构成挪用公款罪的前提条件。所谓"利用职务上的便利",是指利用主管、经手、保管公款的便利条件。既包括行为人直接经手、保管公款的便利条件,如会计、出纳等财务人员,又包括行为人因其职务关系而具有的调拨、支配、使用公款的便利条件,如分管财务的单位领导。

挪用公款罪在客观方面包括以下三种具体形式。

(1)挪用公款归个人使用,进行非法活动。这是指挪用公款归自己或者他人进行国家法律、法规所禁止的活动,包括犯罪活动和一般违法活动,如挪用公款用于赌博、吸毒、嫖娼和非法经营、发放高利贷等为国家法律、行政法规所禁止的行为。司法实践中,非法活动与营利活动的区分,关键看使用行为本身的性质,应当以挪用公款后的实际用途来判断,不能以挪用人的主体不合法来推定其从事活动的非法性。如我国证券法禁止证券从业人员参与股票交易,如果证券从业人员挪用公款进行股票交易,或者行为人挪用公款给证券从业人员进行股票交易,均不应认定为"非法活动"。需要指出的是,这种"非法活动型"挪用公款行为构成犯罪,既不要求达到数额较大的标准,也没有挪用公款时间超过3个月未还的要求。根据最高人民法院、最高人民检察院2016年4月18日起实施的《关于办理贪污贿赂刑事案件适用法律若干问题的解释》(以下简称《贪污贿赂犯罪解释》),挪用公款归个人使用,进行非法活动,数额在 3 万元以上的,应当依照《刑法》第 384 条的规定以挪用公款罪追究刑事责任。

（2）挪用公款数额较大,归个人进行营利活动。所谓"营利活动",是指国家法律所允许的牟利活动。"营利活动"并不仅限于在法律范围以内从事工商业经营的谋利活动,还包括其他合法谋取利益的活动。如经商、办企业,或者以获取利息、股息为目的,存入银行、购买股票和国债等,均属于这里的"营利活动";将挪用的公款用于归还个人在经营活动中的欠款,也应当属于进行营利活动。至于经营活动是否实际获利,不影响本罪的成立。行为人所获取的利息、股息属于违法所得,应连同被挪用的公款一并依法予以追缴,但不属于挪用公款的犯罪数额。这种"营利活动型"挪用公款行为的"数额较大"起点标准为 5 万元。也就是说,在挪用公款进行营利活动的情况下,只要所挪用的公款数额达到了 5 万元以上,即可以构成挪用公款罪,而不受挪用时间长短的限制,也不受案发前是否归还的限制。根据最高人民法院 1998 年 5 月 9 日起实施的《关于审理挪用公款案件具体应用法律若干问题的解释》（以下简称《挪用公款犯罪解释》）的规定,在案发前部分或者全部归还本息的,可以从轻处罚;情节轻微的,可以免除处罚。

（3）挪用公款归个人使用,数额较大、超过 3 个月未还。这里的"归个人使用",是指挪用公款归自己或者他人进行非法活动、营利活动以外的用途,如建私人住宅、还债、支付医药费、购置家具等。这种挪用公款行为构成犯罪,还要求数额较大、超过 3 个月未还两个条件。"数额较大"以挪用公款数额 5 万元为起点。所谓"超过 3 个月未还",是指挪用公款后被司法机关、主管部门或者有关单位发现前超过 3 个月未还。

根据 2002 年 4 月 28 日起施行的《全国人民代表大会常务委员会关于〈中华人民共和国刑法〉第三百八十四条第一款的解释》的规定,所谓的"归个人使用",包括下列三种情形:（1）将公款供本人、亲友或者其他自然人使用的;（2）以个人名义将公款供其他单位使用的;（3）个人决定以单位名义将公款供其他单位使用,谋取个人利益的。

3. 本罪的主体是特殊主体,即国家工作人员。需要指出的是,贪污罪的主体除了国家工作人员外,还包括《刑法》第 382 条第 2 款规定的受国家机关、国有公司、企业、事业单位、人民团体委托管理、经营国有财产的人员,但是挪用公款罪的主体却不包括这一部分人员,而只能是国家工作人员。根据 2000 年 2 月 24 日起施行的最高人民法院《关于对受委托管理、经营国有财产人员挪用国有资金行为如何定罪问题的批复》规定,对于受国家机关、国有公司、企业、事业单位、人民团体委托,管理、经营国有资产的非国家工作人员,利用职务上的便利,挪用国有资金归个人使用构成犯罪的,应当依照挪用资金罪的规定定罪处罚,而不应以挪用公款罪进行定罪处罚。另外,根据 2000 年 4 月 29 日全国人民代表大会常务委员会《关于〈中华人民共和国刑法〉第九十三条第二款的解释》规定,村民委员会等村基层组织的人员在协助人民政府从事行政管理工作时,利用职务上的便利挪用公款的,构成挪用公款罪。

4.本罪的主观方面表现为故意,并且具有非法挪用公款归个人使用的犯罪目的,但不具有非法占有公款的目的。我国刑法对挪用公款的三种用途构成犯罪的条件作了不同的规定,因此要求国家工作人员对挪用公款的用途必须有认识。在挪用公款给他人或者其他单位使用的情况下,发生本人认识的用途与公款具体使用人或者单位的实际用途不一致时,应当以本人认识的用途作为构成犯罪的根据。如他人以进行营利活动为名让国家工作人员挪用公款归他使用并且许诺给予好处,但事实上他人将该公款用于走私等违法犯罪活动,在这种情况下,对该国家工作人员是否构成挪用公款罪,应依据挪用公款进行营利活动的犯罪构成加以认定,不能认定为挪用公款进行非法活动。

(三)挪用公款罪的认定

1.本罪与贪污罪的界限

本罪与贪污罪在犯罪构成特征上有许多共同之处,主体都是国家工作人员,主观方面都是故意,犯罪对象都包括公款,客观方面都利用了职务上的便利,客体上也都是复杂客体。但是,二者的区别还是明显的,二者的区别主要表现在:(1)主体范围不完全相同。本罪的主体仅限于国家工作人员;贪污罪的主体除国家工作人员外,还包括受国家机关、国有公司、企业、事业单位、人民团体委托管理、经营国有财产的人员。(2)主观方面内容不完全相同。本罪的行为人对公款不具有非法占有的目的,仅是暂时使用公款,用后准备归还;贪污罪的行为人则具有非法占有的目的。(3)客观方面表现不尽相同。本罪表现为对公款和特定公物的挪用行为,一般不存在做假账、虚报账目等行为;贪污罪则表现为以侵吞、窃取、骗取或者其他手段非法占有公共财物的行为,往往需要通过做假账、虚报账目等行为来掩盖。(4)犯罪对象不完全相同。本罪的犯罪对象除 7 种特定款物外,不包括其他公物,仅限于公款;贪污罪的犯罪对象既可以是公款,也可以是公物。(5)犯罪客体不完全相同。本罪的次要客体为公共财产的部分所有权;贪污罪的次要客体则为公共财物的全部所有权。同时,需要强调的是,本罪在一定条件下可以向贪污罪转化。根据《挪用公款的解释》的规定,行为人携带所挪用的公款潜逃的或者挪用公款后客观上具备退还的能力而拒不退还的,即应以贪污罪论处。

2.本罪与挪用资金罪的界限

本罪与挪用资金罪都属于挪用型犯罪,两罪在客观方面都表现为利用职务上的便利,挪用本单位的货币资金归个人使用,都具有使用后归还的意图。二者的区别在于：(1)犯罪主体不同。本罪的主体是国家工作人员；挪用资金罪的主体是公司、企业或者其他单位中除国家工作人员以外的其他工作人员。(2)犯罪客体不同。本罪的犯罪客体是复杂客体；挪用资金罪的客体则是简单客体，仅是公司、企业或者其他单位资金的部分所有权。(3)犯罪对象不同。本罪的对象是公款和用于救灾、抢险、防汛、优抚、扶贫、移民、救济的款物；挪用资金罪的犯罪对象既包括国有、集体公司、企业或者其他单位的资金，也包括私营公司、企业或者其他单位的资金。

3. 本罪与挪用特定款物罪的界限

本罪与挪用特定款物罪在客观方面的行为方式上都表现为挪用，主观要件也基本相同，犯罪对象上又有交叉。当挪用对象均为救灾、抢险、防汛、优抚、扶贫、移民、救济等特定款物时，二者就容易混淆，其区别主要在于：(1)犯罪客体不同。本罪除侵犯了国家工作人员的职务廉洁性，还侵犯了公共财产的占有、使用、收益权；挪用特定款物罪侵犯的主要是国家的财经管理制度。(2)犯罪主体范围不同。本罪的主体是国家工作人员，范围较广；而挪用特定款物罪的主体仅限于管理、支配、经手特定款物的直接责任人员，范围相对较窄。(3)挪用用途不同。本罪的挪用是归个人使用，其本质在于公款私用；挪用特定款物罪的挪用是公用，其本质是违反了专款专物的专用制度，在性质上仍然是公款公用。

(四)挪用公款罪的处罚

根据《刑法》第384条的规定，犯本罪的，处5年以下有期徒刑或者拘役；情节严重的，处5年以上有期徒刑；挪用公款数额巨大不退还的，处10年以上有期徒刑或者无期徒刑。所谓"情节严重"，主要是指挪用公款数额巨大，或者数额虽未达到巨大，但挪用公款手段恶劣；多次挪用公款；因挪用公款严重影响生产、经营，造成严重损失等情形。"挪用公款数额巨大不退还"，是指挪用公款数额巨大，因客观原因在一审宣判前不能退还。多次挪用公款不还，挪用公款数额累计计算；多次挪用公款，并以后次挪用的公款归还前次挪用的公款，挪用公款数额以案发时未还的实际数额认定。

此外，因挪用公款而索取、收受贿赂构成犯罪的，或者挪用公款进行非法活动构成其他犯罪的，均应依数罪并罚的规定处罚。

三、受贿罪

(一)受贿罪的概念

受贿罪，是指国家工作人员利用职务上的便利，索取他人财物的，或者非法收受他人财物，为他人谋取利益的行为。

（二）受贿罪的特征

1.本罪的客体是国家工作人员的职务廉洁性。因索取他人财物而构成的受贿罪，在侵犯国家工作人员的职务廉洁性的同时，还侵犯了被迫交付财物的他人的财产权利。本罪的犯罪对象是财物。在刑法理论上，关于贿赂的外延，存在着财物说、财产性利益说、利益说三种不同的观点。我国刑法将受贿罪的对象限定为"财物"，这个范围是比较窄的，难以适应现实惩治腐败案件的需要。为此，刑法理论和实践中，对"财物"作了某种扩大解释，即将"财物"解释为除了金钱、物品及其他财产性凭证以外，还包括财产性利益。根据"两高"2008年11月20日《关于办理商业贿赂刑事案件适用法律若干问题的意见》第7条的规定："商业贿赂中的财物，既包括金钱和实物，也包括可以用金钱计算数额的财产性利益，如提供房屋装修、含有金额的会员卡、代币卡（券）、旅游费用等。具体数额以实际支付的资费为准。"根据《贪污贿赂犯罪解释》第12条的规定：贿赂犯罪中的"财物"，包括货币、物品和财产性利益。财产性利益包括可以折算为货币的物质利益如房屋装修、债务免除等，以及需要支付货币的其他利益如会员服务、旅游等。后者的犯罪数额，以实际支付或者应当支付的数额计算。因此，财物不仅包括金钱和实物，还包括其他物质性利益，但不包括提升职务、迁移户口、升学就业、提供女色等非财产性利益。

2.本罪在客观方面表现为利用职务上的便利，索取他人财物，或者非法收受他人财物，为他人谋取利益的行为。具体要着重把握好以下三个方面内容。

（1）利用职务上的便利。所谓"利用职务上的便利"，是指利用行为人本人现有职务范围内的权力以及所形成的便利条件。既包括利用本人职务上主管、负责、承办某项公共事务的职权，也包括利用职务上有隶属、制约关系的其他国家工作人员的职权。实践中，利用与职务有关的便利条件最典型的表现形式，就是通过命令、指示、指挥等方式，利用与自己有直接隶属关系的下级国家工作人员职务上的行为，为请托人谋取利益。

（2）索取或者非法收受他人财物。所谓"索取他人财物"，即索贿，是指行为人主动向他人索要财物，包括向他人勒索财物。也就是说，索贿行为的基本特征在于行为人索要财物行为的主动性和他人给付财物行为的被动性。当然，在司法实践中，索贿行为可能是明示的，也可能是暗示的；既可能是本人直接索要，也可能通过他人间接索取。在一般情况下，贿赂指的是权钱交易情形，即国家工作人员利用职务便利为他人谋取利益，他人给国家工作人员交付财物。但是，在索贿的情况下，已经不具有权钱交易的性质，而是职务上的一种勒索行为。严格来说，这种利用职务上的便利勒索他人财物的行为已经超出了贿赂罪的范围，但是我国刑法仍将这种行为按照受贿罪处理，只是规定予以从重处罚。所谓"非法收受他人财物"，是指在行贿人主动向行为人提供财物时，行为人不予拒绝，而予以收受。其基本特征在于给付财物行为的主动性和收受财物行为的被动性。司法实践中，国家工作人员收受他人财物的情形有两种情况：一种事前收受，即先收受他人财物，再利用职务便利为他人谋取利益；一种是事后收受，即先利用职务便利为他人谋取利益，再收受他人财物。对于事后收受他人财物的行为，如果事先有约定的，钱权交易的贿赂性质就显而易见，应认定为受贿罪。但是，对于事先没有约定的情况下，国家工作人员在客观上使他人获取了利益，事后获利者为了表示感谢而向国家工作人员交付财物的情形，该国家工作人员收受财物的行为能否认定为受贿罪，理论上存在较大争议，司法实践中则一般以受贿罪论处。

（3）为他人谋取利益。"为他人谋取利益"只是收受型受贿罪的构成要件，索贿型受贿罪并不要求具备"为他人谋取利益"这一要件。也就是说，只是被动收受他人财物而没有为他人谋取利益的，不构成受贿罪。"为他人谋取利益"不能仅仅简单地理解为已经为他人实际谋取到了利益。一般而言，"为他人谋取利益"包括以下四种情形：其一，已经许诺为他人谋取利益，但尚未实际进行；其二，已经着手为他人谋取利益，但尚未谋取到任何利益；其三，已经着手为他人谋取了部分利益，但行为人意图达到的利益尚未完全实现；其四，为他人谋取利益，已经全部实现。这里所谓的"利益"，既可以是正当利益，也可以是不正当利益；既可以是物质性利益，也可以是非物质性利益。根据《贪污贿赂犯罪解释》第13条的规定：具有下列情形之一的，应当认定为"为他人谋取利益"。①实际或者承诺为他人谋取利益的；②明知他人有具体请托事项的；③履职时未被请托，但事后基于该履职事由收受他人财物的。国家工作人员索取、收受具有上下级关系的下属或者具有行政管理关系的被管理人员的财物价值三万元以上，可能影响职权行使的，视为承诺为他人谋取利益。

此外，《刑法》第385条第2款和第388条规定了两种特殊的受贿形式：(1)在经济往来中收受回扣、手续费型的受贿，或称为经济受贿。《刑法》第385条第2款规定，国家工作人员在经济往来中，违反国家规定，收受各种名义的回扣、手续费，归个人所有的，以受贿论处。《刑法》第387条第2款规定，国有公司、企业、事业单位、人民团体在经济往来中，在账外暗中收受各种名义的回扣、手续的，以受贿论处。所谓"回扣"，是指在商品交易中，卖方在收取的价款中扣出一部分返还给买方或者买方经办人的现金。所谓"手续费"，是多种费用的统称，如好处费、辛苦费、介绍费、酬劳费、活动费、信息费等。所谓账外暗中收受各种名义的回扣、手续费，是指收受的回扣、手续费未在依法设立的财务账目上按照财务会计制度如实记载。所谓"归个人所有"，是指回扣、手续费由行为人个人所有，而不是归单位集体所有。这是经济受贿构成受贿罪的一个重要特征。如果回扣、手续费归单位所有，并且在单位财务上予以反映，就不构成受贿罪；如果回扣、手续费在账外暗中归单位所有，单位就可能构成单位受贿罪。(2)斡旋受贿，又称间接受贿。根据《刑法》第388条的规定，斡旋受贿是指国家工作人员利用本人职权或者地位形成的便利条件，通过其他国家工作人员职务上的行为，为请托人谋取不正当利益，索取或者收受请托人财物的行为。构成斡旋受贿，需要具备以下条件：其一，行为人利用了本人职权或者地位形成的便利条件。也就是说，行为人不是直接利用本人职权而是通过其他人的职务行为为请托人谋取利益，但利用了本人职权或者地位形成的便利条件，即在利用职权上具有间接性。这种本人职权或者地位形成的便利条件，包括单位内不同部门的国家工作人员之间；上下级单位没有隶属、制约关系的国家工作人员之间；有工作联系的不同单位的国家工作人员之间等。其二，行为人利用的是其他国家工作人员的职务行为。在直接受贿中，尽管也有通过其他国家工作人员的职务行为为他人谋取利益的情形，但是本人职务对他人职务存在着制约关系，实际上是利用本人职务。而在间接受贿中，本人职务对他人职务不存在这种制约关系。当然，如果利用的是其他国家工作人员的非职务行为或者其他不具有国家工作人员身份的人员职务上的行为，就不构成斡旋受贿。其三，为请托人谋取的必须是不正当利益。这里的"谋取不正当利益"，是指谋取违反法律法规、国家政策和国务院部门规章规定的利益，以及要求国家工作人员或者有关单位提供违反法律法规、国家政策和国务院部门规章规定的帮助或者方便条件。也就是说，"不正当利益"，不仅指利益本身是违反法律法规、国家政策和国务院部门规章规定的利益，而且指违反法律法规、国家政策和国务院部门规章规定而提供帮助使他人获取某种利益。因此，这里的"不正当利益"包括本身不合法的利益，也包括违反程序谋取的正当利益。如果行为人通过其他国家工作人员职务上的行为，通过正当程序为请托人谋取的是正当利益，即使索取或者收受了请托人的财物，也不构成斡旋受贿。

3. 本罪的主体是特殊主体，即只能是国家工作人员。这里的"国家工作人员"，指的是在职的国家工作人员。已经离退休的国家工作人员，利用本人原有职权或者地位所形成的便利条件，通过在职的国家工作人员职务上的行为，为请托人谋取利益，而本人从中向请托人收取财物的，不成立本罪。但是，根据2000年6月30日最高人民法院发布的《关于国家工作人员利用职务上的便利为他人谋取利益离退休后收受财物行为如何处理问题的批复》，国家工作人员利用职务上的便利，为请托人谋取利益，并与请托人事先约定，在其离退休后收受请托人财物的，则应以受贿罪定罪处罚。在这种情况下，离退休的国家工作人员可以成为受贿罪的主体。需要指出的是，如果没有这种事先约定，在职时利用职务上的便利为请托人谋取利益，在其离退休后收受原请托人财物的，不能认定为受贿罪。

4. 本罪的主观方面是故意。即行为人明知自己在利用职务便利向他人索取财物或者收受他人财物而有意为之。需要注意的是，在受贿罪的故意中，除了收受财物的故意外,还应包括对财物的贿赂性质的认识,即明知是利用职务上的便利为他人谋取利益的回报物而予以收受的故意。也就是说,行为人认识到索取、收受财物与职务行为之间具有关联性。这种关联性,实践中主要可从两方面进行判断:一是给付财物的人有求于行为人的职务行为,或者他人给付财物与行为人的职权管辖的事项有关;二是请托人给付财物的行为不是基于人情往来。如所送财物数量较大或者价值较大,已明显超出基于亲情、友情等礼尚往来的范围。

(三)受贿罪的认定

1.本罪与正常馈赠、正当报酬的界限

受贿行为与接受正常馈赠、正当报酬行为在实践中往往难以区分,关键看行为人有没有利用职务上的便利为请托人谋取利益的行为。实践中要注意从以下几个方面进行综合分析判断:首先,从有无请托事项进行判断。如果给予财物的人没有请托事项,也就不存在权钱交易的性质,一般不宜认定为受贿。其次,从二者间的社会关系进行判断。如果给予财物的人与国家工作人员间存在亲友关系,又素有来往,一般不能轻易认定为受贿。再次,从财物的数量和价值方面进行判断。如果财物的数量和价值没有明显超出正常礼尚往来的标准和尺度,一般不能认定为受贿。国家工作人员在法律、政策允许的范围内,利用自己的知识和劳动,在业余时间为他人提供智力或者体力方面的服务,而收取合理报酬的,属于合法的行为,不应认定为受贿罪。但是,如果国家工作人员在业余时间,利用职务上的便利为他人谋取利益,获得报酬的,则应以受贿罪论处。例如,国有单位的科研人员利用业余时间从事有偿技术服务的,不能以受贿论处;但如利用职务上的便利,将本单位的科技成果提供给其业余时间兼职服务的单位,从中获得报酬归自己所有的,则应以受贿论处。

2.本罪与一般受贿行为的界限

本罪与一般受贿行为的区分,关键在于受贿的数额大小和情节轻重。根据《贪污贿赂犯罪解释》的规定,个人受贿数额在3万元以上的,构成受贿罪;个人受贿数额不满3万元,但情节严重的,也应以受贿罪论处。所谓情节严重,主要指后果严重或者手段恶劣。如多次索贿的;为他人谋取不正当利益,致使公共财产、国家和人民利益遭受损失的;为他人谋取职务提拔、调整的等。

3.本罪与贪污罪的界限

本罪与贪污罪的主体都是特殊主体,主观方面都是故意。二者的区别在于:(1)犯罪主体的范围不同。本罪主体仅限于国家工作人员,而贪污罪主体除国家工作人员外,还包括受国家机关、国有公司、企业、事业单位、人民团体委托管理、经营国有资产的人员。(2)犯罪客观方面不同。本罪的客观方面表现为行为人利用职务上的便利,索取他人财物或者非法收受他人财物并为他人谋取利益,这里的财物通常不是行为人职务上经手或者管理的；贪污罪的客观方面表现为行为人利用职务上的便利，使用侵吞、窃取、骗取等方法非法占有公共财物，这里的财物是行为人直接经手或者管理的。(3)犯罪客体和犯罪对象不同。本罪的客体一般只是国家工作人员的职务廉洁性，只有在索贿的情况下才同时侵犯他人的财产权利；贪污罪则同时侵犯了职务廉洁性和公共财产所有权。本罪的犯罪对象是他人的公私财物，而贪污罪的犯罪对象则是公共财物。

4. 本罪与非国家工作人员受贿罪的界限

本罪与非国家工作人员受贿罪主观方面的罪过形式都是故意，客观方面都表现为利用职务上的便利索取或者非法收受他人财物，二者的区别主要在于：(1)犯罪主体不同。本罪的主体是国家工作人员，而非国家工作人员受贿罪的主体是非国有公司、企业或者其他单位中不具有国家工作人员身份的人员。(2)客观方面不完全相同。本罪中的索贿型受贿罪不以为他人谋取利益为要件，而非国家工作人员受贿罪无论是索取他人财物还是非法收受他人财物，都以为他人谋取利益为要件。(3)犯罪客体不同。本罪的客体一般情况下仅是国家工作人员的职务廉洁性，而非国家工作人员受贿罪的客体首先是公司、企业或者其他单位的管理秩序，其次才是公司、企业或者其他单位工作人员的职务廉洁性。

5. 本罪共犯的认定

受贿罪是特殊主体犯罪，其主体只能是国家工作人员，非国家工作人员不能单独构成本罪。但是，非国家工作人员与国家工作人员相勾结，共同利用国家工作人员职务上的便利，索取他人财物或者非法收受他人财物的，非国家工作人员可以构成受贿罪的共犯。非国家工作人员是否构成受贿罪的共犯，关键在于双方有无共同受贿的故意和共同受贿的行为。国家工作人员的近亲属向国家工作人员代为转达请托事项，收受请托人财物并告知该国家工作人员，或者国家工作人员明知其近亲属收受了他人财物，仍按照近亲属的要求利用职权为他人谋取利益的，该国家工作人员的近亲属与国家工作人员应认定受贿罪共犯。近亲属以外的其他人与国家工作人员通谋，由国家工作人员利用职务上的便利为请托人谋取利益，收受请托人财物后双方共同占有的，非国家工作人员与国家工作人员应认定为受贿罪共犯。

6. 本罪既遂与未遂的问题

一般认为，受贿罪既遂与未遂的区分，应以是否收受了贿赂为标准。行为人实际收取了贿赂的，为受贿罪既遂。行为人收取财物后，没有实际给他人谋取到利益的，不影响受贿罪既遂的成立。行为人受贿后，将收取的贿赂转送给他人、捐赠给公益事业的，属于受贿犯罪既遂后对财物的处分行为。行为人在受贿之后，因被举报、查处而将收受的财物退还给行贿人的，也不影响受贿罪既遂的成立。

（四）受贿罪的处罚

本罪的法定刑的规定采取的是援引式规定。根据《刑法》第 386 条的规定,对犯本罪的,根据受贿所得数额及情节,依照《刑法》第 383 条关于贪污罪规定的法定刑处罚。索贿的从重处罚。具体的处罚标准是:(1)个人受贿数额较大或者有其他较重情节的,处 3 年以下有期徒刑或者拘役,并处罚金。(2)受贿数额巨大或者有其他严重情节的,处 3 年以上 10 年以下有期徒刑,并处罚金或者没收财产。(3)受贿数额特别巨大或者有其他特别严重情节的,处 10 年以上有期徒刑或者无期徒刑,并处罚金或者没收财产;数额特别巨大,并使国家和人民利益遭受特别重大损失的,处无期徒刑或者死刑,并处没收财产。犯受贿罪,在提起公诉前如实供述自己罪行、真诚悔改、积极退赃,避免、减少损害结果的发生,具备上述第(1)项情形的,可以从轻、减轻或者免除处罚;具备第(2)项、第(3)项情形的,可以从轻处罚。犯本罪,有第(3)项规定情形被判处死刑缓期执行的,人民法院根据犯罪情节等情况可以同时决定在其死刑缓期二年期满减为无期徒刑后,终身监禁,不得减刑、假释。需要指出的是,对多次受贿未经处理的,按照累计受贿数额处罚。

四、利用影响力受贿罪

（一）利用影响力受贿罪的概念

利用影响力受贿罪,是指国家工作人员的近亲属或者其他与该国家工作人员关系密切的人,通过该国家工作人员职务上的行为,或者利用该国家工作人员职权或者地位形成的便利条件,通过其他国家工作人员职务上的行为,为请托人谋取不正当利益,索取请托人财物或者收受请托人财物,数额较大或者有其他严重情节的行为。

（二）利用影响力受贿罪的特征

1.本罪的客体是国家工作人员的职务廉洁性。因索取他人财物而构成的利用影响力受贿罪,在侵犯国家工作人员的职务廉洁性的同时,还侵犯了被迫交付财物的他人的财产权利。本罪的犯罪主体虽然是非国家工作人员,但作为本罪主体的非国家工作人员系利用其与国家工作人员的特殊关系,通过国家工作人员职务上的行为,为请托人谋取不正当利益的,与其他贿赂犯罪一样,其行为的性质仍然是权钱交易。因此,本罪侵犯的客体是国家工作人员的职务廉洁性。

2.本罪在客观方面表现为非国家工作人员利用国家工作人员的职务行为,为请托人谋取不正当利益,索取请托人财物或者收受请托人财物。本罪的客观方面行为包括三方面的内容:一是非国家工作人员给国家工作人员施加影响力;二是国家工作人员利用其职务上的便利为请托人谋取不正当利益;三是非国家工作人员索取或者收受请托人财物。在具体行为方式上,表现为以下四种情形:(1)国家工作人员的近亲属或者其他与该国家工作人员关系密切的人,通过该国家工作人员职务上的行为,为请托人谋取不正当利益,索取请托人财物或者收受请托人财物,数额较大或者有其他严重情节的行为。(2)国家工作人员的近亲属或者其他与该国家工作人员关系密切的人,利用该国家工作人员职权或者地位形成的便利条件,通过其他国家工作人员职务上的行为,为请托人谋取不正当利益,索取请托人财物或者收受请托人财物,数额较大或者有其他严重情节的行为。(3)离职的国家工作人员,利用其原职权或者地位形成的便利条件,通过其他国家工作人员职务上的行为,为请托人谋取不正当利益,索取请托人财物或者收受请托人财物,数额较大或者有其他严重情节的行为。(4)离职的国家工作人员的近亲属以及其他与其关系密切的人,利用该离职的国家工作人员原职权或者地位形成的便利条件,为请托人谋取不正当利益,索取请托人财物或者收受请托人财物,数额较大或者有其他严重情节的行为。

3.本罪的主体是特殊主体,具体包括国家工作人员的近亲属、其他与国家工作人员关系密切的人、离职国家工作人员、离职国家工作人员的近亲属、其他与离职国家工作人员关系密切的人。关于本罪的主体,要着重把握好三个方面的内容:一是"国家工作人员的近亲属"的范围。我国《刑事诉讼法》第 108 条第(6)项规定:"近亲属是指夫、妻、父、母、子、女、同胞兄弟姊妹。"根据《民法典》第 1045 条的规定:"配偶、父母、子女、兄弟姐妹、祖父母、外祖父母、孙子女、外孙子女为近亲属。"最高人民法院《关于适用〈中华人民共和国行政诉讼法〉的解释》第 14 条规定:"行政诉讼法第二十五条第 2 款规定的'近亲属',包括配偶、父母、子女、兄弟姐妹、祖父母、外祖父母、孙子女、外孙子女和其他具有扶养、赡养关系的亲属。"至于本罪中"近亲属"的范围,由于《刑法》没有作出具体规定,有待于司法解释进一步明确。当然,无论司法解释对"近亲属"的范围如何界定,均不会对本罪的犯罪主体形成实质性影响。即使祖父母、外祖父母、孙子女、外孙子女和其他具有扶养、赡养关系的亲属没有被列为"近亲属",也可解释为"其他与国家工作人员关系密切的人",从而仍属于本罪的主体范围。二是"其他与国家工作人员关系密切的人"的认定。2007年 7月"两高"《关于办理受贿刑事案件适用法律若干问题的意见》中使用了"特定关系人"的概念,所谓"特定关系人"是指与国家工作人员有近亲属、情妇(夫)以及其他共同利益关系的人。该《意见》对"特定关系人"的界定,强调了"共同利益关系"。应该说,本罪中"关系密切的人"较"共同利益关系的人"的范围要更加宽泛一些。司法实践中,"关系密切的人"一般包括以下几类:基于血缘产生的关系,即除了"近亲属"之外的其他亲属;基于学习、工作产生的关系,如同学、师生、校友、同事关系;基于地缘产生的关系,如同乡;基于感情产生的关系,如朋友、恋人、情人关系;基于利益产生的关系,如客户、共同投资人关系;基于其他原因相识并形成相互信任的其他关系。凡是与离职的国家工作人员基于上述关系而进行斡旋受贿的行为人,都属于"关系密切的人"。三是"离职国家工作人员"的范围。离职的国家工作人员是指曾经是国家工作人员,但由于法定原因在行为时已离开了国家工作人员岗位、不再具有国家工作人员身份的人。按照《中华人民共和国公务员法》等有关法律法规的规定,离职的国家工作人员主要包括以下几种:一是退休或者离休的国家工作人员;二是辞职或者被辞退的国家工作人员;三是被给予开除处分的国家工作人员。需要指出的是,如果国家工作人员退休后受原单位或者其他国有单位返聘、聘请,并受其委派从事公务的,应认定为国家工作人员,而不属于离职的国家工作人员。

4.本罪的主观方面是故意。

（三）利用影响力受贿罪的认定

1.本罪与受贿罪的界限

本罪与受贿罪在犯罪客体、犯罪主观方面相同外,在犯罪主体、犯罪客观方面均存在区别。本罪与受贿罪的犯罪主体虽然都是特殊主体,但是,两罪的主体却并不相同。受贿罪的主体为国家工作人员,本罪的主体则为与国家工作人员具有一定关系的非国家工作人员或者已离职的国家工作人员,具体包括国家工作人员的近亲属、其他与国家工作人员关系密切的人、离职国家工作人员、离职国家工作人员的近亲属、其他与离职国家工作人员关系密切的人。受贿罪是国家工作人员直接利用本人的职务便利索取或者收受财物,而作为本罪主体的非国家工作人员,虽然也是通过利用国家工作人员的职务行为（离职的国家工作人员利用的是其原职权或者地位形成的便利条件）索取或者收受财物,但是其利用行为具有双重性,即先利用了与其具有密切关系的国家工作人员对其他国家工作人员的影响,进而又利用了其他国家工作人员的职务行为。也就是说,受贿罪的权钱交易是直接的,而利用影响力受贿罪的权钱交易则具有间接性。

在具体司法实践中,要注意下列情形中利用影响力受贿罪与受贿罪共犯的区分。

（1）国家工作人员的近亲属或者其他关系密切的人,与国家工作人员相互勾结或者共谋,利用国家工作人员职务上的便利为请托人谋取不正当利益,由该国家工作人员的近亲属或者其他关系密切的人索取或者收受贿赂的,该国家工作人员的近亲属或者其他关系密切的人与国家工作人员构成受贿罪的共同犯罪,对该国家工作人员的近亲属或者其他关系密切的人应以受贿罪定罪处罚,而不应构成利用影响力受贿罪。

（2）国家工作人员没有利用本人职权或地位形成的便利条件,而是利用其与其他国家工作人员间的亲友等关系,通过其他国家工作人员为请托人谋取不正当利益,本人向请托人索取或者收受财物的,该行为不构成《刑法》第388条规定的斡旋受贿犯罪,而应成立利用影响力受贿罪。如果国家领导干部身边的秘书等国家工作人员,通过领导干部的职权为请托人谋取不正当利益,而本人索取或者收受请托人财物的,则属于《刑法》第 388 条规定的斡旋受贿犯罪,应按受贿罪定罪处罚。

(3)国家工作人员明知其近亲属或者其他关系密切的人,利用其影响力索取或者收受请托人财物而予以默许或者默认,但其近亲属或者其他关系密切的人认为国家工作人员不知情的,该国家工作人员的近亲属或者其他关系密切的人构成利用影响力受贿罪;该国家工作人员实际上起到暗中配合、帮助作用的,可以根据具体情况以利用影响力受贿罪的共犯追究刑事责任。

2.本罪与诈骗罪的界限

本罪与诈骗罪在犯罪客体、客观方面、主体、主观方面都存在明显差异,一般情况下不易发生混淆。但是,实践中发生的一些具体案件,有时也存在本罪与诈骗罪的区分问题。如行为人自称系某国家工作人员的亲属,一些被害人正好有求于该国家工作人员,即托其疏通关系并给予好处费。在类似案件,行为人的行为是构成利用影响力受贿罪还是诈骗罪,有时候就容易发生混淆。如果行为人以承诺为请托人利用影响力谋取不正当利益为幌子,在索取或收受请托人财物后,事实上却没有去为请托人谋取不正当利益的,由于其主观目的仅为骗取财物,应当以诈骗罪追究责任。另外,本罪的主体虽为非国家工作人员,但其必须和被利用的国家工作人员间存在事实上的密切关系。如果行为人和国家工作人员或者离职的国家工作人员没有事实上能够利用影响力的密切关系,而是通过虚构事实、隐瞒真相的方法,使其他国家工作人员和请托人误认为其与该国家工作人员存在密切关系,从而索取或者收受请托人财物的,应以诈骗罪定罪处罚,而不构成本罪。

(四)利用影响力受贿罪的处罚

根据《刑法》第 388 条之一的规定,犯本罪的,处 3 年以下有期徒刑或者拘役,并处罚金;数额巨大或者有其他较重情节的,处 3 年以上 7 年以下有期徒刑,并处罚金;数额特别巨大或者有其他特别严重情节的,处 7 年以上有期徒刑,并处罚金或者没收财产。

五、单位受贿罪

(一)单位受贿罪的概念

单位受贿罪,是指国家机关、国有公司、企业、事业单位、人民团体,索取、非法收受他人财物,为他人谋取利益,情节严重的行为。

(二)单位受贿罪的特征

1.本罪的客体是国有单位公务活动的廉洁制度。

2.本罪的客观方面表现为索取、非法收受他人财物,为他人谋取利益,情节严重的行为。与受贿罪不同的是,本罪无论索取型受贿还是收受型受贿,均以"为他人谋取利益"为要件。"为他人谋取利益"不仅包括非法利益,也包括合法利益。如商业银行在发放贷款时,向申请贷款的企业或者个人索要好处费、回扣等。所谓"情节严重",主要包括两种情形:(1)单位受贿数额在 10 万元以上;(2)单位受贿数额不满 10 万元,但具有下列情形之一的:故意刁难、要挟有关单位、个人,造成恶劣影响的;强行索取财物的;致使国家或者社会利益遭受重大损失的。

3.本罪主体是国有单位,即国家机关、国有公司、企业、事业单位和人民团体,非国有单位如集体经济组织、中外合资企业、中外合作企业、外商独资企业、私营企业和一般社会团体等,不能成为本罪的主体。

4.本罪的主观方面是故意。

(三)单位受贿罪的认定

本罪与受贿罪的界限

本罪与受贿罪在实践中很容易发生混淆,因为在实践中,单位受贿罪往往是通过单位中直接负责的主管人员和其他直接责任人员来实施的,在这种情况下,是单位负责人的个人受贿行为还是单位受贿行为,就不容易区分。两罪的区别主要表现在两个方面:(1)本罪是在单位意志支配下,以单位名义实施的;受贿罪则是国家工作人员在自己个人意志支配下,为谋取私利而进行的。(2)本罪中的收受的他人财物,必须归单位整体所有,即直接责任人员的行为为单位带来了非法利益;而受贿罪中行为人收受的财物为行为人个人非法占有。在司法实践中,一些单位的意志主要是通过主要负责人的个人意志来体现的,只要该负责人决定后实施的受贿行为是以单位名义进行的,并且收受的财物归单位所有,即应认定为单位受贿罪。但是,如果是单位主要领导假借单位名义索取、收受他人财物,并把财物占为己有的,则应按受贿罪处理。

(四)单位受贿罪的处罚

根据《刑法》第 387 条的规定,犯本罪的,对单位判处罚金,并对其直接负责的主管人员和其他直接责任人员,处 5 年以下有期徒刑或者拘役。另外,国有单位在经济往来中,在账外暗中收受各种名义的回扣、手续费的,也构成单位受贿罪,依照自然人犯本罪的规定处罚。

六、行贿罪

(一)行贿罪的概念

行贿罪,是指为谋取不正当利益,给予国家工作人员以财物的行为。

(二)行贿罪的特征

1.本罪的客体是国家工作人员的职务廉洁性。

2.本罪的客观方面表现为给予国家工作人员以财物的行为。给予财物的方式,既可以是主动给予,即在国家工作人员没有提出要求的情况下,行为人为利用国家工作人员职务上的便利谋取不正当利益,而主动给予财物;也可以是被动给予,即在国家工作人员索要的情况下,被动给予财物。但是,如果是因被勒索而给予国家工作人员以财物,行为人还没有获得不正当利益的,则不构成行贿罪。此外,根据《刑法》第389条第2款的规定,在经济往来中,违反国家规定,给予国家工作人员以财物,数额较大的,或者违反国家规定,给予国家工作人员以各种名义的回扣、手续费的,也应以行贿罪论处。根据《贪污贿赂犯罪解释》第7条的规定:为谋取不正当利益,向国家工作人员行贿,数额在3万元以上的,应当依照《刑法》第390条的规定以行贿罪追究刑事责任。行贿数额在1万元以上不满3万元,但具有下列情形之一的,也应当追究刑事责任:(1)向3人以上行贿的;(2)将违法所得用于行贿的;(3)通过行贿谋取职务提拔、调整的;(4)向负有食品、药品、安全生产、环境保护等监督管理职责的国家工作人员行贿,实施非法活动的;(5)向司法工作人员行贿,影响司法公正的;(6)造成经济损失数额在50万元以上不满100万元的。

3.本罪的主体是一般主体。

4.本罪的主观方面表现为故意,并且主观上具有"为谋取不正当利益"的目的。根据最高人民法院、最高人民检察院2013年1月1日起施行的《关于办理行贿刑事案件具体应用法律若干问题的解释》(以下简称《行贿的解释》)第12条的规定,所谓"谋取不正当利益",是指行贿人谋取的利益违反法律、法规、规章、政策规定,或者要求国家工作人员违反法律、法规、规章、政策、行业规范的规定,为自己提供帮助或者方便条件。违背公平、公正原则,在经济、组织人事管理等活动中,谋取竞争优势的,也应当认定为"谋取不正当利益"。

(三)行贿罪的认定

本罪罪与非罪的界限

行贿罪与正常馈赠礼物、送礼不正之风的区别,关键在于行为人给予国家工作人员以财物时,主观上是否具有利用国家工作人员职务上的便利,为自己谋取不正当利益的目的。正常馈赠行为系为了增加亲友的友谊,不存在附加条件,不存在以财物收买权力的权钱交易性质。至于送礼不正之风,主要包括:行为人给予国家工作人员以财物,是为了国家工作人员为其解决某种正当利益;行为人虽为谋取不正当利益,但给予国家工作人员财物系因被勒索才被动给予,且未获得不正当利益等情形。

(四)行贿罪的处罚

根据《刑法》第390条第1款的规定,犯本罪的,处5年以下有期徒刑或者拘役,并处罚金;因行贿谋取不正当利益,情节严重的,或者使国家利益遭受重大损失的,处5年以上10年以下有期徒刑,并处罚金;情节特别严重的,或者使国家利益遭受特别重大损失的,处 10 年以上有期徒刑或者无期徒刑,并处罚金或者没收财产。根据《贪污贿赂犯罪解释》第 2 条的规定,所谓"情节严重",是指下列情况:(1)行贿数额在 100 万元以上不满 500 万元的;(2)行贿数额在 50 万元以上不满 100 万元,并具有下列情形之一的:向 3 人以上行贿的;将违法所得用于行贿的;通过行贿谋取职务提拔、调整的;向负有食品、药品、安全生产、环境保护等监督管理职责的国家工作人员行贿,严重危害民生、侵犯公众生命财产安全的;向司法工作人员行贿,实施非法活动的;影响司法公正的;(3)其他情节严重的情形。所谓"使国家利益遭受重大损失"是指因行贿谋取不正当利益,造成直接经济损失数额在 100 万元以上不满 500 万元。另外,具有下列情形之一的,即应认定为"情节特别严重":(1)行贿数额在 500 万元以上的;(2)行贿数额在 250 万元以上不满 500 万元,但具有下列情形之一的:向 3 人以上行贿;将违法所得用于行贿;通过行贿谋取职务提拔、调整的;向负有食品、药品、安全生产、环境保护等监督管理职责的国家工作人员行贿,实施非法活动的;向司法工作人员行贿,影响司法公正的;(3)其他情节特别严重的情形。为谋取不正当利益,向国家工作人员行贿,造成经济损失数额在 500 万元以上的,应当认定为"使国家利益遭受特别重大损失"。如果多次行贿未经处理的,按照累计行贿数额处罚。需要指出的是,行贿人谋取不正当利益的行为构成犯罪的,应当与行贿犯罪实行数罪并罚。

根据《刑法》第 390 条第 2 款的规定,行贿人在被追诉前主动交待行贿行为的,可以从轻或者减轻处罚。其中,犯罪较轻的,对侦破重大案件起关键作用的,或者有重大立功表现的,可以减轻或者免除处罚。这是鉴于贿赂犯罪具有较大的隐蔽性,取证难度较大;且行贿罪与受贿罪是对偶犯,行贿人主动交代行贿行为实际上是对受贿人的检举揭发。因此,为了分化瓦解犯罪分子,严厉打击贿赂犯罪,体现惩办与宽大相结合政策,而对行贿人自首作出的特别规定,是我国自首制度的重要补充。需要指出的是,根据《行贿的解释》第 7 条的规定,因行贿人在被追诉前主动交代行贿行为而破获相关受贿案件的,对行贿人不适用《刑法》第 68 条关于立功的规定,而应依照《刑法》第 390 条第 2 款的规定从轻或者减轻处罚。

七、对有影响力的人行贿罪

(一)对有影响力的人行贿罪的概念

对有影响力的人行贿罪,是指为谋取不正当利益,向国家工作人员的近亲属或者其他与该国家工作人员关系密切的人,或者向离职的国家工作人员或者其近亲属以及其他与其关系密切的人行贿的行为。

(二)对有影响力的人行贿罪的特征

1.本罪的客体是职务行为的不可收买性。

2.本罪在客观方面有两种表现形式,一是向国家工作人员的近亲属或者其他与该国家工作人员关系密切的人行贿;二是向离职的国家工作人员或者其近亲属以及其他与其关系密切的人行贿。

3.本罪的主体是一般主体,既可以是自然人,也可以是单位。

4.本罪的主观方面表现为故意,并且具有"为谋取不正当利益"的目的。

(三)对有影响力的人行贿罪的处罚

根据《刑法》第390条之一的规定,犯本罪的,处3年以下有期徒刑或者拘役,并处罚金;情节严重的,或者使国家利益遭受重大损失的,处3年以上7年以下有期徒刑,并处罚金;情节特别严重的,或者使国家利益遭受特别重大损失的,处7年以上10年以下有期徒刑,并处罚金。

单位犯本罪的,对单位判处罚金,并对其直接负责的主管人员和其他直接责任人员,处3年以下有期徒刑或者拘役,并处罚金。

八、对单位行贿罪

(一)对单位行贿罪的概念

对单位行贿罪,是指为谋取不正当利益,给予国家机关、国有公司、企业、事业单位、人民团体以财物,或者在经济往来中,违反国家规定,给予上述单位各种名义的回扣、手续费的行为。

(二)对单位行贿罪的特征

1.本罪的客体是国家机关、国有公司、企业、事业单位、人民团体的正常管理活动。本罪的行贿对象必须是国家机关、国有公司、企业、事业单位、人民团体,既不是国家工作人员,也不能是其他非国有单位。

2.本罪在客观方面有两种表现形式:一是给予国家机关、国有公司、企业、事业单位、人民团体以财物的行为;二是在经济往来中,违反国家规定,给予国家机关、国有公司、企业、事业单位、人民团体以各种名义的回扣、手续费的行为。《刑法》对本罪的构成没有数额方面的要求,司法实践中对具有下列情形之一的行贿行为,一般要追究刑事责任:(1)个人行贿数额在10万元以上、单位行贿数额在20万元以上的;(2)个人行贿数额不满10万元、单位行贿数额在10万元以上不满20万元,但具有下列情形之一的:为谋取非法利益而行贿的;向3个以上单位行贿的;向党政机关、司法机关、行政执法机关行贿的;致使国家或者社会利益遭受重大损失的。

3.本罪的主体是一般主体,既可以是自然人,也可以是单位。

4.本罪的主观方面表现为故意,并且主观上具有"为谋取不正当利益"的目的。

(三)对单位行贿罪的处罚

根据《刑法》第391条的规定,犯本罪的,处3年以下有期徒刑或者拘役,并处罚金。

单位犯本罪的,对单位判处罚金,并对其直接负责的主管人员和其他直接责任人员,处3年以下有期徒刑或者拘役,并处罚金。

九、介绍贿赂罪

(一)介绍贿赂罪的概念

介绍贿赂罪,是指向国家工作人员介绍贿赂,情节严重的行为。

(二)介绍贿赂罪的特征

1.本罪的客体是国家机关、国有公司、企业、事业单位、人民团体的正常管理活动和国家工作人员的职务廉洁性。

2.本罪的客观方面表现为在行贿人与受贿人之间沟通、撮合,使行贿与受贿得以实现的行为。如代表行贿人向受贿人传递行贿意图、商谈贿赂条件,安排行贿人与受贿人见面等。需要指出的是,这里行为人所介绍的受贿一方必须是国家工作人员,而不能是非国家工作人员。此外,介绍贿赂行为只有达到情节严重才构成犯罪。在司法实践中,具有下列情形之一的,一般可认定为"情节严重":(1)介绍个人向国家工作人员行贿,数额在2万元以上的;介绍单位向国家工作人员行贿,数额在20万元以上的;(2)介绍贿赂数额不满上述标准,但具有下列情形之一的:为行贿人获取非法利益而介绍贿赂的;3次以上或者为3人以上介绍贿赂的;向党政领导、司法工作人员、行政执法人员介绍贿赂的;致使国家或者社会遭受重大损失的。

3.本罪的主体是一般主体。

4.本罪的主观方面表现为故意。

(三)介绍贿赂罪的处罚

根据《刑法》第392条的规定,犯本罪的,处3年以下有期徒刑或者拘役,并处罚金。介绍贿赂人在被追诉前主动交代介绍贿赂行为的,可以减轻处罚或者免除处罚。

十、单位行贿罪

(一)单位行贿罪的概念

单位行贿罪,是指单位为谋取不正当利益,而给予国家工作人员以财物,或者违反国家规定,在经济往来中给予国家工作人员以各种名义的回扣、手续费,情节严重的行为。

(二)单位行贿罪的特征

1.本罪的客体是国家工作人员的职务廉洁性。犯罪的对象仅限于国家工作人员,并不包括非国家工作人员。

2.本罪的客观方面表现为单位为谋取不正当利益而给予国家工作人员以财物的行为或者违反国家规定给予国家工作人员以回扣、手续费,情节严重的行为。所谓"情节严重",司法实践中一般是指下列两种情形:(1)单位行贿数额在 20 万元以上的;(2)单位为谋取不正当利益而行贿,数额在 10 万元以上不满 20 万元,但具有下列情形之一的:为谋取非法利益而行贿的;向 3 人以上行贿的;向党政领导、司法工作人员、行政执法人员行贿的;致使国家或者社会遭受重大损失的。

3.本罪的主体限于单位,自然人不能成为本罪主体。

4.本罪的主观方面表现为故意,并且具有"为谋取不正当利益"的目的。

(三)单位行贿罪的认定

本罪与其他行贿犯罪的界限

单位行贿罪与行贿罪、对单位行贿罪都属于行贿犯罪,相互之间有很多相同的地方,也存在一些区别。本罪与行贿罪的区别主要表现在犯罪主体上,本罪的主体仅限于单位,而行贿罪的主体是自然人;另外,本罪在客观方面要求情节严重,而行贿罪并不要求情节严重。本罪与对单位行贿罪的区别在于:本罪的主体只能是单位,而对单位行贿罪的主体既可以是单位,也可以是自然人;本罪的犯罪对象是国家工作人员,而对单位行贿罪的犯罪对象是国家机关、国有公司、企业、事业单位、人民团体;本罪的在客观方面要求情节严重,而对单位行贿罪并不要求情节严重。

(四)单位行贿罪的处罚

根据《刑法》第 393 条的规定,犯本罪的,对单位判处罚金,并对其直接负责的主管人员和其他直接责任人员,处 5 年以下有期徒刑或者拘役,并处罚金。但是,单位直接负责的主管人员和其他直接责任人员将因行贿取得的违法所得归个人所有的,则应以行贿罪定罪处罚。

十一、巨额财产来源不明罪

(一)巨额财产来源不明罪的概念

巨额财产来源不明罪,是指国家工作人员的财产或者支出明显超过合法收入,且差额巨大,经责令说明来源,而本人又不能说明其来源是合法的行为。

(二)巨额财产来源不明罪的特征

1.本罪的客体是国家工作人员的职务廉洁性。

2.本罪的客观方面包括两个方面的具体内容:一是行为人的财产或者支出明显超过合法收入,且差额巨大。这里的"差额巨大",指的是行为人不能说明其来源的财产或者支出与合法收入之间的差额。司法实践中,一般对差额数额在 30 万元以上的,即要追究刑事责任。二是行为人不能说明与合法收入差额巨大的财产或者支出的来源是合法的。这里的"不能说明",包括以下情形:行为人拒不说明财产来源;行为人无法说明财产具体来源;行为人所说的财产来源经司法机关查证并不属实;行为人所说的财产来源因线索不具体等原因,司法机关无法查实,但能够排除财产来源合法的可能性和合理性。需要指出的是,巨额财产来源不明罪是一个补充性罪名,只有在没有证据证明行为人拥有的巨额财产是其他犯罪,如贪污罪、受贿罪等的犯罪所得时,才能以本罪论处。

本罪客观方面中的"差额部分",一般是指行为人的全部财产与能够认定的所有支出的总和减去能够证实的有真实来源的所得。在具体计算时,应注意以下问题:(1)应把国家工作人员个人财产和与其共同生活的家庭成员的财产、支出等一并计算,而且一并减去他们所有的合法收入以及确属与其共同生活的家庭成员个人的非法收入。(2)行为人所有的财产包括房产、家具、生活用品、学习用品及股票、债券、存款等动产和不动产;行为人的支出包括合法支出和不合法支出,包括日常生活、工作、学习费用、罚款及向他人行贿的财物等;行为人的合法收入包括工资、奖金、稿酬、继承等法律和政策允许的各种收入。(3)为了便于计算数额,对于行为人的财产和合法收入,一般可以从行为人有比较确定的收入和财产时开始计算。

3.本罪的犯罪主体是特殊主体,即仅限于国家工作人员。

4.本罪的主观方面表现为故意。

(三)巨额财产来源不明罪的处罚

根据《刑法》第 395 条第 1 款的规定,犯本罪的,处 5 年以下有期徒刑或者拘役;差额特别巨大的,处 5 年以上 10 年以下有期徒刑。财产的差额部分予以追缴。

十二、隐瞒境外存款罪

(一)隐瞒境外存款罪的概念

隐瞒境外存款罪,是指国家工作人员对于个人在境外的存款,应当依照国家规定申报而隐瞒不报,数额较大的行为。

(二)隐瞒境外存款罪的特征

1.本罪的客体是国家工作人员的财产申报制度。

2.本罪的客观方面表现为应申报境外存款而隐瞒不报,且境外存款数额较大的行为。具体包括三方面内容:(1)行为人有申报境外存款的义务。本罪的行为方式表现为不作为,具有作为义务,是构成不作为犯罪的前提条件。所谓"境外存款",是指在我国国(边)境以外的国家和地区(包括我国香港、澳门和台湾地区)存入金融机构的各种货币、有价证券、货币支付凭证及黄金等具有货币价值的贵重金属。至于国家工作人员在境外存款的来源,既可能是其在境外的劳动所得、继承遗产或者接受赠予,也可能是贪污、受贿、赌博等违法犯罪所得;既可能是行为人本人亲自存在境外,也可能是托人辗转存于境外,这些均不影响本罪的构成。(2)行为人不履行申报义务,即对境外存款隐瞒不报。具体有两种表现形式,一是不进行申报,二是进行虚假申报。(3)隐瞒不报的境外存款数额较大。至于"数额较大"的标准,在司法实践中,一般指隐瞒的境外存款折合人民币数额在 30 万元以上的情形。

3.本罪的犯罪主体是特殊主体,即仅限于国家工作人员。

4.本罪的主观方面表现为故意。即行为人明知依照国家有关规定应当如实申报其在境外的存款仍有意隐瞒不报。如果行为人不是故意隐瞒不报,而是由于对国家财产申报制度不了解,或者是由于客观原因未能及时申报的,不能构成本罪。

(三)隐瞒境外存款罪的处罚

根据《刑法》第 395 条第 2 款的规定,犯本罪的,处 2 年以下有期徒刑或者拘役;情节较轻的,由其所在单位或者上级主管机关酌情给予行政处分。

十三、私分国有资产罪

(一)私分国有资产罪的概念

私分国有资产罪,是指国家机关、国有公司、企业、事业单位、人民团体,违反国家规定,以单位名义将国有资产集体私分给个人,数额较大的行为。

(二)私分国有资产罪的特征

1.本罪的客体是复杂客体,既侵犯了国家工作人员的职务廉洁性,又侵犯了国有资产的所有权。本罪的犯罪对象是国有资产,国有资产以外的公有财产和非公有财产均不能成为本罪的犯罪对象。所谓国有资产,是指所有权属于国家的资金和其他财产,具体包括:国家专项拨款、补贴;国家给予国有公司、企业的生产性贷款、生产性资金;国家机关、国有公司、企业、事业单位、人民团体中国家出资形成的固定资产;应当上交国家的税金;行政执法机关的罚没款、法院的罚金;没收的财物;以国家名义暂时扣押的、保管的非国有资产;国有资产的自然孳息等。

2.本罪的客观方面表现为违反国家规定,以单位名义将国有资产集体私分给个人,数额较大的行为。本罪的客观方面具体包括三个方面的内容:(1)违反国家规定。所谓"违反国家规定",是指违反全国人民代表大会及其常务委员会和国务院制定的有关国有资产管理、使用、处理的法律和行政法规。这是构成本罪的前提条件。(2)以单位名义将国有资产集体私分给个人。所谓"以单位名义",是指私分国有资产是单位负责人或者单位决策机构共同研究决定的,体现了单位的整体意识和意志。所谓"集体私分给个人",是指将国有资产擅自分给单位中的所有成员或者绝大多数成员。至于集体私分的主管人员和其他直接责任人员是否分得财物,是否多分财物,对其行为是否构成私分国有资产罪,并没有影响。需要指出的是,如果将国有资产私分给少数负责人或者私分给单位中的少数成员的,应属于贪污行为,不构成私分国有资产罪。(3)私分的国有资产数额较大。这里的"数额较大",是指私分国有资产的数额较大,而并非指单个人所分得的数额较大。司法实践中,一般规定私分的国有资产数额在 10 万元以上的,应追究刑事责任。多次私分未经处理的,累计计算。

3.本罪的主体是特殊主体,即只能是国家机关、国有公司、企业、事业单位、人民团体。关于本罪的犯罪主体是单位主体,还是自然人主体,在理论上存在着较大争议。一般认为,本罪是纯正的单位犯罪,只是在处罚上采取单罚制,仅处罚单位直接负责的主管人员和其他直接责任人员。

4.本罪的主观方面为故意。

(三)私分国有资产罪的认定

本罪与贪污罪的界限

私分国有资产罪一般都是经集体研究决定后,将国有资产私分给本单位的有关人员。这种私有国有资产行为,从表面上看也具有贪污罪的特征,因此,私分国有资产罪与贪污罪在司法实践中经常发生混淆。但是,两罪还是有一些明显区别,主要体现在以下几个方面:(1)犯罪主体不同。本罪的主体只能是国家机关、国有公司、企业、事业单位、人民团体,承担刑事责任的是该单位中实施单位犯罪的直接负责的主管人员和其他直接责任人员;而贪污罪的主体除国家工作人员外,还包括受国家机关、国有公司、企业、事业单位、人民团体委托管理、经营国有财产的人员。(2)客观表现方面不同。贪污行为是私密进行的,并且行为人一般要通过伪造账目等手段加以掩盖;而私分国有资产行为是经过单位集体研究决定的,在本单位一定范围甚至全体范围内公开进行。(3)犯罪对象不同。本罪的犯罪对象是国有资产,国有资产以外的公有财产和非公有财产均不能成为本罪的犯罪对象;而贪污罪的犯罪对象的范围要更广一些,一般为公共财产,有时还不限于公共财产。(4)主观方面不尽相同。二者虽然主观上都是出于故意,但是私分国有资产罪行为人的目的是把特定的国有资产私分给单位全体成员或者其中一部分成员,自己得到的只是其中的一部分,且犯罪动机一般是出于提高单位人员福利。而贪污罪行为人的目的则是非法独占公共财产,在多人共同贪污的情况下,也只是出于共同非法独占公共财产。

(四)私分国有资产罪的处罚

根据《刑法》第 396 条第 1 款的规定,犯本罪的,对单位直接负责的主管人员和其他直接责任人员,处 3 年以下有期徒刑或者拘役,并处或者单处罚金;数额巨大的,处 3 年以上 7 年以下有期徒刑,并处罚金。

十四、私分罚没财物罪

(一)私分罚没财物罪的概念

私分罚没财物罪,是指司法机关、行政执法机关违反国家规定,将应当上缴国家的罚没财物,以单位名义集体私分给个人的行为。

（二）私分罚没财物罪的特征

1.本罪的客体是复杂客体,既侵犯了国家工作人员的职务廉洁性,又侵犯了国家对罚没财物的所有权。本罪的犯罪对象是罚没财物。所谓"罚没财物",既包括人民法院通过对犯罪分子执行罚金、没收财产刑所收缴的财物;也包括人民法院、人民检察院、公安机关、国家安全机关追缴、没收的赃款、赃物、犯罪工具、违禁品等;还包括行政执法机关在行政执法活动中没收的违法者用于违法活动的财物以及对违法者实施行政处罚所获得的现金等。

2.本罪的客观方面表现为违反国家规定,将应当上缴国家的罚没财物,以单位名义集体私分给个人的行为。私分的对象既可以是应当上缴国家的罚没款项,也可以是应当上缴国家的物品。私分的方式既可以是按人员数量均等私分,也可以是依职位、职称、工作业绩、岗位的不同不均等私分。私分的次数既可以是一次性集体私分,也可以是持续性地多次集体私分。司法实践中,一般规定私分的罚没财物数额在10万元以上的,应追究刑事责任。多次私分未经处理的,累计计算。

3.本罪的主体是特殊主体,仅限于司法机关、行政执法机关。司法机关是指人民法院、人民检察院、公安机关、国家安全机关。行政执法机关是指海关、工商行政管理部门、税务部门、商检部门、环境保护执法部门等。本罪属于纯正的单位犯罪,在处罚上采取的是单罚制,即仅处罚单位直接负责的主管人员和其他直接责任人员。

4.本罪的主观方面为故意。

（三）私分罚没财物罪的处罚

根据《刑法》第396条第2款的规定,犯本罪的,对其直接负责的主管人员和其他直接责任人员处3年以下有期徒刑或者拘役,并处或者单处罚金;数额巨大的,处3年以上7年以下有期徒刑,并处罚金。

复习与练习

本章提要

贪污贿赂罪,是指国家工作人员或者与国家工作人员关系密切的人,利用国家工作人员职务上的便利,贪污、挪用、私分公共财物,索取、收受贿赂,或者以国家机关、国有单位为对象进行贿赂收买公务行为,破坏公务行为的廉洁性的犯罪的总称。此类犯罪的典型特征是权钱交易,用公权谋取私利。贪污罪是行为人利用职务上的便利,侵吞、窃取、骗取或者以其他手段非法占有公共财物的犯罪,其犯罪主体较本罪其他犯罪的犯罪主体要广,除了国家工作人员外,还包括受国家机关、国有公司、企业、事业单位、人民团体委托管理、经营国有财产的人员。挪用公款罪是侵犯公共财产占有、使用、收益权的挪用型犯罪,其共有三种表现形式,三种形式所要求的构成要件各不相同。受贿罪是国家工作人员利用职务上的便利,索取或者收取他人财物,为他人谋取利益的犯罪。其中,索贿并不以"为他人谋取利益"为要件。巨额财产来源不明罪是一个补充性罪名,只有在没有证据证明行为人拥有的巨额财产是其他犯罪,如贪污罪、受贿罪等的犯罪所得时,才能以本罪论处。

重要概念

贪污罪 挪用公款罪 受贿罪 利用影响力受贿罪 行贿罪 向特定关系人行贿罪 巨额财产来源不明罪 私分国有资产罪

思考题

1.试述贪污罪的主体范围。

2.试述受贿罪与贪污罪的界限。

3.试述挪用公款罪的概念及其构成特征。

4.徐某系某市国有商贸公司的经理,顾某系该公司的副经理。2005年,黄河商贸公司进行产权制度改革,将国有公司改制为管理层控股的股份有限公司。其中,徐某、顾某及其他15名干部职工分别占40%、30%、30%股份。在改制过程中,国有资产管理部门委托某资产评估所对黄河商贸公司的资产进行评估,资产评估所指派周某具体参与评估。在评估时,徐某与顾某明知在公司的应付款账户中有100万元系上一年度为少交利润而虚设的,经徐某与顾某以及公司其他领导班子成员商量,决定予以隐瞒,转入改制后的公司,按照股份分配给个人。当周某发现了该100万元应付款的问题时,公司领导班子决定以辛苦费的名义,从公司的其他公款中取出1万元送给周某。周某收下该款后,出具了隐瞒该100万元虚假的应付款的评估报告。随后,国有资产管理部门经研究批准了公司的改制方案。在尚未办理产权过户手续时,徐某等人因被举报而案发。

问:(1)徐某与顾某构成贪污罪还是私分国有资产罪?为什么?

(2)徐某与顾某的犯罪数额如何计算?为什么?

(3)徐某与顾某的犯罪属于既遂还是未遂?为什么?

(4)给周某送的1万元是单位行贿还是个人行贿?为什么?

(5)周某的行为是否以非国家工作人员受贿罪与提供虚假证明文件罪实行数罪并罚?为什么?

(6)周某是否构成徐某与顾某的共犯?为什么?

第二十九章　渎职罪

渎职罪是国家机关工作人员利用职务上的便利滥用职权、玩忽职守或者徇私舞弊,妨害国家机关的正常活动,致使国家和人民利益遭受重大损失的行为。《刑法》分则第九章从第 397 条至第 419 条,共 23 个条文,规定了 33 个罪名;《刑法修正案(四)》第 8 条增设了第 399 条第 3 款,补充规定了 2 个罪名,即执行判决、裁定失职罪,执行判决、裁定滥用职权罪;《刑法修正案(六)》在第 399 条后增设一条,作为第 399 条之一,补充规定了 1 个罪名,即枉法仲裁罪;《刑法修正案(八)》在第 408 条后增设一条,作为第 408 条之一,补充规定了 1 个罪名,即食品监管渎职罪。因此,渎职罪一章共计 37 个罪名。

本章重点

- 滥用职权罪
- 玩忽职守罪
- 泄露国家秘密罪
- 徇私枉法罪
- 私放在押人员罪

第一节　渎职罪概述

一、渎职罪的概念

渎职罪是国家机关工作人员严重亵渎工作职责的犯罪的总称,其含义是指国家机关工作人员利用职务上的便利滥用职权、玩忽职守或者徇私舞弊,妨害国家机关的正常活动,致使国家和人民利益遭受重大损失的行为。

二、渎职罪的特征

1. 本类罪的客体是国家机关的正常活动。所谓国家机关的正常活动,是指各级国家机关依法行使国家管理职权的活动,如各级权力机关、行政机关、司法机关、军事机关、党务机关、政协机关等根据宪法和法律设定的机关的正常活动。国家机关工作人员的严重渎职行为,必然是对国家机关正常管理活动的严重损害,侵犯了刑法所保护的正常秩序。因此,渎职罪的实质是损害公众对国家机关工作人员职务活动客观性的信赖。

2.本类罪的客观方面表现为利用职务上的便利滥用职权、玩忽职守或者徇私舞弊,致使国家与人民利益遭受重大损失的行为。所谓利用职务上的便利,是指行为人的行为与其职务或职权具有直接的关联性,或借职务之名,或行职权之实,或兼而有之。这是渎职罪的共性条件。渎职罪中滥用职权、玩忽职守和徇私舞弊这三种要素是可选的,具备其中一种就可以构成犯罪。但在具体罪名的划分上,滥用职权或者玩忽职守往往可以与徇私舞弊结合在一起。在这种情形下,尽管要素的表现方式有两种,但只成立一罪。

3.本类罪的主体是特殊主体,即国家机关工作人员。根据《刑法》分则罪名分类的方法,此处的国家机关工作人员不包括在国有公司、企业中从事公务的人员。根据全国人大常委会 2002 年 12 月 28 日《关于〈中华人民共和国刑法〉第九章渎职罪主体适用问题的解释》,在依照法律、法规规定行使国家行政管理职权的组织中从事公务的人员,或者在受国家机关委托代表国家机关行使职权的组织中从事公务的人员,或者虽未列入国家机关人员编制但在国家机关中从事公务的人员,在代表国家机关行使职权时,有渎职行为,构成犯罪的,依照刑法关于渎职罪的规定追究刑事责任。根据最高人民检察院 2002 年 4 月 24 日《关于企业事业单位的公安机构在机构改革过程中其工作人员能否构成渎职侵权犯罪主体问题的批复》,企业事业单位的公安机构在机构改革过程中虽尚未列入公安机关建制,其工作人员在行使侦查职责时,实施渎职侵权行为的,可以成为渎职侵权犯罪的主体。

关于渎职罪的主体,有三点需要说明:第一,渎职罪的犯罪主体是国家机关工作人员,但并非国家机关工作人员可以成为每一种渎职侵权犯罪的主体,刑法的某些条文根据各种具体渎职罪的性质,对国家机关工作人员的范围做出了一定的限制。如私放在押人员罪的犯罪主体,必须是司法机关的工作人员。第二,故意泄露国家秘密罪、过失泄露国家秘密罪的主体可以是非国家机关工作人员,即是一般主体;第三,对于军事机关中的军人违反职责的犯罪,在刑法没有相反规定的情况下,应适用特别规定,以军人违反职责罪认定。

4.本类罪的主观方面多数是故意,少数是过失。在《刑法》第九章规定的 37 个罪名中,有 26 个罪名只能由故意构成,10 个罪名只能由过失构成,另有 1 个罪,即食品监管渎职罪,既可以由故意构成,也可以由过失构成。本章只能由故意构成的罪名是:滥用职权罪,故意泄露国家秘密罪,徇私枉法罪,民事、行政枉法裁判罪,执行判决、裁定滥用职权罪,枉法仲裁罪,私放在押人员罪,徇私舞弊减刑、假释、暂予监外执行罪,徇私舞弊不移交刑事案件罪,滥用管理公司、证券职权罪,徇私舞弊不征、少征税款罪,徇私舞弊发售发票、抵扣税款、出口退税罪、违法提供出口退税凭证罪,违法发放林木采伐许可证罪,非法批准征用、占用土地罪,非法低价出让国有土地使用权罪,放纵走私罪,商检徇私舞弊罪,动植物检疫徇私舞弊罪,放纵制售伪劣商品犯罪行为罪,办理偷越国(边)境人员出入境证件罪,放行偷越国(边)境人员罪,不解救被拐卖、绑架妇女、儿童罪,阻碍解救被拐卖、绑架妇女、儿童罪,帮助犯罪分子逃避处罚罪,招收公务员、学生徇私舞弊罪。只能由过失构成的罪名是:玩忽职守罪,过失泄露国家秘密罪,执行判决、裁定失职罪,失职致使在押人员脱逃罪,国家机关工作人员签订、履行合同失职被骗罪,环境监管失职罪,传染病防治失职罪,商检失职罪,动植物检疫失职罪,失职造成珍贵文物毁损、流失罪。

三、渎职罪的分类

根据客观渎职行为的不同特征,可以将渎职罪分为以下四种类型:

(一)滥用职权的犯罪

滥用职权罪,执行判决、裁定滥用职权罪,违法发放林木采伐许可证罪,非法批准征用、占用土地罪,非法低价出让国有土地使用权罪,办理偷越国(边)境人员出入境证件罪,放行偷越国(边)境人员罪,帮助犯罪分子逃避处罚罪。

(二)玩忽职守的犯罪

玩忽职守罪,执行判决、裁定失职罪,失职致使在押人员脱逃罪,国家机关工作人员签订、履行合同失职被骗罪,环境监管失职罪,传染病防治失职罪,商检失职罪,动植物检疫失职罪,不解救被拐卖、绑架妇女、儿童罪,阻碍解救被拐卖、绑架妇女、儿童罪,失职造成珍贵文物毁损、流失罪。

(三)徇私舞弊的犯罪

徇私枉法罪,民事、行政枉法裁判罪,仲裁员枉法裁决罪,枉法仲裁罪,私放在押人员罪,徇私舞弊减刑、假释、暂予监外执行罪,徇私舞弊不移交刑事案件罪,徇私舞弊不征、少征税款罪,徇私舞弊发售发票、抵扣税款、出口退税罪,放纵走私罪,商检徇私舞弊罪,动植物检疫徇私舞弊罪,放纵制售伪劣商品犯罪行为罪,招收公务员、学生徇私舞弊罪。

(四)其他渎职罪

故意泄露国家秘密罪,过失泄露国家秘密罪,滥用管理公司、证券职权罪,违法提供出口退税凭证罪,食品监管渎职罪。

第二节　渎职罪分述

一、滥用职权罪

(一)滥用职权罪的概念

滥用职权罪,是指国家机关工作人员违反法律规定的权限和程序,非法地行使本人职务范围内的权力,或者超越其职权实施有关行为,致使公共财产、国家和人民利益遭受重大损失的行为。

(二)滥用职权罪的特征

1.本罪的客体是国家机关的正常活动,即各级各类国家机关对社会生活各个领域的管理活动,如各级政府机关及其职能部门对社会的管理活动等。

2.本罪的客观方面表现为行为人违反法律规定的权限和程序,非法地行使本人职务范围内的权力,或者超越其职权实施有关行为,致使公共财产、国家和人民利益遭受重大损失的行为。首先,行为人必须有滥用职权的行为。滥用职权,是指不法行使职务上的权限的行为,即就形式上属于国家机关工作人员一般职务权限的事项,以不当目的或者以不法方法,实施违背职务行为宗旨的活动。首先,滥用职权应是滥用国家机关工作人员的一般职务权限,如果行为人实施的行为与其一般的职务权限没有任何关系,则不属于滥用职权。其次,行为人或是以不当目的实施职务行为或者是以不法方法实施职务行为;在出于不当目的实施职务行为的情况下,即使从行为的方法上看没有超越职权,也属于滥用职权。最后,滥用职权的行为违背了职务行为的宗旨,或者说与其职务行为的宗旨相悖。滥用职权的行为主要表现为以下几种情况:一是超越职权,擅自决定或处理没有具体决定、处理权限的事项;二是玩弄职权,随心所欲地对事项做出决定或者处理;三是故意不履行应当履行的职责,或者说任意放弃职责;四是以权谋私,假公济私,不正确地履行职责。例如,国家机关工作人员对不符合矿山法定安全生产条件的事项予以批准或者验收通过的;强令审核、验收部门及其工作人员实施违规行为,或者实施其他阻碍下级部门及其工作人员依法履行矿山安全生产监督管理职责行为的。其次,构成滥用职权罪,在客观方面除了要有滥用职权的行为外,还要有致使公共财产、国家和人民利益遭受重大损失的结果。"致使公共财产、国家和人民利益遭受重大损失"的标准,根据2012年"两高"《关于办理渎职刑事案件适用法律若干问题的解释(一)》(以下简称《渎职罪解释(一)》)的规定,是指具有下列情形之一的:(1)造成死亡1人以上,或者重伤3人以上,或者轻伤9人以上,或者重伤2人、轻伤3人以上,或者重伤1人、轻伤6人以上的;(2)造成经济损失30万元以上的;(3)造成恶劣社会影响的;(4)其他致使公共财产、国家和人民利益遭受重大损失的情形。

3.本罪的主体是特殊主体,即国家机关工作人员。

4.本罪的主观方面是故意。其中,《刑法》第397条第1款规定的滥用职权罪的主观方面大多为间接故意,第2款规定的滥用职权罪则只能是直接故意。

(三)滥用职权罪的认定

1.一罪与数罪的界限

(1)根据最高人民法院于1997年12月11日发布的《关于执行〈中华人民共和

国刑法〉确定罪名的规定》，《刑法》第 397 条第 2 款没有罪名，这样，对刑法规定的"徇私舞弊，犯前款罪"的"前款罪"，就只能理解为既包括滥用职权罪，也包括玩忽职守罪。这样，如果行为人滥用职权时所徇之"私"是物质利益，即行为人是因为索贿受贿而滥用职权，并且其索贿受贿行为同时又构成受贿罪的，理论上应当按照牵连犯择一重罪处断的原则处理。但"两高"《渎职罪解释（一）》第 3 条的规定，"国家机关工作人员实施渎职犯罪并收受贿赂，同时构成受贿罪的，除刑法另有规定外，以渎职犯罪和受贿罪数罪并罚。"因此，本章犯罪（除第 399 条外）与受贿罪同时成立时，均需实行数罪并罚。

（2）国家机关工作人员实施渎职行为，放纵他人犯罪或者帮助他人逃避刑事处罚，构成犯罪的，依照渎职罪的规定定罪处罚。

（3）国家机关工作人员与他人共谋，利用其职务行为帮助他人实施其他犯罪行为，同时构成渎职犯罪和共谋实施的其他犯罪共犯的，依照处罚较重的规定定罪处罚。

（4）国家机关工作人员与他人共谋，既利用其职务行为帮助他人实施其他犯罪，又以非职务行为与他人共同实施其他犯罪行为，同时构成渎职犯罪和其他犯罪的共犯的，依照数罪并罚的规定定罪处罚。

2. 国家机关单位负责人的刑事责任

渎职犯罪既可能是在个人的罪过支配下实施的，也可能是在单位负责人的决定支配下实施的，因此，《渎职罪解释（一）》规定："国家机关负责人员违法决定，或者指使、授意、强令其他国家机关工作人员违法履行职务或者不履行职务，构成刑法分则第九章规定的渎职犯罪的，应当依法追究刑事责任。"对以"集体研究"形式实施的渎职犯罪，应当依照刑法分则第九章的规定追究国家机关负有责任的人员的刑事责任。对于具体执行人员，应当在综合认定其行为性质、是否提出反对意见、危害结果大小等情节的基础上决定是否追究刑事责任和应当判处的刑罚。

3. 本罪与其他滥用职权犯罪的界限

《刑法》第 397 条关于滥用职权罪的规定属于普通法条，此外，刑法还规定了其他一些特殊的滥用职权的犯罪即特别法条。国家机关工作人员滥用职权的行为触犯特别法条时，也可能同时触犯第 397 条的普通法条。在这种情况下，应按照特别法条优于普通法条的原则认定犯罪，即认定为特别法条规定的犯罪。例如，监狱、拘留所、看守所等监管机构的监管人员对被监管人进行殴打或者体罚虐待，情节严重的行为，实际上也是滥用职权的行为，但由于刑法对此作了特别规定，故对这种行为只能认定为虐待被监管人罪，不能认定为滥用职权罪。

（四）滥用职权罪的处罚

根据《刑法》第 397 条的规定，犯本罪的，处 3 年以下有期徒刑或者拘役；情节特别严重的,处3年以上7年以下有期徒刑。徇私舞弊犯滥用职权罪的,处5年以下有期徒刑或者拘役;情节特别严重的,处5年以上10年以下有期徒刑。这里的"情节特别严重",是指具有下列情形之一的:(1)造成伤亡达到前述"重大损失"规定人数3倍以上的;(2)造成经济损失150万元以上的;(3)造成前款规定的损失后果,不报、迟报、谎报或者授意、指使、强令他人不报、迟报、谎报事故情况,致使损失后果持续、扩大或者抢救工作延误的;(4)造成特别恶劣社会影响的;(5)其他特别严重的情节。

二、玩忽职守罪

（一）玩忽职守罪的概念

玩忽职守罪,是指国家机关工作人员严重不负责任,不履行或者不正确履行职责,致使公共财产、国家和人民利益遭受重大损失的行为。

（二）玩忽职守罪的特征

1. 本罪的客体是国家机关的正常职能。

2. 本罪在客观方面表现为行为人严重不负责任,不履行职责或者不正确履行职责,致使公共财产、国家和人民利益遭受重大损失的行为。不履行,是指行为人应当履行且有条件、有能力履行职责,但违背职责没有履行,其中包括擅离职守的行为;不正确履行,是指虽然在履行职责,但是却没有按照职责的要求办事,在履行职责时不尽心、不尽力,以致错误地履行了职责。例如,负责矿业管理的国家机关工作人员对于未依法取得批准、验收的矿山生产经营单位擅自从事生产经营活动不依法予以处理的;或者对于已经依法取得批准的矿山生产经营单位不再具备安全生产条件而不撤销原批准或者发现违反安全生产法律法规的行为不予查处的。玩忽职守行为致使公共财产、国家和人民利益遭受重大损失的,才成立本罪。具体标准与《渎职罪解释(一)》对滥用职权罪的规定相同。

3. 本罪的主体是特殊主体,即国家机关工作人员。根据全国人大常委会1998年12月29日《关于惩治骗购外汇、逃汇和非法买卖外汇犯罪的决定》,海关、外汇管理部门的工作人员严重不负责任,造成大量外汇被骗购或者逃汇,致使国家利益遭受重大损失的,以玩忽职守罪论处。根据最高人民检察院2000年10月9日《关于合同制民警能否成为玩忽职守罪主体问题的批复》,合同制民警在依法执行公务期间,属其他依照法律从事公务的人员,应以国家机关工作人员论;对合同制民警在依法执行公务活动中的玩忽职守行为,符合玩忽职守罪构成条件的,依法以玩忽职守罪追究刑事责任。根据最高人民检察院2000年10月31日《关于属工人编制的乡(镇)工商所所长能否依照〈刑法〉第397条的规定追究刑事责任问题的批复》,经人事部门任命,但为工人编制的乡(镇)工商所所长,依法履行工商行政管理职责时,属其他依照法律从事公务的人员,应以国家机关工作人员论;如果玩忽职守,致使公共财产、国家和人民利益遭受重大损失,以玩忽职守罪追究刑事责任。

4.本罪的主观方面是过失。

(三)玩忽职守罪的认定

1.本罪与滥用职权罪的界限

二者的犯罪主体相同,结果要件相同,并规定在同一款中,关键区别在于行为方式与犯罪主观方面不同:滥用职权罪是一种积极利用、违背职责的行为(但不限于作为),玩忽职守罪是疏忽、不认真履行职责的行为;玩忽职守罪是过失犯罪,滥用职权罪是故意犯罪。

2.本罪与过失危害公共安全的犯罪的界限

《刑法》分则第二章规定了一些过失危害公共安全的犯罪,如重大责任事故罪,重大劳动安全事故罪,工程重大安全事故罪,消防管理责任事故罪,等等,后者的主体也可能是国家机关工作人员。玩忽职守罪与这些犯罪的区别表现在:前者是渎职罪,后者是危害公共安全的犯罪;前者主体必须是国家机关工作人员,后者主体不限于国家机关工作人员;过失的层次不同,前者一般属于决策过失,后者多为动作过失或者指挥过失;前者发生在行政事务管理的过程中,后者一般发生在各种生产、作业以及直接从事指挥、作业的过程中。

3.本罪与其他玩忽职守的犯罪的界限

刑法除规定了本罪以外,还规定了特殊的玩忽职守犯罪,它们之间存在法条竞合的关系,本条是普通法,其余各罪属于特别法,如司法工作人员失职致使在押人脱逃的,也是玩忽职守行为,但由于刑法对该行为作了特别规定,故应严格适用特别法条优于普通法条的原则。

(四)玩忽职守罪的处罚

根据《刑法》第397条的规定,犯本罪的,处3年以下有期徒刑或者拘役;情节特别严重的,处3年以上7年以下有期徒刑;徇私舞弊犯玩忽职守罪的,处5年以下有期徒刑或者拘役;情节特别严重的,处5年以上10年以下有期徒刑。这里的情节特别严重,是指造成的经济损失数额特别巨大;造成人员死亡或者多人重伤的特别严重后果;造成特别严重政治影响等。

三、故意泄露国家秘密罪

(一)故意泄露国家秘密罪的概念

故意泄露国家秘密罪,是指违反保守国家秘密法的规定,故意泄露国家秘密,情节严重的行为。

(二)故意泄露国家秘密罪的特征

1.本罪的客体是国家的保密制度,即指我国现行有效的保守国家秘密的法律、法规所形成的法律制度。我国现行的保守国家秘密的法律、法规主要有:《中华人民共和国保守国家秘密法》《中华人民共和国保守国家秘密法实施办法》《国家秘密技术出口审查暂行规定》《科学技术保密规定》等,此外,在我国现行的《法官法》《检察官法》《人民银行法》《地图编制出版管理条例》等法律、法规中也含有保守国家秘密的规定。

2.本罪的客观方面表现为行为人违反保守国家秘密法的规定,故意泄露国家秘密,情节严重的行为。首先,违反保守国家秘密法规,是指违反国家颁布的《保守国家秘密法》及其施行办法。国家秘密根据《保守秘密法》第8条的规定确定。国家秘密分为三级:"绝密",是指最重要的国家秘密,泄露会使国家的安全和利益遭受特别严重的损害;"机密"是指重要的国家秘密,泄露会使国家的安全和利益遭受严重的损害;"秘密"是指一般的国家秘密,泄露会使国家的安全和利益遭受损害。本罪所说的国家秘密,包括绝密、机密和秘密。其次,"泄露"是指知悉国家秘密的有关人员不顾法律禁止性规定,把国家秘密传递给无权知悉者,或者违反保密法规,使国家秘密让不被允许接触的人员接触而不能证明未被不应知悉者获知。至于泄露的具体方式则是多种多样,包括采用提供阅读、准许复制、在私人交谈或者通信中泄露、在公共场所谈论,在网络、报刊杂志上披露国家秘密的内容,等等。再次,本罪的成立要求情节严重。根据司法实践,涉嫌故意泄露国家秘密的行为,具有下列情形之一的,应予追诉:(1)泄露绝密级或机密级国家秘密的;(2)泄露秘密级国家秘密3项以上的;(3)向公众散布、传播国家秘密的;(4)泄露国家秘密已造成严重危害后果的;(5)利用职权指使或者强迫他人违反国家保守秘密法的规定泄露国家秘密的;(6)以牟取私利为目的泄露国家秘密的;(7)其他情节严重的情形。

3.本罪的主体主要是国家机关工作人员,但非国家机关工作人员也可以成为本罪的主体。

4.本罪的主观方面是故意,即行为人明知是国家秘密而故意加以泄露。

(三)故意泄露国家秘密罪的认定

1.本罪与为境外窃取、刺探、收买、非法提供国家秘密、情报罪的界限

这两种犯罪的主要区别是:(1)客体不同:前者的客体是国家的保密制度;后者的客体是国家安全。(2)行为方式不同:前者的行为仅包括泄露国家秘密,后者的行为既包括获得国家秘密或者情报的行为,也包括提供国家秘密或者情报的行为。(3)对象不同:前者的对象是国家秘密,后者的对象除国家秘密外,还包括情报。(4)前者对知悉国家秘密的人的范围没有限制,后者则仅限于为境外的机构、组织、人员窃取、刺探、收买、非法提供国家秘密、情报。(5)前者以情节严重为犯罪构成

要件,后者则不要求情节严重。

2.本罪与侵犯商业秘密罪的界限

商业秘密也有属于国家秘密的。如果国家机关工作人员泄露属于国家秘密的商业秘密,属于想像竞合犯择一重罪处断,不实行数罪并罚。

3.本罪与非法获取国家秘密罪的界限

二者的主要区别是:前者是将知悉的国家秘密泄露于不应知悉者的行为;后者是以窃取、刺探、收买方法获取国家秘密的行为。如果行为人在非法获取国家秘密后又泄露的,仍应以非法获取国家秘密罪一罪论处。

(四)故意泄露国家秘密罪的处罚

根据《刑法》第398条的规定,国家机关工作人员犯本罪的,处3年以下有期徒刑或者拘役;情节特别严重的,处3年以上7年以下有期徒刑。非国家机关工作人员犯本罪的,依照前述规定酌情处罚。这里的"情节特别严重",是指泄露国家秘密已经造成严重后果的;泄露国家重要机密的;泄露国家秘密的次数多或者数量大的;向多人泄露国家秘密,危害严重的。

四、过失泄露国家秘密罪

(一)过失泄露国家秘密罪的概念

过失泄露国家秘密罪,是指国家机关工作人员或者非国家机关工作人员违反保守国家秘密法的规定,过失泄露国家秘密,情节严重的行为。

(二)过失泄露国家秘密罪的特征

1.本罪的客体是国家的保密制度,即指我国现行有效的保守国家秘密的法律、法规所形成的法律制度。

2.本罪在犯罪客观方面表现为行为人违反保守国家秘密法的规定,过失泄露国家秘密,情节严重的行为。根据司法实践,涉嫌过失泄露国家秘密的行为,具有下列情形之一的,应予追诉:(1)泄露绝密级国家秘密的;(2)泄露机密级国家秘密3项以上的;(3)泄露秘密级国家秘密3项以上,造成严重危害后果的;(4)泄露国家秘密或者遗失秘密文件不如实提供有关情况的;(5)其他情节严重的情形。

3.本罪的主体主要是国家机关工作人员,但非国家机关工作人员也可以成为犯罪主体。

4.本罪的主观方面是过失。

(三)过失泄露国家秘密罪的处罚

根据《刑法》第398条的规定,对国家机关工作人员犯本罪的,处3年以下有期徒刑或者拘役;情节特别严重的,处3年以上7年以下有期徒刑。非国家机关工作人员犯本罪的,依照前述规定酌情处罚。这里的"情节特别严重",是指泄露国家秘密已经造成严重后果的;泄露国家重要机密的;泄露国家秘密的次数多或者数量大的;向多人泄露国家秘密,危害严重的。

五、徇私枉法罪

(一)徇私枉法罪的概念

徇私枉法罪,是指司法工作人员徇私枉法、徇情枉法,对明知是无罪的人而使他受追诉,对明知是有罪的人而故意包庇不使他受追诉,或者在刑事审判活动中故意违背事实和法律作枉法裁判的行为。

(二)徇私枉法罪的特征

1.本罪的客体是国家司法机关的刑事追诉和裁判职能。

2.本罪在犯罪客观方面表现为行为人在刑事司法活动中实施了徇私枉法、徇情枉法的行为。"徇私枉法",是指为了谋取个人利益、小集体利益而枉法;"徇情枉法",是指出于私情而枉法,主要表现为出于照顾私人关系或感情、祖护亲友或者泄愤报复而枉法。具体而言,包括如下行为:一是对明知是无罪的人而使他受追诉。这是指对没有实施危害社会行为,或者根据《刑法》第 13 条规定,情节显著轻微危害不大,不认为是犯罪以及其他依照刑法规定不负刑事责任的人,采取伪造、隐匿、毁灭证据或者其他隐瞒事实、违背法律的手段,以追究刑事责任为目的进行侦查(含采取强制性措施)、起诉、审判等追诉活动。这里的"追诉",不要求法律形式上属于追诉,只要实质上属于追诉即可;不要求程序上合法,只要事实上追诉即可;不要求追诉的全部过程,只要进入追诉阶段即可;不要求采取法定的强制措施,只要属于通常的追诉行为即可。对于明知是无罪的人,采取不立案、不报捕,但予以关押的手段,待被害人"交待"后再立案、采取强制措施的,应当认定为本罪。行为人明知他人无罪,而将其作为"逃犯"在网上通缉的,成立本罪。二是明知是有罪的人而故意包庇不使他受追诉。这里的"追诉"应是指法定的全部追诉过程与追诉结果。不使有罪的人受追诉,是指对明知有犯罪事实需要追究刑事责任的人,采取伪造、隐匿、毁灭证据或者其他隐瞒事实、违背法律的手段,故意包庇使其不受立案、侦查(含采取强制措施)、起诉、审判;或者在立案后,故意违背事实和法律,应该采取强制措施而不采取强制措施,或者虽然采取强制措施,但无正当理由中断侦查或者超过法定期限不采取任何措施,实际放任不管,以及违法撤销、变更强制措施,致使犯罪嫌疑人、被告人实际脱离司法机关侦控。对于明知是有罪的人,而故意不收集有罪证据,导致有罪证据消失,因"证据不足"不能认定有罪的,应当认定为本罪。三是在刑事审判活动中故意违背事实和法律作枉法裁判。这是指故意枉法进行判决、裁定,使有罪判无罪、使无罪判有罪、使此罪判彼罪或者重罪轻判、轻罪重判。

3.本罪的主体是特殊主体,即司法工作人员。根据司法实践,司法机关专业技术人员,也可以成为本罪主体。司法机关为了谋取某种利益,集体研究共同犯本罪的,应当依法追究直接负责的主管人员和其他直接责任人员的刑事责任。根据最高人民检察院 2003 年 4 月 16 日发布的《关于非司法工作人员是否可以构成徇私枉法罪共犯问题的答复》,非司法工作人员与司法工作人员勾结,共同实施徇私枉法行为,构成犯罪的,应当以徇私枉法罪的共犯追究刑事责任。

4.本罪的主观方面是故意,包括直接故意和间接故意。

(三)徇私枉法罪的认定

1.本罪与伪证罪的界限

二者的主要区别是:(1)主体不同:前者的主体是司法工作人员;后者的主体是刑事诉讼中的证人、鉴定人、记录人、翻译人。(2)客观方面不同:前者是枉法行使刑事案件追诉权、裁判权;后者是在刑事诉讼中对与案件有重要关系的情节故意作虚假证明、鉴定、记录、翻译,行为人不能作出追诉的决定或者对刑事案件作出裁判。

2.本罪与诬告陷害罪的界限

徇私枉法罪中的枉法追诉行为与诬告陷害罪有相似之处,二者的主要区别在于:(1)前者的主体是司法工作人员,后者的主体是一般主体;(2)前者是直接追诉无罪的人,后者是利用司法机关追诉无罪的人;(3)前者是滥用追诉权、裁判权,后者是滥用举报权、控告权;(4)前者的客体是司法机关的正常职能,后者的客体是公民的人身权利和司法机关的正常活动。

3.本罪与包庇罪的界限

本罪中的枉法不追诉与包庇罪有相似之处。主要区别在于:(1)本罪主体必须是司法工作人员,而包庇罪是一般主体;(2)本罪是利用司法职务之便包庇有罪的人使其不受追诉,包庇罪是通过向司法机关作假证明包庇有罪的人;(3)本罪包庇的应是犯罪嫌疑人、被告人,而包庇罪可能包庇犯罪嫌疑人、被告人与已决犯;(4)本罪发生在侦查、起诉、审判过程中,包庇罪则没有时间上的限制。

4.本罪与滥用职权罪、玩忽职守罪的界限

根据《渎职罪解释(一)》的规定,国家机关工作人员因不具备徇私舞弊等情形,不符合刑法分则第九章第 398 条至第 419 条的规定,但依法构成第 397 条规定的犯罪的,以滥用职权罪或者玩忽职守罪定罪处罚。

5.本罪与非法拘禁罪的界限

两罪的构成要件存在明显区别,但司法工作人员有利用职权实施非法拘禁罪的可能,徇私枉法罪中使无罪的人受追诉的行为也可能表现为采取拘禁措施,因而需要区分。使无罪的人受追诉的行为,不具有剥夺他人自由的性质的,应认定为徇私枉法罪;通过伪造证据等方式对无罪的人采取强制措施的,应认定为徇私枉法罪;因证据不足而超期羁押的,宜认定为非法拘禁罪;不是为了追诉而非法剥夺他人自由的,应认定为非法拘禁罪。

(四)徇私枉法罪的处罚

根据《刑法》第 399 条第 1 款的规定,犯本罪的,处 5 年以下有期徒刑或者拘役;情节严重的,处 5 年以上 10 年以下有期徒刑;情节特别严重的,处 10 年以上有期徒刑。所谓"情节严重",是指犯罪手段恶劣,严重损害公民合法权益的;因其徇私枉法而按无罪处理或者被宣告无罪的人重新犯罪的;造成严重的社会影响的等。

六、民事、行政枉法裁判罪

(一)民事、行政枉法裁判罪的概念

民事、行政枉法裁判罪,是指司法工作人员在民事、行政审判活动中故意违背事实和法律作枉法裁判,情节严重的行为。

(二)民事、行政枉法裁判罪的特征

1.本罪的客体是人民法院的正常民事、行政审判职能。

2.本罪在犯罪客观方面表现为在民事、行政审判活动中故意违背事实和法律作枉法裁判,情节严重的行为。民事审判,是指适用民事诉讼法(含海事诉讼特别程序等特别法)审判案件的活动,包括民事案件、海事案件和经济案件的审判。行政审判,是指适用行政诉讼法审判案件的活动,即行政案件的审判。枉法裁判,是指作出的判决、裁定和决定与法律的规定相违背,如故意将应当败诉的一方判胜诉,故意提高或者降低赔偿数额等。枉法裁判的行为必须达到情节严重的程度才构成本罪。根据司法实践,具有下列情形之一的,属于"情节严重":(1)枉法裁判,致使公民财产损失或者法人或者其他组织财产损失重大的;(2)枉法裁判,引起当事人及其亲属自杀、伤残、精神失常的;(3)伪造有关材料、证据,制造假案枉法裁判的;(4)串通当事人制造伪证,毁灭证据或者篡改庭审笔录而枉法裁判的;(5)其他情节严重的情形。

3.本罪的主体是特殊主体,即司法工作人员。《刑法》第 399 条第 2 款虽然没有明文规定,但由于第 2 款是接着第 1 款规定的,故没有必要写明;况且第 4 款又有"司法工作人员……有前三款行为"的规定,这也说明本罪主体必须是司法工作人员,具体说是刑事民事、行政审判职能的审判人员。

4.本罪的主观方面是故意,过失不成立本罪。

(三)民事、行政枉法裁判罪的认定

1.本罪与徇私枉法罪的界限

二者都有故意违背事实和法律作枉法裁判的行为,其主要区别有两点:一是发生的审判领域不同:后者的枉法裁判发生在刑事审判领域;前者的枉法裁判发生在民事、行政审判领域。二是后者不要求情节严重,前者要求情节严重才构成犯罪。

2. 本罪与徇私枉法罪、受贿罪的关系

《刑法》第399条第4款规定,司法工作人员收受贿赂,有徇私枉法或民事、行政枉法裁判等行为,同时又构成《刑法》第385条规定的受贿罪的,依照处罚较重的规定定罪处罚。但不能因为受贿罪的最高法定刑高于本罪的法定刑,而简单地理解为一律按受贿罪论处。例如,行为人徇私枉法的情节特别严重,但收受的财物不满5万元。如果按受贿罪论处,最高只能处10年有期徒刑;如果按徇私枉法罪论处,最高可处15年有期徒刑。因此,不仅要考虑法定刑,还要考虑行为本身的主要性质与情节。此外,《刑法》第399条第4款是一个特别规定,不能将其内容普遍适用于其他犯罪。即国家工作人员利用职务上的便利,索取或者收受贿赂,为他人谋取利益的行为构成其他犯罪的,只要没有刑法的特别规定,就应实行数罪并罚。

(四)民事、行政枉法裁判罪的处罚

根据《刑法》第399条第2款的规定,犯本罪的,处5年以下有期徒刑或者拘役;情节特别严重的,处5年以上10年以下有期徒刑。

七、执行判决、裁定失职罪

(一)执行判决、裁定失职罪的概念

执行判决、裁定失职罪,是指司法工作人员在执行判决、裁定活动中,严重不负责任,不依法采取诉讼保全措施,不履行法定执行职责,或者违法采取诉讼保全措施、强制执行措施,致使当事人或者其他人的利益遭受重大损失的行为。

(二)执行判决、裁定失职罪的特征

1. 本罪侵犯的客体是司法活动的公正性。

2. 本罪的客观方面表现为在执行判决、裁定活动中,严重不负责任,不依法采取诉讼保全措施,不履行法定执行职责,致使当事人或者其他人的利益遭受重大损失的行为。

3. 本罪的主体是特殊主体,即司法工作人员。

4. 本罪的主观方面表现为过失。即行为人对于当事人或者其他人的利益遭受重大损失的结果是过失的心理态度,但其对于不依法采取诉讼保全措施,不履行法定执行职责的行为,则可能是明知故犯。

(三)执行判决、裁定失职罪的处罚

根据《刑法》第399条第3款的规定,犯本罪的,处5年以下有期徒刑或者拘役;致使当事人或者其他人的利益遭受特别重大损失的,处5年以上10年以下有期徒刑。司法工作人员收受贿赂犯本罪的,依照处罚较重的规定定罪处罚。

八、执行判决、裁定滥用职权罪

（一）执行判决、裁定滥用职权罪的概念

执行判决、裁定滥用职权罪，是指司法工作人员在执行判决、裁定活动中，滥用职权，违法采取诉讼保全措施、强制执行措施，致使当事人或者其他人的利益遭受重大损失的行为。

（二）执行判决、裁定滥用职权罪的特征

1.本罪的客体是司法活动的公正性。

2.本罪客观方面表现为在执行判决、裁定活动中，滥用职权，违法采取诉讼保全措施、强制执行措施，致使当事人或者其他人的利益遭受重大损失的行为。

3.本罪的主体是特殊主体，即司法工作人员。

4.本罪的主观方面是故意，包括直接故意和间接故意。

（三）执行判决、裁定滥用职权罪的处罚

根据《刑法》第399条第3款规定，犯本罪的，处5年以下有期徒刑或者拘役；致使当事人或者其他人的利益遭受特别重大损失的，处5年以上10年以下有期徒刑。司法工作人员收受贿赂犯本罪，同时又构成受贿罪的，依照处罚较重的规定定罪处罚。

九、枉法仲裁罪

（一）枉法仲裁罪的概念

枉法仲裁罪，是指依法承担仲裁职责的人员，在仲裁活动中故意违背事实和法律作枉法裁决，情节严重的行为。

（二）枉法仲裁罪的特征

1.本罪的客体是仲裁活动的正常秩序和仲裁裁决的公正性。

2.本罪的客观方面是具有违背事实和法律作枉法裁决，情节严重的行为。把握本罪应注意：(1)本罪必须是仲裁人员违背事实与法律枉法裁判，即仲裁员利用职务条件；(2)违背事实，是指不依据已有证据查清事实，把证据不足认定为证据充足，没有协议认定有协议，不属于仲裁范围认定为属于范围，属于范围认定超出范围等；(3)违背法律，是指故意违背实体法与程序法，故意违背实体法是指，混淆案件性质和承担责任及实体处理不当或该适用的法律不适用，故意违背程序法，是指漠视当事人提出的异议和请求；(5)必须是情节严重的行为，对于情节显著轻微危害不大的不作为犯罪处理。对于情节严重，要从本身主观恶性与客观社会危害性，如犯罪的动机，致使公民或法人或其他组织财产的损失，致使当事人及其亲属自杀、伤残、精神失常的情况，以及串通当事人制造、伪造、毁灭证据等。

3.犯罪主体是特殊主体,即担当仲裁职责的仲裁员。

4.本罪的主观方面是故意。

(三)枉法仲裁罪的处罚

根据《刑法》第399条之一的规定,犯本罪的,处3年以下有期徒刑或者拘役;情节特别严重的,处3年以上7年以下有期徒刑。

十、私放在押人员罪

(一)私放在押人员罪的概念

私放在押人员罪,是指司法工作人员私放在押的犯罪嫌疑人、被告人或者罪犯的行为。

(二)私放在押人员罪的特征

1.本罪的客体是国家监管机关的监管制度,即看守所、拘留所、少年犯管教所、拘役所、劳改队、监狱等监管机关的监管制度。凡经公安机关、检察院、人民法院拘留、逮捕、判刑的犯罪嫌疑人、被告或者罪犯,一般说,都是因他们实施了或可能实施了危害社会的行为,需要受到刑罚处罚的犯罪分子。监管机关关押罪犯的目的,是为了惩罚和改造他们,使他们成为自食其力的新人,消除其继续犯罪的条件,私放罪犯,使其逃脱关押,不仅使其有继续犯罪的可能,而且破坏监管机关的监管制度。

2.本罪在犯罪客观方面表现为行为人将在押的犯罪嫌疑人、被告或者罪犯私自非法释放的行为。首先,释放的应是被关押的犯罪嫌疑人、被告人或者罪犯,包括已决犯和未决犯;释放被行政拘留、司法拘留以及劳动教养的人员的,不成立本罪。其次,本条规定未说明实施本罪必须是利用职务上的便利,但是,由于本罪属于渎职类犯罪,所以它必然是利用职务上的便利来实施,如果没有利用职务之便或者依法释放罪犯的,均不构成本罪。所谓利用职务上的便利是指行为人利用自己看管、管教、押解、提审等便利条件;所谓私放,是指没有经过合法手续,而私自释放犯罪嫌疑人、被告人、罪犯,使其逃避关押的行为。再次,私放犯罪嫌疑人、被告人、罪犯可由作为和不作为构成。例如,有的是滥用职权,篡改刑期,使犯罪嫌疑人、被告人、罪犯"合法"逃避关押;有的虽未篡改刑期,但假借事由,将刑期未满的犯罪嫌疑人、被告人、罪犯擅自作为刑满释放;有的则把依法逮捕的罪犯有意当做错捕释放;也有的利用提审、押解罪犯的机会私放犯罪嫌疑人、被告人、罪犯而谎称罪犯脱逃;或者为罪犯逃离关押场所创造条件等。

根据司法实践,私放在押人员,具有下列情形之一的,应予立案:(1)私自将在押的犯罪嫌疑人、被告人、罪犯放走,或者授意、指使、强迫他人将在押的犯罪嫌疑人、被告人、罪犯放走的;(2)伪造、变造有关法律文书,以使在押的犯罪嫌疑人、被告人、罪犯脱逃的;(3)为在押的犯罪嫌疑人、被告人、罪犯通风报信、提供条件,帮助其脱逃的;(4)其他私放在押的犯罪嫌疑人、被告人、罪犯的行为。

3.本罪的主体是特殊主体,即司法工作人员,主要是负有监管职责的司法工作人员。根据最高人民检察院 2001 年 3 月 2 日发布的《关于工人等非监管机关在编监管人员私放在押人员行为和失职致使在押人员脱逃行为适用法律问题的解释》,工人等非监管机关在编监管人员在被监管机关聘用受委托履行监管职责的过程中私放在押人员的,应当以私放在押人员罪追究刑事责任。

4.本罪的主观方面是故意。

(三)私放在押人员罪的认定

1.本罪与脱逃罪的帮助犯的界限

非司法工作人员帮助在押人员脱逃的,应以脱逃罪的共犯论处;司法工作人员帮助在押人员脱逃,但没有利用职务之便的,也应以脱逃罪的共犯论处;司法工作人员利用职务之便帮助在押人员脱逃的,同时触犯脱逃罪和私放在押人员罪,应当根据想像竞合犯择一重罪处断的原则处理。此外,司法工作人员私放在押人员时,被释放的在押人员原则上构成脱逃罪,而不是成立私放在押人员罪的共犯。

2.本罪与徇私枉法罪的界限

本罪的目的是使犯罪嫌疑人、被告人、罪犯摆脱监管机关和监管人员的控制,最终逃避法律制裁,这与徇私枉法罪中明知是有罪的人而故意包庇不使他受追诉,或者故意做枉法裁判,把有罪判为无罪,故意使罪犯逍遥法外,在实质上都是为了包庇罪犯。它们都侵犯了司法机关的正常活动;在客观上又都利用了职务上的便利条件,主体主要都是司法工作人员。二者的区别在于:(1)在客观方面表现不同。犯本罪的司法工作人员主要是利用监管或押解罪犯的职务之便,非法将罪犯私自放走;而徇私枉法罪的行为在客观上则是利用立案、侦查、预审、起诉和审判的职权,徇私枉法,对明知是有罪的人,作出不予立案、起诉的决定或者无罪判决、裁定,包庇罪犯。(2)犯罪主体的职责权限不同。本罪的主体主要是对罪犯负有监管、押解职责的司法工作人员;而徇私枉法罪的主体,则主要是对刑事案件有立案、侦查、预审、起诉或审判权的司法工作人员。

3.一罪与数罪的界限

行为人以伪造公文、证件的手段私放在押人员的,或者受贿后私放在押人员的,应当根据牵连犯择一重罪处断的原则处理。

(四)私放在押人员罪的处罚

根据《刑法》第 400 条第 1 款的规定,犯本罪的,处 5 年以下有期徒刑或者拘役;情节严重的,处 5 年以上 10 年以下有期徒刑;情节特别严重的,处 10 年以上有期徒刑。"情节严重",是指私放被判处或者可能被判处 10 年以上有期徒刑或者无期徒刑、死刑的在押人员的;私放在押人员多人、多次的;在押人员被私放后再次犯罪或者打击、报复证人、控告人、举报人的;以及造成其他严重后果的,等等。"情节特别严重",是指由于私放在押人员的行为,致使国家和人民的利益遭受特别严重的损害的情况。

十一、失职致使在押人员脱逃罪

(一)失职致使在押人员脱逃罪的概念

失职致使在押人员脱逃罪,是指司法工作人员由于严重不负责任,不履行或者不认真履行职责,致使在押的犯罪嫌疑人、被告人、罪犯脱逃,造成严重后果的行为。

(二)失职致使在押人员脱逃罪的特征

1.本罪的客体是国家制裁犯罪的职能。

2.本罪在犯罪客观方面表现为行为人有严重不负责任,不履行或者不认真履行职责,致使在押的犯罪嫌疑人、被告人、罪犯脱逃,造成严重后果的行为。"造成严重后果"是本罪成立的条件,根据司法实践,具有下列情形之一的,应认定为"造成严重后果":(1)致使依法可能判处或者已经判处10年以上有期徒刑、无期徒刑、死刑的犯罪嫌疑人、被告人、罪犯脱逃的;(2)3次以上致使犯罪嫌疑人、被告人、罪犯脱逃,或者一次致使3名以上犯罪嫌疑人、被告人、罪犯脱逃的;(3)犯罪嫌疑人、被告人、罪犯脱逃以后,打击报复控告人、检举人、被害人、证人和司法工作人员等,或者继续犯罪,危害社会的;(4)其他致使在押的犯罪嫌疑人、被告人、罪犯脱逃,造成严重后果的行为。

3.本罪的主体是特殊主体,即司法工作人员。根据最高人民法院2000年9月14日发布的《关于未被公安机关正式录用的人员、狱医能否构成失职致使在押人员脱逃罪主体问题的批复》,对于未被公安机关正式录用,受委托履行监管职责的人员,由于严重不负责任,致使在押人员脱逃,造成严重后果的,应当以本罪定罪处罚。不负监管职责的狱医,不构成失职致使在押人员脱逃罪的主体。但是受委派承担了监管职责的狱医,由于严重不负责任,致使在押人员脱逃,造成严重后果的,应当以本罪定罪处罚。另根据最高人民检察院2001年3月2日发布的《关于工人等非监管机关在编监管人员私放在押人员行为和失职致使在押人员脱逃行为适用法律问题的解释》,工人等非监管机关在编监管人员在被监管机关聘用受委托履行监管职责的过程中由于严重不负责任,致使在押人员脱逃,造成严重后果的,应当以失职致使在押人员脱逃罪追究刑事责任。

4.本罪的主观方面是过失。

（三）失职致使在押人员脱逃罪的处罚

根据《刑法》第400条第2款的规定，犯本罪的，处3年以下有期徒刑或者拘役；造成特别严重后果的，处3年以上10年以下有期徒刑。这里的"特别严重后果"，是指在押人员脱逃后实施严重暴力犯罪的；造成极为恶劣的社会影响的；在押人员脱逃中杀死、伤害多人的；致使被判处死刑、无期徒刑、10年以上有期徒刑等重刑罪犯以及可能被判处死刑、无期徒刑的犯罪嫌疑人、被告人脱逃等。

十二、徇私舞弊减刑、假释、暂予监外执行罪

（一）徇私舞弊减刑、假释、暂予监外执行罪的概念

徇私舞弊减刑、假释、暂予监外执行罪，是指司法工作人员徇私舞弊，对不符合减刑、假释、暂予监外执行条件的罪犯，予以减刑、假释或者暂予监外执行的行为。

（二）徇私舞弊减刑、假释、暂予监外执行罪的特征

1.本罪的客体是国家的行刑职能。

2.本罪的客观方面表现为行为人徇私舞弊，对不符合减刑、假释、暂予监外执行条件的罪犯，予以减刑、假释或暂予监外执行的行为。具体表现为三种情况：一是对在执行期间，没有认真遵守监规，接受教育改造，不具有悔改、立功表现的罪犯予以减刑；超过减刑的限度予以减刑。二是对没有认真遵守监规，接受教育改造，不具有悔改表现，假释后可能再危害社会的犯罪分子予以假释；对没有达到执行期限的罪犯予以假释；对累犯予以假释；对因暴力性犯罪被判处10年以上有期徒刑、无期徒刑的罪犯予以假释。三是对不符合《刑事诉讼法》第265条规定的暂予监外执行条件的罪犯暂予监外执行。此外，由于刑法规定基层人民法院无权裁定减刑与假释，因此，基层人民法院工作人员裁定减刑、假释的，应以本罪论处。

根据司法实践，具有下列情形之一的，应予追诉：(1)刑罚执行机关的工作人员对不符合减刑、假释、暂予监外执行条件的罪犯，捏造事实、伪造材料，违法报请减刑、假释、暂予监外执行的；(2)人民法院和监狱管理机关以及公安机关的工作人员为徇私情、私利，对不符合减刑、假释、暂予监外执行条件的罪犯的减刑、假释、暂予监外执行申请，违法裁定、决定减刑、假释、暂予监外执行的；(3)不具有报请、裁定或决定减刑、假释、暂予监外执行权的司法工作人员利用职务上的便利，徇私情、私利，伪造有关材料，导致不符合减刑、假释、暂予监外执行条件的罪犯被减刑、假释、暂予监外执行的；(4)其他违法减刑、假释、暂予监外执行的行为。

3.本罪的主体是特殊主体，即司法工作人员。

4.本罪的主观方面是故意，并以徇私为要件。如果行为人是因为受贿而犯本罪的，应当根据牵连犯择一重罪处断的原则处理，而不实行数罪并罚。

（三）徇私舞弊减刑、假释、暂予监外执行罪的处罚

根据《刑法》第 401 条的规定，犯本罪的，处 3 年以下有期徒刑或者拘役；情节严重的，处 3 年以上 7 年以下有期徒刑。

十三、徇私舞弊不移交刑事案件罪

（一）徇私舞弊不移交刑事案件罪的概念

徇私舞弊不移交刑事案件罪，是指行政执法人员徇私舞弊，对依法应当移交司法机关追究刑事责任的不移交，情节严重的行为。

（二）徇私舞弊不移交刑事案件罪的特征

1.本罪的客体是刑事司法制度和刑事司法公正。行政执法机关，如公安、工商、税务、海关、劳动、交通、环境保护、卫生、检疫、质量监督、计量等部门，担负着执行法律、法规，管理国家、维护国家安全、社会秩序、经济秩序的职责，享有法律授予的行政处罚权、行政裁决权。这些行政执法机关的执法人员，是否依法行政，严格执法，直接关系到行政机关的形象，关系到国家和人民的利益。若行政执法人员违背职责，徇私舞弊，枉法行政，对依法应当移交司法机关追究刑事责任的案件不移交，必将给国家和人民利益造成重大损失，破坏刑事司法制度和刑事司法公正，因此，必须对严重徇私舞弊的行政执法人员依法予以刑事制裁。

2.本罪在犯罪客观方面表现为行为人徇私舞弊，对依法应当移交司法机关追究刑事责任的不移交，情节严重的行为。首先，依法应当移交司法机关追究刑事责任的不移交，是指行为人在行政执法的过程中，发现有犯罪事实存在，应当移送司法机关追究刑事责任，但隐瞒不报，不将案件移交司法机关处理。行为人在不移交后，对案件不作任何处理或者以行政处罚代替刑事处罚，对本罪的构成不产生影响。其次，行为人的行为必须发生在行政执法过程中，以法律规定的移交义务为前提，如果是行政执法工作人员在行政执法过程以外发现了犯罪事实或犯罪嫌疑人而不向司法机关报告的，不构成本罪。再次，必须达到"情节严重"的程度。根据司法实践，具有下列情形之一的，属于"情节严重"：（1）对依法可能判处 3 年以上有期徒刑、无期徒刑、死刑的犯罪案件不移交的；（2）3 次以上不移交犯罪案件，或者一次不移交犯罪案件涉及 3 名以上犯罪嫌疑人的；（3）司法机关发现并提出意见后，无正当理由仍然不予移交的；（4）以罚代刑，放纵犯罪嫌疑人，致使犯罪嫌疑人继续进行违法犯罪活动的；（5）行政执法部门主管领导阻止移交的；（6）隐瞒、毁灭证据，伪造材料，改变刑事案件性质的；（7）直接负责的主管人员和其他直接责任人员为牟取本单位私利而不移交刑事案件，情节严重的；（8）其他情节严重的情形。

3.本罪的主体是特殊主体，即行政执法人员。

4.本罪的主观方面是故意，即行为人明知应当移交司法机关追究刑事责任而

故意不移交。由于过失或者是法律水平低而没有认识到案件应当移交司法机关的,不成立本罪。当然,如果不移交刑事案件是由于行为人对工作严重不负责任造成的,且对公共利益、国家和人民的利益造成重大损失的,可以按玩忽职守罪定罪处罚。

(三)徇私舞弊不移交刑事案件罪的认定

本罪与徇私枉法罪的界限

本罪与徇私枉法罪中"明知是有罪的人而故意包庇不使他受追诉"的行为有相似之处,二者的关键区别在以下三点:(1)犯罪主体不同。本罪的主体是行政执法人员;后罪的主体是司法工作人员。这里需要注意的是公安机关工作人员的性质,如果他们是对犯罪负有侦查职责的人,则是司法工作人员;如果他们是负责行政法事实的人,则是行政执法人员。例如,公安机关的工作人员在执行《中华人民共和国治安管理处罚法》的过程中,明知行为已构成犯罪,应当移交公安机关的侦查部门进行侦查,但徇私舞弊不移交,仅仅给予治安处罚的,就构成徇私舞弊不移交刑事案件罪。反之,刑事犯罪的侦查人员遇到犯罪嫌疑人是自己的亲友,而故意包庇不使其受追诉,擅自不作为刑事案件处理的,成立徇私枉法罪。(2)犯罪客观方面不同。本罪是利用行政执法的职权,对依法应当移交司法机关追究刑事责任的不移交的行为;后罪则表现为利用司法职权,违背事实和法律,作刑事枉法追诉或者枉法裁判的行为。(3)对犯罪情节要求不同。本罪的成立以情节严重为构成要件;而徇私枉法罪的成立不以情节严重为构成要件。

(四)徇私舞弊不移交刑事案件罪的处罚

根据《刑法》第402条的规定,犯本罪的,处3年以下有期徒刑或者拘役;造成严重后果的,处3年以上7年以下有期徒刑。这里的"造成严重后果",是指因不移交刑事案件而严重妨碍其他刑事案件侦破或者审判的;应当移交的刑事案件涉及重大犯罪的;造成极为恶劣的社会影响等。

十四、滥用管理公司、证券职权罪

(一)滥用管理公司、证券职权罪的概念

滥用管理公司、证券职权罪,是指工商行政管理、人民银行、证券管理等国家有关主管部门的国家机关工作人员,徇私舞弊,滥用职权,对不符合法律规定条件的公司设立、登记申请或者股票、债券发行、上市申请,予以批准或者登记,致使公共财产、国家和人民利益遭受重大损失的行为。上级部门、当地政府强令登记机关及其工作人员实施上述行为的,对其直接负责的主管人员,以本罪论处。

(二)滥用管理公司、证券职权罪的特征

1.本罪的客体是国家对公司、证券的正常管理职能。

2.本罪的客观方面表现为两类行为:一是国家有关主管部门的国家机关工作人员,徇私舞弊,滥用职权,对不符合法律规定条件的公司设立、登记申请或者股票、债券发行、上市申请,予以批准或者登记,致使公共财产、国家和人民利益遭受重大损失的行为。二是登记机关的上级部门、当地政府强令登记机关及其工作人员实施上述行为,致使公共财产、国家和人民利益遭受重大损失的行为。

3.本罪的主体是特殊主体,即国家有关主管部门的国家机关工作人员及登记机关的上级部门、当地政府。"国家有关主管部门",是指负责对公司设立、登记申请进行审批的国家工商行政管理机关,以及负责对股票、证券发行、上市申请进行审批的国家政权管理部门。在这些部门中负责审批工作的国家机关工作人员可以成为犯罪主体。"上级部门",是指对前述机关具有领导权的机关,既包括同一系统内部的上级机关,也包括其他上级机关。

4.本罪的主观方面是故意。

(三)滥用管理公司、证券职权罪的处罚

根据《刑法》第403条第1款的规定,犯本罪的,处5年以下有期徒刑或者拘役。本条第2款规定,上级部门强令登记机关及其工作人员实施第1款行为的,对其直接负责的主管人员,按照本罪定罪,并依照第1款的法定刑处罚。

十五、徇私舞弊不征、少征税款罪

(一)徇私舞弊不征、少征税款罪的概念

徇私舞弊不征、少征税款罪,是指税务机关的工作人员徇私舞弊,不征或者少征应征税款,致使国家税收遭受重大损失的行为。

(二)徇私舞弊不征、少征税款罪的特征

1.本罪的客体是国家税务机关的税收征管职能。

2.本罪的客观方面表现为徇私舞弊,不征或者少征应征税款,致使国家税收遭受重大损失的行为。所谓"应征税款",是指国家税务机关根据法律、行政法规的规定应当向纳税人征收的税款。所谓"不征",是指税务机关工作人员明知纳税人应当缴纳税款,但是不向其征收,或者违反法律、行政法规规定,擅自决定纳税人免缴税款。所谓"少征",是指税务机关的工作人员向纳税人实际征收的税款少于应征税款,或者明知不具备减税条件,弄虚作假擅自决定减税的。根据司法实践,具有下列情形之一的,属于"致使国家税收遭受重大损失"的行为:(1)为徇私情、私利,违反规定,对应当征收的税款擅自决定停征、减征或者免征,或者伪造材料,隐瞒情况,弄虚作假,不征、少征应征税款,致使国家税收损失累计达10万元以上的;(2)徇私舞弊不征、少征应征税款不满10万元,但具有索取或者收受贿赂或者其他恶劣情节的。

3.本罪的主体是特殊主体,即税务机关的工作人员。

4.本罪的主观方面是故意。行为人因为受贿而不征、少征应征税款,同时构成受贿罪的,应当根据牵连犯择一重罪处断的原则处理。行为人与偷税人事前共谋,不征或者少征应征税款,其行为如果同时构成偷税罪的共犯和本罪的,应当根据想像竞合犯择一重罪处断的原则处理,即以本罪论处。

(三)徇私舞弊不征、少征税款罪的处罚

根据《刑法》第404条的规定,犯本罪的,处5年以下有期徒刑或者拘役;造成特别重大损失的,处5年以上有期徒刑。

十六、徇私舞弊发售发票、抵扣税款、出口退税罪

(一)徇私舞弊发售发票、抵扣税款、出口退税罪的概念

徇私舞弊发售发票、抵扣税款、出口退税罪,是指税务机关的工作人员违反法律、法规的规定,在办理发售发票、抵扣税款、出口退税工作中,徇私舞弊,致使国家利益遭受重大损失的行为。

(二)徇私舞弊发售发票、抵扣税款、出口退税罪的特征

1.本罪的客体是国家的税收管理制度。

2.本罪的客观方面表现为违反法律、法规的规定,在办理发售发票、抵扣税款、出口退税工作中,徇私舞弊,致使国家利益遭受重大损失的行为。根据司法实践,徇私舞弊发售发票、抵扣税款、出口退税,具有下列情形之一的,应予追诉:(1)为徇私情、私利,违反法律、行政法规的规定,伪造材料,隐瞒情况,弄虚作假,对不应发售的发票予以发售,对不应抵扣的税款予以抵扣,对不应给予出口退税的给予退税,或者擅自决定发售不应发售的发票、抵扣不应抵扣的税款、给予出口退税,致使国家税收损失累计达10万元以上的;(2)徇私舞弊,致使国家税收损失累计不满10万元,但具有索取、收受贿赂或者其他恶劣情节的。

3.本罪的主体是特殊主体,即税务机关的工作人员。

4.本罪的主观方面是故意。如果是税务机关的工作人员在发售发票、抵扣税款、出口退税工作中由于疏忽大意,严重不负责,致使国家利益遭受损失的,应按照玩忽职守罪追究刑事责任。

(三)徇私舞弊发售发票、抵扣税款、出口退税罪的处罚

根据《刑法》第405条第1款的规定,犯本罪的,处5年以下有期徒刑或者拘役;致使国家利益遭受特别重大损失的,处5年以上有期徒刑。

十七、违法提供出口退税凭证罪

（一）违法提供出口退税凭证罪的概念

违法提供出口退税凭证罪，是指税务机关人员以外的其他国家机关工作人员违反国家规定，在提供出口货物报关单、出口收汇核销单等出口退税凭证的工作中，徇私舞弊，致使国家利益遭受重大损失的行为。

（二）违法提供出口退税凭证罪的特征

1.本罪的客体是国家机关的正常职能，主要是国家在出口退税管理方面的职能。

2.本罪在犯罪客观方面表现为行为人违反法律、行政法规的规定，伪造材料，隐瞒情况，弄虚作假，提供不真实的出口货物报关单、出口收汇核销单等出口退税凭证，致使国家利益遭受重大损失的行为。根据司法实践，违法提供出口退税凭证，具有下列情形之一的，予以追诉：(1)为徇私情、私利，违反国家规定，伪造材料，隐瞒情况，弄虚作假，提供不真实的出口货物报关单、出口收汇核销单等出口退税凭证，致使国家税收损失累计达10万元以上的；(2)徇私舞弊，致使国家税收损失累计不满10万元，但具有索取、收受贿赂或者其他恶劣情节的。

3.本罪的主体是特殊主体，即税务机关人员以外的其他国家机关工作人员，如海关、商检、外汇管理等机关的工作人员。

4.本罪的主观方面是故意。

（三）违法提供出口退税凭证罪的处罚

根据《刑法》第405条第2款的规定，犯本罪的，处5年以下有期徒刑或者拘役；致使国家利益遭受特别重大损失的，处5年以上有期徒刑。

十八、国家机关工作人员签订、履行合同失职被骗罪

（一）国家机关工作人员签订、履行合同失职被骗罪的概念

国家机关工作人员签订、履行合同失职被骗罪，是指国家机关工作人员在签订、履行合同过程中，因严重不负责任被诈骗，致使国家利益遭受重大损失的行为。

（二）国家机关工作人员签订、履行合同失职被骗罪的特征

1.本罪的客体是国家机关的正常职能和国有财产的安全。

2.本罪的客观方面表现为行为人在签订、履行合同过程中，因严重不负责任被诈骗，致使国家利益遭受重大损失的行为。根据司法实践，"重大损失"的标准为：(1)造成直接经济损失30万元以上的；(2)其他致使国家利益遭受重大损失的情形。

3.本罪的主体是特殊主体,即国家机关工作人员。

4.本罪的主观方面是过失。

(三)国家机关工作人员签订、履行合同失职被骗罪的处罚

根据《刑法》第406条的规定,犯本罪的,处3年以下有期徒刑或者拘役;致使国家利益遭受特别重大损失的,处3年以上7年以下有期徒刑。

十九、违法发放林木采伐许可证罪

(一)违法发放林木采伐许可证罪的概念

违法发放林木采伐许可证罪,是指林业主管部门的工作人员违反森林法的规定,超过批准的年采伐限额发放林木采伐许可证或者违反规定滥发林木采伐许可证,情节严重,致使森林遭受严重破坏的行为。

(二)违法发放林木采伐许可证罪的特征

1.本罪的客体是国家的林木采伐管理职能。

2.本罪的客观方面表现为行为人违反森林法的规定,超过批准的年采伐限额发放林木采伐许可证或者违反规定滥发林木采伐许可证,情节严重,致使森林遭受严重破坏的行为。这两种行为均以"情节严重,致使森林遭受严重破坏"为构成犯罪的要件。根据最高人民法院2000年11月17日发布的《关于审理破坏森林资源刑事案件具体应用法律若干问题的解释》,具有下列情形之一的,属于"情节严重,致使森林遭受严重破坏",以违法发放林木采伐许可证罪定罪处罚:(1)发放林木采伐许可证允许采伐数量累计超过批准的年采伐限额,导致林木被采伐数量在10立方米以上的;(2)滥发林木采伐许可证,导致林木被滥伐20立方米以上的;(3)滥发林木采伐许可证,导致珍贵树木被滥伐的;(4)批准采伐国家禁止采伐的林木,情节恶劣的;(5)其他情节严重的情形。

3.本罪的主体是特殊主体,即林业主管部门的工作人员。

4.本罪的主观方面是故意。但是,如果行为人事前与滥伐林木的犯罪分子勾结,违法发放林木采伐许可证,帮助其实现滥伐林木的目的,则应以滥伐林木罪的共犯论处。行为人因受贿而违法发放林木采伐许可证,同时构成受贿罪的,应当根据牵连犯择一重罪处断的原则处理。

(三)违法发放林木采伐许可证罪的处罚

根据《刑法》第407条的规定,犯本罪的,处3年以下有期徒刑或者拘役。

二十、环境监管失职罪

(一)环境监管失职罪的概念

环境监管失职罪,是指负有环境保护监督管理职责的国家机关工作人员严重

不负责任,导致发生重大环境污染事故,致使公私财产遭受重大损失或者人身伤亡的严重后果的行为。

(二)环境监管失职罪的特征

1.本罪的客体是国家的环境监管职能。

2.本罪的客观方面表现为行为人严重不负责任,导致发生重大环境污染事故,致使公私财产遭受重大损失或者人身伤亡的严重后果的行为。所谓"重大环境污染事故",是指下列情形之一:(1)造成直接经济损失 30 万元以上的;(2)造成人员死亡 1 人以上,或者重伤 3 人以上,或者轻伤 10 人以上的;(3)使一定区域内的居民的身心健康受到严重危害的;(4)其他致使公私财产遭受重大损失或者造成人身伤亡严重后果的情形。

3.本罪的主体是特殊主体,即负有环境保护监管职责的国家机关工作人员。

4.本罪的主观方面是过失。

(三)环境监管失职罪的处罚

根据《刑法》第 408 条的规定,犯本罪的,处 3 年以下有期徒刑或者拘役。

二十一、食品、药品监管渎职罪

(一)食品、药品监管渎职罪的概念

食品、药品监管渎职罪,是指负有食品、药品安全监督管理职责的国家机关工作人员,滥用职权或者玩忽职守,造成严重后果或者有其他严重情节的行为。

(二)食品、药品监管渎职罪的特征

1.本罪的是国家的食品、药品安全监督管理活动。

2.本罪的客观方面表现为滥用职权或者玩忽职守,造成严重后果或者其他严重情节的行为,具体表现为:(1)瞒报、谎报食品安全事故、药品安全事件的;(2)对发现的严重食品药品安全违法行为未按规定查处的;(3)在药品和特殊食品审批审评过程个,对不符合条件的申请准予许可的;(4)依法应当移交司法机关追究刑事责任不移交的(5)有其他滥用职权或者玩忽职守的行为。

3.本罪的主体是特殊主体,即负有食品药品安全监督管理职责的国家机关工作人员。

4.本罪的主观方面两种类型,滥用职权的主观心理状态是故意,玩忽职守的主观心理状态是过失。

(三)食品、药品监管渎职罪的处罚

根据《刑法》第 408 条之一的规定,犯本罪的,处 5 年以下有期徒刑或者拘役;造成特别严重后果或者有其他特别严重情节的,处 5 年以上 10 年以下有期徒刑。徇私舞弊犯前款罪的,从重处罚。

二十二、传染病防治失职罪

（一）传染病防治失职罪的概念

传染病防治失职罪，是指从事传染病防治的政府卫生行政部门的工作人员严重不负责任，不履行或者不认真履行传染病防治监管职责，导致传染病传播或者流行，情节严重的行为。

（二）传染病防治失职罪的特征

1.本罪的客体是国家防治传染病的职能。

2.本罪的客观方面表现为行为人严重不负责任，不履行或者不认真履行传染病防治监管职责，导致传染病传播或者流行，情节严重的行为。根据司法实践，具有下列情形之一的，应予追诉：（1）导致甲类传染病传播的；（2）导致乙类、丙类传染病流行的；（3）因传染病传播或者流行，造成人员死亡或者残疾的；（4）因传染病传播或者流行，严重影响正常的生产、生活秩序的；（5）其他情节严重的情形。

3.本罪的主体是特殊主体，即从事传染病防治的政府卫生行政部门的工作人员。

4.本罪的主观方面是过失。

（三）传染病防治失职罪的处罚

根据《刑法》第 409 条的规定，犯本罪的，处 3 年以下有期徒刑或者拘役。

二十三、非法批准征用、占用土地罪

（一）非法批准征用、占用土地罪的概念

非法批准征用、占用土地罪，是指国家机关工作人员徇私舞弊，违反土地管理法规，滥用职权，非法批准征用、占用土地，情节严重的行为。

（二）非法批准征用、占用土地罪的特征

1.本罪的客体是国家的土地管理职能。

2.本罪的客观方面表现为国家机关工作人员徇私舞弊，违反土地管理法规，滥用职权，非法批准征用、占用土地，情节严重的行为。"违反土地管理法规"，是指违反土地管理法、森林法、草原法等法律以及有关行政法规中关于土地管理的规定。"非法批准征用、占用土地"，是指非法批准征用、占用耕地、林地等农用地以及其他土地。所谓"情节严重"，根据最高人民法院 2000 年 6 月 16 日发布的《关于审理破坏土地资源刑事案件具体应用法律若干问题的解释》（以下简称《土地资源的解释》），是指具有下列情形之一的：（1）非法批准征用、占用基本农田 10 亩以上的；（2）非法批准征用、占用基本农田以外的耕地 30 亩以上的；（3）非法批准征用、占用其他土地 50 亩以上的；（4）虽未达到上述数量标准，但非法批准征用、占用土地造

成直接经济损失 30 万元以上;造成耕地大量毁坏等恶劣情节的。根据最高人民法院 2012 年 11 月 22 日起施行的《关于审理破坏草原资源刑事案件应用法律若干问题的解释》(以下简称《草原资源的解释》)第 3 条的规定,是指具有下列情形之一的:(1)非法批准征收、征用、占用草原 40 亩以上的;(2)非法批准征收、征用、占用草原,造成 20 亩以上草原被毁坏的;(3)非法批准征收、征用、占用草原,造成直接经济损失 30 万元以上,或者具有其他恶劣情节的。

3.本罪的主体是特殊主体,即国家机关工作人员。

4.本罪的主观方面为故意。

(三)非法批准征用、占用土地罪的处罚

根据《刑法》第 410 条的规定,犯本罪的,处 3 年以下有期徒刑或者拘役;致使国家或者集体利益遭受特别重大损失的,处 3 年以上 7 年以下有期徒刑。所谓"致使国家或者集体利益遭受特别重大损失",根据《土地资源的解释》是指具有下列情形之一:(1)非法批准征用、占用基本农田 20 亩以上的;(2)非法批准征用、占用基本农田以外的耕地 60 亩以上的;(3)非法批准征用、占用其他土地 100 亩以上的;(4)非法批准征用、占用土地,造成基本农田 5 亩以上,其他耕地 10 亩以上严重毁坏的;(5)非法批准征用、占用土地造成直接经济损失 50 万元以上等恶劣情节的。根据《草原资源的解释》是指具有下列情形之一:(1)非法批准征收、征用、占用草原 80 亩以上的;(2)非法批准征收、征用、占用草原,造成 40 亩以上草原被毁坏的;(3)非法批准征收、征用、占用草原,造成直接经济损失 60 万元以上,或者具有其他特别恶劣情节的。

二十四、非法低价出让国有土地使用权罪

(一)非法低价出让国有土地使用权罪的概念

非法低价出让国有土地使用权罪,是指国家机关工作人员徇私舞弊,违反土地管理法规,滥用职权,非法低价出让国有土地使用权,情节严重的行为。

(二)非法低价出让国有土地使用权罪的特征

1.本罪的客体是国家的土地管理职能。

2.本罪的客观方面表现为国家机关工作人员徇私舞弊,违反土地管理法规,滥用职权,非法低价出让国有土地使用权,情节严重的行为。"非法低价出让国有土地使用权",是指违反地价基准和审批权限的规定,以大大低于使用权市场价格的价格有偿转让国有土地使用权。根据《土地资源的解释》,非法低价出让国有土地使用权,具有下列情形之一的,属于"情节严重",以非法低价出让国有土地使用权罪定罪处罚:(1)出让国有土地使用权面积在 30 亩以上,并且出让价额低于国家规定的最低价额标准的 60%的;(2)造成国有土地资产流失价额在 30 万元以上的。

3.本罪的主体是特殊主体,即国家机关工作人员。

4.本罪的主观方面为故意。

（三）非法低价出让国有土地使用权罪的处罚

根据《刑法》第410条的规定,犯本罪的,处3年以下有期徒刑或者拘役;致使国家或者集体利益遭受特别重大损失的,处3年以上7年以下有期徒刑。根据上述司法解释,非法低价出让国有土地使用权,具有下列情形之一的,属于"致使国家或者集体利益遭受特别重大损失":(1)非法低价出让国有土地使用权面积在60亩以上,并且出让价额低于国家规定的最低价额标准的40%的;(2)造成国有土地资产流失价额在50万元以上的。

二十五、放纵走私罪

（一）放纵走私罪的概念

放纵走私罪,是指海关工作人员徇私舞弊,放纵走私,情节严重的行为。

（二）放纵走私罪的特征

1.本罪的客体是国家的海关监管职能。

2.本罪的客观方面表现为海关工作人员徇私舞弊,放纵走私,情节严重的行为。所谓"徇私舞弊,放纵走私",是指海关工作人员为贪图财物、祖护亲友或者其他私情私利,对明知是走私行为而予以放纵的行为。徇私舞弊,放纵走私的行为方式多种多样,可以是作为,也可以是不作为,如搜集、制造、提供假证据材料,篡改、毁灭证实真相的证据材料,歪曲事实,或者通风报信、私放、窝藏走私分子或者私放走私货物进出国（边）境等方法,纵容走私违法犯罪活动。根据司法实践,放纵走私,具有下列情形之一的,应予追诉:(1)放纵走私犯罪的;(2)因放纵走私致使国家应收税额损失累计达10万元以上的;(3)3次以上放纵走私行为或者一次放纵3起以上走私行为的;(4)因收受贿赂而放纵走私的。需要说明的是,对于因受贿而放纵走私,同时又构成受贿罪的,则应当根据牵连犯择一重罪处断的原则处理。

3.本罪的主体是特殊主体,即海关工作人员。

4.本罪的主观方面是故意。

（三）放纵走私罪的认定

1.本罪与走私罪共犯的界限

如果海关工作人员事前与走私犯罪分子共谋走私,而在海关监管工作中放纵走私的,对行为人应按走私共犯论处;行为人与走私犯罪分子没有共同犯罪故意,只是利用职权放纵走私的,应按放纵走私罪定罪处罚。

2.本罪与徇私舞弊不征、少征税款罪的界限

对于海关工作人员故意放纵走私，不依法征收关税，应认定为放纵走私罪，而不认定为徇私舞弊不征、少征税款罪。

3.本罪与徇私舞弊不移交刑事案件罪的界限

如果海关工作人员在办理走私案件中，发现行为可能构成走私罪，但徇私舞弊，加以放纵，不做任何处理的，应定放纵走私罪；如果行为人明知有走私行为，且可能构成走私罪，但不移交刑事司法机关处理而自行按海关法处理的，应按徇私舞弊不移交刑事案件罪。

（四）放纵走私罪的处罚

根据《刑法》第411条的规定，犯本罪的，处5年以下有期徒刑或者拘役；情节特别严重的，处5年以上有期徒刑。

二十六、商检徇私舞弊罪

（一）商检徇私舞弊罪的概念

商检徇私舞弊罪，是指国家商检部门、商检机构的工作人员徇私舞弊，伪造检验结果的行为。

（二）商检徇私舞弊罪的特征

1.本罪的客体是国家的进出口商品检验职能。

2.本罪的客观方面表现为行为人徇私舞弊，伪造检验结果的行为。这里的"伪造检验结果"，是指对报检的商品采取伪造、变造的手段对商检的单证、印章、标志、封识、质量认证标志等作虚假的证明或者出具不真实的结论，包括将送检的合格商品检验为不合格，或者将不合格检验为合格。根据司法实践，国家商检部门、商检机构的工作人员涉嫌在商品检验过程中，为徇私情、私利，对报检的商品采取伪造、变造的手段对商检的单证、印章、标志、封识、质量认证标志等作虚假的证明或者出具不真实的结论，包括将送检的合格商品检验为不合格，或者将不合格检验为合格等行为的，应予追诉。

3.本罪的主体是特殊主体，即国家商检部门、商检机构的工作人员。应当注意的是，在国家商检部门或商检机构指定的检验机构中工作的人员，如果有徇私舞弊，伪造检验结果的行为，也应以本罪论处。

4.本罪的主观方面是故意，过失不构成本罪。

（三）商检徇私舞弊罪的处罚

根据《刑法》第412条第1款的规定，犯本罪的，处5年以下有期徒刑或者拘役；造成严重后果的，处5年以上10年以下有期徒刑。

二十七、商检失职罪

（一）商检失职罪的概念

商检失职罪，是指国家商检部门、商检机构的工作人员严重不负责任，对应当检验的物品不检验，或者延误检验出证、错误出证，致使国家利益遭受重大损失的行为。

（二）商检失职罪的特征

1. 本罪的客体是国家的进出口商品检验职能。

2. 本罪的客观方面表现为行为人不负责任，对应当检验的物品不检验，或者延误检验出证、错误出证，致使国家利益遭受重大损失的行为。根据司法实践，具有下列情形之一的，应予追诉：(1)因不检验或者延误检验出证、错误出证，致使依法进出口商品不能进口或者出口，导致合同、订单被取消，或者外商向我方索赔或影响我方向外商索赔，直接经济损失达 30 万元以上的；(2)因不检验或者延误检验出证、错误出证，致使不合格商品进口或者出口，严重损害国家和人民利益的；(3)3 次以上不检验或者延误检验出证、错误出证，严重影响国家对外经贸关系或者国家声誉的。

3. 本罪的主体是特殊主体，即国家商检部门、商检机构的工作人员。

4. 本罪的主观方面是过失。

（三）商检失职罪的处罚

根据《刑法》第 412 条第 2 款的规定，犯本罪的，处 3 年以下有期徒刑或者拘役。

二十八、动植物检疫徇私舞弊罪

（一）动植物检疫徇私舞弊罪的概念

动植物检疫徇私舞弊罪，是指国家检疫部门及检疫机构中从事动植物检疫工作的人员徇私舞弊，伪造检疫结果的行为。

（二）动植物检疫徇私舞弊罪的特征

1. 本罪的客体是国家的进出境动植物检疫职能。

2. 本罪的客观方面表现为行为人徇私舞弊，伪造检疫结果的行为。根据司法实践，国家检验检疫部门及检验检疫机构中从事动植物检疫工作的人员涉嫌在动植物检疫过程中，为徇私情、私利，采取伪造、变造的手段对检疫的单证、印章、标志、封识等作虚假的证明或出具不真实的结论，包括将合格检为不合格，或者将不合格检为合格等行为的，应予追诉。

3. 本罪的主体是特殊主体，即国家检疫部门及检疫机构中从事动植物检疫工作的人员,包括在国家动植物检疫机关及其在对外开放的口岸和进出境动植物检疫业务集中的地点设立的口岸动植物检疫机关中从事检疫工作的人员。

4.本罪的主观方面是故意。

(三)动植物检疫徇私舞弊罪的处罚

根据《刑法》第413条第1款的规定,犯本罪的,处5年以下有期徒刑或者拘役;造成严重后果的,处5年以上10年以下有期徒刑。

二十九、动植物检疫失职罪

(一)动植物检疫失职罪的概念

动植物检疫失职罪,是指国家检疫部门及检疫机构中从事动植物检疫工作的人员严重不负责任,对应当检疫的检疫物不检疫,或者延误检疫出证、错误出证致使国家利益遭受重大损失的行为。

(二)动植物检疫失职罪的特征

1.本罪的客体是国家的进出境动物检疫职能。

2.本罪的客观方面表现为行为人严重不负责任,对应当检疫的检疫物不检疫,或者延误检疫出证、错误出证致使国家利益遭受重大损失的行为。根据司法实践,动植物检疫失职,具有下列情形之一的,应予追诉:(1)因不检疫,或者延误检疫出证、错误出证,致使依法进出口的动植物不能进口或者出口,导致合同、订单被取消,或者外商向我方索赔或影响我方向外商索赔,直接经济损失达30万元以上的;(2)因不检疫,或者延误检疫出证、错误出证,导致重大疫情发生、传播或者流行的;(3)因不检疫或者延误检疫出证、错误出证,导致疫情发生,造成人员死亡或者残疾的;(4)3次以上不检疫,或者延误检疫出证、错误出证,严重影响国家对外经贸关系和国家声誉的。

3.本罪的主体是特殊主体,即国家检疫部门及检疫机构中从事动植物检疫工作的人员。

4.本罪的主观方面是过失。

(三)动植物检疫失职罪的处罚

根据《刑法》第413条第2款的规定,犯本罪的,处3年以下有期徒刑或者拘役。

三十、放纵制售伪劣商品犯罪行为罪

(一)放纵制售伪劣商品犯罪行为罪的概念

放纵制售伪劣商品犯罪行为罪,是指对生产、销售伪劣商品犯罪行为负有追究责任的国家工商行政管理、质量技术监督等机关工作人员,徇私舞弊,不履行法律

规定的追究职责,情节严重的行为。

(二)放纵制售伪劣商品犯罪行为罪的特征

1. 本罪的客体是国家对生产、销售伪劣商品犯罪行为追究法律责任的职能。

2. 本罪的客观方面表现为行为人徇私舞弊,对生产、销售伪劣商品犯罪的行为不履行法律规定的追究责任,情节严重的行为。不履行法律规定的追究责任包括两种情况:一是不履行法律规定的追究刑事责任的职责,主要表现为不将该犯罪提交司法机关处理;二是不履行法律规定的追究其他法律责任的职责。如果行为又符合徇私舞弊不移交刑事案件罪的构成要件,则应择一重罪论处。根据"两高"2001年4月9日《关于办理生产、销售伪劣商品刑事案件具体应用法律若干问题的解释》具有下列情形之一的,属于"情节严重":(1)放纵生产、销售假药或者有毒、有害食品犯罪行为的;(2)放纵依法可能判处2年有期徒刑以上刑罚的生产、销售、伪劣商品犯罪行为的;(3)对3个以上有生产、销售伪劣商品犯罪行为的单位或者个人不履行追究职责的;(4)致使国家和人民利益遭受重大损失或者造成恶劣影响的。

3. 本罪的主体是特殊主体,即对生产、销售伪劣商品犯罪行为负有追究责任的国家工商行政管理、质量技术监督等机关工作人员。这里需要说明的是,本罪的主体不包括司法工作人员,而是最先查处生产、销售伪劣商品犯罪行为的有关行政机关的工作人员。

4. 本罪的主观方面是故意。

(三)放纵制售伪劣商品犯罪行为罪的处罚

根据《刑法》第414条的规定,犯本罪的,处5年以下有期徒刑或者拘役。

三十一、办理偷越国(边)境人员出入境证件罪

(一)办理偷越国(边)境人员出入境证件罪的概念

办理偷越国(边)境人员出入境证件罪,是指负责办理护照、签证以及其他出入境证件的国家机关工作人员,对明知是企图偷越国(边)境的人员,予以办理出入境证件的行为。

(二)办理偷越国(边)境人员出入境证件罪的特征

1. 本罪的客体是国家的出入境管理职能。

2. 本罪的客观方面表现为替企图偷越国(边)境的人员办理护照、签证以及其他出入境证件的行为。

3. 本罪的主体是特殊主体,即负责办理护照、签证以及其他出入境证件的国家机关工作人员。主要包括在外交部或者外交部授权的地方外事部门、港务监督局或者港务监督局授权的港务监督部门以及公安部或者外交部授权的地方公安机关

中从事办理护照、签证以及其他出入境证件的人员。

4.本罪的主观方面是故意。

（三）办理偷越国（边）境人员出入境证件罪的处罚

根据《刑法》第415条的规定，犯本罪的，处3年以下有期徒刑或者拘役；情节严重的，处3年以上7年以下有期徒刑。

三十二、放行偷越国（边）境人员罪

（一）放行偷越国（边）境人员罪的概念

放行偷越国（边）境人员罪，是指边防、海关等国家机关工作人员，对明知是偷越国（边）境的人员，予以放行的行为。

（二）放行偷越国（边）境人员罪的特征

1.本罪的客体是国家的出入境管理职能。

2.本罪的客观方面表现为放行偷越国（边）境的人员的行为。"放行"，既包括提供条件让对方通过国（边）境，也包括明知对方偷越国（边）境，而故意不履行职责。

3.本罪的主体是特殊主体，即边防、海关等国家机关工作人员。

4.本罪的主观方面是故意。

（三）放行偷越国（边）境人员罪的处罚

根据《刑法》第415条的规定，犯本罪的，处3年以下有期徒刑或者拘役；情节严重的，处3年以上7年以下有期徒刑。

三十三、不解救被拐卖、绑架妇女、儿童罪

（一）不解救被拐卖、绑架妇女、儿童罪的概念

不解救被拐卖、绑架妇女、儿童罪，是指对被拐卖、绑架的妇女、儿童负有解救职责的公安、司法等国家机关工作人员，接到被拐卖、绑架的妇女、儿童及其家属的解救要求或者接到其他人的举报，而对被拐卖、绑架的妇女、儿童不进行解救，造成严重后果的行为。

（二）不解救被拐卖、绑架妇女、儿童罪的特征

1.本罪的客体是国家机关的正常职能。

2.本罪的客观方面表现为行为人接到被拐卖、绑架的妇女、儿童及其家属的解救要求或者接到其他人的举报，而对被拐卖、绑架的妇女、儿童不进行解救，造成严重后果的行为。根据司法实践，不解救被拐卖、绑架妇女、儿童，具有下列情形之一的，应予追诉：(1)因不进行解救，导致被拐卖、绑架的妇女、儿童及其亲属伤残、死亡、精神失常的；(2)因不进行解救，导致被拐卖、绑架的妇女、儿童被转移、隐匿、转

卖,不能及时解救的;(3)3次以上或者对3名以上被拐卖、绑架的妇女、儿童不进行解救的;(4)对被拐卖、绑架的妇女、儿童不进行解救,造成恶劣社会影响的。

3.本罪的主体是特殊主体,即对被拐卖、绑架的妇女、儿童负有解救职责的国家机关工作人员。主要是指各级人民政府、公安、检察、法院、民政等部门中主管、分管和执行解救工作的人员。

4.本罪的主观方面是故意。

(三)不解救被拐卖、绑架妇女、儿童罪的处罚

根据《刑法》第416条第1款的规定,犯本罪的,处5年以下有期徒刑或者拘役。

三十四、阻碍解救被拐卖、绑架妇女、儿童罪

(一)阻碍解救被拐卖、绑架妇女、儿童罪的概念

阻碍解救被拐卖、绑架妇女、儿童罪,是指对被拐卖、绑架的妇女、儿童负有解救职责的公安、司法等国家机关工作人员,利用职务阻碍解救被拐卖、绑架的妇女、儿童的行为。

(二)阻碍解救被拐卖、绑架妇女、儿童罪的特征

1.本罪的客体是国家机关的正常职能。

2.本罪的客观方面表现为行为人利用职务阻碍解救被拐卖、绑架的妇女、儿童的行为。根据司法实践,阻碍解救被拐卖、绑架妇女、儿童,具有下列情形之一的,应予追诉:(1)利用职权,禁止、阻止或者妨碍有关部门、人员解救被拐卖、绑架的妇女、儿童的;(2)利用职务上的便利,向拐卖、绑架者或者收买者通风报信,妨碍解救工作正常进行的;(3)其他利用职务阻碍解救被拐卖、绑架的妇女、儿童的行为。

3.本罪的主体是特殊主体,即对被拐卖、绑架的妇女、儿童负有解救职责的公安、司法等国家机关工作人员。

4.本罪的主观方面是故意。

(三)阻碍解救被拐卖、绑架妇女、儿童罪的处罚

根据《刑法》第416条第2款的规定,犯本罪的,处2年以上7年以下有期徒刑;情节较轻的,处2年以下有期徒刑或者拘役。这里的"情节较轻",是指没有造成严重后果的情形。

三十五、帮助犯罪分子逃避处罚罪

(一)帮助犯罪分子逃避处罚罪的概念

帮助犯罪分子逃避处罚罪,是指负有查禁犯罪活动职责的司法及公安、国家安全、海关、税务等国家机关工作人员,向犯罪分子通风报信、提供便利,帮助犯罪分

子逃避处罚的行为。

（二）帮助犯罪分子逃避处罚罪的特征

1.本罪的客体是国家机关的正常职能。

2.本罪的客观方面表现为行为人向犯罪分子通风报信、提供便利，帮助犯罪分子逃避处罚的行为。这里的"犯罪分子"，是指实施了犯罪行为，但尚未受到追诉的犯罪嫌疑人。根据司法实践，帮助犯罪分子逃避处罚，具有下列情形之一的，应予追诉：(1)为使犯罪分子逃避处罚，向犯罪分子及其亲属泄露有关部门查禁犯罪活动的部署、人员、措施、时间、地点等情况的；(2)为使犯罪分子逃避处罚，向犯罪分子及其亲属提供交通工具、通讯设备、隐藏处所等便利条件的；(3)为使犯罪分子逃避处罚，向犯罪分子及其亲属泄露案情，帮助、指示其隐匿、毁灭、伪造证据及串供、翻供的；(4)其他向犯罪分子通风报信、提供便利，帮助犯罪分子逃避处罚的行为。

3.本罪的主体是特殊主体，即负有查禁犯罪活动职责的国家机关工作人员。

4.本罪的主观方面是故意，并以帮助犯罪分子逃避处罚为目的。虽然"帮助犯罪分子逃避处罚"是本罪犯罪主观方面的内容，但这一目的是否达到不影响本罪的构成和既遂的认定。

（三）帮助犯罪分子逃避处罚罪的处罚

根据《刑法》第417条的规定，犯本罪的，处3年以下有期徒刑或者拘役；情节严重的，处3年以上10年以下有期徒刑。

三十六、招收公务员、学生徇私舞弊罪

（一）招收公务员、学生徇私舞弊罪的概念

招收公务员、学生徇私舞弊罪，是指国家机关工作人员在招收公务员、学生工作中徇私舞弊，情节严重的行为。

（二）招收公务员、学生徇私舞弊罪的特征

1.本罪的客体是国家的公务员与学生招录制度。

2.本罪的客观方面表现为行为人在招收公务员、学生工作中徇私舞弊，情节严重的行为。首先，行为必须发生在招收公务员、学生工作中。其次，行为人在招收公务员、学生中实施了徇私舞弊的行为，如收受他人财物而违反规定招录不合格的公务员或者学生等。再次，徇私舞弊行为必须情节严重才构成犯罪。根据司法实践，招收公务员、学生徇私舞弊，具有下列情形之一的，应予追诉：(1)徇私情、私利，利用职务便利，伪造、变造人事、户口档案、考试成绩等，弄虚作假招收公务员、学生的；(2)徇私情、私利，3次以上招收或者一次招收3名以上不合格的公务员、学生的；(3)因招收不合格的公务员、学生，导致被排挤的合格人员或者其亲属精神失常或者自杀的；(4)因徇私舞弊招收公务员、学生，导致该项招收工作重新进行的；

（5）招收不合格的公务员、学生，造成恶劣社会影响的。

3.本罪的主体是特殊主体，即国家机关工作人员，具体说来是指主管、分管或者直接负责招收公务员、学生工作的人员。

4.本罪的主观方面是故意。

（三）招收公务员、学生徇私舞弊罪的处罚

根据《刑法》第418条的规定，犯本罪的，处3年以下有期徒刑或者拘役。

三十七、失职造成珍贵文物毁损、流失罪

（一）失职造成珍贵文物毁损、流失罪的概念

失职造成珍贵文物毁损、流失罪，是指国家机关工作人员严重不负责任，造成珍贵文物损毁或者流失，后果严重的行为。

（二）失职造成珍贵文物毁损、流失罪的特征

1.本罪的客体是国家的文物保护、管理职能。

2.本罪的客观方面表现为行为人严重不负责任，造成珍贵文物损毁或者流失，后果严重的行为。"严重不负责任"，是指不履行法律规定和其职务要求的文物保护、管理职责，或者在履行职务中敷衍塞责，草率应付，不尽职责。其具体表现形式是多种多样的，具体表现如何并不影响本罪的成立。所谓损毁，即损坏和毁灭，既包括使珍贵文物部分破损，使其丧失部分价值，即造成原有价值的减少。所谓流失，是指被盗、遗失而下落不明或者流落至国外、境外。

本罪是结果犯，严重不负责任的行为必须达到"后果严重"的程度，才构成犯罪。根据司法实践，失职造成珍贵文物毁损、流失，具有下列情形之一的，应予追诉：（1）导致国家一、二、三级文物损毁或者流失的；（2）导致全国重点文物保护单位或者省级文物保护单位损毁的；（3）其他后果严重的情形。

3.本罪的主体是特殊主体，即国家机关工作人员。本条所称"国家机关工作人员"是指负有管理、保护文物职责的国家机关工作人员，包括博物馆（院）、纪念馆、图书馆的工作人员、文化行政部门中主管文物保护工作的人员等，并非指所有的国家工作人员。

4.本罪的主观方面是过失。

（三）失职造成珍贵文物毁损、流失罪的处罚

根据《刑法》第419条的规定，犯本罪的，处3年以下有期徒刑或者拘役。

复习与练习

本章提要

渎职罪是指国家机关工作人员利用职务上的便利,徇私舞弊、滥用职权、玩忽职守,妨害国家机关的正常活动,损害公众对国家机关工作人员职务活动客观公正性的信赖,致使国家与人民利益遭受重大损失的行为。渎职罪的客体是国家机关的正常管理活动;客观方面表现为利用职务上的便利,徇私舞弊、滥用职权、玩忽职守,致使国家与人民利益遭受重大损失的行为;主体原则上为特殊主体,即国家机关工作人员(《刑法》第398条的故意泄露国家秘密罪和过失泄露国家秘密罪除外);主观方面大多数出于故意,少数出于过失,也有个别犯罪既可以是故意,也可以是过失。本章犯罪之间常常存在相互竞合关系,既有包容型的竞合关系,也有交叉型的竞合关系,适用的原则是特殊条款优先的规则。但要注意特殊条款的具体判断,因为一般条款与特殊条款是相对而言的。滥用职权、玩忽职守、徇私舞弊是本章罪的三种基本行为方式,而徇私舞弊常常是前二者尤其是滥用职权的动因,也因此形成了本章中的罪名与《刑法》第八章贪污贿赂罪中一些罪名的交叉。国家工作人员利用职务上的便利,索取或者收受贿赂,为他人谋取利益的行为构成其他犯罪的,只要刑法没有特别规定,就应实行数罪并罚。这里的"特别规定",主要是指《刑法》第399条第4款的规定,即司法工作人员贪赃枉法,又构成徇私枉法罪,民事、行政枉法裁判罪,执行判决、裁定失职罪,执行判决、裁定滥用职权罪的,依照处罚较重的规定定罪处罚。

重要概念

滥用职权罪　玩忽职守罪　徇私枉法罪　枉法仲裁罪　环境监管失职罪
阻碍解救被拐卖、绑架妇女、儿童罪

思考题

1.滥用职权罪与玩忽职守罪的区别。

2.民事、行政枉法裁判罪的犯罪对象。

3.放纵走私罪的特征。

4.阻碍解救被拐卖、绑架妇女、儿童罪与妨害公务罪的区别。

5.税务稽查员甲发现A公司欠税80万元,便私下与A公司有关人员联系,要求对方汇10万元到自己存折上以了结此事。A公司将10万元汇到甲的存折上后,甲利用职务上的便利为

A公司免交80万元税款办理了手续。对甲的行为应如何处理？　　（　）

A.认定为徇私舞弊不征、少征税款罪，从重处罚

B.认定为受贿罪，从重处罚

C.认定为徇私舞弊不征、少征税款罪与受贿罪的竞合，择一重罪处罚

D.认定为徇私舞弊不征、少征税款罪与受贿罪，实行并罚

6.派出所长陈某在"追逃"专项斗争中，为得到表彰，在网上通缉了7名仅违反治安管理处罚条例并且已受过治安处罚的人员。虽然陈某通知本派出所人员不要"抓获"这7名人员，但仍有5名人员被外地公安机关"抓获"后关押；关于陈某行为的性质，下列哪些说法是错误的？　　（　）

A.陈某的行为构成滥用职权罪　　　　B.陈某的行为构成玩忽职守罪

C.陈某的行为构成非法拘禁罪　　　　D.陈某的行为不构成犯罪

7.某甲系某市矿山管理局局长，主管安全生产工作，某乙为该市某矿山矿长。2000年，某乙的矿山二矿区悬崖出现裂缝，滚石砸断了水泥高压电线杆，裂缝有继续扩大的趋势，即将危及职工和设备的安全。某乙及时向市矿山管理局报告了险情。某甲表示，要向党委汇报，向上级请示，但事后他并未向党委汇报，也未向上级汇报。后矿区滚石频繁，情况更加紧急，某乙又几次要求，但险情仍未引起某甲的重视。矿场工人非常不满，要求停止工作，但某乙看到矿山管理局没有采取措施，也认为没有什么事，为了赶工期进度，在危险情况下，仍然让工人继续照常作业，结果发生山崩事故，造成众多人员伤亡，直接经济损失500万元。

问：某甲、某乙各构成什么罪？

第三十章　军人违反职责罪

军人违反职责罪，是指军人违反职责，危害国家军事利益，依照法律应当受到刑罚处罚的行为。在我国 1979 年《刑法》中，并未规定军人违反职责罪，1981 年 6 月 10 日第五届全国人民代表大会常务委员会第十九次会议通过的《中华人民共和国惩治军人违反职责罪暂行条例》对军人违反职责罪进行了系统的规定。1997 年修正刑法典对暂行条例的相关内容进行了局部修改和补充，并将军人违反职责罪列为第十类犯罪，纳入刑法典分则体系。《刑法》分则第十章从第 420 条至第 451 条，共 32 个条文，规定了 31 个罪名。

本章重点
- 军人违反职责罪
- 战时违抗命令罪
- 阻碍执行军事职务罪
- 武器装备肇事罪
- 盗窃、抢夺武器装备、军用物资罪

第一节　军人违反职责罪概述

一、军人违反职责罪的概念

军人违反职责罪，是指军人违反职责，危害国家军事利益，依照法律应当受到刑罚处罚的行为。

二、军人违反职责罪的特征

1.本类罪的客体是国家的军事利益。所谓"军事利益"，是指有关武装力量作战、训练、物质保障、军事秘密管理秩序等方面的利益。危害国家军事利益，这是军人违反职责罪区别于刑法分则其他各类犯罪的最本质特征。

2.本类罪在客观方面表现为实施违反军人职责，危害国防利益的行为。军人违反职责的行为既包括作为，也包括不作为，其中可以由不作为方式构成的犯罪比较多。在本章中，犯罪的时间、地点对定罪量刑有重要影响，许多行为构成犯罪必须要求发生在"战时"、"临阵"、"在战场上"、"在军事行为地区"；另一方面，"战时"

等特定时间往往是法定刑升格条件或从重处罚的法定情节。

3.本类罪的犯罪主体是特殊主体,即具有军人身份的中国公民。它具体包括中国人民解放军的现役军官、文职干部、士兵及具有军籍的学员和中国人民武装警察部队的现役警官、文职干部、士兵及具有军籍的学员以及文职人员、执行军事任务的预备役人员和其他人员。非上述人员不能单独成为军人违反职责罪的主体,但可以与上述人员构成共犯。

4.本类罪在主观方面多数是故意,少数出于过失。

三、军人违反职责罪的分类

《刑法》分则第十章对军人违反职责罪共规定了 31 个具体罪名,根据具体犯罪所侵犯的直接客体的不同,可将军人违反职责罪划分为以下几种类型。

(一)危害作战利益的犯罪

战时违抗命令罪,隐瞒、谎报军情罪,拒传、假传军令罪,投降罪,战时临阵脱逃罪,违令作战消极罪,拒不救援友邻部队罪,战时造谣惑众罪,战时自伤罪。

(二)违反部队管理制度的犯罪

擅离、玩忽军事职守罪,阻碍执行军事职务罪,指使部属违反职责罪,军人叛逃罪,逃离部队罪。

(三)危害军事秘密的犯罪

非法获取军事秘密罪,为境外窃取、刺探、收买、非法提供军事秘密罪,故意泄露军事秘密罪,过失泄露军事秘密罪。

(四)危害部队物资保障的犯罪

武器装备肇事罪,擅自改变武器装备编配用途罪,盗窃、抢夺武器装备、军用物资罪,非法出卖、转让武器装备罪,遗弃武器装备罪,遗失武器装备罪,擅自出卖、转让军队房地产罪。

(五)侵犯部属、伤病军人、平民、战俘利益的犯罪

虐待部属罪、遗弃伤病军人罪,战时拒不救治伤病军人罪,战时残害居民、掠夺居民财物罪,私放俘虏罪,虐待俘虏罪。

第二节 军人违反职责罪分述

一、战时违抗命令罪

(一)战时违抗命令罪的概念

战时违抗命令罪,是指军职人员在战时故意违抗命令,对作战造成危害的

行为。

（二）战时违抗命令罪的特征

1.本罪的客体是军人的战时职责和作战指挥秩序。

2.本罪在客观方面表现为在战时故意违抗命令,对作战造成危害的行为。"战时",是指国家宣布进入战争状态、部队受领作战任务或遭敌突然袭击时。军人执行戒严任务或者处置突发性暴力事件时,以战时论。战时是本罪的时间要件,缺少该要件,在和平时期或非战时条件下,不构成本罪。"违抗命令",是指在战时拒不执行上级命令,拖延执行命令,或故意实施与命令内容相反的行为等,其行为方式既可以是作为,也可以是不作为。

3.本罪的主体为特殊主体,即接受命令和指示的部属人员。

4.本罪的主观方面是故意,即明知是上级的命令而予以违抗,拒不执行。犯罪动机可以多种多样,但不影响本罪的成立。

（三）战时违抗命令罪的处罚

根据《刑法》第421条的规定,犯本罪的,处3年以上10年以下有期徒刑;致使战斗、战役遭受重大损失的,处10年以上有期徒刑、无期徒刑或者死刑。

二、隐瞒、谎报军情罪

（一）隐瞒、谎报军情罪的概念

隐瞒、谎报军情罪,是指故意隐瞒、谎报军情,对作战造成危害的行为。

（二）隐瞒、谎报军情罪的特征

1.本罪的客体是军职人员的战场职责和部队的作战秩序。

2.本罪在客观方面表现为隐瞒、谎报敌情,对作战造成危害的行为。所谓"隐瞒",是指对应当汇报的军事情报有义务也有条件汇报却有意隐瞒,拒不汇报;所谓"谎报",是指故意报告捏造、不真实的有关军事情况。所谓"军情",是指作战时有关敌我双方的各种军事情况。

3.本罪的主体为特殊主体,即参加作战并具有报告军情任务的军职人员。

4.本罪的主观方面是故意,即明知是军情而故意隐瞒、谎报。

（三）隐瞒、谎报军情罪的处罚

根据《刑法》第422条的规定,犯本罪的,处3年以上10年以下有期徒刑;致使战斗、战役遭受重大损失的,处10年以上有期徒刑、无期徒刑或者死刑。

三、拒传、假传军令罪

（一）拒传、假传军令罪的概念

拒传、假传军令罪,是指在战时故意拒不传达上级命令,或者伪造或变造上级军事机关的某种命令,并加以传达,对作战造成危害的行为。

（二）拒传、假传军令罪的特征

1.本罪的客体是军职人员的战场职责和部队的作战利益。

2.本罪在客观方面表现为拒不传达上级命令,或者伪造或变造上级军事机关的某种命令,并加以传达,对作战造成危害的行为。拒传军令是以不作为的方式实施的,而假传军令则是以作为的方式实施的。

3.本罪的主体为特殊主体,即负责传达命令的军职人员。

4.本罪的主观方面是故意,犯罪动机可以是多种多样的,但犯罪动机不影响本罪的成立。

（三）拒传、假传军令罪的处罚

根据《刑法》第422条的规定,犯本罪的,处3年以上10年以下有期徒刑;致使战斗、战役遭受重大损失的,处10年以上有期徒刑、无期徒刑或者死刑。

四、投降罪

（一）投降罪的概念

投降罪,是指在战场上贪生怕死,自动放下武器投降敌人的行为。

（二）投降罪的特征

1.本罪的客体是军人的战斗义务以及部队的作战利益。

2.本罪在客观方面表现为在战场上自动放下武器,投降敌人的行为。所谓自动放下武器,是指行为人有能力作战而不作战;投降敌人,是指主动向敌人屈服投降。

3.本罪的主体为特殊主体,即参战的军职人员。

4.本罪的主观方面是故意。

（三）投降罪的处罚

根据《刑法》第423条的规定,犯本罪的,处3年以上10年以下有期徒刑;情节严重的,处10年以上有期徒刑或者无期徒刑;投降后为敌人效劳的,处10年以上有期徒刑、无期徒刑或者死刑。

五、战时临阵脱逃罪

（一）战时临阵脱逃罪的概念

战时临阵脱逃罪,是指在战场上或在战斗状态下,参战军职人员因贪生怕死、畏惧战斗而逃离部队的行为。

（二）战时临阵脱逃罪的特征

1.本罪的客体是军人的职责和军队的作战利益。

2.本罪在客观方面表现为在战场上或在战斗状态下,参战军职人员因贪生怕死、畏惧战斗而逃离部队的行为。

3.本罪的主体为特殊主体,即参战的军职人员。

4.本罪的主观方面是故意。犯罪动机是贪生怕死、畏惧战斗。

(三)战时临阵脱逃罪的处罚

根据《刑法》第424条的规定,犯本罪的,处3年以下有期徒刑;情节严重的,处3年以上10年以下有期徒刑;致使战斗、战役遭受重大损失的,处10年以上有期徒刑、无期徒刑或者死刑。

六、擅离、玩忽军事职守罪

(一)擅离、玩忽军事职守罪的概念

擅离、玩忽军事职守罪,是指军队指挥人员和值班、值勤人员放弃职守,擅自离开自己的岗位,或者不认真履行职责,严重不负责任,因而造成重大后果的行为。

(二)擅离、玩忽军事职守罪的特征

1.本罪的客体是军职人员的岗位责任制度。

2.本罪在客观方面表现为放弃职守,擅自离开自己的岗位,或者不认真履行职责,严重不负责任,因而造成重大后果的行为。本罪是结果犯,只有在客观上造成严重后果的行为,才构成犯罪。

3.本罪的主体是特殊主体,即军队的指挥人员和值班、值勤人员。

4.本罪的主观方面是过失。

(三)擅离、玩忽军事职守罪的认定

1.本罪罪与非罪的界限

本罪是结果犯,行为是否直接造成了严重危害后果,是区分罪与非罪界限的标志。如果行为人虽然放弃职守,擅自离开自己的岗位,或者不认真履行职责,但并没有造成法律所要求的严重危害后果,则不构成犯罪,可由主管部门酌情予以军纪处理。

2.本罪与玩忽职守罪的界限

两罪的主要区别在于:第一,侵犯的客体不同。本罪侵犯的客体是军职人员的岗位责任制度;而玩忽职守侵犯的客体是国家机关的正常管理活动。第二,犯罪主体不同。本罪的犯罪主体是军职人员;玩忽职守罪的犯罪主体是国家机关工作人员。

(四)擅离、玩忽军事职守罪的处罚

根据《刑法》第425条的规定,犯本罪的,处3年以下有期徒刑或者拘役;造成特别严重后果的,处3年以上7年以下有期徒刑。战时犯本罪的,处5年以上有期徒刑。

七、阻碍执行军事职务罪

（一）阻碍执行军事职务罪的概念

阻碍执行军事职务罪，是指军职人员以暴力、威胁方法，阻碍指挥人员或者值班、值勤人员执行职务的行为。

（二）阻碍执行军事职务罪的特征

1. 本罪的客体是军队勤务的正常执行活动。本罪的犯罪对象是正在执行职务的指挥人员或者值班、值勤人员。

2. 本罪的客观方面表现为以暴力、威胁方法，阻碍指挥人员或者值班、值勤人员执行职务的行为。

3. 本罪的主体是特殊主体，即军职人员。

4. 本罪的主观方面是故意，即明知是正在执行职务的指挥人员或者值班、值勤人员，而有意对其使用暴力、威胁。

（三）阻碍执行军事职务罪的处罚

根据《刑法》第 426 条的规定，犯本罪的，处 5 年以下有期徒刑或者拘役；情节严重的，处 5 年以上有期徒刑；情节严重的，处 5 年以上 10 年以下有期徒刑；情节特别严重的，处 10 年以上有期徒刑或者无期徒刑。战时从重处罚。

八、指使部属违反职责罪

（一）指使部属违反职责罪的概念

指使部属违反职责罪，是指滥用职权，指使部属进行违反职责的活动，造成严重后果的行为。

（二）指使部属违反职责罪的特征

1. 本罪的客体是部队的正常管理活动。

2. 本罪的客观方面表现为滥用职权，指使部属进行违反职责的活动，造成严重后果的行为。所谓"滥用职权"，是指违反自己的职务权限或者在自己职务权限内不正当地非法使用权力。指使部属违反职责的活动，是指行为人命令部属进行的活动是与有关法规、军纪规定的职责相违背的活动。本罪是结果犯，行为必须造成严重的后果，才构成犯罪。

3. 本罪的主体是特殊主体，即军人中具有一定军衔、职位的人员。

4. 本罪的主观方面是故意。

（三）指使部属违反职责罪的处罚

根据《刑法》第 427 条的规定，犯本罪的，处 5 年以下有期徒刑或者拘役；情节特别严重的,处 5 年以上 10 年以下有期徒刑。

九、违令作战消极罪

(一)违令作战消极罪的概念

违令作战消极罪,是指军事指挥人员违抗命令,临阵畏缩,作战消极,造成严重后果的行为。

(二)违令作战消极罪的特征

1.本罪的客体是指挥人员的指挥职责和部队的作战秩序。

2.本罪的客观方面表现为违抗命令,临阵畏缩,作战消极,造成严重后果的行为。本罪在行为方式上表现为消极的不作为,即行为人违抗上级要求积极作战的命令,临阵退缩,作战消极。本罪属于结果犯,构成本罪以造成严重后果为必备条件。

3.本罪的主体为特殊主体,即军事指挥人员。

4.本罪的主观方面为故意。

(三)违令作战消极罪的处罚

根据《刑法》第 428 条的规定,犯本罪的,处 5 年以下有期徒刑;致使战斗、战役遭受重大损失或者有其他特别严重情节的,处 5 年以上有期徒刑。

十、拒不救援友邻部队罪

(一)拒不救援友邻部队罪的概念

拒不救援友邻部队罪,是指具有指挥职责的人员在战场上明知友邻部队处境危急请求救援,能救援而不救援,致使友邻部队遭受重大损失的行为。

(二)拒不救援友邻部队罪的特征

1.本罪的客体是部队的作战利益和作战秩序。

2.本罪的客观方面表现为在战场上明知友邻部队处境危急请求救援,能救援而不救援,致使友邻部队遭受重大损失的行为。

3.本罪的主体为特殊主体,即参加战斗并且直接负有战场指挥职责的军职人员。

4.本罪的主观方面为故意,犯罪动机不影响本罪的成立。

(三)拒不救援友邻部队罪的处罚

根据《刑法》第 429 条的规定,犯本罪的,处 5 年以下有期徒刑。

十一、军人叛逃罪

(一)军人叛逃罪的概念

军人叛逃罪,是指军职人员在履行公务期间,擅离岗位,叛逃境外或者在境外叛逃,危害国家军事利益的行为。

(二)军人叛逃罪的特征

1. 本罪的客体是国家的军事秩序。

2. 本罪的客观方面表现为在履行公务期间,擅离岗位,叛逃境外或者在境外叛逃,危害国家军事利益的行为。所谓"叛逃",是指逃往国外、境外不归或者滞留国外、境外不归以及逃往外国驻华使领馆的行为。

3. 本罪的主体为特殊主体,即正在履行公务的军职人员。

4. 本罪的主观方面为故意。

(三)军人叛逃罪的处罚

根据《刑法》第430条的规定,犯本罪的,处5年以下有期徒刑或者拘役;情节严重的,处5年以上有期徒刑。驾驶航空器、舰船叛逃的,或者有其他特别严重情节的,处10年以上有期徒刑、无期徒刑或者死刑。

十二、非法获取军事秘密罪

(一)非法获取军事秘密罪的概念

非法获取军事秘密罪,是指军职人员以窃取、刺探、收买方法,非法获取军事秘密的行为。

(二)非法获取军事秘密罪的特征

1. 本罪的客体是国家军事秘密的保密制度,犯罪对象是军事秘密。

2. 本罪的客观方面表现为以窃取、刺探、收买方法非法获取军事秘密的行为。窃取、刺探、收买是本罪法定的三种行为方式,它们都属于非法获取军事秘密的行为。

3. 本罪的主体为特殊主体,即现役的军职人员。

4. 本罪的主观方面为故意,即明知是军事秘密而窃取、刺探、收买。

(三)非法获取军事秘密罪的处罚

根据《刑法》第431条第1款的规定,犯本罪的,处5年以下有期徒刑;情节严重的,处5年以上10年以下有期徒刑;情节特别严重的,处10年以上有期徒刑。

十三、为境外窃取、刺探、收买、非法提供军事秘密罪

（一）为境外窃取、刺探、收买、非法提供军事秘密罪的概念

为境外窃取、刺探、收买、非法提供军事秘密罪，是指为境外的机构、组织、人员窃取、刺探、收买、非法提供军事秘密的行为。

（二）为境外窃取、刺探、收买、非法提供军事秘密罪的特征

1.本罪的客体是部队军事秘密的管理制度。

2.本罪的客观方面表现为为境外的机构、组织、人员窃取、刺探、收买、非法提供军事秘密的行为。窃取、刺探、收买、非法提供是本罪的四种行为方式，行为人实施其中之一，即可成立本罪。

3.本罪的主体是特殊主体，即现役军职人员。

4.本罪的主观方面为故意。

（三）为境外窃取、刺探、收买、非法提供军事秘密罪的处罚

根据《刑法》第431条第2款的规定，犯本罪的，处5年以上10年以下有期徒刑；情节严重的，处10年以上有期徒刑、无期徒刑或者死刑。

十四、故意泄露军事秘密罪

（一）故意泄露军事秘密罪的概念

故意泄露军事秘密罪，是指违反保守国家军事秘密的法规，故意泄露国家军事秘密，情节严重的行为。

（二）故意泄露军事秘密罪的特征

1.本罪的客体是国家军事秘密的管理制度。

2.本罪的客观方面表现为违反保守国家军事秘密的法规，故意泄露国家军事秘密，情节严重的行为。

3.本罪的主体是特殊主体，即现役军职人员。

4.本罪的主观方面为故意，即明知是国家军事秘密而泄露。

（三）故意泄露军事秘密罪的处罚

根据《刑法》第432条的规定，犯本罪的，处5年以下有期徒刑或者拘役；情节特别严重的，处5年以上10年以下有期徒刑。战时犯本罪的，处3年以上10年以下有期徒刑；情节特别严重的，处10年以上有期徒刑或者无期徒刑。

十五、过失泄露军事秘密罪

（一）过失泄露军事秘密罪的概念

过失泄露军事秘密罪，是指违反保守国家秘密的法规，过失泄露军事秘密，情

节严重的行为。

（二）过失泄露军事秘密罪的特征

1.本罪的客体是国家军事秘密的管理制度。

2.本罪的客观方面表现为违反保守国家秘密的法规，过失泄露国家军事秘密，情节严重的行为。

3.本罪的主体为现役军职人员。

4.本罪的主观方面是过失。

（三）过失泄露军事秘密罪的处罚

根据《刑法》第432条的规定，犯本罪的，处5年以下有期徒刑或者拘役；情节特别严重的，处5年以上10年以下有期徒刑。战时犯本罪的，处3年以上10年以下有期徒刑；情节特别严重的，处10年以上有期徒刑或者无期徒刑。

十六、战时造谣惑众罪

（一）战时造谣惑众罪的概念

战时造谣惑众罪，是指在战时造谣惑众，动摇军心的行为。

（二）战时造谣惑众罪的特征

1.本罪的客体是部队的作战能力和作战秩序。

2.本罪的客观方面表现为在战时造谣惑众，动摇军心的行为。所谓"造谣惑众，动摇军心"，是指故意编造、散布谣言，煽动怯战、厌战或者恐怖情绪，蛊惑官兵，造成或者足以造成部队情绪恐慌、士气不振、军心涣散的行为。

3.本罪的主体是参加作战的军职人员。

4.本罪的主观方面上为故意。

（三）战时造谣惑众罪的处罚

根据《刑法》第433条第1款的规定，犯本罪的，处3年以下有期徒刑；情节严重的，处3年以上10年以下有期徒刑；情节特别严重的，处10年以上有期徒刑或者无期徒刑。

十七、战时自伤罪

（一）战时自伤罪的概念

战时自伤罪，是指在战时自伤身体，逃避军事义务的行为。

（二）战时自伤罪的特征

1.本罪的客体是军职人员的作战义务和部队的作战秩序。

2.本罪的客观方面表现为在战时自伤身体，逃避军事义务的行为。所谓"自伤身体"，是指行为人使用刀、枪等器械或者采用其他手段损害自己身体健康的行为。

自伤身体,不仅可以表现为自己采取行动直接损害自己身体的行为,也可以表现恳求他人、假借他人之手伤害自己身体的行为。"逃避军事义务",是指逃避临战准备、作战行动、战场勤务和其他作战保障任务等与作战有关的义务。

3.本罪的主体为参战的军职人员。

4.本罪的主观方面是故意,并且是直接故意。

(三)战时自伤罪的处罚

根据《刑法》第434条的规定,犯本罪的,处3年以下有期徒刑;情节严重的,处3年以上7年以下有期徒刑。

十八、逃离部队罪

(一)逃离部队罪的概念

逃离部队罪,是指违反兵役法规,逃离部队,情节严重的行为。

(二)逃离部队罪的特征

1.本罪的客体是国家的兵役制度。

2.本罪的客观方面表现为违反兵役法规,逃离部队,情节严重的行为。所谓"逃离部队"是指军职人员擅自离开部队或者经批准外出逾期拒不归队。本罪属于情节犯,只有情节严重的逃离部队行为才构成犯罪。

3.本罪的主体为现役军人。

4.本罪的主观方面是故意,目的是逃避服兵役。

(三)逃离部队罪的处罚

根据《刑法》第435条的规定,犯本罪的,处3年以下有期徒刑或者拘役。战时犯本罪的,处3年以上7年以下有期徒刑。

十九、武器装备肇事罪

(一)武器装备肇事罪的概念

武器装备肇事罪,是指违反武器装备使用规定,情节严重,因而发生责任事故,致人重伤、死亡或者造成其他严重后果的行为。

(二)武器装备肇事罪的特征

1.本罪的客体是部队武器装备的管理和使用制度。

2.本罪的客观方面表现为违反武器装备使用规定,情节严重,因而发生责任事故,致人重伤、死亡或者造成其他严重后果的行为。首先,必须是违反武器装备使用规定的行为;其次,必须是情节严重的行为。所谓"情节严重",是指故意违反武器装备使用规定,或者在使用过程中严重不负责任。最后,行为必须发生了重大责任事故。

3.本罪的主体是现役军职人员。

4.本罪的主观方面为过失,即行为人对自己行为导致重大责任事故的发生因疏忽大意没有预见或者已经预见但轻信能够避免。

(三)武器装备肇事罪的认定

1.本罪罪与非罪的界限

第一,区分本罪与一般违反武器装备使用规定行为的界限。二者区分的关键在于违反武器装备使用规定的行为情节是否严重,是否造成了重大责任事故。

第二,区分本罪与意外事件的界限。二者区分的关键在于行为人是否有违反武器装备使用规定的行为以及其主观上对事故后果的发生是否有过失。在本罪中,行为人对事故的发生,在主观上有过失,而在意外事件中行为人则不存在过失。

2.本罪与过失致人重伤罪、过失致人死亡罪的界限

二者在主观罪过上及客观后果上完全相同,但武器装备肇事罪中的致人重伤、死亡是由现役军人在违反武器装备使用规定的情况下造成的,而一般的过失致人重伤罪和过失致人死亡罪则不具备此特征。

3.本罪与重大责任事故罪、危险物品肇事罪的界限

二者在主观罪过上及客观后果上完全相同,其区别在于:(1)侵犯的客体不同。本罪的客体是部队武器装备的管理和使用制度;而后二者侵犯的客体是公共安全。(2)犯罪主体不同。本罪的犯罪主体是军职人员;后二者的犯罪主体则是从事生产、经营的人员。

(四)武器装备肇事罪的处罚

根据《刑法》第436条的规定,犯本罪的,处3年以下有期徒刑或者拘役;后果特别严重的,处3年以上7年以下有期徒刑。

二十、擅自改变武器装备编配用途罪

(一)擅自改变武器装备编配用途罪的概念

擅自改变武器装备编配用途罪,是指军职人员违反武器装备管理规定,擅自改变武器装备的编配用途,造成严重后果的行为。

(二)擅自改变武器装备编配用途罪的特征

1.本罪的客体是武器装备的管理和使用制度。

2.本罪的客观方面表现为违反武器装备管理规定,擅自改变武器装备的编配用途,造成严重后果的行为。所谓"改变编配用途"是指不按武器装备的原使用规定和使用条件使用,主要是指非正当地使用、挪作他用。本罪属于结果犯,造成严重后果是行为构成本罪的要件。

3.本罪的主体是特殊主体,即现役军职人员。

4.本罪的主观方面是过失。

(三)擅自改变武器装备编配用途罪的处罚

根据《刑法》第 437 条的规定,犯本罪的,处 3 年以下有期徒刑或者拘役;造成特别严重后果的,处 3 年以上 7 年以下有期徒刑。

二十一、盗窃、抢夺武器装备、军用物资罪

(一)盗窃、抢夺武器装备、军用物资罪的概念

盗窃、抢夺武器装备、军用物资罪,是指军职人员以非法占有为目的,秘密窃取或者公然夺取部队的武器装备或者军用物资的行为。

(二)盗窃、抢夺武器装备、军用物资罪的特征

1.本罪的客体是国家对武器装备和军用物资的所有权以及军队战斗力的物质保障。犯罪对象是部队的武器装备和军用物资。

2.本罪的客观方面表现为秘密窃取或者公然夺取部队的武器装备或者军用物资的行为。

3.本罪的主体是特殊主体,即现役军职人员。

4.本罪的主观方面为故意,并且具有非法占有的目的。

(三)盗窃、抢夺武器装备、军用物资罪的处罚

根据《刑法》第 438 条第 1 款的规定,犯本罪的,处 5 年以下有期徒刑或者拘役;情节严重的,处 5 年以上 10 年以下有期徒刑;情节特别严重的,处 10 年以上有期徒刑、无期徒刑或者死刑。

二十二、非法出卖、转让武器装备罪

(一)非法出卖、转让武器装备罪的概念

非法出卖、转让武器装备罪,是指军职人员违反武器装备管理规定,非法出卖、转让武器装备的行为。

(二)非法出卖、转让武器装备罪的特征

1.本罪的客体是部队的武器装备管理和使用制度。

2.本罪的客观方面表现为非法出卖、转让武器装备的行为。"非法出卖、转让",是指行为人未经合法的程序或者未经有关主管部门许可,擅自出卖、转让自己管理的武器装备的行为。

3.本罪的主体为特殊主体,即合法持有和管理武器装备的军职人员。

4.本罪的主观方面为故意,一般具有牟利的目的。

(三)非法出卖、转让武器装备罪的处罚

根据《刑法》第 439 条的规定,犯本罪的,处 3 年以上 10 以下有期徒刑;出卖、

转让大量武器装备或者有其他特别严重情节的,处 10 年以上有期徒刑、无期徒刑或者死刑。

二十三、遗弃武器装备罪

(一)遗弃武器装备罪的概念

遗弃武器装备罪,是指军职人员违抗命令,遗弃武器装备的行为。

(二)遗弃武器装备罪的特征

1.本罪的客体是武器装备的管理制度。

2.本罪的客观方面表现为违抗命令,遗弃武器装备的行为。"违抗命令"是指不遵守武器装备使用、保管、处置的有关规则和命令。"遗弃"是指故意的抛弃。

3.本罪的主体是特殊主体,即使用、管理武器装备的军职人员。

4.本罪的主观方面是故意,犯罪动机多种多样,但犯罪动机不影响本罪的成立。

(三)遗弃武器装备罪的处罚

根据《刑法》第 440 条的规定,犯本罪的,处 5 年以下有期徒刑或者拘役;遗弃重要或者大量武器装备的,或者有其他严重情节的,处 5 年以上有期徒刑。

二十四、遗失武器装备罪

(一)遗失武器装备罪的概念

遗失武器装备罪,是指军职人员遗失武器装备,不及时报告或者有其他严重情节的行为。

(二)遗失武器装备罪的特征

1.本罪的客体是武器装备的管理制度。

2.本罪的客观方面表现为遗失武器装备,不及时报告或者有其他严重情节的行为。所谓"不及时报告"是指不报告或者虽然报告但不及时。

3.本罪的主体为合法使用、管理和持有武器装备的军职人员。

4.本罪的主观方面是过失。

(三)遗失武器装备罪的处罚

根据《刑法》第 441 条的规定,犯本罪的,处 3 年以下有期徒刑或者拘役。

二十五、擅自出卖、转让军队房地产罪

(一)擅自出卖、转让军队房地产罪的概念

擅自出卖、转让军队房地产罪,是指违反规定,擅自出卖、转让军队房地产,情节严重的行为。

（二）擅自出卖、转让军队房地产罪的特征

1.本罪的客体是国防资产的管理制度。

2.本罪的客观方面表现为违反规定,擅自出卖、转让军队房地产,情节严重的行为。

3.本罪的主体是特殊主体,即管理军队房地产的军职人员。

4.本罪的主观方面是故意,一般具有营利的目的。

（三）擅自出卖、转让军队房地产罪的处罚

根据《刑法》第442条的规定,犯本罪的,对直接责任人员,处3年以下有期徒刑或者拘役;情节特别严重的,处3年以上10以下有期徒刑。

二十六、虐待部属罪

（一）虐待部属罪的概念

虐待部属罪,是指滥用职权,虐待部属,情节恶劣,致人重伤或者造成其他严重后果的行为。

（二）虐待部属罪的特征

1.本罪的客体是军事领导人员的职责和部属的人身权利。

2.本罪的客观方面表现为滥用职权,虐待部属,情节恶劣,致人重伤或者造成其他严重后果的行为。所谓"虐待部属",是指对部属进行肉体上的折磨和精神上的摧残,比如辱骂、殴打、非法拘禁、施以酷刑、冻饿、有病不给治疗等。所谓"情节恶劣"是指动机卑劣,虐待时间长,次数多,被虐的人数多,虐待手段极其残忍等;"致人重伤",是指部属因受虐待而直接造成重伤,或者部属因不堪忍受虐待自杀而导致重伤。所谓"造成其他严重后果",是指致使部属精神失常,身心健康受到严重摧残;引起军队秩序混乱,军心失稳,纪律涣散等。

3.本罪的主体是特殊主体,即身处领导岗位的军职人员。

4.本罪的主观方面是故意,犯罪动机多种多样,但犯罪动机不影响本罪的成立。

（三）虐待部属罪的处罚

根据《刑法》第443条的规定,犯本罪的,处5年以下有期徒刑或者拘役;致人死亡的,处5年以上有期徒刑。

二十七、遗弃伤病军人罪

（一）遗弃伤病军人罪的概念

遗弃伤病军人罪,是指在战场上故意遗弃伤病军人,情节恶劣的行为。

（二）遗弃伤病军人罪的特征

1.本罪的客体是军职人员的战场职责和战场上伤病军人的被救护权利。犯罪对象是伤病军人。

2.本罪的客观方面表现为在战场上遗弃伤病军人，情节恶劣的行为。所谓"遗弃伤病军人"，是指在战场上对伤病军人有救护职责而故意不予以救护的行为。构成本罪必须以"情节恶劣"为条件。

3.本罪的主体是特殊主体，即对伤病军人负有救护责任的军职人员。

4.本罪的主观方面为故意，即明知是伤病军人，并且有救护能力而故意遗弃。

（三）遗弃伤病军人罪的处罚

根据《刑法》第444条的规定，犯本罪的，对直接责任人员，处5年以下有期徒刑。

二十八、战时拒不救治伤病军人罪

（一）战时拒不救治伤病军人罪的概念

战时拒不救治伤病军人罪，是指在战时的救护治疗岗位上，有条件救治而拒不救治重伤病军人的行为。

（二）战时拒不救治伤病军人罪的特征

1.本罪的客体是军队救护治疗人员的战场职责和伤病军人的生命健康权利。

2.本罪的客观方面表现为在战时的救护治疗岗位上，有条件救治而拒不救治重伤病军人的行为。所谓"拒不救治"，是指有条件救治而拒绝救治。如果根据当时的医疗卫生条件以及个人的医疗技术水平，没有条件实施救护或治疗，而不实施救护或治疗的行为，不能以犯罪论处。

3.本罪的主体是特殊主体，即具有救护职责的军职人员。

4.本罪的主观方面为故意，即明知是有条件救治的重伤病军人，而拒绝救护或治疗。犯罪动机不影响本罪的成立。

（三）战时拒不救治伤病军人罪的处罚

根据《刑法》第445条的规定，犯本罪的，处5年以下有期徒刑或者拘役；造成伤病军人重残、死亡或者其他严重情节的，处5年以上10年以下有期徒刑。

二十九、战时残害居民、掠夺居民财物罪

（一）战时残害居民、掠夺居民财物罪的概念

战时残害居民、掠夺居民财物罪，是指战时在军事行动地区，残害居民或者掠夺无辜居民财物的行为。

（二）战时残害居民、掠夺居民财物罪的特征

1.本罪的客体是我军的声誉和战区无辜居民的人身、财产权利。

2.本罪的客观方面表现为战时在军事行动地区，残害居民或者掠夺无辜居民财物的行为。所谓"残害"，是指对军事行动地区的无辜居民实施伤害、强奸、烧杀等暴力侵害行为。所谓"掠夺"，是指以暴力、胁迫等手段抢劫军事行动地区的无辜居民的财物的行为。残害和掠夺是本罪选择性的行为方式，只要实施了其中之一，就构成本罪。

3.本罪的主体是特殊主体，即现役的军职人员。

4.本罪的主观方面为故意。

（三）战时残害居民、掠夺居民财物罪的处罚

根据《刑法》第446条的规定，犯本罪的，处5年以下有期徒刑；情节严重的，处5年以上10年以下有期徒刑；情节特别严重的，处10年以上有期徒刑、无期徒刑或者死刑。

三十、私放俘虏罪

（一）私放俘虏罪的概念

私放俘虏罪，是指违反军事纪律，私自释放俘虏的行为。

（二）私放俘虏罪的特征

1.本罪的客体是军队监管俘虏的制度。

2.本罪的客观方面表现为违反军事纪律，私自释放俘虏的行为。所谓"私放"，是指未经批准，擅自将俘虏放走；"俘虏"是指在战争或者武装冲突中被我方俘获的敌方武装人员。

3.本罪的主体是特殊主体，即现役军职人员，且多为负有监管、押解俘虏职责的军职人员。

4.本罪的主观方面为故意。

（三）私放俘虏罪的处罚

根据《刑法》第447条的规定，犯本罪的，处5年以下有期徒刑；私放重要俘虏的、私放俘虏多人或者有其他严重情节的，处5年以上有期徒刑。

三十一、虐待俘虏罪

（一）虐待俘虏罪的概念

虐待俘虏罪，是指对俘虏实施虐待，情节恶劣的行为。

（二）虐待俘虏罪的特征

1.本罪的客体是我军的声誉和俘虏的人身权利。

2.本罪的客观方面表现为对俘虏实施虐待,情节恶劣的行为。所谓"虐待俘虏",是指对被我军俘获的不再反抗的敌方人员,实行肉体上摧残或精神上折磨等非人道待遇的行为。本罪属于情节犯,虐待俘虏,必须情节严重的,才构成犯罪。

3.本罪的主体为特殊主体,即现役军人,且多为负有监管俘虏职责的军职人员。

4.本罪的主观方面为故意。

(三)虐待俘虏罪的处罚

根据《刑法》第448条的规定,犯本罪的,处3年以下有期徒刑。

复习与练习

本章提要

军人违反职责罪,是指军人违反职责,危害国家军事利益,依照法律应当受到刑罚处罚的行为。本类罪的客体是国家的军事利益。危害国家军事利益,这是军人违反职责罪区别于刑法分则其他各类犯罪的最本质特征;在客观方面表现为实施违反军人职责,危害国防利益的行为。军人违反职责的行为既包括作为,也包括不作为,可以由不作为方式构成的犯罪比较多。在本章中,犯罪的时间、地点对定罪量刑有重要影响,许多行为构成犯罪必须要求发生在"战时"、"临阵"、"在战场上"、"在军事行为地区";另一方面,"战时"等特定时间往往是法定刑升格条件或从重处罚的法定情节。本类罪的犯罪主体是特殊主体,即具有军人身份的中国公民。它具体包括中国人民解放军的现役军官、文职干部、士兵及具有军籍的学员和中国人民武装警察部队的现役警官、文职干部、士兵及具有军籍的学员以及执行军事任务的预备役人员和其他人员。非上述人员不能单独成为军人违反职责罪的主体,但可以与上述人员构成共犯。本类罪在主观方面多数是故意,少数出于过失。

重要概念

军人违反职责罪　战时违抗命令罪　投降罪　战时临阵脱逃罪　阻碍执行军事职务罪　逃离部队罪　武器装备肇事罪

思考题

1.简述军人违反职责罪的概念和种类。

2.简述战时违抗命令罪的概念和特征。

3.简述阻碍执行军事职务罪的概念和特征。

4.简述武器装备肇事罪的概念和特征。

5.简述盗窃、抢夺武器装备、军用物资罪的概念和特征。

主要参考书目

[1] 高铭暄. 中华人民共和国刑法的孕育和诞生[M]. 北京：法律出版社，1981.

[2] 高铭暄. 刑法学[M]. 北京：法律出版社，1982.

[3] 高铭暄. 中国刑法学[M]. 北京：中国人民大学出版社，1989.

[4] 高铭暄. 新中国刑法科学简史[M]. 北京：中国人民公安大学出版社，1993.

[5] 高铭暄. 刑法学[M]. 北京：中央广播电视大学出版社，1993.

[6] 高铭暄. 刑法学原理(第一卷)[M]. 北京：中国人民大学出版社，1993.

[7] 高铭暄. 刑法学原理(第三卷)[M]. 北京：中国人民大学出版社，1994.

[8] 高铭暄. 新编中国刑法学[M]. 北京：中国人民大学出版社，1998.

[9] 高铭暄. 刑法专论[M]. 北京：高等教育出版社，2002.

[10] 高铭暄，马克昌. 刑法学[M]. 4版. 北京：北京大学出版社，高等教育出版社，2010.

[11] 高铭暄，马克昌. 刑法学[M]. 5版. 北京：北京大学出版社，高等教育出版社，2011.

[12] 高铭暄，马克昌. 刑法学[M]. 6版. 北京：北京大学出版社，高等教育出版社，2014.

[13] 高铭暄. 中华人民共和国刑法的孕育诞生和发展完善[M]. 北京：北京大学出版社，2012.

[14] 马克昌，杨春洗，吕继贵. 刑法学全书[M]. 上海：上海科学技术文献出版社，1993.

[15] 马克昌. 经济犯罪新论[M]. 武汉：武汉大学出版社，1998.

[16] 马克昌. 犯罪通论[M]. 修订版. 武汉：武汉大学出版社，1999.

[17] 马克昌. 刑罚通论[M]. 2版. 武汉：武汉大学出版社，2011.

[18] 马克昌，莫洪宪. 近代西方刑法学说史[M]. 北京：中国人民公安大学出版社，2008.

[19] 储槐植. 美国刑法[M]. 2版. 北京：北京大学出版社，1996.

[20] 赵秉志. 外国刑法原理[M]. 北京：中国人民大学出版社，2000.

［21］赵秉志.英美刑法学［M］.北京:中国人民大学出版社,2004.

［22］赵秉志.当代刑法学［M］.北京:中国政法大学出版社,2009.

［23］陈兴良.本体刑法学［M］.北京:商务印书馆,2001.

［24］陈兴良.口授刑法学［M］.北京:中国人民大学出版社,2007.

［25］张明楷.刑法学［M］.3版.北京:法律出版社,2007.

［26］张明楷.刑法学［M］.4版.北京:法律出版社,2011.

［27］张明楷.外国刑法纲要［M］.2版.北京:清华大学出版社,2007.

［28］郎胜.中华人民共和国刑法释义［M］.5版.北京:法律出版社,2011.

［29］贾宇.刑法原理与实务［M］.北京:中国政法大学出版社,2007.

［30］韩玉胜.刑法学原理与案例教程［M］.北京:中国人民大学出版社,2006.

［31］黄京平.破坏市场经济秩序罪研究［M］.北京:中国人民大学出版社,1999.

［32］李希慧.贪污贿赂罪研究［M］.北京:知识产权出版社,2004.

［33］林亚刚.贪污贿赂罪疑难问题研究［M］.北京:中国人民公安大学出版社,2005.

［34］黎宏.日本刑法精义［M］.2版.北京:法律出版社,2008.

［35］［法］卡斯东·斯特法尼,等.法国刑法总论精义［M］.罗结珍,译.北京:中国政法大学出版社,1998.

［36］［德］李斯特.德国刑法教科书［M］.徐久生,译.修订译本.北京:法律出版社,2006.

［37］［英］J·C·史密斯,B·霍根.英国刑法［M］.李贵方,等译.北京:法律出版社,2000.

［38］［日］大塚仁.刑法概说(总论)［M］.冯军,译.北京:中国人民大学出版社,2003.

［39］［意］杜里奥·帕多瓦尼.意大利刑法学原理［M］.陈忠林,译.北京:法律出版社,1998.

［40］［意］贝卡里亚.论犯罪与刑罚［M］.黄风,译.北京:中国大百科全书出版社,1993.

后　记

　　教科书的编写是一项神圣的使命。我们努力追求编写出一本优质、新颖、实用的教科书。虽然这是一件非常不容易的事，但当我审读、调整完了每一次版本的全部书稿后，略微感到有些欣慰：我感觉到每一位参与写作的老师都认真地付出了。他们系统地总结了自己的教学经验；查考了大量刑法立法、司法解释和理论前沿的文献；践行着一切有利于学生掌握知识和技能的写作指导思想，字里行间洋溢着对法科学生的殷切期望。然而，在刑法学发展欣欣向荣，刑法教科书汗牛充栋的中国刑法界，本书的编写仅仅是一种适应现代法学教学需要的手段，旨在实现法学教学与现实人才培养的接轨。希望我们能够为卓越法律人才的培养尽到一份力量。

　　本书的编写有幸得到刑法学界前辈高铭暄教授的指导。作为本书的学术顾问，高老师在本书的体例编排、分则罪名的确定、理论观点的甄别、技术规范的完善等方面提出了许多建设性的意见，特别是对《刑法修正案》有关观点的精到解读，为本书追求适应现阶段本科法学学生的实际需要的写作目标，把握了方向。在此表示衷心的感谢。

　　浙江省教育厅与时俱进，以实际行动支持浙江"文化大省"的建设，解本科法学教学之急，决定把本教材作为重点教材予以立项，为广大法学本科生提供了实现理想的保障。中国刑法学研究会和浙江省高教学会对本书给予了肯定和奖励。各编写教师及其所在单位也对本书的编写工作给予了大力的支持。北京大成（杭州）律师事务所莫康迪协助主编工作，在第三版重印稿的审核中做了不少工作。在此一并表示感谢。

　　本书是在教学实践的基础上撰写的，在原来编写讲义和后期形成书稿的过程中，参考了国内外大量的书籍和资料，恕不一一列举，在此向原作者致以衷心的谢意。在本书修订的过程中，又参考了大量的资料，我们将主要参考文献列于书后，以示对作者的感谢。

　　由于刑法理论博大精深，而我们的水平又非常有限，书中还会有许多新的错误和不足，敬请读者批评指正，以便日后再次修正。

主　编

2021 年 10 月于杭州